Martin Avenarius

Der pseudo-ulpianische *liber singularis regularum*

Quellen und Forschungen zum Recht und seiner Geschichte

Herausgegeben von
Okko Behrends und Wolfgang Sellert

Band XII

Martin Avenarius

Der pseudo-ulpianische *liber singularis regularum*

Entstehung, Eigenart und Überlieferung einer hochklassischen Juristenschrift

Analyse, Neuedition und deutsche Übersetzung

WALLSTEIN VERLAG

Autor und Verlag danken der Strohmeyer-Stiftung
für die finanzielle Unterstützung

Bibliografische Information Der Deutschen Bibliothek
Die Deutsche Bibliothek verzeichnet diese Publikation in der Deutschen Nationalbibliografie; detaillierte bibliografische Daten sind im Internet über http://dnb.ddb.de abrufbar.

www.wallstein-verlag.de
Vom Verlag gesetzt aus der Adobe Garamond
Druck: Hubert & Co, Göttingen
Umschlag: Basta Werbeagentur, Steffi Riemann

ISBN 3-89244-901-5

Inhalt

4. Teil: Die Zuordnung des Textes zur Antoninenepoche

5. Teil: Die Hauptaufgabe der Forschung: die Bestimmung des Verhältnisses zu den Gaius-Institutionen

6. Teil: Die Entstehung des »liber singularis regularum« und seine spezifisch klassische Eigenart

7. Teil: Die Weiterentwicklung und Darstellung des tradierten Stoffes bei Gaius

8. Teil: Die Weiterentwicklung des Textes seit der Spätklassik

2. Abschnitt: Untersuchung des *liber singularis regularum*

Anhang

memoriae patris

Vorwort

Dieses Buch geht auf meine Habilitationsschrift zurück, die im Sommersemester 2002 von der Juristischen Fakultät der Universität Göttingen angenommen wurde.

Mein herzlicher Dank gilt Herrn Professor Dr. Okko Behrends, meinem verehrten Lehrer. Seine zahllosen bedeutenden Hinweise haben die Arbeit ebenso gefördert wie seine unerbittliche Kritik. Im Rahmen meines Dienstes am Göttinger Institut für Römisches und Gemeines Recht gewährte er mir erhebliche Freiräume, die mir die notwendigen Forschungsaufenthalte in Rom, Oxford und Sankt Gallen ermöglichten.

Herr Professor Tony Honoré hat die Entstehung der Arbeit über Jahre hinweg interessiert begleitet. Im Gespräch wie im brieflichen Austausch erfuhr ich von ihm ebenso Zustimmung wie Widerspruch. Für beides danke ich ihm herzlich, besonders aber für die von ihm wiederholt erfahrene Ermutigung.

Rechtsgeschichtliche Forschungen enthalten oft Bezüge zu anderen Wissenschaftsdisziplinen. Der Rechtshistoriker ist hier auf den Rat von Spezialisten angewiesen. Ich habe mich insoweit mehrfach an Vertreter anderer Fächer gewandt, um Rat einzuholen oder Vermutungen abzusichern. Besonderen Dank schulde ich hier dem Kunsthistoriker Professor Dr. Anton von Euw.

Den Professoren Dr. Okko Behrends und Dr. Wolfgang Sellert danke ich für die Aufnahme der Arbeit in die Schriftenreihe »Quellen und Forschungen zum Recht und seiner Geschichte«. Sie geht einher mit einem Druckkostenzuschuß von seiten der Strohmeyer-Stiftung. Für kritische Lektüre des Manuskripts und Hilfe bei der Vorbereitung für die Drucklegung danke ich meiner Assistentin Anna Seelentag.

Eine Habilitation fordert Opfer, nicht allein vom Kandidaten, sondern gleichermaßen von dessen Familie. Ich stehe tief in ihrer Schuld.

Köln, im Januar 2005 Martin Avenarius

»Ein kleines Werk hat sich aus der allgemeinen Zerstörung gerettet, das einzige also, welches wir in der Gestalt und in dem Zusammenhang durchdenken können, worin es ursprünglich gedacht war. Und glücklicherweise ist das Buch, welches dieses Schicksal gehabt hat, auch an sich von so hohem Werthe, daß wir kaum wünschen dürften, es gegen irgend ein anderes aus der classischen Zeit der Römischen Jurisprudenz zu vertauschen. [...] Das läßt sich mit Sicherheit behaupten, daß nicht leicht in einem andern Werke der Römischen Jurisprudenz in einen so engen Raum ein so reichhaltiger, befriedigender Aufschluß über den innern Zusammenhang jener Grundsätze selbst zusammen gedrängt seyn konnte. Für uns ist dieses kleine Buch der eigentliche Schlüssel zur gründlichen Kenntniß des Römischen Rechts [...].«

Savigny, Ulpian 1811, Bl. 2 r und v.

Einleitung

Der in der Überlieferung Ulpian zugeschriebene *liber singularis regularum* gehört zu den besonders umstrittenen Quellen des römischen Rechts. Seit Jahrhunderten wird diskutiert, ob er ein authentisches Zeugnis klassischen Rechts ist. In diesem Fall wäre er nämlich eine erstrangige Erkenntnisquelle. Die romanistische Forschung müßte ihn in den Mittelpunkt der direkt an uns gelangten Quellen des klassischen Rechts rücken, gleichrangig mit den Institutionen des Gaius, die diesen Platz bislang allein einnehmen. Gerade die Eigenschaften, auf die sich diese Bedeutung des Textes gründete, sind ihm in der Vergangenheit aber vielfach aberkannt worden. So ist nicht nur die Autorschaft Ulpians bezweifelt worden, sondern daß der Text überhaupt klassisch sei. Er ist bald als Auszug aus dem *liber singularis regularum* Ulpians oder eines Pseudo-Ulpian, bald aus den Gaius-Institutionen in der Fassung der Veroneser Handschrift oder einer anderen Gestalt, bald als Kompilation verschiedener klassischer Quellen betrachtet worden. Meistens wurde angenommen, daß er eine zusätzliche nachklassische Bearbeitung durchlaufen habe.

Diese Arbeit zeigt, daß der *liber singularis regularum* eine einzigartige Quelle klassischen Rechts ist und als solche einer völlig neuen Bewertung unterzogen werden muß. Der Text geht auf denselben Grundbestand des Stoffes zurück, auf dem auch die Gaius-Institutionen beruhen. Daß die beiden Schriften in Inhalt, Darstellung und Systematik voneinander abweichen, liegt darin begründet, daß sie als Lehrtexte in unterschiedlichen Rechtsschulen entstanden. Sie wurden dabei durch die spezifischen Methoden zweier verschiedener Wissenschaftstraditionen geprägt.

Die Arbeit besteht aus zwei Abschnitten. Der erste Abschnitt »Geschichte und Eigenart des Textes« ist in acht Teile gegliedert. Von diesen enthält der erste Teil die Untersuchung der handschriftlichen Überlieferung im Codex Vaticanus Reginensis Latinus 1128. Auf ihrer Grundlage werden Zeit und Ort der Entstehung des Manuskripts bestimmt, bevor anschließend dessen Weg durch verschiedene neuzeitliche Sammlungen bis in die Vatikanische Bibliothek rekonstruiert wird. Es schließt sich mit dem zweiten Teil die Schilderung der wissenschaftlichen Erforschung des Textes seit der Erstausgabe von 1549 an. Sie mündet im dritten Teil in eine Darstellung der methodischen Grundlagen der Untersuchung. Der vierte Teil enthält die chronologische Einordnung der Textentstehung im Altertum. Hier wird gezeigt, daß der Text den Stand der Entwicklung wiedergibt, den das Recht kurz nach 180 n. Chr., also am Ende der Epoche der Adoptivkaiser, erreicht hatte. Auch Stoffauswahl und Schwerpunktsetzung richten sich nach den praktischen Bedürfnissen dieser Zeit. Der fünfte Teil führt in die Hauptaufgabe der Forschung ein. Sie besteht darin, Entstehung und Eigenart des *liber singularis regularum* zu ermitteln, indem das Verhältnis des Textes zu den Gaius-Institutionen näher bestimmt wird. Auf Grundlage der dabei gewonnenen Erkenntnisse werden im sechsten Teil diejenigen Eigenschaften des Werkes beschrieben, die seine wissenschaftsgeschichtliche Einordnung in die spezifisch klassische Jurisprudenz ermöglichen. Im siebten Teil wird dann gezeigt, daß das Regelwerk den Grundbestand des Stoffes vergleichsweise getreu bewahrt, während Gaius sowohl einzelne Stellen als auch das Gesamtsystem einer modernisierenden Bearbeitung unterzog. Der achte Teil behandelt die Weiterentwicklung des Textes in der Spät- und Nachklassik sowie seine Überlieferung in das Mittelalter.

Der zweite Abschnitt »Untersuchung des *liber singularis regularum*« enthält die Analyse der einzelnen Texteinheiten. Dabei liegen die Schwerpunkte auf der Untersuchung derjenigen Stellen, die für die Erforschung und nähere Charakterisierung des Werks besonders bedeutsam sind.

1. Abschnitt: Geschichte und Eigenart des Textes

1. Teil: Geschichte der Handschrift

Die Vatikanische Bibliothek birgt als Codex Reginensis Latinus 1128 eine Sammelhandschrift, die im Anschluß an eine Überlieferung des *Breviarium Alaricianum* mit den Worten »*Incip⟨iunt⟩ tituli ex corpore Ulpiani*« einen Rechtstext beginnen läßt, der, in 29 Titel gegliedert, Bestimmungen des Personen- und Familien- sowie Sachen- und Erbrechts behandelt. Der Text ist der neuzeitlichen Rechtswissenschaft seit dem 16. Jahrhundert bekannt und seitdem, abhängig vom jeweiligen Verständnis des Werks, u.a. als *Tituli ex corpore Ulpiani*, *Fragmenta Ulpiani* oder *Epitome Ulpiani* gehandelt worden. Als außerhalb der justinianischen Sammlung überlieferter Text wurde er zwar nicht Gegenstand der Rezeption des römischen Rechts in Deutschland und damit nicht unmittelbare Grundlage für geltendes Gemeines Recht, doch gewann er große Bedeutung auf den Gebieten der Forschung und des Rechtsunterrichts. Das Werk verfügt nämlich über erheblichen wissenschaftlichen Reiz, weil es den Stoff in einer von byzantinischen Einflüssen unberührten Weise wiedergibt. Gleichzeitig zeichnet es sich durch entwikkelte Struktur, hohes Stilniveau und klaren Ausdruck aus. Diese Eigenschaften ließen den Text wiederholt in den Mittelpunkt juristischer Lehrveranstaltungen rücken.[1]

I.) Entstehung und Provenienz

Die Untersuchung der Entstehung der Handschrift sowie ihres anschließenden Schicksals bis zur Aufnahme in die Vatikanische Bibliothek kann von zwei feststehenden Daten ausgehen: Seit 1544 befand sie sich im Besitz des Erstherausgebers Jean Dutillet (Tilius)[2], und 1647 trug der Pariser Gelehrte Alexandre Petau[3] seinen Namen ein.[4] Im übrigen sind Zeit und Ort der Entstehung des Manuskripts in den bisherigen Forschungen ebensowenig geklärt worden, wie dessen Weg bis in die Vatikanische Bibliothek lückenlos nachgewiesen worden ist.

Die beiden Fragen nach dem zeitlichen und örtlichen Ursprung der Handschrift können nur in Abhängigkeit voneinander behandelt werden. Die wichtig-

1 S. unten S. 61-65. Der französische Humanist Pierre Pithou (Pithoeus, 1539-1596) soll denjenigen für einen perfekten Juristen gehalten haben, der dieses Buch Ulpians durchgearbeitet habe (se perfectum J⟨uris⟩ C⟨onsultum⟩ eum putare qui hunc librum Ulpiani perlegerit); vgl. Maciejowski, Principia, S. 151.

2 Dutillet erklärt in dem seiner Erstausgabe vorangestellten Brief an Aymar de Ranconnet, daß er die Handschrift bereits seit 5 Jahren besitze. Zu Ranconnet s. unten S. 33, Fn. 128.

3 Alexander Petavius (1610-1672).

4 Vgl. S. 18.

sten Anhaltspunkte für ihre Beantwortung, die aus dem Schriftcharakter gewonnen werden können, erlauben nämlich keine schematische Auswertung. Einerseits pflegten verschiedene Skriptorien zur gleichen Zeit unterschiedliche Schrifttypen, andererseits traten Schrifttypen in ähnlicher Form zu unterschiedlichen Zeiten in verschiedenen Skriptorien auf. Immerhin dürfen wir davon ausgehen, daß das Manuskript im Frankenreich entstand.[5] Dort war das Breviar nämlich in dem Zeitraum, der für die Entstehung der Handschrift in Betracht kommt, von großer Bedeutung für Rechtsstudium und Praxis.[6] In diesem örtlichen Rahmen ist daher zunächst die chronologische Einordnung vorzunehmen, bevor anschließend die Merkmale dargestellt werden, die es ermöglichen, die Handschrift einem der Skriptorien zuzuordnen.[7]

1.) Entstehungszeit

Bis in die Gegenwart hat sich im Schrifttum ganz überwiegend die (zumeist unkritisch tradierte) Annahme verfestigt, die Handschrift sei im 10. Jahrhundert entstanden.[8] Manche Forscher haben sogar einen späteren Zeitpunkt angenom-

5 Lehmann, Sichardus, S. 88. Haenel, Lex Romana, S. XLV; Huschke, Iurisprudentia[5], S. 563; Abdy/Walker, Rules, S. XXV sowie Schönbauer, Iura 12 (1961), S. 149 vermuten eine Herkunft aus Gallien. Mehrfach ist ungenau angenommen worden, das Manuskript müsse aus »Frankreich« stammen; vgl. Haenel, RGL 1 (1834), S. 351; Jörs, RE, 9. Hb. (1903), s. v. Domitius 88, Sp. 1448; Bruns/Lenel, in: Holtzendorff, Enzyklopädie 1, S. 367; Schulz, Epitome, S. 6.

6 Der Name »Breviarium Alaricianum« wird seit dem 16. Jahrhundert gleichbedeutend mit »Lex Romana Visigothorum« verwendet. Dieses westgotische Gesetzbuch von 506 besteht aus Auszügen aus Codex Theodosianus, theodosianischen und posttheodosianischen Novellen, Gaius-Institutionen, Paulussentenzen, Codex Gregorianus, Codex Hermogenianus sowie aus Papinians Responsen. Diese gebräuchliche Terminologie steht im Gegensatz zur Ausdrucksweise einzelner Handschriften, die nur einen *Auszug* aus der Lex Romana Visigothorum enthalten und diesen »Breviarium« nennen; vgl. Krüger, Quellen, S. 351, Fn. 8. Der Cod. Reg. Lat. 1128 enthält allerdings den vollständigen Breviartext. Vgl. Haenel, Lex Romana, S. XLV; Mommsen, CTh, S. LXXX.
Das Breviarium Alaricianum war 654 außer Kraft gesetzt und durch die *lex Visigothorum Reckesvindiana* abgelöst worden. Seine Bedeutung blieb aber für das Rechtsstudium bestehen. In Teilen des Frankenreiches blieb es in Geltung als römisches Rechtsbuch für die römische Bevölkerung und die Kirche. Die Bemühungen Karls des Großen um die Pflege der geschriebenen Rechte betrafen auch die *lex Romana Visigothorum.* Vgl. Wenger, Quellen, S. 558; Brunner, Deutsche Rechtsgeschichte 1, 2. Aufl. (1906), S. 515. Die Vielzahl der karolingischen Abschriften bezeugt dies. Vgl. Conrat, Geschichte 1, S. 41 ff., 226 ff.; Mommsen, CTh, S. XXXVII, CCCVII ff.

7 Vgl. v. Scarpatetti, Scriptorium, S. 37.

8 Haenel, Lex Romana, S. XLV; Stieber, in: Haubold, Opuscula academica II, S. CXXIII; Dudík, Iter Romanum 1, S. 147; Huschke, Iurisprudentia[5], S. 563; Kübler, Geschichte, S. 281; Baviera, FIRA 2; Schönbauer, Iura 12 (1961), 148; Jörs, RE, 9. Hb. (1903), s. v. Domi-

men. Böcking etwa dachte an das 10. oder 11. Jahrhundert.[9] Diese Vorstellung, nach der das Manuskript spätestens im 11. Jahrhundert vollendet gewesen sein soll, geht auf die Ergebnisse älterer paläographischer Analysen zurück, die sich allerdings nur auf andere Abschnitte der Sammelhandschrift bezogen.[10] Diese Erkenntnisse können aber nicht ohne weiteres auf unseren Abschnitt übertragen werden. Im jüngeren Schrifttum ist verschiedentlich ein früherer Entstehungszeitpunkt angenommen worden. So meint Schulz,[11] der Schriftcharakter weise auf eine Entstehung um das Jahr 900 hin.[12] Mostert erwägt eine Entstehung im 9. oder 10. Jahrhundert.[13] Nachdem sich Pellegrin für einen Zeitpunkt im Verlauf des 9. Jahrhunderts ausgesprochen hatte,[14] hat Dolezalek sogar dessen Anfang in Betracht gezogen.[15] Wir werden sehen, daß Dolezalek mit dieser Vermutung wahrscheinlich das Richtige trifft: Das Manuskript entstand offenbar in der ersten Hälfte des 9. Jahrhunderts. Auf diese Zeit lassen sowohl die äußere Gestalt der Handschrift als auch insbesondere deren Schriftcharakter schließen.

a.) Beschreibung der Handschrift

Der Codex Vaticanus Reginensis Latinus 1128 umfaßt 271 Blätter, die jeweils ca. 350 × 246 mm messen.[16] Es handelt sich um eine in roten Saffian eingebundene, beidseitig zweispaltig geschriebene Pergamenthandschrift. Der Text ist in einer gleichmäßigen karolingischen Minuskel geschrieben;[17] nur Titelüberschriften und Eingangsworte stehen in Unzialschrift. Abkürzungen und Ligaturen kommen kaum vor. Die Farbe der Schrift ist grundsätzlich mittelbraun; allerdings

tius 88, Sp. 1448; Schiller, Roman Law, S. 48; Abdy/Walker, Rules, S. 25; Carey, Scriptura, S. 134; Štaerman, VDI 1971, S. 184; Ponssa, Reglas, S. 16; Volterra, BIDR 84 (1981), S. 305; Mercogliano, Tituli, S. 4; Santucci, AG 219 (1999), S. 140; Honoré, SZ 117 (2000), S. 525.

9 Böcking, Ulpiani Fragmenta, 4. Aufl., S. VII, Fn. 3.

10 So hatte Pertz, AGG 5, S. 205 f. den die *lex Burgundionum* enthaltenden Manuskriptabschnitt in das ausgehende 10. oder beginnende 11. Jahrhundert datiert.

11 Schulz, Epitome, S. 5.

12 Für eine Entstehung um 900 hat sich auch Liebs, Gallien, S. 106, Fn. 84 ausgesprochen; vgl. dens., Atti Acc. Costantiniana 2003, S. 655, Fn. 2.

13 Mostert, Library, S. 278. Schon Pardessus, Loi Salique, S. LVI i.V.m. S. LI hatte die Schrift dem ausgehenden 9. oder beginnenden 10. Jahrhundert zugeordnet.

14 Pellegrin, Manuscrits, S. 148.

15 Dolezalek, Verzeichnis 2, s. v. Bibliotheca Vaticana, Regin. lat. 1128, allerdings ohne Begründung.

16 Die folgenden Ausführungen verstehen sich als Darstellung derjenigen Merkmale des Manuskripts, die mit einiger Wahrscheinlichkeit eine zeitliche und räumliche Bestimmung der Herkunft ermöglichen. Eine umfassende Analyse der Handschrift aus paläographischer und kunsthistorischer Sicht, die bislang nicht vorliegt, können sie selbstverständlich nicht ersetzen.

17 Bretholz, Paläographie, S. 89 ff. Einzelheiten zu den Buchstaben auch bei Schulz, Epitome, S. 5 f.

sind Überschriften, Ziffern des Titelverzeichnisses, Anfangsbuchstaben und das *explicit* in rot gehalten. Auf Bl. 1 r und 4 r erstrecken sich Schmuckinitialen über die ganze Länge der Seite.[18] Am unteren Rande von Bl. 1 r steht der eigenhändige Namenseintrag Alexandre Petaus: »Alexander Pauli filius Petavius Senator Parisiensis anno 1647«.[19]

Innerhalb des Codex umfaßt der Breviartext 190 Blätter und endet ohne Abschlußvermerk[20] auf der Rückseite von Bl. 190, etwa im ersten Viertel der zweiten Spalte. Es schließen sich unmittelbar ein mit *Incip⟨iunt⟩ tituli ex corpore Ulpiani*[21] überschriebenes Titelverzeichnis und der hier behandelte Text an, so als sei er noch ein Teil des Breviars.[22] Die Handschrift des Textes ist vollständig und in gutem Zustand erhalten. Nach ihrem Schluß folgt ein Einschnitt, der dadurch gekennzeichnet ist, daß der Rest der Seite freigelassen ist (Bl. 202 v, re. Sp.). Am Fuße von Bl. 202 v steht nochmals ein zusätzliches »*expl⟨icit⟩*«. Auch sind die Blätter, auf denen der Breviarteil (einschließlich des hier behandelten Textes) steht, so angeordnet, daß der Text auf der letzten Seite eines Faszikels endet: die Quaternionen des Breviars werden von zwei Ternionen (Bl. 187-192 und 193-198) und schließlich einem Binio (Bl. 199-202) abgelöst.[23] Es folgen die Notae Iuris und andere Rechtsbücher. Sie weisen eine etwas abweichende Schrift auf, die aber dem gleichen Stil angehört. Der Hilfslinientyp ist derselbe.

Auf einem Vorsatzblatt des Codex (linke Seite vor Bl. 1 r) befindet sich ein von der Hand Alexandre Petaus stammendes Inhaltsverzeichnis:[24]

Bl. 1 - 190 v: Lex Romana Visigothorum[25]
Bl. 190 v - 202 v: Tituli ex corpore Ulpiani
Bl. 203 - 211 v: Notae Vaticanae
Bl. 212 - 232 v: Lex Gundobada
Bl. 233 - 241 v: Lex Ribuaria

18 Vgl. unten S. 26-28.

19 Den gleichen bzw. entsprechenden Namenseintrag weisen noch weitere Handschriften aus der Sammlung Alexandre Petaus auf, so u.a. die Codices Reg. Lat. 336 (Bl. 3 r), 846 (Bl. 1 r), 886 (Bl. 1 r) und 1050 (Bl. 6 r).

20 Abweichend unrichtig Haenel, Lex Romana, S. XIV.

21 Pardessus, Loi Salique, S. LVII liest unrichtig: »*Incipiunt capituli* ...«.

22 Der Schreiber hielt ihn offenbar für einen Teil des Breviars; Conrat, Geschichte 1, S. 86; Schulz, Epitome, S. 7; vgl. Nelson, BSL 29 (1999), S. 284.

23 Man bildet einen Quaternio, indem man vier aufeinandergelegte Bögen des Beschreibstoffs einmal faltet. Es entsteht ein Faszikel mit 8 Blättern, also 16 Seiten. Ein Ternio wird entsprechend aus drei, ein Binio aus zwei Bögen hergestellt.

24 So zutreffend Pellegrin, Manuscrits, S. 148. Spätere Zusätze sind nur die (zunächst versäumte) Angabe der Lex Salica sowie die Ziffer 377 (alte Signatur der Handschrift; vgl. S. 35).

25 Die Handschrift enthält einen Breviartext mit Glossenapparat; Dolezalek, Verzeichnis 2 s. v. Bibliotheca Vaticana, Regin. Lat. 1128; Liebs, Gallien, S. 106, Fn. 84; Conrat, Geschichte, S. 251.

Bl. 242 - 257: Lex Salica
Bl. 257 v - 271 v: Lex Alamannorum[26]

Die Handschrift läßt Korrekturen und bescheidene spätere Eingriffe erkennen. Die im Zusammenhang mit der Herstellung erfolgten Korrekturen wurden ganz überwiegend in der Originalschrift und mit entsprechender Tinte durchgeführt. Einzelne Stellen sind ferner durch einen Leser ergänzt worden, der wahrscheinlich dem 16. Jahrhundert zuzuordnen ist.[27]

b.) Besonderheiten der Schreibweise

Der Text weist eine Reihe sinnloser Fehler und, gemessen am hochsprachlichen Latein, viele Eigentümlichkeiten der Schreibweise auf. Für die Frage, inwieweit diese bereits aus der Vorlage übernommen worden sind, ist zu unterscheiden zwischen Fehlern, die auf die karolingische Abschrift zurückgehen, und Vulgarismen, die schon der antike Text aufwies.

aa.) Die karolingische Abschrift

Aus den wenigen Fällen, in denen sich neben karolingischen Abschriften die antiken Vorlagen erhalten haben, ist bekannt, daß antike Texte im 9. Jahrhundert im wesentlichen wortgetreu abgeschrieben wurden;[28] die typischen Fehler sind bekannt und erforscht.[29] Fehler und Interpolationen werden in vielen Fällen bereits in den Vorlagen enthalten gewesen sein und auf die Qualität derjenigen Textstufe zurückgehen, die aus der Umschrift aus Papyrusrollen hervorging. Eingriffe und Korruptelen kommen besonders bei Gebrauchstexten nicht selten vor.[30]

Für das vorliegende Manuskript ist nicht anzunehmen, daß der Text nach Diktat geschrieben wurde, so daß sich Hörfehler eingeschlichen haben könnten. Allenfalls kommt an einigen Stellen das sog. »innere Diktat« in Betracht: Der Schreiber liest den Text und spricht ihn sich anschließend für die Niederschrift in Gedanken selbst vor.[31] Auch solche »Hörfehler« können zu sinnlosen Schreibvarianten führen, z.B. bei »*perhesit*« für »*per aes et*« oder »*patissi nato*« für »*partis*

26 Die äußerliche Zusammenstellung der *Lex Romana Visigothorum* mit den Volksrechten ist an einer Vielzahl von Breviarhandschriften festzustellen; vgl. Conrat, Geschichte, S. 42 f., Fn. 12 mit Hinweis auf Haenel, Lex Romana, S. XLI ff.

27 Ein unbekannter Bearbeiter füllte einige verbliebene kleine Lücken aus. Schulz, Epitome, S. 8 meint, dies sei nach der Benutzung durch Cujaz geschehen. Zumindest das bei Tit. 16,1 eingefügte *duodecim* gab aber schon Dutillet wieder. Möglich ist allerdings, daß es sich nur um dessen Emendation handelt.

28 Zu dieser Beobachtung Bursian, Geschichte, S. 32. Nachzuweisen ist dies z.B. an der Liviushandschrift Reg. Lat. 762 (Tours um 800), deren Vorlage ein erhaltenes Unzialmanuskript aus dem 5. Jahrhundert ist; vgl. Reynolds/Wilson, Copisti, Taf. XI nach S. 88.

29 Reynolds/Wilson, Copisti, S. 250.

30 Zelzer, Umschrift, S. 166.

31 Zum inneren Diktat Mazal, Handschriftenkunde, S. 75 ff.

senatus«. Unser Text zeigt an vielen Stellen, daß der Schreiber nicht verstand, was er schrieb;[32] einige sinnentstellende Korruptelen erkannte er offenbar nicht als solche.[33]

bb.) Vulgarismen

Das Erscheinungsbild des überlieferten Textes weist eine große Zahl an sprachlichen und orthographischen Besonderheiten auf. Sie lassen erkennen, daß hier nicht etwa ein hochsprachlicher Text durch die mittelalterliche Überlieferung verdorben wurde,[34] sondern daß bereits die der karolingischen Abschrift vorausgegangene Textfassung in einer durch Vulgarismen gekennzeichneten Sprache gehalten war.[35] Es handelt sich um eine unprätentiöse, stilistisch nicht verfeinerte Alltagssprache,[36] die mit einer Schreibweise einherging, wie sie in verschiedenen Varianten etwa um 200 n. Chr. im ganzen Latein sprechenden Westen gebräuchlich war.[37] Dieser Befund schließt natürlich nicht aus, daß es sich in Einzelfällen um regelrechte Falschschreibungen handelt.[38]

32 Anhand karolingischer Texte hat Richter, Sprachwissenschaft 7 (1982), S. 420 f. gezeigt, daß es durchaus möglich war, Latein lesen zu lernen, ohne es zu verstehen; vgl. Ganz, Viator 18 (1987), S. 40. Während im Süden und Westen Galliens zu Beginn des 9. Jhdts. Latein noch verstanden worden sein dürfte, war es im Ostteil des Frankenreiches, wo eine germanische Volkssprache herrschte, eine fremde Sprache; Richter, Sprachwissenschaft 7 (1982), S. 423, 433 f.; vgl. Röder, Versuche, S. 9.

33 Da der Schreiber mutmaßlich nicht des römischen Rechts kundig war, mußten ihm derartige Mängel nicht notwendigerweise auffallen. »Niemand hört als was er weiß, niemand vernimmt als was er empfinden, imaginiren und denken kann«; Goethe, WA 41,1, S. 184.

34 Dagegen nahm Heimbach »Schreibfehler, von der zufälligen Gedankenlosigkeit herrührend«, an; HJWK 1838, Sp. 1970; ferner Schulz, Epitome, S. 7 u. 10. Auch Nelson, TR 67 (1999), S. 376 scheint anzunehmen, daß der »karolingische Kopist« für fehlerhafte Passagen verantwortlich sei.

35 Was die Parallelüberlieferungen betrifft, so ist festzustellen, daß auch die drei Handschriften der Collatio Vulgarismen enthalten (Coll. 6,2 entsprechend Tit. 5,6 u. 7; Coll. 16,4 entsprechend Tit. 26,1), während dies bei dem justinianischen Text (vgl. die Überlieferung von D. 22,5,17 im Vergleich zu Tit. 20,6) eine deutlich geringere Rolle spielt. Der Grund wird darin liegen, daß die Collatio eine Privatschrift ist (Wenger, Quellen, S. 545), die im Unterschied zu den justinianischen Texten keine offizielle Redaktion erfuhr.

36 Der Ausdruck »Vulgärlatein« wird hier vermieden. Er ist mehrdeutig und kann schichtenspezifisch, situationsspezifisch, ortsspezifisch, zeitspezifisch oder unter Verbindung dieser Aspekte verwendet werden; Kramer, in: Graf, Einleitung, S. 156. Der Begriff bezieht sich auf einen Gegensatz zur literarischen Hochsprache der gleichen Zeit, ohne dabei von vornherein ein Rangverhältnis auszudrücken; vgl. Wieacker, Vulgarismus, S. 62 f.; ders., St. Betti 4, S. 509 f. Für unseren Text ist nicht ersichtlich, daß etwa ein bestimmter Ort oder eine geringe Bildung des Schreibers Einfluß auf die Sprache gehabt haben könnten.

37 Als allgemeine Kennzeichen gelten die Verwechslung von *e* und *ae* (z.B. in den Endungen der a-Stämme), Weglassung des auslautenden *-m* (*vinu* statt *vinum*), falsche Zusetzung (*eadem legem* anstatt *eadem lege*), Verwendung der falschen Fälle, z.B. nach Präpositionen. Vgl. Stolz, Geschichte der lat. Sprache, S. 97; Kramer, in: Graf, Einführung, S. 115 ff. (156 ff.).

In unserem Text finden sich insbesondere folgende wichtige phonologische Merkmale der Umgangssprache:[39] Unter den Vokalen steht *e* anstatt *i*;[40] *i* anstatt *e*;[41] *ae* statt *e*[42] sowie *e* statt *ae*.[43] Ferner steht *o* für *u*(*s*), typischerweise im Nominativ der o-Deklination;[44] umgekehrt steht *u* für *o*.[45] Im Hinblick auf die Konsonanten ist festzustellen, daß infolge klanglicher Angleichung *b* für *v*,[46] umgekehrt aber auch *v* für *b*[47] steht. Weiche stehen anstatt harter Konsonanten.[48] Ferner sind *x* und *s* wegen Gleichklangs ausgetauscht,[49] ebenso *ci* und *ti*.[50] Am Wortende, insbesondere bei Akkusativendungen, fehlt das *m*.[51] Ein weiteres Kennzeichen sind schließlich die *h*-Fehler, die daraus resultieren, daß man das *h* in der lateinischen Umgangssprache wohl schon gegen Ende der Republik nicht mehr aussprach.[52] Häufig fehlt daher *h*[53] oder es wird überflüssigerweise geschrieben.[54]

38 Für den aus dem 5. Jahrhundert stammenden Veroneser Gaiuscodex, der ebenfalls privaten Zwecken diente, hat Nelson, Überlieferung, S. 30 ff. ähnliche Schriftmerkmale aufgezeigt, die er teils als orthographische Fehler, teils mit »spätklassischen Schreibgewohnheiten« erklärt. Vgl. im einzelnen den Studemunds Apographum beigefügten Index orthographicus (S. 313-325).

39 Vgl. Palmer, Latin Language, S. 148 ff. (157 ff.). Ich beschränke mich im folgenden jeweils auf Beispiele.

40 *rescindet* für *rescindit* (*princ.* § 1 u. 2); *cives* für *civis* (passim); *adeuntes* für *adeuntis* (Tit. 1,21); *codicellis* für *codicillis* (Tit. 2,12).

41 *institutionis* für *institutiones* (Tit. 1,21); *partim* für *partem* (Tit. 1,24); *libertatis* für *libertates* (Tit. 1,25); *vigilis* für *vigiles* (Tit. 3,5).

42 *morti suae* für *mortisve* (*princ.* § 2); *legitimae* für *legitime* (Tit. 1,6); *aequites* für *equites* (Tit. 1,13a).

43 *popea* für *Poppaea* (passim); *prestandam* für *praestandam* (Tit. 2,9); *preterea* für *praeterea* (Tit. 3,1).

44 *liberto* für *libertus* (Tit. 2,8); *iusto* für *iustum* sowie *masculos* für *masculus* (Tit. 5,2).

45 *solvendus* für *solvendo* (Tit. 1,14); *testamentum* für *testamento* sowie *numerum* für *numero* (Tit. 1,24); *natu* für *nato* (Tit. 3,3); *consultu* für *consulto* (Tit. 3,4).

46 *tutelabae* für *tutelave* (Tit. 11,14); *explebit* für *explevit* (Tit. 11,28).

47 *sive* für *sibi* (Tit. 24,3).

48 *vere* für *fere* (Tit. 25,2).

49 Für *dos* steht regelmäßig *dox*.

50 *conditio* für *condicio* (passim); *provintiae* für *provinciae* (Tit. 3,3; 8,2; 8,5); *commertium* für *commercium* (Tit. 19,5; 20,13); *citius* für *Titius* (Tit. 22,27). Vgl. ferner die Schreibweise *ascia* für *Aelia Sentia*; dazu S. 181, Fn. 30.

51 *poena* für *poenam* (*princ.* § 2); *fraude* für *fraudem* (Tit. 1,14); *cive* für *civem* (Tit. 3,3); *roma* für *Romam* (Tit. 3,6); *filia* für *filiam* (Tit. 5,6).

52 Bourciez, Phonétique, S. 124. Lindsay, Lat. Sprache, S. 62 nimmt das Verschwinden des *h* in der Umgangssprache bereits für die Mitte des 3. Jahrhundert v. Chr. an. Nicht sicher ist freilich, ob diese Merkmale schon der ersten Fassung des Textes anhafteten oder auf eine (sicherlich anzunehmende) spätantike Umschrift zurückgehen; vgl. Vossler, Einführung, S. 60 f. Die Schreibungen ohne *h* traten schon früh auf; Leumann, Lat. Laut- und Formenlehre, S. 138 f. Das Bemühen um Korrektheit führte Ungebildete zu umgekehrten Fehlern. Beispiele von fehlendem oder irrigem *h* bei Cannegieter (1768), S. 25 zu Tit. 2,8. Vgl. Lindsay, Lat. Sprache, S. 62; Vossler, Einführung, S. 98 f.; Haadsma/Nuchelmans, Précis, S. 27.

Fehlerhaft sind auch die Auflösungen mancher in der Vorlage offenbar ausgelassener Endungen, z.B. bei *populus romanus*, *ius* und dessen Beugefällen, bei *item*, *quia* und *quoniam*, *cum*, *quando* und *quod*, bei *uxor*, *sunt* und *sint*. Auch andere offensichtlich in der Vorlage befindliche Siglen bzw. Kürzungsstriche wurden falsch aufgelöst (*IT*: *item* bzw. *institutus*) oder gar nicht erkannt (*ascia*). Im allgemeinen waren diese häufig mehrdeutigen und selten genau festgelegten Kürzungen, die sog. Notae antiquae, schon bei der antiken Umschrift der Texte aus Rollen in Codices falsch aufgelöst worden.[55]

Gegenüber Schulz, der häufig die Wortwahl als »unklassisch« bemängelt, ist aber festzustellen, daß der Text hinsichtlich Wortwahl und Syntax gerade nicht von den vulgaren Einflüssen betroffen ist. Dies liefert einen ersten Hinweis darauf, daß hier ein ursprünglich klassischer Text unter Bewahrung seines Wortlauts tradiert wurde. Überhaupt ist die Übernahme der Vulgarismen in der Orthographie als deutlicher Hinweis auf die Treue der Abschrift zu werten. Wir dürfen also von einer grundsätzlich guten Wiedergabe des Vorbilds ausgehen.

Im Manuskript sind die zunächst übernommenen Vulgarismen teilweise anschließend von einem Korrektor verbessert worden. Insbesondere bei Vokalverschiebungen ist dies der Fall. Die auffälligen *h*-Fehler sind dagegen nicht verbessert worden, was damit zusammenhängen dürfte, daß sowohl der Schreiber als auch dessen Korrektor die richtige Verwendung des lateinischen *h* offenbar nicht beherrschten.[56] Entsprechend ist auch zu begründen, daß die Korrektur anderer Eigenheiten, die die zeitgenössische Sprache gleichfalls aufwies, nicht erfolgte, wie es etwa bei der Vertauschung von *v* und *b* der Fall war.

Die Handschrift läßt noch weitere Rückschlüsse auf die Vorlage zu. Da sich eine Verwirrung der Ordnung am Textanfang durch die Verdrehung eines Blattes der Vorlage erklärt,[57] können wir die Textlänge einer Seite erkennen. Die Vorlage war vermutlich einspaltig geschrieben, da der Textumfang einer Seite jeweils gering ist. Auch gibt es eine Reihe kleinerer Lücken im (inhaltlich vollständigen und daher dort nicht ergänzungsbedürftigen) Text, die auf einen Seitenwechsel in der Vorlage hindeuten dürften. Die Ermittlung der wahrscheinlichen Seitenzahl der Textvorlage durch Aufteilung des Gesamttextes in Einheiten vom Umfang je einer Seite erbrachte genau 84 voll beschriebene Seiten.

53 *odie* statt *hodie* (Tit. 11,8); *adriano* statt *Hadriano* (Tit. 24,28).

54 *hemerit* für *emerit* (Tit. 1,16); *horcinus* für *orcinus* (Tit. 2,8), *instituheret* für *instituerit* (Tit. 23,9).

55 Vertauschung von *quam* und *quod*; *sin* für *si enim* oder *non* für *nomen*; Zelzer, Umschrift, S. 164.

56 Im westlichen Frankenreich war das *h* jedenfalls schon in der *lingua romana rustica* (7. und 8. Jahrhundert) in der Aussprache verschwunden; Bourciez, Phonétique, § 110, S. 124. Es wurde zwar geschrieben, hatte aber keinen spezifischen Lautwert mehr; vgl. Stotz, DNP 13 (1999), s. v. Aussprache: Latein, Sp. 357. Über die Bemühungen Alkuins, die *h*-Fehler korrigieren zu lassen, Le Coultre, Mél. Nicole, S. 327 f. In dem von germanischen Sprachen beherrschten Ostteil des Frankenreichs war Latein ohnedies Fremdsprache.

57 S. unten S. 159 f.

Die Handschrift gibt den *liber singularis regularum* nicht bis zu dessen Ende wieder; der Schlußteil des Textes ist vielmehr verloren. Für die Frage, ob er schon in der Vorlage gefehlt hatte,[58] ergeben sich keine Anhaltspunkte. Mangels besonderer Hinweise gehen wir davon aus, daß unserem Schreiber die Unvollständigkeit nicht erkennbar war; vielleicht aber war sie in der Vorlage auch zu erkennen, nur teilt der Schreiber uns dies nicht mit.

cc.) Anhaltspunkte für die Datierung der Handschrift

Aus den Schriftmerkmalen der Handschrift ergeben sich Hinweise zu ihrer Datierung. Während die fertig ausgebildete karolingische Minuskel über mehrere Jahrhunderte lang in relativ konstanter Gestalt in Gebrauch blieb,[59] weist diese Schriftform in ihrer Entstehungsphase, d.h. bis zum 2. Viertel des 9. Jahrhunderts, noch besondere Merkmale auf, die ihre Identifikation ermöglichen. In dieser Frühphase war nämlich das Prinzip des einheitlichen Alphabets noch nicht durchgeführt.[60] Ein Leitzeichen zur Erkennung der frühen karolingischen Schrift ist insbesondere das *a*.[61] So war das aus der Unzialen stammende *a* bereits gebräuchlich[62], aber noch nicht als das spätere »*a* der karolingischen Minuskel« etabliert. Es trat vielmehr noch neben älteren Formen auf, nämlich neben dem geschlossenen *a* und einem solchen, dessen Form an zwei hintereinander stehende *c* erinnert (sog. *cc-a*).[63] Die letztgenannte Form verschwand als erste und bildet damit ein bedeutendes Altersindiz: bei Handschriften, die es noch aufweisen, ist an die erste Hälfte des 9. Jahrhunderts zu denken.[64] Die keulenförmige Verdikkung der Oberlängen bei *b*, *d*, *l*, *h*[65] sowie die spitz zulaufenden und einwärtsgerichteten Schäfte von *m* weisen im allgemeinen auf das 1. Viertel des 9. Jahrhunderts hin.[66] Alle diese Merkmale, insbesondere also auch das *cc-a*, weist die Schrift unseres Textes auf. Schließlich sind die offenen Bögen des *g*[67] sowie die

58 Nelson, Überlieferung, S. 84 erwägt, daß der Schreiber der Vorlage die Kopierarbeit vorzeitig eingestellt haben könnte. Anhaltspunkte dafür sind aber nicht ersichtlich.

59 Vgl. Löffler/Milde, Einführung, S. 93.

60 Mazal, Handschriftenkunde, S. 108; vgl. Bischoff, Paläographie, S. 156.

61 Es gibt freilich Schulen, die Nebenformen (wie offenes *a*, unziales *d* und Majuskel-*N*) nie ausschlossen; vgl. Mazal, Handschriftenkunde, S. 109.

62 Eine Verbesserung, die gegenüber dem offenen *a* der Eindeutigkeit der Schrift dient; Mazal, Handschriftenkunde, S. 108.

63 Löffler/Milde, Einführung, S. 91; vgl. Mazal, Handschriftenkunde, S. 109.

64 Löffler/Milde, Einführung, S. 95.

65 Mazal, Handschriftenkunde, S. 109; vgl. Löffler/Milde, Einführung, S. 92.

66 Löffler/Milde, Einführung, S. 92.

67 Mazal, Handschriftenkunde, S. 109 schränkt ein, das *g* dieser Phase habe i.d.R. den unteren Bogen offen. Dies ist bei unserer Handschrift jedenfalls gegeben; gelegentlich (einschränkend Schulz, Epitome, S. 5 f.) sind sogar beide Bögen offen, z.B. Bl. 192 r, Sp. b, 9. Zeile von unten: *vulgo*.

häufige Verwendung des Majuskel-*N*,[68] wie sie hier am Anfang oder Schluß eines Wortes oder in Ligatur auftritt, als Merkmale dieser frühen Phase zu nennen.

Demgegenüber läßt die Schrift verschiedene Merkmale, durch die die karolingische Minuskel des 10. Jahrhunderts in vielen Manuskripten gekennzeichnet ist, noch nicht erkennen. So ist der Winkelschenkel des aus der Unzialen stammenden *a*, der ursprünglich schräg gestellt war, noch nicht aufgerichtet. Die Verwendung des *ę* (*e* caudata) für das offene *e*, die besonders im 10. Jahrhundert häufig vorkommt, tritt hier kaum auf. Die im 10. Jahrhundert bei *m*, *n*, und *i* aufkommenden kleinen Abschlußstriche (sog. »Füßchen«) sowie das etwas unter die Zeile gezogene *r* sind noch nicht festzustellen.

Alle diese Merkmale sind aber nur mit Vorsicht als Beweismittel für den Zeitansatz zu benutzen; eines allein darf nie die Entscheidung bewirken. Doch schaffen mehrere zusammen oder ihre Häufung größere Sicherheit.[69] Nach allem spricht der Gesamteindruck dafür, daß unsere Handschrift in der ersten Hälfte des 9. Jahrhunderts entstand.

2.) Entstehungsort

a.) Der Stand der wissenschaftlichen Diskussion

Nach überwiegender Ansicht soll die Handschrift, die wir, wie erwähnt, 1544 bei Jean Dutillet wissen, ursprünglich aus dem Kloster Fleury an der Loire stammen.[70] Die Bibliothek dieses Klosters war 1562 von den Calvinisten geplündert worden.[71] Pierre Daniel aus Orléans, der Verwalter (bailli) des Klosters, hatte bei dieser Gelegenheit viele der Manuskripte an sich gebracht.[72] Unter diesen soll sich unsere Handschrift befunden haben. Als sich nach dem Tode Daniels im Jahre

68 Löffler/Milde, Einführung, S. 92; Mazal, Handschriftenkunde, S. 109.

69 Löffler/Milde, Einführung, S. 96.

70 So erstmals Haenel, RGL 1 (1834), S. 351. Nach Heimbachs Bericht über Haenels Forschungen soll dieser in dem Manuskript eine für Fleury über längere Zeit charakteristische Schrift erkannt haben; HJWK 1838, Sp. 1974 f.; ders., LR 1 (1843), S. 96. Mostert bezweifelt dagegen gerade diesen einheitlichen Schreibstil. Haenels Vermutung einer Entstehung in Fleury, deren Gründe im einzelnen nicht mitgeteilt sind, machen sich außer Heimbach noch Carey, Scriptura, S. 134, Schulz, Epitome, S. 6, Kübler, Geschichte, S. 281, Villers, in: Girard/Senn, Textes, S. 414 und Liebs, Gallien, S. 106, Fn. 84 sowie ders., Atti Acc. Costantiniana 2003, S. 655, Fn. 2 zu eigen. Mommsen, JS 2, S. 55 vermutete, daß die Handschrift jedenfalls in Fleury aufbewahrt worden sei.

71 Foerster, Paläographie, S. 104; Milkau/Leyh, Handbuch 3, S. 358 f.

72 Daniel (1530-1603) war Schüler Cujaz' in Bourges gewesen (Mostert, Library, S. 30). Sein Verhalten bei der Plünderung wird teils als Rettung der Bücher (Milkau/Leyh, Handbuch 3, S. 359; Carey, Scriptura, S. 31), teils als Unterschlagung beurteilt (De Meyier, Petau, S. 98; Mostert, Library, S. 30).

1603 Jacques Bongars[73] und Paul Petau[74] dessen Bibliothek teilten,[75] soll die Handschrift an Petau[76] gelangt sein. Dieser vererbte seine Sammlung im Jahre 1614 an seinen Sohn Alexandre Petau, dessen Namen die Handschrift trägt.

Die geschilderte Ansicht läßt mehrere Punkte ungeklärt. Zunächst einmal sind bislang keine überzeugenden Hinweise auf Fleury herausgearbeitet worden, die sich aus der Handschrift selbst ergeben. Im übrigen überzeugt es nicht, wie die Verbindung zum nächsten sicheren Anhaltspunkt, dem Namenseintrag des Alexandre Petau von 1647, konstruiert wird, nämlich über die Plünderung von 1562, die Übernahme einiger Bestände durch Daniel und schließlich den Übergang eines Teils von dessen Bibliothek an Paul Petau. Wenn unser Manuskript nämlich überhaupt aus Fleury stammte, müßte es ja vor 1544 weggegeben worden und auf ganz anderem Wege zu Dutillet gelangt sein. Dafür gibt es aber keinerlei positive Anzeichen.[77] Heimbach wollte das Rätsel lösen, indem er davon ausging, daß die erhaltene Handschrift aus Fleury stamme, während Dutillet eine andere vorgelegen habe.[78] Diese Ansicht ist inzwischen mit Recht verworfen worden.[79] Schließlich bleibt ungeklärt, weshalb Alexandre Petau seinen Namen erst 1647 eintrug, wenn er doch die Handschrift bereits beim Tod seines Vaters 1614 geerbt haben soll.

Eine andere Ansicht zur Herkunft der Handschrift hat Élisabeth Pellegrin entwickelt. Nach ihrer Meinung soll das Manuskript aus dem Skriptorium von St. Martin in Tours bzw. einer davon abhängigen Schreiberwerkstatt stammen.[80] Bei Berücksichtigung der mehreren, bei Edward Rand unterschiedenen Phasen der Schriftentwicklung in Tours schiene eine Entstehung in der Amtszeit des Abtes Fridegis (819-832) vom Schriftbild her nicht ausgeschlossen.[81] Auch in Tours hatte sich das später zum Ideal ausgebildete einheitliche Alphabet in dieser Phase

73 Jacobus Bongarsius (1554-1612), ein Schüler Cujaz'.

74 Paulus Petavius (1568-1614), Pariser Parlamentsrat und Gelehrter.

75 Haenel, Catalogi, Sp. 268; Heimbach, HJWK 1838, Sp. 1975; Chenesseau, Abbaye, S. 88.

76 Dazu Callmer, Königin Christina, S. 156. Es existiert ein Originalkatalog über die Sammlung des Alexandre Petau: Leiden, Voss. Lat. Q 76 (vor 1644 angefertigt). Die Sammlung hatte von den kriegsbedingten Plünderungen des 16. Jahrhunderts wesentlich profitiert; vgl. Pellegrin, RHT 3 (1973), S. 271.

77 Zwar waren der floriazensischen Bibliothek auch schon vor 1562 Schriften abhanden gekommen, jedoch in größerem Umfang erst seit 1551, als Kardinal Odet de Coligny das Amt des Kommendatärabts übernahm und eine erhebliche Anzahl der Manuskripte aus Profitgier weggeben wurde. Vgl. Mostert, Library, S. 29; De Meyier, Petau, S. 96 f.; Chenesseau, Abbaye, S. 67. Zu diesem Zeitpunkt war die *editio princeps* aber bereits erschienen.

78 Heimbach, LR 1 (1843), S. 96; ders., HJWK 1838, Sp. 1961 ff.

79 Zu den Gründen Heimbachs und deren Bewertung s. unten S. 45 f.

80 Pellegrin, Manuscrits, S. 149.

81 Der Cod. Reg. Lat. 762 (Livius) weist durchaus ähnliche Schriftmerkmale auf und wird von Reynolds/Wilson Tours um das Jahr 800 zugeordnet (S. 98 und Taf. XIII nach S. 108). Zum Stil der Fridegis-Epoche vgl. Lesne, Propriété, S. 175-178.

noch nicht durchgesetzt. Ferner gehört Tours zu den Skriptorien, die die Halbunziale als Auszeichnungsschrift einsetzten:[82] Sie wurde zur Verwendung für Vorreden, Anfangszeilen o. ä. für etwa drei Generationen in die Hierarchie der Schriftarten aufgenommen.[83] In unserer Handschrift sind tatsächlich Werküberschrift und Titelüberschriften in Halbunziale gehalten. Weitere besondere Indizien für eine mögliche Herkunft aus Tours sind aber nicht ersichtlich. Auch dürfte die Herausarbeitung der Merkmale der Schrift von Tours zunächst unter dem Vorbehalt der wechselhaften Qualität stehen: So sind sowohl prächtige Handschriften entstanden als auch Zeugnisse für die berüchtigte »*Turonica rusticitas*« der Schreiber.[84] Zweifel an einer Herkunft aus Tours ergeben sich auch daraus, daß die Bibliothek im Jahre 853 von den Normannen vernichtet wurde. Um der Katastrophe entgangen zu sein, müßte die Handschrift vor diesem Termin weggegeben worden sein, wofür aber jeder Anhaltspunkt fehlt. Schließlich ist zu bedenken, daß nach dem Tod Karls des Großen ein vom Hof abhängiges, in ähnlichem Stil wie Tours arbeitendes Skriptorium eine größere Anzahl Rechtstexte produzierte, wie sie für die Praxis benötigt wurden.[85] Die Entstehung dieser Handschriften scheint gerade in die Amtszeit des Fridegis zu fallen.[86]

b.) St. Gallen als Entstehungsort der Handschrift

Mehrere Indizien lassen demgegenüber die Annahme zu, daß die Handschrift im Kloster St. Gallen entstand. Den Ausgang nimmt diese Vermutung bei der Schmuckinitiale, mit der der Text der *Lex Romana Visigothorum* im Cod. Reg. Lat. 1128 anfängt. Das *Incipiunt* auf Bl. 1 r beginnt mit einem *I*, das sich über die gesamte Länge der Seite erstreckt. Es besteht aus einem Bandgeflecht, das in der oberen und unteren Hälfte jeweils ein Feld frei läßt, welches mit angedeutetem Geflecht ausgefüllt ist. An den Enden des *I* münden die Bänder in jeweils einen charakteristischen, an eine Schlange erinnernden Tierkopf mit nach hinten spitz zulaufendem Auge und unten einem verschlungenen, oben zwei kurzen, schopfartigen Fortsätzen. Dem geöffeten Maul entspringt jeweils ein Band, mit dem das Geflecht endet, gelegentlich kleine Fäden entlassend, die in Häkchen oder Kügelchen enden (S. 27, Abb. a).[87]

82 Vgl. Bischoff, Paläographie, S. 156.

83 Bischoff, Paläographie, S. 106 f.; vgl. Ganz, Schreiben, S. 25.

84 Vgl. die Klage Alkuins in einem an Karl den Großen gerichteten Brief von 799: »Ergo itaque, licet parum proficiens, cum Turonica cotidie pugno rusticitate«; Wattenbach/Duemmler, Monumenta Alkuiniana, S. 459, ep. 112.

85 Dies gilt wahrscheinlich für die Codices Reg. Lat. 846 und 852. Cod. Reg. Lat. 857 stammt demgegenüber aus dem Kloster St. Marcial in Limoges; vgl. Bl. 1 r: *hic est liber sci Marcialis*; Bl. 147 v: *liber sci Marcialis*.

86 Bischoff, Paläographie, S. 268.

87 Das vatikanische Manuskript enthält auf Bl. 4 r noch eine zweite Schmuckinitiale *I*, jedoch ohne Tierköpfe. Diese besteht im wesentlichen aus einem aus einfachen Linien bestehen-

(a) Cod. Vat. Reg. 1128, Bl. 1 r
© Biblioteca Apostolica Vaticana
(Verkleinerter Ausschnitt)

(b) St. Gallen, Cod. 367, S. 44
(Verkleinerter Ausschnitt)

Der St. Galler Buchschmuck war am Beginn des 9. Jahrhunderts noch bescheiden. Zu diesem Zeitpunkt löste in St. Gallen der karolingische Stil erst den merowingischen ab.[88] Die Handschriften dieser Zeit enthalten kaum bedeutende Initialen.[89] Unter den Manuskripten, die im Skriptorium von St. Gallen in der ersten Hälfte des 9. Jahrhunderts entstanden sind, weisen viele in ihren Schmuckinitialen bestimmte Varianten von Tierköpfen auf. Unter letzteren dominieren neben den Fischen die Vogel- oder vogelähnlichen Köpfe,[90] deren gemeinsames Merkmal das rückwärts spitz zulaufende Auge ist. In vielen Fällen[91] hat die Figur anstatt des Schnabels ein Schlangenmaul, oft zudem den oder die schopfartigen Fortsätze des Kopfes, derentwegen Merton sie in seinem grundlegenden Werk über die Buchmalerei in St. Gallen als »Wiedehopf« bezeichnet hat.[92] Diese Figur, deren geöffnetem Maul ein Band entspringt, entspricht auffallend den beiden im vatikanischen Manuskript in der Schmuckinitiale Bl. 1 r dargestellten Köpfen.[93]

Auch das lockere Ranken-Flechtwerk des Initialschmucks entspricht demjenigen, das sich in Handschriften aus St. Gallen findet.[94] Während nämlich im 9. Jahrhundert die fränkischen Ranken häufig eine plastische Wirkung hatten, wurden sie in der Schule von St. Gallen abgeflacht,[95] ebenso, wie es in unserer

den Flechtwerk, innerhalb dessen bei Überschneidungen die überschnittene Linie vor der Berührung aussetzt (zu diesem Merkmal in St. Galler Handschriften vgl. noch Merton, Buchmalerei, S. 15 f.). Zwei im Geflecht ausgesparte Felder enthalten Mäanderformen; das Geflecht selbst weist einzelne symmetrische, schmetterlingsförmige Blüten auf. Ein gleichartiges Flechtwerk findet sich im St. Galler Cod. 367, S. 157 sowie besonders häufig im Zürcher Cod. C 12, der wahrscheinlich aus St. Gallen stammt; vgl. Cimelia Sangallensia, S. 54; Eggenberger, in: Vogler, Kultur, S. 99.

88 Merton, Buchmalerei, S. 15.

89 Bruckner, Scriptoria, St. Gallen 1, S. 40. Dies zeigt sich besonders deutlich an dem noch relativ unentwickelten Schmuck im St. Galler Cod. 20 und im Zürcher Cod. C 12.

90 Fische und Vögel sowie Flechtwerk und Ranken sind Merkmale, die aus der merowingischen Initialkunst herrühren; vgl. Mazal, Initialen, S. 8 f.

91 Für die Form vgl. die (farblich bereits weiterentwickelten) Schmuckinitialen bei Lapiere, Lettre, S. 323, Janzin/Güntner, Buch, S. 63 sowie bei v. Euw, St. Galler Kunst, S. 173.

92 Merton, Buchmalerei, S. 15, mit genauer Beschreibung der Merkmale des Tierkopfs und Abbildungen von Varianten auf Tafeln III,1; VIII,2; X,1; XI,2; XII,1.

93 Unter den verschiedenen zoomorphen Köpfen, die die St. Galler Initialkunst aufweist, läßt sich der hier beschriebene Typ vielfach nachweisen. Er tritt bereits im Wolfcoz-Psalter (Cod. 20, von 820-840, S. 65) auf, und überaus häufig dann im Wolfcoz-Evangelistar (Cod. 367, um 830/845). Für die spätere Entwicklung ist er nachzuweisen im letzten Band der Großen Hartmut-Bibel (Cod. 83, um 850/880, S. 5 und 15) sowie im Goldenen Psalter (Cod. 22, zw. 860 u. 900) und im Folchard-Psalter (Cod. 23, zw. 864 u. 883). In den letztgenannten Handschriften ist der Typus bereits Bestandteil aufwendigen Buchschmucks, gegenüber dem sich die Schmuckinitialen unseres Manuskripts, die ja nur eine profane Gebrauchsschrift zieren, als sehr bescheiden ausnehmen.

94 Merton, Buchmalerei, S. 15.

95 Mazal, Initialen, S. 10.

Handschrift der Fall ist. Schließlich sind auch die das Flechtwerk zierenden Fäden und Kügelchen Stilelemente der St. Galler Initialkunst.[96]

Die Zugehörigkeit des Schmuckes unserer Handschrift zum St. Galler Stil wird deutlich im Vergleich der Initiale auf Bl. 1 r des Cod. Reg. Lat. 1128 (S. 27, Abb. a) mit derjenigen, die im Wolfcoz-Evangelistar (St. Gallen, Cod. 367) auf S. 44 die Einleitungsformel »*In illo tempore* ...« schmückt (S. 27, Abb. b). Diese Initialen weisen insgesamt eine besonders weitgehende Übereinstimmung der jeweiligen Gestaltungsidee auf. Dieser Eindruck beruht nicht nur auf der Ähnlichkeit der Tierköpfe,[97] sondern gründet sich auch auf die Parallelität der verschlungenen Bänder und Sporangien sowie der beiden markanten linksgerichteten Ecken im Korpus der Initialen.[98]

Die karolingische Schrift setzte sich im St. Galler Skriptorium erst während der Amtszeit des Abtes Gozbert (816-837) durch. Sie löste eine zuvor geschriebene alemannische Minuskel ab, die in der Schaffensphase des Schreibers Wolfcoz (817-822) in besonderer Blüte stand.[99] Obwohl unser Text schon in der neuen Schrift gehalten ist, wurde er nicht sehr viel später geschrieben, worauf in erster Linie das Auftreten des alten *cc-a* hindeutet, das um die Jahrhundertmitte außer Gebrauch kam.[100]

Auch die Lagenordnung der Handschrift korrespondiert mit den Erkenntnissen, die die Forschung über St. Galler Manuskripte der betreffenden Epoche gewonnen hat. So bestehen diese älteren Bände regelmäßig aus Quaternionen, nur gelegentlich durchsetzt mit Ternionen und Binionen. Die Folge von Blättern, die mit der Haar- oder Fleischseite beginnt und innerhalb der Lage anschließend gleichartige Seiten einander zukehrt, was bei Kennzeichnung nur der oberen Blattseite je einer halben Lage kurz mit HFHF (bzw. FHFH) bezeichnet werden kann,[101] ist schon in den ältesten Bänden der Normalfall und setzt sich im 1. Drittel des 9. Jahrhunderts zur vollen Regelmäßigkeit durch. Dabei überwiegt die Lagenordnung HFHF.[102] Der Cod. Reg. Lat. 1128 weist diese Merkmale auf. Der Breviarteil beginnt mit Quaternionen in der Lagenordnung HFHF. Der unseren

96 v. Euw spricht von Sporangien; St. Galler Kunst, S. 170 f. mit Abbildung S. 171.

97 Andere der in Fn. 93 genannten Schmuckinitialen weisen, wenn man *nur* auf die Form des Kopfes abstellt, noch weitergehende Übereinstimmung auf.

98 Im Cod. 367, S. 44 sind die Konturen in Rot gehalten und mit Gold und Silber ausgefüllt.

99 Berschin, in: Vogler, Kultur, S. 70 f. Zu dieser alemannischen Schrift näher v. Scarpatetti, Scriptorium, S. 48 f. und mit Rücksicht auf die Wolfcoz-Phase ders., Fs. Duft, S. 38 ff.

100 Vgl. oben S. 23.

101 Dies erfolgt hier im Anschluß an Rand, Studies, Bd. 1, Text, S. 11 ff. m. Nachweisen in Anm. 3. H bezeichnet die Haarseite, F die Fleischseite des Pergaments. HFHF bedeutet also für den Quaternio: H (Rückseite F); F (Rückseite H); H (Rückseite F); F (Rückseite H) / H (Rückseite F); F (Rückseite H); H (Rückseite F); F (Rückseite H).

102 Bruckner, Scriptoria, St. Gallen 1, S. 50. Im 2. Vierteljahrhundert ging die wechselnde Lagenordnung dann allgemein zurück; Lesne, Propriété, S. 331.

Text enthaltende Abschnitt läßt in zwei Ternionen (Bl. 187 r - 192 v: HFH; Bl. 193 r - 198 v: HFH) und einem Binio (Bl. 199 r - 202 v: HF) das entsprechende System der Lagenordnung erkennen.

Es gibt ein weiteres Indiz dafür, daß sich die Handschrift zumindest im Kloster St. Gallen befand: Auf Bl. 241 r ist zweimal ein Name zu lesen, der am Anfang mit »Gauzb[...]« noch sicher zu bestimmen, im übrigen aber unsicher ist. Wahrscheinlich lautet er »Gauzbertus«.[103] Dieser Name bezieht sich wahrscheinlich auf den Abt Gozbert,[104] mit dessen Amtszeit die in wissenschaftlicher und geistiger Hinsicht besonders fruchtbare Phase St. Gallens begann.[105] Gozbert war gleichzeitig Begründer der Klosterbibliothek[106] und richtete als erster eine planmäßig arbeitende Schreiberschule ein.[107]

Neben den Erkenntnissen, die unmittelbar aus der Handschrift zu gewinnen sind, können noch andere historische Gesichtspunkte angeführt werden.[108] So ist die Annahme St. Gallens als Entstehungsort auch darum plausibel, weil es seit der Unterwerfung der Alemannen durch die Merowinger um 500 zum Frankenreich gehörte. Es galten die Volksrechte, für die Alemannen, in deren Gebiet St. Gallen lag, also die *Lex Alamannorum*,[109] die Bestandteil der Sammelhandschrift ist.[110]

103 So auch Pellegrin, Manuscrits, S. 149, während Turner, Jean du Tillet, S. 58 »Gauzibertus« liest. Der Schriftzug wirkt etwas unbeholfen. Dies wird damit zusammenzuhängen, daß der zweite Namenszug dem ersten wahrscheinlich nachgebildet worden ist. Die Stelle scheint auch mit einer bräunenden Tinktur behandelt worden zu sein, um den Namen besser lesbar zu machen.

104 Aus dem »Lemmatisierten Personennamenregister« in Borgolte/Geuenich/Schmid, Subsidia Sangallensia 1, S. 565 ist eine große Zahl von Schreibvarianten dieses Namens zu ersehen, u.a. die Formen Gauzberti, Gauzbertus (5 Nachweise!) sowie Gauzpertus. Vgl. noch die überlieferten Schreibweisen des Namens in der Keronis Monachi S. Galli Interpretatio verborum Alamannicorum, in: Goldast, Alamannicorum rerum scriptores 2, S. 69-118 (105).
Als immerhin möglich erscheint auch, daß sich die Namensangabe auf Gozberts gleichnamigen Neffen bezogen haben könnte, der die Geschichte des Klosters erarbeitete; vgl. Sprandel, Kloster, S. 24 u. 47 f. Wahrscheinlich ist aber der Abt gemeint, denn allein 4 der 5 Fälle der Schreibweise Gauzbertus (Subs. Sangallensia 1, S. 565) stehen mit »A(bbas)«.

105 Duft, Geschichte, S. 17. Selbstverständlich ist es auch denkbar, daß der Name erst nach dem Tode Gozberts eingetragen wurde.

106 Merton, Buchmalerei, S. 3; Weidmann, Geschichte, S. 1; Duft/Gössi/Vogler, Die Abtei St. Gallen, S. 102 f.; Duft, Stiftsbibliothek Sankt Gallen, S. 22. Um die Mitte des 9. Jhdts. umfaßte die Bibliothek etwa 400 Bände, deren Verzeichnis im Codex 728 der Stiftsbibliothek erhalten ist. Dieser alte Katalog ist abgedruckt bei Weidmann, Geschichte, S. 364-396.

107 Bruckner, Scriptoria 3, S. 19-22; vgl. über das Skriptorium Lesne, Propriété, S. 300-317.

108 Dazu grundsätzlich Autenrieth, Codicologica 4, S. 69 f.

109 Erlassen z.Zt. des Herzogs Lantfrid (gest. 730). Für die Geltung im 9. Jahrhundert vgl. Ekkehard IV., Casus sancti Galli – St. Galler Klostergeschichten, übers. v. H. F. Haefele, S. 46 f., Kap. 17.

110 Bl. 257 v - 271 v.

St. Gallen lag am »äußersten Rand gallorömischer Rechtskultur«.[111] Eine im 8. Jahrhundert eingetretene Krise in den Beziehungen des Klosters zum Königshaus war dadurch beigelegt worden, daß die gegen die Oberherrschaft der Karolinger opponierenden Alemannenherzöge entmachtet wurden und die Abtei 759 endgültig dem Konstanzer Bistum untergeordnet wurde.[112] Beim Amtsantritt Gozberts war die karolingerfeindliche Vergangenheit zum Abschluß gekommen.[113] Mit der neuen Hinwendung der Rechtspflege zur Zentralgewalt hing die Herstellung vieler Breviarhandschriften im 9. Jahrhundert zusammen.[114]

Als Indiz kann schließlich noch die bei Savigny[115] erwähnte Glosse zu dem Kanonisten Bernardus Papiensis angeführt werden, deren Formulierung unserer Textstelle zur klassischen Derogationstheorie (*princ.* § 3) stark ähnelt.[116] Die Glosse weist mit der Voranstellung der Gliederung sogar einen höheren Systematisierungsgrad auf. Gut denkbar ist ein Zusammenhang mit unserem Text, vielleicht vermittelt durch eine andere, entwicklungsgeschichtlich eng verwandte Juristenschrift.[117] Diese Vermutung wird dadurch unterstützt, daß der Glossenapparat im 13. Jahrhundert in Weingarten entstand.[118] Auch diese Abtei, wie St. Gallen dem Benediktinerorden zugehörig, unterstand dem Bistum Konstanz.

Daß unsere Handschrift aus der Abtei in die Hände Dutillets gelangte, ist wahrscheinlich darauf zurückzuführen, daß der Glaubenswechsel der Stadt St. Gallen nach der Reformation im Jahre 1529 einen Bildersturm zur Folge hatte, bei dem viele der Bücher geraubt wurden.[119] Viele Mönche verließen das Kloster. Die Bürger von St. Gallen kauften es 1530 mit allem Inventar. Nach dem Sieg der katholischen Partei im Zweiten Kappelerkrieg (1531) wurde ein großer Teil der

111 Liebs, Rechtstexte, S. 21.

112 Prinz, Mönchtum, S. 228 f.; Geuenich, Geschichte der Alemannen, S. 106-108.

113 Sprandel, Kloster, S. 41 u. 48.

114 Im 19. Jahrhundert enthielt die Bibliothek insgesamt 91 juristische Handschriften, vgl. Weidmann, Geschichte, S. 459 sowie die Verzeichnisse bei Lehmann, Mittelalterliche Bibliothekskataloge, S. 55-148. Die in der Stiftsbibliothek St. Gallen erhaltenen Breviarhandschriften Codd. 722 und 729 stammen allerdings offenbar aus anderen Skriptorien; vgl. Mordek, Bibliotheca, S. 660 und 668.

115 Savigny, Geschichte 3, S. 507; ders., Geschichte 7, S. 254.

116 Fulda, Hess. Landesbibl. D 5 (früher Nr. 137). Auf Bl. 1 r der Handschrift befindet sich in der linken Glossenspalte die Glosse »*Legi aut rogatur aut derogatur* ...«. Näher unten S. 167 f., Fn. 37.

117 Der Glossenapparat enthält neben Zitaten aus Justinians Institutionen und Digesten einige Stellen, die auf die Benutzung einer juristischen Elementarschrift hindeuten, so z.B. Begriffsbestimmungen zu Freilassungsformen einschließlich der *manumissio vindicta* (Bl. 7 r: »*fit autem manumissio multis modis ... dicente domino, esto liber, item coram iudice, quae dicitur manumissio vindicta* ...«) und zum Testament (Bl. 38 v; vgl. unten bei Tit. 20,1).

118 Die Handschrift stammt ursprünglich aus Oberitalien; vgl. Hausmann, Einleitung, in: Die theol. Handschriften der Hess. Landesbibliothek Fulda, S. XXIII f.

119 Weidmann, Geschichte, S. 56; vgl. Borgolte/Geuenich/Schmid, Subsidia Sangallensia 1, S. 39.

Schriften zurückgegeben. Ein Teil der Bestände blieb aber verschwunden, und viele Bücher gelangten in fremde Gegenden.[120] Schon 1544, also nur dreizehn Jahre später, trat unsere Handschrift in Paris ans Licht.

II.) Das Schicksal der Handschrift in der Neuzeit

Jean Dutillet,[121] der im Jahre 1549 die Erstausgabe des Textes besorgte,[122] hatte sich der Erforschung der Quellen des römischen Rechts gewidmet[123] und galt als einer der sorgfältigsten Geschichtsforscher seiner Zeit. Im Jahre 1576 konnte Cujaz das

120 Weidmann, Geschichte, S. 57 f.

121 Der nachmalige Bischof von St. Brieuc und später Meaux, gest. in Paris am 19. Nov. 1570, wird gelegentlich verwechselt mit seinem gleichnamigen Bruder, dem Vizepräsidenten der Chambre des Comptes seit 1514 und Greffier des Pariser Parlaments seit 1521 (gest. in Paris am 2. Okt. 1570). Beide Brüder taten sich durch historische Forschungen hervor. Bedeutender als Sammler von Handschriften und Herausgeber von Texten war der Bischof; Brown, Jean Du Tillet, S. 4. Über ihn vgl. Turner, Jean du Tillet, S. 48; ders., JTS 12 (1911), S. 128 f.; Kelley, JMH 38 (1966), Sp. 340-341; ders., Foundations, S. 220-222; NBG 45 (1866), Sp. 379-381; La Croix Du Maine, Bibliothèques 1, S. 269 u. Bd. 3, S. 523; Savigny, VS 3, S. 69 f.; ders., Adversaria 2, 21.

122 [Jo. Tilius:] XXVIIII Tituli ex corpore Ulpiani, Parisiis Apud Guil. Morelium [...] 1549. Die heute seltene Ausgabe ist »rezensiert« worden durch Feuerbach, NLA Nr. 11 vom 9.9.1806, Sp. 164-167.
Dutillet bekannte sich – außer in klaren Fällen – gegen Emendationen: »in huiusmodi vetustorum monumentorum reliquiis, ne quid detrahatur, addatur, immutetur, nisi se mendae luce clariores prodant. Nolumus enim de nostro quicquam adiici, liberumque de locis dubiis cuique iudicium relinquimus«; vgl. Turner, Jean du Tillet, S. 53. Im Schrifttum ist nicht immer hinterfragt worden, inwieweit diese Behauptung Dutillets seiner Arbeitsweise tatsächlich entsprach; vgl. Volterra, Scritti 3, S. 608; Mercogliano, Tituli, S. 3. In Wirklichkeit enthält der Text nämlich viele (zunächst nicht als solche erkannte) Emendationen, die Dutillet vornahm, ohne sie von jemand anderem überprüfen zu lassen; Girard, NRHDFE 40 (1916), S. 618.
Dem Text ist ein Brief an Ranconnet (s. S. 33, Fn. 128) vorangestellt, an dessen Beginn der Herausgeber genannt ist: Io. Tilius Eng. (= »Engolismensis«: die Familie stammte aus Angoulême). Cujaz behauptet in dem seiner Bearbeitung der Paulussentenzen vorangestellten Brief an Ranconnet zu Unrecht, die Ausgabe sei von diesem gemeinsam mit Dutillet besorgt worden; Opera 1658, Bd. 1, nach Sp. 348; vgl. auch Mommsen, CTh S. LXXVII, Fn. 1. Dutillet hatte Ranconnet das Manuskript zwar früher einmal gezeigt, die Edition nun aber allein erarbeitet. Die u.a. von J. Gothofredus und Schulting vertretene Behauptung, Johannes Sichard habe den Text schon früher herausgegeben, ist unzutreffend; vgl. Stockmann, in: Bach, Historia, S. 494 f. Unrichtig gibt Volterra, Scritti 3, S. 607 als Datum der Erstausgabe 1550 an. In diesem Jahr erschien in Leiden die Ausgabe Ex Ulpiani corpore Tituli XXVIIII, ein außerhalb des durch das französische Druckprivileg gewährleisteten Schutzbereiches erschienener Nachdruck.

123 Zedler, Universal-Lexicon 44, Sp. 168; Jöcher, Gelehrten-Lexicon 4, Sp. 1202. Bischof Dutillet war es auch, der den Codex Theodosianus edierte: E libris Constitutionum Theo-

Manuskript einsehen, nachdem er wegen des Krieges aus Bourges nach Paris hatte fliehen müssen.[124] Er dankte dafür Jacques Dutillet,[125] einem Neffen des Erstherausgebers, an den dessen Bibliothek gelangt war.[126] Die umfangreiche Sammlung, die noch immer die Handschriftenbestände des Bischofs enthielt,[127] ging schließlich auf Jean Dutillet (d.J.) über, den Sohn Jacques Dutillets. Als Aymar de Ranconnet,[128] Pierre Pithou[129] und Edmond Merille[130] das Manuskript sahen, befand es sich offenbar noch in der Bibliothek Dutillet in Paris.

Was nun den Namenseintrag des Alexandre Petau von 1647 betrifft, so findet sich die gleiche Eintragung mit dieser Jahreszahl in einer Vielzahl von Handschriften aus der Sammlung Alexandre Petaus. Daß ein handschriftliches Exem-

dosii A. Libri priores octo longè meliòres quàm adhuc circum ferebantur: sed ab Alarico rege Gotthorum ita deminuti, ut vix decima pars in his hodie appareat eorum, quae in Theodosiano codice continebantur. Posteriores octo integri, nunc primùm post M. annos in lucem revocati à Io. Tilio Engolism. (1550) [580 S.; folgt (eigene Paginierung 123 S.):] E libris constitutionum Theodosii Libri posteriores octo integri, nunc primum post M. annos in lucem revocati à Io. Tilio Enggolism. Parisiis 1550. Dutillet benutzte für die Ausgabe auch den späteren Cod. Reg. Lat. 1128, das Manuskript also, das auch der Erstausgabe unseres Textes zugrunde lag. Soweit sein Bruder, der Greffier, als Herausgeber des Codex Theodosius genannt wird, geschieht dies irrtümlich (Catalogue général des livres imprimés de la Bibl. Nat., Auteurs, Tome XLV, Sp. 1258 v. Du Tillet; Jöcher, Gelehrten-Lexicon 4, Sp. 1202). Richtig dagegen Girard, Mel. Fitting 2, S. 259; Camus, Bibliothèque, S. 85 f.; ferner Turner, Jean du Tillet, S. 53-54; vgl. schließlich Kelley, JMH 38 (1966), S. 341, Fn. 15; ders., Foundations, S. 222, Fn. 20.

124 Karlowa, RRG 1, S. 768; Savigny, VS 3, S. 68 ff.; Cancelli, NNDI 19, S. 395.

125 Volterra, Scritti 3, S. 608 identifiziert ihn irrtümlich mit dem Bruder des Bischofs, der aber schon 1570 gestorben war. In Wahrheit war Jacques Dutillet dessen Sohn.

126 NBG 45 (1866), Sp. 381; La Croix du Maine, Bibliothèques 1, S. 594; Vahlen, Domitii Ulpiani, S. 8; vgl. Karlowa, RRG 1, S. 768.

127 De Meyier, Petau, S. 196.

128 Rancon(n)et, Amarus (Aemarus), gest. 1559, Rat beim Parlament in Paris, danach Präsident der Requeten-Kammer. De Thou (Historia, lib. XXIII, S. 790) zählt Ranconnet zu den ersten, die die wahren Quellen des römischen Rechts herausbrachten: »*primus veros iuris Romani fontes aperuit*«; vgl. Cancelli, NNDI 19, S. 394; Volterra, Scritti 3, S. 549; Karlowa, RRG 1, S. 5. Ranconnet arbeitete mit dem Manuskript; Mostert, Library, S. 278; Mommsen, CTh, S. LXXVII Fn. 1.

129 Eine sorgfältige Collation, der offenbar das vatikanische Manuskript zugrundelag, befindet sich, in Pithous Handschrift gehalten, in dessen Handexemplar der Lyoner Brachylogos-Ausgabe von 1553 (s. Handschriftenverzeichnis). Wenn auch die Abweichungen des Pesnot-Textes vom Manuskript auch nicht ausnahmslos verzeichnet sind, und Pithou bei Tit. 1,24 als Lesart des Ms. Vat. abweichend *fusia* (statt richtig: *fufia*) angibt, scheint doch wegen der vielen wiedergegebenen Besonderheiten der vatikanischen Handschrift diese vorgelegen zu haben. Vgl. auch Turner, Jean Du Tillet, S. 63, Fn. 1.

130 Merille muß das Manuskript vor 1618 gesehen haben. Er zitiert die Handschrift in seinen Observationes 2, S. 33 u. 37. Tit. 16,1 (vgl. dort) hat Merille allerdings entweder falsch gelesen oder stillschweigend emendiert. Die ersten drei Bücher der Observationes erschienen offenbar 1618; Savigny, VS 3, S. 45.

plar des bei Montfaucon abgedruckten Katalogs die Überschrift »Catalogus MSS. Alex. Petavii Senatoris Parisiensis 1647«[131] trägt, zeigt, daß Alexandre Petau unsere Handschrift zusammen mit vielen anderen erst 1647, also viele Jahre nach dem Tod seines Vaters, bekommen haben muß. Nahe liegt, daß er diese Manuskripte übernahm, als eine andere Pariser Handschriftensammlung aufgelöst wurde. Eben dies war mit der Dutilletschen Bibliothek geschehen, nachdem Jean Dutillet (d.J.) am 28. (oder 29.) Dezember 1646 in Paris gestorben war.[132] Erst aus diesem Anlaß gelangte unter vielen anderen Schriften auch unsere Handschrift an Alexandre Petau.[133] Das Manuskript war bis dahin immer in der Dutilletschen Sammlung geblieben, die innerhalb der Familie weitergegeben worden war.[134] Im übrigen haben Untersuchungen De Meyiers zu dem Ergebnis geführt, daß der beschriebene Eigentumseintrag Alexandre Petaus niemals in Handschriften auftritt, die er von seinem Vater geerbt hatte.[135]

Das Schicksal der Handschrift nach ihrem Eingang in die Sammlung Alexandre Petaus ist im wesentlichen bekannt. Sie gelangte aus dieser Bibliothek zusammen mit anderen Schriften an die schwedische Königin Christine (1626-1689), deren Bibliothekar Isaak Vossius 1650 mit Petau in Kontakt getreten war. Die Bibliothek wurde mitsamt unserem Manuskript 1651 nach Stockholm verschifft.[136] Nach ihrem Thronverzicht im Jahre 1654 brachte die Königin 2145 Handschriften nach Rom mit. Bei ihrem Tode im Jahre 1689 setzte sie den Kardinal Decio Azzolini zum Alleinerben ein,[137] und nachdem derselbe noch im gleichen Jahr verstor-

131 Vgl. Savigny, VS 5, S. 88.

132 De Meyier, Petau, S. 196. Mehrere Handschriften der Vaticana erlauben, ihren Weg über die Sammlung Petaus bis nach Angoulême, der Heimat der Familie Dutillet, zurückzuverfolgen. So steht im Cod. Reg. Lat. 336 auf Bl. 3 r: »P(raese)ns liber p(ertine)t ad c(onven)tum engolismen(sem) ord(inis) fr(atrum)«; dann einige Worte wegen Schimmels unleserlich; Wilmart liest: »predi(cato)rum«. Daran ist von anderer Hand angefügt: (Wilmart: »Datur hoc opus jnperfectum per Conventum) angolism(ensem) seguino Seraphino tilletio XXII[a] mensis oct(obris) MV[c] XXVII«; vgl. Wilmart, Cod. Reg. Lat. II, S. 254; De Meyier, Petau, S. 196.

133 Mostert, Library, S. 279 vermutet eine Auktion.

134 Mit dieser Erklärung des Weges der Handschrift von Dutillet zu Alexandre Petau ist die wichtigste Schwachstelle der Savignyschen Identitätstheorie beseitigt, nämlich das »Verschwinden« der Handschrift am Ende des 16. Jhdts., auf das Heimbachs These von den verschiedenen Handschriften aufbaute (vgl. S. 25 und 45 f.).

135 De Meyier, Petau, S. 146. Außerdem weisen von Paul Petau herrührende Handschriften den Eintrag »Paulus Petavius C(onsultor) R(egius)« oder »in Parisiensi Parlamento Consiliarius« auf; vgl. Dudík, Iter Romanum 1, S. 143.

136 Dudík, Iter Romanum 1, S. 143; Blume, Iter Italicum 3, S. 57 f. Mostert, Library, S. 31, datiert den Verkauf zwar auf 1645, doch kann dies wegen des Namenseintrags Alexandre Petaus von 1647 nicht richtig sein.

137 Callmer, Christina, S. 217. Das Testament ist abgedruckt bei Arckenholtz, Mémoires 2, S. 314-319: »Instituiamo per nostro Erede universalissimo [...] il Sigr. Cardinale Diecio Azzolini« (S. 318). Vgl. ferner Bignami Odier, Bibliothèque, S. 144 und zur Erbfolge dies., Christiniana, S. 727 f.

ben war, gelangte die Sammlung an seinen Neffen Pompeo Azzolini. Dieser verkaufte sie, um zahlreiche Vermächtnisse erfüllen zu können, an den Kardinal Pietro Ottoboni,[138] der als Alexander VIII. den päpstlichen Thron bestieg und im Jahre 1690 aus etwa 1900 der Handschriften und 211 eigenen die Sammlung Alexandrina bildete, die er der Vatikanischen Bibliothek stiftete.[139] Als Bestandteil des Fondo Reginense[140] wurde das Manuskript, das in der königlichen Bibliothek als Codex 377 geführt worden war, zum Codex Reginensis Latinus 1128.

138 Vgl. Haenel, Catalogi, Sp. 268; Dudík, Iter Romanum 1, S. 161; Callmer, Christina, S. 219, Bignami Odier, Fonds, S. 174.

139 Bethmann, Archiv 12 (1874), S. 213 ff.; Bignami Odier, Bibliothèque, S. 144. Anders Foerster, Lat. Paläographie, S. 103.

140 Der Fondo Reginense enthält 2120 lateinische Manuskripte. Vgl. Les Manuscrits de la Reine de Suède au Vatican (1964) und die Berichtigungen dazu bei Pellegrin, BEC 123 (1965), S. 200-204; ferner Bignami Odier, Analecta Reginensia 1 (1966), S. 33-43; dies., MAH 80 (1968), S. 716, Fn. 3.

2. Teil: Forschungs- und Wirkungsgeschichte

I.) Ausgangsüberlegungen

Bei der Erforschung eines Textes müssen dessen historische Wirkung sowie die Geschichte seiner wissenschaftlichen Untersuchung berücksichtigt werden. Die Entwicklung der Erforschung des *liber singularis regularum* ist schon mehrfach dargestellt worden, in aller Regel jedoch relativ oberflächlich.[1] Die Ergebnisse bisheriger Untersuchungen des Textes lassen sich aber überzeugender bewerten, wenn wir zuvor herausarbeiten, wie sie in bestimmten Traditionen verhaftet sind. Darüber waren sich ihre Vertreter nämlich selbst gelegentlich nicht im Klaren. Das Bewußtsein von der Geschichtlichkeit zurückliegender Forschungen ermöglicht insoweit einen wichtigen Erkenntnisgewinn.

Dieser kommt auch der eigenen Arbeit am Text zugute. Erst wenn wir uns nämlich die geistigen Grundlagen und methodischen Voraussetzungen vergangener Arbeiten vor Augen führen und auf diese Weise erkennen, wodurch diese bedingt sind, können wir anschließend die in Betracht kommenden Methoden angemessen beurteilen. Wenn hier also bestimmte Fragen an den Text nochmals aufgeworfen werden, ermöglicht die Reflexion über die bisher angewandten Methoden, deren Stärken zu nutzen und deren Schwächen zu vermeiden. So wird die Korrektur einiger bis heute wirkender Fehleinschätzungen durch die Aufdeckung ihrer Ursachen ermöglicht.

Die Betrachtungen, die sich auf das Werk und seine Forschungs- und Wirkungsgeschichte richten, müssen gleichzeitig die Bindung des eigenen Verstehens an die Bedingungen der Historizität berücksichtigen. Unser Verständnis des Textes hängt nämlich von den Vorstellungen ab, die durch die Arbeiten früherer Forscher hervorgerufen worden sind.[2] Die Historische Schule sah in der Anerkennung des geschichtlichen Bewußtseins ein Mittel, historische Sachverhalte objektiv zu erkennen.[3] Sie mußte aber voraussetzen, daß sich der Betrachter aus dem geschichtlichen Zusammenhang herausheben könne, wie es Ranke mit der be-

1 Die jüngere Forschungsentwicklung ist erst kürzlich dargestellt worden von Mercogliano, Tituli, S. 13 ff. Gleichwohl sind die folgenden Darlegungen deswegen nicht entbehrlich, weil sich Mercogliano überwiegend darauf beschränkt, die Ansichten und einzelne Begründungen mitzuteilen. Es kommt aber darauf an, die hinter den einzelnen Forschungen stehenden methodischen Entwicklungslinien und Neuansätze zu erkennen. Über die bloße Darstellung der sukzessiven Entstehung von Forschungsansichten hinaus können so Anhaltspunkte für eine Prüfung der zugrundeliegenden Methoden gewonnen werden. Diese gehört zu den Grundlagen der eigenen Untersuchung.

2 Dies gilt gerade auch für Irrtümer, wie etwa für die unkritisch tradierte Vorstellung, der Text sei ein Werk Ulpians, und für die Annahme unverständiger Eingriffe eines Bearbeiters.

3 Vgl. die Instrumentalisierung des historischen Bewußtseins bei Dilthey, Ges. Schriften, Bd. 8: Das geschichtliche Bewußtsein und die Weltanschauungen, S. 3-71.

rühmten Forderung nach einer Selbstauslöschung des Historikers formulierte.[4] Dies hat sich als unmöglich erwiesen. Gadamer ist die Herausarbeitung des Gesichtspunkts zu verdanken, daß die Geschichtlichkeit des Bewußtseins die Erkenntnismöglichkeiten nicht nur im beschriebenen Sinne erweitert. Der Historiker ist den Bedingungen der Geschichtlichkeit vielmehr gleichzeitig selbst unterworfen und dadurch wiederum in seinen Erkenntnismöglichkeiten beschränkt.[5] Denn »in Wahrheit gehört die Geschichte nicht uns, sondern wir gehören ihr«.[6]

II.) Geschichte der Erforschung

1.) Französischer Humanismus

Dutillets *editio princeps* ist eine Frucht des Humanismus. Diese neue Geisteshaltung brach der historischen Quellenbetrachtung Bahn und bewirkte, daß die erhaltenen römischen Rechtstexte auch insoweit zum Gegenstand der Forschung wurden, als sie unabhängig von der justinianischen Sammlung überliefert waren.

4 Ranke, Englische Geschichte, Bd. 2, S. 3: »Ich wünschte mein Selbst gleichsam auszulöschen, und nur die Dinge reden, die mächtigen Kräfte erscheinen zu lassen …«

5 Es scheint in diesem Zusammenhang nicht überflüssig, an die Funktion der Forschungs- und Wirkungsgeschichte als historischer Mittlerin zwischen dem Horizont des Textes und dem eigenen zu erinnern, weil letzterer als Vorverständnis unser Verstehen mitbestimmt. Vgl. Gadamer, DLZ 75 (1954), S. 721; ders., GW 2, S. 394; ders., in: HWP 3, Sp. 1069 f. Gadamer hat die Geschichtlichkeit insofern als Prinzip des Verstehens bezeichnet, weil dies aus der Zugehörigkeit des Verstehenden zur Geschichte folge; GW 1, S. 311 u. 401. Verstehen vollzieht sich nach dieser Auffassung als »Verschmelzung zweier Horizonte«. Die Macht der Wirkungsgeschichte hängt dabei nicht von ihrer Anerkennung ab; Gadamer, GW 1, S. 306. Es ist diese Erkenntnis, die Oexle, VSWG 71 (1984), S. 308 in die Worte faßt: »Ebenso wie die begriffsgeschichtliche Reflexion ist […] auch die wissenschaftsgeschichtliche ein wesentliches Moment historischer Erkenntnis; Begriffsgeschichte und Wissenschaftsgeschichte sind nicht zusätzliche Bestandteile (die auch wegfallen können), sie sind nicht ›Akzidentien‹ der geschichtlichen Erkenntnis, sondern ein Element ihrer ›Substanz‹«. Was Oexle aus allgemeinhistorischer Sicht formuliert, hat Wieacker, Privatrechtsgeschichte, S. 387 am Beispiel von Savignys Geschichte des Römischen Rechts im Mittelalter gezeigt: daß nämlich die Darstellung der Wirkungsgeschichte die geistige Vermittlung der römischen Quellen zu verstehen hilft. Dies ermöglicht nicht nur die historische Bearbeitung und die Hermeneutik des geltenden Rechtsstoffs (so Wieacker im Hinblick auf Savigny), sondern gleichfalls das Verständnis der historischen Quellen unter den Bedingungen der Geschichtlichkeit, wie Savigny selbst zur Rechtfertigung seiner Geschichte des Römischen Rechts im Mittelalter zum Ausdruck brachte: »Ignorer ce que les siècles intermédiaires ont ajouté au droit romain primitif est absolument impossible, tout ce que nous apprennent nos professeurs et les livres modernes en est imbu. Nous naviguons sur cette mer, et ce serait une illusion dangereuse de vouloir faire abstraction de l'élément sur lequel nous nous trouvons«; briefliche Äußerung bei Guenoux, Notice, S. 21.

6 Gadamer, GW 1, S. 281.

Es kam zu einer ersten Blüte der Erforschung der vorjustinianischen Quellen.[7] Für die französischen Humanisten standen die römischen Rechtstexte kraft der ihnen innewohnenden Vernunft (*imperio rationis*) in Geltung, nicht infolge kaiserlicher Inkraftsetzung (*ratione imperii*).[8] So wurde die Geltung eines Digestentextes damit begründet, daß ein Ulpian ihn geschrieben hatte, und nicht damit, daß Justinian ihn in seine Sammlung aufgenommen hatte.[9] Die Tatsache, daß Justinian nurmehr als Mittler der klassischen Texte betrachtet wurde, verlieh gerade den vorjustinianischen Quellen, die sich aus der Blütezeit des römischen Rechts ohne den Umweg über die byzantinische Kompilation erhalten hatten, großes Gewicht.

Die Bedeutung, die der Fund der Handschrift für die damalige Zeit hatte, läßt sich mit der der Entdeckung des Veroneser Gaius im Jahre 1816 vergleichen.[10] Er löste eine intensive Beschäftigung mit den vorjustinianischen Rechtsquellen aus. Cujaz, der an dem Text zunächst nach der Dutillet-Ausgabe arbeitete, hatte bis zum Jahre 1554 noch keine seiner Schriften zum Druck gegeben. Als er in diesem Jahr jedoch Toulouse verließ, brachte sein Schüler Jean Amariton Cujaz' »Notae« zu dem Text heraus.[11] Sie gehen hauptsächlich auf Cujaz' Lehrveranstaltungen zurück. Cujaz soll dieses Werk später für eines seiner besten gehalten haben.[12] Als seine Noten erstmals erschienen, waren nur die Textausgaben Dutillets und zwei weitere vorangegangen. Auch Cujaz' Arbeit brachte im Hinblick auf den Text vorläufig noch keinen Fortschritt,[13] weil er ihn noch nicht selbständig am Manuskript nachverglichen hatte.[14] Von Bedeutung war aber jedenfalls, daß gerade »Ulpians Fragmente« den Anfang seiner Arbeiten bildeten.[15] Cujaz und die anderen

7 Vgl. Wesenberg/Wesener, Privatrechtsgeschichte, S. 64.

8 Schlosser, Privatrechtsgeschichte, S. 36; Wesenberg/Wesener, Privatrechtsgeschichte, S. 65. Dieser Standpunkt wurde nicht zuletzt durch die politische Konstellation begünstigt, daß das Heilige Römische Reich im 16. Jahrhundert Frankreichs bedeutendster Gegner war.

9 Wesenberg/Wesener, Privatrechtsgeschichte, S. 64 f.

10 Moscati, Savigny, S. 19; ähnlich nunmehr dies., Italienische Reise, S. 45.

11 Dazu Girard, NRHDFE 40 (1916), S. 432, Fn. 1 u. S. 603; Fournier, NRHDFE 43 (1919), S. 663 ff.; Volterra, Fs. Wieacker, S. 296 ff. Berriat-Saint-Prix, Cujas S. 11 meint, Amariton habe sie zunächst heimlich herausgegeben; Savigny, VS 4, S. 173 ff.; Vahlen, Domitii Ulpiani, S. VIII; vgl. schließlich die Widmung zu den Notae.

12 Berriat-Saint-Prix/Spangenberg, Cujas, S. 11 m. Nachweisen.

13 Maßgebend war noch immer der Dutillet-Text, weil die zwischenzeitlichen Ausgaben, nämlich der Nachdruck von 1550 und der mit der Lyoner Brachylogos-Ausgabe von 1553 abgedruckte Text, von jenem abhängig waren.

14 Obgleich Cujaz den Bischof Dutillet kannte und mit ihm korrespondierte (Girard, NRHDFE 40 [1916], S. 618, Fn. 1), sah er das Manuskript erst bei Jacques Dutillet. Schon in seiner Ausgabe von 1566 konnte Cujaz allerdings die richtige Ordnung des Textanfangs rekonstruieren; s. unten S. 124.

15 »Ulpian war erst seit 4 Jahren, Theophilus seit 10 Jahren gedruckt, aber Cujaz muß gleich eingesehen haben, daß beide kleine Bücher für das gelehrte Studium wichtiger seyen, als ganze Bibliotheken von Consilien und Decisionen«; Hugo, CM 3, S. 202.

Gelehrten dieser Epoche identifizierten den Text mit einem schon vor Justinian exzerpierten *liber singularis regularum* Ulpians.[16]

Nachdem Cujaz den Text zunächst auf Grundlage der *editio princeps* herausgegeben hatte,[17] wurde ihm 1576 durch Jacques Dutillet der Zugang zum *Codex Tilianus* ermöglicht. Die Ergebnisse der Einsichtnahme flossen in verschiedene Teile seiner Observationes ein und wurden auch von ihm berücksichtigt, als er 1586 eine Neuedition unseres Textes erarbeitete.[18] In diesem Jahr erschienen allerdings zwei Cujaz zugeschriebene Ausgaben des Werks, nämlich in Genf (Aurelia Allobrogorum) und Paris. Das Verhältnis der beiden Ausgaben zueinander ist bis heute nicht mit Sicherheit geklärt. Eine vollständige Übereinstimmung der jeweils besonderen Lesarten mit dem Manuskript weist keine der beiden Ausgaben auf. Entscheidend dürfte aber sein, daß die aus dem Manuskript gewonnenen Erkenntnisse Cujaz' ganz überwiegend (wenn auch nicht ausnahmslos) in die Pariser Ausgabe eingeflossen sind, während dagegen die Genfer Ausgabe diese kaum widerspiegelt.[19]

16 So nannte Cujaz das Werk nach Erscheinen von Pithous Erstausgabe der Collatio seit 1573 *liber singularis regularum*; vgl. Cancelli, NNDI 19, S. 395. In der Frage der Identität unseres Textes mit dem *liber singularis regularum* schloß J. Gothofredus mit Cujaz und Pithou, Notae ad Coll. Tit. 2, Opera 1609, S. 133, der Text stamme ursprünglich aus einem *liber* oder *corpus regularum.* Er glaubte, daß es sich um eine Kompilation Anians, des Kanzlers Alarichs II., handele. Im Anschluß an Dutillet behauptete Gothofredus sogar, daß der Text aus dem *liber singularis regularum* herrühre, ohne später verändert worden zu sein; Gothofredus, CTh. IV, const. un. (1665, S. 31): »Eius tamen titulos ex libro singulari Regularum inter haec Excerpta se Tillius [sic] ait: nec tamen iis Interpretem manum admovisse verisimile est: adeo pura-puta sunt Ulpiani«; vgl. Cancelli, NNDI 19, S. 396.

17 Cancelli, NNDI 19, S. 395.

18 Karlowa, RRG 1, S. 768; Savigny, VS 3, S. 68 ff.; VS 5, S. 84; Cancelli, NNDI 19, S. 395.

19 Spangenberg hielt gerade die Genfer Ausgabe für authentisch, bezweifelte dies dagegen hinsichtlich der Pariser Ausgabe; vgl. Berriat-Saint-Prix/Spangenberg, Cujas, S. 266-268. Zu den Zweifeln trug bei, daß nicht jedes Exemplar der Pariser Ausgabe den Namen Cujaz' auf dem Titelblatt trägt. So fehlt der Hinweis im Titel des in der Göttinger Universitätsbibliothek befindlichen Exemplars; auch ist der darin befindliche Hinweis »Cuiac. 18. Obser. cap. 28.« (S. 73 erste Zählung am Rand) früher seltsamerweise mit Papier verklebt gewesen; vgl. Hugo, Index, Nr. 34, S. 164, hs. Randnotiz. Demgegenüber konnte Savigny für ein Berliner Exemplar die Nennung Cujaz' im Titel berichten; Hugo, Index, Nr. 34, S. 164, hs. Randnotiz, sowie ein dort auf S. 163 befindlicher Zettel mit hs. Mitteilung Savignys; ferner Hugo, CM 3, S. 234 f. Es ist aber vor allem der Eingang der am Manuskript gewonnenen Forschungsergebnisse Cujaz', der auf die Authentizität dieser Ausgabe schließen läßt; ebenso Hugo, CM 3, S. 234 f.; Savigny, VS 5, S. 84; Dabelow, Tituli, S. XIV.
Die Genfer Ausgabe dürfte nur insofern auf Cujaz zurückgehen, als sie stark von der 1566 erschienenen abhängt, während Cujaz' damals neuere Forschungen am Manuskript kaum berücksichtigt sind. Vgl. Hugo, CM 3, S. 234; Cancelli, NNDI 19, S. 393.

Mit den beiden Ausgaben des Pariser Juristen Le Caron (1538-1617)[20] schien sich die Handschriftenlage zu bessern.[21] Dieser zog zwei weitere Manuskripte heran, nämlich 1555 eine angeblich aus der Bibliothek des deutschen Juristen Philipp Gervasius stammende Handschrift,[22] 1578 dann ein weiteres Manuskript, das der Italiener Stephan Auredanus gehabt haben soll.[23] Beide Handschriften gelten heute als verloren. Le Carons Ausgaben geben nicht den Text des Gervasischen oder des Auredanischen Manuskripts wieder, sondern einen Text, den der Herausgeber unter Berücksichtigung dieser Manuskripte und der Ausgaben Cujaz' erarbeitete. Einzelne Abweichungen der beiden Manuskripte von Dutillets Text sind in den Ausgaben am Rand angegeben.

Cujaz, der das Gervasische Manuskript kannte,[24] bezeichnete im Unterschied zu diesem das Manuskript Dutillets als *authenticum*[25] bzw. *archetypus*,[26] und hob damit zutreffend den überlieferungsgeschichtlichen Vorrang der Handschrift Dutillets gegenüber den anderen Manuskripten hervor. Sie waren nämlich nur Abschriften aus dem 16. Jahrhundert.[27] Ihre »Lesarten« sind also nur als Emendationsvorschläge anzusehen. Aus den Mitteilungen Le Carons ist zu ersehen, daß sich das *Ms. Gervasii* relativ treu an seine Vorlage hielt. Demgegenüber enthielt der Auredanische Text viele Verbesserungen.[28] Neben diesen Handschriften hat es offenbar noch weitere gegeben, deren Verbleib ungeklärt ist.[29]

20 Louis le Caron (Charondas), Parlamentsadvokat; vgl. Jöcher, Gelehrten-Lexicon 1, Sp. 1846; Zedler, Universal-Lexicon, Bd. 5, S. 2026; Hugo, RRG 1830, S. 266.

21 Hugo, Savigny, VS 3, S. 31.

22 Le Caron, ed. 1555, Bl. III r.

23 Vgl. Vahlen, Domitii Ulpiani, S. IX.

24 In einer Note zu Tit. 1,21 (ed. 1658, Sp. 303, Anm. 17) zitiert Cujaz den *liber Ph. Gervasii.*

25 Cujaz, Obs. 19,30 (1579): nam quod additur *quod datum legatum est* in authentico non est.

26 Cujaz, Note zu Tit. 1,21 (ed. 1658, Sp. 304, Anm. c [gemeint: e]); ebenso in Obs. 17,28. *Archetypus* ist (wie schon bei Cicero *ad Att.* 16,5[3],1) ein erstes Exemplar, von dem andere abstammen, so daß nur dieses den Wert einer selbständigen Überlieferung hat; Timpanaro, Entstehung, S. 6.

27 Savigny, VS 5, S. 83 u. 92 f.

28 Es »interpoliert den Text auf die verwegenste Weise«; Savigny, VS 5, S. 92.

29 Unter anderem dürfte ein weiteres Manuskript zu vermuten sein, das sich in den Händen Duarens (Franciscus Duarenus, 1509-1559) befand. Ein Aufenthalt Duarens von 1547/48 bis 1550 in Paris läßt es gleichzeitig als denkbar erscheinen, daß Duaren das *Ms. Tilii* selbst benutzte; vgl. Vogt, Duaren, S. 29, Fn. 13.
Falls Duaren, wie mit Savigny, VS 3, S. 78 f. zu vermuten ist, sogar über eine eigene Handschrift verfügte, läßt die mutmaßliche Benutzung des Tilius-Manuskripts durch Duaren darauf schließen, daß es sich hier um eine Abschrift handelte; vgl. unten S. 474, Fn. 135. Die wenigen Abweichungen werden auf Emendationen Duarens zurückgehen. Die von Savigny referierten Randnoten in seinem Handexemplar der *editio princeps* [Sav. 46], die sich auf das vermutete Manuskript Duarens beziehen, sind heute nur noch verstümmelt erhalten, nachdem der Band neu gebunden und der Buchblock dabei beschnitten worden ist. Von der Handschrift Duarens berichtet auch Cramer, ZGR 1 (1815), S. 297.

2.) Holländische »antiquarische« Wissenschaftstradition

Das 18. Jahrhundert brachte mit der Holländischen Schule die Blütezeit der Kommentarliteratur zu unserem Text. Die Verfasser standen in der Tradition des Humanismus und waren geistig von der Schule von Bourges abhängig. Nach einer Anzahl praktisch orientierter Persönlichkeiten,[30] den späteren Autoritäten im »Roman Dutch law«, trat in einer anschließenden Phase der Holländischen Schule eine Reihe historisch ausgerichteter Wissenschaftler hervor.[31] Diese zweite Gruppe errang in der Geschichte der Erforschung unseres Textes Bedeutung durch ihre Editionen und Kommentare.

Anton Schulting (1659-1734) edierte den Text und brachte ihn mit Noten Cujaz', Le Carons und eigenen Anmerkungen im Rahmen seiner Jurisprudentia Antejustiniana heraus, die drei Ausgaben erlebte.[32] Er mußte sich allerdings, da er keine handschriftliche Überlieferung hatte, auf die verfügbaren Ausgaben Dutillets und Cujaz' und damit auf deren Mitteilung des Textes stützen. Schulting ging von der Relevanz der drei Handschriften aus, wobei ihm der von dem *Ms. Auredani* repräsentierte Text als der reinste und vollständigste galt. Diese Ansicht liegt auch noch der Ausgabe Gerhard Meermans (1722-1771) zugrunde, die 1753 im

Es gibt Hinweise auf weitere ehemals existente Handschriften. Möglicherweise besaß Claudius Gustanus ein Manuskript, das dem zusammen mit dem Brachylogos 1553 und 1557 abgedruckten »Ulpian«-Text zugrunde gelegen haben könnte. Der Wortlaut weist zwar Ähnlichkeit mit dem *Ms. Tilii* auf, doch könnte auf ein anderes Manuskript hindeuten, daß das Druckprivileg (abgedruckt in der Brachylogos-Ausgabe auf der Rückseite des Titelblattes) schon von 1548 stammte, also vor Erscheinen der Dutillet-Ausgabe erteilt wurde. Vgl. Savigny, VS 3, S. 80.
Von einem Manuskript, das sich in der Augsburger Dombibliothek befunden haben könnte, schrieb Xystus Betuleius 1537 in drei Briefen an Bonifaz Amerbach (Text bei Lehmann, Sichardus, S. 86-88). Nach seinem Bericht stand *non integer ... Ulpianus, sed duntaxat fragmentum* im Anschluß an die Paulussentenzen, also vielleicht – wie beim Cod. Reg. Lat. 1128 – in einer Breviarhandschrift.

30 Koschaker, Europa, S. 118; Wesenberg/Wesener, Privatrechtsgeschichte, S. 72.

31 Koschaker, Europa, S. 118. Diese Wissenschaftstradition wird als »elegante« oder »antiquarische« Schule bezeichnet; vgl. Feenstra, in: Jenkyns, Legacy, S. 416. Tatsächlich ist der Begriff der »eleganten« Jurisprudenz weiter zu ziehen und erfaßt auch z.B. französische Juristen bis zum 18. Jahrhundert; Wieacker, Privatrechtsgeschichte, S. 166-168. Während nun aber auch die praktisch orientierten Niederländer die antiquarischen Quellen heranzogen, beschränkte sich die hier genannte Strömung auf die historische Bearbeitung der Texte; Feenstra/Waal, Professors, S. 11.

32 Es war die Jurisprudentia Antejustiniana, die Schultings Ruhm vor allem begründete; vgl. Feenstra, in: Stolleis, Juristen, S. 549; Feenstra/Waal, Professors, S. 12; Stintzing/Landsberg, Geschichte III/1, S. 164 f. Gegenstand dieser handlichen Ausgabe waren – mit Ausnahme des Codex Theodosianus – alle damals bekannten vorjustinianischen Texte. Im Hinblick auf den Text selbst wurde das Werk erst durch Hugos Jus Civile Ante-Justinianeum abgelöst; Reddie, Notices, S. 75.

7. Band des Novus Thesaurus erschien. Zu nennen sind schließlich die Kommentare Johann Cannegieters (1731-1804). Sein editorisches Hauptwerk enthielt die *Ulpiani Fragmenta* sowie die *Collatio legum Mosaicarum et Romanarum.* Auch Cannegieter schloß sich in der Beurteilung der Überlieferungslage der Ansicht Schultings an und legte für die von ihm erarbeitete Ausgabe dessen Text zugrunde.[33] Die maßgeblichen Leistungen dieses Zweigs der Holländischen Schule dürften hauptsächlich in der Sammlung und Aufarbeitung des Materials in Kommentaren zu sehen sein. Auf die systematische Durchbildung des Stoffes kam es diesen humanistischen Antiquaren ebensowenig an wie auf die Herausarbeitung historischer Entwicklungen.

3.) Die Erforschung seit der Historischen Rechtsschule

Die Forschung des 19. Jahrhunderts war hauptsächlich durch den Einfluß zweier geistiger Strömungen gekennzeichnet, nämlich des Neuhumanismus und des Historismus. Während die auf den Humanismus zurückgehende Maßgeblichkeit eines »klassischen« Ideals treibende Kraft auch im Neuhumanismus war, trat mit dem Aufkommen des Historismus die Erkenntnis der historischen Bedingtheit aller menschlichen Kultur hinzu. Obwohl sich die Historische Rechtsschule große Verdienste dadurch erwarb, daß sie Texte jeweils als Ergebnis von Entwicklungsprozessen behandelte,[34] konnte sie den historischen Ansatz doch nur eingeschränkt verfolgen, weil sich ihr wissenschaftliches Interesse überwiegend auf das römische Recht als geltendes Recht richtete.[35] Die nachfolgende Entwicklung zeigte, wie juristische, historische und insbesondere philologische Gesichtspunkte in den Forschungen abwechselnd überwogen.

Die Wertschätzung, die Gustav Hugo den Humanisten entgegenbrachte,[36] ging mit intensiven Bemühungen um die vorjustinianischen Quellen einher. Insbesondere mit seinen Werken auf diesem Forschungsgebiet knüpfte er an die Arbeiten der französischen Humanisten an.[37] Begünstigt wurde das Interesse an der

33 Cannegieter, ed. 1768, S. 3, Anm. a.

34 Vgl. Droysen, Historik, S. 120.

35 Wieacker, Privatrechtsgeschichte, S. 395.

36 »Was wäre unser Pandekten-Recht, wenn kein Du Tillet die Fragmente Ulpian's herausgegeben hätte?«; CM 1, S. 60 f. »Der Gelehrte, der in gewisser Hinsicht sich mehr Verdienste um das Römische Recht gemacht hat, als irgend einer, nämlich Du Tillet, der erste Herausgeber der Fragmente Ulpian's«; CM 3, S. 111.

37 Hugo, GGA 1834, S. 1284; vgl. Stintzing/Landsberg, Geschichte III/2, S. 6; Guenoux, Notice, S. 9. Lerminier behauptete von Cujaz insoweit, er sei der wahre Gründer der historischen Schule (»il s'est fait le véritable fondateur de l'école historique du droit«); Introduction, S. 43-46. De Montmorency, Savigny, S. 563 geht so weit, die Wissenschaft des 18. Jahrhunderts insoweit als Zwischenepisode (»intellectual interlude«) anzusehen. Wieacker, Einwirkung, S. 315 billigt dem Neuhumanismus zu, er habe den »verdorrenden Antiquarismus« des 18. Jahrhunderts wieder aufblühen lassen.

vorjustinianischen Rechtswissenschaft durch den Einfluß Gibbons, dessen berühmtes positives Urteil über die Antoninenepoche gerade eine Blütezeit der klassischen Rechtswissenschaft betraf.[38] Diese Phase, in der sich die Autorität der Juristen aus ihren Fähigkeiten rechtfertigte, und nicht, wie in den Digesten, durch die Ausstattung der Schriften mit Gesetzeskraft, mußte die entstehende Historische Schule in ihren Bann ziehen.[39]

Hugo gab »Ulpians Fragmente«, die er »die erste aller civilistischen Quellen« nannte,[40] erstmals 1788 heraus, und zwar auf Grundlage der Schultingschen Ausgabe.[41] Den Text hatte Hugo bei der Anfertigung seiner Hallenser Dissertation über den Nachlaßbesitz kennengelernt[42] und dann einer speziellen Lehrveranstaltung zugrundegelegt.[43] Auf diese ging auch die Verbesserung des Textes in seiner zweiten Auflage zurück.[44] Die Verwendung in Vorlesungen blieb auch der Zweck der weiteren Auflagen Hugos.

Bedeutsam für die Forschung dieser Phase wurde zunächst die Überlieferungsfrage. Bei Erarbeitung der ersten Auflage seiner *Ulpiani Fragmenta* war Hugo noch davon ausgegangen, daß die *Mss. Tilii, Gervasii* und *Auredani* jeweils eigenständige Überlieferungen bildeten, wobei ausgerechnet der auf das *Ms. Auredani*

38 »If a man were called to fix the period in the history of the world, during which the condition of the human race was most happy and prosperous, he would, without hesitation, name that which elapsed from the death of Domitian to the accession of Commodus«; Gibbon, Decline, S. 90. Hugo äußerte die Hoffnung, Gibbons Schilderung möge dazu beitragen, die verbreitete »Geringschätzung des Zeitraums« zurückzudrängen; Classisches PandectenRecht, Vorrede, S. VII, in: Beyträge 1, S. 192. Hugos Übersetzung des 44. Kapitels aus Gibbons Werk erschien 1789 und wurde zu einer der beiden Grundschriften der Historischen Rechtsschule; vgl. Behrends, Gustav Hugo, S. 159.

39 Im Anschluß an eine mißverständliche Mitteilung bei Pomponius *lb. sg. ench.* D. 1,2,2,49 meinte Gibbon sogar, Hadrian habe das Monopol der Respondierjuristen durchbrochen zugunsten eines jeden, der sich die Erteilung von Rechtsgutachten zutraue (Gibbon/Hugo, Hist. Übersicht, S. 51; zu dieser Ansicht Gibbons vgl. Whitman, Legacy, S. 82-86). Wenn auch das *ius respondendi* in Wahrheit bestehen blieb (s. die Anm. Behrends' in Gibbon/Hugo aaO.), hatte doch die insbesondere Hadrian zugeschriebene Aufwertung der einzelnen Juristen große Bedeutung. Die Schaffung der Texte durch individuelle Persönlichkeiten entsprach der Vorstellung von der historisch sukzessiven Entwicklung des Rechts. Für das Verständnis der Texte sollte es dagegen, wie Savignys Bemerkung über die Juristen als »fungible Personen« (Beruf, S. 189) zeigt, nicht auf die Individualität der jeweiligen Autoren ankommen.

40 Hugo, GGA 1812, S. 134 = Beyträge 2, S. 76; vgl. dens., CM 2, S. 358.

41 Hugo, Ulpiani Fragmenta[1], S. 11; ders., GGA 1834, S. 1284; vgl. Weber, Hugo, S. 52 f.

42 Hugo, Beyträge 1, S. 24 sowie die Randbemerkung im Handexemplar S. 25. Es handelt sich um die Schrift De bonorum possessionibus (1788); zu ihr unten bei Tit. 28,13.

43 Stintzing/Landsberg, Geschichte III/2, S. 6. Zu der Lehrveranstaltung s. unten S. 41.

44 Hugo, 4. Aufl., Praef. S. IV. Die erste Ausgabe ist nach Hugos eigenen Angaben ohne kritische Verdienste schnell für den Unterricht hergestellt worden. In den nachfolgenden Auflagen ist dann aber »etwas für die Berichtigung des Textes geschehen«; Hugo, Beyträge 1, 48.

zurückgehende Text der beste sei.[45] Man muß dazu aber bedenken, daß sich die Textüberlieferung am Ende des 18. Jahrhunderts noch als unsicher darstellte. Keine der Handschriften stand der Forschung zur Verfügung.[46] Die Arbeiten dieser Phase entstanden daher nur aufgrund von Drucken aus einer Zeit, der die Präzision der modernen Philologie noch unbekannt war.[47] In der zweiten Auflage seiner *Ulpiani Fragmenta* von 1811 wich Hugo dann von seiner bisherigen Einschätzung ab. Er hatte erkannt, daß die Handschriften des Gervasius und des Auredanus lediglich im 16. Jahrhundert entstandene, mit Konjekturalkritik erarbeitete Abschriften des *Ms. Tilii* waren.[48] In seiner Rezension dieser Ausgabe konnte Savigny 1812 die These vom Abhängigkeitsverhältnis der Handschriften bestätigen.[49]

Daß sich die Handschrift Dutillets in der Vatikanischen Bibliothek erhalten hatte, war der Forschung nicht bekannt. Dies hing nicht zuletzt damit zusammen, daß in der Bibliothek eine restriktive Zulassungspraxis herrschte, und insbesondere auch die Breviarmanuskripte unter Verschluß lagen.[50] Den entscheidenden Hinweis zur Wiederauffindung der Handschrift Dutillets gab Savigny, nachdem er in der Bibliotheca Bibliothecarum des französischen Benediktiners Montfaucon unter den dort aufgelisteten Handschriften der Königin Christine auf die Angabe eines Manuskripts gestoßen war, das im Anschluß an das Breviarium Alaricianum die »*Tituli ex corpore Vulpiniani*« enthalten sollte.[51] Seine Nachfrage in der Bibliothek ergab, daß die bei Montfaucon als Nr. 377 verzeichnete Handschrift als Nr. 1128 *Bibliothecae Reginae Christinae* erhalten war.[52] Erste Textproben lieferten Hinweise darauf, daß es sich möglicherweise um die Handschrift

45 Savigny, VS 5, S. 82; vgl. Hugo, Beyträge 1, S. 211, Fn. 2.

46 Feuerbach, NLA 1806, S. 166.

47 Schulz, Epitome, S. 2; vgl. Karlowa, RRG 1, S. 769.

48 Karlowa, RRG 1, S. 769; vgl. Hugo bei Savigny, VS 3, S. 28 ff.

49 Savigny, VS 5, S. 81 ff. Er berief sich auf die Mitteilungen Cujaz' über die diplomatische Autorität des *Ms. Tilii.* Ferner zeigte er auf Grundlage der Pariser Ausgabe von 1586 an Einzelbeispielen, daß die Lesarten der anderen Manuskripte Verbesserungsversuche an Problemstellen bildeten.

50 Eine Verordnung Papst Clemens' XIII. von 1761, die die Benutzung der Handschriften stark eingeschränkt hatte, wurde gerade während der Amtszeit des Präfekten Angelo Mai außerordentlich rigoros durchgeführt; vgl. Bethmann, AGG 12 (1874), S. 214; Blume, Iter Italicum 3, S. 85-88; Niebuhr, Briefe 1/1, Nr. 18, S. 108-113; Bluhme, Briefe, 25. Haenel beklagte insbesondere die »Verweigerung der Handschriften des Alaricischen Breviar«; RGL 1 (1834), S. 351.

51 Montfaucon, Bibliotheca 1, 22 Nr. 377. In Nrn. 378 (= Cod. Ottob. Lat. 2225) und 379 (= Cod. Reg. Lat. 1050) ist unser Text nicht enthalten, trotz der allgemeinen Verweisung auf den Inhalt von Nr. 377. Es ist, wie Volterra, BIDR 84 (1981), S. 305 bemerkt, in der Tat erstaunlich, daß der Cod. Reg. Lat. 1128, der bei Montfaucon und in anderen älteren Katalogen verzeichnet war, bis zum Anfang des 19. Jhdts. ignoriert und dann »trionfalmente« wiederentdeckt wurde.

52 Savigny, VS 5, S. 87; Schulz, Epitome, S. 2.

Dutillets handelte.[53] Eine Abschrift erlaubte Savigny schließlich den Vergleich des Manuskripts mit dem textus receptus der gedruckten Ausgaben.[54] Im Jahre 1813 konnte er sich schließlich von der Identität der Handschrift mit dem *Ms. Tilii* aufgrund des Vergleichs der Lesarten und unter Berücksichtigung der Geschichte der königlichen Bibliothek überzeugen.[55] Nachdem seine Ansicht im nachfolgenden Schrifttum zunächst vereinzelt angegriffen wurde,[56] ist die Identität heute zu Recht allgemein anerkannt.[57] Von dieser »Wiederentdeckung« des Manuskripts konnte Hugo seit der 3. Auflage der *Ulpiani Fragmenta* (1814) profitieren. Die Konzentration auf die eine, echte Überlieferung und die besondere Sorgfalt und kritische Schärfe Hugos,[58] dessen Editionsarbeit für die damaligen Verhältnisse vorbildlich war, haben bewirkt, daß mit dieser Auflage die Reihe der für die moderne Quellenkritik noch brauchbaren Ausgaben beginnt.

Die Untersuchungen der nachfolgenden Phase stützten sich vorwiegend auf philologische Argumente. Dies lag darin begründet, daß sich für die Historische Rechtsschule infolge ihrer Verknüpfung mit der Dogmatik des geltenden Rechts Hindernisse gegenüber der spezifisch rechtshistorischen Quellenforschung ergaben. Nachdem Haenel in der Überlieferungsfrage Zweifel an der Identitätsthese Savignys angemeldet hatte,[59] suchte Gustav Ernst Heimbach zu beweisen, daß das

53 Savignys Überlegungen haben lebendig in das Manuskript seiner Ulpian-Exegese Eingang gefunden (Ulpian 1811, Bl. 5 r), niedergelegt offenbar nach Hugos 2. Aufl. (»Hugos neue Meinung«): »Ms. vat. – bibl⟨iothecae⟩ Christin⟨ae⟩. n. 377 *hinter brev⟨iarium⟩* (N. 378. 379 b⟨ei⟩ Montf⟨aucon⟩ sind falsch) *sec. XI* – ? Vielleicht das Ms. Til. selbst ?? Anfang *genau* wie Ms. Til. [Überschrift steht auch hinter brev⟨iarium⟩], zwar viele Abweichungen von groben Schreibfehlern, NB. das die Identität *unterstützend*, s. die Erkl. von Cuj⟨az⟩ und Til⟨ius⟩ über den Zustand des M⟨anu⟩s⟨kripts⟩«.

54 Auf dieser von Glöckle angefertigten Abschrift beruht die 3. Auflage (1814) bzw. der buchstabengetreue Abdruck im Ius civile Ante-Justinianeum (1815) mit dem Apographum der Handschrift. Dazu Hugo, GGA 1823, S. 434 = Beyträge 2, S. 550 f.; ferner Savigny, VS 3, S. 39; VS 5, S. 88. Der Abdruck wurde später von Chr. A. Brandis mit dem Manuskript verglichen und berichtigt. Vgl. Hugo, CM 4, S. 388 sowie das Vorwort zu dessen Nachträgen zur Ausgabe von 1811; Goeschen, ZGR 4 (1820), S. 112 ff.; Hugo, GGA 1819, S. 198 f. = Beyträge 2, 385 f.

55 Savigny, VS 3, S. 43 ff. Vgl. den Brief Savignys an Heise vom 19. Nov. 1813: »Schreiben Sie mir doch gelegentlich [...] über meine Ansicht vom Text des Ulpian: ich muß Ihnen nur sagen, daß ich mir auf diese Entdeckung etwas zu gute thue«; Lenel, SZ 36 (1915), S. 132 f.

56 Dazu unten S. 46.

57 Den endgültigen Beweis liefert freilich erst die lückenlose Rekonstruktion der Provenienz bis zum Eingang in die Vatikanische Bibliothek, die bislang nicht vorlag. Dazu oben S. 32-35. Bis heute begnügt sich das Schrifttum oft mit dem Hinweis, die Handschrift sei »verschollen« gewesen. So etwa Schulz, Epitome, S. 1; Westrup, St. Bonfante 3, S. 137, Fn. 29; Arangio-Ruiz, Storia, S. 301; Grosso, Lezioni, S. 446; Betancourt, Derecho Romano Clásico, S. 97; Maganzani, Fonti, S. 33.

58 Reddie, Notices, S. 89.

59 Haenel, RGL 1 (1834), S. 351 f.

vatikanische Manuskript nicht die Handschrift sei, die Dutillet vorgelegen hatte. Ausgehend von der Annahme, das vatikanische Manuskript sei 1562 in Fleury geraubt worden, vermutete Heimbach eine gemeinsame Vorlage beider Manuskripte. Er berief sich auf in den gedruckten Ausgaben unterschiedlich überlieferte Lesarten, räumte aber ein, daß die meisten Eigentümlichkeiten »der Ausgabe von 1586« aus dem vatikanischen Manuskript zu erklären seien.[60] Während Heimbach mit dieser Meinung nicht überzeugen konnte,[61] brachten dagegen seine Vermutungen zum Inhalt des Textes wichtige Fortschritte. Er behauptete nämlich, daß der überlieferte Text nicht unmittelbar den *liber singularis regularum* Ulpians wiedergebe.[62] Diese Ansicht begründete Heimbach mit Widersprüchen innerhalb des Textes und gegenüber anderen Quellen, mit der Sprache der Fragmente sowie mit dogmatischen Erwägungen, die ihn eine Entstehung verschiedener Abschnitte unter unterschiedlichen historischen Bedingungen vermuten ließen.[63] So gelangte er zu dem Ergebnis, daß es sich bei dem Text um eine Kompilation handele, was unabhängig von der Richtigkeit der Ansicht im einzelnen die Tür zu neuen kritischen Überlegungen aufstieß.

Im Jahre 1836 erschien Karl Lachmanns »Kritischer Beitrag zu Ulpians Fragmenten«.[64] Lachmanns Textkritik erfolgte anhand philologischer Argumente. Zur Frage der Identität der Handschriften nahm er nicht Stellung. Dagegen ließ der

60 Heimbach berief sich für die von ihm angenommene Handschrift Dutillets auf Mitteilungen Merilles und Cujaz'. Seine Argumentation erfolgte aber schon insofern auf unsicherer Grundlage, als er sich für verschiedene »Lesarten« auf Cujaz' »Ausgabe von 1586« stützte. Er meinte die Pariser Ausgabe (HJWK 1838, Sp. 1964 ff.), beachtete aber nicht, daß 1586 auch noch die oft abweichend lautende Genfer Ausgabe erschien. Auch noch nach Erscheinen von Savignys Aufsatz »Ueber die handschriftliche Grundlage des Ulpian« (ZGR 9 [1836], S. 157-173) hielt Heimbach an seiner Position fest. Vgl. die Rezension des Savigny-Aufsatzes (HJWK 1838, Sp. 1961 ff.), die der Rezensierte schon vor dem Abdruck im einzelnen zurückwies (Brief vom 24. Aug. 1838, bei Stoll Bd. 2, Nr. 509, S. 509-511), sowie Heimbachs späteren Beitrag im LR 1 (1843), S. 93-108.

61 Zustimmung fand er immerhin bei Haenel, RGL 2 (1834), S. 614, der aber nicht mitteilte, warum ihn Heimbachs Ansicht überzeugte.

62 Unrichtig weisen Mercogliano, Tituli, S. 13 und Santucci, AG 219 (1999), S. 141, diese wegweisenden Überlegungen erst Mommsen zu.

63 Soweit Heimbach, Ulpians Fragmente, S. 21-24, mit sprachlichen Mängeln argumentiert, ist ihm von seiten Haenels, RGL 2 (1834), S. 615 mit Recht entgegengehalten worden, daß die von ihm erwartete Genauigkeit des Ausdrucks auch in anderen Juristenschriften nicht festzustellen sei. Heimbach stand insoweit unter dem Einfluß der Philologie Bentleys und Gottfried Hermanns (vgl. Heimbach, Ulpians Fragmente, S. 3) und scheint bisweilen deren Überzeugung, den als Maßstab dienenden Grad sprachlicher Vollkommenheit weitgehend selbst bestimmen und Texte daran beurteilen und emendieren zu können (vgl. Timpanaro, Entstehung, S. 10 f.), übernommen zu haben.

64 Lachmann, ZGR 9 (1836), S. 174-212.

reiche Ertrag von Lachmanns Forschungen eine neue Edition als wünschenswert erscheinen.[65] Diese Aufgabe erfüllte Eduard Böcking. Er gehörte dem antiquarisch orientierten Teil der Savignyschüler an, der seine Forschungsaufgabe weniger auf dem Gebiet des »heutigen römischen Rechts« als vielmehr in einer neuhumanistischen Renaissance der juristischen Altertumswissenschaft sah. Im Jahre 1855 erschien die 4. Auflage seiner Textausgabe.[66] Sie brachte auch dadurch einen bedeutenden Fortschritt, daß Theodor Mommsen an ihr mitgearbeitet und eine Abhandlung beigesteuert hatte.[67] Mommsens unter dem Titel »De Ulpiani regularum libro singulari« erschienene Arbeit enthält die erste historisch-kritische Untersuchung der Entstehung des überlieferten Textes, so insbesondere des Verhältnisses der Schrift zu dem aus der Inskription von Parallelüberlieferungen erschlossenen *liber singularis regularum*. Mommsen hatte zutreffend erkannt, daß der überlieferte Text ein Auszug aus dem *liber singularis* ist. Seine Vermutung, daß Ulpian bei der Abfassung des exzerpierten Textes die Gaius-Institutionen benutzt habe,[68] hatte für lange Zeit Geltung; sie hat sich uns allerdings nicht bestätigen können.[69] Mommsen wies darauf hin, daß der exzerpierte Text auf einen Grundbestand zurückging, der um einzelne weitere Passagen ergänzt wurde.[70] Er nahm allerdings an, daß der Auszug nach 320 hergestellt worden sei, um der Praxis zu dienen. Mit diesem Ziel sei nicht nur veralteter Stoff gestrichen worden,[71] son-

65 Vgl. Heimbach, LR 1 (1843), S. 101. Hugo ergänzte sein Handexemplar der 5. Aufl. um die Konjekturvorschläge Lachmanns.

66 Ihr lag ein von Heinrich Brunn, dem späteren Begründer der modernen Archäologie, gefertigtes Apographum zugrunde; vgl. Karlowa, RRG 1, S. 770; Huschke, NJPP 75 (1857), S. 366; Schulz, Epitome, S. 4. Auf dieser Grundlage ließ Böcking 1855 auch ein »Exemplum« nach dem vatikanischen Manuskript drucken, das gelegentlich in der 4. Auflage als Anhang angebunden ist. Dabei handelt es sich nicht um ein Apographum (so aber Schulz, Epitome, S. 4) oder ein Faksimile (so aber Stintzing/Landsberg, Geschichte III/2 Text, S. 481; Salkowski, Institutionen, S. 41; Muirhead, Law of Rome, S. 300; Liebs, Handbuch, S. 207). In dieser Rekonstruktion ist der Text (im Unterschied zu Böckings Gaius-Apographum von 1866) nämlich gerade nicht im Schriftcharakter des Manuskripts, sondern überwiegend in Antiquatypen wiedergegeben.

67 Mommsens Beitrag ist auch in dessen Juristischen Schriften 2, S. 47-55 enthalten.

68 Zur Ansicht Mommsens s. im einzelnen unten S. 67 f., 101, 105 und 150-154.

69 Vgl. S. 104 ff. und 124 ff.

70 Mommsen, JS 2, S. 48 dachte dabei jedenfalls an das Ehe- und Dotalrecht: »nova additamenta iustum ordinem turbarent, quod factum est titulis de nuptiis et dotibus insertis in medium locum qui est de patria potestate.« Dieser Vermutung schlossen sich Krüger, Geschichte, S. 249 und Kübler, Geschichte, S. 282 an. Rudorff, RRG 1, S. 190 m. Fn. 8 dachte daneben noch an eine Einfügung der Einleitung §§ 1-3.

71 Mommsen, JS 2, S. 49: »At qui conficiebat huius modi epitomen ad fori usum, mirum esset si praeter illa inutilia ut sibi viderentur exordia non omisisset etiam ea quae novae leges vel quae vetustas abolevisset; neque coniectura nos fallit. Ubicumque auctor ius quod tradebat, in desuetudinem abiisse confessus est, ibi fere hodie hiatus apparet.«

dern auch alles Schulmäßig-begriffliche, wie etwa systematische Einteilungen.[72] Zu Recht wies Mommsen darauf hin, daß die Qualität des exzerpierten Textes durch die Herstellung des Auszugs kaum beeinträchtigt wurde.[73]

Auf diesen Forschungen Mommsens konnte die 1856 von Johannes Vahlen erarbeitete Ausgabe aufbauen.[74] Schon Böcking hatte in der Überlieferungsfrage gemeint, es sei unklar, ob die Handschrift Dutillets mit der vatikanischen identisch sei, jedenfalls aber ergebe sich aus Cujaz' Pariser Ausgabe von 1586 sowie aus Heimbachs Forschungsergebnissen, daß ggf. beide die gleiche Quelle hätten und kaum voneinander abwichen.[75] Vahlen verhalf nun Savignys zutreffender Ansicht von der Identität beider Manuskripte zum Durchbruch, wobei allerdings noch immer philologische Argumente im Vordergrund standen.[76] Die Widersprüche zu der Annahme einer Herkunft aus Fleury blieben ungelöst. Das Schicksal der Handschrift vor 1647 war noch immer Gegenstand von Vermutungen.[77]

72 Mommsen, JS 2, S. 49: »Primus videmus nusquam extare vincula illa et quasi quaedam ligamenta iuris in artem redacti, dico divisiones. Non praetermittitur titulo de adquisitione rerum distinctio inter adquisitiones rerum singularum et per universitatem adquisitiones: non comparet in iuris hereditarii limine divisio successionum in testamentarias et ab intestato venientes, non in manumissionibus ordiendis divisio hominum in servos et liberos, liberorum in ingenuos et libertinos, non alia complura pervulgata et quasi decantata exordia.« Nach Mommsens Ansicht wich der Arbeitsplan des Epitomators insofern von dem des Regelverfassers ab, als der Text *nicht mehr auf didaktische Wirkung, sondern auf praktische Verwendbarkeit hin* ausgerichtet wurde. Der Epitomator habe daher systematische Elemente entfernt, die der ursprüngliche Darstellungsplan enthalten hatte: »Iam cum qui currum vel navem sedulo fabricavit faber nullus ipse clavos soluturus sit, quibus asseres compegit, cum praeterea exordium partis tertiae de actionibus, quod ex Ulpiani regulis digesta servarunt, Ulpianum divisiones more consueto posuisse ostendat, certius nihil esse potest quam divisiones has ab eo resectas esse, qui librum in compendium redegit. **Quod recte fecit, si compendium foro destinabat**: nihil enim apud praetorem illud *Omnes homines aut servos esse aut liberos.* Contra si scholae destinasset, omnia alia potius abiecisset quam fulcra haec memoriae atque doctrinae.«

73 Mommsen, JS 2, S. 48 meinte sogar, von den Gaius-Institutionen unterschieden sich die »Ulpiani Regulae« im Stil dadurch, daß sie »ea brevitate, perspicuitate, proprietate conscripta sunt, quam adhuc secuti sumus omnes, assecutus est nemo«.

74 Vgl. das Lob Huschkes, NJPP 75 (1857), S. 365 ff. Differenzierend Sanio, Geschichte, S. 7, Fn. 8, der sie für gut hält, aber die Übernahme der Mommsenschen Lehre kritisiert.

75 Böcking, 3. Aufl. 1845, S. VIII.

76 Vahlen geht in seinem Vorwort ausführlich auf Mommsens Aufsatz ein, während er die Arbeit Böckings dagegen nahezu ignoriert, offenbar aus persönlicher Abneigung gegen den Herausgeber; vgl. den Brief Otto Jahns an Mommsen vom 28.11.1856, bei Wickert, Nr. 174, S. 215 f.

77 In der Frage der Handschriften begründete später Schulz, Epitome, S. 3 die Identität zusätzlich mit dem Argument, daß Dutillet für seine Ausgabe des Codex Theodosianus (1550) nachweislich das vatikanische Manuskript benutzt hatte (vgl. Haenel, CTh, S. XXVII, 160; Krüger, Geschichte, S. 281, Fn. 28; Mommsen, CTh 1, S. LXXX f.; CVII), das ihm am 1. Dezember 1549, dem Datum, an dem er im Vorwort zur Ulpian-Ausgabe schrieb, er habe nur *eine* Handschrift, offenbar schon vorlag.

Indem sich die Ansicht von der Identität der Handschriften durchsetzte, wurde es der Forschung möglich, sich von der unsicheren Überlieferung der älteren Drucke zu lösen und den Text ausschließlich auf Grundlage des vatikanischen Manuskripts wiederzugeben. Im Jahre 1861 edierte Philipp Eduard Huschke den Text im Rahmen seiner *Iurisprudentia anteiustiniana*.[78] Seine scharfsinnige Konjekturalkritik erwies sich für die spätere Forschung teilweise als brauchbar, gelegentlich allerdings beschritt Huschke mit seinen Vorschlägen Irrwege.[79] Huschke übte insoweit später auch Selbstkritik.[80]

Das letzte Viertel des 19. Jahrhunderts eröffnete neue Wege. Die von August Boeckh und Johann Gustav Droysen für die Geschichtswissenschaft fortentwickelten Grundsätze der Hermeneutik hatten an Einfluß gewonnen. Sie begünstigten den Historismus und mit diesem die Entwicklung der philologisch-historischen Quellenkritik.[81] Als Gewinn aus Boeckhs Theorie erwies sich die Einsicht in die Notwendigkeit, den historischen Kontext als synchronischen und die Gattungsentwicklung als diachronischen Zusammenhang bei der Quellenforschung zu berücksichtigen.[82] Diese Sichtweise eröffnete den Blick auf das römische Recht als Gegenstand eines Entwicklungsprozesses.[83] Damit wurden dem Humanismus,

78 Mit dem Erfolg von Huschkes Sammlung ging einher, daß sein Text der *Ulpiani fragmenta* zur Grundlage ausländischer Texteditionen wurde, z.B. der Ausgaben von Giraud und Abdy/Walker.

79 Vgl. Schulz, Epitome, S. 4. Zu Huschkes Arbeit Stintzing/Landsberg, Geschichte III/2 Text, S. 489 f.

80 Huschke, NJPP 75 (1857), S. 368: »So manche meiner eigenen kritischen Vorschläge zu Ulpian ... ich jetzt für blosze lusus ingenii erklären musz ...«.

81 Wieacker, Privatrechtsgeschichte, S. 365. Der hier verwendete Historismus-Begriff bezieht sich auf jenes charakteristische Prinzip des Verstehens, das von Ranke u.a. in seiner »klassischen« Form entwickelt und von Droysen und Dilthey theoretisch durchgebildet wurde. Danach werden vergangene Sachverhalte nicht mit Bewertungen wie »hochentwickelt«, »Verfall« usw. zueinander ins Verhältnis gesetzt. Sie beziehen vielmehr ihren Wert aus ihrer Existenz selbst und sind insoweit gleichwertige Einheiten, die jeweils im Zusammenhang ihrer geschichtlichen Bedingungen zu verstehen sind. Da es hier um die Frage des wissenschaftlichen Einflusses geht, bleibt der Historismus als Weltanschauung außer Betracht. Dieselbe Fragestellung rechtfertigt es auch, daß die verschiedenen Ausprägungen, die der Begriff insbesondere in der Historismusdebatte des 20. Jahrhunderts erhielt, keine Berücksichtigung finden können. Dazu näher Oexle, Geschichtswissenschaft, S. 41 ff. und ders., VSWG 71 (1984), S. 338.

82 Boeckhs Vorstellung von der Antike war von einem historistischen Ansatz aus entworfen. Sie repräsentierte nicht ein statisches Ideal, sondern bezog sich auf einen historischen Prozeß, den es zu verstehen galt; Strohschneider-Kohrs, Textauslegung, S. 91 f. Im Unterschied zu der an Idealvorstellungen orientierten Sichtweise, wie sie bei anderen Philologen wie etwa Hermann vorgeherrscht hatte, richtete sich Boeckhs Interesse also auf die Erkenntnis von zurückliegenden Sachverhalten.

83 Jherings Hauptwerk »Geist des Römischen Rechts auf den verschiedenen Stufen seiner Entwicklung« läßt einen entsprechenden Darstellungsplan schon im Titel erkennen, stellt die »Stufen« allerdings insofern nicht vollständig dar, als es Torso blieb.

der bislang allein an der Spitze der die Quellenforschung vorantreibenden Kräfte gestanden hatte, neue methodische Impulse an die Seite gestellt. Dies förderte das Interesse an den Epochen der Rechtsentwicklung im Altertum. Sie wurden als klassisch, nachklassisch oder vulgar beschrieben, um die Prägung durch unterschiedliche geistige Grundströmungen zu kennzeichnen. Die Wissenschaft wandte sich dem jeweiligen Einfluß der Epochen auf die Texte zu, insbesondere der kritischen Erforschung nachklassischer Textveränderungen.[84]

Auf dem Gebiet der Erforschung unseres Textes gingen diese Entwicklungen in die Arbeiten Paul Krügers ein, aus denen die kritische Ausgabe von 1878 hervorging.[85] In erster Linie nach dem Brunn-Apographum arbeitend, hatte Krüger darüber hinaus 1868 noch einzelne Stellen am Manuskript nachvergleichen können. Die Ausgabe weist im Vergleich zu der Huschkes eine konservativere Behandlung des Textes auf. Mit ihr begann die Frage nach der neuzeitlichen Überlieferung in den Hintergrund zu treten.

Die beginnende Zeit der Interpolationenkritik ließ nach nachklassischen Veränderungen und damit nach der antiken Textgeschichte fragen. Diese Perspektive verengte sich in der Folgezeit immer mehr auf die »Echtheitsfrage«.[86] Krüger ging mit der allgemeinen Meinung davon aus, daß das Werk auf Ulpian zurückgehe. Zu Recht vermutete er, daß der Verfasser eine Quelle benutzt habe, die auch Gaius zum Vorbild gedient habe.[87] Gleichzeitig führte das humanistische Interesse zu einer Bewertung der einzelnen Entwicklungsstadien und damit zum Vordringen eines Dekadenzschemas. Diese Tendenz begünstigte die Entwicklung der radikaleren Interpolationenkritik, die auf der Vorstellung eines direkten Gegensatzes zwischen Klassizität und Nichtklassizität von Texten beruhte.[88] Die zu Beginn des 20. Jahrhunderts entstandenen Arbeiten zum Thema lassen den starken Einfluß dieser Methode erkennen.[89] Die Verfasserschaft Ulpians wurde nun überwiegend

84 Gleichzeitig brach sich die Umsetzung der Reflexion auf den Unterschied zwischen historischer und dogmatischer Quellenforschung Bahn, als mit den Bemühungen um die Schaffung eines Bürgerlichen Gesetzbuchs das Ende der Geltung des Gemeinen Rechts absehbar wurde. Die Erforschung der Quellen konnte sich von den methodischen Elementen der spezifisch juristischen Auslegungslehre lösen, die bislang durch die »Geltung« der Texte gefordert war. Es kam zur Loslösung der antiken Rechtsgeschichte von den dogmatischen Fesseln des Pandektenrechts. Zu dieser Entwicklung Wieacker, Privatrechtsgeschichte, S. 420; ders., Einwirkungen, S. 312-316.

85 Collectio Bd. 2, S. 1-38. Es handelt sich um die beste unter den bislang vorliegenden kritischen Ausgaben; vgl. Nelson, Überlieferung, S. 80 f., einschränkend ders., TR 67 (1999), S. 376 f.

86 Vgl. eindrücklich Felgentraeger, Symb. Lenel, S. 357.

87 Krüger, Geschichte, S. 248 ff. mit Fn. 206 u. S. 281.

88 So stellte etwa Beseler, Beiträge 4 (1920), S. 304 die klassische Sprache der »schwülstig-barocken« der Byzantiner entgegen. Dieser Forschungsrichtung lag die optimistische Erwartung zugrunde, daß sich durch die Aufdeckung justinianischer Interpolationen unmittelbar die klassischen Originaltexte freilegen ließen.

89 Vgl. Nelson, BSL 29 (1999), S. 284.

in Zweifel gezogen, wobei die Ansichten einander allerdings im einzelnen stark widersprachen. Zunächst entwickelte Arangio-Ruiz 1921 die Theorie, daß es sich bei unserem Text um einen Auszug aus einer zur Zeit des Commodus entstandenen zweiten Auflage des Gaius handele, der selbst aus konstantinischer Zeit stamme.[90] Arangio-Ruiz stützte diese Ansicht auf die Beobachtung, daß bestimmte Abschnitte unseres Textes Parallelen in den Institutionen Justinians, keine Entsprechung dagegen im *Codex Veronensis* finden, obgleich sie Gaius' Stilmerkmale aufwiesen.[91] Krügers Ansicht von der gemeinsamen Quelle beider Texte wies er zurück.[92] Die Auseinandersetzung mit den abweichenden Ansichten von Albertario und Buckland[93] führte dazu, daß er in der Folge von seiner Theorie der zweiten Auflage zugunsten der Annahme abrückte, daß es sich nur um ein neues, selbständiges Manuskript gehandelt habe.[94] Spätere Forschungen ließen ihn schließlich zu der Auffassung gelangen, daß es sich um eine Epitome aus Gaius handele, ergänzt um von Ulpian herrührende Definitionen und Klassifikationen, die wohl auf einen anonymen Adaptor des 4. Jahrhunderts zurückzuführen sei.[95]

Albertario äußerte 1922 die Ansicht, der im vatikanischen Manuskript überlieferte Text sei nicht identisch mit dem *liber singularis*, sondern es lägen mehrere Werke Ulpians zugrunde.[96] Die Überschrift im Manuskript lasse erkennen, daß es sich um einen nachklassischen Auszug aus einem Sammelband ulpianischer Schriften, einem *corpus Ulpiani*, handele.[97] Albertario stützte sein Urteil auf die

90 Arangio-Ruiz, BIDR 30 (1921), S. 178 f.; ders., Mél. Cornil 1, S. 83 f., Fn. 1. Auf die vermutete zweite Auflage der Gaius-Institutionen sollen nach Arangio-Ruiz auch der Gaius von Autun und die Theophilusparaphrase zurückgehen. Krit. demgegenüber Buckland, LQR 40 (1924), S. 185-201; ders., LQR 53 (1937), S. 508-518.

91 Arangio-Ruiz, BIDR 30 (1921), S. 181 ff.; vgl. dens., Storia, S. 301; Mél. Cornil 1, S. 83 f., Fn. 1.

92 Arangio-Ruiz, BIDR 30 (1921), S. 178.

93 Buckland hatte in kritischer Auseinandersetzung mit Arangio-Ruiz' Textbeispielen dessen Annahme einer zweiten Auflage der Gaius-Institutionen zurückgewiesen, war selbst aber von einer Benutzung des Gaiustextes durch Ulpian ausgegangen; LQR 38 (1922), S. 38-47; LQR 40 (1924), S. 185-201 (199). Offenbar unter dem Eindruck von Schulz' Ausgabe rückte er später von der Annahme der Verfasserschaft Ulpians ab; LQR 53 (1937), S. 508-518; Textbook, S. 60 f.

94 Arangio-Ruiz, RAQWI 4 (1934), S. 65-86. Daß unser Text Teile enthält, die der Codex Veronensis nicht aufweist, erklärte Arangio-Ruiz (S. 69) damit, daß ein umfassenderes Exemplar des Gaius vorgelegen habe. Vgl. Buckland, LQR 53 (1937), S. 508-510.

95 Arangio-Ruiz, Storia, S. 301.

96 Albertario, BIDR 32 (1922), S. 73-130 (= Studi 5 [1937], S. 493 ff.). Gegen Albertario vgl. Kübler, Geschichte, S. 281 f.; Buckland, LQR 40 (1924), S. 199 f.

97 Albertario, BIDR 32 (1922), S. 73 f., 83, 123. Auf den Sammlungscharakter wiesen für ihn Wiederholungen (Tit. 23,6; 28,6; 13,1; 16,2), Widersprüche (Tit. 17,2; 28,7: *fiscus/populus*) sowie die unterschiedliche Handhabung von *divus* (Tit. 17,2; 24,28; 26,7) hin. Nach Albertario sollten zu dem Sammelwerk neben dem *liber singularis regularum* noch die *regularum libri VII*, die *institutionum libri II* sowie die *pandectarum libri X* gehört haben.

Bestimmung spezifisch ulpianischer Sprachformen, auf Wortgebrauch und Konstruktionen, die sich nicht bei Gaius, wohl aber bei Ulpian fänden.[98]

Die bislang letzte selbständig erarbeitete Ausgabe brachte Schulz 1926 heraus.[99] Schulz meinte, es handele sich um eine zwischen 320 und 342 entstandene Epitome[100] aus einer »nachklassischen Zwischenquelle«, die unter dem Namen *Ulpiani liber singularis regularum* umhergelaufen sei und die ihrerseits auf die Institutionen des Gaius sowie die Pandekten Modestins und Werke Ulpians zurückgegangen sei.[101] Diese klassischen Texte seien indessen überarbeitet worden. In dieser Schrift entwickelt Schulz wohl erstmals als Bestandteil seiner später sog. Neuen Arbeitshypothese[102] den Gedanken, daß als wichtigste Veränderungsphase hinsichtlich der klassischen Texte das Ende des 3. Jahrhunderts bzw. der Anfang des 4. Jahrhunderts anzusehen sei und so nachklassische Überarbeitungsstufen von der Textänderung durch die Kompilatoren zu unterscheiden seien.[103] Wenngleich

98 Albertario, BIDR 32 (1922), S. 96 ff. u. 103 ff.

99 Zustimmend die Rezensionen von Lenel, SZ 47 (1927), S. 414-417 sowie von Kunkel, Gnomon 5 (1929), S. 91 f.; krit. freilich Arangio-Ruiz, BIDR 35 (1927), S. 191 ff.

100 Mercogliano, Tituli, S. 24 hält für möglich, daß Schulz durch das 1922 erschienene Werk »L'epitome nella letteratura latina« von Galdi dazu angeregt worden sein könnte, in unserem Text eine Epitome zu sehen. Dagegen ist aber einzuwenden, daß sich Schulz mit mehreren älteren Arbeiten auseinandersetzte, die den Gesichtspunkt der Epitome bereits berücksichtigten (z.B. Dutillet, Vahlen, Seckel/Kübler, Albertario, vor allem aber Mommsen), die Schrift Galdis dagegen nicht erwähnte.

101 Schulz, Epitome, S. 12 ff.; zustimmend Mayer-Maly, St. Betti 3, S. 458 f. In seiner Geschichte S. 281, Fn. 3 schränkte Schulz seine frühere Ansicht zur Benutzung der Pandekten Modestins durch den Verfasser des *liber singularis regularum* dahingehend ein, daß sowohl letzterer als auch Modestin die Pandekten Ulpians benutzt haben könne.
Zustimmung erfuhren die Forschungsergebnisse Schulz' u.a. bei Lenel, SZ 47 (1927), S. 414 ff.; Kipp, Röm. Recht, S. 120; Wieacker, Textstufen, S. 58 f., 69 u. öfter; Ciappessoni, St. Bonfante 3, S. 670 f.; Chiazzese, Introduzione, S. 188 u. 285; ders., Confronti testuali, S. 55 f., Fn. 3.

102 Den Ausdruck verwendet Schulz in der SZ 68 (1951), S. 8.

103 In voller Konsequenz wird die Neue Arbeitshypothese durchgeführt im wichtigsten Kapitel der History: The Literature of the Classical Age: Its Forms and its Transmission (S. 141-261).
Ohne Rücksicht auf die grundsätzlichen Fortschritte der Neuen Arbeitshypothese und ihre Distanz zur radikalen Interpolationenkritik meint Talamanca, Schulz habe sich niemals von dieser Methode gelöst: Schulz' »Prinzipien« seien »totalmente calato in quella metodologia degli studi romanistici marcata essenzialmente dal ricorso alla critica interpolazionistica, da cui quest'ultimo autore non si sarebbe mai distaccato.«; Diritto Romano, S. 684. Seine »History ... è una trattazione che rimane in sostanza omologa alla metodologia degli anni '30 ...«, womit Talamanca das Festhalten an der interpolationistischen Methode meint; S. 744 i. V. m. S. 736. Diese vereinfachende Sichtweise trägt der Entwicklung, die zu Schulz' Neuer Arbeitshypothese führte, ebensowenig angemessen Rechnung wie die offenbar unter dem Einfluß Talamancas erfolgte Einstufung als Spätwerk der interpolationistischen Methode bei Mercogliano, Tituli, S. 23.

die Forschung in der Annahme nachklassischer Textveränderungen inzwischen deutlich zurückhaltender geworden ist, darf es als Verdienst dieser Arbeit Schulz' gelten, daß sie eine differenziertere Untersuchung der Entwicklungsschritte ermöglichte.[104]

Die Umsetzung der Neuen Arbeitshypothese stand in Schulz' »*Epitome Ulpiani*« insofern noch unter dem Einfluß interpolationistischer Vorstellungen, als er den Text für ein Produkt einer nachklassischen Weiterentwicklung klassischer Texte erklärte, gleichzeitig aber am Maßstab der klassischen Rechtssprache neben dem Stil auch den Wortgebrauch sowie die »Klassizität« bestimmter Wendungen beurteilte.[105] Schulz ging vom Idealbild eines reinen, einfachen, präzisen und eleganten Sprachstils aus, einer »klassischen Stilart«, die von der republikanischen Jurisprudenz entwickelt und, bewahrt durch eine »splendid isolation«,[106] von den Klassikern praktiziert worden sei.[107] Dem Stil wurde damit ein entscheidendes

104 In Abkehr von der radikalen Interpolationistik näherte sich die Forschung insoweit wieder Boeckhs Forderung, Entwicklungen freizulegen. Wenn die Arbeiten dieser Phase gleichzeitig durch subjektive Urteile gekennzeichnet sind, muß darauf hingewiesen werden, daß dieser Widerspruch schon auf Boeckh zurückgeht, der selbst dem Vordringen subjektiver Kriterien Vorschub geleistet hatte. So gilt bei ihm nicht nur für die Hermeneutik, sondern auch für die Kritik, daß die letzte Entscheidung auf »dem unmittelbaren Gefühl, das aus einem unbestechlichen Sinn für historische Wahrheit hervorgeht«, beruht, »... es bildet sich dann zu einem künstlerischen Trieb aus, der *ohne Reflexion* sicher das Richtige trifft« (Encyklopädie, S. 174; Hervorhebung von mir). Boeckhs hermeneutische Grundsätze zählen zu den wichtigsten Einfallstoren für die Philologisierung der Historischen Schule, auf die Gadamer das Vordringen der subjektiven Kriterien zurückgeführt hat; GW 1, S. 191-197. Der beschriebene Widerspruch tritt besonders in den frühen Arbeiten Schulz' zutage und zeigt, wie stark der Einfluß des vorangegangenen Jahrhunderts noch fortwirkte. Angesichts seiner von subjektiven Wertungen durchsetzten Textausgabe muß es auffallen, daß Schulz in seiner Erläuterung der methodischen Neuausrichtung der Forschung erklärte: »Es handelt sich heute nur noch darum, das römische Recht *wie es eigentlich war*, in all seiner historischen Bedingtheit ... zu erkennen.« (Einführung, S. 61; Hervorhebung von mir). Das Ranke-Zitat – vgl. dessen berühmte Ankündigung, »bloß« zu »sagen, wie es eigentlich gewesen«; Geschichten 1, S. VI – darf als Bekenntnis zur Bemühung um eine objektive, historische Quellenbetrachtung und vorurteilslose Rekonstruktion der Geschehnisse gewertet werden. Wo es allen Beteuerungen zum Trotz mit Ästhetisierung einhergeht, birgt es die Gefahr unzureichender Distanz zum eigenen Urteil und zirkulärer Argumentation.

105 Bretone meint, in dieser »edizione critica« – in Wahrheit hat Schulz bewußt auf die kritische Ausgabe des Textes verzichtet (Epitome, S. IV) – trete die Antithese zwischen alter und neuer Arbeitshypothese deutlich hervor; Tecniche, S. 348; ders., Postulati, S. 26, Fn. 36. Die Ausgabe stellt die Erwartung nachklassischer Bearbeitung deutlich in den Vordergrund, arbeitet aber bei der Stiluntersuchung gleichwohl mit dem Begriffspaar »klassisch-nachklassisch (bzw. unklassisch)«.

106 Schulz, Einführung, S. 45.

107 Schulz, Einführung, S. 43-45; ders., History, S. 97 f. Etwas anders in Prinzipien, S. 54-56, wo er die unterschiedliche Neigung zur Regelbildung aufzeigt. Die Vorstellung eines über-

Gewicht unter den Kriterien der Textkritik beigemessen. Wenn Schulz für das klassische Juristenlatein feststellte, daß es »den guten Traditionen der Republik« treu geblieben und von der »Sprachverschlechterung« der Kaiserzeit nicht oder kaum betroffen sei,[108] orientierte er sich zum Teil an subjektiven Wertungen.[109] Schulz zog den Sprachstil als Kriterium für eine Analyse juristischer Schriften heran, weil er von der Vorstellung einer weitgehend homogenen und von individuellen sowie äußeren Einflüssen freien klassischen Rechtssprache ausging. Diese Annahme beruhte u.a. auf der Zurückdrängung des Gesichtspunkts der Autorenindividualität und auf der isolierten Betrachtung der Rechtswissenschaft gegenüber anderen Wissenschaftszweigen der Antike.[110]

Nachdem in den Untersuchungen von Arangio-Ruiz, Albertario und Schulz hauptsächlich Paralleltexte, Sprache und Gliederung des Textes als Kriterien herangezogen worden waren, stellte Schönbauer inhaltliche Erwägungen zu ausgewählten Stellen an.[111] Er vermutete das Entstehen eines Ursprungstextes in der Zeit zwischen Commodus und Caracalla. Die überlieferte Gestalt des Textes versuchte er durch Unterscheidung mehrerer nachträglicher Überarbeitungsstufen zu erklären. So nahm er einen unbekannten Verfasser an, der im 3. Jahrhundert das anschließend als *Ulpiani liber singularis regularum* umlaufende Werk schuf, sowie einen unbekannten Kompilator, der anschließend aus dieser Schrift unter Benutzung der Gaius-Institutionen und anderer Texte eine Epitome gefertigt habe.[112] Das Ergebnis sei im 4. Jahrhundert exzerpiert und dem Rechtsstand der

individuellen, klassischen Stils ist offenbar beeinflußt durch Norden, Antike Kunstprosa 2, S. 581 f.; vgl. Schulz, Einführung, S. 43. Krit. Bretone, Tecniche, S. 349; ders., Postulati, S. 22 ff.; Schönbauer, Iura 12 (1961), S. 158.

108 Schulz, Einführung, S. 43 f.; entsprechend 30 Jahre später in der History, S. 258 f.

109 Die Beurteilung am Maßstab eines »klassischen« Stilideals führt gelegentlich zu unsubstantiierten Bewertungen. So nannte Schulz den Stil des Textes »unschön«, Liebs »farblos«, Honoré »pedestrian«. Sie folgern daraus, Ulpian könne in diesem Stil nicht geschrieben haben; vgl. Nelson, Stil, S. 82 sowie Überlieferung, S. 86 f. Daß die Juristen in der ganzen Kaiserzeit die »klassische Stilart«, den »alten Stil« pflegten, daß auch noch die severischen Juristen den »einfachen, klaren, vornehmen Stil« beherrschten, war eine Vorstellung des 19. Jahrhunderts; vgl. etwa Norden, Antike Kunstprosa 2, S. 581 f. Kritisch meint Schönbauer, die Textstufenforschung dürfe nicht auf einem ästhetischen Stilgefühl aufbauen; Iura 12 (1961), S. 158; krit. auch Nelson, BSL 29 (1999), S. 287.

110 Schulz meinte, daß bei der Untersuchung der Entwicklung der römischen Rechtswissenschaft die Biographien der einzelnen Juristen außer Betracht bleiben müßten, da sie angesichts der uniformierenden Schultradition für die Wissenschaft keine Bedeutung gehabt hätten; History, S. 4; ders., Einführung, S. 44. Mit dieser Ansicht, in der – bezogen auf die Sprache – noch Savignys berühmte Charakterisierung der römischen Juristen als »fungible Personen« (Beruf, S. 189) nachklingt, nahm Schulz eine Gegenposition zu Mitteis, Antike Rechtsgeschichte (1917) ein; vgl. unten Fn. 117.

111 Insbesondere zur »Götterliste« in Tit. 22,6; vgl. Schönbauer, St. De Francisci 3, S. 308 ff.

112 In dieser Phase der Forschung hatte sich die Ansicht, der Text stamme nicht von Ulpian, überwiegend durchgesetzt. Mayer-Maly konnte 1961 feststellen, außer Voci (Modi di

Zeit Konstantins angepaßt worden. Schönbauers Erklärung läßt das Bemühen erkennen, die Merkmale, die den überlieferten Text als Ergebnis mehrerer Überarbeitungen mit verschiedener Zielrichtung erscheinen lassen, auf unterschiedliche Eingriffe zurückzuführen. Sie erweckt jedoch aufgrund ihres kombinatorischen Charakters Bedenken.[113]

Die von Schulz betriebene differenziertere Erforschung der vorjustinianischen Textveränderungen führte Wieacker fort, indem er die Textstufenforschung auf neue methodische Grundlagen stellte.[114] Er wertete die historische Sichtweise im Rahmen der Rechtsquellenforschung auf, indem er sie nicht auf die Aufgabe beschränkte, mutmaßlich klassischen Maßstäben genügende Texte von späteren Verfälschungen zu reinigen. Stattdessen lehrte Wieacker, die Entwicklungsphasen als prinzipiell gleichwertige historische Einheiten zu verstehen. Der neuerliche Paradigmenwechsel führte eine gewisse Zurückdrängung der subjektiven Bewertungen mit sich, die die Beurteilung des Textes bei Schulz noch wesentlich gekennzeichnet hatten. Hinsichtlich unseres Textes ging Wieacker allerdings wie Schulz davon aus, daß es sich um einen Auszug aus einem nachklassischen *liber singularis regularum* handele, der selbst eine Gaiusbearbeitung mit Einarbeitung fremden Quellenstoffs, wahrscheinlich aus Ulpians oder Modestins Pandekten, sei.[115] Die Umstände der Entstehung und insbesondere der vermutete Wechsel der Autorenüberlieferung, den Wieacker darin sah, daß auf verschiedene klassische Autoren zurückgehende Materialien nach ihrer Einarbeitung in den *liber singularis* als Werk Ulpians überliefert seien, veranlaßten Wieacker dazu, den Text als nicht authentisch einzustufen.[116]

acquisto della proprietà [1952], S. 159, jedoch ohne Begründung) gehe niemand mehr von der Autorschaft Ulpians aus; RE, 2. Reihe, 17. Hb. (1961), s. v. Ulpianus Nr. 2, Sp. 567 f. Voci ist allerdings später von seiner Position abgerückt und hat sich der Ansicht angeschlossen, der *liber singularis regularum* sei Ulpian nur zugeschrieben worden; vgl. Voci, Piccolo Manuale 1, S. 128, Fn. 84.

113 Wieacker, Textstufen S. 69, Fn. 63.

114 Sein Werk »Textstufen klassischer Juristen« knüpfte an Schulz' Forschungen an; vgl. dort S. 15. Zu den wichtigsten Ergebnissen dieses Werkes, die die Textstufenforschung gegenüber Schulz voranbrachten, gehört die Herausarbeitung einer früh-nachklassischen (später »epiklassisch« genannten; vgl. Wieacker, RHDFE 49 [1971], S. 223) Phase, in der die klassischen Schriften relativ frei bearbeitet wurden, bevor sie von der Mitte des 4. Jahrhunderts an als Autoritäten einen gewissen Schutz vor Eingriffen genossen (S. 427 ff.). Die Differenzierung zwischen diesen Phasen wurde aufgenommen von Kaser, Methodologie, S. 60 ff., 71 ff. und Johnston, OJLS 9 (1989), S. 159.
Einen wesentlichen Fortschritt brachte Wieackers Werk auch insoweit, als er auf die Tatsache der Umschrift aller klassischen Texte von der Rolle in den Codex um das Jahr 300 und deren Bedeutung für die Textüberlieferung hinwies (S. 114 ff.).

115 Vgl. Wieacker, Atti Verona 1, S. 59 f., 72; ders., SZ 70 (1953), S. 123.

116 Wieacker, Textstufen S. 69, Fn. 63.

In neuerer Zeit ist die Forschung bereit, dem Gesichtspunkt der Autorenindividualität wieder weitergehende Bedeutung beizumessen.[117] Wie nachfolgend gezeigt wird, haben insbesondere die Untersuchungen spezieller Stilmerkmale in der Sprache einzelner Juristen ergeben, daß die von Schulz angenommene Homogenität der Sprache in der klassischen Rechtswissenschaft[118] doch nicht in dem vermuteten Maße bestand.

Der Stil eines Textes ist besonders durch diejenigen seiner Merkmale geprägt, die wiederholt auftreten. Einigen neueren Untersuchungen liegt daher eine quantitative Stilanalyse zugrunde. Dabei wird zunächst die relative Häufigkeit des Auftretens bestimmter Stilmerkmale in den Texten sicherer Herkunft bestimmt. Diese Merkmale werden dann als autorentypisch bezeichnet. Der Vergleich der so gefundenen Merkmale bekannter Werke eines Autors mit denjenigen, die Texten unsicherer Herkunft anhaften, soll dann Aussagen über den Verfasser der letzteren ermöglichen. Dem liegt die Erwartung zugrunde, daß der Stil eines Autors innerhalb seines Gesamtwerkes weitgehend konstant sei.[119]

Unter den Forschungen, in denen die Autorschaft unseres Textes auf diesem Wege geprüft wurde, sind zunächst die Untersuchungen Lothar Müllers zu nennen.[120] Im Wege einer quantitativ-mathematischen Methode, die er mit Hilfe des

117 Ältere Untersuchungen waren bereits von einem weitergehenden Einfluß der Individualität des Autors auf die Sprache ausgegangen. Bedeutend waren in dieser Hinsicht besonders die Arbeiten Krügers, Geschichte (1912) und Mitteis', Antike Rechtsgeschichte, S. 17, der gefordert hatte, »die allmähliche Entstehung von Rechtsgedanken und ihre Entwicklung ... zu verfolgen, dabei die individuelle Tätigkeit der einzelnen Juristen aufzuzeigen, und so eine biographische Rechtsgeschichte des römischen Altertums herzustellen«. Kalb, Roms Juristen (1890) hatte hauptsächlich Aufzählungen von Wörtern und Satzkonstruktionen herausgearbeitet, für die er bei anderen Juristen keine bzw. fast keine Belege gefunden hatte. Bedenken sind gegenüber dieser Methode im Hinblick darauf erhoben worden, daß Raritätensammlungen kaum einen Einblick in die stilistische Individualität des jeweiligen Autors geben. Vgl. Nelson, Fachsprache, S. 129, Fn. 10, der Kalb zudem vorhält, öfters Parallelen übersehen zu haben. Unter den älteren Arbeiten ist noch Rechnitz, Studien zu Salvius Julianus (1925) zu nennen, der charakteristische Rhythmusabläufe in der Sprache Julians ermittelt hatte.

118 Schulz, Einführung, S. 43-45; ders., History, S. 97 f.; ders., Prinzipien, S. 55 und oben S. 53 f.

119 Wieacker, RRG 1, S. 163, Fn. 41.

120 Müller ist ein Schüler Seidls, der 1963 eine stärkere Berücksichtigung der autorenspezifischen Merkmale eines Textes gefordert hatte; Eranion Maridakis 1, S. 231 f. In der Revue (de l') Organisation internationale pour l'étude des langues anciennes par ordinateur (ROLAO) 4 (1970), S. 65 ff. stellt Müller nur kurz einige Ergebnisse umfangreicher Forschungen zusammen; vgl. auch die Notiz in Iura 19 (1968), S. 197 f. Einzelheiten zur Methode sowie weitere Untersuchungskriterien und Ergebnisse enthält eine unveröffentlichte Schrift Müllers mit dem Titel »Analyse der Tituli ex corpore Ulpiani – Unter Benutzung quantitativer Methoden und elektronischer Datenverarbeitungsmaschinen«, die mir der Verfasser, soweit sie erhalten ist, freundlicherweise zugänglich gemacht hat.

Computers anwandte,[121] prüfte Müller eine Anzahl derjenigen Stilelemente des Textes, deren Verwendung – anders, als es etwa bei der Wortwahl der Fall ist – *unbewußt* erfolgt.[122] Müller ermittelte zunächst die durchschnittliche Satzlänge, und erhielt in Ulpians Ediktkommentar und in den *disputationum libri decem* einen Wert von 21,3 Wörtern, während sich für Gaius eine durchschnittliche Satzlänge von 25,2 Wörtern (Institutionen) bzw. 26,4 (*ad edictum provinciale*) ergab.[123] Für den vom *liber singularis regularum* erhaltenen Text ermittelte er durchschnittlich 21,3 Wörter, also den gleichen Wert wie in den Ulpianschriften. Darüber hinaus untersuchte Müller den Parameter der »Wortklassenhäufigkeit«, also der Häufigkeit des Auftretens von Wörtern bestimmter Wortklassen (Substantive, Verben, Präpositionen usw.), sowie den der »Wortklassenfolgehäufigkeit«, also der Häufigkeit, mit der Wörter einer bestimmten Wortklasse auf Wörter einer anderen Wortklasse folgen. Auch bei diesen Kriterien konnte Müller feststellen, daß die Untersuchungsergebnisse für unseren Text denen für Ulpians *libri ad edictum* deutlich näher standen als denen für die Gaius-Institutionen. Müller räumte ein, daß auf diesem Wege ein endgültiges Ergebnis nicht zu erzielen sei.[124] Sein For-

121 Als methodische Grundlagen seiner Untersuchungen nannte Müller Arbeiten von Wilhelm Fucks. Dieser war davon ausgegangen, daß jedes sprachliche Werk aus Elementen wie Lauten, Silben, Satzteilen usw. bestehe. Da diese Merkmale in den Schriften eines Verfassers jeweils kontinuierlich mit spezifischer Häufigkeit aufträten, ermögliche ihre zahlenmäßige Erfassung Rückschlüsse auf dessen Identität. Dazu näher Fucks, Mathematische Analyse, S. 17 ff.; ders., Deutung, S. 5 ff.

122 Diese Stilmerkmale zeichnen sich durch genauere Quantifizierbarkeit aus sowie dadurch, daß sie regelmäßig auftreten, individuell besonders und vor allem unnachahmlich sind; vgl. Frier, MLR 82 (1984), S. 861. Zur Methode grundlegend Kenny, Computation, S. 15 ff., 33 ff., 51 ff.

123 Müller, ROLAO 4 (1970), S. 68 f.

124 Müller, ROLAO 4 (1970), S. 69. Man wird den Ergebnissen allgemein eine Indizwirkung nicht absprechen können. Im Hinblick auf unseren Text ergeben sich gegenüber ihrer Signifikanz aber gleichwohl Bedenken, weil der Text, wie zu zeigen ist, gerade nicht vom Stil eines bestimmten Autors geprägt ist. Sein Stil ist vielmehr, durch seinen Zweck bedingt, kompendiarisch und an der Bildung von Regeln orientiert, und läßt zudem die konservierende Aufnahme älteren, tradierten Materials erkennen. Die Erwartung, daß sich aus den Stilmerkmalen auf eine bestimmte Autorschaft schließen lasse, ist gerade hier unbegründet. Während Müller durchaus bei den Autoren einzelner »Fachsprachenfelder« mit unterschiedlichen Stilen rechnete, berücksichtigte er nicht ausreichend den Gesichtspunkt, daß ein Autor verschiedenen Literaturgattungen zugehörige und – bedingt dadurch – stilistisch unterschiedliche Texte verfassen kann.
Im übrigen wird, soweit Müller seinen Untersuchungen »Sätze« zugrundegelegt hat, nicht deutlich, auf welcher Grundlage er diese bestimmt hat. Bei antiken Texten ist in der Regel nicht mit authentischer Interpunktion zu rechnen. Dadurch sind die Satzübergänge oft nicht zweifelsfrei zu bestimmen.
Die pauschale Kritik, die Müller im Schrifttum erfahren hat, wird seinem originellen Forschungsansatz aber nicht gerecht. So hat ihm Honoré, offenbar nur auf Grundlage der Notiz in der Iura 19 (1968), S. 197 f., das Fehlen eines adäquaten Kriterienspektrums ent-

schungsansatz sollte die herkömmlichen Methoden der Authentizitätsprüfung aber auch nicht ersetzen, sondern lediglich ergänzen.[125]

Aus dem jüngeren Schrifttum sind insbesondere die Untersuchungen Honorés zu nennen, die in seine Ulpian-Monographie eingegangen sind.[126] Im Gegensatz zu Müller hat Honoré im Wege einer numerischen Analyse eine Bestandsaufnahme von solchen Stilmitteln erarbeitet, die auch bewußt verwendet werden können, wie spezifisch ulpianischen Wörtern, Wortsequenzen, Wendungen und grammatischen Eigentümlichkeiten.[127] Anhand dieser hat er u.a. die Ulpian zugeschriebenen Schriften hinsichtlich ihrer Authentizität untersucht. Dabei ging Honoré davon aus, daß in einem »echten« Werk etwa alle fünfzehn bis zwanzig Lenelzeilen eine der stilistischen Eigentümlichkeiten Ulpians auftrete.[128] Honoré hat dabei versucht, einen Kompromiß zu finden: Einerseits glaubte er nicht, daß numerische Daten die traditionellen Formen der historischen Forschung, insbesondere ein geübtes Stilempfinden, ersetzen können,[129] andererseits aber wollte er auch den reinen »impressionism«, auf den sich die Interpolationistik wesentlich

gegengehalten (Ulpian[1], S. 109, Fn. 40 a). Demgegenüber weist Frier, MLR 82 (1984), S. 861 mit Recht darauf hin, daß Müller kein geringeres Kriterienspektrum als Honoré benutzt habe, sondern ein ganz anderes, durchaus breitgefächertes. Mercoglianos Einwand (Tituli, S. 29), Müller hätte die Gaius-Institutionen zum Vergleich nicht heranziehen dürfen, weil sie zum Schulschrifttum, und damit zu einer anderen Literaturgattung gehörten, verkennt sowohl, daß beide Texte aus dem Schulbetrieb stammen, als auch, daß es Müller wegen der notorischen Debatte um das Verhältnis zwischen unserem Text und den Gaius-Institutionen gerade um den Vergleich dieser Texte ging. Wenn Mercogliano bemerkt, daß Müller stattdessen besser die Institutionen Ulpians zum Vergleich herangezogen hätte, muß er sich entgegenhalten lassen, daß von diesem Werk zuwenig Text erhalten ist, als daß man signifikante Erkenntnisse über seine Stilmerkmale gewinnen könnte.

125 Liebs' Erwägung (Handbuch, S. 208), Müllers Untersuchung gebe Anlaß, einen Autor anzunehmen, der Ulpians Sprachrhythmus verpflichtet sei, begegnet Bedenken. Es ist nämlich ganz unwahrscheinlich, daß jemand absichtlich eine bestimmte durchschnittliche Satzlänge produzierte. Im übrigen setzt die Ansicht Liebs' voraus, daß der Text zeitlich nach Ulpian entstanden ist.

126 Honoré, Ulpian (1. Aufl. 1982, 2. Aufl. 2002); über seine Methode bereits im CLJ 30 (1972), S. 280-293 sowie im ALLC 7 (1979), Nr. 1, S. 172-177, wo er Formeln für die Ermittlung des verwendeten Wortschatzes entwickelt. Seine Ulpianforschungen verteidigt Honoré im RJ 3 (1984), S. 290-305.

127 Honoré, Ulpian[1], S. 47; in der Hauptsache zustimmend Frezza, SDHI 49 (1984), S. 441 ff.; Liebs, Gnomon 56 (1984), S. 444 f. Auf die Risiken, die mit der hohen Gewichtung des Stils unter den möglichen Echtheitskriterien verbunden sind, weisen Waldstein, TR 53 (1985), S. 152-154 und Crifò, SZ 102 (1985), S. 611 f. hin. Zur Methode bereits Kenny, Computation, S. 65 ff.

128 Honoré, Ulpian[1], S. 87. Zur Nutzanwendung der Stilmerkmale als Authentizitätskriterium für Ulpian zugeschriebene Schriften vgl. insbesondere S. 86-128; dazu Wieacker, RRG 1, S. 168, Fn. 63 a.

129 Honorés Kompromiß mildert die reine statistische Methode ab, die Ambrosone kritisch als »›fredda‹, impersonale« bezeichnete; Labeo 30 (1984), S. 93.

gestützt hatte, vermeiden, wobei er in seiner Analyse eine objektivere Urteilsgrundlage sieht.[130] Den *liber singularis regularum* hält Honoré im Ergebnis für »spurious«, also nicht von Ulpian stammend.[131] Honoré meint, es handele sich um eine Kompilation, die ein nachrangiger, Paulus nahestehender Jurist zwischen 180 und 212 n. Chr. aus nicht-ulpianischen Quellen angefertigt habe.[132] Jener Jurist habe versucht, einen Ersatz für Gaius' Institutionen herzustellen.[133]

Auch Liebs hat erkannt, daß der im vatikanischen Manuskript teilweise überlieferte *liber singularis regularum* Ulpian zu Unrecht zugeschrieben worden ist.[134] Er meint, der Text sei vor 212 in Rom von unbekannter Hand geschaffen und anschließend unter Ulpians Namen verbreitet worden. Unter Berufung auf die seinerzeit noch unpublizierten Forschungsergebnisse Honorés schloß sich Liebs diesem aus Gründen des abweichenden Sprachstils an.[135] Für Mayer-Maly schließt der elementare Charakter der Schrift die Verfasserschaft eines Mannes vom Range Ulpians aus.[136] Guarino betrachtet den Text als unvollständige Überlieferung eines bereits nachklassischen *liber singularis regularum*, der nicht von Ulpian stammte.[137] Er räumt aber ein, daß die Essenz des Textes noch klassisches Recht sei.[138]

Dagegen hat Nelson aus Sicht der Gaius-Forschung die Meinung verfochten, der Text stamme von Ulpian.[139] Er weise eine von Gaius abweichende Variante des

130 Honoré, Ulpian¹, S. viii f.

131 Honoré, Ulpian¹, S. 106 ff.; Ulpian², S. 207 ff. Zu bemerken ist, daß z.B. die nach Honorés Forschungsergebnissen von Ulpian besonders bevorzugten Formen von *putare* in unserem Text tatsächlich öfter auftreten; vgl. insbesondere die Wendung *ut puta* (Tit. 2,7; 24,17; 24,25; 24,27; Coll. 2,2,1), und andere Formen in Tit. 1,12; 19,17; 25,14; 29,1.

132 Honoré, Ulpian², S. 212. Eine der Quellen sollen nach Honorés Ansicht die *libri septem regularum* gewesen sein; Ulpian¹, S. 113. Für Albertario, BIDR 32 (1922), S. 81 deutet die Ähnlichkeit zwischen Tit. 1,22 und Ulpian 4 *reg.* D. 40,4,25 darauf hin, daß der Verfasser unseres Textes die *libri septem regularum* benutzt habe. Solazzi, BIDR 37 (1929), S. 95 f. meint sogar, unser Text sei eine Zusammenfassung der *libri septem regularum.* Gegen diese vermutete Benutzung wendet Liebs, Gnomon 65 (1984), S. 446 ein, daß der *liber singularis regularum* von 212, die *libri septem regularum* dagegen aus dem späten 3. Jahrhundert stammten.

133 Honoré, Ulpian¹, S. 108; Ulpian², S. 208.

134 Liebs, Fs. Straub, S. 282 ff.; vgl. bereits ders., TR 41 (1973), S. 310.

135 Liebs, Fs. Straub, S. 282 ff. mit zusätzlichen Einzelargumenten; ders., ANRW II,15, S. 234 sowie ders., Handbuch, S. 208.

136 Mayer-Maly, RE, 2. Reihe, 17. Hb. (1961), s. v. Ulpianus Nr. 2, Sp. 569. Ulpian schrieb allerdings ein Institutionenlehrbuch, das auch nach Honorés Erkenntnissen authentisch ist; Ulpian¹, S. 100.

137 Guarino, Storia, S. 583. Gleichwohl scheine die Schrift Originaltexte von Ulpian wiederzugeben; vgl. ders., Ordinamento, S. 84 u. 292.

138 Guarino, Storia, S. 582; ders., Ordinamento, S. 84 u. 292.

139 Nelson, Überlieferung, S. 80 ff.; ders., Stil, S. 86 f.; ders., Fachsprache, S. 138; ders., BSL 29 (1999), S. 283-287.

Institutionensystems auf und enthalte diesem gegenüber noch Materien, die Gaius, der an weitergehender Systematisierung interessiert gewesen sei, in sein System nicht habe aufnehmen können und daher fallengelassen habe.[140] Nelson erkennt zutreffend, daß sich der Text an eine bereits längere Zeit existierende Schultradition anschließt, meint allerdings, das Werk habe eine systematisierende Überarbeitung erfahren.[141] Für die Begründung seines Urteils beruft sich Nelson vorwiegend auf philologische Argumente.

Die jüngste Schrift über den Text, die wesentlich an Nelsons Forschungsergebnisse anknüpft, stammt von Mercogliano.[142] Nachdem Mercogliano früher angenommen hat, es handele sich um ulpianisches Material, das ein Schüler des großen Spätklassikers zusammengestellt habe,[143] geht er nunmehr mit Nelson ohne diese Einschränkung von der Autorschaft Ulpians aus.[144] In seiner Monographie beschränkt sich Mercogliano im wesentlichen darauf, Argumente zurückzuweisen, die auf eine anderweitige Autorschaft hindeuten. Mit Recht wendet er sich gegen die Annahme einer Abhängigkeit des Regelwerks von Gaius.[145] Mercogliano geht davon aus, daß der vermutete Verfasser Ulpian die Gaiusschrift vor Augen gehabt habe (»sotto gli occhi il manuale gaiano«). Er führt beide Schriften letztlich auf eine gemeinsame Quelle zurück,[146] die möglicherweise auf das System des Quintus Mucius zurückgehe. Mercogliano stützt sein Gesamturteil auf die Vermutung zugunsten der Autorschaft Ulpians, die angeblich aus der Manuskriptüberschrift, aus der Inskription der Digestenfragmente »*Ulpiani liber singularis regularum*« sowie aus ähnlichen Zuschreibungen in den Fragmenten der Collatio folgt.[147] Darüber hinaus bemüht sich Mercogliano, Entsprechungen zwischen einzelnen Abschnitten des Textes und Schriften Ulpians aufzuzeigen.[148]

140 Z.B. die Titel 6, 7, 13 und 14; Nelson, Überlieferung, S. 93.

141 Nelson, Überlieferung, S. 96.

142 Mercogliano, »Tituli ex corpore Ulpiani«. Storia di un testo (1997).

143 Mercogliano, Index 18 (1990), S. 195; zustimmend insoweit Santucci, AG 219 (1999), S. 148.

144 So in seiner Monographie passim; ebenso im Index 26 (1998), S. 353-359 (= Règle et pratique du droit, S. 433-440), in RIDA 44 (1997), S. 411 sowie nun in den Atti Acc. Costantiniana 2003, S. 407-416.

145 Dieser Gedanke wird allerdings nicht näher erläutert.

146 Die Vermutung einer gemeinsamen Quelle beider Texte geht schon auf Krüger zurück (vgl. oben S. 50). Zustimmend für das ältere Schrifttum Kübler, Geschichte, S. 282; Kalb, Roms Juristen, S. 77 und nun Manthe, Fortleben, S. 189 sowie ders. in seiner Gaius-Ausgabe, S. 20.

147 D. 22,5,27; Coll. 6,2; Coll. 16,4; vgl. S. 67 mit Fn. 5.

148 Nelson, der auch von der Autorschaft Ulpians ausgeht, stimmt Mercoglianos Ansicht zu; TR 67 (1999), S. 374-377; ders., BSL 29 (1999), S. 283-287. Zurückhaltend Longchamps de Bérier, JJP 27 (1997), S. 175-177, Klingenberg, AA 52 (1999), Sp. 125-129, Ljapustina, VDI 1999, S. 214 f., Peachin, BMCR 99.7.12 (1999) und Sotty, Latomus 59 (2000), S. 476 f. Honoré, SZ 117 (2000), S. 525-528 und Santucci, AG 218 (1999), S. 147 f. beschreiben die Schwäche der Argumentation Mercoglianos zutreffend damit, daß die Entsprechungen

III.) Die »*Ulpiani Fragmenta*« als Grundlage exegetischer Lehrveranstaltungen

Der *liber singularis regularum* hat, wie zu zeigen sein wird, seinen antiken Ursprung im Schulbetrieb.[149] Es mag daher kein Zufall sein, daß der Text auch in der Neuzeit im Anschluß an seine Wiederentdeckung und Edition im 16. Jahrhundert mehrfach zum Gegenstand von Lehrveranstaltungen wurde. Nachdem schon Cujaz den Text im Unterricht verwendet hatte,[150] war es die Historische Rechtsschule, die die Voraussetzungen für den Wiedereingang unseres Textes in den Rechtsunterricht schuf.

Bereits die erste Lehrveranstaltung Gustav Hugos, des Wegbereiters der Historischen Rechtsschule, war eine an der Göttinger Universität abgehaltene »Exegese über Ulpians Fragmente«.[151] Es handelte sich um eine praktische Übung,[152] die die Studenten mit den Quellen selbst bekannt machen und sie zu historischer Prüfung und sauberer Auslegung anleiten sollte.[153] Mit diesem Unterrichtskonzept knüpfte Hugo an eine besonders von den Humanisten gepflegte Übung an, deren Bedeutung zwischenzeitlich stark zurückgegangen war.[154] Zur gleichen Zeit entwickelte Emanuel Friedrich Hagemeister an der Universität Greifswald ähnliche Ideen in seiner Programmschrift *De promovendo legum studio* (1789), in der er den Plan zu exegetischen Lehrveranstaltungen darlegte.[155] Einer der angekündigten Kurse bestand in *Specimina exercitationum exegeticarum ad ductum Fragmentorum Ulpiani* auf Grundlage von Hugos Textausgabe.[156]

zwischen dem *liber singularis* und bestimmten Ulpianstellen weit weniger signifikant sind als die, die das Verhältnis zu den Gaius-Institutionen kennzeichnen. Mercogliano stellt zu Recht fest, daß unser Text von Gaius nicht abhängt. Er berücksichtigt aber nicht genug, daß die Beziehung zwischen den Texten auch anders erklärt und die Zuschreibung unseres Textes an Ulpian widerlegt werden kann.

149 S. unten S. 94.

150 S. oben S. 38.

151 Weil Hugo im Wintersemester 1788/89 nur eine einzige Lehrveranstaltung abhielt, kam dieser eine besonders gründliche Vorbereitung zugute. Vgl. Hugo, Beyträge 1, S. 31; ders., GGA 1788, S. 1881 = Beyträge 1, S. 46; Savignyana 2, S. 135. Hugo bot die »Ulpian-Exegese« noch ein weiteres Mal im Wintersemester 1792/93 an; Weber, Hugo, S. 85.

152 Vgl. Stintzing/Landsberg, Geschichte III/2, Text S. 13.

153 Die exegetischen Übungen waren als »Mittel gegen scholastische Spitzfindigkeiten und gegen blinde Ehrfurcht für die Tradition« gedacht; Hugo, Beyträge 1, S. 104 f. Sie sollten den Studenten also kritische Urteilskraft gegenüber der überlieferten Dogmatik vermitteln.

154 Weber, Hugo, S. 54 f. mit Anm. 5.

155 Hugo, Beyträge 1, S. 105; vgl. auch dens., GGA 1812, S. 134 = Beyträge 2, S. 76. Hugo würdigte diesen Ansatz, bemerkte aber skeptisch: »Aber Ulpian's Fragmente erfodern ein academisches Publicum, wie es jetzt wohl auf jeder Universität nur sehr klein seyn kann«; Beyträge 1, S. 105. Zur Biographie Hagemeisters (1764-1819) vgl. Stintzing/Landsberg III/1, Noten S. 209; Pyl, ADB 10, S. 329 f.

156 Hagemeister, De promovendo legum studio, S. 11 f.

Diese Überlegungen entstanden um die Wende zum 19. Jahrhundert. In dieser Zeit fand eine Neuorientierung auf einen moderneren Universitätsunterricht hin statt, der nicht mehr bloße Gelehrsamkeit vermitteln sollte, sondern wissenschaftliche Methoden. Der Anspruch wissenschaftlicher Arbeit wurde nun auch an die Studierenden gerichtet.[157] Auf dem Gebiet des Rechts bedeutete dies die exegetische Behandlung der Quellen. Die *Fragmenta Ulpiani*, die die Vorteile der für den Lehrbetrieb gut geeigneten systematischen Stoffdarstellung mit dem einzigartigen Umstand der zusammenhängenden Überlieferung in sich vereinigten, blieben auch in der Folgezeit Grundlage dieser ersten wissenschaftlich-exegetischen Lehrveranstaltungen.

Dies zeigt der Rechtsunterricht Friedrich Carl von Savignys. Seine Entwürfe zum angestrebten »eigentlichen Studium der Jurisprudenz« im Unterschied zum herkömmlichen »academischen Cursus« knüpfen an die Vorrede in Hugos erster Ausgabe an.[158] In ausdrücklicher Abgrenzung gegenüber den zurückliegenden Epochen[159] bekannte er sich zur Aufgabe der Vermittlung exegetischer Fähigkeiten: »das Resultat des Ganzen müste das Gefühl seyn, nicht daß man fertig wäre, sondern daß man jezt anfangen könne«.[160] Savignys erste Lehrveranstaltung über den Ulpian-Text umfaßte im Wintersemester 1801/02 in Marburg »39 Stunden – der ganze Ulpian zugleich mit einer Reihe von Pandektenstellen abwechselnd erklärt«.[161]

157 Paulsen, Geschichte, S. 256. Die exegetischen Lehrveranstaltungen Hugos, Hagemeisters und Savignys (dazu sogleich) gehören zu den ersten Ansätzen der Bemühung, die Studenten zur aktiven Mitarbeit anzuleiten. Dieses Bestreben stand im Mittelpunkt der Universitätsreform, in deren Programmschrift Fichte 1807 mit einer berühmt gewordenen Formulierung die »Schule der Kunst des wissenschaftlichen Verstandesgebrauchs« forderte; Fichte, Nachgelassene Schriften II, S. 87.

158 Für den Rechtsunterricht vgl. insbesondere die Einleitung der Schrift »Exegetische Vorlesungen«, im Ulpian-Manuskript (UB Marburg Ms. 925/34) enthalten als Bl. 46-59 (insbes. 46-49).

159 Exegetische Vorlesungen, Bl. 47 v: »Alciat – französische Schule, Cujaz [...] Character dieser Exegese: sie ist mehr von systematischem (dogmatischem) als exegetischem Werth: der Schriftsteller, der interpretirt wird, ist da nicht Mittelpunct sondern Vehikel. [...] Holländer, z.B. Schulting p – viel Verdienst im einzelnen, kein gröseres Ganze.«

160 Exegetische Vorlesungen, Bl. 46 r. Savignys Plan sah sogar die selbständige Quellenbearbeitung durch die Hörer vor, beginnend mit dem »Ulpian«: »Ulpians Fragmente – vorher Präparation, in der Stunde vor interpretirt, auch wohl zur eignen Interpretation aufgefordert«. Im übrigen sieht der Plan vor, die (auch aus anderen Quellen stammenden) Textstellen »nach und nach, wie sie vorkommen, abzuschreiben und mitzubringen – Die Ausarbeitung selbst ganz selbst zu machen, ohne alle Lectüre, wegen der Einseitigkeit die aus jeder beschränkten Lectüre entsteht, und vorzüglich wegen des blos formellen Zwecks dieser Arbeiten – Die Arbeiten Tags vorher einzuschicken mit Bemerkung der Namen – Austheilung von Nummern zum Behuf der Correctur«; Exeg. Vorlesungen, Bl. 48 v u. 49 r.

161 Savigny, Ulpian-Manuskript, Bl. 1 r (Titelblatt). Den 19. Titel, der im Manuskript der ersten Ulpianvorlesung ausgespart ist, erläuterte Savigny im Rahmen seiner »Pandekten nach Böhmer«.

Die zweite Vorlesung, gehalten in Berlin im Winterhalbjahr 1811/12, umfaßte 18 Stunden, in denen zwar nur die Titel 1 bis 7 behandelt wurden, dafür aber in größerer Ausführlichkeit.[162] In diesen der Entdeckung der Veroneser Gaiushandschrift vorangehenden Jahren mußte »der Ulpian« für Savigny eine Quelle sein, die in einzigartiger Weise aus der Menge der anderweitig überlieferten Texte hervorstach, deren »Trümmer [...], mit Barbarenkünstlichkeit zu einem neuen Ganzen verbunden«, die Einsicht in die ursprünglichen Zusammenhänge verhinderten.[163]

Erstmals im Wintersemester 1825/26 hielt der damalige Privatdozent Adolf A. F. Rudorff in Berlin ein Kolleg über »Ulpians Fragmente« ab. Er bot die Lehrveranstaltung bis einschließlich zum Wintersemester 1859/60 wiederholt an.[164] Über ihren Inhalt sind wir durch die Nachschrift von Georg Waitz informiert, der das Kolleg im Sommer 1833 im Rahmen seines juristischen Studiums besuchte.[165] An der Berliner Universität las schließlich noch Heinrich Eduard Dirksen über die *Ulpiani Fragmenta*, und zwar insgesamt sechsmal zwischen 1842 und 1861.[166]

In Kiel hielt Andreas Wilhelm Cramer Vorlesungen über die *Ulpiani Fragmenta* auf Grundlage des Textes der Hugoschen Ausgabe.[167] Cramer, dem zu Recht ein selbständiger Anteil an der Entwicklung der historischen Quellenerforschung zugestanden worden ist[168], setzte sich für die Wiederbelebung der exegetischen

162 Die Vorlesungsmanuskripte sind erhalten: UB Marburg, Ms. 925/34, Bl. 2 r bis 45 v (neue Foliierung): Zweyte Vorlesung Winterhalbjahr 1811; Bl. 46 r bis 59 v: Exegetische Vorlesungen, Winterhalbjahr 1801; Bl. 60 r bis 114 v: Erste Vorlesung Winterhalbjahr 1801.

163 In diesem Zusammenhang steht das der Arbeit vorangestellte Zitat aus Savigny, Ulpian 1811, Bl. 2 r und v.

164 Die Veranstaltung eignete sich wegen ihres elementaren Charakters offenbar gut zur Einführung in das römische Recht. Als die russische Regierung in den zwanziger Jahren begann, junge Juristen nach Berlin zum Studium unter der Oberaufsicht Savignys abzukommandieren, gab dieser ihnen zunächst den Besuch von Rudorffs Kolleg auf. Vgl. Silnizki, Geschichte, S. 422 f.

165 Ulpians Fragmente erklärt von Prof. Rudorff. Berlin im Sommersemester 1833. G. Waitz stud. jur. (29 S.).

166 Für die Kollegien Rudorffs und Dirksens vgl. den jeweils semesterweise erscheinenden Index Lectionum quae auspiciis Regis augustissimi Friderici Guilelmi tertii in Universitate Litteraria Berolinensi ... instituentur

167 Dies geschah zunächst einmal vor 1811; vgl. Stintzing/Landsberg, Geschichte III/2, Noten, S. 19 Note 25. Erhalten sind dazu Scholia in Ulpiani librum singularem regularum (179 S., vor 1811); s. Handschriftenverzeichnis. Zur Biographie Cramers (1760-1833) Stintzing/Landsberg, Geschichte III/2, Text, S. 56-59, Noten, 18-21; Ratjen, ADB 4, S. 546; Vano, Gaio, S. 82 ff.

168 Guenoux, Notice, S. 9. Mit der Hervorhebung der geschichtlichen Differenzierung erweist sich Cramer als im Geist der Historischen Rechtsschule stehend: »Wer irgendeinigen Begriff von den Vortheilen hat, welche das chronologische Studium einer Materie mit sich führt, dem wird die Wichtigkeit dieser Fragmente einleuchten«; Cramer, Scholia, S. 22.

Unterrichtsmethode ein,[169] forderte allerdings eine Systematisierung.[170] Gegenüber der vorangegangenen Epoche der »Kompendien« forderte er die Rückkehr zur unmittelbaren Auseinandersetzung mit den Quellen.[171] Als Grundlage dieses Unterrichts wählte er die *Ulpiani Fragmenta*, »... theils weil sie von einem so kleinen Umfange sind, daß sie füglich in den wenigen Stunden *öffentlicher* Vorlesungen beendigt werden können – theils, weil sie unvermischt von Zusätzen späterer Zeit sind, weil sie nur Grundsätze des Rechts aus der glänzendsten Periode der römischen Jurisprudenz aus der Epoche der Antoninen enthalten, weil sie in einer reinen ächt römischen Sprache abgefaßt sind, und endlich weil sie voller Materien sind, deren Kentniß zum Verstehen des Corpus iuris unumgänglich nöthig ist ...«.[172] Cramer hielt seine Vorlesung noch einmal im Jahre 1822.[173] Er entschied sich dagegen, »Ulpians Fragmente« als Grundlage der Vorlesungen durch den umfangreicheren und vollständigeren Gaiustext zu ersetzen. Da dieser bislang nur in der Erstausgabe vorlag, erschien er Cramer noch als zu ungesichert und lückenhaft.[174]

Unter dem Einfluß der Historischen Rechtsschule fanden die *Ulpiani Fragmenta* auch an der Warschauer Universität Eingang in den Rechtsunterricht. Dort hielt der Savigny-Schüler Romuald Hube[175] seit 1825 Vorlesungen über Rechtsgeschichte ab, in deren Rahmen er auch Fragmente aus dem »Ulpian« erläuterte. Zu diesem Zweck hatte er eine eigene Ausgabe des Textes besorgt,[176] die erste pol-

169 Cramer, Scholia, S. 14; ders., Ulpiani Fragmenta, S. 1.

170 Cramer bemängelte die »blos exegetische Lehrmethode« der Humanisten, der es an System gefehlt habe; Scholia, S. 10 f.

171 »Kenntniß der Gesetze [gemeint ist: der *leges*, also der Quellentexte] bleibt immer das lezte Ziel nach welchem der Jurist zu streben hat.«; Scholia, S. 14.

172 Cramer, Scholia, S. 15.

173 Auch dem Kurs von 1822 lagen die *Scholia* zugrunde, ergänzt um einen Text *Ad Ulpiani Fragmenta* sowie um Randzusätze, die sich auf den Gaiustext beziehen.

174 Cramer, Ulpiani Fragmenta, S. 2. Demgegenüber hatte Savigny schon im Wintersemester 1819/20, also vor Erscheinen von Goeschens *editio princeps*, eine Gaiusvorlesung gehalten; vgl. Avenarius, SZ 116 (1999) S. 261 m. Nachweisen.

175 Hube (1803-1890) hatte in Warschau und Berlin studiert; vgl. Dunin, Hube (1905) sowie Pohrt, ZSlaw 32 (1987), S. 567 f. und Uruszczak in: Stolleis, Juristen, S. 297; Darstellung seines wissenschaftlichen Werks bei Zigel', ŽMNP 1891, S. 86-124. Die Bedeutung der deutschen Historischen Rechtsschule für Hube gründete sich nicht nur darauf, daß er bei Savigny gehört hatte. Darüber hinaus stand er unter maßgeblichem Einfluß des Warschauer Juristen und Historikers Wacław Aleksander Maciejowski (1793-1883), eines Schülers Savignys und Hugos, der 1818 in Göttingen promoviert worden war. Über Maciejowskis Leben und Werk vgl. Borowski, Maciejowskiana (1959); Giaro in: Stolleis, Juristen, S. 394 m. Nachweisen; über seine Beziehung zu Savigny vgl. Kessler, Fs. Mühlpfordt, Bd. 3, S. 571-578.

176 Dunin, Hube, S. XXI; Kodrębski, Prawo rzymskie, S. 67 f., 94 ff.; Zigel', ŽMNP 1891, S. 87 f.

nische kritische Ausgabe von Quellen des Römischen Rechts überhaupt.[177] Der Veroneser Gaiustext, der Hube aus seinem Berliner Studium gut bekannt war, hatte unseren Text auch hier nicht verdrängt.

177 Vgl. Longchamps de Bérier, JJP 27 (1997), S. 176. Bei der Ausgabe handelt es sich nicht um »extracts of Ulpian's works« (Longchamps de Bérier), sondern um eine vollständige Textausgabe. Sie beruht auf Hugos dritter Auflage.

3. Teil: Die Grundlagen der Untersuchung

I.) Grundsätze der Methode

Ziel der vorliegenden Untersuchung ist die Erforschung des *liber singularis regularum*. Die Gewinnung von Erkenntnissen über das römische Recht ist diesem Ziel insofern untergeordnet, als sie für die Untersuchung und Charakterisierung des Textes unverzichtbar ist. Dies gilt insbesondere dort, wo materiellrechtliche Aussagen auf die Nähe zu einer bestimmten Schultradition schließen lassen.

Die Untersuchung ist von der Prüfung jedes einzelnen Fragments ausgegangen.[1] Im Wege eines induktiven Forschungsansatzes wurden aus der Exegese der Einzelstellen unter Berücksichtigung sonstiger Indizien, die sich etwa aus dem handschriftlichen Befund ergeben, Erkenntnisse über die stufenweise Entstehung der Schrift gewonnen. Auf diesem Wege haben sich Belege dafür ergeben, daß der Text aufgrund tradierten Stoffes fixiert worden war, bevor er herausgegeben und später epitomiert wurde.

Die Erforschung der Schritte, in denen es zur Herstellung des Textes kam, setzte textkritische Arbeit voraus,[2] insbesondere die Ergänzung der überlieferten Fassung und die Emendation des Textes. Ihr Ziel war die Wiederherstellung des vom Schreiber gewollten Wortlauts, also des Textes seiner Vorlage.

II.) Die hier verwendete Terminologie

Die an uns gelangte Fassung des Textes bildet den Abschluß seines antiken Entwicklungsprozesses. Dieser vollzog sich in mehreren Stufen. Sie müssen terminologisch voneinander unterschieden werden. Dabei werden für die Untersuchung diejenigen Bezeichnungen verwendet, die die Überlieferung nahelegt:

Für den antiken Text in der Fassung, in der er fixiert und später herausgegeben wurde, werden die Bezeichnungen »*liber singularis regularum*« oder »Regelwerk« verwendet.[3] Der lateinische Titel wurde dem Text im Zusammenhang mit der Edition beigegeben.[4] Einzelne Fragmente der Schrift sind nämlich anschließend

1 Den Vergleich jedes einzelnen Fragments mit unabhängigen Paralleltexten forderte bereits Schulz, History, S. 182, allerdings zu dem Zweck, Eingriffe des angenommenen nachklassischen Bearbeiters zu ermitteln.

2 Die in ihrer entwickelten Form auf Lachmann zurückzuführende stemmatische Methode, mit deren Hilfe aufgrund mehrerer erhaltener Überlieferungen auf den Text des jüngsten verschollenen Vorfahren geschlossen und dann aufgrund dieses sog. »Archetyps« der Text der Urschrift ermittelt wird, kann hier insofern auf den Text als Ganzes keine Anwendung finden, als nur eine einzige Überlieferung vorhanden ist. Immerhin kommen entsprechende Erwägungen zum Tragen, wo Doppelüberlieferungen einzelner Textstellen vorliegen.

3 Zur Fixierung des zuvor innerhalb der Schule tradierten Textbestandes vgl. unten S. 94.

4 Vgl. S. 145.

in die Digesten und die Collatio eingegangen und tragen dort die Werkbezeichnung *liber singularis regularum.*[5] In der Sache beschränkt sich der Titel auf die Mitteilung, daß es sich um eine (relativ kurze) Darstellung von Rechtsregeln handelt.

Der vom *liber singularis regularum* erhaltene Auszug ist eine Epitome.[6] Schulz maß der Herstellung des Auszugs gegenüber den anderen Entwicklungsschritten des Textes so großes Gewicht bei, daß er den Ausdruck zur Werkbezeichnung erhob und die Schrift »Epitome Ulpiani« nannte. Diese Bezeichnung ist im Schrifttum vielfach übernommen worden.[7] Hier wird der Name »Epitome Ulpiani« aber vermieden, da er die von uns nicht geteilte Behauptung enthält, daß es sich um einen Auszug aus einer Schrift Ulpians handele. Außerdem erzeugt dieser Ausdruck vor dem Hintergrund der Lehre Schulz' die unrichtige Vorstellung, der Charakter des überlieferten Textes sei auch inhaltlich wesentlich durch die Eingriffe des Epitomators bestimmt. Das trifft gerade nicht zu, weil sich der Epitomator auf eine Kürzung ohne inhaltliche Änderung des Textes beschränkte.

Auch auf eine Verwendung der Bezeichnung *Tituli ex corpore Ulpiani* wird hier verzichtet, weil es sich nicht um einen durch die Überlieferungstradition gerechtfertigten Namen des Textes handelt. In der vatikanischen Handschrift steht die Bezeichnung im *Incipit* an der Spitze eines Titelverzeichnisses. Sie ist zwar bereits von Dutillet als Name des Werks übernommen worden und wird in dieser Bedeutung bis heute verwendet.[8] Der verstümmelte Textanfang zeigt jedoch, wie Mommsen zutreffend festgestellt hat, daß demjenigen, der das Regelwerk mit

5 D. 22,5,17: *Ulpianus libro singulari regularum.* Die gleiche Inskription trägt D. 44,7,25, das aus dem verlorenen Abschnitt des Textes stammt (vgl. oben S. 23). Auch der Index Florentinus gibt ein *regularion* *βιβλίον ἕν* an. Coll. 6,2: *Ulpianus libro regularum singulari sub titulo de nuptiis*; Coll. 16,4: *Ulpianus libro singulari ⟨regularum⟩ sub titulo de legitimis hereditatibus.* Die gleiche Inskription trägt Coll. 2,2, das wiederum eine Stelle aus dem verlorenen Abschnitt unseres Textes enthält.

6 Eine »Epitome« ist nach dem modernen Verständnis immer die gekürzte Fassung *eines* Werks, nicht die Zusammenarbeitung aus mehreren Werken. Dabei werden der Wortlaut des exzerpierten Textes sowie die Einteilung des Werks in die einzelnen Bücher grundsätzlich beibehalten; Birt, Buchwesen, S. 382-384 (384, Fn. 3); Gärtner/Eigler, DNP 3 (1997), s. v. Epitome, Sp. 1175. Im antiken Sprachgebrauch kann sich der Ausdruck dagegen auch auf einen Literaturauszug (aus verschiedenen Werken) beziehen. Dies zeigt sich am Beispiel von Hermogenians *iuris epitomarum libri*, die Auszüge aus mehreren älteren Juristenschriften enthalten; Liebs, Hermogenians iuris epitomae, S. 11 ff.; Krüger, Geschichte, S. 254 f.; Kipp, Quellen, S. 142; Brassloff, RE, 15. Hb. (1912), s. v. Hermogenianus 2, Sp. 881.

7 So auch Calasso, Medio evo 1, S. 68; vgl. Nelson, Überlieferung, S. 80. Vgl. ferner Kaser, RP 1, S. 800; Honsell/Mayer-Maly/Selb, Röm. Recht, S. 37 f.; Pugliese, Istituzioni, S. 1008; entsprechend Robinson, Sources, S. 64 u. 113; Jolowicz, Hist. Introduction, S. 476; Manthe, Gaius Institutiones, S. 20.

8 So noch in den Ausgaben von Baviera, Girard/Senn, Spruit/Bongenaar sowie bei Schönbauer, Müller und Mercogliano.

dem Breviar verband, die ursprüngliche Überschrift fehlte.[9] Die Überschrift *Tituli ex corpore Ulpiani* bezieht sich in Wahrheit, wie noch näher zu zeigen sein wird,[10] nicht auf das Werk, sondern auf das Titelverzeichnis.[11]

Schließlich wird hier auch der im älteren Schrifttum gebräuchliche Ausdruck *Fragmenta (Ulpiani)* nicht verwendet.[12] Diese Bezeichnung setzte sich bis in die ersten Jahrzehnte des 19. Jahrhunderts durch und wird bis in die Gegenwart benutzt.[13] Mit »*Fragmenta*« wird zwar im Kern zutreffend mitgeteilt, daß der erhaltene Text aus Abschnitten eines exzerpierten Werkes besteht. Auch dieser Ausdruck geht aber nicht auf die Überlieferung des Textes zurück. Außerdem ist er im Verhältnis zur Bezeichnung »Epitome« ungenauer, weil er sich sowohl auf Bruchstücke im körperlichen Sinne als auch auf Paragraphen etwa der Digesten oder der Collatio beziehen kann.[14]

III.) Textparallelen

Der Text teilt an vielen Stellen Lehrstoff mit, der in gleicher oder ähnlicher Wortwahl in anderen Juristenschriften enthalten ist. In der Vergangenheit haben Forscher wie Arangio-Ruiz, Albertario, Schulz und zuletzt Mercogliano versucht, anhand der Gegenüberstellung von ähnlich lautenden Textstellen ein Verwandtschaftsverhältnis der anderweitigen Überlieferung zur jeweils untersuchten Stelle des *liber singularis* zu bestimmen.[15] Besonders bei Schulz wurde diese Sichtweise dadurch begünstigt, daß er eine Kompilation des Textes annahm, der nicht längere, in sich zusammenhängende Textmassen, sondern einzelne Bruchstücke aus mehreren Schriften zugrundeliegen sollten.[16]

9 So Mommsen, JS 2, S. 53-55. In manchen Ausgaben, etwa bei Hugo, wird mit dem Zusatz »*vulgo*« eine Distanz zur Benennung als »*Tituli ex corpore Ulpiani*« zum Ausdruck gebracht.

10 S. unten S. 150.

11 In Hugos Handexemplar der 5. Aufl. seiner Ausgabe ist am Rande neben den Worten »*Incip. tituli* ...« (S. 2) handschriftlich vermerkt: »Nicht das Buch heißt so, sondern das Verzeichnis der Titel«. Vgl. Lachmann, ZGR 9 (1836), S. 179; ferner anschließend Mommsen, JS 2, S. 54; Schulz, History, S. 166; Nelson, Überlieferung, S. 85; vgl. ders., BSL 29 (1999), S. 283; ders. TR 67 (1999), S. 375.

12 Die Bezeichnung des Textes als *Fragmenta* trat offenbar erstmals bei Duaren auf; adv. Baronem (1550), S. 296. Nachdem Antonio Agustín, De Legibus, et Senatusconsultis Liber, in: Opera Omnia Bd. 1 [1765], S. 22 u. ö. das Werk *Fragmentum* (nämlich *Tilianum*) genannt hatte, entschied sich Hugo für den in seiner Zeit üblicherweise verwendeten Ausdruck *Domitii Ulpiani Fragmenta*, der sich über seine Ausgaben zunächst durchsetzte.

13 Cancelli, NNDI 19, S. 395; Maciejowski, Principia S. 151; ders., Historia, S. 147; Mackenzie, Studies, S. 19; Štaerman, VDI 1971, S. 167 u. 184.

14 Hugo, Geschichte[11], S. 6 Z. 22; ders., GGA 1834, S. 1282; ders., GGA 1823, S. 433 = Beyträge 2, S. 550; vgl. schließlich dens., Geschichte[11], S. 896.

15 Arangio-Ruiz, BIDR 30 (1921), S. 179 ff., 214; Albertario, BIDR 32 (1922), S. 81 ff.; Schulz, Epitome, S. 12-17; Mercogliano, Tituli, S. 49 ff., 91 ff.

16 Vgl. Schulz, Epitome, S. 11 f., 14 u. 18.

Es greift aber zu kurz, wenn nur Wortparallelen und ähnliche Formulierungen zum Anlaß genommen werden, um auf Zusammenhänge mit bestimmten anderen Autoren oder Quellen zu schließen. Da der Text größtenteils allgemeingültige Aussagen über das geltende Recht enthält, die zudem überwiegend in prägnante Regeln gefaßt sind, müssen etwaige Wortparallelen mit anderen Texten gar nicht auf einen Entstehungszusammenhang hindeuten. Die Parallelen können ebensogut unspezifisch sein und sich aus der Übereinstimmung der wissenschaftlichen Tradition oder des behandelten Gegenstandes erklären. Um so wichtiger ist es, Parallelen in Aufbau und Darstellungsmitteln in die Untersuchung einzubeziehen. Was dies betrifft, weist die Hauptmasse des *liber singularis regularum* eine weitgehende Ähnlichkeit mit den Gaius-Institutionen auf, oft genug einhergehend mit Wortparallelen. Wegen dieser Entsprechungen ist von einem Teil der Literatur eine unmittelbare Abhängigkeit unseres Textes von den Gaius-Institutionen oder anderen Texten der klassischen Zeit angenommen worden.[17] Die nähere Betrachtung ergibt jedoch, daß scheinbare Parallelen im einzelnen mit signifikanten Unterschieden einhergehen können.[18] So enthalten die Gaius-Institutionen, die im Grundsatz denselben Stoff behandeln wie der *liber singularis regularum*, zwar viele Sätze, die den Regeln unseres Textes inhaltlich entsprechen, doch geben diese Sätze die Regeln in anderer sprachlicher Form wieder. Soweit dies letztere der Fall ist, sehen wir unsere Aufgabe darin, daraus Erkenntnisse zur Profilierung des Regelwerkes zu gewinnen.

IV.) Sachliche Gesichtspunkte

Vor allem die Prüfung dessen, was wir aus anderen Quellen über die Entwicklung des Privatrechts wissen, verspricht, der Forschung neue – und überzeugender begründete – Erkenntnisse über den *liber singularis regularum* und dessen wissenschaftlichen Hintergrund zu verschaffen.[19] In der Literatur wurden dogmatische Gesichtspunkte schon bisher öfter unter der Fragestellung behandelt, ob sich aus ihnen ein Terminus post quem bzw. ante quem für die Entstehung der Schrift ergibt, die dem erhaltenen Auszug zugrundelag. Die Prüfung von Widersprüchen zwischen dem Gehalt einzelner Stellen und dem Entwicklungsstand des Rechts einer bestimmten Phase führte jeweils entweder zum Ausschluß bestimmter Vermutungen über den Ursprung des Textes[20] oder zu deren Aufrechterhaltung mangels entgegenstehender Gründe.[21] Diese Untersuchung geht darüber hinaus. Im

17 Vgl. S. 51-54 und 95.

18 Vgl. Nelson, Überlieferung, S. 359.

19 Vgl. Rodger, OJLS 3 (1983), S. 391.

20 So sprach sich Schulz u.a. wegen der vermuteten Anpassung des Textes an konstantinisches Recht gegen dessen Klassizität aus; Epitome, S. 9.

21 Vgl. S. 60.

Wege positiver Argumentation werden Anhaltspunkte für die zeitliche Einordnung und die wissenschaftlichen Grundlagen des Textes herausgearbeitet. Es wird der Einfluß der verschiedenen Wissenschaftstraditionen aufgezeigt und dargestellt, inwieweit die einzelnen Aussagen oder Strukturelemente den Eingang sabinianischen bzw. naturrechtlichen Gedankenguts verraten oder andererseits klassisch-institutionelle Lehren erkennen lassen.

Was das Verständnis vom Verhältnis der Text- zur Sachgeschichte betrifft, hat Wieacker darauf hingewiesen, daß die Gewinnung sachgeschichtlicher Erkenntnisse einer vorherigen textkritischen Prüfung der Authentizität der Quellen bedürfe.[22] Sonst bestehe nämlich die Gefahr der petitio principii im Verhältnis zwischen vorweggenommenen sachlichen Ergebnissen und einer davon beeinflußten Erforschung der Textgeschichte.[23] Diesem Gedanken ist grundsätzlich zuzustimmen. Es muß jedoch beachtet werden, daß Wieackers Ansicht noch von der interpolationistischen Methode beeinflußt war. Aus ihrer Sicht lag es nahe, von einem verdorbenen Text auf einen nachklassischen Inhalt zu schließen und umgekehrt. Dieser methodische Standpunkt ist aber inzwischen widerlegt worden. Im übrigen ist Wieacker im Anschluß an Beseler selbst davon ausgegangen, daß diese Gefahr weniger drohe, wenn stilistische Eindrücke durch »sachliche Erwägungen des sachlich geschulten Romanisten« gestützt werden.[24] Die Gefahr des Zirkelschlusses ist hier tatsächlich relativ gering, da zwischen den sachlichen Bedeutungsvarianten, die der Text unter textkritischen Gesichtspunkten eröffnet, in der Regel aufgrund anderweitig belegter sachgeschichtlicher Aussagen entschieden werden kann.

Die Heranziehung des Vergleichs von Sachaussagen als Kriterium für die zeitliche Zuordnung von Textpassagen setzt voraus, daß sich Textänderungen nach materiellen Entwicklungsständen datieren lassen, die sich aus anderen Quellen ergeben. Sachgeschichtliche Inhalte erlauben dann Datierungen, wenn erwartet werden kann, daß sowohl der untersuchte Text als auch die zum Vergleich herangezogenen Quellen den Rechtszustand ihrer Entstehungszeit wiedergeben.[25] Im

22 Wieacker, Textstufen, S. 21 Fn. 65; ders., Labeo 19 (1973), S. 193; ders. SZ 91 (1974), S. 27 ff.; Rastätter, Marcelli Notae, S. 17.

23 Wieacker, Textstufen, S. 21, Fn. 65; ders., Ausg. Schriften 1, S. 113 f.; ders., SZ 91 (1974), S. 24.

24 Beseler, TR 10 (1930), S. 162 ff.

25 Bei praktischen Schriften ist dies grundsätzlich zu erwarten; Kaser, SZ 69 (1952), S. 76; vgl. Wieacker, Textstufen, S. 31, Fn. 24. Wieacker hat allerdings darauf hingewiesen, daß bei Lehrwerken eine gewisse Spannung zum geltenden Recht auftreten könne: Sie bewahrten gelegentlich veraltete Einzelaussagen, wenn dies der Erhaltung didaktischer Elemente diene; vgl. Wieacker, Textstufen, S. 30, Fn. 22 und S. 173. Auf der Grundlage dieser Beobachtung ist in mehreren Untersuchungen bestimmter Texte der klassischen Zeit davor gewarnt worden, einzelne Stellen unter einer dogmatischen Fragestellung zu erforschen, weil dogmatische Erwägungen eine Fehlerquelle der Textkritik bilden können. Vgl. Greiner, Opera Neratii, S. 7 und Krampe, Proculi Epistulae, S. 11. Damit wird der Beobachtung

Falle des *liber singularis regularum* ist diese Voraussetzung gegeben. Er gibt das zur Zeit seiner Fixierung geltende Recht wieder. Er ist nämlich an den Bedürfnissen einer praxisorientierten Juristenausbildung orientiert. Zu diesem Zweck will er praktische, anwendbare Regeln an die Hand geben. Daß er grundsätzlich das geltende Recht enthält, zeigt sich insbesondere daran, daß er dort, wo er sich ausnahmsweise auf einen älteren Rechtszustand bezieht, dies ausdrücklich kennzeichnet.[26]

V.) Individuelle Einflüsse einzelner Personen

Erkenntnisse über die Entstehung des Textes ergeben sich auch bei Berücksichtigung individueller Einflüsse, die bestimmte Personen auf den Text ausgeübt haben, indem sie etwa zur Entstehung des zugrundeliegenden Stoffes beitrugen oder diesen später bearbeiteten. Bei Prüfung dieser Frage ist zu beachten, daß der Text ein Kompendium ist: Er enthält eine zusammengefaßte, gedrängte Darstellung der wichtigsten Regeln der behandelten Rechtsgebiete. Bei einem Kompendium, dessen Inhalt zudem überwiegend aus allgemeingültigen Aussagen besteht, drängen die Merkmale, die sich aus der Zugehörigkeit des Textes zu seiner Literaturgattung ergeben, den individuellen Einfluß des Verfassers oder späterer Bearbeiter weitgehend zurück.

Anders ist es bei solchen Textstellen, die ausnahmsweise eine Lehrmeinung oder die spezifische Begrifflichkeit eines Juristen wiedergeben. Dort können die individuellen Merkmale zur Aufdeckung der mittelbaren oder unmittelbaren Urheberschaften einzelner Textpassagen beitragen. Sie erlauben u.U. auch die Ermittlung der Ursachen von Textveränderungen. Zurückhaltung ist allerdings bei der Zuschreibung von Textveränderungen an einen »ungeschickten Bearbeiter« geboten.[27] Zwar kommt Unverstand im allgemeinen zur Erklärung bestimmter Textänderungen in Betracht. Bei der Begründung einer Textfassung oder -änderung mit dem Unverstand oder der mangelnden Geschicklichkeit eines Bearbeiters wird aber ein zusätzlicher *unbekannter Faktor* eingeführt, was nur in eviden-

Wieackers aber wohl zuviel Gewicht beigemessen. Gegen sie ist nämlich einzuwenden, daß Wieacker sich unterschiedslos sowohl auf Schulschriften der klassischen Zeit wie auf nachklassische Texte von der Art des Gaius von Autun bezieht. Er berücksichtigt dabei nicht genug, daß nachklassische Texte u.U. alten, mit Autorität versehenen Stoff konservierten, während sich dies für klassische Schulschriften, die das lebendige Recht vermitteln sollten, verbot.

26 S. näher S. 105, Fn. 6 und S. 117.

27 Bei Schulz spielt dieser Faktor eine erhebliche Rolle; vgl. Epitome, S. 9 (»Mißverständnis«), S. 12 (»ungeschickt, unlogisch, schief oder ungenau«), S. 14 (»flüchtig«), S. 25 (»schlecht«), S. 28 (»nachlässig stilisiert«), S. 61 (»gedankenlos«). Im Anschluß daran führt Arangio-Ruiz, Storia, S. 301 den Textauszug auf »ignoti raffazzonatori del IV secolo d. C.« zurück.

ten Fällen geschehen darf.[28] Vor allem dürfen solche Urteile nicht an die Stelle von Interpretationen gesetzt werden. Ähnliches gilt für Versuche, sachliche Widersprüche zwischen einzelnen Textstellen mit einer Herkunft derselben aus verschiedenen Textstufen oder verschiedenen exzerpierten Werken zu erklären, wenn es sonst keine Anhaltspunkte dafür gibt. Auf diesem Wege wird nämlich in Wahrheit keine Klärung erzielt, sondern nur eine scheinbare Lösung aufgrund unsicherer Komponenten konstruiert. Im übrigen hat in den Arbeiten zur Textstufenforschung von Schulz wie auch von Wieacker noch die Annahme einer Überarbeitung der Texte im nachklassischen Schulbetrieb im Mittelpunkt des Interesses gestanden. Dieser Gesichtspunkt hat sich inzwischen als überbewertet herausgestellt.[29]

VI.) Die Sprache des Textes

Erkenntnisse ergeben sich auch aus dem Sprachstil. Dabei handelt es sich um den Inbegriff der sprachlichen Mittel, die entweder den unwillkürlich entstehenden Sprachduktus des Textes kennzeichnen oder im Hinblick auf bestimmte Wirkungen bewußt gewählt wurden.

Der *liber singularis regularum* ist in der Literatur Bewertungen unterzogen worden, die sich auf den Stil der Schrift insgesamt beziehen, und die insbesondere die »Echtheit« und Qualität der Sprache berücksichtigen.[30] Sie beruhen auf der Vorstellung, daß es sich um ein kohärentes, homogenes Werk handele,[31] dessen Sprache einheitlich beurteilt werden könne. Mehrere Stimmen bescheinigten der Sprache besondere Klarheit, Präzision und Eleganz.[32] Nelson meint sogar, der

28 Die mutmaßlichen Auswirkungen von Unverstand hat schon Mommsen aufgezeigt; JS 2, S. 49 f. Während dieser aber noch differenzierte und seine Annahme auf den Epitomator beschränkte (»breviatoris incredibili socordia et stupiditate«), erlangt der Faktor bei Schulz in allen möglichen Zusammenhängen Bedeutung. Auf diese Weise wird vieles zu einfach erklärt. Zu Recht hat Huschke, NJPP 75 (1857), S. 371 bemerkt, wenn man von der planmäßigen Herstellung eines Auszugs ausgehe, dem Epitomator aber gleichzeitig Unverstand unterstelle, könne alles für *einem unerforschlichen Willen des Epitomators entsprechend* oder *auf Dummheit beruhend* erklärt werden.

29 Alles, was die Textstufenforschung in dieser Hinsicht von der interpolationistischen Tradition bewahrt, bedarf heute der kritischen Überprüfung. Vgl. Schiavone, QF 23 (1994), S. 587-594. Die vorliegende Untersuchung trägt denn auch dem von der neueren Forschung bewirkten Paradigmenwechsel Rechnung, wenn sie fragt, inwieweit der auf die spätrepublikanische Jurisprudenz zurückgehende Methodengegensatz unseren Text beeinflußte und seine Werkindividualität prägte.

30 S. bereits oben S. 58 f.

31 So Buckland, LQR 40 (1924), S. 201, der zum Vergleich auf die Paulussentenzen verweist.

32 Mommsen, JS 2, S. 48 meinte, von den Gaius-Institutionen unterschieden sich die »Ulpiani Regulae« im Stil dadurch, daß sie »ea brevitate, perspicuitate, proprietate conscripta sunt,

Text könne, was die Qualität des Lateins anbelangt, ebensogut im ersten, ja sogar im ersten vorchristlichen Jahrhundert geschrieben worden sein.[33] Diese Urteile sind im Kern deswegen zutreffend, weil der Text an vielen Stellen auf einem tradierten, älteren Grundbestand beruht. Schon dieser wies eine hohe sprachliche Qualität auf. Der später fixierte *liber singularis regularum* behielt in aller Regel Sprache, Satzbau und sogar wörtliche Zitate (wie etwa Zwölftafelsätze) aus dem Grundbestand bei.

Die Methoden der Stilanalyse, die in den früheren Forschungen angewandt wurden, sind aber nur eingeschränkt brauchbar. Die Beurteilung am Maßstab einer »klassischen Rechtssprache«, wie sie Schulz vornahm, ist problematisch. Soweit der Text am Maßstab eines klassischen Stilideals bewertet wird, wie es Schulz öfter tat, steht dies unter dem Einfluß neuhumanistischer Vorstellungen. Hier lauert die Gefahr einer Vermengung mit literaturgeschichtlichen Kategorien: In der Literaturgeschichte steht der Begriff des »Klassischen« für eine ästhetische Idee, ein Stilideal.[34] Er bezieht sich in der römischen Literaturgeschichte auf die Schriftsprache der Zeit Ciceros und Augustus'. Es muß aber unterschieden werden zwischen dem Gebrauch von »klassisch« zur Bezeichnung eines literarischen Ausdrucks und einer kulturellen Leistung.[35] Der in der Literaturgeschichte entwickelte Maßstab kann auf die Sprache der klassischen Rechtswissenschaft nicht ohne weiteres übertragen werden. Diese nimmt zwar mit Ciceros Zeitgenossen Servius ihren Anfang, erstreckt sich dann aber bis in das 3. Jahrhundert hinein.[36] In der klassischen Rechtswissenschaft dient die Sprache unmittelbar der Rechtsanwendung und kann also allenfalls danach bewertet werden, inwieweit sie diese

quam adhuc secuti sumus omnes, assecutus est nemo«. Vgl. bereits oben S. 48. Huschke, NJPP 75 (1857), S. 371 behauptete, der Text sei in keiner Weise mangelhaft oder im Ausdruck unrichtig, so daß dieses Stilniveau den Maßstab für die innere Kritik bilden könne. Vgl. noch Salkowski, Institutes, S. 54; De Fresquet, Droit Romain 1, S. 23 f.; Schönbauer, St. De Francisci 3, S. 333; Santucci, AG 219 (1999), S. 139.

33 Nelson, Stil, S. 86 meint, erst seit dem 4. Jahrhundert nach Chr. würden sprachliche Veränderungen in Kompendien und sonstigen artverwandten Texten sichtbar, wie z.B. die Gaiusparaphrase von Autun. Man gebe sich daher vergebliche Mühe, wenn man für einen in Kompendienlatein geschriebenen Text mit Hilfe von sprachlichen Kriterien ein Datum festzustellen suche.

34 Die Ausdrucksweise knüpft an Gellius' berühmte Steuerklassenmetapher an (*Noct. Att.* 19,8,15): Gellius riet, sich in Fragen der Sprachrichtigkeit an einem *classicus adsiduusque aliquis scriptor, non proletarius* zu orientieren, also einem »erstklassigen« (eigentlich: der ersten *Steuerklasse* angehörigen), nicht »proletarischen« (= nicht steuerpflichtigen) Schriftsteller. Vgl. näher Curtius, Klassik, S. 20 f.

35 Wieacker, Vom röm. Recht², S. 161 ff.; Mayer-Maly, Rechtswissenschaft, S. 106 f.

36 Zu der Differenzierung zwischen der klassischen Sprache und der Sprache der klassischen Rechtswissenschaft bereits Beseler, TR 10 (1930), S. 162 f. Krit. in diesem Sinne gegenüber Schulz insbesondere Nelson, Überlieferung, S. 86; ders., Stil, S. 82 und Bretone, Tecniche, S. 342 ff.

Aufgabe erfüllt: Die Sprache muß nämlich gewährleisten, daß die Institute des klassischen Rechts in subsumtionsfähiger Weise wiedergegeben werden. Die Voraussetzung dafür bietet die Sprachtheorie, die sich mit Servius in der Rechtswissenschaft durchsetzte. Sie geht davon aus, daß die Bedeutung der Wörter objektiv festliegt.[37] Sprache findet nur statt, soweit die Wörter in ihrer feststehenden Bedeutung verwendet werden.[38] Ein Beispiel dafür, daß mit den Worten nur ein objektiv festliegender Gehalt, und nicht irgendein Sachverhalt ausgedrückt werden kann, bietet die klassische Lehre von der Auslegung der Gesetze, die am Wortlaut haftet: Was von der unmittelbaren Wortbedeutung nicht erfaßt ist, ist nicht geregelt. Diese Lehre unterscheidet daher konsequent zwischen dem Verstoß gegen den Wortlaut des Gesetzes und dem Verstoß gegen dessen Sinn (*fraus legis*).[39] Ebenso wie Servius verdankte auch Cicero diese Lehre seiner unter dem Einfluß der skeptischen Akademie gewonnenen philosophisch-rhetorischen Bildung. Nach dieser Vorstellung ist die Sprache das spezifische Kommunikationsmittel der Menschen. Sie bedarf zu diesem Zweck der Festlegung der Wortbedeutungen.[40] Eine Fachdisziplin muß die Wortbedeutungen für ihren Bereich selbst festlegen. Dazu muß sie, wie Cicero betont, wissenschaftlich betrieben werden (*de orat.* 1,5,17): *Est enim et scientia comprehendenda rerum plurimarum, sine qua verborum volubilitas inanis atque inridenda est ... neque legum ac iuris civilis scientia neglegenda est.* Diese wissenschaftliche Aufgabe erfüllt für Cicero die *ars iuris* des Servius, die die mit den Wörtern bezeichneten Begriffe mit Hilfe von *divisiones* bestimmte.[41]

Auch gegenüber der quantitativen Stilanalyse sind Bedenken angebracht.[42] So wird bei den Arbeiten, denen diese Methode zugrundeliegt, nicht immer klar,

37 Zum Folgenden ausführlich Behrends, Gesetz und Sprache, S. 190-193; ders., Fraus legis, S. 61 ff.

38 Der Prokulianer Celsus bringt diese Sprachtheorie ausdrücklich mit Servius in Verbindung (19 *dig.* D. 33,10,7,2): *non ... a Servio dissentio non videri quemquam dixisse, cuius non suo nomine usus sit.*

39 Paulus *lb. sg. ad legem Cinciam* D. 1,3,29: *Contra legem facit, qui id facit quod lex prohibet, in fraudem vero, qui salvis verbis legis sententiam eius circumvenit*; entsprechend Ulpian 4 *ad ed.* D. 1,3,30.

40 Cicero *De oratore* 1,3,12: *dicendi autem omnis ratio in medio posita communi quodam in usu atque in hominum ore et sermone versatur ... in dicendo autem vitium vel maximum sit a vulgari genere orationis atque a consuetudine communis sensus abhorrere.* Diese Sprachtheorie setzt also einen gemeinsamen und damit grundsätzlich festliegenden Sprachgebrauch voraus. Der größte Fehler (*vitium vel maximum*) läge darin, vom allgemein anerkannten Sprachgebrauch abzuweichen.

41 Vgl. S. 88-90 und 100-102.

42 Insbesondere Honorés Forschungsansatz ist mehrfach angegriffen worden. Vgl. die Debatte im Times Literary Supplement 1983: Watson (18. Februar); Honoré/Birks (4. März); Frier (25. März); Honoré (8. April); Watson (22. April). Dazu Cohen, RJ 2 (1983), S. 33-36 und Watson, IJ 19 (1984), S. 360-361. Über die in der Darstellung der Forschungsgeschichte

unter welchen Voraussetzungen ein individuelles Stilmerkmal eines Autors vorliegen soll, und welches Vorkommen in einem unbekannten Text genügen soll, um diesen einem bestimmten Autor zuzuschreiben.[43] Soweit Honoré die Autorschaft Ulpians daran beurteilt, ob dessen »favourite phrases« auftreten, bestehen weitere Bedenken. So geht manche stilistische Eigenart bzw. das Fehlen mancher speziellen Merkmale auf die Art des untersuchten Textes, die Literaturgattung, der er angehört, zurück.[44] Wie Honoré gezeigt hat, lassen bestimmte Werkgattungen, etwa Monographien, dem individuellen Stil des Autors vergleichsweise weitgehende Entfaltungsmöglichkeiten. Daher können Kommentare und Monographien desselben Autors durchaus dessen typische Stilelemente aufweisen. Demgegenüber ist der kompendiarische Stil weit mehr durch gattungsspezifische Eigenarten gekennzeichnet. Die Sprache des *liber singularis regularum* ist weitgehend von der Aufgabe bestimmt, prägnante, subsumtionsfähige Regeln bereitzustellen. Hier kann der Autor seine charakteristischen Stilmittel gar nicht frei verwenden. So können z.B. diejenigen Wendungen, mit denen Ulpian typischerweise Stellungnahmen einleitet, wie etwa *»sed puto«, »sed magis est«*, hier kaum vorkommen.[45]

Genannten (s. oben S. 58 f.) hinaus sind an Stellungnahmen zu Honorés Methode zu nennen: zur 1. Auflage des »Ulpian« Watson, RJ 3 (1984), S. 286-290; Birks, IJ 18 (1983), S. 151-181; Cohen aaO.; Nelson, Stil, S. 82 f.; zu »Tribonian« Watson, LQR 1978, S. 459-462; zur 1. Auflage von »Emperors« Watson, TR 50 (1982), S. 409-441; Solidoro, Labeo 29 (1983), S. 333; zur 2. Aufl. Johnston, LQR 111 (1995), S. 700.

43 Honorés Untersuchungen liegt die Annahme eines Prinzips zugrunde, nach dem sich die für einen Autor typischen Stilmerkmale selbst als solche bestätigen. Vgl. Honoré, Gaius, S. XIV: »further progress must be based on the principles that every writer makes his own dictionary and is the criterion of his own authenticity«. Hier drohen aber Zirkelschlüsse. Im übrigen kritisiert Waldstein, TR 1985, S. 152, daß Honoré vor allem bei der Beurteilung der Echtheitsfrage gegenüber dem Stil andere Kriterien vernachlässige.

44 Nelson, Fachsprache, S. 137; ders., Stil, S. 81.

45 Vgl. Nelson, Stil, S. 82 f. u. 86. Demgegenüber meint Mercogliano, RIDA 44 (1997), S. 411, die Autorschaft Ulpians sei hier anhand seines charakteristischen Stils zu erkennen, weil der Text von den Eigenarten der Werkgattung *regulae iuris* nicht geprägt sei. Das ist offensichtlich unrichtig (vgl. S. 105-110). Zu Unrecht beruft sich Mercogliano in diesem Zusammenhang auch auf Nelson, der gerade den deutlichen Einfluß der aus der Literaturgattung folgenden Stilmerkmale anerkennt.

4. Teil: Die Zuordnung des Textes zur Antoninenepoche

Wir werden uns nun zunächst der Frage zuwenden, zu welchem Zeitpunkt das Regelwerk auf Grundlage des tradierten Stoffes fixiert wurde. Der Text enthält Regeln des Rechts in dem Entwicklungsstand, den es am Ende der Herrschaftszeit der Antoninen[1] erreicht hatte, nämlich im Jahre 180 n. Chr. oder wenig später. Tit. 22,34, wo der Tod Marc Aurels vorausgesetzt wird (*divus Marcus*), ist die Stelle, die auf den spätesten Zeitpunkt hindeutet. Hier liegt ein erster Hinweis darauf, daß auch die Fixierung des tradierten Stoffes zu dem Text, der später als *liber singularis regularum* ediert wurde, zeitlich am Anfang der Alleinherrschaft des Commodus erfolgte. Im folgenden wird gezeigt, daß (I.) der Text den Stand der Rechtsentwicklung am Ende der Antoninenepoche wiedergibt, daß sich (II.) Stoffauswahl und Schwerpunktsetzung an den praktischen Bedürfnissen gerade dieser Zeit orientieren, und daß sich (III.) von Entwicklungen, die sich nach der ersten Phase der Regierung des Commodus ereigneten und die nach der Logik des Textes hätten berücksichtigt werden müssen, keine Spur im Text findet.

I.) Der Entwicklungsstand des dargestellten Rechts

Der *liber singularis regularum* entstand am Ende der Zeit der Adoptivkaiser.[2] Ausdrücklich dürfte erstmals Cramer festgestellt haben, daß »... sie (scil. die »*Fragmenta Ulpiani*«) nur Grundsätze des Rechts aus der glänzendsten Epoche der Römischen Jurisprudenz, aus der Epoche der Antoninen enthalten ...«.[3] Die Entstehungszeit zeigt sich zunächst daran, daß die Reihe der Kaiser, mit denen bestimmte Rechtssetzungsakte in Verbindung gebracht werden, mit Commodus

1 Der Name »Antoninen« bezieht sich hier und im folgenden auf die Adoptivkaiser bis Commodus. Zur Rechtfertigung der Terminologie angesichts des Umstands, daß erst Pius den Namen »Antoninus« führte, vgl. Eck, DNP 1 (1996), s. v. Antonine, Sp. 802. Nicht einbezogen sind hier die Severer, die den Namen später auch annahmen, als sich Septimius Severus, um seine Dynastie zu legitimieren, selbst zum Sohn Marc Aurels erklärte und seinen eigenen Sohn, den späteren Caracalla, »M. Aurelius Antoninus« nannte; Birley, Septimius, S. 117.

2 Die Argumentation mit Merkmalen der Antoninenzeit bis zum Beginn der Regierungszeit des Commodus bedarf einer Rechtfertigung der Periodisierung. Diese Phase ist sowohl durch die Regelung der Thronfolge im Wege der Adoption herausgehoben als auch vor allem durch die Beilegung des Konflikts zwischen der senatorischen Opposition und dem Kaisertum; vgl. Heuß, RömG, S. 343. In diesem Sinne wird die Epochenbildung seit Gibbon (oben S. 43) auch traditionell vorgenommen, ganz unabhängig von der im einzelnen umstrittenen Bewertung dieser Zeit; vgl. Walter, DNP 9 (2000), s. v. Periodisierung, Sp. 581.

3 Cramer, Scholia, S. 15 und ganz ähnlich ebda. S. 20.

abbricht: *divus Augustus* (Tit. 20,10),[4] *edictum divi Claudii* (Tit. 3,6), *a divo Nerva introductum, postea a senatu auctore Hadriano ... constitutum est* (Tit. 24,28)[5], *SC auctore divo Hadriano* (Tit. 3,3), *constitutio divi Antonini* (d. i. Pius; Tit. 8,5),[6] *constitutio imperatoris Antonini* (d. i. Marc Aurel; Tit. 17,2), *imperatorum Antonini et Commodi oratione in senatu recitata* (Tit. 26,7), *divus Marcus* (Tit. 22,34).[7] Drei Kaiser werden ohne *divus*-Formel genannt. Mommsen hat aber dargelegt, daß aus dem Fehlen des *divus* nicht immer auf eine Abfassung zu Lebzeiten des Kaisers geschlossen werden kann.[8] Hier wird im Falle von *Hadrianus* (Tit. 24,28) ein unbedeutendes Versehen vorliegen, da andererseits auch der Zusatz *imperator* fehlt. Ähnlich liegt der Fall beim *imperator Antoninus* (Tit. 17,2) und den *imperatores Antoninus et Commodus* (Tit. 26,7). *Antoninus*, der in den letztgenannten Stellen wegen der gemeinsamen Nennung mit Commodus Marc Aurel ist,[9] hätte als verstorbener und konsekrierter Kaiser durchaus als *divus* bezeichnet werden können.[10]

4 Schönbauer, St. De Francisci 3, S. 321 f. vertritt die These, daß der Text aus den ersten Jahren der Alleinherrschaft des Septimius Severus stamme, als sich erst kürzlich herausgestellt hatte, daß Marc Aurel als ein *divus Augustus* unter dem Namen *Marcus* fortleben werde, und die offizielle Nomenklatur insoweit vollkommen festgestanden habe.

5 Schönbauer, St. De Francisci 3, S. 324 meint (gegenüber Schulz), das Weglassen von *divo* sei nicht nachlässig, auch wenn es sich um keine späte Schrift handele. Er verweist auf Gaius 1,47: *senatus ita censuit ex auctoritate Hadriani.* Die Auslassung sei ohne Bedeutung für den Zeitansatz. S. dazu sogleich im Text.

6 Es handelt sich (nach Gaius 1,102) wohl um Antoninus Pius. Schönbauer meint, schon unter der Regierungszeit des Septimius Severus sei die Bezeichnung eindeutig gewesen, seit Marc Aurel im offiziellen Sprachgebrauch *divus Marcus* hieß (geschrieben von einem Verfasser *nach* Caracalla wäre es mehrdeutig). Vgl. Schönbauer, St. De Francisci 3, S. 320.

7 *Antoninus* ist hier Marc Aurel, genannt als noch regierender Kaiser. S. die Erläuterungen zu der Stelle. Während bei Gaius *lb. sg. ad Sctm. Orfit.* D. 38,17,9 nur *ein princeps noster* als Urheber des *SC Orfitianum* erwähnt wird, lautet unsere Stelle genauer. Schönbauer, St. De Francisci 3, S. 322 nimmt die Entstehung des Textes zwischen 178 und 191 an, weil in dieser Zeit Commodus ein Interesse gehabt haben könnte, seine Mitwirkung gegenüber dem Anteil seines Vaters aufzuwerten.

8 Die Bezeichnung eines Kaisers als *divus* zeigt, daß die Schrift nach der Konsekration dieses Kaisers geschrieben wurde; fehlt sie, dann muß die Stelle dagegen nicht unbedingt zu Lebzeiten des Kaisers verfaßt worden sein; Mommsen, ZGR 9 (1870), S. 97. Gaius drückt sich z.B. in bezug auf Hadrian unterschiedlich aus, ohne daß Grund zur Annahme bestände, daß Gaius 1,47 und 2,57 vor Gaius 1,7 und 1,30 geschrieben worden wären. Vgl. Buckland, LQR 40 (1924), S. 201.

9 Wenn der regierende Marc Aurel »*imperator Antoninus*« genannt wird, der verstorbene dagegen »*divus Marcus*«, dann geschah dies möglicherweise, um Verwechselungen mit anderen verstorbenen Antoninen zu vermeiden. So ist z.B. mit *divus Antoninus* in Tit. 8,5 Antoninus Pius gemeint. Daß beides in demselben Text vorkommt, wird mit der konservierenden Arbeitsweise des Verfassers zusammenhängen, die tradierte Formulierungen möglichst unangetastet ließ.

10 Gleiches gilt nach 197 auch für Commodus. Obgleich er zunächst der *damnatio memoriae* verfiel und sein Andenken verflucht wurde, ließ ihn Septimius Severus im Jahre 197 konse-

Daß Marc Aurel noch teilweise als *imperator* bezeichnet wird, ist eine geringfügige Ungenauigkeit, die wahrscheinlich auf den engen zeitlichen Zusammenhang der Festschreibung unseres Textes mit der Regierungszeit Marc Aurels zurückzuführen ist.

Die einzigen Juristen, die als Vertreter bestimmter Ansichten genannt werden, sind die im 2. Jahrhundert wirkenden Hochklassiker Neraz (Tit. 11,28 »Priscus«) und Maurician (Tit. 13,2), daneben wahrscheinlich noch das sabinianische Schuloberhaupt Cassius (Tit. 1,12).

Starken Einfluß übten noch die zu Marc Aurels Regierungszeit stattfindenden Rechtsentwicklungen aus. Seine Verdienste um die Rechtsfortbildung liegen vor allem auf dem Gebiet des materiellen Rechts, auf dem er mit bestimmten Schwerpunkten die Grundsätze seiner Vorgänger fortentwickelte.[11] Von den juristischen Texten seiner Epoche betreffen mehr als die Hälfte Probleme von Frauen, Kindern und Sklaven. Häufig wird dies als Folge kaiserlicher Rechtspolitik zugunsten benachteiligter Personengruppen verstanden.[12] Die Gründe lagen aber gleichzeitig in den praktischen Anforderungen, die die krisenhaften Zustände dieser Zeit an das Recht stellten.[13]

Auch wenn man in Rechnung stellt, daß das Regelwerk nur als Auszug erhalten ist, von dem überdies ein Teil verloren ist, fällt eine Schwerpunktbildung auf. Besonderes Gewicht kommt im Text zunächst dem Erbrecht zu. Ausführlich behandelt sind ferner die Vorschriften über die Freilassung der Sklaven unter Einschluß des Rechts der Bedingtfreien. Hier kommt wiederholt der *favor libertatis* zum Tragen, der gerade in der Rechtspraxis Marc Aurels vielfach Ausdruck fand.[14] Weitere Schwerpunkte unseres Textes sind das Dotalrecht sowie das Recht der Adoption und der Vormundschaft.

Das Werk gibt auch noch einzelne Einflüsse aus der Regierungszeit des Commodus wieder. Dies ist zunächst äußerlich daran erkennbar, daß eine Stelle die *imperatores Antoninus* und *Commodus* nennt (Tit. 26,7), wodurch sie als einzige eine jedenfalls nominelle Beteiligung des Commodus an der Rechtsfortbildung zeigt. Tit. 22,34 spricht sogar von *divus Marcus* und weist damit auf eine Textentstehung nach dem Tod Marc Aurels hin. Schließlich können bestimmte Teile des Textes, obgleich sie nicht unmittelbar auf Commodus zurückgehen, doch unter seiner Herrschaft noch besonders bedeutsam gewesen sein. Dies gilt insbesondere

krieren (SHA *Commodus* 17,11), um so seine Hochachtung gegenüber den Antoninen auszudrücken und seine im Wege der Usurpation gewonnene Stellung zu legitimieren. Vgl. Heuß, RömG, S. 356.

11 Stanton, Historia 18 (1969), S. 574-575 mit Fn. 30; ders., ANRW II,2, S. 500.

12 Vgl. etwa Noyen, in: Klein, Marc Aurel, S. 105 ff.; Klein, Die Romrede des Aelius Aristides, S. 83, Anm. 49. Krit. Stanton, in: Klein, Marc Aurel, S. 359 ff.

13 Vgl. S. 79-82.

14 Vgl. Noyen, in: Klein, Marc Aurel, S. 109 f.

für die Belohnung der Bautätigkeit[15] und der Mitwirkung an der Getreideversorgung[16] (Tit. 3,1 u. 6).

II.) Schwerpunktsetzung nach den Anforderungen der Praxis in der Antoninenzeit

Sowohl die Stoffauswahl als auch die Schwerpunktsetzung des Textes tragen gerade den praktischen Bedürfnissen Rechnung, die zur Zeit seiner Fixierung, also 180 n. Chr. oder wenig später, herrschten. Es fällt auf, daß der Abschnitt zum Dotalrecht kaum auf die Regeln der Bestellung eingeht und fast ausschließlich die wechselseitigen Ansprüche nach Beendigung der Ehe behandelt. Das Recht der Vormundschaft und Pflegschaft wird von den Fragen der Einsetzung und Ablösung des Tutors oder Curators bestimmt. Der Abschnitt über die augusteischen Ehegesetze enthält überwiegend erbrechtliche Bestimmungen. Überhaupt hat das Erbrecht viel mehr Gewicht als der eigentumsrechtliche Abschnitt. Wir dürfen vermuten, daß sich die große Bedeutung gerade dieser Rechtsgebiete besonders aus dem zeitlichen Zusammenhang der Entstehung des Textes kurz nach 180 erklärt. Diese Materien waren nämlich nicht nur im allgemeinen von einiger Praxisrelevanz, sondern gerade in der Regierungszeit Marc Aurels und Commodus'. Der erhöhte Regelungsbedarf auf den genannten Rechtsgebieten war das Spiegelbild konkreter Notstände.[17] Das traditionell günstig ausfallende Urteil über diese Epoche darf nicht darüber hinwegtäuschen, daß diese Zeit in ungewöhnlichem Ausmaß von Katastrophen beeinträchtigt war.[18] Betroffen war insbesondere die Bevölkerung der Stadt Rom, wo unser Text wahrscheinlich entstand.[19]

Es handelt sich in erster Linie um die verheerende Epidemie, die um das Jahr 165 ausgebrochen war, und die weite Teile des Reiches in Mitleidenschaft zog.[20] Es war die folgenschwerste Seuche, die das Reich bis zur Mitte des 3. Jahrhunderts erlebte.[21] Eingeschleppt durch das vom Partherfeldzug zurückkehrende Heer[22]

15 Nachdem im Jahre 192 ein Großfeuer Rom heimgesucht hatte, bestand ein erheblicher Bedarf an privater Bautätigkeit; vgl. Dio 72,24; Herodian I,14,2-6.

16 Dies könnte durch die Hungersnot des Jahres 189 (Dio 72,13,1-2; Herodian 1,12,3,5; SHA *Commodus* 7,1 u. 14,1-2) veranlaßt gewesen sein.

17 Christ, Geschichte, S. 341 f.

18 Herodian 1,1,4 berichtet, daß man gerade seit der Regierungszeit Marc Aurels Katastrophen in einem früher nicht gekannten Maße erlebt habe. Vgl. Birley, Septimius, S. 56.

19 Liebs, Fs. Straub, S. 284 mit Nachweisen.

20 Vgl. ausführlich Duncan-Jones, JRA 9 (1996), S. 108-136. Gilliam, AJP 82 (1961), 225-251 spricht sich dagegen aus, die Seuchen dieser Zeit mit einer einzigen vernichtenden Epidemie zu identifizieren. Ebenso Behr, Aelius Aristides and the Sacred Tales (1968), S. 96-98, Anm. 8 u. 11-12; S. 166-167, Anm. 13-15 sowie Wiseman, Gods, S. 172.

21 Gilliam in: Klein, Marc Aurel, S. 158 f.; Heuß, RömG, S. 351.

22 SHA *Verus*, 2-8; SHA *Marcus* 13,3-5; vgl. Grant, Antonines, S. 32.

wütete sie bis etwa 190 in fast allen Gebieten des Reiches.[23] Besonders hart betroffen war neben den Militärlagern am Donaulimes die Stadt Rom,[24] denn die hochinfektiöse Krankheit[25] wütete besonders dort, wo viele Menschen zusammenlebten.[26] Die Seuche forderte unter Zivilbevölkerung und Militärangehörigen schwere Opfer. Das Ausmaß der Katastrophe ist unterschiedlich eingeschätzt worden, weil die Quellen nur wenig brauchbare Zahlenangaben liefern.[27] Während im älteren Schrifttum vermutet wurde, daß geradezu die Hälfte der Reichsbevölkerung umgekommen sei,[28] sind jüngere Untersuchungen zurückhaltender.[29] Wir verfügen immerhin über Berichte des sachkundigen Zeitzeugen Galen, der sich zudem von 169 bis 192 in Rom aufhielt.[30] Er beschrieb diese Epidemie mit den Superlativen *μακρότατος* (»überaus groß«) und *πολυχρονιώτατος* (»langanhaltend«).[31] Cassius Dio sprach für einen Zeitabschnitt des Jahres 189 von täglich zweitausend Opfern in Rom.[32] Sicherlich war ein großer Teil der stadtrömischen Familien betroffen.[33] Der daraus entspringende Regelungsbedarf spiegelt sich in unserem Text wider.

23 Über die Auswirkungen der Seuche in der ersten Zeit der Herrschaft des Commodus vgl. Hekster, Commodus, S. 43-45.

24 Mommsen, Kaisergeschichte, S. 366.

25 Um welche Krankheit es sich handelte, ist umstritten. Während im nichtmedizinischen Schrifttum häufig von der »Pest« gesprochen wird, sind von fachlicher Seite angesichts der von Galen beschriebenen Symptome mehrfach Pocken diagnostiziert worden. So Littman/Littman, AJP 94 (1973), S. 245 m. Fn. 7; Lo Cascio, SR 2,2, S. 707; Hopkins, Princes, S. 22 f. Sarton, Galen, S. 22 spricht im Rahmen einer Differenzialdiagnose von Typhus oder Pocken; Haeser, Geschichte, S. 32 vermutet Blattern; McNeill, Plagues, S. 117 denkt an Masern.

26 Gherardini, Studien, S. 37, 114; Littman/Littman, AJP 94 (1973), S. 255. Für Rom z.Zt. Commodus' (vor Cleanders Sturz) vgl. Herodian 1,12,1. Gleichzeitig herrschte eine Hungersnot in Rom; Herodian 1,12,3; vgl. SHA *Commodus* 14,1.

27 Vgl. die umfangreiche Sammlung der Quellen bei Schwendemann, Vita Marci, S. 54-62; 67-69.

28 Parker, History, S. 20 hat sogar die Einschätzung vertreten, die Pest habe viele Gegenden fast entvölkert und vielleicht mehr als irgendein anderer Faktor zum Niedergang des Reiches beigetragen.

29 Littman/Littman, AJP 94 (1973), S. 252-255 schätzen die Sterblichkeit für die gesamte Dauer bis 189 auf 7 bis 10 %.

30 Sarton, Galen, S. 20-23.

31 Galen *in Hippocratis epid.* 3 comm. 3,59 (ed. Wenkebach, CMG V 10,2.1, S. 144 f. = ed. Kühn, Bd. 17 A, S. 646 ff. [709]); *in Hippocr. epid.* 6 comm. 1,29 (ed. Wenkebach, CMG V 10,2.2, S. 53 = ed. Kühn, Bd. 17 A, S. 793 ff. [885]); *de atra bile* 4,4 (ed. De Boer, CMG V 4,1.1, S. 76 = ed. Kühn, Bd. 5, S. 104 ff. [115]). Vgl. Ilberg, Galens Praxis, S. 401 f.

32 Dio 73,14,3; dazu Whittaker, in: Giardina, S. 320; Birley, Septimius, S. 82. Es erscheint angesichts der Dimension nicht als angemessen, wenn die Pest lediglich als ein Faktor unter vielen angesehen wird; so aber De Martino, Wirtschaftsgeschichte, S. 398. Es handelte sich vielmehr um eine gewaltige, langandauernde Katastrophe.

33 Die Historia Augusta, deren Bericht im Kern glaubhaft ist, spricht insgesamt viermal von der Seuche und den hohen Menschenverlusten; vgl. Gilliam, in: Klein, Marc Aurel, S. 147;

Die andere schwere Belastung der italischen Bevölkerung in der späteren Antoninenzeit bestand in den jahrelangen Kriegen gegen die Markomannen und andere Germanenstämme. Sie dauerten mit wechselhafter Härte von 166 bis kurz nach dem Tod Marc Aurels im Jahre 180. Die Angreifer nutzten aus, daß die Grenzen an Oberrhein und Donau infolge des Partherkriegs vorübergehend nur schwach gesichert waren.[34] Nachdem im Frühjahr 170 eine römische Offensive verlustreich gescheitert war, fiel der Feind in das Reich ein.[35] Er verwüstete die Provinzen Raetia, Noricum und Pannonia, richtete seinen Hauptvorstoß jedoch auf Italien.[36] Dabei entstanden große Verluste unter Soldaten und Zivilbevölkerung.[37] Die Markomannenkriege erschütterten das gesellschaftliche Gleichgewicht.[38] Mit der Vergrößerung des Heeres nahm nämlich der produktive Teil der Bevölkerung ab, und es kam zu einer Geldentwertung.[39] Abgesehen von den Verwüstungen war die betroffene Bevölkerung besonders dadurch traumatisiert, daß zum ersten Mal seit Marius' Zeit wieder Germanen in Italien eingefallen waren.[40]

SHA *Marcus* 8: *inundatio … gravissima.* Eutropius *Urb. cond.* 8,12,2 berichtet, die Seuche habe in Rom und Italien eine große Zahl der Einwohner und fast alle Truppen hinweggerafft.

Ammianus Marcellinus, der zwei Jahrhunderte später schrieb, berichtet von der Verbreitung der Seuche im ganzen Reich; *res gestae* 23,6,24. Zu Aelius Aristides *Orat.* 33,6; 48,38-45; 50,9; 51,25 vgl. Behr, Aelius Aristides, S. 96 f. u. 166 f. Die Seuche wirkte sich wahrscheinlich darum so verheerend aus, weil sie zum ersten Mal auftrat, so daß die Bevölkerung des Mittelmeerraumes noch keine Widerstandsfähigkeit dagegen hatte entwickeln können; McNeill, Plagues, S. 116.

34 Parker, History, S. 20.

35 Birley, Septimius, S. 48, 66. Die Datierung ist umstritten; vgl. Birley, Gnomon 37 (1965), S. 728; Bengtson, Grundriß, S. 354. Der auffallende Wechsel der Motivfolge in den Münzemissionen (vgl. unten Fn. 40) deutet aber einmal mehr auf das Frühjahr 170 hin.

36 Oliva, in: Klein, Marc Aurel, S. 122.

37 Genaue Zahlen sind nicht überliefert. Die Dimension der Kampfhandlungen läßt sich aber anhand der Zahl der Gefangenen ermessen, die anläßlich diverser Friedensschlüsse zurückgegeben wurden. Vgl. Dio 72,11,2: 13.000 und mehr; Dio 72,13,4: 50.000; Dio 72,16,2: 100.000; Dio 73,3,2: 15.000 und mehr.

38 Von den 19 Jahren der Regierung Marc Aurels sind nicht weniger als 17 Kriegsjahre gewesen: von 161 bis 166 kämpfte man im Orient gegen die Parther, von 166 bis 180 (mit einer zweijährigen Unterbrechung 175-177) mußte der Ansturm der germanisch-sarmatischen Völker abgewehrt werden.

39 Lo Cascio, SR 2,2, S. 703-706.

40 Schwendemann, Vita Marci, S. 169 aufgrund des Berichts der Historia Augusta. Wolters, Nummi signati, S. 330 f. weist darauf hin, daß Marc Aurel nach Niederlagen in den Markomannenkriegen nicht, wie sonst üblich, mit verstärkter Siegespropaganda auf Münzen reagierte. Nach dem ersten verheerenden Einfall der Germanenstämme ist vielmehr eine »Sprachlosigkeit« in der Münzprägung zu beobachten, ein auffallender Verzicht auf neue Münzen mit Sieges- und Triumphalmotiven, auf die bis dahin üblichen militärischen und Siegeszuversicht ausdrückenden Typen. Dies brachte die Stimmung der Zeit, eben die aus der Überraschung resultierende Sprachlosigkeit, zum Ausdruck.

Diese Umstände bewirkten, daß in zahllosen Fällen der Wegfall eines oder mehrerer Familienangehöriger nach Anwendung derjenigen Rechtseinrichtungen verlangte, die die Rechtsordnung für den Fall des Todes, insbesondere für den Fall des frühzeitigen Todes eines zur Familienversorgung beitragenden Erwachsenen bereithielt. So ließ der Tod des Ehegatten nach dem Verbleib der *dos* fragen, der Tod von Söhnen nach Adoptionsmöglichkeiten, das Zurückbleiben unmündiger Kinder nach Regelung der Vormundschaft. Wenn sich unter Marc Aurel auffallend viele Entscheidungen mit Vormundschaftsfragen befassen, dann ist dies die Konsequenz einer rapiden Zunahme der einschlägigen Fälle angesichts der Opfer der Kriege und der Seuche. Die Relevanz des Erbrechts stieg allgemein durch die erhöhte Sterblichkeit, insbesondere aber insoweit, als seine Bestimmungen zur Sicherstellung der Versorgung der in den Familien Überlebenden dienten. So könnte z.B. das *SC Orfitianum*, nach dem Kinder ihre ohne Testament verstorbene Mutter beerben konnten (Tit. 26,7), in entsprechenden Vorfällen der Krise seinen Ursprung genommen haben.[41]

III.) Die Nichtberücksichtigung späterer Rechtsentwicklungen

Für den Terminus ante quem ist nun ausschlaggebend, daß unser Text *an keiner einzigen Stelle* einen späteren Entwicklungsstand des Rechts wiedergibt als den, der zu Beginn der Regierungszeit des Commodus erreicht war. Überdies machten gesellschaftliche und politische Entwicklungen, die in der späteren Regierungszeit des Commodus stattfanden, bestimmte Passagen unseres Textes hinfällig.[42]

41 Christ, Geschichte, S. 341 f.; vgl. Noyen, in: Klein, Marc Aurel, S. 110. Unter den Verfügungen dieser Zeit, die von Juristen und anderen Rechtswerken überliefert wurden, nehmen erbrechtliche Regelungen einen großen Raum ein. Vgl. die Senatsbeschlüsse, die in der Const. Tanta 6 (= C. 1,17,2,6) als noch bedeutend genannt werden (*Pegasianum, Trebellianum, Tertullianum, Orfitianum, Plancianum*); vgl. Hammond, Antonine Monarchy, S. 331. Alle diese Senatsbeschlüsse werden im Text des *liber singularis* behandelt.

42 Die Beantwortung der Frage, inwiefern relevante Entwicklungen aus der Regierungszeit des Commodus in den Text hätten Eingang finden müssen, wenn er später niedergeschrieben worden wäre, ist durch die Überlieferungslage erschwert. So ist die Überlieferung zunächst durch die Brandkatastrophe von 192 beeinträchtigt, bei der fast alle staatlichen Dokumente vernichtet wurden; Birley, Septimius, S. 85. Ferner führte die nach Commodus' Tod verhängte *damnatio memoriae* zur Beseitigung vieler Zeugnisse; SHA *Commodus* 19,1 u. 20,5; vgl. Stahl, in: Clauss, Kaiser, S. 163. Seine Name wurde aus den Inschriften entfernt; vgl. v. Rohden, RE 2,2 (1896), Sp. 2479. Schließlich muß berücksichtigt werden, daß die von Commodus in seinen letzten Jahren entfaltete Willkürherrschaft die spätere Geschichtsschreibung teilweise dazu veranlaßte, seine Regierungszeit noch negativer darzustellen, als sie ohnehin war. Eine einseitig mißgünstige Tendenz zeigt insbesondere die Historia Augusta; Heer, Philologus Suppl. 9 (1904), S. 153. Ihre Darstellung gewann größeren Einfluß als die etwas differenzierteren Berichte bei Herodian und Cassius Dio. Kritisch

Commodus' Regierungszeit war durch schwere Unregelmäßigkeiten gekennzeichnet. Mit den Worten *omnia iura subvertit*[43] bezieht sich die Historia Augusta[44] auf Eingriffe des Kaisers, die nicht nur private Rechtspositionen verletzten, sondern geradezu die Grundlagen der augusteischen Prinzipatsverfassung beseitigten.[45] Überliefert sind Berichte über Vermögenskonfiskationen und Anklagen gegen Personen, die den Kaiser nicht zum Erben einsetzen wollten.[46] Kaiserliche Freigelassene sollen in die Rechtspflege eingegriffen haben, indem sie den Ausgang von Prozessen »verkauften«;[47] der kaiserliche Günstling Cleander soll Entscheidungen der Gerichte aufgehoben haben.[48] Diese Vorgänge sind mit der aus dem *liber singularis* herausscheinenden differenzierten Rechtsstaatlichkeit, für die insbesondere die am Anfang des Textes dargestellte Systematik der Geltung verschiedener Rechtsquellen steht, nicht in Einklang zu bringen.

Während der *liber singularis* einen im Prinzip exklusiven Senatorenstand voraussetzt, für den strikte Aufnahmebedingungen, insbesondere hinsichtlich des Vermögens, bestehen (vgl. Tit. 7,1), »beförderte« Commodus Freigelassene zu Senatoren und Patriziern.[49] Gleichzeitig ließ er Senatoren und deren Angehörige »*et alios infinitos*« hinrichten.[50] So zerriß die Gewaltherrschaft das Gleichgewicht der Prinzipatsordnung.[51] Das Reich war in eine schwere institutionelle Krise ge-

würdigt die Quellen zu Commodus Zürcher in: Büdinger, Untersuchungen 1, S. 223 ff. Die Bilderchronik der Reichsmünzen als »offizielle« Darstellung liefert ein Zerrbild der entgegengesetzten Art, indem sie alles in makellosem Glanz zeigt. Dort wird Commodus als von den Göttern berufener, siegreicher Schützer der Freiheit, als gottähnlicher Neugründer Roms dargestellt; Weber, Rom, S. 350 f.

43 SHA *Commodus* 5,6.

44 Die *Historia Augusta* ist eine Sammlung von Kaiserbiographien, beginnend mit Hadrian. Genannt werden sechs Verfasser, aber man nimmt an, daß der Text auf einen Autor zurückgeht, der im 4. oder 5. Jahrhundert schrieb. Der Text beruht teilweise auf älteren Quellen; manche Mitteilungen sind aber erfunden oder übertrieben dargestellt. Zuverlässige Mitteilungen enthalten die Biographien der Kaiser von Hadrian bis Caracalla. Vgl. v. Albrecht, Geschichte der röm. Literatur, Bd. 2, S. 1102-1104; Wieacker, RRG 1, S. 146 f.; Honoré, JRS 77 (1987), S. 156-176; Johne, DNP 4 (1998), s. v. Historia Augusta, Sp. 637 f.

45 Heuß, RömG, S. 430.

46 SHA *Commodus* 5,14.

47 SHA *Commodus* 14,7: *vendiderunt sub eo etiam eventus litium liberti.*

48 SHA *Commodus* 6,10: *res iudicatas rescindebat.*

49 SHA *Commodus* 6,9.

50 Birley, Septimius, S. 82.

51 Crifò, ANRW II,15, S. 760; vgl. Grosso, Lotta politica, S. 409 f. Weil der Tod Marc Aurels diese Wende ermöglicht hatte, betrachtete Renan das Jahr 180 als »la fin du monde antique«; Marc-Aurèle, S. 484 ff. Mit der Annahme, daß dieser Zeitpunkt einen epochalen Einschnitt gebildet habe, schloß sich Renan an eine lange Tradition an, die über Gibbon (vgl. S. 43) bis ins Altertum zurückreicht: Nach einer berühmten Bemerkung Cassius Dios (72,36,4) war mit dem Tod Marc Aurels ein goldenes Zeitalter des Reiches zu Ende gegan-

raten.[52] Wenn ferner der *liber singularis* die Aufgaben des Konsuls und des *praeses provinciae* in der Rechtspflege darstellt, setzt er eine geregelte Amtsausübung voraus. Diese konnte nicht mehr gewährleistet sein, als es unter Commodus fünfundzwanzig Konsuln in einem Jahr gab und die Statthalterposten »verkauft« wurden.[53]

Sicherlich nicht mehr in die spätere Phase der Regierungszeit des Commodus paßt auch, sieht man vom Sonderfall des Hercules ab, die Liste der »erbfähigen« Götter in Tit. 22,6. Commodus förderte nämlich insbesondere orientalische Gottheiten und stand offenbar unter dem Einfluß monotheistischer Systeme.[54] Er versuchte, einen religiös fundierten Absolutismus zu etablieren,[55] in dessen Zentrum er sich selbst in göttlicher Natur stilisierte.[56] Im Jahre 190 nannte er Rom nach sich selbst *Colonia Commodiana.*[57] Umbenannt wurden auch das römische Volk, der Senat und die Legionen.[58] Von alledem findet sich im Text des Regelwerks keine Spur.

Nun wäre denkbar, daß bestimmte Unregelmäßigkeiten der Commodus-Zeit als für die Rechtsentwicklung unmaßgebliche Episoden angesehen worden sein könnten. Die genannten Exzesse könnten als vorübergehende Entgleisungen betrachtet worden sein, die die grundsätzliche Geltung des dargestellten Rechts nicht berührten. Entsprechend könnte man die religiöse Orientierung des Kaisers bewertet haben. Auch unter dieser Annahme müßte man aber jedenfalls feststellen, daß spätestens die Regierungszeit des Septimius Severus, also des nächsten Kaisers, der über längere Zeit eine stabile Herrschaft etablieren konnte (193-211),

gen und ein eisernes hatte begonnen. Die Quellen zeigen immerhin, daß Commodus' erste Regierungsjahre zwar krisenbelastet gewesen waren, daß aber Staatswesen und Rechtspflege zunächst grundsätzlich noch funktionierten. In dieser Zeit wurde unser Text fixiert. Auch Arangio-Ruiz setzte im übrigen die Entstehung einer der von ihm vermuteten Textstufen, nämlich die der 2. Auflage des Gaius, in der Commodus-Zeit an; BIDR 30 (1921), S. 178-219.

52 Crifò, ANRW II,15, S. 760.

53 SHA *Commodus* 6,9-10; 14,6; Schiller, Geschichte 1,2, S. 664. Vgl. Dio 73,12,3.

54 Straub, RAC 3, Sp. 257 f. Zur Neuordnung der offiziellen Religion nach Commodus vgl. Garnsey/Saller, Empire, S. 172.

55 Heuß, RömG, S. 353; Straub, RAC 3, Sp. 255-262.

56 Weber, Rom, S. 388 f.; Rostovtzeff, JRS 13 (1923), S. 91 ff. Im Jahre 192 nannte sich Commodus mit Vorliebe Hercules Romanus und ließ sich als Hercules darstellen; vgl. v. Rohden, RE 2,2 (1896), Sp. 2478. Zur Frage, inwieweit sich Commodus mit Hercules identifizierte, vgl. differenzierend Hekster, Commodus, S. 66 ff. sowie Kaiser-Raiß, Münzprägung, S. 45 ff.

57 Dio 72,15,2; SHA *Commodus* 8,6 u. 9; 15,7; Straub, RAC 3, Sp. 259. Auch andere Städte wurden umbenannt, so das in Tit. 22,6 – unter seinem richtigen Namen! – erwähnte Karthago (SHA *Commodus* 17,8); vgl. Schulz, Kaiserhaus, S. 196.

58 SHA *Commodus* 15,5; Dio 72,15,5; SHA *Commodus* 8,9; Dio 72,15,2.

ihre Spuren hätte hinterlassen müssen, es aber nicht getan hat. Dies zeigt wiederum besonders die Götterliste des Tit. 22,6. Gegenüber den dort genannten Gottheiten überwogen in der Severerzeit längst die Sonnenkulte.[59]

59 Zu nennen sind besonders der Sol-Kult, der Mithraskult sowie der Elagabal-Kult; vgl. Grant, Severans, S. 77 f. Septimius Severus selbst verehrte auch speziell den Serapis; SHA *Severus* 17,3-4; vgl. Birley, Septimius, S. 135, 138.

5. Teil: Die Hauptaufgabe der Forschung: die Bestimmung des Verhältnisses zu den Gaius-Institutionen

Seit der Entdeckung der Gaius-Handschrift von Verona hat die Forschungsgeschichte ergeben, daß Entstehung und Eigenart des *liber singularis regularum* in erster Linie im Vergleich zu den Institutionen des Gaius herausgearbeitet werden müssen. Dieser Forschungsansatz ist auch heute noch von zentraler Bedeutung. Die beiden Texte sind einander nämlich sehr ähnlich. Diese Ähnlichkeit hatte schon dazu geführt, daß Barthold Georg Niebuhr, als er im Jahre 1816 in der Bibliothek des Veroneser Domkapitels einen der rechtswissenschaftlichen Forschung bislang nicht bekannten Palimpsest entdeckt hatte, an Savigny schrieb, »dass zu Verona so viel von Ulpian ⟨er⟩halten ist als einen kleinen Octavband anfüllen würde …«.[1] Savigny, der Teile des Briefes unter dem Titel »Neu entdeckte Quellen des Römischen Rechts« veröffentlichte,[2] war vorsichtiger und ersetzte Niebuhrs Worte »von Ulpian« stillschweigend durch die Formulierung »von einem alten Juristen«.[3] Schon bald sprach er selbst zutreffend von Gaius.[4]

Wie die beiden Texte miteinander verwandt sind und welche spezifischen Eigenarten sie jeweils aufweisen, zeigt sich, wenn sie im Lichte des klassischen Schulengegensatzes gesehen werden. Die grundlegenden Gemeinsamkeiten und Unterschiede zwischen beiden Texten beruhen nämlich darauf, daß sie in jeweils unterschiedlichem Maße von den beiden methodischen Richtungen beeinflußt sind, die die Rechtswissenschaft des Prinzipats kennzeichnen. Die Ähnlichkeit der Texte geht auf die Annäherung der Schulen im 2. Jahrhundert zurück. Dieser Vorgang ließ aber noch genügend Unterscheidungsmerkmale bestehen, die es ermöglichen, beide Texte im Verhältnis zueinander zu profilieren. Darin hat die

1 Brief vom 4. Sept. 1816, abgedruckt in: Niebuhr, Briefe 1816-1830, hrsg. von E. Vischer 1/1, Nr. 6, S. 61-69 (65). In einem Brief an die phil.-hist. Klasse der kgl. Akademie zu Berlin vom 23. Sept. 1816 formuliert Niebuhr die Vermutung etwas abweichend, nämlich im Hinblick auf ein anderes Werk Ulpians: »Obgleich der Name des Schriftstellers nirgend zu entdecken war, so halte ich es gar nicht für zweifelhaft, dass es ein Stück aus einem der grossen Werke Ulpians sey: der Inhalt ist de bonis libertorum latinorum …«; aaO. Nr. 7, S. 69-79 (70). Zu dieser anfänglichen Ansicht Niebuhrs und ihrer nachfolgenden Korrektur vgl. neuerdings Vano, Gaio, S. 126 f.

2 Savigny, ZGR 3 (1817), S. 129 ff.; vgl. Strauch, Savigny als Quellenforscher, S. 57.

3 Niebuhr, Briefe 1816-1830, hrsg. von E. Vischer 1/1, Nr. 6, S. 61, Fn. a und S. 65, Fn. 12.

4 Savigny, ZGR 3 (1817), S. 172: »Niebuhr vermuthet auf Ulpian; ich bin aus folgenden Gründen geneigt, vielmehr die Institutionen des Gaius zu erwarten …«. Dazu Nelson, Überlieferung, S. 3.
Jacob Grimm bekannte, etwas ähnliches sogar geträumt zu haben; vgl. seinen Brief an Savigny vom 11. Dez. 1816: »Über Niebuhrs Entdeckung und Glück bin ich erstaunt (sonderbar, es hat mir vor noch nicht vierzehn Tagen von einer gefundenen Handschrift, aber Ulpians, wirklich geträumt) …«; Grimm, Briefe, S. 254.

Hauptaufgabe der Forschung bestanden, deren Ergebnisse diese Arbeit im folgenden enthält.

I.) Die Ursprünge der vorklassischen und der klassischen Jurisprudenz in der späten Republik

Die Wissenschaft der hochklassischen Zeit war durch den Gegensatz zwischen der prokulianischen und der sabinianischen Rechtsschule geprägt. Dieser Dualismus geht auf einen tiefgreifenden Methodenwechsel zurück, der in der Jurisprudenz der späten Republik stattfand:[5] Die vorklassische Tradition der *veteres* ging von dem Gegensatz zwischen einem pflichtenhaltigen, solidarischen Naturrecht (dem naturrechtlich interpretierten *ius gentium*) und einem strengen Recht strikter Zuordnungsverhältnisse (*ius strictum*) aus. Unter dem Einfluß stoischer Lehren nahmen die *veteres* an, daß der zwischenmenschliche Verkehr durch sinnhafte Prinzipien beherrscht sei, aus denen sich die richtige, nämlich von der Natur vorgesehene Ordnung der Lebensverhältnisse ergebe.[6] So wurde z.B. die *bona fides* als Vertrauensprinzip verstanden, das die zwischenmenschlichen Verhältnisse von Natur aus beherrscht und den Menschen wechselseitige Pflichten auferlegt.[7] Dieses solidarische Naturrecht wurde ergänzt durch Einrichtungen des *ius strictum*, nach denen der Einzelne in bestimmten Bereichen wie Eigentums- und Erbrecht Güter zu eigen hatte. Die Summe dieser Wissenschaftstradition bildete das Werk *De iure civili* des Quintus Mucius Scaevola pontifex. Mit seiner Ermordung im Jahre 82 v. Chr. endete die Tradition der *veteres*.[8]

5 Den Methodenwechsel und seine Auswirkungen auf die Rechtswissenschaft des Prinzipats beschreibt Behrends, Wissenschaftslehre, S. 273 ff. u. 281 ff.; ders., RHDFE 55 (1977), S. 7-23; ders., SZ 95 (1978), S. 187-231; ders., Gnomon 55 (1983), S. 230 f.; ders., Index 12 (1983/84), S. 189-225; ders., Fs. Wolf, S. 7 ff., 21 ff.; ders., Gewohnheitsrecht, S. 24 ff. und neuerdings zusammengefaßt in der Fs. Wacke, S. 15, Fn. 1.

6 Vgl. Cicero *de off.* 3,17,69: *Hoc quamquam video propter depravationem consuetudinis neque more turpe haberi neque aut lege sanciri aut iure civili, tamen naturae lege sanctum est. Societas est enim … latissime quidem quae pateat, omnium inter omnes, interior eorum, qui eiusdem gentis sint, propior eorum, qui eiusdem civitatis.* ***Itaque maiores aliud ius gentium, aliud ius civile esse voluerunt****, quod civile, non idem continuo gentium, quod autem gentium, idem civile esse debet.* Daß dieses vorklassische *ius gentium* Naturrecht ist, bringt Cicero *de off.* 3,5,23 zum Ausdruck: *… natura, id est iure gentium … constitutum est.*

7 Cicero *de off.* 3,17,70: *Q. quidem Scaevola, pontifex maximus … fideique bonae nomen existimabat manare latissime, idque versari in … rebus …, quibus vitae societas contineretur.* Behrends, SZ 95 (1978), S. 220-222; ders., Fs. Wolf, S. 8 u. 13; ders., Mél. Schmidlin, S. 52 f.; ders., Gesetz und Sprache, S. 222 f.

8 Die Benennung der vorklassischen Juristen mit dem Ausdruck *veteres* ist bezeichnenderweise erstmals bei Cicero belegt (*Top.* 6,29). Cicero kennzeichnete damit die herkömmliche Rechtswissenschaft als »alt«, nämlich reformbedürftig (Behrends, Fs. Wolf, S. 21, Fn. 30),

An ihre Stelle trat die klassische Rechtswissenschaft. Sie ging davon aus, daß das Recht von Menschen geschaffen war und um der Menschen willen bestand. An die Stelle des vorklassischen Naturrechts trat im klassischen System eine *natura*, aus der kein Recht hervorging. Die in ihr gegründeten sozialen Instinkte des Menschen dienten nur zum Vorbild für Rechtseinrichtungen: sie wurden durch rechtliche Regeln überformt. Daher stand im Mittelpunkt der klassischen Rechtsquellenlehre ein als *Zivilisationsrecht* verstandenes *ius gentium*. Es besteht aus Rechtseinrichtungen, die in allen entwickelten Gemeinschaften gelten oder jedenfalls gelten sollten. Daneben haben die einzelnen Gemeinschaften jeweils ein *proprium ius civile*.[9] Dieses umfaßt die Einrichtungen, die jeweils den Mitgliedern der Gemeinschaft vorbehalten sind. So haben z.B. nur römische Bürger Zugang zur *mancipatio*. Dieses System setzte Servius Sulpicius Rufus (gest. 43 v. Chr.) auf wissenschaftlicher Grundlage durch. Durch ihn ging der Gedanke der skeptischen Akademie, daß die Begriffe, die die Welt ordnen, nicht in der Natur vorgegeben seien, sondern von einer Fachwissenschaft entwickelt werden müßten, in die Jurisprudenz ein.[10] In seiner *ars iuris* wurde die *ars* im Sinne des hellenistischen Wissenschaftsbegriffs als *τέχνη* verstanden. Mit ihr schuf Servius das Recht als regelhafte Ordnung.

Die *ars iuris* des Servius ist dadurch gekennzeichnet, daß das Recht durch die dialektische Unterscheidung von Gegenständen geordnet ist. Wie Cicero berichtet, war es seine *ars*, die auf dem *rem universam tribuere in partis* beruhte.[11] Daß

und hob ihr gegenüber die Verdienste seines Freundes Servius hervor. Vgl. das Servius-Lob *Brutus* 41,152 (Fn. 11); Behrends, Gesetz und Sprache, S. 220.

9 Für das klassische dreigliedrige Rechtsquellensystem vgl. Ulpian 1 *inst.* D. 1,1,1,2: *privatum ius tripertitum est: collectum etenim est ex naturalibus praeceptis aut gentium aut civilibus.* Vgl. Gellius *Noct. Att.* 6,3,45; Quintilian *Inst. orat.* 12,2,3.

10 Der Kritik, die die Methodenrezeption nur für die naturrechtliche Strömung anerkennt, nicht dagegen das Erbe der skeptischen Akademie (Waldstein, Iura 44 [1993], insbes. S. 104 ff. u. 122 ff.), ist entgegenzuhalten, daß die *ars iuris* des Servius zum Naturrechtsbegriff der *veteres* im Gegensatz steht. Während der letztere durch das menschliche Leben ordnende und in der Gemeinschaft »wirksame« Prinzipien gekennzeichnet ist, bezieht sich das klassische *ius naturale* lediglich auf naturgegebene Sachverhalte ohne direkten Bezug zur Rechtswelt. Den Menschen erfaßt es also nur nach seinen biologischen Eigenschaften und Instinkten. Es handelt sich um die schließlich in Ulpians Institutionen auftretende Vorstellung (Ulpian 1 *inst.* D. 1,1,1,3): *Ius naturale est, quod natura omnia animalia docuit: nam ius istud non humani generis proprium, sed omnium animalium ... commune est.* Vgl. Behrends, Jherings Evolutionstheorie, S. 164, Fn. 54.; ders., Gewohnheitsrecht, S. 25, Fn. 7.

11 Cicero *Brut.* 41,152: *Hic Brutus ›Ain tu?‹ inquit. ›etiamne Q. Scaevolae Servium nostrum anteponis?‹ ›Sic enim‹, inquam ›Brute, existumo, iuris civilis magnum usum et apud Scaevolam et apud multos fuisse, artem in hoc uno* [scil. *Servio*]; *quod numquam effecisset ipsius iuris scientia, nisi eam praeterea didicisset artem, quae doceret rem universam tribuere in partis, latentem explicare definiendo, obscuram explanare interpretando.‹* Cicero berichtet, daß Servius hier auf die Dialektik zurückgreift (*Brut.* 42,153: *›Dialecticam mihi videris dicere,‹ inquit. ›Recte‹*

die klassische Rechtswissenschaft das Denken in *partes iuris* Servius verdankt, zeigen auch die *libri iuris partiti* des Servius-Schülers Ofilius.[12] Das *tribuere in partis* geschah durch Zerteilungen (*partitiones*). Bei Cicero *Top.* 5,28 sowie 8,33 ist diese Methode dokumentiert: Im Wege der *partitio* wird ein Ganzes auf anschauliche Weise in Teile zerlegt, die in der Körperwelt oder der menschlichen Vorstellung existieren.[13] Die Teilung geschieht grundsätzlich in vollständiger Weise (*Top.* 8,33: *nullam ut partem relinquas*).[14]

Auf dem Trennungsdenken der *partitio* beruht die Unterscheidung zwischen der menschengeschaffenen *institutio* und der *natura*.[15] Sie geht auf die vom Ge-

inquam ›intellegis‹); vgl. Amirante, Storia, S. 367. Dabei bezieht er sich auf die spezifisch skeptische Dialektik. Sie ermöglicht – anders als die Dialektik der Stoa – durch die Gliederung und Klassifikation der Begriffe die Subsumtion von Tatbeständen; Behrends, Index 12 (1983/84), S. 200 f. Dies ist auch Horak, TR 53 (1985), S. 165, Fn. 7 entgegenzuhalten, der mit Hinweis auf den »damals grassierenden Eklektizismus« leugnet, daß gerade die Rezeption der skeptischen Methode für Servius' *ars iuris* grundlegend ist.
Auch Cicero hatte das Programm eines dialektisch geordneten *ius civile* ausgearbeitet, nämlich in seiner Schrift *De iure civili in artem redigendo* (»Über das *auf Wissenschaft* zurückzuführende *ius civile*«), die verloren ist, deren Existenz aber durch Gellius *Noct. Att.* 1,22,7 bezeugt ist.

12 Behrends, Mél. Schmidlin, S. 76, Fn. 75.

13 Zur *partitio* gehört die reale oder intellektuelle Anschauung, während die *divisio*, die die Begriffe gliedert, abstrakter ist. Vgl. Nörr, Divisio, S. 25. Sofern die mit der *partitio* geteilten Gegenstände mit Begriffen deckungsgleich sind, können sie in einem nächsten Schritt mit der *divisio* geordnet werden.

14 D. Nörr, Divisio, insbesondere S. 47 f. hat aus Anlaß der Frage, ob es ein Gewohnheitsrecht gab, *divisio* und *partitio* erörtert. Er bejahte die Frage mit der Begründung, Gliederungen, die das Gewohnheitsrecht nicht nennten, seien eben unvollständige *partitiones*. Angesichts der Quellenzeugnisse kann dieses Verständnis der *partitio* für die klassische Rechtswissenschaft nicht zutreffen; Behrends, Gewohnheitsrecht, S. 23 f. Fn. 6. Vgl. unten S. 172, Fn. 56.

15 Eine *partitio* ist daher auch die Unterscheidung zwischen *res corporales* und *incorporales*: Die *res corporales* gehören zur *natura*, die *res incorporales* zur menschengeschaffenen *institutio*. Letztere sind insofern »wirklich«, als sie als Schöpfungen menschlichen Geistes in der Vorstellung existieren. Sie bilden, soweit sie »wahrscheinlich«, »unwidersprochen« und »allseitig geprüft« sind, Bestandteile jener probablen Wirklichkeit, die in der Lehre der skeptischen Akademie überhaupt nur festgestellt werden kann. Vgl. im einzelnen Behrends, SZ 95 (1978), S. 227 f. und dens., Gewohnheitsrecht, S. 31, Fn. 30 mit Nachweisen.
Becker, Res, S. 47, der der Unterscheidung zwischen *res corporales* und *incorporales* mit Rücksicht auf Tit. 19 ihre grundsätzliche Bedeutung abspricht, übersieht ihren unmittelbaren Zusammenhang mit den Grundlagen der spezifisch klassischen Rechtswissenschaft. Zwar behauptet Becker, Ciceros Einteilung in *res quae cerni tangive possunt* und *quae tangi demonstrarive non possunt* (*Top.* 5,27) lese sich »geradezu wie eine Textvorlage zu den Darlegungen Gaius'« (S. 64). Er erkennt aber nicht, daß die Differenzierung zwischen *res corporales* und *incorporales* eine grundlegende Zweiteilung der Definitionslehre der skeptischen Akademie ist, die eine Voraussetzung für die durch Servius in das Recht eingeführte Unterscheidung zwischen Rechtswelt und empirischer Welt bildet. Vgl. S. 372.

gensatz *lex* (Norm) und *natura* (Natur) geprägte *ratio iuris* der skeptischen Akademie zurück.[16] Dieser Gegensatz ist für Servius' *ars iuris* grundlegend.[17] Servius hatte den Gedanken entwickelt, daß das Recht aus einem System von Instituten bestehe.[18] Die Institute sind gedankliche Konstruktionen und regelhafte Rechtssätze, die der Mensch in der empirischen Welt in Ergänzung seiner biologischen Eigenschaften in Geltung setzt, um bestimmte Werte des zivilisierten Zusammenlebens zu sichern. Auf der Seite der *institutio* stehen die Einrichtungen des allgemeinen Zivilisationsrechts (*ius gentium*) sowie des den Bürgern vorbehaltenen Rechts der *leges publicae* und des *mos maiorum*. Zur *natura* gehören demgegenüber die Körperwelt, die Menschen und schließlich die tatsächlichen Regelungen des Prätors. Das Edikt spiegelt diese Zweiteilung wider, wenn es auf der einen Seite die auf Instituten beruhenden, *in ius* konzipierten, auf der anderen die einen Sachverhalt für relevant erklärenden, *in factum* konzipierten Rechtsbehelfe enthält. Die *Rechts*ordnung ist nach dieser Lehre nämlich abschließend definiert. Bestandteil des *ius* kann in der klassischen Jurisprudenz nur sein, was aus klar abgegrenzten und subsumtionsfähigen Tatbeständen besteht.[19] Daher treten Fälle auf, die von den formalen Rechtsinstituten nicht bewältigt werden können. Die entstehenden Lücken füllt der Gerichtsmagistrat durch faktische Regelungen aus, die allein kraft Amtsgewalt gelten und daher im Sinne der klassischen *institutio* kein Recht (*ius*) sind.[20]

Mit seiner Ediktredaktion ermöglichte Servius die gemeinsame Behandlung von *ius* und prätorischen Regelungen in einem System. Über den Ediktkommentar setzte er dieses System durch. Dadurch trat das Edikt in das Zentrum der Rechtswissenschaft.[21] Obgleich die für beide Bereiche verbindlichen Regeln im

16 Behrends, Hugo, S. 174, Anm. 19; Cicero *part. or.* 37,129; 40,139.

17 Behrends, Kommentar, S. 425, Fn. 5; ders., Fs. Wolf, S. 33; Cicero *Top.* 23,90. Cicero stellt auch in dieser Schrift den wissenschaftlichen Standpunkt seines Freundes Servius dar, wie sich daran zeigt, daß er diesen als »*Servius noster*« bezeichnet (*Top.* 8,36), während er zu Q. Mucius (»*Scaevola*«) kein derartiges Näheverhältnis beschreibt (*Top.* 8,37); Behrends, Fs. Wolf, S. 36.

18 Es ist daher kein Zufall, daß die Begrifflichkeit »*instituta, institutiones*« zum ersten Mal in der Zeit der Jurisprudenz des Servius auftritt; Cicero *Top.* 23,90; Behrends, Kommentar, S. 424, Fn. 4.

19 Neraz 5 *membr.* D. 22,6,2: *cum ius finitum et possit esse et debeat.* Vgl. Behrends, Fs. Summers, S. 208 und 213-215.

20 Behrends, RHDFE 68 (1990), S. 343; vgl. ders., Gewohnheitsrecht, S. 38, Fn. 49; Arangio-Ruiz, Storia, S. 161.

21 Daß diese Hinwendung zum Edikt auf Servius zurückgeht, bestätigt Pomponius *lb. sg. ench.* D. 1,2,2,44: *de iurisdictione idem* [scil. der Servius-Schüler Ofilius] *edictum praetoris primus diligenter composuit, nam ante eum Servius duos libros ad Brutum perquam brevissimos ad edictum subscriptos reliquit.* Vgl. ferner Cicero *de leg.* 1,5,17. Zur Sache Behrends, in: Stolleis, Juristen, S. 563; ders., Index 19 (1991), S. 175; ders., Kommentar, S. 435, 441; Schiavone, SR 2,3, S. 18 f.

Edikt einem gemeinsamen System angehörten, waren sie jedoch streng getrennt nach ihrer jeweiligen Quelle. Diejenigen Rechtsbehelfe, die aufgrund des *ius* zustehen (*actio ... competit*), wurden proponiert, während der Prätor amtsrechtliche Behelfe besonders ankündigte (*iudicium dabo*).

Die von Servius begründete klassische Wissenschaft wurde über Pacuvius Labeo, dessen Sohn Antistius Labeo und Nerva an Proculus vermittelt.[22] Proculus gründete die nach ihm benannte Rechtsschule, deren Methode durch das institutionelle Denken gekennzeichnet ist. Demgegenüber griff die von Masurius Sabinus gegründete sabinianische Rechtsschule auf das vorklassische Naturrecht zurück. Ihre Anhänger traten – im Unterschied zur klassisch-prokulianischen Wissenschaft – für ein Recht ein, das von sinnhaften Prinzipien beherrscht ist.[23]

Als Schuloberhaupt der Sabinianer redigierte Salvius Iulianus im Auftrag des Kaisers Hadrian um 130 die endgültige Fassung des Edikts. Dabei vermittelte er die Rezeption des spezifisch klassischen Denkens in Instituten in seine Schule.[24] Bedeutenden Anteil an dieser Rezeption hatten die Digesten Julians, in denen er das von ihm neu redigierte Edikt vorstellte.[25] Seitdem behauptete die um die spezifisch republikanische Werkform des Ediktkommentars konzentrierte Literatur auch in der sabinianischen Rechtsschule eine führende Rolle. Es kam zu einer methodischen Annäherung der beiden Schulen, die von seiten der Prokulianer insbesondere durch Julians Antipoden Celsus gefördert wurde.[26] Dieses Schuloberhaupt der Prokulianer setzte in seinen Digesten das von Julian redigierte Edikt voraus[27] und war in seinen Darlegungen, welche die Kontroversen nicht herausstellen, auf Konvergenz gestimmt. So milderte sich der Schulengegensatz ab, ohne jedoch ganz zu verschwinden.[28]

22 Pomponius *lb. sg. ench.* D. 1,2,2,48 u. 52; Behrends, Mél. Schmidlin, S. 46; ders., Fs. Wolf, S. 22.

23 Daß sich konkurrierende *sectae* entwickelten, ist erstmals für die Generation des jüngeren Labeo (gest. 10/11 n. Chr.) belegt. Vgl. Pomponius *lb. sg. ench.* D. 1,2,2,47: *hi duo* [scil. Capito und Labeo] *primum veluti diversas sectas fecerunt.* Dies lag darin begründet, daß Capito als konservativer Bewahrer der servianischen Lehre, Labeo dagegen als progressiver Neuerer auftrat. Den Methodengegensatz der hochklassischen Rechtsschulen nahmen Capito und Labeo dabei nicht vorweg. So bedeutete Sabinus' Rückgriff auf die vorklassischen Lehren eine grundsätzliche Neuorientierung, während auf der anderen Seite Proculus keineswegs alle dogmatischen Errungenschaften Labeos übernahm.

24 Behrends, Mél. Schmidlin, S. 42 f.

25 Vgl. Krüger, Geschichte, S. 184.

26 Vgl. Behrends, SZ 95 (1978), S. 193, Fn. 12.

27 Krüger, Geschichte, S. 181.

28 Im einzelnen bewirkte die Schulenkonvergenz, daß eine Vielzahl von Kompromißlösungen gefunden wurde. Die Quellen lassen mitunter noch erkennen, daß unterschiedliche Leitgedanken integriert werden – ein Umstand, der im älteren Schrifttum Interpolationsvermutungen entstehen ließ. Ein Beispiel bietet Ulpian 43 *ad Sab.* D. 46,3,1 für das Recht der Anrechnung eines geleisteten Geldbetrages auf mehrere Forderungen: *Quotiens quis debitor ex pluribus causis unum debitum solvit, est in arbitrio solventis dicere, quod potius debitum*

II.) Die Reform Julians und die Entstehung des Systems der Gaius-Institutionen

Auf Grundlage der Reform, die Julian in der von ihm dominierten sabinianischen Rechtsschule durchgesetzt hatte, schrieb dessen Schüler Gaius um 161 sein Institutionenlehrbuch.[29] Die abschließende Redaktion des Edikts durch seinen Lehrer Julian ermöglichte Gaius die Darstellung eines einheitlichen Institutionensystems, das der grundlegenden *partitio* des Servius nicht mehr bedurfte. Die Gründe für die Überwindung der Zweiteilung lagen in dem Selbstverständnis des Kaisers, das sich in dem Redaktionsauftrag spiegelte. Der Kaiser stand nämlich über allen menschlichen Verhältnissen und konnte bei Bedarf neue Regelungen einführen, um die aus der überindividuellen, natürlichen Vernunft (*ratio naturalis*) folgende, gerechte Ordnung zu verwirklichen (c. Tanta § 18): *si quid igitur tale contigerit, Augustum imploretur remedium,* ***quia ideo imperialem fortunam rebus humanis deus praeposuit****, ut possit omnia quae noviter contingunt et emendare et componere et modis et regulis competentibus tradere.* Dieses Verständnis von der Stellung des Kaisers wird ausdrücklich schon für Julian berichtet.[30]

voluerit solutum, et quod dixerit, id erit solutum: possumus enim certam legem dicere ei quod solvimus. quotiens vero non dicimus, in quod solutum sit, in arbitrio est accipientis, cui potius debito acceptum ferat, dummodo in id constituat solutum, in quod ipse, si deberet, esset soluturus quoque debito se exoneraturus esset, si deberet, id est in id debitum, quod est in controversia, aut in illud, quod pro alio quis fideiusserat, aut cuius dies nondum venerat: aequissimum enim visum est creditorem ita agere rem debitoris, ut suam ageret. In erster Linie soll also der Schuldner über die Tilgung bestimmen dürfen. Gibt er keine Erklärung ab, darf der Gläubiger über die Verrechnung bestimmen; er muß sich allerdings an den Interessen des Schuldners orientieren. Die eigentümliche Regelung, daß der Gläubiger das Bestimmungsrecht hat, gleichzeitig aber weitgehend festgelegt ist, wie er es im Interesse des Schuldners auszuüben hat, geht offenbar auf die Zusammenführung einer klassisch-individualistischen Lösung mit einem vorklassischen Prinzip zurück, das die Rücksichtnahme auf die Interessen des Schuldners verlangte. Vgl. näher Avenarius, AcP 203 (2003), S. 519-523.

29 Gaius betont oft seine Zugehörigkeit zur sabinianischen Schule; vgl. Honoré, Gaius, S. 18 ff., 28 ff. mit Nachweisen. Ein Teil seiner Institutionen entstand schon unter Antoninus Pius (Gaius 2,151 a), ein anderer erst nach dessen Tod (Gaius 2,195); Kipp, Quellen, S. 131. Der Terminus ante quem ergibt sich mit der Nichterwähnung des *SC Orfitianum* aus dem Jahre 178. Gaius hätte diesen Senatsbeschluß nach der Logik des Abschnitts zur *bonorum possessio* (Gaius 3,32-34) unbedingt einfügen müssen. Immerhin geht aus D. 38,17,9 hervor, daß den Kompilatoren noch ein unter Gaius' Namen überlieferter *liber singularis ad senatus consultum Orfitianum* vorgelegen hat; Nelson, Überlieferung, S. 351, Fn. 25. Die Schrift wird im Index Florentinus nicht genannt; zur Inskription vgl. noch Kübler, RE, 13. Hb. (1910), s. v. Gaius 2, Sp. 493.

30 C. Tanta § 18: *et hoc non primum a nobis dictum est, sed ab antiqua descendit prosapia: cum et ipse Iulianus legum et edicti perpetui suptilissimus conditor in suis libris hoc rettulit, ut, si quid inperfectum inveniatur, ab imperiali sanctione hoc repleatur.* Entsprechend c. Dedoken § 18; vgl. Julian 90 *dig.* D. 1,3,11. Zur Sache Behrends, Fs. Sellert, S. 27; Bund, ANRW II,15, S. 421 ff.

Für den Fall, daß eine Frage vom bestehenden Recht nicht geregelt ist, verfügte Hadrian, wie Justinian mitteilt, daß der Magistrat das jeweilige Problem aus dem schon Geregelten entsprechend lösen solle (c. Dedoken § 18: … *ὡς εἴ τι παρὰ τὸ διατεταγμένον ἀνακύψειεν, προσῆκόν ἐστιν τοὺς ἐν ἀρχαῖς τοῦτο πειρᾶσθαι διαιρεῖν καὶ θεραπεύειν κατὰ τὴν ἐκ τῶν ἤδη διατεταγμένων ἀκολουθίαν.*). Damit wurde der Prätor ermächtigt, im Rahmen der Vorgaben des Edikts analog zu judizieren.[31]

Als oberste Instanz, die die natürliche Gerechtigkeit verwirklicht, war der Kaiser nicht an die Grenzen des Edikts gebunden. Durch seine Ermächtigung gegenüber dem Prätor wurden die Schöpfungen aufgrund von dessen *imperium* den Schöpfungen aufgrund des kaiserlichen *imperium* insofern angeglichen, als jetzt auch im Bereich der prätorischen Regelungen Recht erzeugt wurde. Der bisher grundlegende Unterschied zwischen der Rechtsfortbildung durch Modifikation des *ius* und der durch Korrekturen des Prätors im konkreten Fall verlor an Bedeutung. Damit milderte sich die Schärfe des Gegensatzes »*in ius – in factum*« ab. Das institutionelle System, das sich bislang auf die Einrichtungen des *ius* bezogen hatte, konnte sich nun auf alle Schöpfungen des Edikts erstrecken.[32] Mit der Verallgemeinerung wurde ein in erster Linie nach materiellrechtlichen Gesichtspunkten geordnetes Privatrechtssystem möglich, wie es in den Gaius-Institutionen zutage tritt.

Ein umfassendes Institutionensystem konnte gerade in der sabinianischen Schule entstehen, weil diese ein neues Rechtsquellensystem entwickelte. Sie hatte unter der Leitung Julians das spezifisch klassische Denken in Institutionen oder Rechtsinstituten übernommen, das auf dem Unterschied zwischen der menschengeschaffenen, regelnden Rechtseinrichtung (*institutio*) und der rein deskriptiv verstandenen *natura* beruhte.[33] Gleichzeitig bewahrten die julianischen Sabinianer aber insoweit ihre eigene, auf die vorklassische Tradition zurückgehende Denkweise, als sie an dem alten Naturrechtsbegriff der *veteres* festhielten. Dieser stand, wie wir gesehen haben,[34] im Unterschied zur klassischen Lehre nicht für ein deskriptives *ius naturale,* in dem die Naturverhältnisse nur mittelbare tatsächliche Vorgaben für Rechtsverhältnisse sind,[35] sondern für den Inbegriff bestimmter

31 Wieacker, Studien, S. 77; ders., Vom Röm. Recht^2, S. 122; entsprechend Zwalve, TR 51 (1983), S. 147 f., der im einzelnen zeigt, daß nach den Mitteilungen von c. Tanta und c. Dedoken der *Prätor* die Rechtsfortbildung betreiben soll.

32 Die Konvergenz der beiden Rechtsschulen erfaßte auch die Tradition des Edikts. Das auffälligste Zeichen dafür ist, daß die naturrechtlichen Konkurrenten der amtsrechtlichen Behelfe, die *bonae fidei iudicia* (z.B. für Leihe, Hinterlegung, Geschäftsführung ohne Auftrag), die an sich in den Darstellungen des *ius civile* zuhause sind, in das Edikt und den Ediktkommentar aufgenommen werden. Sie treten dort kumulierend neben die amtsrechtlichen Institute; Behrends, Kommentar, S. 443.

33 S. oben S. 90.

34 S. oben S. 87.

35 Ulpian 1 *inst.* D. 1,1,1,3 (oben S. 88, Fn. 10); Behrends, Mél. Wołodkiewicz, S. 58.

Prinzipien, die unmittelbar in den Lebensverhältnissen existieren und normativ wirken. Neben das klassische dreigliedrige Rechtsquellensystem[36] trat damit in der julianischen Schule ein zweigliedriges, bestehend aus *ius civile* und naturrechtlich interpretiertem *ius gentium.*[37] Die Integration des *ius naturale* in den Bereich der menschlichen Lebensverhältnisse ermöglichte die Einarbeitung der prätorischen Regelungen in den Begriff des *ius*, indem sie dem *ius-gentium*-Begriff untergeordnet wurden.[38] Dadurch wurde die Bedeutung der ediktalen Zweiteilung überwunden.[39] Auch die prätorischen Regelungen konnten nun als Teil einer einzigen, institutionellen Ordnung begriffen werden.[40] Das Institutionenwerk des Gaius konnte, da es die Ergebnisse der julianischen Ediktredaktion in einem geschlossenen System verarbeitete, den Anspruch erheben, das Werk »*De iure civili*« des Schulgründers Sabinus aus dem Bereich des Anfängerunterrichts zu verdrängen.

III.) Die Fixierung des Regelwerks

Der Text des Regelwerks stammt dagegen aus der parallelen prokulianischen Schule. Er wurde, wie wir gezeigt haben, zu Beginn der Alleinherrschaft des Commodus, also im Jahre 180 n. Chr. oder wenig später, auf Grundlage tradierten Lehrstoffes fixiert.[41] Der Grundbestand des Stoffes war in der prokulianischen Schule überliefert worden, wie sie sich in der Tradition der klassischen Jurisprudenz des Servius gebildet hatte. Um die lange Überlieferung des Stoffes innerhalb der Schule zu verstehen, ist die Vorstellung von der »inneren Schriftlichkeit« hilfreich. Behrends hat dieses Bild für die Weitergabe von Texten innerhalb geschlossener Expertenkreise im Hinblick auf das Pontifikalkollegium geprägt.[42] Auch der dem *liber singularis* zugrundeliegende Stoff wurde unter den Bedingungen der »inneren Schriftlichkeit« tradiert. Er wurde in dieser Phase um zwischenzeitlich in der Rechtsentwicklung eingetretene Neuerungen ergänzt.[43] So werden jüngere Rechtssetzungsakte wie das *SC Orfitianum* (178 n. Chr.) genannt. Auch die Be-

36 Ulpian 1 *inst.* D. 1,1,1,2: *privatum ius tripertitum est: collectum etenim est ex naturalibus praeceptis aut gentium aut civilibus.* Vgl. Gellius *Noct. Att.* 6,3,45; Quintilian *Inst. orat.* 12,2,3.

37 Es sind die Vorklassiker (hier: »*maiores*«), auf die dieses zweigliedrige Rechtsquellensystem zurückgeht. Vgl. Cicero *de off.* 3,17,69: *Itaque maiores aliud ius gentium, aliud ius civile esse voluerunt, quod civile, non idem continuo gentium, quod autem gentium, idem civile esse debet.* Vgl. bereits oben S. 87, Fn. 6. Zur Sache Behrends, Kommentar, S. 431 f. mit Fn. 22.

38 Behrends, Kommentar, S. 426, Fn. 8.

39 Behrends, Kommentar, S. 429, Fn. 16.

40 Behrends, Kommentar, S. 426.

41 Zum zeitlichen Ansatz vgl. S. 76 ff.

42 Behrends, Gesetz und Sprache, S. 204.

43 Dazu im einzelnen unten S. 120 ff.

zeichnung der Kaiser wird regelmäßig der Entwicklung angepaßt: So spricht der Text von *imperator Commodus* und *divus Marcus* und behandelt damit Commodus als lebenden Herrscher, Marc Aurel dagegen als verstorben. Im Grundsatz wurde der Wortlaut aber unverändert weitergegeben, weil der Text die Autorität bewährten Lehrmaterials hatte. Die Fixierung des Textes geschah noch innerhalb der Schule. Wir dürfen vermuten, daß es zu diesem Zeitpunkt noch nicht zu einer Publikation kam. Auf diesem etwa 180 n. Chr. fixierten Text beruht der uns erhaltene Auszug.

Im Anschluß an Mommsen geht demgegenüber ein Teil des Schrifttums bis heute davon aus, daß die Ähnlichkeit zwischen dem *liber singularis regularum* und den Gaius-Institutionen darauf zurückgehe, daß letztere die wichtigste Grundlage unseres Textes bildeten.[44] Auch Schulz sah den Gaiustext als die wichtigste Quelle unter den Klassikerschriften an, aus denen die nachklassische Zwischenquelle, auf die er den erhaltenen Auszug zurückführt, erarbeitet worden sei.[45] Es ist aber, wie näher gezeigt werden wird,[46] ausgeschlossen, daß der *liber singularis regularum* eine Weiterbearbeitung des Gaiustextes bildet. Das Institutionensystem des Gaius setzt nämlich Entwicklungsschritte voraus, die das System des Regelwerks noch nicht aufweist. Es handelt sich in erster Linie um die Ordnung des gesamten Privatrechtsstoffes unter dem Gesichtspunkt der *institutio* sowie die konsequente Behandlung der Rechtsstellung der Sklaven im Personenrecht.[47] Diese Entwicklungsschritte setzen die soeben beschriebene, von Julian bewirkte Übernahme klassischen Rechtsdenkens in die sabinianische Schule voraus. Gaius' Institutionen beruhen auf diesem Rezeptionsschritt, nicht dagegen der *liber singularis*, der in der prokulianischen Schule entstand. Der Gaiustext repräsentiert damit, wie wir noch näher zeigen werden,[48] eine Systematik, die im Verhältnis zum *liber singularis regularum* überarbeitet und modernisiert ist.

44 Mommsen, JS 2, S. 36, Anm. 26; Huschke, Iurisprudentia[5], S. 564; Bremer, Rechtslehrer, S. 88; Karlowa, RRG 1, S. 769; Mitteis, Reichsrecht, S. 147, 4; Landucci, Storia 1, S. 222; Grupe, SZ 20 (1899), S. 90-98; Fitting, Alter, S. 52, Text u. Anm. k; Kunkel, Herkunft, S. 342, 192; ähnlich auch noch Wieacker, Atti Verona 1, S. 59 f., 72; ders., SZ 70 (1953), S. 123; Wenger, Quellen, S. 507, Fn. 197; Watson, AJCL 42 (1994), S. 5, Anm. 6. Für starke Abhängigkeit unseres Textes von Gaius Guarino, Ordinamento, S. 292. Wieacker, SZ 100 (1983), S. 639 meint, das Werk des Gaius sei ein so eigenständiger Lehrbuchtypus, daß »Ulpian« davon evident abhängig sei. Ähnlich Lauria, Ius, S. 261, der meint, der Text »adotta il modello delle institutiones, in inspecie quelle di Gaio«. Weitere ältere Literatur zu dieser Meinung, hauptsächlich aus Sicht der Gaiusforschung, bei Balog, Alter, S. 145.

45 Vgl. S. 52. Schulz stimmen insoweit Arangio-Ruiz, Storia, S. 301 (unverändert seit der 1. Aufl. 1937) – unter Aufgabe seiner früheren Ansicht – sowie Kunkel, Herkunft, S. 192 f. und Wieacker, Textstufen, S. 58 u. 69 zu. Zur vermuteten Abhängigkeit vgl. Wieacker, SZ 100 (1983), S. 639.

46 Vgl. S. 104 ff. und 124 ff.

47 S. unten S. 132 ff.

48 Vgl. S. 124 ff.

IV.) Der gemeinsame Grundbestand und seine Ursprünge

Betrachten wir nun näher, auf welche Weise die Annäherung der Rechtsschulen bewirken konnte, daß mit dem *liber singularis regularum* und den Gaius-Institutionen zwei so ähnliche Texte entstanden. Voraussetzung für ihre Entstehung war, daß es in jeder der Schulen jeweils einen Textbestand gab, der auf *denselben* Grundbestand zurückging, aber verschiedenen Entwicklungsbedingungen ausgesetzt war. Im Anschluß an eine schon früher im Schrifttum vertretene Ansicht[49] haben Nelson und Liebs zu Recht angenommen, daß beide Werke letztlich aus derselben Tradition stammten.[50] Der in dieser Tradition überlieferte Grundbestand des Stoffes diente dem Unterricht. Zu diesem Zweck war er systematisch aufgebaut. Wir dürfen davon ausgehen, daß sich der Grundbestand des Stoffes erst in der Kaiserzeit bildete: Sowohl die Gaius-Institutionen als auch der *liber singularis regularum* setzen die Klagbarkeit der Fideikommisse, die erst Augustus eingeführt hatte, als selbstverständlich voraus.

Wir werden nun zunächst auf diejenigen Erkenntnisse zum Ursprung des Grundbestandes eingehen, die sich aus den Gaius-Institutionen ergeben, bevor wir uns anschließend dem Regelwerk zuwenden.[51]

1.) Systematische Merkmale der Gaius-Institutionen

Daß der Grundbestand beider Texte für Lehrzwecke verwendet wurde, zeigt sich bei Gaius u.a. daran, daß er seine Institutionen *commentarii*[52] nennt. Er teilt dadurch mit, daß er Stoff ausarbeitet, den er selbst im Unterricht gelernt hat.[53] Gaius wird den Grundstock für seine Institutionen aus Rom mitgebracht haben, als er in die Provinz ging, wo er die Institutionen und seinen Kommentar zum Provinzialedikt schrieb.[54]

Daß die Gaius-Institutionen auf ältere Ursprünge zurückgehen, ist in der Forschung seit langem anerkannt.[55] Darauf deutet u.a. hin, daß Gaius den geschlos-

49 Krüger, Geschichte, S. 248 f.; Kübler, Geschichte, S. 282; Kalb, Roms Juristen, S. 77, 126 ff.; Balog, Alter, S. 145 ff.; vgl. Dernburg, Gajus, S. 30 f.; Ferrini, Storia delle Fonti, S. 84. S. bereits oben S. 50.

50 Vgl. Nelson, Überlieferung, S. 339 u. 360; Liebs, Gnomon 55 (1983), S. 121; ähnlich Mercogliano, Index 18 (1990), S. 190 und Manthe, Fortleben, S. 189.

51 Vgl. S. 99.

52 Gaius 2,23; 2,145; 3,17; 3,38; 4,77; 4,85. Vgl. die *commentarioli* (Vortragsmitschriften) bei Cicero *de orat.* 1,2,5.

53 Behrends, Kommentar, S. 451.

54 Behrends, SZ 88 (1971), S. 297 ff.; ders., in: Stolleis, Juristen, S. 221; ders., Fs. Wolf, S. 31; Liebs, ANRW II,15, S. 294-310 m. Nachweisen; vgl. Giaro, DNP 4 (1998), s. v. Gaius [2], Sp. 737.

55 Gaius war ein eher unselbständiger Sabinianer; Behrends, Kommentar, S. 426, Fn. 8. Vgl. Wlassak, Prozeßgesetze 1, S. 134, S. 225 Anm. 10; Affolter, Institutionensystem, S. 12; Kipp,

senen Aufbau seines Werkes sowie dessen systematische Grundgliederung in *personae, res* und *actiones* wie selbstverständlich zugrundelegt[56] und daß bei den Realkontrakten (Gaius 3,90 u. 91) *depositum, commodatum* und *pignus* fehlen, während sich zu Gaius' Zeit diese Einordnung der genannten Vertragstypen längst durchgesetzt hatte.[57]

Die Ursprünge der Gaius-Institutionen sind bislang überwiegend in der sabinianischen Rechtsschule vermutet worden.[58] Einige Forscher nahmen noch frühere Ursprünge an: Schulz vermutete, daß sich das Gaiussystem schon von Mucius' *ius civile* ableite.[59] Fuhrmann meint, Gaius habe Versatzstücke älteren Ursprungs in eine Darstellung verarbeitet, die stark durch die Tradition des *ius civile*, frühere Techniken der *veteres* und die Erfordernisse des Rechtsunterrichts bestimmt sei.[60]

Demgegenüber sah Villey den Urheber des Systems im Kreise jener Juristen, mit denen Cicero in Kontakt stand.[61] Die Vermutung, die Entwicklung des Systems gehe auf diese spätrepublikanische Rechtswissenschaft zurück, hat Behrends präzisiert: Gaius hat im Zusammenhang mit der Gliederung der Vormundschaftstatbestände Servius zitiert, also mittelbar oder unmittelbar benutzt. Dies ist ein erster Hinweis darauf, daß das Gaianische Darstellungssystem, vermittelt durch Gaius' Lehrer Julian, von Servius abhängt.[62] Daß Gaius dem System des Servius verpflichtet ist, ergibt sich auch besonders daraus, daß er auf den Begriff der *institutio*[63] zurückgreift, auch wenn dieser bei ihm eine neue Bedeutung annimmt. Im einzelnen zeigt sich die Rezeption klassischer Lehre durch Gaius am Beispiel seines Standpunkts in der Kauf-Tausch-Kontroverse: Nach sabinianischer Auffassung war der Kauf ein offener Geschäftstyp, bei dem der Kaufpreis keinen notwendigen Bestandteil bildete, so daß auch der Tausch darunter fiel. In der klassischen Jurisprudenz war dagegen nur der Geldkauf als Kauf klagbar.[64] Für Gaius 3,139-141 ist der Kauf Geldkauf: *pretium in numerata pecunia consistere*

Geschichte, S. 131, Anm. 27; Lawson, BULR 46 (1966), S. 193; weitere ältere Lit. bei Balog, Alter, S. 146 f.

56 Demgegenüber meint Diósdi, ANRW II,15, S. 617, die Dreiteilung *persona-res-actio* sei eine Schöpfung des Gaius; ebenso offenbar Meincke, JZ 1997, S. 690.

57 Krüger, Geschichte, S. 210, Fn. 57.

58 Wieacker dachte an eine Herkunft des Systems aus der sabinianischen Schule; Seminarios Complutenses 3 (1991), S. 16. Nach Nelsons Ansicht geht das System auf Sabinus zurück; Überlieferung, S. 374 f., Fn. 62.

59 Schulz, History, S. 160; vgl. nun Mercogliano, Tituli, S. 49; krit. Wieacker, SZ 70 (1953), S. 97-99; Nelson, Überlieferung, S. 336 f.

60 Fuhrmann, Lehrbuch, S. 184-186; zustimmend Wieacker, Iura 12 (1961), S. 286.

61 Villey, Recherches, S. 34 ff.; vgl. Behrends, Wissenschaftslehre, S. 267, Fn. 11.

62 Vgl. Behrends, Wissenschaftslehre, S. 276. Die Suche nach einem bestimmten »Urgaius« ist ebenso vergeblich wie unnötig. Dagegen auch Diósdi, ANRW II,15, S. 617.

63 S. oben S. 93.

64 Zur Kauf-Tausch-Kontroverse vgl. nun Behrends, Der ungleiche Tausch, S. 245 ff.

debet.[65] Daß der Sabinianer Gaius spezifisch klassisches Gedankengut aufnahm, wurde durch die intensive Auseinandersetzung Julians mit Servius' Lehren begünstigt.[66] Zitate erlauben sogar die Vermutung, daß Gaius einige Werke des Servius unmittelbar benutzen konnte.[67]

Die Systematik wurde, wie Behrends festgestellt hat, durch die Tradition der auf Servius zurückgehenden klassisch-prokulianischen Rechtsschule vermittelt.[68] Einen Hinweis darauf bildet zunächst die Dreiteilung der Institutionen in *personae, res* und *actiones*, auf die Gaius schon zurückgreifen konnte.[69] Als für das Institutionensystem maßgebliches Grundschema geht sie letztlich auf griechische Vorbilder zurück.[70] Sie wurde besonders im Elementarschrifttum mit großem Erfolg

65 Im übrigen verrät auch Gaius' Darstellung der Kontroverse den klassischen Blickwinkel. Vom Geldkauf ausgehend erörtert er nämlich, ob der *Preis* auch in anderem als Geld bestehen könne (Gaius 3,141): *in ceteris rebus an pretium esse possit, veluti homo aut toga aut fundus alterius rei ⟨pretium esse possit⟩, valde quaeritur.*

66 Die Quellen zeigen, daß diese Auseinandersetzung häufig in eine Übernahme servianischer Lehren durch Julian mündete. Ein wichtiges Beispiel bildet die Vertragslehre: Nach dem vorklassisch-sabinianischen Standpunkt herrschte im Bereich der *bona-fides*-Geschäfte Auslegungsfreiheit, so daß die wechselseitigen Pflichten im Wege der Interpretation ermittelt werden konnten. Demgegenüber beruhte die von Servius begründete spezifisch klassische Vertragslehre auf einem formalen System von Vertragstatbeständen, deren Voraussetzungen und Rechtsfolgen festlagen. Julian rezipierte die klassische Lehre; Behrends, Mél. Schmidlin, S. 42 f. mit Nachweisen. Auf dieser Grundlage konnte sein Schüler Gaius 3,139 vom festliegenden Tatbestand des Geldkaufs ausgehen.

67 Krüger, Geschichte, S. 68 mit Hinweis auf Gaius 1,188; 2,244; 3,149, 156, 179, 183, 188. Zur Zeit Hadrians standen Servius' Bücher grundsätzlich noch zur Verfügung; vgl. Bremer, Jur. Antehadrianae 1, S. 154 f. m. Nachweisen. Gaius' Zeitgenosse Pomponius *lb. sg. ench.* D. 1,2,2,43 berichtet von mehreren noch existierenden Büchern des Servius. Dazu Wieacker, RRG 1, S. 604-606.

68 Behrends, Wissenschaftslehre, S. 276 mit Fn. 46; ders., SZ 95 (1978), S. 193, Fn. 12. Diese Tradition beschrieb schon Arangio-Ruiz, Mandato, S. 125: »Pensiamo che Celso capeggiava la scuola Proculiana e che questa si legava, attraverso il suo precursore Labeone, agl'insegnamenti di Servio Sulpicio«.

69 Wenger, Quellen, S. 508, Nelson, Überlieferung, S. 337.

70 Welches die Wurzeln des Systems im einzelnen sind, ist in der Literatur umstritten. Der Versuch Affolters, Institutionensystem, S. 497 ff., das System aus einer Tradition der Pontifices herzuleiten, hat sich nicht bewährt. Stroux, Röm. Rechtswissenschaft, S. 94 ff. hatte vermutet, daß die Grundstruktur des Gaiussystems von der Lehre hellenistischer Grammatiker beeinflußt worden sei. Wieacker, SZ 70 (1953), S. 93 ff. und Mette, Ius civile, insbes. S. 50 ff. nahmen den Ursprung der konstitutiven Merkmale des gaianischen Institutionensystems in der stoischen Philosophie an, insbesondere bei den Dialektikern. Krit. zu allen Nelson, Überlieferung, S. 335 ff., der sich gegen einen Ursprung des Institutionensystems außerhalb der rechtswissenschaftlichen Tradition wendet (336).
Was die Überlieferung der Systematik bis zu Gaius betrifft, hatte Wieacker, aaO. S. 97 u. 101 in den vorgaianischen Schriften keine zureichenden Anhaltspunkte für diese Grundrißbildung gefunden. Er mußte daher die Übernahme griechisch-philosophischer Systemelemente ohne nennenswerte Vermittlung durch eine vorangegangene *rechtswissenschaftliche*

rezipiert. Dieser Rezeptionsvorgang geht auf die frühe Klassik zurück. An den Anfang des Systems und damit in seinen Mittelpunkt stellt die Dreiteilung aufgrund einer ethischen Wertordnung den Menschen, also ursprünglich den *freien* Menschen, der als Person durch seine Rechtsfähigkeit definiert ist.[71] Der Begriff der Person geht auf die skeptisch-akademische Kultur zurück und stand dort für den natürlichen Menschen, der mit einem individuellen Gesicht und mit Sprachfähigkeit ausgestattet ist. Wie noch näher gezeigt werden wird,[72] wird der natürliche Mensch durch institutionelle Regeln zum *bürgerlichen* Menschen, der als solcher Vermögensgegenstände (*res*) haben und vor Gericht auftreten kann (*actiones*).[73] Kaiserliches Ausnahmerecht bewirkt, daß im Prinzipat auch der Sklave unter die Personen tritt, so daß Gaius ihn schließlich im Personenrecht behandelt. Auch dem Sklaven stehen in begrenztem Umfang Rechte (nämlich hinsichtlich eines Kernbereichs seiner körperlichen Integrität) sowie eine Klagebefugnis (nämlich die Möglichkeit, vor einem kaiserlichen Gericht den Schutz dieser Integrität zu verlangen) zu.[74]

2.) Systematische Merkmale des Regelwerks

Wir wenden uns nun dem Regelwerk zu. Wie die Gaius-Institutionen weist auch der *liber singularis regularum* systematische Merkmale auf, die aus der *ars iuris* des Servius stammen. Auch er beruht auf der Dreiteilung in *personae, res* und *actiones.* Im Anschluß an die Rechtsquellenlehre (*princ.* §§ 1-4) enthält der Text von Tit. 1,5 bis Tit. 12,4 das Personenrecht.[75] Die Tit. 13 bis 18 enthalten die Darstellung des Rechts der augusteischen Ehegesetze. Dieser Abschnitt steht am Übergang zwischen Personen- und Vermögensrecht und behandelt die vermögensrechtlichen

Tradition annehmen und mit einer verbreiteten Ansicht in der Literatur die »Sonderstellung« der Gaius-Institutionen innerhalb der Rechtsliteratur betonen (aaO. S. 101). Der Traditionszusammenhang zwischen Gaius und der spätrepublikanischen Theorierezeption wird aber erst bei Berücksichtigung der wahren wissenschaftsgeschichtlichen Stellung des *liber singularis regularum* deutlich, den Wieacker (S. 123) noch als Gaius-Bearbeitung angesehen hatte. Dazu im einzelnen S. 55.

71 Vgl. näher Behrends, in: Bydlinski/Mayer-Maly, Grundlagen, S. 16 ff.; Behrends, Labeo 44 (1998), S. 46. In der Systematik des Edikts kommt die Vorstellung zum Ausdruck, daß das Recht um der Menschen willen existiert. Vgl. Hermogenian 1 *iur. epit.* D. 1,5,2: *hominum causa constitutum.* Danach richtet sich nach Julian auch der Aufbau des *Edictum perpetuum.*

72 Vgl. S. 135.

73 Behrends, Subjektivität, S. 235 f.; ders., Labeo 44 (1998), S. 41, Fn. 23.

74 Näher unten S. 136 und 220.

75 Allerdings ist der Abschnitt über das Dotalrecht (Tit. 6,1-7,3) dem Grundbestand des Textes offenbar erst während seiner Überlieferung in der Schule hinzugefügt worden. Näher s. unten S. 122 f.

Folgen personenrechtlicher Bestimmungen.[76] Es folgt das Vermögensrecht. Es beginnt in Tit. 19 mit den Tatbeständen des Eigentumserwerbs, bevor anschließend das Erbrecht behandelt wird. Der überlieferte Text bricht im vermögensrechtlichen Abschnitt bei der Erbfolge der Freigelassenen nach dem Edikt ab: die letzte Stelle Tit. 29,7 behandelt den Stoff von Gaius 3,50. Obwohl der Auszug also nur teilweise erhalten ist, erlauben die beiden außerhalb des vatikanischen Manuskripts überlieferten Fragmente den Schluß, daß der verlorene Text das System bis in das Aktionenrecht weiterführte: Coll. 2,2 stammt aus dem weggefallenen Teil des Vermögensrechts; die Stelle entspricht Gaius 3,223 f. D. 44,7,25 entspricht in knapper Form einigen Sätzen, die bei Gaius am Beginn des vierten Buchs, also im Aktionenrecht stehen. Dieses Rechtsgebiet muß daher im fehlenden Schlußteil des *liber singularis* behandelt worden sein. Zuletzt hat Nelson mit Hilfe einer synoptischen Darstellung gezeigt, daß die Stoffanordnung jedenfalls in groben Zügen parallel zu den Gaius-Institutionen verläuft.[77]

3.) Die Systematisierung des Stoffes im einzelnen durch ›divisiones‹ und Definitionen

Daß der tradierte Stoff, der den beiden hier verglichenen Texten zugrundeliegt, auf klassische Ursprünge zurückgeht, wird sowohl am *liber singularis* als auch an den Gaius-Institutionen dadurch deutlich, daß bei der Systematisierung des Stoffes die Darstellungsmittel der *divisiones* und Definitionen jeweils eine überaus große Rolle spielen.[78] Die *divisio* (διαίρεσις) ist die Einteilung von Begriffen in Unterbegriffe zum Zweck der systematischen Ordnung und der Definition. Dies geschieht durch Benennung von Gattung und Art. Dabei werden zunächst die *genera*, also die Gattungsbegriffe dargestellt. Sie verfügen jeweils über die Merkmale, die die ihnen untergeordneten *species* gemeinsam haben.[79] Es folgt die Darstellung der *species*, die sich durch bestimmte Eigenschaften voneinander unter-

76 Näher unten S. 123 und S. 352-355.

77 Nelson, Überlieferung, S. 339-354. Im Hinblick auf bestimmte Passagen des *liber singularis*, die bei Gaius keine vollständige sachliche Parallele haben, ist allerdings zu bemerken, daß die Gegenüberstellung nicht differenziert genug ist, um den Stoff zu bestimmen, den unser Text tatsächlich gegenüber Gaius zusätzlich hat. So vermißt Nelson eine Parallele zu unserem Tit. 2, den er ungenau mit dem Recht des *statuliber* gleichsetzt (S. 340, 376). Tit. 7 beschreibt er mit »Schenkungen zwischen Eheleuten«, ohne festzustellen, daß dort in Wahrheit das Dotalrecht behandelt wird, und der Abschnitt im übrigen schon bei Tit. 7,3 endet (S. 248 und 278 f.).

78 Zur Bedeutung dieser Darstellungsmittel für die Gaius-Institutionen vgl. Fuhrmann, Lehrbuch, S. 104 ff.; Martini, Definizioni, S. 205 ff.; Nörr, Divisio, S. 48 ff.

79 In diesem Zusammenhang steht die Beschreibung von Merkmalen als *proprium* (»besonders«, »eigentümlich«; Tit. 19,3 u. 7 sowie 25,15) bzw. als *communis* (»gemeinsam«; Tit. 19,9). Die Terminologie ist Bestandteil der *ars iuris* des Servius; vgl. Cicero *part. or.* 37,130 (vgl. Fn. 80).

scheiden.[80] Die Bezeichnung der verschiedenen Begriffsebenen mit *generalis* und *specialis* ist spezifisch klassisch. Die Methode beschreibt Cicero *de orat.* 1,42,189: ***genus** autem id est, quod sui similis communione quadam, **specie** autem differentis, duas aut pluris complectitur partis; partes autem sunt, quae generibus eis, ex quibus maneant, subiciuntur; omniaque, quae sunt vel generum vel partium nomina, **definitionibus**, quam vim habeant, est exprimendum; est autem definitio rerum earum, quae sunt eius rei propriae, quam definire volumus, brevis et circumscripta explicatio.* Gattung und Spezies werden gegebenenfalls durch Definitionen erläutert, die die jeweils besonderen Eigenschaften enthalten.[81] Den konkreten Aufbau der Darstellung erläutert Cicero an anderer Stelle nochmals (*de orat.* 2,19,83): *cuius modi de ipso iure civili hesterno die Crassus componi posse dicebat: ut **genera** rerum **primum** exponerentur, in quo vitium est, si genus ullum praetermittitur; **deinde** singulorum **partes*** [d.h. hier: die *species*] *generum, in quo et deesse aliquam partem et superare mendosum est; **tum** verborum omnium **definitiones**, in quibus neque abesse quicquam decet neque redundare.*

Der *liber singularis* ging aus der skeptisch-akademischen Wissenschaftstradition hervor, die über die prokulianische Schule vermittelt worden war.[82] Er weist deren Methode in beispielhafter Konsequenz auf. Dies zeigt sich insbesondere an der Art und der sorgfältigen Durchführung der Systematisierung. Die systembildenden Elemente des Textes veranlaßten Mommsen sogar zu der Vermutung, daß nachträglich »ligamenta iuris in artem redacti«, also *divisiones*, konsequent entfernt worden seien.[83] Er brachte damit die Einschätzung zum Ausdruck, daß der Text ursprünglich noch weitergehend auf vollständigen *divisiones* aufgebaut war. Wir gehen zwar nicht davon aus, daß die Gliederungselemente nachträglich mit der von Mommsen angenommenen Gründlichkeit entfernt wurden.[84] An der Vorstellung Mommsens ist aber richtig, daß das Regelwerk durchgehend systematisch gegliedert war.

80 Auch diese Methode ist Teil von Servius' *ars iuris*; vgl. Cicero *part. or.* 37,130: *haec **communia** sunt naturae atque legis; sed **propria** legis ea, quae scripta sunt, et ea, quae sine litteris aut gentium iure aut maiorum more retinentur.* Schon Aristoteles hatte die Begriffe nach dem γένος (*genus*) und der nächstniedrigen Kategorie εἶδος (*species*) klassifiziert; Behrends, Wissenschaftslehre, S. 286. Seine Definitionslehre arbeitete mit Gattungsmerkmalen und Merkmalen der spezifischen Art (Aristoteles *Top.* 1,8 [103 b]: ὁ ὁρισμὸς ἐκ γένους καὶ διαφορῶν ἐστιν). Zwar ist die Definitionslehre der skeptischen Akademie gegenüber Aristoteles eigenständig (vgl. Riposati, Topica, S. 77-79), doch nennt Cicero *Top.* 2,6 Aristoteles als bislang erstrangige Autorität (*princeps … Aristoteles fuit*).

81 Vgl. Wieacker, RRG 1, S. 628 f.

82 Vgl. oben S. 88-91.

83 Vgl. oben S. 47 f. sowie Mommsen, JS 2, S. 49: »Primus videmus nusquam [!] extare vincula illa et quasi quaedam ligamenta iuris in artem redacti, dico divisiones.« Es stimmt aber nicht, daß die *ligamenta*, also *divisiones* »nirgends« mehr aufträten. Vgl. besonders die Tit. 19,2 ff., wo der Aufzählung der einzelnen Erwerbstatbestände jeweils die Nennung der spezifischen Eigenschaften (mit »*proprium*«) folgt.

84 Vgl. S. 154.

Die systematische Ordnung des Stoffes mit Hilfe von *divisiones* dient unmittelbar dem Zweck des Regelwerks. Er besteht darin, zuverlässig die Regeln des geltenden Rechts darzustellen. Dies zeigt sich insbesondere daran, daß er ausdrücklich mitteilt, wenn ein Rechtssatz ausnahmsweise nicht mehr gilt (Tit. 26,1a) oder dies nicht sicher ist (Tit. 22,22). Dabei dienen die *divisiones* der Klärung der Begriffe, die in den Regeln verwendet werden. Die Systematisierung geht wohlgemerkt von der ediktalen Zweiteilung in *ius* und Amtsrecht aus und findet jeweils *innerhalb* dieser Bereiche statt. Die übergreifenden Systematisierungsschritte, die die beiden Bereichen jeweils angehörenden Regelungen einer höheren Ordnung unterstellen, weist erst Gaius auf.

Der Text enthält an mehreren Stellen ein Schema der Stoffdisposition, das auf den genannten Strukturmerkmalen beruht. Es läßt sich in der Übersicht wie folgt darstellen:

A. Gliederung der Oberbegriffe
(z.B. Tatbestände der Begründung der väterlichen Gewalt: Tit. 5,1; 8,1)
B. Nachgeordnete Gliederungsebene: Einzeltatbestände
(z.B. Unterfälle der Adoption: Tit. 8,2)
C. Durchführung: 1. Einzeltatbestand: a) Begriffsbestimmung
b) Einzelprobleme
2. Einzeltatbestand: a) Begriffsbestimmung
b) Einzelprobleme

Während die Einteilungen besonders ausgeprägt hervortreten, gehen die Definitionen und die weiteren Erläuterungen gelegentlich ineinander über. Die häufige Anwendung des Darstellungsschemas gibt dem Werk die charakteristische Form eines Lehrbuchs.[85]

Die Klassifikation durch *divisiones* weist der *liber singularis* an vielen Stellen auf, so z.B. bei den Verbotsgesetzen (*princ.* § 1 ff.), den Freigelassenen (Tit. 1,5 ff.), den *personae sui iuris* (Tit. 4,1 ff.), den *personae in potestate* (Tit. 5,1 ff.), den Unterfällen der *capitis deminutio* (Tit. 11,10-13), den Tatbeständen des Eigentumserwerbs (Tit. 19,1 ff.), den Testamenten (Tit. 20,2) und den Vermächtnissen (Tit. 24,2). Die Verknüpfung von Ober- und Unterbegriffen erfolgt nicht immer ausdrücklich. Sie liegt dem Plan der Darstellung aber zugrunde: Der Text geht von der Klassifizierung in *genera* und *species* aus. Die Ordnung mit Ober- und Unterbegriffen spiegelt sich in der Terminologie wider, wenn der Text mit den Ausdrücken *generalis* und *specialis* arbeitet, mit denen er Gattung und Art bezeichnet.[86]

85 Vgl. Fuhrmann, Geschichte, S. 360.

86 Vgl. etwa die Verwendung von *species* in Tit. 24,25.
Behrends, Wissenschaftslehre, S. 32 f. hat aus Paulus 6 *ad Sab.* D. 17,2,38 pr noch eine andere Begrifflichkeit herausgearbeitet, die auf die stoische Wissenschaftsmethode zurückgeht und über Q. Mucius in die sabinianische Schule Eingang fand. Danach beziehen sich

Ein entsprechendes Schema der Stoffdarstellung beschrieb Fuhrmann für die Gaius-Institutionen.[87] Nelson meint, die Systematisierung der Gegenstände in *divisiones, genera* und *species* bilde wohl die wichtigste Neuerung, die Gaius gegenüber der althergebrachten Reihenfolge in der Erörterung der juristischen Gegenstände aufzuweisen habe.[88] Gaius fand diese Systematisierungsmerkmale aber schon in dem tradierten, klassischen Material vor, auf dessen Grundlage er seine Institutionen erarbeitete.[89] Erst die umfassende Gliederung der Vermögensgegenstände ermöglicht nämlich beispielsweise die Herstellung der Rechtsbeziehungen zum Menschen, der im Zentrum des Systems steht.[90] Diesem Ziel dienen die begrifflich-systematischen Gliederungen (z.B. *res singulae – universitas rerum*), die das Vermögensrecht in beiden Texten kennzeichnen.[91]

die Begriffe auf nur Gedachtes (*generalis*: z.B. nur dem *genus* nach, also nur gedachte *bonae fidei iudicia*) oder auf Erkennbares (*specialis*: z.B. wahrnehmbare, nämlich an ihrer Formel erkennbare *bonae fidei iudicia*). Diese Begrifflichkeit tritt im *liber singularis* bezeichnenderweise nicht auf. Stein, Servius, S. 177 bezweifelt, daß die Begrifflichkeit des Servius von der des Mucius in dieser Hinsicht genau zu unterscheiden sei, ohne dies allerdings näher zu begründen. Diese Kritik berücksichtigt aber nicht, daß die Klassifizierung der servianischen Methode notwendige Voraussetzung für das von ihm begründete institutionelle Rechtsdenken ist.

87 Fuhrmann, Lehrbuch, S. 119.

88 Nelson, Überlieferung, S. 96, 376.

89 S. oben S. 92-94 und 97 f.

90 Behrends, Index 19 (1991), S. 177 f.

91 Für den *liber singularis* vgl.: *res singulae/universitas rerum* (Tit. 19,2; 24,25); *res mancipi/res nec mancipi* (Tit. 19,1; 8; 9 u. 16); *res mobiles/res immobiles* (Tit. 19,1; 6 u. 8); *res corporales/res incorporales* (Tit. 19,1 u. 11).

6. Teil: Die Entstehung des *liber singularis regularum* und seine spezifisch klassische Eigenart

Wir wollen nun im einzelnen betrachten, in welchen Eigenschaften sich der *liber singularis regularum* von den Gaius-Institutionen unterscheidet. Dies wird uns ermöglichen, den wissenschaftlichen Zusammenhang seiner Entstehung näher zu bestimmen. Dabei gehen wir davon aus, daß der *liber singularis* das Ergebnis einer Entwicklung ist, in deren Verlauf der Grundbestand des Stoffes im Rahmen eines der Praxis zugewandten Schulbetriebs mehrfach ergänzt wurde.[1]

I.) Der *liber singularis regularum* als Elementarschrift der klassisch-prokulianischen Schultradition

Wir haben grundlegende Gemeinsamkeiten zwischen dem *liber singularis regularum* und den Gaius-Institutionen damit erklärt, daß beide Texte auf demselben Grundbestand des Stoffes beruhen. Dieser Grundbestand rührt aus der frühen Kaiserzeit her und geht letztlich auf die Wissenschaft des Servius zurück.[2] Er enthielt daher klassische Lehren und systematische Merkmale der klassischen Jurisprudenz. Daß die beiden auf dieser Grundlage schließlich entstandenen Texte gleichwohl wichtige Unterschiede aufweisen, resultiert daraus, daß ihre weitere Ausarbeitung unter dem Einfluß unterschiedlicher Wissenschaftstraditionen erfolgte.[3] Gaius fand als Anhänger Julians den gemeinsamen Grundbestand in der sabinianischen Rechtsschule vor. Er schrieb seine Institutionen unter dem Einfluß der Methoden dieser Schule. Demgegenüber gelangte derjenige, der den Text des Regelwerks fixierte – wir wollen ihn den Redaktor nennen – an den Stoff in der klassisch-prokulianischen Überlieferungstradition. Weil er den Grundbestand etwa 180 n. Chr. konservierend und in enger Anlehnung an die zugrundeliegenden Rechtsquellen fixierte, ist auch noch der *liber singularis* durch zahlreiche Merkmale der klassischen Jurisprudenz gekennzeichnet.

Ernst Rabel hat die Vermutung geäußert, daß das Regelwerk dem ursprünglichen Vorbild »in größerer Unmittelbarkeit als Gajus« folge.[4] Diese Einschätzung trifft zu: Der *liber singularis* gibt den tradierten Grundbestand des Stoffes, wie wir noch im einzelnen sehen werden,[5] vergleichsweise getreuer wieder als Gaius. Im Unterschied zu diesem brauchte der Redaktor des *liber singularis* den Grundbestand nämlich keinen abweichenden methodischen Grundsätzen oder Lehr-

1 Zu den wichtigsten Ergänzungen vgl. unten S. 120-123.
2 S. oben S. 96 f.
3 S. oben S. 92 ff.
4 Rabel, Ges. Aufsätze 4, S. 7.
5 S. unten S. 110 ff.

meinungen anzupassen, weil er selbst in der klassisch-prokulianischen Tradition stand. Zwar befindet sich das Regelwerk auf dem Entwicklungsstand, den die Rechtswissenschaft um 180 n. Chr. erreicht hatte. So ist z.B. das neue Rechtsquellenverständnis, nach dem auch die prätorischen Regelungen Rechtscharakter haben, insoweit in den Text eingegangen, als dieser vom *ius praetorium* spricht (Tit. 22,24). Im allgemeinen aber konnte der Redaktor den zugrundeliegenden Stoff konservativer als Gaius behandeln, weil er nicht der wissenschaftlichen Tradition Julians verpflichtet war.

Daß der Redaktor den Stoff konservierend behandelte, führte dazu, daß ältere Bestimmungen gelegentlich neben neueren so zu stehen gekommen sind, daß die Zusätze den Ursprungsstoff gleichsam nach Art von »Jahresringen« erweitern, ohne daß die herkömmliche Ordnung verändert worden wäre. Die hinzugefügten Neuregelungen kennzeichnete der Verfasser oftmals ausdrücklich als neue Entwicklung.[6] Damit zeigt der Text eine besondere historische Tiefenschärfe.[7]

II.) Die Formulierung von Regeln als spezifische Darstellungsform des Rechts im *liber singularis regularum*

Mommsen hat festgestellt, daß sich die beiden Schriften im wesentlichen dadurch unterscheiden, daß der Gaiustext ein Institutionenlehrbuch, der *liber singularis regularum* dagegen ein für die Praxis bestimmtes Regelwerk sei: »... neque Gaii ratio et Ulpiani aliter fere differunt **ac differunt Institutiones ab Regulis**, id est iuris civilis rudimenta a summis praeceptis iuris enucleati«.[8] Mommsen beschreibt damit einen wichtigen Unterschied zwischen beiden Texten: Der *liber singularis* enthält den Lehrstoff in Form kurzer, prägnanter, praktisch subsumierbarer Regeln. Es ist die Konzentration des Stoffes auf Rechtsregeln, die Mommsen die Sprache des *liber singularis* als eine vollkommene Rechtssprache empfinden ließ,[9] während er Gaius nur den angenehmen und leichten Stil eines Schriftstellers der Schule zubilligte.[10] Der von Mommsen hier beobachtete Unterschied in der Sprache

6 Diese Differenzierung der Darstellung tritt im Text öfter auf, wenn frühere Rechtszustände dargestellt und im chronologischen Zusammenhang mit *olim ... hodie* o. ä. gekennzeichnet werden. Vgl. Tit. 1,8 *olim* allein; Tit. 1,10 *hodie* (davor Lücke); Tit. 5,6 *olim ... nunc autem*; Tit. 11,8 *hodie* allein; Tit. 20,2 *fuerunt ... hodie*. In Tit. 8,5 wird die alte Rechtslage ausdrücklich im Praeteritum geschildert.

7 Die Schaffung des Auszugs änderte, zumal sie begrenzt und mechanisch-textschonend war, nichts an der Klassizität unseres Textes, wie ja auch Gaius allgemein ohne weiteres als klassischer Text betrachtet wird (vgl. Wieacker, Privatrechtsgeschichte, S. 417: »sichere Kunde vom klassischen römischen Recht«), obgleich er eine spätere Bearbeitung erfuhr.

8 Mommsen, JS 2, S. 47.

9 Mommsen, JS 2, S. 48. Vgl. bereits oben S. 48, Fn. 73.

10 Mommsen, JS 2, S. 48: »Gaii sermo commodus et facilis est tamquam scholarum«.

beruht darauf, daß das Regelwerk auf einem Rechtsverständnis beruht, das eine präzise Umsetzung der Rechtseinrichtungen in sprachliche Gestalt fordert. Bei Gaius ist das nicht in diesem Maße der Fall.

Die Fassung des Stoffes in Regeln ist eine Konsequenz des spezifisch klassischen »alles-oder-nichts«-Denkens in begrifflich genau festliegenden, regelnden Instituten, die im konkreten Fall entweder vorliegen oder nicht.[11] Das institutionelle Denken war, wie dargestellt, aus der klassisch-prokulianischen Tradition in die sabinianische Lehre rezipiert worden, so daß seitdem beide Schulen damit arbeiteten. Während die *institutio* jedoch im System des Servius für die vom Menschen in Geltung gesetzten Rechtseinrichtungen stand und im Rahmen einer grundlegenden *partitio* von der *natura* unterschieden wurde,[12] wandelte sich der Begriff in der sabinianischen Schule mit Rücksicht auf das Kaiserrecht: Nachdem der Kaiser als oberste Instanz das gesamte Spektrum des Rechts beherrschte, verlor die servianische *partitio* an Bedeutung. Die *institutio* ordnete nun das gesamte Recht und bezeichnete jetzt die Rechtseinrichtungen unabhängig davon, auf welcher Grundlage diese beruhen.

Die Darstellung der Institute mit der Zielrichtung, subsumtionsfähige Regeln zu formulieren, ist dagegen ein Merkmal, das aus der spezifisch klassischen Wissenschaftstradition herrührte und gerade für diese Strömung charakteristisch blieb. Liebs hat die Werkgattung der *libri regularum* mit einer Entwicklung der Jurisprudenz im 1. Jahrhundert n. Chr. in Verbindung gebracht, die sich aber schon in der späten Republik angedeutet habe.[13] Dem ist grundsätzlich zuzustimmen, doch dürfen wir den Anteil, den die Rechtswissenschaft der späten Republik an der Entstehung der *regulae* hatte, als noch bedeutender ansehen. Wie Cicero berichtet, war es die Schule des Servius, die sich zum Ziel setzte, klar definierte

11 Der Dualismus von Institut und Prinzip wurde in der modernen Rechtstheorie von Dworkin erörtert; Taking Rights Seriously (1978), z.B. S. 22. Ausgehend von dem Begriffspaar »rule« und »principle« erörtert Dworkin den Gegensatz zwischen dem Regeltatbestand, der entweder erfüllt ist oder nicht (S. 24: »all-or-nothing«), und dem Prinzip, das verwirklicht werden muß, was mehr oder weniger vollständig geschehen kann. Daß es sich um eine Wiederentdeckung handelt, zeigt Behrends, Savigny, S. 278, Fn. 46, sowie ders., Index 24 (1996), S. 40. Neuerdings hat sich Winkel gegen eine Anwendung (»application«) des von Dworkin beschriebenen Begriffsgegensatzes auf das römische Recht ausgesprochen, weil er in den Rechtstexten keinen hinreichenden Anlaß dafür sieht; Essays Watson, S. 413-418. Dagegen ist einzuwenden, daß der spätrepublikanische Gegensatz zwischen dem prinzipienorientierten Denken der vorklassischen *veteres* und dem institutionellen Denken der frühen Klassiker bereits die Grundlage für den hochklassischen Dualismus der Rechtsschulen bildete (S. 86-91). Es geht also gar nicht um eine »Anwendung« moderner Begriffe auf wissenschaftliche Methoden des Altertums. An Dworkins Wiederentdeckung zeigt sich vielmehr, daß der Begriffsgegensatz von so grundsätzlicher Bedeutung ist, daß er ein allgemeines Merkmal entwickelter Rechtsordnungen bildet.

12 S. oben S. 89.

13 Liebs, ANRW II,15, S. 225 f.; vgl. bereits Schulz, Prinzipien, S. 34.

und anwendbare Rechtsregeln bereitzustellen: *artem, quae doceret ... habere regulam, qua vera et falsa iudicarentur et quae quibus propositis essent quaeque non essent consequentia.*[14] Die unmittelbare Anwendbarkeit erforderte eine besondere Präzision der *regulae.* Das Ziel der Bemühungen des Servius, ein regelhaftes Recht zu erarbeiten, war mit dem von ihm redigierten und kommentierten Edikt in der Weise verwirklicht, daß im Edikt die Klageformen proponiert waren und im Kommentar deren Voraussetzungen erläutert wurden. Die Neuorganisation des Rechts vom Edikt her zielte also auf subsumtionsfähige Normen, und zwar mit deutlicher Ausrichtung auf den Rechtsschutz, der sich entweder auf das *ius civile* stützt oder auf die prätorische Verheißung.

Mit der Formulierung präziser Regeln wandten sich die Klassiker gegen das vorklassische Denken in Prinzipien und die auf diese gegründete und damit sehr offene Auslegung. Das Ziel der Regeln, subsumtionsfähige Rechtssätze darzustellen, formulierte der Prokulianer Neraz so, daß das Recht aus festliegenden Begriffen bestehen könne und müsse (*ius finitum et possit esse et debeat*).[15] Er verfaßte auch die älteste überlieferte Schrift, die zur Werkgattung der *libri regularum* gehört.[16] Die klassisch-formale Wissenschaftsrichtung, die in dieser Tradition stand, forderte eine abschließend definierte Rechtsordnung, die jenseits der Grenzen ihres Regelungsbereiches durch amtsrechtliche Behelfe ergänzt wurde.[17] Darin unterschied sie sich von der vorklassisch-sabinianischen Lehre, in deren Tradition die Gaius-Institutionen entstanden.

Unter den Regeln, die im *liber singularis* auftreten, lassen sich verschiedene Typen unterscheiden. Daß die Jurisprudenz der Kaiserzeit Regeln verschiedener Art kannte, ergibt sich aus dem dem Fragmentum Dositheanum zugrundeliegenden Text (§ 3): *Regulas enim exsequenti mihi ad ea studia necessarium ante omnia scire.*

14 Vgl. nochmals das Servius-Lob bei Cicero *Brutus* 41,152 f. Weil die Regeln Bestandteil der Methode dieser Wissenschaft sind, etablierte sich der Ausdruck *regulae* zunächst innerhalb der Schule, ohne sich von vornherein auf ein Publikum zu richten. Anders liegt es bei Werktiteln wie *opiniones* oder *sententiae*, die gleichfalls Sätze des geltenden Rechts ankündigen, deren Verbindlichkeit sich aber daraus ableitete, daß der Autor das *ius publice respondendi* (Gaius 1,7) oder eine sonst beherrschende Autorität hatte.
Die *regula*, mit der Servius es nach *Brut.* 41,152 ermöglicht, »zwischen Wahrheit und Irrtum zu unterscheiden und festzustellen, was aus bestimmten Voraussetzungen folgt oder nicht folgt«, versteht Stein nur als »Standard«, nicht als unmittelbar anwendbare Regel; Regulae iuris, S. 52 u. ders., Servius, S. 176, Fn. 4. Diese Ansicht läßt aber unberücksichtigt, daß Cicero hier von der Rezeption der skeptischen Dialektik berichtet, die gerade die Subsumtion der *regulae* ermöglicht; vgl. oben S. 88 f.

15 Neraz 5 *membr.* D. 22,6,2. Zur Sache Behrends, Gnomon 55 (1983), S. 232 f. Zum *ius finitum* bei Neraz ausführlich Scarano Ussani, Labeo 23 (1977), S. 146 ff.; ders., Empiria, S. 43 ff.; ders., Valori, S. 5-28; Greiner, Opera Neratii, S. 47 f.

16 Litewski, Jurysprudencja rzymska, S. 69 f. u. 122. Es folgten *libri regularum* von Pomponius, Gaius, Lic. Rufinus, Cervidius Scaevola, Paulus, (ps.-)Ulpian, Marcian und Modestin.

17 Behrends, Kommentar, S. 460.

Nec enim unius sunt condicionis, sed variae: *quae per singula, quae pertinent ad eam enarrationem, referendae sint per ordinem.* Der Verfasser dieses Textes steht ganz in der Tradition der Schulen des Prinzipats. Der erhaltene Textabschnitt über Rechtsquellen und Personenrecht entspricht systematisch dem Anfang der Gaius-Institutionen und des *liber singularis.* Obgleich das Fr. Dositheanum keine Beispiele für die verschiedenen Regelarten nennt, zeigt der Text immerhin, daß Schmidlin mit seiner Ansicht, es seien verschiedene Arten von Regeln zu unterscheiden, grundsätzlich Recht hat.[18] Was allerdings die Regelarten im einzelnen betrifft, so müssen wir feststellen, daß diejenigen, die wir im *liber singularis* finden, noch unter anderen Gesichtspunkten voneinander zu unterscheiden sind als den bei Schmidlin genannten. Der Text enthält zunächst *definitorische Regeln*: Beispiele sind die Definitionen von *testamentum* (Tit. 20,1) und *legatum* (Tit. 24,1). Er enthält ferner *Strukturregeln*, welche die Struktur eines Instituts klären, indem sie entweder einen Begriff in Unterbegriffe aufspalten oder andere Gesetzmäßigkeiten darstellen, die einem Regelungsbereich anhaften. Strukturregeln enthält z.B. Tit. 8,2-5, wo die Arten der Adoption mit den jeweiligen Voraussetzungen auf seiten des Annehmenden und des Angenommenen dargestellt werden.[19] Gerade die Kombination dieser beiden Regelarten ist typisch für das vorangehend geschilderte Darstellungsschema,[20] innerhalb dessen Begriffsaufspaltungen und Definitionen auf mehreren Ebenen miteinander in Beziehung gesetzt werden. Der Text weist ferner *Entscheidungsregeln* auf. Sie behandeln jeweils bestimmte Fallkonstellationen und nennen in subsumierbarer Weise einen Tatbestand und dessen Rechtsfolge. Ein Beispiel bildet Tit. 25,17: Wenn jemandem, der letztwillig zugewandtes Vermögen aufgrund der Kaduzitätsgesetze nicht annehmen kann, heimlich ein Fideikommiß ausgesetzt ist, dann kann der an der Gesetzesumgehung mitwirkenden Erbe die falcidische Quart nicht abziehen, und er wird nicht an den verfallenen Erbteilen beteiligt.[21] Schließlich geben einzelne Sätze solche Regeln wieder, die die mit bestimmten Rechtspositionen verbundenen Befugnisse

18 Schmidlin hat innerhalb des von ihm herausgearbeiteten definierenden Regeltyps zwei Unterarten unterschieden, nämlich die Definitionen im eigentlichen Sinne, die die Merkmale der Rechtseinrichtungen bestimmen, und die *divisiones* bzw. *partitiones.* Schmidlin meint, diese zweite Regelart solle keine Begriffspyramiden aufbauen, sondern Überblick und Ordnung in einzelne Rechtseinrichtungen bringen; Schmidlin, Rechtsregeln, S. 138 f. Dagegen ist einzuwenden, daß die *partitio* nur *unterscheidet.* Die *divisio* dient dagegen der Ordnung durch Vornahme einer Klassifikation in Ober- und Unterbegriffen (S. 100 f.).

19 Weitere Beispiele: Tit. 12,1-3 (*curatores legitimi* und *honorarii*); Tit. 23,1; 2 u. 4 (*rumpere/ irritum facere*); Tit. 24,20 ff. (Wer kann mit einem Vermächtnis belastet werden?); Tit. 24,29-31 (Widerruf des Vermächtnisses); Tit. 25,14 (ineinander greifende Bestimmungen der *lex Falcidia* und der *SCta Trebellianum* und *Pegasianum*); Tit. 27,2 u. 3 (Ausschluß des weiter entfernt Berechtigten durch den näheren im Patronatsrecht).

20 S. oben S. 102.

21 Weitere Beispiele enthalten Tit. 26,2 und 27,2.

nennen. Solche *Befugnis-* oder *Kompetenzregeln* enthalten z.B. Tit. 11,25-27, in denen die Befugnisse des Tutors dargestellt werden.[22]

Im Unterschied zur klassischen Lehre rückte die vorklassisch-sabinianische Wissenschaftstradition die *regulae* nicht in den Mittelpunkt der Darstellung und bediente sich zunächst nicht der Darstellungsform der *libri regularum*. Dies hat gleichfalls methodische Gründe. Paulus hatte den berühmten Satz »*non ex regula ius sumatur, sed ex iure quod est regula fiat*« von Sabinus übernommen.[23] Nach dem sabinianischen Standpunkt hängt eine konkrete Regel also jeweils unmittelbar vom *ius quod est* ab. Das *ius quod est* geht wiederum auf die von den *veteres* übernommene Vorstellung eines alles durchdringenden und (im Bereich des Naturrechts) umfassend interpretierbaren Rechts zurück.[24] So beruht das *ius gentium*, nach dem alle Völker leben, nach dem sabinianisch-naturrechtlichen Konzept auf der natürlichen Vernunft (*naturalis ratio*).[25] Für die Sabinianer muß eine Regel am *ius quod est* immer wieder neu überprüft werden.[26] Das prinzipielle Denken schließt also festliegende – und damit schematisch anwendbare – Regeln gerade aus.[27]

22 Weitere Beispiele betreffen Befugnisse des *tutor legitimus* (Tit. 11,6) und der Ehegatten (Tit. 15,1).

23 Paulus 16 *ad Plaut.* D. 50,17,1: *[Regula est, quae rem quae est, breviter enarrat.] non ex regula ius sumatur, sed ex iure quod est regula fiat. [per regulam igitur brevis rerum narratio traditur] et, ut ait Sabinus, quasi causae coniectio est, quae simul cum in aliquo vitiata est,* ***perdit officium suum.*** Die Identifikation der beiden Glosseme läßt den Zusammenhang der Argumentation des Sabinus hervortreten: Sobald eine Regel vor dem *ius quod est* nicht mehr zu halten ist, wird sie wertlos, ebenso wie es die *causae coniectio*, der das Streitprogramm kennzeichnende Tatsachenvortrag, von dessen Schlüssigkeit eine Klage abhing, wurde, wenn ein Punkt darin erfolgreich angegriffen worden war; Behrends, Index 25 (1997), S. 21 u. S. 59, Anm. 17 und ders., SZ 92 (1975), S. 165 ff.

24 Behrends, Kommentar, S. 459; ders., Index 25 (1997), S. 21; ders., SZ 92 (1975), S. 16 ff.

25 Gaius geht sogar davon aus, daß die *naturalis ratio* selbst die Grundverhältnisse des Rechts unter den Menschen in Kraft gesetzt habe (vgl. Gaius 1,1: *naturalis ratio … constituit*); Stein, Development, S. 305-316; ders., BULR 59 (1979), S. 445. Mit der Lehre vom vernunftrechtlich-natürlichen Ursprung des Rechts befindet sich Gaius in der sabinianischen Tradition. Sein Naturrecht unterscheidet sich vom spezifisch klassischen *ius naturale*, wie es bei Ulpian 1 *inst.* D. 1,1,1,3 auftritt. Daß dieser Naturrechtsbegriff rein deskriptiv ist, ist Voraussetzung dafür, daß die klassische Tradition feststehende Regeln bilden kann.

26 Stein, Regulae iuris, S. 73. Die aus dem zitierten Satz entwickelte Ansicht, der *regula* komme keinerlei normativer Wert zu, geht auf die Freirechtsschule zurück, die das der Regelbildung zugrundeliegende *ius quod est* für ihre Zwecke umdeutete und als Inbegriff der Einzelfallentscheidungen verstand. Zur freirechtlichen Mißdeutung des Satzes Behrends, in: Dreier/Sellert, Recht und Justiz, S. 49 ff. Einer Regel, die von den Einzelfallentscheidungen abhängt, kann keine selbständige Verbindlichkeit zukommen. Diese in ihrer Verallgemeinerung unhistorische Interpretation des Satzes wurde vor allem über Kaser in die Romanistik rezipiert; vgl. Kaser, Methode, S. 54-67 und aus neuerer Zeit Meincke, JZ 1997, S. 690.

27 Vgl. Schiavone, SR 2,3, S. 37; Stein, Regulae iuris, S. 73; ders., BULR 59 (1979), S. 450. Die sabinianische *regula* »*quae fit ex iure quod est*« verweist auf die Prinzipien des Rechts, die

Darum hielt auch der Sabinianer Javolen jede Definition für gefährlich (*omnis definitio periculosa est*): sie ist, da von den Prinzipien abhängig, grundsätzlich jederzeit widerlegbar. Auch die *ὅροι* des Quintus Mucius bildeten gerade keine unmittelbar auf die praktische Anwendung abzielenden Regeln.[28] Sie waren Definitionen,[29] die die Zusammenhänge des geltenden Rechts darstellten und hauptsächlich dem Verständnis dienen sollten.[30] So ist die Mitteilung, daß Erbschaft und Tutel grundsätzlich den gleichen Weg nehmen, keine »anwendbare« Regel, denn sie beschreibt lediglich einen rechtlichen Zusammenhang, und zwar beschränkt auf die Vormundschaft der Zwölf Tafeln.[31]

Dieser Gegensatz spiegelt sich im Verhältnis zwischen den Gaius-Institutionen und dem *liber singularis regularum* wider. Die beiden Werke stehen für zwei verschiedene Konzepte des Rechts. Während der *liber singularis* das geltende Recht in prägnante, subsumtionsfähige Regeln faßt, stellt Gaius mit seiner durch die zweigliedrige Rechtsquellenlehre gekennzeichneten Art das *ius quod est* dar. In diesem System ist die Regel nicht wichtiger als das Gesamtsystem. Da das Recht für Gaius jederzeit aus der *naturalis ratio* hergeleitet und korrigiert werden kann, können sich seine Institutionen konsequenterweise nicht darauf beschränken, feststehende *regulae* mitzuteilen.[32]

III.) Die Orientierung an den einzelnen Rechtsquellen

Daß der Redaktor von etwa 180 n. Chr. den Stoff nicht den Grundsätzen der nachjulianisch-sabinianischen Schule anpassen mußte, ist nicht der einzige

capita. Sie beruht auf der Vorstellung, daß die Regeln immer neu den Prinzipien angepaßt werden müssen. Eine solche Sichtweise kann die Ausarbeitung subsumtionsfähiger Regeln nicht zu ihrem eigentlichen Ziel machen.

28 Behrends, SZ 92 (1975), S. 175. Das griechische Äquivalent von *regula* (Richtmaß) wäre *κανών*. Auch im Fr. Dositheanum § 3 wird *regula* im griechischen Text mit *κανών* wiedergegeben. Vgl. die Ausgabe von Röver (dort § 4).

29 Wenn der Vorklassiker Q. Mucius *ὅρος* in der Bedeutung von Definition verwendet, dann bedient er sich, wie Behrends, Wissenschaftslehre, S. 292 sowie Gesetz und Sprache, S. 220 gezeigt hat, der Terminologie der stoischen Wissenschaftslehre.

30 Näher Behrends, Wissenschaftslehre, S. 293 mit Beispielen.

31 Q. Mucius Scaevola *lb. sg. ὅρων* D. 50,17,73 pr: *Quo tutela redit, eo et hereditas pervenit.* Dieser Zusammenhang beruht darauf, daß die Vormundschaft der Sicherung der Erbeninteressen dient. Es handelt sich insoweit um eine Feststellung, die für das Verständnis der Tutel lehrreich ist, indem sie ein Licht auf die zugrundeliegenden Vermögensinteressen wirft.

32 Daß auch Gaius einen Regelbegriff kennt (vgl. Gaius 1,84; 3,142; 4,112), kann angesichts dessen, was wir über die Ursprünge seines Systems in der klassischen Wissenschaft wissen (S. 97 f.) nicht verwundern. Der Regelbegriff hat bei ihm aber keine grundlegende darstellerische Bedeutung.

Grund dafür, daß der *liber singularis* den tradierten Grundbestand weitgehend konservierte. Die Bewahrung des Textes beruht vielmehr gerade auf spezifischen Grundsätzen der klassischen Lehre. Das klassische Rechtsverständnis verlangt nämlich eine präzise Umsetzung der Rechtseinrichtungen in sprachliche Gestalt. Dazu ist es erforderlich, daß das Recht in präzisen, unmittelbar anwendbaren Regeln dargestellt wird. Die Regeln wiederum müssen möglichst genau dem Inhalt der sie jeweils rechtfertigenden Rechtsquellen entsprechen.

Im Hinblick auf Tit. 1,5 ff. des Regelwerks hat Balestri Fumagalli eine gewissenhafte Anlehnung an den Text der verschiedenen Gesetzesbestimmungen beobachtet.[33] Diese Feststellung ist richtig und kann sogar im Grundsatz auf das gesamte Regelwerk übertragen werden. Der *liber singularis* orientiert sich häufig eng am Text der jeweiligen Rechtsquelle, öfter auch unter Übernahme der Systematik oder sogar des Wortlauts.[34] Dies zeigen zunächst die nahezu wörtlichen Zwölftafelzitate (Tit. 10,1: *si pater filium ter venum dabit* ...; 11,14: *uti legassit* ...; 26,1: *si intestato moritur* ...; 26,1a: *si agnatus nec escit* ...). Der Grundbestand des *liber singularis* setzt hervorragende Kenntnis des Rechts der Zwölf Tafeln voraus.[35] Zwar hatte Servius durch seine Ediktredaktion und die Begründung des Ediktkommentars bewirkt, daß das Edikt fortan im Mittelpunkt der Rechtswissenschaft stand.[36] Dennoch war das Zwölftafelgesetz auch noch im 2. Jahrhundert n. Chr. eine Rechtsquelle ersten Ranges geblieben. Im Anschluß an Servius[37] kommentierten Labeo und sogar noch Gaius die Zwölf Tafeln. Ein Beispiel für die Aufnahme anderweitigen Gesetzestextes bietet Tit. 23,5. Diese Stelle enthält die *fictio legis Corneliae*, auf deren Grundlage das Testament eines Kriegsgefangenen als gültig behandelt wird, wie wenn er noch als Bürger gestorben wäre. Der Text gibt die Fiktion in Anlehnung an den Gesetzeswortlaut wieder: ... *confirmat,*

33 Balestri Fumagalli, AG 204 (1984), S. 494 f.: »aderenza scrupulosa al testo dei diversi provvedimenti«.

34 Sicherlich ist auch im allgemeinen eine Neigung römischer Juristen zu beobachten, bestimmte Formulierungen der Texte zu tradieren; vgl. Dirksen, Versuche, S. 50, 106 ff.; ders., Beiträge, S. 260 ff.; Verm. Schriften Bd. 1, S. 106. So kehrten viele Rechtsregeln als dogmatische Grundformeln über lange Zeit besonders im Elementarschrifttum, aber auch in Schriften *de iure civili* in nahezu identischen Formulierungen wieder. Ähnliches gilt für Begriffsbestimmungen. Dem konservierenden Charakter der Juristensprache wird die archaische Patina zugeschrieben, die nach dem Urteil Ciceros zur Feierlichkeit und Autorität der Gesetze beitrug; Cicero *de leg.* 2,7,18: *Sunt certa legum verba, Quinte, neque ita prisca ut in veteribus XII sacratisque legibus, et tamen, quo plus auctoritatis habeant, paulo antiquiora, quam hic sermo est*; vgl. De Meo, Lingue, S. 85. Über diesen allgemeinen Befund geht der *liber singularis* in der Tendenz zur Konservierung aber deutlich hinaus.

35 Volterra, Scritti 3, S. 607.

36 S. oben S. 90. Vgl. Cicero *de leg.* 1,5,17: *Non ergo a praetoris edicto, ut plerique nunc, neque a duodecim tabulis, ut superiores ... hauriendam iuris disciplinam putas?*

37 Lenel, Pal. 2, Sp. 325, Fn. 1. Auch Behrends schließt aus den Servius-Fragmenten, in denen dieser Zwölftafelsätze auslegt, auf einen Kommentar; Gesetz und Sprache, S. 240, Fn. 202.

atque si in civitate decessisset.[38] Ein weiteres Beispiel bilden die Formulierungen, die sich am Edikt orientieren. So gibt Tit. 28,7 die Reihenfolge wieder, in der der Nachlaßbesitz im Rahmen der prätorischen Intestaterbfolge gegeben wird.[39] Der Text lehnt sich dabei eng an das Edikt an.[40]

Eine Darstellung des Rechts in Form subsumtionsfähiger Regeln muß dann auf die Wiedergabe des Wortlauts der Rechtsquellen bedacht sein, wenn die Subsumtion gerade die Kenntnis des Wortlauts voraussetzt. So verhält es sich im Verständnis der klassisch-formalen Jurisprudenz. Dies liegt in ihrer Lehre von der Wortlautgeltung der Gesetze begründet. In der Frage, inwieweit am Wortlaut des Gesetzes festgehalten werden muß oder andererseits eine Auslegung des Gesetzes nach seinem Sinn und Zweck erfolgen kann, hatte ein Verständniswandel stattgefunden, der Teil des Methodenwechsels von der vorklassischen zur klassischen Wissenschaft im ersten vorchristlichen Jahrhundert gewesen war:[41] Die vorklassischen *veteres* hatten eine freie Interpretationslehre entwickelt, die eine sinnbestimmte Gesetzesauslegung ermöglichte.[42] Diese Lehre wich der von Servius begründeten frühen klassischen Wissenschaft. Servius ging, wie wir gesehen haben, von einer Sprachtheorie aus, in der die Bedeutung der Wörter objektiv festlag.[43] Seine Schule setzte gegenüber der Interpretationslehre der *veteres* ihre strikte Auffassung durch. Für sie war, wie Behrends gezeigt hat, die gesetzliche Regelung unmittelbar durch die magistratische *rogatio* geprägt, also die förmliche Einbringung eines Gesetzesentwurfs in der Volksversammlung, die dem Text zustimmte. Der Text erlangte in seinem gewöhnlichen Verständnis Gesetzesqualität als *ius scriptum.* Nach dem formalen Grundverständnis *lex a legere* beanspruchte das Gesetz, so weit der vom Normadressaten »gelesene« Wortlaut reichte, für seinen Regelungsgegenstand ausschließliche Geltung. Damit bildete sein festgelegter Wortlaut den Gegenstand der Gesetzesinterpretation und gleichzeitig deren Schranke.[44]

38 Für weitere Beispiele vgl. Tit. 23,10 (Kaiserkonstitution betreffend Soldatentestamente); Tit. 24,11 (*SC Neronianum*); Tit. 24,28 (*SC Apronianum*); Tit. 25,17 (Kaiserreskript zum *SC Plancianum*). Auch der in die Hauptmasse des Textes eingefügte Abschnitt über das Recht der *lex Iulia et Papia* zeichnet sich durch die genaue Wiedergabe des Gesetzesinhalts aus (vgl. S. 353).

39 Vgl. S. 504-506.

40 Vgl. Lenel, EP, S. 355 ff.

41 Grundlegend Behrends, RHDFE 55 (1977), S. 7-23, Index 12 (1983/84), S. 189-225; RHDFE 68 (1990), S. 337-362; Fraus legis, S. 33 ff.; Gesetz und Sprache, S. 163 ff., 190 ff.

42 Behrends, Kommentar, S. 442.

43 S. oben S. 74.

44 Behrends, Profil, S. 25 u. 30-33; ders., Gesetzesbegriff, S. 107; ders., Gesetz und Sprache, S. 159 u. 190 ff.; ders., Fraus, S. 37. Die zentrale Stellung der *rogatio* spiegelt Gellius *Noct. Att.* 10,20,7 wider: *... totius huius rei iurisque ..., caput ipsum et origo et quasi fons rogatio est ... (8) ... nam nisi populus aut plebs rogetur, nullum plebis aut populi iussum fieri potest.* Vgl. Behrends, Fraus, S. 49; ders., Vertragsgedanke, S. 59 ff. und Stein, BULR 59 (1979), S. 447.

Der *liber singularis regularum* verkörpert insofern das reine klassische System, als er im Kern auf dem Grundsatz restriktiver Auslegung der Vorschriften beruht und die Ergänzung durch prätorische Regelungen vorsieht.[45] Der Text konserviert darum den Gesetzeswortlaut, weil erst unter dieser Voraussetzung eine restriktive Interpretation möglich wird. Die Rückbesinnung auf die »Sinngeltung der Gesetze«,[46] die insbesondere aufgrund der Integrationsleistung Julians und (auf der prokulianischen Seite) seines Zeitgenossen Celsus stattfand,[47] hat sich auf den *liber singularis* noch nicht ausgewirkt.

Das Regelwerk stellt das Ineinandergreifen von *ius* und prätorischen Regelungen dar, hält deren Grundlagen aber strikt auseinander. Besonders deutlich zeigt sich dies im Erbrecht: Der Prätor erteilt die *bonorum possessio* jeweils »mit Sachgehalt« (*cum re*) oder »ohne Sachgehalt« (*sine re*), und zwar abhängig davon, ob er die zivile Erbfolge jeweils ergänzen, korrigieren oder gerade verwirklichen will (Tit. 28,13).[48] Ein anderes Beispiel enthält Tit. 29,1: Hat der hauserbenlose Freigelassene seinen Patron im Testament nicht oder nicht in Höhe der Hälfte bedacht, dann gibt der Prätor dem Patron die *bonorum possessio* an der Hälfte. Dabei werden die Regeln ausdrücklich auf das Zwölftafelrecht bzw. das Edikt zurückgeführt: *Civis Romani liberti hereditatem lex duodecim tabularum patrono defert ... sed ex edicto praetoris ....* Wenn der *liber singularis* die scharfe Unterscheidung zwischen dem *heres* und dem nur *heredis loco* stehenden *bonorum possessor* durchhält und für letzteren fiktizische Formeln vorsieht (vgl. Tit. 28,12), zeigt er, daß er an der Systematik des klassischen Edikts verhaftet ist. Gaius stellt demgegenüber zwar fest, daß der Prätor niemanden zum Erben machen könne (Gaius 3,32), spricht aber bei der Darstellung der prätorischen Regeln von »*ad hereditatem vocare*« (Gaius 3,26 ff.). Durch diese Ausdrucksweise gibt Gaius zu erkennen, daß die Trennung zwischen *ius* und Amtsrecht für ihn nicht mehr die grundlegende Bedeutung hat, die sie in der spezifisch klassischen Jurisprudenz – und damit für den *liber singularis* – eingenommen hat.[49]

45 Aus Papinian 2 *def.* D. 1,1,7,1 ergibt sich die »Ausrichtung« des Amtsrechts auf das *ius civile*: *Ius praetorium est, quod praetores introduxerunt adiuvandi vel supplendi vel corrigendi iuris civilis gratia ...* Bei den Sabinianern war das Verhältnis unter Zurückdrängung des Amtsrechts verschoben.

46 Behrends, Fraus, S. 99.

47 Celsus 26 *dig.* D. 1,3,17: *Scire leges non hoc est verba earum tenere, sed* ***vim ac potestatem.***

48 Tit. 28,13: *Bonorum possessio aut cum re datur, aut sine re: cum re ⟨cum⟩ is, qui accipit, cum effectu bona retineat; sine re, cum alius* ***iure civili*** *evincere hereditatem possit ....* Ausdrücklich verweist der Text auf den Gegensatz zwischen den prätorischen Nachfolgeregelungen und dem zivilen Erbrecht. Zur Sache Voci, DER 1, S. 175 ff.; vgl. Bretone, RRG, S. 297, Anm. 96.

49 Darauf deutet in gleicher Weise hin, daß Gaius 3,39 seinen Abschnitt über das *zivile* Intestaterbrecht für Freigelassene mit dem Hinweis auf die *bona* einleitet (unten S. 133, Fn. 38).

Von Bedeutung ist die Unterscheidung der Rechtsquellen für den *liber singularis* auch als Gliederungsgesichtspunkt. Dies zeigt sich im Recht der Tutel: Gaius gliedert seine Darstellung des Vormundschaftsrechts danach, auf welche Weise der Tutor berufen wird.[50] Er unterscheidet zwischen der Tutel aufgrund testamentarischer Verfügung (1,144), der gesetzlichen Agnatentutel (1,155) und der vom Prätor auf Grundlage der *lex Atilia* angeordneten Vormundschaft (1,185). Der *liber singularis* weicht von dieser Einteilung ab, indem er die Rechtsquellen zum obersten Gliederungsgesichtspunkt erhebt. Er gliedert in *tutela legitima, tutela* aufgrund Senatsbeschlusses sowie *tutela* aufgrund *mores* (Tit. 11,2).[51]

IV.) Die Konkurrenz der Regelungen

Die konservierende, textschonende Herstellung des Regelwerks hat zur Folge, daß der Text mehrfach voneinander abweichende Bestimmungen zu gleichen Rechtsfragen referiert. Das Konkurrenzverhältnis zwischen diesen Bestimmungen wird nach allgemeinen Regeln ermittelt, von denen einige am Anfang des überlieferten Textes genannt sind: Für die Ermittlung des jeweils anwendbaren Rechts im Verhältnis zwischen *ius* und Amtsrecht behandelt der Text den repräsentativen Sonderfall der Kategorien der Verbotsgesetze (*princ.* §§ 1 u. 2). Das Verhältnis zwischen verschiedenen Gesetzen mit gleichem Regelungsgegenstand richtet sich nach den klassischen Derogationsregeln (*princ.* § 3).

Die Bestimmung des Konkurrenzverhältnisses zwischen verschiedenen Regelungen ermöglicht der Text zunächst dadurch, daß er den Ursprung der einzelnen Vorschriften offenlegt. Damit ist jeweils ersichtlich, auf welcher Rechtsquelle, also etwa *ius non scriptum* (*ius gentium, mos maiorum*), neueren Gesetzen, Senatsbeschlüssen, Kaiserkonstitutionen und prätorischem Amtsrecht, die einzelnen Regeln beruhen.[52] Auf diese Weise können Bestimmungen des älteren *ius* von solchen unterschieden werden, die durch spätere Rechtssetzungsakte eingeführt wurden. Außerdem liegt offen, welchen Rechtsschichten die Bestimmungen angehören, ob also dem *ius* oder dem prätorischen Amtsrecht. Hier ist die differenzierte Schichtung der Rechtsquellen im Text bewahrt, weil sie mit einem jeweils

50 Vgl. S. 299.

51 Diese Gliederung verläuft dann allerdings mit der nach Bestellungsarten weitgehend parallel, weil die jeweiligen Unterfälle einander teilweise entsprechen.

52 Vgl. Archi, Studi sulle fonti, S. 32: »Le *Regulae* non solo conservano con scrupulo la menzione delle *leges* ..., quale si trovava nei testi più antichi utilizzati, ma fanno anche qualcosa di più. Là dove la norma esposta o il principio aveva il suo fondamento nella legge delle XII Tavole, il testo ce ne dà notizia ...« Die Präzision, mit der der *liber singularis* die Regeln auf bestimmte Gesetze zurückführt, zeigt sich z.B. daran, daß er die augusteischen Ehegesetze nicht, wie andere Texte, als einheitliches Gesetzeswerk behandelt, sondern jeweils die *lex Iulia* oder die *lex Papia* nennt (S. 123 und S. 354).

unterschiedlichen Geltungsmodus einhergeht.[53] Entscheidend ist, daß die Abweichungen jeweils nur im Verhältnis zwischen Aussagen über materielles Recht auftreten, die aus *verschiedenen* Quellen herrühren.

Anwendungswidersprüche treten dagegen nicht auf. Für die Frage nach dem im Einzelfall anwendbaren Recht ist nämlich die dem Gesamttext zugrundeliegende, methodisch bedingte Systematisierung zu beachten: Am Anfang des Textes stehen, der Darstellung des materiellen Rechts wie ein »Allgemeiner Teil« vorangestellt, die Grundsätze über die Konkurrenz verschiedener Rechtsquellen. So bestimmt sich das Verhältnis des *ius civile* zum prätorischen Recht nach dem Grundprinzip, das Papinian mit den Worten beschreibt: *ius praetorium est, quod praetores introduxerunt adiuvandi vel supplendi vel corrigendi iuris civilis gratia.*[54] Paradigmatisch für die praktische Umsetzung dieser Grundsätze ist das Zusammenspiel von *ius* und Edikt bei den verschiedenen Kategorien der Verbotsgesetze (*princ.* §§ 1 u. 2). Nach dieser Klassifizierung der Gesetze richtet sich, wann der Prätor zum Einschreiten berufen ist: Bei einer *lex perfecta* ergibt sich die Rechtsfolge bereits aus dem Gesetzeswortlaut, und es bedarf keiner Maßnahmen des Prätors mehr. Auch bei der *lex minus quam perfecta* findet eine Ergänzung durch Amtsrecht nicht statt, weil das Gesetz die Strafe als Sanktion ausreichen läßt. Bei der *lex imperfecta* dagegen ist der Prätor berufen, eine Sanktion kraft Amtsrechts zu ergänzen, weil ein Gesetz dieser Kategorie nur die Mißbilligung eines bestimmten Verhaltens enthält, aber keine Sanktion.[55] Für eine praxisorientierte Juristenausbildung ist der Unterschied von grundsätzlicher Bedeutung. Es kann ihr nicht nur darauf ankommen, ob ein »Anspruch« im Ergebnis durchgesetzt werden kann oder nicht. Sie fragt vielmehr, ob schon der zugrundeliegende Tatbestand nicht erfüllt ist, so daß nicht einmal eine Klage gewährt werden kann, oder ob erst der Prätor kraft Amtsrechts entgegenwirken muß, etwa durch Gewährung einer *exceptio.*[56] Die Sensibilität für diese Frage läßt der Text durchgehend erkennen.

Das Verhältnis der Gesetze untereinander bestimmt sich nach den klassischen Derogationsregeln, die in *princ.* § 3 Ausdruck gefunden haben. Nach der ihnen zugrundeliegenden Auffassung beansprucht ein Gesetz für seinen Regelungsbereich die alleinige Geltung und geht daher älteren Bestimmungen vor.[57] So kann

53 Die historische Tiefenschärfe ist schließlich auch darum gerechtfertigt, weil die Neuregelungen im klassischen Recht in aller Regel nicht zurückwirken; vgl. Avenarius, Savignys Lehre, S. 18 f. In der Praxis müssen also auch Altfälle bewältigt werden, was insbesondere im Hinblick auf die lange zeitliche Streckung erbrechtlicher Sachverhalte von Bedeutung ist.

54 Papinian 2 *def.* D. 1,1,7,1.

55 Vgl. S. 163.

56 Vgl. Pansegrau, Fortwirkung, S. 57.

57 Ausführlich Behrends, Gesetz und Sprache, S. 159, Fn. 61.

ein neues Gesetz ein früheres ganz (*abrogare: prior lex tollitur*) oder teilweise ersetzen (*derogare: pars primae legis tollitur*) oder sogar erweitern (*subrogare: adicitur aliquid primae legi*). Auch Kaiserkonstitutionen konnten, seit ihnen im Laufe des Prinzipats gesetzesgleiche Kraft beigemessen wurde, nach der klassischen Derogationstheorie älteres Recht verdrängen.[58] Mit Hilfe dieser Regeln muß der Benutzer des Regelwerks das jeweils anzuwendende Recht ermitteln.[59]

Wenn nun älteres Gesetzesrecht durch jüngeres teilweise abgeändert wird, hängt der Umfang der Änderung im einzelnen vom Regelungsgehalt des jüngeren Gesetzes ab. Dieser kann in der klassischen Wissenschaft nur erfaßt werden, wenn der Gesetzeswortlaut für den jeweiligen Anwender offenliegt, weil nach klassischer Lehre der Wortlaut die Grenze der Interpretation bildet.[60] Ein Beispiel bildet das Verhältnis zwischen Tit. 11,20 und 11,8: Tit. 11,20 gibt die Bestimmung der *lex Iulia de maritandis ordinibus* (18 v. Chr.) wieder, nach der der Prätor den Frauen einen Tutor gibt, damit sie eine *dos* bestellen können. Diese Bestimmung setzt unterschiedslos voraus, daß Frauen die *dos* nicht ohne die *auctoritas* eines Tutors bestellen können. Gleichzeitig teilt aber Tit. 11,8 die Bestimmung der später ergangenen *lex Claudia* mit, daß die Tutel für freigeborene Frauen abgeschafft ist. Bei Anwendung der Derogationsregeln ergibt sich, daß die *lex Claudia* die Bestimmung der älteren *lex Iulia* insoweit verdrängt.[61] Die in Tit. 11,20 enthaltene Regel betrifft daher nur noch freigelassene Frauen. Demgegenüber wird die Bestimmung der *lex Iulia* in der entsprechenden Gaiusstelle 1,178 von vornherein nur auf freigelassene Frauen bezogen. Ein anderes Beispiel bilden die unterschiedlichen Fristen, die jeweils in Tit. 3,5 für den Erwerb des Bürgerrechts aufgrund Dienstes bei den *vigiles* und in Tit. 14,1 für die vorübergehende Freistellung der

58 Vgl. Gaius 1,5: *legis vicem obtineat.* Erkennbar ist die Verschiebung, die sich im Verfassungsverständnis des Prinzipats vollzieht, wenn später Ulpian 1 *inst.* D. 1,4,1,1 schreibt: *legem esse constat.* Vgl. Behrends, Gnomon 45 (1973), S. 795.

59 Daran zeigt sich, daß die verbreitete Ansicht abzulehnen ist, erst die oströmische Schule habe in Ansätzen eine Theorie für die Methode der Rechtsanwendung entwickelt, während sich die Klassiker mit einer zweckgerechten Technik der Entscheidungsfindung begnügt hätten. Für diese Vorstellung vgl. Kaser, Methodologie, S. 54 ff. und nun Kaser/Knütel, Röm. Privatrecht, § 3 Rn. 23. Zu Recht wendet sich gegen diesen Standpunkt Jung, Darlehensvalutierung, S. 35 ff.

60 Vgl. oben S. 112. Hier liegen die wahren Gründe für den von Balestri Fumagalli, AG 204 (1984), S. 494 f. festgestellten Befund, daß sich das Regelwerk in Tit. 1,5 ff. gewissenhaft an den Text der verschiedenen Gesetzesbestimmungen anlehne (S. 111). Vor dem Hintergrund der Derogationsregeln müssen die Gesetze geradezu zwangsläufig jeweils ein – wie Balestri Fumagalli formuliert hat – »universo a sé stante« bilden. Aus dieser klassischen Sicht hätte eine Vermengung der Bestimmungen auf der Ebene des materiellen Rechts zur Darstellung einer »irrealen« Gesetzeslage geführt, da die Gesetze *so* niemals Gegenstand der *rogatio* gewesen waren.

61 Es handelt sich um einen Fall des *derogare*, d.h. der *teilweisen* Abschaffung des älteren Gesetzes: *pars primae legis tollitur* (*princ.* § 3). Ein weiteres Beispiel enthält Tit. 18,1, wo das bisherige Recht ausdrücklich teilweise unberührt bleibt.

Frauen von der Eheschließungspflicht mitgeteilt werden. Das jeweils anwendbare Recht ergibt sich aus den Grundsätzen der Derogation: In Tit. 3,5 wird die ältere, von der *lex Visellia* getroffene Fristbestimmung durch die später durch einen Senatsbeschluß eingeführte ersetzt. Entsprechend wird in Tit 14,1 die Anordnung der kurzen Vakanzfristen der *lex Iulia* durch die Fristenregelung der späteren *lex Papia* außer Kraft gesetzt.

Eine Darstellung des Stoffes, die sich auf den im Ergebnis bestehenden Rechtszustand und damit *unmittelbar* auf das anwendbare Recht beschränkte, war dem Redaktor des *liber singularis regularum* also wegen der dem Werk zugrundeliegenden Rechtsquellenlehre nicht möglich: Der Text hätte sich damit von dem durch den Grundsatz *lex a legere* (»lesen«) geprägten Gesetzesverständnis entfernt. Indem er sich von dem Wortlaut gelöst hätte, der Gegenstand der *rogatio* gewesen war, hätte er ein *in dieser Gestalt* nie in Kraft gesetztes Recht dargestellt. Juristen der klassisch-formalen Tradition, für die der jeweils rogierte Text maßgeblich ist, hätten daran Anstoß nehmen müssen. Hier liegt auch der Grund dafür, daß das Regelwerk, obwohl es einer praxisorientierten Juristenausbildung diente, dem Benutzer die anspruchsvolle Ermittlung des geltenden Rechts nicht ersparen konnte: Das zugrundeliegende Gesetzesverständnis bot keine Möglichkeit dazu.[62]

Daß der Text auf die jeweiligen Rechtsquellen abstellt, zeigt sich auch dort, wo er verschiedene Bestimmungen der gleichen Rechtsschicht unter Angabe ihres zeitlichen Verhältnisses zueinander darstellt. Dies geschieht durch Kennzeichnung des durch die *leges* jeweils geschaffenen neueren Rechts im Verhältnis zum »alten«, also bisher geltenden Recht (*ius antiquum*). Ein Beispiel bietet Tit. 1,21 für den Fall einer Freilassungsanordnung, die im Testament *zwischen* mehreren Miterbeneinsetzungen steht. Der Antritt des nachfolgend eingesetzten Erben macht die Freiheitserteilung unwirksam.[63] Nach dem bisherigen Recht (*iure antiquo*) ist die Freilassungsanordnung allerdings wirksam, sofern allein der zuerst Eingesetzte antritt und die Erbenstellung zur Gänze auf sich vereinigen kann. Diese Möglichkeit schränkte die *lex Papia Poppaea* insofern ein, als der freiwerdende Anteil nun nur noch dann an den zuerst Eingesetzten fiel, wenn dieser entweder den Anteil als *heres pater* (aufgrund eigener Kinder) beanspruchen oder das »alte« Recht noch geltend machen konnte. Dies setzte voraus, daß er zu den Aszendenten oder Deszendenten des Testators bis zum dritten Grad gehörte.[64]

62 Demgegenüber verlangt Gaius vom Leser seiner Institutionen nicht von vornherein, das jeweils anwendbare Recht mit Hilfe von Konkurrenzregeln zu ermitteln. Gaius setzt nämlich bereits den Rückgriff der Sabinianer auf die offene Auslegung der vorklassischen *veteres* und die Loslösung vom wortlautverhafteten Gesetzesverständnis voraus. Darum enthalten seine Institutionen auch keinen Abschnitt, der *princ.* §§ 1-4 des Regelwerks entspricht.

63 Vgl. unten S. 197.

64 Weitere Beispiele dafür, wie das *ius antiquum* neuerem Gesetzesrecht gegenübergestellt wird, liefern Tit. 17,2; 18,1 und 24,31.

V.) Einzelne spezifische Elemente der klassischen Lehre im *liber singularis regularum*

Der *liber singularis regularum* zeigt auch noch an vielen einzelnen Stellen, daß er die spezifisch klassische Lehre in vergleichsweise reiner Form wiedergibt. Er enthält zunächst Etymologien des Stils, der in der von Servius begründeten Jurisprudenz herrschte. Diese Etymologien zeichnen sich dadurch aus, daß jeweils eine bestimmte Wortbedeutung in die Wortform hineingelegt wird, indem sich die Umschreibung an die grammatische Form des zu erklärenden Ausdrucks anschmiegt.[65] Dieses Verfahren zeigen die Etymologien von *caducum* (Tit. 17,1: *veluti cecidit ab eo*), *testamentum* (Tit. 20,1: *mentis ... contestatio*) und *legatum* (Tit. 24,1: *legis modo*). Klassisch ist auch die Differenzierung zwischen *ius scriptum* und *ius non scriptum*,[66] die im Regelwerk auftritt, wo einzelne Gesetze unmittelbar dem anderweitigen *ius civile* gegenübergestellt werden (Tit. 22,19; 24,12; 24,31).

Ferner zeigt sich der klassische Formalismus des institutionellen Denkens in der Art, in der das Spezialitätsprinzip im Hinblick auf das Eigentumsrecht und die jeweils höchstpersönliche Freiheit konsequent durchgeführt wird. So bestehen an mehreren Sachen entsprechend viele *dominia* (Tit. 19), und mehrere Sklaven können ihre *libertates* erlangen (Tit. 1,25 u. 17,3). Das klassisch-institutionelle Denken ist es ferner, das in Tit. 20,11 den *incertus de statu suo* von der Testierfähigkeit ausschließt: Testieren kann nach dieser Vorstellung nämlich nur, wer sich bewußt ist, daß er die Voraussetzungen der Testierfähigkeit erfüllt. Weil nämlich die einzelnen Institute durch rechtliches Denken in Geltung gesetzt sind, muß ihr Vorliegen auch vom Denken des jeweils Handelnden erfaßt sein.[67]

Die präzise Wiedergabe der beiden natürlichen Geschlechter im Text zeigt nicht nur einen Stil der zugrundeliegenden Normtexte, dessen Ziel die möglichst genaue Ausdrucksweise ist.[68] Die Formulierungen erhielten sich darum im

65 Dazu grundsätzlich Behrends, Gesetz und Sprache, S. 196 f. Vgl. bereits die Beobachtung Dirksens, System, S. 8 f. (freilich noch ohne Bezugnahme auf die sprachtheoretischen Hintergründe): »Es genügt eine sehr mässige Kunde des Sprachgebrauchs der römischen Rechts-Quellen, um sich von der Gewöhnung der römischen Classiker zu überzeugen, in ihre Erklärung eines Rechtsbegriffs zugleich die Deutung der grammatischen Elemente des herkömmlichen Ausdrucks derselben aufgehn zu lassen«.

66 Ulpian 1 *inst.* D. 1,1,6,1: *Hoc igitur ius nostrum constat aut ex scripto aut sine scripto*; Cicero *part. or.* 37,130: ... *propria legis ea, quae scripta sunt, et ea, quae sine litteris aut gentium iure aut maiorum more retinentur.* Vgl. auch Pomponius *lb. sg. ench.* D. 1,2,2,12: *in civitate nostra aut iure, id est lege, constituitur, aut est proprium ius civile, quod sine scripto in sola prudentium interpretatione consistit.*

67 S. unten S. 391.

68 Vgl. *pupillus et pupilla* (Tit. 1,17); *filio filiave nato natave* (Tit. 3,3); *pupilli pupillaeve* (Tit. 11,23); *pupillorum pupillarumque* (Tit. 11,25); *patrono patronae ... patroni patronaeve* (Tit. 28,7).

Grundbestand des Textes, weil dieser in der prokulianischen Schule tradiert wurde, deren formalistische Auslegungspraxis gerade auf den genauen Wortlaut angewiesen war.[69] Auch für den Redaktor von 180 n. Chr., der dieser Schule angehörte, war der beschriebene Formalismus noch maßgebend.

Von großer Bedeutung ist für den *liber singularis* die spezifisch klassische Differenzierung zwischen natürlicher Welt und Rechtswelt.[70] So hebt der Text immer wieder die begriffliche Unterscheidung zwischen den bloß physischen und den von der Rechtsordnung zuerkannten Eigenschaften des Menschen hervor. Die Verwendung des Ausdrucks *persona* zeigt beispielsweise öfter die Vorstellung einer rechtlichen Überformung von Natursachverhalten. So bezeichnet der Text z.B. die gewaltunterworfene Tochter als *filiae persona*, um neben deren natürlicher Eigenschaft (*filia*) die Fähigkeit zur Vornahme von Prozeßhandlungen auszudrükken (Tit. 6,6). Entsprechend verfährt der Text bei der *persona caelibis* (Tit. 8,6 u. 22,3) und den *personae liberorum* (Abkömmlinge, Tit. 22,17).[71] In diesen Zusammenhang gehört auch der klassische Begriff der *liberi naturales*.[72] Er setzt die genannte Unterscheidung voraus und bezieht sich auf diejenigen Kinder, die aus einem *natürlichen* Grund, nämlich infolge leiblicher Abstammung ehelich sind. Sie unterscheiden sich von den *adoptivi*, bei denen die Stellung als eheliches Kind auf *rechtlichem* Wege hergestellt wurde.

Der Text gibt schließlich einzelne materiellrechtliche Aussagen wieder, die aus anderen Quellen als Lehren des Servius bekannt sind. So gibt beispielsweise die in Tit. 1,23 enthaltene Regel, daß ein Sklave nicht erst beim Tod des Testators, sondern schon bei Testamentserrichtung in seinem quiritischen Eigentum stehen mußte, um wirksam freigelassen zu werden, einen Rechtssatz wieder, der entsprechend als Meinung des Servius überliefert ist.[73] Ein weiteres Beispiel ergibt sich aus Tit. 19,7. Diese Stelle bezieht sich mit dem Ausdruck *traditio* auf den für *res nec mancipi* vorgesehenen Veräußerungstatbestand. Dem Text liegt aber die Vorstellung zugrunde, daß *traditio* eigentlich den rein tatsächlichen Vorgang der Besitzübertragung bezeichnet. Dies entspricht der servianischen Lehre, nach der der

69 Vgl. S. 112.

70 S. oben S. 89 f.

71 An anderen Stellen wird der Betroffene besonders als Person genannt: *eo ..., ex cuius persona hereditas caduca facta est* (Tit. 17,3); *tres personas, in iure cedentis, vindicantis, addicentis* (Tit. 19,9).

72 Vgl. Tit. 8,1; 22,14; 28,3 und 29,1.
Der vorklassisch-naturrechtliche Begriff der *liberi naturales* geht dagegen nicht von der genannten Differenzierung zwischen *naturales* und *adoptivi* aus. Er bezieht sich auf die nichtehelichen, also »nur« natürlichen Kinder. Vgl. Julian 49 *dig.* D. 42,8,17,1; weitere Nachweise bei Heumann/Seckel s.v. naturalis b β.

73 Besonders anschaulich ist hier der Fall der Verwandlung einer Meinung (*existimabat*) des Servius (bei Paulus 50 *ad ed.* D. 40,4,35) in eine entsprechende Regel (Tit. 1,23); vgl. näher unten S. 199.

Besitz als reines *factum* verstanden wird,[74] und auch Aufgabe und Ergreifung des Besitzes zwei rein tatsächliche Akte sind. Die Stelle zeigt dieses Verständnis, indem sie mitteilt, zur »bloßen« Übergabe im handgreiflichen Sinne müsse für den Eigentumsübergang ein Rechtsgrund (*iusta causa*) hinzukommen: *scilicet si ex iusta causa traditae sunt nobis.*[75] Indem der Text eine *iusta causa* und eine *traditio* verlangt, unterscheidet er zwischen der rein *tatsächlichen* Übertragung des Besitzes und den rechtlichen Formen, die das *ius* dafür bereithält. Damit setzt er den Gegensatz von juristischen Formen und empirischer Welt voraus, der charakteristisch für die *ars iuris* des Servius ist.[76]

VI.) Die Ergänzung des Grundbestandes unter dem Einfluß des Kaiserrechts

Der Grundbestand des Textes, der auf die spezifisch klassische Rechtswissenschaft zurückgeht, wurde im Laufe der Kaiserzeit während seiner Tradition innerhalb der prokulianischen Schule erweitert. An mehreren Stellen wurden einzelne Sätze aufgenommen, in denen der Text um vorklassische Lehren oder Bestimmungen des Kaiserrechts ergänzt wurde (1.). Außerdem wurde der Grundbestand um zwei ganze Abschnitte erweitert, die das Dotalrecht und das Recht der augusteischen Ehegesetze behandeln (2.).

1.) Die Ergänzungen vorklassischen Stoffes im ›liber singularis regularum‹: Rückwirkung vorklassischen Rechtsdenkens auf die prokulianische Schule

Die Ergänzung einzelner vorklassischer Lehren in den tradierten Grundbestand des Textes geht auf jene Entwicklung zurück, die mit Julians im Auftrag Hadrians (117-138) vorgenommener Ediktsredaktion beginnt und über Julians in seinen Digesten enthaltenen Ediktkommentar (erschienen nach 148) bis zur Entstehung der Gaius-Institutionen (um 161) bereits Rückwirkungen in der prokulianischen Schule ausgelöst hatte: die Konvergenz der Rechtsschulen. Sie war von seiten der

74 Julian 44 *dig.* D. 41,5,2,2: *Servius ... existimabat naturalem possessionem penes eum fuisse vivo patre,* nimmt also den Besitz des *filiusfamilias* an einer vom Vater geschenkten Sache an. Das kann nur rein faktisch gemeint sein. Vgl. auch Paulus 54 *ad ed.* D. 41,2,1,1: *Dominiumque rerum ex naturali possessione coepisse Nerva filius ait.* Vgl. Behrends, Iusta causa, S. 46-48.

75 Vgl. Behrends, Iusta causa, S. 36 f. aufgrund von Gaius 2 *rer. cott.* D. 41,1,1 pr, Gaius 2 *rer. cott.* D. 41,1,9,3, Gaius 2,20 und – besonders deutlich – Paulus 31 *ad ed.* D. 41,1,31 pr: *Numquam nuda traditio transfert dominium. sed ita, si venditio aut alia* [sic Bynkershoek; F *aliqua*] *iusta causa praecesserit, propter quam traditio sequeretur.*

76 Vgl. oben S. 89 f.

Prokulianer besonders durch Celsus, deren Schuloberhaupt und Julians Zeitgenossen, gefördert worden. Die prokulianische, von Nerva und Proculus ausgehende Schule war zunächst durch eine reinere Fortsetzung der republikanischen Tradition charakterisiert gewesen. Erst in der hochklassischen Epoche des Prinzipats, in welcher die klassische, vom Gleichheitssatz getragene Ordnung des Rechts den Grundsätzen einer naturrechtlich legitimierten Ausnahmemonarchie unterworfen war, wurde das klassisch-republikanische Rechtssystem der Vorstellung einer vom Kaiser gewährleisteten Rechtsordnung untergeordnet. Nun begann sich die prokulianische Schule den Lehren der Gegenseite zu öffnen, und einzelne vorklassische Grundsätze gingen in das Regelwerk ein.[77]

Vorklassisch ist im einzelnen die Anwachsungslehre, die bewirkt, daß der von einem Miteigentümer freigelassene Sklave keine Teilfreiheit erlangt, sondern in das Alleineigentum des anderen Herrn fällt (Tit. 1,18). Die Anwachsungslehre begegnet erneut in Tit. 22,17, und zwar bezüglich übergangener Hauserben, die den ausdrücklich berufenen Erben »hinzuwachsen«. Eine den *favor libertatis* begünstigende vorklassische Lehre läßt den testamentarisch Freigelassenen schon bei Antritt eines von mehreren Erben zur Freiheit gelangen (Tit. 1,22).

Auch die Darstellung des *statuliber* (Tit. 2,1-6) geht offenbar auf eine Bearbeitung unter vorklassischem Einfluß zurück. Der klassische Grundbestand des Textes hatte den Bedingtfreien als solchen noch nicht im Personenrecht behandelt. Ein formales Indiz für eine Überarbeitung und Ergänzung des Textes an dieser Stelle liegt darin, daß § 7 anschließend wieder an den Schluß des ersten Titels anknüpft, indem er weitere Einzelheiten der dort erörterten testamentarischen Freilassung erläutert. Die Bearbeitung erfolgte, wie sich im Vergleich mit entsprechenden Sätzen aus dem 27. und 28. Buch von Ulpians Sabinuskommentar ergibt, unter Heranziehung sabinianischer Lehren, wie etwa der vorklassischen Lehre von der Bedingungsvereitelung (Tit. 2,6).[78]

Vorklassischen Einfluß verraten auch die Begründung der Frauentutel mit der Schwäche des Geschlechts und der Geschäftsunerfahrenheit (Tit. 11,1) sowie die Gesetzesinterpretation nach dem Sinn der Normen in Tit. 11,3 (*per consequentiam*) und Tit. 11,5 (*per similitudinem*). Eine vorklassische Lehre rechtfertigt in Tit. 19,21 den Erwerb des gutgläubigen Besitzers eines Freien oder fremden Sklaven. Auch die körperschaftliche Vorstellung, eine Personengesamtheit könne als zusammenwirkender »Leib« (*corpus*) auftreten, entstammt vorklassischem Rechtsdenken (Tit. 22,5). In D. 44,7,25,1 tritt schließlich die vorklassische Auffassung von der *condictio* auf.

77 Vgl. im einzelnen die Erläuterungen bei den Textstellen.

78 Vgl. ausführlich unten S. 209-211.

2.) *Die eingefügten Textabschnitte*

Zwei ganze Abschnitte des Textes wurden im Verlauf der Überlieferung des Grundbestandes innerhalb der Schule demselben noch hinzugefügt.[79] Für die Beantwortung der Frage, wann sie in den tradierten Grundbestand des Stoffes Eingang fanden, ist ausschlaggebend, daß der in der prokulianischen Lehrtradition überlieferte Stoff die beiden Abschnitte noch nicht enthalten hatte, als er in die sabinianische Schule Eingang fand: Die auf seiner Grundlage erarbeiteten Gaius-Institutionen enthalten nämlich keine entsprechenden Abschnitte. Weil die Übernahme des tradierten Grundbestandes in die sabinianische Schule wahrscheinlich durch die Reform Julians veranlaßt wurde,[80] dürfte die Einfügung wohl frühestens im 2. Viertel des 2. Jahrhunderts, möglicherweise aber auch erst durch den Redaktor des Regelwerks von etwa 180 n. Chr. vorgenommen worden sein.[81]

Den Abschnitten ist gemeinsam, daß der jeweilige Stoff im tradierten Grundbestand vor ihrer Einfügung nicht bzw. nur knapp behandelt worden war. Sie wurden hinzugefügt, um dem Benutzer der Schrift auch in diesen Rechtsbereichen, die aus praktischer Sicht besonders bedeutsam sind, Regeln zur Verfügung zu stellen. Gleichwohl bilden die Abschnitte keine Fremdkörper im *liber singularis regularum.* In Charakter, Regelhaftigkeit, Anlehnung an die Normen sind sie ähnlich beschaffen wie der übrige Text, und sprachlich wie derselbe abgefaßt.

a.) Der Textabschnitt über das Dotalrecht

In die Hauptmasse eingefügt ist zunächst wahrscheinlich der Textabschnitt zum Dotalrecht, der in der überlieferten Fassung in den Tit. 6,1 bis 7,3 des Regelwerks steht.[82] Dieser Abschnitt weist die Häufung spezifisch klassischer Merkmale, die für die Hauptmasse des Textes zu beobachten war, nicht auf. Er gehört nicht zum Ursprungsstoff, sondern stammt aus anderen Zusammenhängen. Dafür spricht zunächst, daß die Gaius-Institutionen keinen entsprechenden Abschnitt zum Dotalrecht enthalten. Darüber hinaus zeigt der Vergleich mit den Sinaischolien und mit Digestenstellen aus Ulpians Sabinuskommentar, daß der Abschnitt seinen Ursprung wahrscheinlich vom *ius civile* des Sabinus nahm.[83] Bei der Einfügung wurde der Herkunftszusammenhang des ergänzten Stoffes insoweit bewahrt, als das Dotalrecht vor der Tutel einfügt wurde. Das Dotalrecht wurde

79 S. 248-277 sowie S. 326-355.

80 S. oben S. 93, 97 und 104.

81 S. unten S. 354.

82 Mommsen, JS 2, S. 48, der auch eine Einfügung dieses Abschnitts sowie der Tit. 13-18 vermutete, konnte noch nicht zeigen, daß jedenfalls die Passage zum Dotalrecht aus Ursprüngen stammt, die sich von der wissenschaftlichen Tradition, in der die Hauptmasse des Textes steht, grundsätzlich unterscheiden.

83 Vgl. näher unten S. 274 f.

damit an der Stelle eingeordnet, die es offenbar auch im Sabinussystem eingenommen hatte. Schließlich enthält der Textabschnitt über das Dotalrecht mehrere Lehren, die zum Bestand der sabinianisch-vorklassischen Dogmatik zu rechnen sind.[84]

b.) Der Textabschnitt über das augusteische Eherecht

Offenbar eingefügt wurde auch der Textabschnitt über das augusteische Eherecht (Tit. 13-18).[85] Das Regelwerk referiert hier Bestimmungen der *leges Iulia* und *Papia Poppaea.* Dabei entspricht der Aufbau des Stoffes in groben Zügen der Gliederung, die die Kommentare zu diesen Gesetzen befolgten.[86] Der Text gibt die gesetzlichen Bestimmungen präzise und regelhaft wieder und enthält darüber hinaus einzelne zwischenzeitlich ergangene Neuerungen. Dabei orientiert er sich sogar offenbar teilweise am Wortlaut der Gesetze. Darauf deutet hin, daß der Text die Präzision übernahm, mit der der Gesetzeswortlaut mutmaßlich zwischen den Genera differenzierte.[87] Im übrigen behandelt der Text die augusteischen Ehegesetze – im Unterschied zu anderen klassischen Schriften – nicht als ein einheitliches Gesetzeswerk (»*lex Iulia et Papia*«), sondern unterscheidet sorgfältig zwischen der *lex Iulia* und der *lex Papia Poppaea.*[88] Der Abschnitt harmoniert insoweit stilistisch mit dem übrigen Text. Dies zeigt, daß es sich nicht etwa um ein aus einem anderen wissenschaftlichen Kontext stammendes Versatzstück handelt,[89] sondern um einen im gleichen Schulbetrieb entstandenen Text.[90]

84 Vgl. unten S. 276 f.

85 Mommsen, JS 2, S. 48. Nelson schließt eine Einfügung daraus, daß der Teil am Ende des Personen- und Familienrechts steht; Überlieferung, S. 379. Er meint, der Teil habe einen »fremdkörperartigen Charakter«; S. 381. Buckland nahm an, daß vielleicht in einem früheren Manuskript ein Blatt versetzt wurde; LQR 40 (1924), S. 200. Wenn überhaupt, dann müßten es mehrere Blätter gewesen sein. Diese Erklärung ist aber eher abwegig.

86 Vgl. näher unten S. 353.

87 Vgl. etwa Tit. 13,2 (*lenone lenave*), Tit. 15,2 (*filius filiave*), Tit. 16,1 a (*filium filiamve; filium vel filiam*).

88 S. oben S. 114, Fn. 52. Dies zeigt neben der Präzision in Tit. 14 auch Tit. 16 (»*neutri legi*«).

89 Dies kann eher im Hinblick auf den Abschnitt zum Dotalrecht angenommen werden; vgl. oben S. 122.

90 Vgl. näher unten S. 354 f.

7. Teil: Die Weiterentwicklung und Darstellung des tradierten Stoffes bei Gaius

I.) Die Weiterbearbeitung von Einzelstellen des Grundbestandes bei Gaius

Wir betrachten als nächstes, welche Erkenntnisse sich aus dem Vergleich von *Einzelstellen* darüber ergeben, auf welche Weise und aus welchen Gründen Gaius den tradierten Grundbestand des Stoffes überarbeitet hat.

Eine erste Möglichkeit zum Vergleich der Bearbeitungen des Grundbestandes in den beiden Texten gibt der Umstand, daß zwei Titelrubriken des Regelwerks Ähnlichkeit mit den entsprechenden Überleitungen bei Gaius aufweisen:[1] Die Rubrik von Tit. 5: *De his qui in potestate sunt* wird bei Gaius 1,51 wiedergegeben mit: *Ac prius dispiciamus de iis qui in aliena potestate sunt.* Ferner spiegelt sich die Rubrik von Tit. 10: *Qui in potestate manu mancipiove sunt quemadmodum eo iure liberentur* bei Gaius 1,124: *Videamus nunc, quomodo hi, qui alieno iuri subiecti sunt, eo iure liberentur.*[2] Diese Parallelen erlauben die Annahme, daß Gaius die aus dem Grundbestand des Stoffes stammenden Rubriken in den Text einarbeitete, während der Redaktor des *liber singularis* sie mechanischer übernahm und ursprünglicher erhielt.

Auch im übrigen ergibt der Vergleich zwischen den einzelnen Sätzen des Regelwerks und den entsprechenden Stellen bei Gaius, daß dieser den tradierten Grundbestand jeweils weitergehend überarbeitet hat. Dies zeigt sich zunächst dort, wo Gaius zusätzliche Systematisierungsschritte an Einzelabschnitten vorgenommen hat. So gibt z.B. Tit. 1,24 die zahlenmäßigen Freilassungsbeschränkungen der *lex Fufia Caninia* nach Klassen geordnet wieder. Dabei teilt der Text bei jeder Klasse mit, daß jeweils mindestens so viele Sklaven freigelassen werden dürften wie in der vorangegangenen Klasse. Gaius dagegen äußert dies nur einmal grundsätzlich.[3] Die schwerfällige Fassung des Tit. 1,24 bildet dabei die authentischere Wiedergabe des Gesetzesinhalts, während die Darstellung bei Gaius 1,42-45 systematisiert und sprachlich geglättet ist.[4] Ein weiteres Beispiel bietet Tit. 20,3-8: Hier werden die Voraussetzungen für die Mitwirkung an der Testamentserrich-

1 Arangio-Ruiz, BIDR 30 (1921), S. 214. Im übrigen sind die Titelrubriken apokryph; s. S. 151.

2 Der Wortlaut der Rubrik zu Tit. 9: *de his qui in manu sunt* klingt zwar an in Gaius 1,108: *Nunc de his personis videamus, quae in manu nostra sunt.* Dieser Satz ist aber kein Bestandteil des überlieferten Gaiustextes, sondern beruht, was Arangio-Ruiz, BIDR 30 (1921), S. 214 übersieht, lediglich auf einer von Goeschen vorgeschlagenen Ergänzung (vgl. S. 290).

3 Gaius 1,45: *Sed quod de numero servorum testamento manumittendorum diximus, ita intellegemus,* ***ne umquam ex eo numero****, ex quo dimidia aut tertia aut quarta aut quinta pars liberari potest,* ***pauciores manumittere liceat, quam ex antecedenti numero licuit.***

4 S. unten S. 201.

tung jeweils für Zeugen und Waagehalter dargestellt. Dieser Abschnitt zeigt einen geringeren Systematisierungsgrad als Gaius 2,105-107, wo die Grundsätze zunächst für den Zeugen entwickelt und dann insgesamt auf den *libripens* übertragen werden: *De libripende eadem quae et de testibus dicta esse intellegemus* (Gaius 2,107).[5]

Teilweise bearbeitete Gaius den tradierten Grundbestand des Stoffes, um die Darstellung an den inzwischen herrschenden Rechtszustand anzupassen. Daß sich Gaius' Überarbeitung insoweit vom ursprünglichen Text entfernt, zeigt sich z.B. bei Berücksichtigung der Ausdrucksweise in Tit. 11,13: Dort ist im Hinblick auf die *capitis deminutio minima* der Adoption, die den Angenommenen in die *potestas* bringt, die *in manum conventio* gleichgestellt, die den Oberbegriff zu den Einzeltatbeständen bildet, welche eine Frau in die *manus* bringen. Die Nennung des Oberbegriffs ist systematisch dadurch gerechtfertigt, daß der *liber singularis* mit *coemptio* und *confarreatio* noch zwei weitere Einzeltatbestände behandelt. Gleichzeitig ist sie ein Indiz für die konservierende Arbeitsweise des Redaktors. Gaius 1,162 nannte bei seiner Verarbeitung dagegen einfach die *coemptio*, weil diese zu seiner Zeit, sofern man überhaupt noch die *manus*-Ehe schloß, fast ausschließlich gebräuchlich war.[6]

Andere Stellen zeigen, daß Gaius den Stoff aus Gründen überarbeitete, die in seiner von ihm selbst oft betonten Zugehörigkeit zu der von Julian dominierten Schule der Sabinianer liegen.[7] Hier ist zunächst die Schilderung von Kontroversen aus sabinianischer Sicht zu nennen: Die Übernahme des Stoffes aus der anderen Schule forderte zur Darstellung der Gegensätze heraus.[8] Demgegenüber ist im *liber singularis* von den bei Gaius genannten Schulenkontroversen nur eine einzige dargestellt, nämlich die zum Eintritt der *pubertas* (Tit. 11,28).[9] Im Unterschied zum Regelwerk gibt Gaius durch die Nennung der einzelnen Kontroversen gerade die Lage seiner Schule wieder, nachdem sein Schuloberhaupt Julian kurz zuvor das institutionelle Rechtsdenken in die sabinianische Schule eingeführt und

5 S. unten S. 386. Gaius 2,107 begründet diese Übertragung der Bestimmungen auf den Waagehalter auch noch damit, daß dieser zu den Zeugen gehöre: *nam et is testium numero est.* Damit trägt Gaius einer zwischenzeitlichen Entwicklung Rechnung: Die Funktion des Waagehalters hatte sich infolge des Rückgangs der Erbschaftsmanzipation der des Zeugen angenähert.

6 S. unten S. 307 f.

7 S. oben S. 92.

8 Wie in anderen Fällen bezieht sich Gaius auch in der Stelle 1,196, wo er entsprechend Tit. 11,28 die Kontroverse um die *pubertas* wiedergibt, ausdrücklich auf den Standpunkt seiner Schulhäupter: ... *Sabinus quidem et Cassius ceterique nostri praeceptores ....*

9 Die in Tit. 1,21 angedeutete Kontroverse um die zwischen mehreren Erbeinsetzungen geschriebene Freilassungsanordnung tritt bei Gaius nicht in vergleichbarer Form auf. Umgekehrt wird das Problem des Damnationslegats zugunsten dessen, der in der Gewalt des Erben steht (Juristenkontroverse bei Gaius 2,244), im Regelwerk nicht als Streit dargestellt (Tit. 24,23).

im Rahmen der wissenschaftlichen Schulenkonvergenz die Auseinandersetzung mit den klassisch-prokulianischen Lehrmeinungen gefördert hatte.

Als Sabinianer argumentiert Gaius auch, wenn er den tradierten Grundbestand in seinen Institutionen um Prinzipien, also »wirklichkeitsoffene Wertbegriffe« ergänzt,[10] die – wie etwa die *bona fides* – konkretisiert werden müssen und nur in ihren Konkretisierungen voll erfaßbar sind. Der in der prokulianischen Schule überlieferte Stoff hatte diese Prinzipien zuvor nicht enthalten. Mit der Herleitung von Rechtseinrichtungen aus Prinzipien bedient sich Gaius einer Methode, die, wie Behrends gezeigt hat, für die sabinianische Rechtsschule kennzeichnend ist.[11] Im Vergleich zwischen seinen Institutionen und dem *liber singularis regularum* ergeben sich mehrere Beispiele dafür, daß sich Gaius an Prinzipien orientiert, während das Regelwerk zeigt, daß der tradierte Grundbestand dies nicht getan hatte.[12] So enthält z.B. Tit. 19,14 die Regel, daß die Schuldner des Erblassers, wenn die Erbschaft vor dem Antritt im Wege der *in iure cessio* übertragen wird, frei werden. Gaius 2,35 u. 3,85 versieht diese Folge mit einer Bewertung: Indem er feststellt, daß den Schuldnern ein *lucrum*, also ein ungerechtfertigter Vermögensvorteil zufalle, mißt er die Folge am Gerechtigkeitsprinzip und argumentiert damit – im Gegensatz zum Regelwerk – auf spezifisch sabinianische Weise.[13] Ein weiteres Beispiel bietet Tit. 29,1: Stirbt ein Freigelassener ohne Testament, hinterläßt aber eine gewaltunterworfene Ehefrau oder einen adoptierten Sohn als Hauserben, dann kann der Patron den Nachlaßbesitz an der Hälfte beanspruchen. Es handelt sich um die klassische Regel, die die vorklassische *societas Rutiliana* ersetzte, nachdem Servius in seinem Edikt dem Freilasser keine Rechte an Person oder Arbeitskraft des Freigelassenen mehr belassen hatte. Gaius 3,41 stellt die Regelung nur als Beseitigung einer Ungerechtigkeit dar, die das Zwölftafelrecht bewirkt hatte, nach dem der Patron von der Erbschaft durch alle Hauserben ausgeschlossen wurde. Durch den Vergleich des klassischen Edikts mit dem Zwölftafelrecht reduziert Gaius den Zusammenhang auf eine ergebnisorientierte Sicht, die er als Sabinianer zudem mit einer moralisierenden Bewertung (»*iniquitas*«) versieht.[14]

Im Kontrast zum *liber singularis* zeigt sich Gaius z.B. darin als Schüler Julians, daß er den Grundbestand des Stoffes um dessen Gewohnheitsrechtslehre ergänzt. Für die klassische Lehre sah der Gewohnheitsrechtstatbestand das Erfordernis lang andauernder Übung in vergangenen Generationen vor. Erst diese ermöglichte die Bildung hinreichend abgegrenzter Tatbestände des *mos maiorum*, die Bestandteil der klassischen *ratio iuris* werden konnten. Diese spezifisch klassische

10 Vgl. Behrends, SZ 95 (1978), S. 187, Fn. 1.

11 Zum prinzipiellen Rechtsdenken als Methode der sabinianischen Rechtsschule grundlegend Behrends, SZ 95 (1978), S. 188 ff.

12 Zur prinzipiengeleiteten Rechtfertigung der Behandlung des Sklaven als Person bei Gaius S. 135 f.

13 S. unten S. 375.

14 S. unten S. 514.

Lehre enthält *princ.* § 4, der die *longa consuetudo* als Tatbestandsmerkmal der *mores* nennt. Für Julian dagegen setzte das ungeschriebene Recht keine fortdauernde Übung voraus: Da das Gesetz ein gemeinschaftlicher Vertrag der Bürgerschaft ist und es bei den *mores* nur an einer ausdrücklichen Inkraftsetzung fehlt, kann nach Julian auch der stillschweigende Konsens Gewohnheitsrecht hervorbringen.[15] Diese Lehre gibt auch Gaius 3,82 wieder: *Sunt autem etiam alterius generis successiones, quae neque lege XII tabularum neque praetoris edicto, sed* ***ex iure ⟨quod⟩ consensu receptum est*** *introductae sunt.*[16]

Daß Gaius den Grundbestand des Stoffes auf Grundlage der Lehren Julians bearbeitet hat, erweist sich auch im Recht des Erbschaftsantritts. Tit. 22,25 stellt in formaler Weise auf die äußeren Tatbestände des Antritts ab: Der ohne wortgebundene Antrittsform (*cretio*) Eingesetzte wird Erbe, wenn er mit dem Nachlaß äußerlich wie ein Erbe umgeht, also ihn etwa nutzt oder verwaltet. Nach Gaius 2,167 und 169 kann der ohne *cretio* Eingesetzte nicht nur durch *pro herede gestio*, sondern auch durch förmlichen Antritt und sogar durch formlose Äußerung des Antrittswillens Erbe werden. Wie die Formulierung *vel etiam* ***nuda*** *voluntate suscipiendae hereditatis* zeigt, geht es Gaius letztlich um den Willen, der auf unterschiedliche Weise ausgedrückt werden kann. Diese willenstheoretische Auffassung des Antrittsrechts geht auf Gaius' Lehrer Julian zurück. Er hatte die *pro herede gestio* im Kern als Ausdruck eines auf den Erwerb gerichteten Willens verstanden: *pro herede autem gerere* ***non esse facti quam animi:*** *nam hoc animo esse debet, ut velit esse heres.*[17]

In anderen Fällen war Ursache für Überarbeitungen, daß Gaius gerade die Rechtsverhältnisse in den Provinzen darstellen will. Er ergänzt daher den im stadtrömischen Schulbetrieb tradierten Stoff um Angaben, die sich auf das Provinzialrecht beziehen. Daß der in Rom tradierte Grundbestand das Provinzialrecht relativ selten berücksichtigt hatte, läßt der *liber singularis* erkennen. Demgegenüber ist Gaius deutlich ausführlicher, wenn es um Rechtsfragen geht, die besonders in der Provinz von Interesse sind. Umfassender als das Regelwerk geht er z.B. auf die Frage ein, unter welchen Voraussetzungen Kinder der väterlichen Gewalt unterfallen können, die aus einer in Unkenntnis des Statusunterschiedes geschlossenen Ehe zwischen Personen verschiedenen Bürgerrechts stammen (Gaius 1,67-75 gegenüber Tit. 7,4). Diese Sachverhalte treten in der Provinz häufiger auf

15 Julian 84 *dig.* D. 1,3,32: *cum ipsae leges nulla alia ex causa nos teneant, quam quod iudicio populi receptae sunt, merito et ea, quae sine ullo scripto populus probavit, tenebunt omnes: nam quid interest suffragio populus voluntatem suam declaret an rebus ipsis et factis?* Vgl. dazu Behrends, Gewohnheitsrecht, S. 96-100.

16 S. unten S. 172 f.

17 S. unten S. 424. Ulpian 61 *ad ed.* D. 29,2,20 pr: *generaliter Iulianus scribit eum demum pro herede gerere, qui aliquid quasi heres gerit: pro herede autem gerere non esse facti quam animi: nam hoc animo esse debet, ut velit esse heres.* Vgl. Marrone, Istituzioni, S. 803; Kaser, RP 1, S. 717, Fn. 40 mit Nachweisen.

als in Rom.[18] Im Freilassungsrecht geben sowohl Tit. 1,13 a als auch Gaius 1,20 die Zusammensetzung des *consilium*, also des Beirates, der an Freilassungen mitwirkt, an. Gaius berichtet aber zusätzlich, wann das *consilium* zusammentritt. Dabei erklärt er zuerst, daß dies in den Provinzen jeweils am letzten Gerichtstag des Provinzialkonvents (*ultimo die conventus*) geschehe. Anschließend teilt er mit, daß das *consilium* in Rom an »bestimmten Tagen« (*certis diebus*) an Freilassungen mitwirke.[19] Gaius stellt also die Darstellung des Provinzialrechts voran und liefert für die Provinzen genauere Angaben. Auch Gaius' Darstellung der Übereignungstatbestände geht auf eine Überarbeitung des Grundbestandes zurück, die durch sein Interesse am Provinzialrecht motiviert ist. Tit. 19 enthält eine auf ein älteres System der Übereignungstatbestände deutende Darstellung, in deren Mittelpunkt die Manzipation steht. Demgegenüber stellt Gaius als Provinzjurist die *traditio* voran, die in der Provinz praktisch viel bedeutender als die *mancipatio* war.[20]

Die Bearbeitung des Stoffes durch Gaius ist in einigen Fällen mit einer weniger präzisen Wiedergabe der Bestimmungen einhergegangen. So enthält z.B. Tit. 1,6 des Regelwerks die begriffliche Unterscheidung zwischen der »gesetzmäßigen« Freilassung (*legitima manumissio*) und dem Gesichtspunkt, daß kein *ius* entgegenstehen darf. Demgegenüber sind die Voraussetzungen bei Gaius 1,17 verschliffen, wenn er von der *iusta ac legitima manumissio* spricht.[21] Ein anderes Beispiel enthält Tit. 8,5. Er gibt zutreffend wieder, daß nach älterem Recht die Arrogation von *pupilli* verboten war: es handelte sich um eine Beschränkung der Befugnisse des Tutors. Gaius 1,102 verallgemeinert den Grundsatz, wenn er das Verbot weniger präzise auf die *impuberes* bezieht.[22]

Umgekehrt weist aber auch der *liber singularis* begrenzte Unvollkommenheiten auf, die durch die Tendenz zur Konservierung des benutzten Stoffes begründet sind. So liegt es z.B. bei der unveränderten Bezeichnung des verstorbenen Kaisers Marc Aurel als *imperator*.[23] Auch nennt Tit. 1,10 die in der *lex Iunia Norbana* verwendete Bezeichnung *Latini*. Er bezieht sich ausdrücklich auf die Ausdrucksweise

18 Es gibt zahlreiche weitere Beispiele dafür, daß Gaius im Unterschied zu den sachlich sonst entsprechenden Stellen unseres Textes sein besonderes Interesse an den Rechtsverhältnissen in der Provinz zeigt: Vgl. Gaius 1,37 u. 47 ggü. Tit. 1,15; Gaius 1,134 ggü. Tit. 10,1; Gaius 1,183 ggü. Tit. 11,23 und Gaius 1,197 f. ggü. Tit. 12,4.

19 S. unten S. 187.

20 S. unten S. 356 f. Vgl. ferner die Behandlung der *in iure cessio* im Vergleich zu Tit. 19,9 u. 10. S. im übrigen die Ergebnisse zu Tit. 3 (S. 233).

21 S. unten S. 175 f.

22 S. unten S. 285.

23 Tit. 17,2 und 26,7. In Tit. 24,28 wird der längst verstorbene und konsekrierte Hadrian ohne *divus*-Formel genannt (vgl. bereits oben S. 77). Diese gelegentlich durch das »Stehenlassen« entstehenden, lediglich die Titulatur betreffenden Widersprüche konnte der Redaktor in Kauf nehmen, weil die Schrift ja zunächst für den Gebrauch innerhalb der Schule und nicht zur Publikation gedacht war.

des Gesetzes (***lege*** *›Latini‹ sunt nominati* ...), die aber mehrdeutig ist, weil mit diesem Ausdruck auch *Latini coloniarii* hätten bezeichnet werden können. Gaius 1,22 verwendet demgegenüber die im Sprachgebrauch der Schule längst etablierte, genauere Bezeichnung *Latini Iuniani.*

II.) Die Modernisierung des Gesamtsystems bei Gaius gegenüber dem vom *liber singularis* repräsentierten Entwicklungsstand

Gaius schuf mit seinen Institutionen um 161 n. Chr. die früheste erhaltene Darstellung desjenigen Institutionensystems, auf das Justinian später zurückgriff. Aus diesem Grunde hat Birks Gaius den »Darwin of the law« genannt.[24] Bei der Erforschung der Entwicklung des Systems sind die Gaius-Institutionen aber ebenso wie der *liber singularis* nur Erkenntnisquelle. Sie sind – um das Bild fortzusetzen – die fossilen Zeugnisse, aus denen sich Rückschlüsse ziehen lassen. Die Aufgabe Darwins übernimmt in Wahrheit der Rechtshistoriker, der beide Texte zueinander in Beziehung setzt und aus ihnen die »Origin of Species« herausarbeitet, nämlich die Entwicklung, die zu unterschiedlichen Ausformungen des Systems führte.

Wir haben gesehen, daß der *liber singularis*, obgleich er etwa 20 Jahre später als die Gaius-Institutionen entstand, den beiden Texten zugrundeliegenden Grundbestand in höherem Maße als Gaius bewahrte.[25] Er gibt damit auch in systematischer Hinsicht einen älteren Entwicklungsstand als Gaius wieder. Damit wenden wir uns der Frage zu, nach welchen Grundsätzen das *Gesamtsystem* bei Gaius gegenüber der Entwicklungsstufe verändert wurde, die das Regelwerk repräsentiert.

1.) Die klassische Differenzierung zwischen ›institutio‹ und ›natura‹ und die Unterscheidung des Edikts zwischen ›ius‹ und Amtsrecht

Dem *liber singularis regularum* liegt die Vorstellung eines Systems abgeschlossener Rechtsinstitute zugrunde, deren Bestimmungen durch Regelungen des Prätors ergänzt werden.[26] Die Unterscheidung zwischen *ius* und Amtsrecht bildet sogar,

24 Birks, Definition and Division, S. 2. Kritisch dazu bereits Samuel, ICLQ 49 (2000), S. 297 ff. Auch der Vergleich Gaius' mit Carl von Linné, den Birks inzwischen hergestellt hat (Introduction, in: English Private Law, Bd. 1, S. xliv: »... the brilliant Gaius, the Darwin of the law or, perhaps more accurately, the Linnaeus ...«; dazu Stevens, LQR 119 [2003], S. 534), erweckt unrichtige Vorstellungen von Gaius' persönlichem Verdienst um das System. Gaius war nicht selbst der »brilliante« Systematiker, sondern verdankte die entscheidenden Modernisierungsschritte, die seine Institutionen widerspiegeln, seinem Lehrer Julian. Vgl. oben S. 96, Fn. 55 und S. 125-127.

25 S. oben S. 111 und 124 ff.

26 Vgl. S. 113.

sieht man von der Gesamtordnung *personae, res, actiones* ab,[27] den wichtigsten Gliederungsgesichtspunkt des Regelwerks. Daraus ergeben sich Hinweise auf die Bedeutung des prätorischen Edikts für den *liber singularis*, dessen Darstellung des Rechts in Form unmittelbar subsumierbarer Regeln gerade auf den Rechtsschutz ausgerichtet ist. Die für die klassische Rechtswissenschaft grundlegende *partitio*, die den Gegenstand der Rechtsbetrachtung in *institutio* und *natura* einteilt, findet sich im Ediktssystem darin wieder, daß der Prätor nur die amtsrechtliche Seite beherrscht, nicht dagegen die Seite des *ius*. Der Prätor kann also nach dieser Vorstellung kein *ius* schaffen.[28] Mit der Ediktredaktion ermöglichte Servius die gemeinsame Behandlung von *ius* und prätorischen Regelungen in einem System. Sie blieben jedoch streng getrennt nach ihrer jeweiligen Quelle.

2.) Die dem klassischen Edikt verbundene Systematik des ›liber singularis regularum‹

Im Vergleich zu den Institutionen des Gaius repräsentiert der *liber singularis regularum* insoweit die ältere, ursprünglichere Systematik, als er, wie gleich näher zu zeigen ist, bestimmte systematische Grundsätze des klassischen Edikts vergleichsweise konsequenter als Gaius befolgt. Dies ist darum ein Zeichen für die ältere Systematik, weil das klassische Edikt seine Grundlagen der Redaktion des Servius verdankt, auf dessen Tradition auch die Struktur des überlieferten Grundbestandes letztlich zurückgeht.[29] Durch seine Arbeit am Edikt und dessen Kommentierung erreichte Servius eine zusammenhängende Darstellung des gesamten Privatrechtsstoffes aus der Perspektive des Edikts.

Zwar berücksichtigt der *liber singularis*, wie wir gesehen haben, die Folgen der wissenschaftlichen Schulenkonvergenz insoweit, als er die prätorischen Regelungen inzwischen als *ius* bezeichnet.[30] Damit setzt er sich über die auf Servius zurückgehende Differenzierung zwischen den Institutionen des *ius* und den der *natura* angehörenden Regelungen des Prätors ein Stück weit hinweg. Anders als Gaius zieht er daraus aber keine systematischen Konsequenzen: Die systematischen Folgen der *partitio* bleiben erhalten. Ihre grundlegende Unterscheidung beherrscht das Regelwerk im übrigen vollkommen und ist konsequent durchgeführt. Die *partitio* in die Institutionen des *ius* und den Bereich der *natura* entspricht der Zweiteilung des Edikts in Rechtsbehelfe, die *in ius* und *in factum* konzipiert sind. Daß dem Regelwerk, das einer praxisorientierten Juristenausbildung dienen soll, die ediktale Zweiteilung zugrundeliegt, ist kein Zufall. Es ist nämlich nur aus der Perspektive des Edikts möglich, in einer praktischen Weise

27 Vgl. S. 99.
28 S. oben S. 113; vgl. Behrends, Gewohnheitsrecht, S. 38, Fn. 49.
29 S. oben S. 90 f. und 97.
30 S. oben S. 105.

darzustellen, daß die formalen Institute der *ratio iuris* stets mit Hilfe des Befehlsrechts des prätorischen Amtes unterstützt, ergänzt und korrigiert werden müssen.

Die gemeinsame Behandlung von *ius* und Amtsrecht in einem System erleichterte es, daß sich der Unterschied zwischen beiden Bereichen bis zur hochklassischen Zeit milderte. Die Annäherung wurde durch die Vorstellung begünstigt, daß jedes Recht von seiner Verwirklichung durch den Prätor abhänge. Für das Honorarrecht ist dies evident. Dasselbe gilt aber auch für das *ius*, weil es nach der klassischen Vorstellung als menschliche Schöpfung nur aus unkörperlichen, gedachten Institutionen besteht, und damit nur lebensfähig ist, weil der Gerichtsmagistrat es zur Geltung bringt und laufend ergänzt und korrigiert.[31] Der grundsätzliche Unterschied bestand aber fort. Nach wie vor galten die Rechtssätze also teils kraft objektiven *ius*, teils kraft *imperium* des Prätors. Diese Vorstellung ist für den *liber singularis* grundlegend.

Der Zusammenhang zwischen dem *liber singularis* und dem Edikt zeigt sich auch daran, daß der Aufbau des 19. Titels durch das »Wertprinzip« beeinflußt ist, das Rudorff für die Reihenfolge der Behandlung des Stoffes im Edikt festgestellt hat: Das Edikt ist an mehreren Stellen nach dem Gesichtspunkt der ökonomischen Bedeutung der Güter geordnet.[32] An erster Stelle steht danach die Erbschaft als Vermögensgesamtheit. Ihr folgt unter den Einzelgegenständen das Grundstück als unbewegliches und gleichzeitig sicherstes Vermögensstück. Es folgt der Sklave, der als vernunftbegabtes Wesen dem Tier vorgeht, das wiederum als Lebewesen vor anderen beweglichen Sachen behandelt wird.[33] Dieses Prinzip hat auch die Ordnung der Übereignungstatbestände beeinflußt, mit der Einschränkung allerdings, daß die Dichotomie von *res corporales* und *incorporales* eine systematische Versetzung der Erbschaft als *res incorporalis* in den nachfolgenden Abschnitt des Vermögensrechts bewirkt hat. So tritt das Wertprinzip zunächst in Tit. 19,1 auf: Er behandelt die *praedia in Italico solo*, anschließend die *iura praediorum rusticorum*, dann die *servi et quadrupedes, quae dorso collove domantur* und schließlich die *ceterae res*. Das Wertprinzip liegt aber auch der Anordnung des ganzen Tit. 19 zugrunde, in dem die *mancipatio* als spezifische Übereignungsform für besonders bedeutende Güter der *traditio* vorangeht.

3.) Die systematische Abweichung in den Gaius-Institutionen

Während der *liber singularis regularum* unmittelbar auf die Überlieferung des ursprünglich klassischen Grundbestandes zurückgeht, zweigte die zur Entstehung der Gaius-Institutionen führende Entwicklung ab und vollzog sich unter sabinia-

31 Behrends, in: Bydlinski/Mayer-Maly, Grundlagen, S. 19.

32 Rudorff, ZRG 3 (1864), S. 62 f.; zustimmend Lenel, EP, S. 38; dazu Behrends, Index 19 (1991), S. 178.

33 Vgl. S. 358-361.

nisch-naturrechtlichem Einfluß.[34] Die Rezeption des ursprünglich aus der anderen Wissenschaftstradition herrührenden Stoffes bewirkte dabei, daß der Grundbestand auch in der Systematik eine wesentliche Überarbeitung erfuhr. Es ist nun näher zu zeigen, in welchen *systembildenden* Eigenschaften sich die Gaius-Institutionen vom *liber singularis* unterscheiden, und welche Einflüsse die Abweichungen bewirkten.[35]

a.) Die Darstellung des Amtsrechts unter dem leitenden Gesichtspunkt der *institutio*

Die erste wichtige Abweichung in systematischer Hinsicht liegt darin, daß sich Gaius von der dem Edikt verpflichteten Ordnung entfernt, indem er den Stoff einer Neuordnung unter dem leitenden Gesichtspunkt der *institutio* unterzieht: die Bestimmungen des Amtsrechts werden jetzt ebenso wie die Einrichtungen des *ius* als Institute behandelt.[36] Damit treten materiellrechtliche Gesichtspunkte in den Vordergrund. Die Bedeutung der ediktalen *partitio* geht demgegenüber zurück, und die Bereiche *ius civile* und *ius honorarium* werden miteinander verflochten.[37] Dies läßt sich besonders am Vergleich der jeweiligen Darstellungen des Intestaterbrechts im *liber singularis* und bei Gaius zeigen. Die Gliederung des Intestaterbrechts in den Gaiusinstitutionen ist nämlich, wie schon Nelson zutreffend gezeigt hat, grundsätzlich anders vorgenommen als die des entsprechenden Abschnitts im *liber singularis*: Das Intestaterbrecht des Regelwerks (Titel 26 bis 29) ist zunächst in die Bereiche *ius civile* und prätorische Regelungen gegliedert und dann jeweils getrennt hinsichtlich der Freigeborenen und Freigelassenen dargestellt. Der Text behandelt also zunächst das zivile Intestaterbrecht für Freigeborene (Tit. 26), dann für Freigelassene (Tit. 27), bevor er anschließend die prätorischen Nachfolgeregelungen für Freigeborene (Tit. 28) und Freigelassene (Tit. 29) behandelt. Demgegenüber stellt Gaius das Intestaterbrecht der Freigeborenen und Freigelas-

34 S. bereits S. 104 und 124 ff.

35 Richtigerweise meint Nelson, Überlieferung, S. 373, Fn. 60, man dürfe nicht ohne nähere Präzisierung von »dem« Institutionensystem reden. Er hält es allerdings für exakter, von dem »bei Ps.-Dositheus, Gaius und Ulpian begegnende(n)« Institutionensystem zu sprechen. Es bedarf aber gerade einer Differenzierung zwischen Gaius und unserem Text, denn der *liber singularis* und die Gaius-Institutionen – das *Frag. Dos.* ist zu kurz für eine zuverlässige Einordnung – unterscheiden sich wesentlich in ihrer Systematik, soweit sie vom Rechtsquellenverständnis abhängt.

36 Die Ordnung des gesamten Privatrechtsstoffes unter dem leitenden Gesichtspunkt der *institutio* ist also ein Modernisierungsschritt, der viel jünger ist als die Grunddisposition in *personae*, *res* und *actiones*, und auf andere wissenschaftliche Einflüsse zurückgeht. Dies ist gegenüber der im Schrifttum gelegentlich begegnenden Identifikation des Institutionensystems mit der Einteilung *personae-res-actiones* (Diósdi, ANRW II,15, S. 612; vgl. Kübler, RE, 13. Hb. [1910], s. v. Gaius 2, Sp. 497) einzuwenden.

37 Vgl. Nelson, Überlieferung, S. 337.

senen jeweils nach Zivilrecht und Honorarrecht dar: Für Freigeborene werden zunächst das zivile Intestaterbrecht (Gaius 3,1-24) und dann die prätorischen Nachfolgeregelungen dargestellt (Gaius 3,25-38). Anschließend wendet sich Gaius den Freigelassenen zu[38] und stellt für sie das zivile Intestaterbrecht (Gaius 3,39-40) und die prätorischen Regelungen dar (Gaius 3,41-73).[39] Indem Gaius die Darstellung des Intestaterbrechts in erster Linie nicht mehr nach *ius* und Amtsrecht, sondern nach Freigeborenen und Freigelassenen ordnet, zerreißt er die alte Systematik.

Nelson meint, Gaius sei nicht der Urheber der Abweichung, weil er sich zu seinem Dispositionsschema nicht äußert. Die unterschiedliche Darstellung erklärt Nelson damit, daß Gaius und »Ulpian« jeweils eine andere Variante des Institutionensystems als Quelle benutzt hätten.[40] Wir werden aber nachfolgend zeigen, daß es sich um ein Ergebnis der Überarbeitung des tradierten Stoffes handelt, die Gaius gerade auf Grundlage der Lehren seiner von Julian dominierten Schule vornahm. Aus diesem Gesichtspunkt ergibt sich auch, daß die Vermutung, der *liber singularis regularum* hänge von Gaius ab, indem er eine Weiterverarbeitung des Institutionenstoffes darstelle, unhaltbar ist.[41]

Gaius kann das Amtsrecht darum in die *institutio* mit einbeziehen und damit ein beide Seiten des Edikts umspannendes Institutionensystem bilden, weil die sabinianische Schule unter der Leitung Julians ein neues, zweiteiliges Rechtsquellensystem entwickelt hatte.[42] Dieses enthielt neben dem *ius civile* das naturrechtlich interpretierte *ius gentium*.[43] Das neue *ius gentium* beruhte darauf, daß das *ius naturale* in den Bereich der menschlichen Lebensverhältnisse integriert wurde. Die Regelungen des Prätors, die im Ediktssystem auf der Seite der *natura* die tatsächlichen Verhältnisse ordneten, wurden nun dem *ius gentium* zugerechnet.[44] Damit konnten sie als *ius* betrachtet werden.[45] Sie wurden auf diesem Wege Teil einer umfassenden, in Instituten konzipierten Ordnung.[46]

38 Gaius 3,39: *Nunc de libertorum bonis* (!) *videamus.* Indem Gaius den Abschnitt über das zivile Intestaterbrecht für Freigelassene mit dem Hinweis auf die *bona* einleitet, vermengt er einen Ausdruck des prätorischen Rechts mit dem *ius civile.* Es handelt sich um eine Ungenauigkeit, die der *liber singularis* in der – allerdings apokryphen! – Titelrubrik 27 aufweist.

39 Nelson, Überlieferung, S. 349, 384 f.

40 Nelson, Überlieferung, S. 385.

41 Umgekehrt kommt eine Abhängigkeit des Gaius vom *liber singularis regularum* aus chronologischen Gründen nicht in Betracht.

42 S. oben S. 93.

43 Es sind die Vorklassiker (*maiores*), auf die dieses zweigliedrige Rechtsquellensystem zurückgeht. Vgl. Cicero *de off.* 3,17,69: *maiores aliud ius gentium, aliud ius civile esse voluerunt.* Zur Sache Behrends, Kommentar, S. 431 f. mit Fn. 22.

44 Vgl. S. 94.

45 Behrends, Kommentar, S. 426, Fn. 8.

46 Behrends, Kommentar, S. 426.

In diesem neuen sabinianischen System erfuhr gleichzeitig der Begriff der *institutio* eine Umdeutung: er wurde nun im Lichte der *naturalis ratio* verstanden. Gaius führt unter dem Einfluß Julians das gesamte Recht auf die *naturalis ratio* zurück (Gaius 1,1): *quod vero naturalis ratio inter omnes homines constituit, id apud omnes populos peraeque custoditur vocaturque ius gentium, quasi quo iure omnes gentes utuntur.* Wie das Recht insgesamt, beruhen auch die einzelnen Institutionen in seinem System auf diesem Vernunftprinzip. Sie konkretisieren jeweils die *naturalis ratio.* Die Darstellung dieser umfassenden Privatrechtsordnung war das bei Gaius verwirklichte Institutionensystem.[47]

Dies zeigt sich im Verhältnis zwischen dem *liber singularis* und den Gaius-Institutionen auch im Detail: So teilt z.B. Tit. 5,10 als Regel mit, daß für den Status des in einer zivilen Ehe Gezeugten die Verhältnisse zur Zeit der Empfängnis maßgebend sind: Es wird auch dann ein *civis romanus* geboren, wenn die Mutter inzwischen eine Statusverschlechterung erlitten hat. Im andern Fall kommt es auf den Zeitpunkt der Geburt an. Wurde also eine Frau als Sklavin von einem Bürger schwanger, entband dann aber als Freigelassene, so war das Kind frei.[48] Gaius 1,89 führt den letztgenannten Grundsatz als Sabinianer auf die *naturalis ratio* zurück: ... *qui nascitur liberum nasci, naturali ratione fit.* Ein weiteres Beispiel dafür, wie sich dieser grundsätzliche Unterschied an den hier verglichenen Texten zeigt, bietet die Begründung der Minderjährigentutel: Der *liber singularis* beschränkt sich in Tit. 11,1 darauf, die Vormundschaft mit der altersbedingten Schwäche (*infirmitas aetatis*) zu begründen. Demgegenüber leitet Gaius 1,189 die Tutel aus der *naturalis ratio* her: *id naturali ratione conveniens est, ut is qui perfectae aetatis non sit, alterius tutela regatur.* Es ist ihm dadurch möglich, das Bestehen der Vormundschaft bei allen Völkern zu begründen, weil an der *naturalis ratio* auch Peregrine teilhaben.[49]

b.) Die Behandlung der Rechtsstellung der Sklaven im Personenrecht

Der zweite wichtige Gesichtspunkt, in dem Gaius vom Ediktssystem abweicht, liegt in der Behandlung der Rechtsstellung des Sklaven im Personenrecht. Dieser Schritt bedeutet eine Hinwendung vom Ediktssystem zum Kaiserrecht. Kaiserliches Ausnahmerecht hatte nämlich bewirkt, daß die Sklaven in der hochklassischen Zeit in den Rechtsbegriff der Person einbezogen wurden. Gaius erörtert ihre Rechtsstellung daher im Personenrecht. Der *liber singularis regularum* weist diesen Modernisierungsschritt dagegen nicht auf.

47 Behrends, Institutionen, S. 281, Fn. 14; ders., Kommentar, S. 426, Fn. 8.

48 Die Regel, nach der eine vorübergehende Freiheit der Mutter während der Schwangerschaft ausreicht, um dem Kind die Freiheit zu verschaffen, wird ebensowenig wie bei Gaius genannt.

49 Vgl. Gaius 1,1 (Gaius 1 *inst.* D. 1,1,9): *quod vero naturalis ratio* ***inter omnes homines*** *constituit ...*; Gaius 2 *rer. cott.* D. 41,1,1 pr: *quod ratione naturali inter omnes homines peraeque servatur ....*

Im spezifisch klassischen System, das durch die Unterscheidung zwischen menschengeschaffener Rechtseinrichtung (*institutio*) und körperweltlicher Natur (*natura*) gekennzeichnet ist,[50] tritt die Person auf beiden Seiten auf: Auf der Seite der *natura* beschreibt *persona* den natürlichen Menschen, der durch sein individuelles Erscheinungsbild und seine Sprachfähigkeit gekennzeichnet ist. Dieser naturalistische Personenbegriff geht auf die skeptisch-akademische Tradition zurück.[51] Er bezieht sich auf einen bloßen Natursachverhalt, dem keine Rechtsqualität zukommt. Durch die *institutio* wird dem Menschen demgegenüber die Rechtsfähigkeit verliehen. Er kann damit über Vermögen verfügen (*res*) und vor Gericht klagen (*actio*).[52] Im spezifisch klassischen System wird der Ausdruck *persona* regelmäßig in dem Sinn dieser zivilisationsrechtlichen Qualifikation, die den Menschen über seine biologischen Eigenschaften hinaus in den Rang eines Rechtssubjekts erhebt, verwendet.[53] In den *Rechts*begriff der Person sind nach diesem System nur die Freien einbezogen. Sklaven dagegen sind nicht rechtsfähig, sondern Gegenstand des Besitz- und Eigentumsrechts. Das Edikt schließt die Sklaven aus der Kategorie der Person aus, weil sie keine Prozeßhandlungen vornehmen können.[54] Im klassischen System werden sie daher nicht im Recht der *personae* behandelt, sondern im Recht der *res.*[55]

Dieser radikale Standpunkt der klassischen Lehre wird im Laufe des Prinzipats durch naturrechtliche Einflüsse überlagert, die zu der Vorstellung führen, daß die rechtliche Personeneigenschaft dem Menschen von Natur aus zukomme. Auf dieser Grundlage bezieht Gaius den Sklaven in den Begriff der Person ein,[56] nämlich

50 S. bereits oben S. 89 f.

51 Behrends, Subjektivität, S. 235.

52 Behrends, Subjektivität, S. 232 ff.; ders., Labeo 44 (1998), S. 41, Fn. 23.

53 Behrends, Subjektivität, S. 237 mit Hinweis auf spätere Texte bei Cassiodor und Theophilus. Für die entsprechende Ausdrucksweise des *liber singularis* vgl. S. 119.

54 Behrends, Subjektivität, S. 235 f. mit weiteren Nachweisen. Vgl. Servius bei Gaius 3,179: *Servius ... respondit, si quis id, quod sibi L. Titius deberet, a servo fuerit stipulatus, novationem fieri et rem perire,* ***quia cum servo agi non posset.*** Nach diesem klassischen Konzept ist der Sklave also nicht etwa deswegen vom Rechtsbegriff der Person ausgeschlossen, weil er keine rechtswirksamen Handlungen vornehmen könnte. Er kann nur nicht Prozeßpartei (hier: Beklagter) sein. Vgl. Ulpian 60 *ad ed.* D. 28,8,1 pr: *quia pro nullo isti* (d.h. die Sklaven) *habentur apud praetorem* und Ulpian 1 *ad Sab.* D. 28,1,20,7: *Servus ... iuris civilis communionem non habeat in totum, ne praetoris quidem edicti.*

55 Behrends, Prinzipat, S. 80 u. 232. Häufig nennen die Quellen den Sklaven in diesem Sinne *homo*: Er ist »nur« Mensch; Behrends, Subjektivität, S. 238; Nachweise bei Heumann/Seckel s. v. *homo* 3).

56 Gaius 1,9: *summa divisio de iure personarum haec est, quod omnes homines aut liberi sunt aut servi*; 1,48 mit 50 und 52; 1,128; 4,135; ferner Julian 34 *dig.* D. 30,86,2: *servi ... quae personam eius attingunt*; Paulus *lb. sg. ad leg. Fuf. Can.* D. 50,16,215: *in persona servi dominium*; Ulpian 28 *ad Sab.* D. 50,17,22: *in personam servilem nulla cadit obligatio*; Behrends, Subjektivität, S. 236.

als *persona in potestate* (Gaius 1,49 u. 52). Damit wird er auf eine Stufe mit dem – freien! – Haussohn gestellt (Gaius 1,55). Diese Einordnung des Sklaven geht auf ein bescheidenes Maß an Rechtsfähigkeit zurück, das die Sklaven inzwischen aufgrund kaiserlichen Rechts erlangt haben.[57]

Wie öfter,[58] argumentiert Gaius auch in dieser Rechtsfrage mit einem Prinzip (*ratio*); vgl. Gaius 1,53: *hoc tempore neque civibus Romanis nec ullis aliis hominibus, qui sub imperio populi Romani sunt, licet supra modum et sine causa in servos suos saevire … praecepit* [scil. Antoninus Pius], *ut si intolerabilis videatur dominorum saevitia, cogantur servos suos vendere. et utrumque recte fit. male enim nostro iure uti non debemus; qua* ***ratione*** *et prodigis interdicitur bonorum suorum administratio.* Die Argumentation geht davon aus, daß die Sklaven als Vermögensgegenstände dem Eigentum ihrer Herren (*dominorum*) unterfallen. Dieses ist aber aufgrund Kaiserrechts Beschränkungen unterworfen. Diese Beschränkungen führt Gaius auf ein geltendes Prinzip zurück, das dem Mißbrauch von Rechten entgegenwirkt.

Daß der Schutz dieses Kernbereichs der Persönlichkeit des Sklaven darüber hinaus von der natürlichen Ordnung gefordert ist, entspricht einer Vorstellung, die aus der sabinianischen Tradition herrührt und in Ulpians Sabinuskommentar mitgeteilt wird: *Quod attinet ad ius civile, servi pro nullis habentur: non tamen et iure naturali, quia,* ***quod ad ius naturale attinet, omnes homines aequales sunt.***[59] Soweit die bürgerliche Rechtsordnung also dem Sklaven die aus der Personeneigenschaft folgenden Einzelbefugnisse vorenthält, verstößt dies gegen das Naturprinzip, nach dem alle Menschen gleichrangig sind.

Die Einbeziehung des Sklaven unter die Personen infolge der Tendenz des Kaiserrechts, die *naturalis ratio* zu verwirklichen, weicht von den Grundsätzen des klassischen Edikts ab.[60] Gaius zeigt in seinen Institutionen die systematischen Auswirkungen dieser Abweichung, wenn er dem Sklaven innerhalb seines Darstellungssystems einen Platz im Personenrecht zuweist. Das ist auch systematisch konsequent. Soweit nämlich der Sklave jetzt – im bescheidenen Maße – rechtsfähig ist, ist er wie ein freier Mensch Adressat von (bei ihm *extra ordinem* bestehenden) Rechten und Klagebefugnissen: Er verfügt über einen Kernbereich seiner körperlichen Integrität und, weil er sich im Falle einer Beeinträchtigung desselben beim Kaiser beschweren kann, sogar über einen begrenzten Gerichtsstatus.[61] Dies bildet die Grundlage für die Aufnahme des Sklaven in den rechtlichen Personenbegriff.

57 Behrends, Labeo 44 (1998), S. 41, Fn. 23.

58 Vgl. S. 126.

59 Ulpian 43 *ad Sab.* D. 50,17,32. Bei diesem *ius naturale* handelt es sich um das normative Naturrecht der sabinianischen Rechtslehre; Behrends, Subjektivität, S. 236, Fn. 80. Es wird als immerwährend gerecht verstanden; vgl. Paulus 14 *ad Sab.* D. 1,1,11: *id quod semper aequum ac bonum est ius dicitur, ut est ius naturale.*

60 Behrends, Subjektivität, S. 232.

61 S. oben S. 99.

Auch der *liber singularis* bezieht unter dem Einfluß des kaiserlichen Sonderrechts den Sklaven in den Begriff der Person ein. In Tit. 19,18 ist er von der Formulierung *personas, quas in potestate, manu mancipiove habemus* notwendig mit umfaßt. Tit. 20,16 berichtet sogar von einem Recht (*ius*) des Staatssklaven, über die Hälfte seines Vermögens zu testieren. Gleichwohl weist der *liber singularis* die systematischen Konsequenzen, die Gaius aus der Einordnung des Sklaven als Person zieht, nicht auf. Zwar behandeln insbesondere die Tit. 1,5 bis 2,12 Fragen der Rechtsstellung des Sklaven. Der dem Personenrecht gewidmete Abschnitt des Textes umfaßt aber nicht das Recht der Sklaven an sich. Er behandelt die Sklaven nur unter dem Gesichtspunkt der Freilassung, die ihnen den Erwerb eines personenrechtlichen Status, also des Bürgerrechts oder der Latinität, ermöglicht. Es geht also eigentlich nur um die Rechtsstellung der Freien und deren Abgrenzung gegenüber den Unfreien sowie um die Tatbestände für den Erwerb der Freiheit. Es geht nicht um die Rechtsstellung der Unfreien als solche.

Im *liber singularis* wurde auf die Neubildung eines in dieser Hinsicht »zeitgemäßen« Personenrechts verzichtet. Der Grund dafür liegt nicht nur in der konservierenden Arbeitsweise des Redaktors.[62] Den Angehörigen der prokulianischen Schule fehlte darüber hinaus eine entscheidende Voraussetzung für die Neuordnung des Systems: Ihnen war nämlich die Vorstellung fremd, daß der Kaiser hier ein das ganze Recht beherrschendes Vernunftprinzip verwirkliche. Daher begnügt sich das Regelwerk mit einzelnen Mitteilungen über bestimmte Segmente einer personenrechtlichen Stellung des Sklaven (vgl. Tit. 19,18 und 20,16).

Der wichtigste Eingriff in das Personenrecht des tradierten Grundbestandes fand wahrscheinlich in dem Abschnitt über den *statuliber* statt (Tit. 2,1-6). Nach der strengen klassischen Lehre war der *statuliber* als Sklave Eigentumsgegenstand. In konsequenter Durchführung der Differenzierung zwischen Rechtssubjekt (*persona*) und Rechtsobjekt (*res*) hatte Servius die Sklaven allein in die letztgenannte Kategorie eingeordnet. Der *statuliber* wurde daher im klassischen Edikt im Vermögensrecht behandelt. Eine selbständige Erörterung im Rahmen des Personenrechts konnte der *statuliber* erst erfahren, als seine Rechtsstellung als festliegender Status verstanden wurde, aus dem er seine Anwartschaft auf die Freiheit ableitete. Dies war erst in der Kaiserzeit unter dem Einfluß des *favor libertatis* der Fall.[63]

c.) Weitere Abweichungen vom Ediktssystem

Vom Ediktssystem weicht Gaius schließlich noch in einem anderen Punkt ab, nämlich im Hinblick auf die systematische Stellung des Vermächtnisrechts. Während das Regelwerk das Vermächtnis zunächst einmal in Tit. 19,17 als Rechtsgrund für den Eigentumserwerb (*ex lege*, nämlich aufgrund des Zwölftafelsatzes Tab. 5,3), und erst später ausführlich im Recht der testamentarischen Erbfolge

62 S. oben S. 104, 111 und 114.

63 S. näher S. 211 f.

behandelt, verweist Gaius den Leser sogleich auf den letztgenannten Abschnitt.[64] Er leitet die Behandlung der Vermächtnisse im Testamentsrecht mit der notdürftigen Erklärung ein (Gaius 2,191): *Quae pars iuris extra propositam quidem materiam videtur; nam loquimur de his iuris figuris, quibus per universitatem res nobis adquiruntur; sed cum omni modo de testamentis deque heredibus qui testamento instituuntur locuti sumus, non sine causa sequenti loco poterit haec iuris materia tractari.* Gaius möchte also das Recht der gewillkürten Erbfolge im Zusammenhang darstellen. Auch im Regelwerk findet die Behandlung der *Einzelfragen* des Vermächtnisrechts an diesem Ort im System statt. Diese Ordnung war im übrigen schon in der vorklassisch-sabinianischen Tradition etabliert: Auch die Werke des Q. Mucius und des Sabinus zum *ius civile* kannten diese systematische Stellung des Vermächtnisrechts.[65] Indem Gaius das Vermächtnisrecht aber *vollständig* aus dem Recht des Erwerbs von Einzelsachen herauslöst, nimmt er – anders als der *liber singularis* – einen Verstoß gegen die ediktale Gliederung in den Erwerb von Einzelsachen und *per universitatem* in Kauf (Gaius 2,97 u. 191).

III.) Zusammenfassung

Obwohl sie auf denselben, ursprünglich klassischen Grundbestand zurückgehen, bilden die Gaius-Institutionen gegenüber dem Stand des *liber singularis* das Ergebnis einer methodischen Neuorientierung. Sie bestand in der Rezeption klassisch-institutionellen Gedankenguts in die sabinianische Schule und der Verbindung desselben mit den Grundsätzen der eigenen Wissenschaftstradition. Weil der *liber singularis* in der klassisch-prokulianischen Tradition verhaftet blieb, während die Gaius-Institutionen im Anschluß an die Übernahme des tradierten Stoffes in der konkurrierenden sabinianischen Schule entstanden, stehen beide Werke einander als Repräsentanten der jeweiligen Wissenschaftstradition gegenüber. Die neuere Forschung hat die verbreitete Vorstellung, daß der Schulbetrieb die Kontroversen hervorgebracht habe und nicht der grundlegende republikanische Methodengegensatz die Schulen,[66] widerlegt, indem sie gezeigt hat, daß

64 Vgl. Gaius 2,97: *legatorum ius, quo et ipso singulas res adquirimus, opportunius alio loco referemus.*

65 Für Q. Mucius vgl. Lenel, Pal. 1, Sp. 757; für Sabinus vgl. Lenel, Sabinussystem, S. 19 ff. und 90 f.; vgl. im übrigen unten S. 377.

66 Puchta meinte, daß die Entstehung der Rechtsschulen aus einer »Art von Pietät gegen die Lehrer«, nämlich Labeo und Capito, erfolgt sei, anstatt aus den Gegensätzen zu erwachsen, die die Rezeption des unterschiedlichen methodischen Gedankenguts bewirkt hatte; Institutionen[10] 1, S. 255. Diese Vorstellung hat im nachfolgenden Schrifttum überwiegend Anklang gefunden; vgl. Kübler, RE 1914, s. v. Rechtsschulen; Wenger, Quellen, S. 500; Schulz, Geschichte, S. 144. Sie berücksichtigt aber nicht, daß zwischen Capito und den Sabinianern bzw. Labeo und den Prokulianern keineswegs ungebrochene methodische

die klassischen Auseinandersetzungen den aus der Rechtswissenschaft der Republik stammenden Gegensatz widerspiegeln.[67] Auch aus dem Verhältnis der beiden hier betrachteten Texte kann diese Feststellung bestätigt werden. Dabei wirkt sich insbesondere die Überarbeitung des Vorbildstoffes durch Gaius aufgrund spezifisch sabinianischer Lehren aus.[68]

Kontinuität bestand. Die wahren wissenschaftsgeschichtlichen Zusammenhänge läßt diese Ansicht außer Betracht (vgl. S. 91 mit Fn. 23).

67 Behrends, Index 24 (1996), S. 21.

68 Bei der Darstellung der Einzelregeln hat sich der Schulengegensatz im *liber singularis* kaum ausgewirkt. Es werden überhaupt nur zwei Juristenkontroversen angeführt (Tit. 1,21 u. 11,28) und nur drei Juristen ausdrücklich genannt Tit. 11,28: *Priscus*, Tit. 13,2: *Mauricianus*, ferner wahrscheinlich *Cassius* (Tit. 1,12); vgl. Mommsen, JS 2, S. 47 f. Unrichtig meint Kaser, Methodologie, S. 27, die Schrift enthalte überhaupt keine Juristenzitate.

8. Teil: Die Weiterentwicklung des Textes seit der Spätklassik

I.) Die epiklassische Edition

Der um 180 n. Chr. fixierte Text trat aus der »inneren Schriftlichkeit« der prokulianischen Schule heraus, als er publiziert wurde.[1] Wir nehmen an, daß dies nicht lange nach der Schaffenszeit des Herennius Modestinus (also bald nach 244, dem Jahr seiner letzten Erwähnung) geschah. Wieacker hat diese frühnachklassische Zeit treffend als die »epiklassische« bezeichnet.[2] Obwohl der klassische Schulengegensatz durch die seit Julians Ediktsredaktion eingetretene Konvergenz deutlich abgemildert worden war, wirkte er noch in der epiklassischen und sogar in der späteren nachklassischen Zeit fort. Dabei wurde die prokulianische Tradition durch eine Schule fortgesetzt, die in Domitius Ulpianus den letzten bedeutenden Repräsentanten ihrer Richtung sah. Wir dürfen vermuten, daß der epiklassische Herausgeber den Text darum mit der Person Ulpians verband.[3] Die Herausgabe des *liber singularis* entsprach dem Bedürfnis der epiklassischen Schule nach Lehrmaterial, das Rechtsregeln in einfacher, konzentrierter Form enthielt. Der edierte Text ist nicht vollständig, sondern in Gestalt eines wahrscheinlich noch vor 320 n. Chr. hergestellten Auszugs erhalten.[4]

II.) Die Herstellung des Zusammenhangs mit Ulpian

Bei seiner Edition, die wir bald nach 244 n. Chr. vermuten, erhielt das Regelwerk die Bezeichnung »*Ulpiani liber singularis regularum*«. Diese stellt die Behauptung auf, daß Ulpian der Verfasser des Textes sei. Ulpian war ein später Vertreter der klassisch-prokulianischen Schultradition. Er erhielt wahrscheinlich schon seine Ausbildung im Rahmen dieser Schule, aus der, wie wir gesehen haben,[5] auch das Regelwerk stammt.[6] Als interne Schulschrift kann der Text Ulpian nicht unbe-

1 Zur Überlieferung des Textes im Rahmen der »inneren Schriftlichkeit« der Schule und zu dessen Fixierung vgl. oben S. 94 f.

2 S. oben S. 55, Fn. 114.

3 Näher S. 142 f.

4 Vgl. S. 152 f. Der Schlußteil des Auszugs ging später verloren; s. oben S. 23.

5 Vgl. S. 94.

6 Ein Indiz dafür ist, daß gerade in Ulpians eigenem Elementarlehrbuch (seinen *institutiones*) die berühmte Unterscheidung zwischen *ius publicum* und *ius privatum* überliefert ist (D. 1,1,1,2), die für die *ars iuris* des Servius große Bedeutung hat. Vgl. zu der Unterscheidung Behrends, Privatrecht, S. 18 f. m. Fn. 25. Ferner tritt in dieser Schrift der für die spezifisch klassische Lehre kennzeichnende dreigliedrige Rechtsquellenbegriff auf, der neben *ius civile* und *ius gentium* das *ius naturale* als Inbegriff der soziobiologischen Instinkte des Menschen stellt (Ulpian 1 *inst.* D. 1,1,1,2-4). Dazu Behrends, Gewohnheitsrecht, S. 43-45.

kannt geblieben sein. Dieser verbrachte seine elementare Studienzeit vermutlich in Rom,[7] wo unser Text offenbar entstand.[8]

Angesichts der Abfassung des Textes kurz nach 180 n. Chr. ist es aber aus chronologischen Gründen unwahrscheinlich, daß der große Spätklassiker das Regelwerk schuf: Ulpian wurde nach Honorés Untersuchungen erst zwischen 163 und 170 geboren.[9] Selbst wenn wir einen in dem genannten Zeitrahmen frühen Geburtszeitpunkt annähmen, würde dies bedeuten, daß Ulpian, als das Regelwerk fixiert wurde, noch kaum über seine elementaren Studien hinausgelangt gewesen wäre. In diesem Falle wäre es zwar nicht völlig ausgeschlossen, daß Ulpian die Fixierung des Textes aufgrund des in seiner Schule tradierten Stoffes vornahm. Mit seinen elementaren Studien hätte er sich dann immerhin auf dem Niveau der *regulae* befunden.[10] Aber selbst wenn Ulpian etwas mit der Fixierung zu tun gehabt haben sollte, was – wie gesagt – unwahrscheinlich ist, wäre es deswegen nicht schon »sein Werk« im Sinne einer individuellen geistigen Leistung. Es handelt sich ja bei der Fixierung eines Textes unter Bewahrung des Wortlauts seiner tradierten Vorlage nicht eigentlich um die Leistung eines Autors, sondern um eine eher redaktionelle Tätigkeit.

Warum der *liber singularis regularum* und schließlich der im vatikanischen Manuskript überlieferte Auszug gleichwohl mit Ulpians Namen verbunden sind,

7 Bremer, Rechtslehrer, S. 88 sowie Crifò, ANRW II,15, S. 740 erwägen aufgrund der vermuteten Herkunft Ulpians aus Tyros (Ulpian 1 *de cens.* D. 50,15,1 pr), daß Ulpian seinen Rechtsunterricht an der Schule von Beryt erhalten haben könnte. Darauf gibt es aber keinen konkreten Hinweis; zweifelnd daher auch Collinet, Histoire, S. 18 f. Mit »*unde mihi origo est*« bringt Ulpian nicht einmal zwingend zum Ausdruck, daß er dort geboren sei; Kunkel, Herkunft, S. 247. Demgegenüber könnte auf eine Ausbildung Ulpians in Rom hindeuten, wenn er schon *Schüler* Papinians – und nicht erst dessen *assessor* – war; vgl. Honoré, Gaius, S. 43: »Provisionally, I think we are justified in adopting the hypothesis that Ulpian was taught by Papinian«; entsprechend ders., Ulpian[I], S. 209.

8 Liebs, Fs. Straub, S. 284. Anders Schönbauer, nach dessen These Ulpian die Schrift angefertigt haben soll, während er ein Amt in Gallien versah; St. De Francisci 3, S. 328.

9 Honoré schließt das daraus, daß die Inhaber des Amtes eines *magister libellorum* immer mindestens dreißig Jahre alt waren; Honoré, SDHI 28 (1962), S. 207, 212 u. 226. Vgl. entsprechend Crifò, ANRW II,15, S. 739. In SDHI 28 (1962) ging Honoré noch davon aus, daß Ulpian die Leitung der Kanzlei *a libellis* um das Jahr 200 übernommen habe (S. 207, 212). In der 1. Auflage seiner Ulpian-Monographie S. 196-200 ist Honoré dann aufgrund der Untersuchung stilistischer Merkmale in den Reskripten der Kanzlei zu dem Ergebnis gekommen, daß Ulpian deren Leitung sogar erst im Jahre 202 übernahm. Krit. zu Honorés Datierungen Syme, SZ 97 (1980), S. 84. Für eine Geburt um 170 Muirhead, Rules, S. xiii; Spengler, MLAA, S. 731; v. Albrecht, Röm. Literatur 2, S. 1195.

10 Daß Schüler die Unterrichtstexte ihrer Lehrer publizierten, kam gelegentlich vor. Dies berichtet Quintilian von eigenen Texten; *Inst. orat.* 1, *prooem.* 7. Bei Ciceros Jugendschrift *De inventione* handelt es sich um eine Ausarbeitung von Aufzeichnungen, die er selbst als Lernender im Rhetorikunterricht angefertigt hatte (*de orat.* 1,2,5); vgl. das Vorwort zur Ausgabe von H. M. Hubbell (1960), S. vii.

ist nicht unmittelbar erkennbar. Honoré meinte sogar: »How it came to be attributed to Ulpian is a mystery«.[11] Es liegt jedenfalls die Vermutung nahe, daß der Herausgeber das Werk darum unter dem Namen des berühmten Juristen Ulpian auftreten ließ, um ihm zusätzliches Gewicht zu geben.[12] Dieser Vorgang ist ähnlich für viele Pseudoschriften bekannt, die kurzerhand einem namhaften Vertreter der jeweiligen literarischen Gattung zugesprochen wurden. Mancher Verleger oder Buchhändler ist der Versuchung erlegen, eine namenlose Abhandlung mit einem berühmten Namen zu versehen, nur um das Buch besser verkaufen zu können.[13]

Die Verbindung des Regelwerks mit der Person Ulpians wurde aber wahrscheinlich nicht völlig willkürlich hergestellt, sondern in dem Bewußtsein, daß der Text – sieht man auf den wissenschaftsgeschichtlichen Zusammenhang – immerhin aus derjenigen Schultradition stammt, der noch Ulpian angehörte: Ulpian kann, wenn man von seinem Schüler Modestin absieht, als der letzte Vertreter der klassischen Linie angesehen werden. Daß man einen Text, dessen Sachaussagen und Begrifflichkeit auf die spezifisch klassische Wissenschaftstradition zurückgehen, mit Ulpian verband, ist daher in gewisser Hinsicht sachgerecht. Der Schulengegensatz der hochklassischen Zeit hatte sich durch die maßgeblich von Julian betriebene wissenschaftliche Konvergenz zwar abgemildert, die Tradition der Schulen wirkte jedoch nach. Soweit in diesem Rahmen der Gegensatz zwischen den beiden Hauptrichtungen der hochklassischen Wissenschaft noch fortlebte, verband man ihn nicht mehr mit den Schulhäuptern Celsus und Julian, sondern mit Ulpian und Paulus.[14]

Auch der konservierende Stil des Regelwerks paßt tendenziell zu Ulpian. Sein Werk ist im allgemeinen weniger durch besondere Originalität gegenüber vorangegangenen Entwicklungen gekennzeichnet, als vielmehr durch die kluge Samm-

11 Honoré, Ulpian[1], S. 111.

12 Vgl. Wilinski, Römisches Recht, S. 33; Schulz, Epitome, S. 19; Kaser, Methodologie, S. 64. Zu diesem Phänomen Honoré, Ulpian[1], S. 106 sowie Ulpian[2], S. 206. Liebs, Fs. Straub, S. 282 ff. ist darin zuzustimmen, daß das Werk wahrscheinlich zwecks besserer Verbreitung mit dem Namen Ulpians versehen wurde.

13 Speyer, Lit. Fälschung, S. 133; Dziatzko, RE, 5. Hb. (1897), s. v. Buchhandel, Sp. 980. Andere Pseudoschriften, die nicht durch absichtliche Täuschung zu ihrer falschen Herkunftsangabe gekommen waren, wurden erst während ihrer Überlieferung als echt ausgegeben; Speyer, aaO., S. 133.

14 Modestin 4 *exc.* D. 27,1,13,2 nennt Paulus und Ulpian (neben dem etwas früher wirkenden Cervidius Scaevola) als unter den Rechtsgelehrten an der Spitze stehend (*όι κορυφαῖοι τῶν νομικῶν*). Ähnlich wie das aus der formalen Schule stammende Regelwerk mit deren Hauptvertreter Ulpian verbunden worden war, sind in der anderen Tradition die – wenngleich erst in der Nachklassik entstandenen – pseudopaulinischen Sentenzen zwar zu Unrecht Paulus zugeschrieben worden, setzten aber tatsächlich die zu diesem führende vorklassisch-sabinianische Tradition fort; Behrends, Arbeit, S. 132.

lung, Ordnung und Erläuterung der Ergebnisse seiner Vorgänger[15] und vor allem auch der kaiserlichen Rechtsprechung. Ihm wird das Verdienst zugeschrieben, daß er gerade das vergleichsweise humane Recht der Adoptivkaiser für lange Zeit zum verpflichtenden Vorbild machte,[16] und nicht die Praxis der Herrscher seiner Zeit.

Auf einen möglichen mittelbaren Zusammenhang eines Exemplars des *liber singularis* mit der Person Ulpians oder jedenfalls mit seiner Schule deutet ferner hin, daß es zahlreiche Anhaltspunkte für eine Benutzung des Regelwerks durch Modestin gibt. Mehrere Textstellen entsprechen Fragmenten aus Modestins *libri pandectarum*[17] oder *regulae.*[18] Diese Schriften entstanden nach dem Tode Caracallas (217 n. Chr.).[19] Das Verhältnis zwischen den betreffenden Modestinfragmenten und den entsprechenden Sätzen im *liber singularis* ist durch die Abhängigkeit der Modestintexte gekennzeichnet.[20] Wahrscheinlich benutzte Modestin den

15 Karlowa, RRG 1, S. 741; Wieacker, Vom röm. Recht[1], S. 159; Honoré, Ulpian[1], S. 247: »His importance lies in the part he played in the *transmission of the Roman legal heritage*«; vgl. Ulpian[2], S. 151.

16 So Liebs, Röm. Recht[2], S. 61; vgl. im Hinblick auf humanes Antoninenrecht in den Schriften der severischen Juristen Rostovtzeff, Gesellschaft 2, S. 117. Daß Ulpian bei aller Sammlertätigkeit auch ein selbständig arbeitender Jurist war, zeigt sich z.B. an den zehn Büchern *De officio proconsulis.* In ihnen stellte Ulpian nämlich nicht nur die einschlägigen Kaiserkonstitutionen zusammen. Er versuchte vielmehr, aus den einzelnen Konstitutionen verwaltungsrechtliche Grundsätze für die Senatsprovinzen herauszuarbeiten; Schulz, History, S. 139 u. 243.

17 Tit. 5,7: Modestin 1 *pand.* D. 1,5,23; Tit. 19,8: Modestin 5 *pand.* D. 41,3,3; Tit. 20,1: Modestin 2 *pand.* D. 28,1,1; Tit. 22,33: Modestin 2 *pand.* D. 28,6,1; Tit. 26,8: Modestin 3 *pand.* D. 38,7,5,1; Tit. 28,7: Modestin 6 *pand.* D. 38,15,1 pr; Tit. 28,8: Modestin 6 *pand.* D. 38,15,1,2. Vgl. Albertario, BIDR 32 (1922), S. 82 f.; Schulz, Epitome, S. 17.

18 *princ.* § 3: Modestin 7 *reg.* D. 50,16,102; Tit. 8,3: Modestin 2 *reg.* D. 1,7,1,1.

19 Lenel, Pal. 1, Sp. 721, Fn. 3 (*pandectae*), Sp. 732, Fn. 2 (*regulae*); Brassloff, RE, 8,1 (1912), s. v. Herennius 31, Sp. 673.

20 Schulz' Annahme einer umgekehrten Abhängigkeit des *liber singularis* von den Modestintexten ist unhaltbar. Die Zurückweisung dieser Ansicht wird unterstützt durch die allgemeine Beobachtung Arangio-Ruiz', Modestins Schriften bildeten den Übergang zwischen der genialen Tätigkeit der römischen Rechtswissenschaft und der trostlosen Darstellung von »regolette e distinzioncelle«, zu der die (nachklassischen) Schulen neigten; vgl. Arangio-Ruiz, Storia, S. 361; Honoré, OCD s. v. Herennius Modestinus, S. 689; Brassloff, WS 33 (1911), S. 137. Nach Meinung von Arangio-Ruiz, Storia, S. 295 zeigen sich Modestins Definitionen, wo ein Vergleich möglich ist, als Adaptionen ulpianischer Begriffsbestimmungen. Vgl. unten bei den in Fn. 17 und 18 genannten Stellen des Regelwerks.
Die Vermutung Albertarios, BIDR 32 (1922), S. 82, der Eingang der betreffenden Stellen des *liber singularis* in Modestins Pandekten lasse erkennen, daß sie der Epitomator wohl im gleichnamigen Werk seines Lehrers Ulpian gefunden habe, ist, wie Lenel, SZ 47 (1927), S. 416 mit Recht bemerkt hat, konstruiert und unnötig.

Text, nachdem er ihn in der Schule kennengelernt hatte.[21] Ulpian nannte Modestin seinen *studiosus*, also einen Anhänger oder Schüler.[22] Es sogar möglich, daß der Text im Unterricht Ulpians eine Rolle gespielt hat.[23] Leider sind von Ulpians Schülern außer Modestin keine bekannt, aus deren Schriften sich Rückschlüsse ziehen lassen.[24] Wahrscheinlich stand der Herausgeber des Textes, der auch für dessen Zuschreibung an Ulpian verantwortlich ist, unmittelbar unter dem Eindruck der Tradition, in der noch Ulpian und Modestin wirkten.[25]

Die Zuschreibung des Textes an Ulpian setzte sich im Schulbetrieb durch. Die Schule, die den Text verwendete, befand sich offenbar in der klassisch-formalen Tradition und griff um so lieber auf das vermeintlich ulpianische Regelwerk zurück. Mit der Bewahrung des Regelwerks in der Schule wird auch die Herstellung der mehreren Textexemplare zusammenhängen, von denen die Überlieferungstraditionen zur Collatio, zu den Digesten und zum Text des Cod. Reg. Lat. 1128 führten.

21 Modestin dürfte zwischen 168 und 182 geboren worden sein; vgl. Honoré, SDHI 28 (1962), S. 215. Wahrscheinlich als Lehrhilfe schrieb er 9 Bücher *differentiae*, 10 Bücher *regulae* und 12 Bücher *pandectae*; vgl. Honoré, OCD s. v. Herennius Modestinus, S. 689.

22 Ulpian 37 *ad ed.* D. 47,2,52,20: *Herennio Modestino studioso meo.* Als *iuris studiosus* wird in den Quellen jemand beschrieben, der den Elementarunterricht bereits absolviert hat und eine öffentliche juristische Laufbahn angetreten hat, wobei er aber noch in der persönlichen Schülerschaft eines *iuris consultus* steht; vgl. Behrends, SZ 86 (1969), S. 205; ders., Institutionen, S. 281. Zu Modestin als Schüler Ulpians vgl. ferner Kunkel, Herkunft, S. 259; Bretone, Tecniche, S. 29; Honoré, SHDI 28 (1962), S. 215; Schweppe, RRG, S. 154; Brassloff, Art. Herennius 31, RE 8,1 (1912). Damit korrespondiert die wiederholte Benennung Ulpians durch Modestin als *ὁ κράτιστος* (»der vortreffliche, beste«); Modestin 1 *exc.* D. 26,6,2,5; Modestin 2 *exc.* D. 27,1,2,9 u. 4,1.

23 Dies vermutet Nelson, BSL 29 (1999), S. 285.

24 Modestin schrieb hauptsächlich zu praktischen Zwecken; Orestano, NNDI 10 s. v. Modestino, S. 819. Arangio-Ruiz, Storia, S. 295 nennt Modestin einen Epigonen und einen Verfasser schmaler Handbücher für den praktischen Gebrauch. Die Bezeichnung als Epigone tut Modestin in ihrer Allgemeinheit wahrscheinlich Unrecht. Aber die Abhängigkeit, durch die das Verhältnis zwischen den betreffenden Stellen des Regelwerks und den entsprechenden Sätzen bei Modestin gekennzeichnet ist, zeigt, daß Arangio-Ruiz zumindest teilweise Recht hat.
Kalb, Roms Juristen, S. 141 ff. hat festgestellt, daß die Verwendung von Archaismen für Modestins Sprache charakteristisch sei. Brassloff, WS 33 (1911), S. 138 weist dagegen darauf hin, daß diese Archaismen – die er allerdings teilweise noch für interpoliert hielt – gar nicht Modestins besonderer Stil sind, sondern darauf zurückgehen, daß er seine Vorlagen wörtlich (!) verarbeitete.

25 Honoré, Ulpian², S. 212 hält sogar für denkbar, daß Modestin nach dem Tode Ulpians an dessen wissenschaftlichen Nachlaß gelangt und daraufhin unmittelbar für die Zuschreibung des Textes an Ulpian ursächlich geworden sein könnte.

III.) Der *liber singularis regularum*

Zu zeigen ist nun, welche Erkenntnisse sich aus der Inskription *liber singularis regularum* ergeben, die die Parallelüberlieferungen in Collatio und Digesten dem Regelwerk beilegen.

1.) Die Bezeichnung als ›*liber singularis*‹

Das Regelwerk wurde – offenbar bei seiner Herausgabe – als *liber singularis* bezeichnet. Diese Bezeichnung bezieht sich auf die äußere Werkgestalt. Wahrscheinlich lag der Text, als die Bezeichnung entstand, schon in Form eines Codex vor. Nachdem in der klassischen Zeit über die Frage, ob auch der Codex ein *liber* sei, noch debattiert worden war,[26] war dies bis 300 n. Chr. längst anerkannt, als sich der Codex allgemein durchsetzte.

In der bis zum Ende des 2. Jahrhunderts n. Chr. verbindlichen Terminologie hatte *liber* allerdings in erster Linie für die Papyrusrolle gestanden. In dieser Zeit hatte *liber singularis* also vor allem ein aus einer einzigen Rolle bestehendes Werk bezeichnet. Die Benennung des Regelwerks als *liber singularis* deutet aber dennoch nicht auf eine Rolle hin. Diese Rolle hätte nämlich, wenn man für den verlorenen Schluß zwei Fünftel des Gesamttextes veranschlagt,[27] ungewöhnlich groß sein müssen.[28] Bei einer der praktischen Juristenausbildung dienenden Schrift ist

26 Ulpian zitiert Gaius Cassius, das sabinianische Schuloberhaupt aus dem 1. Jahrhundert n. Chr., mit der Ansicht, auch *membranae* seien *libri*; 24 *ad Sab.* D. 32,52 pr; vgl. auch Paul. Sent. 3,6,87 und dazu Wieacker, Textstufen, S. 105 f. Gemeint sind Notizbücher; Roberts/Skeat, Codex, S. 21; Schubart, Buch, S. 104. So waren auch die *libri membranarum* des Neraz Codices. Angesichts des Umstands, daß der Pergamentcodex eine römische Erfindung war, ist es bezeichnend, daß der Apostel Paulus (2. Tim. 4,13) unter den Büchern als Sonderfall die *μεμβράναι* nennt: »... *καὶ τὰ βιβλία, μάλιστα τὰς μεμβράνας*«. Er meint damit Pergament*codices*, für die es noch keinen griechischen Ausdruck gab; für die Pergament*rollen* hätte *διφθέραι* zur Verfügung gestanden. Vgl. Roberts/Skeat, S. 22; Skeat, JTS 30 (1979), S. 173-177. Die Bezeichnung von Büchern als *διφθέραι* (»Leder, Häute«) führt Herodot 5,58 darauf zurück, daß die Ionier in Ermangelung von Papyrus auf Pergament schrieben.

27 Entsprechend auch Hugo, Beyträge 2, S. 646 gegenüber Schilling, Diss. critica, S. 103, der das Weggefallene auf ein Drittel schätzt.

28 Nelson hat darauf hingewiesen, daß der Text 40 FIRA-Seiten umfaßt, so daß für das Gesamtwerk etwa 70 FIRA-Seiten veranschlagt werden müßten. Dieser Gesamttext würde eine Papyrusrolle von ca. 10,10 m Länge ausfüllen (ca. 2350 bis 2500 Zeilen). Das längste Buch der Gaius-Institutionen, das zweite, umfaßt 54 FIRA-Seiten. Letzteres ergäbe nach Nelsons Berechnung eine Papyrusrolle von 7,95 m, etwa 1700 bis 1750 Zeilen; Nelson, Überlieferung, S. 54. Rotondi hat allein den *erhaltenen* Text als zu kurz im Verhältnis zum normalen Umfang eines *liber* eingeschätzt; Scritti 1, S. 481 f. Auf den Umfang des erhaltenen Textes kommt es aber in der Frage nach dem Umfang der *ursprünglichen* Textfassung natürlich nicht an.

von einem solchen Umfang nicht auszugehen.[29] Dieser Zweck setzt nämlich eine leichte Handhabung voraus. Eine als *liber singularis* bezeichnete Einzelrolle hätte also nur eine deutlich weniger umfangreiche Textfassung enthalten können, die dann bis zur Nachklassik wesentliche Ergänzungen erfahren, den Namen aber beibehalten haben müßte. Eine solche Ergänzung erheblicher Teile nach dem 2. Jahrhundert erfuhr das Regelwerk aber nicht. Ein einzelner *Codex* konnte dagegen ohne weiteres den gesamten Text fassen. Die Hauptphase der Umschrift von Rollen in Codices hat Wieacker zwar erst um das Jahr 300 angesetzt.[30] Das Regelwerk konnte aber durchaus schon früher als Codex vorliegen, weil diese Buchform gerade bei Gebrauchsschriften schon im 2. Jahrhundert verbreitet war.[31]

2.) Die Bezeichnung als ›liber regularum‹

Der Ausdruck *liber regularum* teilt zutreffend mit, daß der Text das Recht in Form von Regeln darstellt. Mit der Wahl der Bezeichnung stand der Herausgeber in der Tradition des klassischen Rechts. Die Darstellung des Rechts in Form subsumierbarer Regeln gehörte zu den methodischen Elementen der *ars iuris* des Servius und bildete, wie wir gesehen haben, in der Folge ein charakteristisches Merkmal der klassisch-prokulianischen Jurisprudenz.[32]

Verschiedene Quellen belegen, daß das Interesse an den Regeln auch in der *epiklassischen* Zeit bestand, in der das Werk seine Bezeichnung erhielt.[33] So bezeugen die *regula*-Glossen in der Veroneser Gaiushandschrift,[34] daß antike Benutzer von juristischen Handbüchern anscheinend die Gewohnheit hatten, solche Text-

29 Nelson, Stil, S. 82; zum Umfang der Schriftrollen näher Birt, Kritik, S. 293.

30 Wieacker, Textstufen, S. 103 ff. Seine These konkretisiert einen allgemeinen Befund für das überlieferte Schrifttum; vgl. Zelzer, Umschrift, S. 157. Seit etwa 300 verlor die Rolle zugunsten des Codex rasch an Bedeutung; vgl. Demandt, Spätantike, S. 324; Fuhrmann, Geschichte, S. 63; Valiño, Instituciones, S. 58. Kritik gegenüber Wieacker bei Schönbauer, Iura 12 (1961), S. 117, 140; Archi, Iura 12 (1961), S. 428.

31 Schon im 1. Jahrhundert existierten Schriften des Martial und anderer Autoren in dieser Form; vgl. Cavallo, Testo, S. 325. Sie galt als anspruchsvollen Schrifttums nicht würdig. Bei einer praktischen Schrift, die für den täglichen Gebrauch bestimmt war, fiel die Rücksicht auf das vornehme Aussehen der Rolle am leichtesten fort, weil es mehr auf die Zweckmäßigkeit ankam; Schubart, Buch, S. 104; Blanck, Buch, S. 100.

32 Vgl. S. 105 ff.

33 Vgl. Kacprzak, Mél. Kupiszewski, S. 149 f.

34 Nach dem Studemund-Apographum Gaius 1,53: *et utrumque recte fit; [regula] male enim nostro iure non debemus*; Gaius 3,113: *item [regula] minus adstipulari potest*; Gaius 3,126: *quod ita obligari non possint, ut [regula] plus debeant quam debet is, pro quo obligantur.* Bei Gaius 3,113 und 3,126 steht für *regula* die Sigle RG bzw. R.G. Vgl. Nelson, Überlieferung, S. 33. Wie Nelson, aaO., S. 179 ff. zeigt, benutzte auch der Autor der Lex Romana Burgundionum ein Gaiusexemplar, in dem Passagen, die für wichtig gehalten wurden, durch den Zusatz »*regula*« gekennzeichnet waren.

stellen, die eine grundsätzliche Mitteilung z.B. über ein juristisches Prinzip oder einen technischen Ausdruck enthielten, durch die zwischen den Zeilen oder am Rande stehende, ggf. abgekürzte Notiz »*regula*« besonders hervorzuheben.[35] Auch die Sinaischolien zu Ulpians Sabinuskommentar orientieren sich an tradierten *regulae*.[36] Auf die Bedeutung der *regulae* für die Juristenausbildung weist auch schon das Fragmentum Dositheanum hin.[37] Der Verfasser des dieser Übersetzungsübung zugrundeliegenden Textes erklärt, das Studium des Rechts erfordere zunächst einmal die Kenntnis der Rechtsregeln (!), die er anschließend mitteilen wolle.[38] Auch dieser Text geht also auf ein Regelwerk zurück.[39]

Das Interesse der Nachklassik an Regeln und Regelwerken hatte offenbar didaktische Hintergründe. Ein Hinweis darauf ergibt sich daraus, daß Ulpian nicht nur der *liber singularis regularum* zugeschrieben wurde, sondern auch noch *libri septem regularum.* Auch dieses Werk enthält klassischen Stoff, stammt aber nach überwiegender Ansicht gleichfalls nicht von Ulpian[40]. Beide Regelwerke wurden vermutlich im gleichen Schulbetrieb verwendet. Der Verbindung beider Werke, die sich in Parallelen ausdrückt, dürfte nämlich die Absicht zugrundegelegen haben, für Zwecke der Lehre einem kurzen Grundriß eine ausführlichere Darstellung an die Seite zu stellen. Auf einen solchen Zusammenhang zwischen beiden pseudo-ulpianischen Regelwerken deutet zunächst hin, daß beide in etwa die gleiche Stoffordnung befolgen.[41] Ein weiteres gemeinsames Merkmal der Texte ist der ungewöhnliche Ausdruck *impensae voluptuosae*, der sich nur in Tit. 6,14 u. 17 sowie bei »Ulpian« 5 *reg.* D. 25,1,14,2 findet.[42]

Ein entsprechendes Verhältnis besteht zwischen den Regelwerken von Ulpians Zeitgenossen Paulus, der sowohl sieben Bücher *regulae* als auch einen *liber singularis regularum* schrieb.[43] Das Verfahren, dem Anfänger erst eine elementare Dar-

35 Nelson, Überlieferung, S. 33.

36 Vgl. Sin. § 16: ***κάνονα*** *γενικόν, τί ἐστι necessaria δαπαν⟨ήμα⟩τα* (***regulam*** *generalem, quae sint necessariae impensae*); § 18: *ὁρᾶς, πῶς καὶ Ulpianos* ***κανον⟨ίζει⟩*** *ἡμῖν* (*vides, quomodo etiam Ulpianus* ***regulam*** *nobis ponit*).

37 Litewski, Jurysprudencja rzymska, S. 122.

38 Frag. Dos. § 3: *Regulas enim exsequenti mihi ad ea studia necessarium ante omnia scire.*

39 Krüger, Geschichte, S. 286; Wenger, Quellen, S. 212; Stein, Regulae iuris, S. 72.

40 Liebs, Fs. Straub, S. 292. Honoré, Ulpian[1], S. 106 u. 111-113 führt zur Begründung an, daß die Schrift keines der Stilmerkmale enthalte, die er als für Ulpian charakteristisch bezeichnet, wohl aber solche, die Ulpians Stil völlig fremd seien. Für authentisch hält die *libri septem regularum* jetzt Litewski, Jurysprudencja rzymska, S. 69.

41 Vgl. die Rekonstruktion des Aufbaus der *libri septem regularum* aufgrund der erhaltenen Fragmente bei Lenel, Pal. 2, S. 1013-1015.

42 VIR Bd. 5, Sp. 1495. Sonst verwenden die Quellen den Ausdruck *impensae voluptariae.* Die Parallelität veranlaßte Schulz, Epitome, S. 31 zu der Vermutung, der Verfasser des *liber singularis* habe den Fehler aus der Digestenstelle übernommen.

43 Diese *libri regularum* sind offenbar authentisch; vgl. Wenger, Quellen, S. 517, Fn. 300; Kipp, Quellen, S. 139; Lenel, Pal. 1, Sp. 1221-1223. Giaro, DNP 6 (1999) s. v. I. Paulus, Sp. 50

stellung des Stoffes zu geben und anschließend eine ausführlichere, geht offenbar auf eine alte Methode der Stoffdisposition zurück, die schon in Ciceros Topica[44] und Tacitus' Germania[45] bezeugt ist und dann Aufnahme in das juristische Schrifttum fand.[46] Daß die Idee bis in die nachklassische Zeit fortlebte, zeigt ihr Auftreten bei Boethius.[47] Sie ging schließlich in die Institutionen Justinians ein: Diese sollten dem Anfänger einen Überblick verschaffen,[48] während Codex und Digesten anschließend die Einzelheiten mitteilten.[49]

IV.) Die Entstehung der Bezeichnung »*Tituli ex corpore Ulpiani*«

1.) Die Wendung ›ex corpore Ulpiani‹

Die Überschrift *ex corpore Ulpiani* wurde wahrscheinlich vom Schreiber des vatikanischen Manuskripts formuliert. Er stellte dem Text ein Verzeichnis der Titelrubriken voran und überschrieb dieses mit *Incip⟨iunt⟩ tituli ex corpore Ulpiani.* Weder diese Überschrift noch das Titelverzeichnis kann schon in der zum vatikanischen Manuskript führenden Überlieferung tradiert worden sein, weil schon

zweifelt offenbar an der Authentizität von Paulus' *liber sg. regularum.* Krüger, Quellen, S. 237 meint, das umfangreichere Werk habe nur sechs Bücher umfaßt. Tatsächlich ist aus dem siebten Buch kein Text überliefert. Gleichwohl nennt der Index Florentinus *regularion βιβλία ἑπτά.*

44 Im Anschluß an eine erste, kursorische Darstellung (*Topica* 2,6 ff.) folgt eine ausführlichere Erörterung der einzelnen Topoi; vgl. *Top.* 5,26 ff.: *Quando ergo unusquisque eorum locorum, quos exposui, sua quaedam habet membra, ea quam subtilissime persequamur.*

45 Der Darstellung über Germanien als Ganzes (*Germania* 1-27) folgen nähere Ausführungen über die einzelnen Stämme. Vgl. *Germ.* 27 a.E.: *nunc singularum gentium instituta ritusque … expediam.*

46 Behrends, Institutionen, S. 281 mit Fn. 13.

47 Boethius übersetzte die Einführung des Neuplatonikers Porphyrios in die logischen Grundbegriffe des Aristoteles. Er kommentierte dieses Werk in zwei Fassungen, einer für Anfänger bestimmten in zwei Büchern und in Dialogform und einer für Fortgeschrittene in fünf Büchern. Er übersetzte und kommentierte auch Aristoteles' Werk »Peri Hermeneias«, »De Interpretatione«, und zwar für Anfänger in zwei Büchern, für Fortgeschrittene in sechs Büchern. Vgl. Gigon, Einführung zu Boethius, Trost der Philosophie, S. 316.

48 Vgl. die Mahnung am Anfang der Institutionen (Inst. 1,1,2), daß es richtig sei, den Studenten, bevor man in die Details gehe, erst einmal einen leicht verständlichen Überblick zu geben: … *iura populi Romani … primo levi ac simplici, post deinde diligentissima atque exactissima interpretatione singula tradantur.* Vgl. in demselben Sinne die Constitutio Deo Auctore § 11: … *ut rudis animus studiosi simplicibus enutritus facilius ad altioris prudentiae redigatur scientiam.*

49 Behrends, Institutionen, S. 281.

demjenigen, der das Regelwerk mit dem Breviar verband, der Textanfang gefehlt haben muß.[50]

Vermutlich hatte sich aber in dem Manuskript, das dem Schreiber als Vorlage diente, ein Hinweis auf ein *corpus Ulpiani* erhalten. Dieser Hinweis stellte die Beziehung zwischen dem Text und dem Gesamtwerk des vermeintlichen Verfassers Ulpian her. Für den Inbegriff der Schriften des Juristen steht der Ausdruck *corpus.*[51] Mit *ex corpore Ulpiani* (»aus dem Werk Ulpians«) bildete der Schreiber die Überschrift entsprechend den im Breviar vorangehenden Formulierungen (*ex corpore Gregoriani; ex corpore Hermogeniani*). Er hielt den Auszug des Regelwerks nämlich offenbar irrtümlich für einen Teil des Breviars.[52] Dies zeigt sich daran, daß er den Auszug unmittelbar im Anschluß an den Breviartext schrieb, als gehöre er noch dazu.[53] Einen dem Anschein nach von Ulpian stammenden Text konnte der Schreiber des Manuskripts deshalb für einen Teil des Breviars halten, weil das im Breviar 1,4,1 aufgenommene Zitiergesetz CTh 1,4,3 neben Papinian, Paulus, Gaius und Modestin die Gesetzeskraft der Schriften Ulpians bestätigt.[54] Es weist die Ausdrucksweise *ex corpore* auf und bezieht sich damit auf die *corpora*

50 S. oben S. 67 f. Nelson, Überlieferung, S. 84 stellt sich den verlorenen Buchtitel etwa vor als »*ex Ulpiani libro singulari regularum*« oder »*ex Ulpiani regularum corpore*«. Vgl. z.B. den Vermerk »*Ex Pauli sententiarum corpore*«, den Haenel, Lex Romana, S. 338 aus einigen Handschriften der Lex Romana Visigothorum anführt.

51 Vgl. Ulpian 24 *ad Sab.* D. 32,52,2, der *corpus* in der Bedeutung von »Gesamtausgabe« verwendet (*Homeri corpus*). Dem entspricht die Ausdrucksweise des Zitiergesetzes CTh 1,4,3 (vgl. S. 150, Fn. 55). Mit *corpus* wird im übrigen auch noch heute das Gesamtwerk Ulpians bezeichnet; vgl. Honoré, Ulpian[1], S. 86; Frezza, SDHI 49 (1983), S. 412; Schiavone, Linee di storia, S. 222.
Eine abweichende Begrifflichkeit weist die Consultatio auf. Sie entstand wahrscheinlich in der 2. Hälfte des 5. Jahrhunderts oder im 6. Jahrhundert; Kipp, Quellen, S. 151. Dort werden genannt (Consultatio 7,6): »*Item ex corpore Pauli de pact. et conventis*« sowie »*ex corpore Gregoriani, ... Hermogeniani, ... Theodosiani*«. In der Consultatio kann *corpus* nicht nur als »Sammelband«, sondern auch als »gebundenes Buch« verstanden werden. Vgl. z.B. Consultatio 3,6 (Collectio 3, S. 206): *Ex Pauli Sententiarum lib. I* und in der Inskription des nächsten Zitats (3,7) *item alia eodem libro et corpore*, wo *corpus* auf dasselbe (gebundene) Buch der Sententiae hinweist. Für *corpus* als Sammelausgabe mehrerer Einzelschriften vgl. Schönbauer, St. de Francisci 3, S. 331.
Pithou hatte unter dem *corpus* einen Einzelcodex verstanden, der kein Sammelwerk sein müsse: Sunt ... illi Tituli ex corpore non omnium Ulpiani scriptorum, sed ex corpore libri singularis Regularum, ut & Aemilii Papiniani sententia unica ex ipsius corpore, id est ex libro singulari Responsorum collecta ...; Notae, in: Mosaycarum et Romanarum legum collatio (1656), S. 123.

52 Conrat, Geschichte, S. 86; Schulz, Epitome, S. 5.

53 S. oben S. 18.

54 Vgl. Conrat, Geschichte, S. 85.

der Juristen.[55] Das Zitiergesetz gab den Auszügen *ex corpore* ihren Wert für die Praxis. Sie repräsentierten nämlich jeweils das Gesamtwerk der Zitierjuristen und erleichterten dem Anwender die Auffindung der einschlägigen Rechtsansichten. Nun enthält das Breviar immerhin Auszüge aus Schriften des Gaius, des Papinian und aus den Paulussentenzen, aber keinen Ulpian-Auszug.[56] Der Auszug des Regelwerks mochte daher den Anschein erwecken, als sei er ein zum Breviar gehörender Ulpian-Auszug.

2.) Der Ausdruck ›Tituli‹ und die Titelrubriken im Text

Ebenso wie die Formulierung »*ex corpore Ulpiani*« ist auch der Ausdruck »*tituli*« im vatikanischen Manuskript unabhängig von der früheren Überlieferung des Textes gewählt worden. Mommsens Ansicht, der Ausdruck beziehe sich auf das Verzeichnis der einzelnen Rubriken, das dem Text in der Handschrift vorangestellt ist,[57] hat zuletzt Nelson mit dem Hinweis auf die Ausdrucksweise anderer mittelalterlicher Codices unterstützt.[58] Daß diese Ansicht zutrifft, wird aus dem Cod. Reg. Lat. 1128 durch die Überschriften am Anfang der Handschrift bestätigt. Sie lassen eine Differenzierung zwischen der Binnengliederung des Textes und dem Text selbst erkennen: Der Überschrift »*Incipiunt capitula legis Romanae. Libri Theod. num. XVI*« (Bl. 1 r) folgt ein Verzeichnis der einzelnen Kapitel der 16 Bücher (Bl. 1 v bis 3 v), bevor die Überschrift folgt: »*Incipit lex Romana Theodosii Augusti libri numero XVI*« (Bl. 4 r).

Die Titelüberschriften *im Text* entstanden wahrscheinlich als Marginalien, die dem edierten Text in einem Exemplar der leichteren Übersicht wegen hinzugefügt worden waren.[59] Die Bezeichnung der Marginalrubriken als *tituli* erklärt sich aus einem Bedeutungswandel dieses Ausdrucks. Solange die Schriftrolle als Buchform

55 Im Zitiergesetz CTh 1,4,3 steht *corpus* für den Inbegriff der Schriften Gaius' und Papinians, in der Interpretatio dann im Hinblick auf Scaevola, Sabinus, Iulianus, Marcellus: *Papiniani, Pauli, Gai, Ulpiani atque Modestini scripta universa firmamus ita, ut Gaium quae Paulum, Ulpianum et ceteros comitetur auctoritas lectionesque ex omni eius corpore recitentur. … Notas etiam Pauli atque Ulpiani in Papiniani corpus factas sicut dudum statutum est, praecipimus infirmari. … [Interpretatio:] … Scaevola, Sabinus, Iulianus atque Marcellus in suis corporibus non inveniuntur, sed in praefatorum opere tenentur inserti.*

56 Vgl. S. 149 und 154, Fn. 78.

57 Mommsen, JS 2, S. 54 f.

58 Nelson, Überlieferung, S. 84 f.; vgl. ders., BSL 29 (1999), S. 283; ders. TR 67 (1999), S. 375.

59 Dies zeigt die Rubrik *De caelibe, orbo et solitario patre*, die mit den in Tit. 13 behandelten Eheverboten nichts zu tun hat, sondern die ursprünglich erst im Anschluß daran behandelten Gebote der Eheschließung und Kindererzeugung betrifft, deren Rest Tit. 14 bildet. Sie ist um einige Sätze zu früh vom Rand in den Text aufgenommen worden. Vgl. näher unten S. 152 f.

noch vorherrschte, waren *tituli* die aus der Rolle heraushängenden, den Inhalt angebenden Fähnchen gewesen.[60] Als später Sammelcodices den Stoff mehrerer Rollen aufnahmen, wurden die *tituli* zur Binnengliederung. Der Ausdruck bezog sich nunmehr auf die Überschriften innerhalb der Texte. Daher konnten auch die dem *liber singularis* hinzugefügten Rubriken als *tituli* bezeichnet werden.

Zwei der Überschriften des Regelwerks waren, wie der Vergleich mit den Gaius-Institutionen zeigt, offenbar schon im tradierten Grundbestand enthalten gewesen.[61] Die meisten Titelrubriken sind dagegen vermutlich apokryph.[62] Sie gehen nicht auf den ursprünglichen Darstellungsplan des Textes zurück, sondern sind später hinzugesetzt worden, wie insbesondere durch verschiedene Unvollkommenheiten nahegelegt wird. So fehlen gelegentlich Rubriken, wo sie zu erwarten wären, so daß mancher inhaltlich selbständige Abschnitt nicht eigens am Rand gekennzeichnet wurde, und nur – im buchstäblichen Sinne – »unter« dem vorigen zu stehen kam.[63] Gelegentlich stehen sie aber auch, wo sie stören. So unterbricht z.B. die Überschrift von Tit. 7 künstlich und offenbar aufgrund bloßer Assoziation die Erörterung der *retentio*-Fälle. Auch erfaßt sie nicht den Inhalt von Tit. 7,4. Die Rubrik von Tit. 23 nennt unter den tatsächlich behandelten Unwirksamkeitstatbeständen des Testaments nur das *rumpere*, nicht das *irritum facere*. Wenn die Überschrift von Tit. 27 im Zusammenhang mit der Darstellung des zivilen Erbrechts von den *bona* spricht, verwendet sie einen Ausdruck aus der Terminologie der prätorischen Nachfolgeregelungen. Im Text wird dies dagegen konsequent und richtig vermieden.

Daß diese Titelrubriken erst nach der Edition des Textes als *liber singularis regularum* hinzugefügt wurden, zeigt sich weiter daran, daß sie in unterschiedlichen Exemplaren verschieden lauteten. So führt die Collatio das Textfragment 6,2 auf *Ulpianus libro regularum singulari »sub titulo de nuptiis«* zurück,[64] während die

60 Vgl. Schönbauer, Ergebnisse, S. 155; Schubart, Buch, S. 98 f., 182. Es handelt sich um die Lederstreifen, die Cicero *ad Att.* 4,5(4a),1 herzustellen bittet: … *iisque imperes, ut sumant membranulam, ex qua indices* (H. Kasten übersetzt: »Etiketten«) *fiant, quos vos Graeci, ut opinor, σιλλύβους appellatis.* Auf sie nimmt Cicero anschließend Bezug; *ad Att.* 4,6(5),4 und 4,9(8),2: *nihil venustius quam illa tua pegmata, postquam sittybae libros illustrarunt.* Kastens Übertragung von *illustrarunt* mit »verschönt haben«, trägt dem Sinn nur unzureichend Rechnung: die Fähnchen *kennzeichnen* die Bücher. Auch Seneca, *de tranquillitate* 9,6, der vom äußeren Erscheinungsbild der Bücher spricht (… *cui voluminum suorum frontes maxime placent titulique*), bezieht sich mit dem Ausdruck *tituli* auf die aus den Büchern heraushängenden Streifen.

61 S. oben S. 124.

62 Ein Indiz bildet die Rubrik *Quemadmodum heres institui debeat* (Tit. 21). Hier drückt der Konjunktiv eine Distanz zum Text aus.

63 Hugo, GGA 1812, S. 134 ff. = Beyträge 2, S. 77 f. Dies betrifft z.B. den Abschnitt Tit. 2,7-12, der von der Titelrubrik *De statu libero vel statu liberos* nicht erfaßt wird.

64 Vgl. Nelson, Überlieferung, S. 81.

entsprechende Stelle Tit. 5,6 u. 7 im vatikanischen Manuskript unter der Rubrik »*De his qui in potestate sunt*« steht.[65] Die zusätzlich überlieferten Fragmente des Regelwerks in Collatio und Digesten gehen auf mehrere Parallelexemplare des Textes zurück: Spätestens im 4. Jahrhundert, als ein Exemplar des Werks den Bearbeitern der Collatio vorlag, wies dieses Rubriken auf. Aus einem weiteren Exemplar des Textes mit derselben Werkbezeichnung schöpften die Kompilatoren der Digesten. Aus einem dritten Überlieferungszweig muß schließlich der im vatikanischen Manuskript überlieferte Text hervorgegangen sein. Dieses letztgenannte Exemplar kann mit der Quelle der Collatio wegen der abweichenden Titelrubrik (Coll. 6,2) nicht identisch sein.[66] Mit der Digestenquelle wird es auch nicht identisch sein, weil sich dieses Exemplar in Byzanz befand. Für eine Verbringung in den Westen fehlt jeder Anhaltspunkt.

V.) Der Auszug

Der Cod. Reg. Lat. 1128 gibt den *liber singularis regularum* auch abgesehen vom fehlenden Schlußteil nicht vollständig wieder, sondern enthält nur einen Auszug daraus.[67] Auf diese Epitome geht nur der Text des vatikanischen Manuskripts zurück. Es handelt sich dagegen nicht um eine Vorstufe der Collatio und der Digesten. Dies zeigt sich besonders daran, daß der vom Epitomator gestrichene Tit. 26,1 a in Coll. 16,4 erhalten ist.

Die Kürzung desjenigen Textes, von dem die zum vatikanischen Manuskript führende Überlieferungstradition ausging, fällt in die nachklassische Phase. Die Praxis des Epitomierens war schon seit dem 3. Jahrhundert verbreitet. Mommsen und Schulz haben die Herstellung des Auszugs nach 320 ansetzen wollen, weil die Streichung der Sanktionen gegenüber Unverheirateten und Kinderlosen, die unter der Rubrik Tit. 13 *De caelibe, orbo et solitario patre* angeführt gewesen seien, als Reaktion auf die Abschaffung dieser Strafen durch Konstantin (CTh 8,16,1 a. 320) erfolgt sei.[68] Nun wurden allerdings die sanktionsbewehrten Gebote der Eheschließung und Kindererzeugung zwar gekürzt, aber gerade nicht vollständig aus

65 Savigny, Ulpian 1811, Bl. 7 r u. v führt als weitere Gründe für die nachträgliche Einfügung an, daß die Inskription von D. 22,5,17 nur den *liber singularis regularum*, nicht aber den genauen Titel nenne, und daß das kleine Buch keine Titelüberschriften nötig gehabt habe. Diese beiden Argumente sind aber nicht zwingend, das erstgenannte, weil die Angabe des einzelnen Titels in den Digesten auch sonst nicht üblich ist, das letztere, weil bereits die erhaltenen 3/5 des mutmaßlichen Gesamttextes nach moderner Zählung 305 Paragraphen umfassen und damit genug Anlaß zur Binnengliederung geben.

66 Vgl. Schulz, Epitome, S. 17.

67 Vgl. insbesondere den fehlenden Schluß von Tit. 3.

68 Mommsen, JS 2, S. 50 und Schulz, Epitome, S. 9 u. 39.

dem Text entfernt: in Tit. 17,1 und 22,3 wird auf sie im Zusammenhang mit der Kaduzitätsfolge Bezug genommen.

Berücksichtigt man im übrigen die Reihenfolge, in der der Stoff der augusteischen Ehegesetze in anderen Werken dargestellt wurde, so ergibt sich, daß sich die Rubrik nicht auf einen in Tit. 13 vollständig entfernten Text bezogen haben dürfte: In den Kommentaren zur *lex Iulia et Papia* von Terentius Clemens, Paulus und Ulpian werden die gegenüber Senatoren bestehenden Eheverbote *vor* den Sanktionen wegen Ehe- bzw. Kinderlosigkeit behandelt.[69] Die Reihenfolge der Stoffbehandlung in den Tit. 13 bis 18 unseres Textes entspricht nicht nur auf das Ganze gesehen der Gliederung dieser Kommentare, sondern auch in diesem besonderen Gesichtspunkt: die Ehe*gebote*, von deren selbständiger Darstellung Tit. 14 einen Rest enthält, folgen nach den Ehe*verboten* für Senatoren (Tit. 13). Was auch immer der Epitomator gestrichen haben mag, folgte erst *nach* den Eheverboten, und damit im Zusammenhang mit Tit. 14. Diese Regelungsmaterie wurde also nicht entfernt, sondern nur bis auf den in Tit. 14 erhaltenen Rest zusammengestrichen, der immerhin noch die Wiederverheiratungsfristen nennt.[70] Der Auszug muß also vor der Rechtsänderung des Jahres 320 hergestellt worden sein.

Der Auszug verlieh dem Werk keinen neuen, bestimmenden Charakter; dieser blieb durch den klassischen Ursprungstext geprägt. Nelson meint, aus dem uns bekannten Textteil seien nur einzelne Sätze herausgestrichen worden.[71] Das ist im Grundsatz richtig: die Kürzung führte nur zum Wegfall einer vergleichsweise geringen Menge des Textes. Am wichtigsten ist aber die Erkenntnis, daß der Epitomator mechanisch arbeitete und den übernommenen Text erhielt. Was er also in den Auszug übernahm, war schon Bestandteil des etwa im Jahre 180 fixierten Regelwerks gewesen. Mommsen ist darin zuzustimmen, daß der Auszug die Qualität des Originaltextes im wesentlichen beibehielt.[72] Die Ansicht Schulz', daß der im Auszug erhaltene Wortlaut des klassischen Textes einer nachklassischen Bearbeitung unterzogen und dabei auch um Stoff aus anderen Schriften ergänzt worden sei, hat sich uns nicht bestätigt.[73]

Wenn der überlieferte Text vielfach als »*Epitome (Ulpiani)*« bezeichnet wird,[74] dann bemißt dieser Name die Hauptbedeutung unter den Entwicklungstufen unzutreffend dem Auszug zu. Auf diese Weise wird nämlich unrichtigerweise suggeriert, daß erst der Auszug die entscheidenden Merkmale geschaffen habe, die die Werkindividualität bestimmen.

69 Vgl. die von Astolfi, Lex Iulia, S. 377 ff. erarbeitete Palingenesie der Kommentare.

70 Schulz, Epitome, S. 9 und 39 muß das Stehenlassen dieses Satzes mit einem Mißverständnis des Epitomators erklären.

71 Nelson, Überlieferung, S. 344 f., Fn. 14.

72 Vgl. oben S. 48.

73 Vgl. oben S. 52.

74 Vgl. S. 67.

Mommsen hat die Ansicht vertreten, der Epitomator habe aus dem *liber singularis regularum* konsequent die »ligamenta iuris in artem redacti, dico divisiones« herausgestrichen, weil er diese für die von ihm angestrebte Verwendung des Textes in der Praxis nicht benötigt habe.[75] Dem ist insoweit zuzustimmen, als bei der Herstellung des Auszugs offenbar auch einige der Systematisierungsmerkmale fortgefallen sind. Die Behauptung aber, daß diese Elemente planmäßig und konsequent aus dem Text entfernt worden seien (»nusquam extare ... divisiones«[76]), geht doch zu weit. Dafür weist der Text noch zu viele der Systematisierung dienende Sätze auf.[77] An vielen Stellen enthält er die Klassifikation durch *divisiones*. Besonders klar kommt dies zum Ausdruck bei den *libertorum genera* (Tit. 1,5 ff.), den *personae sui iuris* (Tit. 4,1 ff.), den Tatbeständen des Eigentumserwerbs (Tit. 19,1 u. 2) und den Testamenten (Tit. 20,2).

Im übrigen ist Mommsen in dieser Frage wohl von einem zu scharfen Gegensatz zwischen Schule und Praxis ausgegangen. Es ist richtig, daß die Praxis auf die Systematisierung eher verzichten kann. Für eine praxisorientierte Juristenausbildung, die unmittelbar subsumtionsfähige Regeln vermittelt, muß aber jedenfalls grundsätzlich dasselbe gelten.

VI.) Die Überlieferung des Textes ins Mittelalter

Aus dem Altertum ins Mittelalter ist der Auszug des *liber singularis regularum* wahrscheinlich in einer Sammelhandschrift gelangt. In den spätantiken Codices der sammelfreudigen Zeit von 300 bis 550 hatten sich viele lateinische Klassiker erhalten und in kirchlichen und profanen Sammlungen bis ins 8. Jahrhundert überdauern können.[78] In dieser Zeit bestand in Rom ein bedeutender Büchermarkt.[79] Die im 6. Jahrhundert in großer Zahl stattfindenden Pilgerfahrten nach Rom bildeten die Grundlage dafür, daß die Überlieferungstätigkeit der mittelalterlichen Skriptorien im Frankenreich ihren Anfang nahm. Die Wallfahrten dienten häufig nebenbei dem Zweck, im Auftrag staatlicher Stellen oder eines

75 S. 47 f. und 101.

76 Mommsen, JS 2, S. 49.

77 S. oben S. 100 ff.

78 Vgl. Pöhlmann, Einführung, S. 100. Texte von zu geringem Umfang hätten allein kaum ins Mittelalter gelangen können. So ist auch das Überleben des Regelwerks wahrscheinlich dem Umstand zu verdanken, daß schon die Vorlagehandschrift mit dem Breviar verbunden war. Daraus folgt aber nicht, wie Nelson, Überlieferung, S. 92, Fn. 39 vermutet, daß im Westgotenreich und im Frankenreich neben den Schriften der drei im Breviar enthaltenen Juristen Gaius, Paulus und Papinian auch »Ulpians« *liber singularis* benutzt worden sei. Dagegen spricht die Singularität unseres Falles.

79 Vgl. Wattenbach, Paläographie, S. 537; Rouse, in: Jenkyns, Legacy, S. 42.

Klosters Bücher zu beschaffen, um den Bücherbedarf des Nordens zu decken.[80] Eine bedeutende Zahl derjenigen Unzial- und Halbunzialhandschriften, die den Klöstern des Frankenreiches als Vorlagen dienten, stammte daher aus Rom.[81] Nachdem dieser Transfer in der älteren Zeit in erster Linie kirchliche Handschriften betroffen hatte, nahm im 8. Jahrhundert die Nachfrage nach weltlichen Texten zu.[82] Die antiken Schriften konzentrierten sich damals überwiegend in kirchlichen Bibliotheken. Im 8. und 9. Jahrhundert bekam insbesondere St. Gallen sehr viele Bücher aus Italien.[83] Unter diesen Schriften wird auch die Vorlage für unser Manuskript nach St. Gallen gelangt sein, wo der Text für die Neuzeit bewahrt wurde.

80 Zettinger, Berichte, S. 33-35 u. 75; Lesne, Propriété, S. 66 ff. Der Pilgerverkehr war zeitweise der wichtigste Austausch zwischen Rom und den Ländern nördlich der Alpen; vgl. Zettinger, Berichte, S. 107. Noch im 9. Jahrhundert berichtet Alkuin von in Tours befindlichen Papyrusrollen; vgl. Rouse, in: Jenkyns, Legacy, S. 40, 47.

81 Wattenbach, Paläographie, S. 439, 538; Rouse, in: Jenkyns, Legacy, S. 47.

82 Milkau/Leyh, Handbuch 3, S. 105.

83 Lesne, Propriété, S. 69 f. u. 737.

2. Abschnitt: Untersuchung des *liber singularis regularum*

I.) Grundsätze der Textwiedergabe

Grundlage der Erforschung des *liber singularis regularum* ist in erster Linie der Text, wie er im Cod. Vat. Reg. 1128 überliefert ist.[1] Da diese Handschrift die einzige verfügbare ist, und sie ohnehin im Unterschied zu den inzwischen verlorenen Manuskripten die einzige selbständige Überlieferung des Textes bildet, stellt sich das Problem von »Lesarten« nur in den wenigen Fällen, wo ein Schreibfehler oder die Auflösung einer Abkürzung in Frage steht. Es bleibt daneben die Aufgabe der Emendation. Ziel ist es, den Text in seiner editorisch bestmöglichen Gestalt bereitzustellen.[2]

Der Text ist mit der Handschrift vollständig abgeglichen. Dabei ist es in einzelnen Fällen gelungen, an radierten oder verwischten Stellen die verlorene Schrift mit Hilfe ultravioletten Lichts zu erkennen.[3] Durchgehend ist der Text ferner abgeglichen mit den Ausgaben von Dutillet (1549), Hugo (5. Aufl. 1834), Krüger (1878) und Schulz (1926). Für Dutillet sprach die Bedeutung als *editio princeps.* Hugos Editionsarbeit, die er immer wieder neu aufnahm, eröffnet die Reihe derjenigen Ausgaben, die noch heute für die Textkritik von wissenschaftlichem Wert sind; noch Hugos fünfte und letzte Auflage ist gegenüber den anderen wesentlich erweitert worden. Die von Krüger erarbeitete Ausgabe kann als die bislang beste kritische Edition angesehen werden.[4] Schulz' Edition ist die letzte, der eine selbständige Prüfung des Textes zugrundeliegt. Alle diese Ausgaben beruhen unmittelbar oder vermittelt durch ein Apographum bzw. eine Ablichtung auf dem vatikanischen Manuskript. Die in den genannten Ausgaben vorhandenen Emendationen sind, soweit bedeutsam, im Apparat vermerkt. Berücksichtigt sind darüber hinaus die Mitteilungen Le Carons über den Text der heute verlorenen Manuskripte des Auredanus und des Gervasius.[5] Berücksichtigt sind auch Cujaz' Observationes,

1 Daneben werden diejenigen Textfragmente berücksichtigt, deren Überlieferung sich schon früher von der des Haupttextes abspaltete, und die in Coll. 2,2, Coll. 16,4 und D. 44,7,25 erhalten sind.

2 Vgl. bereits Nelson, BSL 29 (1999), S. 287 sowie TR 67 (1999), S. 376 f., der eine Neuausgabe anmahnte.

3 So z.B. bei Tit. 21,1 und 24,14. Die Tinte enthält pflanzliches Tannin, das dem Pergament auch nach einer Entfernung der Farbe noch anhaftet. Es vermindert dessen Fähigkeit, ultraviolettes Licht zu reflektieren, so daß ausradierte Schrift im ultravioletten Licht wieder dunkel hervortritt. Vgl. allgemein Reed, Ancient Skins, S. 259.

4 So zuletzt mit Recht Nelson, Überlieferung, S. 80 f.; einschränkend ders., TR 67 (1999), S. 376.

5 Zu diesen Handschriften s. des Näheren oben S. 40-43.

die einige nach Einsichtnahme in Dutillets Handschrift gewonnene Erkenntnisse enthalten. Diese beziehen sich zwar nur auf einzelne Stellen, doch ergibt sich ihre besondere Bedeutung daraus, daß die Authentizität der beiden Cujaz-Ausgaben des Gesamttextes von 1586 nicht gesichert ist.[6] Im übrigen sind alle irgendwie bedeutsamen Vorschläge anderer Autoren aufgenommen, soweit sie nicht phantastisch oder, wie im Fall der Auflösung eindeutiger Abkürzungen, selbstverständlich sind.

Der Text ist in hochsprachlichem Latein wiedergegeben. Soweit die Sprache des Textes schon in seiner spätantiken Überlieferung mit Vulgarismen durchsetzt gewesen ist, wird die darauf zurückgehende Schreibweise im Apparat angegeben. Der Rekonstruktion liegt dabei die Annahme zugrunde, daß der im 2. Jahrhundert fixierte Text des Regelwerks diese sprachlichen Besonderheiten noch nicht aufwies.

Die im Apparat verwendeten Abkürzungen sind nach Maßgabe des im Anhang S. 597 befindlichen Verzeichnisses aufzulösen.[7]

Dem Text ist ferner eine Übersetzung beigegeben. Diese ist zunächst aus praktischen Gründen ein Desiderat, weil die einzige bislang existierende deutsche Übersetzung, die ein anonymer Verfasser 1839 in Grünberg (Schlesien) herausbrachte, so gut wie unbekannt und überdies kaum zugänglich ist.[8] Sie ist darüber hinaus mit Mängeln behaftet und sprachlich veraltet. Die Übersetzung ist schließlich auch darum geboten, weil sie das Textverständnis offenbart, das jeweils der weiteren Untersuchung zugrundeliegt.

6 Dazu s. oben S. 39.

7 Zur Entlastung des Apparats wird bei Textausgaben und anderen Werken, deren Aufbau sich nach dem Text richtet, auf Seitenangaben verzichtet.

8 Des Domitius Ulpianus Fragmente, Grünberg, Druck und Verlag von M. W. Siebert, 1839, VIII, 66 S. (Gesamtverzeichnis des deutschsprachigen Schrifttums 1700-1910, Bd. 148 [1986], S. 335).

II.) Die Textanalyse

In den nachfolgenden Kapiteln wird der erhaltene Text, dessen Grundriß im wesentlichen zu den Institutionen des Gaius parallel läuft, wie folgt erörtert:

Rechtsquellen (S. 159-173)

Personenrecht (S. 174-355)
– ius ad personas pertinens –

Sachenrecht (S. 356-380)
Erbrecht (S. 381-519)
Obligationenrecht (S. 520-522)
– ius ad res pertinens –

Aktionenrecht (S. 523-529)
– ius ad actiones pertinens –

1.) Die Rechtsquellen und ihr Konkurrenzverhältnis

a.) Die Wiedergabe des Textanfangs im Manuskript

Der Anfang des Regelwerks im vatikanischen Manuskript läßt eine Textversetzung erkennen. Der Überschrift »*Incip⟨iunt⟩ tituli ex corpore Ulpiani*« folgt zunächst die isolierte Sachinformation: »*Moris sunt tacitus consensus populi longa consuetudine inveteratus*«, die in den modernen Ausgaben den § 4 bildet. Erst dann folgt das Titelverzeichnis, das mit unbedeutenden Abweichungen die später im Text folgenden Rubriken wiedergibt. Der eigentliche Text setzt dann erst wieder mit der Überschrift »*I. Tit⟨ulus⟩ de libertis*« zu einem neuen Thema ein. Dessen Sätze, die mit den heutigen §§ 5-9 beginnen, werden durch die heutigen §§ 1-3 unterbrochen, die sachlich zum Eingangssatz gehören, und erst danach mit §§ 10 ff. der modernen Ausgaben fortgeführt.

Schon die ersten Herausgeber hatten die Störung der Überlieferung erkannt. Nachdem Dutillet am Übergang zwischen den heutigen §§ 9 und 1 eine crux gesetzt hatte, hatten spätere Herausgeber versucht, die überlieferte Ordnung durch Textergänzungen zu rechtfertigen.[1] Cujaz rekonstruierte erstmals die richtige

1 So z.B. Le Caron in den Ausgaben von 1555 und 1578. Die Konjekturen gingen möglicherweise bereits von den Handschriften des Gervasius und des Auredanus aus. Bestätigt wird diese Vermutung zum einen durch den Umstand, daß die falschen Konjekturen offenbar aufeinander aufbauen, zum anderen dadurch, daß Cujaz nach Einsichtnahme in die Handschrift Dutillets die auf jene Manuskripte zurückgehenden Zusätze ablehnte. Die Rekonstruktionen ergeben sinnlose oder sachlich falsche Aussagen. So ergänzt z.B. das *Ms. Gervasii*

Ordnung, und zwar schon 1566,[2] also noch bevor er aus Dutillets Handschrift den wahren – und nicht bereits ergänzten – Wortlaut der verdrehten Überlieferung ersehen konnte.

Meerman erkannte als erster, daß die Textversetzung dadurch verursacht worden sein muß, daß in einem früheren Manuskript ein Blatt unrichtig eingeheftet gewesen war.[3] Mommsen entwickelte daraus die überzeugende Erklärung, daß derjenige, der den Text an das Breviar anfügte, dies unter Verwendung eines Exemplars getan habe, an dessen Anfang ein Blatt stand, das recto die §§ 1-3, verso die §§ 4-9 enthielt.[4] Dieses offenbar abgelöste Blatt habe er verkehrt herum eingefügt. Da dieses Versehen bei der nachfolgenden Abschrift nicht aufgefallen sei, hätten nun die §§ 4-9 am Anfang des Textes gestanden. So kam es offenbar dazu, daß vor der Titelrubrik *de libertis* nur ein einziger Satz (*Moris* ...) stehenblieb. Diesen könnte der Abschreiber als »Motto« aufgefaßt haben. Er schrieb ihn in größeren Minuskeln an den Anfang und ließ anschließend das Titelverzeichnis folgen.

In der wiederhergestellten Ordnung beginnt der Text mit »*prohibet* ...«. Dies zeigt, daß der ursprüngliche Anfang fehlt. Wir dürfen annehmen, daß der Textverlust mit einem Blatt, also zwei Seiten, zu veranschlagen ist.

b.) Die Systematik der Rechtsquellen

Der vom Anfang des Werkes erhaltene Text behandelt Rechtsquellen. Mit den Kategorien der Verbotsgesetze (§§ 1 und 2), den Derogationsregeln (§ 3) und schließlich dem Gewohnheitsrecht (§ 4) werden drei Themen behandelt, die für den Charakter des Werkes von grundlegender Bedeutung sind. Daß sie gleichwohl nur in einzelnen Sätzen behandelt werden, die recht unvermittelt aufeinander folgen, läßt vermuten, daß das Werk hier Streichungen durch den Epitomator erfahren hat.

Die grundlegende Systematisierung des Anfangsabschnittes wird durch den Begriffsgegensatz von *leges* (§§ 1-3) und *mores* (§ 4) gebildet. In der Zweiteilung

(Ch 1555, 189 v) *quae*, so daß ein Relativsatz entsteht, der sich – sachlich unrichtig – auf *minus quam perfecta lex est* bezieht: ⟨*Quae*⟩ *prohibet exceptis quibusdam cognatis: et si plus donatum sit, non rescindit, minus quam perfecta lex est: quia vetat aliquid fieri* ... (vgl. S. 179, Fn. 22).

2 Nachdem die Ausgabe von 1554 noch keine Anzeichen einer Kritik an der überlieferten Ordnung aufgewiesen hatte, ließ Cujaz den Text 1566 mit »*De Legibus & moribus. Imperfecta lex est* ...« beginnen, allerdings ohne Angabe von Gründen.

3 Meerman, Nov. Thes. 7, S. 742, Anm. li. Sp. Unrichtig meinen Schulz, Epitome, S. 7 und Mercogliano, Tituli, S. 4, diesen Gedanken habe erst Mommsen geäußert. Vorüberlegungen finden sich auch schon bei Savigny, Ulpian 1811, Bl. 6 v und Lachmann, ZGR 9 (1838), S. 175-179.

4 Mommsen, JS 2, S. 53.

der Rechtsquellen in Gesetze und Gewohnheitsrecht spiegelt sich eine bereits in der frühen klassischen Denkweise festzustellende systematische Unterscheidung.[5] Sie wurde grundlegend für die klassische Rechtswissenschaft.

Der Text über die *leges* setzt mit einer Darstellung der Kategorien der Verbotsgesetze ein. Die klassische, aus der späten republikanischen Jurisprudenz stammende Systematik derjenigen Verbotsgesetze, die sich gegen bestimmte Rechtsgeschäfte wandten, enthielt die Kategorien der *lex perfecta*, der *lex imperfecta* und der *lex minus quam perfecta*.[6] Hier ist nur der Satz zur *lex minus quam perfecta* vollständig überliefert (§ 2). Die Reste der Darstellung der *lex imperfecta* enthält § 1. Dies zeigt das *non rescindit*.[7] Am Beginn stand wahrscheinlich ursprünglich ein Satz zur *lex perfecta*.[8] Dabei handelt es sich um ein Gesetz, das die Nichtigkeit eines Rechtsgeschäfts bewirkt (*perfecit quod voluit*).

Nach dem Vorbild der im Aufbau der anderen Textabschnitte erkennbaren Logik wurde die Trichotomie wahrscheinlich durch eine Gliederung eingeleitet, die gelautet haben könnte: *Lex est aut perfecta aut imperfecta aut minus quam perfecta*.[9] Diesem Satz könnte schließlich eine Definition der *lex* vorausgegangen sein, entsprechend der Definition der *mores* in § 4. Nach dieser Annahme wäre folgender ursprünglicher Aufbau zu vermuten:

Rubrik:	*De legibus et moribus*[10]
Definition:	*lex est …*
Untergliederung:	*lex est aut perfecta, aut imperfecta, aut minus q. perf.*[11]
Definitionen:	*perfecta lex est …*
	imperfecta lex est … (§ 1)
	minus quam perfecta lex est … (§ 2)
Untergliederung:	*lex aut rogatur, … aut abrogatur …* (§ 3)
Definition:	*mores sunt …* (§ 4)

5 Das *ius civile* beruht entweder auf Gesetz oder auf Gewohnheitsrecht. Vgl. den bei Behrends, Grundbegriffe, S. 38 f. aus Cicero *de orat.* 1,42,188 entwickelten Zweck des *ius civile*, die Rechtsverhältnisse der Bürger zu bewahren, und zwar als *conservatio*, die sowohl *legitima* als auch *usitata* ist.

6 Entsprechend liegt die Systematik der Dichotomie zugrunde, auf die sich (anknüpfend an Ciceros *de re publica*) Macrobius *in somn. Scip.* 2,17,13 bezieht: *sed quia inter leges quoque illa imperfecta dicitur in qua nulla deviantibus poena sancitur, ideo* ⟨scil. Cicero⟩ *in conclusione operis poenam sancit extra haec praecepta viventibus ….* Macrobius behandelt allerdings *Gebots*normen. Entgegen Mayer-Maly, Rangordnung, S. 123 ist weder aus der Macrobiusstelle noch aus unserem Text eine Abgrenzung zu den *leges datae* und *dictae* zu entnehmen.

7 Als weiteren Beleg für die Bedeutung des Ausdrucks *lex imperfecta* zieht Savigny, Ulpian 1811, Bl. 7 r, die *cretio imperfecta* heran, die im Testament von keiner Sanktion begleitet ist (Tit. 22,34).

8 Pansegrau, Fortwirkung, S. 46.

9 Pansegrau, Fortwirkung, S. 46; vgl. Cujaz, Obs. 19,30 (ed. 1658): *Lex aut perfecta est aut ….*

10 Vgl. Pansegrau, Fortwirkung, S. 42, Fn. 15; Cujaz (ed. 1566).

11 So Meerman, Nov. Thes. 7, S. 742, Anm. li. Sp.; Cramer, Scholia, S. 27.

Für den Wortlaut des verlorenen Satzes über die *lex perfecta* sind wir, abgesehen von seinem mutmaßlichen Beginn *Perfecta lex est* ..., auf Vermutungen angewiesen. Es ist auch nicht überliefert, welches Verbotsgesetz der Text hier als Beispiel nannte. Cujaz schlug vor: *Perfecta lex est veluti Aelia Sentia, quae vetat aliquid fieri, et si factum sit, rescindit* ....[12] Die *lex Aelia Sentia* bietet sich in der Tat als das genannte Gesetz an, denn in §§ 11-15 nimmt der Text auf sie Bezug. Meerman meinte zwar, als ursprüngliches Beispiel für die *lex perfecta* sei die *lex Iulia et Papia* zu vermuten.[13] Dagegen spricht aber, daß dieses Gesetzeswerk aus einem vielgestaltigen Regelungsgeflecht bestand, während hier als Beispiel nur ein bestimmtes, einzelnes Verbot in Betracht kommen kann. Wahrscheinlich entstanden die augusteischen Ehegesetze auch zu spät, um sich für die Darstellung der *lex perfecta* im Schulbetrieb als Beispiel etablieren zu können.

Die Bedeutung der Trichotomie bezieht sich auf das Verhältnis zwischen *ius* und Amtsrecht im Hinblick auf den speziellen Fall der Verbotsgesetze.[14] Es handelt sich um eine Klassifizierung, aus der sich ergibt, wann der Prätor gegen ein vom Gesetz mißbilligtes, rechtsgeschäftliches Verhalten mit amtsrechtlichen Mitteln einschreiten muß.[15] Der Klassifizierung liegt das Prinzip der Wortlautgeltung

12 Cujaz, Obs. 19,30 (ed. 1658).

13 Meerman, Nov. Thes. 7, S. 742, Anm. unter Hinweis auf Fr. Dos. 3 (moderne Ausgaben § 2 a. E.).

14 Abweichend meint Wieacker, daß die Trichotomie den Aufgabenbereich des Prätors mit Rücksicht auf ein ursprüngliches Auseinanderfallen von *ius* und *lex* bestimmt habe. Nach seiner Lehre bezeugt die Kategorienbildung einen alten Prozeß, in dessen Verlauf das Gesetz langsam die Kraft gewann, Verhältnisse des *ius* aufzuheben. Dabei soll ein Widerspruch zwischen beiden Rechtsschichten im älteren Recht nicht einfach nach den Grundsätzen der intertemporalen Normenkollision sowie von Spezialität und Subsidiarität entschieden worden sein, sondern durch Verwirklichung der Bestimmungen im Wege mittelbarer Sanktionen oder prätorischer Behelfe; Wieacker, Fs. Hübner, S. 373 u. 357 ff. Nach Wieacker wirkte die ursprüngliche Trennung zwischen den Rechtsschichten nach, bis die *lex rogata* des klassischen Freistaates, die auf der Vorstellung eines Willensausdrucks des *populus* beruht und damit als eine jeden Bürger verpflichtende allgemeine Norm i.S.d. heutigen materiellen Gesetzes zu verstehen ist, bewirkte, daß die Geltungsschranken der *lex* gegenüber dem *ius civile* fortfielen. Die differenzierten Kategorien der *leges imperfectae* und *minus quam perfectae* sollen damit ihre Bedeutung verloren haben; Wieacker, RRG 1, S. 284 u. 427. Kritisch dazu insbesondere Behrends, Gesetzesbegriff, S. 111 f. mit Fn. 240.

15 Dazu Pansegrau, Fortwirkung, S. 10 f., 71 ff.; Behrends, Fraus, S. 20-24; ders., Profil, S. 25, 45 f. Fn.*; ders., Gesetzesbegriff, S. 34, 112.
Demgegenüber bestimmt die Trichotomie nach einer älteren Ansicht das Verhältnis zwischen Gesetz und Privatautonomie bei der Behandlung verbotswidriger Geschäfte. Als Teil der Auslegungslehre der Neuen Jurisprudenz, also der frühen klassischen Rechtswissenschaft, habe sie gesetzliche Verbote in ihrer Wirkung auf dagegen verstoßende Geschäfte möglichst beschränken sollen. Die Nichtigkeit eines verbotswidrigen Privatrechtsaktes sollte nur dort noch ipso iure eintreten, wo sie vom Gesetzgeber ausdrücklich angeordnet worden war. So noch Pansegrau, Fortwirkung, S. 91. Tatsächlich schafft die Trichotomie insoweit, als sie sowohl die Wirkungen der Verbotsgesetze als auch das *officium praetoris* nach Maß-

zugrunde, das die frühe klassische Rechtswissenschaft, wie bereits dargestellt,[16] gegenüber der freieren Interpretationslehre der älteren republikanischen Juristentradition der *veteres* durchgesetzt hatte.[17] Gegenstand der Geltung war damit nur der aufgrund »Befragung« der Volksversammlung in Kraft gesetzte und publizierte Gesetzeswortlaut.[18] Sah dieser die Nichtigkeit des mißbilligten Rechtsgeschäfts oder jedenfalls eine Strafe vor, so war das Gesetz im ersten Fall »vollkommen« (*perfecta*), im zweiten »(etwas) weniger als vollkommen« (*minus quam perfecta*). Bei der *lex perfecta* ergibt sich die Nichtigkeit aus dem Gesetzeswortlaut, und es bedarf keiner Maßnahmen des Prätors mehr. Auch bei der *lex minus quam perfecta* ist nach diesem Konzept kein Raum für eine amtsrechtliche Ergänzung, weil das Gesetz, das sich gegenüber einem mißbilligten Rechtsgeschäft auf die Strafe als Sanktion beschränkt, immer noch eine Rechtsfolge anordnet und für diese Zurückhaltung auch gute Gründe haben kann. Anders ist es bei der »unvollkommenen« *lex imperfecta*: Da hier ausdrücklich nur die Mißbilligung, aber *keine* Rechtsfolge ausgesprochen ist, klafft eine Lücke. Daher ist der Prätor berufen, der Klage aus dem mißbilligten, aber gültigen Rechtsgeschäft eine *exceptio* entgegenzusetzen.[19] Er tritt damit in die Lücke, die durch den Fortfall der wortlautüberschreitenden Auslegung entstanden war.[20]

Im Prinzipat erfuhr der Gesetzesbegriff eine Schwerpunktverschiebung, indem für die alten und die wenigen neuen Gesetze bei der Auslegung das *iussum populi*, also der Wille des Volkes, in das Zentrum des Verständnisses rückte.[21] Diese Entwicklung, die die Sinnauslegung wieder aufleben ließ, hat sich auf den Text hier noch nicht ausgewirkt.

gabe des Wortlauts beschränkt, eine freiheitliche Ordnung. Der Liberalismus bildet aber nicht ihren Ursprung – dazu im Text –, sondern eine mittelbare Konsequenz. Im Kern geht es nicht um den Schutz privater Regelungsbedürfnisse gegen Eingriffe des Staates.

16 S. oben S. 74 und 112.

17 Grundlegend Behrends, RHDFE 55 (1977), S. 7-23, Index 12 (1983/84), S. 189-225 und RHDFE 68 (1990), S. 337-362.

18 Behrends, Gesetzesbegriff, S. 107. Die zentrale Bedeutung der *rogatio* bezeugt Gellius *Noct. Att.* 10,20,7: … *totius huius rei iurisque …, caput ipsum et origo et quasi fons rogatio est … (8) … nam nisi populus aut plebs rogetur, nullum plebis aut populi iussum fieri potest.* Vgl. Behrends, Fraus, S. 49.

19 S. oben S. 115.

20 Die verbreitete Vorstellung, daß die Verbotskategorien erst aus dem Bedürfnis der Schulen nach Systematisierung entstanden seien (Kaser, SZ 70 [1953], S. 127, 135 ff. [141 f.]; ders., Verbotsgesetze, S. 12; Wieacker, Fs. Hübner, S. 357, 372 f.) ist nach dem Gesagten abzulehnen.

21 Behrends, Gesetzesbegriff, S. 107. Ermöglicht wurde dadurch Julians Lehre vom ungeschriebenen Recht; vgl. Julian 84 *dig.* D. 1,3,32,1: *suffragio populus voluntatem suam declaret.* Dazu näher unten bei § 4. Zu dieser Ansicht gehört konsequenterweise eine Willensauslegung nach Sinn und Zweck; vgl. Behrends, Fraus S. 49, Fn. 109.

§ 1. ⟨*Imperfecta lex est, quae vetat aliquid fieri, nec tamen si factum sit rescindit: qualis est lex Cincia, quae plus quam … donare*⟩[a] *prohibet, exceptis quibusdam* ⟨*personis*⟩[b], *et si plus donatum sit, non rescindit*[c].

a) so Kr; Cuj, Crespin (1574), Sg: ⟨*Imperfecta lex est veluti Cincia, quae supra certum modum donari*⟩ *prohibet*; Sch: ⟨*Imperfecta lex est, quae fieri aliquid vetat et, si factum sit, nec rescindit nec poenam iniungit ei qui contra legem fecit, qualis est lex Cincia, quae plus quam … donari*⟩ *prohibet*
b) *personis* erwägt Kr; Ms. Vat.: *cognatis*; Sch: *cognatis* Glosse
c) Ms. Vat.: *rescindet*

Eine *lex imperfecta* ist ein Gesetz, das etwas zu tun verbietet, und das, wenn es dennoch getan wird, die Wirkung nicht aufhebt. Ein solches ist die *lex Cincia*, die mehr als … zu schenken verbietet, mit Ausnahmen hinsichtlich gewisser Personen, und die, wenn mehr geschenkt worden ist, keine Nichtigkeit anordnet.

Als Beispiel für eine *lex imperfecta* diente, da der überlieferte Text von einem Schenkungsverbot handelt, ersichtlich das allgemeine Schenkungskapitel der *lex Cincia* (204 v. Chr.).[22] Dieses verbot das *dare* und *capere* von Schenkungen, die über ein bestimmtes Maß hinausgingen.[23] Die Verbindung der Stelle mit der *lex Cincia* stößt auf eine Schwierigkeit, die sich aber durch eine behutsame Textkritik bereinigen läßt: Nach dem unveränderten Text sollen nur einige Blutsverwandte (*cognati*) vom Verbot ausgenommen sein, während das Gesetz nach Paulus 71 *ad ed.* Fr. Vat. 298 ff., der ausdrücklich von der *lex Cincia* spricht, den Kreis der ausgenommenen Personen weiter gezogen hat. Paulus teilt im Wege einer ausdrücklichen Auflistung (›*excipiuntur* …‹; vgl. Fr. Vat. 300 u. ö.) mit, daß nach dem Gesetz zu den ausgenommenen Personen nicht nur Blutsverwandte gehörten.[24]

22 Dieses ist zu unterscheiden von dem besonderen Kapitel des Gesetzes gegen die Advokatenhonorare; dazu Kaser, Verbotsgesetze, S. 21; Pansegrau, Fortwirkung, S. 31. Die Quellen zur *lex Cincia* sind dürftig: Cicero *de orat.* 2,71; *ad Att.* 1,20; Festus s. v. *muneralis* (Lindsay S. 127); Livius 34,4,9; Fr. Vat. 266-316. In CTh 8,12,4 noch erwähnt, verschwand sie in der Nachklassik.

23 Nach dem Wortlaut war offenbar das Geben (*dare*) und Empfangen (*capere*) von Übermaßschenkungen untersagt; Behrends, Fraus, S. 19 u. 23. Die Höhe des *legitimus modus* (Paulus 71 *ad ed.* D. 44,4,5,2 u. 5) ist unsicher; vgl. Schulz, CRL, S. 568; Elster, Gesetze, S. 258 f.

24 Zutreffend Schulz, Epitome, S. 22. Ausgenommen sind nach dieser Überlieferung alle Verwandten bis zum 5. Grad und vom 6. Grad die Enkel der Geschwister der Großeltern (*sobrinus, sobrina*) (Paulus Fr. Vat. 298 f.; vgl. Inst. 3,6,6 und das Schaubild *De gradibus cognationis* bei Behrends/Knütel/Kupisch/Seiler, Institutionen², S. 155 sowie die Erläuterung aaO. S. 152, Fn. 1). Ausgenommen sind ferner die Gewaltunterworfenen dieser Verwandten (Fr. Vat. 298), bestimmte Verschwägerte (Paulus Fr. Vat. 302), die *servi quique pro servis servitutem servierunt*, unter denen man später die eigenen Freigelassenen verstand (Paulus Fr. Vat. 307), sowie die Schenkung zum Zweck der Dosbestellung (Paulus Fr. Vat. 305).

Wegen dieses Widerspruchs hat Heimbach sogar bezweifelt, daß sich das Regelwerk hier auf die *lex Cincia* beziehe.[25] Schulz hat aber eine überzeugende Lösung gefunden. Er erklärte den Widerspruch damit, daß *cognatis* eine Glosse zu einem ursprünglichen und korrekten *personis* sei, das durch die Glosse anschließend verdrängt und vereinfacht worden sei.[26] Daß sich der *liber singularis* demgegenüber mit der pauschalen Verweisung auf »*exceptae personae*« begnügte, hat seinen guten Grund: Die *lex Cincia* wird hier nicht als Gegenstand einer subsumtionsfähigen Rechtsregel angeführt, sondern nur als Beispiel für eine *lex imperfecta*.

Die *lex Cincia* beschränkte sich also auf die Verbotsanordnung, ohne die Nichtigkeit oder eine Strafe vorzusehen. Der Prätor war durch die frühklassische, wortlautverhaftete Interpretation darauf beschränkt, im Falle einer direkten, flagranten Verletzung des Gesetzes*textes* tätig zu werden.[27] Er griff also nur ein, wenn jemand versuchte, das mißbilligte *dare* bzw. *capere* vor Gericht zu verwirklichen, indem er auf Vollzug eines gesetzwidrigen Schenkungsversprechens klagte.[28] Der Prätor gewährte in diesem Falle eine Einrede (*exceptio legis Cinciae*).[29] Diese hemmte die Klage aus dem stipulierten Schenkungsversprechen, und ebenso eine Vindikation, wenn die Sache zwar manzipiert, aber noch nicht übergeben worden war. Eine Rückabwicklung nach Vollzug der Schenkung fand dagegen nicht statt, weil die *lex Cincia* kein Rückforderungsrecht gewährte.[30] Dieses klassische Ver-

Ausgenommen ist auch der Tutor, allerdings als Schenkender (Paulus Fr. Vat. 304). Vgl. Behrends, Der ungleiche Tausch, S. 265.

25 Heimbach, LR 1 (1843), S. 101, der allerdings keine Alternative nennt.

26 Schulz, Epitome, S. 22.

27 Hugo ging davon aus, daß die *lex Cincia* die Wirkungen des verbotenen Handelns aufgehoben habe. Er bezweifelte aus diesem Grund, daß das im verlorenen Text genannte Beispiel die *lex Cincia* gewesen sei. Vgl. Hugo, Beyträge 2, S. 383 f. gegenüber Savigny, ZGR 4 (1820), S. 24. Es hängt aber gerade von der Auslegung ab, ob das Gesetz selbst die materiellrechtliche Nichtigkeit bestimmt. Nach dem wortlautverhafteten Gesetzesverständnis der frühen Klassik war das nicht der Fall.

28 Das Gesetz richtete sich also an den Magistrat, der seinen Inhalt in der Gerichtspraxis verwirklichen sollte; Leonhard, RE, 10. Hb. (1905), s. v. Donatio, Sp. 1535; Karlowa, RRG 2, S. 586; Chorus, Handelen, S. 60.

29 Das abhängig von der restriktiven Interpretation der frühen klassischen Jurisprudenz entstandene System der praktischen Behandlung von Verstößen gegen die *lex Cincia* ist dargestellt bei Behrends, Fraus, S. 23 f.; ders., Vertragsgedanke, S. 62 f.; Pansegrau, Fortwirkung, S. 76-84; Kaser, Verbotsgesetze, S. 20 ff.
Wenn jemand nicht gegen den Wortlaut des Gesetzes, sondern nur gegen dessen Sinn verstieß (*fraus legis*), erfolgte die Reaktion nicht in Vollzug der gesetzlichen Bestimmungen, sondern aufgrund Amtsrechts, etwa durch Gewährung einer *exceptio in factum concepta*. Diese Zusammenhänge, die für den Zweck dieser Untersuchung hier nur angedeutet werden können, sind ausführlich entwickelt worden von Behrends, Die Fraus legis (1982).

30 Kaser, RP 1, S. 603; Bonfante, Istituzioni, S. 431. Wohl unter sabinianischem Einfluß wurde die radikale frühklassische Ansicht später aufgeweicht, und bei Verstößen gegen *leges imperfectae* die *condictio* zugelassen; vgl. Pansegrau, Fortwirkung, S. 88.

ständnis liegt auch § 1 zugrunde: Der Redaktor des Regelwerks verstand die *lex Cincia* im beschriebenen Sinne und wählte sie als Beispiel für eine *lex imperfecta*: *non rescindit* gibt ja nicht den Gesetzeswortlaut, sondern die Regelung im Verständnis des Redaktors wieder.

> § 2. *Minus quam perfecta lex est, quae vetat aliquid fieri, et si factum sit, non rescindit*[a], *sed poenam iniungit ei, qui contra legem fecit; qualis est lex Furia testamentaria, quae plus quam mille assium*[b] *legatum mortisve*[c] *causa prohibet*[d] *capere praeter exceptas personas, et adversus eum, qui plus*[e] *ceperit, quadrupli poenam*[f] *constituit.*
>
> a) Ms. Vat.: *rescindet*
> b) Ms. Vat.: *ascium*
> c) Ms. Vat.: *morti*[ein Zeichen ausradiert]*suae*
> d) Tu: ⟨*donatum*⟩ *prohibet*
> e) *p* ist im Ms. nachgetragen (vorher Lücke)
> f) Ms. Vat.: *poena*
>
> Eine *lex minus quam perfecta* ist ein Gesetz, das etwas zu tun verbietet, und dieses, sollte es doch getan worden sein, zwar nicht für nichtig erklärt, aber demjenigen eine Strafe auferlegt, der es unter Verstoß gegen das Gesetz getan hat. Ein solches ist die *lex Furia testamentaria*, die mit Ausnahme bestimmter Personen verbietet, mehr als tausend As als Vermächtnis oder Schenkung von Todes wegen zu nehmen, und die gegen den, der mehr nimmt, die Strafe des Vierfachen festsetzt.

Die *lex minus quam perfecta* war ein Verbotsgesetz, in dem nur eine Strafe angeordnet war. Die frühe klassische Wissenschaft, für die sich der gesetzliche Regelungsgehalt auf den Wortlaut beschränkte, lehnte eine Auslegung nach dem Sinn und Zweck des Gesetzes ab und beließ es dabei, daß keine Nichtigkeitsfolge angeordnet war.[31] Die hier als Beispiel genannte *lex Furia testamentaria* (vor 169 v. Chr.) verbot die Annahme bestimmter Zuwendungen von Todes wegen.[32] Bei wörtlichem Verständnis fehlt im Gesetzestext die Anordnung, daß eine verbotswidrig erfolgte Annahme eines Legats unwirksam wäre (*lex … non rescindit*).[33]

31 Dieses ursprüngliche Verständnis wurde in der Hochklassik unter sabinianischem Einfluß gemildert. Man wird es zur Vermeidung untragbarer Ergebnisse als pflichtgemäße Ermessensausübung angesehen haben, wenn der Prätor der Durchführung des verbotswidrigen Aktes durch Verweigerung der Klage oder Gewährung einer *exceptio* entgegentrat; vgl. Pansegrau, Fortwirkung, S. 88. Diese Entwicklung hat in unserem Text noch keinen Niederschlag gefunden.

32 Hier (wie auch in Tit. 28,7) bezieht sich das Verbot auf das *capere*. Die Theophilusparaphrase zu Inst. 2,22 pr bezieht das Verbot zwar auf das *legare*, läßt aber im Zusammenhang das ursprüngliche Verständnis erkennen; vgl. Savigny, Ulpian 1801, Bl. 60 v.

33 Behrends, Fraus, S. 20, 29.

Der Erbe konnte aber gegen den Verletzer mit einer sofort vollstreckbaren Klage unmittelbar auf das Vierfache des vom Verbot betroffenen Betrages vorgehen (Gaius 4,23). Ausnahmen (*praeter exceptas personas*) sah das Gesetz vor für die Cognaten des Erblassers bis zum 6. Grad, und aus dem 7. Grad für die *sobrino nati.*[34] Dies ergibt sich aus anderen Texten, in denen ein begünstigter Personenkreis unter Zugrundelegung der *lex Furia* beschrieben wird (Tit. 28,7; Paulus 71 *ad ed.* Fr. Vat. 301[35]). Die Ausnahmen reichen damit um einen Grad weiter als bei der *lex Cincia.*[36] Wie die *lex Cincia* in § 1 dient die *lex Furia* hier nur als Beispiel für eine *lex minus quam perfecta.* Daher ist auch hier der Tatbestand ungenau wiedergegeben.

§ 3. *Lex*[a] *aut rogatur, id est fertur; aut abrogatur, id est prior lex tollitur; aut derogatur, id est pars primae*[b] *tollitur; aut subrogatur, id est adicitur aliquid primae legi; aut obrogatur*[c], *id est mutatur aliquid ex prima lege.*

a) Ms. Vat.: *ex*
b) so Ch 1578, Sch; Ms. Vat., Til.: *prima*; Cuj (Notae 1554, S. 9), Ch 1555, Hg[5], Kr: *primae ⟨legis⟩*
c) Ms. Vat.: *obrogat*

Ein Gesetz wird entweder ›rogiert‹, d.h. es wird (auf Antrag eines Magistrats oder Volkstribuns von der Volksversammlung) gegeben, oder ›abrogiert‹, d.h. ein früheres Gesetz wird aufgehoben, oder ›derogiert‹, d.h. ein Teil des früheren wird aufgehoben, oder ›subrogiert‹, d.h. es wird dem früheren Gesetz irgendetwas hinzugefügt, oder es wird ›obrogiert‹, d.h. es wird irgendetwas aus dem früheren Gesetz abgeändert.

Die im Text[37] zum Ausdruck kommende Vorstellung, daß neues Gesetzesrecht das bisherige verdränge, ist nicht selbstverständlich. Dies erhellt bei Berücksichtigung des grundlegenden Methodenwechsels, der nach den Erkenntnissen der

34 *Sobrino nati* sind die Urenkel der Geschwister der Großeltern: vgl. Inst. 3,6,6 und die Literatur oben S. 164, Fn. 24. Entgegen Kaser, RP 1, S. 58 u. 351 handelt es sich nicht um die Geschwisterurenkel. Diese gehörten zum 5. Verwandtschaftsgrad.

35 Kaser, RP 1, S. 756; vgl. Champlin, Final Judgments, S. 129.

36 Kaser, RP 1, S. 603, Fn. 25.

37 Ein überlieferungsgeschichtlicher Zusammenhang besteht offenbar mit der bereits oben S. 31 genannten Weingartener Glosse im Ms. Fulda LB D 5, Bl. 1 r: *Legi aut rogatur aut derogatur aut abrogatur aut subrogatur aut obrogatur. Rogatur cum profertur, abrogatur cum aufertur, derogatur cum una pars ei detrahitur, subrogatur cum alia additur, obrogatur cum una detrahitur et alia additur.* Die Reihenfolge des zweiten Satzes entspricht der unseres Textes; umgestellt ist der erste, bei Savigny, Geschichte 3, S. 507 im übrigen unvollständig wiedergegebene Satz. Die auffallende Vollständigkeit und Ordnung läßt vermuten, daß der Verfasser der Glosse entweder den *liber singularis* benutzt hat oder jedenfalls eine entwicklungsgeschichtlich eng verwandte Juristenschrift.

neueren Forschung die Wissenschaft der späten Republik kennzeichnete.[38] Das vorklassische Recht sah nach der Grundauffassung *lex a legere iustum* (»das Gerechte wählen«[39]) in der Gesetzgebung das Inkraftsetzen gerechter Prinzipien. Diese Aufgabe konnten auch mehrere aufeinanderfolgende Gesetze erfüllen, indem die älteren Gesetze nicht außer Kraft gesetzt werden, sondern für die Auslegung beachtlich bleiben.[40] Aus dieser Tradition stammt auch die Auslegung nach dem Gesamtzusammenhang eines Gesetzes, die zuerst für Sabinus dokumentiert ist (Inst. 4,3,15) und die dann Celsus zum Gebot erhob.[41]

Demgegenüber beruht der *liber singularis* grundsätzlich auf klassischem Rechtsdenken. Er unterscheidet hier zwischen verschiedenen Formen, in denen neue Gesetze in Kraft treten und auf die Geltung bestehender einwirken können. Die *lex rogata* ist danach das durch Beschluß der Komitien zustandegekommene Gesetz der Republik.[42] Mit *abrogare* ist hier die vollständige Abschaffung des früheren Gesetzes gemeint,[43] mit *derogare* die Außerkraftsetzung eines Teils davon.[44]

Ein ähnlicher Zusammenhang ist zu der folgenden Stelle aus dem dritten Teil des Anhangs zur Turiner Institutionenglosse zu vermuten (vgl. Dirksen, System, S. 26 f.): *Lex autem aut rogatur, aut derogatur, aut subrogatur, aut abrogatur, aut obrogatur. Rogatur, cum profertur. Derogatur, cum una pars ei detrahitur. Subrogatur, cum alia additur. Abrogatur, cum aufertur. Obrogatur, cum una addicitur, alia distrahitur.* Dieser Text *De verbis quibusdam legalibus* läßt auf gute Quellen schließen; vgl. Schrader/Clossius/Tafelius, Prodromus, S. 54 f. und 146 ff. Für weitere Texte vgl. Conrat, Geschichte 1, S. 87.

Das ›*lex derogatur*‹, an dem Schulz, Epitome, S. 22 Anstoß nimmt, ist neben der intransitiven Form (*legi derogare*) durchaus gebräuchlich; vgl. Nelson, Überlieferung, S. 87 mit Hinweis auf Cicero *ad Att.* 3,23,3: *quod* (Akk. des Relativpronomen) ... *abrogare, derogare, obrogare sine fraude sua non liceat.* Vgl. für den Gebrauch beider Formen die auf S. 169 f. zitierten Texte. Die transitive Form tritt als Spezifikum in den genannten mittelalterlichen Fragmenten wieder auf, deren Quelle unser Text sein könnte; vgl. Conrat, Geschichte 1, S. 87 mit weiteren Nachweisen.

38 Vgl. insbesondere Behrends, Die Fraus legis (1982) sowie seine in den nachfolgenden Fußnoten genannten Arbeiten. S. oben S. 87-91.

39 Cicero *de leg.* 2,5,11 nach stoischen Quellen; vgl. Behrends, Fraus, S. 88 f.

40 Der Gedanke, altes und neues Recht gemeinsam bestehen zu lassen, um in diesem Rahmen vernünftige Lösungen zu ermitteln, rührt aus der vorklassischen Jurisprudenz her. Das in der Spätklassik bei Paulus und Tertullian auftretende *priores leges ad posteriores trahere*, also die Auslegung älterer Gesetze im Lichte neuerer (Wieacker, RRG 1, S. 427, Fn. 82), zeigt, daß die Derogationstheorie in spätklassischer Zeit zurückgedrängt wurde; Paulus 4 *quaest.* D. 1,3,26; Tertullian 1 *quaest.* D. 1,3,27; Paulus 5 *ad leg. Iul. et Pap.* D. 1,3,38; Julian bei Ulpian 18 *ad ed.* D. 9,4,2,1; Behrends, Gesetz und Sprache, S. 159 und Fn. 61, 63. Gegenüber der spätklassischen Entwicklung gibt unser Text ein deutlich früheres Stadium wieder.

41 Celsus 8 *dig.* D. 1,3,24; Behrends, Gesetz und Sprache, S. 159 und Fn. 61.

42 Vgl. Behrends, Gesetzesbegriff, S. 88; Wieacker, RRG 1, S. 406 f.

43 Festus s. v. abrogare: *infirmare* (Lindsay S. 11).

44 Savigny, Ulpian 1801, Bl. 60 v meint, bei Festus v. *obsonitavere* stehe *derogare* für *abrogare* (betrifft die *lex Orchia* von 181 v. Chr.). Die Festus-Stelle (Lindsay S. 220) liefert aber keine Grundlage für diese Vermutung.

Subrogare ist hier die Hinzufügung von neuen Anordnungen zu denen des früheren Gesetzes, *obrogare* die Änderung von Bestimmungen daraus.[45] Dem Text liegt die Derogationstheorie der klassisch-formalen Wissenschaftstradition zugrunde.[46] Sie beruht, wie Behrends herausgearbeitet hat, auf dem formalen Verständnis *lex a legere*,[47] aufgrund dessen das Gesetz im Rahmen des »lesbaren« Wortlauts für seine Regelungsmaterie ausschließliche Geltung beansprucht und daher bestehende Gesetze ganz oder teilweise beseitigt (*abrogare* bzw. *derogare*).[48]

Diese Lehre ist mitsamt ihrer Terminologie schon in der republikanischen Gesetzgebungspraxis rezipiert worden. Dies zeigt zunächst die von Cicero *ad Att.* 3,23,3 zitierte Gesetzesklausel aus dem Jahre 58 v. Chr.: *Si quid in hac rogatione scriptum est quod per legis plebisve scita … promulgare* ***abrogare derogare obrogare*** *sine fraude sua non liceat non licuerit, quodve ei qui promulgavit* ***abrogavit derogavit obrogavit*** *ob eam rem poenae multaeve sit* ….[49] Einen Beleg für die Rezeption

45 Festus läßt für *abrogare* (Lindsay S. 11) sowie *derogare* (S. 61) eine entsprechende Verwendung erkennen: *Derogare proprie est, cum quid ex lege vetere, quo minus fiat, sancitur lege nova. Derogare ergo detrahere est.* Festus nennt auch *exrogare* (Lindsay S. 72: *exrogare est ex lege vetere aliquid eximere per novam legem*), was gegenüber *derogare* aber wohl kaum abgegrenzt werden kann und in unserem Text zu Recht fehlt. Abzuweichen scheint seine Verwendung von *obrogare* (Lindsay S. 203: *legis prioris infirmandae causa legem aliam ferre*); vgl. Reduzzi Merola, Mél. Wołodkiewicz, S. 740. Das Regelwerk ist hier als Juristentext präziser.

46 Vgl. die Verwendung der Terminologie durch Cicero *de re publica* 3,33: *huic legi* (nämlich der unantastbaren *recta ratio, naturae congruens*) *nec* ***obrogari*** *fas est, neque* ***derogari*** *aliquid ex hac licet, neque tota* ***abrogari*** *potest, nec vero aut per senatum aut per populum solvi hac lege possumus.*

47 Vgl. oben S. 112. Noch bei Isidor, *etym.* 2,10,1 tritt dieses Verständnis auf. Wieacker, Fs. Hübner, S. 365 f. wendet gegen die Herleitung aus *λέγειν* oder *legere* (»lesen«) die Vokallänge in *lex* ein und bevorzugt die Herleitung aus einer indogermanischen Wurzel *legh (*ponere, iacere*). Weitere Literatur bei Wieacker, S. 365, Fn. 18.

48 Auch teilweise ist das möglich, weil nach klassisch-institutioneller Lehre ein Gesetz in mehrere Textteile zerlegt werden kann. Vgl. Behrends, Vertragsgedanke, S. 61. So gibt Tit. 18,1 genau wieder, *inwieweit* die *lex Papia* das bisherige Recht unberührt läßt. Diese formale Auffassung ermöglicht es auch, das Gewohnheitsrecht als Rechtsquelle, die ggf. älteres Recht derogiert, anzusehen. Die negativ wirkende Rechtsgewohnheit (*desuetudo*, vgl. Ulpian 18 *ad ed.* D. 9,2,27,4) ist ein technischer Begriff aus dem Gewohnheitsrecht; die Theorie, die die *desuetudo* eingeführt hat, ist die klassische Theorie. Vgl. das Reskript Trajans bei Plinius *ep.* 10,115: *nam et legis auctoritas et longa consuetudo usurpata contra legem in diversum movere te potuit.* Dagegen stammt die Forderung nach einer Auslegung aus dem Gesamtzusammenhang des Gesetzes, wie sie bei Sabinus (Inst. 4,3,15) und dann Celsus (D. 1,3,24) auftritt, aus der Tradition der *veteres*; Behrends, Gesetz und Sprache, S. 159 und Fn. 61.

49 »Wenn in diesem Antrag etwas steht, was nach den bestehenden Gesetzen oder Volksbeschlüssen … zu promulgieren, ganz oder teilweise aufzuheben oder abzuändern – Kasten gibt *obrogare* unrichtig mit »stillschweigend beseitigen« wieder – ohne Schaden für den Antragsteller nicht statthaft ist oder gewesen ist, oder was dem, der es promulgiert, ganz oder teilweise aufgehoben oder abgeändert hat, deswegen Strafe oder Geldbuße einträgt … (etwas Derartiges wird in diesem Gesetz nicht beantragt)«.

in der augusteischen Zeit liefert das Fr. Tudertinum §§ 9-11:[50] ⟨*Ne quis hanc rogationem* ***abrogato*** *neve huic rog⟩ationi* ***obrogato*** *neve de hac rogatione* ***derogato,*** ⟨*quod eius contra leges publicas populi Romani … senatusve populi Romani iu⟩ssionem factum non erit. Quod aliter rogatum e⟨rit in hac rogatione … e(ius)⟩ h(ac) l(ege) n(ihilum) r(ogatur).*[51]

Die klassische Derogationstheorie wurde wahrscheinlich in den Kommentierungen zum Edikt überliefert, einer von Servius begründeten Werkgattung.[52] Nicht zufällig begegnet sie wieder in Ulpians Ediktkommentar.[53] Noch Modestin 7 *reg.* D. 50,16,102 nennt *derogare* und *abrogare* in der hier auftretenden Bedeutung. Er stellt aber die Reihenfolge um: Während § 3 die Grundfälle (gänzliche Einführung oder Außerkraftsetzung) den Sonderfällen (teilweise Eingriffe, Änderung) vorausgehen läßt, nennt Modestin erst die teilweise, dann die gänzliche Aufhebung: *›Derogatur‹ legi aut ›abrogatur‹. Derogatur legi, cum pars detrahitur: abrogatur legi, cum prorsus tollitur.*

§ 4. *Mores sunt tacitus consensus populi, longa consuetudine inveteratus.*

a) Ms. Vat.: *Moris*

Die *mores* sind der stillschweigende Konsens des Volkes, der durch lange Gewohnheit gefestigt ist.

Ebenso wie die *leges* enthalten auch die *mores* Gebote, die als Recht befolgt werden. Beide sind Rechtsquelle: Wie es die *leges* für gesetzlich begründetes *ius* sind, so sind die *mores* die Grundlage von Gewohnheitsrecht (*ius quod dicitur moribus constitutum*).[54] Sie bekommen Rechtsqualität, wenn sie durch lange, einverständlich beachtete Übung gefestigt sind.[55] Die Anordnung des Textes zeigt, daß die

50 Bruns, Nr. 32, S. 157; dazu Kaser, Verbotsgesetze, S. 10 f.

51 Wenn Livius und Verrius Flaccus die Derogationstheorie in der frühen Kaiserzeit darstellen, stehen sie offenbar unter dem Einfluß der zeitgenössischen oder spätrepublikanischen Jurisprudenz. Livius 9,34,7: *ubi duae contrariae leges sunt, semper antiquae obrogat nova.* Entsprechend für Volksbeschlüsse Livius 7,17,12. Die Nennung dieses formalen Prinzips im Zusammenhang mit der Zwölftafelzeit könnte allerdings ein Anachronismus sein; vgl. Wieacker, RRG 1, S. 427, Fn. 82 mit Nachweisen; Behrends, Gesetz und Sprache, S. 159 und Fn. 62. Für Verrius Flaccus *de verb. sig.* vgl. die Festuszitate oben S. 169, Fn. 45.

52 Vgl. oben S. 90; Behrends, Gesetz und Sprache, S. 159 und Fn. 61.

53 Ulpian 18 *ad ed.* D. 9,2,1 pr: *Lex Aquilia omnibus legibus, quae ante se de damno iniuria locutae sunt, derogavit, sive duodecim tabulis, sive alia quae fuit.* Wenn Ulpian hier den Ausdruck *derogare* verwendet, gleichzeitig aber erkennen läßt, daß die alten Gesetze offenbar nicht nur teilweise (wie hier § 3: *derogare*), sondern ganz abgeschafft seien (*quas leges nunc referre non est necesse*), dann wird deutlich, daß sich der Spätklassiker nicht mehr uneingeschränkt an die alte Terminologie hält.

54 Vgl. Julian 84 *dig.* D. 1,3,32.

55 Das Merkmal der *consuetudo* ist zunächst in mehreren nichtjuristischen Texten belegt, deren Quellen klassisches Rechtsdenken enthielten. Vgl. Varro bei Servius *in Verg. aen.* 7,601

mores gleichrangig neben die *leges* gestellt sind. Dies entspricht der Vorstellung der klassischen Jurisprudenz, daß das Gewohnheitsrecht und die *lex* Rechtsquellen von gleicher Kraft sind.[56] Durch die Kennzeichnung des *consensus* als *tacitus*, also

(Bruns, Fontes 2, S. 77): *Varro vult morem esse communem consensum omnium simul inhabitantium, qui inveteratus consuetudinem facit.* Daß der Nachsatz die *consuetudo* nicht als gleichrangiges Tatbestandsmerkmal, sondern als Folge des Konsenses erscheinen läßt, wird der mittelbaren Überlieferung zuzuschreiben sein. Vgl. ferner Varro bei Macrobius *Sat.* 3,8,9: *morem dicit esse in iudicio animi, quem sequi debeat consuetudo*; Cicero *de inv.* 2,67: *Consuetudinis autem ius esse putatur id, quod voluntate omnium sine lege vetustas comprobarit*; ders. *part. or.* 37,130: *Quae autem scripta non sunt, ea aut consuetudine aut conventis hominum et quasi consensu obtinentur.* Auch bei Auct. ad Her. 2,13,19: *Consuetudine ius est id, quod sine lege aeque, ac si legitimum sit, usitatum est* steht die *consuetudo* für den *mos maiorum* als Bestandteil der klassischen Rechtsquellensystematik; Behrends, Mél. Wołodkiewicz, S. 92, Fn. 75. Vgl. schließlich Isidor *etym.* 2,10,1: *Inter legem autem et mores hoc interest, quod lex scripta est, mos vero est vetustate probata consuetudo, sive lex non scripta*; ders. *etym.* 5,3,2 u. 3: *Nam lex a legendo vocata, quia scripta est. Mos autem longa consuetudo est de moribus tracta tantundem.* Auch in anderer Formulierung ist das Erfordernis der langandauernden Übung für das klassische Konzept belegt: Cicero *de inv.* 2,54,162: *ius quod in morem vetustas vulgi approbatione perduxit*, ders. *Top.* 23,90: *pars moris vetustate firmata.* Für die Juristen vgl. neben der im Text genannten Julianstelle noch Julian 55 *dig.* D. 1,3,20; Neraz 6 *membr.* D. 1,3,21; Ulpian 1 *de off. proc.* D. 1,3,33: *diuturna consuetudo*; Hermogenian 1 *iuris ep.* D. 1,3,35: *longa consuetudo.* Puchta, Gewohnheitsrecht 1, S. 94, Fn. 3 vertrat die Auffassung, daß die Juristen, wenn sie das Gewohnheitsrecht historisch behandelten, gewöhnlich von *mos* oder *mores* gesprochen hätten, dagegen, wo von der praktischen Beurteilung derselben die Rede sei, meistens von *consuetudo.* In unserem Text ist *consuetudo* aber nicht schon das Gewohnheitsrecht, sondern erst die Gewohnheit, weil sie erst das *inveterare* bewirkt und außerdem *longa* ist (das Gewohnheits*recht* selbst kann nicht »lang« sein).

56 In der Rechtsquellenaufzählung bei Gaius 1,2-7 sind die *mores* nicht genannt. Robinson, Sources, S. 28 meint, Gaius habe sie nicht als selbständige Rechtsquelle aufgefaßt, weil sie von der Anerkennung durch die Juristen abgehangen hätten; ähnlich Watson, Law Making, S. 170 f. Pugliese, SR 2,3, S. 158 f. meint, das Schweigen klassischer Rechtsquellenkataloge zum Gewohnheitsrecht (vgl. noch Pomponius *lb. sg. ench.* D. 1,2,2) sei damit zu erklären, daß ihr Konzept vom Recht so abstrakt war, daß es keinen Raum ließ, der nicht mit Interpretation oder Analogie zu füllen war. Kaser, SZ 59 (1939), S. 57, 96-100 bestreitet, daß der *mos* eine selbständige Quelle der Rechtsentstehung gewesen sei. Die Ansicht, das Gewohnheitsrecht sei lediglich Erkenntnisquelle für anderweitig begründetes Recht, ist noch in Vorstellungen der Historischen Rechtsschule verhaftet; vgl. Puchta, Gewohnheitsrecht 1, S. 78 ff.; 2, S. 10 u. 187 ff. Dagegen bereits Behrends, Jherings Evolutionstheorie, S. 164, Fn. 54; ders., Gewohnheitsrecht, S. 22 f. u. 116 ff. Deutlich tritt die Einstufung als selbständige Rechts*entstehungs*quelle bei Ulpian 1 *inst.* D. 1,1,6,1 auf (*Hoc igitur ius nostrum constat aut ex scripto aut sine scripto*). Indem sie geschriebenes und ungeschriebenes Recht nebeneinanderstellten, beschritten die römischen Juristen einen Mittelweg im Rahmen des Gegensatzes, der ihnen zwischen den Athenern, die ihr Recht aufzeichneten, und den Spartanern, die dies unterließen, bekannt war (Inst. 1,2,10). Die Mitteilungen Ciceros über die Systematik des Servius zeigen, daß die klassische Wissenschaft die *mores* von Beginn an als eigenständige Rechtsquelle kannte. Auch der Anfang des *liber singularis* beruht auf diesem Verständnis.

ungeschrieben, kommt die Gleichsetzung mit den schriftlich niedergelegten *leges* zum Ausdruck. Es handelt sich um eine Vorstellung, die sich in der späten Republik konstituiert, nämlich in der *ars iuris* des Servius.[57]

Für die wissenschaftsgeschichtliche Einordnung des Textes sind nun die Erkenntnisse zu berücksichtigen, die Behrends über die Entwicklung vom älteren klassischen zum julianischen Konzept des Gewohnheitsrechts herausgearbeitet hat.[58] Die klassische Denkweise hatte innerhalb des Tatbestandes das Erfordernis einer feststehenden, lang andauernden Übung in vergangenen Generationen betont. Dieses verlieh der Kategorie des *mos maiorum* die formale Strenge, die ihm erst ermöglichte, als hinreichend begrenzter Tatbestand in die klassische *ratio iuris* einzugehen. Unter dieser Voraussetzung, die die Regeln des *mos maiorum* der Willkür der jeweils Lebenden entzog, konnte das Gewohnheitsrecht Teil des institutionellen Systems werden. Zu den Zeugnissen dieser Denkweise gehört auch § 4.[59]

Bei Julian tritt dagegen das Erfordernis der langen Dauer der in voraufgegangenen Generationen beobachteten Übung gegenüber der Willensbekundung der Lebenden *rebus ipsis et factis* zurück.[60] Er bringt zum Ausdruck, daß das ungeschriebene Recht keine fortdauernde Übung voraussetze (84 *dig.* D. 1,3,32). Wenn nämlich das Gesetz ein gemeinschaftlicher Vertrag der Bürgerschaft ist und bei den *mores* nur die Ausdrücklichkeit fehlt, dann kann auch der stillschweigende Konsens des gegenwärtigen Volkes Gewohnheitsrecht hervorbringen. Die bereits bei den Vorfahren beobachtete Übung gerät als objektivierender Faktor gegenüber dem bloßen Konsens in den Hintergrund. Nach diesem Verständnis, das auch Gaius 3,82 wiedergibt, ist das Gewohnheitsrecht *ius, ⟨quod⟩ consensu recep-*

Nörr, Divisio, S. 46 f. begründet das Schweigen in den Rechtsquellenkatalogen damit, daß die Aufzählungen unvollständige *partitiones* seien (oben S. 89, Fn. 14). Diese Ansicht beruht darauf, daß Nörr einen abweichenden *partitio*-Begriff vertritt und meint, man müsse sich das Gewohnheitsrecht dazudenken. Kritisch Behrends, Gewohnheitsrecht, S. 23 f., Fn. 6. Auch schiebt Nörr existierende Unterteilungen, die das ungeschriebene Recht nennen, beiseite, so Ulpian 1 *inst.* D. 1,1,6,1 (S. 6) als aus dem rhetorisch-philosophischen Schrifttum stammend und in den Digesten nicht weiter durchgeführt. Tatsächlich könnte das Schweigen der Juristen von der *consuetudo* als Rechtsquelle immerhin dadurch begünstigt worden sein, daß das ungeschriebene Recht typischerweise in spezifischen Erscheinungsformen auftrat, nämlich in Edikten und Gutachten älterer Juristen. In der Praxis kontrollierten ja die Juristen die *ratio iuris* und bestimmten, ob eine Regel des *mos maiorum* vorlag; Behrends, Gewohnheitsrecht, S. 84; vgl. Otte, in: HWP 3, Sp. 617.

57 Für Servius' Lehre vgl. Cicero *part. or.* 37,130: *propria legis ea, quae scripta sunt, et ea, quae sine litteris aut gentium iure aut maiorum more retinentur.* Die *ars iuris* des Servius teilte also die nichtgesetzlichen (= nicht schriftlichen) Rechtsquellen in *mos maiorum* (nicht schriftliches *ius civile proprium*) und *ius gentium* ein; Behrends, Fs. Wolf, S. 28, Fn. 44.

58 Ausführlich Behrends, Gewohnheitsrecht, insbesondere S. 84-100.

59 Brie, Gewohnheitsrecht 1, S. 15.

60 Behrends, Gewohnheitsrecht, S. 95-99.

tum est.[61] Diese Lehre unterscheidet sich von der des Regelwerks, das die *longa consuetudo* hier als Tatbestandsmerkmal der *mores* nennt. Der Text gibt also im Unterschied zu Julian und Gaius den spezifisch klassischen Standpunkt wieder.[62]

61 Abzulehnen ist die Ansicht, die Lehre vom ungeschriebenen Recht in Julians Digesten (84 *dig.* D. 1,3,32,1) sei ein Ergebnis oströmischer Doktrin. Dagegen spricht, daß sie bereits hier und bei Hermogenian (1 *iur. epit.* D. 1,3,35, wohl um 300) vorkommt (*tacita conventio*). Guarino, Ordinamento, S. 415 f. u. 422 sieht in der Nennung der *mores* im Juliantext eine Interpolation. Während Julian ursprünglich nur lokale Gebräuche zur *lex Papia Poppaea* gemeint habe, habe die Interpolation die *consuetudo* aufwerten sollen durch Gleichsetzung mit den alten *mores.* Zur Julianstelle (und kritisch gegenüber Guarino) Gallo, VDI 1995, S. 41 ff.

62 Richtig erkannte Lauria, Ius, S. 230, daß der *liber singularis* das ältere Konzept der *consuetudo* enthält.

2.) Freilassung und Rechtsstellung der Freigelassenen (1. Teil)

a.) Tit. I ›De libertis‹
Über die Freigelassenen

Der Abschnitt des Regelwerks zum Personenrecht setzt mit den Freigelassenen ein. Die Freigeborenen, deren Erörterung man zunächst erwarten könnte, werden dagegen übergangen. Daß der Text zu den *ingenui* schweigt, ist vermutlich auf die Epitomierung zurückzuführen.

§ 5. *Libertorum genera sunt tria, cives Romani, Latini Iuniani, dediticiorum numero.*

Es gibt drei Arten der Freigelassenen: römische Bürger, Junianische Latiner und Quasi-Unterworfene.

Die Unterteilung der Freigelassenen in diese drei Gattungen, die auch Gaius 1,12 enthält, muß einige Zeit nach Inkrafttreten der *lex Iunia* (wohl 19 n. Chr)[1] entstanden sein, als sich die Bezeichnung des *Latinus* aufgrund der *lex Iunia* als »*Latinus Iunianus*« in der Schultradition etabliert hatte (Gaius 1,22). Mit der Nennung der *Latini Iuniani* und der *dediticiorum numero* gibt der Text den Rechtszustand vor der *Constitutio Antoniniana* (212 n. Chr.) wieder. Zwar beseitigte Caracallas Gesetz diese beiden Arten der Freigelassenen nicht vollständig.[2] Daß der Text einen früheren Rechtszustand wiedergibt, zeigt sich aber daran, daß die Kategorien ohne jede Unterscheidung ihrer praktischen Bedeutung genannt werden. Insbesondere enthält der Text keine historische Abstufung (*olim ... hodie*), wie es sonst in entsprechenden Fällen vorkommt.

§ 6. *Cives Romani sunt*[a] *liberti, qui legitime*[b] ⟨*manumissi sunt, id est vindicta aut*⟩[c] *censu aut testamento*[d], *nullo iure impediente*[e].

a) Im Ms. Vat. Satzende
b) Til: *qui* ⟨*vindicta*⟩*, censu*
c) so Kr; Bö, La: ⟨*manu missi ...*⟩; Ms. Vat.: *legitimae censu*

1 Vgl. Rotondi, Leges publicae, S. 463.

2 Schönbauer, St. De Francisci 3, S. 317 meint sogar, es habe sich nur um eine einmalige Verleihung des römischen Bürgerrechts an alle zu damaliger Zeit lebenden, freien Reichsangehörigen gehandelt, bei der die unvollkommen Freien (*Latini Iuniani, dediticiorum numero*) ausgenommen gewesen seien. Zu den wichtigsten Belegen für die Einschränkung zählen der Gießener Papyrus 40, der wahrscheinlich eine Ausnahme für die *dediticii* (⟨δε⟩δειτικίων; Meyer, Papyri, Nr. 1) bezeugt, sowie die Fortuna-Weihinschrift von Walldürn (CIL XIII, 6592); ausführlich Behrends, RGA 5, S. 290-294 u. 305-307; Sasse, Const. Antoniniana, S. 12 ff.; 112 ff.

d) Hg[5]: *testamento, ⟨aut⟩ nullo iure inpediente vindicta …* (auch im Ms. Vat. geht der Satz weiter)
e) so Kr; Ms. Vat.: *inpediente*; Til: *inpediente, ⟨manumissi sunt⟩*

Römische Bürger sind diejenigen Freigelassenen, die gesetzmäßig freigelassen wurden, d.h. durch Stabverleihung, Zensusanmeldung oder Testament, sofern kein Recht entgegensteht.

Es handelt sich um die drei Varianten, in denen die Freilassung zum römischen Bürgerrecht nach *ius civile* erfolgen kann.[3] Im überlieferten Text sind die Verbform und die *manumissio vindicta* entfallen. Der Wortlaut kann aber mit einiger Gewißheit rekonstruiert werden, weil die Freilassungsarten auch in anderen Texten zusammenhängend und nur durch Konjunktionen verbunden wiedergegeben sind.[4]

Die Freilassung mußte *legitime* sein und darf nicht durch ein *ius* gehindert sein. *Legitime* bezieht sich auf das Gesetzesrecht, hier auf die Zwölf Tafeln als Grundlage der zivilen Freilassungsformen.[5] *Nullo iure* impliziert, daß nicht »das« *ius* entgegenstehen könnte, sondern »ein« Recht, nämlich die Rechtsposition eines Dritten.[6] Denn auch wenn die gesetzliche Form beachtet ist (*legitime*), wird der Sklave nicht frei, wenn an ihm etwa ein Nießbrauch (vgl. Tit. 1,19) oder ein Spezialpfandrecht besteht.[7]

Gaius 1,17 nennt die unter Beachtung einer der zivilen Formen erfolgende Freilassung *iusta ac legitima manumissio.* Kaser meint, *iustum* und *legitimum* seien als Schattierungen einer als einheitlich empfundenen Rechtmäßigkeit zu verstehen;[8]

3 Der Text gibt (wie Gaius 1,17) die *divisio* ohne Kennzeichnung der inzwischen eingetretenen Ungebräuchlichkeit der *manumissio censu* wieder, bringt dies aber in § 8 zum Ausdruck (*olim*).

4 Schulz, Epitome, S. 22 meint, der verstümmelte Satz könne lediglich dem Sinn nach um die Variante *vindicta* ergänzt werden. Die Parallelüberlieferungen mit der Aufzählung ermöglichen es aber, den Text zuverlässig wiederherzustellen: vgl. Cicero *Top.* 2,10: *Si neque censu nec vindicta nec testamento liber factus est, non est liber* sowie die weiteren Parallelen bei Gaius 1,17: *iusta ac legitima manumissione liberetur, id est vindicta aut censu aut testamento* und Fr. Dos. 5: *Ante enim una libertas erat et manumissio fiebat vindicta vel testamento vel censu, et civitas Romana competebat manumissis; quae appellatur iusta ac legitima manumissio* (Schluß in Lachmanns u. Huschkes Fassung).

5 Sie kennen die testamentarische Freilassung (s. unten § 9). Die *manumissio vindicta* existierte bereits, die *manumissio censu* kam möglicherweise erst etwas später auf; vgl. Kaser, RP 1, S. 116 f. Sie könnte von der Zwölftafelkommentierung in den Zusammenhang gerückt worden sein.

6 Schulz hält dagegen ›*nullo iure impediente*‹ für »ungeschickt«, weil, was gesagt werden solle, schon in ›*legitime*‹ enthalten sei.

7 Steinwenter, RE, 23. Hb. (1924) s. v. Latini Iuniani, Sp. 916.

8 Obwohl nach richtigem Verständnis auch die *leges* neues *ius* hervorbringen, soll es Anlaß gegeben haben, die Rechtmäßigkeit nach beiden Maßstäben besonders zu betonen.

iustum unterstreiche mehr den Einklang mit dem konkreten, in seinen Einrichtungen lebenden Recht, *legitimum* die Übereinstimmung mit dem Gesetz.[9] Tatsächlich könnte bei Gaius – anders als im *liber singularis* – *iusta ac legitima* zum Hendiadyoin verschliffen sein. Auf eine Zurückdrängung des Bewußtseins von der strengen Differenzierung der Begriffe deutet auch die sicherlich unselbständige und nicht eigens reflektierte Wiedergabe in Fr. Dos. 5 (nach Lachmann): »*quae appellatur* (!) *iusta ac legitima manumissio*« hin.

§ 7. *Vindicta manumittuntur apud magistratum*[a] *velut praetorem consulem proconsulem.*

a) Ms. Vat.: *magistratum praeturimve velut consulem proconsulem*; Sch: *praeturimve* Glosse; Til: *magistratum, velut Praetorem, Consulem, Proconsulem*; La, Bö, Hu, Kr: *magistratum* ⟨*populi Romani,*⟩ *velut consulem* ⟨*praetoremve vel*⟩ *proconsulem*; Mo (JS 1, 329, Fn. 131): *magistratum velut consulem proconsulem* ⟨*praetoremve*⟩

Durch Stabverleihung werden sie vor dem Magistrat, wie etwa einem Prätor, Konsul oder Prokonsul, freigelassen.

Die Stelle gibt die zur Mitwirkung an der *manumissio vindicta* befugten Magistrate an. Sie ist im Manuskript insoweit gestört, als dessen Text zwischen Magistrat und Prätor unterscheidet (*magistratum praetoremve velut*). Marezoll erwog, daß *p r (= populi romani) provinciaeve* falsch aufgelöst worden sein könnte.[10] Es entspräche der im *liber singularis* sonst befolgten Praxis, die Magistrate sowohl in Rom als auch in den Provinzen zu nennen.[11] Schulz sah *praetoremve* als eine in den Text eingedrungene Glosse zu *proconsulem* an.[12] Wahrscheinlich aber nannte der Text selbst *als Magistrate* nicht nur den Konsul und den Prokonsul, sondern auch den Prätor. Für Dutillets Emendationsvorschlag, nach dem der Prätor an erster Stelle unter den Magistraten steht, spricht nicht nur die relative Nähe zum überlieferten Text.[13] Die Nennung des Prätors vor dem Konsul dürfte auch durch die

9 Kaser, RP 1, S. 195.

10 Marezoll, Brief an Hugo vom 15.1.1816.
Cujaz schlägt vor: *PR. velut*, also: *magistratum populi Romani velut.* Dafür spräche die ähnliche Verwechselung in Tit. 20,16 und 24,28 (vgl. Cujaz, Obs. 17,28). Savigny, VS 5, S. 93, führt als weiteren Grund an, daß zur Zeit Ulpians (!) *magistratus* schlechthin in der Regel für die nachgeordneten Munizipal-Obrigkeiten gebraucht wurde, so daß jener Zusatz notwendig war, wenn das Wort die alte, höhere Bedeutung haben sollte.

11 Vgl. Tit. 11,20; 25,12 u. ö. Tatsächlich konnten nach *Paul. Sent.* 2,25,4 und C. 7,1,4 auch die Provinzmagistrate an der Stabfreilassung mitwirken. Eine Beschränkung auf die Magistrate des *populus Romanus* wäre also unrichtig.

12 Schulz, Epitome, S. 22.

13 Die Annahme einer Versetzung des *praetoremve* (vgl. die Erörterung bei Mommsen, JS 1, S. 329, Fn. 131) führte zu der Schwierigkeit, daß eine Stellung *vor* dem Prokonsul gegen das

praktische Bedeutung der *manumissio vindicta* gerade vor dem Gerichtsmagistrat gerechtfertigt sein.

§ 8. *Censu manumittebantur olim*[a], *qui lustrali censu Romae iussu dominorum inter cives Romanos censum profitebantur.*

a) He (1843, 102): *manumittebantur, olim qui.* Im Ms. Vat. beginnt mit *olim* ein neuer Satz.

Früher wurden diejenigen im Wege der Zensusanmeldung freigelassen, die sich auf Weisung ihrer Eigentümer bei der Zensuslustration in Rom zur Eintragung unter die römischen Bürger in die Zensusliste anmeldeten.

Der Text teilt mit, daß die Freilassung durch Anmeldung zum Zensus[14] *olim* vorgenommen worden sei. Hier wird aus Sicht der Zeit der Textfixierung (kurz nach 180) eine Aussage über das praktische Vorkommen der *manumissio censu* getroffen. Vielfach wird angenommen, daß diese Freilassungsform schon im Laufe des ersten Jahrhunderts n. Chr. verschwunden sei.[15] Es wird sogar vermutet, daß sie schon früher von der *manumisio vindicta* zurückgedrängt worden sei.[16] Einige Quellen zeigen jedoch, daß die *manumissio censu*, mag sie auch in der Antoninenzeit kaum mehr praktisch geworden sein, gleichwohl noch geltendes Recht war. Im Fr. Dos. 17 sowie in den Pariser Fragmenten aus Papinians *liber 9 responsorum* 1,2[17] wird die Rechtseinrichtung noch genannt. Wenn schließlich Gaius die *manumissio censu* mehrfach erwähnt,[18] dann als geltendes Recht: die Annahme, daß er eine zwischenzeitliche Abschaffung einfach ignoriert hätte, wäre unglaubhaft.[19]

Rangverhältnis verstieße, während eine Stellung am Schluß den Prokonsul zwischen den stadtrömischen Magistraten zu stehen kommen ließe, was für einen mutmaßlich stadtrömischen Text unglaubhaft ist.

14 Bestimmte *periti*, offenbar republikanische Juristen (vgl. Cicero *de orat.* 1,183), sollen nach Fr. Dos. 17 erörtert haben, wann bei dieser Freilassungsform die rechtsbegründende Wirkung eintrete. Nachdem die Wirkung der Freilassung durch Anmeldung zum Zensus ursprünglich erst mit Vollzug der Zensuslustration eingetreten war, genügte später die Anmeldung. Cicero schildert, daß der Aufnahme in die Bürgerrolle keine konstitutive, sondern nur deklaratorische Bedeutung zukam; *pro Archia* 5,11.

15 Kaser, RP 1, S. 294; Weiss, RE, 28. Hb. (1930), s. v. Manumissio, Sp. 1371. Vespasian und Titus sollen noch im Jahre 74 als Zensoren ein Lustrum abgeschlossen haben. Es gibt aber keinen Beweis dafür, daß sie tatsächlich einen Bürgerzensus durchgeführt haben; so Hammond, Monarchy, S. 128 f.; vgl. Kubitschek, RE, 6. Hb. (1899) s. v. Census, Sp. 1918. Tacitus *ann.* 13,27 erwähnt für das Jahr 56 n. Chr. von den Freilassungsformen *inter vivos* überhaupt nur die *manumissio vindicta.*

16 Watson, Slave Law, S. 24; ders., XII Tables, S. 90 ff.; Buckland, Slavery, S. 439 ff.

17 FIRA 2, S. 441.

18 Gaius 1,17, ferner 1,35: *vindicta aut censu aut testamento*; Gaius 1,44: *vindicta aut censu*; in anderen Zusammenhang gehört Gaius 1,138/140.

19 Dies spricht auch dagegen, daß die Nennung der *manumissio censu* hier lediglich als Bestandteil einer feststehenden Dreiteilung tradiert worden sein könnte, indem sich Behar-

§ 9. *Ut testamento manumissi liberi sint*[a], *lex duodecim tabularum facit, quae confirmat* (…)[b]

a) Im Ms. Vat. Satzende. Es folgt: *Lex duodecim tabularum facit quae confirmat prohibet exceptis* … (vgl. S. 160)

b) Kr, Sciascia: *confirmat* ⟨*ea quae testator de suis rebus disposuerit*⟩; Mo: *confirmat* ⟨*testamenta*⟩; Me: *confirmat* ⟨*testamento datas libertates his verbis: uti legassit super pecunia tutelave sua, ita ius esto*⟩; Ca: *lex duodecim tabularum facit,* ⟨*praetorque*⟩ *confirmat*
Cui.: ⟨*testamento datas libertates*⟩; dazu ergänzt Hu: ⟨*his verbis ›uti legassit suae rei, ita ius esto‹*⟩

Daß die durch Testament Freigelassenen frei sind, bewirkt eine Vorschrift der Zwölf Tafeln, die bestätigt (…)

Die testamentarische Freilassung wird im Text relativ ausführlich behandelt. Dies hängt mit ihrer praktischen Attraktivität zusammen: Der Testator zog, sofern er seine Verfügung bekannt machte, die Vorteile der Motivation des Sklaven noch selbst, während erst der Erbe das Vermögensopfer erbrachte.[20]

Macht man nach Maßgabe von Mommsens Erklärung der Textversetzung im Manuskript die vermutete Blattverdrehung[21] rückgängig, so wird eine Textlücke erkennbar, weil § 10 nicht direkt an § 9 anschließt. Mit Mommsen ist anzunehmen, daß am unteren Rand des verdrehten Blattes etwa zwei Textzeilen unleserlich geworden waren. Wie der weggefallene Schluß des § 9 lautete, ist nicht bekannt.[22]

rungskräfte ausgewirkt hätten, wie sie Wieacker, Textstufen, S. 30 gerade für die Elementarliteratur beschrieben hat. Richtig ist allerdings, daß die Dreiteilung der zivilen Freilassungsformen (§ 5) als Überlieferungsgut feststand. Sie war in ihrer Abstraktheit zum Bestandteil des juristischen Grundlagenwissens geworden. Auch Cicero verwendet sie in *Top.* 2,10 als Beispiel.

20 Diese Freilassungsform kam daher wahrscheinlich besonders häufig vor; vgl. näher Harrill, Manumission, S. 54. Bei der Freilassung *per fideicommissum* bekam der Erbe wenigstens die *opera* des Freigelassenen. Das klassische Recht (etwa seit 70 v. Chr.) nahm dem Freilasser an der Person des Freigelassenen alle wirtschaftlichen Rechte. Er konnte nur noch Ehrendienste beanspruchen, die nicht wirtschaftlich verwendet werden durften. Außerdem hatte er Rechte am Nachlaß des Freigelassenen; vgl. unten Tit. 27 u. 29.

21 Zu Mommsens Erklärung der Textversetzung vgl. oben S. 160.

22 Mommsen (JS 2, S. 54; ihm folgt Schulz, Epitome, S. 7) hält für wahrscheinlich, daß auch hinter § 3 etwa zwei Textzeilen fehlen, weil zwischen § 9 und § 10, also am Schluß der anderen Seite des in der früheren Handschrift verdrehten Blattes, offenbar zwei Zeilen fehlen. Nun hätte der Schreiber des Manuskripts erkennen müssen, wenn in der Vorlage zwei Zeilen am Blattende abgestoßen waren. Er gibt aber keinen Hinweis darauf, daß hier etwas gefehlt habe. Demgegenüber kennzeichnete der Schreiber andere unleserliche Stellen durchaus, indem er Lücken ließ. Nahe liegt also, daß der zwischen § 9 und § 10 fehlende Text schon vorher fehlte, und dies dem Schreiber nicht aufgefallen war. Dies erscheint erstens darum plausibel, weil der Übergang § 3 zu § 10 unauffällig ist (es sind zwei vollständ-

§ 10. (...)[a] *hodie autem ipso iure liberi sunt ex lege Iunia. Qua lege Latini sunt*[b] *nominati*[c] *inter amicos manumissi.*

a) Cuj (Obs. 19,30): ⟨*Inter amicos manumissi olim non erant ipso iure liberi, sed voluntate domini in libertate morabantur, et eos servire non permittebatur praetor*⟩.[23]
Hu, Gi: ⟨*Latini sunt liberti qui non legitime, velut inter amicos, nullo iure inpediente, manumissi sunt, quos olim praetor tantum tuebatur in forma libertatis; nam ipso iure servi manebant*⟩
Mo (JS 2, 54): ⟨*Latini sunt liberti qui voluntate domini in libertate morantur. quos olim praetor tueri solebat in possessione libertatis*⟩
Kr: ⟨*qui non legitime manumissi erant, sed nuda dominorum voluntate libertate donati erant, olim quidem servi remanebant, praetor autem eos in libertatis possessione tuebatur*⟩
b) La, Kr, Rabel (Grundzüge 31/3): *fiunt*
c) so Hg[2-5]; Hg[1], La (ZGR 9, 183), Bö, Wl (SZ 26, 379): *nominatim*; Kr: vielleicht nur Interpunktionszeichen ausradiert. Jedenfalls wurde im Ms. Vat. ein Zeichen entfernt. Hu: *latini* ⟨*Iuniani*⟩ *nominati* ⟨*sunt*⟩

(...) Heute aber sind sie von Rechts wegen aufgrund der *lex Iunia* frei. Nach diesem Gesetz werden die formlos Freigelassenen ›Latiner‹ genannt.

Aufgrund der *lex Iunia* (wohl 19 n. Chr.) erwerben die formlos Freigelassenen die Rechtsstellung der Latiner (sog. *Latini Iuniani*). Das *hodie* deutet an, daß im Text eine Aussage über die bisherigen Rechtsfolgen der formlosen Freilassung vorange-

ige Sätze) und auch der Übergang § 9 zu § 1 bei flüchtigem Lesen unverdächtig ist, denn *prohibet* könnte als auf die *lex duodecim tabularum* bezogen verstanden werden. Ohnedies übernahm der Schreiber den Text seiner Vorlage konservierend.
Vor der Entdeckung der Textversetzung durch Cujaz hatte man naheliegenderweise versucht, den Bruch zwischen § 9 (*quae confirmat* ...) und dem im Ms. Vat. hier anschließenden *princ.* § 1 durch Ergänzungen zu überbrücken. Vgl. Le Caron (ed. 1578, Bl. 104 r): *quae confirmat, quod datum legatum est: Quae lex perfecta est. Minus quam* .... Cujaz, Obs. 19,30 stellte fest, daß sich die Worte *quod datum legatum est* nicht im »Authenticum«, also in Dutillets Manuskript befänden. Gleichwohl übernahmen spätere, nicht am Manuskript geprüfte Ausgaben gelegentlich die Ergänzung, als sei sie Teil des überlieferten Textes. Meerman stellte das *quod datum legatum est, quae lex perfecta est* aus den Ausgaben Cujaz' und Schultings im Rahmen seiner Rekonstruktion mit an den Anfang. Für die Rekonstruktionsvorschläge vgl. im übrigen App. b). Mommsen hielt die Ergänzung von *testamenta* für ausreichend. Dies ergäbe nach *confirmat* aber einen fragwürdigen Satzbau. Zu vermuten ist daher eher, daß hier ein Relativsatz stand.

23 Abweichend Cujaz, ed. 1658, Sp. 302, Anm. 5: Hodie autem: Hic talia quaedam desunt: *Olim liberi non erant, qui aliter quam vindicta, censu, vel testamento manumittebantur.* Vgl. aber Le Caron (ed. 1578, Bl. 105 r): *Hodie*: quaedam hic deesse existimat Cuj⟨acius⟩, sed de exempl. mas. mutare nihil volui.

gangen sein wird.[24] Sie lautete offenbar dahingehend, daß die tatsächliche Freiheit bislang durch den Prätor geschützt wurde.[25] Entsprechend sind die Vorschläge zur Ergänzung des verlorenen Textes gehalten (App. a). Da sich das *hodie* auf einen Rechtszustand bezieht, dessen Eintritt bei der Textfixierung über 160 Jahre zurücklag, ist zu vermuten, daß es sich um eine aus dem tradierten Grundbestand des Textes übernommene, ältere Formulierung handelt. Es handelt sich um ein Indiz für die konservierende Überlieferungstradition, die der Fixierung unseres Textes vorausging.

Mit *nominati*[26] trägt der Text dem Umstand Rechnung, daß diese Freigelassenen ja nicht wirkliche Latiner im bisherigen Sinne, also Bürger einer latinischen Gemeinde werden, sondern daß ihre Rechtsstellung diesen nur nachgebildet wird,[27] so daß sie denn auch aufgrund der *lex Iunia* nur »Latiner« *genannt* werden.[28] Ein Indiz dafür, daß die gesetzliche Regelung tatsächlich einen der Rechtsstellung der *Latini coloniarii* angeglichenen Status schuf, ergibt sich aus Fr. Dos. § 6: *quoniam lex Iunia … **exaequavit** eos Latinis coloniariis.*[29]

24 Die Freilassung *inter amicos* wird z. T. als »vor Freunden« (Kübler, Geschichte, S. 243; Weiss, RE, 28. Hb. [1930] s. v. Manumissio, Sp. 1367; Harrill, Manumission, S. 54 [»before friends«]; Eck/Heinrichs, Sklaven, S. 201, Nr. 301: »im Beisein von Freunden«, S. 201, Nr. 302: »unter Freunden«), z. T. als »vor Zeugen« (Rabel, Grundzüge, S. 31; Honsell/Mayer-Maly/Selb, Röm. Recht, S. 72; Watson, Slave Law, S. 30: vor Freunden oder Zeugen), z. T. als »wie unter Freunden«, d.h. im Verhältnis zum Sklaven (Schulz, CLR, S. 84) aufgefaßt. Jedenfalls zeichnet sie sich dadurch aus, daß die zivilen Formen keine Beachtung finden. Offenbar waren aber Zeugen erforderlich (oder jedenfalls aus Beweisgründen üblich); vgl. die Urkunde bei Meyer, Papyri, Nr. 8 sowie Martial 9,87: *Modo liberum esse iussi Nastam – servolus est mihi paternus – signa* (»Setze dein Siegel dazu!«).

25 Soweit in diesem Zusammenhang von »prätorischer Freilassung« gesprochen wird (Schulz, Epitome, S. 23), ist einzuwenden, daß der Prätor hier an der *Freilassung* gerade nicht mitwirkt.

26 Hugo[1], Lachmann und Böcking lasen *nominatim.* Den Anlaß gab eine kleine Lücke im Anschluß an das überlieferte *nominati,* wo ein Zeichen ausradiert worden ist (App. c). Schulz meint (Epitome, S. 23), daß kein *m* dagestanden habe, weil die Lücke zu klein sei. Entscheidend ist aber, daß *nominatim* hieße: die *inter amicos* »namentlich« Freigelassenen sind infolge der *lex Iunia* Latiner. Aber daß sie *nominatim* hätten freigelassen werden müssen, ist gar nicht ersichtlich.

27 Sherwin-White, Citizenship, S. 329. Ungenau meint Kaser, die *lex Iunia* habe den Freigelassenen die »Stellung der *Latini coloniarii*« verschafft; RP 1, S. 296.

28 Schulz, Epitome, S. 23 meint, der »Verfasser« habe das *appellantur,* das er in der vermuteten Vorlage Gaius 1,22 gefunden habe, durch ein Synonym ersetzt. Auch Huschke orientiert sich offenbar an Gaius, wenn er aus dem *sunt* »*Iuniani*« emendiert, und nach *nominati* ein weiteres *sunt* einsetzt. Gegen die Emendation zu *latini* ⟨*Iuniani*⟩ *nominati* spricht aber, daß die betreffenden Freigelassenen nicht durch die *lex Iunia* selbst (*qua lege*) »*Latini Iuniani*« genannt wurden. Der Gaiustext spiegelt einen späteren Entwicklungsstand der Terminologie wieder: im Schulbetrieb seiner Zeit werden die im Gesetz »Latiner« Genannten nämlich bereits zur Unterscheidung von anderen als *Latini Iuniani* bezeichnet.

29 Der griechische Text lautet *ἐξίσωσεν* von *ἐξισόω* = gleichstellen.

§ 11. *Dediticiorum numero sunt, qui poenae causa vincti sunt a domino, quibusve stigmata*[a] *scripta fuerunt, quive*[b] *propter noxam torti nocentesque inventi sunt, quive traditi sunt, ut ferro aut cum bestiis depugnarent, vel*[c] *custodiam coniecti fuerunt, deinde quoquo modo manumissi sunt*[d]. *idque lex Aelia Sentia*[e] *facit.*

a) so Cuj, Hg⁵, Sav (VS 5, 93 f.), Kr, Sch; Ms. Vat., Til.: *quibus vestigia*
b) so Schi (An. crit. 1,43), Kr, Sch; Ms. Vat., Til, Hg⁵: *qui*
c) Til, Hg⁵: *vel* ⟨*in*⟩; Schi (An. crit. 1,43): ⟨*inve ludum vel*⟩
d) Hg⁵: *sint*
e) Ms. Vat.: *ascia*

Quasi-Unterworfene sind die, die von ihrem Eigentümer zur Strafe gefesselt oder die gebrandmarkt worden sind oder die wegen eines Vergehens gefoltert und für schuldig befunden oder zum Kampf mit dem Schwert (in der Arena) oder gegen wilde Tiere übergeben worden sind, oder die ins Gefängnis geworfen, später aber auf irgendeine Weise freigelassen worden sind. Und das bestimmt die *lex Aelia Sentia.*

Der mit § 11 beginnende Abschnitt behandelt das Recht der *lex Aelia Sentia.*[30] Dieses Gesetz erklärte bestimmte Freigelassene, bei denen man eine feindliche Gesinnung befürchtete, zu »*dediticiorum numero*«.[31] Damit erhielten diese eine ähnliche Stellung wie die im Kampf Unterworfenen[32] und durften sich in Rom und Umgebung nicht mehr aufhalten (Gaius 1,26 f.). Dies traf z.B. denjenigen, der als Sklave strafweise gefesselt[33] oder gebrandmarkt worden war, wie es oft nach

30 Ihr genaues Alter ist umstritten; vgl. Rotondi, Leges publicae, S. 455: 4 n. Chr.; Kaser, RP 1, S. 280: 4 v. Chr; Voß, Symp. Wieacker 1985, S. 124: 9 n. Chr. Das im Manuskript überlieferte *ascia* (»Axt«) ist offenbar eine nicht als solche erkannte Kontraktion aus einer früheren Vorlage. Dort glich offenbar das Erscheinungsbild des T dem C, was auf Unzialschrift hindeutet. Vielleicht lautete die Abkürzung vorher ASTIA (für A[elia] S[en]tia). Im Manuskript treten noch öfter Verwechslungen beider Zeichen auf.

31 Bemerkenswert ist (auch bei Gaius 1,13), daß das Gesetz nicht fragte, ob die Strafe gerechtfertigt war; vgl. Watson, Slave Law, S. 30. Als Quasi-Deditizier sollte nicht entfernt werden, wer sich schuldig gemacht hatte, sondern wer wegen einer schweren Bestrafung auf Rache sinnen konnte.

32 Der Text unterscheidet im übrigen nicht immer klar zwischen *dediticiorum numero* und *dediticii* (z.B. unten § 14): Die Bestraften werden in der Rechtsstellung den *dediticii* angeglichen; sie werden aber natürlich nicht wirklich *dediticii.* Wegen der jeweils ähnlichen Rechtsfolgen könnte sich die Differenzierung (ähnlich wie im Falle der Latiner und der *Latini Iuniani*) später abgeschliffen haben.

33 Die Verwahrung gefesselter Sklaven in einem *ergastulum* kam noch im 1. Jhdt. nach Chr. vor. Vgl. noch die Schilderung bei Columella *de re rustica* 1,8,15 ff. zur Fesselungsstrafe; dazu Christ, Geschichte, S. 352, 357 f. Nach SHA *Hadrian* 18,9 soll Hadrian die Einkerkerung von Sklaven in privaten Gefängnissen untersagt haben; vgl. Kolb, Rom, S. 462. Gleichwohl werden *ergastula* noch von Apuleius *Apol.* 47 erwähnt, der unter Antoninus

einem Fluchtversuch geschah,[34] oder der zum Gladiatoren- oder Tierkampf übergeben worden war.[35]

Im Gegensatz zu Gaius und dem Fragmentum Dositheanum, die gleichfalls die *lex Aelia Sentia* behandeln, fällt in unserem Text besonders die zusammenhängende Behandlung des Gesetzes auf: Die drei Hauptvorschriften über die *dediticiorum numero* (§ 11), die Altersgrenzen (§§ 12, 13) sowie die *fraus creditoris vel patroni* (§§ 14, 15) werden in enger Folge abgehandelt. Gaius behandelt diese Gegenstände ausführlicher, aber an verschiedenen Stellen.[36] Hier liegt ein Hinweis darauf, daß sich das Regelwerk enger am Gesetz orientiert. Die geschlossene Behandlung der *lex Aelia Sentia* (§§ 11-15) ist für den *liber singularis* offenbar wichtiger als die konsequente Durchführung der *divisio* aus § 6. Dies zeigt sich besonders daran, daß die *manumissio testamento* erst in den §§ 20 ff. erörtert wird. Ein wie eine Ergänzung aussehender Nachsatz (*idque* ...) findet sich entspre-

Pius schrieb; vgl. Eck, DNP 4 (1998), s. v. Ergastulum, Sp. 64 f.; De Martino, Wirtschaftsgeschichte, S. 310.

34 Vgl. Quintilian, *Inst. orat.* 7,4,14: *si quis fugitivo stigmata scripserit* (»wenn jemand einen *fugitivus* gebrandmarkt hat«); Plautus *Cas.* 2,6,49 (*si hic litteratus me sinat*); Cicero *de off.* 2,7; Plinius *Nat. hist.* 18,21; Valerius Maximus 6,8,7. Gebrandmarkt sind auch die Sklaven in der Tretmühle bei Apuleius *Met.* 9,12; dazu Norden, Apulejus, S. 70 u. 80 f. Vgl. ferner Petron *Sat.* 103 u. 106 f.

35 Hinsichtlich des Abschnitts *vel custodiam coniecti fuerunt* meint Schulz, Epitome, S. 23, der Vorbildtext, den er in Gaius 1,13 (*vel in ludum vel custodiam*) sieht, sei von jemandem, der *ludus* (Fechtschule) nicht verstanden habe, ungeschickt gekürzt worden. Entsprechend lautet die Grünberger Übersetzung: »die ... der Strafe anheim gefallen sind, mit dem Schwerte (im Circus) oder mit wilden Thieren zu kämpfen, oder die in Fechterschulen oder ins Gefängnis gebracht worden sind«. Das überzeugt nicht. Schon mit *ferro* ist die Waffe gemeint, weil sie nämlich aus Eisen besteht; vgl. Valerius Maximus 3,1,2; Lucan 10,352; Silius 5,636 (*ferrumque datis*); Statius *Theb.* 4,337; ThLL s. v. 580,1 passim. Gemeint ist der bewaffnete Kampf (vgl. Lucan 4,215-16), im engeren Sinne der Gladiatorenkampf (Sueton *Nero* 12,1 [*ferrum* steht metonymisch für den Gladiatorenkampf; vgl. Kierdorf, Sueton, S. 175]; Petron *Sat.* 45,6; Gaius 17 *ad ed. prov.* D. 28,1,8,4; vgl. Mosci Sassi, S. 103). Da hier *ferro aut cum bestiis depugnarent* schon genannt ist, führte *ludus* keinen zusätzlichen Gesichtspunkt ein. Bei Gaius ist die Stelle allerdings mehrdeutig: die Betroffenen könnten *ferro ... traditi* sein, also zur Hinrichtung mit dem Schwert übergeben; vgl. Lammeyer, Gaius 1,13. Gegen dieses Verständnis der Gaiusstelle ist aber einzuwenden, daß das Schwert gerade zur Hinrichtung *freier* Bürger im Rahmen der Kaisergerichtsbarkeit diente. In unserer Stelle muß *ferro* jedenfalls Ablativ sein: er soll *mit der Waffe* (in der Arena) kämpfen. Crespin (1574, S. 536, Anm. c) und Cujaz (1658, Sp. 303) erklären *ut ferro* entsprechend mit *ad ludum Gladiatorium.* Für die Bedeutung i. S. der Hinrichtung wäre *ad ferrum* (Gaius 17 *ad ed. prov.* D. 28,1,8,4; vgl. Heumann/Seckel, s. v. *ferrum*) oder *ad gladium* (Ulpian 10 *ad Sab.* D. 28,3,6,6; Ulpian 8 *ad Sab.* D. 29,2,25,3; Ulpian 8 *de off. proc.* D. 47,14,1 pr) zu erwarten gewesen.

36 *dediticiorum numero*: Gaius 1,13; Altersgrenzen: Gaius 1,18-20; 1,38-41; *fraus creditoris vel patroni*: Gaius 1,37 u. 1,47.

chend bei Gaius 1,27 (*et haec* ...). Auch dieser Zusatz zeigt die Tendenz zur Konservierung des aus dem tradierten Grundbestand übernommenen Stoffes.

§ 12. *Eadem lege cautum est, ut minor triginta annorum servus vindicta manumissus civis*[a] *Romanus non fiat, nisi apud consilium causa probata fuerit; ideo*[b] *sine consilio manumissum Cassius*[c] *servum manere putat*[d]. *testamento vero*[e] *manumissum perinde haberi iubet, atque si domini voluntate in libertate esset. ideoque Latinus fit.*

a) Ms. Vat.: *cives*
b) so das Ms. Vat., Schneider (SZ 6, 191), Mu., Sch; La, Bö, Va: *id est*; Hu, A/W: *proinde*
c) so Pu, Schmidt, Mu, Tej; Ms. Vat., Cuj (Par. 1586), Kr, Gn: *Caesaris*; Til, Cuj (1566, Aur. 1586), Sg, Me, Ca streichen *Caesaris*; Hertz, Bö, Va: *manumissum lex Aelia Sentia*; Hu, A/W: *eius aetatis*; Zimmern: *senatus*; Schi (An. crit. 1,47): *censuve*
d) Vangerow (Latini 32), Sch, Steinwenter (RE 23. Hb. 917): *ideo ... putat* Glosse
e) Schmidt (Bem. II 32): *lex tamen eo modo*

Durch dasselbe Gesetz ist bestimmt worden, daß ein Sklave, der mit weniger als dreißig Jahren durch Stabverleihung freigelassen wird, nicht römischer Bürger wird, wenn nicht vor dem Beirat ein Grund dargelegt wird. Daher meint Cassius, daß der Freigelassene ohne Beteiligung des Beirats Sklave bleibe. Für den durch Testament Freigelassenen bestimmt das Gesetz aber, daß er ebenso behandelt wird, wie wenn er aufgrund des Willens seines Eigentümers in Freiheit wäre. Also wird er Latiner (nach der *lex Iunia*).

Die *lex Aelia Sentia* schränkte die Freilassung unter anderem insoweit ein, als sie den noch nicht Dreißigjährigen[37] grundsätzlich nicht im Wege der Stabverleihung das römische Bürgerrecht erlangen ließ. Etwas anderes galt nur, wenn vor dem *consilium*[38] ein hinreichender Grund für die frühzeitige Freilassung, etwa

37 Die Freilassung eines Jüngeren geschah nicht selten und konnte die verschiedensten Anlässe haben. So berichtet Cicero, gut arbeitende kriegsgefangene Sklaven müßten gewöhnlich weniger als sechs Jahre auf ihre Freilassung warten; *Phil.* 8,32: *cum in spem libertatis sexennio post sumus ingressi diutiusque servitutem perpessi quam captivi frugi et diligentes solent.* Epigraphische Belege zeigen, daß Haussklaven oftmals ungefähr mit 30 Jahren freigelassen wurden, was in späteren Fällen freilich vielfach Folge dieses Gesetzes gewesen sein wird. Vgl. Alföldi, Freilassung, S. 354.

38 Es handelt sich um einen in Rom aus fünf Senatoren und fünf Rittern, in der Provinz aus zwanzig Rekuperatoren (Tit. 1,13 a), bestehenden Beirat. Er war von Augustus in Anknüpfung an eine bereits zuvor verbreitete Praxis, bei bestimmten Freilassungen einen Beirat zu beteiligen, eingeführt worden. Vgl. Liebenam, RE, 7. Hb. (1900), s. v. Consilium, Sp. 916.

nahe Blutsverwandtschaft, dargetan worden war.[39] Anschließend wird die Rechtsansicht mitgeteilt, daß der Betreffende andernfalls Sklave bleibe. Hier ergibt sich die Schwierigkeit, daß das im Manuskript überlieferte Wort *Caesaris* korrupt ist.[40] Schon im Anschluß an Cujaz war verschiedentlich vermutet worden, das Subjekt zu *putat* sei die zuvor genannte *lex Aelia Sentia*.[41] Hertz hat sogar eine Emendation des *Caesaris* zu *lex Aelia Sentia* erwogen.[42] Die Wendung *lex putat* würde bedeuten, daß das Gesetz etwas nicht anordnet, sondern eine bestimmte Rechtsmeinung zum Ausdruck bringt.[43] Sie ist auch in anderen Quellen belegt.[44] Überzeugen kann dieser Verbesserungsvorschlag allerdings nicht. Der *liber singularis* geht, wie die Lehre von den Rechtsquellen beweist,[45] davon aus, daß der im Gesetzestext unmittelbar verankerte Norminhalt in Geltung stehe. Die Vorstellung,

39 Nach Dio 55,13,7 reagierte Augustus mit den Vorschriften über das Mindestalter auf vorangegangene Fälle, in denen die Freilassungen »unkritisch« (ἀκρίτως) erfolgt waren. Es galt offenbar die Vermutung, daß nach Erreichen des jeweiligen Mindestalters im Zweifel der Sklave der Freilassung würdig sei und der Herr über die entsprechende Urteilsfähigkeit verfügte. Sollte das Mindestalter ausnahmsweise unterschritten werden, so wurde die Prüfung des Einzelfalles durch die Beteiligung des *consilium* gewährleistet. Vgl. Atkinson, IJ 1 (1966), S. 366 f.

40 Huschkes Annahme, *Caesaris* könne für *eius aetatis* stehen, ist fragwürdig, denn man könnte allenfalls eine Bezugnahme auf das bereits genannte Alter von dreißig Jahren (also etwa »*huius aetatis*«), nicht aber auf das des konkreten Freizulassenden erwarten. Eine Emendation zu *censuve*, so daß neben der Stabfreilassung eine weitere Freilassungsform in die Regelung mit einbezogen wäre (Schilling, An. crit. 1, S. 47 f.; Böcking[3]; Lachmann, ZGR 9 [1836], S. 184), ergäbe einen logischen Bruch, weil die erhaltene Aussage über die *manumissio censu* nicht aus dem Vorangegangenen folgte, was aber wegen *ideo* zu erwarten wäre.

41 Cujaz, Note zu Tit. 2,4 (1658). Entsprechend ergänzt und übersetzt Štaerman: »(закон) считал ...« ([das Gesetz] nahm an ...); VDI 1971, S. 167, 185.

42 So nach der letzten Ausgabe Böckings, der sich ihm anschließt. Auch Hugo hatte seit der 3. Aufl. seiner *Ulpiani Fragmenta* ein Gesetz in Betracht gezogen, aber ein anderes als die *lex Aelia Sentia*; vgl. auch Hugo, GGA 1833, S. 1442. Dies ist vor allem deswegen unwahrscheinlich, weil in § 13 mit *eadem lex* offenbar wieder die *lex Aelia Sentia* gemeint ist.

43 Entsprechend Cujaz, Note zu Tit. 2,4 (1658); Schulting, Jurisprudentia, S. 566, Anm. 50 (zu Tit. 1,12: *hoc est, non quidem expresse sancit, at vult*); vgl. ferner Dirksen, Zwölf-Tafel-Fragmente, S. 504; Schmidt, Bemerkungen II, S. 24 f. Zu Kritik an der Annahme, die *lex* sei das Subjekt, hat der Umstand geführt, daß die Ausdrucksweise eher ungewöhnlich ist; vgl. Vangerow, Latini, S. 25; Hölder, SZ 6 (1885), S. 214; Schulz, Epitome, S. 23.

44 Vgl. Modestin 9 *diff.* D. 40,7,25: *leges duodecim tabularum putaverunt*; Cicero *de re publica* 4,8: *Iurgare igitur lex put⟨a⟩t inter se vicinos, non litigare* (vgl. die Ausgaben von Mai und Büchner). Beide gehören aber (im Unterschied zu unserem Text) in den Zusammenhang des vorklassischen Zwölftafelrechts. Die Modestinstelle gehört zum Zwölftafelrecht des *statuliber*, und damit zu einer Materie, die auch im *liber singularis* unter dem Einfluß des vorklassisch-sabinianischen Rechtsdenkens steht. In dem zweiten Text referiert Cicero als Schüler der Vorklassiker und ihrer Zwölftafelauslegung eine den Zwölf Tafeln zugrundeliegende, differenzierte Vorstellung von der Konfliktbewältigung unter Grenznachbarn. Demgegenüber sagt unser Text korrekt: *lex duodecim tabularum iubet* (Tit. 10,1).

45 Vgl. oben S. 163.

daß das Gesetz hier Träger einer Rechtsmeinung sei, ist mit diesem zentralen methodischen Standpunkt des Regelwerks unvereinbar.

Mehrfach ist vermutet worden, daß sich hinter *Caesaris* der Name eines Juristen verberge.[46] Unter diesen Stimmen überzeugt Puchtas Vorschlag, *Cassius* für *Caesaris* zu lesen.[47] Diese Emendation ist unter textkritischen Gesichtspunkten gut vertretbar.[48] Der von ihr für den nächsten Satz ausgelöste Subjektswechsel ist in der lateinischen Juristensprache häufig und in einer Epitome erst recht nicht überraschend. In der Sache liegt der Einfluß der von Sabinus und Cassius gegründeten und in dem Regelwerk unter dem Namen *Cassiani* auch zitierten (Tit. 11,28) sabinianischen Rechtsschule bei einem augusteischen Gesetz wie dem hier vorliegenden generell nahe.[49]

Cassius wendet sich dagegen, daß ein Sklave, der wegen seines Alters nur nach den Regeln der *lex Aelia Sentia* das Bürgerrecht hätte bekommen können, durch formlose, das Gesetz mißachtende Freilassung immerhin doch noch die faktische Freiheit erlangen soll, die vom Prätor geschützt und seit der *lex Iunia* (wohl 19 n. Chr.) mit einer besonderen Latinität ausgestattet war. Cassius will, daß bei einem Verstoß gegen das Gesetz die angestrebten Rechtsfolgen allesamt ausbleiben. Der Wille, dem Sklaven die natürliche Freiheit zu verschaffen, soll unbeachtlich bleiben. Cassius ist für seine harte Einstellung gegenüber Sklaven bekannt[50] und vertritt auch hier einen strengen, das *in dubio pro libertate* verletzenden Standpunkt. Dies verdeutlicht zunächst der unmittelbar folgende Satz: Bei der testamentarischen Freilassung eines noch nicht Dreißigjährigen soll der Betroffene nämlich nicht einfach Sklave bleiben, sondern immerhin *in libertate* sein.[51] Der Nachsatz teilt sogar mit, daß er die Stellung eines *Latinus* (*Iunianus*) erhalte.[52]

46 Zur Vermutung, *Caesaris* stehe für einen Juristen, vgl. auch Hölder, SZ 6 (1885), S. 214; zweifelnd Schneider, SZ 6 (1885), S. 190; ders., SZ 7 (1886), S. 33. Vereinzelt wurde vermutet, Caesaris stehe für *cae.sabis.* (Caelius Sabinus). So Bethmann-Hollweg, vgl. die 3. Aufl. der Ausgabe Böcking, S. 8; ferner Kniep, Gaius 1, S. 112: *Cae⟨lius⟩ Sa⟨binus manumisso⟩ris servum manere putat*; dazu Arangio-Ruiz, BIDR 30 (1921), S. 210 f., Fn. 5. Für die Annahme dieses Juristen sind aber keine weiteren sachlichen Gründe ersichtlich.

47 Puchta, Civ. Abhandlungen, S. 167, Fn. 1; vgl. Hugo, Geschichte[9], S. 621 f.; Röder, Versuche, S. 16.

48 Sie erfordert eine vergleichsweise geringe Abweichung vom überlieferten Wortlaut. Schmidt verweist in diesem Zusammenhang auf die Siglen *caes.* (= *Caesaris*) und *cass.* (= *Cassius*) bei Gaius; Bemerkungen II, S. 27. Für *Caesaris* kann dieser Befund aus dem Apographum bestätigt werden; vgl. für Gaius 1,6 Studemund, S. 2, Z. 15. Cassius wird allerdings ausweislich des Apographum im Codex Veronensis regelmäßig ausgeschrieben.

49 Vgl. für die Bezeichnung der Sabinianer als *Cassiani* unten S. 321.

50 Vgl. Tacitus *ann.* 16,42-44.

51 Das *in libertate esse* steht als älterer technischer Ausdruck für die »tatsächliche« Freiheit; vgl. Nicosia, Iura 47 (1996), S. 220.

52 Der Nachsatz knüpft an die Feststellung an, daß der testamentarisch zu jung Freigelassene faktisch durch den Prätor in der Freiheit erhalten wird. Gans, Scholien, S. 66 meint, »Ulpian« habe hier die historische Entwicklung wiedergeben wollen: Jetzt – so Gans – »nachdem

Noch deutlicher ergibt sich dies im Vergleich zu Gaius 1,17: Dieser behandelt den Fall des Cassius und den folgenden mit dem gleichen milden *favor libertatis*, und läßt in beiden Fällen die natürliche Freiheit und den Status des *Latinus Iunianus* eintreten. Gaius' Abweichen vom Standpunkt des ehemaligen Oberhaupts seiner Schule ist dadurch zu erklären, daß er unter dem Einfluß der Reform Julians steht. Mit der Reform ist öfter zu erklären, daß sich Julian und seine Schüler von den Standpunkten ihres ehemaligen Schuloberhaupts Cassius lösten.[53] Zu den spezifischen Leitprinzipien Julians aber gehörte die Stärkung des Individualwillens.[54]

In den Sätzen des Regelwerks zur *lex Aelia Sentia* tritt die Differenzierung zwischen ziviler Nichtigkeit der Freilassung (*civis romanus non fiat*) und faktischem Freiheitsschutz (*in libertate esset*) durch den Prätor darum hervor, weil der Text vor dem Hintergrund der im Anfangsteil des *liber singularis regularum* dargestellten Trichotomie der Verbotsgesetze die *lex Aelia Sentia* als *lex perfecta* auftreten läßt.[55] Das *in libertate esse* ist nicht die im Gesetz ausdrücklich angeordnete Rechtsfolge – dies ist die Nichtigkeit der verbotswidrigen Freilassung nach Maßgabe des *ius civile*. Als *lex perfecta* bewirkt das Gesetz zwar die Nichtigkeit der Freilassung, ohne daß der Prätor dafür noch besonders eingreifen müßte.[56] Es läßt daneben aber Raum für den *faktischen* Schutz der Freiheit durch den Prätor.

§ 13. *Eadem lex eum dominum, qui minor viginti annorum est, prohibet servum manumittere, praeterquam si causam apud*[a] *consilium probaverit.*

a) Ms. Vat.: *aput*

Dasselbe Gesetz verbietet dem noch nicht zwanzigjährigen Eigentümer, einen Sklaven freizulassen, wenn er nicht einen Grund vor dem Beirat dargelegt hat.

Die Rechtsfolge der Freilassung durch den *dominus minor viginti annorum* ist, daß der Sklave wegen Verstoßes gegen das Mindestalter des Freilassers unfrei bleibt. Diese Folge wird hier nicht ausdrücklich genannt, wohl aber in anderen Quellen überliefert: bei Gaius 1,38, der an das *nihil agit* aus dem vorangegangenen § 37 anknüpft: »*Item ... non aliter manumittere permittitur, quam vindicta si apud consilium iusta causa manumissionis adprobata fuerit*«, und entsprechend schließlich in § 40: »*libertatem servo dare non potest*«. Die Erlangung der Latinität kommt

die *lex Iunia* gegeben ist, nennt man den [nämlich den *testamento manumissus*] welchen die *Aelia Sentia* noch *in libertate* seyn läßt, einen Latinen«.

53 Vgl. aus dem Recht der Bedingtfreien Ulpian 4 *ad Sab.* D. 40,7,2,1: *Cassius negat: Julianus contra existimat, quae sententia verior habetur.*

54 Zur Bedeutung des Individualwillens bei Julian s. bei Tit. 22,25.

55 Vgl. oben S. 162.

56 Vgl. oben S. 163.

bei einem Verstoß gegen das Mindestalter des Freilassers, wenn keine Rechtfertigung vor dem *consilium* erfolgt, nicht in Betracht.[57]

§ 13 a. *In consilio autem adhibentur Romae*[a] *quinque senatores et quinque equites*[b] *Romani; in provincia viginti reciperatores*[c] *cives Romani.*

a) so Hg[5], Kr, Sch; Ms. Vat.: *romani*
b) Ms. Vat.: *aequites*
c) so Kr, Buckland (LQR 38 (1922), 43); Ms. Vat.: *receperatoris*; Til, Hg[5]: *recuperatores.*

Zum Beirat werden in Rom fünf Senatoren und fünf römische Ritter hinzugezogen, in der Provinz zwanzig Rekuperatoren, die römische Bürger sind.

Die Zusammensetzung des *consilium* in Rom und in den Provinzen gibt auch Gaius 1,20 wieder. Zusätzlich berichtet er, wann das *consilium* zusammentritt. Dabei sagt er zuerst, daß dies in den Provinzen jeweils am letzten Gerichtstag des Provinzialkonvents geschehe,[58] bevor er mitteilt, in Rom wirke das *consilium* an »bestimmten Tagen« (*certis diebus*) an Freilassungen mit. Gaius stellt die Reihenfolge um und schildert das Verfahren in den Provinzen genauer, weil er in erster Linie das Provinzialrecht darstellen will.

§ 14. *Ab eo domino, qui solvendo*[a] *non est, servus testamento*[b] *liber esse iussus et heres institutus*[c], *etsi minor sit triginta annis, vel in ea causa sit, ut dediticius fieri debeat, civis*[d] *Romanus et heres fit*[e], *si tamen alius ex eo testamento nemo heres sit. quod si duo pluresve liberi heredesque esse iussi sint*[f], *primo loco scriptus liber et heres fit. Quod et ipsum lex Aelia Sentia*[g] *facit.*

a) Ms. Vat.: *solvendus*
b) Ms. Vat.: *testamenti*
c) Ms. Vat.: *institu*[etwa 2 Zeichen entfernt]*tus*
d) Ms. Vat.: *cives*
e) so Til, Hg[5], Kr, Sch; Ms. Vat.: sit
f) Til: *sunt*
g) so Hg[5], Sch; Ms. Vat.: *ascia*

Der von einem Eigentümer, der zahlungsunfähig ist, testamentarisch freigelassene und zum Erben eingesetzte Sklave wird, auch wenn er weniger als dreißig

57 Weitere Belege ergeben aus Fr. Dos. 13: *nec Latinum facere potest* und retrospektiv aus Inst. 1,6,7: *libertatem servo dare non poterat.*
Vgl. Honsell/Mayer-Maly/Selb, Röm. Recht, S. 74; Weiss, RE, 28. Hb. (1930), s. v. Manumissio, Sp. 1370; Wiliński, SZ 80 (1963), S. 380. Keine Differenzierung gegenüber dem Verstoß gegen das Mindestalter des Sklaven läßt Guarino erkennen; DPR, S. 706.

58 Vgl. Behrends, Geschworenenverfassung, S. 144.

Jahre alt ist oder in einer Lage ist, in der er eigentlich Quasi-Unterworfener werden müßte, römischer Bürger und Erbe, jedoch nur, wenn kein anderer aus dem Testament Erbe wird. Wenn zwei oder mehrere für frei und zu Erben bestimmt sind, so wird der an erster Stelle Geschriebene frei und Erbe. Auch dies bewirkt die *lex Aelia Sentia.*

Für den Fall, daß einem Zahlungsunfähigen der Nachlaßkonkurs drohte, gestattete die *lex Aelia Sentia*[59] die testamentarische Freilassung eines noch nicht dreißigjährigen oder bestraften Sklaven und dessen Einsetzung zum Erben.[60] Dieser Zwangserbe mußte die Lasten des Konkurses tragen.[61] Die Stellung des *Latinus Iunianus* oder Quasi-Unterworfenen,[62] die er sonst allenfalls hätte erlangen können, hätte ihn nicht zur Erbschaft befähigt (vgl. Tit. 22,3 u. 8). Anstatt ihn in der schlechteren Stellung ausnahmsweise erben zu lassen, ermöglichte ihm das Gesetz den Erwerb des Bürgerrechts. Dies geschah möglicherweise aus Rücksicht auf die Ehre des Verstorbenen.[63] So wurde das zivile Erbrecht gewahrt durch eine Ausnahme des Gesetzes von seinen eigenen Bestimmungen. Die Darstellung des gleichen Stoffes bei Gaius 1,21 ist nur unvollständig erhalten.

§ 15. *Eadem lex in fraudem*[a] *creditoris et patroni manumittere prohibet.*

a) Ms. Vat.: *fraude*

Dasselbe Gesetz verbietet, zur Hintergehung des Gläubigers oder des Patrons freizulassen.

Für die Freilassung, die einen Gläubiger benachteiligt,[64] ist hier keine Rechtsfolge angegeben.[65] Richtigerweise wird aber angenommen, daß die Freilassung ungültig

59 Der die Regel auf die *lex Aelia Sentia* zurückführende Anhang findet sich ähnlich in Inst. 1,6,1.

60 Weaver, Chiron 20 (1990), S. 276; vgl. Kroppenberg, Insolvenz, S. 307, Fn. 90.

61 Darum ist im sog. (vgl. Eck, DNP 3 [1997], s. v. Dasumius [1], Sp. 332) Testament des Dasumius am Schluß einer Kette von Substitutionen eine Sklavin eingesetzt (FIRA 3, S. 134, Z. 13-14): Diese kann sich der Erbschaft ggf. nicht entziehen; vgl. Amelotti, Testamento, S. 143.

62 Schulz, Epitome, S. 24 stellt zu Recht fest, daß *dediticius* statt *dediticiorum numero* (vgl. Tit. 1,5 u. 11; 7,4; 20,14; 22,2) ungenau ist; ebenso die Ausdrucksweise in der Epitome Gai 1,1 pr, 3 u. 4; vgl. Conrat, Westg. Gaius, S. 35.

63 Savigny, Ulpian 1811, Bl. 17 r u. v.

64 Die *fraus creditorum* setzt voraus, daß der Gemeinschuldner vorsätzlich gehandelt hat. Nach dem klassisch-formalen *consilium-fraudis*-Begriff genügt die bloße Kenntnis der Insolvenz; vgl. Julian 49 *dig.* D. 42,8,15, der die Rechtsfolge im Umkehrschluß erkennen läßt, sowie entsprechend Pomponius 4 *ex var. lect.* D. 40,9,23 und Paulus 3 *ad leg. Ael. Sent.* D. 40,9,16,5. Anders die vorjulianischen Sabinianer, die eine individuell vorwerfbare Verletzung der Gläubigerinteressen forderten; vgl. Gaius 3 *de manum.* D. 40,4,57. Dazu jetzt näher Grevesmühl, Gläubigeranfechtung, S. 115 ff.

ist.[66] Sie ist *ipso iure* wirkungslos, nämlich aufgrund der *lex Aelia Sentia*.[67] Auch im Hinblick auf dieses Verbot ist die *lex Aelia Sentia* eine *lex perfecta*.[68] Das ergibt sich aus dem Zweck des Verbots, denn andernfalls könnte gegen die wirksam erfolgte zivilrechtliche Freilassung auch eine Konkursanfechtung nichts ausrichten.[69] Gaius 1,37 und 47 teilt ausdrücklich mit, daß derjenige, der *in fraudem creditoris* freiläßt, nichts bewirkt (*nihil agit*).[70]

§ 16. *Qui tantum in bonis, non etiam ex iure*[a] *Quiritium servum habet, manumittendo Latinum facit. In bonis tantum alicuius servus est velut hoc modo: si civis*[b] *Romanus a cive Romano servum emerit*[c], *isque*[d] *traditus ei sit, neque tamen mancipatus ei, neque in iure cessus, neque ab ipso anno*[e] *possessus sit. nam quamdiu horum quid*[f] *fiat*[g], *is servus in bonis quidem emptoris est, ex iure*[h] *Quiritium autem venditoris est.*

a) Ms. Vat.: *ius*
b) Ms. Vat.: *cives*
c) Ms. Vat.: *hemerit*
d) so Til, Hg^5, Kr, Sch; Ms. Vat.: *is qui*
e) *anno* wurde im Ms. Vat. von anderer Hand eingetragen, vorher stand in gleicher Länge etwas anderes, das wurde entfernt.
f) Me: *quid ⟨non⟩ fiat*
g) Tu: *quid desit*
h) so Til, Hg^5, Sch; Ms. Vat.: *et ius*

Wer einen Sklaven nur im prätorisch geschützten Vermögen, nicht aber auch nach Quiritischem Recht hat, macht ihn durch die Freilassung zu einem (Junianischen) Latiner. Nur in jemandes prätorisch geschützten Vermögen ist ein Sklave z.B. auf folgende Weise: wenn ein römischer Bürger von einem römi-

65 Es ist angenommen worden, daß § 15 die Begründung zu § 14 a.E. liefert: Das Gesetz verbietet (nämlich), zum Schaden des Gläubigers oder des Patrons freizulassen. Nach diesem Verständnis bedürfte es keiner Rechtsfolgenangabe, weil es gar nicht um einen selbständigen Verbotstatbestand ginge.

66 Sohm/Mitteis/Wenger, Institutionen, S. 176; Guarneri Citati, Mél. Cornil 1, S. 512.

67 Ulpian 60 *ad ed.* D. 40,5,4,19; Cujaz (1658), Sp. 303, Anm. 13; Impallomeni, Manumissioni, S. 133, 140. Zu den Voraussetzungen der fraudatorischen Freilassungen Schulz, SZ 48 (1928), S. 197 ff.

68 Vgl. Kroppenberg, Insolvenz, S. 57, Fn. 4.

69 Demgegenüber sieht Paulus (5 *ad Sab.* D. 40,7,1,1) hier einen Fall, in dem der Sklave *statuliber* wird, weil unsicher sei, ob der Gläubiger sich seines Rechts bediene, und sich die *lex Aelia Sentia* auf die tatsächlich verwirklichte *fraus* beziehe.

70 Nachdem Gaius 1,37 die *fraus creditoris vel patroni* bereits behandelt hat, stellt er 1,47 noch zusätzlich fest, daß sich das Freilassungshindernis aufgrund eines Senatsbeschlusses auch auf Peregrine beziehe, während dies bei anderen Bestimmungen des Gesetzes nicht der Fall sei. Gaius teilt dies zusätzlich mit, weil es für das Provinzialrecht von Interesse ist.

schen Bürger einen Sklaven kauft, und er ihm übergeben worden, ihm aber nicht im Wege der Manzipation oder der Abtretung vor dem Magistrat übertragen oder von ihm selbst ein Jahr lang besessen worden ist. Denn bis einer dieser Fälle eintritt,[71] ist der Sklave im prätorisch geschützten Vermögen des Käufers, gehört aber nach Quiritischem Recht dem Verkäufer.

Wenn ein Sklave freigelassen wird, der nur im bonitarischen Eigentum des Freilassers steht, erlangt er nach der *lex Iunia* den Status des *Latinus Iunianus.* Der Text spricht – anders als Tit. 1,5 sowie Tit. 11,16 – ohne Ergänzung vom *Latinus.* Diese verkürzte Ausdrucksweise weist auch Gaius auf, der den Grundsatz bei der Erörterung der *iteratio* nennt (Gaius 1,35).

Die Stellung des § 16 direkt hinter der letzten Regelung der *lex Aelia Sentia* ist dadurch zu erklären, daß sich deren Regelungsbereich mit dem der *lex Iunia* teilweise überschneidet. Der Text führt den Zusammenhang anschließend insofern fort, als der Freilasser auch in den nachfolgenden Fällen jeweils eine bestimmte Berechtigung am Sklaven aufweist, ihm aber die volle Rechtsstellung fehlt, die er zur Freilassung benötigte. So liegt es bei der Frau und dem Mündel (§ 17) sowie in Fällen des Miteigentums (§ 18) und des Nießbrauchs zugunsten eines anderen (§ 19). Zu beachten ist die entsprechend zusammenhängende Behandlung in Frag. Dos. 9, 15, 10 und 11.

§ 17. *Mulier, quae in tutela est, item pupillus et pupilla manumittere non possunt.*

Die unter Vormundschaft stehende Frau sowie der männliche und der weibliche Mündel können nicht freilassen.

Der Text bringt zum Ausdruck, daß Frau und Mündel nicht selbständig freilassen können.[72] Unter den Frauen sind, nachdem die gesetzliche Vormundschaft über Freigeborene durch die *lex Claudia* abgeschafft wurde, nur noch Freigelassene betroffen. Der Sprachgebrauch *pupillus et pupilla* weist mit der Nennung beider Genera die Präzision der klassischen Gesetzessprache auf. Sie korrespondierte mit der Interpretation der Gesetzestexte nach dem unmittelbaren Wortsinn, wie sie die klassisch-formale Wissenschaftstradition betrieb.[73]

71 *quamdiu* ist im Sinne von *donec* (»solange bis«) zu verstehen; so Marezoll, Brief an Hugo vom 15.1.1816; ebenso Muirhead; entsprechend in Ulpian 18 *ad Sab.* D. 7,4,15 sowie Ulpian 24 *ad Sab.* D. 33,9,1. Die Emendationen Meermans und Turnèbes sind als unnötig zurückzuweisen.

72 Mit der *auctoritas* ihres Tutors ist es ihnen dagegen möglich. Vgl. den Anfang von Fr. Dos. 15 und Schulz, Epitome, S. 24; ferner unten Tit. 11,27.

73 Vgl. S. 71 f. und 83 f. Anders die Spätklassik; vgl. Ulpian 1 *ad ed.* D. 50,16,1 zum Ediktstext: *Verbum hoc ›si quis‹ tam masculos quam feminas complectitur.*
Bei der Auslegung letztwilliger Verfügungen gelten auch für Servius andere Grundsätze, weil sie sich am Willen des Erblassers orientiert. So meint Servius in dem Maultierfall

§ 18. *Communem servum unus ex dominis manumittendo partem suam amittit*[a], *eaque adcrescit socio; maxime si eo modo manumiserit, quo, si proprium haberet, civem Romanum facturus esset. nam si inter amicos eum manumiserit*[b], *plerisque placet eum nihil egisse.*

a) so Til, Hg[5], Kr, Sch; Ms. Vat.: *admittit*
b) *rit* im Ms. Vat. möglicherweise nachgetragen

Wenn ein gemeinschaftlicher Sklave durch einen seiner Eigentümer freigelassen wird, so gibt dieser seinen Anteil auf, und dieser wächst dem anderen an, jedenfalls dann, wenn er ihn so freigelassen hat, daß er römischer Bürger geworden wäre, wenn er ihm allein gehört hätte. Denn wenn er ihn formlos freigelassen hat, so hat er nach Ansicht der meisten gar nichts bewirkt.

Wenn der Miteigentümer eines Sklaven denselben unter Beachtung der zivilrechtlichen Formen freiläßt, dann wächst, wie der Text mitteilt, sein Anteil dem anderen Miteigentümer an.[74] Die Anwachsung setzt grundsätzlich ein Miteigentum voraus, das nicht streng individualistisch, sondern gesellschaftlich definiert ist. Diese Vorstellung lassen die Quellen für die sabinianische Schule erschließen. So meint Julian 5 *ex Minicio* D. 40,12,30 im Einklang mit Sabinus und Cassius, daß, wenn im Freiheitsprozeß ein Miteigentümer erfolgreich war, während der andere unterlag, der Sklave dem Sieger zustehe, und zwar, wie sich aus der Ablehnung des Gedankens einer Teilfreiheit erkennen läßt, zu *vollem* Recht. Die dabei zugrundeliegende Vorstellung, daß sich jeder Miteigentumsanteil jeweils auf das Ganze beziehe,[75] und die insoweit dem modernen Gesamthandseigentum entspricht, rührt aus der Vorklassik her.[76]

Die spezifisch klassische Wissenschaftsrichtung faßte das Miteigentum dagegen nicht gesellschaftlich, sondern individualistisch auf.[77] Die klassische Miteigen-

(Julian *lb. sg. de ambig.* D. 32,62), die Bezeichnung *muli* beinhalte auch die *mulae*, denn dort wird unter Berücksichtigung des *allgemeinen* Sprachgebrauchs (*plerumque*) ermittelt, was der Erblasser mit seinen Worten ausgedrückt hat. Vgl. auch Pomponius 8 *ad Q. Muc.* D. 31,45 pr, nach dem im Testament die männliche Wortform auch das weibliche Geschlecht erfassen kann, nicht aber umgekehrt.

74 Buckland, Slavery, S. 575; Pugliese, Istituzioni, S. 455; bestätigt in der Rückschau in Inst. 2,7,4.

75 Quintus Mucius hatte die Teilung des Eigentums auf die tatsächlich ungeteilte Sache, die *res pro indiviso* beschränkt. Als Begründung teilt Paulus 21 *ad ed.* D. 50,16,25,1 mit, daß das, was nach der körperlichen Teilung dem einzelnen gehöre, wieder ein Ganzes sei. Dieses Mucius-Konzept kennt nur eine Teilung des Eigentums, die zusammen mit dem gemeinsamen Recht zur Nutzung der Gesamtsache eine ideelle Quote zuweist.

76 Gaius 3,154 a und b; vgl. Behrends, Index 12 (1983/84), S. 223, Anm. 104.

77 Für das Miteigentum galt dies ebenso wie für das Alleineigentum, das nach klassischer Lehre als eine über die faktische *naturalis possessio* hinausgehende, dieselbe auf der Ebene des Rechts überformende, individuelle Herrschaft über die Sache aufgefaßt wurde. Vgl.

tumsquote war wie die heutige ein fest konturiertes Recht. Eine Anwachsung fand nach dieser Vorstellung nicht statt. Hier mußte eine Rechtsaufgabe vielmehr konsequent dazu führen, daß die Sache zu einer auf die Quote beschränkten *res nullius* wurde, ein Sklave also anteilig frei wurde. Der Gedanke einer teilweisen Freiheit findet sich in unserem Text in Tit. 1,19, der den Nießbrauchsklaven *sine domino* behandelt: an diesem besteht die unkörperliche Zuordnungsstruktur Nießbrauch fort, während er gleichzeitig eigentumslos, d.h. insoweit *natürlich* frei ist. Diese Konstellation mag hingenommen worden sein, weil der Sklave mit dem Tod des Nießbrauchers uneingeschränkt frei wurde.

Daß daneben auch die Vorstellung eines halb natürlich freien, halb im Eigentum stehenden Sklaven existierte, läßt sich daraus erschließen, daß die sabinianische Seite sie bekämpfte. Julian bezeichnete sie als »lächerlich«;[78] Gaius suchte nach Wegen, um ihre Folgen zu vermeiden. Letzterer forderte für den Fall, daß in zwei Freiheitsprozessen über denselben im Miteigentum befindlichen Sklaven jeweils widersprechende Urteile ergangen waren: *minime autem praetor pati debeat, ut pro parte quis servus sit.*[79] Was sich auf der Ebene des Rechts als Konsequenz klassischen Rechtsdenkens ergibt, soll also der Prätor abwenden.[80]

Wenn ein Miteigentümer den Sklaven nur *formlos* freigelassen hatte, änderte sich nach überwiegender Meinung nichts an seiner Berechtigung.[81] Daß Proculus Fr. Dos. 10 das Gegenteil lehrt,[82] deutet darauf hin, daß die *plerique*, auf die diese Ansicht zurückgeführt wird, Sabinianer sein dürften. Diese Ansicht wird sich darauf gründen, daß ursprünglich der Prätor bei der *manumissio inter amicos* ja nicht etwa den Vorgang an sich respektierte. Er sanktionierte vielmehr lediglich widersprüchliches Verhalten, indem er einer späteren *vindicatio in servitutem* entgegentrat,[83] die im Widerspruch zur vorangegangenen formlosen Freilassung stand. Die den gleichen Stoff behandelnde, sabinianisches Gedankengut vermittelnde Stelle

Pugliese, Scritti 4, S. 416; Behrends, Fs. Wolf, S. 22 f. Für die entsprechende Ausdrucksweise vgl. unten bei Tit. 19,2.

78 Julian 5 *ex Minicio* D. 40,12,30: *et sane* ***ridiculum*** *est arbitrari eum pro parte dimidia duci, pro parte libertatem eius tueri.*

79 Gaius *ad ed. praet. urbani titulo de liberali causa* D. 40,12,9,2.

80 Damit wird die bereits zitierte Forderung verbunden, der Prätor solle den Fall von hälftiger Freiheit und hälftiger Unfreiheit nicht dulden. Diese prätorische Vermittlung des Problems ist eine Art *media sententia.* Denn diese Ansicht respektiert die klassische Logik, möchte ihre Folgen aber im praktischen Ergebnis beseitigt sehen. Vgl. Behrends, Geschworenenverfassung, S. 205.

81 Buckland, Slavery, S. 575.

82 Fr. Dos. 10: *Communis servus ab uno ex sociis manumissus, neque ad libertatem pervenit et alterius domini totus fit servus iure adcrescendi. Sed inter amicos servus ab uno ex sociis manumissus utriusque domini servus manebit: ius enim adcrescendi in hac manumissione non versatur.* (Ablehnung der Anwachsung durch *plerique*; vgl. Tit. 1,18 a. E.) ***Quamvis Proculus existimaverit adcrescere eum socio*** ... *qua sententia utimur.*

83 Fr. Dos. 8; Lenel, EP, S. 378 f.; Kaser, RP 1, S. 296.

Paul. Sent. 4,12,1 bringt nur vorsichtig zum Ausdruck, daß der Sklave jedenfalls nicht die (Junianische) Latinität erlangen kann.[84] Die Gegenmeinung des Proculus wird dort, wie auch in unserem Text, nicht ausdrücklich genannt.

§ 19. *Servus, in quo alterius est ususfructus, alterius proprietas, a*[a] *proprietatis domino manumissus liber non fit, sed servus sine domino est.*

a) Ms. Vat.: *ad*

Wenn ein Sklave, an dem einer den Nießbrauch hat, ein anderer das Eigentum, vom Inhaber des Eigentums freigelassen wird, dann wird er nicht frei, sondern ist Sklave ohne Eigentümer.

Proprietas ist ein alter, wenngleich in den Quellen erst für eine spätere Zeit belegter Ausdruck für das Eigentum.[85] Er weist etymologisch auf eine Eigentümlichkeit oder Besonderheit hin.[86] Der Begriff repräsentiert das Eigentum, wie es unter dem Einfluß der Stoa aus naturrechtlich-gesellschaftstheoretischer Sicht verstanden wurde.[87] Die *proprietas* ist diejenige Form, in der nach einer vorklassischen Vorstellung die unmittelbare und strikte Zuordnung der Sachen an Individuen erfolgte. Demgegenüber ist das *dominium* ein Institut des spezifisch klassischen Zivilrechts.[88] Der Begriff stammt aus der späteren Republik.[89] Seine Entstehung ist eng mit der Begründung der klassischen Wissenschaft verbunden: Das früheste Zeugnis liefert ein bei Paulus überliefertes Zitat des Servius-Schülers Alfen.[90]

84 *Servum communem unus ex dominis manumittendo Latinum facere non potest nec magis quam civem Romanum: cuius portio eo casu, quo, si proprius esset, ad civitatem Romanam perveniret, socio adcrescit.* Liebs, Africa, S. 76, der davon ausgeht, daß die Vorlage des Sentenzentextes unsere Stelle gewesen sei, räumt ein, daß der Widerspruch sowie die angedeutete Streitfrage dabei unterdrückt worden seien.

85 Anders Scialoja, Teoria, S. 255 und Diósdi, Ownership, S. 135 f., Berger, Dictionary, S. 441, die *dominium* für den älteren Ausdruck halten.

86 Honsell/Mayer-Maly/Selb, Röm. Recht, S. 143; Walde/Hofmann, Etym. Wörterbuch, s. v. *proprius.*

87 Die voraussetzungsvollen Zusammenhänge, die hier nur angedeutet werden können, hat Behrends näher entwickelt in der Fs. Wolf, insbes. S. 9 ff. und 23 f.

88 Vgl. Weiss, Institutionen, S. 158; Pugh, LLR 22 (1961/62), S. 420, Fn. 9.

89 Wie hier Kaser, RP 1, S. 401; Pugliese, Scritti 4 (1986), S. 413; Capogrossi Colognesi, in: Cortese, Proprietà, S. 141. Stanojevič, Gaius, S. 61 bezeichnet *dominium* und *proprietas* als »nouveauté dans la jurisprudence classique«, was jedenfalls für *dominium* nicht falsch ist – die klassische Jurisprudenz setzt bereits in der späten Republik ein –, aber von Litewski kritisiert wird (SZ 108 [1991], S. 466), der den Beginn der Klassik erst später ansetzt.

90 Paulus 4 *ep. Alf. dig.* D. 8,3,30. Isoliert betrachtet, gibt die Stelle Anlaß zu Zweifeln, ob tatsächlich bereits Alfen den Begriff des *dominium* kannte; vgl. Solazzi, SDHI 18 (1952), S. 218. Der hier erörterte Zusammenhang zeigt aber, daß der Ausdruck *dominium* nicht zufällig gerade bei dem Servius-Schüler Alfen auftritt. Vgl. Capogrossi Colognesi, der auf die Herkunft der Problematik der Stelle aus der Entstehungsphase der Servitutendoktrin hinweist

Der Ausdruck *dominium proprietatis*[91] tritt in den Quellen in Fällen auf, in denen an der Sache ein Nießbrauch bestellt ist.[92] Inhalt des Nießbrauchs ist es, daß dem *usufructuarius* auf Zeit alle jene Nutzungsmöglichkeiten eingeräumt werden, die bei gleichzeitiger Erhaltung der Substanz bestehen: dies sind die Nutzung (*usus*) und die Fruchtziehung (*fructus*).[93] Die dem Eigentümer (*dominus*[94]) nach Bestellung eines Nießbrauchs verbleibende *nuda proprietas* ist das um die Einzelbefugnisse verminderte Vollrecht.[95] Vorbehalten bleibt ihm indessen die Verfügungsbefugnis über die Sache selbst. Die Herausbildung eines abstrakten *dominium* ermöglichte, der zugunsten des Eigentümers bestehenden Inhaberschaft der *nuda proprietas* (dem *dominium proprietatis*) die Inhaberschaft der dinglichen Nutzungs- und Fruchtziehungsbefugnis (das *dominium usus fructus*) gegenüberzustellen.

Der Umstand, daß die *nuda proprietas* gegenüber dem *ususfructus* der Einzelbefugnisse fast völlig entledigt war, ermöglichte sogar, sie ausnahmsweise als subjektloses Recht anzuerkennen: Infolge der Freilassung des Sklaven entfällt die Inhaberschaft am Recht. Der Sklave bleibt jedoch, solange der Nießbrauch besteht, Rechtsobjekt.[96]

§ 20. *Post mortem heredis aut ante institutionem heredis testamento libertas dari non potest, excepto testamento militis.*

Für einen Zeitpunkt nach dem Tode des Erben oder vor der Erbeinsetzung kann durch Testament die Freiheit nicht gegeben werden, außer durch das Testament eines Soldaten.

und für möglich hält, daß bereits Alfen den Begriff von Servius übernommen haben könnte; Struttura, S. 493 f.; ders., Eigentum in Rom, S. 134. Daß der Ausdruck auf die Servius-Tradition hinweist, zeigt Behrends, Fs. Wolf, S. 23, Fn. 34.

91 Julian 35 *dig.* D. 7,4,17; C. 4,19,4; vgl. ferner die Verwendung von *dominus proprietatis* bei Gaius 2,30; Ulpian 18 *ad Sab.* D. 7,1,13,7; Ulpian 18 *ad Sab.* D. 7,1,15,6; Ulpian 17 *ad ed.* D. 7,2,10; Paulus 1 *man.* D. 7,4,27; Ulpian 51 *ad ed.* D. 7,9,9,1 und 4; Paulus 10 *ad Sab.* D. 9,2,12; Hermogenian 1 *iur. ep.* D. 35,2,38,2; Ulpian 18 *ad Sab.* D. 40,4,6; Gaius 2 *inst.* D. 41,1,10,3.

92 Vgl. Kaser, Eigentum, S. 310; Kiefner, SZ 81 (1964), S. 216; Ambrosino, SDHI 16 (1950), S. 209.

93 Sofern die Substanzverletzung unvermeidlich ist, ist eine Nießbrauchsbestellung nicht möglich (Tit. 24,26). Für die *res quae usu consumantur* bedarf es anderer Regelungen. Bei ihnen ist der verbrauchende Gebrauch vom Eigentum nicht trennbar. An diesen Sachen wird daher auch kein *ususfructus*, sondern ein auf den Eigentumsübergang gerichteter *quasi-ususfructus* begründet.

94 Ulpian 50 *ad ed.* D. 29,5,1,1: *domini appellatione continetur qui habet proprietatem, etsi usus fructus alienus sit.*

95 Vgl. Savel'ev, IA 1 (1996), S. 116 f.

96 Entsprechend Fr. Dos. 11; vgl. oben S. 192. Justinian brach mit der »*antiqua observatio*«, die zur Existenz des Sklaven ohne Herrn führte; C. 7,15,1 pr.

Der hier beginnende Abschnitt knüpft an die testamentarische Freilassung (§ 6) an. Der Text trägt der Reallogik Rechnung, die für die Ausführung der testamentarischen Verfügungen gilt: Die für die Verfügungen verwendeten Formeln lösen Rechtsfolgen aus.[97] Die logische Reihenfolge ihres Vollzugs muß der Reihenfolge ihrer Anordnung im Testament entsprechen.[98] Der unmittelbare funktionelle Zusammenhang deutet sich im Text darin an, daß sich *post* auf die Ausführung, *ante* auf die Anordnung bezieht: der erste Fall betrifft den Zeitpunkt, an dem das Vermächtnis wirksam wird, der zweite die Reihenfolge der Anordnungen in der Urkunde. Die Regeln werden im Vermächtnisrecht (Tit. 24,15 u. 16) wieder aufgegriffen. Gaius stellt die Regeln dort dar und überträgt sie dann auf die Freilassungen (Gaius 2,229-233).

Die Testamente (und damit die einzelnen Verfügungen) erhalten ihre Kraft von der Erbeinsetzung her. Sie ist *caput et fundamentum* des Testaments (Gaius 2,229): *caput* in dem Sinne, daß sie am Anfang stehen muß (vgl. Tit. 24,15), *fundamentum* insoweit, als sie die juristische Grundlage für die Wirksamkeit der anderen Verfügungen bildet.[99] Gehen der Erbeinsetzung andere Anordnungen voran, so gelten sie als nicht geschrieben.[100] Speziell für die Freilassung teilt der Text mit, daß sie im Testament nicht wirksam vor der Erbeinsetzung angeordnet werden kann, weil die Logik erfordert, daß bei ihrem Vollzug bereits ein Erbe vorhanden ist.[101] Sie kann auch nicht mit Wirkung nach dem Tode des eingesetzten Erben angeordnet werden.[102] Diese Regel entspricht – über den Urkundenformalismus hinaus – dem klassischen Grundsatz, daß Vermächtnisse, mit denen etwas aus der Erbschaft weggegeben wird[103] den Erben als Beschwerten benötigen.[104] Konsequenterweise lassen es die klassischen Juristen Labeo und Proculus zu, die Tutorenernennung voranzustellen: durch sie wird nämlich der Nachlaß nicht geschmälert. Die Sabinianer dagegen, die auf dieses Kriterium nicht abstellen,

97 Vgl. die Ausführungen zur Wortwahl im Recht der Erbeinsetzungen (S. 396-398).

98 Dies wird besonders deutlich bei der Erbeinsetzung des Sklaven. Vgl. Gaius 2,186 f.: Die Formulierung *liber heresque esto* ist zureichend, *heres liberque esto* nicht.

99 Biondi, Successione, S. 189.

100 Vgl. Honsell/Mayer-Maly/Selb, Röm. Recht., S. 454; Kaser, RP I, S. 686; Watson, Succession, S. 40; dazu Biondi, Successione, S. 188 ff.

101 Anders nur, wenn der Freizulassende Erbe werden soll. Hier entspricht es der Logik, daß die Freilassung der Erbeinsetzung vorangeht: *Stichus servus meus liber heresque esto.* Vgl. Gaius 2,186 und Ulpian 5 *ad Sab.* D. 28,5,9,14 sowie oben Fn. 98.

102 Gaius 2,233 i. V. m. 232 (nach dem Tod) u. 230 (vor Erbeinsetzung). Für Vermächtnisse s. unten Tit. 24,15 u. 16. Man darf den Erben des Erben nicht mit einem Legat beschweren; Paul. Sent. 3,6,5.

103 Vgl. Gaius 2,231: *ex hereditate erogatur.*

104 Das Vermächtnis besteht nämlich in einer Vermögensminderung an der *hereditas* des Erben. Vgl. Florentin 11 *inst.* D. 30,116 pr: *Legatum est **delibatio hereditatis**, qua testator **ex eo, quod universum heredis foret**, alicui quid collatum velit.* Nur der Erbe kann daher belastet werden. Zur Sache Weiss, Institutionen, S. 571 f.

halten die Voranstellung für unzulässig (Gaius 2,231). Die namentliche Enterbung voranzustellen, gestattet Trajan.[105] Auch das Fideikommiß kann vorangehen (Tit. 25,8). Die Ausnahme am Schluß der Stelle bezieht sich auf die definitive Befreiung des Soldatentestaments von Formerfordernissen, die auf Trajan zurückgeht.[106]

§ 21. *Inter medias heredum institutiones*[a] *libertas data utrisque*[b] *adeuntibus non valet; solo autem priore adeunte iure antiquo valet. sed*[c] *post legem Papiam*[d] *Poppaeam, quae partem non adeuntis caducam facit, si quidem primus heres vel ius* ⟨*liberorum vel ius*⟩[e] *antiquum habeat, valere*[f] *eam posse placuit; quod si non habeat*[g]*, non valere constat, quod loco non adeuntis*[h] *legatarii patres heredes fiunt*[i]. *sunt tamen, qui et hoc casu valere*[j] *eam posse dicunt.*

a) Ms. Vat.: *institutionis*
b) Ms. Vat.: *utriusque*
c) Ma (Brief an Hg 19.4.1816): *sed* ⟨*et*⟩
d) im Ms. Vat. früher: *pompeiam*, dann radiert, nun: *pope am*
e) so La, Kr, Gn; Ms. Vat., Cuj (Par. 1586), Sch: *heres vel ius antiquum*; Mo: *ius* ⟨*patris vel ius*⟩. Sg, Rudorff (ZGR 6, 414): *heres* ⟨*liberos, vel ius*⟩
f) Ms. Vat. ursprünglich: *vale*; *re* von anderer Hand hinzugesetzt; vorher stand etwas anderes in gleicher Breite, das wurde entfernt. Ch 1578: *si quidem primus haeres adeat,* ⟨*vel iure antiquo*⟩ *valere eam posse placuit*
g) Ch 1578: *adeat*
h) Ms. Vat.: *adeuntes*
i) so das Ms. Vat., Cuj (Par. 1586), Sav Ulp. 1811, 20 v; Til: *partis heredes fiunt*; Ch 1578: *partis haeres fiat*; Cuj (1566, Aur. 1586): *adeuntis ea lege aerarium partis heredes*; Cuj (1658): *legatarii partis heredes* (Sp. 302; vgl. Sp. 303: Crediderim legendum: *Praef. aerarij*); Sav (VS 5, 94): *ex lege aerarium partis heres fiat*; Sg: ⟨*ea*⟩ *lege aerarium partis heres fiat*
j) so Sch (ohne Begründung); Ms. Vat.: *valere eius eam*; Hg[5]: *casu valere (eius) eam*; La, Va: *valere eius causam posse*

Eine Freilassungsanordnung, die im Testament zwischen zwei Erbeinsetzungen steht, ist nicht wirksam, wenn beide die Erbschaft antreten. Wenn aber allein der Zuvorgenannte antritt, ist sie nach altem Recht wirksam. Aber im Anschluß an die *lex Papia Poppaea*, die den Anteil des nicht Antretenden für verfallen erklärt, ist angenommen worden, daß sie gültig sein könne, wenn der erste Erbe entweder das Kinderrecht oder das ›alte‹ Recht hat. Wenn er es nicht hat, steht fest, daß sie nicht wirksam ist, weil anstelle des nicht Antretenden die Vermächtnisnehmer mit Kindern Erben werden. Manche behaupten aber, daß sie auch in diesem Falle wirksam sein könne.

105 Ulpian 1 *ad Sab.* D. 28,5,1 pr.
106 Ulpian 45 *ad ed.* D. 29,1,1,1; Bonfante, Istituzioni, S. 482.

Das Testament erlangt seine Wirksamkeit erst mit der Einsetzung eines Erben.[107] Im Falle mehrerer Miterben muß die Einsetzung aller erfolgt sein, bevor anderweitige Verfügungen wirksam getroffen werden können. Wenn daher eine Freilassungsanordnung zwischen mehreren Miterbeneinsetzungen steht, macht der Antritt des nachfolgend eingesetzten Miterben sie unwirksam, weil sie dann vor einer wirksamen Erbeinsetzung steht. Soweit der später eingesetzte Erbe entfällt und der freiwerdende Teil einem Dritten anfällt, steht aus dem gleichen Grund fest, daß die Freilassung unwirksam ist, denn wer auch immer nun den Teil bekommt, dem fällt er nicht aufgrund einer am Beginn des Testaments stehenden Verfügung an. Sofern aber der zuerst Eingesetzte die Erbenstellung vollständig auf sich vereinigen kann, ist die Freilassung gültig. In diesem Falle entfaltet nämlich allein die vor dem Vermächtnis stehende Erbeinsetzung Wirkung, während die anschließend stehende Miterbeneinsetzung gegenstandslos geworden ist.

Den Anwendungsbereich dieser Regel schränkte die *lex Papia Poppaea* insofern ein, als der freiwerdende Teil nun nur noch dann an den zuerst Eingesetzten fiel, wenn dieser ihn entweder als *heres pater* aufgrund eigener Kinder beanspruchen konnte oder die Voraussetzungen dafür erfüllte, daß er das »alte«, also vorher geltende Recht (*ius antiquum*) noch geltend machen konnte – das war der Fall, wenn er zu den Aszendenten und Deszendenten des Testators bis zum dritten Grad gehörte.[108] Die Folge war, daß in diesem Fall die Freiheitserteilung *nach* der hinsichtlich des Ganzen wirkenden Erbeinsetzung stand, also wirksam war. Sonst nämlich erlangten nach unserem Text die *legatarii patres* die kaduke Hälfte,[109] und der Sklave erlangte die Freiheit nicht.[110] Mit Rücksicht auf den Inhalt der *lex Papia Poppaea* ist daher anzunehmen, daß in der Vorlage ›*vel* ⟨*ius liberorum*[111] *vel*⟩ *ius antiquum*‹ stand.[112] Es wird sich um einen homoioteleutischen Ausfall handeln:[113]

107 Vgl. Servius in Pomponius 5 *post. Lab.* D. 28,1,25 und Watson, Succession, S. 40.

108 Vgl. im einzelnen bei Tit. 17,2 und 18,1.

109 Die verbreitete, auf Tit. 17,2 gestützte Annahme, für unseren Text sei von der Abschaffung der *caducorum vindicatio* der *patres* zugunsten eines Anfalls an den Staat auszugehen, führte offenbar zu den Emendationen aus *legatarii* zu *aerarium.* Savignys *eine* Lesart: *ex lege aerarium partis heres fiat* knüpft daran an (VS 5, S. 94). Demgegenüber erwog Cujaz, *praefecti aerarii* zu lesen, weil diese über die Annahme oder Verwerfung der an den Staat fallenden Erbteile entschieden (App. i). Da aber die Annahme, unser Text setze die Abschaffung der *caducorum vindicatio* der *patres* voraus, unzutreffend ist (vgl. dazu bei Tit. 17,2), fehlt dem Eingriff die erforderliche Grundlage.

110 Rudorff, ZGR 6 (1828), S. 412-414.

111 Gegen Mommsens Vorschlag, es sei »*patris vel ius*« zu ergänzen, ist einzuwenden, daß der Text sonst vom *ius liberorum* spricht; vgl. Tit. 16,1a u. 26,8.

112 Schulz, Epitome, S. 25; vgl. Rudorff, ZGR 6 (1828), S. 413. Nicht ausgeschlossen ist, daß bereits die Vorlage wie das Ms. Vat. lediglich *heres vel ius antiquum* lautete, so daß *vel* in der Bedeutung »zum Beispiel« aufzufassen wäre. Dagegen spricht aber, daß der nächste Satz die Rechtsfolge gerade für den Fall ausschließt, daß das »Beispiel« nicht gegeben ist, während doch auch noch andere Fälle denkbar wären.

113 Vgl. Wieacker, RRG 1, S. 116.

der Schreiber sprang bei seiner Abschrift von *vel* gleich irrtümlich zum nächsten *vel*.[114]

Mit dem Erfordernis der logischen Reihenfolge der Verfügungen weist der Text einen Formalismus auf, der allerdings, wie der letzte Satz zeigt, aufgeweicht zu werden beginnt.[115] Diese Entwicklung wird durch die Bedeutungszunahme des *favor libertatis* in der Kaiserzeit begünstigt worden sein.

§ 22. *Qui testamento liber esse iussus est, mox quam vel unus*[a] *ex heredibus adierit hereditatem, liber fit.*

a) so Kr, Ma, Rö; Ms. Vat.: *mox quamvis unus*; Til: *quam vuus*

Wer durch Testament für frei erklärt worden ist, wird frei, sobald auch nur einer von mehreren Erben die Erbschaft angetreten hat.

Derjenige, zu dessen Gunsten der Erblasser im Testament bestimmt hat, daß er frei sein solle,[116] gelangt zur Freiheit, wenn einer von mehreren in der Urkunde voranstehend eingesetzten Miterben die Erbschaft angetreten hat.[117] Da die testamentarische Freilassung im Wege eines Vermächtnisses geschieht, wäre grundsätzlich der Antritt aller wirksam berufenen Miterben erforderlich. Die Quellen, die wie unser Text für die Freilassung eine Sonderregel vorsehen,[118] liefern keine Begründung für die Abweichung. Wahrscheinlich handelt es sich um den Eingang einer den *favor libertatis* begünstigenden vorklassischen Lehre. Hat erst ein Miterbe angetreten, so ist nämlich nur dann schon ein Erbe vorhanden, der mit einem Vermächtnis beschwert werden kann, wenn man davon ausgeht, daß sich jede Miterbenstellung gesamthänderisch auf den *ganzen* Nachlaß richtet. Diese dem klassischen Rechtsdenken fremde Vorstellung ist für das vorklassische *consortium* überliefert.[119]

114 Schulz meint, der nachklassische Epitomator habe dies aus seiner Vorlage absichtlich gestrichen, weil er die *caducorum vindicatio* der *patres* habe tilgen wollen; Epitome, S. 25, vgl. Mommsen, JS 2, S. 49. Dagegen spricht nicht nur, daß unserem Text keine Streichung der *caducorum vindicatio* der *patres* vorausging, sondern auch, daß die *patres* am Ende ja noch einmal genannt sind. Ausführlich zu dieser Frage bei Tit. 17,2.

115 Honsell/Mayer-Maly/Selb, Röm. Recht, S. 454.

116 Vgl. Ankum, SZ 106 (1989), S. 692.

117 Voci, DER 2, S. 409; Kaser, RP 1, S. 294 f. Schulz, Epitome, S. 25 hält *mox quam* im Sinne von *simulatque* für Spätlatein. Dagegen ist einzuwenden, daß die entsprechende Wortwahl für Julian (bei Paulus 3 *ad Sab.* D. 7,4,13) belegt ist. An ihrer Klassizität kann heute kein Zweifel mehr bestehen.

118 Pomponius 7 *ad Sab.* D. 40,4,11,2; Marcian 1 *inst.* D. 40,4,23,1 und Ulpian 4 *reg.* D. 40,4,25. Vgl. entsprechend für den Erwerb der Stellung des Bedingtfreien Ulpian 4 *ad Sab.* 40,7,2 pr.

119 Vgl. Gaius 3,154 b; vgl. Kaser, RP 1, S. 100. Vom klassischen Recht wurde das *consortium* verworfen, weil das darin enthaltene Gemeinschaftsprinzip den neuen individualistischen Grundsätzen widersprach.

§ 23. *Iusta libertas testamento potest dari his servis, qui testamenti faciendi et mortis tempore ex iure*[a] *Quiritium testatoris*[b] *fuerunt.*

a) so Til, Hg⁵, Sch; Ms. Vat.: *et ius*
b) Ms. Vat.: *testa*[etwa 3 Zeichen entfernt]*tores*

Die rechtmäßige Freiheit kann denjenigen Sklaven durch Testament gegeben werden, die zur Zeit der Errichtung des Testaments und zur Zeit des Todes dem Erblasser nach Quiritischem Recht gehörten.

Mit *testamenti faciendi ... tempore* ist der Zeitpunkt der Testamentserrichtung gemeint, wie bei Celsus 16 *dig.* D. 28,5,60,4 (*scribendi*). Schon für Servius ist die Ansicht überliefert, daß der Sklave nicht erst beim Tod des Testators, sondern schon bei Testamentserrichtung in seinem Quiritischen Eigentum stehen mußte.[120] Dies hängt damit zusammen, daß das Freilassungsvermächtnis ein Fall des Vindikationslegats ist, das sich vom Zwölftafelsatz 5,3 (*uti legassit ...*) herleitet. Beim Libraltestament der Zwölftafelzeit aber verfügte der Testator schon mit der *mancipatio familiae* zugunsten des treuhänderischen *familiae emptor.*[121] Nachdem dieser in der klassischen Zeit zu einer bloßen Formfigur geworden war, stand die Regel, die nun nicht mehr logischem Zwang entsprach, zur Disposition der Juristen. Sie konnten daher auch bei vertretbaren Sachen eine Ausnahme vorsehen.[122]

Die im Text enthaltene Aussage war noch Paulus (50 *ad ed.* D. 40,4,35) als Ansicht des Servius bekannt, also zweieinhalb Jahrhunderte später.[123] Dies spricht für die Dauerhaftigkeit der im *liber singularis* verkörperten Schultradition: Paulus oder auch Ulpian könnten dieses Werk noch gehabt und benutzt haben.[124] Besonders kennzeichnend für die methodische Tradition des Regelwerks ist, daß es die Aussage, die im Paulustext als Meinung des Servius wiedergegeben ist, bereits als Regel enthält. Die denselben Stoff behandelnde Stelle Gaius 2,267 steht im Zusammenhang der testamentarischen Freilassung im Erbrecht.

§ 24. *Lex Fufia Caninia iubet testamento*[a] *ex tribus servis non plures quam duos manumitti; et usque ad decem dimidiam partem manumittere concedit; a decem*[b] *usque ad triginta tertiam partem, ut tamen adhuc quinque manumittere liceat, aeque*[c] *ut ex priori numero; a triginta usque ad centum quartam partem*[d], *aeque*[e] *ut decem ex superiori*[f] *numero liberari possint; a centum usque ad quingentos par-*

120 Paulus 50 *ad ed.* D. 40,4,35: *Servius existimabat iis posse servis dari testamento directam libertatem, qui utroque tempore, et quo testamentum fit et quo moritur, testatoris fuerunt: quae sententia vera est.*

121 Kaser, RP I, S. 107 f.

122 Dies zeigt Gaius 2,196: *placuit.*

123 Vgl. Watson, Persons, S. 194 und Sciascia, ed. S. 11.

124 Beseler, Beiträge 4, S. 3 nahm an, es fehle eine jüngere Ausführung zu dieser Servius-Aussage, weil Paulus sie im Imperfekt wiedergibt (s. Fn. 120). Der Schluß ist nicht zwingend (Watson, Persons, S. 194 f.), aber wahrscheinlich zutreffend.

tem quintam, similiter ut ex antecedenti[g] *numero*[h] *viginti quinque possint fieri liberi. et denique*[i] *praecipit*[j], *ne plures omnino quam centum ex cuiusquam testamento liberi fiant.*

a) Ms. Vat.: *testamentum*
b) Ms. Vat.: *decimo*
c) Ms. Vat.: *aequae*
d) Ms. Vat.: *partim*
e) Ms. Vat.: *aequae*
f) so das Ms. Vat.; Til: *priori*
g) Ms. Vat.: *anti cedenti*
h) Ms. Vat.: *numerum*
i) so das Ms. Vat.; Til: *eademque*
j) Ms. Vat.: *praecepit*

Die *lex Fufia Caninia* ordnet an, daß durch Testament von drei Sklaven nicht mehr als zwei freigelassen werden, und bei bis zu zehn erlaubt sie, die Hälfte freizulassen, von zehn bis dreißig ein Drittel, aber so, daß man mindestens fünf freilassen kann, wie bei der vorangegangenen Zahl; von dreißig bis hundert ein Viertel, sodaß wie bei der vorangegangenen Zahl mindestens zehn freigelassen werden können; von hundert bis fünfhundert ein Fünftel; entsprechend wie bei der vorigen Zahl können mindestens fünfundzwanzig frei werden. Und endlich bestimmt das Gesetz, daß insgesamt nie mehr als hundert aus dem Testament irgendeines Erblassers frei werden sollen.

Die *lex Fufia Caninia* von 2 v. Chr. beschränkt die Zahl der Sklaven, die jeweils testamentarisch freigelassen werden dürfen.[125] Je mehr Sklaven jemand hat, desto geringer ist jeweils der Bruchteil unter ihnen, der freigelassen werden darf. Dies wird für die einzelnen Intervalle jeweils festgelegt.[126]

125 Das Gesetz wandte sich dagegen, daß der Testator übermäßig viele Sklaven wahllos freiließ. Dies war gelegentlich aus Prahlsucht vorgekommen; Kaser, RP 1, S. 297. Nicht zufällig läßt Petronius den Trimalchio die testamentarische Freilassung *aller* seiner Sklaven ankündigen; *Sat.* 71. Zur Sache Solazzi, SDHI 20 (1954), S. 303 f.; Daube, LQR 80 (1964), S. 225 ff.; Atkinson, IJ 1 (1966), S. 368 ff. Justinian hob das Gesetz auf; C. 7,3 (a. 528); Inst. 1,7. Wenn die Tacitus-Vita 10,7 berichtet, der Kaiser habe nur hundert Sklaven anläßlich seines Amtsantritts freigelassen, um nicht die Grenze der *lex (Fufia) Caninia* zu überschreiten (*servos urbanos omnes manu misit utriusque sexus, intra centum tamen, ne Caniniam transire videretur*), dann war diese »Besorgnis« unbegründet; Straub, Antiquitas, 4. Reihe, 13, S. 208-211. Freilassungen *unter Lebenden* waren nämlich zahlenmäßig nicht beschränkt (Gaius 1,44). Der Kaiser, der durch das Gesetz ohnedies nicht gebunden war, nahm indessen auf die Meinung der Öffentlichkeit Rücksicht, der die *ratio legis* bekannt war.

126 Die Ausdrucksweise erinnert an die Lebensdauertafel Ulpians bei Aemilius Macer 2 *ad leg. vic. her.* D. 35,2,68 pr. Sie weist eine entsprechende Formulierung (*ab … usque ad*) sowie

Im Vergleich mit Gaius 1,42, 43, 45[127] hält Schulz die Darstellung für schwerfällig, insbesondere durch die redundante Feststellung, daß immer jedenfalls so viele Sklaven freigelassen werden könnten wie in der vorhergehenden Klasse. Schulz meint, der von ihm vermutete »Verfasser« habe aus Gaius 1,43 a.E. den Anfangssatz *lex Fufia ... manumitti* gebildet und das nächste dann unbedacht aus Gaius 1,43 abgeschrieben, der den Eingangssatz unserer Stelle nicht hat.[128] Gerade aber durch die »schwerfällige« Wiedergabe der Bestimmungen läßt der Text ein hohes Maß an Authentizität erkennen. Gaius, der nur einmal äußert, daß man immer mindestens so viele freilassen dürfe wie in der vorherigen Klasse (Gaius 1,45), weist damit den höheren Systematisierungsgrad auf.[129] Das Regelwerk gibt den tradierten Stoff wahrscheinlich genauer wieder, weil ihm das Interesse an einer Wiedergabe der Normen in Form anwendbarer Regeln zugrundeliegt. Die Vermutung, daß sich die mitgeteilte Anordnung bereits im Gesetz fand (*ipsa lege*), wird durch die wiederholte formelhafte Ausdrucksweise,[130] die noch nicht auf späteren Systematisierungsbemühungen zu beruhen scheint, gerade gestützt.

Die *lex Fufia Caninia* ist ein Verbotsgesetz. Rechtsfolge eines Verstoßes gegen die Höchstzahl ist, daß die im Testament zuerst Genannten bis zur gesetzlich zulässigen Zahl frei sind, die übrigen aber Sklaven bleiben. Entsprechend berichtet Gaius 1,46, das Gesetz hebe ausdrücklich alles auf, was zu seiner Umgehung geschehen sei (*lex ..., quae in fraudem eius facta sint,* ***rescindit***). Es handelt sich also um eine *lex perfecta.*

§ 25. *Eadem lex cavet, ut libertates*[a] *servis testamento nominatim dentur.*

a) Ms. Vat.: *libertatis*

Dasselbe Gesetz ordnet an, daß die Freiheit den Sklaven durch im Testament enthaltene Anordnung namentlich gewährt werden soll.

Die Freilassung erfordert die Namensnennung. Eine Freilassung »mein Sklave« oder »die Hälfte meiner Sklaven« ist – dem *favor libertatis* zum Trotz – unwirk-

die Steigerung auf (die in Tit. 1,24 allerdings gleichmäßiger ist). Dazu Frier, HSCP 86 (1982), S. 213-251.

127 Vgl. auch Paul. Sent. 4,14,4, wo einige der Klassen genannt werden, der ›mindestens‹-Satz (Gaius 1,45) aber fehlt.

128 Schulz, Epitome, S. 25.

129 Gaius 1,45 nennt nach der Mitteilung, in welcher Klasse jeweils wieviele Sklaven freigelassen werden dürfen, den Grundsatz: *Sed quod de numero servorum testamento manumittendorum diximus, ita intellegemus,* ***ne umquam*** *ex eo numero, ex quo dimidia aut tertia aut quarta aut quinta pars liberari potest,* ***pauciores manumittere liceat, quam ex antecedenti numero licuit.***

130 Es handelt sich um den spätrepublikanisch-frühkaiserzeitlichen Gesetzesstil, der sich um einen besonders konkreten Ausdruck bemühte. Seine Penibilität hing mit der wortlautverhafteten Auslegung der klassischen Wissenschaft zusammen.

sam.[131] In der Pluralform *libertates* für die Freiheit mehrerer Sklaven kommt ein Spezialitätsprinzip zum Ausdruck, wie es sonst aus dem klassischen Rechtsdenken im Zusammenhang mit dinglichen Rechten bekannt ist.[132] Hier geht der Gesichtspunkt in die Begrifflichkeit ein, daß es jeweils eine individuelle Freiheit gibt. Die Verwendung des Plurals deutet auch insoweit auf klassisches Denken hin, als sie einen empfindlichen Freiheitssinn im Personenrecht verrät.

b.) Ergebnisse

Der Abschnitt von Tit. 1,5 bis 1,25 behandelt den Erwerb der Freiheit durch den Sklaven. Es geht also in erster Linie nicht um den Status der Freigelassenen, worauf die Titelrubrik hindeuten könnte, sondern um die Erlangung dieser Rechtsstellung.

Was den Aufbau des Titels betrifft, so übernahm der Redaktor des *liber singularis* einen tradierten Bestand, der mehrere Gesetze zusammen behandelte, wobei eine stufenweise Einarbeitung eher nicht anzunehmen ist. Nach der mit § 9 endenden Darstellung der Begrifflichkeit der Freilassungsformen folgt der Stoff der *lex Iunia* und der *lex Aelia Sentia*, und zwar ineinander verschachtelt, wobei der Redaktor mit der *lex Iunia* begann, weil er offenbar im Anschluß an die Bürger die Latiner und die *dediticii* als »Zwischenstufen« behandeln wollte. Den mit dem Latiner zusammenhängenden § 12 vor den Quasi-Unterworfenen (*dediticiorum numero*) zu ziehen, bot sich nicht an, weil dieser in § 14 wiederum vorausgesetzt wird, und man dann nicht nur den Zusammenhang der *lex Iunia*, sondern auch den der *lex Aelia Sentia* hätte zerreißen müssen. Das aber wollte der Redaktor offenbar vermeiden. Der Titel schließt mit einem weiteren Gesetz, nämlich der *lex Fufia Caninia*. Die Darstellung beschränkt sich darauf, den Inhalt der Gesetze zu referieren, dafür aber in großer Treue.[133]

131 Sofern die nach der *lex Fufia Caninia* zulässige Höchstzahl überschritten war, ermöglichte die namentliche Nennung ferner, die Erstgenannten (und damit Freizulassenden) zu ermitteln. Dazu näher Dalla, Labeo 30 (1984), S. 277 ff.; Wlassak, SZ 26 (1905), S. 380.

132 Ebenso Tit. 17,3 sowie Paulus 9 *ad Plaut.* D. 50,16,80; Pomponius 5 *ad Q. Muc.* D. 50,16,120; Licinnius Rufinus 5 *reg.* D. 40,5,16. Vgl. die das jeweils höchstpersönliche Leben beendenden *mortes servorum* bei Gaius 9 *ad ed. prov.* D. 13,6,18 pr.

133 Balestri Fumagalli, AG 204 (1984), S. 494 f. hat mit Recht festgestellt, daß im Text, sieht man vom Nachsatz des § 12 ab, jede Vermischung der aus den verschiedenen Gesetzen folgenden Bestimmungen vermieden worden sei. Sie zieht daraus allerdings den Schluß, die Gesetze seien »descritte in una fissità irreale (!) e considerate, ciascuna, un universo a sé stante«. Das Urteil, die Gesetzeslage sei unwirklich dargestellt, kann nicht befriedigen. Wir haben vielmehr gesehen, daß diese Differenzierung der Regeln nach den jeweiligen Rechtsquellen ihren Grund darin hat, daß das klassische Rechtsverständnis eine Darstellung des Rechts in anwendbaren Regeln verlangte, die ihrerseits möglichst genau dem Inhalt der jeweiligen Rechtsquellen entsprechen mußten. Vgl. oben S. 111 f., 116.

Das Ineinandergreifen der Darstellungen zu den Gesetzen wird in der Übersicht über das Gliederungsmuster des Abschnitts deutlich:

Gliederung: *cives Romani, Latini Iuniani, dediticiorum numero* (§ 5)		
Unter-Gliederung: Freilassungsvarianten zum *civis Romanus* (§ 6)		
Erläuterung *vindicta* (§ 7)		
Erläuterung *censu* (§ 8)		
Erläuterung *testamento* (§ 9)		
Erklärung *Latini Iuniani* (§ 10)		*lex Iunia*
Definition *dediticiorum numero* (§ 11)	*lex Aelia Sentia*	
servus minor XXX annorum (§ 12)	dto.	dto.
dominus minor XX annorum (§ 13)	dto.	
Erbeinsetzung eines Sklaven (§ 14)	dto.	
fraus creditoris (§ 15)	dto.	
servus in bonis (§ 16)		dto.
§§ 17-19 andere Fälle unvollständiger Berechtigung		
§§ 20 ff. *manumissio testamento*		
§§ 24 f. zahlenmäßige Freilassungsbeschränkung		*lex Fufia Caninia*

3.) Der *statuliber*

a.) Tit. II ›De statu liberum[a] *vel statu liberis‹, §§ 1-6*[1]

a) so Ms. Vat., Hg[5]; Sch: *libero*

Über den Freiheitsstatus oder die Bedingtfreien

Obwohl die Titelrubrik nachklassischer Zusatz ist,[2] kann der Sinn der Doppelung ermittelt werden. Das *statu liberis* bezieht sich sicherlich auf die Bedingtfreien, zumal die anderen Titelrubriken auch immer den Plural verwenden (*libertis, latinis* usw.). Zu fragen ist daher nach der Bedeutung des ersten *statu*. Die überlieferte Lesart *liberum* dürfte als verkürzter Genitiv Plural des Substantivs *liber* zu verstehen sein,[3] so daß das erste *statu* den Rechtszustand,[4] die *rechtliche Stellung* (»der Freien«) bedeutete. Dagegen könnte zwar eingewandt werden, daß der Betreffende ja gerade unfrei und Sklave des Erben ist.[5] Der Ausdruck muß sich aber auch nicht notwendigerweise auf die *aktuelle* Rechtsstellung beziehen: Er bezeichnet hier vielmehr den festgesetzten Status, aus dem der Bedingtfreie seine Anwartschaft auf die Freiheit ableitet. Es ist die Anordnung gemeint, auf deren Grundlage der Sklave bei Eintritt einer Bedingung die Freiheit erlangen soll.[6]

§ 1. *Qui sub condicione*[a] *testamento liber esse iussus est, statu liber appellatur.*

§ 2. *Statu liber*[b], *quamdiu pendet condicio*[c], *servus heredis* ⟨*est*⟩[d].

1 Auf die §§ 7-12 bezieht sich die Titelrubrik sachlich nicht. Vgl. unten S. 214, Fn. 1.

2 Zum mutmaßlichen Ursprung der Titelrubriken s. oben S. 150-152.

3 Röder, Versuche, S. 22.

4 Vgl. Voigt, XII Tafeln 2, S. 82.

5 S. unten § 2; Pomponius 18 *Q. Muc.* D. 40,7,29; Gaius 2,200. Vgl. Weiss, RE, 2. Reihe, 6. Hb. (1929), s. v. Statuliber, Sp. 2230.

6 Das *statu* könnte sich in diesem Zusammenhang auch von *sistere* herleiten; vgl. Rein, Privatrecht, S. 578 f., Anm. 3; Weiss, RE, 2. Reihe, 6. Hb. (1929), s. v. Statuliber, Sp. 2230 f. Denkbar wäre schließlich auch, daß es sich um ein Supinum I (auf *-u*) handelte; Schilling, Bemerkungen, S. 35. Wo die Formulierung der Quellentexte auf diese »Bestimmung« besonders Bezug nimmt, steht allerdings regelmäßig nicht *statum* (von *sistere*), sondern *statutum* (von *statuere*). Verbreitet ist die Wendung *statuere libertatem*, und zwar gerade in Verbindung mit einer Bedingung, insbesondere im Recht des *statuliber*. Vgl. Gaius 6 *ad ed. prov.* D. 9,4,15; Julian 22 *dig.* D. 9,4,16; Julian 32 *dig.* D. 33,5,9,2; Paulus 5 *ad Sab.* D. 40,7,1 pr; Ulpian 27 *ad Sab.* D. 40,7,6 pr; Ulpian 4 *ad Sab.* D. 40,7,2 pr; Gaius *ad ed. praet. urb. tit. de liberali causa* D. 40,12,25,1; Gaius 13 *ad ed. prov.* D. 47,4,2; Ulpian 3 *de adult.* D. 48,5,28,10. Vgl. auch die Verknüpfung mit *statutam … libertatem* in Paul 5 *ad Sab.* D. 40,7,1 pr. Dort steht *statuere* für die Festlegung der Freiheitsbedingung. Zum Problem der Stelle vgl. S. 205, Fn. 12. Ähnlich Ulpian 27 *ad Sab.* D. 40,7,6 pr (*statutae libertatis*).

a) Ms. Vat.: *conditione*
b) *Statu liber* im Wege der Mk hinzugesetzt[7]
c) Ms. Vat.: *pendit conditio*
d) so Til, Hg[5], Mu, Sch; fehlt im Ms. Vat.

Wer testamentarisch unter einer Bedingung freigelassen worden ist, wird Bedingtfreier genannt.
Der Bedingtfreie ist, solange die Bedingung in der Schwebe liegt, Sklave des Erben.

Statuliber ist hier der durch testamentarische Verfügung unter einer Bedingung Freigelassene. Die Festlegung auf das Testamentsrecht entspricht einer älteren, noch bis in die Spätklassik hinein herrschenden Begrifflichkeit,[8] die aus den Zwölf Tafeln stammt.[9] Im Recht des *statuliber* zeigt sich die Tendenz der republikanischen Jurisprudenz, aufgrund des *favor libertatis*[10] die testamentarische Freilassung zu begünstigen.[11] Das prinzipielle Verständnis des Begriffs, wonach *jeder* bedingt Freigelassene erfaßt ist, tritt demgegenüber erst in der Spätklassik auf.[12]

§ 2 stellt klar, daß der *statuliber* während der Schwebezeit Sklave des Erben ist. Die Bedeutung des Satzes erhellt aus dem Zusammenhang, aus dem er mutmaßlich stammt. Während der Bedingtfreie im Schrifttum nämlich teilweise im Erbrecht bei der Erörterung des bedingten Erwerbs behandelt wird, ist ihm in anderen Texten ein eigenes Kapitel im Zusammenhang mit dem Freilassungsrecht gewidmet. In einem erbrechtlichen Zusammenhang steht Gaius 2,200, wo (sachlich parallel zu unserer Stelle) mitgeteilt wird, daß der *statuliber* bis zum Bedingungs-

7 Ursprünglich hatte der Satz (ohne den Zusatz) erst bei *conditio* geendet. Möglicherweise ist dadurch auch das Fehlen des *est* im Ms. Vat. zu erklären.

8 Tryphonin 4 *disp.* D. 49,15,12,11; vgl. Tryphonin 10 *disp.* D. 1,5,15 und Berneker, SZ 61 (1941), S. 458.

9 Tab. 7,12; dazu Voigt, XII Tafeln 2, S. 78 ff. S. auch Festus ed. Lindsay S. 414: *Statu liber est, qui testamento certa condicione proposita iubetur esse liber.*

10 Weiss, RE, 2. Reihe, 6. Hb. (1929), s. v. Statuliber, Sp. 2231; Zimmermann, Obligations, S. 729.

11 Weiss, Institutionen, S. 79.

12 Die von der testamentarischen Verfügung losgelöste Deutung bei Paulus 5 *ad Sab.* D. 40,7,1 pr ist gelegentlich zu Unrecht dem Interpolationsverdacht ausgesetzt gewesen; Donatuti, Statulibero, S. 10; Schulz, SZ 48 (1928), S. 234 f.; vgl. Bretone, NNDI 18, S. 380. Weiss, RE, 2. Reihe, 6. Hb. (1929) s. v. Statuliber, Sp. 2231 bemerkt, das »ältere Schrifttum« habe alle Personen darunter verstanden, die die Aussicht hatten, durch Zahlung eines Geldbetrages frei zu werden, wie etwa *noxae dati* usw. Gegen diese Verallgemeinerung spricht allerdings die Singularität der Stelle. Sie geht auch nicht auf die ganz überwiegende abweichende Begrifflichkeit ein. Entgegen Astolfi, Libri tres, S. 223, Fn. 155 handelt es sich bei dem Paulus zugeschriebenen Satz gerade nicht um eine Parallele zu Tit. 2,1 (»*testamento*«). Immerhin ist erkennbar, daß die Definition des *statuliber* noch immer an Sabinus angeknüpft wurde.

eintritt dem Erben gehört. Gaius zieht dies zur Begründung eines Analogieschlusses für das bedingte Legat heran: Der Vermächtnisgegenstand gehört zunächst ebenso dem Erben, wie ihm auch ein *statuliber* vorläufig gehört.

Die Aussage, der *statuliber* sei in der Zwischenzeit Sklave des Erben, war aber auch aus anderen Gründen der Erwähnung wert.[13] Darauf deutet die aus dem 28. Buch von Ulpians Sabinuskommentar stammende Stelle D. 40,7,9 pr hin.[14] In diesem Text wird die Möglichkeit der *noxae deditio* des Bedingtfreien begründet. Ebenso wie diese Stelle aus einem Zusammenhang stammt, der vom *statuliber* an sich handelt, ist der Gegenstand von Tit. 2,1-6 des Regelwerks ein rein personenrechtlicher ohne Bezug zum Erbrecht. Dagegen entspricht Gaius 2,200 unserem Text in seiner systematischen Stellung nicht; es handelt sich dort um eine Nebenbemerkung im Zusammenhang des Vermächtnisrechts. Einen sachlichen Anlaß für die Feststellung gibt der Text schließlich sowohl in § 8, wo gesagt wird, daß der Bedingtfreie nicht Freigelassener des Erben wird, als auch in Tit. 1,19, wo die Möglichkeit der Existenz eines Sklaven ohne *dominus* genannt wird.

§ 3. *Statu liber seu alienetur ab herede sive usucapiatur*[a] *ab aliquo, libertatis condicionem*[b] *secum trahit.*

a) so Cuj., Hg[5], Kr, Sch; Ms. Vat., Til: *suscipiatur*;
b) Ms. Vat.: *conditionem*

Der Bedingtfreie zieht, ob er nun vom Erben veräußert oder von jemandem ersessen wird, die Freiheitsbedingung mit sich.

Nach den Zwölf Tafeln durften dem *statuliber* im Falle seines Verkaufs keine erschwerten Bedingungen für die Erlangung der Freiheit auferlegt werden.[15] Die einmal gesetzte Freiheitsbedingung bleibt auch bestehen, wenn der *statuliber* zwischenzeitlich veräußert oder durch einen Dritten ersessen wird. Für die Emendation zu *usucapiatur*[16] spricht insbesondere Ulpian 4 *ad Sab.* D. 40,7,2 pr, wo *usucapietur* zusammen mit *tradetur* und *manumittetur* genannt ist.

13 Der Umstand, daß der *statuliber* bis zur Freilassung noch Sklave war, drückt sich auch in seiner Nomenklatur aus, wie Prachner, Sklaven, S. 207 ff. an Beispielen unter Bedingtfreien gezeigt hat, die im Töpfergewerbe arbeiteten und deren Namensstempel die Statussigle STA (= *statuliber*) enthielten.

14 Die Aussage, der *statuliber* sei in der Zwischenzeit Sklave des Erben, gehörte dort wahrscheinlich schon zum kommentierten Sabinustext; Astolfi, Libri tres, S. 111.

15 Modestin 9 *diff.* D. 40,7,25: *duris autem condicionibus in venditione minime onerandi sunt.* Prachner, Sklaven, S. 208 meint, die Möglichkeit, den *statuliber* zu verkaufen, habe dazu geführt, daß seine Erwartung der Freilassung immer prekär und von seinem Wohlverhalten dem Erben gegenüber abhängig geblieben sei. Die Regel zeigt aber gerade das Gegenteil: Die Freiheitsbedingung bleibt auch dann erhalten, wenn der *statuliber* veräußert wird.

16 Der überlieferte Text: *sive suscipiatur ab aliquo* wäre dahingehend zu verstehen, daß jemand den Sklaven eines anderen in seine Klientel aufnimmt. So erklärt jedenfalls Le Caron das

Während diese Stelle aus dem 4. Buch des Sabinuskommentars und aus dem sachlichen Zusammenhang mit der *institutio condicionalis* stammt, steht die aus dem 28. Buch desselben Kommentars stammende Stelle D. 40,7,9,1 im Abschnitt zum *statuliber*. Der darin mitgeteilte Grundsatz, die *libertatis condicio* bleibe bei Veräußerung des *statuliber* bestehen, geht wahrscheinlich schon auf Sabinus zurück. In der Frage, was nach der zweifachen Verarbeitung durch Kommentator und Kompilatoren noch auf Sabinus zurückzuführen ist, ist nämlich davon auszugehen, daß Ulpian regelmäßig den Wortlaut des Sabinus wiedergab, bevor er diesen dann durch eigene Erläuterungen ergänzte.[17] Ordnet man die kommentierenden Sätze jeweils den Lemmata des kommentierten Sabinustextes zu, so ergibt sich, daß § 1 mindestens von *si statuliberum* bis *immutabilis est* von Sabinus herrührt.[18]

Es fällt auf, daß *ab* mit jeweils unterschiedlicher Ausrichtung verwendet wird. Unabhängig von der Frage der Emendation bezieht es sich erst auf den Veräußerer, dann auf den Erwerbenden. Diese Wortwahl erscheint unter stilistischen Gesichtspunkten als fragwürdig.[19] Um so bezeichnender ist es, daß gerade diese

konservative Textverständnis: *suscipiatur, id est in fidem et clientelam recipiatur*; ed. 1578, Bl. 106 v. Bedenken ergeben sich zunächst daraus, daß der Vorgang als zu ungewöhnlich erscheint, um in einem Grundriß Erwähnung zu finden. Noch entscheidender ist aber der Gesichtspunkt, daß es sich bei der Formulierung nicht um einen technischen Begriff für einen die Gewalt übertragenden Rechtsakt handelt; bei *alienetur* dürfte es sich dagegen um einen Oberbegriff für die rechtsgeschäftliche Veräußerung handeln (vgl. Pomponius 7 *ex var. lect.* D. 40,7,30).

17 Vgl. Lenel, Pal. 2, Sp. 1019, Fn. 3; Jörs, RE, 9. Hb. (1903) s. v. Domitius 88, Sp. 1441-1444; zustimmend Rabel, Ges. Aufsätze 4, S. 6. Ulpian machte die Sabinussätze wohl regelmäßig kenntlich, was in Fr. Vat. und Digesten den Streichungen der Kompilatoren zum Opfer fiel. Dagegen weisen die Sinaischolien wiederholt die Sigle »*Σαβ.*« auf, die jedenfalls von einem Teil des Schrifttums als Kennzeichnung von Äußerungen des kommentierten Sabinus aufgefaßt wird; vgl. Alibrandi, Opere 1, S. 449 f. und unten S. 274 f., Fn. 151. Ausschlaggebend wird aber sein, was über die Eigenschaften des ulpianischen Kommentars bekannt ist. Schulz, Sabinus-Fragmente, S. 2-5 stimmt Jörs mit Vorbehalten hinsichtlich der »Wörtlichkeit« des Zitierens zu. Am sichersten wird man immer dann eine Entscheidung als von Sabinus herrührend betrachten dürfen, wenn sie in der Folge Satz für Satz oder Wort für Wort erläutert wird; Schulz, Sabinus-Fragmente, S. 8 f.; zustimmend Koschaker, SZ 28 (1907), S. 454; Arangio-Ruiz, Storia, S. 284. Schulz hat gezeigt, daß diese Form der Kommentierung regelmäßig festzustellen ist, nachdem Krüger sie noch als auf einzelne Ausnahmen beschränkt angesehen hatte; Geschichte, S. 218, Fn. 169; zurückhaltend auch Bremer, Iur. Antehadriana 2,1, S. 383 ff.

18 Sabinus: *Si statuliberum non eadem condicione heres vendat* (dazu anschließend § 1; zu *vendat* ferner § 2), *causa eius immutabilis est* (dazu § 3) *et luere se ab eo potest simili modo ut ab herede*. Vgl. Schulz, Sabinus-Fragmente, S. 62, Astolfi, Libri tres, S. 111.

19 Sie würde vermieden, wenn man *ab* in beiden Fällen auf den verlierenden Teil bezogen sähe. Darauf könnte die Zwischenstellung der römischen Ersitzung zwischen dem derivativen und dem originären Erwerb hindeuten. Gleichwohl dürfte dieses Verständnis unrichtig

Besonderheit sich wiederum im Abschnitt zum *statuliber* in Ulpians 27. Buch *ad Sab.* D. 40,7,6,3 findet: *sive … legatus sit tibi ab herede statuliber sive adiudicatur sive usucaptus a te.*

§ 4. *Sub hac condicione*[a] *liber esse iussus: ›si decem milia*[b] *heredi dederit‹, etsi ab herede abalienatus sit, emptori dando pecuniam*[c] *ad libertatem perveniet*[d]*; idque lex*[e] *duodecim tabularum iubet.*

a) Ms. Vat.: *conditione*
b) Hg[5]: *millia*
c) Ms. Vat.: *pecu*[ein Zeichen entfernt]*niam*
d) Hg[5] nach Ma: *pervenit*
e) *lex* ist Mk

Wer unter dieser Bedingung freigelassen worden ist: ›Wenn er zehntausend dem Erben geben wird‹, gelangt, auch wenn er vom Erben vorher veräußert wurde, mit der Übergabe des Geldes an den Käufer zur Freiheit; und dies bestimmt eine Vorschrift der Zwölf Tafeln.

Mit Eintritt der Bedingung wird der *statuliber ipso iure* frei, indem die bislang bedingte Freilassung zu voller Wirksamkeit gelangt.[20] Die §§ 4-6 nennen nun mehrere Fälle, in denen der *statuliber* auch frei wurde, ohne daß er die anfänglich gesetzte Bedingung erfüllt hätte.[21] Der *statuliber* war nämlich davor geschützt, daß das Freiwerden durch Veräußerung vereitelt wurde. Diese Regelung geht bereits auf die Zwölf Tafeln zurück.[22] *Emptor* ist überdies im Anschluß an die vorklassische Zwölftafelinterpretation weit zu verstehen, so daß über den Verkauf hinaus auch andere Veräußerungsformen erfaßt sind.[23] Es kann nämlich keinen Unterschied bedeuten, ob der Sklave aufgrund eines Kaufvertrags oder auf andere Weise veräußert wird.[24] Der Satz könnte mit dem ebenfalls für das Zwölftafelgesetz überlieferten allgemeineren Grundsatz zusammenhängen, daß der *statuliber* veräußert, aber keinen härteren Lebensbedingungen unterworfen werden dürfe.[25]

sein. Es gibt nämlich noch weitere Stellen in unserem Text, in denen sich *ab* auf den »erwerbenden« Teil bezieht: Vgl. Tit. 1,16: … *neque ab ipso anno possessus sit* und Tit. 10,4: *ab hostibus captus*; ähnlich in Ulpian *lb. sg. reg.* D. 44,7,25,2: *rem … quae ab alio possidetur.*

20 Voigt, XII Tafeln 2, S. 79.

21 Bianchi, Fictio, S. 450.

22 Nach der Rekonstruktion bei Bruns/Gradenwitz/Mommsen Tab. 7,12; bei Warmington Tab. 6,1 d.

23 Vgl. Pomponius 18 *ad Q. Muc.* D. 40,7,29,1: *lex duodecim tabularum emptionis verbo omnem alienationem complexa videretur.* Vgl. dazu ferner Watson, Slave Law, S. 25 und jetzt Cascione, Consensus, S. 302 f.; s. ferner unten bei Tit. 19,5.

24 *libertatis conditionem secum trahit*; o. § 3. Vgl. auch Schulz, Einführung, S. 42.

25 Modestin 9 *diff.* D. 40,7,25; ferner Papinian 2 *quaest.* D. 40,7,33: *Statuliberorum iura per heredem fieri non possunt duriora.*

Ein entsprechender Text zu § 4 existiert bei Ulpian 27 *ad Sab.* D. 40,7,6,3. Die Aussage *statuliber parendo condicioni in persona emptoris pervenit ad libertatem* war wahrscheinlich schon im *ius civile* des Sabinus enthalten.[26] Dies ist deswegen anzunehmen, weil der Übergang zur nachfolgenden Kommentierung Ulpians (*et sciendum* ...) recht deutlich zum Ausdruck kommt, und weil es sich um Zwölftafelrecht handelt.

§ 5. *Si per heredem factum sit, quo minus statu liber condicioni*[a] *pareat, proinde*[b] *fit liber, atque si condicio expleta fuisset.*

a) Ms. Vat.: *conditioni*
b) Til: *perinde*

Wenn durch den Erben bewirkt worden ist, daß der Bedingtfreie die Bedingung nicht erfüllt, dann wird dieser in gleicher Weise frei, wie wenn die Bedingung erfüllt worden wäre.

Der Rechtssatz, daß bei Vereitelung der Bedingung durch den am Nichteintritt Interessierten dieselbe als erfüllt gilt, nahm seinen Ursprung, wie man allgemein annimmt, im Recht des *statuliber.*[27] In diesem Sachzusammenhang ist er schon für das ältere republikanische Recht bezeugt.[28] Die Lehre von der Bedingungsverwirkung geht auf die Auslegung des in § 4 genannten Zwölftafelsatzes zurück; die Fiktion, auf der die Rechtsfolge beruht, stammt aus der Pontifikaljurisprudenz. Für Servius ist der Satz im Zusammenhang mit dem Fall überliefert, daß der Erbe eine eigene Schuld gegenüber dem *peculium* nicht bezahlt, mit dessen Mitteln der *statuliber* die Bedingung erfüllen soll.[29] Nach dieser klassischen Auffassung, die

26 Schulz, Sabinus-Fragmente, S. 62. Vgl. auch den bei § 3 genannten, in Ulpian 28 *ad Sab.* D. 40,7,9,1 kommentierten Sabinussatz.

27 Vgl. Jhering, Geist 2,1, S. 159: »Die Römer halfen sich ... dadurch, daß sie die Verhinderung der Erfüllung der Bedingung von Seiten des Erben der Erfüllung derselben gleich stellten«; ferner dort S. 159 f., Fn. 235.

28 Vgl. Festus (Lindsay S. 414, in Anwendung auf den *statuliber*): *et si per heredem est, quo minus statu liber praestare possit, quod praestare debet, nihilominus liber esse videtur.*

29 Ulpian 27 *ad Sab.* D. 40,7,3,2; vgl. Kaser, RP 1, S. 257. Die Ausführungen darüber, daß der *statuliber* auch frei wird, wenn der Erbe den Bedingungseintritt vereitelt, bilden übrigens einen Hauptteil der Erörterungen Ulpians im Sabinuskommentar zum *statuliber* (D. 40,7,3 pr - § 15). Daß Sabinus sich selbst mit dieser Frage, sei es in den *libri iuris civilis,* sei es in anderem Zusammenhang, beschäftigt hat, zeigt Paulus 16 *ad Plaut.* D. 40,7,20,3. Vgl. Lenel, Sabinussystem, S. 56.
Julian konnte feststellen, daß die allgemeine Regel *iure civili receptum* sei. Vgl. Julian 55 *dig.* D. 35,1,24 und (möglicherweise darauf beruhend) Ulpian 77 *ad ed.* D. 50,17,161. Vgl. Zimmermann, Obligations, S. 730 f. Auffällig ist aber, daß Ulpian, der nur vom *ius civile* spricht, kein allgemeines Prinzip formuliert, sondern einzelne Anwendungsfälle aufzählt. Die Begrenzung der Fälle entspricht der prokulianischen Tradition.

auch dem Text zugrundeliegt, wird der Eintritt der Bedingung also fingiert, wenn der Erbe denselben vereitelt.

Demgegenüber ließ es der vorklassische *favor libertatis* sogar ausreichen, wenn der *statuliber* für den Ausfall der Bedingung nicht *selbst* verantwortlich war. Paulus führt die Meinung, der Sklave werde frei, *quia non staret per eum, quominus daret*, auf Sabinus zurück.[30] Entspechend teilt Javolen – ohne sich allerdings auf den *statuliber* zu beziehen – als Ansicht des Sabinus mit, *si per debitorem mora non esset, quo minus id quod debebat solveret, continuo eum debito liberari.*[31] In Ulpians Sabinuskommentar (27 *ad Sab.* D. 40,7,3,10) wird Sabinus in diesem Zusammenhang nicht ausdrücklich genannt. Dennoch liefert dieser Text einen Hinweis: Nachdem Ulpian dort nämlich in den §§ 1-9 die Vereitelung des Bedingungseintritts durch den Erben erörtert hat, wird der Rechtsgedanke in § 10 auf die Vereitelung durch einen Dritten, in dessen Person die Erfüllung eintreten sollte, erstreckt. Es schließt sich die Bemerkung an: *et sane hoc iure utimur in statulibero, ut sufficiat per eum non stare, quominus condicioni pareat.* Hier spricht, wie vor dem Hintergrund der Paulusstelle vermutet werden darf, Sabinus. Die Erstreckung des erweiterten Satzes auf den Fall des *statuliber*, die auch unser Text wiedergibt, geht also offenbar auf Sabinus zurück.[32]

Wenn sich daher für den in unserem Text enthaltenen, enger gefaßten Grundsatz eine entsprechende Überlieferung in Ulpians Sabinuskommentar findet,[33] dann darf daraus nicht geschlossen werden, daß Sabinus die Fiktion des Bedingungseintritts an die strengen Voraussetzungen der klassischen Lehre geknüpft hätte. Der von Sabinus vertretene vorklassische Standpunkt sah geringere Voraussetzungen vor. Daß § 5, wie Astolfi vermutet, eine Parallele in den *libri iuris civilis* des Sabinus gehabt habe, ist daher nicht anzunehmen.[34]

§ 6. *Extraneo pecuniam dare iussus et*[a] *liber esse, si paratus sit dare et is, cui iussus est dare, aut nolit*[b] *accipere aut, antequam acceperit, moriatur, proinde*[c] *fit liber, ac si pecuniam dedisset.*

30 Paulus 16 *ad Plaut.* D. 40,7,20,3; vgl. Astolfi, Libri tres, S. 222 m. Fn. 153; Bretone, RRG, S. 199.

31 Javolen 2 *ep.* D. 45,1,105. Die Stelle nennt zwar nicht ausdrücklich den *statuliber.* Sie drückt jedoch den gleichen Rechtsgedanken aus; vgl. Lenel, Pal. 2, Sp. 211 (Sabinus 201). Schulz, Sabinus-Fragmente, S. 60 zieht den in der Javolenstelle überlieferten Sabinussatz zu dessen Äußerung zum *statuliber* im Paulusfragment. Aus dem palingenetischen Zusammenhang kann das nicht bestätigt werden, zumal dieser nicht gesichert ist. Für den sabinianischen Standpunkt vgl. ferner Javolen 6 *ex Cassio* D. 40,7,28 pr: … *si per eum, cui data esset, non staret quo minus expletur.*

32 Schulz, Sabinus-Fragmente, S. 61.

33 Ulpian 27 *ad Sab.* D. 40,7,3,1: *quod si non patitur heres pareri … procul dubio liber est, quia per heredem stare videtur, quo minus condicionem impleat.* Dazu Vassalli, BIDR 27 (1914), S. 194 f.

34 Astolfi, Libri tres, S. 223, Fn. 155.

a) so Til, Hg⁵, Kr, Sch; Ms. Vat.: *ut*; La, Bö (Corpus 1841): *ut liber esset*
b) so Tu, Kr, Sch; Ms. Vat., Til, Hg⁵: *nollet*
c) Til: *perinde*

Wenn angeordnet ist, daß der Sklave einem Dritten Geld geben und dann frei sein solle, dann wird er, wenn er zu geben bereit ist und der Empfänger entweder nicht annehmen will oder vor der Annahme stirbt, ebenso frei, wie wenn er das Geld gegeben hätte.

Der Bedingungseintritt wird nach diesem Text auch dann fingiert, wenn dem letztwillig Bedachten die Erfüllung unmöglich wird, ohne daß der am Nichteintritt der Bedingung Interessierte den Eintritt vereitelt hätte.[35] Es handelt sich um den vorklassischen Standpunkt, der für Sabinus belegt ist (s. bei § 5). Der *extraneus* ist dabei ein Außenstehender, nicht etwa ein Dritter als Eigentümer, der nicht Erbe ist (vgl. unten § 10).

b.) Ergebnisse

Das Recht des *statuliber* wird nur in den Tit. 2,1-6 behandelt, während die §§ 7-12 einen anderen Inhalt haben, nämlich die (unbedingte) testamentarische Freilassung. Wahrscheinlich gehen die Tit. 2,1-6 auf eine Bearbeitung des dem Regelwerk zugrundeliegenden, tradierten Grundbestands unter dem Einfluß vorklassisch-sabinianischer Quellen zurück. Es handelt sich um eine Weiterentwicklung des Grundbestands, die das System des *liber singularis* von dem der Gaius-Institutionen unterscheidet: dort befindet sich zwischen Gaius 2,239 und 2,263[36] nämlich keine Erörterung des *statuliber*. Demgegenüber meint Nelson, der Abschnitt zum *statuliber* sei in dem beiden Texten zugrundeliegenden Stoff enthalten gewesen. Er ist der Ansicht, Gaius habe die Passage gestrichen, weil dieser die Gliederung nach Bürgern, *Latini Iuniani* und *dediticiorum numero* zum herrschenden Dispositionsschema für den ganzen Abschnitt gemacht habe, so daß für den *statuliber* kein Raum mehr geblieben sei.[37] Dagegen ist einzuwenden, daß § 7 am Schluß des ersten Titels anknüpft und weitere Einzelheiten der dort erörterten testamentarischen Freilassung erläutert.[38] So beginnt Tit. 1,25 mit den Wortlautvoraussetzungen (*nominatim*), und Tit. 2,7 knüpft mit den Freilassungsformeln an dieselben an (›*liber esto*‹, ›*liber sit*‹ usw.).[39]

35 Marrone, Istituzioni, S. 887.
36 Gaius 2,239 entspricht Tit. 1,25; Gaius 2,263-267 u. 272 entsprechen §§ 7-11.
37 Nelson, Überlieferung, S. 377.
38 Savigny, Ulpian 1811, Bl. 23 r.
39 Daß § 7 am Schluß des ersten Titels anknüpft, könnte vermuten lassen, daß es sich bei den Tit. 2,1-6 insgesamt um einen Einschub aus anderen Quellen handelte. Dagegen spricht zunächst, daß sich der Abschnitt sprachlich nicht vom übrigen Text abhebt. Im übrigen

Im tradierten Grundbestand des Stoffes war der *statuliber* als solcher an dieser Stelle zunächst wahrscheinlich noch nicht in einem eigenen Abschnitt behandelt worden. Für diese Vermutung spricht, daß der in der prokulianischen Schule tradierte Grundbestand unter dem Einfluß des Ediktssystems stand, ohne daß dieser bereits durch die Schulenkonvergenz abgemildert worden wäre.[40] Nach der strengen klassischen Lehre war der Bedingtfreie – da Sklave (§ 2) – Eigentumsgegenstand und ohne Rechtssubjektsqualität. Im System des klassischen Edikts war sein Platz daher das Vermögensrecht. In das Personenrecht konnte der *statuliber* erst Eingang finden, als seine Rechtsstellung als festliegender Status verstanden wurde, aus dem die Anwartschaft auf die Freiheit hervorging. Die Verselbständigung des Status von dem im Testament angeordneten bedingten Vindikationsvermächtnis setzt eine Entwicklung der Kaiserzeit voraus, die unter dem Einfluß des *favor libertatis* stattfand. In Anknüpfung an Julian stellte Paulus 16 *ad Plaut.* D. 40,7,20,3 fest, daß der *statuliber* u.U. auch bei Ausfall der Bedingung die Freiheit erlangen könne, wobei er dann aber ein ihm für den Fall des Bedingungseintritts ausgesetztes Vermächtnis nicht erhalte. Er gelange nämlich nicht so sehr aufgrund der testamentarischen Anordnung wie vielmehr »aufgrund des bestehenden Rechts« zur Freiheit: *constituto potius iure quam ex testamento ad libertatem pervenit.*[41] Wahrscheinlich ermöglichte erst diese Entwicklung die selbständige Erörterung des *statuliber* im personenrechtlichen Abschnitt des Regelwerks.

Daß die §§ 1-6 auf eine spezifische Bearbeitung und Ergänzung des Grundbestandes aufgrund vorklassisch-sabinianischer Quellen zurückgehen, darf auch deswegen vermutet werden, weil sie – im Unterschied zur Hauptmasse unseres Textes – in einem engen Zusammenhang mit der Darstellung desselben Stoffes bei Sabinus stehen. Zu den §§ 2-6 existieren nämlich, wie wir gesehen haben, sinngemäß entsprechende Texte im Abschnitt über den *statuliber* (27. und 28. Buch) in Ulpians Sabinuskommentar. Die den §§ 5 und 6 entsprechenden Sätze finden sich in den Digesten sogar in derselben *lex* (D. 40,7,3).

Wenn die Parallelität im Schrifttum als Hinweis auf eine mögliche Benutzung der Ulpianschrift durch einen Bearbeiter des Regelwerks gewertet wird,[42] muß aber berücksichtigt werden, daß unser Text den Ulpianstellen zwar ähnelt, aber mehr in den Sachaussagen als im Wortlaut. Ernsthafte Anhaltspunkte für ein Abhängigkeitsverhältnis zwischen den beiden Texten sind angesichts der überwiegend unterschiedlichen Formulierungen nicht gegeben. Wahrscheinlich schöpf-

enthält der Abschnitt nicht ausnahmslos vorklassisches Recht: In § 5 wird gerade die spezifisch klassische Auffassung von der Bedingungsvereitelung im Recht des *statuliber* wiedergegeben. Die Annahme einer Bearbeitung und Ergänzung des Grundbestandes unter Einbeziehung vorklassischer Quellen verdient daher den Vorzug.

40 S. oben S. 94 ff.

41 Vgl. MacCormack, RIDA 21 (1974), S. 287 f.

42 Vgl. Albertario, BIDR 32 (1922), S. 91.

ten beide Texte aus derselben Quelle. Daß es sich dabei gerade um älteres *sabinianisches* Material handelte, ergibt sich daraus, daß die Sätze, die entsprechend im Sabinuskommentar überliefert sind, überwiegend wahrscheinlich nicht auf Ulpian, sondern bereits auf dessen Quelle zurückgehen, nämlich den kommentierten Text des Sabinus.[43]

43 Vgl. dazu bereits oben S. 207. Die Identifikation der Formulierungen als auf Ulpian oder Sabinus zurückgehend kann nicht immer mit *Sicherheit* vorgenommen werden. Dies wird gegenüber der Stilanalyse des Textes, wie sie Honoré durchgeführt hat, zu bedenken sein. Ausführlich Rodger, OJLS 3 (1983), S. 386.
Auch das von Ulpian kommentierte Werk des Sabinus *de iure civili* war wahrscheinlich eine Schulschrift; vgl. Schulz, Geschichte, S. 186; Behrends, Kommentar, S. 424, 453.

4.) Freilassung und Rechtsstellung der Freigelassenen (2. Teil)

a.) Tit. II ›De statu liberum vel statu liberis‹,[1] *§§ 7-12*

§ 7. *Libertas et directo potest dari hoc modo: ›liber esto‹, ›liber sit‹, ›liberum esse iubeo‹, et per fideicommissum, ut puta: ›rogo‹, ›fidei committo heredis mei, ut Stichum*[a] *servum manumittat*[b]*‹.*

§ 8. *Is, qui directo liber esse iussus est, orcinus*[c] *fit libertus*[d]*; is autem, cui per fideicommissum data est libertas, non testatoris, sed manumissoris fit libertus.*

§ 9. *Cuius fidei committi potest ad rem aliquam praestandam*[e]*, eiusdem etiam libertas fidei committi potest.*

a) so Til, Kr, Sch; Ms. Vat.: *iste cum*; Hg[5]: *iste eum*
b) so Til, Hg[5], Sch; Ms. Vat.: *manumittati* [3 Zeichen entfernt, dann *s* nachgetragen] *is qui*
c) Ms. Vat.: *horcinus*; Tu: *Orcivus*
d) Ms. Vat.: *liberto*
e) Ms. Vat.: *prestandam*

Die Freiheit kann sowohl unter Wahrung der zivilen Formen auf diese Weise gegeben werden: ›Er soll frei sein‹, ›er sei frei‹, ›ich befehle, daß er frei sei‹, als auch durch Fideikommiß, wie z.B.: ›ich bitte«, »ich erlege es der Treue meines Erben auf, daß er den Sklaven Stichus freilasse‹.
Derjenige, der förmlich für frei erklärt worden ist, wird Freigelassener eines Toten. Derjenige aber, welchem durch Fideikommiß die Freiheit gegeben worden ist, wird nicht Freigelassener des Testators, sondern des Freilassers.
Wessen Treue man auferlegen kann, eine Sache zu leisten, dessen Treue kann auch die Freiheit überantwortet werden.

Der Text setzt hier die Darstellung der testamentarischen Freilassung fort, die durch Tit. 2,1-6 unterbrochen wurde. Er unterscheidet zwischen der Freilassung durch Vindikationsvermächtnis und durch Fideikommiß.[2] Als formlose Bitte, die der Erblasser an den Erben richtet, war das Fideikommiß schon den *veteres* bekannt gewesen.[3] Nachdem es seit Augustus im Rahmen der *extraordinaria cognitio* klagbar geworden war,[4] näherte es sich in der klassischen Zeit den Legaten an.

1 Die Rubrik paßt nicht zum Inhalt des nun folgenden Textes, der die Freiheitsvermächtnisse behandelt. Vgl. oben S. 204.

2 Obgleich ein Fideikommiß auch außerhalb eines Testaments denkbar ist, geht es hier um Formen der Freilassungsanordnung im Rahmen eines Testaments (vgl. § 8 *libertus orcinus*: auch der *directo* Freigelassene ist von Todes wegen freigelassen worden).

3 Pomponius 2 *fid.* D. 35,2,31.

4 Noch zu Ciceros Zeit war es, wie aus *de finibus* 2,55-58 hervorgeht, nicht klagbar gewesen.

Soweit sich die in §§ 7 und 8 mitgeteilten Regeln auf die Freilassung durch Fideikommiß beziehen, teilt Gaius sie im Fideikommißrecht mit (Gaius 2,263, 266). Anders als das Regelwerk stellt Gaius diese Regeln nicht dem Vermächtnisrecht gegenüber, sondern Fideikommissen über andere Gegenstände.

Der Begriffsgegensatz *directum/per fideicommissum* kennzeichnet nicht nur das Recht der letztwilligen Freilassung, sondern, wie Gaius 2,248 zeigt, das ganze Erbrecht. Es läge nahe, ihn auf den Unterschied zwischen der dinglich wirkenden, unmittelbaren Freilassung des zivilen Testamentsrechts und der obligatorischen, indirekten Freilassung durch *fideicommissum* zu beziehen.[5] Darin liegt aber allenfalls eine nachrangige Teilbedeutung. Dies zeigt sich daran, daß Gaius den Gegensatz auf den Unterschied zwischen dem *legatum per damnationem* und dem *fideicommissum* anwendet, die *beide* nur schuldrechtlich wirken.[6]

Die Begrifflichkeit geht vielmehr darauf zurück, daß im Recht des Prinzipats das stoische Naturrecht wieder an Bedeutung gewann. Dieses gründet sich auf den Gegensatz zwischen dem individualistischen, herrschaftlichen *ius strictum* und dem auf die *fides* gegründeten mitmenschlichen, verhältnismäßigen und pflichtenhaltigen Recht.[7] Wenn das klassische Testamentsrecht im Kontrast zum Fideikommißrecht als *ius directum* oder *rectum* bezeichnet wird, dann wird es als strenges, formelles Recht charakterisiert. Die Freilassung *directo* geschah mittels *verba directa* (oder *sollemnia*), also formelhaft gebrauchter Worte:[8] Nur *ihr* Gebrauch löste die Rechtsfolge aus. Die möglichen Formulierungen werden denn auch in § 7 vorgegeben, während sich der Text für die Formulierung des Fideikommisses mit der Angabe von Beispielen begnügt (*ut puta* ...).[9] Die *verba obli-*

5 Diese Auffassung vertritt Kaser, RP 1, S. 294 f., c u. d. Vgl. die Turiner Institutionenglosse fol. 1, 5: (v. *directam*): *Directa, id est quasi sine controversia ab ipso testatore data, ne eum filius suum libertum facere velit, id est ut ipse eum manumittat. Quod quidem facere potest per consilium, aut alterius tutoris auctoritate.* Die Gegenüberstellung der Freilassung *directo* und *per fideicommissum* hat auch Paulus 1 *fideicomm.* D. 40,4,56: Nach einem Reskript Marc Aurels kann der Sklave entscheiden, ob er unmittelbar mit dem Erbschaftsantritt frei werden oder vom Erben freigelassen werden will. Er kann damit wählen, ob er *libertus orcinus* werden will (§ 8) oder ob der Erbe sein Patron werden soll.

6 Vgl. Gaius 2,268 u. 283; Behrends, Prinzipat, S. 64, Fn. 35.

7 Behrends, Prinzipat, S. 64.

8 Die bloße im Testament erfolgende Bezugnahme auf eine vermeintlich früher erfolgte Freilassung (Plinius *ep.* 4,10: *Modesto, quem liberum esse iussi*; vgl. Spruit, Plinius, S. 17; Tellegen, Succession, S. 71) reicht nicht aus, obgleich der Wille eindeutig ist, weil nicht die richtige Formulierung verwendet wird.
Vgl. *sollemniter* (förmlich) in Tit. 20,1, und als Ausdruck für die direkten, befehlenden Erbeinsetzungsformen bei Gaius 2,117.

9 Die Emendation des *iste cum* zu *Stichum* ist berechtigt, weil letztwillige Freilassungen die namentliche Angabe der Freizulassenden forderten (vgl. Tit. 1,25); Röder, Versuche, S. 26. Vgl. Tit. 24,12: *istico* für *Stichum.* Im übrigen liest auch der *Codex Veronensis* einmal *istichum* und einmal *isticum* für *Stichum*; vgl. Studemund, Apographum, S. 105, Z. 12 und Z. 23 (Gaius 2,199 u. 201).

qua waren nämlich auslegungsfähig, während zumindest im älteren Recht eine Interpretation der *verba directa* nicht in Betracht kam.

Den für das augusteische Sonderrecht des *fideicommissum* konstitutiven Gegensatz zwischen dem *ius strictum* und dem auf der *fides* beruhenden Recht[10] spiegelt im Regelwerk auch Tit. 25,1 wider: *fideicommissum … non civilibus verbis … nec ex* ***rigore iuris***. Die Fideikommisse beruhen also nicht auf der Strenge des *ius civile*, dem nur die Legate angehören.[11] Es kam für den *liber singularis* offenbar auf die Unterscheidung zwischen den verschiedenen Rechtsgrundlagen an. Noch in der Konstitution C. 7,3, mit der Justinian im Jahre 528 die *lex Fufia Caninia* aufhob, tritt der Gegensatz *servorum libertates in testamento relictas tam directas quam fideicommissas ad exemplum inter vivos* auf, obgleich der Unterschied zwischen Legat und Fideikommiß zu dieser Zeit längst der Vergangenheit angehört.[12]

Rechtsfolge der Freilassung *directo* ist, daß der Betroffene Freigelassener des Verstorbenen wird. Das bildliche *orcinus* trägt dieser Logik Rechnung und bezeichnet den Betroffenen als gleichsam von einem der Unterwelt Angehörigen freigelassen.[13] Der Freigelassene konnte also den Verstorbenen als seinen »Patron« betrachten und hatte den Vorteil, keinen Patronatspflichten zu unterliegen.[14]

§ 10. *Per fideicommissum libertas dari potest tam proprio servo testatoris quam heredis aut legatarii vel cuiuslibet extranei servo.*

Durch Fideikommiß kann sowohl einem eigenen Sklaven des Testators als auch einem des Erben oder eines Vermächtnisnehmers, oder sogar dem Sklaven eines beliebigen Dritten die Freiheit gegeben werden.

Der Grundsatz ist auch durch den Spätklassiker Licinnius Rufinus überliefert.[15] Das *vel* ist hier steigernd verwendet (wie in Tit. 7,4 beim Quasi-Deditizier). Ent-

10 Behrends, Prinzipat, S. 64.

11 Weiss, Institutionen, S. 571. Dies ist noch deutlicher als Inst. 2,23,1: *nullo vinculo*.

12 Inst. 2,20,3; vgl. – in dieser Form offenbar unklassisch – »Ulpian 67 *ad ed.*« D. 30,1: *per omnia exaequata sunt legata fideicommissis.*

13 Röder, Versuche, S. 26 f. Vgl. Labeo 2 *post. a Iav. ep.* D. 33,8,22 pr; Julian 2 *ad Urs. Fer.* D. 28,5,8 pr; African 9 *quaest.* D. 40,5,49; Ulpian 38 *ad Sab.* D. 26,4,3,3; Ulpian 19 *ad Sab.* D. 33,4,1,10; Ulpian 60 *ad ed.* D. 40,5,4,12; Ulpian 5 *fideicomm.* D. 40,5,30,12; Ulpian 4 *ad Sab.* D. 40,7,2 pr; Marcian 5 *reg.* D. 40,8,5; C. 1,18,8; C. 7,2,10; C. 7,6,1,7; Inst. 2,24,2, erläutert von Theophilus mit χαρωνιανὸς. Vgl. ThLL 9,2 s. v. *orcinus* (Sp. 931). Dabei ist *orcinus* teils auf *Orcus*, den Herrscher der Unterwelt, zurückgeführt worden (so Savigny, Ulpian 1811, Bl. 25 v), teils darauf, daß sich der Patron im Reich der Toten (*orcus*) befindet; vgl. Litewski, Rzymskie prawo prywatne, S. 119; Steinwenter, RE, 25. Hb. (1926), s. v. Libertini, Sp. 105. In den Glossarien heißt er auch *Charonianus* oder *familiae libertus*; vgl. Ulpiani fragm. ed. Pace (1583), S. 72, Rn. a; Cramer, Scholia, S. 33. Zum *libertus orcinus* vgl. Cujaz, Obs. 3,23.

14 Champlin, Final Judgments, S. 139; Cramer, Scholia, S. 33.

15 Licinnius Rufinus 5 *reg.* D. 40,5,16: *Libertates* (sic!) *etiam per fideicommissum dari possunt et quidem largius quam directo: nam non tantum propriis, sed et alienis servis per fideicommissum*

sprechend drückt sich Gaius 2,264 aus, der den Grundsatz aber im Fideikommißrecht darstellt.

§ 11. *Alieno servo per fideicommissum*[a] *data libertate si dominus eum iusto pretio*[b] *non vendat, extinguitur libertas, quoniam nec pretii computatio pro libertate*[c] *fieri potest.*

a) Ms. Vat.: *fideicommisso*
b) Ms. Vat.: *praetio*
c) Ms. Vat.: *libertatem*

Wenn einem fremden Sklaven durch Fideicommiß die Freiheit gegeben ist, sein Eigentümer ihn aber nicht für einen gerechten Preis verkauft, so erlischt die Freiheitsaussicht, weil die Berechnung eines Preises für die Freiheit nicht möglich ist.

Beim Verschaffungsvermächtnis, das *per damnationem* möglich ist (Tit. 24,8), haftet der Erbe nur auf den Sachwert,[16] wenn der Dritte die vermachte Sache nicht oder nur für einen übermäßigen Preis hergeben will. Sofern es sich um eine *res extra commercium* oder einen *homo liber* handelt, trifft den Erben keine Verpflichtung (Tit. 24,9; Inst. 2,20,4). Dieser Grundsatz wird hier für das Verschaffungsfideikommiß formuliert, dessen Gegenstand die Freiheit eines Sklaven ist.[17] Die Rechtsfolge ist nicht das »Erlöschen« der Freiheit, denn diese ist ja noch nicht erteilt. Die knappe Formulierung »*extinguitur libertas*« bedeutet vielmehr, daß die fideikommissarische Bindung des Erben an die Pflicht zum Kauf und zur anschließenden Freilassung entfällt, und damit die Ersatzpflicht. Die hier geschilderte Rechtslage ist eine ältere, formalere, wohingegen nach späterem Recht das Fideikommiß nur bis zu einem günstigeren Entschluß des Eigentümers suspendiert ist.[18]

libertas dari potest. Der Zusammenhang dieser Stelle mit der unserem Text zugrundeliegenden Tradition zeigt sich zunächst an der Ausdrucksweise *libertates*, die die Anwendung des Spezialitätsprinzips auf die jeweils höchstpersönliche Freiheit verrät (s. bei Tit. 1,25). Außerdem gibt die Stelle den in §§ 7-9 des Regelwerks auftretenden Gegensatz *directo/per fideicommissum* wieder. Über Licinnius Rufinus neuerdings Millar, JRS 89 (1999), S. 90-108. Dieser Verfasser von *regularum libri XII* (oder *XIII*), läßt die Übernahme älteren Stoffes erkennen, wenn er in D. 24,1,41 nicht einmal die Formulierung *imperator Antoninus* (gemeint ist Pius, vgl. Fitting, Alter, S. 120 f.) der Entwicklung – inzwischen herrscht Caracalla – anpaßt.

16 Er konnte den Bedachten mit dem Schätzwert abfinden; Honsell/Mayer-Maly/Selb, Röm. Recht, S. 487; vgl. Labeo 2 *post. a Iav. ep.* D. 32,30,6; Pomponius 4 *epist.* D. 35,2,61; Ulpian 51 *ad ed.* D. 30,71,3.

17 Daß das Verschaffungsfideikommiß zulässig ist, ergibt sich aus Tit. 25,5.

18 Vgl. noch Inst. 2,24,2. Für die neuere Rechtslage vgl. die Konstitution Alexanders C. 7,4,6.

Gaius 2,265 enthält den gleichen Grundsatz, nennt aber das Merkmal *iusto pretio* nicht.[19] Dieses ist indessen durch die Logik gefordert: Daß der *dominus* den Sklaven überhaupt nicht verkaufen will, wird nur selten praktisch werden, etwa bei enger persönlicher Beziehung. Im übrigen hat jeder Sklave seinen Preis, und sei er sehr hoch. Die Einschränkung *iusto pretio* bedeutet, daß das Fideikommiß den Erben nicht zwingt, einen Phantasiepreis zu bezahlen. Diese notwendige Einschränkung ist bei Gaius verlorengegangen.

Die Besonderheit, daß nicht irgendeinem Begünstigten eine Sache verschafft werden soll, sondern einem Sklaven – eines Dritten, nicht des Belasteten – seine Freiheit, führt zu dem Problem, daß dieser bei mangelnder Veräußerungsbereitschaft seines *dominus* nicht entschädigt werden kann. Die Begründung (*quoniam …*) bezieht sich auf die Unmöglichkeit, den Wert der nicht verschafften Freiheit zu bemessen.[20] Weil der Gegenstand des Fideikommisses ohnehin nur eine Verurteilung des Erben in Geld denkbar sein läßt, setzte ein Fortbestehen der Verpflichtung voraus, daß der Schaden in Geld zu bewerten ist. Während nun eine Bemessung des Wertes des Sklaven für den *dominus* in aller Regel möglich ist,[21] kommt es hier auf die Bemessung des Wertes der Freiheit für den Sklaven an. Die Freiheit ist jedoch eine inkommensurable Größe.[22]

§ 12. *Libertas sicut dari, ita et adimi tam*[a] *testamento quam codicillis*[b] *testamento confirmatis potest; ut tamen eodem modo adimatur, quo et data est.*

a) so Til, Hg[5], Kr, Sch; Ms. Vat.: *adimitatem*
b) Ms. Vat.: *codicellis*

So wie sie gegeben werden kann, so kann die Freiheit auch durch Testament oder testamentarisch bestätigtes Kodizill entzogen werden; nur muß sie auf die gleiche Weise entzogen werden, in der sie gegeben wurde.

19 Das *iusto pretio* wurde daher im älteren Schrifttum für interpoliert gehalten; Nachweise bei Schulz, Epitome, S. 27. Vgl. aber Paulus 3 *fid.* D. 40,5,31,4, wo der Prätor das *iustum pretium* bestimmt.

20 Ein weiterer Grund für die Rechtsfolge, den der Text nicht nennt, ist die Unfähigkeit des Sklaven, Ersatz zu verlangen. Eine Ersatzleistung würde also dem Eigentümer zufallen, der doch gar nicht der Begünstigte ist. Bei dieser Folge wäre regelmäßig zu erwarten, daß der *dominus* den Verkauf verweigerte, so daß praktisch jedes *fideicommissum libertatis* zugunsten eines fremden Sklaven wirtschaftlich betrachtet ein *fideicommissum pretii* an den Eigentümer wäre; vgl. Savigny, Ulpian 1811, Bl. 26 r u. v.

21 Zu den Marktpreisen vgl. im einzelnen De Martino, Wirtschaftsgeschichte, S. 306 f.

22 Der Text bezieht sich auf die Unmöglichkeit, den Wert der Freiheit zu schätzen; vgl. Schulting, Jurisprudentia, S. 572, Anm. 16: *libertas inaestimabilis res est.* Demgegenüber verstehen Spruit/Bongenaar *pro* als »anstatt«, und geben den Sinn dahingehend wieder, daß eine Berechnung in Geld nicht an die Stelle der Freiheit treten könne. Ungenau stellt Ankum auf die Unmöglichkeit der Zahlung des Preises ab; SZ 110 (1993), S. 691.

Wie es bei Legaten allgemein möglich ist (Tit. 24,29), kann auch die Erteilung der Freiheit noch während der Testamentserrichtung oder nachträglich durch testamentarisch bestätigtes Kodizill zurückgenommen werden.[23] Wie Paulus 4 *ad Sab.* D. 40,4,10,1 mitteilt, wird der *favor libertatis* insoweit eingeschränkt (*placeat hodie etiam libertatem adimi posse*), nachdem die Rücknahme einer einmal angeordneten Freilassung im älteren Recht offenbar nicht möglich gewesen war. Ebenso wie der Paulustext setzt auch Marcian 7 *inst.* D. 40,5,50 die Möglichkeit des Widerrufs voraus. Entsprechend äußert sich der unter Pius schreibende Terentius Clemens 18 *ad leg. Iul. et Pap.* D. 40,6,1. In diesen Fällen geht es um die schlüssige Aufhebung einer Verfügung noch während der Errichtung des Testaments. Bei Paulus genügt es, wenn der Wille klar erkennbar ist (*si quidem evidens voluntas sit testatoris*).

Die Zurücknahme muß aber in der gleichen Form wie die Gewährung erfolgen.[24] Dabei läßt der Text offen, ob es sich bei dem Satz *ut tamen eodem modo adimatur* (bzw. in der die Legate betreffenden Stelle Tit. 24,29: *dum tamen*) um eine Erläuterung (»jedenfalls«) oder eine Einschränkung (»dennoch«) handelt, ob man also zwischen Testament und Kodizill die Wahl hat oder auch in dieser Hinsicht die korrespondierende Form beachten muß. Zu vermuten ist, daß die äußere Form von der Situation abhing: Der Widerruf während der Errichtung des Testaments geschah noch in dessen Rahmen, der spätere Widerruf erfolgte in einem Kodizill. Dafür spricht, daß diese Ergänzung ja gerade Aufgabe der Nachtragstestamente ist, weil ein »richtiges« neues Testament das alte ja beseitigte. Dies wird auch bestätigt durch Inst. 2,21,1 (*sive ... sive*). Auch wenn *tamen* offenbar eine Einschränkung vornimmt, findet diese also nicht innerhalb der beiden äußeren Formen statt. Das Korrespondenzgebot bezieht sich auf die Wortwahl. Mit *eodem modo* ist die mit der positiven Wortwahl der Gewährung korrespondierende negative Formulierung gemeint. Bei Tit. 24,29 legt *dum tamen* (»während aber«) dies nahe. Die genannten Stellen Paulus 4 *ad Sab.* D. 40,4,10,1, Terentius Clemens 18 *ad leg. Iul. et Pap.* D. 40,6,1 und Marcian 7 *inst.* D. 40,5,50 lassen das entsprechende Verständnis erkennen, sofern jedenfalls auch die Rücknahme im Wege des Legats erfolgt. Bei Paulus *lb. sg. de iure codicillorum* D. 34,4,16 wird dem Widerruf des Legats sogar das einfache Ausstreichen (*inducere*) gleichgestellt, und zwar ohne jeden Hinweis darauf, daß das etwa umstritten sei. Diese Möglichkeit sieht der *liber singularis* noch nicht vor. Er gibt einen älteren Entwicklungsstand des Rechts wieder.

23 Zu den testamentarisch bestätigten Kodizillen vgl. Inst. 2,25 pr. Sie mußten offenbar im voraus durch das eigentliche Testament für gültig erklärt worden sein. An dieser Gültigerklärung fehlt es wahrscheinlich bei Plinius *ep.* 2,16; dazu Bürge, Privatrecht, S. 81 u. 83.

24 Der Grundsatz der »formalen Korrespondenz«, wonach sich die Begründung und die Aufhebung rechtlicher Wirkungen in den Formmitteln entsprechen sollen, geht im Kern möglicherweise auf Q. Mucius zurück; vgl. Pomponius 4 *Q. Muc.* D. 46,3,80: *Prout quidque contractum est, ita et solvi debet*; dazu Knütel, Contrarius Consensus, S. 10 ff.; Schmidlin, Rechtsregeln, S. 74 ff.

b.) Ergebnisse

Die §§ 7 bis 12 behandeln, wie die Tit. 1,5 bis 2,6, Bestimmungen aus dem Recht der Freilassung. Diese wird hier allerdings nur als Weg zur Erlangung eines »Status« erörtert, während die *Rechtsstellung* der Sklaven im Rahmen des Personenrechts nicht behandelt wird. Die Einordnung der Sklaven in das Personenrecht geht auf den Eingang naturrechtlicher Vorstellungen in die klassische Rechtswissenschaft zurück. Kaiserliches Ausnahmerecht bewirkte, daß dem Sklaven als Person in bescheidenem Umfang Rechte zuerkannt wurden und er *extra ordinem* sogar klagebefugt war.[25] Gaius zog daraus systematische Konsequenzen.[26] Bei ihm folgt auf die Unterscheidung *sui iuris – alieno iuri subiectae* die Darstellung der Rechtslage der Sklaven (Gaius 1,48). In Tit. 1 und 2 des Regelwerks ist das noch nicht der Fall. Auch die spätere Darstellung der gewaltunterworfenen Personen (Tit. 9 *manus*; Tit. 5; 7,4; 8 u. 10 *potestas* und *mancipium*) geht nicht auf die Rechtsstellung des Sklaven an sich ein. Der Modernisierungsschub, der die Sklaven bei Gaius Eingang ins Personenrecht finden ließ, fehlt hier noch. Unser Text repräsentiert also ein älteres System.

25 S. oben S. 99 und 136.

26 Behrends, Person, S. 41, Fn. 23.

5.) Erwerb des römischen Bürgerrechts durch Latiner

a.) Tit. III ›De latinis‹
Über die Latiner

Der Abschnitt handelt sowohl von den *Latini Iuniani* als auch von den Latinern kraft Bürgerrechts in einem Munizipium latinischen Rechts.[1] Erfaßt sind also zunächst ehemalige Sklaven, die ohne Beachtung der zivilrechtlichen Voraussetzungen freigelassen worden waren: Nachdem diese im älteren Recht vom Prätor in ihrer nur faktischen Freiheit geschützt worden waren, hatte die *lex Iunia* für sie einen gesetzlichen Status nach dem Vorbild des alten *ius Latii* geschaffen.[2] Gleichzeitig bezieht sich der Text auf die Bürger latinischer Kolonien (*Latini coloniarii*) sowie andere Latiner, deren Status auf der Zugehörigkeit zu einer Provinzialgemeinde mit Latinerrecht beruht. Nur zwei unter den acht in § 1 genannten Tatbeständen sind auf den *Latinus Iunianus* beschränkt. Es handelt sich um diejenigen, die an *iteratio* und *militia* anknüpfen (§§ 3 und 4).

§ 1. *Latini ius*[a] *Quiritium consequuntur his modis: beneficio principali, liberis, iteratione, militia, nave, aedificio, pistrino*[b]*; praeterea*[c] *et senatus consulto mulier, quae sit ter enixa*[d].

a) Ms. Vat.: *Latinius*
b) so Til, Hg[5], Kr, Sch; Ms. Vat.: *pristino*
c) Ms. Vat.: *preterea*
d) so Sch; Ms. Vat.: *consulto vulgo quaesit te re nexa*; Til, Cuj (Par. 1658, Sp. 305), Goth, Sg: *consulto, veluti quae*; Hg[5]: *senatusconsulto vulgo quaesitum ter enixa*; La: *vulgo quaesitum enixa*; Bö: *vulgo quaesitos tres enixa*; Mui: *senatusconsulto ingenua quae*; Schi (An. crit. 2, 58): *virgo, quae sit ter enixa.*

Latiner erlangen das Quiritische Recht auf diese Arten: durch kaiserliche Vergünstigung, durch Kinder, durch ›nochmalige Freilassung‹, durch Milizdienst, durch Schiffsbetrieb, durch Hausbau, durch Betrieb einer Bäckerei, darüber hinaus aufgrund eines Senatsbeschlusses eine Frau, die dreimal entbunden hat.

Die Aufzählung nennt die Tatbestände, durch die ein Latiner das *ius Quiritium* erlangen konnte.[3] Fünf davon werden in den folgenden §§ 2-6 abgehandelt. Es ist

1 Vgl. De Martino, Storia della Cost. Rom. 4, S. 795 f. Während des ersten Jahrhunderts des Prinzipats war die Latinität zum überwiegenden Status in der Bevölkerung eines großen Teils der westlichen Provinzen geworden. Vgl. Sherwin-White, ANRW I,2, S. 42.

2 Sherwin-White, Citizenship, S. 329. S. oben S. 180 und 185 f.

3 Die Aufzählung dürfte, auch unter Berücksichtigung der Formulierung des Nachsatzes *praeterea …*, abschließend gemeint sein. Demgegenüber drückt sich Gaius 1,28 am Beginn der Einzeldarstellungen pauschaler aus (»*multis modis*«). Gaius trägt damit möglicherweise

aber davon auszugehen, daß jedenfalls die Tatbestände *aedificio* und *pistrino* im tradierten Grundbestand des Stoffes sowie im *liber singularis* noch in eigenen Sätzen ausgeführt waren, denn darauf deutet die entsprechende Darstellung bei Gaius 1,28 ff. hin.[4] Diese Tatbestände entfielen offenbar bei der Herstellung des Auszugs.

Der an den Beginn gestellte Tatbestand *beneficio principalis* dürfte in den Grundbestand des Stoffes während seiner Überlieferung in der Schule eingefügt worden sein. Er fehlt nämlich bei Gaius, wo die mit dem Tatbestand *liberis* einsetzende Reihe mit *statim* (= »gleich an erster Stelle«[5]) beginnt (Gaius 1,29). Die kaiserliche Vergünstigung steht hier am Anfang der Aufzählung, weil sie einen besonderen Rang hat und systematisch eine Ausnahme bildet.[6] Es handelt sich nämlich um einen bloßen Gnadenakt, für den keine spezifischen Bedingungen bestehen.[7] Besondere Bedeutung hat er seit Augustus für die Bürgerrechtsverleihung an Veteranen.[8]

Die Aufzählung endet mit der Mitteilung, daß aufgrund eines Senatsbeschlusses eine Frau, nämlich eine Latinerin, die dreimal entbunden hat, das Bürgerrecht erhält.[9] Bei dem überlieferten *vulgo* handelt es sich um eine Korruptel.[10] Zwar würde eine Emendation des *quae sit* zu *quaesitum* als Sinn des *vulgo* ergeben, daß für die Erlangung des Bürgerrechts das Gebären dreier außerehelich (!) empfangener Kinder erforderlich wäre (vgl. Tit. 5,7: *vulgo concepti*).[11] Daß der Senatsbeschluß aber ausgerechnet dafür das Bürgerrecht in Aussicht gestellt haben sollte, ist nicht anzunehmen.[12]

einer zwischenzeitlichen Erweiterung der Tatbestände Rechnung. Vgl. auch Ep. Gai 1,1,4: »*certis rebus*«.

4 Ihre Erörterung ist daher am Orte ihrer mutmaßlichen früheren Stellung als »§§ 7-8« angefügt.

5 David/Nelson, Gaius. Philol. Komm. 2,1, S. 41.

6 Vgl. Herz, Studien, S. 94; Turnèbe, lib. VII, cap. XXI, S. 234.

7 Dies wird deutlich aus Plinius *ep.* 10,104 u. 10,105.

8 Im Unterschied zu der allgemeinen Regelung, die latinischen *vigiles* das Bürgerrecht generell nach sechs bzw. drei Jahren gab (s. unten § 5), behielt die Verleihung an Soldaten den Charakter der Einzelverfügung; Behrends, Militärdiplome, S. 130 f.

9 *ter enixa* ist ein Kunstausdruck (*enitor; e-nexum*!), was aus Paulus 2 *ad leg. Iul. et Pap.* D. 50,16,137 folgt (Hugo, CM 4, S. 394). Wahrscheinlich stammte er nach der Inskription dieses Fragments aus den kommentierten Gesetzen selbst oder aus einem sich daran anschließenden Senatsbeschluß; Heimbach, LR 1 (1843), 103. Vgl. Paul. Sent. 4,9,3.

10 Denkbar wäre zwar, daß *vulgo* ein Zusatz zur Kennzeichnung des Sprachgebrauchs ist, so daß etwa »gewöhnlich« die dreifache Mutter das Bürgerrecht erlangt. Dagegen spricht aber, daß damit die Rechtsfolgenanordnung eines Senatsbeschlusses zu unbestimmt angegeben wäre.

11 Beläßt man es mit Hugo bei *vulgo quaesitum ter enixa*, so ist einzuwenden, daß ein uneheliches Kind nicht dreimal geboren werden kann; vgl. Heimbach, LR 1 (1843), S. 103. Diesen Widerspruch vermeiden die Lesarten Böckings und Lachmanns (App. d), wobei nach der Lesart des letzteren sogar ein uneheliches Kind genügen soll.

Die Zweifel an *vulgo* haben zu verschiedenen Emendationsvorschlägen geführt.[13] Unter diesen überzeugt allein die Verbesserung zu *mulier. Mulier ter enixa* war eine feststehende Kategorie, die schon in den augusteischen Ehegesetzen auftrat.[14] Daß der im Text genannte Senatsbeschluß diese Formulierung aufgreift, überzeugt besonders wegen seiner Nähe zum bevölkerungspolitischen Zweck der augusteischen Ehegesetze: Er belohnt die Frau für die Geburt von Kindern, wie es die augusteischen Gesetze mit der Befreiung von der Frauentutel taten. Nach Schulz soll die Konjektur *mulier ter enixa* allerdings deswegen keinen eigenen Tatbestand bezeichnen können, weil das Bürgerrecht in diesem Fall schon *liberis* erworben werde.[15] Dagegen ist einzuwenden, daß hier gegenüber § 3 noch zusätzliche Konstellationen erfaßt sind. So kann die Frau den Tatbestand *liberis* zwar erfüllen, wenn sie mit einem Latiner verheiratet ist (§ 3); ist der Mann dagegen römischer Bürger oder Peregrine, kommt stattdessen der hier behandelte Tatbestand in Betracht.[16] Letzteres gilt auch, wenn die Kinder vor Vollendung des ersten Lebensjahres starben, und wenn sie außerehelich empfangen waren.

Der Tatbestand setzt nur drei Geburten voraus, ohne daß eine bestimmte Lebensdauer der Kinder verlangt wird. Dies legt das Erfordernis einer Registrierung der Geburten nahe. Zwar führte erst Marc Aurel ein Geburtenverzeichnis ein, in dem die Kinder römischer Bürger regelmäßig innerhalb der ersten dreißig Lebenstage eingetragen wurden.[17] Schon Augustus hatte aber ein Geburtenregister für römische Bürger eingerichtet,[18] wenn dies auch zunächst nur für legitime Kinder

12 Röder, Versuche, S. 29. Dies wird auch Schilling, der zu *virgo* emendiert, entgegenzuhalten sein; vgl. Heimbach, LR 1 (1843), S. 103. Wenn Mommsen diesen Emendationsvorschlag als »Beitrag zur Charakteristik des naiven Canonicus« (Schilling war Domherr in Merseburg) verspottet (Brief an Otto Jahn vom 31.12.1852 bei Wickert Nr. 115, S. 134), wird er Schilling allerdings nicht gerecht, denn dieser belegte sein Verständnis von der *virgo* als »unverheirateter Frau« mit mehreren Quellen; An. crit. 2, S. 58 f. Im übrigen tritt diese Bedeutung auch in Tit. 11,20 auf.

13 Tilius, Cujaz, Gothofredus und Schulting emendierten zu *veluti.* Cujaz wies auf einen in CTh 9,24,4 genannten zusätzlichen Fall hin; aber der stammt erst von Konstantin (320 n. Chr.). Savigny (Ulpian 1811, Bl. 31 v; VS 5, S. 94) meint, hier sei nur eine beispielhafte Nennung gegeben. Es ist aber sehr unwahrscheinlich, daß eine Regelung eines Senatsbeschlusses nur beispielhaft genannt wäre.

14 Vgl. Paulus 2 *ad leg. Iul. et Pap.* D. 50,16,137.

15 Schulz, Epitome, S. 28.

16 Vgl. Gaius 1,67; Gardner, Labeo 42 (1996), S. 89.

17 SHA *Marcus* 9,8; vgl. Weber, CAH XI, S. 373; Doer, Namengebung, S. 11 ff.; Hüttl, Pius 1, S. 92.

18 Das war infolge der Ehe- und Freilassungsgesetze des Augustus notwendig geworden. Seit der Mitte des 1. Jhdts. ist bezeugt, daß speziell für die Stadt Rom die Pflicht zur Deklarierung von Geburts- und Sterbefällen bestand, die dann in die *acta urbis* eingetragen wurden, ein offizielles Bulletin der Stadt Rom mit statistischen Angaben; Gizewski, DNP 1 (1996) s. v. Acta, Sp. 90 f. Während die bedeutenderen Familien eine regelrechte Geburtsannonce aufgaben, wurde sonst nur die Gesamtzahl der Geburten registriert.

bestand.[19] Verbreitet war daneben die Dokumentation durch privatschriftliche Urkunden.[20]

Eine dem Schlußsatz *praeterea ... enixa* entsprechende Mitteilung fehlt bei Gaius. Dies läßt vermuten, daß der Tatbestand im tradierten Grundbestand beider Schriften nicht enthalten war und erst im Rahmen einer Bearbeitung des Textes im späteren prokulianischen Schulbetrieb hinzugefügt wurde.

§ 2. *Beneficio principali Latinus civitatem Romanam accipit, si ab imperatore ius Quiritium impetraverit.*

Durch kaiserliche Vergünstigung erhält ein Latiner das römische Bürgerrecht, wenn er vom Kaiser das Quiritische Recht erwirkt.

Bei der Verleihung des Bürgerrechts durch den Kaiser handelte es sich, wie noch für Hadrian und Antoninus Pius überliefert ist, um eine ausnahmsweise Auszeichnung, bei der auf die persönlichen Fähigkeiten und Leistungen sowie die soziale Position geachtet wurde.[21] Die Rechte des Patrons wurden dabei gewahrt.[22]

Die Erteilung des Bürgerrechts an einen Latiner wird gewöhnlich als Verleihung des Quiritischen Rechts bezeichnet, während bei den Peregrinen dafür *civitas Romana* gesetzt zu werden pflegt.[23] Die Erwerbung des römischen Bürgerrechts durch den Latiner fand nämlich in anderer Weise und früher in das Rechtssystem Eingang als die Bürgerrechtsverleihung an den Peregrinen.[24] *Quiris* ist ein speziellerer Ausdruck als das mehrdeutige *civis* und deutet speziell auf Rom hin. Insofern steht er dem latinischen Recht gegenüber.

19 Gardner, BICS 33 (1986), S. 4; dies., PCA 84 (1987), S. 15.

20 Vgl. Apuleius *Apol.* 89: *Pater eius natam sibi filiam more ceterorum professus est. tabulae eius partim tabulario publico partim domo adservantur.* Zur Sache ferner Rawson, Adult-Child Relationships, S. 15; Gardner, Labeo 42 (1996), S. 91. Vgl. ausführlich zu Registern und privaten Aufzeichnungen Schulz, JRS 32 (1942), S. 78 und JRS 33 (1943), S. 55. Vgl. die Geburtsregisterabschrift von 148 bei Meyer, Papyri, Nr. 4.

21 Klein, Romrede des Aelius Aristides, S. 89, Anm. 67.

22 Wenn sich der Patron mit der Bürgerrechtsverleihung nicht einverstanden erklärt hat, wird er aufgrund des Edikts Trajans entschädigt (Inst. 3,7,4). Plinius erwähnt diesen Gesichtspunkt in den Briefen 10,5 und 10,6, um zu erklären, daß durch das *beneficium principis* kein Unrecht geschehe; Schulting, Jurisprudentia, S. 574, Anm. 9. Bei Nichtwissen des Patrons beerbt dieser den Begünstigten wie einen Junianischen Latiner (Gaius 3,72). Vgl. Baron, Geschichte, S. 45.

23 Neben dem Sprachgebrauch in Tit. 3 vgl. noch Gaius 3,72. Bei Plinius *ep.* 10,5 sollen a) ein nach Peregrinenrecht von einer Peregrinen Freigelassener die *civitas Romana* erlangen, b) zwei Freigelassene einer Römerin das *ius Quiritium* bekommen – letztere dürften *Latini Iuniani* sein. Entsprechend offenbar die Differenzierung zwischen Nichtbürgern unklarer Stellung (Peregrinen?) und *Latini Iuniani* bei Plinius *ep.* 10,11. Vgl. auch Sueton *Claudius* 19 (Anordnung der Verleihung des *ius Quiritium* an Latiner). Für die Terminologie vgl. auch Gaius 1,32c-1,35.

24 Mommsen, Staatsrecht 3, S. 7, Fn. 2.

§ 3. *Liberis ius Quiritium consequitur Latinus, qui minor triginta annorum manumissionis tempore fuit: nam lege Iunia*[a] *cautum est, ut, si civem*[b] *Romanam vel Latinam uxorem duxerit, testatione interposita, quod liberorum quaerendorum causa uxorem duxerit*[c]*, postea filio filiave nato*[d] *natave et anniculo*[e] *facto, possit apud praetorem vel praesidem provinciae*[f] *causam*[g] *probare et fieri civis Romanus*[h]*, tam ipse quam filius filiave eius et uxor; scilicet si et ipsa Latina sit; nam si uxor civis*[i] *Romana sit, partus quoque civis Romanus est ex senatus consulto*[j]*, quod auctore divo Hadriano*[k] *factum est.*

a) Sav (1811, Bl. 29 r; VS 5, 94 f.): *Iulia*
b) Ms. Vat.: *cive*
c) so Til, Hg5, Sch; Ms. Vat.: *duxit*
d) Ms. Vat.: *natu*
e) Ms. Vat.: *anecullo*
f) Ms. Vat.: *provintiae*
g) Ms. Vat.: *causa*
h) so Sch; Ms. Vat., Til, Cuj, Hg5: *civem Romanum*
i) Ms. Vat.: *cives*
j) Ms. Vat.: *consultu*
k) so Sch; Ms. Vat.: *divi atriani*; Til, Hg5: *Divo Adriano*; Rö: *auctoritate*

Durch Kinder erlangt ein Latiner das Quiritische Recht, der zur Zeit der Freilassung jünger als dreißig Jahre war. Denn durch die *lex Iunia* ist bestimmt worden, daß, wenn er eine römische Bürgerin oder eine Latinerin geheiratet und Zeugnis dafür erbracht hat, daß er sie, um Kinder zu bekommen, zur Frau genommen habe, und wenn dann ein Sohn oder eine Tochter geboren und einjährig geworden ist, er vor einem Prätor oder Provinzstatthalter den Sachverhalt beweisen und römischer Bürger werden könne, sowohl er, als auch sein Sohn oder seine Tochter und seine Frau, falls diese nämlich selbst eine Latinerin ist. Denn wenn die Ehefrau römische Bürgerin ist, so ist auch ihr Kind nach dem Senatsbeschluß, der auf Veranlassung des vergöttlichten Hadrian ergangen ist, römischer Bürger.

Im Unterschied zu Tit. 1,12 berücksichtigt dieser Text von vornherein die Bestimmung der *lex Iunia*, daß die Freilassung eines noch nicht Dreißigjährigen zum Erwerb der Latinität führt. Wenn ein *Latinus Iunianus* mit einer Latinerin oder römischen Bürgerin[25] eine zivile Ehe schließt,[26] und vor Zeugen erklärt, dies zum

25 Auf die Verbindung eines römischen Bürgers mit einer Latinerin fand die Vorschrift keine Anwendung (Gaius 1,67); vgl. Gardner, Labeo 42 (1996), S. 89.

26 Das Vorliegen des *conubium* wird vorausgesetzt; Tit. 5,4 a. E. steht nicht entgegen. Dafür spricht zunächst die Terminologie (*uxorem duxerit*). Auch kennzeichnet die Heirat *liberorum quaerendorum causa* von alters her die zivile Ehe; Stocquart, YLJ 16 (1916/17), S. 309. Vgl. für die Literatur Gellius *Noct. Att.* 4,3,2: in der hohen Republik verlangte der Censor

Zweck der Erzeugung von Nachkommenschaft zu tun, dann kann er, sobald er ein einjähriges Kind (*anniculus*) hat,[27] den Sachverhalt beweisen (*anniculi causae probatio*) und vom Magistrat das Bürgerrecht erlangen.[28] Ist die Frau Latinerin, erhalten auch sie und das Kind das Bürgerrecht. Ist sie römische Bürgerin, bekommt jedenfalls das Kind aufgrund des Hadrianischen Senatsbeschlusses das Bürgerrecht. Gaius 1,30 f. schildert den gleichen Tatbestand. Daß er nur den *filius ... anniculus* nennt, bedeutet nicht, daß das Kind männlich sein mußte. Im Unterschied zu unserem Text, dessen Präzision der wortlautverhafteten Auslegung der spezifisch klassischen Jurisprudenz Rechnung trägt, konnte Gaius bei seiner Überarbeitung des Stoffes davon ausgehen, daß unter *filius ... anniculus* Kinder beiderlei Geschlechts verstanden wurden.

Der Tatbestand beruht, soweit er den Stand des *Latinus Iunianus* voraussetzt, auf der *lex Iunia*, soweit er die besonderen Anforderungen an die Eheschließung stellt, auf der *lex Aelia Sentia*. Das Ineinandergreifen der Regelungen beider Gesetze hat bewirkt, daß die Eheschließungsform vor sieben Zeugen, welche Gaius 1,29 auf die *lex Aelia Sentia* zurückführt, während unser Text demgegenüber die *lex Iunia* nennt, von Gaius 1,80 mit beiden Gesetzen in Verbindung gebracht wird: *per legem Aeliam Sentiam et Iuniam*. Daß das Regelwerk den Tatbestand hier

einen dahingehenden Eid vom Ehemann; ferner Festus s. v. quaeso (Lindsay, S. 312): *liberum ... quaesendum gratia*; Plautus *Aul.* 148-150: *liberis procreandis ... volo te uxorem domum ducere*; Valerius Maximus 7,7,4: *creandorum liberorum causa*; Callistrat 2 *quaest.* D. 50,16,220: *liberorum procreandorum animo et voto*; Quintilian *declam.* 247: *liberorum creandorum gratia*. Hinweise auf diese formelhafte Angabe der Zweckbestimmung des Eheschlusses in Urkunden bei Wenger, Quellen, S. 810 sowie Wolff, Aegyptus 17 (1937), S. 471.

27 Zum *anniculus* vgl. Paul 3 *ad leg Iul. et Pap.* D. 50,16,132 u. Paul 2 *ad leg. Iul. et Pap.* D. 50,16,134. Das bevölkerungspolitische Ziel der Vorschrift verlangte das Überstehen der im ersten Jahr besonders hohen Kindersterblichkeit. Jacques/Scheid, Rom 1, S. 322 meinen, 4,5 % hätten das Kleinkindalter nicht überlebt. Die Kindersterblichkeit lag jedenfalls auch in Senatorenkreisen erschreckend hoch. Von den dreizehn Kindern Marc Aurels und Faustinas erreichten drei das Heiratsalter. Fronto verlor hintereinander fünf Kinder. Das tatsächliche Ausmaß der Kindersterblichkeit ist nicht sicher festzustellen; Kajanto, Average Duration, S. 5 ff. Dazu trägt bei, daß in den Inschriften die Altersangaben oft ungenau, da aufgerundet sind; Clauss, Chiron 3 (1973), S. 396. Ferner sind Kinder in den Grabinschriften in regional unterschiedlichem Maße berücksichtigt (Saller/Shaw, JRS 74 [1984], S. 130; Herrmann-Otto, Ex ancilla natus, S. 235, 246 ff.), insgesamt aber deutlich unterrepräsentiert (Kajanto, S. 6; Clauss, S. 402; Rawson, Adult-Child Relationships, S. 16). Hombert und Préaux, Latomus 5 (1946), S. 94 folgerten daraus, daß die Überlebenschance allein auf Grundlage der Inschriften zu hoch eingeschätzt werde.

28 Dies wird vor allem der Verbesserung der erbrechtlichen Stellung der Familie gedient haben. Dokumentiert ist die *anniculi probatio* des L. Venidius Ennychus, Tab. Herc. 5 und 89; vgl. Arangio-Ruiz, RIDA 1 (1948), S. 18 f.

auf die *lex Iunia* zurückführt, wird damit zusammenhängen, daß die *lex Iunia* als das mutmaßlich jüngere Gesetz offenbar an die Regelungen der *lex Aelia Sentia* anknüpfte und so erst zur Bildung des Tatbestandes *liberis* führte.[29]

§ 4. *Iteratione fit civis Romanus, qui post Latinitatem, quam acceperat maior triginta annorum, iterum iuste manumissus est ab eo, cuius ex iure*[a] *Quiritium servus fuit. sed huic concessum est ex*[b] *senatus consulto*[c], *etiam liberis*[d] *ius Quiritium consequi.*

a) Ms. Vat.: *ius*
b) Ms. Vat.: *est u*[ein Zeichen entfernt, dann *t* eingesetzt] *exsenatus*; Hg[5]: (*ut*) *ex*
c) Ms. Vat.: *consultu*
d) Ms. Vat.: *liberi*

Durch nochmalige Freilassung wird römischer Bürger, wer nach Erlangung der Latinität, die er im Alter von über dreißig Jahren erhalten hatte, noch einmal förmlich freigelassen worden ist von demjenigen, dessen Sklave er nach Quiritischem Recht gewesen war. Diesem aber ist durch einen Senatsbeschluß gestattet worden, auch aufgrund von Kindern das Quiritische Recht zu erhalten.

Wer als über Dreißigjähriger infolge formloser Freilassung *Latinus* (*Iunianus*) geworden war, konnte später durch erneute, aber nunmehr förmliche Freilassung

29 Die *lex Iunia* stammt wohl aus dem Jahre 19 n. Chr. Das chronologische Verhältnis zwischen den beiden Gesetzen ist umstritten (vgl. Sherwin-White, Citizenship, S. 332-334). Die *lex Aelia Sentia* ist aber wahrscheinlich das ältere Gesetz; vgl. oben S. 181, Fn. 30. Das jüngere Schrifttum schreibt die *anniculi causae probatio* überwiegend mit Gaius 1,29, 31, 66 u. 80 der *lex Aelia Sentia* zu; vgl. Gardner, Labeo 42 (1996), S. 89. Dagegen spricht aber, daß die *anniculi causae probatio*, wenn die *lex Aelia Sentia* tatsächlich älter als die *lex Iunia* ist, nicht schon an die Latinereigenschaft anknüpfen (»*et Latini facti*«, Gaius 1,29) und den Beteiligten ein »*uxores ducere*« ermöglichen konnte. Die Stellen, die das Recht der *lex Aelia Sentia* wiedergeben, umschreiben dagegen das Ergebnis der formlosen Freilassung mit anderen Formulierungen, wie insbesondere bei konservativ übernommenen Texten deutlich wird, etwa beim Gnom. Id. 20; vgl. Uxkull-Gyllenband, Gnomon, S. 37 f. Gelegentlich wird angenommen, es habe einen »*Latinus ex lege Aelia Sentia*« (so Tit. 7,4 und öfter bei Gaius, z.B. 1,29 u. 1,66 ff.) bzw. *Latinus Aelianus* gegeben; De Martino, Wirtschaftsgeschichte, S. 306; Mette-Dittmann, Ehegesetze, S. 190; Burchardi, Geschichte, S. 63, Anm. 10; vgl. auch Wiliński, SZ 80 (1963), S. 378-392. Die Quellen tragen die Annahme, daß der Latiner seinen Status der *lex Aelia Sentia* verdanke, aber nicht: in diesen Stellen *heiratet* der Latinus nach den Bestimmungen der *lex Aelia Sentia*!

römischer Bürger werden.[30] In der Hauptsache ist daran zu denken, daß er zunächst *inter amicos* und später nochmals durch Stabverleihung (*vindicta*) freigelassen wird.[31] Im Hinblick auf denjenigen, der mit über dreißig Jahren freigelassen wurde, ist auch der Schlußsatz sinnvoll, denn der *minor triginta annorum manumissus* hätte ja schon aufgrund des in § 3 genannten Tatbestandes die Möglichkeit, das Quiritische Recht aufgrund eines Kindes zu erwerben.[32] Wenn man schließlich davon ausgeht, daß der Senatsbeschluß hier der gleiche wie der in Gaius 1,31 genannte ist, dann spricht auch die dortige Nennung der *maiores triginta annorum* dafür, daß diese in unserem Text gemeint sein müssen.[33]

Die *iteratio* ermöglicht, wie Tacitus *ann.* 13,27 mitteilt, eine stufenweise Aufhebung der Unfreiheit. Das schuf Spielräume, falls man seinen Entschluß bereute (*ut relinqueretur paenitentiae*) oder eine weitere Wohltat erweisen wollte. Tacitus meint, daß derjenige, den der Patron nicht *vindicta* freigelassen habe, sozusagen in den Fesseln der Sklaverei bleibe. Der prätorische Schutz hinderte den Eigentümer zwar daran, die Freilassung zu widerufen; er konnte es aber bei der »tatsächlichen« Freiheit (bzw. später der Latinität) belassen. Zur stufenweisen Freilassung kam es manchmal auch, wenn eine Freilassung *vindicta* zunächst nicht möglich war: Nicht immer stand der dafür benötigte Magistrat zur Verfügung.[34]

30 »*post Latinitatem quam acceperat maior triginta annorum, iterum iuste manumissus est*«- vor *maior* ist kein Komma zu lesen; anders Schulz, Epitome, S. 28. Das abweichende Verständnis entspräche zwar Gaius 1,35, der die *iteratio* wahrscheinlich *auch* für den in jüngerem Alter zum Latinerrecht Freigelassenen nannte, dessen Text aber schwer gestört ist.

31 Tacitus *ann.* 13,27; Plinius *ep.* 7,16; Fr. Dos. 14 (aber fehlerbehaftet).

32 Der am Schluß genannte Senatsbeschluß ermöglicht auch den im Alter von über 30 Jahren Freigelassenen den Erwerb des Bürgerrechts *liberis* (Ablativ), nachdem die *lex Aelia Sentia* diesen Personen nicht die Möglichkeit gegeben hatte, durch *anniculi causae probatio* das Bürgerrecht zu erlangen. Abzulehnen ist die Annahme, der Senatsbeschluß gewähre ihnen »auch für ihre Kinder« (*liberis* als Dativ) die Möglichkeit, das *ius Quiritium* zu erlangen (so die Grünberger Übersetzung S. 10). Mit dem *senatusconsultum* ist wahrscheinlich der bei Gaius 1,31 genannte Senatsbeschluß aus der Konsulatszeit von *Pegasus* und *Pusio* zu identifizieren. Vgl. Gardner, Labeo 42 (1996), S. 92. Er stammt aus der Zeit Vespasians; Kaser, RP 1, S. 762.

33 Vangerow, Latini, S. 19 u. 161 f. nimmt an, daß der Text die jünger als mit dreißig Jahren Freigelassenen nicht von der *iteratio* habe ausschließen wollen, sondern lediglich darum nur die *maiores* genannt habe, weil die *iteratio* bei diesen ohne Ausnahme möglich sei. Zur Begründung beruft er sich auf Fr. Dos. 14, aus dem er ersieht, daß das Alter der ersten Freilassung gleichgültig sei. Eck/Heinrichs S. 199 geben die Mehrdeutigkeit auch in ihrer Übersetzung wieder.

Auf den *minor triginta annorum testamento* Freigelassenen (Tit. 1,12) ist die *iteratio* deshalb nicht anwendbar, weil nur der Freilasser, nicht aber der Erbe sie hätte vornehmen können. So erklärt sich die Bitte bei Plinius *ep.* 10,105; vgl. Trekell, Select. Ant. Cap. 3, § 52, S. 73. Von der testamentarischen Freilassung ist hier gar nicht die Rede.

34 Vgl. Plinius *ep.* 7,16,3-4 u. 7,32,1, wo die vorübergehende Anwesenheit des Magistrats in *Novum Comum* (Como) zur *iteratio* genutzt wird.

§ 5. *Militia ius Quiritium accipit*[a] *Latinus,* ⟨*si*⟩[b] *inter vigiles*[c] *Romae sex annis militaverit, ex lege Visellia*[d]. *postea*[e] *ex senatus consulto*[f] *concessum est ei, ut, si triennio inter vigiles*[g] *militaverit, ius Quiritium consequatur.*

a) so Kr, Sch; Ms. Vat., Rö[35]: *accepit*
b) fehlt im Ms. Vat.
c) Ms. Vat.: *vigilis*
d) so Cuj (Par. 1658, Sp. 306); Ms. Vat., Til, Cuj (Par. 1586), Hg[5]: *visillia*
e) so Fa, Sav (1811, 31; VS 5, 95), Kr, Sch; Ms. Vat.: *preterea*; Til, Hg[5]: *praeterea*
f) Ms. Vat.: *consultu*
g) Ms. Vat.: *vigilis*

Aufgrund Milizdienstes erhält ein Latiner das Quiritische Recht, wenn er sechs Jahre lang bei den *vigiles* in Rom gedient hat, nach der *lex Visellia.* Später ist ihm durch einen Senatsbeschluß zugestanden worden, daß er, wenn er drei Jahre lang bei den *vigiles* gedient hat, das Quiritische Recht erhält.

Die im Jahre 23 v. Chr. unter Augustus aufgestellten *vigiles* rekrutierten sich zunächst ausschließlich aus Freigelassenen. Um den Dienst bei der Feuerwache, der eigentlich als Sklavenarbeit galt,[36] für *Latini Iuniani* attraktiv zu machen, stellte die *lex Visellia* diesen den Erwerb des Bürgerrechts nach sechsjähriger Dienstzeit in Aussicht.[37] Bemerkenswert ist die Wortwahl *militia ... militaverit,* denn die *vigiles* galten, obwohl sie bewaffnet waren,[38] zunächst nicht als militärische Einheit.[39] Die Zuordnung zu den *milites* erfolgte erst später; Ulpian bezeichnet sie ausdrücklich als unzweifelhaft.[40] Gleichwohl ist die Verwendung des Ausdrucks *militare* offenbar deutlich älter, wie sich aus der entsprechenden Verwendung bei Gaius 1,32 b ergibt.[41]

35 Röder meint, in §§ 5 und 6 müsse an *accepit* festgehalten werden, weil es um einen älteren Rechtszustand geht als das, was mit *praeterea* folgt; Versuche, S. 31. Mit Rücksicht auf die Arbeitsweise des Redaktors ist dies abzulehnen. Der Text bringt zutreffend zum Ausdruck, daß die *lex Visellia* nicht etwa aufgehoben wurde. Die Verbesserung zu *accipit* ist hier ebenso geboten wie in § 6, wo unzweifelhaft geltendes Recht behandelt wird.

36 Vgl. Baillie Reynolds, Vigiles, S. 23.

37 Das Gesetz erging unter Tiberius, wahrscheinlich im Jahre 24 n. Chr.; Heumann/Seckel s. v. Visellia; Sablayrolles, Libertinus miles, S. 38, Fn. 90. Kritisch zu diesem Zeitansatz Mommsen, JS 3, S. 27 ff.; Watson, Slave Law, S. 31: 23. n. Chr. Vgl. ferner Atkinson, IJ 1 (1966), S. 364.

38 Sie erfüllten zugleich Polizeiaufgaben, da die Brände nicht selten infolge von Brandstiftung entstanden, etwa durch Freigelassene (Dio 50,10,3-6) oder durch Schuldner (Dio 55,8,6 f.).

39 Der Name *vigiles* wird von Cassius Dio (52,24,6; 55,26,5 u.a.) ausdrücklich in der Bedeutung »Nachtwächter« (νυκτοφύλαξ) wiedergegeben; vgl. Kolb, Rom, S. 557.

40 Ulpian 45 *ad ed.* D. 37,13,1: *item vigiles milites sunt et iure militari eos testari posse nulla dubitatio est.*

41 Darauf deutet auch hin, daß die Bezüge der *vigiles* aus dem *aerarium militare* bestritten wurden (Dio 55,31).

Ein späterer[42] Senatsbeschluß reduzierte die für den Erwerb des Quiritischen Rechts geforderte Dienstzeit auf drei Jahre.[43] Gaius 1,32 b berichtet über den Senatsbeschluß mit auffallender Unsicherheit (*postea dicitur factum esse senatusconsultum*). Die distanzierte Wiedergabe wird ihre Ursache darin haben, daß Gaius ein Provinzialjurist war, dem die Möglichkeit zur genauen Information fehlte.[44] Sie könnte zusätzlich durch die fehlende Benennung des Senatsbeschlusses begünstigt worden sein. Der mutmaßlich stadtrömische *liber singularis* gibt die Mitteilung ohne die kritische Distanz wieder, was ein Indiz dafür ist, daß der Kenntnisstand seines Redaktors zuverlässiger war.[45]

Ebenso wie unser Text gibt Gaius die Vorschrift der *lex Visellia* im Präsens wieder (*fiunt*), obgleich sie tatsächlich nicht mehr angewandt wurde.[46] Auch hier liegt ein Hinweis darauf, daß der Lehrstoff innerhalb der Entwicklung, die schließlich zu den Gaius-Institutionen und zum *liber singularis* führte, konservativ tradiert wurde. Daß der Text die Bestimmung der *lex Visellia* überhaupt noch nennt, obgleich der jüngere Senatsbeschluß Abweichendes anordnete, zeigt die Rücksichtnahme auf die Verschiedenheit der zugrundeliegenden Rechtquellen. Die Derogationsregeln, hier bezogen auf die Konkurrenz zwischen Gesetz und Senatsbeschluß, erlauben dabei die Ermittlung des geltenden Rechts: Die Bestimmung der *lex Visellia* über die Sechsjahresfrist wird durch die Fristregelung des Senatsbeschlusses außer Kraft gesetzt (*derogatur*; vgl. *princ.* § 3).

§ 6. *Nave*[a] *Latinus civitatem Romanam accipit*[b]*, si non minorem quam decem milium*[c] *modiorum navem fabricaverit, et Romam*[d] *sex annis frumentum portaverit, ex edicto divi Claudii*[e].

a) Ms. Vat.: *navi*
b) Ms. Vat.: *civitate romana accepit*
c) so Kr, Sch; Hg[5], Sav [1811, 31, VS 5, 95]: *millium*; Ms. Vat.: *minore quam decim milia*; Til: *milia*

42 Fabers Emendation zu *postea* ist aus logischen Gründen notwendig, denn es handelt sich nicht um die Nennung zweier inhaltlich unabhängiger Bestimmungen, sondern einer älteren und einer diese ablösenden jüngeren Regelung über die Dienstzeit; vgl. Savigny, VS 5, S. 95. Im übrigen ist die Verbesserung angesichts der Gaiusparallele gerechtfertigt.

43 Sablayrolles, Libertinus miles, S. 50 u. 318.

44 Behrends, SZ 88 (1971), S. 299; ders., Militärdiplome, S. 130, Fn. 45.

45 Daß es sich jedenfalls um geltendes Recht handelte, zeigt CIL VI, 220 aus dem Jahre 203 n. Chr. Die Tafel berichtet vom Erwerb des Bürgerrechts durch 16 Männer, die den Dienst Ende 199 und Anfang 200 angetreten hatten. Nur noch fünf davon sind Freigelassene, weil inzwischen auch Freigeborene bei den *vigiles* dienten. Vgl. ferner CIL IV, 3001 und Lieb, in: Eck/Wolff, Heer, S. 337 f.

46 Zutreffend stellt Baillie Reynolds, Vigiles, S. 67 diesen Befund auch für unsere Stelle fest (*accipit*). Zwar liegt dem eine wegen der häufigen Verwechslung von *e* und *i* höchst unsichere Emendation zugrunde. Gleichwohl ist Baillie Reynolds' Beobachtung offensichtlich zutreffend (s. oben S. 229, Fn. 35).

d) Ms. Vat.: *roma*
e) Ms. Vat.: *claudi*

Durch Schiffsbetrieb erwirbt ein Latiner das römische Bürgerrecht, wenn er ein nicht weniger als 10.000 *modii* fassendes Schiff gebaut und damit sechs Jahre lang Getreide nach Rom befördert hat, aufgrund eines Edikts des vergöttlichten Claudius.

Der Text bezieht sich auf ein Edikt des Claudius aus dem Jahre 54 n. Chr.[47] Angesichts einer Phase der Unfruchtbarkeit[48] sowie der Vernachlässigung der italischen Landwirtschaft[49] schuf der Kaiser das hier behandelte Privileg zugunsten von Reedern, die ein Großschiff[50] in den Dienst der staatlichen Getreideversorgung stellten.[51]

Die Förderung der Getreideschiffahrt war (ebenso wie die des Bäckereibetriebs) auch noch gegen Ende der Antoninenepoche von großer Bedeutung. Im Jahre 161/62 vernichteten Überschwemmungen des Tiber die in den Speichern gelagerten Vorräte. 189/90 kam es zu einer Hungerrevolte.[52] Unter Commodus wurde eine neue Flotte für die Getreideversorgung eingerichtet.[53]

⟨§ 7. *aedificio*⟩

Nach Maßgabe der Aufzählung der Tatbestände in § 1 ist an dieser Stelle, vermutlich bei der Herstellung des nachklassischen Auszugs, die Darstellung der Regel entfallen, die den Bau eines Hauses mit dem Erwerb des römischen Bürgerrechts belohnte. Gaius 1,33 teilt mit, daß ein Latiner, der über ein Vermögen von wenigstens 200.000 Sesterzen verfügte, unter Aufwendung von mindestens der Hälfte seines Vermögens in Rom ein Haus errichtet haben mußte.[54] Die Bestimmung könnte auf Nero zurückgehen, der (offenbar nach dem großen Brand Roms) den Wiederaufbau der Stadt mit Belohnungen förderte.[55] Auch für Vespasian ist die Gewährung von Privilegien zur Förderung der Bautätigkeit belegt.[56]

47 Gaius 1,32 c stellt denselben Tatbestand dar. Zur Sache Sueton *Claudius* 18,2 u. 19.
48 So Sueton *Claudius* 18,2 (*sterilitas*).
49 Trekell, Select. Ant. Cap. 3, § 58, S. 79.
50 Bei 10.000 *modii* handelt es sich um für diese Zeit vergleichsweise große Schiffe. Ein *modius*, die größte Hohlmaßeinheit für Trockenes, entspricht etwa 8,7 l.
51 Daß der Begünstigte das Schiff selbst geführt hatte, war offenbar nicht erforderlich; das wäre sonst wohl ausdrücklich erwähnt; Sirks, Food, S. 62.
52 Dio 73,13; Herodian 1,12,3 ff.; Kolb, Rom, S. 517.
53 Stahl, in: Clauss, Kaiser, S. 164.
54 Vgl. Watson, Slave Law, S. 32. Es darf davon ausgegangen werden, daß sich das *beneficium* nur auf die Errichtung eines Wohnhauses bezog; so zutreffend Beltrani, Istituzioni, S. 16.
55 Tacitus *ann.* 15, 43, der den näheren Inhalt der *praemia* aber nicht angibt. An der Parallelstelle Gaius 1,33 ist der Text des *Cod. Veronensis* gestört; vgl. das Apographum bei Studemund, S. 8, Z. 16 f. Huschke, Iurisprudentiae[3] schlug vor: *d⟨ivi⟩ Neronis ed⟨icto⟩ c⟨on⟩tine-*

Bei Ulpian 7 *ad legem Iul. et Pap.* D. 50,16,139 knüpfen die Erläuterungen des *aedificia Romae fieri* und des *perfecisse aedificium* nach der Inskription an die *lex Iulia et Papia* an.[57] Diese allerdings konnte noch nicht den Erwerb des Bürgerrechts durch den *Latinus Iunianus* behandeln, weil die *lex Papia* noch vor der *lex Iunia* im Jahre 9 n. Chr. ergangen war.[58] Wahrscheinlich ist die Erklärung darin zu sehen, daß die Bautätigkeit nicht nur dem Latiner das Bürgerrecht verschaffte (so hier Tit. 3,1 und Gaius 1,33), sondern auch in anderen Zusammenhängen die Voraussetzungen für Belohnungen erfüllen konnte. So ist ja auch aufgrund der Getreideschiffahrt nicht nur für den Nichtbürger das Bürgerrecht, sondern auch für den Bürger die *vacatio legis Papiae Poppaeae* und für Frauen das *ius quattuor liberorum* zu erlangen.[59] Ulpian bezieht sich also offenbar auf einen Ausnahmetatbestand von den Beschränkungen der *lex Papia.*

⟨§ 8. *pistrino*⟩

Der Betrieb von Mahl- und Backanstalten ist spätestens seit dem 2. Jahrhundert durch kaiserliche Vergünstigungen gefördert worden. Nachdem die Großbäckereien in die Gewährleistung der *annonae* schon in der Republik eingebunden waren, ist die Verknüpfung mit dem Bürgerrechtserwerb offenbar erstmals für Trajan überliefert.[60] Er könnte also der Urheber der hier behandelten Bestimmung gewesen sein.[61] Die Möglichkeit des Bürgerrechtserwerbs bestand für den *pistor*,[62] also den Unternehmer, der eigenverantwortlich den Betrieb leitete (*exerce-*

t⟨ur⟩. Der Text wird nach Krüger/Studemund heute mit *a Nerone constitutum est* rekonstruiert (vgl. bereits Huschke[5] sowie die Ausgaben David und Baviera).

56 Sueton *Vespasian* 8 a. E.: *privilegio cuicumque concessis.*

57 Möglicherweise unter dem Eindruck der Überlieferung des in Tit. 3,1 und Gaius 1,33 genannten Privilegs erwog Lenel, Pal. 2, S. 945, in Ulpians 7. Buch *ad legem Iuliam et Papiam* einen Abschnitt »*De Latinis Iunianis*« anzunehmen.

58 Cujaz, in Tit. XVI de verb. sig. (1758), Sp. 479 meinte, D. 50,16,139 beziehe sich auf die hier behandelte Erwerbsart *aedificio.* Krit. Schulting, Jurisprudentia, S. 574, Fn. 6 zu Tit. 3,1. Mommsen/Krüger stellen immerhin einen Zusammenhang zu Gaius 1,33 her; ed. minor, Fn. 2.

59 Sueton *Claudius* 18,19; vgl. Sirks, Qui annonae, S. 143.

60 Es bestanden unzureichende Backkapazitäten. Vgl. Aurelius Victor *de Caes.* 13,5: *Annonae perpetuae mire consultum, reperto. firmatoque pistorum collegio.* Mit *firmato … pistorum collegio* dürfte die Verleihung des vollen Bürgerrechts gemeint sein; vgl. Herz, Studien, S. 110.

61 Vgl. Trekell, Select. Ant. Cap. 3, § 60, S. 82.

62 Vgl. das aus frühaugusteischer Zeit stammende Grabmal des Eurysaces an der Porta Maggiore. Die Inschrift teilt mit, daß dies das Monument des Marcus Vergilius Eurysaces, Bäckereibetreiber und Großunternehmer (*redemptor*) sei: MARCEI VERGILEI EVRYSACIS PISTORIS REDEMPTORIS (CIL VI, 1958). Der Mann war, wie sein Cognomen vermuten läßt, Freigelassener. Er lieferte seine Produkte an den Staat zur Versorgung der Bevölkerung.

re pistrinum[63]). Das *pistrinum* war ein Großbetrieb, der Mühle und Bäckerei umfaßte.[64] Aus Gaius 1,34 ergibt sich, daß der Betrieb einer Mühle in Rom mit einer Mindesttagesleistung von 100 *modii* über einen Zeitraum von drei Jahren erforderlich war.

b.) Ergebnisse

Die Tatbestände, die dem Latiner zum Erwerb des Quiritischen Rechts verhalfen, entstanden zwischen dem Beginn des Prinzipats und dem Anfang des 2. Jahrhunderts. Der Text nennt sie in der zeitlichen Reihenfolge ihres Entstehens: *beneficium* (Anfang des Prinzipats), *anniculi probatio* (*lex Iunia*, wohl 19 n. Chr.), *iteratio* (frühe Kaiserzeit), *vigiles* (24 n. Chr.), *nave* (54 n. Chr.), *aedificio* (Neros Zeit), *pistrino* (spätestens 2. Jhdt.).

Aus dem Vergleich zwischen diesem Abschnitt und den entsprechenden Texten aus den Institutionen des Gaius ergeben sich Hinweise auf die unterschiedlichen örtlichen Entstehungsbedingungen beider Werke. Den in § 5 genannten späteren Senatsbeschluß gibt Gaius unsicher wieder, weil er in der Provinz keine genauen Informationen hatte. Außerdem nennt Gaius 1,96 gegenüber unserem Titel weitere Tatbestände, die dem Latiner das Bürgerrecht verschufen, wenn er nämlich ein Amt in seiner latinischen Gemeinde versah.[65] Gaius zeigt hier ein Interesse an Tatbeständen, deren Voraussetzungen in der Kaiserzeit nur noch in den Provinzen vorliegen konnten. Dies bestätigt den provinzialen Entstehungszusammenhang seiner Institutionen gegenüber dem wahrscheinlich stadtrömischen *liber singularis regularum*.

63 Vgl. Ulpian Fr. Vat. 233 (*per semet ipsos … exerceant*). Zwar verwendet Paul. Sent. 3,6,64 *exercere pistrinum* gerade für die Arbeit des Sklaven. Cannegieter meinte darum, daß auch die Arbeit in dem Betrieb den Tatbestand habe erfüllen können. Die Ansicht ist aber abzulehnen, weil es sich dabei um sehr harte, niedrige Sklavenarbeit handelte. Vgl. Apuleius *Met.* 9,12; dazu Norden, Apuleius, S. 70.

64 Es handelt sich um Großbetriebe von der Art, wie sie in Resten etwa in Ostia erhalten sind. Die Verschiedenheit der dort anfallenden Arbeitsgänge geht aus den Reliefs am Eurysaces-Grabmal hervor; vgl. Rostovtzeff, Gesellschaft 1, S. 208.

65 Vgl. De Martino, Storia della Cost. Rom. 4, S. 796; Mommsen, StaatsR 3, S. 639 f. Einige ältere Tatbestände sind nicht mehr genannt. So hatten die im übrigen Italien ansässigen *Latini veteres* aufgrund *stirpem domi relinquere* (Livius 41,8,10) und *civem repetundarum damnari facere* das Bürgerrecht erlangen können, was jedoch mit der Verbreitung des römischen Bürgerrechts in ganz Italien gegenstandslos geworden war.

6.) Über die gewaltfreien Personen

Tit. IV ›De his qui sui iuris sunt‹
Über diejenigen, die gewaltfrei sind

§ 1. *Sui iuris sunt familiarum suarum principes*[a], *id est pater familiae, itemque mater familiae.*

a) Ms. Vat.: *principis*

Gewaltfrei sind jeweils die Vorstände ihrer Familien, das sind der *paterfamilias* und ebenso die *materfamilias.*

Unter den gewaltfreien Personen wird hier neben dem *paterfamilias* auch die *materfamilias* genannt. Der Ausdruck *materfamilias* bzw. *mater familiae* wird in den Quellen in mehreren Bedeutungen verwendet: Nach einem älteren juristischen Verständnis ist die *materfamilias* die *uxor in manu.*[1] Diese ältere Bedeutung steht mit unserem Text insofern im Widerspruch, als eine solche Frau gerade nicht *sui iuris* ist.[2] Ein jüngerer juristischer Sprachgebrauch[3] meint demgegenüber mit *materfamilias* die Frau, die gewaltfrei ist, wie es hier und in mehreren Digestenstellen zum Ausdruck kommt. Die jüngere Bedeutung könnte von dem Bezug auf die Familie abgekommen sein und eine vordergründige Parallele zum *paterfamilias* gezogen haben, der auch als Alleinstehender so genannt wird.

Die durch *itemque* hergestellte Einbeziehung der *mater familiae* in den Zusammenhang dürfte auf ein nachträgliches Anhängsel hindeuten. Ein Hinweis darauf, daß der im tradierten Grundbestand enthaltene Satz um die Nennung der *materfamilias* erweitert wurde, ergibt sich im Vergleich mit der entsprechenden Mitteilung bei Ulpian 1 *inst.* D. 1,6,4, die ähnlich aufgebaut wirkt: *patres familiarum sunt, qui sunt suae potestatis sive puberes sive impuberes: simili modo matres familiarum.* Mommsen hielt »*simili modo*« für interpoliert,[4] so daß die *mater familiae* in dieser Quelle ursprünglich nicht zu den Gewaltfreien gezählt worden wäre. Für die Vermutung könnte sprechen, daß Boethius die ältere Bedeutung der *mater-*

1 Vgl. Boethius *in Cic. Top.* 3,14 (Migne, Sp. 1071).

2 Diese Bedeutung tritt bei Cicero *Top.* 3,14 (vgl. Watson, Persons, S. 85) und Gellius *Noct. Att.* 18,6 auf. Bei Festus s. v. Materfamiliae (Lindsay S. 112) ist *materfamilias* im alten Recht die Frau eines *paterfamilias* (Muirhead, Law of Rome, S. 31, Fn. 27). Das Grundmodell der alten Ehe war die – ggf. durch *usus* ausgelöste – *manus*-Ehe; die freie Konsensehe ist dagegen erst klassisch. Boethius *in Cic. Top.* 3,4 (Migne, Sp. 1071) berichtet, daß *materfamilias* nur diejenige *uxor* sei, die durch *coemptio* in die *manus* kommt.

3 Ein nichttechnischer, gelegentlich aber auch juristischen Texten auftretender Sprachgebrauch verwendet *materfamilias* im Sinne einer *matrona* oder *honesta mulier.* Zu dieser Bedeutung, die hier außer Betracht bleiben muß, vgl. Wołodkiewicz, St. Sanfilippo 3, S. 748 ff.; Fiori, BIDR 35/36 (1993/94), S. 479-487.

4 Vgl. die ed. minor. Lenel, Pal. 2, Sp. 928 bezweifelt den ganzen Nachsatz.

familias nennt, und mitteilt, daß die erforderlichen Formeln, die auf die *materfamilias* Bezug nehmen, in Ulpians Institutionen wiedergegeben waren.[5] Es muß sich hier allerdings nicht um eine nachklassische Interpolation handeln. Wir gehen vielmehr davon aus, daß hier das Ergebnis einer innerhalb der klassischen Zeit vollzogenen Entwicklung vorliegt, das eine Anpassung an die gewandelte Begrifflichkeit erkennen läßt. Auch in unserer Stelle stammt der erste Satzteil wahrscheinlich aus dem Ursprungsstoff, während der Nachsatz im Verlauf der Überlieferung in der Schule hinzukam. Die etwas schwerfällige Hinzufügung – unter stilistischen Gesichtspunkten wäre *et* oder *pater materque familias* näherliegend gewesen[6] – dürfte sich dadurch erklären, daß der Grundbestand des Stoffes ja auch sonst regelmäßig (abgesehen von der hier jetzt notwendigen Setzung des Plurals) weitgehend konserviert wurde.

Dies setzt voraus, daß die Ergänzung berechtigt war, als der Text entstand. Carcaterra meinte zwar, die Ablösung des älteren durch das jüngere Verständnis von *materfamilias* gehe erst auf die byzantinische Epoche zurück.[7] Dagegen ist aber einzuwenden, daß der Text den Freiheitssinn widerspiegelt, den gerade das *klassische* Personenrecht aufweist. Wenn Gaius 1,190 meint, es gebe keinen einleuchtenden Grund dafür, die *femina perfectae aetatis* unter die Vormundschaft zu stellen, dann beruht dies auf dem klassischen, vielleicht bereits auf Servius zurückgehenden Gedanken, daß die Zivilisation dem Schutz der individuellen Freiheit dient: Als Person frei ist der Mensch, und zwar unabhängig vom Geschlecht.[8] Überzeugend hat Wołodkiewicz dargelegt, daß mindestens einige der Texte, nach denen die *materfamilias sui iuris* ist, authentisch sind.[9] Nach seinen Forschungen nahm *materfamilias* um die Mitte des 2. Jahrhunderts die jüngere Bedeutung an.[10] Das Verschwinden der älteren Bedeutung hängt möglicherweise mit der Entwicklung der *adrogatio* zusammen.[11] Die Adrogationsformel besagte, daß der Arrogierte

5 Boethius *in Cic. Top.* 3,4 (Migne, Sp. 1071).

6 Vgl. Gellius *Noct. Att.* 5,19,9.

7 Carcaterra, AG 123 (1940), S. 159 f. Schulz, Epitome, S. 29 hält unseren Text für »ganz sicher unklassisch«.

8 Wenn Ulpian 1 *inst.* D. 1,6,4 feststellt, daß *materfamilias* die Frau sei, die nicht mehr in der *potestas* des Vaters stehe, dann korrespondiert dies insofern mit der Lebenswirklichkeit, als ein Eintritt in die *manus* inzwischen zum seltenen Ausnahmefall geworden war.

9 Wołodkiewicz, St. Sanfilippo, S. 733 ff. (752): Die drei Bedeutungen (alt: *in manu*, neu: *sui iuris*, untechnisch: *honesta*) werden außer bei Wołodkiewicz auch bei Berger, Encyclopedic Dictionary, s. v. Mater familias, S. 578 unterschieden. Fiori, BIDR 35/36 (1993/94), S. 455 ff. unterscheidet die Bedeutungen in der Zwölftafelzeit, der Zeit vor Augustus und der Zeit nach Augustus. Fiori stellt jedenfalls für die Zeit seit Augustus die Voraussetzungen für eine neue Ausformung des *materfamilias*-Begriffs fest. Zur Sache ferner Kunkel, RE, 28. Hb. (1930), s. v. Mater familias, Sp. 2183 f.; Carcaterra, AG 123 (1940), S. 113-164; Giunti, Ric. Gallo 1, S. 301.

10 Vgl. nun auch Fiori, BIDR 35/36 (1993/94), S. 455 ff.

11 Wołodkiewicz, St. Sanfilippo 3, S. 753.

einer Person gleichgestellt wurde, die aus einer Ehe stammte, aufgrund der die Frau *materfamilias* genannt wurde.[12] *Materfamilias* war hier die gewaltunterworfene Ehefrau.[13] Noch Proculus orientierte sich an der alten Adrogationsformel.[14] Demgegenüber spricht bereits Gaius 1,99 vom *iustus filius*. Nachdem bis zu seiner Zeit die *conventio in manum* in der Praxis zurückgegangen war, konnte allein die Tatsache, daß sich die Mutter *materfamilias* nannte, für die Rechtsstellung der Söhne nicht mehr die frühere Bedeutung beibehalten haben. Gaius erwähnt den Ausdruck *materfamilias* denn auch gar nicht; er bezeichnet die *uxor in manu* mit dem Bild der *persona filiae loco*.[15]

Gerade in dieser Zeit beginnt das jüngere Verständnis aufzutreten.[16] So muß bei Julian 16 *dig.* D. 24,3,30,1 sowie 15 *dig.* D. 35,2,86 die *materfamilias* gewaltfrei sein, weil sie testieren kann. Wołodkiewicz hat gezeigt, daß in dieser Zeit die Testierbefugnis durch Hadrian auf jede gewaltfreie Frau (mit Einverständnis des Tutors) erweitert wurde (Gaius 1,115 a).[17] Er ersparte den Frauen damit die *coemptio testamenti faciendi causa*. Entsprechend tritt die Begrifflichkeit bei Ulpian 5 *opin.* D. 1,7,25 pr (*quae ut materfamilias quasi iure emancipata vixerat*) auf.[18]

Die sachliche Mitteilung des Textes, daß die gewaltfreie Ehefrau gleichrangig mit ihrem Mann *princeps familiae* ist, zeigt, daß ihm das klassische Rechtsdenken zugrundeliegt. Mit dieser Aussage des Regelwerks fällt Ulpians im Ediktkommentar (46 *ad ed.* D. 50,16,195,5) geäußerter Standpunkt zusammen: *mulier familiae suae et caput et finis est* – die Frau ist als Haupt (*caput*) ihrer Familie *princeps* neben ihrem Mann.[19]

12 Die Formel ist bei Gellius *Noct. Att.* 5,19,9 überliefert: »*Velitis, iubeatis, uti L. Valerius L. Titio tam* ***iure legeque filius siet, quam si ex eo patre matreque familias eius natus esset*** ...«.

13 Vgl. Wołodkiewicz, St. Sanfilippo 3, S. 740; Kaser, RP 1, S. 59.

14 Nach Proculus 8 *epist.* D. 1,7,44, der die Annahme an Enkels Statt behandelt, bewirkt die Annahme nach vollem Gesetzesrecht, daß der Angenommene so gestellt wird, als sei er als Abkömmling eines bestimmten Sohnes und dessen *materfamilias* geboren: *si sic adoptavit, ut etiam* ***iure legis*** *nepos suus esset,* ***quasi ex Lucio puta filio suo et ex matre familias eius natus esset.***

15 Wołodkiewicz, St. Sanfilippo 3, S. 754.

16 Wołodkiewicz, St. Sanfilippo 3, S. 755.

17 Wołodkiewicz, St. Sanfilippo 3, S. 745; ders., CPH 16 (1964), S. 119 f.

18 Die *libri opinionum* werden heute ganz überwiegend Ulpian abgesprochen; Honoré, Ulpian[1], S. 106 u. 120; Wieacker, Textstufen, S. 68 f.; Schulz, History, S. 182; Lenel, Pal. 2, Sp. 1001, Anm. 2; Liebs, TR 41 (1973), S. 308-310; die Authentizität verteidigt dagegen Santalucia, Libri opinionum, S. 196.

19 Im Unterschied zu diesem, den klassischen Gleichheitssatz gewährleistenden Eherecht erkennt Gaius 16 *ad ed. prov.* D. 50,16,196 nur den Vater als Familienoberhaupt an, wenn er ihn zu der von ihm beherrschten Familie rechnet: *Familiae appellatione et ipse princeps familiae continetur.* Diese Vorstellung, die den Mann einseitig bevorzugte, entstammt der Vorklassik.

§ 2. *Qui matre quidem ⟨certa⟩[a], patre autem incerto nati sunt, spurii[b] adpellantur.*

a) so Til, Hg[5], Kr, Gn, Sch; fehlt im Ms. Vat.
b) Ms. Vat.: *spuri*

Diejenigen, die von einer bestimmten Mutter, aber mit einem rechtlich unbestimmten Vater geboren sind, werden *spurii* genannt.

Der *spurius* ist das keiner gültigen Ehe entstammende Kind. Es ist *sui iuris* und gilt mit seinem Erzeuger weder agnatisch noch cognatisch als verwandt, weil einen *certus pater* im Rechtssinne nur die Ehe bestimmen könnte.[20] Die Mutter aber, zu der cognatische Verwandtschaft besteht, kann keine Familiengewalt ausüben.

20 Paulus 4 *ad ed.* D. 2,4,5. Wenn keine Ehe besteht, ist der Vater rechtlich *incertus*, gleichgültig, ob er als Erzeuger nach den Umständen tatsächlich feststeht; vgl. Tit. 5,7.

7.) Personen *in potestate* (1. Teil)

Tit. V ›De his qui in potestate sunt‹
Über diejenigen, die in väterlicher Gewalt sind

Der mit Tit. 5,1 beginnende Textabschnitt ist eigentlich den gewaltunterworfenen Kindern gewidmet. Nachdem aber in § 1 der Fall der *in iusto matrimonio nati* genannt worden ist, wird anschließend bis § 6 das Tatbestandsmerkmal *iustum matrimonium* erläutert, einschließlich der mit statusverschiedenen Ehen zusammenhängenden Fragen. In Tit. 5,7-10 sind dann Zusammenhänge zwischen der väterlichen Gewalt und dem Status dargestellt. Nach einer erneuten Unterbrechung durch den Abschnitt zum Dotalrecht (Tit. 6 u. Tit. 7,1-3) wird, ohne daß dies besonders gekennzeichnet ist, der Ausgangsstoff mit den Tit. 7,4 bis Tit. 8,8a fortgesetzt. Dort werden dem Grundfall des § 1 (im *iustum matrimonium* geborene Kinder) weitere Fälle an die Seite gestellt (*liberi, quorum causa probata est* sowie *adoptivi*).

§ 1. *In potestate sunt liberi parentum ex*[a] *iusto matrimonio nati.*

a) Ms. Vat.: *et*

In der väterlichen Gewalt sind die in der rechtmäßigen Ehe geborenen Kinder.

Der Text wirft die Frage auf, ob sich *parentum* auf die *potestas* oder auf das *iustum matrimonium* bezieht. Nun ergibt *matrimonio parentum* zwar einen zutreffenden Sinn.[1] Dennoch ist, wie sich aus dem Sprachgebrauch in Tit. 7,4; 8,1; 10,1 u. 5 ergibt, *potestate* mit *parentum* verknüpft.[2] *Parentes* sind hier die männlichen Aszendenten,[3] deren ältester der *paterfamilias* ist, und nicht etwa die Eltern, weil diese *als solche* nicht die Gewalt ausüben.

Es gibt immer jeweils nur einen *paterfamilias*, der die *potestas* ausübt, niemals mehrere. Darum bezieht sich der Plural auf den Inbegriff des in Betracht kommenden Personenkreises, der sich nicht auf den leiblichen *pater* beschränkt, sondern aus den männlichen Aszendenten zusammensetzt. So müssen z.B. bei Paulus 35 *ad ed.* D. 23,2,2 diejenigen konsentieren, *qui coeunt quorumque in potestate sunt*, also der jeweilige Gewaltinhaber, der nicht immer der Vater sein muß.[4] Gemeint ist die väterliche Gewalt als Institut aus der Sicht des Unterworfenen, unabhängig

1 Die Eltern müssen nämlich im *iustum matrimonium* verbunden sein, damit die Kinder *in potestate* sind. Gegen die Beziehung des *parentum* auf *matrimonio* spricht aber, daß die besondere Feststellung, die Kinder müßten aus dem *iustum matrimonium* »ihrer Eltern« stammen, entbehrlich ist.

2 Entsprechend auch bei Gaius 1,55 u. 57.

3 Vgl. entsprechend Tit. 5,6 u. 18,1.

4 Vgl. noch Ulpian 26 *ad Sab.* D. 1,6,8 pr (*parentibus, qui habent liberos in potestate*) und Astolfi, Libri tres, S. 111, der *parentes* in der Bedeutung der männlichen Aszendenten als den klassischen Sprachgebrauch bezeichnet.

davon, wer unter den mehreren in Betracht kommenden Aszendenten sie gerade ausübt.

Gaius 1,55 gibt denselben Grundsatz wieder. Er offenbart dabei sein Interesse am Provinzialrecht, wenn er die *patria potestas* als *ius proprium civium Romanorum* bezeichnet, zusätzlich aber mitteilt, daß es eine entsprechende Einrichtung bei den Galatern gebe.

§ 2. *Iustum*[a] *matrimonium est, si inter eos, qui nuptias contrahunt, conubium sit, et tam masculus pubes*[b] *quam femina potens*[c] *sit, et utrique consentiant, si sui iuris sunt*[d], *aut etiam parentes eorum, si in potestate sunt*[e].

a) Ms. Vat.: *Iusto*
b) Ms. Vat.: *tum a masculos pubis*
c) Tu: *foemina viripotens*
d) Hg[5]: *sint*
e) Hg[5]: *sint*

Eine rechtmäßige Ehe liegt vor, wenn zwischen denen, die die Ehe eingehen, das *conubium* besteht, und der männliche Teil mündig, der weibliche heiratsfähig ist, und wenn sie beide einverstanden sind, sofern sie gewaltfrei sind, andernfalls auch ihre Väter, sofern sie gewaltunterworfen sind.

Hier wird als *iustum matrimonium* nur die freie Konsensehe der Kaiserzeit dargestellt. Während Modestin 1 *reg.* D. 23,2,1 und Inst. 1,9,1 (nach Florentin oder Ulpian) das Gewicht mehr auf die Beschreibung des sozialen Phänomens der Ehe legen, schildert diese Stelle des Regelwerks die juristischen Voraussetzungen.[5] Dies sind in objektiver Hinsicht Ehefähigkeit und *conubium*, auf der subjektiven Seite der *consensus* über den rechtlichen Ordnungsbegriff Ehe.[6] Auffallend ist, daß der Text nicht einfach bei Mann und Frau die Mündigkeit fordert, sondern die Voraussetzungen hinsichtlich der Ehefähigkeit unterschiedlich formuliert.[7] Die Nennung der körperlichen Ehefähigkeit war gerade im Falle der Mädchen geboten, die nicht nur bereits mit 12 Jahren mündig wurden, sondern zudem häufig schon am Beginn ihres zweiten Lebensjahrzehnts in die Ehe traten.[8]

5 Volterra, Scritti 3, S. 250 f.

6 Weitere Formvoraussetzungen bestehen für die Ehe nach dem klassischen Verständnis nicht; Ulpian 36 *ad Sab.* D. 50,17,30; Ulpian 35 (F 36) *ad Sab.* 35,1,15. Das dem reinen Konsensprinzip widersprechende Erfordernis der *deductio in domum mariti* stammt aus der vorklassischen Tradition; Behrends, Index 19 (1991), S. 188. Nach dem *klassischen* Konzept konnte die *deductio* nur als äußeres Kennzeichen der Begründung der ehelichen Lebensgemeinschaft dienen; Schlei, Schenkungen, S. 38, Fn. 175.

7 Astolfi, Matrimonio, S. 82 belegt mit Tit. 5,2, daß beide Partner zur Erzeugung von Nachkommenschaft fähig sein müssen, ohne auf den Unterschied zwischen *pubes* und *potens* einzugehen.

8 Dixon, Roman Family, S. 63 u. 203 Anm. 14; Wiesehöfer, DNP 2 (1997), s. v. Bevölkerung, Bevölkerungsgeschichte, Sp. 603; Champlin, Final Judgments, S. 104 mit Nachweisen.

Die *parentes* mußten zustimmen, also nach Maßgabe der Ausdrucksweise in § 1 die beiden *patres familias*. Zweifel daran könnten sich deswegen ergeben, weil *parentes* in der *Laudatio Murdiae* für die Eltern steht: Murdia war »von ihren Eltern« verheiratet worden (*a parentibus dignis viris data*).[9] Eine mögliche Reduktion der Wortbedeutung auf die männlichen Träger der *potestas* (*pater, avus, proavus*) fand Rudorff sprachwidrig.[10] Daß der Ausdruck *parens* auch im *liber singularis* beide Elternteile umfassen kann, geht immerhin aus Tit. 5,8 hervor.[11] Entscheidend ist jedoch, daß die Zustimmung der Mutter, obgleich sie sittliche Bedeutung hatte,[12] nicht rechtlich erforderlich war.[13] Eine Grabinschrift wie die *Laudatio Murdiae* mag sich untechnisch ausdrücken; in unserem Rechtstext ist das dagegen im Zweifel nicht zu erwarten. Mit *etiam* (!) *parentes* deutet der Text an, daß auch in diesem Fall die Kinder einwilligen müssen. Der *paterfamilias* konnte die Tochter offenbar nicht gegen ihren Willen verheiraten.[14]

§ 3. *Conubium est uxoris iure ducendae facultas.*

Das *conubium* ist die Befugnis, nach dem Zivilrecht eine Ehefrau zu nehmen.

Das *conubium* ist die rechtliche Fähigkeit, das *iustum matrimonium* einzugehen. Der Ausdruck *facultas* zeigt, daß die technische Bedeutung gemeint ist.[15] Das *conubium* ist insoweit immer für die Ehe mit einem bestimmten Partner erforderlich. Wenn also nicht beide Ehepartner römische Bürger waren, dann mußte der Mann das *conubium* mit der Frau haben, damit ein *iustum matrimonium* vorlag und die Kinder das Bürgerrecht erhielten.[16] Dieses Erfordernis verlor durch die

9 Vollständiger überlieferter Text im CIL VI, 10230 sowie bei Rudorff, ZRG 9 (1870), S. 288; Auszug in FIRA 3, S. 218 f. Dazu Fluss, RE, 31. Hb. (1933) s. v. Murdia, Sp. 659 f.; Weiss, RE, 23. Hb. (1924) s. v. Laudatio Murdiae, Sp. 994 f. Mütter arrangierten häufig die Ehen ihrer Kinder, ohne daß es dafür allerdings eine Rechtsgrundlage gegeben hätte; vgl. Dixon, Roman Family, S. 36, 47 u. 50. Vgl. zur dritten Ehe der Tullia Cicero *ad fam.* 8,6; *ad Att.* 6,6,1; ferner zu Quintus Cicero *ad Att.* 13,42,1.

10 Rudorff, ZRG 9 (1870), S. 298, Fn. 19.

11 Ferner Fr. Vat. 321; Ulpian 8 *de off. proc.* D. 48,18,1,3 (*ambo parentes*); Ulpian 38 *ad Sab.* D. 27,10,4; Ulpian 4 *ad leg. Iul. et Pap.* D. 50,16,135.

12 Vgl. den entschiedenen Protest, den Aemilia Tertia nach dem Bericht bei Livius 38,57 angeblich erhob, nachdem ihr Ehemann P. Scipio Africanus eigenmächtig die Verlobung der gemeinsamen Tochter Cornelia arrangiert haben soll. Daß die Anekdote unhistorisch ist (vgl. Münzer, RE, 7. Hb. [1900] s. v. Cornelia Nr. 407, Sp. 1592 mit Nachweisen), ändert nichts daran, daß Livius die Beteiligung der Mutter als selbstverständlich voraussetzt.

13 Das Ideal der Partnerschaftsehe wurde von Plutarch in seinen Ehevorschriften formuliert. Er gab den Rat, Ehemann und Ehefrau sollten im Alltagsleben alle Entscheidungen gemeinsam treffen; der Ehemann habe aber das letzte Wort (*coniug. praec.* [*mor.* 139 D]).

14 Paulus 35 *ad ed.* D. 23,2,2; vgl. Julian 16 *dig.* D. 23,1,11; Kaser/Knütel, Röm. Privatrecht, § 58 Rn. 15.

15 Vgl. Astolfi, Matrimonio, S. 29.

16 Jacques/Scheid, Rom 1, S. 235; vgl. Kaser, RP 1, S. 315 f.

Ausdehnung des Bürgerrechts in der Kaiserzeit, insbesondere durch die *Constitutio Antoniniana*, wesentlich an Bedeutung, wenn es auch nicht ganz verschwand.[17] Die Ausführlichkeit der Behandlung zeigt, daß der Text das Recht vor der *Constitutio Antoniniana* behandelt.

Während der *liber singularis* das *conubium* hier zunächst als allgemeine Ehevoraussetzung nennt, behandelt Gaius 1,56 es von vornherein als Befugnis, mit einer Latinerin oder peregrinen Frau die Ehe zu schließen. Darin zeigt sich die Perspektive des Provinzialjuristen.

§ 4. *Conubium*[a] *habent cives Romani cum civibus Romanis; cum Latinis autem et peregrinis ita, si concessum sit.*

a) Ms. Vat.: *conubium*[ein Zeichen entfernt]*habent*

Das *conubium* haben römische Bürger mit römischen Bürgerinnen; mit Latinerinnen und peregrinen Frauen dann, wenn es ihnen verliehen worden ist.

Im relativen Sinne ist das *conubium* das Recht, »miteinander« die zivile Ehe zu schließen.[18] Wie *commercium* (Tit. 19,5) konnte *conubium* nämlich als abstrakte Befugnis gemeint sein, die jeder römische Bürger hatte, oder als konkrete Befugnis, die ein Bürger gegenüber einem Bürger des anderen Geschlechts hatte, nicht dagegen im Verhältnis zu Peregrinen oder bei naher Verwandtschaft.[19] Eine Verleihung erfolgte insbesondere an Veteranen: Diese erhielten mit der *missio honesta* das *conubium* mit ihrer gegenwärtigen (peregrinen) Konkubine oder derjenigen Frau, die sie später heiraten mochten.[20] Der Zusammenhang von §§ 3 und 4 ähnelt dem von Tit. 19,4 und 5, nur stehen die Sätze in umgekehrter Reihenfolge.

§ 5. *Cum servis nullum est conubium.*

Mit Sklaven besteht kein *conubium.*

Mit Sklaven konnten Freie keine gültige Ehe schließen.[21] Zwar wurden ihre eheähnlichen Verbindungen tatsächlich vielfach vom *dominus* respektiert. Sofern die

17 Honsell/Mayer-Maly/Selb, Röm. Recht, S. 389; Kunkel, RE, 28. Hb. (1930), s. v. Matrimonium, Sp. 2264.

18 Vgl. Muirheads Übersetzung als »right of intermarriage«.

19 Muirhead, Rules, S. 370 f., Anm. zu § 3.
Im Text sind mit den Latinern nicht die *Latini prisci* gemeint, die schon seit 90 v. Chr. römische Bürger waren, sondern die *Latini coloniarii* und die *Latini Iuniani*; Behrends, Militärdiplome, S. 116, Fn. 1. *Peregrini* sind hier im Unterschied zu den Latinern die anderen außerhalb des *ager Romanus* lebenden Peregrinen.

20 Kaser, RP 1, S. 316; Jacques/Scheid, Rom 1, S. 232; Sturm in: Ganghofer (Hrsg.), Le droit de la famille, S. 723; vgl. als Beispiel das trajanische Militärdiplom von 105 n. Chr. bei Walser, Inschriftkunst, S. 234 f.

21 Vgl. Paul. Sent. 2,19,6.

Quellen aber im Zusammenhang mit Sklaven gelegentlich Ausdrücke wie »*matrimonium*«, »*uxor*« o. ä. nennen, handelt es sich um die rechtlich unbeachtliche Inanspruchnahme von Termini, deren Begriffsinhalt tatsächlich den freien Personen vorbehalten ist.[22] Diese Praxis ist insbesondere bei *servi publici* zu beobachten.[23]

§ 6. *Inter parentes et liberos*[a] *cuiuscumque gradus*[b] *conubium non est. inter cognatos autem ex transverso gradu olim quidem usque ad quartum*[c] *gradum matrimonia contrahi non poterant: nunc autem etiam ex tertio*[d] *gradu licet uxorem ducere; sed tantum*[e] *fratris*[f] *filiam*[g], *non etiam sororis filiam*[h], *aut amitam*[i] *vel materteram*[j], *quamvis eodem gradu sint*[k]. *eam, quae*[l] *noverca vel privigna vel nurus vel socrus nostra fuit,* ⟨*uxorem*⟩[m] *ducere non possumus.*

a) Ms. Vat.: *liberos infinite*; Sch: *infinite* Glosse; fehlt in Coll. 6,2
b) Kr ergänzt: *sint*; Coll: *sit*
c) Ch 1578: *quintum*
d) Ch 1578: *quarto*
e) so Coll., Hg[5], Kr, Sch; Ms. Vat., Til, Ch 1578: *tamen*
Ms. Aur.: *sed tantum fratris filiam, non etiam sororis, nec amitam, nec materteram, quamvis eodem gradu sint. Eam quae noverca, vel privigna vel quae nur‹ vel socrus fuit, uxorem ducere non possumus:*
f) Ms. Vat.: *fratres* (nachträglich *i* über das *e* geschrieben)
g) Ms. Vat.: *filia*
h) Ms. Vat.: *filia*
i) Ms. Vat.: *amita*
j) Ms. Vat.: *matertera*
k) so Coll., Kr, Sch; Ms. Vat., Til, Hg[5]: *sit*
l) so Coll., Kr, Sch; Ms. Vat., Til: *eademque uxore noverca*; Hg[5]: *Uxorem eam, quae*
m) so Kr, Ch 1578; steht im Ms. Vat. versetzt; vgl. App. l).

22 Insbesondere in Inschriften wird nicht immer korrekt zwischen Ehe und *contubernium* unterschieden. Vgl. entsprechend für den Ausdruck *uxor*, der im volkstümlichen Sprachgebrauch auch für die *conserva coniuga* verwendet worden zu sein scheint, Cato *de agr.* 143,1, der dem *villicus* eine »*uxor*« beilegt. Selbst in Juristentexten tritt der untechnische Sprachgebrauch auf. Vgl. Scaevola 3 *resp.* D. 33,7,20,4; Paul. Sent. 3,6,38, wo die Frau eines Sklaven als »*uxor*« bezeichnet wird, und Paulus 7 *resp.* D. 16,3,27, wo die Tochter in das »*matrimonium*« mit einem fremden Sklaven gegeben wird und sogar eine »*dos*« bekommt.

23 Eder, Servitus publica, S. 111 f.; ferner De Martino, Wirtschaftsgeschichte, S. 298; Norden, Apulejus, S. 117. Vgl. CIL VI, 37174 (betr. einen Sklaven des *populus Romanus*): *coniugi.* Für Kaisersklaven ist überliefert, daß sie öfter im *contubernium* mit freien Frauen verbunden waren; vgl. Scheidel, SZ 110 (1993), S. 649. Hinweise auf eine Rechtswirksamkeit in diesem Sonderfall gibt es aber allenfalls für das graeco-ägyptische Recht; Taubenschlag, SZ 50 (1930), S. 161 ff.

Zwischen Eltern und Kindern jeden Grades besteht kein *conubium*. Zwischen Blutsverwandten in der Seitenlinie aber konnten früher bis zum vierten Grad keine Ehen geschlossen werden; jetzt aber darf man auch aus dem dritten Grad eine Frau nehmen; aber nur die Tochter des Bruders, nicht auch die Tochter der Schwester, die Schwester des Vaters oder der Mutter, obgleich sie demselben Grad angehören. Diejenige, welche unsere Stiefmutter oder Stieftochter, Schwiegertochter oder Schwiegermutter gewesen ist, können wir nicht zur Frau nehmen.

Unter Verwandten in gerader Linie war die Ehe – unabhängig vom Verwandtschaftsgrad – niemals möglich.[24] Für Verwandte in der Seitenlinie gibt *inter cognatos ... poterant* das alte Recht wieder. Nachdem in vorklassischer Zeit die Ehe zwischen Verwandten 4. Grades sicherlich verboten gewesen war,[25] zeigen noch in der Republik einzelne Fälle,[26] daß es inzwischen erlaubt gewesen sein muß.[27] Das *nunc ... sint* wird sich auf die Erleichterung infolge eines unter Claudius ergangenen Senatsbeschlusses beziehen (49 n. Chr.), der die Ehe zwischen Onkel und Bruderstochter gestattete, obwohl diese im 3. Grad verwandt sind.[28] Die neue Bestimmung sollte ermöglichen, daß Claudius seine Nichte Agrippina heiraten konnte.[29] Gaius 1,62 nimmt ausdrücklich auf diese Eheschließung bezug. Mit diesem historischen Hintergrund hängt offenbar zusammen, daß der Text gerade die Bruderstochter behandelt, denn sachliche Gründe für die besondere Behandlung derselben (etwa gegenüber der Tochter der Schwester) sind sonst nicht ersichtlich. Die Passage *eam ... possumus* enthält zusätzliche Eheverbote hinsichtlich angeheirateter Frauen (Stiefmutter, Stieftochter, Schwiegermutter und Schwiegertochter).

Die §§ 6 und 7 sind auch in Coll. 6,2 überliefert.[30] Nur nennt die Collatio den Herkunftstitel abweichend von der Überlieferung des vatikanischen Manuskripts »*de nuptiis*«. Der Collatio lag also ein anderes Exemplar des Werkes zugrunde, das

24 Das im Manuskript überlieferte *infinite* erscheint als Tautologie; vgl. Buckland, LQR 40 (1924), S. 188. Neben dem Umstand, daß das Wort in der Coll. 6,2 fehlt, nähren den von Schulz geäußerten Glossenverdacht (vgl. Astolfi, Matrimonio, S. 39) aber auch sachliche Bedenken: Es wäre aus biologischen Gründen unsinnig, Verwandten in gerader Linie »bis ins Unendliche« die Ehe zu verbieten.

25 Kaser, RP 1, S. 316.

26 Vettern und Kusinen; Tacitus *ann.* 12,6; Kaser, RP 1, S. 316; Franciosi, Famiglia, S. 146. Sammlung der bekanntgewordenen Fälle bei Roßbach, Untersuchungen, S. 426 f.

27 Weiss, SZ 29 (1908), S. 355.

28 Sueton *Claudius* 26,3; Tacitus *ann.* 12,5-7; Gaius 1,62; vgl. Kunkel, RE, 28. Hb. (1930) s. v. Matrimonium, Sp. 2266.

29 Tacitus, *ann.* 12,7; Gaius 1,62; aufgehoben erst 342 (CTh 3,12,1). Vgl. Kierdorf, Sueton, S. 127. Zur Sache ausführlich Green, Latomus 57 (1998), S. 765 ff.

30 Vgl. Krüger, Ulpiani liber, praef. S. 3; Schulz, Epitome, S. 15. Es bestehen nur geringfügige Abweichungen in der Wortwahl.

gleichfalls nachträglich mit Titelrubriken versehen worden war.[31] Eine Titelrubrik *de nuptiis* erschiene wegen des ausführlichen Abschnitts über die Ehe als solche von § 2 bis § 6 auch sachlich berechtigt.

§ 7. *Si quis eam, quam non licet, uxorem duxerit, incestum matrimonium contrahit, ideoque liberi in potestate eius non fiunt, sed quasi vulgo*[a] *concepti spurii*[b] *sunt.*

a) Vgl. so Coll. 6,2,2. Schi (Diss. 39): *sine patre*
Nach *vulgo* folgte im Ms. Vat. *edit*, das wurde ausradiert.
b) Ms. Vat.: *spurei* (*e* zu *u* verbessert).

Wenn jemand eine solche zur Frau nimmt, die er nicht heiraten darf, dann geht er eine inzestuöse Ehe ein, und deshalb gelangen die Kinder nicht in seine Gewalt, sondern sind, als gleichsam ohne Ehe Empfangene, nichteheliche.

Der Text behandelt die Konsequenzen der illegitimen Ehe für die Gewalt über die Kinder. Während er hier mitteilt, daß die im *incestum matrimonium* entstandenen Kinder gewaltfrei sind, behandeln die §§ 8 bis 10 die Kinder *in potestate* und knüpfen wieder an § 1 an. Nach der Logik des Textes sind *spurii* neben den *vulgo concepti* auch die Kinder aus illegitimer Ehe. Das Eheverbot muß wegen zu naher Verwandtschaft oder Schwägerschaft bestehen (vgl. Paulus 6 *ad Plaut.* D. 23,2,39,1). Beim *incestum matrimonium* ist die Ehe mangels *conubium* nichtig. Gaius 1,64 spricht von *nefarias atque incestas nuptias* und deutet damit an, daß das Ehehindernis der Verwandtschaft aus dem sakralen Inzestverbot stammt.[32] Unser Text nennt diesen Ursprung nicht, weil er das Recht regelhaft darstellen soll.

Vulgo conceptus (*quaesitus*) bezeichnet im Rechtssinne eigentlich denjenigen, den die Mutter ohne jede Ehe empfangen hat. Von diesem Fall wird die Empfängnis im *matrimonium incestum* unterschieden: Hier weist keine *gültige* Ehe den Vater aus[33]. Der Text ordnet die Kinder daher in einer feinen Differenzierung als *quasi vulgo concepti* ein. Modestin löst sich von diesem Wortgebrauch und verwendet die Bezeichnung *vulgo concepti* für beide Fälle. Bei ihm kann auch eine verbotene Ehe den Vater »kennzeichnen«: *Vulgo concepti dicuntur qui patrem demonstrare non possunt, vel qui possunt* (!) *quidem, sed eum habent, quem habere non licet.*[34] Die terminologische Vereinfachung läßt vermuten, daß er auch an dieser Stelle Stoff übernahm, wie es öfter im Verhältnis zwischen seinen *pandectae* und dem *liber singularis regularum* festzustellen ist.

31 S. oben S. 151 f.

32 Zur Sache Kaser, RP 1, S. 316. Vgl. Guarino, SZ 63 (1943), S. 175 ff., 215 ff.; Gaudemet, RIDA 2 (1949), S. 322 ff.; Watson, Persons, S. 38 f.

33 Vgl. Paulus 4 *ad ed.* D. 2,4,5: *pater … is est, quem nuptiae demonstrant.*

34 Modestin 1 *pand.* D. 1,5,23. Ausdrücklich hinsichtlich der väterlichen Gewalt gleichgestellt sind beide Fälle in Inst. 1,10,12.

§ 8. *Conubio*[a] *interveniente*[b] *liberi semper patrem sequuntur*[c]*: non interveniente conubio matris condicioni*[d] *accedunt, excepto eo*[e]*, quod*[f] *ex peregrino et cive Romana peregrinus nascitur, quoniam lex Minicia*[g] *ex alterutro peregrino natum deterioris parentis condicionem*[h] *sequi iubet.*

a) Ms. Vat.: *conubium*[2 Zeichen entfernt]
b) Ms. Vat.: *intervenientem*
c) Ms. Vat.: *secuntur*
d) Til, Hg[5], Sch: *conditioni*; Ms. Vat.: *conditione*
e) Ms. Vat.: *eum*
f) Til, Hg[5]: *qui*
g) so Sch; Ms. Vat., Til, Hg[5]: *mensia*
h) Ms. Vat.: *nato deteriores parentes conditione*

Bei bestehendem *conubium* folgen die Kinder in ihrer Rechtsstellung immer dem Vater. Bei fehlendem *conubium* folgen sie der Rechtsstellung der Mutter, mit der Einschränkung, daß von einem Peregrinen und einer römischen Bürgerin ein Peregrine geboren wird, weil die *lex Minicia* anordnet, daß der von einem peregrinen Elternteil Abstammende der Rechtsstellung des schlechtergestellten Elternteils folgt.

Das *ius civile* kennt die Regel, daß Kinder aus einem *iustum matrimonium* immer dem Status des Vaters folgen. Demgegenüber läßt eine *regula iuris gentium* die Kinder aus einer nicht anerkannten ehelichen Verbindung dem Stand der Mutter bei ihrer Geburt folgen.[35] Bei den Mischehen ohne *conubium* steht die Regel der »ärgeren Hand« dazwischen, die für Kinder aus nicht anerkannten Verbindungen zwischen Römern und Nichtrömern erstmals in der *lex Minicia* formuliert worden war.[36] Sie reagierte auf die bisherige Rechtslage, nach der Kinder aus einer nicht durch *conubium* anerkannten Verbindung zwischen einem Peregrinen und einer Römerin nach *ius gentium* Römer wurden, Kinder aus einer anerkannten Verbindung dagegen nach *ius civile* (wegen des Vaters) Peregrine. Das Gesetz

35 Vgl. Ulpian 27 *ad Sab.* D. 1,5,25: *Lex naturae haec est, ut qui nascitur sine legitimo matrimonio matrem sequatur, nisi lex specialis* (z.B. die *lex Minicia*) *aliud inducit.* Vgl. Behrends, Militärdiplome, S. 121. Diese Regel des *ius gentium* ist erst aus der späten Republik überliefert, wird aber älter als die *lex Minicia* sein (anders Kniep, Gaius 1, S. 151), weil sonst wohl keine besondere *regula* entstanden wäre; Voß, Symp. Wieacker 1985, S. 123.

36 Ihr Alter ist umstritten. Karlowa, RRG 2, S. 182 und Girard/v. Mayr, Geschichte, S. 119, Anm. 1 folgern aus Gaius 1,79 (daß Gesetz beziehe sich auf die Latiner, *qui proprios populos propriasque civitates habebant et erant peregrinorum numero*), daß die *lex Minicia* vor dem Bundesgenossenkrieg (also vor 91 v. Chr.) entstanden sei. So auch Kaser, RP 1, S. 280. Vgl. ferner Castello, St. Arangio-Ruiz 3, S. 301-317; Böhm, SZ 84 (1967), S. 363 ff.; Weiss, RE, 24. Hb. (1925), s. v. Lex Minicia, Sp. 2399; Arangio-Ruiz, Istituzioni[II] (1952), S. 441; aber krit. Kniep, Gaius 1, S. 152.

schränkt den Bürgerrechtserwerb also ein. Das Recht der *lex Minicia* stellt auch Gaius 1,78 f. dar, dessen Text allerdings lückenhaft ist.[37]

§ 9. *Ex cive Romano et Latina Latinus nascitur, et ex libero et ancilla servus; quoniam, cum his casibus conubia non sint, partus sequitur*[a] *matrem.*

a) so Hg[5], Kr; Ms. Vat.: *sequi*

Von einem römischen Bürger und einer Latinerin wird ein Latiner geboren und von einem Freien und einer Sklavin ein Sklave, weil insofern, als in diesen Fällen jeweils kein *conubium* besteht, das Kind der Mutter folgt.

Das Kind folgt der schlechteren Rechtsstellung der Mutter, wenn diese mit dem besser gestellten Vater kein *conubium* hat.[38] Das *cum* (»insofern, als«) bringt zum Ausdruck, daß man ja mit einer Latinerin u.U. doch das *conubium* haben kann (*cum iterativum*). Offenbar konnten jedenfalls z.Zt. des Augustus die *Latini Iuniani* das *conubium* mit römischen Bürgern haben (*si concessum sit*, vgl. Tit. 5,4).[39] Wenn eine zivile Ehe vorliegt, entsteht aus der Verbindung eines Latinus mit einer römischen Bürgerin ein *civis Romanus*, nämlich nach dem in Tit. 3,3 genannten Senatsbeschluß aus der Zeit Hadrians.[40] Bemerkenswert ist die Präzision, die den Text von mehreren *conubia* sprechen läßt.

§ 10. *In his, qui iure contracto matrimonio*[a] *nascuntur, conceptionis tempus spectatur*[b]*: in his autem, qui non legitime*[c] *concipiuntur, editionis; veluti si ancilla conceperit, deinde manumissa pariat, liberum parit; nam quoniam*[d] *non legitime*[e] *concepit, cum editionis tempore libera sit, partus quoque liber est.*

a) Ms. Vat.: *contractu matrimonium*
b) so Til, Kr, Sch; Ms. Vat.: *tempore exceptatur*
c) Ms. Vat.: *legitimae*
d) so Ms. Vat., Cuj (1658), Goth (1663); Hulot: *quamvis*
e) Ms. Vat.: *legitimae*

Bei denjenigen, die in einer rechtmäßig geschlossenen Ehe geboren werden, wird auf die Zeit der Empfängnis gesehen; bei denen aber, die nicht in gesetzmäßiger Ehe empfangen werden, auf den Zeitpunkt der Geburt. Wenn z.B. eine Sklavin schwanger wird und danach als Freigelassene entbindet, gebiert sie einen Freien, denn weil sie nicht in gesetzmäßiger Ehe empfangen hat, ist, da sie zum Zeitpunkt der Geburt frei ist, auch das Kind frei.

37 Der Codex Veronensis ist hier teilweise unleserlich. Cherry, Phoenix 44 (1990), S. 251 stellt aber mit Recht fest, daß die meisten Zweifel mit Hilfe von Tit 5,8 geklärt werden können.
38 Gaius 1,82 wendet die *regula iuris gentium* auf das Kind einer Sklavin und eines Freien an.
39 Vgl. ferner oben Tit. 3,3, wo die Eheschließungsfähigkeit vorausgesetzt wird.
40 Casavola, Giuristi, S. 217 f.

Beim *legitime*, also in einer gesetzmäßigen Ehe Gezeugten sind die Verhältnisse zur Zeit der Empfängnis maßgebend, so daß ein *civis Romanus* geboren wird, auch wenn die Mutter in der Zwischenzeit eine Statusverschlechterung erlitten hat. Im andern Fall kommt es auf den Zeitpunkt der Geburt an. Gaius führt diese Grundsätze als Sabinianer auf die *naturalis ratio* zurück (1,89). Während das Regelwerk die Folgen hier nur für das Kind einer Sklavin beschreibt, interessiert den Provinzialjuristen Gaius darüber hinaus der Fall, daß eine Bürgerin Peregrine wird (1,90). Die unter dem Gesichtspunkt des *favor libertatis* interessante Konstellation, daß eine Freie nach der Empfängnis Sklavin wird, wird nicht behandelt. Auch die erst dem späteren Recht angehörende, auf den kaiserzeitlichen *favor libertatis* zurückgehende Auffassung, nach der eine vorübergehende Freiheit der Mutter während der Schwangerschaft ausreicht,[41] wird ebensowenig wie bei Gaius genannt.

Der Schlußsatz begünstigt ein Kind, dessen Mutter erst als Schwangere freigelassen wurde. Die Vermutung, der Satz stelle einen Gegensatz zum Vorangegangenen dar, hat zu der Emendation zu *quamvis* (»obgleich«) geführt. Dies überzeugt deswegen nicht, weil die Geburt von einer erst während der Schwangerschaft freigelassenen Frau gerade ein Beispiel für die Anwendung der Regel ist, nach der es bei außerehelicher Empfängnis auf den Zeitpunkt der Geburt ankommt.[42]

41 Marcian 1 *inst.* D. 1,5,5,2 u. 3; Modestin 12 *resp.* D. 1,5,5,22; vgl. Paul. Sent. 2,24,1-3. Dazu Weiss, Institutionen, S. 59; Voß, Symp. Wieacker 1985, S. 126; Kaser, RP 1, S. 289, Fn. 100.

42 Muirhead, der die Emendation zu »*quamvis*« nicht übernimmt, übersetzt hier gleichwohl (sachlich nicht überzeugend) mit »although«.

8.) Dotalrecht

a.) Tit. VI ›De dotibus‹
Über die Mitgiften

Die Darstellung der Personen *in potestate* wird durch den Abschnitt zum Dotalrecht (Tit. 6 u. Tit. 7,1 bis 3) unterbrochen. Der Text knüpft an die in Tit. 5 erfolgte Erörterung der Ehe an. Er ist offenbar in den tradierten Grundbestand des Stoffes während der Überlieferung in der prokulianischen Schule eingefügt worden. Dies zeigt sich schon äußerlich daran, daß Tit. 7,4 mit den Worten »*In potestate parentium sunt etiam* ...« unvermittelt wieder so an Tit. 5,10 anknüpft, als stehe dazwischen gar nicht der lange, das Dotalrecht behandelnde Abschnitt. Außerdem enthalten die Gaius-Institutionen keinen entsprechenden Textabschnitt über die *dos.*

§ 1. *Dos*[a] *aut datur, aut dicitur, aut promittitur.*

§ 2. Dotem dicere potest mulier, quae nuptura est, et debitor mulieris si iussu eius dicat, item[b] *parens mulieris virilis sexus per virilem sexum cognatione iunctus, velut pater, avus paternus. Dare promittere dotem omnes possunt.*

a) Ms. Vat.: *Dox*
b) so Sch, Kr; Ms. Vat., Til, Ch 1578, Hg[5]: *institutus*; Ms. Aur. (nach Ch 1578, 209 v): *constitutus*

Die Mitgift wird entweder gegeben oder zugesagt oder versprochen.
Die Mitgift zusagen kann die Frau, deren Heirat bevorsteht, und der Schuldner der Frau, wenn er auf ihre Anweisung hin zusagt, ebenso der männliche Aszendent der Frau, der mit ihr über die männliche Linie verwandt ist, wie etwa der Vater und der Großvater väterlicherseits. Die Mitgift geben und versprechen können alle.

Bei der Aufzählung der Bestellungsformen handelt es sich um eine feststehende Dreiteilung, wie auch die Wiederholung in Tit. 11,20 zeigt. Sie betrifft nur die Formen der Mitgiftbestellung unter Lebenden.[1]

In § 2 wird die *dotis dictio*[2] näher ausgeführt, und zwar als einzige unter den Bestellungsformen, was auf eine besondere Bedeutung dieses Rechtsinstituts hinweisen könnte. Es handelt sich um einen Verbalvertrag, der die feierliche Erklä-

1 Die Bestellung kann nämlich außerdem im Wege des Damnationslegats vorgenommen werden; Kaser, RP 1, S. 335.

2 Die ältesten Quellen der *dotis dictio* bilden Komödien von Plautus und Terenz (Ankum, Fs. Zlinsky, S. 149). Zur *dotis dictio* ferner Ortega, Hom. Murga Gener, S. 481 ff.

rung enthielt, daß eine Sache oder eine Geldsumme dotal werde.[3] Nur bestimmte Personen konnten sie vornehmen,[4] nämlich die gewaltfreie[5] (künftige) Ehefrau, ihr Schuldner nach einem vorangehenden *iussum*,[6] ferner[7] bestimmte männliche Aszendenten,[8] im üblichsten Fall jedoch ihr Vater.[9] Im Unterschied zur *dotis datio*, bei der das Heiratsgut tatsächlich zur Verfügung gestellt wurde, ließ die *dotis dictio* lediglich eine Forderung auf Übertragung des Eigentums an den Dotalgegenständen entstehen.[10] Der Mann konnte sie mit einer *actio certa* oder *incerta*

3 Ankum, Fs. Zlinsky, S. 148 f.; Berger, Dotis dictio, S. 81; vgl. Franciosi, Famiglia, S. 188; Pugliese, Istituzioni, S. 403; Schiemann, DNP 3 (1997), s. v. Dictio dotis, Sp. 537.

4 Bei der Bereitstellung der *dos* (*dotes parastis*) durch Turia und ihre Schwester, von der die Laudatio Turiae berichtet, handelte es sich wahrscheinlich um eine *dotis promissio*. Es war keine *dotis dictio*, denn die stand nicht selbst heiratenden Frauen nicht zu. Es handelte sich auch nicht um eine *dotis datio*, denn die *dos* wurde nicht schon von den Frauen geleistet: das Versprechen wurde vielmehr später von den Ehemännern erfüllt. Auch eine bloß unverbindliche Zusage dürfte nicht vorliegen, weil sich der Text auf eine mögliche Erfüllung des Versprechens durch die Frauen selbst mit der Bemerkung bezieht: »damit ihr nicht mit eurem Erbe dafür büßtet« (*⟨patrimo⟩nio vos multaretis*). Vgl. die Laudatio Turiae (FIRA 3, S. 209 ff.), Z. 46-49; Flach, Laudatio Turiae, S. 91 und die Textedition ebd. S. 47.

5 Zwar geht diese Einschränkung aus dem Text sowie aus Gai Ep. 2,9,3 nicht hervor, doch kann sich die *filia familias* nicht mit der *dotis dictio* verpflichten (Fr. Vat. 99). Und eine gewaltfreie Frau bedarf immerhin der *auctoritas* ihres Tutors (Cicero *pro Flacco* 35,86). Erkennbar ist – sieht man von dem Sonderfall des beauftragten Schuldners ab –, daß die *dotis dictio* ursprünglich nur denjenigen Personen zugänglich war, die auch die Frau selbst mittels *coemptio* in die Familie des Ehemannes übertragen konnten: dem *paterfamilias* der Frau und ihrem Vormund. Diese Gleichheit der handelnden Personen ist ein starkes Indiz für die ursprüngliche Verbindung der *dotis dictio* mit dem Manzipationsgeschäft der *coemptio*; vgl. Söllner, Vorgeschichte, S. 20.

6 Darauf bezieht sich Gaius 3,95 a (gestört), die einzige in den Institutionen enthaltene Äußerung zur *dotis dictio*: *si debitor mulieris iussu eius, dum … doti dicat quod debet.* Ortega, Dotis dictio, S. 114 meint, der Ursprungstext von § 2 habe neben dem *debitor mulieris* auch den *debitor parentis* genannt. Der Epitomator habe nur den *debitor mulieris* stehenlassen, in der Erwartung, daß der *debitor parentis* entsprechend behandelt werde. Auf Ep. Gai 2,9,3 läßt sich das – entgegen Ortega – nicht stützen.

7 Die Verbesserung *item* für *institutus* wird das Richtige treffen, denn für beides wird in älteren Codices gelegentlich die Abkürzung IT verwendet; Schilling, Diss., S. 6.
Im übrigen gibt Gaius 1,156 das *item … iunctus* treuer als Tit. 11,4 und 26,1 wieder. Abweichend wiederum Coll. 16,7 (Ulpian Inst.); vgl. Arangio-Ruiz, BIDR 30 (1921), S. 202 f.

8 Norden, Apulejus, S. 96 f. spricht vom väterlichen Gewalthaber. Nach § 2 scheint es aber nur auf die Verwandtschaft über den Mannesstamm, nicht dagegen auf die *potestas* anzukommen; vgl. Savigny, Ulpian 1811, 37 v.

9 Vgl. Plinius *ep.* 2,4,2.

10 Im nichtjuristischen Schrifttum wird gelegentlich geradezu betont, daß eine *dos* bislang »nur« *dicta* (d.h. noch nicht tatsächlich geleistet) sei. Vgl. Seneca (maior), *contr.* 1,6,5: *quidam dictas non accepere dotes* sowie Apuleius, *Apol.* 91: *iam primum mulieris locupletissimae modicam dotem neque eam datam, sed tantum modo ⟨dictam⟩*; dazu Norden, Apulejus, S. 96 f. und S. 97, Fn. 1 mit Gründen für die Ergänzung, die insbesondere durch *Apol.* 102

ex dotis dictione durchsetzen. Mit der Hervorbringung einer Verbindlichkeit hat die *dotis dictio* in den meisten Fällen dieselbe Funktion wie die *promissio dotis.* Dies gilt nur dann nicht, wenn ausnahmsweise dasjenige dotal werden soll, was der Mann der Frau schuldet.[11]

§ 3. *Dos*[a] *aut*[b] *profecticia dicitur, id est quam pater mulieris dedit, aut adventicia, id est ea quae*[c] *a quovis alio data est.*

a) Ms. Vat.: *Dox*
b) so Til, Hg[5], Kr, Sch; Ms. Vat.: *autem*
c) Ms. Vat.: *que*

Die Mitgift wird entweder *profecticia* genannt, das ist diejenige, die der Vater der Frau gegeben hat, oder *adventicia,* das ist diejenige, die von irgendeinem anderen gegeben worden ist.

Die Definition der *dos profecticia,* die ähnlich bei Ulpian 31 *ad Sab.* D. 23,3,5 pr auftritt, geht wahrscheinlich auf Sabinus zurück.[12] Die *dos profecticia* wurde vom *paterfamilias* der Frau bestellt, später auch vom Vater, der nicht ihr Gewalthaber ist.[13] Dieses Recht galt zunächst nur für die gewaltunterworfene Haustochter. Die *dos profecticia* repräsentierte deren Anteil am Vermögen ihrer väterlichen Familie.[14] Diese *res uxoria* gelangte vollständig unter die Verwaltung des Ehemannes.

nahegelegt wird: *uti dotem mihi modicam potius quam amplam* ***diceret?*** Die Ergänzung wird auch in der Ausgabe von Marchesi befürwortet, während Helm, sachlich nicht überzeugend, *creditam* hinzufügt. Die Ausgabe von Hammerstedt/Habermehl u.a. liest bei *Apol.* 91 *promissam.*

11 Vgl. Ankum, Fs. Zlinsky, S. 148, Fn. 6 u. 151 ff. Leage/Prichard (Leage's Roman Private Law, S. 332) meinen, im Wege der *dotis dictio* habe eine Schuld des Bräutigams erlassen werden können. Es geht hier aber um die Umwandlung des geschuldeten Vermögens in Dotalvermögen.
Mit der Verbreitung des formlosen Dotalversprechens im nachklassischen Recht wurde die *dotis dictio* überflüssig und verschwand (CTh 3,13,4; C. 5,11,6). In den Digestentexten ist sie entfernt worden. So beziehen sich viele Stellen, die von der *dotis promissio* sprechen, ursprünglich auf die *dotis dictio*; Berger, Dotis dictio, S. 77; Ortega, Dotis dictio, S. 95.

12 Ulpian 31 *ad Sab.* D. 23,3,5 pr definiert: *profecticia dos est, quae a patre vel parente profecta est de bonis vel facto eius.* Die Herkunft des kommentierten Textes von Sabinus vermutete Lenel, Sabinussystem, S. 63. Daß dieses Kapitel den Eingang bildete, geht aus Sin. 26 hervor: *περὶ τῆς adventicias προικὸς εἶπον … ἐν τοῖς προλαβοῦσιν βιβλίῳ λα΄ τίτλῳ α΄*. Bestätigend Schulz, Sabinus-Fragmente, S. 70, der den Aufbau der am Wortlaut orientierten Kommentierung Ulpians aufzeigt, und Astolfi, Libri tres, S. 236.

13 Ulpian 31 *ad Sab.* D. 23,3,5,11 berichtet, daß die Stellung der *dos profecticia* nicht auf Grundlage eines Gewaltverhältnisses erfolge, sondern aufgrund der Vaterschaft (*parentis nomen*), die auch an der emanzipierten Tochter fortbesteht. Vgl. ferner Sin. 25-28.

14 Diesen Zusammenhang, der zwischen der aus dem Familienvermögen »herrührenden« Mitgift (*profecticia*) und dem Erbrecht der Tochter besteht, kannte die klassische Jurispru-

§ 4. *Mortua in matrimonio muliere[a] dos[b] a patre profecta ad patrem revertitur, quintis in singulos liberos in infinitum relictis penes[c] virum. quod si pater non sit, apud maritum remanet.*

a) Nach *muliere* kleine Lücke (Defekt im Pergament)
d) Ms. Vat.: *dox*
c) Ms. Vat.: *paenes*

Wenn die Frau bei bestehender Ehe verstorben ist, fällt die vom Vater stammende Mitgift an den Vater zurück, wobei jeweils ein Fünftel für jedes einzelne Kind, ohne Begrenzung, beim Mann verbleibt. Wenn kein Vater vorhanden ist, bleibt sie beim Ehemann.

Von hier an behandelt der Textabschnitt den Verbleib der *dos* nach dem Ende der Ehe. Die *dos profecticia* fiel beim Tod der Frau während der Ehe an den Vater zurück.[15] Der Rückfall ist dadurch gerechtfertigt, daß die *dos profecticia* einen Teil des Familienvermögens repräsentiert.[16] Nur wenn der Vater den Tod seiner Tochter nicht mehr erlebte, verblieb die *dos profecticia* dem Ehemann.[17] Die Regel tritt in den Quellen mehrfach auf. Neben Paulus 8 *resp.* Fr. Vat. 108 wird sie in den Sabinuskommentaren von Pomponius[18] und wahrscheinlich Ulpian (Sin. 24) zitiert; eine entsprechende Anwendung der Regel enthält Pomponius 15 *ad Sab.* D. 24,3,10 pr.

§ 5. *Adventicia autem dos[a] semper penes[b] maritum remanet, praeterquam si is, qui dedit, ut sibi redderetur, stipulatus fuerit[c]; quae dos[d] specialiter recepticia dicitur.*

a) Ms. Vat.: *dox*
b) Ms. Vat.: *paenes*

denz ebenso wie die Vorklassik. Letztere ging von der Vorstellung aus, daß schon die *künftigen* Hauserben in latenter Weise am Familienvermögen beteiligt seien. Vgl. Paulus 2 *ad Sab.* D. 28,2,11: *In suis heredibus evidentius apparet* ***continuationem dominii*** *eo rem perducere, ut nulla videatur hereditas fuisse, quasi olim hi domini essent, qui etiam* ***vivo patre quodammodo domini existimantur***. Zur Sache Kaser, RP 1, S. 64; Pugliese, Istituzioni, S. 648.

15 In dem bei Julian 2 *ad Urs. Fer.* D. 24,3,59 mitgeteilten Fall ließ sich der Ehemann deshalb scheiden, um die *dos* (offenbar eine *dos profecticia*) beim Tod der Frau nicht an deren Vater herausgeben zu müssen. Ein Rückfall an den Vater darf auch für den Fall der ersten Ehe der Murdia angenommen werden, obgleich diese durch den Tod des Mannes beendet wurde; vgl. Rudorff, ZRG 9 (1870), S. 299.

16 S. oben S. 250.

17 Rudorff, ZRG 9 (1870), S. 317 f. Vgl. Bechmann, Dotalrecht 1, S. 102 u. Bd. 2, S. 427. Für das Recht der Zeit Diokletians weicht Sent. Syr. § 7 insoweit ab, als diese Quelle eine Testierbefugnis der Frau über den Anspruch auf Herausgabe der *dos* im Falle ihres Todes vorsieht, während doch im Regelfall (Tit. 6,4 a. E.) die *dos* dem Mann verbleibt! Es wird mit Selb, Sententiae, S. 98 f. davon auszugehen sein, daß eine vertragliche Zusicherung der Rückgabe der *dos* vorgelegen haben muß.

18 Pomponius 15 *ad Sab.* D. 23,4,7 i. f.: *mortua ea in matrimonio dos ad patrem reversura est.*

c) so Hg[5], Sch; Kr; Ms. Vat., Til: *fuit*
d) Ms. Vat.: *dox*

Die *dos adventicia* verbleibt dagegen immer beim Ehemann, außer wenn sich derjenige, der sie gab, stipulieren ließ, daß sie zurückgegeben werde. Diese Mitgift wird speziell *recepticia* genannt.[19]

Auch dieser Text bezieht sich offenbar auf den Tod der Frau bei bestehender Ehe. Die *dos recepticia* ist eine solche Mitgift, deren Rückforderung sich der Besteller vorbehalten hat, denn grundsätzlich bleibt die *dos adventicia* beim Tod der Frau dem Ehemann. Die *dos recepticia* gibt dem die Frau überlebenden Besteller die *actio rei uxoriae*; der Ehemann kann dann für die Kinder jeweils ein Fünftel abziehen (vgl. § 4).[20]

§ 6. *Divortio facto, si quidem sui iuris sit, mulier ipsa habet actionem*[a], *id est dotis repetitionem*[b]. *Quodsi in potestate patris sit, pater adiuncta*[c] *filiae persona habet actionem rei uxoriae*[d]; *nec interest, adventicia*[e] *sit dos*[f] *an profecticia.*

a) so Til; Ms. Vat.: *actione*; Fa, Hg[5], Kr, Sciascia: ⟨*rei uxoriae*⟩ *actionem*
b) Fa, Sch: *id est dotis repetitionem* Glosse
c) so Cuj (Aur. 1586), Hg[5], Kr; Ms. Vat.,Til, Cuj (1566, Par. 1586): *adiunctae*
d) so Cuj (1658), Kr, Sch, Sciascia; Ms. Vat., Til, Cuj (1566, Par. 1586, Aur. 1586), Hg[5]: *revera*[21]
e) Ms. Vat.: *adventitia*
f) Ms. Vat.: *dox*

Nach der Scheidung hat die Frau, sofern sie gewaltfrei ist, selbst eine Klage, nämlich die *repetitio dotis*.[22] Wenn sie in väterlicher Gewalt ist, hat der Vater in Verbindung mit der Tochter die *actio rei uxoriae*; und es ist gleichgültig, ob es eine *dos adventicia* oder *profecticia* ist.

Die *actio rei uxoriae* richtet sich auf die Herausgabe der *dos*. Sie gehört zu den *bonae fidei iudicia*[23] und umfaßt alles, *quod eius melius aequius erit*.[24] Die Klage ist

19 *Specialiter* ist hier nicht im Sinne der stoischen Terminologie (vgl. Behrends, Wissenschaftslehre, S. 295) als »sinnlich wahrnehmbar«, »tatsächlich auftretend« gemeint, sondern weist – ähnlich wie bei der *adoptio* in Tit. 8,2 – auf die *species* hin.

20 Der Begriff der *dos recepticia* wird auch bei Gaius 8 *ad ed. prov.* D. 39,6,31,2 definiert; auf die Rückforderung bezieht sich offenbar Martial, *ep.* 2,65.

21 Mit Muirhead, Rules, S. 374 ist eine falsche Auflösung der Abkürzung »*r u*« zu vermuten.

22 Schulz, Epitome, S. 30, hält »*id est dotis repetitionem*« für eine Glosse zu *actionem*, nachdem vor *actionem* die Worte *rei uxoriae* ausgefallen gewesen seien. Albertario meint, es handele sich um eine banale Erklärung des Epitomators, BIDR 32 (1922), S. 124.

23 Boethius *in Cic. Top.* 17,66 (Migne, Sp. 1157-1158); Kaser, RP 1, S. 337.

24 Vgl. Tab. Herc. 87, pag. 1, Z. 4.

von großer praktischer Bedeutung, was die relative Ausführlichkeit der Darstellung des Dotalrechts im Regelwerk mit erklären kann.

Daß die Zustimmung der Tochter für die Rückforderung vorausgesetzt wird, bestätigen Ulpian 35 *ad Sab.* D. 24,3,2,1 u. 2 sowie Fr. Vat. 116 und Ulpian 2 *de off. procons.* Frag. Vat. 119.[25] Auffällig ist die Ausdrucksweise *filiae persona* (vgl. Tit. 8,6). Der Text nennt hier die Stellung der Tochter als *persona*, um deren Fähigkeit zur Vornahme von Prozeßhandlungen auszudrücken: die Erhebung einer *actio* steht nach dem klassischen Institutionensystem (*persona – res – actio*) nur der *persona* im juristischen Sinne zu.[26]

§ 7. *Post divortium defuncta muliere*[a], *heredi eius actio non aliter datur, quam si moram in dote mulieri reddenda maritus fecerit.*

a) Ms. Vat.: *mulierem*

Wenn die Frau nach der Scheidung verstorben ist, wird die Klage ihrem Erben nur dann gegeben, wenn der Mann mit der Rückgabe der Mitgift an die Frau in Verzug geraten ist.

In den Ediktkommentaren Ulpians und Paulus' wird die Vererbung der *actio rei uxoriae* erst in einem späteren Buch als die sonstige Darstellung der Klage behandelt.[27] Diese gesonderte Behandlung, die offenbar auf den Ediktsaufbau zurückgeht, weist der dotalrechtliche Abschnitt des Regelwerks nicht auf. Dies deutet darauf hin, daß der eingefügte Teil aus einer anderen systematischen Tradition als der Grundbestand des Textes herrührt.[28]

§ 8. *Dos*[a] *si pondere numero*[b] *mensura contineatur annua bima trima …*[c] *die*[d] *redditur*[e], *nisi si*[f] *ut praesens reddatur, convenerit. reliquae dotes statim redduntur.*

a) Ms. Vat.: *Dox*
b) Ms. Vat.: *numerum*
c) kleine Lücke im Ms. Vat.; ursprünglich: *trim*[Lücke]*die*, dann ergänzt zu *trima*[Lücke]*adie*
d) so Hg[5]; Ms. Vat.: *a die*
e) so Hg[5], Kr, Sch; Ms. Vat., Til; : *reddetur*
f) *si* ist wohl Mk

25 Ebenso C. 5,18,2 a. 207. In Ulpian 35 *ad Sab.* D. 24,3,2,1 geht die Aussage *pater non aliter quam ex voluntate filiae petere dotem … potest* wahrscheinlich auf den kommentierten Sabinustext zurück; Astolfi, Libri tres, S. 238.

26 S. oben S. 119.

27 Die Erörterung der Klage steht bei Ulpian im 33., die der Vererbung im 34. Buch. Paulus stellt die Klage im 36., die Vererbung im 37. Buch dar; vgl. Lenel, EP, S. 303.

28 Auf den Verzug als Voraussetzung der Vererblichkeit nehmen Paulus Fr. Vat. 95 und 97, ferner wohl Marcellus 7 *dig.* D. 24,3,57 sowie möglicherweise auch Sin. 23 bezug.

Wenn die Mitgift aus Sachen besteht, die nach Gewicht, Zahl oder Maß bemessen werden, so wird sie binnen Ein-, Zwei- und Dreijahresfrist zurückgegeben, sofern nicht vereinbart ist, daß sie sofort zurückgegeben werden müsse. Die übrigen Mitgiften werden sofort zurückgegeben.

Im Recht der klassischen Zeit konnten die vertretbaren Dotalsachen[29] in drei Jahresraten zurückerstattet werden; alle anderen mußte sofort zurückgegeben werden.[30] Da die Nutzung vertretbarer Sachen im Verbrauchen und Ausgeben besteht, sollte dem Mann Zeit gelassen werden, entsprechende Mengen zu beschaffen. Es gibt Hinweise auf ein hohes Alter dieser Regelung, so zum einen die sprachliche Fassung der Wendung *annua bima trima die*,[31] zum anderen aber auch die Parallele zu entsprechenden Fristen bei der Mitgiftbestellung,[32] die bei Polybios zum Ausdruck kommt.[33] Dieses Verfahren wurde später durch ein Gesetz, möglicherweise durch die *lex Iulia et Papia*, bestätigt.[34]

§ 9. *Retentiones ex dote fiunt ⟨aut propter liberos⟩*[a]*, aut propter mores, aut propter inpensas, aut propter res donatas, aut propter res amotas.*

a) so Til, Hg[5], Kr, Gn, Sch; fehlt im Ms. Vat.

29 Dies betrifft auch Geld, vgl. Söllner, Vorgeschichte, S. 85. Zur Formulierung *pondere numero mensura continentur* s. unten bei Tit. 24,7.

30 Petrażycki, Fruchtvertheilung, S. 192 f.; Ankum, ILR 29 (1995), S. 112; Kaser/Knütel, Röm. Privatrecht, § 59, Rn. 22. Vgl. Ciceros Erwartung der ersten Rate nach der Scheidung seiner Tochter; *ad fam.* 6,18,5.

31 Ähnlich C. 5,13,1,7 (a. 530), der auf vorjustinianisches Recht zurückgeht.

32 Vgl. Treggiari, DNP 3 (1997), s. v. Dos, Sp. 798. Die Parallele war den Klassikern wohl noch bewußt. Bei Proculus 11 *ep.* D. 23,4,17 und Alfen 3 *dig. a Paulo ep.* D. 23,4,19 wird nämlich erörtert, ob bei der Mitgiftbestellung vereinbart werden könne, daß eine in fünf Jahresraten zu zahlende Mitgift nach Auflösung der Ehe ebenfalls in fünf Jahresraten herauszugeben sei. Proculus verneint es unter Hinweis auf die »gesetzlichen Fristen« (*statuto legibus tempore*; wohl interpoliert für *annua bima trima die*; vgl. das entsprechende Phänomen bei Tit. 19,8); Alfen bejaht es (wegen besonderer Umstände). Vgl. Söllner, Vorgeschichte, S. 86 f.

33 Polybios 31,27 (32,13) berichtet, daß Scipio Aemilianus einen ausstehenden Dotalbetrag sofort ausgezahlt habe, obgleich es Sitte gewesen sei, den Frauen innerhalb der ersten zehn Monate nach der Heirat den Hausrat mitzugeben und den Rest der Mitgift dann in drei Jahresraten zu zahlen. Vgl. Söllner, Vorgeschichte, S. 86; Kaser, RIDA 2 (1949), S. 541. In der bäuerlichen Wirtschaft des alten Rom war es nämlich schwierig gewesen, das Mitgiftkapital aus einer einzigen Jahresernte aufzubringen.
Später findet sich die Formulierung *annua* ... bei Vermächtnissen über Geld oder andere vertretbare Sachen. Vgl. Ulpian 15 *ad Sab.* D. 30,19 pr; Ulpian 19 *ad Sab.* D. 30,30 pr; Ulpian 23 *ad Sab.* D. 30,49,1, wo Legatsformulierungen erörtert werden, die die Wendung enthalten.

34 Czyhlarz, Dotalrecht, S. 356; Leonhard, RE, 10. Hb. (1905), s. v. Dos, Sp. 1593. Justinian setzte eine einheitliche Frist von einem Jahr fest (C. 5,13,7; hierzu Petrażycki, Fruchtvertheilung, S. 193).

Zurückbehaltungsrechte an der Mitgift bestehen wegen der Kinder, wegen sittenwidrigen Verhaltens (der Frau), wegen Verwendungen, wegen geschenkter oder wegen entwendeter Gegenstände.

Hier beginnt die Aufzählung der Fälle der *retentio.* Sie läßt den Zusammenhang des nachfolgenden Textes erkennen: behandelt werden die *retentiones propter liberos* (§ 10), *morum nomine* (§§ 12, 13), *propter impensas* (§§ 14 - 17) und *propter res donatas* (Tit. 7,1).[35] Das hier im Text fehlende *aut propter liberos* ist offenbar herausgefallen und muß ergänzt werden.[36] Unter den *retentiones* waren diejenigen *propter liberos* und *propter mores* die wichtigsten, denn sie schützten, sofern aus der Ehe Kinder hervorgegangen waren, vor übereilter Scheidung, und wirkten sittenwidrigem Verhalten der Frau entgegen.[37] Justinian beseitigte alle *retentiones* mit Ausnahme derer wegen *impensae necessariae* mit der Begründung, daß es von seiten der Ehemänner Mißbrauch gegeben habe; im übrigen seien die Sanktionen der Kaisergesetze ausreichend.[38]

§ 10. *Propter liberos retentio fit, si culpa mulieris aut patris cuius in potestate est divortium factum sit. Tunc enim singulorum liberorum nomine sextae*[a] *retinentur ex dote; non plures tamen quam tres. Sextae*[b] *in retentione sunt, non*[c] *in petitione.*

a) Ms. Vat.: *sexte*
b) Ms. Vat.: *sexte*
c) Klenze (bei Bö): *quam tres sextae in retentione sunt.* (§ 11) *nam in petitione dos, quae.* Mu nimmt die letzten Worte aus § 10 zu § 11 und liest *Sextae … petitione;* ⟨*nam*⟩ *dos quae,* Gi, Hu: *Sext*⟨*arum*⟩ *retentione, s*⟨*i matrim*⟩*oni*⟨*um re*⟩*petit*⟨*um sit*⟩*, dos, quae*

Wegen der Kinder besteht ein Zurückbehaltungsrecht, wenn die Scheidung aufgrund Verschuldens der Frau oder ihres Vaters, in dessen Gewalt sie ist, erfolgte. Dann wird nämlich für die einzelnen Kinder je ein Sechstel aus der Mitgift zurückbehalten, aber nicht mehr als drei. Die Sechstel stehen kraft Zurückbehaltungsrechts zu, nicht kraft Klage.

Das Zurückbehaltungsrecht an den Sechsteln knüpft an die Schuld am Scheidungs*grund* an.[39] Der Nachsatz könnte mit Rücksicht auf das *iudicium de moribus*

35 Mit der Erörterung der *actio rerum amotarum* läßt Tit. 7,2 erkennen, daß er wahrscheinlich an einen entfallenen Satz zur nach Maßgabe der Aufzählung zu erwartenden *retentio propter res amotas* anknüpft. Vgl. Paulus 7 *ad Sab.* D. 24,3,15,1 (*ob res donatas et amotas et impensas*).

36 Der Schreiber dürfte vom ersten *aut* auf das zweite abgeirrt sein; Schulz, Epitome, S. 31. Mommsen vermutet dagegen, daß ein *inscitus breviator* die Worte wegfallen ließ; JS 2, S. 50.

37 Czyhlarz, Dotalrecht, S. 334.

38 C. 5,13 c. un. § 5; vgl. Leonhard, RE, 10. Hb. (1905), s. v. Dos, Sp. 1595.

39 Johnston, Roman Law, S. 37 meint abweichend, die Sechstel könnten zurückbehalten werden, wenn die Frau »had ›initiated‹ the divorce«. Daß es aber nicht auf die tatsächliche

ausdrücken, daß hier, anders als dort, nicht geklagt, sondern nur zurückbehalten werden kann.[40] »*Sextae*« steht so allein auch in Tit. 6,10;[41] entsprechend lauten § 4 (*quintis*) und § 12 (*sexta ... octava*).

§ 11. *Dos*[a], *quae semel functa est, amplius fungi non potest, nisi aliud*[b] *matrimonium sit.*

a) Ms. Vat.: *dox*
b) Ms. Vat.: *alium*

Wenn die Aufgabe der Mitgift einmal beendet ist, kann diese nicht weiter ihrer Aufgabe dienen, es sei denn, es besteht eine neue Ehe.

Wenn die Rückabwicklung der *dos*, einschließlich der Wahrnehmung allfälliger *retentiones*, einmal vollzogen ist, kann dies bei Beendigung derselben Ehe nicht nochmals geschehen. Die *dotis functio* endet nämlich mit der Rückgabe der *dos*.[42] Abzüge müssen bei dieser Gelegenheit vorgenommen werden. Wenn nun die Ehefrau den Mann verlassen und die *dos* zurückerhalten hat, dann kommt es, wenn die Frau noch einmal zurückkehrt,[43] bevor die Ehe endgültig geschieden wird, darauf an, ob der erste Weggang eine Ehescheidung (*divortium*) war oder eine bloße Trennung (*discidium*). Im zweiten Fall hätte eine einzige Ehe über die Trennung hinaus fortbestanden. Hier konnte der Ehemann, der die *dos* bereits zurückgegeben hatte, an dieser nachträglich keine Rechte geltend machen. Anders lag es, wenn die Partner nach einer ersten Scheidung inzwischen eine neue Ehe miteinander eingegangen waren.[44]

Muirhead hat die letzten Worte aus § 10, deren Zugehörigkeit viele Herausgeber nicht überzeugend klären konnten, zu § 11 genommen und gelesen: *Sextae in*

Durchführung der Scheidung, sondern auf das schuldhafte Setzen der Ursache ankommt, wird (im umgekehrten Fall) aus Cicero *Top.* 4,19 deutlich: Wenn die Frau die Scheidung durchführte, der Mann sie aber verschuldet hatte, wird ihm die *retentio propter liberos* versagt. Zur Differenzierung zwischen Scheidungsinitiative und Scheidungsveranlassung jetzt näher Stiegler, Mél. Sturm 1, S. 434 ff.

40 Vgl. die Vermutung Czyhlarz', Dotalrecht, S. 338.

41 Vgl. entsprechend in Paulus' Responsen Fr. Vat. 105-107. Es fällt auf, daß Tab. Herc. 87, pag. 1, Z. 5 insofern abweicht, als dort nach der Scheidung je ein Fünftel für jedes Kind zurückbehalten wird, während § 4 dies im Fall des Todes der Frau vorsieht; vgl. Arangio-Ruiz/Pugliese-Carratelli, PP 1 (1946), S. 475.

42 Hugo, Beyträge 1, S. 203 ist der Ansicht, *fungi* bedeute soviel wie *pati retentionem*; krit. Schilling, Bemerkungen, S. 369 f. Nach VIR 2, 390, 51 findet sich *dos fungitur* nur hier, *dotis functio* nach VIR 2, 395, 38 nur bei Paul. Sent. 1, Consultatio 4,3.

43 Vgl. African 8 *quaest.* D. 25,2,23: *redintegrato matrimonio.*

44 Czyhlarz, Dotalrecht, S. 463; Levy, Ehescheidung, S. 88, Fn. 1, S. 135, unrichtig Albertario, BIDR 32 (1922), S. 128. Schulz, Epitome, S. 31 meint, wenn damit der Sinn der Stelle getroffen sei, so sei er unklassisch ausgedrückt. Albertario, BIDR 32 (1922), S. 128 hält *nisi ... sit* für interpoliert. Die Verknüpfung durch Huschke und Giraud (App. zu § 10 Ziff. c) geht sicherlich zu weit.

retentione sunt, non in petitione; ⟨nam⟩ dos quae ... .[45] Unser Text wäre als Begründung zum Vorangegangenen zu verstehen: Wenn infolge Scheidung der Ehemann die *dos* zurückgegeben hat, ohne die Sechstel, die er hätte abziehen können, tatsächlich in Anrechnung zu bringen, dann konnte er sie später nicht einklagen. Auch Schilling meinte, es habe ein Grund für das *sextae in retentione sunt, not in petitione* angegeben werden sollen, und die Verbindung sei durch Ergänzung von *nam* oder *quia* herzustellen.[46] Überzeugen kann aber am ehesten die Annahme, daß § 11 eine Konsequenz des Schlußsatzes aus § 10 wiedergibt: Weil die Abzüge nur im Wege der Zurückbehaltung vorgenommen werden können, ist es nicht möglich, sie nach beendeter Abwicklung der *dos* geltend zu machen.[47] Nur dann, wenn die Partner eine neue Ehe eingegangen sind, in die dasselbe Vermögen als *dos* eingebracht wurde,[48] kommen nach einer späteren Scheidung neue Abzüge in Betracht.

§ 12. *Morum nomine graviorum quidem sexta*[a] *retinetur*[b], *leviorum autem octava. Graviores mores*[c] *sunt adulterium*[d] *tantum; leviores omnes reliqui.*

§ 13. *Mariti mores*[e] *puniuntur in ea quidem*[f] *dote quae a die*[g] *reddi debet, ita ⟨ut⟩*[h] *propter maiores mores praesentem dotem reddat*[i], *propter minores senum mensum die. In ea autem, quae praesens reddi solet, tantum ex fructibus iubetur reddere, quantum in illa dote quae triennio*[j] *redditur*[k] *repraesentatio*[l] *facit.*

a) Ms. Vat.: *sexte*
b) so Cuj (Obs. 19,30, weil es nicht um die Zahl der Kinder oder der Taten geht; Aur. 1586), Kr, Hg[2-5], Sch; Ms. Vat.: *retinentur*, Til, Cuj (Par. 1586): *sextae retinentur.*
c) so Til, Hg[5], Kr, Sch; Ms. Vat.: *gravioris*[ein oder zwei Zeichen entfernt]*moris*
d) so Bö, Sch; Ms. Vat.: *adulterio*; Til, Hg[5], Kr: *adulteria*
e) Ms. Vat.: *moris*
f) Cuj (Obs. 7,20): *ea dote*

45 Muirhead, Rules, S. 375.
46 Schilling, Bemerkungen, S. 369-375.
47 Heimbach, Ulpians Fragmente, S. 25 meint, die Stelle unterbreche den Zusammenhang. Hier stehe etwas allgemeines, was eigentlich nicht hierher gehöre. Es liege ein Eingriff des von ihm vermuteten Kompilators vor. Der Zusammenhang ist aber auch ohne Emendation zu ersehen. Er ergibt sich in Anlehnung an die Reihenfolge der Stoffbehandlung in Fr. Vat. 106 u. 107.
48 Vgl. Paulus 7 *ad Sab.* D. 23,3,30: *Dotem, quae in prius matrimonium data est, non aliter converti in posterius marimonium dicendum est, quam cum hoc agitur.* Der Satz geht wahrscheinlich auf den kommentierten Sabinustext zurück; Astolfi, Libri tres, S. 238. Sabinus erörtert die Voraussetzungen für die Bestellung der alten *dos* für eine neue Ehe. Daß (wie hier) an eine neue Ehe zwischen denselben Personen gedacht ist, erhellt im Zusammenhang mit dem nachfolgenden Papinianfragment D. 23,3,31.

g) so Ms. Vat., Ms. Aur., Til, Cuj (1566, Par. 1586, Aur. 1586), Hg$^{3-5}$; Cuj (Obs. 7,20), Hu, Sch: *a⟨nnua⟩ die*; Bö: *ad diem*; Cuj (notae § 11), Hg$^{1-2}$: *a⟨nnua bima trima⟩ die.*
h) so Kr, Sch; fehlt im Ms. Vat.
i) Til: *reddit*; Hg^{5}: *praesentem reddit*
j) so Hg$^{2-5}$, Kr, Sch; Ms. Vat., Til, Ch 1578 [210 v], Hg^{1}: *quadriennio*
k) Til meint, nach *redditur* fehle etwas.
l) so Cuj, Kr, Sch; Sav (VS 5, S. 95); Ms. Vat., Til, Cuj (Par. 1586), Hg^{5}, Bö und Va.: *repensatio*; Ch 1578: *⟨quod⟩ representatio*; Me: *compensatio*; Ca: *quantum in illa dote quadriennio redituum ⟨fuit, quo⟩ repraesentatio facta ⟨est⟩*

Wegen schwerer Sittenverstöße wird ein Sechstel einbehalten, wegen leichter ein Achtel. Einen schweren Sittenverstoß bildet nur der Ehebruch, einen leichten alle übrigen.
Sittenverstöße des Mannes werden bei einer solchen Mitgift, die von einem bestimmten Termin an zurückgegeben werden soll, damit gestraft, daß er bei einem schweren Sittenverstoß die Mitgift sofort zurückerstatten muß, bei einem leichten in einer Frist von sechs Monaten. Bei einer Mitgift, die sofort zurückerstattet zu werden pflegt, muß er nur soviel von den Früchten herausgeben, wie bei der Mitgift, die binnen dreier Jahre zurückerstattet wird, der Betrag ausmacht.

Ursprünglich war bei einem Sittenverstoß der Frau die *actio rei uxoriae* weggefallen. Später wurden Abzüge angeordnet, deren Umfang jeweils von einer richterlichen Entscheidung abhing. Diese Rechtslage bestand wohl noch gegen Ende der Republik.[49] Die Einführung des Sechstels bzw. Achtels[50] ist möglicherweise auf eine Verfestigung der Gerichtspraxis bei der Beurteilung der Frage, auf was sich die *actio rei uxoriae* im Einzelfall richtet, zurückzuführen.[51]

49 Um die Frage des Einbehaltens der gesamten *dos* durch den Mann wegen Sittenverstoßes der Frau geht es in der Entscheidung des Marius bei Valerius Maximus 8,2,3. Vgl. Czyhlarz, Dotalrecht, S. 334 f. Zu den alten Sittenverstößen der Frau Gellius *Noct. Att.* 10,23,3-5; Plinius *Nat. hist.* 14,14,89 ff.

50 Huschke spricht sich für *sextae retinentur* aus, weil er ein Sechstel als Strafe nicht ausreichend findet (gedacht ist an den Fall mehrerer Ehebrüche) und unter Hinweis auf Valerius Maximus 8,2,3, wo ein Ehemann die gesamte *dos* wegen *impudicia* nahm. Dort konnte sich der Ehemann mit seiner *retentio* aber gerade nicht durchsetzen; vgl. Stiegler, Mél. Sturm 1, S. 432 f.; Muirhead, Rules, S. 375.

51 Der Umfang, in dem die *dos* zurückgegeben werden mußte, bestimmte sich danach, was als *aequius melius* angesehen werden konnte; Lenel, Edictum, S. 304-306. Die Ansicht, das Sechstel bzw. Achtel sei durch ein augusteisches Gesetz, etwa die *lex Iulia de adulteriis*, eingeführt worden (Czyhlarz, Dotalrecht, S. 335 f.), kann nicht überzeugen, weil die vergleichsweise maßvolle Sanktion im Widerspruch zu den schweren Strafen stünde, die Augustus selbst für den Ehebruch eingeführt hatte; vgl. Spagnuolo Vigorita, Casta domus, S. 59 f.; Mette-Dittmann, Ehegesetze, S. 39.

Die *retentiones propter mores* gehören dem gerichtlichen Verfahren vor dem *iudex* an. In dem von Justinian beseitigten[52] *iudicium de moribus* entschied freies richterliches Ermessen darüber, ob die *dos* gekürzt werden sollte.[53] Dies geschah aber immer nur gegenüber der *actio rei uxoriae*, weil die *actio ex stipulatu* keine Abzüge zuließ. Das abzuziehende Sechstel oder Achtel wurde später von anderen Scheidungsstrafen abgelöst.[54] Die *graviores mores* behandelt auch Sin. 15. Sittenverstöße des Mannes (§ 13) führten dazu, daß er die Privilegien verlor, die er bei der Rückgabe der *dos* hatte. Ein schwerer Sittenverstoß begründete eine sofortige Rückgabepflicht, ein leichterer führte zur Verkürzung der Rückgabefristen.[55]

§ 14. *Inpensarum*[a] *species sunt tres, aut enim necessariae dicuntur, aut utiles*[b], *aut voluptuosae*[c][56].

a) so Sch; Til, Hg[5], Kr: *impensarum*; Ms. Vat.: *Repensarum*
b) Ms. Vat.: *utilis*
c) Ms. Vat.: *voluptuose*

Es gibt drei Arten der Verwendungen: entweder werden sie nämlich notwendige oder nützliche oder luxuriöse genannt.

52 C. 5,17. An die Stelle des Ermessens sollten nach Justinians Vorschrift die festen Vorschriften der späteren Kaiserzeit über Scheidungsstrafen treten; Leonhard, RE, 10. Hb. (1905), s. v. Dos, Sp. 1594.

53 Bei beiderseitigem Sittenverstoß findet keine *retentio* statt; vgl. Scaevola 19 *quaest.* D. 24,3,47.

54 Leonhard, RE, 10. Hb. (1905), s. v. Dos, Sp. 1594.

55 Die erste Bezugnahme auf die ratenweise zurückzugebende *dos* wird – wie im Ms. Vat. – nur *a die* lauten. Gesichtspunkte für eine Jahresfrist (*annua die*) sind nicht ersichtlich. Daß sich hinter dem *a* die Wortfolge *annua bima trima* verbergen sollte, ist unwahrscheinlich. Savigny meinte, der Wortlaut *quae a die* habe den gleichen Sinn wie *quae annua bima trima die*. Eine Emendation sei unnötig; VS 5, S. 95.

56 Der korrekte Ausdruck ist *impensae voluptariae* (Lust verschaffende Aufwendungen). Den Ausdruck *inpensae voluptuosae* (wörtlich: »lustvolle Aufwendungen«) hat neben unserem Text nur Ulpian 5 *reg.* D. 25,1,14,2: *voluptuosae sunt balinea exstruere*. Ulpian verwendet in authentischen Texten die sonst übliche Terminologie (Ulpian 36 *ad Sab.* D. 25,1,1 pr; ebenso Paulus 6 *ad Plaut.* D. 50,16,79,2). Das *voluptuosus* in D. 25,1,14,2 ist ein Merkmal, das auf einen Zusammenhang zwischen unserer Stelle und den pseudo-ulpianischen *libri 7 regularum* hindeuten dürfte (S. 147). Schulz, Epitome, S. 32 nimmt einen Hinweis auf die Benutzung von D. 25,1,14,2 durch den »Verfasser« unseres Textes an. Honoré, Ulpian[1], S. 109 meint im Anschluß an Schulz' Vermutung, daß, auch wenn der von ihm vermutete Kompilator des *liber singularis* tatsächlich die *libri septem regularum* benutzt habe, die Fehleridentität nur zeige, daß beides keine Werke Ulpians seien.

Die §§ 14 bis 17 behandeln die Verwendungen auf die Mitgift, die teilweise Zurückbehaltungsrechte auslösen. Die Systematik der *impensae*[57] geht möglicherweise auf philosophisches Gedankengut zurück.[58] Es handelt sich um lange tradierten Stoff. Ein Indiz für seine feststehende und kontinuierliche Überlieferungstradition ist die Fortwirkung der Dreiteilung: Sie tritt u.a. in der Turiner Institutionenglosse wieder auf.[59]

§ 15. *Necessariae sunt inpensae*[a], *quibus non factis dos*[b] *deterior futura est*[c], *velut si quis ruinosas aedes refecerit.*

§ 16. *Utiles sunt, quibus non factis quidem deterior dos*[d] *non fuerit*[e], *factis autem fructuosior*[f] *effecta est, veluti si vineta et oliveta fecerit.*

§ 17. *Voluptuosae*[g] *sunt, quibus neque omissis deterior dos*[h] *fieret, neque factis fructuosior*[i] *effecta est, quod*[j] *evenit in viridiariis et picturis*[k] *similibusque rebus.*

a) Ms. Vat.: *inpense*
b) Ms. Vat.: *dox*
c) Hg[5]: *esset*
d) Ms. Vat.: *dox*
e) Hg[5]: *fieret*
f) Til: *fructuosior* ⟨*dos*⟩
g) Ms. Vat.: *voluptuose*
h) Ms. Vat.: *dox*
i) so Til, Hg[5], Kr, Sch; Ms. Vat.: *fructior*
j) so Til, Hg[5], Kr, Sch; Ms. Vat.: *quae*
k) so Hg[5], Sav (VS 5, S. 95), Kr, Sch; Ms. Vat., Cuj (Par. 1586)[60]: *pictoris*; Til, Ch 1578: *pictoriis*

57 Nachdem die Pandektistik eine eher statische Vorstellung von der Abgrenzung hatte (vgl. Windscheid/Kipp, Pandektenrecht 1, S. 995 f.), hat sich in der jüngeren Forschung gezeigt, daß sich die Begriffe erst allmählich ausformen mußten. Dies betraf im Kern die Bestimmung des Begriffs der *impensae necessariae*; Bürge, Retentio, S. 28.

58 Bürge, Retentio, S. 28; vgl. Niederländer, SZ 75 (1958), S. 201 ff., 218 f. Die Dreiteilung ist wahrscheinlich im – klassischen! – Schulbetrieb gefestigt worden; vgl. Kaser, RP 1, S. 339, Fn. 30. Arangio-Ruiz, BIDR 30 (1921), S. 203 empfindet sie daher als sehr »gaianisch«.

59 Turiner Institutionenglosse fol. 22 a, Glosse 119 (ed. Alberti): *Impensarum alie sunt necessarie, alie sunt utiles, alie sunt voluptarie. Necessarie sunt sine quibus res esset peritura vel deterior futura; utiles que rem meliorem eficiunt deteriorem non sinunt; voluntarie que nec meliorem nec deteriorem eficiunt.* [Vgl. Paulus 6 *ad Plaut.* D. 50,16,79] *Habet retentionem possesor bone fidei pro impensis necessariis et utilibus, voluntarias potest abradere ei tantum quantum* [radiert] *ab late male fidei possessor necessarias* [radiert] *auferre potest, officio iudicis, sine lesione prioris status, voluntarias recuperare non potest.*

60 In Obs. 6,37 erwog Cujaz, zu *tectoriis* (Stuckarbeit, Wandmalerei) zu emendieren, aber dieser Eingriff ist unnötig und daher abzulehnen.

Notwendig sind Verwendungen, durch deren Nichtvornahme die Mitgift schlechter würde, z.B. wenn jemand ein baufälliges Haus repariert.
Nützliche sind solche, durch deren Nichtvornahme die Mitgift nicht schlechter würde, durch deren Vornahme sie jedoch fruchtertragreicher gemacht wird, z.B. wenn jemand Weinstöcke und Olivenhaine anlegt.
Luxusverwendungen sind solche, durch deren Unterbleiben die Mitgift nicht schlechter geworden wäre, durch deren Vornahme sie aber auch nicht fruchtertragreicher geworden ist. Dies ist der Fall bei Lustgärten, Fresken und ähnlichen Dingen.

Die Dreiteilung der *impensae* geht davon aus, daß die *dos* aus einer fruchtbringenden Sache (etwa aus einem Landgut[61]) besteht. Die Fruchterträge der Mitgift gewährleisten nämlich, daß diese zum Lebensunterhalt der Familie beiträgt, ohne daß die Substanz angegriffen wird.[62] Nach einer radikalen klassischen Auffassung konnte eine *dos*, die keine Früchte trug, ihre Aufgabe nicht erfüllen und war daher als *dos sterilis* sogar unwirksam.[63] Diese Vorstellung liegt dem Regelwerk allerdings nicht zugrunde.

Die *impensae necessariae* sind solche Aufwendungen, deren Vornahme eine Verschlechterung des Dotalgegenstands verhindert.[64] Die Notwendigkeit bezieht sich nach dieser Lehre auf die Erhaltung der Sache in Substanz[65] und Ertrags-

61 Vgl. den Titel D. 23,5 *de fundo dotali*. Dort wird mehrfach die *lex Iulia de fundo dotali* genannt; wohl ein Teil der *lex Iulia de adulteriis* von 18 v. Chr. (Rotondi, Leges, S. 445).

62 Ein Beitrag zum Lebensunterhalt wäre, wenn die *dos* z.B. aus einem Wohnhaus besteht, auch ohne Früchte denkbar. Nach dem klassischen Konzept mußte die Mitgift aber Fruchterträge bringen.

63 Tryphonin 9 *disp*. D. 23,3,76: … *nisi matrimonii oneribus serviat, dos nulla est.* Daher dürfen entstehende Früchte auch nicht der *dos* zugeschlagen werden; Marcellus bei Ulpian 31 *ad Sab*. D. 23,4,4: *prope* ***indotatam*** *mulierem hoc pacto fieri.* Genius, Fs. Seidl, S. 46 ff. sieht den Beitrag zu den Lasten der Ehe als ältere Funktion der *dos* an, während der Zweck, die Ehefrau nach dem Ende der Ehe abzusichern, seit der späten Republik an Bedeutung gewonnen habe. Im justinianischen Recht stand der Versorgungsgesichtspunkt im Vordergrund; vgl. Kaser, RP 2, S. 185; Stiegler, Mél. Sturm 1, S. 432.

64 Paulus 6 *ad Plaut*. D. 50,16,79 pr: *quae si factae non sint, res aut peritura aut deterior futura sit.* Beispiele sind die Anlegung einer Mole an Meer oder Fluß (Labeo), der Bau einer Mühle oder eines Kornspeichers, die Reparatur eines baufälligen Hauses, die Nachpflanzung (nicht Neuanlage!) eines Olivenhains, die Heilung eines kranken Sklaven, das Nachpflanzen (*restaurare*) von Weinreben, die Pflege von Bäumen sowie die Befestigung eines Ufers; Ulpian 36 *ad Sab*. D. 25,1,1,2, ebd. 3 u. Ulpian 5 *reg*. D. 25,2,14 pr. Landwirtschaftliche Maßnahmen, die kurzfristig zu Früchten führen, zählen nicht hierher (Ulpian 36 *ad Sab*. D. 25,1,1,3), denn von den Früchten der Dotalsache bekommt grundsätzlich der Mann die vor der Trennung gezogenen, die Frau die später gezogenen; Lambertini, AG 204 (1984), S. 142.

65 So z.B. Ulpian 36 *ad Sab*. D. 25,1,1,3: *oliveta reiecta* (*defecta* Hal.) *restauraverit.*

wert.[66] Die Digesten enthalten entsprechende Definitionen aus Ulpians Sabinuskommentar[67] sowie von Paulus.[68] Demgegenüber bejaht Labeo bei Ulpian 36 *ad Sab.* D. 25,1,1,3 die *necessitas impendendi* nicht nur für Erhaltungs- und Sicherungsaufwendungen, sondern auch für Investitionen, nämlich die Neuerrichtung einer Bäckerei oder eines Getreidespeichers auf einem Gutsbetrieb.[69] Dieser Lehre liegt ein weiterer, in der klassischen Sprache auftretender *necessitas*-Begriff zugrunde, der auch relative, zweckabhängige Notwendigkeiten erfaßt.[70] Damit äußert Labeo eine Ansicht, die § 15 entgegensteht.

Abzugrenzen sind die *impensae necessariae* von den *impensae utiles*, die die Sache *fructuosior* machen.[71] Es genügt für §§ 16 u. 17[72] also nicht, daß der Wert gesteigert wird,[73] sondern es kommt allein auf die gesteigerte Fruchtbarkeit an.[74] Diese Ansicht tritt entsprechend in einigen Quellentexten auf, die die Frage betreffen, unter welchen Voraussetzungen der Ehemann, der in einen Marmorbruch

66 Neraz 6 *membr.* D. 25,1,16: *non solum ad percipiendos fructus, sed etiam ad conservandam ipsam rem speciemque eius necessariae.*

67 Ulpian 36 *ad Sab.* D. 25,1,1,1; Ulpian 36 *ad Sab.* D. 25,1,5,3; Ulpian 36 *ad Sab.* D. 25,1,7. Für den engen palingenetischen Zusammenhang der Stellen vgl. Lenel, Pal. 2, Sp. 1151-1152.

68 Paulus 6 *ad Plaut.* D. 50,16,79.

69 *Labeo … et si pistrinum vel horreum necessario factum sit, in necessariis impensis habendum ait.*

70 Diesen Begriff der *necessitas* verwendet Cicero *de re publica* 2,11,22. Daß *necessitas* dort für »Zweckmäßigkeitserwägungen« steht, zeigt Behrends, Gewohnheitsrecht, S. 90 f. mit Fn. 156.

71 Marrone, Istituzioni, S. 312. Die Quellen nennen als Beispiele die Anpflanzung von Wein, Oliven oder einer Baumplantage, den Bau einer Mühle, eines Geschäfts, sowie die Erziehung von Sklaven (Ulpian 31 *ad Sab.* D. 24,3,7,16; Paulus 7 *ad Sab.* D. 25,1,6; Ulpian 5 *reg.* D. 25,6,14; Paulus 6 *ad Plaut.* D. 50,16,79,1).

72 Ähnlich Paulus 6 *ad Plaut.* D. 50,16,79,2.

73 Dazu Lambertini, AG 204 (1984), S. 147.

74 Paulus 6 *ad Plaut.* D. 50,16,79,1 referiert eine entsprechende Ansicht des Fulcinius: *Utiles impensas esse quae meliorem dotem faciant, non* ⟨*tantum* Mo⟩ *deteriorem esse non sinant, ex quibus reditus mulieri adquiratur.* Nach dieser Ansicht sollen, ebenso wie nach der Logik des Tit. 6,17, die reinen wertsteigernden Aufwendungen, die keine Ertragsverbesserung bringen (Versehen des Hauses mit einem Bad, Bau eines Gartens oder Springbrunnens, Marmorverkleidungen, Verputzung, Wandgemälde [Paulus 36 *ad ed.* D. 25,1,10; Ulpian 5 *reg.* D. 25,1,14,2; Paulus 6 *ad Plaut.* D. 50,16,79,2]) aus der Kategorie der *impensae utiles* herausfallen und nicht ersatzfähig sein.
Gleichwohl ist mehrfach die Ansicht vertreten worden, eine gesteigerte Ertragsfähigkeit der Sache sei nicht erforderlich und eine Wertsteigerung reiche aus. So Czyhlarz, Dotalrecht, S. 344 f.; Kaser, RP 1, S. 339; Pugliese, Istituzioni, S. 406. Die von Czyhlarz angeführten Belege tragen diese Ansicht nicht. In diesem Sinne aber Paulus 36 *ad ed.* D. 25,1,10 für den Fall, daß es Sachen sind, die zum Verkauf bestimmt sind. Hier macht die Werterhöhung (trotz unterbliebener Fruchtbarkeitssteigerung) doch die Aufwendungen zu *utiles* (und nicht *voluptariae*): *Quod si hae res … promercales fuerint, tales impensae non voluptariae, sed utiles sunt.* Dieser Gesichtspunkt tritt in unserem Text nicht auf.

auf dem Dotalgrundstück investiert hatte, die abgebauten Steine herausgeben muß und im Gegenzug Anspruch auf Ersatz seiner Verwendungen hat. Javolen 6 *ex post. Lab.* D. 23,5,18 meint, ersatzfähige *impensae utiles* lägen schon vor, wenn keine Verschlechterung des Grundstücks eingetreten sei[75]. Er macht die Ersatzfähigkeit aber davon abhängig, daß der Stein »nachwächst«.[76] Unter dieser Voraussetzung verbessert die Öffnung des Marmorbruchs nämlich die Ertragslage, und die Sache wird auch nicht verschlechtert. Auch Ulpian 31 *ad Sab.* D. 24,3,7,13 u. 14 erklärt nicht notwendige Verwendungen nur für ersatzfähig, wenn sie die Sache fruchtertragreicher machen: Der Ehemann kann nur Ersatz verlangen, wenn der gebrochene Stein Frucht ist, die Investition also den Ertrag verbessert hat.[77] Nun meint Lambertini, gerade Ulpian habe eine Theorie der Impensen vertreten, die die *utiles* mit denen gleichsetzte, die die Sache *fructuosior* machen. Dies gehe auch aus Tit. 6,16 sowie Ulpian 5 *reg.* D. 25,1,14,1 hervor.[78] Es wird sich aber nicht um eine besondere Ansicht Ulpians handeln, zumal Tit. 6,16 dies nicht stützen kann und auch die Stelle aus den *libri septem regularum* wahrscheinlich nicht von Ulpian stammt.[79] Die Behandlung im Sabinuskommentar Ulpians[80] sowie das Auftreten bei dem Sabinianer Javolen in D. 23,5,18 deuten vielmehr darauf hin,

75 Czyhlarz, Dos, S. 345 meint, der Ersatzanspruch wegen nützlicher Verwendungen sei jünger als der wegen *impensae necessariae*; noch Labeo scheine ihn nicht anzuerkennen. Er schließt dies offenbar aus Pomponius 6 *ex post Lab.* D. 23,5,18, wo Labeo im Fall des eröffneten Marmorbruchs die Ersatzfähigkeit verneint, da das Grundstück schlechter geworden ist *und* keine *notwendigen* Aufwendungen vorliegen. Labeo spricht aber von zwei Tatbeständen: Während er mit dem letztgenannten Kriterium auf die *impensae necessariae* anspielt, meint er mit dem ersten offenbar die *impensae utiles.* Im übrigen ist die Dreiteilung wahrscheinlich älter und setzt den Tatbestand der *impensae utiles* voraus.

76 Marmor geht erdgeschichtlich auf eine Metamorphose von Kalkgestein unter Druck- und Hitzeeinwirkung zurück; Herbeck, Marmor, S. 19 f. Mehrere Quellen berichten über die Vorstellung, daß der Stein »nachwachse«. Vgl. Plinius *Nat. hist.* 36,24,125: *et inter plurima alia Italiae ipsius miracola marmora* ***in lapicidinis crescere*** *auctor est Papirius Fabianus, naturae rerum peritissimus, exemptores quoque adfirmant compleri sponte illa montium ulcera.* Der beobachtete Vorgang beruht darauf, daß sich der Kalkstein (wie z.B. bei Hierapolis) durch Ablagerungen unter dem Einfluß von Thermen und Quellen bildet; vgl. Sokolowski, Philosophie 1, S. 456 f. sowie Lambertini, AG 204 (1984), S. 127 mit weiteren Textzeugnissen. Die Nutzung »nachwachsenden« Gesteins ist ferner für den Kalksinter bekannt, dessen sedimentäre Entstehung in römischen Wasserleitungen man innerhalb von Jahrzehnten beobachten konnte, und der als Baustoff Verwendung fand.

77 Die Fruchteigenschaft setzt voraus, daß Teile abgelöst werden können, ohne daß die Möglichkeit des Ersatzes aus der Substanz heraus beeinträchtigt wird. Nach jeder Abtrennung muß wieder eine entwicklungsfähige *salva substantia* zurückbleiben; vgl. Sokolowski, Philosophie 1, S. 455.

78 Lambertini, AG 204 (1984), S. 143, 147.

79 Zur Herkunft der *libri septem regularum* Honoré, Ulpian², S. 215 ff.; Liebs, Fs. Straub, S. 287 ff.

80 Die *impensae necessariae* sind behandelt in Sin. 16-19.

daß es sich um eine an Sabinus anknüpfende und in der Folge sabinianische Meinung handelt, die sich durchsetzte und auch von Tit. 6,16 wiedergegeben wird.

Als zusätzliches Erfordernis ist bei Paulus 6 *ad Plaut.* D. 50,16,79 überliefert, daß die nützlichen Verwendungen nur ersatzfähig sind, wenn sie mit dem Willen der Frau gemacht worden waren.[81] Damit wurde der Begriff der *impensae utiles* denaturiert.[82]

Die Rechtsfolge ergibt sich aus Ulpian 36 *ad Sab.* D. 25,1,1,2 und D. 25,1,5 pr ff.:[83] *impensae necessariae* (und *utiles*) *dotem ipso iure minuunt.* Es bedarf insoweit keiner *exceptio.*[84]

b.) Tit. VII, §§ 1-3 ›De iure donationum inter virum et uxorem‹ Über das Recht der Schenkungen zwischen Ehemann und Ehefrau

Im nun folgenden Text deutet § 1 die Erörterung der *retentio propter res donatas* an, die im Titel *de re uxoria* im julianischen Edikt als letzter verbleibender Fragenkomplex zur *actio rei uxoriae* gehört. Die §§ 2 und 3 beziehen sich dann auf das Edikt *de rebus amotis.* Während die *retentio ob res amotas* gegenüber der Frau (als Folge der Epitomierung des Textes) nicht mehr auftritt, wird die Inanspruchnahme des Mannes wegen Entwendungen ebenso behandelt wie dessen Absicherung wegen seiner zugunsten der *dos* eingegangenen Verbindlichkeiten. Es geht hier also um weitere Einzelfragen aus dem – vergleichsweise ausführlichen – Abschnitt über die Abzüge, die der Ehemann bei der Rückforderung der *dos* geltend machen kann. Demgegenüber spielt die Ehegattenschenkung im Text selbständig gar keine Rolle.[85] Dieser Gesichtspunkt ist lediglich durch die nachträgliche Hin-

81 Entsprechend für die Fruchtfrage Paulus 7 *ad Sab.* D. 24,3,8 pr, der den abgebauten Stein dem Mann beläßt, weil die Frau ihm den Dotalsteinbruch mit dieser Absicht zur Verfügung gestellt habe.

82 Niederländer, SZ 75 (1958), S. 215. Die Annahme Mayer-Malys, Études Macqueron, S. 486, die Kategorienbildung unseres Textes sei maßgeblich von Paulus D. 50,16,79 beeinflußt, kann daher nicht überzeugen.

83 Nicht sicher festzustellen ist, ob Ulpian 36 *ad Sab.* D. 25,1,5 pr (*quod dicitur ›necessarias impensas dotem minuere‹*) an eine besondere Äußerung Sabinus' oder an die allgemeine Regel gedacht hat; vgl. Schulz, Sabinus-Fragmente, S. 75; Astolfi, Libri tres, S. 238.

84 Kaser/Knütel, Röm. Privatrecht, § 59, Rn. 22. Demgegenüber besteht ein Wegnahmerecht bei *impensae voluptariae*; Ulpian 36 *ad Sab.* D. 25,1,9.

85 Die §§ 1 u. 2 stehen für die Erörterung der *retentiones propter res donatas* und *propter res amotas*, die bisher (vgl. Tit. 6,9 u. 14-17) noch nicht behandelt worden sind. Sie bilden keinen eigenständigen Abschnitt über Schenkungen unter Ehegatten. Anders offenbar Astolfi, Libri tres, S. 239; vgl. Nelson, Überlieferung, S. 359, 377; ders., BSL 29 (1999), S. 286; Klingenberg, AA 52 (1999), Sp. 128.
Söllner, Vorgeschichte, S. 129 f. bringt die Stellung der Ehegattenschenkung hier inmitten des Personen- und Familiengewaltrechts damit in Verbindung, daß das Schenkungsverbot

zufügung des Titels herausgehoben worden.[86] Das dadurch bewirkte Erscheinungsbild entspricht dem Aufbau der Darstellung in den Paulussentenzen.[87] Tatsächlich wird die Ehegattenschenkung in den Schriften der römischen Juristen regelmäßig im Zusammenhang mit der *res uxoria* abgehandelt. Diese Verbindung tritt in den *libri ad Sabinum* auf,[88] geht also auf das Sabinussystem zurück.[89]

§ 1. *Inter virum et uxorem donatio non valet*[a] *nisi certis ex causis, id est*[b] *mortis causa, divortii*[c] *causa, servi manumittendi gratia. Hoc amplius principalibus constitutionibus concessum est mulieri in hoc donare viro suo, ut is*[d] *ab imperatore lato clavo vel equo publico similive honore honoretur.*

a) Ms. Vat.: *valet* [kleine Lücke im Text wegen Defekts im Pergament. Es fehlt nichts.]
b) so das Ms. Vat.; Til: *causis: mortis*
c) Ms. Vat.: *divorti*
d) Ms. Vat.: *his*

Eine Schenkung zwischen Ehemann und Ehefrau ist nicht wirksam, es sei denn aus bestimmten Gründen, nämlich von Todes wegen, im Hinblick auf eine Scheidung oder wegen Freilassung eines Sklaven. Darüber hinaus ist es durch Kaiserkonstitutionen gestattet worden, daß eine Frau ihrem Ehemann zu dem Zwecke schenkt, daß er vom Kaiser mit dem breiten Purpurstreifen (des Senators), dem Ritterpferd oder einer ähnlichen Auszeichnung geehrt werden kann.

Wenn die Frau nach der Scheidung infolge einer nichtigen Ehegattenschenkung noch bereichert war, konnte der Mann der *actio rei uxoriae* der Frau grundsätzlich die *retentio propter res donatas* entgegenhalten.[90] In diesem Zusammenhang nennt der erste Satz den Grundsatz des Schenkungsverbots sowie drei wichtige Sonderfälle.

seine Ursache im (bestehenden oder gedachten) Gewaltverhältnis habe. Auch diese Ansicht berücksichtigt nicht, daß die Stellung dieses Abschnitts mit der *retentio propter res donatas* zusammenhängt.

86 Schulz, Epitome, S. 32 erkennt die Rubrik zutreffend als späte Zutat. Formell fällt *iure donationum* statt *donationibus* auf; Mommsen, JS 2, S. 52.

87 Paul. Sent. 2,21b u. 22; entsprechend zusammenhängend bei Liebs, SZ 113 (1996), S. 163 f.: 2,24 u. 25. In Ulpians Sabinuskommentar steht die Ehegattenschenkung (lb. 32 u. 33) mitten im Dotalrecht. Die *retentio propter res donatas* folgt dann im 36. Buch; vgl. Lenel, Pal. 2, Sp. 1153.

88 Vgl. Lenel, Pal. 1, Sp. 1271 (Paulus) und Pal. 2, Sp. 118 (Pomponius); Sp. 1138 (Ulpian).

89 Söllner, Vorgeschichte, S. 132, Fn. 20; Lenel, Sabinussystem, S. 64 f. u. 92. Entsprechendes gilt für die Stoffanordnung in den Digesten; vgl. die Aufeinanderfolge der Titel D. 23,3 bis 24,3.

90 Schlei, Schenkungen, S. 61.

So tritt die Wirkung bei der *donatio mortis causa* erst mit dem Tod des Schenkers und damit nach Auflösung der Ehe ein.[91] Die Regelung dient der Versorgung und gleicht das schwache Intestaterbrecht des überlebenden Ehegatten in der manusfreien Ehe aus.[92] Auch bei der *donatio divortii causa* wird die Schenkung mit Rücksicht auf das bevorstehende Ende der Ehe vorgenommen und soll erst danach wirksam sein. Es handelt sich um eine Versorgungsschenkung, die in Fällen einseitiger Scheidung *bona gratia* (also etwa wegen Unfruchtbarkeit, Kriegsdienst oder Krankheit) in Betracht kommt.[93] Wegen des Aufschubs der Wirkungen bilden diese beiden Fälle streng genommen keine Ausnahmen vom Schenkungsverbot. Ausnahmen bestehen dagegen für Schenkungen, die den Beschenkten nicht bereichern.[94] Dies geht zurück auf eine seit Trebatius belegte teleologische Reduktion aufgrund des vorklassischen, später sabinianischen Gedankens, daß das Schenkungsverbot die Vermögensverschiebung durch Be- und Entreicherung zwischen Eheleuten verhindern solle.[95] Dieser Fall ist bei der *donatio servi manumittendi gratia* gegeben, deren Wirkung erst unmittelbar bei der Freilassung eintritt.[96]

91 Es handelt sich um eine sabinianische Lehre, nach der die bestehende Ehe sogar die Wirkungen der (an sich bedingungsfeindlichen!) Manzipation aufschieben konnte: Gaius 11 *ad ed. prov.* D. 24,1,10: *in hoc tempus excurrit donationis eventus, quo vir et uxor esse desinunt*; Ulpian 32 *ad Sab.* D. 24,1,11 pr: *medio igitur tempore dominium remanet apud eum qui donavit.* Zur Sache ferner Archi, Donazione, S. 209.

92 Schlei, Schenkungen, S. 79 f.

93 Schlei, Schenkungen, S. 78 f.; D. 24,1,60-64. S. auch Julian bei Ulpian 33 *ad Sab.* D. 24,1,11,11 (Schenkung *divortii causa* gültig). Keine *donatio divortii causa* ist die Schenkung des Maecenas an Terentia, weil diese gerade bewirken sollte, daß die Frau zurückkehrte (Javolen 6 *post. Lab.* D. 24,1,64).

94 Vgl. Ulpian 31 (32 Hal.) *ad Sab.* D. 24,1,7 pr; Misera, Bereicherungsgedanke, insbes. S. 84 ff.; Tit. 5,8-11; Kaser, RP 1, S. 332 Fn. 29; Schlei, Schenkungen, S. 75 ff.

95 Pomponius 24 *ad Q. Muc.* D. 41,6,3: *Si vir uxori vel uxor viro donaverit, si aliena res donata fuerit, verum est, quod Trebatius putabat,* ***si pauperior is qui donasset non fieret****, usucapionem possidenti procedere.*

96 Diese Schenkung ist *favore libertatis recepta* (Paul. Sent. 2,23,2). Daß der Empfänger der Freilassungsschenkung nicht bereichert ist, beruht auf der Vorstellung, daß die Wirkungen der Schenkung erst zum Zeitpunkt der Freilassung eintreten. Der Vollzug der Schenkung eines Sklaven bedurfte zwar einer *mancipatio*, deren Wirkungen nach klassischem Rechtsdenken nicht aufgeschoben werden konnten. Es setzte sich aber eine auf Sabinus zurückgehende Sondermeinung durch (vgl. oben Fn. 91), die den Aufschub zuließ (Ulpian 31 *ad Sab.* D. 24,1,7,8): *cum Sabini sit sententia recepta, qui putat tunc fieri servum eius cui donatur, cum coeperit libertas imponi …* . Diese Ansicht tritt entsprechend im Fall der Schenkung einer Grabstätte auf, die erst dann wirksam werden soll, wenn der Empfänger bestattet wird (Ulpian 32 *ad Sab.* D. 24,1,5,9): *si uxori maritus sepulturae causa donaverit, ita demum locum fieri intellegi mulieris, cum corpus humatur: ceterum antequam fiet religiosus, donantis manet.*

Der Text behandelt anschließend die Voraussetzungen der *retentio* wegen Schenkungen der Frau an den Mann. Dieser könnte gegenüber der Mitgiftherausgabeklage der Frau geltend machen, die Frau habe ihm die streitbefangenen Gegenstände während der Ehe geschenkt, so daß sie nicht als Mitgiftgegenstände herauszugeben seien.[97] In dieser Konstellation setzt die *retentio* voraus, daß es um *ausnahmsweise* wirksame Schenkungen geht und außerdem die Frau gerade aus dem Dotalvermögen[98] und nicht aus ihrem sonstigen Vermögen[99] geschenkt hat. Kaiserkonstitutionen erklärten ausnahmsweise Schenkungen für wirksam,[100] durch die die Frau dem Mann das Vermögen[101] verschuf, das er benötigte, damit er vom Kaiser in den Senatorenstand erhoben[102] oder durch Verleihung des Ritterpferdes[103] oder auf andere Weise ausgezeichnet werden konnte. Während das klassische Rechtsdenken in diesem Fall den Tatbestand des Schenkungsverbots als erfüllt ansehen mußte, konnte nach vorklassischem Denken eine Ausnahme gerechtfertigt werden. Die vorklassische Lehre ging von der Vorstellung einer unter den Ehegatten bestehenden *societas vitae* aus, die auch das Vermögen einbezieht. Diese Vergemeinschaftung des Gesamtvermögens zugunsten beider Ehegatten (*consortium*) schloß wechselseitige Schenkungen grundsätzlich aus.[104] Im vorlie-

97 Söllner, Vorgeschichte, S. 132.

98 In der alten *manus*-Ehe waren die Dotalsachen Eigentum des Ehemanns oder dessen *paterfamilias*. In der gewaltfreien Ehe hielt man an dem Grundsatz fest, betrachtete aber seit der jüngeren Republik die *dos* wirtschaftlich als Frauengut (*res uxoria*); vgl. Söllner, Vorgeschichte, S. 35 ff. Auf seiten des Mannes bildete sie ein Sondervermögen. Erst im justinianischen Recht bestand ein reiner Nießbrauch; Schlei, Schenkungen, S. 61.

99 Die Ehefrau konnte, sofern sie *sui iuris* war, neben der *dos* eigenes Vermögen haben (*res extra dotem; parapherna*); vgl. Gerner, Beiträge, S. 52 ff. und unten S. 276.

100 Söllner, Vorgeschichte, S. 33 meint, diese Ausnahme vom Schenkungsverbot lasse darauf schließen, daß die *dos* beim Zensus nicht zum Vermögen des Mannes gerechnet worden sei. Andernfalls hätte es nämlich der ausnahmsweisen Zulässigkeit einer Schenkung nicht bedurft. Das scheint von der unrichtigen Vorstellung auszugehen, daß die Frau nur Dotalgegenstände verschenken konnte.

101 In der Kaiserzeit mußte der Senator mindestens über ein Vermögen im Wert von einer Million Sesterzen verfügen. Für die Zugehörigkeit zum Senatorenstand war in der Republik der Nachweis eines bestimmten Vermögens nicht verlangt worden, obwohl es selbstverständlich war, daß nur Angehörige sehr begüterter Familien Senatoren wurden. Vgl. E. Meyer, Röm. Staat, S. 217 f.

102 Eine Parallele zu Gaius 11 *ed. prov.* D. 24,1,42, wo derselbe Tatbestand wiedergegeben wird, sieht Arangio-Ruiz, BIDR 30 (1921), S. 203; dagegen Buckland, LQR 40 (1924), S. 193.

103 Die Verleihung des Ritterpferdes dokumentierte die Aufnahme in den Ritterstand (*ordo equestris*). Diese erforderte grundsätzlich ein Vermögen von 400.000 Sesterzen (*census equester*). Kübler, RE, 11. Hb. (1907), s. v. Equites Romani, Sp. 295 f.; vgl. E. Meyer, Röm. Staat, S. 217.

104 Die Schenkung würde insofern die *societas vitae* verletzen, als der Schenkende dadurch die Mitberechtigung des Empfängers am geschenkten Vermögen bestritte; vgl. Plutarch, *coniug. praec.* 142,43; Schlei, Schenkungen, S. 39 f.

genden Sonderfall wurde die *societas vitae* aber ausnahmsweise insoweit gewahrt, als die Ehefrau selbst am Aufstieg des Mannes teilnahm, den sie durch die Zuwendung ermöglichte.

Die Vornahme der genannten Ehrungen ist für die Adoptivkaiser vielfach belegt. So hob Hadrian viele Mitglieder reicher Provinzfamilien in den Ritterstand und machte deren Söhne dann zu Senatoren.[105] Marc Aurel nahm beide Auszeichnungen häufig vor.[106] Im Hinblick auf die Herkunft dieser Ausnahme vom Schenkungsverbot spricht der Text nur pauschal von *principalibus constitutionibus.* Von Gaius erfahren wir jedoch, daß sie auf Antoninus Pius zurückgeht.[107] Dieser Satz kann also erst im 2. Jahrhundert dem Textabschnitt hinzugefügt worden sein.

Ulpian behandelte die Fragen öfter im Sabinuskommentar.[108] Dabei geht die Nennung des Schenkungsverbots in Ulpian 32 *ad Sab.* D. 24,1,1 und Ulpian 32 *ad Sab.* D. 24,1,9,2 (*Inter virum et uxorem mortis causa donationes receptae sunt*) wahrscheinlich auf Sabinus selbst zurück. Darauf deutet die Stellung am Beginn der Kommentierung Ulpians hin.[109] Bei Ulpian 31 *ad Sab.* D. 24,1,7,8 u. 9 könnte vor § 8 ursprünglich eine Feststellung des Sabinus gestanden haben, daß die Schenkung *manumissionis causa* gültig sei, auf die sich Ulpians Kommentierung bezog.[110]

105 Magie, Roman Rule 1, S. 627. Die Ernennung kam äußerlich durch die Befugnis zum Ausdruck, den breiten Purpurstreifen an der Kleidung zu tragen; Jacques/Scheid, Rom 1, S. 332. Vgl. etwa Sueton *Claudius* 24,1: *latum clavum … etiam libertini filio tribuit*; dazu Kierdorf, Sueton, S. 118.

106 Weber, CAH XI, S. 370 f. Inschriftennachweise bei Kübler, RE, 11. Hb. (1907), s. v. Equites Romani, Sp. 295.

107 So Gaius 11 *ad ed. prov.* D. 24,1,42 mit bemerkenswerter Parallelität; vgl. Buckland, LQR 40 (1924), S. 193; Arangio-Ruiz, BIDR 30 (1921), S. 203; Thayer, Lex Aquilia, S. 208. Gaius nennt dieselben Beispiele: *si uxor viro lati clavi (clavii* F*) petenti gratia (gratia petenti* Mo; *petendi* Hüttl, Pius, S. 98, Fn. 77*) donet vel ut equestris ordinis fiat vel ludorum gratia.* Licinnius Rufinus 6 *reg.* D. 24,1,41 berichtet, der *imperator Antoninus* habe die Ausnahme bestätigt. Vgl. Schlei, Schenkungen, S. 69 mit weiteren Nachweisen; Dumont, Donations, S. 176, Fn. 2. Die bei Licinnius Rufinus 6 *reg.* D. 24,1,41 genannte Verordnung wird aber die gleiche sein, wie die in lex 42 von Gaius auf Pius zurückgeführte; Fitting, Alter u. Folge, S. 120 f. Licinnius Rufinus wird älteres Material benutzt und den (zu seiner Zeit längst mehrdeutigen) Namen beibehalten haben.
Über die Ausnahmen von Tit. 7,1, die der Erlangung der Ehrung dienen, geht Gaius hinaus, indem er auch Schenkungen zum Zweck der Veranstaltung öffentlicher Spiele einbezieht. Diese aber dienen eigentlich nicht der Bewerbung um einen kaiserlichen Gnadenerweis, sondern können entweder der Bewerbung um ein öffentliches Amt dienen oder von dem Amtsinhaber »erwartet« werden. Auf letzteren Gesichtspunkt deutet Ulpian 2 *resp.* D. 24,1,40 hin: Gültig ist, was geschenkt wurde, damit der zur Führung des Amtes erforderliche Aufwand bestritten werden kann.

108 Speziell von der *retentio ob donationes* handelt Sin. 20.

109 Schulz, Sabinus-Fragmente, S. 72 f.; vgl. Lenel, Sabinussystem, S. 65.

110 Lenel, Sabinussystem, S. 65; Schulz, Sabinus-Fragmente, S. 74.

Wenn das Verbot von Ulpian in D. 24,1,1 auf die *mores* zurückgeführt wird, liegt darin allerdings gerade keine Lehre der sabinianischen Tradition. Es handelt sich vielmehr um eine Folge der Ersetzung des vorklassischen Gedankens, daß eine Schenkung durch eine Vergemeinschaftung des Gesamtvermögens zugunsten beider Ehegatten ausgeschlossen sei, durch eine ergebnisgleiche Regel des Gewohnheitsrechts.[111] Das Regelwerk weist diesen auf klassischem Gedankengut beruhenden Eingriff in den Lehrsatz, der ursprünglich mutmaßlich bei Sabinus behandelt worden war, nicht auf.

§ 2. *Si maritus*[a] *divortii*[b] *causa res amoverit*[c], *rerum quoque amotarum actione tenebitur.*

a) so das Ms. Vat., Hg[1-5], Kr; Hu: *si marito uxor*; Mo (bei Kr): *mulier*
b) Ms. Vat.: *divorti*
c) Ms. Vat.: *move*[*rit* nachträglich hinzugesetzt, nachdem dort wohl Abrieb stattgefunden hatte mit der im Ms. gegenüberliegenden Stelle (Bl. 194 r, li. Sp., Z. 7 [Tit. 8,5]). Es wird dort auch vorher gestanden haben]; Til, Hg[5]: *moverit*

Auch der Ehemann wird, wenn er wegen der Scheidung Vermögensgegenstände beiseite geschafft hat, mit der *actio rerum amotarum* in Anspruch genommen.

Wenn die Frau nach vollzogener Scheidung[112] bereits eigenmächtig Dotalgegenstände weggenommen hat, wird dem Mann die *actio rerum amotarum* gegen die Frau gegeben.[113] Im Edikt ist diese Klage im Zusammenhang mit dem Dotalrecht behandelt.[114] Sie steht insoweit im Zusammenhang mit der *retentio propter res amotas* (oben Tit. 6,9), als sie die Rechte des Ehemannes schützt, soweit die Entwendungen das Zurückbehaltungsrecht gegenstandslos gemacht haben. In den Quellen begegnet die Klage ganz überwiegend wie beschrieben als Klage des Mannes gegen die Frau.[115] Es ist daher vielfach angenommen worden, daß sie in der Klassik nur dem Mann gegen die Frau zustand.[116]

111 Behrends, Gewohnheitsrecht, S. 85, 87.
112 Dies ist Tatbestandsvoraussetzung; vgl. Paulus 7 *ad Sab.* D. 25,2,1 pr: *adversus eam quae uxor fuit*; Marcian 3 *reg.* D. 25,2,25: *secutum divortium fuerit*; vgl. Lenel, EP, S. 309. Karlowa, RRG 2, S. 228, meint dagegen, die Klage betreffe Entwendungen im Hinblick auf bevorstehende Scheidungen.
113 Kaser, RP 1, S. 619, Fn. 60.
114 Lenel, EP, S. 308-310.
115 Vgl. Mommsen, JS 2, S. 51.
116 Als solche kannte sie schon Ofilius bei Paulus 7 *ad Sab.* D. 25,2,3. Levy, Privatstrafe, S. 132; Bonfante, Corso I, S. 209; krit. Rabel, Grundzüge, S. 418, Anm. 1; weitere Lit. bei Wacke, Actio, S. 66 Fn. 4 u. 5.

In unserem Text hat die Klage aber die entgegengesetzte Zielrichtung. Mehrfach ist daher eine Emendation in Betracht gezogen worden, um eine der angenommenen klassischen Rechtslage entsprechende Aussage herzustellen.[117] Der Text ist aber in der überlieferten Fassung zu belassen.[118] Er berichtet für die von ihm wiedergegebene Entwicklungsphase, daß die *actio rerum amotarum* auf Entwendungen des Mannes *divortii causa* ausgedehnt worden war[119] und nun auch der Frau zugestanden wurde.[120] Während die Entwendung beliebiger Gegenstände der Frau aus allen möglichen Gründen in Betracht kommen mag, scheint das Abzweigen von Dotalgegenständen, die sich ja in den Händen des Ehemanns befinden, in besonderem Maße durch die Scheidung veranlaßt gewesen zu sein, damit bei dem bevorstehenden Rückgabeverlangen Werte zurückbehalten werden konnten.

Spätestens Ulpian und Paulus lassen in ihren Sabinuskommentaren die Anwendung der Klage zugunsten der Frau gegen den Mann erkennen.[121] Wie sich aus Ulpian 33 *ad ed.* D. 25,2,11 pr ergibt, war dies aber offenbar bereits bei Marcellus der Fall: *Marcellus libro octavo digestorum scribit, sive vir uxorem sive uxor virum domo expulit et res amoverunt, rerum amotarum teneri.*[122] Marcellus, der noch unter Marc Aurel lebte, stellte das neue Recht also zu einem Zeitpunkt dar, der der mutmaßlichen Entstehungszeit des *liber singularis regularum* nur wenig voraus-

117 Mit unbeabsichtigter Textverderbnis rechnen Siber, St. Riccobono 3, S. 246 Fn. 12 sowie Kaser, RP 1, S. 619, Fn. 60. Schulz, Epitome, S. 32, geht von einer nachklassischen Rechtsänderung aus.
Die Rekonstruktion des vermuteten ursprünglichen Sinnes durch Emendation zu *uxor* (Huschke) bzw. *mulier* (Mommsen) ermöglichte, das *quoque* auf die *retentio* (Tit. 6,9) bezogen zu verstehen: die Interessen des Ehemannes werden nicht nur mit der *retentio*, sondern *auch* mit der Klage durchgesetzt.

118 Wacke, Actio, S. 67.

119 Kaser, RP 1, S. 323, 619.

120 Kaser, RP 1, S. 619; vgl. Tryphonin 12 *disp.* D. 42,1,52; Ulpian 31 *ad Sab.* D. 23,3,9,3 (a.E.); Paulus 37 *ad ed.* D. 25,2,21,6; echt nach Kretzschmar, SZ 59 (1939), S. 200 ff., Wacke, Actio, S. 65 ff.

121 Ulpian 36 *ad Sab.* D. 25,2,7: *Mulier habebit rerum amotarum actionem adversus virum*, und Paulus 7 *ad Sab.* D. 25,2,6,1: *Item cum rerum amotarum etiam in virum datur iudicium.*
Im nachklassischen Recht gibt es die Klage für beide Ehegatten. Aus dem Jahr 290 (oder 293) ist ein Reskript Diokletians und Maximians (C. 5,21,2) überliefert, demzufolge das *edictum perpetuum* die Klage für beide Ehegatten vorsieht. Dabei wird die Wegnahme durch den Mann sogar zuerst genannt. Die Stelle ist daher vielfach für interpoliert gehalten worden; vgl. Lenel, EP, S. 308; ferner die Nachweise im Index Interpolationum zum Codex Iustinianus, S. 98.

122 Wacke, Actio, S. 150; Ankum, Mél. Wołodkiewicz, S. 30. Costa, Storia², S. 24, Fn. 3 nimmt die Klage gegen den Mann schon bald nach dem 1. Jhdt. n. Chr. an; Wacke (S. 75, Fn. 50) hält diesen Zeitansatz für zu früh; vgl. Siber, St. Riccobono 3, S. 246, Fn. 12. Jedenfalls ist diese Ausrichtung der Klage vor Marcellus nicht nachweisbar, Hitzig, RE, 13. Hb (1910), s. v. Furtum, Sp. 401.

ging. Die Erfordernisse der Formel (Entwendung *divortii causa*, vollzogene Scheidung) trafen auch für die Klage gegen den Mann zu.[123] Die Klage ähnelte im Tatbestand der *condictio furti*[124] und trug nur der Privilegierung des Ehegattendiebstahls Rechnung.[125]

Der Zusammenhang mit Tit. 6,9 deutet darauf hin, daß vor § 2 wahrscheinlich eine Darstellung der *retentio propter res amotas* bzw. der *actio rerum amotarum* zugunsten des Mannes entfallen ist.[126] Dies wird nicht nur durch die erhaltene Behandlung der Klage in umgekehrter Ausrichtung nahegelegt, sondern auch dadurch, daß sich das *quoque* auf nichts beziehen kann, was im überlieferten Text genannt ist. Das Regelwerk dürfte damit zum Ausdruck gebracht haben, daß nicht nur – wie im ursprünglichen Text mutmaßlich voranstehend – die Frau, sondern *auch* der Mann mit dieser Klage in Anspruch genommen werden kann.

> § 3. *Si maritus pro muliere se obligaverit vel in rem eius inpenderit, divortio facto eo nomine cavere sibi solet*[a] *stipulatione tributoria*[b].
>
> a) Ms. Vat.: *solent*
> b) Ms. Vat.: *tribunicia*; Sg: *tribunitia*; Vaassen: *inita*
>
> Wenn der Mann für die Frau eine Verbindlichkeit eingegangen ist oder auf ihre Sache Verwendungen gemacht hat, so pflegt er sich nach der Scheidung für diese Forderung durch eine tributorische Stipulation abzusichern.

Wenn der Mann die *dos*, zu deren Gunsten er selbst Verpflichtungen gegenüber Dritten eingegangen war, herausgeben mußte, konnte er, sofern keine Verrechnung möglich war, verlangen, daß die Frau ihm zuerst Sicherheit leistete.[127] Dies geschah im Wege der Stipulation. Es handelt sich um Fälle, wie sie in den Digesten bei Paulus 36 *ad ed.* D. 24,3,25,4 hinsichtlich der Verpachtung eines nun zurückzugebenden Dotalgrundstücks und bei Paulus 5 *ad Plaut.* D. 24,3,55 für eine frühere Investition in das nun herausverlangte Haus auftreten.

123 Kaser, RP 1, S. 619, Fn. 60.

124 Mommsen, Röm. Strafrecht, S. 760. Es war allerdings umstritten, ob unter Ehegatten ein Diebstahl schon tatbestandlich nicht möglich sei (so die *veteres*), oder ob nur wegen einer *constitutio iuris* die *actio furti* ausgeschlossen sei (so die klassische Gegenansicht); dazu Schlei, Schenkungen, S. 35 f.

125 Hitzig, RE, 13. Hb. (1910), s. v. Furtum, Sp. 401.

126 Wir dürfen vermuten, daß die Streichung bei der Herstellung des Auszugs vorgenommen wurde.

127 Jobbé-Duval, St. Bonfante 3, S. 196 Fn. 145 hält für möglich, daß es sich um einen Auszug oder verstümmelten Text handelt. Schulz kritisiert die Formulierung *vel ... impenderit* als zu allgemein. Sie bringt aber wahrscheinlich zum Ausdruck, daß die Frau die Sicherheit in einem notwendigerweise unbestimmten Maße leistet. Denn wenn die ersatzfähigen Aufwendungen bereits feststehen, vermindern sie die Mitgift *ipso iure*. Dagegen kann z.B. eine Inanspruchnahme von seiten des durch die Verbindlichkeit Begünstigten, etwa wegen Nichterfüllung, ihrem Umfang nach zunächst unbestimmt sein.

Die Annahme einer *stipulatio tribunicia*[128] im Anschluß an den überlieferten Wortlaut unserer Stelle setzte voraus, daß dem Tribun eine Jurisdiktion in privaten Angelegenheiten zugestanden hat, hier nämlich auf dem Gebiet der *actio rei uxoriae*. Nun war zwar der Tribun kein Magistrat des Zivilrechts,[129] doch hatten die Volkstribunen auch in der Kaiserzeit noch einzelne gerichtliche Kompetenzen.[130] Wenn allerdings Pomponius *lb. sg. ench.* D. 1,2,34 berichtet, daß zehn Volkstribune an der Rechtspflege mitwirkten (*in civitate iura reddebant*), dann geht seine Formulierung zu weit, weil sich die Mitwirkung der Tribunen in erster Linie auf eine kassatorische Aufgabe beschränkte.[131] Ein Appell an den Tribun hatte nur dessen Interzession zum Ziel, nicht etwa eine positive Rechtsgestaltung.[132] Die Befugnis zum Einschreiten ist für den Tribun auch noch im Prinzipat belegt.[133] Die Vermittlung einer Stipulation verließe aber diesen Rahmen. Die Ansicht, der Ehemann habe mit diesem Ziel den Volkstribun anrufen können,[134] kann daher nicht überzeugen.[135]

Näher liegt demgegenüber, daß *tributoria* für *tribunicia* zu lesen ist. Der Geschworene der Mitgiftherausgabeklage regelte die Verteilung von noch nicht herausgabefähigen Positionen zwischen Ehemann und Ehefrau mit einer gut bezeugten *cautio*.[136] Mit der Bezeichnung dieser *cautio* soll die Verteilung (*tribuere*) von Vermögen gesichert werden. Das Adjektiv *tributoria* stände hier in sachlich entsprechender Bedeutung wie bei der *actio tributoria*, bei der es um die Verteilung eines Haftungsvermögens unter Gläubiger geht.

128 Es gibt offenbar keine andere Überlieferung dieses Satzes; der Ausdruck *stipulatio tribunicia* steht laut VIR nur hier. Zur vermuteten *stipulatio tribunicia* s. Kübler, Fs. Hirschfeld 1903, S. 52; Lefèvre, Rôle, S. 161. Leonhard, RE, 10. Hb. (1905), s. v. Dos, Sp. 1595 spricht von der *sponsio tribunicia*.

129 Mommsen, Staatsrecht 2, S. 309 m. Fn. 3.

130 Kübler, Geschichte, S. 211; Muirhead, Rules, S. 377.

131 Mommsen, Staatsrecht 2, S. 310; ebenso einschränkend De Martino, Storia della Cost. Rom. 4/1, S. 628, Fn. 45.

132 Niccolini, Tribunato, S. 176; Kaser/Hackl, RZ, S. 174.

133 Niccolini, Tribunato, S. 175; Hammond, Antonine Monarchy, S. 295. Plinius *ep.* 1,23 beschreibt die Aufgabe entsprechend als *intercedere*, also Einschreiten als Korrektiv der Rechtspflege.

134 Leonhard, RE, 10. Hb. (1905), s. v. Dos, Sp. 1595.

135 So bereits das ältere Schrifttum; vgl. van Vaassen, Animadv. ad fastos Rom. sacr, S. 385 ff. (387), der die Emendation zu *stipulatione inita* vorschlug. Auch Hugo hielt das überlieferte Beiwort der Stipulation für »höchst wahrscheinlich falsch«; er hielt für möglich, daß hier ein von einem Juristen abgeleiteter Name verlorengegangen sei; Hugo, Geschichte[II], S. 623, Fn. 1 u. 929.

136 Vgl. Paulus 36 *ad ed.* D. 24,3,25,4; Ulpian 33 *ad ed.* D. 24,3,24,6.

c.) Ergebnisse

Der Abschnitt *de dotibus* steht zwischen den einzelnen Begründungstatbeständen für die *potestas parentum*: Geburt im *iustum matrimonium* (Tit. 5), *causae probatio* (Tit. 7,4) und *adoptio* (Tit. 8,1).[137] Mit Recht erwog schon Mommsen, daß der Abschnitt aus anderen Ursprüngen stammen könnte.[138] Die Gaius-Institutionen enthalten nämlich keine entsprechende Passage.[139] Nelson meint, der Abschnitt sei von Gaius aus dem Stoff herausgestrichen worden, weil dieser die Einteilung der Darstellung in *potestas*, *manus* und *mancipium* ernster genommen habe als »Ulpian«, so daß das Dotalrecht nicht mehr hineingepaßt habe.[140] Daß dieser Abschnitt aber aus anderen Quellen hier eingefügt sein muß, zeigt sich daran, daß Tit. 7,4 mit den Worten »*In potestate parentum sunt* ***etiam*** ...« so an Tit. 5,10 anknüpft, als sei der Zusammenhang nicht durch das Dotalrecht unterbrochen worden. Außerdem unterscheiden sich Tit. 6 und 7,1-3 vom übrigen Text auch noch dadurch, daß besonders viele Details dargestellt werden.[141]

Das Dotalrecht weist allgemein Bezüge sowohl zum Recht der Gewaltverhältnisse an Personen als auch zum Obligationenrecht auf. Aus diesem Grunde ist es in den verschiedenen Privatrechtssystemen unterschiedlich eingeordnet worden. Im Sabinussystem bildet es einen Bestandteil des Obligationenrechts:[142] In den *libri tres iuris civilis* stand die *actio rei uxoriae* nach der *societas* und vor der *actio tutelae*.[143] Ausschlaggebend dafür war offenbar die schuldrechtliche Verantwort-

137 Heimbach, Ulpians Fragmente, S. 31 ff.

138 Mommsen, JS 2, S. 48.

139 Wenn sich, wie Arangio-Ruiz, BIDR 30 (1921), S. 202 annimmt, in dem Text tatsächlich eine zweite Auflage des Gaius verbergen sollte, müßte davon ausgegangen werden, daß diese einem ganz anderen Plan folgte, zumal Details über die Rechte und Pflichten der Parteien im Gaiustext des Codex Veronensis üblicherweise nicht mitgeteilt werden; vgl. Buckland, LQR 40 (1924), S. 195. Diese Erklärung ist aber zu konstruiert, um überzeugen zu können.

140 Nelson, Überlieferung, S. 377.

141 Buckland, LQR 38 (1922), S. 40. Savignys Vermutung (Ulpian 1811, Bl. 36 r), es sei das *gesamte* Eherecht in die Ausführungen über die *patria potestas* »eingeschaltet« worden, geht zu weit.

142 Im Sabinussystem stehen *dos* und Ehegattenschenkung zusammen, wenn auch gemeinsam an anderer Stelle als im Regelwerk, nämlich mitten im Obligationenrecht. In den Gaiusinstitutionen fehlen beide Gegenstände. Im Ediktssystem folgt nach dem Titel *de re uxoria* nichts über die *donatio*.

143 Schulz, Geschichte, S. 188. Leist hatte sechs Teile der *libri tres iuris civilis* unterschieden, davon bestand der dritte Teil aus Ehe und Mitgift sowie Vormundschaft (Leist, Versuch, Tafel I zu S. 44; geschlossen aus den Sabinuskommentaren von Pomponius, Paulus und Ulpian). Die Reihenfolge der Stoffbehandlung war offenbar weniger durch logische Deduktionen geleitet als vielmehr durch Assoziationen (Arangio-Ruiz, Società, S. 48; zustimmend Bretone, RRG, S. 178). Voigt, System, S. 36 unterscheidet im Sabinus-System vier Teile. Der erste Teil umfaßt Erb- und Schuldrecht; mitten im Schuldrecht stehen dabei *dos, tutel* und *cura*.

lichkeit des Ehemannes.[144] Demgegenüber stellte Voigt fest, daß die Materien *dos, tutela* und *cura* bei Q. Mucius, in Labeos *pithana* und bei Cassius mit den Teilen »*De his qui alieno iuri subiectae sunt*« und »*De liberis hominibus*« zusammengestanden hatten,[145] also im Zusammenhang mit dem Recht der Gewaltverhältnisse.[146]

Daß das Dotalrecht innerhalb der verschiedenen Systeme unterschiedlich eingeordnet wurde, findet eine Parallele bei einzelnen anderen Rechtsmaterien. Dies zeigt eine Passage der Epitome Legum:[147] ... *Postea Adrianus rex jubet Julianum Jurisconsultum cum Servio Cornelio curate colligere et certo ordine sub titulis collocare jura. Et primus Edictum composuit, super quavis materia, quae passim conglomerata erant, colligens et in unum componens,* ***jus circa matrimonia in uno titulo****, alio speciali titulo jus circa tutores, et item jus circa legata et simpliciter omnia.* Julian soll also die genannten Einzelbereiche Eherecht, Tutel und Legate im Ediktssystem neu arrangiert haben.[148] Zwar ordnete das sabinianische Schuloberhaupt sicherlich nicht das ganze Edikt neu, doch erhielten jedenfalls diese Abschnitte einen festen Platz, den sie zuvor nicht hatten.[149] Im julianischen Edikt enthielt der Titel *de re uxoria* folgende Stücke: 1) *Soluto matrimonio dos quemadmodum petatur* (Formel der *actio rei uxoriae*); 2) *Edictum de alterutro*; 3) *De rebus amotis*; 4) *De moribus.*[150]

Zur Frage nach dem Ursprung des eingefügten Stoffes hat die Untersuchung der einzelnen Sätze ergeben, daß es viele entsprechende Stellen in Ulpians Sabinuskommentar gibt. Dies läßt vermuten, daß unser Abschnitt vom Sabinus-Urtext seinen Ausgang genommen haben könnte. Nun ist zwar in den Digestentexten infolge der Eingriffe der Kompilatoren oft nicht mehr klar erkennbar, was auf Ulpian zurückgeht und was auf Sabinus. Hier geben aber die Kennzeichnungen des Sabinustextes Aufschluß, die in den Sinaischolien überliefert sind.[151] In

144 Lenel, Sabinussystem, S. 92 u. 101.

145 Voigt, System, S. 37.

146 Entsprechendes gilt für die späteren Institutionenlehrbücher von Ulpian (Lenel, Pal. 2, 928), wohl auch Florentin (unter Marc Aurel oder später) und Marcian (unter Alex. Severus). Vgl. Schulz, Epitome, S. 12; Lenel, Pal. 1, 172 (Florentin), 653 (Marcian).

147 Epitome Legum cap. 2 § 10,2, ed. Zachariae (1837), S. 292; griechischer Text bei Zachariae, Jus Graecoromanum 4 (1931), S. 279.

148 Leist, Versuch, S. 63.

149 Leist, Versuch, S. 64. Die alte systematische Sonderstellung der Abschnitte zu Ehe, Tutel, Legat und *bonorum possessio* klang in späterer Zeit darin nach, daß sie *quattuor libri singulares* genannt und als solche im Unterricht zusammen mit »Gaius« vorgetragen wurden; vgl. c. Omnem, § 1.

150 Die Ordnung dieser Abschnitte im Album ist aber im einzelnen unsicher; Lenel, EP, S. 302.

151 Teilweise wird zwar vermutet, daß die in den Sinaischolien verwendete Namenssigle »*Σαβ.*« nicht Masurius Sabinus bezeichne, sondern einen der beiden Scholiasten, auf die der Text zurückgeführt wird; vgl. Wenger, Quellen, S. 551; Krüger, Collectio 3, S. 267; ders., Geschichte, S. 362. Demgegenüber läßt aber neben der auffallenden Namensüber-

den Büchern 31 bis 36 seines Kommentars entwickelte Ulpian eine ausführliche Darstellung des Dotalrechts.[152] Wörtliche Parallelen zu unserem Text kommen hier freilich weniger vor als im Falle der Tit. 2,1-6, insbesondere weil die *retentiones* bei Justinian überwiegend abgeschafft wurden. Die folgende Konkordanz zeigt die einander entsprechenden Textstellen sowie den palingenetischen Zusammenhang der Digestentexte auf:

	lb. sing. (Tit.)	Scholia Sinaitica (Blattordnung nach Baviera)	Ulpian *ad Sabinum*
in matrim. mulier mortua	6,4	24 (10)	
de adventicia dote	6,5	25-28 (10)	31 Anfang
actio rei uxoriae	6,6	22 (9)	35 (*actio rei ux.*)
mora in adventicia dote	6,7	23 (9)	
retentio propter mores	6,12-13		36 Pal 2804
graviores mores (vir)	6,13	15 (7)	
retentio propter impensas	6,14-17		36 Pal 2805
impensae necessariae	6,15	16 (8)	36 Pal 2805-2806
nec. imp., quib. non factis	6,15	17 (8)	
Frucht-Einbehaltung		18 (8)	31 Pal 2752-2755
imp. necessariae (Fragment)		19 (8)	
impensae voluptariae	6,17	20 (9)	36 Pal 2807
retentio ob donationes	7,1	21 (9)	36 Pal 2808-2809
			32, 33 Pal 2760-2782
actio rerum amotarum	7,2		36 Pal 2811

Ulpian hat offenbar aus dem Sabinusmaterial den Stoff *soluto matrimonio* (lb. 35 u. 36) entnommen und dabei die allgemeinen materiellrechtlichen Ausführungen aus den Büchern 31-33 ergänzt, wo es dienlich war.[153] Die Parallelität der Stoffanordnung mit unserem Textabschnitt läßt darauf schließen, daß der Stoff, der Tit. 6,1 bis 7,3 des Regelwerks zum Dotalrecht zugrundeliegt, auf das *ius civile* des Sabinus zurückgeht. Auf eine Herkunft des Abschnitts aus einem obligationenrechtlichen Zusammenhang deutet außerdem hin, daß er fast nur Fragen der Rückgabe der *dos* nach beendeter Ehe behandelt, wobei personenrechtliche Ge-

einstimmung insbesondere der Umstand, daß in Ulpians Sabinuskommentar, der den Scholien zugrundeliegt, die Passagen des kommentierten Sabinustextes relativ gut bestimmbar sind (und ursprünglich wohl auch gekennzeichnet waren), darauf schließen, daß der hochklassische Jurist gemeint ist; vgl. Alibrandi, Opere 1, S. 449 f. Für die hier verfolgten Zwecke genügt die Erkenntnis, daß Ulpians Kommentar jedenfalls in groben Zügen der Systematik des Sabinus folgt. Vgl. oben S. 207.

152 Auffälligerweise ist dort lb. 32 »*de iure dotium* 2« gleichzeitig »*de don int v. et ux.* 1«.

153 Es fällt auf, daß in den Ediktkommentaren sowohl bei Ulpian wie bei Paulus die Lehre von der Vererbung der *actio rei uxoriae* (hier Tit. 6,7) in einem späteren Buch als die sonstige Darstellung der *actio* steht; vgl. Lenel, EP, S. 303 und oben S. 253.

sichtspunkte zurücktreten. Schon von § 4 an geht es nur noch um die Einzelheiten der Rückgabe.[154] Aus praktischer Sicht sind diese Regelungen besonders bedeutsam, denn sie antworten (anders als etwa die Bestellung der *dos*[155]) auf Konfliktlagen. Auch die Stoffauswahl ist an der Praxis orientiert: Von den vier Abschnitten des Titels *de re uxoria* im julianischen Edikt sind immerhin drei repräsentiert. Alle drei sind Klagen (*actio rei uxoriae, iudicium de moribus,*[156] *actio rerum amotarum*).

Auch im einzelnen weist die dem Text zugrundeliegende Dogmatik überwiegend Elemente der sabinianischen Lehrtradition auf. Im vorklassischen Denken stand die vom Vater stammende *dos profecticia* (§ 3) für den Anteil der Frau am Vermögen ihrer väterlichen Familie, der als *res uxoria* vom Ehemann verwaltet wurde. Die klassische Lehre faßte die *dos* dagegen als Sondervermögen auf, das zu den Lasten der Ehe (*onera matrimonii*) beitragen sollte;[157] neben der *dos* konnte die Frau anderes Vermögen haben (sog. *παράφερνα*).[158] Besonders für das vor-

154 Die Praxis der Rückgabe der *dos* ist für die Epoche des Plautus gut dokumentiert; vgl. Plautus *Amph.* 3,2,47; *Mil.* 4,4,28 ff.; *Stich.* 1,3,51. Nach Gellius *Noct. Att.* 4,3,1 u. 2 schrieb Servius in seinem Werk *de dotibus*, daß *cautiones rei uxoriae* erstmals bei der carvilianischen Scheidung geleistet worden seien. Entgegen Dixon, Roman Family, S. 68 handelt es sich dabei nicht um Klagen, sondern um Kautionen wegen der Rückerstattung. Zur Sache Watson, TR 33, S. 38 ff.; ders., Persons, S. 66, Fn. 3; Söllner, Vorgeschichte, S. 84 f. Wahrscheinlich bezog sich Servius auf eine schon länger bestehende Praxis; vgl. Andrés Santos, Subrogación, S. 228, Fn. 23; Treggiari, Roman Marriage, S. 325.

155 Deren Arten sind darum am Anfang genannt, weil die Rückerstattung auch davon abhängt.

156 Das *iudicium de moribus* (Gaius 4,102; Paul 7 *ad Sab.* D. 23,4,5 pr) stand zur *retentio propter mores* wahrscheinlich im gleichen Verhältnis wie das *iudicium rerum amotarum* zur *retentio propter res amotas*, also zur klageweisen Durchsetzung, wenn die *retentio* nicht half; vgl. Lenel, EP, S. 310.

157 Vgl. Paulus 6 *ad Plautium* D. 23,3,56,1: *Ibi dos esse debet, ubi onera matrimonii sunt.* Die Betonung des Gesichtspunkts der *onera matrimonii* bei Paulus 32 *ad ed.* D. 17,2,65,16 soll nach der auf Krüger zurückgehenden Rekonstruktion (SZ 18 [1897], 224; insoweit ebenso FIRA 2, S. 423; Wieacker, Textstufen, S. 271) des bodleianischen Pergamentschnipsels Ms. Lat. class. g. 1 P. (P. Grenf. II, Nr. 107 recto) für Servius nachzuweisen sein: *q⟨ui⟩ on⟨era sustinet; quod si iam di⟩ssolut⟨o matrimonio societas distrahatu⟩r, isdem diebus prae⟨cipi debet, qui⟩bus et solvi debet. ⟨Ita Se⟩r(vius) et Labeo scribunt.* Vgl. Andrés Santos, Subrogación, S. 227 f., Fn. 16. Die Verbesserung ist aber unsicher. Korrekt (»Lab.«!) gibt den Text nach Maßgabe der Photographie (bei Krüger nach S. 224), obgleich sie dunkel ist, wohl Grenfell, New Classical Fragments 2 (1897), Nr. 107 (S. 156) wieder.
Außer Gellius *Noct. Att.* 4,3,2 (o. Fn. 548) bezeugt auch Neraz 2 *membr.* D. 12,4,8 eine Äußerung des Servius zur Rückgewährpflicht, wobei freilich offenbleibt, inwieweit dies schon im Interesse der Versorgung der Frau oder im bloßen Vermögensinteresse (der Frau oder ihrer Familie) lag.

158 Ulpian 31 *ad Sab.* D. 23,3,9,2. In der klassischen Lehre war die *dos* also gegenständlich aufgefaßt, weil sie nicht aus dem Gesamtvermögen der Frau gebildet wurde, sondern grundsätzlich nur aus den Sachen, die *dotis causa* gegeben worden waren.

klassische Konzept ist der Gesichtspunkt bedeutend, daß der Bestand der *dos* als Frauenvermögen während der Ehe gewährleistet und der Frau ein Herausgaberecht nach Beendigung der Ehe gesichert wird. Dieser Gedanke steht in unserem Text im Vordergrund, denn er behandelt, wie festgestellt, hauptsächlich den Verbleib der *dos* nach der Auflösung der Ehe. Gegenüber der radikalen klassischen Lehre, eine *dos*, die keine Früchte trägt, sei unwirksam, zeigt der Text im Einklang mit dem Recht der hochklassischen Zeit eine Milderung.[159]

Auch der Behandlung des (in Tit. 7,1 dem Dotalrecht als unselbständiger Gesichtspunkt untergeordneten) Rechts der Ehegattenschenkungen liegt sabinianisches Rechtsdenken zugrunde. Es konnte sich auf diesem Gebiet durchsetzen, weil mehrere der Regeln nur mit einer vorklassisch-sabinianischen Argumentation überzeugend zu begründen sind. Dies gilt insbesondere für den Aufschub der Wirkungen von Zuwendungen auf einen Zeitpunkt nach dem Ende der Ehe, ferner für die teleologische Reduktion des Schenkungsverbots auf ein Bereicherungsverbot, die für Trebatius überliefert ist.

159 Ein Indiz bildet auch der in §§ 14-16 auftretende sabinianische Begriff der *impensae utiles*.

9.) Personen *in potestate* (2. Teil)

a.) Tit. VII, § 4 ›De iure donationum inter virum et uxorem‹

§ 4. *In potestate parentum sunt etiam hi liberi, quorum causa probata est, per errorem contracto*[a] *matrimonio inter disparis condicionis personas*[b]*: nam seu civis*[c] *Romanus Latinam aut peregrinam, vel eam, quae dediticiorum numero est, quasi*[d] *per ignorantiam uxorem duxerit, sive civis Romana per errorem peregrino vel ei, qui dediticiorum numero*[e] *est,*[f] *aut etiam quasi*[g] *Latino ex lege Aelia Sentia*[h] *nupta*[i] *fuerit, causa probata civitas Romana datur*[j] *tam liberis quam parentibus praeter eos, qui dediticiorum numero*[k] *sunt, et ex eo fiunt in potestate parentum liberi.*

a) Ms. Vat.: *contractu*
b) so emendieren Crespin (1574), Hg$^{4-5}$, Kr, Gn: *conditionis*; Ms. Vat.: *dispares condignis personarum*; Til: *dispares condignis personas*; Hg^{1}: *dispares condicione personas*; Ch 1578, Cuj (Par. 1586), Hg^{2}: *dispares conditione personas*; Cuj (1566, Aur. 1586), Pithou (Opera 1609, 180): *disparis conditionis*; Hg^{3}: *dispares conditiones personarum*
c) Ms. Vat.: *cives*
d) so Ms. Vat. u. bei Hg$^{2-5}$; Kr, Gn, Sch, Bö, La, Hu, FIRA 2: *quasi* ⟨*civem romanam*⟩; Ms. Aur.: *quasi civem per*; Pithou (Opera 1609, 180), Fa, Hg^{1}, Sav (1801, 44 v; VS 5, 96): *quasi* ⟨*civem*⟩; Ca: *per quasi ignorantiam*
e) Ms. Vat.: *numerum*
f) so Ms. Vat., Hg^{5}; Kr, Gn, Sch, S/K: *est,* ⟨*quasi civi Romano*⟩
g) Til, Ch 1578, Hg^{5}: *si*
h) Ms. Vat.: *ascia.* Pithou (Notae 1609, 180): *aut etiam si latino nupta fuerit, ex lege*; Cuj (bei Ch 1578, 211 v): *ex lege Iunia*
i) Ms. Vat.: *nubta*
j) so Bö, La, Gn, Sch; Ms. Vat: *reddatur*; Til, Hg^{5}: *redditur*
k) Ms. Vat.: *numerum*

In der väterlichen Gewalt sind auch diejenigen Kinder, mit denen bei einer im Irrtum eingegangenen Ehe zwischen Personen verschiedenen Standes die *causae probatio* durchgeführt worden ist. Denn wenn entweder ein römischer Bürger eine Latinerin, eine Peregrine oder sogar eine Quasi-Unterworfene gewissermaßen aufgrund Unkenntnis zur (zivilen) Ehefrau genommen hat, oder wenn eine römische Bürgerin aufgrund Irrtums an einen Peregrinen oder sogar an einen Quasi-Unterworfenen, oder auch wie an einen Latiner nach (den Eheschließungsvorschriften) der *lex Aelia Sentia* verheiratet worden ist, so wird aufgrund einer *causae probatio* das römische Bürgerrecht sowohl den Kindern als auch den Eltern gegeben, mit Ausnahme der Quasi-Unterworfenen, und hierdurch kommen die Kinder in die väterliche Gewalt.

Die apokryphe Rubrik des Tit. 7 erfaßt den Inhalt der Stelle nicht. Der Text behandelt vielmehr einen neuen Unterfall der Begründung der *patria potestas*, die entweder durch eheliche Abstammung, durch *causae probatio*[1] oder durch Adoption (Tit. 8) entsteht. Er setzt damit den nach Tit. 5,10 unterbrochenen Zusammenhang fort.

War bei der Eheschließung ein Teil römischer Bürger und in entschuldbarer Unkenntnis[2] von einem im Verhältnis zu seinem Ehegatten bestehenden Statusunterschied,[3] so konnte er, wenn ein Kind aus dieser Ehe geboren wurde, nach einem (vor Hadrian ergangenen[4]) Senatsbeschluß durch *erroris causae probatio* für das Kind und den Ehegatten das Bürgerrecht erlangen.[5] Der Gegenstand der irrtümlichen Annahme, nämlich das Bürgerrecht des anderen Teils, wird im Text nicht genannt, was Anlaß zu den im Apparat unter Ziff. d) und f) genannten Ergänzungsvorschlägen gegeben hat. Es ist aber eher unwahrscheinlich, daß *civem Romanam* bzw. *civi Romano* zweimal kurz hintereinander weggefallen sein sollte.[6] Im ersten Fall ist die Angabe wohl unnötig, weil schon *uxorem duxerit* zeigt, daß es um die Schließung einer zivilen Ehe geht. Diese setzt in der Regel bei beiden Teilen das römische Bürgerrecht voraus, auf das sich die Annahme hier richtete; daß sich der Irrtum etwa nur auf das Bestehen des *conubium* einer Latinerin oder Peregrinen bezogen haben sollte, ist nicht ersichtlich. Auch im anschließend genannten Fall der irrenden römischen Bürgerin muß sich die Vorstellung auf das Bürgerrecht bezogen haben. Dafür spricht zunächst der Zusammenhang mit dem ersten Fall. Daneben zeigt der genannte Sonderfall, in dem die Frau annimmt, einen Latiner nach den Ehevorschriften der *lex Aelia Sentia* zu heiraten (vgl. Tit. 3,3), daß sich der Irrtum dort ausnahmsweise auf die Latinität bezieht (*quasi latino*), in den anderen behandelten Fällen dagegen auf das Bürgerrecht.

Die *dediticiorum numero* (Tit. 1,11) zählen zu den Peregrinen. Sie gehören dem Reich, aber keiner Gemeinde an.[7] Hier wird der *dediticiorum numero* nun zweimal ausdrücklich vom *peregrinus* unterschieden. Gleichwohl wird (richtigerweise) nicht etwa ein Gegensatz zum Ausdruck gebracht.[8] Es fällt auf, daß »oder« einmal

1 Die *causae probatio* kommt im Regelwerk in zwei Zusammenhängen vor: Die *anniculi causae probatio* ist in Tit. 3,3 bereits erörtert. Hier geht es um die *c. p. propter errorem.*

2 Cannegieters Umstellung zu *per quasi ignorantiam* bedeutete eine Fiktion, deren Berechtigung nicht ersichtlich ist.

3 Savigny, VS 5, S. 96 erklärt die Entstehung des überlieferten *dispares condignis* mit Rücksicht auf den Vorrang der lectio difficilior so, daß aus *cio* (*condicionis*) das *g* geworden sei.

4 Im Einzelfall haben auch die Divi Fratres Kinder aus einer Ehe, die die Eltern im Rechtsirrtum als gültig ansahen, für ehelich befunden; vgl. Marcian *in lb. 2 de adulteriis Papiniani* D. 23,2,57a; Volterra, Mél. Meylan 1, S. 367 ff.; Kaser, RP 1, S. 345, Fn. 2.

5 Kaser, RP 1, S. 280; Gardner, BICS 33 (1986), S. 9 f.; Gaius 1,67-75; 2,142; Gnom. Id. 46 ggü. 39.

6 So mit Recht Schulz, Epitome, S. 32, der aber eine ungeschickte Kürzung des Ursprungstextes durch einen nachklassischen Bearbeiter annimmt.

7 Mommsen, Staatsrecht 3, S. 223.

8 Der vermutete Widerspruch führte Heimbach, Ulpians Fragmente, S. 20 f. zu der Annahme, die Stellen stammten möglicherweise nicht aus demselben Buch.

mit *aut*, ein anderes Mal mit *vel* ausgedrückt ist. Das *vel* ist hier offenbar als Adverb gebraucht, in der Bedeutung eines steigernden »oder sogar«: »... eine Peregrine oder *sogar* eine Quasi-Unterworfene«.[9] Die besondere Hervorhebung der *dediticiorum numero* ist dadurch gerechtfertigt, daß es sich um einen Extremfall handelt, für den dann auch in der Rechtsfolge eine Einschränkung vorgesehen ist. Immerhin behandelte auch die *lex Aelia Sentia* den *dediticiorum numero* als Sonderfall.

Eine entsprechende Darstellung findet sich bei Gaius 1,65-75. Im Vergleich zu dessen ausführlicher Erörterung ist der Text des Regelwerks sehr knapp gehalten.[10] Der Provinzialjurist Gaius behandelt die Thematik deswegen ausführlicher, weil Mischehen typischerweise in der Provinz auftreten.[11]

b.) Tit. VIII ›De adoptionibus‹
Über die Adoptionen

Als dritten Tatbestand, der zum Eintritt in die *patria potestas* führt, behandelt das Regelwerk die Adoption.

§ 1. *Non tantum naturales liberi in potestate parentum sunt, sed etiam adoptivi.*

§ 2. *Adoptio fit aut per populum aut per praetorem vel praesidem provinciae*[a]. *illa adoptio, quae per populum fit, specialiter arrogatio*[b] *dicitur.*

a) Ms. Vat.: *provintiae*
b) so das Ms. Vat.; Hg[5], Kr: *adrogatio*

Nicht nur leibliche Kinder sind in der väterlichen Gewalt, sondern auch adoptierte.
Die Adoption wird entweder vor der Volksversammlung oder vor dem Prätor oder Provinzstatthalter vollzogen. Diejenige Adoption, die vor der Volksversammlung vollzogen wird, wird speziell Arrogation genannt.

In der Systematik des Adoptionsrechts bezeichnet der Ausdruck *adoptio* sowohl den Oberbegriff für die einzelnen Adoptionsformen als auch einen der *arrogatio* gleichrangigen Unterbegriff. So lassen es Gaius 1,98 f. und Modestin 2 *reg.* D. 1,7,1,1 erkennen: *Quod adoptionis nomen est quidem generale, in duas autem species dividi-*

9 Die Annahme, daß das *vel* hier steigernd verwendet wird, wird auch nahegelegt durch das von O. Behaghel aufgestellte sog. Gesetz der wachsenden Glieder, nach dem unter mehreren Satzgliedern das in der Aussage stärkste oder umfangreichste am Ende des Satzes steht. Vgl. Behaghel, IF 25 (1909), S. 138 f.; Plath, DNP 2 (1997), s. v. Behaghelsches Gesetz, S. 544.

10 Mercogliano, Index 18 (1990), S. 203.

11 Unklarheit über den Status der Ehefrau konnte besonders bei Verbindungen auftreten, die Veteranen in den Provinzen eingingen; zu diesem Problem vgl. Behrends, Militärdiplome, S. 119 f.; Mann, in: Eck/Wolff, Heer, S. 188; Vittinghoff, in: Eck/Wolff, Heer, S. 537.

tur, quarum altera adoptio similiter dicitur, altera adrogatio. Gellius (*Noct. Att.* 5,19 rubr.) spricht nur von zwei Spezies, zeigt aber gleichzeitig, daß er einen allgemeinen *adoptio*-Begriff kennt.[12] Da sich Gellius auf ältere juristische Werke stützt,[13] kann davon ausgegangen werden, daß dieses System aus einem *genus* und zwei *species* bereits seit Beginn der klassischen Zeit bekannt war.[14] Die *adoptio* im engeren Sinne geschieht durch dreimalige *mancipatio fiduciae causa* und jeweils anschließende *manumissio vindicta.* Beim dritten Mal fällt der Betroffene aus der *patria potestas* heraus. Es schließt sich eine *in iure cessio* an, durch die die väterliche Gewalt des Annehmenden begründet wird.[15]

Der Ausdruck *liberi naturales* stand nach vorklassischem Verständnis für die »nur« biologisch abstammenden, also nichtehelichen Kinder.[16] Im Unterschied dazu bezieht sich das Regelwerk hier von vornherein nur auf die ehelichen Kinder, was sich daran zeigt, daß sie unter der väterlichen Gewalt stehen (§ 1).[17] Unter dieser Voraussetzung ist *naturalis* hier dasjenige Kind, das *überdies biologisch* abstammte, im Gegensatz zu dem, dessen Kindeseigenschaft nur durch Rechtsakt (Adoption) begründet worden war. Die Vorstellung von den *naturales liberi* als den leiblich-ehelichen Kindern korrespondiert mit jener soziobiologischen Lehre der klassischen Jurisprudenz, welche die Kindschaft mit einem naturalistischen, den Zeugungstrieb umfassenden *ius naturale* verknüpft.[18] Der Text gibt also die klassische Lehre wieder,[19] wie es entsprechend in § 8 a und öfter der Fall ist.

Entsprechend lautet die (nach Inst. 1,11 pr rekonstruierte) Stelle Gaius 1,97: *⟨Non solum tamen naturales liberi secundum ea quae⟩ diximus in potestate nostra sunt, verum et hi quos adoptamus.* Darin liegt ein Hinweis auf den gemeinsamen, klassischen Grundbestand des Stoffes, von dem mittelbar auch Gaius abhängt.

12 Kuryłowicz, Adoptio, S. 25. Gellius läßt die Vorstellung von einer gemeinsamen Kategorie der Tatbestände erkennen, durch die jemand in eine fremde Familie an Kindes Statt aufgenommen wird, auch wenn dafür der Ausdruck *adoptio* nicht verwendet wird.

13 Für Q. Mucius vgl. Gellius *Noct. Att.* 5,19,6; für Sabinus aaO. 5,19,11-12; Kuryłowicz, Adoptio, S. 36, Anm. 6.

14 Kuryłowicz, Adoptio, S. 25 f.

15 Kaser/Knütel, Röm. Privatrecht, § 60, Rn. 32. *Parentum* meint, wie in Tit. 5,1 und sogleich Tit. 8,3 die männlichen Aszendenten, deren jeweils ältester die Gewalt innehat.

16 Das zeigt für Julian die Stelle 49 *dig.* D. 42,8,17,1: dort werden die Freigelassenen des Lucius Titius, die gleichzeitig dessen (notwendigerweise nichteheliche) Söhne sind, als seine *filii naturales* bezeichnet. Vgl. für weitere Nachweise Heumann/Seckel s.v. naturalis b β.

17 Nichteheliche Kinder waren dagegen *sui iuris.* Vgl. Stiegler, SZ 115 (1998), S. 572. Zur Terminologie vgl. ferner Friedl, Konkubinat, S. 142 ff.

18 Es handelt sich um das bei Ulpian (1 *inst.* D. 1,1,1,3) wiedergegebene Naturrechtsverständnis: *Ius naturale est, quod natura omnia animalia docuit ... hinc descendit ...* ***liberorum procreatio*** *....*

19 Verschiedene Verwendungen des Ausdrucks *liberi naturales* unterscheidet Niziołek, RIDA 22 (1975), S. 317-344, ohne sie jedoch in den jeweiligen wissenschaftsgeschichtlichen Zusammenhang zu setzen.

Mit der Darstellung der Arten der Adoption und der jeweiligen Zuständigkeiten enthält der Text ab hier bis einschließlich § 5 Strukturregeln.[20]

§ 3. *Per populum, qui sui iuris sunt, arrogantur; per praetorem autem filii familiae a parentibus dantur in adoptionem*[a].

a) Ms. Vat.: *adoptione*

Vor der Volksversammlung werden die Gewaltfreien arrogiert; vor dem Prätor aber werden die Haussöhne von den Vätern zur Adoption gegeben.

Die Aussage, die *arrogatio* sei die Annahme eines Gewaltfreien an Kindes Statt, begegnet schon bei Servius.[21] Der Grundsatz wurde erst später durch das Verbot der Frauenarrogation eingeschränkt (§ 5). Die *arrogatio* des Gewaltfreien wurde *per populum* durchgeführt, weil der Betroffene seine familienrechtliche Stellung verlor und sich vom Hausgötterkult lossagte.[22] Es handelte sich um ein Gesetzgebungsverfahren für den Einzelfall.[23] Die alte Form der *arrogatio* gab es bis Diokletian.[24] Die Komitien wurden aber zu diesem Zweck seit der jüngeren Republik durch 30 Liktoren ersetzt,[25] und an die Stelle der *pontifices* traten drei Au-

20 Vgl oben S. 108.

21 Vgl. Festus nach der Rekonstruktion bei Lenel, Pal. 2, Sp. 334, Servius Nr. 90.

22 Sowohl der Angenommene als auch der Annehmende verfügte über seine *sacra*. Daher wirkten die *pontifices* mit; vgl. Kaser/Knütel, Röm. Privatrecht, § 60, Rn. 25. Ursprünglicher Zweck der Adoption war offenbar, daß die Familie fortgesetzt (und damit der Ahnenkult gepflegt) werden sollte, wenn der Annehmende sonst über keinen männlichen Nachkommen verfügte, der die Totenopfer der Familie hätte übernehmen können. Die *patria potestas* wurde insoweit durch *adrogatio* oder *adoptio* erweitert (Gellius *Noct. Att.* 5,19; Gaius 1,97-107; 134); vgl. Mette, Zivilrecht, S. 13. Zum Streben nach Fortsetzung der Familie vgl. Cicero *de off.* 1,17,54; dazu Kuryłowicz, Adoptio, S. 21, Anm. 3 mit Nachweisen. Später wurden mit der Adoption alle möglichen privaten und politischen Zwecke verfolgt; vgl. die Kritik bei Cicero *de domo* 13,34-14,37.

23 Kaser, RP 1, S. 66.

24 Vgl. C. 8,47(48),2,1.

25 Kaser/Knütel, Röm. Privatrecht, § 60, Rn. 25; Pugliese, Istituzioni, S. 382; vgl. Cicero *de l. agr.* 2,12,31.

26 Doer, Namengebung, S. 75, Fn. 96. Gaius 1 *inst.* D. 1,7,2,1 u. 3 erklärt, die *arrogatio* geschehe *principis auctoritate.* Gegen diese Aussage richtet sich aber insbesondere darum der Verdacht eines späteren Eingriffs, weil die Parallelstelle Gaius 1,98 noch von der *populi auctoritas* spricht. Die Bedeutung der Mitwirkung der Volksversammlung zeigt sich auch in den Fällen der Kaiseradoptionen. Augustus erklärte *pro contione,* also vor einer anhörenden, nicht jedoch beschließenden Heeresversammlung, daß er Tiberius im Staatsinteresse adoptiere (Sueton *Tib.* 21). Claudius arrogierte auf diese Weise Nero (Tacitus *ann.* 12,26): *rogataque lex, qua in familiam Claudiam et nomen Neronis transiret,* vgl. Sueton *Claud.* 39, *Nero* 7. Doer meint, seit Galba begegne die *arrogatio per rescriptum imperatoris* anstelle der *arrogatio per comitia curiata: si te privatus lege curiata apud pontifices, ut moris sit, adoptarem* (Tacitus *hist.* 1,15). Vgl. Sueton *Galba* 17. Ähnlich erklärte Nerva den abwesenden Trajan

guren.[26] Im Falle der Adoption eines Gewaltunterworfenen war die *adoptio per praetorem* ausreichend, weil kein eigenes Familienrecht verloren ging.

Während Gaius 1,97-99 den Stoff besonders mit der Erklärung der *adrogatio* ausführlicher darstellt, lautet die entsprechende Stelle Modestin 2 *reg.* D. 1,7,1,1 a. E. noch knapper als unser Text: Im Vergleich mit diesem fehlt bei Modestins Feststellung *adoptantur filii familias, adrogantur qui sui iuris sunt* die Angabe der zuständigen Institution.

§ 4. *Arrogatio Romae dumtaxat*[a] *fit, adoptio autem etiam in provinciis apud praesides*[b].

a) so La, Kr, Sch; Ms. Vat.: *data*; Til, Hg[5]: *tantum*
b) Ms. Vat.: *provincia apud praesidis*; Til, Hg[5]: *provincia apud praesidem*

Die Arrogation findet nur in Rom statt, die Adoption aber auch in den Provinzen bei den Statthaltern.

Die *arrogatio* konnte nur in Rom vorgenommen werden, weil sie durch *rogatio populi*, also auf Antrag des *pontifex maximus* an die Kuriatkomitien geschah,[27] und es diese nur in Rom gab.[28] Dieses Verfahren kam noch in der Kaiserzeit vor, als die Kurien in den Versammlungen nur noch durch Liktoren vertreten waren. Entsprechend knapp wie unser Text stellt Gaius 1,100 den Grundsatz dar. Daneben kommt eine Arrogation durch kaiserliche Anordnung (*per rescriptum principis*) auf, die die alte Form langsam verdrängt.[29] Sie ersetzte nach Diokletian auch die *arrogatio per populum.*[30]

§ 5. *Per praetorem vel praesidem provinciae*[a] *adoptari tam masculi quam feminae et tam puberes quam impuberes possunt. per populum vero Romanum*[b] *feminae quidem*[c] *non arrogantur*[d]*; pupilli autem*[e] *quidem non poterant arrogari, nunc*[f] *autem possunt ex constitutione divi Antonini*[g].

auf dem Kapitol zum Sohn (Dio 48,3; Aurelius Victor *Epit.* 12; vgl. SHA *Hadrian* 4). Hier handelt es sich aber erstens um einen außergewöhnlichen, eben nicht »privaten« Vorgang, zweitens adoptiert der Kaiser hier ja selbst.

27 Gellius *Noct. Att.* 5,19,6; Cicero *de domo* 13,34-14,37; vgl. Behrends, Vertragsgedanke, S. 25; Pugliese, Istituzioni, S. 385.

28 Savigny, Ulpian 1801, Bl. 76 v; Honsell/Mayer-Maly/Selb, Röm. Recht, S. 417. Der *populus* trat in *comitia curiata* zusammen. Nach vorangehender Untersuchung der *iusta causa* (Inst. 1,11,3) durch die *pontifices* wurde der *populus* als *parens omnium* (Tacitus *ann.* 3,28) befragt, ob die Annahme stattfinden solle. Vgl. im einzelnen Gellius *Noct. Att.* 5,19.

29 Tacitus *hist.* 1,15; Leonhard, RE, Bd. 1 (1894), s. v. Adrogatio, Sp. 419.

30 C. 8,47(48),2,1 u. 6 (a. 286/293); Kaser/Knütel, Röm. Privatrecht, § 60, Rn. 25; Marrone, Istituzioni, S. 318.

a) Ms. Vat.: *provintiae*
b) Sch: *Romanum* sei Glosse[31]. Das *o* ist von anderer Hand nachgezogen, wohl nach Abrieb, wie auf der im Manuskript gegenüberliegenden Stelle (Bl. 193 v, re. Sp., Z. 6 [Tit. 7,2 *moverit*])
c) Mu, Tej streichen *quidem*; A/W: *feminae ne nunc quidem arrogantur*
d) Ms. Vat., Til, Cuj (Par. 1586), Ch 1578, 212 r: *arrogant* (Ms. Aur.: *arrogantur*); Hg[1-5]: *adrogantur*
e) so Ms. Vat.; Til, Sav 1801, 76 v, Hg[5], Kr, Tej: *pupilli antea quidem*; Mu., Sch: *pupilli ante quidem*; Bö: *pupilli autem quondam*; Va: *pupilli autem* ⟨*olim*⟩ *quidem*; Hu: *pupilli qui* ⟨*olim*⟩ *item*; A/W: *pupilli autem, qui* ⟨*olim item*⟩ *non*
f) A/W: *nunc* ⟨*causa cognita*⟩
g) A/W: *Antonini Pii*

Vor dem Prätor oder Provinzstatthalter können sowohl Männer als auch Frauen adoptiert werden, und sowohl Mündige als auch Unmündige. Vor dem römischen Volk aber werden Frauen nicht arrogiert; Mündel aber konnten früher nicht arrogiert werden, jetzt aber können sie es aufgrund einer Konstitution des vergöttlichten Antoninus.

Frauen konnten ursprünglich nicht arrogiert werden.[32] Sie konnten nämlich die Familie nicht fortsetzen und so den alten Zweck der Arrogation nicht erfüllen.[33] Diesem Entwicklungsstand des Rechts entspricht unser Text.[34] Demgegenüber bemerkt Gaius *lb. sg. reg.* D. 1,7,21, aufgrund eines Kaiserreskripts dürften nun

31 Daß der Text bislang nicht hervorhob, daß es sich um das römische Volk handelt, könnte zwar darauf hindeuten, daß *Romanum* eine Glosse ist; vgl. auch Huschke bei Seckel/Kübler. Bei Gaius 1,101 fehlt es auch. Gleichwohl ist die Vermutung abzulehnen. Nachdem § 4 mitteilte, daß die *arrogatio* nur in Rom stattfinde, die *adoptio* dagegen auch in der Provinz, hebt der Text bei der Frauenarrogation zur Vermeidung einer Unklarheit das *Romanum* hervor; Schönbauer, St. De Francisci 3, S. 320.
Gleichzeitig drückt der Text mit *per populum vero Romanum* aus, daß es nicht um die Gesamtheit der römischen Bürger geht (einschließlich der Frauen), sondern um den *populus Romanus*, handelnd hier in Gestalt der Kuriatkomitien (an denen Frauen nicht beteiligt sind).

32 Der Grund für den Ausschluß der Frauen von der *arrogatio* wird teilweise darin gesehen, daß sie an dem Gesetzgebungsverfahren vor den Komitien nicht teilnehmen konnten (Gellius *Noct. Att.* 5,19,10: *feminis nulla comitiorum communio est*); vgl. Kaser, RP 1, S. 66.

33 Weiss, Institutionen, S. 471. Es geht um die passive Arrogationsfähigkeit. Darum ist bei d) auch in *arrogantur* zu emendieren. Der Schreiber hat wohl eine abgekürzte Endung nicht erkannt.

34 Auffallend ist die unpräzise Ausdrucksweise bei Gaius 1,101, wenn er von »*per populum … adoptantur*« spricht, wo das Regelwerk genauer den Ausdruck *arrogare* verwendet; vgl. §§ 2, 3 u. 5.

auch Frauen arrogiert werden.[35] Nun ist nicht ausgeschlossen, daß das Regelwerk hier die Möglichkeit, im Einzelfall von dem Verbot dispensiert zu werden, wegen ihres Ausnahmecharakters ungenannt läßt.[36] Wahrscheinlich aber gibt D. 1,7,21 nicht den hochklassischen Rechtszustand wieder. Diese Überlegung wird zunächst dadurch begünstigt, daß dieser *liber singularis regularum* Gaius wahrscheinlich zu Unrecht zugeschrieben worden, und späterer,[37] möglicherweise sogar frühnachklassischer Herkunft ist.[38] Die Arrogation von Frauen aufgrund Kaiserreskripts ist sonst nämlich erst für Diokletian belegt (C. 8,47[48],8). In seinen Institutionen deutet Gaius lediglich an, daß das Verbot umstritten, aber überwiegend anerkannt sei: *nam id magis placuit* (1,101). Hätte Gaius Kenntnis von einer Einführung der Frauenarrogation durch den Kaiser gehabt, so hätte er dies konsequenterweise in seinen Institutionen mitteilen müssen, wie er es bei der Arrogation der Unmündigen in unmittelbarem Zusammenhang tat (Gaius 1,102).[39]

Zum zweiten Teilsatz fällt auf, daß Gaius 1,102 von *impuberes* spricht, während der *liber singularis* das Verbot präziser auf *pupilli* bezieht. Daß diese Beschränkung korrekt ist und die Wortwahl unseres Textes daher berechtigt, wird durch Gellius für die alte Rechtslage bestätigt.[40] Hinsichtlich der Mündel gibt der Text auch das neue, seit der Konstitution des *divus Antoninus* geltende Recht wieder.[41] Mit *divus Antoninus* dürfte, da die Bezeichnung später mehrdeutig wäre, der konsekrierte

35 Kuryłowicz, Adoptio, S. 79 mit Nachweisen. Weil dies § 5 entgegensteht, soll nach Schulting, Jurisprudentia, S. 590, Anm. 7 bei *feminae quidem* etwas verlorengegangen sein.

36 Savigny, Ulpian 1801, Bl. 77 v. Balog, Alter, S. 147 meint, »Ulpian« habe flüchtig Gaius 1,101 abgeschrieben, wo von der *arrogatio per rescriptum* noch nicht die Rede war, ohne zu berücksichtigen, daß sie zu seiner Zeit längst in Geltung war; krit. Schulz, Epitome, S. 14, Fn. 1.

37 Krüger, Geschichte, S. 206; Honoré, Gaius, S. 96.

38 Schulz, History, S. 174; Kuryłowicz, Adoptio, S. 79. Um *wieviel* später der gaianische *liber singularis regularum* entstand, kann nicht mit Sicherheit festgestellt werden, weil D. 1,7,21 das einzige erhaltene Fragment ist; vgl. Lenel, Pal. 1, Sp. 251.

39 Kuryłowicz, Adoptio, S. 79.

40 Das Recht und die Macht der Tutoren ging nicht so weit, daß sie einen freien Menschen, der ihrer *fides* anvertraut war, einem anderen unterordnen durften (*Noct. Att.* 5,19,10); vgl. noch *Noct. Att.* 5,19,8: Es durfte keine *arrogatio* dessen, der noch nicht *vesticeps* (= *pubes*; vgl. Festus s. v. vesticeps, Lindsay S. 506) war, stattfinden; Savigny, System 3, S. 62. Andere Quellen lassen erkennen, daß es verhindert werden sollte, daß sich ein Vormund im Wege einer Adoption der Pflicht zur Rechnungslegung entzog; Ulpian 26 *ad Sab.* D. 1,7,17 pr-2; Papinian 31 *quaest.* D. 1,7,32,1; vgl. Kaser, RP 1, S. 347, Fn. 34.
Den Grund dafür, daß noch Gellius das Verbot wiedergibt, sieht Hüttl, Pius 1, S. 101 darin, daß es noch geltendes Recht gewesen sei. Kuryłowicz, Adoptio, S. 90 und Bergman, Beiträge, S. 84, Fn. 1 vermuten, Gellius habe von der Rechtsänderung nichts erfahren, weil er sich in Griechenland aufgehalten habe. Wahrscheinlich aber kam es Gellius, der Rechtsaltertümer sammelte, nicht darauf an, noch die allerneuesten Ausnahmeentwicklungen zu dokumentieren.

41 Schönbauer, St. De Francisci 3, S. 320.

Antoninus Pius gemeint sein.[42] Das *nunc* zeigt, daß er noch nicht lange verstorben ist. Dies deutet also auf eine Entstehung des Textes zur Zeit seines Nachfolgers Marc Aurel hin. Einen weiteren Beleg bietet Gaius 1,102, der die Erlaubnis zur Arrogation der *impuberes* auf den *imperator Antoninus*, d.h. auf den regierenden Antoninus Pius, zurückführt.[43]

Soweit der Text berichtet, daß vor Pius eine Arrogation von *pupilli* nicht zulässig war, könnte insofern ein Widerspruch zu Gaius 1,102 vorliegen, als dieser für die bisherige Zeit sagt: *aliquando prohibitum est, aliquando permissum est.* Solazzi hielt die Worte daher für ein Glossem.[44] David/Nelson haben aber die Echtheit dargelegt und gezeigt, daß sie sich auf die Gegenwart beziehen.[45] Sie übersetzen *aliquando … aliquando* nicht temporal, sondern im übertragenen Sinne: »in dem einen Fall – in dem anderen Fall« (wie in Gaius 2,251). Es besteht insoweit kein Widerspruch zwischen Gaius 1,102 einerseits und Tit. 8,5 sowie Gellius andererseits.[46]

Antoninus Pius setzte sich mit der Neuregelung über die nach bisherigem Recht bestehenden Hindernisse hinweg.[47] Damit wurde die *adoptio* gewandelten sozialen Bedürfnissen angepaßt.[48] Wahrscheinlich übertrug Pius die neue Konzeption der *adoptio* auf die *arrogatio* und zog die juristischen Konsequenzen für die gewaltfreien Unmündigen.[49]

§ 6. *Hi qui generare non possunt, velut spado, utroque modo possunt*[a] *adoptare; idem iuris est in persona caelibis*[b].

a) so Til, Hg[5], Kr, Sch; Ms. Vat.: *potest*
b) so das Ms. Vat., Kr, Sch; Til: *coelibe*; Hg[5]: *coelibis*

42 Vgl. Hüttl, Pius 1, S. 101 sowie den Emendationsvorschlag von Abdy/Walker, die statt *hi* (§ 6) *Pii* lesen wollen (App. g).

43 Gaius schildert eine *epistula optimi imperatoris Antonini, quam scripsit pontificibus* (1,102). Diese scheint für unseren Text umgestaltet worden zu sein: Anstatt von *epistula* steht hier der allgemeinere Ausdruck *constitutio.* Konsequenterweise wurde ferner der Adressat gestrichen und *optimus imperator* durch *divus* ersetzt (ohne daß – sollte das erst nach dem Tode Marc Aurels geschehen sein – die daraus folgende Mehrdeutigkeit bemerkt worden wäre); vgl. Müller-Eiselt, Pius, S. 140.

44 Solazzi, St. Riccobono 1, S. 144.

45 David/Nelson, Gaius Phil. Komm. 2,1, S. 124-126. *Prohibitum est* und *permissum est* werden dabei als Praesentia gedeutet und *nunc* durch *nam* (aufgelöst aus N in der Handschrift) ersetzt, so daß Gaius die Pius-Epistel zur Erklärung des Falles einsetzt, bei welchem die Arrogation Minderjähriger gestattet war: wenn nämlich die Voraussetzungen *iusta causa adoptionis* und *quaedam condiciones* vorlagen.

46 Vgl. Müller-Eiselt, Pius, S. 140.

47 Vgl. zu diesen im einzelnen Müller-Eiselt, Pius, S. 140 f.

48 Donatuti, BIDR 64 (1961), S. 127-134.

49 Müller-Eiselt, Pius, S. 141.

Diejenigen, welche keine Nachkommen hervorbringen können, wie der Zeugungsunfähige, können auf beide Arten adoptieren; dasselbe ist rechtens hinsichtlich des Unverheirateten.

Nach einem älteren Verständnis, das noch bei Cicero und Gellius auftritt, erfüllte die Adoption die Aufgabe, denjenigen, die keine Nachkommen erzeugen konnten, zu einem Stammhalter zu verhelfen, um die natürliche Abstammung nachzubilden. Dies war aus Sicht der klassischen Lehre, die Kindschaft mit einem naturalistischen, den Zeugungstrieb meinenden *ius naturale* verknüpft,[50] folgerichtig. Nach dieser Vorstellung bildete die Zeugungsfähigkeit des Annehmenden geradezu ein Adoptionshindernis.[51] Zum ersten Teil der Stelle finden sich sachlich entsprechende Mitteilungen bei Gaius 1,103 (1 *inst.* D. 1,7,2,1).[52] Im Unterschied zu dieser Vorstellung betont Modestin 1 *diff.* D. 1,7,40,2 sogar besonders die Adoptionsfähigkeit der *spadones.* Daß er besonders hervorheben muß, daß der körperliche Mangel kein Hindernis bildet, zeigt, daß der ältere Sinnzusammenhang der Adoption für ihn nicht mehr selbstverständlich ist. Es handelt sich um ein Indiz für den zeitlichen Abstand Modestins zur Entstehung des Regelwerks.

Der Nachsatz über den *caelebs* fehlt bei Gaius und ist offenbar bei einer Bearbeitung des Regelwerks hinzugefügt worden.[53] Beim *caelebs* fehlt es an den Voraussetzungen für die Nachbildung der natürlichen Abstammung sogar insofern, als er nicht verheiratet ist. Hier zeigt sich, daß die ältere Zweckvorstellung das klassische Adoptionsrecht nicht durchgehend beherrscht.[54] Auch bei Gaius 1,99 liegt sie nicht zugrunde; er stellt allein auf den Willen der Beteiligten ab. Die Wortwahl *in persona caelibis* anstatt *in caelibe* zeigt, daß der Text auch hier den Rechtsbegriff der Person hervorhebt, um die Qualifikation des Menschen als vom

50 Vgl. oben S. 281.

51 Cicero *de domo* 13,34: *Quod est, pontifices, ius adoptionis? Nempe ut is adoptet* ***qui neque procreare iam liberos possit,*** *et cum potuerit sit expertus*; ferner Gellius *Noct. Att.* 5,19,6; für die Altersprüfung vor der *arrogatio* Ulpian 26 *ad Sab.* D. 1,7,15,2 u. 17,2; Kuryłowicz, Adoptio, S. 76.

52 In diesem Gaiustext meint *spado* wie im Regelwerk den wegen Krankheit Zeugungsunfähigen. Er kann die Ehe schließen und adoptieren; Ulpian 3 *ad Sab.* D. 28,2,6 pr. Dem *castratus* ist dagegen beides untersagt. So unterscheidet auch Ulpian 33 *ad ed.* D. 23,3,39,1 den *spado* vom Kastraten (ebenso Ulpian 1 *ad leg. Iul. et Pap.* D. 50,16,128). Diese Unterscheidung übernimmt Justinian für unseren Fall in Inst. 1,11,9; vgl. Savigny, Ulpian 1801, Bl. 78 r. Zur Sache Pfaff, RE, 2. Reihe, 5. Hb. (1927), s. v. Spado, Sp. 1258 f.
Pugliese, Istituzioni, S. 384 meint, die Zulassung der *spadones* zur Adoption stehe gerade im Gegensatz zur Nachbildung der natürlichen Abstammung. Dagegen ist einzuwenden, daß nach dem älteren, durch Cicero und Gellius (oben Fn. 51) bezeugten Zweck der Adoption die natürliche Erzeugung von Nachkommen, die gerade dem *spado* verwehrt war, ersetzt werden sollte.

53 Entsprechend Paulus 1 *reg.* D. 1,7,30.

54 Vgl. Rabel, Grundzüge, S. 30.

Recht anerkannte Persönlichkeit zu kennzeichnen. Es handelt sich um ein Merkmal der spezifisch klassischen Jurisprudenz.[55]

§ 7. *Item is, qui filium non habet, in locum nepotis*[a] *adoptare potest.*

a) Ms. Vat.: *nepotes*

Ebenso kann derjenige, der keinen Sohn hat, an Enkels Statt adoptieren.

§ 8. *Si pater familiae arrogandum se dederit, liberi quoque eius quasi nepotes in potestate fiunt arrogatoris.*

Wenn sich ein *paterfamilias* zur Arrogation übergibt, dann gelangen auch seine Kinder gewissermaßen als Enkel in die Gewalt des Annehmenden.

Sachlich entsprechend lautet Modestin 1 *diff.* D. 1,7,40 pr: *Adrogato patre familias liberi, qui in eius erant potestate, nepotes apud adrogatorem efficiuntur simulque cum suo patre in eius reccidunt potestatem.* Es folgt die Mitteilung, daß bei der *adoptio* anderes gelte.[56]

§ 8 a. *Feminae vero neutro modo possunt adoptare, quoniam nec naturales liberos in potestate habent.*

Frauen aber können auf keine der beiden Arten adoptieren, weil sie (auch) die in der Ehe geborenen Kinder nicht in ihrer Gewalt haben.

Der Ausdruck *liberi naturales* wird hier wieder klassisch in der Bedeutung »*leibliche* eheliche Kinder« verwendet (s. o. bei § 1). Zwar haben Frauen auch ihre nichtehelichen Kinder nicht in der Gewalt, doch argumentiert dieser Text gerade mit der Rechtsfolge einer Adoption, nämlich der künstlichen Schaffung der Rechtsstellung eines ehelichen Hauskindes. Da Frauen nun schon über ihre infolge Geburt ehelichen Kinder keine Gewalt ausüben, können sie diesen Rechtszustand auch nicht im Wege der Adoption herbeiführen.

Gaius 1,104 stellt denselben Grundsatz dar.[57] Eine Ausnahme von der im Text genannten Regel nennt »Ulpian« 5 *opin.* D. 5,2,29,3: *femina nullum adoptare filium sine iussu principis potest.* Diese Mitteilung gibt aber, was den kaiserlichen Dispens betrifft, wahrscheinlich nicht den hochklassischen Rechtszustand wieder,

55 S. oben S. 119.

56 Umständlicher Gaius 1,107; entsprechend Gaius 1 *inst.* D. 1,7,2,2. Vgl. Ulpian 26 *ad Sab.* D. 1,7,15 pr.

57 Gaius formuliert allerdings *nullo modo possunt.* Gegenüber *neutro,* was zutreffend zwei Möglichkeiten impliziert, erscheint *nullo* als etwas allgemeiner. Vgl. Buckland, LQR 38 (1922), S. 43.

sondern geht entweder auf die mutmaßlich nachklassische Herkunft der ps.-ulpianischen *opiniones* oder auf eine Interpolation zurück.[58] Unter Diokletian können Frauen dann arrogieren, obwohl sie keine Hausgewalt erwerben können; der Akt begründete vielmehr lediglich eine Verwandtschaftsbeziehung (C. 8,47[48],5).[59]

58 Vgl. Kuryłowicz, Adoptio, S. 71. Zu weiteren dahingehenden Texten Ruggeri, Labeo 36 (1990), S. 59; vgl. ferner Corcoran, Empire, S. 52, Fn. 65.

59 Kaser/Knütel, Röm. Privatrecht, § 60, Rn. 26; Marrone, Istituzioni, S. 319.

10.) Die Manusehe

Tit. IX ›De his qui in manu sunt‹[1]
Über diejenigen, die in der ehelichen Gewalt sind

§ 1. *Farreo conveniturª in manum certis verbis et testibus X*[b] *praesentibus et sollemni sacrificio facto, in quo panis*[c] *quoque farreus*[d] *adhibetur.*

a) so das Ms. Vat., Sav, Kr, Sch; Hg[1]: *Farre convenitur in manum*; Hg[2-3]: *Farre convenit ⟨uxor⟩*; Hg[4-5]: *Farreo convenit ⟨uxor⟩ in manum*
b) Ms. Aur., Hg[1]: *decem ⟨civibus⟩ praesentibus*; Hg[2-5]: *decem praesentibus*
c) Ms. Vat.: *panes*
d) Ms. Vat.: *farreos*

›Durch Spelzweizenbrot‹ gelangt eine Frau in die eheliche Gewalt aufgrund Sprechens bestimmter Worte, Mitwirkung zehn anwesender Zeugen und eines feierlichen Opfers, bei dem auch Spelzweizenbrot verwendet wird.

Der Text behandelt die Begründung der ehelichen Gewalt über die Frau[2] durch die *confarreatio*, deren namengebender Gegenstand, das Spelzweizenbrot, hier stellvertretend genannt ist.[3] Die *confarreatio* ist noch für das Ende des 2. Jahrhun-

1 Arangio-Ruiz, BIDR 30 (1921), S. 214 stützt seine Annahme einer zweiten Auflage des Gaius auch auf die Ansicht, die Titelüberschrift sei aus Gaius 1,108 abgeleitet: ›*Nunc **de his** personis videamus, **quae in manu nostra sunt***‹. Arangio-Ruiz berücksichtigt aber nicht, daß der Satz im Codex Veronensis gar nicht enthalten ist. Es handelt sich um eine Ergänzung, die Goeschen vorschlug und die fast alle Editionen übernommen haben (S. 124).
Schulz, Epitome, S. 34 meint, das falsche *qui* statt *quae* zeige, daß eine klassische Rubrik ›*De his qui in manu mancipiove sunt*‹ ungeschickt gekürzt worden sei.

2 Gegenüber dem Emendationsvorschlag *convenit uxor* (App. a) ist einzuwenden, daß sich der *confarreatio* (außer im Sonderfall der nachträglichen Vornahme) in aller Regel keine *uxor* unterzogen haben dürfte, sondern eine *virgo* oder *mulier*.

3 *Farreo* steht wahrscheinlich für den *panis farreus*. Unmittelbar mit »durch Spelzweizen« ließe sich die ältere Emendation Hugos (»*Farre*«) wiedergeben. Denkbar wäre auch, *Farreo* mit »durch Mitwirkung des Iuppiter Farreus« zu verstehen (vgl. Gaius 1,112; Voigt, XII Tafeln 2, S. 695, Anm. 9), doch läßt die unmittelbar folgende Bezugnahme auf das Brot die handgreifliche Bedeutung als vorzugswürdig erscheinen. Die Grünberger Übersetzung S. 19 enthält ein Wortspiel und gibt die »Vermählung« *farreo* mit »Vermehlung« wieder. Die genannte Kurzform ist als Element in der Reihung *usu, farre(o), coemptione* in mehreren Quellen belegt; vgl. Gaius 1,110; Arnobius *Adv. Nat.* 4,20; Servius *in Verg. Georg.* 1,31 (Bruns, Fontes 2, S. 78): *farre*. Ihr Ursprung dürfte sehr alt sein, möglicherweise das Zwölftafelrecht; vgl. Watson, State, S. 52.
Gegenüber der gebräuchlichen Übersetzung mit »Spelt« ist zu bemerken, daß *far* unter den drei angebauten Spelzweizenarten wahrscheinlich den Emmer (triticum dicoccum Schübler) bezeichnet. Der Spelt oder Dinkel (t. spelta L.) war den Römern dagegen wohl erst in der Kaiserzeit als *spelta* oder *scandula* bekannt geworden. Mangels einer vollständigen

derts epigraphisch belegt.[4] Die anderen Begründungstatbestände der *manus* (*coemptio* und *usus*) sind im *liber singularis* nicht dargestellt, nachdem die Manusehe im zweiten Jahrhundert zwar noch geltendes Recht, praktisch aber kaum noch gebräuchlich war.[5] Auf eine gewisse Bedeutung dieses Rechtsinstituts läßt immerhin Tit. 29,1 schließen, wo die Manusehe im Zusammenhang des Edikts behandelt wird.[6] Der Redaktor des Regelwerks könnte den Satz aber auch aufgenommen haben, um die Struktur des tradierten Grundbestands jedenfalls in Ansätzen zu bewahren. So ging er nach der (gleichfalls fragmentarischen) Darstellung der Personen *sui iuris* (Tit. 4) auf die Gewaltunterworfenen ein, nämlich auf die Fälle der *potestas* (Tit. 5, Tit. 7,4, Tit. 8) und der *manus* (Tit. 9).

Auffallend ist die getrennte Darstellung der *conventio in manum* vom Tatbestand der Ehe (Tit. 5,2), denn der Eintritt der Frau in die Gewalt des Mannes dürfte, sofern er überhaupt noch vorkam, mit der Eheschließung zusammengefallen sein.[7] Die Tatbestände sind hier[8] darum getrennt dargestellt, weil es nur um die jeweils begründeten Gewaltverhältnisse geht: an den Kindern aufgrund der Ehe (Tit. 5) und an der Frau aufgrund der *in manum conventio* (hier).

Daß unter den die *manus* begründenden Tatbeständen ausgerechnet die *confarreatio* dargestellt wird, könnte damit zusammenhängen, daß diese für sakrale Zwecke fortlebte (Gaius 1,136): Die *flamines* mußten sich noch in augusteischer

Klärung wird hier der Gattungsname verwendet; entsprechend Burford-Cooper, DNP 2 (1997), s. v. Bäckereien, Sp. 394. Zur botanischen Bestimmung des *far* als Emmer s. Jasny, Wheats, S. 119-124; Hünemörder, DNP 4 (1998), s. v. Far, Sp. 427; vgl. auch De Martino, Wirtschaftsgeschichte, S. 17 und Schiemann, DNP 3 (1997), s. v. Confarreatio, Sp. 122.

4 In CIL X, 6662 aus der Zeit nach dem Regierungsantritt des Commodus wird ein *sacerdos confarreationum et diffarreationum* erwähnt. Vgl. Wissowa, Religion, S. 506; Gherardini, S. 274 f. Radke denkt sogar an eine Art standesamtlicher Tätigkeit dieses Mannes; Gymnasium 96 (1989), S. 216. Franciosi, Famiglia, S. 140 verbindet das Verschwinden der *confarreatio* erst mit dem Verbot der heidnischen *sacra* durch Theodosius (CTh 16,10,12 pr a. 392). Auch Kaser, RP 1, S. 324 hält für möglich, daß die *confarreatio* noch lange bestand.

5 Den Erwerb der *manus* durch *usus* bezeichnet schon Gaius 1,111 als abgekommen.

6 Astolfi, Matrimonio, S. 282 nimmt an, daß die *manus* noch bis in die nachklassische Zeit hinein geltendes Recht gewesen sei. Er weist darauf hin, daß die Bezugnahme auf die *manus* bei Gaius, im Regelwerk und in späteren Quellen nicht allein als Mitschleppen veralteten Stoffes erklärt werden könne. Der *liber singularis* bestätigt dies für die nachklassische Zeit zwar nicht deswegen, weil er in der Nachklassik entstanden wäre (wie Astolfi annimmt), aber deswegen, weil die betreffenden Stellen immerhin um 250 als geltendes Recht in den Auszug aufgenommen wurden.

7 Vgl. Serrao, Diritto privato, S. 185. Dies war aber nicht notwendig der Fall; vgl. die Laudatio Turiae, Z. 14; Franciosi, Famiglia, S. 137 f. In klassischer Zeit bestand der Effekt der *confarreatio* nicht in der Eheschließung, sondern nur in der Begründung der *manus*. Vgl. Tit. 9,1 und Gaius 1,136, der die gleichen Worte hat. Dies zeigt auch Tacitus *ann.* 4,16, wo die *Flaminica Dialis* für sakrale Zwecke in die *manus* eintritt. Vgl. Volterra, Scritti 3, S. 261 f.; Weiss, Institutionen, S. 449.

8 Ähnlich bei Gaius 1,56 und 1,108 ff.

Zeit in einer konfarreierten Ehe befinden und selbst aus einer solchen Ehe stammen.[9] Die zu diesen Zwecken unter Augustus und Tiberius aus religiösen Gründen wiederbelebte[10] *confarreatio* schuf aber nach einem im frühen Prinzipat[11] ergangenen *Senatusconsultum ex relatione Maximi et Tuberonis* kein zivilrechtliches Gewaltverhältnis mehr. Die Frau trat nur noch zu sakralen Zwecken in die *manus* ein, während sie im übrigen behandelt wurde, als hätte sie eine gewaltfreie Ehe geschlossen.[12]

9 Gaius 1,136; Tacitus *ann.* 4,16; vgl. Servius *in Verg. Aen.* 4,374 (Bruns, Fontes 2, S. 76): *mos – apud veteres fuit flamini ac flaminicae, dum per confarreationem in nuptias convenirent ....*

10 Cicero *pro Flacco* 34,84 hatte die *confarreatio* unter den Formen der *manus*-Begründung nicht genannt: *›In manum‹, inquit, ›convenerat.‹ Nunc audio: sed quaero,* ***usu an coemptione?*** Es wird öfter angenommen, daß die *confarreatio* am Beginn des Prinzipats praktisch verschwunden gewesen sei; Wołodkiewicz, St. Sanfilippo 3, S. 754. Die Bestandskraft, die eine Einrichtung, die Augustus feierlich wiederbelebt hatte, in der Klassik entwickeln konnte, darf aber nicht unterschätzt werden.

11 Während Tacitus *ann.* 4,16 die Beschränkung der *manus* für 24 n. Chr. ansetzt, verbindet Gaius 1,136 die Rechtsänderung mit Maximus und Tubero, Konsuln im Jahre 11 v. Chr. Vgl. David/Nelson, Gaius Phil. Komm. 2/1, S. 169 f.; Karlowa, RRG 2, S. 157.

12 Kunkel, RE, 28. Hb. (1930), s. v. Matrimonium, Sp. 2271; Wołodkiewicz, St. Sanfilippo 3, S. 754; differenzierend Brassloff, St. Bonfante 2, S. 374-379.

11.) Die Befreiung von der *potestas*

Tit. X ›Qui in potestate mancipiove sunt quemadmodum[a] *eo iure liberentur‹*

a) Ms. Vat.: *quaemadmodum*

Auf welche Weise diejenigen, die sich in der väterlichen Gewalt oder in der mancipium-*Gewalt befinden, von diesem Recht befreit werden*

§ 1. *Liberi parentum potestate liberantur emancipatione, id est si, posteaquam mancipati fuerint, manumissi sint. sed filius quidem ter mancipatus, ter manumissus sui iuris fit; id ⟨enim⟩*[a] *lex duodecim tabularum iubet his verbis: ›si pater filium ter venum dabit*[b]*, filius a patre liber esto*[c]*‹. ceteri autem liberi praeter filium, tam masculi quam feminae, una mancipatione manumissioneque*[d] *sui iuris fiunt.*

a) so Til, Hg[5], Kr, Sch; Ms. Vat.: *idem*
b) so Kr, Sch; Ms. Vat., Til, Cuj (Par. 1586), Ch 1578: *venundavit*; Tu: *venundabit*; Gai. 1,132: *venum duit*; Ms. Aur.: *venumduit*; Hg[5]: *venumdavit*[1]
c) Ms. Vat.: *est*
d) Ms. Vat.: *manumissio neque*

Kinder werden von der väterlichen Gewalt befreit durch die Emanzipation, d.h. wenn sie, nachdem sie manzipiert worden sind, freigelassen werden. Aber ein Sohn wird (erst) gewaltfrei, wenn er dreimal manzipiert und dreimal freigelassen wird. Das nämlich bestimmt eine Vorschrift der Zwölf Tafeln mit diesen Worten: ›Wenn ein Vater seinen Sohn dreimal verkauft hat, soll der Sohn vom Vater frei sein‹. Die übrigen Kinder außer dem Sohn, sowohl männliche als auch weibliche, werden aber durch einmalige Manzipation und Freilassung gewaltfrei.

Es handelt sich um die altertümliche Form der *emancipatio*, die noch in der klassischen Zeit zur Anwendung kam, und die bei Söhnen eine dreimalige, bei allen anderen Nachkommen eine einmalige Manzipation an einen Treuhänder, die entsprechenden Remanzipationen und schließlich die endgültige Freilassung erforderte. Diese Einrichtung, die im Zwölftafelrecht dazu gedient hatte, die Verdingung des Sohnes durch den Vater zu beschränken (Tab. 4,2), ist nunmehr zu einem Vorgang denaturiert, dessen Zweck die Erschleichung der Rechtsfolge ist.[2]

1 Die Ursprungsfassung des Zwölftafeltextes wird *venum duvit* gelautet haben; vgl. Bruns/Gradenwitz/Mommsen, S. 22 zu Tab. 4,2. Die überlieferten Varianten gehen offenbar auf Modernisierungsschichten zurück.

2 Vgl. Rabel, SZ 27 (1906), S. 326 ff. (328). Entsprechend Gaius 1,132, 134; vgl. die Emanzipationsurkunde aus dem 3. Jahrhundert bei Meyer, Papyri, Nr. 9.

Gaius 1,134 gibt zusätzlich an, daß das Verfahren auch in der Provinz vor dem Statthalter Anwendung finde.

§ 2. *Morte patris filius et filia sui iuris fiunt: morte autem avi nepotes ita demum sui iuris fiunt, si post mortem avi in potestate patris futuri non sunt, velut si moriente avo pater eorum aut iam*[a] *decessit aut de potestate dimissus est: nam si mortis avi tempore pater eorum in potestate eius sit, mortuo avo in patris sui potestate fiunt.*

a) so Til, Kr, Mu; Ms. Vat., Hg[5], Sch: *etiam*

Mit dem Tod des Vaters werden Sohn und Tochter gewaltfrei. Mit dem Tod des Großvaters aber werden die Enkel nur dann gewaltfrei, wenn sie nach dessen Tod nicht in die Gewalt des Vaters fallen, wie z.B. wenn beim Tod des Großvaters ihr Vater entweder schon gestorben oder aus der Gewalt entlassen worden ist. Denn wenn ihr Vater beim Tod des Großvaters in dessen Gewalt ist, so gelangen sie beim Tod des Großvaters in die Gewalt ihres Vaters.

§ 3. *Si patri vel filio aqua et igni interdictum sit, patria potestas tollitur, quia peregrinus fit is, cui aqua et igni interdictum est; neque*[a] *autem peregrinus civem Romanum, neque civis Romanus peregrinum in potestate habere potest.*

a) Ms. Vat.: *ne*[Lücke, vielleicht ein Zeichen ausradiert]*que*

Wenn ein Vater oder Sohn von Wasser und Feuer ausgeschlossen worden ist, geht die väterliche Gewalt unter, weil derjenige, der von Wasser und Feuer ausgeschlossen wird, Peregrine wird. Weder kann aber ein Peregrine einen römischen Bürger noch ein römischer Bürger einen Peregrinen in der Gewalt haben.

Das personenrechtliche Gewaltverhältnis kann nur zwischen römischen Bürgern bestehen. Die *civitas Romana* aber geht durch die Verbannung verloren. Ob der Verbannte, nachdem er aufgrund der *aqua et igni interdictio* zunächst nur den *status civitatis* verlor, anschließend ein anderweitiges Bürgerrecht erwirbt, ist nicht ausschlaggebend. Die Stelle verweist mit der Behandlung des *peregrinus* auf die Rechtslage vor der *Constitutio Antoniniana.*

Die *interdictio* bedeutet die Ausstoßung aus der Gemeinschaft durch Entzug von Wasser und Feuer, die als Symbole für den Bürgerstatus stehen. Nachdem sie in Verbindung mit dem Gang ins Exil auch zur Vermeidung einer Strafe hatte dienen können, ging ihre Bedeutung im Prinzipat zurück, was wohl mit einer Verschärfung der Strafjustiz zusammenhing.[3] Ulpian 27 *ad Sab.* D. 1,5,18 nennt sie noch als geltendes Recht. Während Ulpian 48 *ad ed.* D. 48,19,2,1 mitteilt, die

3 Mommsen, Röm. Strafrecht, S. 72 f.

deportatio habe die *interdictio aqua et igni* abgelöst, wird diese in C. 5,17,1 (a. 229) neben der *deportatio* genannt.

§ 4. *Si pater ab hostibus captus sit, quamvis servus hostium fiat, tamen cum reversus fuerit, omnia pristina iura recipit*[a] *iure postliminii. sed quamdiu apud*[b] *hostes est, patria potestas in filio eius interim pendebit; et cum reversus fuerit ab hostibus, in potestate filium habebit; si vero ibi decesserit, sui iuris filius erit. Filius quoque si captus fuerit ab hostibus, similiter propter ius postliminii patria potestas interim pendebit.*

a) Ms. Vat.: *recepit*
b) Ms. Vat.: *aput*

Wenn der Vater von den Feinden gefangengenommen wurde, erhält er, obgleich er Sklave der Feinde wird, dennoch nach seiner Rückkehr alle seine früheren Rechte aufgrund des *ius postliminii* zurück. Aber solange er bei den Feinden ist, hängt die väterliche Gewalt über seinen Sohn in der Schwebe; und wenn er von den Feinden zurückgekehrt ist, hat er den Sohn in der Gewalt. Wenn er aber dort gestorben ist, ist der Sohn gewaltfrei. Auch wenn ein Sohn von den Feinden gefangengenommen wird, hängt entsprechend die väterliche Gewalt wegen des *ius postliminii* in der Schwebe.

Schulz meint, hier sei Gaius 1,129 ungeschickt umgestaltet worden; statt *sed* müßte wie bei Gaius *itaque* stehen.[4] Bei Gaius ergibt sich die neuerliche *patria potestas* allerdings aus dem Wiedereintritt in die alten Rechte. Hier verhält es sich anders, denn der Schwebezustand folgt gerade nicht daraus. Bei Rückkehr tritt vielmehr der Zustand ein, *ac si numquam ab hostibus captus sit* (Paul. Sent. 2,25,1).[5] Dieser wird auch auf die Zwischenzeit bezogen (*habebit ... erit*). Dies spricht gegen die Vermutung einer Abhängigkeit des Textes von Gaius.

§ 5. *In potestate parentum esse desinunt et hi, qui flamines Diales*[a] *inaugurantur, et quae virgines Vestae*[b] *capiuntur.*

a) Ms. Vat.: *flaminis divalis*; Hg[5]: *divales*
b) Ms. Vat.: *virginis veste*

Auch diejenigen hören auf, in der väterlichen Gewalt zu sein, die zu *flamines Diales* geweiht oder zu Vestalinnen genommen werden.

4 Schulz, Epitome, S. 34.

5 Entsprechend lautete die auf ein vermutlich sullanisches Gesetz zurückgehende *fictio legis Corneliae*: Wer in der Gefangenschaft starb, wurde wie ein Freier beerbt. Vgl. Rotondi, Leges, S. 356, Javolen 4 *ep.* D. 28,3,15 und unten bei Tit. 23,5.

Wenn ein Mädchen dadurch aus der *patria potestas* ausscheidet, daß es Vestalin wird, unterscheiden sich die personenrechtlichen Folgen von denen der *emancipatio*. Die Vestalin hat ipso iure ihren Familienverband verlassen, ohne dabei jedoch eine *capitis deminutio* zu erleiden.[6] Mit *capere* nennt der Text (ebenso wie Gaius 1,130) einen alten, technischen Ausdruck:[7] Er bezieht sich auf die »Ergreifung« durch den *pontifex maximus*, durch die das Mädchen Vestalin wird.[8]

6 Gellius *Noct. Att.* 1,12,9; Gaius 3,114. Dazu Behrends, Subjektivität, S. 214, Fn. 18; Düll, SZ 70 (1953), S. 381. Dieser Fall könnte auch in Ulpian 29 *ad ed.* D. 14,6,3,4 (*sive … alias sui iuris sine capitis deminutione fuerit effectus*) gemeint sein; Savigny, Ulpian 1801, Bl. 81 r. Aus Gellius könnte man entnehmen, daß die Betroffene gleichwohl aus dem Agnatenverband ausscheidet; Savigny, System 2, S. 504; entsprechend wohl Düll, SZ 70 (1953), S. 381. Möglicherweise zeigt sich hier eine Vorstellung, daß sie in eine »sakrale Familie« eintritt, weshalb auch ihr Vermögen bei ihrem Tod an den Staat fällt; vgl. XII-Tab. 5,5; Gellius *Noct. Att.* 1,12,18; Behrends, Subjektivität, S. 214, Fn. 18.

7 Gellius *Noct. Att.* 1,12; Livius 27,8,5.

8 Gellius *Noct. Att.* 1,12, insbes. §§ 11-14. Nach Gellius konnte der Ausdruck *capere* auch im Zusammenhang mit der Aufnahme der Jupiterpriester (*flamines Diales*), der Pontifices und der Auguren verwendet werden; *Noct. Att.* 1,12,15. Vgl. Latte, Röm. Religionsgeschichte, S. 195, Fn. 1; Pernice, Sakralrecht, S. 1170. Unser Text spricht abweichend von *inaugurantur*; entsprechend auch Gaius 1,130.

12.) Vormundschaft und Pflegschaft

Der Abschnitt über Vormundschaft und Pflegschaft steht zwischen dem Recht der Personen *in potestate* und dem Spezialteil über das Recht der *leges Iulia et Papia Poppaea.* In den Gaius-Institutionen bildet er den Schluß des Personenrechts (1,142-200). Ebenso wie dort wird auch im Regelwerk die Tutel ausführlich behandelt, die *cura* dagegen knapp. Der Aufbau des Abschnitts *de tutelis* weicht aber vom Aufbau bei Gaius deutlich ab; dazu näher bei § 2.[1]

a.) Tit. XI ›De tutelis‹ *Über die Vormundschaften*

Der Text behandelt nur die Arten der Vormünder, ihre Bestellung und das Ende der Vormundschaft. Die Aufgaben des Vormunds werden kaum, seine Haftung gar nicht beschrieben.

> § 1. *Tutores constituuntur tam masculis quam feminis: sed masculis quidem impuberibus*[a] *dumtaxat propter aetatis*[b] *infirmitatem; feminis autem*[c] *impuberibus*[d] *quam puberibus et propter sexus infirmitatem et propter forensium rerum ignorantiam*[e].
>
> a) Ms. Vat.: *inpuberibus*
> b) Ms. Vat.: *aetates*
> c) Til, Hg[5], Kr: *autem ⟨tam⟩*
> d) Ms. Vat.: *inpuberibus*
> e) Ms. Vat.: *ignorati atutoris*
>
> Vormünder werden sowohl für Männer als auch für Frauen eingesetzt; für Männer aber, die unmündig sind, nur wegen der in ihrem Alter begründeten Schutzbedürftigkeit, für unmündige wie auch mündige Frauen aber wegen der geschlechtsspezifischen Schutzbedürftigkeit und wegen der Unkenntnis des Rechtsverkehrs.

Die Stelle nennt als Gründe der Tutel den jeweils alters- oder geschlechtsspezifischen Schutzbedarf. Die Vormundschaft wird hier also mit einer Schwäche begründet, wie es Servius (nach Paulus 38 *ad ed.* D. 26,1,1 pr) im Hinblick auf die Minderjährigentutel tat:[2] *Tutela est, ut Servius definit, ius (*F: *vis) ac potestas in capite libero ad tuendum eum, qui propter aetatem sua (*FS: *suam) sponte se defendere nequit, iure civili data ac permissa.*[3] Im Unterschied zu § 1 begründet Gaius 1,189

1 Vgl. Nelson, Überlieferung, S. 94 f.

2 Vgl. Behrends, SavZRG 119 (2002), S. 68, Fn. 48; ders., Wissenschaftslehre, S. 275.

3 Zur Begründung der Emendation *ius ac potestas* (wie Inst. 1,13,1) vgl. neuerdings Behrends, SavZRG 119 (2002), S. 67 f., Fn. 48; anders noch ders., Wissenschaftslehre, S. 175, Fn. 43.

die Minderjährigentutel nicht mit Schwäche, sondern mit der *naturalis ratio*, auf die bei Gaius letztlich alles Recht zurückgeht: … *id naturali ratione conveniens est, ut is qui perfectae aetatis non sit, alterius tutela regatur.*[4] Auf diese Weise kann Gaius begründen, daß es die Vormundschaft bei allen Völkern gibt.[5] An der *naturalis ratio* haben nämlich auch Peregrine teil.[6]

Hinsichtlich der *Frauentutel* vertritt unser Text dagegen einen aus der vorklassischen Jurisprudenz herrührenden Standpunkt, wenn er sie mit einer geschlechtsspezifischen Schutzbedürftigkeit der Frauen und deren Unerfahrenheit in Rechtsangelegenheiten begründet. Hier ist eine Lehre der *maiores* in den (grundsätzlich klassischen) Grundbestand des *liber singularis* eingegangen. Die Vorklassiker wollten die Frauen auf Dauer unter die *tutela* gestellt wissen,[7] und zwar *propter infirmitatem consilii.*[8] Die Vormundschaft über die Frauen sicherte dabei zugleich das Erbrecht der nächsten nach der Frau zu Erben berufenen Verwandten im Mannesstamm. Von der spezifisch klassischen Jurisprudenz wurde diese Vorstellung nicht geteilt. Dies zeigt sich daran, daß Servius die Minderjährigentutel unter den drei von ihm unterschiedenen *genera* der Tutel[9] mit der Tutel schlechthin identifizierte:[10] In seiner Definition zeigt der Zusatz *propter aetatem*, daß die *tutela impuberis* gemeint ist.[11] Servius verstand die Frauentutel also offenbar als *uneigentliche* Tutel. Darin könnte sich schon die in der klassischen Zeit herrschende Auffassung andeuten, die Gaius wiedergibt: daß nämlich die Tutel über Frauen eigentlich unbegründet sei, weil die *levitas animi*, auf die sich die Vorklassiker berufen hatten, in Wahrheit gar nicht vorliege (Gaius 1,190 u. 144). Auch vermittelte die *tutela mulierum* in dieser Zeit keine personenrechtliche Gewalt mehr.[12]

4 Nun ist der Eintritt der Volljährigkeit nach Erreichen eines bestimmten Lebensalters im Unterschied zu der altersspezifischen Schwäche gerade nicht von der Natur vorgegeben. Hier zeigt sich, daß Gaius nicht auf den rein deskriptiven Naturrechtsbegriff abstellt, sondern auf das zivilisationsrechtliche *ius gentium*, in dem die natürliche Vernunft (*naturalis ratio*) verwirklicht wird.

5 Gaius 1,189: *Sed inpuberes quidem in tutela esse* ***omnium civitatium iure*** *contingit.* Mit dem Blick auf die Verhältnisse bei anderen Gemeinschaften verrät Gaius sein Interesse an den nichtrömischen Rechten. Ebenso liegt es, wenn er wenig später auf das Recht der Bithynier eingeht (Gaius 1,193).

6 Gaius 1,1: *quod vero naturalis ratio inter omnes homines constituit, id apud omnes populos peraeque custoditur vocaturque ius gentium, quasi quo iure omnes gentes utuntur.*

7 Cato bei Livius 34,2,11 ff. Anders als Knaben (vgl. Cicero *Top.* 10,44: *priusquam in suam tutelam venisset* …) sollten Frauen nicht »in ihre eigene Tutel gelangen«.

8 Cicero *pro Murena* 12,27.

9 Vgl. S. 299.

10 Watson, Persons, S. 111 meint, in Servius' Zeit habe der Zweck der Minderjährigentutel immer im Schutz des Mündels bestanden.

11 Behrends, Wissenschaftslehre, S. 275 f.

12 Behrends, Labeo 44 (1998), S. 53, Fn. 44.

§ 2. *Tutores*[a] *aut*[b] *legitimi sunt, aut senatus*[c] *consultis constituti, aut moribus introducti.*

a) Ms. Vat.: *atutoris* (s. § 1)
b) Til: *autem*
c) Ms. Vat.: *senatis* zu *-us* verbessert

Vormünder sind entweder gesetzliche oder durch Senatsbeschlüsse eingerichtete oder aufgrund Gewohnheitsrechts eingeführte.

Zwischen den Fällen der Tutel kann, wie besonders bei Gaius 1,188 deutlich wird, nach verschiedenen Gesichtspunkten differenziert werden. Die wichtigsten Gesichtspunkte sind die Rechtsquellen, die Weise der Bestellung und die unterworfenen Personen.[13] Wir wissen aus Gaius 1,188, daß Servius drei *genera* der Tutel unterschied. Wahrscheinlich differenzierte er zwischen der Vormundschaft über Minderjährige (der »eigentlichen« Tutel[14]), über Frauen (für die es nach klassischem Verständnis an einer überzeugenden Begründung fehlte) und über Freigelassene (die einem anderen Zweck diente, nämlich der Sicherung der Erbinteressen des Patrons).[15] Demgegenüber herrschte in der Klassik die bei Gaius auftretende Einteilung in testamentarische (Gaius 1,144), Agnaten- (Gaius 1,155) und magistratische Tutel aufgrund der *lex Atilia* (Gaius 1,185) vor. Ihr liegt die Systematik des Edikts zugrunde. Sie ist insoweit vom Subsidiaritätsprinzip beherrscht, als eine testamentarische Einsetzung der gesetzlichen Berufung der Agnaten vorgeht, und die magistratische Tutel fast nur vorkommt, wenn die beiden anderen nicht zur Anwendung kommen (vgl. XII-Tab. 5,6; Gaius 1,155).[16]

Das Regelwerk weicht von den genannten Einteilungssystemen ab.[17] Sein Gliederungsgesichtspunkt ist derjenige der Rechtsquellen.[18] Die Dreiteilung des § 2

13 Dazu Fuhrmann, Lehrbuch, S. 112 m. Fn. 3. Noch anders wird Q. Mucius gegliedert haben. Gaius 1,188 nennt für seine Systematik fünf *genera.* Es könnten die *tutela dativa, optiva, fiduciaria, cessicia* und *praetoria* sein. Vgl. Behrends, Wissenschaftslehre, S. 291, Fn. 113. Daß es in der Republik so viele Versuche gab, die Unterarten der Tutel umfassend zu gliedern, könnte Cicero veranlaßt haben, diesen Fall als Beispiel für eine *partitio*, deren Arten man vollständig nennt, zu wählen (Cicero *Top.* 8,33); vgl. Watson, Persons, S. 114.

14 Vgl. S. 298.

15 Behrends, SavZRG 119 (2002), S. 68, Fn. 48; vgl. bereits dens., Wissenschaftslehre, S. 275; anders ders., Labeo 44 (1998), S. 53, Fn. 44.

16 Sachers, RE, 2. Reihe, 14. Hb. (1948), s. v. Tutela, Sp. 1499. Anders Kaser, RP 1, S. 356: Die gesetzliche Tutel greife nur ein, wenn es am testamentarischen oder magistratischen Tutor fehle.

17 So mit Recht Solazzi, Studi sulla Tutela, S. 1 ff., der dem Text daraufhin allerdings unzutreffend die Klassizität abspricht. Auch Schulz, Epitome, S. 35 spricht von einer nachklassischen Dreiteilung.

18 Es wird nicht nach Begründungstatbeständen, sondern nach Rechtsquellen unterschieden. Daraus erklärt sich, daß hier die durch den Magistrat bestellte und die testamentarische

wird im folgenden so ausgeführt, daß die §§ 3 ff. die *tutela legitima*, die §§ 22 f. die Tutel aufgrund Senatsbeschlüssen und § 24 die Tutel aufgrund der *mores* behandeln. Dabei hat der Redaktor versucht, diese Unterscheidung mit der Gliederung nach der Bestellungsweise zu einem gemeinsamen System zusammenzusetzen. Das ist ihm auch weitgehend gelungen, weil die jeweiligen Unterfälle einander teilweise entsprechen.

§ 3. *Legitimi tutores sunt, ⟨qui⟩*[a] *ex lege aliqua descendunt; per eminentiam autem legitimi dicuntur qui ex lege duodecim tabularum introducuntur seu perpalam*[b], *quales sunt agnati*[c], *seu per consequentiam, quales sunt patroni.*

a) so Til, Hg⁵, Kr, Sch; fehlt im Ms. Vat.
b) so das Ms. Vat.; Til, Cuj (Par. 1586), Sav, Hg⁵: *propalam*; Va, Kr: *palam*
c) Ms. Vat.: *agniti*

Gesetzliche Vormünder sind diejenigen, die sich aus irgendeinem Gesetz ableiten, besonders aber werden diejenigen gesetzliche genannt, die durch eine Vorschrift der Zwölf Tafeln eingeführt werden, entweder offenkundig (aus dem Gesetzestext), wie es die Agnaten sind, oder als Folge einer Analogie, wie es die Patrone sind.

Der Text verwendet den Ausdruck *legitimi tutores* in zwei Bedeutungsvarianten. Die Tutel aufgrund der Zwölf Tafeln bildet die ältere, speziellere Bedeutung: es handelt sich bei ihr um die *tutela legitima* »schlechthin«.[19] Der Gegensatz »*seu perpalam … seu per consequentiam*« bezieht sich auf den Unterschied zwischen der direkten Anordnung der Zwölf Tafeln und der daran anknüpfenden Auslegung.[20] Ausdrücklich (*perpalam*) bestimmt Tab. 5,6, daß gesetzliche Tutoren die Agnaten seien. Mit *per consequentiam* ist demgegenüber gemeint, daß im Zwölftafelgesetz der Patron dem Freigelassenen nicht unmittelbar zum Tutor gegeben wurde, son-

Tutel nicht genannt sind. Buckland, LQR 40 (1924), S. 195 meint, in dieser Dreiteilung würden die wichtigsten Fälle der Tutel in einer Gruppe zusammengefaßt als letztlich auf Gesetz beruhend. Das trifft gerade nicht zu.

19 Gaius 1,155; Ulpian 35 *ad ed.* D. 26,4,5 pr: *Legitimos tutores nemo dat, sed lex duodecim tabularum fecit tutores.*
Schulz, Epitome, S. 35 meint, *per eminentiam* in der Bedeutung von »besonders« komme nur hier vor, und hält das im Anschluß an Solazzi, Studi sulla Tutela, S. 11 für nachklassisch. Das kann nicht überzeugen. *Per eminentiam* ist ein *ἅπαξ λεγόμενον* und bedeutet »schlechthin« (*κατ᾽ ἐξοχήν*), weil das Zwölftafelgesetz »das Gesetz schlechthin« ist. Vgl. Berger, BIDR 43 (1935), S. 199.

20 Nelson versteht den Text so, daß die Verwendung der Bezeichnung *legitimus* für die Agnatentutel »bereits gebräuchlich« gewesen und auf die Patronatstutel dann »folgerichtig« übertragen worden sei; BSL 29 (1999), S. 286. Demgegenüber zeigt aber Gaius 1,165, daß die Interpretation der vorklassischen Jurisprudenz zur Entwicklung des Instituts der Patronatstutel führte, und nicht nur zur Übertragung des Namens.

dern aufgrund analoger Anwendung des Satzes. Sie beruht darauf, daß der Grundsatz, demzufolge die Tutel den gleichen Weg wie die Erbschaft geht, auch für das Erbrecht nach Freigelassenen gilt.[21] Die Gesetzesauslegung *per consequentiam*, also durch analoge Verfolgung eines im Gesetz erkannten Rechtsgedankens,[22] hat sich von der dem Regelwerk allgemein zugrundeliegenden Auffassung, daß die Geltung der Gesetze auf den Wortlaut beschränkt sei, entfernt.[23] Der Eingang der Interpretation nach dem Sinn des Gesetzes geht offenbar auf eine Bearbeitung des Grundbestands unter vorklassischem Einfluß zurück.[24] Dies zeigt der Vergleich mit Ulpian 38 *ad Sab.* D. 26,4,3 pr: *Tutela … non quidem specialiter vel nominatim delata est, sed per consequentias hereditatium.* Der Satz, dessen Parallelität sich sogar auf die Wendung *per consequentias* erstreckt, geht wahrscheinlich auf den kommentierten Sabinustext zurück.[25] Der Sabinianer Gaius nimmt in seiner Fassung des Satzes unmittelbar auf die Gesetzesauslegung (*per interpretationem*) Bezug (Gaius 1,165).

Die weitere Bedeutung der *tutela legitima*, auf die sich der Anfang des Satzes bezieht, umfaßt alle Tutoren, die aufgrund Gesetzes eingesetzt sind. Zu diesen zählen im Laufe der Entwicklung (über die Zwölftafeltutoren hinaus) die aufgrund der *lex Atilia* oder *lex Iulia et Titia* (§ 18), der *lex Iunia* (§ 19) und der *lex Iulia de maritandis ordinibus* (§ 20) eingesetzten Tutoren.[26]

Nach Maßgabe der Differenzierung des § 2 sind der aufgrund Gesetzes bestehenden Tutel die Vormundschaft aufgrund Senatsbeschlusses und die aufgrund der *mores* bestellte Tutel (Tit. 11,24) gegenübergestellt. Die Tutel aufgrund der *mores* verlor offenbar an Bedeutung, je mehr Fälle der magistratischen Einsetzung aufgrund Gesetzes eingeführt wurden, die dann unter den erweiterten Begriff der *tutela legitima* fielen. Während das Regelwerk noch einen Fall der magistratisch

21 Es handelt sich um ein vorklassisches, bereits bei Q. Mucius *lb. sg.* ὅρων D. 50,17,73 pr und später bei Paulus *lb. sg. de gradibus et adfinibus et nominibus eorum* D. 38,10,10 pr mitgeteiltes Prinzip. Vgl. Marrone, Istituzioni, S. 349.

22 Vgl. für die Methode auch unten § 5 (*per similitudinem*).

23 Zu dieser spezifisch klassischen Auffassung und der ihr zugrundeliegenden Sprachtheorie vgl. oben S. 74 und 112.

24 Zur Interpretation nach dem Sinn eines Gesetzes als Methode der vorklassischen Rechtswissenschaft vgl. oben S. 112.

25 Vgl. Voci, DER 1, S. 65 unter Hinweis auf Gaius 1,165; zustimmend Astolfi, Libri tres, S. 241.

26 Watson, Persons, S. 111 meint zwar, für die prätorische Tutel werde diese Begrifflichkeit durch Ulpian 38 *ad Sab.* D. 26,1,6,2 bestätigt, wo die magistratische Einsetzung nicht auf *imperium* oder *iurisdictio* gegründet wird, sondern auf ausdrückliche Ermächtigung durch Gesetz, Senatsbeschluß oder kaiserliche Ermächtigung. Dieser Text gibt allerdings einen viel späteren Rechtszustand wieder. Abweichend bezieht »Ulpian« 1 *reg.* D. 2,1,1 die Tutoreneinsetzung in den Bereich der *iurisdictio* ein, was aber – ganz abgesehen von der unsicheren Herkunft dieses Textes – jedenfalls für den vom *liber singularis* wiedergegebenen Entwicklungszustand des Rechts nicht zutrifft.

bestellten Tutel erwähnt (§ 24), nennt in der Spätklassik Ulpian 38 *ad Sab.* D. 26,1,6,2 nur noch Gesetz, Senatsbeschluß und kaiserliche Anordnung als Grundlagen für die Bestellung durch den Magistrat.

§ 4. *Agnati*[a] *sunt a patre cognati virilis*[b] *sexus, per virilem sexum descendentes, eiusdem familiae, veluti patrui, fratres, filii fratris, patrueles*[c].

a) Ms. Vat.: *agniti*
b) Ms. Vat.: *viriles*
c) Ms. Vat.: *filii fratris patruelis*; Ch 1578, 214 r: *veluti fratres, filij fratris, patrui, patrueles*; Ms. Aur., Cuj (Par. 1586): *veluti patrui, fratres filii fratris patruelis*; Hg[5]: *patrueles*

Agnaten sind über den Vater Blutsverwandte männlichen Geschlechts, deren Abstammung durch die männliche Linie vermittelt ist, und die Mitglieder des gleichen Familienverbandes sind, wie z.B. Onkel von Vatersseite, Brüder, Söhne des Bruders, Vettern von Vatersseite.

Mit *adgnati* werden in der Grundbedeutung diejenigen Personen bezeichnet, die im selben Hausverband stehen oder noch stünden, wenn ihr gemeinsamer *paterfamilias* noch lebte.[27] Erfaßt sind insoweit nicht nur männliche Personen, sondern auch Frauen.[28] Eine Phase, in der dieser allgemeine Agnatenbegriff die Frauen nicht einbezogen hätte, ist nicht ersichtlich. Darum kritisiert Schulz an § 4 eine ungenaue Darstellung.[29]

Die Aussage der Stelle, daß Agnaten männlich sein müßten, wird aber bestätigt in Tit. 26,1: *agnatos proximos* (= die im Sinne der Erbfolge nächsten Agnaten nach den *consanguinei*), *id est cognatos virilis sexus.* Sie hängt mit der restriktiven Interpretation des Agnatenbegriffs im Erbrecht bei den spätrepublikanischen Juristen zusammen. Sie rührt dort von der Unterscheidung zwischen den (männlichen oder weiblichen) *consanguinei* und den übrigen Agnaten her: im Erbrecht sind das nach den spätrepublikanischen Juristen nur Männer.[30] Entsprechendes gilt für

27 Weiss, Institutionen, S. 96; Kaser, RP 1, S. 58.
28 Weiss, Institutionen, S. 95.
29 Schulz, Epitome, S. 35; vgl. Gaius 1,156 = D. 26,4,7.
30 Für das restriktive Verständnis des Agnatenbegriffs weist Paul. Sent. 4,8,20 auf die *lex Voconia* (169 v. Chr.) hin, die es verbot, Frauen der 1. Censusklasse testamentarisch zu Erbinnen einzusetzen. Die das gesetzliche Erbrecht einschränkende Zwölftafelauslegung wurde dann auf die *ratio Voconiana* zurückgeführt; vgl. Paul. Sent. 4,8,3: *Sane consanguinei, quos lex non adprehenderat, interpretatione prudentium primum inter agnatos locum acceperunt* (wiederholt in Coll. 16,3,3). Die Inst. 3,2,3a weisen die Differenzierung zwischen den *consanguineae* und anderen *agnatae* einer *media iurisprudentia* zu. Die Beschränkung hängt wahrscheinlich ursprünglich mit der vorklassischen Vorstellung zusammen, Frauen vermittelten nur uterine, also durch den gleichen Austragungsort begründete Verwandtschaft, während die

den hier behandelten Sachzusammenhang, weil die Tutel nur Männern übertragen werden kann.[31] In beiden Fällen werden daher auch nur männliche Beispiele genannt.[32] Gaius behauptet in der vormundschaftsrechtlichen Stelle 1,156 zwar nicht, daß die Agnaten männlich sein müßten, gibt aber gleichfalls nur männliche Beispiele.[33] Mit der Beziehung der Definition auf das Vormundschaftsrecht erklärt sich auch, daß ausschließlich Seitenverwandte genannt werden: nur diese kommen als Tutoren in Betracht.

§ 5. *Qui liberum caput, mancipatum sibi vel a parente vel a coemptionatore*[a], *manumisit, per similitudinem patroni tutor efficitur, qui ›fiduciarius tutor‹ appellatur.*

a) so Hg[5], Kr, Sch; Ms. Vat.: *aquo emptia natore*; Til: *coemptore*; Cuj (Par. 1586): *quoemptionatore*

Wer einen Freien, der ihm von seinem *paterfamilias* oder Koemptionator manzipiert worden war, aus der Gewalt entlassen hat, der wird aufgrund der Analogie zu einem Patron zum Vormund, der fiduziarischer Vormund genannt wird.

Die *coemptio fiduciae causa* steht nicht notwendigerweise im Zusammenhang mit der Ehe; sie muß daher nicht mit dem Ehemann vollzogen werden.[34] Im zweiten der genannten Fälle dient sie *tutelae evitandae causa* (Gaius 1,114 f.): Eine Frau[35]

Blutsverwandtschaft nur durch die männliche Linie vermittelt werde. Zur Sache näher Behrends, Institutionen, S. 284 f.; ders., Kommentar, S. 438 m. Fn. 40; ders., RHDFE 68 (1990), S. 342 f.; ders., Gewohnheitsrecht, S. 81; vgl. ferner Liebs, Röm. Recht[5], S. 132; Watson, Succession, S. 178.

31 C. 5,35,1 (a. 224): *Tutelam administrare virile munus est ....* Zur Sache Muirhead, Rules, S. 382; Marrone, Istituzioni, S. 350. Savigny, Ulpian 1801, Bl. 81 v meint, es handele sich hier nur um eine Erklärung des Worts *agnati* im vorigen Paragraphen, nicht der Agnaten überhaupt.

32 Entsprechend – und in entsprechendem Zusammenhang (*legitima hereditas*) – Paulus Coll. 16,3,13: *agnati autem sunt cognati virilis sexus per virilem ⟨sexum⟩ descendentes, sicut filius fratris et patruus et deinceps tota successio.*

33 Vgl. ferner Gaius 3,10: *vocantur agnati, qui legitima cognatione iuncti sunt. legitima ... cognatio est ea, quae per virilis sexus personas coniungitur.*

34 Ältere Versuche, die Stelle zu erklären, sind durch die Entdeckung des Gaius überholt. Vgl. Savigny, Ulpian 1801, Bl. 82 r. (»Zusatz 1812«) zu Interpretationen bei Cujaz, Brisson und Schulting. Überholt ist insoweit auch die Erörterung der Schreibweise *quoemptionatore* und der Emendation zu *coemptore* bei Savigny VS 5, S. 97.

35 Für die freie Frau steht *liberum caput*. Der Ausdruck *caput* bezeichnet nicht etwa nur das Familienoberhaupt; Kaser, RP 1, S. 271. Es handelt sich um den in der vorklassischen Jurisprudenz üblichen technischen Ausdruck für den Menschen, der sich, anders als das spätere *persona*, auf dessen natürliche Körperlichkeit bezog; Behrends, Subjektivität, S. 226-229. Weil mit *caput* insofern noch keine Aussage über den Status getroffen ist, steht hier zusätzlich das Attribut *liberum*.

hat mit der *auctoritas* ihres alten Tutors die *coemptio* an einen Mittelsmann (*coemptionator*) vollzogen, der sie dann an ihren Vertrauensmann remanzipiert hat. Dieser entläßt sie förmlich und wird damit ihr *tutor fiduciarius*.[36] Dies ist offenbar auch direkt vom *paterfamilias* aus möglich, wenn dieser nicht selbst als *parens manumissor* Tutor werden will.[37] Es handelt sich um ein seit der späten Republik praktiziertes Mittel zur Umgehung der Frauentutel. Auch Gaius 1,166 gibt diesen Grundsatz wieder.

Die Stellung des fiduziarischen Vormunds wird hier mit einer Analogie begründet: In Anwendung des Rechtsgedankens, der der Vormundschaft eines Patrons zugrundeliegt (*per similitudinem*), wird auch der *manumissor* eines Freien Tutor. Es handelt sich, ähnlich wie in § 3 (*per consequentiam*), um eine Analogie aufgrund einer Auslegung nach dem Sinn des Gesetzes. Daß diese Methode hier in den *liber singularis* Eingang fand, geht offenbar auf eine Bearbeitung des Grundbestands unter dem Einfluß vorklassischer Lehren zurück.[38]

§ 6. *Legitimi tutores alii tutelam*[a] *in iure cedere possunt.*

a) so Hg^{5}, Kr; Ms. Vat., Til, Cuj (Par. 1586): *tutela*

Gesetzliche Vormünder können einem anderen die Tutel vor dem Magistrat abtreten.

§ 7. *Is, cui tutela in iure concessa*[a] *est, ›cessicius*[b] *tutor‹ appellatur; qui sive mortuus fuerit, sive capite minutus, sive alii tutelam porro*[c] *cesserit, redit a*[d] *legitimum tutorem tutela. sed et si legitimus decesserit aut capite minutus fuerit, cessicia quoque tutela extinguitur.*

a) so Hg^{5}; Ch 1578 [214 r], Hg$^{3-4}$: *cessa*
b) so Kr, Sch; Ms. Vat., Til, Ch 1578, Hg$^{2-5}$: *cessicus*; Hg^{1}: *cessitius*
c) so Hg^{5} (Heises Konjektur aus Jul. 80 *dig.* D. 39,6,19: … *alii porro dederit*), Sch; Ms. Vat.: *tutela processerit*; Rö, Kr, Gn: ⟨*in iure*⟩ *cesserit.* Til: *alii tutela cesserit.*
d) Ms. Vat.: *ad*

Derjenige, dem die Vormundschaft vor dem Magistrat abgetreten worden ist, wird *cessicius tutor* genannt. Wenn er stirbt, eine Statusverschlechterung erleidet oder einem Dritten die Vormundschaft weiter abtritt, fällt sie auf den gesetzlichen Vormund zurück. Aber auch wenn der gesetzliche Vormund stirbt oder eine Statusverschlechterung erleidet, erlischt die übertragene Vormundschaft.

36 Kaser, RP 1, S. 324.
37 Vgl. Kaser, RP 1, S. 356.
38 Vgl. oben S. 301.

Die Folgen des Todes und der Statusverschlechterung des Tutors stellt auch Gaius 1,169 u. 170 dar. Er berichtet aber zusätzlich, daß, wenn der Übertragende auf diese Weise ausfällt, derjenige Tutor wird, der nach ihm berufen ist, nämlich als gradnächster Agnat.[39]

§ 8. *Quantum ad agnatos pertinet, hodie cessicia tutela*[a] *non procedit, quoniam permissum erat in iure cedere tutelam*[b] *feminarum tantum, non etiam masculorum; feminarum autem legitimas tutelas lex Claudia sustulit*[c], *excepta tutela patronorum.*

a) Ms. Vat.: *odie cessi atutela*; Schi (An. crit. 3, 4): *hodie cessio tutelae*
b) Ms. Vat., Til: *tutela*
c) so Hg[5], Sav (VS 5, 97), Kr, Sch; Ms. Vat., Til, Cuj, Ch 1578 [214 r]: *sustinet.* Bei Til und Cuj (Par. 1586) endet hier der Satz.

Was die Agnaten anbetrifft, besteht die übertragene Vormundschaft heute nicht fort, weil es nur erlaubt war, die Vormundschaft über Frauen vor dem Magistrat abzutreten, nicht dagegen die über Jungen. Die *lex Claudia* aber hat die gesetzlichen Vormundschaften über Frauen abgeschafft, mit Ausnahme der Vormundschaft der Patrone.

Die gesetzliche Agnatentutel über freigeborene Frauen wurde durch eine *lex Claudia* (44-49 n. Chr.) aufgehoben (vgl. auch Gaius 1,157).[40] Durch diese Maßnahme (und wegen der Befreiung aufgrund von Kindern nach den Ehegesetzen des Augustus) war die Bedeutung der Frauentutel stark zurückgegangen.[41] Nachdem sie schon am Ende der Republik als unbegründet angesehen worden war,[42] hatte sie nun endgültig den Charakter einer allein historisch begründeten Zurücksetzung.

Die *in iure cessio tutelae* war daher nach der *lex Claudia* nur noch bei der Tutel des Patrons praktisch (vgl. Tit. 19,11). Die Freigelassenentutel war nicht abgeschafft worden, weil sie einem anderen Zweck diente: dem Schutz der Interessen von Patron und Erben.

§ 9. [a]*Legitima tutela capitis deminutione*[b] *amittitur.*

a) Til: *Excepta tutela patronorum, legitima*
b) Ms. Vat.: *diminutione*

Die gesetzliche Vormundschaft geht bei Statusverschlechterung unter.

39 Vgl. Kaser, RP 1, S. 356.

40 Als *tutores legitimi* über Frauen verblieben also in der klassischen Zeit nur noch der Patron und der *parens manumissor*. Daneben bestanden noch die magistratische Tutel sowie die testamentarische, deren Anordnung durch den Testator eine gewisse, die nächsten Erbaussichten stärkende Vermögensbindung auslöste.

41 Kaser, RP 1, S. 368 f.

42 Schulz, CRL, S. 181. Vgl. oben S. 298.

Der Textabschnitt über die *capitis deminutio*[43] steht bei Gaius am Anfang der *tutela legitima* (Gaius 1,158-162), weil es dort um die Voraussetzungen der Agnation geht, die bei erlittener Statusverschlechterung fehlen. Im Regelwerk steht der Teil dagegen am Schluß des Abschnitts zur gesetzlichen Vormundschaft, weil dieselbe durch *capitis deminutio* endet.[44] Die *tutela legitima* geht unter, weil das Agnatenverhältnis erlischt (vgl. Gai 1,158).[45]

§ 10. *Capitis minutionis species sunt tres: maxima, media, minima.*

Es gibt drei Arten der Statusverschlechterung: die große, die mittlere und die einfache.

§ 11. *Maxima capitis deminutio*[a] *est, per quam et civitas et libertas amittitur, veluti cum incensus aliquis venierit*[b], *aut quod*[c] *mulier alieno servo se iunxerit denuntiante domino et ancilla facta fuerit ex senatus consulto Claudiano.*

a) Ms. Vat.: *diminutio*
b) so Hg[5], Kr, Ms. Vat.: *venerit*
c) so das Ms. Vat, Hg[3-5]; Til, Hg[1-2]: *cum*; Ma: *qua*[46]; Hu: *aut mulier, quod alieno servo se iunxerit, denuntiante domino e⟨ius⟩ ancilla*

Die große Statusverschlechterung ist es, durch die sowohl das Bürgerrecht als auch die Freiheit verloren gehen, wie z.B. wenn jemand, weil er nicht vom Zensus erfaßt worden ist, verkauft wird, oder wenn eine Frau sich mit einem fremden Sklaven trotz Abmahnung durch den Eigentümer verbunden hat und aufgrund des *SC Claudianum* Sklavin geworden ist.

Die Logik, nach der die Streichung von der Zensusliste mit dem Verlust der Freiheit einhergeht, gibt Cicero *pro Caecina* 34,99 wieder: Da Sklaven durch Zensusanmeldung frei werden, spricht derjenige, der sich nicht meldet, sich selbst die Freiheit ab. Daß er verkauft wird, führt Gaius 1,160 auf eine Zensusvorschrift zurück (*ex forma censuali*). Das im zweiten Beispiel genannte *SC Claudianum* stammt aus dem Jahr 54 n. Chr.[47]

43 Der Ausdruck ist wohl erstmals bei Cicero belegt; *Top.* 4,18; 6,29.

44 Ähnlich in Inst. 1,15 u. 16 und der Turiner Institutionenglosse, fol. 12, 26 (v. cap. demin.): *Finitur tutela omnibus capitis deminutionibus pupilli: id est minima, si adrogetur, quia transit in alterius potestatem; media, si deportetur, quia deportatus pro mortuo habetur; maxima, si servus efficiatur, quia in tutelam servus esse non potest.*

45 Pugliese, Istituzioni, S. 410.

46 Marezoll meint im Brief an Hugo vom 15.1.1816, die Partikel *quod* passe nicht zu dem vorhergehenden »*cum*« *incensus.* Er schlägt daher vor: *aut qua mulier,* so wie bei *incensus* noch *aliquis* stehe.

47 Vgl. aber noch Selb, Sententiae, S. 150 für das Jahr 52 n. Chr. Zur nachklassischen Debatte um seine einzelnen Voraussetzungen (etwa ob es dreier *denuntiationes* bedürfe; vgl. Paul.

§ 12. *Media capitis deminutio*[a] *dicitur, per quam, sola civitate amissa, libertas retinetur; quod fit in eo, qui*[b] *aqua et igni interdicitur.*

a) Ms. Vat.: *diminutio*
b) so das Ms. Vat.; Til, Hg[5]: *cui*

Mittlere Statusverschlechterung wird diejenige genannt, durch die nur das Bürgerrecht verloren geht, die Freiheit aber bleibt, was demjenigen geschieht, der von Wasser und Feuer ausgeschlossen wird.

Gaius 1,161 spricht von der *minor sive media capitis deminutio*, nennt aber gleichfalls das Beispiel der *interdictio aqua et igni.*[48]

§ 13. *Minima capitis deminutio*[a] *est, per quam, et civitate et libertate salva, status dumtaxat hominis*[b] *mutatur; quod fit adoptione et in manum conventione*[c].

a) Ms. Vat.: *diminutio*
b) Ms. Vat.: *homines*
c) so Til, Cuj (Par. 1586), Hg[5], Kr, Sch; Ms. Vat.: *manu conditione*

Die einfache Statusverschlechterung ist es, durch die bei Fortbestehen des Bürgerrechts und der Freiheit nur der (familienrechtliche) Status des Menschen geändert wird; dies geschieht durch Adoption und Eintritt in die eheliche Gewalt.

Die *capitis deminutio minima* wirkt sich nur auf den *status hominis* aus, also auf die familienrechtliche Rechtsstellung des Betroffenen. Schulz meint, hier sei die in der von ihm vermuteten Vorlage (Gaius 1,162) genannte *coemptio* durch die *in manum conventio* ersetzt worden.[49] Wahrscheinlich aber ist die Ausdrucksweise unserer Stelle die ursprünglichere. Sie ist nämlich systematisch konsequenter: Im Hinblick auf die *capitis deminutio minima* steht in Tit. 11,13 der Adoption, die den Angenommenen in die *potestas* bringt, die *in manum conventio*, der Oberbegriff zu den Einzeltatbeständen, die die Frau in die *manus* bringen, gleich. Die Nennung des Oberbegriffs ist systematisch dadurch gerechtfertigt, daß der *liber singularis* mit *coemptio* und *confarreatio* noch zwei Einzeltatbestände behandelt. Gleichzeitig ist sie ein Indiz für das Alter des Stoffes,[50] den der Text wiedergibt, und ein Zeichen für die konservierende Arbeitsweise des Redaktors. Die eheliche

Sent. 2,21a,17; CTh 4,11,2 [a. 317]; nur *interpretatio* erhalten) Sent. Syr. § 58. Ähnlich Gaius 1,91; 1,160. Vgl. Sargenti, Diritto privato, S. 44 ff.; Zimmern, Geschichte 2, S. 730; Mitteis, Reichsrecht, S. 369 f.; Levy, Hergang, S. 28 f.; Selb, Sententiae, S. 151.

48 Die Turiner Institutionenglosse liest wie hier. Zur *interdictio aqua et igni* vgl. oben bei Tit. 10,3. Boethius *in Cic. Top.* 4,18 (Migne, Sp. 1074) nennt als Beispiel für die *capitis deminutio media* die Auswanderung in eine Latinerkolonie.

49 Schulz, Epitome, S. 34 u. 36.

50 Vgl. Tit. 9 zur *confarreatio.*

Gewalt war in seiner Zeit, wie das Regelwerk in Tit. 29,1 zeigt, auch im prätorischen Erbrecht noch eine gebräuchliche Kategorie. Sofern man noch die *manus*-Ehe schloß, war allerdings die *coemptio* ganz überwiegend gebräuchlich.[51] Auf diese Entwicklung reagierte Gaius, wenn er statt der *in manum conventio* nur die *coemptio* nannte.

§ 14. *Testamento quoque nominatim tutores*[a] *dati confirmantur eadem lege*[b] *duodecim tabularum his verbis: ›uti legassit super*[c] *pecunia*[d] *tutelave*[e] *suae rei, ita ius esto‹: qui ›tutores dativi*[f]*‹ appellantur.*

a) Ms. Vat.: *tutoris*
b) Ms. Vat.: *legem*
c) Bö interpoliert hier *familia* wegen Cic. *de inv.* 2,50,148
d) so Til, Hg[5], Sch; Ms. Vat.: *pecuniam*
e) Ms. Vat.: *tutelabae*
f) so Til, Cuj (Par. 1586), Hg[5], Sch; Ms. Vat.: *daviti*

Auch Vormünder, die im Testament namentlich benannt worden sind, werden bestätigt durch dieselbe Vorschrift der Zwölf Tafeln mit diesen Worten: ›So wie jemand hinsichtlich seines verkehrsfähigen Vermögens und der Obhut über sein Familienvermögen verfügt hat, so soll es Recht sein‹. Diese Vormünder heißen *tutores dativi.*

Der Begriff der *tutela legitima* im weiteren Sinne (vgl. bei § 3) umfaßt auch die *tutela testamentaria.* Auch diese beruht letztlich auf Gesetz: Der Abschnitt über die testamentarische Tutel knüpft an den Zwölftafelsatz Tab. 5,3 an. Er ist in verschiedenen Fassungen überliefert.[52] Umstritten ist, ob der Ausdruck »*tutelave*« Bestandteil des ursprünglichen Satzes oder Ergebnis einer späteren Überarbeitung ist. Unter den anderen Überlieferungen ist *tutelave* nur bei Paulus 59 *ad ed.* D. 50,16,53 pr enthalten, einer Stelle, die aber nicht den Inhalt des Satzes, sondern nur die Wendung *pecunia tutelave* erörtert. Die übrigen Stellen nennen die Tutel nicht.[53] Darauf, daß der Zwölftafelsatz auch die *tutela* genannt haben wird, deu-

51 Selbst Boethius *in Cic. Top.* 4,18 behandelt die *in manum conventio* noch, allerdings im Präteritum (Migne, Sp. 1074): *Recedebant vero a tutoris potestate quae in manum viri convenissent, itaque fiebat eis prioris status permutatio, et erat capite diminuta, quae viri convenisset in manum.*

52 Welche Fassung die authentische ist, ist im Schrifttum äußerst umstritten. Zum Meinungsstand vgl. aus jüngerer Zeit Schanbacher, Ratio legis Falcidiae, S. 16 f.; Bretone, Fondamenti, S. 26-36; D'Orta, Saggio, S. 38-41.

53 Cicero *de inv.* 2,50,148; Auct. ad Her. 1,13,23; Gaius 2,224; Inst. 2,22 pr; Pomponius 5 *Q. Muc.* D. 50,16,120. Die letztgenannten Stellen nennen den Zwölftafelsatz systematisch im erbrechtlichen Zusammenhang. Pomponius 5 *Q. Muc.* D. 50,16,120, noch weitergehend gekürzt, erwähnt zwar die Tutel als daraus folgend, steht aber im Zusammenhang der Legate (Lenel, Pal. 2, Sp. 65).

ten aber auch Gaius 12 *ad ed. prov.* D. 26,2,1 pr und Paulus 38 *ad ed.* D. 26,2,20,1 hin. Schließlich spricht der Vorrang der lectio difficilior dafür, daß unser Text der ursprünglichen Fassung des Satzes am nächsten kommt.[54]

In systematischer Hinsicht fällt auf, daß die anderen Quellen den Satz in erbrechtlichem Zusammenhang heranziehen. Dabei weist *suae rei* darauf hin, daß die *tutela* eine vermögensrechtliche Funktion hatte: der Ausdruck bezeichnete nämlich die Obhut über bestimmtes Vermögen.[55] Wenn der Satz nun mitteilte, daß der Testator über sein Vermögen (*pecunia*) und über die Obhut über seine Habe (*tutela suae rei*) disponierte, könnte darin ein Pleonasmus gesehen werden. Aus diesem Grunde hält Bretone die u.a. bei Gaius 2,224 überlieferte kurze Fassung für die ursprüngliche der Zwölf Tafeln.[56] Im Zwölftafelrecht muß aber unterschieden werden zwischen dem zur Verfügung freien Vermögen (*pecunia*, »Tauschvermögen«) und dem Stammvermögen der Familie, über das der Berechtige nur in der gebundenen Form der *mancipatio* verfügen kann.[57] An diesem Vermögen hat der Erblasser nur eine Schutzzuständigkeit (*tutela*), die er von Todes wegen überträgt.[58] Diese Differenzierung ist auch bei Liebs erkennbar, der den Satz so übertragen hat: »Wie er (letztwillig) verfügt hat über das Kleinvieh (das frei veräußerliche Vermögen) und den Schutz seines Gutes, so soll es rechtens sein.«[59]

Zu der Habe, an der der Erblasser die Schutzzuständigkeit übertrug, zählten nicht nur Sachen, sondern auch diejenigen Familienangehörigen, die nach dem Tod des *paterfamilias* aus dessen Gewalt herausfielen und der Vormundschaft bedurften. Auch diese personenrechtliche Tutel hat Vermögenscharakter, da sie die Kontrolle über das Mündelvermögen ermöglicht, und damit den Interessen des Tutors für den Fall dient, daß er den Mündel später beerben sollte. Damit bildete

54 Vgl. Mommsen/Bruns/Gradenwitz, S. 23, Anm. zu Tab. 5,3; Karlowa, RRG 2, S. 76.

55 Anders Magdelain, Hommages Schilling, S. 164 f., nach dessen Ansicht sich *suae rei* nicht als Genitiv auf *tutela* beziehen soll.

56 Bretone, Fondamenti, S. 26 ff. (33). Entsprechend Doždev, Nasledstvennoe pravo, S. 125 f., der über die Hintergründe der vermuteten Überarbeitung der Formulierung in Tit. 11,14 und bei Paulus 59 *ad ed.* D. 50,16,53 pr spekuliert, sowie Masiello, Donna tutrice, S. 42 mit Hinweis auf Voci, DER 1, S. 71-73. Es stellt sich dann freilich die Frage nach der Begründung des *suae rei*. Bretone, Fondamenti, S. 35, Fn. 54 nimmt im Anschluß an ältere Emendationen einen Archaismus an.

57 Vgl. Behrends, Iura 33 (1982), S. 49; Liebs, Röm. Recht[5], S. 139; Diliberto, Cura furiosi, S. 70.

58 Schanbacher, Ratio legis Falcidiae, S. 16-18 hält die bei Gaius 2,224 und Pomponius 5 *ad Q. Muc.* D. 50,16,120 überlieferte, kurze Fassung des Satzes für die authentische. Er meint, der Mitteilung der Hochklassiker komme mehr Vertrauen zu als dem *liber singularis*, den er im Anschluß an Schulz und Honoré für nachklassisch hält. Diese Einschätzung trifft aber nicht zu. Soweit Schanbacher als weiteren Grund die lapidare, für das Zwölftafelgesetz charakteristische Kürze anführt, ist ihm der Vorrang der lectio difficilior entgegenzuhalten.

59 Liebs, Römisches Recht, bis zur 4. Aufl., S. 138. In der 5. Auflage S. 138 legt Liebs nur noch den Satz zugrunde: *Uti legassit suae rei, ita ius esto.*

der Zwölftafelsatz auch die Grundlage für die testamentarisch bestellte Vormundschaft.[60]

§ 15. *Dari*[a] *testamento tutores*[b] *possunt liberis, qui in potestate sunt.*

a) Gi, Hu: ⟨*A parentibus*⟩ *dari*
b) Ms. Vat.: *tutoris*

Durch Testament können Tutoren den Kindern gegeben werden, die in der väterlichen Gewalt (des Erblassers) sind.

Durch Testament kann nur der *paterfamilias* seinem *suus heres* einen Tutor bestellen. Aus Q. Mucius *lb. sg.* ὅρων D. 50,17,73,1 ergibt sich, daß sich die Befugnis auch auf *postumi* erstreckt: *Nemo potest tutorem dare cuiquam nisi ei, quem in suis heredibus cum moritur habuit habiturusve esset, si vixisset.*[61]

§ 16. *Testamento tutores dari possunt hi, cum quibus testamenti faciendi ius est, praeter Latinum Iunianum; nam Latinus habet quidem testamenti factionem*[a], *sed tamen tutor dari non potest; id enim lex Iunia prohibet.*

a) Ms. Vat.: *factione*

Durch Testament kann man diejenigen zu Vormündern einsetzen, mit denen der Testator die Testamentsfähigkeit hat, mit Ausnahme des *Latinus Iunianus*, denn der Latiner hat zwar die Testamentsfähigkeit, kann aber dennoch nicht zum Vormund bestellt werden; das nämlich verbietet die *lex Iunia.*

Von dem auf die *lex Iunia* zurückgehenden Verbot, einen *Latinus Iunianus* im Testament zum Tutor einzusetzen, berichtet entsprechend Gaius 1,23.

§ 17. *Si capite deminutus*[a] *fuerit tutor testamento datus, non amittit tutelam; sed si abdicaverit se tutela, desinit esse tutor. ›abdicare‹ autem est dicere, nolle se tutorem esse; in iure cedere autem*[b] *tutelam*[c] *testamento datus non potest; nam et legitimus in iure cedere potest, abdicare se non potest.*

a) Ms. Vat: *diminutus*
b) so Ms. Vat.; Ch 1578 [215 v]: *in iure autem cedere*
c) so Kr; Ms. Vat., Til, Hg[5]: *tutela*

Wenn der durch Testament ernannte Vormund eine Statusverschlechterung erleidet, verliert er die Vormundschaft nicht, aber wenn er die Vormundschaft aufgibt, hört er auf, Vormund zu sein. ›Aufgeben‹ aber heißt sagen, daß man nicht Vormund sein wolle. Vor dem Magistrat abtreten kann der durch Testa-

60 Kaser, RP 1, S. 89 mit Nachweisen.
61 Watson, Persons, S. 114 sowie Gaius 1,144 und das Beispiel Gaius 1,149.

ment Eingesetzte die Vormundschaft aber nicht; denn auch der gesetzliche Vormund kann die Vormundschaft (nur) vor dem Magistrat abtreten, er kann sie dagegen nicht aufgeben.

Der testamentarische Tutor kann zurücktreten (*abdicare*), aber das Amt nicht auf einen Dritten übertragen, weil der Erblasser es gerade ihm anvertraut hat.[62] Auch für den Vormund aufgrund Gesetzes gibt es, wie der Schlußsatz zeigt, nur einen Weg, sich des Amtes zu entledigen. Er kann sich der Verantwortung aber nicht vollständig entziehen: Wenn er die Vormundschaft einem Dritten vor dem Magistrat abtritt, kann das Amt u.U. doch wieder an ihn zurückfallen (§ 7). Die *in iure cessio tutelae* ist in der Klassik bei der Unmündigenvormundschaft beseitigt (§ 8). Sie wird nur noch für die *tutela mulierum* erwähnt (Gai 1,168 u. 171; Tit. 11,8; 19,11). Der Satz bezieht sich also z.Zt. der Entstehung unseres Textes nur auf die gesetzliche Patronatstutel der freigelassenen Frauen (vgl. § 20).

Eine weitere Möglichkeit, sich dem Amt des Vormunds zu entziehen, bot das Institut der Entschuldigung (*excusatio*), das zuerst für die prätorische Vormundschaft aufkam. Diese Einrichtung wurde insbesondere von Marc Aurel fortentwickelt, der das Verfahren dem *praetor tutelaris* zuwies.[63] Später wurde sie für die testamentarische, als letztes für die gesetzliche Tutel eingeführt. Seit Antoninus Pius war es Übung, bei der testamentarischen Tutel Entschuldigungsgründe statt der *abdicatio* anzuführen.[64] Hier ist von dieser Einrichtung noch keine Rede; sie wird aber in § 23 erwähnt.

§ 18. *Lex Atilia iubet, mulieribus pupillisve non habentibus tutores*[a] *dari a praetore et maiore parte tribunorum plebis*[b]*, quos ›tutores*[c] *Atilianos‹ appellamus. sed quia lex Atilia Romae tantum locum habet, lege Iulia et Titia prospectum est, ut in provinciis*[d] *quoque*[e] *similiter a praesidibus earum dentur tutores.*

a) Ms. Vat.: *tutoris*
b) Ms. Vat.: *plebes*
c) Ms. Vat.: *tutoris*
d) so Kr, Sch; Ms. Vat., Til, Hg[5]: *provincia*
e) Ma (bei Hg[5]): *quaque*

Die *lex Atilia* ordnet an, daß Frauen und Mündeln, die keine Vormünder haben, vom Prätor und der Mehrheit der Volkstribune solche bestellt werden sollen, die wir ›Atilianische Vormünder‹ nennen. Aber weil die *lex Atilia* nur in Rom Anwendung findet, ist durch die *lex Iulia et Titia* vorgesehen worden,

62 Die *abdicatio* war offenbar in spätklassischer Zeit verschwunden; vgl. Sachers, RE, 2. Reihe, 14. Hb. (1948), s. v. Tutela, Sp. 1533.
63 Kaser, RP 1, S. 358.
64 Sachers, RE, 2. Reihe, 14. Hb. (1948), s. v. Tutela, Sp. 1535 f.

daß entsprechend auch in den Provinzen von deren Statthaltern Vormünder gegeben werden sollen.

Die gesetzliche Agnatentutel über freigeborene Frauen war durch die *lex Claudia* (44-49 n. Chr.) abgeschafft worden (§ 8), so daß den Frauen jetzt nur noch in besonderen Situationen ein Tutor bestellt wurde. Daher wird die *tutela mulierum* fast nur im letzten Drittel des Textabschnitts behandelt.[65] Daß der Satz die Regelung der alten *lex Atilia* (vor 186 v. Chr.)[66] mitteilt, ohne die *lex Claudia* zu nennen, ist damit zu erklären, daß das Regelwerk jeweils lediglich den Inhalt der einzelnen Normen getrennt voneinander mitteilt, und es dem Leser überläßt, das jeweils anzuwendende Recht mit Hilfe der Derogationsregeln (*princ.* § 3) zu ermitteln.[67] Gaius 1,185, der dieselbe Bestimmung der *lex Atilia* mitteilt, bezieht sie dagegen nicht ausdrücklich auf die Frauen und trägt der *lex Claudia* damit Rechnung.[68]

An dieser Stelle beginnt gleichzeitig die Behandlung des vom Prätor eingesetzten Tutors.[69] Auch diese Form der Bestellung eines Tutors erfolgt letztlich aufgrund Gesetzes und wird hier also in die gesetzliche Tutel im weiteren Sinne mit einbezogen, während sie in der von Gaius befolgten Einteilung neben der gesetzlichen Tutel steht. Der durch den Prätor eingesetzte Tutor erhielt eine Stellung, als ob er ein agnatischer *tutor legitimus* wäre.[70]

Die Bestellung eines Tutors für den *pupillus* von Staats wegen geschah durch gemeinsame Entscheidung des *praetor urbanus* und der Mehrzahl der Volkstribune aufgrund der *lex Atilia.* Nach einem Edikt des Claudius sollten in Rom die Konsuln dafür zuständig sein, einen Tutor für einen *pupillus* zu bestellen.[71] Dabei schaffte der Kaiser die bisherige Zuständigkeit wahrscheinlich nicht zugunsten der Konsuln ab, sondern gab diesen eine außerordentliche Bestellungsbefugnis. Die anderen Bestellungsformen kamen offenbar in der Praxis außer Gebrauch.[72]

65 Vgl. §§ 8, 18-22, 24, 25, 27 und 28 a.

66 Rotondi, Leges, S. 275 f.; vgl. Guarino, Storia, S. 299; Pugliese, Istituzioni, S. 411; Stella Maranca, Tribunato, S. 112.

67 Vgl. unten S. 314 f. und S. 325.

68 Gaius 1,185: *Si cui nullus omnino tutor sit, ei datur in urbe Roma ex lege Atilia* .... Zum Verhältnis des Gaiustextes zu unserer Stelle vgl. Perozzi, AG 86 (1921), S. 58.

69 Marc Aurel hatte eigens einen *praetor tutelarius* eingeführt; vgl. Marrone, Istituzioni, S. 146.

70 Schulz, CRL, S. 169; vgl. *lex Salpensana* 29: *Qui tutor h⟨ac⟩ l⟨ege⟩ datus erit, is ei, cui datus erit, quo ne ab iusto tutore tutela abeat, tam iustus tutor esto, quam si is c⟨ivis⟩ R⟨omanus⟩ et [ei] adgnatus proxumus c⟨ivis⟩ R⟨omanus⟩ tutor esset.* Die Bezugnahme auf die fingierte Agnation erfolgte, um dem Tutor die Möglichkeit der Niederlegung des Amtes zu nehmen.

71 Sueton *Claudius,* 23,2; Inst. Just. 1,20,3; Kierdorf, Sueton, S. 117; anders Kaser, RP 1, S. 357 f.

72 Jörs, Gerichtsverfassung, S. 4.

Die *lex Iulia et Titia* von 31 v. Chr.[73] gab dem Provinzstatthalter das Recht der *tutoris datio*, falls weder ein gesetzlicher noch ein testamentarischer Vormund vorhanden war.[74]

§ 19. *Lex Iunia tutorem*[a] *fieri iubet Latinae vel Latini impuberis*[b] *eum, cuius*[c] *etiam ante manumissionem ex iure*[d] *Quiritium fuit.*

a) Ms. Vat.: *tutore*
b) so Kr; Ms. Vat., Hg[5]: *latinis inpuberibus*; Til, Cuj (Par. 1586): *latino vel latinis impuberibus*
c) so das Ms. Vat., Sav (VS 5, S. 97); Til: *qui*
d) so Til, Hg[5], Kr, Sch; Ms. Vat.: *qui ius*

Die *lex Iunia* bestimmt, daß einer Latinerin oder einem unmündigen Latiner derjenige als Vormund bestellt werden soll, in dessen Eigentum er nach dem Recht der Quiriten vor seiner Freilassung gestanden hatte.

Hier beginnt wieder ein neuer Textabschnitt. Die etwas ausführlichere Darstellung bei Gaius 1,167 zeigt, daß es um den Konflikt zwischen dem Quiritischen und dem bonitarischen Eigentümer geht. Wenn der bonitarische Eigentümer freiläßt, so wird nach der *lex Iunia* gleichwohl der Quiritische Eigentümer Tutor.

Eigentümlicherweise berührt der Text die in der hochklassischen Zeit ökonomisch wichtigste Tutel, nämlich die über Freigelassene, ohne sie in ihrer Bedeutung herauszustellen. Dies ist damit zu erklären, daß sich der Grundbestand des *liber singularis* darauf beschränkte, die jeweils einschlägigen Vorschriften mitzuteilen.[75]

§ 20. *Ex lege Iulia de maritandis ordinibus tutor datur a praetore urbis ei mulieri virginive, quam ex hac ipsa lege nubere oportet, ad dotem dandam, dicendam promittendamve, si legitimum tutorem pupillum*[a] *habeat. sed postea senatus censuit, ut etiam in provinciis*[b] *quoque*[c] *similiter a praesidibus earum ex eadem causa tutores dentur.*

a) so das Ms. Vat., Cuj (Obs. 17,28, Par. 1586, Aur. 1586); Til: *pupilla non*; Ch 1578 [215 v]: *tutorem illa non*
b) so Kr, Sch; Ms. Vat.: *provintia*; Til, Hg[5]: *provincia*
c) Ma (bei Hg[5]): *quaque*

73 Schulz, CRL, S. 168. Rotondi vermutet eine *lex Titia* (99 v. Chr.?) und eine *lex Iulia* (32 v. Chr.?).

74 Gaius 1,185, 195; Sin. 54; vgl. das Gesuch einer römischen Bürgerin von 247 n. Chr. an den Statthalter um Bestellung eines Tutors aufgrund der *lex Iulia et Titia* bei Meyer, Papyri, Nr. 13.

75 Vgl. oben S. 110 ff.

Aufgrund der *lex Iulia de maritandis ordinibus* wird jeder Frau oder Jungfrau, die nach demselben Gesetz heiraten soll, durch den Stadtprätor ein Vormund bestellt, damit sie eine Mitgift geben, zusagen oder versprechen kann, sofern sie einen Mündel als gesetzlichen Vormund hat. Aber später hat der Senat entschieden, daß auch in den Provinzen entsprechend von deren Statthaltern aus diesem Grund Vormünder gegeben werden sollen.

Es stand im allgemeinen Interesse, daß einer Frau für die Heirat eine Mitgift zur Verfügung stand.[76] Wenn ihr aufgrund der *tutela legitima* zuständiger agnatischer Vormund allerdings unmündig war, dann war sie an der Bestellung der *dos* gehindert, weil er die erforderliche *auctoritas* nicht wirksam erteilen konnte. In diesem Fall bot die *lex Iulia de maritandis ordinibus* (18 v. Chr.[77]) einen Ausweg: Zum Zweck der Mitgiftbestellung wurde durch den Stadtprätor[78] ein anderer Tutor bestellt.[79] Gleiches galt, wenn der Agnat stumm, geisteskrank oder abwesend war (vgl. §§ 21 u. 22).

Dargestellt ist eine Bestimmung der *lex Iulia.* Daß sie hier uneingeschränkt wiedergegeben wird, obgleich die spätere *lex Claudia* die *tutela legitima* für Frauen inzwischen aufgehoben hatte (§ 8), bildet nach Maßgabe der Systematik des *liber singularis* keinen Anwendungswiderspruch. Der Text beschränkt sich auch hier darauf, den Inhalt bestimmter Normen mitzuteilen, und überläßt es – anders als die Gaius-Institutionen – dem Leser, aus dem ursprünglichen Inhalt der Rechtsquellen unter Heranziehung der am Anfang des Regelwerks dargestellten methodischen Grundsätze das anwendbare Recht zu ermitteln: Erst die Anwendung der Derogationsregeln führt zu dem Ergebnis, daß sich die Bestimmung der *lex Iulia* in der praktischen Anwendung nur noch auf den Tutor einer Freigelassenen be-

76 Paulus 60 *ad ed.* D. 23,3,2: *Rei publicae interest mulieres dotes salvas habere, propter quas nubere possunt.*

77 Rotondi, Leges publicae, S. 443.

78 Die Handschrift liest *praetor urbis* statt (wie bei Gaius 1,178) *urbanus*; ebenso unten bei § 24. Denkbar wäre zwar, daß es sich um eine falsche Auflösung einer Abkürzung bei einer Abschrift handelt. Wahrscheinlich ist es aber eine untechnische, wenngleich authentische Ausdrucksweise. Vgl. Nelson, Stil, S. 82 gegenüber Honoré, Ulpian[1], S. 110, der hier eine unklassische Ausdrucksweise sieht, die er als Indiz für die Unwissenheit des vermuteten Kompilators betrachtet. Nelson verweist auf denselben »Fehler« in Cicerohandschriften, nämlich *in Verr.* II 1,48,127 (*praetorem urbis*) und ebd. 1,55,143 (*praetor urbis*; vgl. Petersons krit. Anm. zu beiden Stellen); *Cat.* 1,13,32 (*praetoris urbis*, vgl. die krit. Anm. bei Clark); ähnlich in Liviushandschriften: 31,4,2 und 32,31,6 (*praetor urbis*; ein Teil der Hss. bei 32,31,6 hat *praefectus urbis*; vgl. die krit. Anm. bei McDonald). In der TR 67 (1999), S. 376 führt Nelson dies auf eine falsche Auflösung der Abkürzung *pr. urb.* zurück und wendet sich mit Recht gegen den Gedanken, daß sich daraus auf mangelnde Echtheit der Passagen schließen lasse.

79 Söllner, Vorgeschichte, S. 113; Mette-Dittmann, Ehegesetze, S. 135.

ziehen kann.[80] Es handelt sich um einen Fall des *derogare* (*princ.* § 3). Bei Gaius hat die Überarbeitung dagegen zu einer Harmonisierung der unterschiedlichen Bestimmungen geführt: Gaius 1,177 f. stellt die Bestimmung der *lex Iulia* von vornherein nur im Hinblick auf freigelassene Frauen dar.

§ 21. *Praeterea*[a] *etiam in locum muti furiosive tutoris alterum dandum esse tutorem ad dotem constituendam, senatus censuit.*

a) Ms. Vat.: *preterea*

Darüber hinaus bestimmte der Senat, daß anstelle eines stummen oder geisteskranken Vormunds für die Bestellung der Mitgift ein anderer Vormund bestellt werden müsse.

§ 22. *Item*[a] *ex senatus consulto tutor datur mulieri ei, cuius tutor abest, praeterquam si patronus sit, qui abest: nam in locum patroni absentis*[b] *aliter*[c] *peti non potest, nisi ad hereditatem adeundam et nuptias contrahendas*[d]. *idemque permisit in pupillo patroni filio.*

a) Gi, Hu: ⟨*Generali*⟩*ter*
b) Ms. Vat.: *absentes*
c) so Sch; La, Bö, Va. Das *i* ist im Ms. Vat. wohl noch im Wege der Mk eingefügt. Til, Hg[1-5], Kr, Mu: *alter*, Hu: *a liberta tutor*
d) Ms. Vat.: *contraendas*

Ebenso wird aufgrund eines Senatsbeschlusses ein Vormund für die Frau bestellt, deren Vormund abwesend ist, außer, wenn es der Patron ist, der abwesend ist. Denn anstelle des abwesenden Patrons kann man keinen anderen verlangen, es sei denn zum Antritt einer Erbschaft oder zur Eingehung einer Ehe. Dasselbe erlaubte er für den unmündigen Sohn des Patrons.

Wenn die Patronatsrechte des verstorbenen Vaters auf dessen noch unmündigen Sohn übergegangen sind, wird (ähnlich wie im Fall des § 20) nur für die Zwecke des Erbschaftsantritts und der Eheschließung ein Ersatztutor bestellt.

§ 23. *Hoc amplius senatus censuit, ut si tutor pupilli pupillaeve*[a] *suspectus a tutela*[b] *submotus fuerit vel etiam iusta de causa excusatus, in locum eius tutor alius* ⟨*detur*⟩[c].

a) Ms. Vat.: *pupilleve*
b) Ms. Vat.: *atutella*
c) So Til, Hg[2-3], Kr ergänzt; fehlt im Ms. Vat. Hg[1, 4-5], folgend Ma, will stattdessen *tutor* zu *detur* emendieren.

80 Vgl. oben S. 312.

Des weiteren beschloß der Senat, daß, wenn der Vormund eines oder einer Unmündigen als verdächtig aus der Vormundschaft entfernt worden ist, oder wenn er mit ausreichendem Grund entschuldigt ist, an seiner Stelle ein anderer Vormund gegeben werden solle.

Das *crimen suspecti* setzte bestimmte Handlungen zum Schaden des Mündelvermögens voraus.[81] Es ging schon auf die Zwölf Tafeln zurück (Tab. 8,20a).[82] Der Senatsbeschluß gestattete es, den testamentarischen Tutor, wenn dieser entfernt worden war oder eine *excusatio* durchgeführt hatte, durch einen magistratischen zu ersetzen und damit den Eintritt der gesetzlichen Tutel zu vermeiden.[83] Die Ausdrucksweise »*pupilli pupillaeve*« deutet auf eine enge Orientierung des Textes am Wortlaut des Senatsbeschlusses hin. Fast wortgleich lautet Gaius 1,182. Gaius zeigt sich aber als Provinzialjurist, indem er hinzufügt (1,183), daß die Bestellung des Vormunds in der Provinz beim Statthalter beantragt werden müsse.

§ 24. *Moribus tutor datur mulieri pupillove, qui cum tutore suo lege aut legitimo iudicio agere vult, ut auctore eo agat*[a] *(ipse enim tutor in rem suam auctor fieri non potest), qui ›praetorius*[b] *tutor‹ dicitur*[c]*, quia a*[d] *praetore urbis dari consuevit.*

a) Die Klammern setzte bereits Dutillet
b) so Kr, Sch; Ms. Vat., Til, Hg[5]: *praetorianus* (vgl. Gai. 1,184)
c) Ms. Vat.: *dicetur*
d) so Til, Hg[5], Kr, Sch, Beh (SZ 88 [1971], S. 299, Fn. 348); Ms. Vat.: *qui a*

Aufgrund Gewohnheitsrechts wird der Frau oder dem Mündel, die oder der gegen den eigenen Vormund im Legisaktionenverfahren oder vor dem im Rahmen des Formularprozesses eingesetzten gesetzlichen Geschworenengericht prozessieren will, ein Vormund gegeben, damit sie oder er mit dessen formeller Genehmigung klagt (der Tutor selbst kann die Genehmigung in eigener Angelegenheit nämlich nicht erteilen), der ›prätorischer Vormund‹ genannt wird, weil er vom Stadtprätor gegeben zu werden pflegte.

Gegenstand der altzivilen Jurisdiktion konnte nur ein vollgültiges materielles Recht sein. Klagte ein Mündel gegen seinen Tutor, so bedurfte es, weil die *auctoritas* des eigenen Tutors in einem gegen ihn selbst gerichteten Verfahren ausgeschlossen war, der Bestellung eines weiteren Tutors.[84] Mit *lege aut legitimo iudicio agere* gibt der Text die Differenzierung zwischen den Verfahrensarten des Zivil-

81 Ulpian 35 *ad ed.* D. 26,10,3,5.

82 Vgl. Ulpian 35 *ad ed.* D. 26,10,1,2; Cicero *de off.* 3,15,61.

83 Kaser, RP 1, S. 359.

84 Aus dem gleichen Grund bedurften auch Frauen eines Vormunds; vgl. Behrends, Zwölftafelprozeß S. 68, Fn. 212 und unten § 27.

prozesses wieder.[85] Mit *lege agere* bezeichnet die Stelle die Vornahme von Klagehandlungen im Legisaktionenverfahren,[86] das seit Augustus allerdings nur noch in den Prozessen vor den *centumviri* und bei der *actio damni infecti* praktisch war.[87] Das *legitimum iudicium* dagegen ist das *per formulam* eingesetzte Geschworenengericht im Formularprozeß.[88] Auch im entsprechenden Text bei Gaius 1,184 bezieht sich der Ausdruck *iudicium legitimum* auf ein über ein Zivilrecht begründetes Geschworenengericht; der *tutor praetorius* muß dem Mündel bei einem *iudicium legitimum* gegen den eigenen Vormund beistehen.[89]

Die *lex Atilia* hatte bestimmt, daß die Einsetzung durch den *praetor urbanus* vorgenommen werden sollte. Seit Claudius war es in Rom zusätzlich Aufgabe der Volkstribunen und der Konsuln.[90] Marc Aurel schuf schließlich einen *praetor tutelaris*[91] zur Einsetzung von Tutoren.[92] Gleichwohl ist der Text nicht etwa sachlich überholt: Noch im Jahre 195 übertrug Septimius Severus die Genehmigung der Veräußerung von Mündelgrundstücken nicht dem Tutelarprätor, sondern dem städtischen Prätor.[93]

§ 25. *Pupillorum pupillarumque tutores et negotia gerunt et auctoritatem[a] interponunt; mulierum autem tutores auctoritatem dumtaxat interponunt.*

a) *c* wohl noch als Mk ergänzt

Die Vormünder von männlichen und weiblichen Mündeln führen die Geschäfte und erteilen ihre formelle Genehmigung; die Vormünder von Frauen aber erteilen nur ihre formelle Genehmigung.

85 Schulz' entgegenstehende Ansicht (Epitome, S. 38), der vermutete »Verfasser« des Textes habe wohl *lege aut legitimo agere* als synonyme Ausdrücke aufgefaßt und darunter jede Prozeßführung verstanden, beruht auf seiner Meinung, der Text sei im 4. Jhdt. entstanden, in dem der klassische Prozeß (Legisaktionen- und Formularverfahren) verschwunden war.

86 Kaser/Hackl, RZ, S. 75.

87 Kaser/Hackl, RZ, S. 36.

88 Behrends, Zwölftafelprozeß, S. 68 u. 110.

89 Dazu Behrends, SZ 88 (1971), 298 f. Die differenzierte Begrifflichkeit hat entsprechend Gaius 3,83 bei der Mitteilung des Rechtssatzes, daß eine *lis contestata* im *iudicium legitimum* nach *arrogatio* oder *conventio in manum* nicht auf den Gewalthaber übergehe; vgl. Behrends, Zwölftafelprozeß, S. 68.

90 Kaser, RP 1, S. 357 mit Nachweisen.

91 Kaser/Knütel, Röm. Privatrecht, § 62, Rn. 13: *praetor tutelarius* (später *tutelaris*).

92 Bestätigt durch CIL V, 1874: *praetori cui primo iurisdictio pupillaris a sanctissimis imp(eratoribus) mandata est* ...; vgl. Kaser, RP 1, S. 357; Norden, Apulejus, S. 135; ungenau SHA *Marcus* 10,11, wo der Anschein erweckt wird, als sei die Tutorenbestellung bislang nur Sache der Konsuln gewesen; so aber auch Jörs, Gerichtsverfassung, S. 31 mit Zusammenstellung der Inschriften S. 31-35; Hammond, Antonine Monarchy, S. 292. Vgl. ferner Reintjes, Untersuchungen, S. 74 f. Zur Schaffung eines *praetor tutelaris* zur Kontrolle der Vormünder vgl. Paul *lb. de off. pr. tutel.* Fr. Vat. 244.

93 *Oratio Severi* bei Ulpian 35 *ad ed.* D. 27,9,1,2; Jörs, Gerichtsverfassung, S. 36.

Die §§ 25-27 behandeln die Aufgaben des Tutors. Auch hier wird deutlich, daß dem Text inhaltlich längst nicht mehr die alte, noch bei Servius (s. bei § 1) erkennbare Vorstellung der Tutel als Gewaltverhältnis zugrundeliegt, sondern daß sie als Instrument zur Wahrung von Vermögensinteressen auftritt.[94] Im Aufbau des Textes klingt die ältere Vorstellung dagegen durchaus nach: der Abschnitt steht, entsprechend wie bei Gaius, am Ende des Rechts der Gewaltverhältnisse.

Die Aufgabe des *tutor mulieris* bestand in der Erteilung der *auctoritas*, und zwar nur in besonderen Fällen: vor allem bei der Begründung einer Schuld, der unentgeltlichen Aufgabe eines Rechts sowie der Verfügung über eine *res mancipi* (vgl. § 27).[95] Die Nennung der männlichen und weiblichen Mündel entspricht der im Text öfter auftretenden Präzision der Terminologie.[96] Das Regelwerk bezeichnet gerade nicht, wie es der noch zur Zeit Marc Aurels schreibende Marcellus befürwortete, die Mündel beiderlei Geschlechts mit *pupillus*.[97] Die differenzierte Ausdrucksweise stellt zudem angesichts des zweiten Halbsatzes klar, daß die weiblichen Mündel nicht von der für die *mulieres* geltenden Regel betroffen sind.[98]

§ 26. *Si plures sunt tutores, omnes in omni re debent auctoritatem accommodare*[a], *praeter eos, qui testamento*[b] *dati sunt; nam ex his vel unius auctoritas sufficit.*

a) Ms. Vat.: *auctoritate a commodare*
b) so Ch 1578 [216 r], Hg[5], Kr, Gn, Sch; Ms. Vat., Til, Cuj: *tunc*

Bei mehreren Vormündern müssen alle in jeder Angelegenheit ihre formelle Genehmigung erteilen, mit Ausnahme derjenigen, die durch Testament bestellt sind, denn bei diesen reicht die formelle Genehmigung eines unter ihnen aus.

Bei der agnatischen Vormundschaft bekommt der Mündel mehrere Tutoren, wenn es mehrere gleichnah verwandte Agnaten gibt. Rechtsgeschäfte des Mündels bedürfen der *auctoritas* aller agnatischen Vormünder, damit diese die Vermögensinteressen wahren können, die sie alle als potentielle Erben gleichermaßen haben.

§ 27. *Tutoris auctoritas necessaria est mulieribus quidem in his rebus: si lege aut legitimo iudicio agant, si se obligent, si civile negotium gerant, si libertae suae permittant in contubernio alieni servi morari, si rem mancipi*[a] *alienent. pupillis*

94 Vgl. Sachers, RE, 2. Reihe, 14. Hb. (1948), s. v. Tutela, Sp. 1498.
95 Vgl. u. Tit. 1,27; Norden, Apulejus, S. 137.
96 S. oben S. 118 f. und 123.
97 Marcellus 26 *dig.* D. 1,7,20; dazu Peter, Fs. Söllner, S. 861 f.
98 Der Text verschweigt, daß die *tutela legitima* über freigeborene Frauen inzwischen durch die *lex Claudia* (44-49 n. Chr.) abgeschafft worden war. Zu den Gründen vgl. oben S. 305 und 312.

autem hoc amplius etiam in rerum nec mancipi alienatione tutoris auctoritate[b] *opus est.*

a) so Cuj (Obs. 17,28, Par. 1586, Aur. 1586), Hg[5], Sch; Ms. Vat.: *rem mancipia*; Til: *si mancipia*; Kr: *si rem mancipii*
b) Ms. Vat.: *auctoritatem*

Frauen brauchen die formelle Genehmigung des Vormunds in folgenden Angelegenheiten: wenn sie im Legisaktionenverfahren oder vor dem im Rahmen des Formularprozesses eingesetzten gesetzlichen Geschworenengericht prozessieren, wenn sie sich verpflichten, wenn sie ein Geschäft des Zivilrechts abschließen, wenn sie ihrer Freigelassenen erlauben, in der Lebensgemeinschaft mit einem fremden Sklaven zu verbleiben, und wenn sie eine *res mancipi* veräußern. Mündel aber brauchen die formelle Genehmigung des Vormunds darüber hinaus auch für die Veräußerung von *res nec mancipi.*

Frauen benötigen die *auctoritas* ihres Tutors, um vor Gericht klagen zu können, sowie für Geschäfte des altzivilen, Quiritischen Rechts, wie etwa für die Verfügung über eine *res mancipi.*[99] Auch nach Aufhebung der *tutela legitima* der Agnaten durch die *lex Claudia* wurde Frauen für wichtige Rechtshandlungen ein Tutor nach der *lex Atilia* (vor 186 v. Chr.) bestellt (s. oben § 18).[100]

§ 28. *Liberantur tutela masculi quidem pubertate: puberem autem Cassiani quidem eum esse dicunt, qui habitu*[a] *corporis pubes*[b] *apparet, id est qui generare possit*[c]*; Proculeiani*[d] *autem eum, qui quattuordecim annos explevit*[e]*; verum Priscus eum*[f] *puberem esse*[g]*, in quem utrumque concurrit, et habitus corporis, et numerus annorum.*

a) Ms. Vat.: *habito*
b) Ms. Vat.: *pubis*
c) Til: *potest*
d) Til: *Proculeij*; Hg[5]: *Proculejani*
e) Ms. Vat.: *explebit*
f) so Hg[5], Kr; Ms. Vat.: *cum*
g) Va: *esse ⟨putat⟩*

99 Cujaz, Obs. 17,28 behauptet, die Handschrift Dutillets lese *rem mancipi*: »Sic enim perspicue scriptum est in *originali Regularum Ulpiani,* quod mihi … communicavit V. C. Iacobus Tillius pro sua eximia humanitate et benevolentia erga me, ut mirer *τύπῳ* qui non habebant aliud exemplar longe aliter expressisse, *Si legitimum tutorem pupilla non habeat.* Etiam in eodem titulo contra authentici exemplaris fidem scriptum est, Tutoris auctoritatem necessariam esse mulieribus, si mancipia alienent, cum in eo sit scriptum, *si rem mancipi alienent.*« Tatsächlich liest das Manuskript *mancipia.*
100 Vgl. Gröschler, Tabellae-Urkunden, S. 194 f. mit Darlehensurkunden.

Von der Vormundschaft werden männliche Mündel mit Eintritt der Mündigkeit befreit. Als mündig aber bezeichnen die Cassianer denjenigen, der nach seinem körperlichen Entwicklungsstand als mündig erscheint, d.h. den, der zeugungsfähig ist, die Prokulianer aber denjenigen, der das vierzehnte Lebensjahr vollendet hat; Priscus aber hält denjenigen für mündig, bei dem beides zusammenfällt, sowohl der körperliche Entwicklungsstand als auch die Anzahl der Lebensjahre.

Hier und in § 28 a wird die Befreiung von der Tutel behandelt. Der Text gibt den Schulenstreit um den Eintritt der *pubertas* wieder.[101] Es handelt sich um die einzige im Text wiedergegebene Kontroverse, bei der die Parteien benannt sind.[102] Die Sabinianer lassen die Geschäftsfähigkeit jeweils mit der konkreten Pubertät beginnen, weil nach ihrer Vorstellung die selbständig produktive Vernunft mit der Geschlechtlichkeit anfängt. Die Prokulianer dagegen vertreten einen festgelegten Beginn der Mündigkeit von Jungen im Alter von 14 Jahren. Zwar ist auch nach ihrer Lehre die Pubertät ausschlaggebend, doch muß das Recht regelhaft sein.[103] Hier ist (wie bei Gaius 1,196) nur der Fall der Jungen erörtert. Insoweit wirkt der ältere Rechtszustand nach, in dem nur die Jungen mit Erreichen der Mündigkeit von der Tutel frei wurden, während die Mädchen der *tutela mulierum* unterfielen.

Nach der Sondermeinung des hier Priscus genannten Juristen war für die Mündigkeit von Jungen nicht nur das Alter von 14 Jahren, sondern auch der entwickelte *habitus corporis* notwendig.[104] Priscus ist neben Mauricianus (Tit. 13,2) und wahrscheinlich Cassius (Tit. 1,12) der einzige überhaupt im überlieferten Text genannte Name.[105] Es handelt sich wahrscheinlich um den Prokulianer Neraz.[106] Es ist zwar nicht von vornherein ausgeschlossen, daß der Sabinianer Javolen diese *media sententia* vertreten haben könnte. Wenn jedoch unser Text, der noch in der inneren Schriftlichkeit der prokulianischen Schule fixiert wurde, einen Priscus nennt, bezieht er sich wahrscheinlich auf den »eigenen« Priscus, also

101 Zu dieser Kontroverse vor dem Hintergrund von Tit. 11,28 vgl. Stein, CLJ 31 (1972), S. 27; ders., BULR 59 (1979), S. 444.

102 In Tit. 1,21 werden die an der Kontroverse Beteiligten nicht genannt; vgl. Mommsen, JS 2, S. 48.

103 Sent. Syr. § 80 gibt eigentlich die prokulianische Ansicht wieder. Die Stelle zeigt aber, daß es *im Prinzip* auf die körperliche Reife ankommt (andere Texte stellen nur auf die Reife ab), im Zweifel aber jedenfalls das Alter von 14 Jahren den Status als *pubes* begründete; vgl. Selb, Sententiae, S. 172. Es handelt sich also um eine andere vermittelnde Meinung als diejenige, die unser Text für Neraz überliefert.

104 Ankum, SZ 110 (1993), S. 693.

105 Daher ist gelegentlich zu *plerisque visum* emendiert worden, weil die Mittelmeinung sich später tatsächlich durchsetzte; Nachweise bei Schwarz, SZ 69 (1952), S. 383.

106 Wie hier Behrends, Fs. Wacke, S. 23, Fn. 18; Baviera, Scuole, S. 48; Nelson, Stil, S. 82; Volterra, Scritti 3, S. 233; Liebs, Fs. Straub, S. 285; zweifelnd ders., ANRW II,15, S. 202. Cramer, Scholia, S. 101 sowie Spruit/Bongenaar vermuten Javolen, aber ohne Begründung.

Neraz. Im übrigen wird nicht Javolen, wohl aber Neraz in Digestentexten öfter schlicht »Priscus« genannt.[107] Neraz weicht mit seiner Meinung von der regeltheoretischen Position der Prokulianer ab und ermöglicht eine flexible Entscheidung im Einzelfall. Der Text zeigt, daß sich die Mittelmeinung hier noch nicht durchgesetzt hatte. Später war dies wahrscheinlich der Fall: Nach einem diokletianischen Reskript (C. 6,22,4 a. 294) kann hinsichtlich der Gültigkeit eines Testaments gegen die Tatsache des vollendeten 14. Lebensjahres das Fehlen der *vigoris vestigia* nicht eingewandt werden. Aus dem Umkehrschluß ergibt sich, daß dies in anderen Zusammenhängen möglich war.[108]

Die Benennung der Sabinianer als *Cassiani* spricht für das Alter der Aussage. Es handelt sich um einen älteren Sprachgebrauch, der bei Plinius d. J., Pomponius und Paulus auftritt, während Ulpian, Marcian und justinianische Texte von *Sabiniani* sprechen.[109]

§ 28 a. *Feminae autem tutela liberantur*[a].

a) Ms. Aur., Me: ⟨*quae in manum viri convenerunt*⟩. Auch Til vermißte eine Fortsetzung. Bei Hg[5] kein selbständiger Paragraph.

Frauen aber werden von der Tutel befreit.

Der Text ist offensichtlich unvollständig. Ursprünglich schlossen sich hier wahrscheinlich Befreiungstatbestände zugunsten von Frauen an. Die entsprechende Stelle Gaius 1,194 zeigt, daß es um die Befreiung der Frauen von der Tutel aufgrund der *lex Iulia et Papia* gegangen sein muß, wenn sie drei (bzw. als Freigelassene vier; vgl. Tit. 29,3) Kinder hatten.[110] Dem Sinn nach kann der Text mit Huschke wie folgt rekonstruiert werden: *Feminae autem tutela liberantur ⟨trium liberorum iure; libertae tantum, quae in patroni tutela sunt, quattuor liberorum iure ab ea liberantur⟩*. Die Vorschrift hatte einen bedeutenden Einbruch in die noch existierende Agnatentutel über Frauen gebracht. Nach der *lex Claudia* hatte sie nur noch Bedeutung für Freigelassene und Emanzipierte.[111]

107 Vgl. Liebs, Fs. Straub, S. 285 zu Pomponius 12 *ep.* D. 35,1,112,3; Julian 2 *ad Urs. Fer.* D. 39,6,21; Paulus 54 *ad ed.* D. 41,2,1,21 und Paulus 54 *ad ed.* D. 41,4,2,6. In Ulpian 9 *de off. proc.* D. 48,22,6,2 ist ein Delinquent gemeint.

108 Schwarz, SZ 69 (1952), S. 385.

109 Liebs, ANRW II,15, S. 206; ders., Fs. Straub, S. 284 mit Hinweis für *Cassiani* auf Plinius *ep.* 7,24,8; Pomponius *lb. sg. ench.* D. 1,2,2,52; Paulus 9 *ad Sab.* D. 47,2,18 und 6 *ad leg. Iul. et Pap.* D. 39,6,35,3; für *Sabiniani* auf Ulpian Fr. Vat. 266; Marcian 3 *inst.* D. 41,1,11; C. 6,29,3 (a. 530); Inst. 2,1,25; ferner auf einen aus dem 5. oder 6. Jhdt. n. Chr. stammenden Talmudtext (S. 285, Fn. 21).

110 So auch Krüger im Apparat seiner Ausgabe. Die Emendation des *Ms. Auredani*, die sich auf das Erlöschen der Tutel bei Eintritt der Frau in die *manus* bezieht, ist demgegenüber abzulehnen; vgl. auch Savigny, VS 5, S. 97. Zur Sache Nörr, IJ 16 (1981), S. 355.

111 Für die Gründe, aus denen der Text dies verschweigt, vgl. oben S. 305 und 312.

b.) Tit. XII ›De curatoribus‹
Über die Pfleger

Die Titelrubrik spricht nicht von der *cura*, sondern vom *curator*: im erhaltenen Text geht es nur um diesen.

§ 1. *Curatores aut legitimi sunt, id est qui ex lege duodecim tabularum dantur,*[a] *aut honorarii, id est qui a praetore constituuntur*[b].

a) Sch: *dantur* nachklass.
b) Sch: *constituuntur* nachklass.

Pfleger sind entweder gesetzliche, d.h. solche, die aufgrund einer Vorschrift der Zwölf Tafeln gegeben werden, oder amtsrechtliche, d.h. solche, die vom Prätor bestellt werden.

Hier wird nur eine Herleitung des *curator legitimus* aus dem Zwölftafelgesetz genannt,[112] anders als im Falle der Tutel, bei der es einen weiteren Sprachgebrauch gibt.[113] Demgegenüber klingt in *honorarii* das *ius honorarium* an.[114] Auch hier steht also (wie beim Recht der Tutel) die Unterteilung nach dem Kriterium der Rechtsquellen an oberster Stelle.

Schulz hat die Vermutung geäußert, *constituuntur* und in § 3 *constituetur* seien flüchtig für die entsprechenden Formen von *dare* gesetzt worden; er meint, dadurch ergebe sich ein »törichter Wechsel«.[115] Es ist aber unwahrscheinlich, daß ein Bearbeiter gerade an den Stellen, die von der Anordnung der *cura* durch den Prätor aufgrund von dessen eigener Machtvollkommenheit handeln, »irrtümlich« den anspruchsvolleren Begriff setzte. In Wahrheit zeigt das *constituere*, daß der *curator* hier nicht lediglich auf gesetzlicher Grundlage zugewiesen wird (dies würde nach *dare* verlangen), sondern daß es um den aufgrund prätorischer Regelungsbefugnis bestellten *curator* (*honorarius*) geht.

§ 2. *Lex duodecim tabularum furiosum, itemque prodigum, cui bonis ⟨paternis et avitis⟩*[a] *interdictum est, in curatione iubet esse agnatorum*[b].

112 Schulz, Epitome, S. 39 meint, der Titel zeige Spuren nachklassischer Arbeit, und beruft sich auf Solazzi, Scritti, 2, S. 537-544. So habe der Epitomator die klassische *cura legitima* (Gaius 1,200; Gaius 3 *ad ed. prov.* D. 27,10,13) in eine *cura dativa* verwandelt, sie aber dennoch *cura legitima* genannt. Aufgrund einer zirkulären Argumentation schließt Schulz dies daraus, daß der Text auch die auf Gesetz beruhende *tutela dativa* in Tit. 11,2 u. 3 unklassisch *tutela legitima* nenne. Vgl. auch den Apparat zu § 3.

113 Näher oben bei Tit. 11,3. Damit ist *legitimus* hier in der Hauptsache wie in Tit. 11 verwendet.

114 Żak, Mél. Wołodkiewicz 2, S. 1135.

115 Schulz, Epitome, S. 39. Gerade hier fällt auch die subjektive sprachliche Kritik Schulz' auf, mit der er sich methodisch in einer heute überholten Tradition befindet.

a) so Hu; fehlt im Ms. Vat.
b) Ms. Vat.: Mk aus *agnitorum*

Eine Vorschrift der Zwölf Tafeln bestimmt, daß der Wahnsinnige und ebenso der Verschwender, dem die Verfügungsbefugnis über das (ererbte) väterliche Vermögen entzogen worden ist, in der Pflegschaft der Agnaten sein sollen.

Es handelt sich um die Erläuterung des *curator legitimus*: Der Zwölftafelsatz Tab. 5,7 bestimmt für die Fälle der *cura furiosi vel prodigi* die Agnaten zu *curatores*.[116] Die *interdictio* ist dort ein zivilrechtliches Verfügungsverbot, ein Entzug der Verfügungszuständigkeit.[117] Sie trifft, wie § 3 mitteilt, den *prodigus*, wenn er das ererbte väterliche Vermögen verschwendet. Hatte er das väterliche Vermögen als Intestaterbe erlangt, erfolgte die Bestellung des *curator* unmittelbar aufgrund der Zwölf Tafeln (*ex lege*).[118] Daß die gesetzliche Pflegschaft die Gefährdung des Stammvermögens voraussetzt,[119] wird durch die Interdiktionsformel bestätigt, die in Paul. Sent. 3,4a,7 überliefert ist: *Quando tibi bona paterna avitaque nequitia tua disperdis*. Nicht ausreichend ist demnach die Verschwendung des selbst erwirtschafteten Vermögens, dessen Ausgabe leichter gerechtfertigt werden kann. Huschke nahm daher zu Recht an, daß der Satz ursprünglich die Worte *paternis et avitis* enthalten habe. Die fehlende Nennung der Einschränkung im überlieferten Wortlaut geht nicht etwa auf eine bewußte Anpassung an die Entwicklung im klassischen Recht zurück, die den *prodigus* grundsätzlich von Verpflichtungs- und Verfügungsgeschäften ausschloß.[120] Dies ergibt sich daraus, daß § 3 noch auf das ererbte Vermögen Bezug nimmt.

§ 3. *A praetore constituitur*[a] *curator, quem ipse praetor voluerit*,[b] *libertinis prodigis*[c], *itemque ingenuis, qui ex testamento parentis*[d] *heredes*[e] *facti male*[f] *dissipant bona: his enim ex lege curator dari non poterat, cum ingenuus quidem non ab intestato, sed ex testamento heres factus sit*[g] *patri; libertinus autem nullo modo patri heres fieri possit, qui nec patrem habuisse videtur, cum servilis cognatio*[h] *nulla sit*[i].

a) so Til, Hg[5]; Ms. Vat.: *constituetur*, Sch: *constituetur* nachklass.
b) Sch: *quem ipse praetor voluerit* nachklass.
c) Ms. Vat.: *prodegis*

116 Gaius 2,64 und Cicero *de inv.* 2,50,148 mit dem Zwölftafelsatz Tab. 5,7a: *Si furiosus est, agnatum gentiliumque in eo pecuniaque eius potestas esto*. Zur *potestas* als Vorläuferin der späteren *cura* vgl. Diliberto, Cura furiosi, S. 44 mit Fn. 125.

117 Vgl. Tit. 20,13; Ulpian 1 *ad Sab.* D. 27,10,1 pr; Cicero *Tusc. disp.* 3,5,11: gegenüber dem *insanus* ist der hier genannte *furiosus* unfähig zur Bewältigung seiner Lebensangelegenheiten. Vgl. Ulpian 3 *de off. proc.* D. 26,5,12 pr: *superesse rebus suis non possint*.

118 Kaser, RP 1, S. 85. Für den Fall des verschwenderischen Testamentserben vgl. § 3.

119 Vgl. Żak, Mél. Wołodkiewicz 2, S. 1139.

120 Weiss, Institutionen, S. 114; Kaser, RP 1, S. 278; ders., St. Arangio-Ruiz 2, S. 154.

d) Ms. Vat.: *parentes*
e) Ms. Vat.: *heredis*
f) Sch: *male* nachklass.
g) so Til, Hg^5, Sch; Ms. Vat.: *si*
h) Ms. Vat.: *cognati*
i) Sch: *his … sit* nachklass.

Durch den Prätor wird ein Pfleger, den der Prätor selbst aussucht, für freigelassene Verschwender bestellt, ebenso für Freigeborene, die, durch das Testament ihres Vaters zu Erben gemacht, das Vermögen verschleudern. Diesen Personen konnte nämlich aufgrund des (Zwölftafel-)Gesetzes kein Pfleger gegeben werden, weil der Freigeborene nicht im Wege der Intestaterbfolge, sondern durch Testament Erbe seines Vaters geworden ist, der Freigelassene aber in keiner Weise seines Vaters Erbe sein kann, zumal er offensichtlich keinen Vater hat, weil es keine Blutsverwandtschaft unter Sklaven gibt.

In Fällen, in denen die Voraussetzungen der Zwölftafelpflegschaft nicht gegeben waren, konnte dem Verschwender durch den Prätor ein Pfleger bestellt werden.[121]

§ 4. *Praeterea dat curatorem ei etiam, qui nuper pubes*[a] *factus idonee*[b] *negotia sua tueri non potest.*

a) Ms. Vat.: *pubis*
b) Ms. Vat.: *idoneae*

Der Prätor ordnet auch demjenigen einen Pfleger bei, der, weil er erst kürzlich mündig geworden ist, seine Rechtsangelegenheiten noch nicht angemessen wahrnehmen kann.

Die *lex Laetoria* (192/193 v. Chr.) hatte einen besonderen Schutz der Mündigen unter 25 Jahren eingeführt. Er bestand in einem Verbot der Übervorteilung (*circumscriptio*) dieser Personen. Es handelte sich um eine *lex minus quam perfecta* (s. oben Tit. 1,2).[122] Der Schutz der *minores viginti quinque annis* wurde anschließend im Honorarrecht dadurch ausgebaut, daß der Prätor auf Antrag die Bestellung eines *curator minorum* ermöglichte. Die Bestellung hatte zunächst einer besonderen Begründung bedurft. Marc Aurel ermöglichte sie unabhängig vom Vorliegen besonderer Gründe allen vermögenden Bürgern dieses Alters.[123]

121 Die Erklärung *his enim …* ist nicht etwa »breit und trivial« (dies meint Schulz, Epitome, S. 39), sondern zeigt, daß an das Zwölftafelrecht angeknüpft wird.

122 Bretone, Geschichte, S. 66; Elster, Gesetze, S. 309.

123 SHA *Marcus* 10,12; Weiss, RE, Suppl. 5 (1931), s. v. Lex Plaetoria, Sp. 579; Weber, CAH XI, S. 372. Obwohl die *Historia Augusta* über das Antragserfordernis schweigt, wurde der *curator* nicht von Amts wegen bestellt; Kaser, RP 1, S. 370, Fn. 4; Honsell/Mayer-Maly/Selb, Röm. Recht, S. 432.

Diesen Entwicklungsstand des Rechts gibt der Text wieder. Daß die *cura minorum* erst am Ende nebenbei (*praeterea*) erwähnt wird, obgleich sie die praktisch wichtigste Pflegschaft war, ist ein Zeichen dafür, daß auch dieser Textabschnitt von der Orientierung am Zwölftafelrecht geprägt ist.

Ob Gaius die durch Marc Aurel geschaffene Rechtslage noch wahrgenommen hat, ist unsicher.[124] Gaius vergleicht die *cura* der Minderjährigen mit einer Praxis, die bei Peregrinenvölkern üblich sei (1,197). Anschließend teilt er mit, daß aus diesem Grund auch in den Provinzen von den Statthaltern Pfleger eingesetzt würden (1,198). Diese die Verhältnisse in den Provinzen betreffenden Mitteilungen enthält der *liber singularis* nicht.

c.) Ergebnisse

In diesem Abschnitt werden nach der Agnatentutel (§§ 3-9) und der testamentarischen Tutel (§§ 14-15), die jeweils auf die Zwölf Tafeln zurückgehen, die Vormundschaft aufgrund sonstiger *leges* (§§ 16-20), Senatsbeschlüssen (§§ 20-23) und *mores* (§ 24) erörtert. Daß die Ordnung nach den Rechtsquellen im Recht der Tutel gegenüber den anderen möglichen Gliederungsgesichtspunkten (nach Betroffenen bzw. nach der Weise der Bestellung) den wichtigsten Rang einnimmt, zeigt abermals, wie bedeutend die differenzierte Darstellung der Rechtsquellen für den tradierten Grundbestand des Stoffes und noch für den Redaktor des *liber singularis regularum* war. Dieser Punkt scheint für Gaius nicht von derartiger Bedeutung gewesen zu sein, denn er behandelt erst die Einsetzung eines Vormunds, anschließend den gesetzlichen Vormund, dann die Abtretung, die Beantragung eines anderen Vormunds und schließlich allgemeine Fragen der Vormundschaft.

Daß der Gliederungsgesichtspunkt der Rechtsquellen im Vordergrund steht, korrespondiert mit dem Anfang des Textes (*de legibus et moribus*) und begegnet ähnlich auch in Tit. 12, an dessen Beginn die Nebeneinanderstellung von gesetzlicher und honorarrechtlicher *cura* steht. Vielleicht hat der Redaktor des Regelwerks die Rechtsbehelfe aufgrund Gesetzes und aufgrund anderer Rechtsquellen durchaus im Sinne des mit Julian erreichten Entwicklungsschritts auf einer Stufe nebeneinanderstellen wollen. Die Unterscheidung war für ihn aber offenbar wichtiger, als sie für Gaius gewesen zu sein scheint.[125] Das System wirkt damit – entwicklungsgeschichtlich betrachtet – ursprünglicher.

124 Aus Gaius 1,197 u. 198 geht dies nicht hervor, ebensowenig aus Ep. Gai 1,8, weil dieser Auszug dem Recht seiner Zeit angepaßt worden ist; vgl. Wenger, Quellen, S. 509.

125 Dies zeigt insbesondere die feine Differenzierung zwischen *dare* und *constituere* in § 1.

13.) Das Recht der augusteischen Ehegesetze

a.) Tit. XIII ›De caelibe[a]*, orbo et solitario patre‹*

a) so Sch; Ms. Vat., Til: *cele*; Hg[5]: *coelibe*

Über den Unverheirateten, den Kinderlosen und den Vater mit einem Kind

Mit der Nennung des *caelebs*, des *orbus* und des *pater solitarius* nimmt die Überschrift auf bestimmte Gebote hinsichtlich Eheschließung und Kindererzeugung Bezug, die die augusteischen Ehegesetze eingeführt hatten.[1] Der Text selbst beginnt aber mit den in diesen Gesetzen enthaltenen Ehe*verboten*, also mit dem ersten Abschnitt der *lex Iulia*, von dem sie ihren Namen *de maritandis ordinibus* hat. Er nimmt damit auf die Reihenfolge der Gesetze und auch deren Aufbau Rücksicht. Es folgen die Eheschließungspflicht (Tit. 14),[2] die Befugnis zur Annahme letztwillig zugewandten Vermögens (Tit. 15 u. 16) sowie das Kaduzitätsrecht (Tit. 17 u. 18). Während die ersten beiden Titel sehr knapp gehalten sind, ist die Darstellung der praktisch wichtigen Folgen deutlich ausführlicher.[3]

Bei den Eheverboten stehen am Anfang die Verbote für Senatoren, bevor diejenigen folgen, die sich an andere Freigeborene richten. Auch insoweit entspricht

1 Vgl. Terentius Clemens 5 *ad leg. Iul. et Pap.* D. 35,1,64,1: *legem enim utilem rei publicae, subolis scilicet procreandae causa latam.* Vgl. Muirhead, Rules, S. 389 mit Anmerkung. Weil die Konsequenzen einer Nichtbefolgung dieser Gebote erst in späteren Abschnitten behandelt werden, kann Schulz' Vermutung (Epitome, S. 39), die Rubrik müsse aus dem exzerpierten Werk stammen, nicht überzeugen.
Der *caelebs* ist zur Annahme letztwillig zugewandten Vermögens vollkommen unfähig, der *orbus* in Höhe der Hälfte; Pugliese, Istituzioni, S. 401. Fitting, ZRG 11 (1873), S. 435 meint, mit *coelebs orbus* sei der kinderlose Unverheiratete gemeint. Festzuhalten ist aber, daß es sich um *zwei getrennte* Gebote handelt. Im Falle des *pater solitarius* ist das Maß der Annahmefähigkeit nicht sicher; Vangerow, Pandekten 2, § 429, S. 92 f. *Solitarius pater* ist der unverheiratete Mann, der (aus früherer Ehe) mindestens ein Kind hat. Vgl. Heineccius ad L. Juliam et Pap., lb. 2, cap. 15, IX: *Pater* vero *solitarius* est, qui vel unicum habet filium. Entsprechend Schulz, Epitome, S. 39; Heumann/Seckel s. v. *solitarius.* Vgl. Gnomon § 28: *mater solitaria* ist dort die unverheiratete Frau mit Kindern. Die Bedeutung von *solitarius* ergibt sich auch daraus, daß in anderen Quellen die (teilweise?) Befreiung eines Mannes von den Strafen der *orbitas* durch ein einziges Kind überliefert ist; vgl. Juvenal *sat.* 9,82 f. (*nullum ergo meritum est, ingrate ac perfide, nullum, quod tibi filiolus vel filia nascitur ex me*), bestätigt durch Gaius 8 *ad leg. Iul. et Pap.* D. 50,16,148.

2 Erst auf diesen Textabschnitt zu den Geboten der Eheschließung und Kindererzeugung, von dem Tit. 14 nur noch einen Rest enthält, bezieht sich die Überschrift zu Tit. 13. Daß diese, wie Arends Olsen, Femme, S. 176 meint, gar keinen Bezug zum Inhalt des Textes aufweise, ist also unrichtig. Die Überschrift geht offenbar auf eine Marginalrubrik zurück, die um einige Sätze zu früh vom Rand in den Text aufgenommen wurde.

3 In Tit. 13 (vgl. § 2) weist das Manuskript auffallend viele Kasusfehler auf.

der Aufbau wahrscheinlich dem Gesetz. Die Formulierung *ceteri ... ingenui* stammt nämlich wahrscheinlich aus dem Gesetzeswortlaut. Ein Indiz dafür bildet neben Tit. 13,2 noch Paulus 1 *ad leg. Iul. et Pap.* D. 23,2,44,8 (*ingenui ceteri*).

§ 1. *Lege Iulia prohibentur uxores ducere senatores quidem liberique eorum libertinas et quae ipsae*[a] *quarumve pater materve artem ludicram*[b] *fecerit.*

a) Ms. Vat.: *etque ipse*
b) Ms. Vat.: *ludricam*

Durch die *lex Iulia* ist es Senatoren und ihren Kindern verboten, Freigelassene zu heiraten, sowie eine Frau, die selbst Schauspielerin war oder deren Vater oder Mutter es war.

Der Text teilt mit, was – teilweise mit den gleichen Worten – bei Paulus 1 *ad leg. Iul. et Pap.* D. 23,2,44 pr als Wortlaut der *lex Iulia* überliefert ist: »*Qui* ***senator*** *est, quive filius neposve ex filio proneposve ex filio nato cuius eorum est erit, ne quis eorum sponsam uxoremve sciens dolo malo habeto* ***libertinam aut eam, quae ipsa cuiusve pater materve artem ludicram*** *facit* ***fecerit.***«[4] Das Regelwerk orientiert sich also auch hier eng am Gesetzestext.

Bei Paulus folgt die Vorschrift für die weiblichen Angehörigen des Senatorenstandes. Zu diesen schweigt der *liber singularis.* Es ist vermutet worden, daß die *lex Iulia* zunächst nur ein entsprechendes Verbot für Männer vorgesehen habe[5] und daß das Verbot für die Frauen in nachaugusteischer Zeit hinzugekommen sei, nämlich im Rahmen einer *oratio Marci* und eines sich darauf beziehenden Senatsbeschlusses.[6] Ein sachlicher Grund könnte darin gelegen haben, daß nur die Ehe mit männlichen Angehörigen des Senatorenstandes denselben an rangniedrigere Personen vermitteln konnte (was das Gesetz verhindern sollte); die Frau gäbe den Stand auf. Paulus 1 *ad leg. Iul. et Pap.* D. 23,2,44 pr könnte beide Verbote auf die *lex Iulia* zurückgeführt haben, weil er diese längst als Teil eines umfassenden Gesetzeswerks verstand.[7] Wahrscheinlich aber enthielt schon die *lex Iulia* das Verbot

4 Zur zeitlichen Wirkung Avenarius, Savignys Lehre, S. 19.

5 Corbett, Marriage, S. 37; dazu Mette-Dittmann, Ehegesetze, S. 143 ff.

6 Paulus 35 *ad ed.* D. 23,2,16 und Ulpian 32 *ad Sab.* D. 24,1,3,1; Weber, CAH XI, S. 369; krit. Mette-Dittmann, Ehegesetze, S. 143-145. Das Neue an der *oratio Marci* könnte aber auch bloß die Nichtigkeit der Ehe zwischen der Frau und dem Freigelassenen gewesen sein; vgl. Paulus 35 *ad ed.* D. 23,2,16 pr: *nec nuptiae essent.*

7 Auch Mette-Dittmanns (S. 145) auf einen inschriftlich überlieferten Senatsbeschluß von 19 n. Chr. gestütztes Hauptargument dafür, daß das Verbot gegenüber den Frauen noch augusteisch sei, schließt nicht aus, daß es erst auf die *lex Papia* zurückgeht. Das spätklassische *priores leges ad posteriores trahere* (vgl. oben S. 168, Fn. 40) könnte es Paulus ermöglicht haben, die Trennung zwischen den nacheinander ergangenen Gesetzen aufzugeben. Dieser Grundsatz ist nämlich gerade in Paulustexten belegt, vgl. Paulus 4 *quaest.* D. 1,3,26; Paulus 5 *ad leg. Iul. et Pap.* D. 1,3,38. Vgl. ferner oben die Bemerkungen zu *princ.* § 3. Im Hinblick auf

gegenüber Frauen.[8] Daß Paulus nämlich nicht nur den Inhalt, sondern ausdrücklich sogar den *Wortlaut* der *lex Iulia* mitteilt, ist ein starkes Indiz, das eine korrekte Angabe der Rechtsquelle vermuten läßt.[9]

Der überlieferte Text von § 1 endet nach *fecerit* mit den Worten *item corpore quaestum facientem*. Es handelt sich wahrscheinlich um ein Versatzstück aus § 2.[10] Die Regelungstechnik der *lex Iulia* war nämlich so ausgestaltet, daß allen Freien die Ehe mit bestimmten Personen verboten war, während Senatoren darüber hinaus noch von weiteren Eheverboten betroffen waren.[11] Die besonderen Eheverbote für Senatoren und ihre Abkömmlinge im Mannesstamm betrafen nur Freigelassene, Schauspieler und Schauspielerkinder, nicht dagegen die *corpore quaestum facientes*, weil Eheschließungen mit diesen schon allen Freien als solchen verboten waren,[12] so daß eine Hervorhebung für die Senatoren unnötig gewesen wäre.

Gesetzwidrige Ehen waren, wie heute überwiegend anerkannt ist, in der klassischen Zeit zunächst nicht etwa nichtig.[13] Bei Terentius Clemens 8 *ad leg. Iul. et Pap.* D. 23,2,48,1 heißen die Beteiligten ausdrücklich *maritus* und *uxor*.[14] Diese Ehen befreien nur nicht von den Strafen der Ehelosigkeit.[15] Damit korrespondiert der Gesetzeswortlaut in Paulus 1 *ad leg. Iul. et Pap.* D. 23,2,44 pr: »*ne quis eorum sponsam uxoremve sciens dolo malo* ***habeto***«. Gerade die Rückwirkung dieses Re-

die »*lex Iulia et Papia*« erklärt Paulus sogar, daß sich spätere Gesetze, sofern sie früheren nicht entgegenstehen, auf dieselben beziehen; lb. 5 *ad leg. Iul. et Pap.* D. 1,3,28.

8 Für eine Einbeziehung schon durch die *lex Iulia* (wie es der Wortlaut der Paulusstelle nahelegt) Astolfi, Lex Iulia, S. 101.

9 Mit Rücksicht auf den Paulustext bemerkt Nörr, IJ 16 (1981), S. 360: »legislative technique was defective, the correct level of abstraction not being achieved by the rules which the legislation laid down.« Der Vorwurf mangelhafter Technik läßt aber außer Betracht, daß die Formulierung des Gesetzeswortlauts der spezifisch klassischen, wortlautorientierten Auslegungspraxis Rechnung trug.

10 Schulz, Epitome, S. 39 vermutete eine Glosse. Auch Vahlen läßt § 1 mit *fecerit* enden. Die Aussage des Schlußsatzes gehört sachlich jedenfalls in den Katalog von § 2; vgl. Crawford, Roman Statutes 2, S. 808. Entsprechend Krüger; Huschke, NJPP 75 (1857), S. 367: *iidem et ceteri autem ingenui.*

11 Paulus 1 *ad leg. Iul. et Pap.* D. 23,2,44,8; Marcellus 1 *ad leg. Iul. et Pap.* D. 23,2,49.

12 Vgl. Marcian 12 *inst.* D. 25,7,3,1; Kaser, RP 1, S. 319; Flemming, JRS 89 (1999), S. 51; Arends Olsen, Femme, S. 164, Fn. 87.

13 Kaser, RP 1, S. 319 mit Nachweisen.
Schulz vermutet, der Epitomator habe mit Rücksicht auf Konstantins Gesetz von 320, das die Strafen der Ehe- und Kinderlosigkeit aufhob (CTh 8,16,1), lediglich die Eheverbote der *lex Iulia* aufgenommen, weil er (unrichtig) angenommen habe, daß ein Verstoß gegen sie Ehenichtigkeit zur Folge habe, während in Wahrheit eine verbotswidrige Ehe nur nicht von den Strafen der Ehelosigkeit befreite. Vgl. Mommsen, JS 2, S. 50; Savigny, System 2, S. 522. Diese konstruierte Erklärung, die von einem Irrtum des Epitomators ausgeht, kann aber nicht überzeugen.

14 Vgl. auch Tit. 16,2: *famosam … uxorem duxerit.*

15 Kaser, RP 1, S. 319; Astolfi, Lex Iulia, S. 108 f.; Baltrusch, Regimen morum, S. 165.

formgesetzes auch auf abgeschlossene Tatbestände[16] schließt die Vermutung aus, daß die betroffenen Ehen von nun an alle nichtig gewesen wären. Die Eheverbote treten insoweit vielmehr als *leges minus quam perfectae* auf: Sie bewirken keine Nichtigkeit, sehen aber eine Sanktion vor (vgl. *princ.* § 2).[17]

Celsus 30 *dig.* D. 23,2,23 teilt mit, daß Senatoren die Ehe mit Freigelassenen nach der *lex Papia* verboten sei. Nun war es dem Senator mit kaiserlichem Privileg allerdings möglich, eine Freigelassene zur *iusta uxor* zu nehmen.[18] Dies ergäbe im Umkehrschluß, daß es sonst nicht möglich war. Unser Text zeigt aber in Tit. 16,2, daß auch die dem Senator verbotene Ehe mit der Freigelassenen *zivilrechtlich* wirksam war (*uxorem duxerit*).[19]

§ 2. *Ceteri autem ingenui prohibentur ducere[a] lenam, et[b] a lenone lenave[c] manumissam, et in adulterio deprehensam[d], et iudicio publico[e] damnatam, et quae artem ludicram[f] fecerit, ⟨item corpore quaestum[g] facientem⟩: adicit Mauricianus et[h] a senatu[i] damnatam.*

a) Mo (bei Kr): *ducere ⟨corpore quaestum facientem et⟩*
b) Til: *lenam, a lenone*
c) Ms. Vat.: *lenamve*
d) Ms. Vat.: *adulterium deprehensa*
e) Ms. Vat.: *publicum*
f) Ms. Vat.: *arte ludricam*
g) Ms. Vat.: *questum*
h) Hu (NJPP 75, 367 f.): *Mauricianu scet = Mauricianum senatusconsultum et*
i) Ms. Vat.: *senatus*

Den übrigen Freien ist es verboten, eine Kupplerin, die Freigelassene eines Kupplers oder einer Kupplerin, eine beim Ehebruch Ertappte, eine öffentlich

16 Avenarius, Savignys Lehre, S. 19.

17 Vgl. Heyse, Mulier, S. 119. Erst knapp 200 Jahre später wurde die Nichtigkeit von Ehen zwischen Senatoren und Freigelassenen eingeführt; Paulus 35 *ad ed.* D. 23,2,16 pr; Ulpian 32 *ad Sab.* D. 24,1,3,1. Astolfi, S. 110 f. datiert einen Senatsbeschluß aufgrund kaiserlicher Initiative zwischen 177 und 180 n. Chr., der die Ehe und die Verlobung der Senatoren in einigen Fällen für nichtig erklärte. Dies wird sich auf die *oratio imperatorum Antonini et Commodi* in Ulpian 3 *ad leg. Iul. et Pap.* D. 23,1,16 beziehen. Allerdings muß die Formulierung *nuptias … inhibuit* (»hindern«) nicht zwingend die Nichtigkeit dieser Ehen nach sich gezogen haben (vgl. die Nachweise im OLD S. 909 s. v. *inhibeo* 2).

18 Ulpian 6 *ad leg. Iul. et Pap.* D. 23,2,31; vgl. Treggiari, Marriage, S. 71. Vespasian umging das Verbot, indem er (noch als Senator) die freigelassene Latinerin Flavia Domitilla heiratete, nachdem sie von den Rekuperatoren zur römischen Bürgerin und Freigeborenen erklärt worden war (Sueton *Vesp.* 3; Aurelius Victor, *Epitome* 10,1); vgl. Eck/Heinrichs, Sklaven, S. 192 f., Nr. 290.

19 Celsus' Bezugnahme auf die *lex Papia* wird damit zu erklären sein, daß dieses Gesetz den Inhalt der *lex Iulia* zumindest zum Teil wieder aufgriff. Vgl. Crawford, Roman Statutes 2, S. 808 f.

Verurteilte oder eine ehemalige Schauspielerin zu heiraten, ebenso eine Prostituierte; Mauricianus ergänzt auch die vom Senat Verurteilte.

Es ist auch einfachen Freien verboten, eine Prostituierte zu heiraten (s. bei § 1). Zu diesem Satz gehört also das in § 1 a.E. überlieferte Versatzstück *item corpore quaestum facientem.*[20] Auch die hier mitgeteilte Regelung richtet sich nur an männliche Freie. Zweifel wirft die Passage *et quae artem ludicram fecerit* auf. Da es sehr fraglich ist, ob wirklich kein Freigeborener eine ehemalige Schauspielerin heiraten durfte, hat sich Crawford für eine Streichung ausgesprochen.[21] Dafür spräche immerhin die doppelte Nennung in beiden Paragraphen, die systemwidrig ist. Gegen eine Streichung ist allerdings einzuwenden, daß die Möglichkeit der zivilrechtlich wirksamen Ehe mit der Schauspielerin vom Verbot unberührt blieb,[22] weil die verbotswidrige Ehe nicht nichtig war (s. bei § 1).

Niemand sollte eine im *iudicium publicum* verurteilte Frau heiraten oder zur Frau haben.[23] Die auf Maurician zurückgeführte Ergänzung der vom Senat Verurteilten hat ihren Grund darin, daß das Verfahren vor dem Senatsgericht nicht zu den *iudicia publica* zählte, sondern zur außerordentlichen Strafrechtspflege.[24] Dieses Verfahren kam überwiegend, wenn auch nicht ausschließlich, gegenüber Angehörigen des Senatorenstandes zur Anwendung.[25] Im Sinne des Regelungszwecks der *lex Iulia* bildete die *damnatio a senatu* jedenfalls einen der Verurteilung im ordentlichen Strafprozeß gleichkommenden Makel.[26]

20 Vahlen und Mommsen stellen wie folgt um: *ceteri autem ingenui prohibentur ducere ⟨corpore quaestum facientem, item⟩ lenam et a lenone.* Auch Biondi, ADA 1 (1945), S. 170 ergänzt das Verbot, eine Prostituierte zu heiraten, hier.

21 Crawford, Roman Statutes 2, S. 808.

22 Daß die Ehe mit einer Schauspielerin in der Republik möglich war, zeigt Cicero *Phil.* 2,28,69: *illam suam* [*illam mimam* Halm*; mimulam suam* Cornelissen] *suas res sibi habere iussit, ex duodecim tabulis clavis ademit, exegit … cum mima fecit divortium*: Er nahm ihr (der Schauspielerin, mit der er verheiratet war) nach der Bestimmung der Zwölf Tafeln die Schlüssel ab und wies sie hinaus. Das auf die Zwölf Tafeln zurückgehende Scheidungsritual weist darauf hin, daß eine zivile Ehe bestanden haben muß.

23 Wegen der *iudicio publico damnata* vgl. Inst. 4,18. Abdy/Walker, Rules, S. 385, Anm. 2 meinen, hier interpretiere »Ulpian« die zuvor genannten Worte der *lex Iulia.*

24 Bleicken, Senatsgericht, S. 14; Mommsen, Röm. Strafrecht, S. 252. Bleicken S. 17 ff. führt die Strafjustiz des Senats auf das Notstandsrecht der späten Republik zurück. Demgegenüber meint Kunkel, Senatsgericht, S. 284 u. passim sowie SZ 81 (1964), S. 360-377 (362), die Strafjustiz des Senats habe erst unter Tiberius institutionellen Charakter angenommen, weil der Senat erst in dieser Zeit tatsächlich die Funktion eines Strafgerichts ausübte, also nach einer Verhandlung, in der der Angeklagte sich verteidigen konnte, einen Schuldspruch fällte. Wenn sich eine Strafgerichtsbarkeit des Senats insoweit erst nach den augusteischen Ehegesetzen etablierte, könnte dies zu der im Text genannten Ergänzung geführt haben.

25 Mommsen, Röm. Strafrecht, S. 252; Kunkel/Schermaier, RRG, S. 89 f.

Der im Nachsatz genannte Iunius Mauricianus schrieb unter Antoninus Pius[27] einen Kommentar zur *lex Iulia et Papia Poppaea* (D. 49,14,15),[28] der zu den ältesten Kommentaren zu diesem detailreichen Gesetzgebungswerk gehört.[29] Sein Verhältnis zu Julian liegt nicht ganz klar zutage. Liebs meint, er sei dessen Schüler gewesen.[30] Jedenfalls verfaßte er Noten zu Julian,[31] möglicherweise zu dessen Digesten.[32] Es wird allerdings mehrfach davon berichtet, daß er von Julians Ansichten abwich.[33] Daher wird sich die Zugehörigkeit Mauricians zu einer bestimmten Schule kaum mit Wahrscheinlichkeit bestimmen lassen.[34]

b.) Tit. XIV ›De poena legis Iuliae‹
Über die Strafe der ›lex Iulia‹

Der Titel bezieht sich nur indirekt auf die in der *lex Iulia et Papia Poppaea* vorgesehenen Sanktionen. Er enthält Fristen, vor deren Ablauf die Strafen nicht eingreifen.[35]

26 Vgl. Dirksen, Civ. Abh. 1, S. 185 f.; Laboulaye, Lois Criminelles, S. 414 f.; Muirhead, Rules, S. 389 f., Fn. 2. Huschkes Vermutung eines Senatsbeschlusses (App. h) liegt die Ansicht zugrunde, ein Jurist habe nicht die Macht, das Gesetz zu erweitern. Die Kennzeichnung des Falles als Ergänzung zeigt aber, daß gar keine neue Variante des gesetzlichen Tatbestandes genannt ist, sondern nur eine Rechtsansicht.

27 Vgl. Iunius Mauricianus 2 *ad leg. Iul. et Pap.* D. 31,57; Kroll, RE, 19. Hb. (1917) s. v. Iunius Nr. 93 (Mauricius), Sp. 1050 f; Fitting, Alter, S. 42 f.; Orestano, NNDI 10, S. 471.

28 Im *Index Florentinus* sind von ihm nur *ad leges* (nämlich *ad legem Iuliam et Papiam*) βιβλία ἕξ angeführt. D. 2,13,3 bezeugt eine Schrift *de poenis*, doch wird dasselbe Werk gemeint sein; vgl. Liebs, Handbuch 4, S. 143; Arangio-Ruiz, BIDR 30 (1921), S. 210 f.

29 Liebs, Handbuch 4, S. 143.

30 Liebs, Fs. Straub, S. 285.

31 Karlowa, RRG 1, S. 711.

32 Kunkel, Herkunft, S. 176; Lenel, Pal. 1, S. 692; Buhl, Iulianus 1, S. 114, Fn. 4; Liebs, ANRW II,15, S. 218; Teuffel, Geschichte 3, S. 85.

33 Ulpian 4 *ad ed.* D. 2,14,7,2 (*puto recte Iulianum a Mauriciano reprehensum in hoc*); Ulpian 18 *ad Sab.* D. 7,1,25,1 (*Iulianus quidem libro trigensimo quinto digestorum scripsit, ... Marcellus vero et Mauricianus ... sed Iuliani sententia humanior est.*); Ulpian 17 *ad Sab.* Fr. Vat. 75 (*Quam sententiam neque Marcellus neque Mauricianus probant*).

34 Dies ist auch nicht im Hinblick auf die gemeinsame Nennung mit Marcellus bei Ulpian 18 *ad Sab.* D. 7,1,25,1 möglich, zumal auch die wissenschaftsgeschichtliche Einordnung des Marcellus umstritten ist. Vgl. Honoré, TR 32 (1964), S. 25 (Sabinianer); Liebs, ANRW II,15, S. 217 (Prokulianer) und Rastätter, Marcelli Notae, S. 14, der meint, es sei keine Schulzugehörigkeit feststellbar. Letzteres kommt der Wahrheit wohl am nächsten, zumal die Distanz zu berücksichtigen ist, die die Juristen nach Julian als Folge der Schulenkonvergenz zu den radikalen Schulpositionen hatten.

35 Schulz meint, der Epitomator habe die Ehe während dieser Fristen für verboten gehalten und daher das Fragment aufgenommen, trotz des Konstantinischen Gesetzes, das die

§ 1. *Feminis lex Iulia a morte viri anni tribuit vacationem, a divortio sex mensum*[a], *lex autem Papia a morte viri biennii*[b], *a repudio anni*[c] *et sex mensum*[d].

a) so Sch; Ms. Vat., Hg[5]: *menses*; Til: *mensium*
b) so das Ms. Vat., Til, Ch 1578, Sch; Hg[5]: *biennium*; Cuj (1658, Anm. 3): *triennij*
c) Hg[5]: *annum*
d) wie a)

Die *lex Iulia* gewährte Frauen nach dem Tode des Mannes eine Frist von einem Jahr, nach einer Scheidung eine Frist von sechs Monaten; die *lex Papia* aber zwei Jahre nach dem Tode des Mannes, nach einem *repudium* ein Jahr und sechs Monate.

Die von der *lex Iulia* bestimmten Fristen, innerhalb deren die Frau[36] die an die Ehelosigkeit geknüpften Strafen nicht treffen, vor deren Ablauf sie sich aber (sofern sie zwischen 20 und 50 Jahre alt war) wieder verheiraten mußte, wurden durch die *lex Papia Poppaea* verlängert.[37] Es handelt sich offenbar um den einzigen Juristentext, der von diesen Fristen berichtet. Sueton berichtet, auf massiven Protest hin habe Augustus nachträglich für die Wiederverheiratung eine Frist von drei Jahren gewährt.[38] Diese Mitteilung betrifft offenbar die Fristenverlängerung im Rahmen der *lex Papia Poppaea.*[39] Cujaz liest denn auch *triennii*[40] und begründet seine Lesart mit Sueton, und auch damit, daß das Verhältnis zwischen den Fristen der *lex Iulia* (1 Jahr und 6 Monate) dem Verhältnis zwischen den neuen Fristen (3 Jahre und 1½ Jahre) entsprechen müsse.

Obgleich die Ehescheidung hier einmal *divortium*, das andere Mal dagegen *repudium* genannt wird,[41] sind keine unterschiedlichen Tatbestände gemeint.[42] Zwar beschreibt *divortium* die Scheidung unter dem Gesichtspunkt der beiden

Strafen der Ehe- und Kinderlosigkeit aufhob; CTh 8,16,1 (oben zu Tit. 13; Mommsen, JS 2, S. 50). Aber warum sollte der Epitomator diesen erhaltenen Satz mißverstanden haben, wenn er den erläuternden Rest zur Strafe wegen Ehelosigkeit zur Kenntnis nahm und entfernte? Schulz' Ansicht überzeugt daher nicht.

36 Für Männer gab es keine *vacatio*; Mette-Dittmann, Ehegesetze, S. 132; Treggiari, Marriage, S. 74.

37 Vgl. Mette-Dittmann, Ehegesetze, S. 132; Astolfi, Lex Iulia, S. 84 f. Es handelt sich um einen Fall des *derogare* (*princ.* § 3).

38 Sueton *Augustus* 34.

39 Mette-Dittmann, Ehegesetze, S. 132.

40 Zu dieser Lösung neigt auch Treggiari, Marriage, S. 74.

41 Schulz, Epitome, S. 40 hält den Wechsel für sinnlos und verwirrt. Savigny, Ulpian 1801, Bl. 87 r meint, hier stehe *repudio* für *divortio.*

42 Astolfi, Lex Iulia, S. 84 f., Fn. 59, vermutet, daß die *lex Papia* eine längere Frist speziell für den Fall des *repudium* einführte. Auch er hält allerdings die Abgrenzung zum *divortium* für zu unsicher, um eine sichere Aussage treffen zu können.

Ehegatten möglichen »Abwendung«,[43] während *repudium* ein alter, die einseitige Verstoßungserklärung bezeichnender Ausdruck ist.[44] In beiden Fällen wird jedoch lediglich das Ende des Ehekonsenses bekundet. Im klassischen Recht werden die Ausdrücke synonym verwendet.[45] Die Erklärung dafür, daß die beiden unterschiedlichen Ausdrücke in einem Satz auftreten, kann nur darin liegen, daß der Text hier, ebenso wie in Tit. 13, den Wortlaut des jeweils zugrundeliegenden Gesetzes bewahrt.

c.) Tit. XV ›De decimis‹
Über die Zehntel

§ 1. *Vir et uxor inter se matrimonii nomine decimam capere possunt. quod si ex alio matrimonio*[a] *liberos superstites habeant, praeter decimam, quam matrimonii nomine capiunt, totidem decimas pro numero liberorum accipiunt.*

a) Ms. Vat.: das *r* ist Mk

Mann und Frau können voneinander der Ehe wegen ein Zehntel annehmen. Wenn sie aber aus einer anderen Ehe überlebende Kinder haben, empfangen sie über das Zehntel hinaus, das sie der Ehe wegen annehmen, weitere Zehntel entsprechend der Anzahl der Kinder.

Die Ehegatten haben allein aufgrund ihrer Ehe, ohne daß also insoweit Kinder vorausgesetzt werden, das Recht, voneinander ein Zehntel des jeweils zugewandten Nachlasses anzunehmen. Haben sie ein gemeinsames Kind, so entfällt diese Beschränkung (Tit. 16,1a). Kinder aus früheren Ehen befähigen den Überlebenden, je ein weiteres Zehntel zu empfangen.[46]

Die *capacitas*[47] ist zu unterscheiden von der Fähigkeit zur Bekleidung der zivilen Erbenstellung (*testamenti factio*):[48] Die augusteischen Ehegesetze versagten dem zivilen Erben oder Vermächtnisnehmer ganz oder teilweise die Fähigkeit, das

43 Vgl. Gaius 11 *ad ed. prov.* D. 24,2,2 pr.

44 Vgl. Franciosi, Famiglia, S. 176.

45 Dieser Sprachgebrauch des Prinzipats ermöglichte es, daß die Scheidung des Sp. Carvilius Ruga bei Gellius *Noct. Att.* 17,21,44 als *divortium*, bei Valerius Maximus 2,1,4 dagegen als *repudium* bezeichnet wird.

46 Kaser, RP 1, S. 724; Astolfi, Lex Iulia, S. 74.
Für das Recht Ägyptens gibt Gnom. Id. § 31 den Anfang des Textes entsprechend wieder und beschränkt sich anschließend auf den Fall der Beerbung der Frau durch den Mann. Vgl. Astolfi, Lex Iulia, S. 36 und das Berliner Paulusfragment § 6 (FIRA 2, S. 427).

47 Paulus 6 *ad leg. Iul. et Pap.* D. 34,3,29; Papinian 6 *resp.* D. 28,5,81(80); vgl. *capacitas* in der Rubrik von Tit. 16; Gaius 12 *ad leg. Iul. et Pap.* D. 31,55,1.

48 Astolfi, Lex Iulia, S. 11. Diese Differenzierung wird auch in der Übersetzung der folgenden Textstellen jeweils zum Ausdruck gebracht.

zugewandte Vermögen »anzunehmen« (*capere*), wenn er die Gebote der Eheschließung und Kindererzeugung nicht erfüllte. Das nicht angenommene Vermögen verfiel als *caducum* (s. unten Tit. 17).

§ 2. *Item communis filius filiave post nominum*[a] *diem amissus amissave unam decimam adicit; duo autem post nominum diem*[b] *amissi duas decimas adiciunt.*

a) so das Ms. Vat., Hg[5]; Til, Cuj: *nonum*
b) so Merille[49], Hg[5], Kr, Sch, Girard; Ms. Vat.: *nono die*; Til, Cuj, Sav [1801, 87 v]: *nonum diem*

Ebenso fügt ein gemeinsamer, nach dem Namenstag verstorbener Sohn oder eine nach dem Namenstag verstorbene Tochter ein Zehntel hinzu, zwei aber nach ihrem Namenstag verstorbene Kinder fügen zwei Zehntel hinzu.

Eine Milderung der Beschränkung der *capacitas* unter Ehegatten greift ein, wenn ein oder zwei gemeinsame Kinder[50] den Tag ihrer Namengebung überlebt haben. Der überlebende Elternteil wird dann zum Empfang jeweils eines weiteren Zehntels vom Nachlaß des Erstversterbenden befähigt.[51] Daß die Kinder den Tag ihrer Namengebung überlebt haben müssen, hängt mit der Vorstellung zusammen, daß die Individualität eines Kindes erst mit der Verleihung des Eigennamens auftritt; erst dann »zählt« es in der Familie.[52] Dies geschieht am Ende der Geburtswoche.[53] Während die Bezeichnung *dies nominus* an der ersten Stelle korrekt ist, ist bei der anschließenden Bezugnahme die überlieferte Lesart *nonum* unpräzise, weil der Tag der Namengebung bei Jungen zwar der neunte, bei Mädchen aber der achte Tag ist.[54] Die sachliche Präzision sowie der Vorrang der lectio difficilior

49 Einen Hinweis auf die Inaugenscheinnahme des Manuskripts durch Merille liefert Obs. 2,33 (ed. 1720, 70 f.): vulgo editus: *post nonum diem amissus … autem post nonum diem amissi.* Cod. Til.: *Post nominum diem amissus … post Non. diem amissi* (!).

50 Drei Kinder verschaffen bereits die volle *capacitas*; Tit. 16,1a; vgl. Savigny, Ulpian 1801, Bl. 87 v; Astolfi, Lex Iulia, S. 25.

51 Für den Tag der Namengebung wird oft auch der Ausdruck *dies lustricus* verwendet; Sueton *Nero* 6,2; Macrobius *sat.* 1,16,36; Festus, s. v. Lustrici (Lindsay S. 107 f.). Vgl. Dixon, Roman Family, S. 134.

52 Rawson, in: Rawson, Marriage, S. 14. An diesem Tag erhält das Kind mit dem Namen seine soziale Identität; Köves-Zulauf, Geburtsriten, S. 221; ders., Glotta 59 (1981), S. 278 u. 288; vgl. Van Gennep, Rites de passage, S. 89. Vgl. SHA *Albinus* 5,8: *septima eius die hora convivii, quod celebritati pueri deputabatur, cum ei fierent nomina.*

53 Bei Plutarch wird der Zeitpunkt als Tag des Abfalls der Nabelschnurreste erklärt; *Quaest. Rom.* 102. Der Geburtsvorgang ist nach dieser Vorstellung erst beendet, wenn alle Reste, die das Kind aus der pränatalen Welt mitbrachte, beseitigt sind.

54 Festus s. v. Lustrici (Lindsay, S. 107 f.): *lustrici dies appellantur octavus, puerorum nonus, quia his lustrantur atque eis nomina imponuntur.* Ferner Macrobius *sat.* 1,16,36: *Est etiam Nundina Romanorum dea a nono die nascentium nuncupata, qui lustricus dicitur. est autem*

lassen vermuten, daß ein ursprünglich stehendes *nominum* hier (und in Tit. 16,1a) zu *nonum* vereinfacht worden ist.[55]

Die gewissenhaft beide *genera* berücksichtigende Formulierung *filius filiave, amissus amissave* läßt erkennen, daß sich der Text auch hier, wenn er den Gesetzesinhalt in Form unmittelbar anwendbarer Regeln wiedergibt, eng an den Gesetzeswortlaut anlehnt.[56]

§ 3. *Praeter decimam etiam usumfructum tertiae partis*[a] *bonorum eius*[b] *capere possunt, et quandoque*[c] *liberos habuerint, eiusdem partis*[d] *proprietatem;* [e]*hoc amplius mulier, praeter decimam, dotem ⟨capere⟩ potest*[f] *legatam sibi.*

a) Ms. Vat.: *partes*
b) Kr: *eius* Glosse; Schi (An. crit. 3, 13): *coniuges*; Hu: *⟨vir⟩ et uxor*
c) so das Ms. Vat. und Cuj (Obs. 17,28); Til.: *quotcunque*
d) Ms. Vat.: *partes*
e) Kr, FIRA 2 lassen hier einen § 4 beginnen.
f) so Kr; Cuj (1566), Hg[5]: *dotem potest legatam sibi*; Til: *mulier ⟨petere⟩ praeter decimam*; Cuj (Obs. 17,28, Aur. 1586): *dotem ⟨petet⟩*; Cuj (Par. 1586): *⟨petet⟩ dotem legatam*

dies lustricus quo infantes lustrantur et nomen accipiunt; sed is maribus nonus, octavus est feminis; Plutarch *Quaest. Rom.* 102. Vgl. Turnèbe, advers. VII, 21; Blanck, Privatleben, S. 104; Marquardt, Privatleben, S. 8 ff. u. 83; Doer, Namengebung, S. 7; ungenau Mette-Dittmann, Ehegesetze, S. 151. Der Grund für die unterschiedliche Frist ist nicht sicher zu bestimmen; vgl. Rawson, in: Rawson, Marriage, S. 14; Doer, Namengebung, S. 8.

55 Anders Mommsen, Chronologie, S. 216, Fn. 2, der *nonum* stehenlassen will, weil der *dies lustricus* »bei Späteren« (!) niemals *nominum dies* genannt werde. Schulz hält *nominum* für richtig. Tejero liest *nominum*, übersetzt aber mit »nóveno« (= der neunte).

56 Buckland, LQR 40 (1924), S. 194. Ähnlich z.B. Ulpian 3 *de adulteriis* D. 48,5,28(27),6 u. 7, wo Bestimmungen der *lex Iulia de adulteriis* wiedergegeben werden. Arangio-Ruiz, BIDR 30 (1921), S. 205 meint dagegen, die Ausdrucksweise entspreche hier der »onesta pedanteria« der von ihm vermuteten Quelle Gaius 8 *ad leg. Iul. et Pap.* D. 50,16,148. Diese Ausdrucksweise tritt aber nicht nur bei Gaius auf. Im übrigen befolgt Gaius sie nicht konsequent, sondern bezieht gelegentlich durch besondere Klauseln die *filia* mit ein (Gaius 1,32; 1,72). Er löst damit die Formulierungen der Gesetze auf, deren »pedantische« Wortwahl dem Bedürfnis nach Präzision Rechnung trug, das durch die wortlautverhaftete Auslegungspraxis der frühen klassischen Jurisprudenz entstanden war.
Mehrere Klassikertexte gehen davon aus, daß der Ausdruck *filii* auch die *filia* einschließe; vgl. Peter, Fs. Söllner, S. 856 f.; undifferenziert Niziołek, RIDA 22 (1975), S. 317. So Julian 81 *dig.* D. 50,16,201, allerdings nur als abstraktes Beispiel für die mögliche Mehrdeutigkeit des Ausdrucks, ferner Paulus 2 *ad Vitell.* D. 50,16,84, Javolen 7 *ep.* D. 50,16,116 und Pomponius 8 *ad Q. Muc.* D. 31,34 pr, allerdings im Hinblick auf die Auslegung letztwilliger Verfügungen, für die andere Grundsätze gelten als bei der Gesetzesauslegung. Ulpian 3 *ad ed.* D. 2,1,7,1 teilt mit, im Edikt zum Schutz der Ediktafeln stehe der Ausdruck *filii familias* für beide Geschlechter. Nur dieser letzte Text deutet auf eine etwas weitere Auslegung von *Normtexten* hin.

Über das Zehntel hinaus können die Ehegatten noch den Nießbrauch an einem Drittel des jeweiligen Nachlasses annehmen, und, sofern sie Kinder haben, das Eigentum an dem gleichen Teil. Des weiteren kann die Frau, über das Zehntel hinaus, die ihr vermachte Mitgift annehmen.

Während die Ehefrau grundsätzlich nach Maßgabe des Edikts *de alterutro* zwischen allen letztwilligen Zuwendungen und der Mitgift wählen muß,[57] ist hier als Ausnahme mitgeteilt, daß sie sowohl das Zehntel als auch den Nießbrauch am Drittel sowie die ihr vermachte *dos* annehmen kann.[58] Es handelt sich um eine weitere Milderung der durch das Erfordernis der *capacitas* bewirkten Beschränkungen. Vor dem Hintergrund dieser Vorschrift der *lex Papia* war es verbreitete Praxis, daß der Ehemann seiner Frau den Nießbrauch an einem Drittel seines Nachlasses unbedingt überließ,[59] und bedingt dadurch, daß sie in einer späteren Ehe noch Kinder haben würde (*habuerint*), das Eigentum an dem gleichen Teil.[60]

57 Czyhlarz, Dotalrecht, S. 476.

58 Levy, SZ 48 (1928), S. 553. Dies bestätigt P. Oxy. XVII, 2089, 15-20 (§ 4) (FIRA 2, S. 315 f.): *Hoc loco et illud animadv(er)[ten]dum e(st) q(uod) uxor (dece)maria, q(uae) ex b[on(is)?] mariti de(c)emam capiat, eoru(n)dem t(a)m(en) bonorum tertiae partis u(sum) f(ructum) capere n(on) prohibetur et [li(cet) e]i, qu(amvi(s) legatam sibi quanta(m) [cumq(ue)?] propriaetatis partem [dotis capiat. E(ius)d(em) t]er[ti]ae partis* ...; dazu Dajczak, Zapisy, S. 95 f.; Astolfi, Lex Iulia, S. 35. Nach Levy, S. 551 u. 553, wäre der Papyrustext am besten unter dem Titel *De capacitate inter virum et uxorem* unterzubringen und könnte in einem Kommentar zur *lex Iulia et Papia* an der entsprechenden Stelle gestanden haben.
Soweit der Frau die Rückgabe der *dos* ohnehin geschuldet war, brachte ihr das Legat die Vorteile, daß die bei der Dotalklage bestehenden Restitutionsfristen nicht galten, und daß die Klage ggf. vererblich war; Czyhlarz, Dotalrecht, S. 468.
In der Frage, welches Verb im letzten Halbsatz unseres Textes für »annehmen« fehlt, ist mit Krüger und Levy, SZ 48 (1928), S. 551 zu vermuten, daß *capere* entfallen ist. Es geht um die Fähigkeit zur Annahme des Mitgiftlegats im Sinne der augusteischen Ehegesetze. Vgl. die Ausdrucksweise des oben zitierten Papyrustextes.

59 Vgl. Javolen 13 *ep.* D. 19,5,10; Treggiari, Marriage, S. 70.

60 Vgl. Scaevola 22 *dig.* D. 22,1,48; Mette-Dittmann, Ehegesetze, S. 152; Astolfi, Lex Iulia, S. 35 f.
Das vielfach deutlich geringere Alter der Ehefrau ließ es häufig in Betracht kommen, daß sie in einer späteren Ehe noch Kinder haben könnte; vgl. Treggiari, Marriage, S. 70. Vgl. entsprechend das Futur in der gleichfalls die Klausel unseres Textes wiedergebenden Stelle Julian 69 *dig.* D. 35,1,25: *Cum vir uxori, quandoque liberos habebit, fundum legat* .... Auch die differenzierte Regelung in Tit. 15 und 16, welche Kinder wieviele Anteile verschaffen, läßt erkennen, daß die aus einer späteren Ehe des Erwerbers entstehenden Kinder gemeint sind. Vgl. Kaser, RP 1, S. 724. Nicht ausgeschlossen scheint, daß sich *habuerint* als Futur II – Konjunktiv Perfekt ergäbe keinen Sinn – auf einen künftig abgeschlossenen Sachverhalt, nämlich eine durch Geburt beendete Schwangerschaft beziehen könnte. Immerhin ist die Verwendung von *habere* in der Bedeutung von »schwanger sein« für den in der Antoninenzeit lebenden Calpurnius Flaccus belegt; *decl.* 2 (ed. Lehnert): *Matrona habet. Aethiopem peperit*; vgl. OLD S. 781 s. v. *habeo* 13 e. Das nur in einer Handschrift überlieferte *habet* wird

Der Terminologie des Nießbrauchsrechts entsprechend tritt das Eigentum hier als *proprietas* auf, die ggf. auf den *usufructuarius* übergeht.

Der Text gibt offenbar den Inhalt der ursprünglichen augusteischen Vorschrift wieder.[61] Insbesondere wird nicht zwischen *ususfructus* und *quasi ususfructus* differenziert; eine Unterscheidung, die der *liber singularis regularum* im übrigen kennt (Tit. 24,26 u. 27). Da es hier auf die Wiedergabe des Gesetzes ankommt, findet der dem Legat eines *quasi ususfructus* zugrundeliegende Senatsbeschluß keinen Niederschlag.[62]

d.) Tit. XVI ›De solidi capacitate inter virum et uxorem‹ Über die Annahmefähigkeit auf das Ganze zwischen Ehemann und Ehefrau

Dieser Abschnitt teilt mit, unter welchen Voraussetzungen die augusteischen Ehegesetze den Ehegatten die erforderliche *capacitas* zuerkennen, um das einander von Todes wegen Zugewandte in voller Höhe annehmen zu können.[63] Insbesondere nennt der Text die Ausnahmen aufgrund Alters und die wiederum dazu bestehenden Ausnahmen, und zwar auch insoweit, als diese erst auf bestimmte Senatsbeschlüsse und damit auf eine jüngere Rechtsentwicklung als die ursprüngliche augusteische Regelungssystematik zurückgehen.

§ 1. *Aliquando vir et uxor inter se solidum capere possunt, velut si uterque vel alteruter eorum nondum eius aetatis*[a] *sunt*[b], *a*[c] *qua lex*[d] *liberos exigit*[e], *id est si vir minor annorum XXV sit aut uxor annorum XX minor; item si utrique lege Papia finitos*[f] *annos in matrimonio excesserint, id est vir LX annos, uxor L; item si cognati inter se coierint*[g] *usque ad sextum gradum, aut si vir absit et donec abest et*[h] *intra annum, postquam abesse*[i] *desierit*[j].

a) Ms. Vat.: *aetates*
b) Til: *sit*; Kr, Hg[5]: *sint*

allerdings angezweifelt von Håkanson, Eranos 72 (1974), S. 54, und daher in dessen Textausgabe gestrichen.

Savignys Erwägung, zu *quandocunque* zu emendieren (Ulpian 1801, Bl. 87 v), bezieht sich darauf, daß die Kinder aus dieser oder einer früheren Ehe herrühren könnten, und überzeugt daher nicht.

61 Crifò, Quasi-usufrutto 1, S. 45-47.

62 Vgl. Tit. 24,27; Ulpian 18 *ad Sab.* D. 7,5,1. Daß sich die Mitteilung unseres Textes etwa stillschweigend auf den Quasinießbrauch erstreckt, kommt nicht in Betracht, denn der Senatsbeschluß hat die Struktur des *ususfructus* ja nicht ändern können: *nec enim naturalis ratio auctoritate senatus commutari potuit*; Gaius 7 *ed. prov.* D. 7,5,2,1. Es geht zweifellos um echten *ususfructus*, nicht um Geld.

63 Zur Begrifflichkeit s. oben bei Tit. 15,1.

c) so Hg⁵, Kr, Sch; Ms. Vat.: *aut*
d) Til: *sit, quae ⟨quidem⟩ liberos*; Cuj (Obs. 17,28, Par. 1586): *sunt qua*; Cuj (Aur. 1586): *sit, qua*
e) Ms. Vat.: *exegit*
f) Ms. Vat.: *finitus*
g) so Til, Hg⁵, Kr, Sch; Ms. Vat.: *cogerunt*
h) so Hg⁵, Kr; Ms. Vat.: *donec abesset*; Sch: *donec abesset* Glosse; Ch 1578 [218 r]: *aut si vir absit, donec*
i) Ms. Vat.: *posquam abesset*
j) Hu fügt den Teil *aut si vir … desierit* bei § 1 a hinter *inpetraverint* ein. Til, Hg¹⁻⁵: *desierit, libera inter eos testamenti factio est.*

Unter Umständen können Ehemann und Ehefrau das Zugewandte voneinander in vollem Umfang annehmen, z.B. wenn beide oder einer von ihnen noch nicht in dem Alter sind, für das das Gesetz Kinder fordert, d.h. wenn der Mann noch nicht 25 Jahre oder die Frau noch nicht 20 Jahre alt ist; ebenso wenn beide die ihnen durch die *lex Papia* vorgeschriebenen Jahre bei bestehender Ehe überschritten haben, d.h. der Mann 60 Jahre, die Frau 50 Jahre alt ist; ebenso wenn Blutsverwandte bis zum sechsten Grad einander heiraten, oder wenn der Mann abwesend ist, sowohl, solange er abwesend ist, als auch innerhalb eines Jahres nach seiner Rückkunft.

Nachdem bislang die Erweiterung der *capacitas* aufgrund von Kindern dargestellt worden war, nennt dieser Text die Befreiung von den Beschränkungen aus anderen Gründen, nämlich wegen des Alters der Ehegatten, wegen naher Blutsverwandtschaft und wegen Abwesenheit.[64] Die Befreiung aufgrund Blutsverwandtschaft bis zum sechsten Grad ist möglicherweise aus Rücksicht auf die Religion bestimmt worden: Obwohl zu seiner Zeit bereits die Eheschließung zwischen Verwandten vierten Grades erlaubt war (vgl. bei Tit. 5,6), könnte Augustus darauf verzichtet haben, nahe Blutsverwandte zur Erzeugung von Kindern zu nötigen, weil sich das alte, bis zum sechsten Grad reichende Ehehindernis auf ein sakrales

64 Mehrfach ist zwar vermutet worden, die Abwesenheit habe mit Staatsaufgaben begründet sein müssen; Cujaz (1658), Sp. 320 f., Anm. 2; Schulting, Jurisprudentia S. 613; Dajczak, Zapisy, S. 91; vgl. ferner Astolfi, Lex Iulia, S. 91. Schulz, Epitome, S. 40 führt die Streichung der entsprechenden Worte auf den Epitomator zurück. Für die genannte Beschränkung ist aber kein vernünftiger Grund ersichtlich: Der Zweck der Regelung besteht darin, die Eheleute zur Erzeugung von Nachkommenschaft anzuhalten. Es ist sinnlos, dies von einem Abwesenden zu verlangen, ganz gleich, worin die Gründe für die Abwesenheit bestehen.
Mette-Dittmann, Ehegesetze, S. 152 meint, es gehe darum, daß der Mann nach einem Jahr der Abwesenheit nicht zurückkehrte und damit als tot galt. Für diese eher abwegige Ansicht gibt der Text aber keinerlei Anhaltspunkt.

Inzestverbot gegründet hatte[65] und Augustus gerade als Bewahrer und Erneuerer der traditionellen Religion auftrat.[66]

§ 1 a. *Libera inter eos testamenti factio est, si ius liberorum a principe inpetraverint; aut si filium filiamve communem habeant, aut quattuordecim annorum filium vel filiam duodecim*[a] *amiserint; vel si duos trimos*[b], *vel*[c] *tres post nominum*[d] *diem amiserint, ut*[e] *intra annum tamen et sex menses etiam unus cuiuscumque aetatis inpubes*[f] *amissus solidi capiendi ius praestet*[g]. *item*[h] *si post mortem viri intra decem menses uxor ex eo perpererit*[i], *solidum ex bonis eius capit.*

a) im Ms. Vat. zunächst Lücke, dann nachgetragen: *duoce*, später von anderer Hand zu *duodecim* vervollständigt.[67]
b) Ms. Vat.: *trimus*
c) Til: *vel ⟨si⟩ tres.*[68]
d) so Hg5, Kr.; Ms. Vat., Til., Ch 1578, Sav [1801, 88 r]: *nonum*
e) so das Ms. Vat., Til, Kr; Hg5: *at*
f) Ms. Vat.: *inpubis*
g) Ms. Vat.: *prestat*; Til, Hg5: *praestat*; Sav [1801, 88 v]: *praestet.*
h) Merille (Obs. II, 37): *praestat; ita*
i) so Hg5, Kr; Ms. Vat., Til: *peperit*

Die freie Testamentsfähigkeit besteht zwischen ihnen, wenn sie vom Kaiser das Kinderrecht erlangt haben, oder wenn sie entweder einen gemeinsamen Sohn oder eine gemeinsame Tochter haben, oder einen vierzehnjährigen Sohn oder eine zwölfjährige Tochter verloren haben, oder wenn sie zwei Dreijährige oder drei nach dem Namenstag verloren haben, wobei auch ein innerhalb von einem Jahr und sechs Monaten in beliebigem Alter verlorenes unmündiges Kind das Recht gibt, das Ganze anzunehmen. Ebenso nimmt die Frau, wenn sie nach dem Tode des Mannes innerhalb von zehn Monaten von ihm niedergekommen ist, (das Zugewandte) aus seinem Vermögen in voller Höhe an.

65 Kaser, RP 1, S. 75. Noch Gaius 1,59 u. 64 spricht bei nahen Verwandten von *nefariae atque incestae nuptiae*, also von einer unter sakralen Gesichtspunkten frevelhaften und inzestuösen Ehe. Vom Verbot der Eheschließung unter Verwandten im sechsten Grad soll erstmals Ende des 3. Jhdts. v. Chr. abgewichen worden sein; Kaser, RP 1, S. 316.

66 Latte, Religionsgeschichte, S. 294-296; Kienast, Augustus, S. 185-190.

67 Merille, Obs. II, 37 (ed. 1720, S. 74) berichtet, im Codex Tilianus stehe *filiam amiserint*; das *duodecim* sei dagegen in den Drucken, also auch bei Dutillet, hinzugesetzt. Dies läßt darauf schließen, daß *duodecim* nach Merilles Einsichtnahme in das Manuskript – diese erfolgte vor 1618 – eingetragen wurde.

68 Nach Merilles Mitteilung (aaO. S. 75) liest Dutillets Handschrift: *Vel si tres post nonum diem amiserint.* Das ist evident unrichtig. Es könnte sich um eine stillschweigende Verbesserung handeln, auf die es ihm nicht ankam, oder um eine Fehlinformation aus zweiter Hand. Tatsächlich wird *si* in der *editio princeps* ergänzt (App. c).

Die freie gegenseitige Testamentsfähigkeit (*libera testamenti factio*) ergibt sich zunächst aus dem vom Kaiser verliehenen *ius liberorum*,[69] ferner dann, wenn ein Sohn oder eine Tochter der Ehegatten noch lebt,[70] wenn sie einen Sohn nach 14 bzw. eine Tochter nach 12 Jahren verloren haben, oder wenn sie zwei Kinder über 3 Jahre verloren haben[71] oder drei, die wenigstens den Tag ihrer Namengebung überlebten.[72] Schließlich sichert ihnen der Tod jedes dieser Unmündigen innerhalb von 18 Monaten (nach dem Ende der Ehe) das Recht, das Zugewandte in voller Höhe zu erlangen (wie wenn es vor Auflösung der Ehe geschehen wäre). Dies kann allerdings nur unter der Voraussetzung gelten, daß der nachträglich versterbende *impubes* vor seinem Tod noch die Fristen abschließt, die zur Erfüllung einer der vorangehenden Tatbestandsvarianten erforderlich sind. Schließlich kann die Frau, wenn sie innerhalb von 10 Monaten nach dem Tod des Ehemannes ein Kind von diesem zur Welt bringt, ihren Mann unbeschränkt beerben.[73]

Am Anfang der Stelle wird der Ausdruck *testamenti factio* verwendet, wo man wegen des Zusammenhanges mit der *lex Iulia et Papia* die Nennung der *capacitas*

69 *Si … inpetraverint* (entsprechend oben Tit. 3,2) bezieht sich auf die kaiserliche Gewährung des *ius liberorum* an Personen, die keine oder nicht die erforderliche Anzahl an Kindern haben (vgl. Paul. Sent. 4,9,9), wie etwa an die Kinderlosen Plinius und Sueton (Plinius *ep.* 10,2 und 10,95 f.). Möglich ist, daß vom *ius trium vel quattuor liberorum* das hier gemeinte *ius communium liberorum* als besondere Einrichtung unterschieden werden muß, die ausschließlich Mann und Frau ermöglichte, einander im Testament Vermögen zuzuwenden. Hammond, Antonine Monarchy, S. 136 sieht dieses Sonderprivileg in unserem Text erstmals erwähnt, zusammen mit der Mitteilung, daß es vom Kaiser an Kinderlose verliehen werden könne. Wegen des unmittelbaren Zusammenhangs mit der *lex Papia* könnte das Rechtsinstitut zur augusteischen Gesetzgebung gehört haben. Vgl. Steinwenter, RE, 20. Hb. (1919) s. v. Ius liberorum, Sp. 1283. In diesen Zusammenhang dürfte CIL XI 2,1, 6354 gehören: *Cui imp(erator) – – – ius commune* (sic! Gemeint ist: *communium*) *liberorum concessit.* Der entfernte Kaisername war wahrscheinlich der des Commodus; vgl. Hammond, S. 155, Anm. 69.

70 Das ist offenbar in der ersten Ehe der Murdia der Fall gewesen, so daß sie den ihr zugewandten Teil voll bekommen konnte; vgl. Rudorff, ZRG 9 (1870), S. 300.

71 Die Frist könnte mit der Vorstellung zusammenhängen, daß der Mensch mit drei Jahren die Hälfte seines Wachstums erreicht habe; Astolfi, Lex Iulia, S. 25; Wiliński, CPH 7 (1955), S. 43. Diese Vorstellung, die jedenfalls heute empirisch nicht zu bestätigen ist, begegnet bei Plinius *Nat. hist.* 7,16,73.

72 Diese haben wenigstens überhaupt »gezählt«; Rawson, in: Rawson, Marriage, S. 14. Zur Emendation zu *dies nominus* vgl. oben bei Tit. 15,2.

73 Es ist nicht ausgeschlossen, daß sich der Text mit *intra decem menses* auf die gewöhnliche Dauer einer Schwangerschaft (10 Mond-Monate; vgl. Ulpian 14 *ad Sab.* D. 38,16,3,11; Plautus *Aul.* 797) bezogen haben kann. Da es hier aber um eine Begünstigung der vom verstorbenen Ehemann schwangeren Witwe geht, erstreckt sich die Frist wahrscheinlich auf 10 Kalendermonate. Dadurch wird die Möglichkeit des Übertragens (Plinius *Nat. hist.* 7,4,38; Gellius *Noct. Att.* 3,16,12) berücksichtigt, wie es entsprechend auch bei den auf Hippocrates zurückgehenden Fristen für die Ehelichkeitsvermutung geschieht; vgl. Kolańczyk, Prawo rzymskie, S. 244 sowie Paulus 19 *resp.* D. 1,5,12 und Ulpian 14 *ad Sab.* D. 38,16,3,12.

erwarten könnte. Nun ist die *testamenti factio* ein Begriff aus dem zivilen Erbrecht; die *capacitas* gehört dagegen zur Systematik der *lex Iulia et Papia*.[74] Schulz meint daher, es liege ein Fehler vor.[75] Die Ausdrucksweise ist aber korrekt: Es ist stets die *libera testamenti factio*, die als kaiserliches Privileg verliehen wird, also die »freie«, in ihrer Wirkung unbeschränkte *testamenti factio*.[76] Der Zweck der Verleihung, in vollem Umfang zum Erwerb des Zugewandten befähigt zu sein,[77] setzt natürlich voraus, daß der Begünstigte gleichzeitig annahmefähig wird.[78] Es geht ja gerade darum, daß die Verleihung die gesetzlichen Beschränkungen beseitigt. Deutlich wird dies besonders im Zusammenhang mit den unmittelbar zuvor dargestellten Beschränkungen der *capacitas*.

§ 2. *Aliquando nihil inter se capiunt: id est, si contra legem Iuliam Papiamque Poppaeam*[a] *contraxerint matrimonium, verbi gratia si famosam*[b] *quis uxorem duxerit, aut libertinam senator*[c].

a) Ms. Vat.: *popeam*
b) Ms. Vat.: *famosa*
c) Ms. Vat.: *senatus*

Manchmal nehmen sie nichts voneinander an, nämlich wenn sie eine gegen die *lex Iulia et Papia Poppaea* verstoßende Ehe eingegangen sind, z.B. wenn jemand eine Frau von schlechtem Ruf oder ein Senator eine Freigelassene zur Ehefrau genommen hat.

Wenn die Partner in einer nicht den augusteischen Ehegesetzen entsprechenden Ehe leben, gelten sie im Hinblick auf ihre *capacitas* als unverheiratet. Der Überlebende bekommt nichts, selbst wenn er sonst durch Kinder die Voraussetzungen für die *solidi capacitas* erfüllt hätte. *Verbi gratia* deutet an, daß der Text eine Auswahl unter den Verbotstatbeständen nennt. So konnten einige Ehen gegen eines der Gesetze, andere gegen das andere verstoßen; *neutri legi* (§ 3) zeigt, daß der Text die Ehegesetze noch nicht als ein einheitliches Gesetzeswerk begreift, sondern zwischen den Einzelgesetzen differenziert.[79] Manche Verbote könnten durch

74 S. oben bei Tit. 15,1.

75 Schulz, Epitome, S. 40 meint, der »Verfasser« werfe *testamenti factio* und *capacitas* durcheinander (s. auch u. zu Tit. 22,3). Vgl. Pernice, Sitzungsberichte Berlin 1885, S. 1144, Anm. 3.

76 Vgl. Ulpian 41 *ad ed.* D. 38,2,3,2. Für das ebenfalls auf kaiserlicher Gewährung beruhende Testierprivileg des Soldaten vgl. Ulpian 45 *ad ed.* D. 29,1,1 pr.
Solidum capere meint die Fähigkeit, das *ganze* Vermögen anzunehmen. Es geht nicht nur um Grund und Boden: *solidum* ist nicht *solum*. Unrichtig insoweit Mette-Dittmann, Ehegesetze, S. 152.

77 Treggiari, Marriage, S. 73.

78 Vgl. ferner unten bei Tit. 20,2.

79 Savigny versteht *neutri legi paruerit* so, daß jemand nicht nur keine Kinder hervorgebracht, sondern nicht einmal geheiratet hatte; Ulpian 1801, Bl. 88 v. *Neutri legi* wird sich aber nicht auf diese beiden Gebote, sondern auf die beiden Gesetze beziehen.

die *lex Papia Poppaea* eingeführt worden sein, die die *lex Iulia* vielleicht bei der zusätzlichen Nennung anderer Fälle zitierte.[80] Die Wortwahl *uxorem duxerit* zeigt, daß der Gesetzesverstoß jedenfalls in dem von unserem Text wiedergegebenen Entwicklungsstand des Rechts nicht die zivilrechtliche Wirksamkeit der Ehe beeinträchtigte.[81]

§ 3. *Qui intra sexagesimum vel quae intra quinquagesimum annum neutri legi paruerit, licet ipsis legibus post hanc aetatem*[a] *liberatus esset, perpetuis tamen poenis tenebitur ex senatus consulto*[b] *Persiciano*[c]. [d]*Sed Claudiano senatus consulto*[e] *maior sexagenario si minorem quinquagenariam*[f] *duxerit, perinde habebitur*[g], *ac*[h] *si minor sexaginta annorum duxisset uxorem.*

a) Ms. Vat.: *aetate*
b) Ms. Vat.: *consultu*
c) so Perizon; Ms. Vat., Til, Hg^5, Kr: *Perniciano*
d) Bei Hu, Mu, A/W beginnt bereits hier § 4.
e) Ms. Vat.: *consultu*
f) so das Ms. Vat.; Til, Hg^5: *quinquagenaria*
g) Hu: *habe⟨ri iu⟩betur*
h) Ms. Vat.: *hac*

Ein Mann, der bis zum sechzigsten Lebensjahr, oder eine Frau, die bis zum fünfzigsten den beiden Gesetzen nicht genügt, unterliegt nach dem *SC Persicianum* dauerhaft den Strafen, obgleich er oder sie nach Erreichen dieses Alters von den Gesetzen selbst frei wäre. Aber nach dem *SC Claudianum* soll ein Mann, der mit mehr als sechzig Jahren eine Frau unter fünfzig Jahren heiratet, ebenso behandelt werden, wie wenn er mit weniger als sechzig Jahren geheiratet hätte.

Nachdem sich die augusteischen Ehegesetze ursprünglich nur auf Männer zwischen 25 und 60 Jahren bezogen hatten, wurden die Bestimmungen der *lex Papia* aufgrund eines unter Tiberius ergangenen *SC Persicianum*[82] um die Regelung erweitert, daß Männer über 60 und Frauen über 50 sich durch Heirat nicht mehr

80 Crawford, Roman Statutes 2, S. 803.

81 Zur Frage der Nichtigkeit oben bei Tit. 13,1.

82 Nach dem Ms. Vat. heißt das Senatusconsultum: *Pernicianum*. Vgl. aber Liebenam, Fasti Consulares, zum Jahr 34 n. Chr. Ein Senatsbeschluß dieses Namens wird sonst nirgends bezeugt. Die Lesart *Persicianum* stammt offenbar von Perizonius, Diss. de lege Voconia, S. 112, der den Senatsbeschluß auf Paulus Fabius Persicus (cos. 34 n. Chr.) bezieht. Diese chronologische Einordnung korrespondiert mit Sueton *Claudius* 23, der über das *SC Claudianum* mitteilt, es habe sich um die Abänderung einer Verordnung aus der Tiberius-Zeit gehandelt. Zur Sache siehe Gnom. Id. 24-26 und dazu Lenel/Partsch, Gnomon, S. 18 ff.

von den einmal eingetretenen erbrechtlichen Nachteilen befreien konnten.[83] Die Gesetze selbst hatten die Befreiung ursprünglich vorgesehen (*ipsis legibus ... liberatus*).[84] Der Neuregelung lag offenbar der Gedanke zugrunde, daß eine solche Ehe dem bevölkerungspolitischen Ziel des Gesetzes nicht mehr diene.[85] Als Ausnahme von der Ausnahme wird nach einem auf Claudius zurückgehenden Senatsbeschluß der über 60jährige befreit, »als ob er in jüngerem Alter geheiratet hätte«, wenn er eine noch nicht 50jährige heiratet.[86] Hier kann immerhin noch eine gewisse Chance auf Nachkommenschaft bestehen.[87]

§ 4. *Quod si maior quinquagenaria minori sexagenario nupserit, ›inpar matrimonium‹ appellatur et*[a] *senatus consulto*[b] *Calvisiano*[c] *iubetur non proficere ad capiendas hereditates et legata*[d]. *itaque mortua muliere dos*[e] *caduca erit.*

a) Ms. Vat.: *ex*
b) Ms. Vat.: *consultu*
c) so Perizon (Diss. 114), Sg, Sav (1801, 89 r), Kr, Sch; Ms. Vat., Til, Ch 1578, Hg[3-5], Mu: *Calvitiano*; Ms. Aur.: *Claudiano*
d) Ms. Vat.: *legata dotes*; Sch: *dotes* Glosse; Hg[3-5], Sav, Bö, Kr: *legata* ⟨*et*⟩ *dotes*; Til, Cuj (1566, Aur. 1586): *legatas dotes*; Cuj (Par. 1586): *hereditates, legata et dotes*; Gn: *legata* ⟨*aut*⟩ *dotes*; Va: *legatas dotesque*; Hu: *legata* ⟨*aut*⟩ *dotem*
e) Ms. Vat.: *dox*

Wenn aber eine Frau über fünfzig Jahren einen Mann unter sechzig Jahren heiratet, wird die Verbindung eine »unpassende Ehe« genannt, und durch das *SC Calvisianum* wird bestimmt, daß diese nicht ausreicht, um zur Annahme einer

83 Vgl. Niczyporuk, Żałoba, S. 115.
84 Hierher gehört möglicherweise Gnom. Id. 27; vgl. Lenel/Partsch, Gnomon, S. 21.
85 Abdy/Walker, Rules, S. 388, Fn. 1; Kierdorf, Sueton, S. 116 f.; vgl. Sueton *Claudius* 23,1. Wenn die Altersgrenze für Frauen darauf zurückzuführen ist, daß danach keine Kinder mehr zu erwarten sind, dann ist die Grenze mit dem 50. Lebensjahr ziemlich weit bemessen. Entsprechend allerdings Plinius *Nat. hist.* 7,61. Das Gesetz sah die Zehnjahresstufen offenbar im Interesse der Klarheit und Regelhaftigkeit vor.
86 Kaser, RP 1, S. 320 Fn. 15; Krause, Witwen, S. 120; Astolfi, Lex Iulia, S. 126 ff.; Humbert, Remariage, S. 155-157.
87 Abdy/Walker, Rules, S. 388, Fn. 1. Es liegt nahe, diese Gesetzesänderung in engen zeitlichen Zusammenhang mit der Eheschließung des Claudius mit Agrippina (49 n. Chr.) zu rücken; vgl. Kierdorf, Sueton, S. 116 f. Claudius war allerdings bei seiner Heirat erst 59 Jahre alt.
Sueton *Claudius* 23,1 teilt die Rechtsänderung mit Hilfe des Ausdrucks *obrogare* mit: *Capiti Papiae Poppeae legis a Tiberio Caesare, quasi sexagenarii generare non possent, addito obrogavit. Obrogare* ist in der klassischen Derogationstheorie der technische Begriff für die teilweise Abänderung von Gesetzen, die, wie bereits Cicero *de re publica* 3,33 zeigt, längst auch durch Senatsbeschlüsse erfolgen konnte (Gaius 1,4). Sueton war Jurist. Es ist daher zu vermuten, daß er *obrogare* im technischen Sinne (entsprechend *princ.* § 3) verwendete.

Erbschaft oder eines Vermächtnisses zu befähigen. Daher ist nach dem Tode der Frau die Mitgift verfallen.

Die überlieferte Formulierung *hereditates et legata dotes* (App. d) hat zu verschiedenen Erklärungen herausgefordert. Im Hinblick auf die *dos* wäre denkbar, daß sie als kaduk verfällt, anstatt im Falle der *dos adventicia* nach dem Tod der Frau im Vermögen des Mannes zu bleiben (Tit. 6,5), vielleicht auch anstatt im Falle der *dos profecticia* an den Schwiegervater[88] zurückzufallen. Diesem Verständnis entsprechen die Verbesserungen zu *legata* ⟨*et*⟩ *dotes* bzw. ⟨*aut*⟩ *dotem*. Die Definition des *caducum* in Tit. 17,1 zeigt aber, daß das Regelwerk den Ausdruck nur für dasjenige Verfallene verwendet, das aufgrund Testaments erworben worden wäre. Der Verbleib der *dos* nach dem Ende der Ehe richtet sich dagegen nach den Sondervorschriften des Dotalrechts (s. oben Tit. 6,4 u. 5). Der Text muß daher so verstanden werden, daß die als verfallen bezeichnete *dos* Gegenstand eines Legats gewesen ist.[89] Zu denken ist etwa an den in Tit. 15,3 a.E. angesprochenen Fall, daß der Mann der Frau die *dos* zurückvermachte.[90]

Das *SC Calvisianum* (61 n. Chr.)[91] wurde offenbar erlassen, um Unsicherheiten über den Anwendungsbereich des *SC Claudianum* zu klären, nämlich ob es sich auch auf die Ehe der über Fünfzigjährigen mit dem noch nicht Sechzigjährigen bezog. Im Wege einer authentischen Interpretation des älteren Senatsbeschlusses bestimmte das *SC Calvisianum*, daß auch eine solche Ehe den Partnern keine *capacitas* verschuf.[92]

88 Abdy/Walker, Rules, S. 389, Fn. 1.

89 Andere Quellen weisen einen abweichenden Sprachgebrauch auf und nennen eine *dos* auch als solche kaduk. So sprechen Paulus 2 *sent.* D. 23,2,38,1 und Papinian 32 *quaest.* D. 23,2,61 von einer *dos caduca*, nennen aber kein Dotal*vermächtnis*. Zu *dos caduca* Astolfi, Lex Iulia, S. 116, der meint, der Verfall betreffe nicht nur die Frau, sondern das Recht des jeweils Verwitweten *ad capiendas dotes*, sowie Kaser, RP 1, S. 336.

90 Vgl. Inst. 2,20,15. Diesem Verständnis entspricht der Emendationsvorschlag *legatas dotes*. Unglaubhaft erscheint allerdings, daß der Text neben der *hereditas* nur speziell die *dos legata* genannt haben sollte und nicht die Vermächtnisse im allgemeinen. Da das überlieferte *legata dotes* ohnehin eine Störung erkennen läßt, kann eher Schulz' Annahme überzeugen, daß *dotes* eine Glosse sei. Der Zusatz könnte vorgenommen worden sein, um den Zusammenhang mit der nachfolgenden, die Mitgift betreffenden Schlußfolgerung (*itaque* ...) herzustellen. Wahrscheinlich ging diesem Ergänzungsbedürfnis eine Textkürzung voraus.

91 Haenel, Corp. Leg. S. 54; Kaser, RP 1, S. 320, Fn. 15.

92 Astolfi, Lex Iulia, S. 42; ders., Matrimonio, S. 361; vgl. Niczyporuk, Żałoba, S. 117.

e.) Tit. XVII ›De caducis‹
Über die verfallenen Erbteile

Die Titel 17 und 18 behandeln die Rechtsfolge, die die augusteischen Ehegesetze für den Fall vorsahen, daß ein im Testament Bedachter ihm zugewandte Vermögenswerte mangels *capacitas* nicht annehmen konnte[93]. Das betroffene Vermögen verfiel als *caducum.*[94] Es »fiel« in erster Linie an die von den Ehegesetzen begünstigten Personen, nämlich an *liberi* oder *parentes*[95] des Testators bis zum 3. Grad sowie an andere Personen mit Kindern, die im Testament als Erben oder Vermächtnisnehmer eingesetzt waren.[96] Gab es keine solchen Begünstigten, fiel der Anteil an den Staat.[97]

§ 1. *Quod quis sibi testamento relictum*[a]*, ita ut iure*[b] *civili capere possit, aliqua ex causa non ceperit*[c]*, ›caducum‹ appellatur, veluti cecidit*[d] *ab eo: verbi gratia si caelibi*[e] *vel Latino Iuniano legatum fuerit, nec intra dies centum vel caelebs*[f] *legi paruerit*[g]*, vel Latinus ius Quiritium consecutus sit; aut si ex parte heres scriptus vel legatarius ante apertas tabulas decesserit*[h] *vel peregrinus*[i] *factus sit.*

a) Ms. Vat.: *relicto*
b) Ms. Vat.: *iuri*
c) Ms. Vat.: *coeperit*
d) so das Ms. Vat., Cuj; Kr, Hg: *ceciderit*
e) Ms. Vat.: *celibi*

93 Für die Intestaterbfolge galten die Sanktionen der Ehegesetze nicht. Auch Gaius 2,111 und 2,286 behandelt immer den Zusammenhang mit der testamentarischen Erbfolge; Astolfi, Lex Iulia, S. 12; Heyse, Mulier, S. 120 f.

94 Für den Fall, daß der Eingesetzte zwischen Testamentserrichtung und Tod des Erblassers wegfiel, überliefert Justinian die Bezeichnung des zugewandten Vermögens als *in causa caduci*, und zwar nicht aufgrund der *leges* (Vaccaro Delogu, Accrescimento, S. 150), sondern nach den *veteres*: *quod veteres appellabant in causa caduci* (C. 6,51,1,2a). Die damit für die klassische Zeit (*vetus* in diesem Sinne: C. Imperatoriam § 2) berichtete terminologische Differenzierung (vgl. Schulting, Jurisprudentia, S. 615, Anm. 1; Vangerow, Latini, S. 116, Fn. 15) zwischen *caducum* und *in causa caduci* findet jedenfalls im *liber singularis* (wie auch in den anderen klassischen Quellen) keinen Niederschlag. Solazzi, Scritti 6, S. 547 geht davon aus, daß sie in der Klassik existiert habe, von den Nachklassikern aber aufgegeben worden sei. Von anderer Seite ist die Klassizität angezweifelt worden (Guarino, DPR, S. 486, Anm. 39.4.2: »piuttosto improbabile«). Es darf jedenfalls davon ausgegangen werden, daß die analoge Erstreckung der Rechtsfolge auf das Vorversterben des Eingesetzten erst nach dem Stand der Rechtsentwicklung, den das Regelwerk wiedergibt, erfolgte.

95 *Parentes* sind die männlichen Aszendenten; s. oben bei Tit. 5,1.

96 Unter letzteren erfolgte der Anfall vorrangig an die *heredes patres*, nachrangig an die *legatarii patres*; Gaius 2,207. Diese Vorschriften wurden teilweise schon von Konstantin, im übrigen dann von Justinian aufgehoben. Vgl. Windscheid/Kipp, Pandektenrecht 3, § 604, Anm. 1 (S. 470); Rudorff, ZGR 6 (1828), S. 397 ff.

97 Keller, Litiscontestation, S. 58; Heyse, Mulier, S. 120.

f) Ms. Vat.: *celebs*
g) so Hg[5], Kr; Ms. Vat.: *paruit*
h) Ms. Vat.: *decesserint*
i) so Me, Sch, Ms. Aur.; Ms. Vat., Til., Cuj, Ch 1578 [219 r], Hg[2-5], Kr, Mu: *pereger*

Wenn jemand aus irgendeinem Grund nicht angenommen hat, was ihm durch Testament so hinterlassen ist, daß er es nach dem Zivilrecht hätte annehmen können, dann wird es ›verfallen‹ genannt, als ob es von ihm ›abgefallen‹ wäre, z.B. wenn einem Unverheirateten oder einem *Latinus Iunianus* ein Vermächtnis ausgesetzt wurde, falls nicht innerhalb von hundert Tagen der Unverheiratete die gesetzlichen Anforderungen erfüllt oder der Latiner das Quiritische Recht erworben hat, oder wenn der zu einem Teil eingesetzte Erbe oder Vermächtnisnehmer vor Testamentseröffnung gestorben oder Peregrine geworden ist.

Der Text zeigt die Voraussetzungen der Kaduzität. Damit nämlich Vermögen »von jemandem abfallen«[98] kann (*cecidit **ab eo***), muß er es zunächst in irgendeiner Form »gehabt« haben: Der Begünstigte hat das Zugewandte nach Maßgabe des alten zivilen Erbrechts erworben (er hat die *testamenti factio*), ist aber auf Grundlage besonderer gesetzlicher Einschränkungen am »Annehmen« (*capere*) gehindert.[99]

Dem *caelebs* und dem *Latinus Iunianus* fehlte die *capacitas*. Dabei hatte der *caelebs* durchaus die Fähigkeit, die zivile Erbenstellung einzunehmen (passive *testamenti factio*).[100] Gleiches galt für den *Latinus Iunianus*: er war durchaus erbfähig; der Grund seiner Unfähigkeit zum *capere* wurde erst durch die *lex Iunia* eingeführt.[101] Beide konnten die Voraussetzungen der *capacitas* aber nachträglich erfüllen, nämlich durch Eheschließung bzw. Bürgerrechtserwerb. Die dafür vorgesehene Frist ist vermutlich nach dem Vorbild der regelmäßigen Cretionsfrist gebildet worden,[102] innerhalb deren der Legatar die für ihn bestehenden Erwerbsvoraussetzungen erfüllen mußte.[103]

98 Vgl. das bei Gaius 7 *ad ed. prov.* D. 50,16,30,4 (in anderem Zusammenhang) verwendete Bild: *glans caduca est, quae ex arbore cecidit.* Vgl. Biondi, Successione, S. 142: »per così dire, cade dalle mani dell'acquirente«. Vgl. Astolfi, BIDR 68 (1965), S. 331; Voci, DER 1, S. 437. Die dahingehende Wiedergabe, daß der Teil der testamentarischen Verfügung »liegengeblieben« sei (so Mette-Dittmann, Ehegesetze, S. 160), verdunkelt die anschauliche Ausdrucksweise des lateinischen Textes und entfernt sich überdies von der Grundbedeutung des *cadere.*

99 S. oben bei Tit. 15,1.

100 Schulting, Jurisprudentia, S. 616.

101 Tit. 22,3; Gaius 1,23 f.; 2,109; Kaser, RP 1, S. 725.

102 Savigny, Ulpian 1801, Bl. 89 v; Kaser, RP 1, S. 724, Fn. 6.

103 Kaser, RP 1, S. 725, Fn. 32. Zu den 100 Tagen auch Tit. 22,3; Gaius 1,23 f.; 2,110, 275; fr. de iure fisci § 3; Gnom. Id. 19 f.

Als *caducum* verfiel auch, was einem Miterben oder Legatar zugewandt worden war, der vor der Testamentseröffnung (*ante apertas tabulas*)[104] sein ziviles Erbrecht verlor, indem er starb oder Peregrine wurde.[105] Vor dem Inkrafttreten der *lex Papia* war die Erbschaft mit dem Tode des Erblassers deferiert worden, später mit der Testamentseröffnung;[106] dies war auch der *dies cedens* der Legate.[107]

§ 2. *Hodie ex constitutione imperatoris Antonini omnia caduca*[a] *fisco vindicantur; sed servato iure antiquo liberis et parentibus.*

a) Ms. Vat.: *caducam*

Heute wird aufgrund einer Konstitution des Kaisers Antoninus alles verfallene Vermögen zugunsten des Fiskus eingezogen, aber unter Beibehaltung des alten Rechts der Kinder und Väter.

Der Text teilt mit, eine Kaiserkonstitution habe bestimmt, daß alle *caduca* an den *fiscus*[108] fallen; ausgenommen sind diejenigen, die aufgrund *ius antiquum* den *liberi et parentes* zustehen. Dabei handelt es sich um die in Tit. 18,1 behandelten Aszendenten und Deszendenten des Testators bis zum dritten Grad.[109] Sie wurden

104 Mette-Dittmann, Ehegesetze, S. 160. Baron, Geschichte 1, S. 324, Fn. 6, meint, in Tit. 17,1 bezögen sich die Worte *ante apertas tabulas* bloß auf den *legatarius*, nicht aber auf den *heres*. Das ist aber nicht anzunehmen: statt *decesserit* wäre dann ein Partizip zu erwarten.

105 Wenn hier Vermögenswerte *caducum* genannt werden, bei denen der Begünstigte nicht lediglich am *capere* gehindert ist, sondern als Inhaber des zivilen Erbrechts ganz wegfällt, dann tritt ein von der am Anfang der Stelle stehenden Definition abweichendes Verständnis vom *caducum* auf, das auch *bona vacantia* erfaßt. Dieser Sprachgebrauch ist bereits für Cicero *Phil.* 10,11 belegt: *etsi ne C. quidem Antoni celeritas contemnenda est, quam nisi in via caducae hereditates* (hier: erbenlose Nachlässe) *retardassent, volasse eum, non iter fecisse diceres.* Auch Isidors Quelle kannte ihn; *etym.* 5,25,8: *Caduca inde dicuntur, quia eius heredes ceciderunt.* Schließlich zählt auch Gaius 2,150 den erblosen Nachlaß zu den *bona caduca.* Demgegenüber verwendet Tit. 17,2 *caducum* im technischen Sinne der augusteischen Ehegesetze. Mit Recht meinte schon Astolfi, BIDR 68 (1965), S. 333 u. 335, daß sich die dort genannte Konstitution (die er allerdings mit Caracalla verbindet) nur auf die *bona caduca* im engeren Sinne beziehe.

106 Kaser, RP 1, S. 716. Die förmliche Testamentseröffnung war durch die *lex Iulia vicesimaria* eingeführt worden und sollte nach 3-5 Tagen stattfinden; Kaser, RP 1, S. 692 f.

107 Vgl. Tit. 24,31.

108 Für die kaiserliche Kasse, das *patrimonium principis*, hatte sich im 2. Jhdt. der Name *fiscus* eingebürgert; vgl. Mommsen, Kaisergeschichte, S. 278; ders., Staatsrecht 2, S. 998 ff. Zu unterscheiden ist der *fiscus Caesaris* vom *patrimonium Caesaris*, dem kaiserlichen Privatvermögen.

109 Mit *ius antiquum* wird, wenn eine *lex* oder *constitutio* neues Recht einführt, das bisherige Recht bezeichnet, das das neue Gesetz unangetastet läßt; vgl. Lauria, Ius, S. 146. Hier ist das die *caduca* betreffende Recht vor der *lex Papia Poppaea* gemeint, nämlich das der *lex Iulia.* Dieses gab den Aszendenten und Deszendenten ein Recht an den *caduca.* Die *lex Papia* behielt diese Regelung bei (vgl. Tit. 18,1).

von den augusteischen Ehegesetzen privilegiert, weil diese zu bevölkerungspolitischen Zwecken die intakten Familien förderten. Der spezifische Regelungsgehalt der Konstitution liegt darin, daß die an den Staat fallenden *caduca* jetzt (*hodie*) dem *fiscus* zustehen sollen und nicht mehr dem *aerarium*.[110]

Es handelt sich um eine Konstitution Marc Aurels.[111] Zwar ist die Bezeichnung *imperator Antoninus* mehrdeutig[112] und hat insbesondere Anlaß zu der Vermutung gegeben, es sei Caracalla gemeint.[113] Schon Arangio-Ruiz hat aber mit Recht festgestellt, daß die einzige Grundlage des vermuteten Zusammenhangs mit Caracalla die Annahme sei, das Regelwerk stamme von Ulpian.[114] Dies trifft, wie wir gezeigt haben, nicht zu.[115] Vielmehr läßt der Umstand, daß ausweislich der überlieferten Quellen der *fiscus* durchgehend seit Marc Aurel als Vindikant auftritt, erkennen, daß die Konstitution aus dessen Regierungszeit stammen muß. Nachdem die *caduca* vielleicht schon im ersten Jahrhundert, sicherlich aber seit Trajan, nach einem nicht näher bekannten System teils dem *aerarium* und teils dem *fiscus* zugefallen waren,[116] scheinen sie noch zur Zeit Hadrians und Antoninus Pius' in der Hauptsache an das *aerarium* gegangen zu sein.[117] Seit Marc Aurel trat nur noch der *fiscus* als Vindikant der *caduca* auf.[118] Die in Tit. 17,2 erwähnte Konstitu-

110 Tacitus, *ann.* 3,25. Unter Augustus fand eine Zweiteilung des *aerarium populi Romani* in das *aerarium publicum* und das *aerarium militare* statt (Dio 55,25). Beides waren Kassen des *populus.* Das *aerarium publicum* wurde unter Vespasian zu einer kaiserlichen Kasse gemacht; vgl. Mommsen, Kaisergeschichte, S. 278-280.

111 Zu dieser Annahme neigt jetzt auch Honoré, Ulpian², S. 209: »rather he (scil. Marcus) than Caracalla might be the author of the law in question«.

112 Zur Namensführung der Kaiser Hadrian, Antoninus Pius und Marc Aurel vgl. Herzog, Geschichte II, 1, S. 376 ff.; Mommsen, Staatsrecht 2,13, S. 766, Anm. 4; Siber, Verfassungsrecht, S. 297 f.

113 Vgl. die Nachweise unten S. 349, Fn. 119.

114 Arangio-Ruiz, BIDR 30 (1921), S. 211.

115 Vgl. oben S. 141.

116 Das *SC Iuventianum* von 129 n. Chr. bezog sich seinem Wortlaut nach auf die *caducorum vindicatio* durch den *fiscus*; vgl. Windscheid/Kipp, Pandektenrecht 3, S. 532. Auch werden bei Hadrian die verfallenden Legate und Fideikommisse vom *fiscus* eingezogen; vgl. Gaius 2, 285, 287. Einen – freilich schwachen – Hinweis auf die Bereicherung beider Kassen infolge der *leges Iuliae* liefert Plinius *pan.* 42 (*locupletabant et fiscum et aerarium ... Iuliae leges*).

117 Dies ist gegen Hüttl, Pius 1, S. 127 einzuwenden, nach dem es sich um Antoninus Pius handeln soll. Vgl. Gaius 2,286 a (*ad populum*) sowie den Senatsbeschluß in Maurician 3 *leg. Iul. et Pap.* D. 49,14,15,3; dazu Spagnuolo Vigorita, Labeo 24 (1978), S. 144; Astolfi, Lex Iulia, S. 270 f.

118 Provera, Vindicatio, S. 124; Hirschfeld, Verwaltungsbeamte, S. 116 mit Fn. 4 und 49 Anm. 3. Mitteis, RP, S. 353, Fn. 10 Nr. 3 meint, es handele sich hier um *ereptoria.* Krit. Spagnuolo Vigorita, Labeo 24 (1978), S. 144 f., der einen endgültigen Übergang vor der Severerzeit ablehnt und eine stufenweise Entwicklung annimmt. Entsprechend Astolfi, Lex Iulia, S. 272, aber hauptsächlich wegen der Vermutung, die in unserem Text wiedergegebene Konstitution stamme von Caracalla.

tion legte die Überleitung an den *fiscus* endgültig fest.[119] Die Kennzeichnung der Neuregelung mit *hodie* deutet auf den engen zeitlichen Zusammenhang der Regelung mit der Fixierung des Regelwerks hin.[120] Arangio-Ruiz nennt als weiteren Grund für die Identifikation mit Marc Aurel, Tit. 26,7 (*imperatores Antoninus et Commodus*), wo Marc Aurel gemeint sei, zeige, daß es auch hier um eine *constitutio* Marc Aurels gehe. Ein juristischer Schriftsteller habe einen verstorbenen und konsekrierten Kaiser nicht einfach *imperator* anstatt *divus* nennen können.[121] Das ist grundsätzlich richtig, trifft allerdings nicht uneingeschränkt zu: Auch der *liber singularis* wurde nach dem Tod Marc Aurels fixiert (vgl. Tit. 22,34).

Während nach dieser Textstelle alle an den Staat fallenden *caduca* dem *fiscus* zukommen, wird in Tit. 28,7 mitgeteilt, die *lex Iulia caducaria* lasse bestimmte verfallende Erbteile an den *populus*, also das *aerarium* fallen. Hier ist verschiedentlich ein Widerspruch zu Tit. 17,2 angenommen worden.[122] Nun bezieht sich Tit. 28,7 auf die ursprüngliche Anordnung der *lex Iulia*. Die Stelle weist Merkmale eines wörtlich übernommenen, älteren Vorbilds auf.[123] Dagegen ist Tit. 17,2

119 Diese sachliche Änderung wird im Schrifttum vielfach Caracalla zugeschrieben. So Voci, DER 1, S. 432; Baron, Geschichte 1, S. 324; Muirhead, Rules, S. 394, Anm. 2; Doždev, Rimskoe častnoe pravo, S. 567; Hirschfeld, Verwaltungsbeamte, S. 115; Weiss, Institutionen, S. 555; Millar, JRS 53 (1963), S. 34 f.; Corcoran, Empire, S. 128, Fn. 20; Spagnuolo Vigorita, Labeo 24 (1978), S. 145. Haenel, Corpus legum, S. 152 und Kaser, RP 1, S. 702; 725 ordnen die Konstitution dem Jahre 212 zu. Diese Ansicht kann sich nur auf die Überlieferung unseres Textes unter dem Namen Ulpians berufen.
Mommsen äußerte in der Vorlesung zur Kaisergeschichte, Julian habe im 3. Jhdt. gesagt: *hodie fisco vindicantur*, was wahrscheinlich auf Caracalla zurückzuführen sei; Kaisergeschichte, S. 279. Es muß sich schon aus chronologischen Gründen um ein Versehen handeln. Die Herausgeber vermuten (aaO., Fn. 193), Mommsen beziehe sich hier auf Marcellus 29 *dig.* D. 28,4,3, wo es aber so nicht steht. Angesichts des Wortlauts und der Unsicherheit der Caracalla-Vermutung liegt näher, daß Mommsen (oder sein Hörer) den Namen verwechselt hat, und Tit. 17,2 (*hodie … fisco vindicantur*) gemeint ist.

120 Dazu vgl. oben S. 94 f.

121 Arangio-Ruiz, BIDR 30 (1921), S. 211.

122 Es ist versucht worden, den vermuteten Widerspruch auf die unterschiedliche Herkunft der Stellen und deren mangelnde Harmonisierung bei der Zusammensetzung zurückzuführen. In diesem Sinne nimmt Albertario, BIDR 32 (1922), S. 79 an, ein Epitomator habe Tit. 28,7 aus einer älteren Schrift Ulpians entnommen, während er Tit. 17,2 aus einer jüngeren, schon eine neue Rechtslage wiedergebenden Schrift exzerpiert habe. Dabei habe er vor lauter Eile (»forse all'ultimo momento«) den Widerspruch übersehen. Krit. bereits Vaccaro Delogu, Accrescimento, S. 154 f., Fn. 4.
Spagnuolo Vigorita, Labeo 24 (1978), S. 145 f. meint, wahrscheinlich sei *populus* ein Überbleibsel aus einer Zeit, in der die *vacantia* an das *aerarium* fielen, und für den Verfasser des Auszugs sowie für die vermutete »Zwischenquelle« seien *populus* und *fiscus* wohl gleichbedeutend gewesen.

123 Vgl. die mehrfache Nennung der männlichen und weiblichen Form, die eine Anlehnung an den zugrundeliegenden Normtext verrät; vgl. oben S. 118 f.

erst bei der Fixierung des Regelwerks mit Rücksicht auf die kürzlich ergangene Konstitution formuliert worden. Insbesondere signalisiert *hodie*, daß es eine neue Kaiserkonstitution ist, die alle *caduca* dem *fiscus* zuweist. Hier teilt der Text (wie öfter) die voneinander abweichenden Bestimmungen mit, und gibt die jeweils zugrundeliegenden Rechtssetzungsakte an, so daß der chronologische Zusammenhang offenliegt. Bei Anwendung der klassischen Derogationsregeln ergibt sich, daß die *lex Iulia caducaria* insoweit, als sie den erblosen Nachlaß an den *populus* fallen ließ, durch die Neuregelung derogiert ist.

Das im Text behandelte Privileg zugunsten der Aszendenten und Deszendenten des Testators ist zu unterscheiden von demjenigen zugunsten der im Testament eingesetzten *patres*, also der Erben und Legatare mit Kindern, das in Tit. 1,21 und 25,17 behandelt wird.[124] Daß das Vorrecht der *patres* hier nicht genannt wird, hat vielfach Anlaß zu der Vermutung gegeben, es sei durch die im Text genannte Konstitution beseitigt worden, nachdem die *caduca* im übrigen schon an den *fiscus* gefallen waren.[125] Die Vermutung geht von der unzutreffenden Annahme aus, der hier *Antoninus* genannte Kaiser sei Caracalla.[126] Nach Cassius Dio soll Caracalla nämlich in einem nicht näher beschriebenen Umfang Erbrechte abgeschafft haben.[127] Die Schilderung Dios ist allerdings ungenau und überdies wahrscheinlich nicht frei von tendenziöser Übertreibung. Im übrigen finden sich in den Quellen keine konkreten Anhaltspunkte für die genannte Vermutung. Vor allem aber geben die Vertreter dieser Ansicht keine befriedigende Erklärung für den Umstand, daß das Privileg der *patres* im Regelwerk immerhin mehrfach als geltendes Recht genannt wird. Schulz meint, der Epitomator habe hier auf die Abschaffung der *vindicatio caducorum* der *patres* reagiert und an anderen Stellen

124 Daß sowohl die Begünstigung der Verwandten in gerader Linie als auch die der Erben und Legatare mit Kindern (»*patres*«) dem Ziel der augusteischen Ehegesetzgebung diente, die Familienvermögen zu schützen und zu stärken, zeigt Astolfi, Lex Iulia, S. 331-333. Zu den bevölkerungspolitischen Zwecken der Gesetze allgemein Kienast, Augustus, S. 137-139.

125 So Savigny, Brief an Egid v. Löhr vom 5.9.1818 (bei Strauch, Deutsche Juristen, S. 14); Heimbach, Ulpians Fragmente, S. 13; Keller, Litiscontestation, S. 458; Rudorff, ZGR 6 (1828), S. 423 f.; Hirschfeld, Verwaltungsbeamte, S. 115 f.; Biondi, Successione, S. 146; Treggiari, Marriage, S. 76; Schulz, Epitome, S. 41; Nörr, IJ 16 (1981), S. 354 f.; Müller-Eiselt, Pius, S. 240, Fn. 122; vgl. Sturm, Labeo 15 (1969), S. 228 f. und Manthe, DNP 2 (1997), s. v. Caducum, Sp. 881.

126 Auch Müller-Eiselt hält »Antoninus« ohne weiteres für Caracalla, was besonders darum auffällt, weil er selbst (S. 21 f.) die Problematik der Verwechselungsfähigkeit des Namens Antoninus behandelt und auf S. 22 derartige Irrtümer bei Tribonian aufzeigt.

127 Dio 78,9,4 u. 79,12; ebenso pauschal teilt SHA *Macrinus* 13,1 mit, Macrinus habe *omnia rescripta veterum principum*, also »sämtliche Reskripte der früheren Kaiser« – einschließlich Caracallas – aufgehoben. Schulz, Epitome, S. 42 nimmt unter Hinweis auf Wenger, St. Perozzi, S. 417 ff. an, Dio berichte über eine »Beseitigung der gesetzlichen Erbfolge«. Er hält für möglich, daß bestimmte in Coll. 16,9,3 genannte Einschränkungen der Intestaterbfolge gemeint sein könnten.

entsprechend gestrichen. Gelegentlich habe er die Streichung aber »vergessen«.[128] Im Anschluß an Schulz geht Voci davon aus, daß unser Text drei Stadien der Entwicklung des Kaduzitätsrechts nebeneinander wiedergebe, nämlich das augusteische, ferner die angenommene Streichung der *caducorum vindicatio* der *patres* durch Caracalla, und schließlich die Abschaffung der Kaduzitätsstrafen der *lex Iulia* durch Konstantin.[129] Diese Ansichten wollen die mutmaßlichen Widersprüche mit Inkonsequenzen des Textes erklären, um dem Gesichtspunkt des Textzusammenhanges, der hier Schwierigkeiten zu bereiten scheint, sein Gewicht zu nehmen. Vor dem Hintergrund der für unseren Text maßgeblichen klassischen Derogationstheorie kann die Vermutung, daß der Text hier stillschweigend die Abschaffung des Privilegs der *patres* mitteilte, aber nicht überzeugen. Hätte nämlich der Redaktor hier eine Neuregelung mitteilen wollen, dann wäre deren ausdrückliche Nennung unbedingt zu erwarten gewesen. Vorzugswürdig erscheint die Erklärung, daß das Privileg der *patres* fortgalt, und der *erhaltene* Text es hier nur infolge der Epitomierung nicht nennt.

§ 3. *Caduca cum suo onere*[a] *fiunt: ideoque libertates*[b] *et legata*[c] *fideicommissa*[d] *ab eo data, ex cuius persona hereditas caduca facta est, salva sunt: sed*[e] *et legata et fideicommissa cum suo onere*[f] *fiunt caduca*[g].

a) Ms. Vat.: *onore*
b) Ms. Vat.: *libertatis*
c) Ms. Vat.: *legato*; Til, Hg⁵, Kr: *legata ⟨et⟩ fideicommissa*
d) Sch: *fideicommissa* Glosse
e) so Cuj (Par. 1586), Sav (VS 5, 98), Mu; Ms. Vat., Til, Hg⁵, Bö, Va, Kr: *scilicet*, worauf Schulz seine Glossenvermutung stützt. Sav [1801, 90 r]: *Similiter et legata*
f) Ms. Vat.: *honere*
g) Sch: *sed … caduca* Glosse

Das Vermögen verfällt mitsamt den auf ihm ruhenden Lasten. Also sind Freilassungen sowie Vermächtnisse und Fideikommisse wirksam, die sich an den richten, von dessen Person der Erbschaftsanteil verfallen ist. Aber auch Vermächtnisse und Fideikommisse verfallen mit den auf ihnen ruhenden Lasten.

Die auf dem verfallenen Vermögen ruhenden Belastungen bleiben bestehen. Daß dies ausdrücklich auch für Vermächtnisse und Fideikommisse erwähnt wird, wird darin begründet sein, daß das Regelwerk auch an anderer Stelle auf den mit einem Untervermächtnis beschwerten Legatar eingeht.[130]

128 Schulz, Epitome, S. 25 u. 42
129 Voci, DER 1, S. 443 f.
130 Entgegen der von Schulz, Epitome, S. 42 geäußerten Annahme handelt es sich bei *fideicommissa* und dem Schlußsatz nicht um Glossen. Vielleicht lautete der Text ursprünglich

f.) Tit. XVIII ›Qui habeant ius antiquum in caducis‹ *Wer das alte Recht bei verfallenem Vermögen hat*

§ 1. *Item liberis et parentibus testatoris*[a] *usque ad tertium gradum lex*[b] *Papia ius antiquum dedit, ut heredibus illis institutis*[c], *quod quis ex eo testamento non capit, ad hos pertineat aut totum aut ex parte, prout pertinere possit.*

a) Cuj (Obs. 19,30, Par. 1586, Aur. 1586); Ms. Vat., Til: *testatores*
b) Ms. Vat.: *x* ist nachträgliche Korrektur
c) Ms. Aur.: ⟨*qui extestamento capere non possunt,*⟩ *quod quis*

Ebenso gab die *lex Papia* das alte Recht den Deszendenten und Aszendenten des Testators bis zum dritten Grad, so daß, wenn sie als Erben eingesetzt worden sind, dasjenige, was irgendjemand aus dem Testament nicht annehmen konnte, ihnen ganz oder zum Teil zukommt, soweit es ihnen zukommen kann.

Die Stelle knüpft an Tit. 17,2 an und bezieht sich auf den gleichen Regelungszusammenhang: Nach dieser Mitteilung bewahrt die *lex Papia* den zu Erben eingesetzten Aszendenten und Deszendenten des Testators bis zum dritten Grad das Recht an den verfallenden Erbteilen, das ihnen aufgrund der vorausgegangenen *lex Iulia* zugekommen war.

g.) Ergebnisse

Der Textabschnitt enthält Einzelregelungen der augusteischen Ehegesetze. Er ist, wie schon früher erkannt worden ist, in den Grundbestand des Textes eingefügt worden.[131] Der wichtigste Hinweis darauf ist, daß die Gaius-Institutionen keinen entsprechenden Abschnitt enthalten: Gaius nennt die Einzelbestimmungen vielmehr nach Maßgabe der sachlichen Zusammenhänge an den jeweils einschlägigen Stellen (Gaius 2,111; 144; 150; 286). Nelson vermutet, daß der Abschnitt zum Eherecht am Beginn des 2. Jahrhunderts oder etwas früher hinzugesetzt worden sei, als nämlich die Ehegesetze ihre endgültige Form erreicht hatten und wegen ihrer Bedeutung bereits Gegenstand juristischer Kommentierungen geworden waren.[132] Einzelne Hinweise könnten tatsächlich die Vermutung nahelegen, daß der Stoff dieses Abschnitts aus einem Kommentar zur *lex Iulia et Papia Poppaea* herrührt.[133] Kommentare zu diesem Gesetzeswerk haben in der Antoninenzeit

fideicommissave. Vgl. Astolfi, Lex Iulia, S. 276, Fn. 61. Immerhin stehen die *fideicommissa* in unserem Text auch sonst gleichberechtigt neben den Legaten. Vgl. Rudorff ZGR 6 (1828), S. 408; Solazzi, Studi 4, S. 348 ff.; Kaser, RP 1, S. 725.

131 Für die unterschiedlichen Argumente, die Mommsen, Buckland und Nelson für diesen Standpunkt aus dem äußeren Textbefund herleiteten, vgl. bereits oben S. 47 und 123.

132 Nelson, Überlieferung, S. 379-381.

133 Heimbach, Ulpians Fragmente, S. 37; Hugo, GGA 1834, S. 1611.

Gaius[134], Maurician[135], Marcellus[136] und Terentius Clemens,[137] in der Spätklassik Paulus[138] und Ulpian[139] geschrieben. Die Nennung Mauricianus' in Tit. 13,2 läßt es immerhin als möglich erscheinen, daß es sich um Stoff aus dessen Kommentar zur *lex Iulia et Papia* handelt.[140] Dieses aus sechs Büchern bestehende Werk entstand zu Beginn der Regierungszeit des Antoninus Pius.[141] Der Redaktor des Regelwerks könnte, obgleich er sonst mechanisch übernahm, die Sondermeinung Mauricians unter dessen Namen wiedergegeben haben. Zu bemerken ist ferner, daß Maurician 2 *ad leg. Iul. et Pap.* D. 33,2,23 ein Einzelproblem zu dem in Tit. 17,1 wiedergegebenen Grundsatz ausführt, daß ein Vermächtnis kaduk sei, wenn der Legatar vor Testamentseröffnung stirbt oder Peregrine wird.[142]

Bei näherer Betrachtung erweist sich der Abschnitt aber nicht als Kommentartext oder Bearbeitung eines solchen. Der Text beschränkt sich vielmehr auf die Wiedergabe der gesetzlichen Regelungen und trägt nur einzelne zwischenzeitlich ergangene Neuerungen nach. Er enthält dagegen überhaupt keine Grenzfälle, Auslegungsfragen oder Problemerörterungen. Mit Ausnahme der einen Sondermeinung Mauricians treten keinerlei Rechtsansichten auf, also nichts, was auf eine benutzte Juristenschrift hindeuten könnte.

Wahrscheinlich referiert der Abschnitt unmittelbar den Gesetzesinhalt. Die Reihenfolge der Behandlung des Stoffes im *liber singularis* entspricht in groben Zügen derjenigen Gliederung, die, soweit die Überlieferungslage eine Rekonstruktion zuläßt, die Kommentare zur *lex Iulia et Papia* befolgten.[143] Der Text bewahrt vermutlich sogar teilweise den Wortlaut des Gesetzes. Tit. 13 schildert die Eheverbote der *lex Iulia*, und zwar nach Maßgabe der ursprünglichen Systematik zunächst für die Senatoren, dann für die übrigen Freien; hinzugesetzt ist lediglich

134 Gaius schrieb einen 15-bändigen Kommentar zur *lex Iulia et Papia*; Ferrini, Opere 2, S. 261-268.

135 Mauricianus schrieb in der Zeit des Antoninus Pius; vgl. bei Tit. 13,2.

136 Marcellus' Kommentar war wohl eine separate Ausgabe der entsprechenden Teile seiner zur Regierungszeit der Divi Fratres geschriebenen *digesta* (Bücher 26 bis 30 oder 31); vgl. Schulz, History, S. 187 f. Marcellus gehörte dem *consilium* des Antoninus Pius (SHA *Pius* 12,1) und des Marc Aurel (D. 28,4,3) an. Zu diesem Juristen s. Ankum, Cahen-Bundel (1997), S. 23-46 m. Nachweisen Fn. 9.

137 Dazu Ferrini, Opere 2, S. 251-261. Er gehörte zum Kreis um Julian; sein Werk entstand unter Antoninus Pius; vgl. Kunkel, Herkunft, S. 177.

138 Dazu Ferrini, Opere 2, S. 237 ff.; Berger, RE, 19. Hb. (1917), s. v. Iulius 382, Sp. 708.

139 Jörs, RE, 9. Hb. (1903), s. v. Domitius 88, Sp. 1445; vgl. Schulz, History, S. 188.

140 Vgl. bereits die Vermutung Heimbachs, Ulpians Fragmente, S. 36 f., für den der Zusatz in Tit. 13,2 »*adicit Mauricianus et a senatu damnatam*« auf einen Zusammenhang des Textabschnittes mit dem Kommentar Mauricians zur *lex Iulia et Papia Poppaea* hindeutet.

141 Vgl. D. 31,57; D. 33,2,23; Fitting, Alter und Folge, S. 42.

142 Vgl. Lenel, Pal. 1, Sp. 690, Fn. 1.

143 Vgl. die von Astolfi, Lex Iulia, S. 377 ff. erarbeitete Palingenesie der Kommentare von Terentius Clemens, Gaius, Paulus und Ulpian.

ein von Maurician ergänzter Sonderfall. Tit. 14 gibt die Schonfristen zunächst der *lex Iulia*, dann der *lex Papia* wieder. Tit. 15 schildert den Gesetzesinhalt im Hinblick auf das Recht der Zehntel. Tit. 16 nennt zunächst die gesetzlichen Vorschriften zur Annahmefähigkeit in voller Höhe wegen Alters (§§ 1 u. 2), anschließend ergänzende Senatsbeschlüsse zum Befreiungsalter (§§ 3 u. 4). Tit. 17 referiert gesetzliche Regelungen über den Verfall des nicht angenommenen Vermögens, ergänzt um die Neubestimmung Marc Aurels zum Begünstigten (§ 2), bevor Tit. 18 schließlich eine Vorschrift der *lex Papia* zum *ius antiquum* mitteilt. Der Text beschränkt sich auf eine präzise und regelhafte Wiedergabe der gesetzlichen Bestimmungen. Im einzelnen zeigt sich die Nähe zum Gesetzestext an der übernommenen Genauigkeit der Ausdrucksweise, so etwa in Tit. 13,2 (*lenone lenave*), Tit. 15,2 (*filius filiave*), Tit. 16,1 a (*filium filiamve; filium vel filiam*); auch § 3 folgt eng dem ursprünglichen Gesetzesinhalt. Der Text differenziert auch zwischen den das augusteische Eherecht konstituierenden Gesetzen, wie sich neben der Präzision in Tit. 14 auch noch in Tit. 16 (»*neutri legi*«) zeigt.[144]

Die Einfügung des Abschnitts dürfte frühestens im 2. Viertel des 2. Jahrhunderts, vielleicht auch erst durch den Redaktor des Regelwerks von 180 n. Chr. vorgenommen worden sein.[145] Der in der prokulianischen Lehrtradition tradierte Grundbestand des Stoffes hatte den Abschnitt nämlich noch nicht enthalten, als er in die sabinianische Schule übernommen wurde: Die Institutionen des Gaius, die auf seiner Grundlage entstanden sind, enthalten keinen entsprechenden Teil. Die Übernahme des tradierten Stoffes in die sabinianische Schule wurde aber wahrscheinlich erst durch die Reform Julians veranlaßt.[146]

Nelson meint, der Abschnitt über die augusteischen Ehegesetze habe einen »fremdkörperartigen Charakter«. Mit Recht verweist er auf den Umstand, daß die augusteischen Ehegesetze nicht nur vergleichsweise umfangreich, sondern auch besonders detailliert dargestellt werden.[147] Im übrigen harmoniert der Abschnitt allerdings stilistisch insofern mit dem sonstigen Text, als er sich auf die Wiedergabe der gesetzlichen Regelungen beschränkt. Es ergibt sich darüber hinaus ein methodischer Zusammenhang daraus, daß die Eheverbote der augusteischen Gesetze

144 Während in anderen klassischen Schriften die *lex* (!) *Iulia et Papia* oft als *ein* Gesetzeswerk behandelt wird, was seine Rechtfertigung in der Bezugnahme der *lex Papia Poppaea* auf die *lex Iulia* findet, führt unser Text die Einzelregelungen jeweils auf das entsprechende Gesetz zurück.

145 Nelson hat vermutet, daß dieser Abschnitt in das im übrigen bereits existierende Institutionensystem am Beginn des 2. Jahrhunderts oder sogar noch früher eingefügt worden sei; Überlieferung, S. 381. Der Vermutung liegt die (von uns nicht geteilte) Ansicht zugrunde, daß Gaius bzw. dessen Vorbilder auf die Übernahme des Abschnitts in ihre Lehrbücher verzichtet hätten.

146 S. oben S. 122.

147 Nelson, Überlieferung, S. 381.

in der Sache wie *leges minus quam perfectae* behandelt werden.[148] Dies setzt nämlich voraus, daß die klassische Auslegungstradition auch für den eingefügten Textteil verbindlich ist. Schließlich ist der eingefügte Teil in methodischer Hinsicht auch dadurch mit dem übrigen Text verknüpft, daß die gesetzliche Vorschrift, nach der die kaduken Nachlaßteile vorrangig den im Testament berücksichtigten Aszendenten und Deszendenten sowie den Erben und Legataren mit Kindern zukommen, im nachfolgenden Sachenrecht berücksichtigt ist, und zwar unter der Kategorie des Erwerbs *lege* (Tit. 19,17). Wenn die methodische Behandlung der augusteischen Gesetze den in der Rechtsquellenlehre formulierten Regeln folgt, und die besondere Erwerbsart nach den augusteischen Gesetzen systematisch berücksichtigt wird, dann zeigt dies, daß der Abschnitt nicht etwa ein aus einem anderen wissenschaftlichen Kontext stammendes Versatzstück bildet,[149] sondern im gleichen Schulbetrieb entstanden war.

148 Vgl. oben S. 329.

149 Dies kann eher für den Abschnitt zum Dotalrecht angenommen werden. S. oben S. 122 f.

14.) Der Eigentumserwerb

Tit. XIX ›De dominiis[a] et adquisitionibus rerum‹

a) Bö, Gn: *dominio*

Über das Eigentum und den Erwerb der Sachen

Hier beginnt der Abschnitt des Regelwerks über das Vermögensrecht. Der Text enthält elementaren Wissensstoff, der ähnlich auch bei Gaius dargestellt ist. Der Abschnitt ist zunächst durch die auch bei Gaius 2,97 genannte Unterscheidung zwischen dem Erwerb von Einzelsachen (*res singulae*) und von Vermögensgesamtheiten (*universitates*) gekennzeichnet. Dies wird schon in § 2 mit der Hervorhebung des *singularum rerum dominium* mitgeteilt und dann wieder aufgegriffen, wenn der Text im Anschluß an die Reihe der Einzelerwerbstatbestände in § 17 mit dem Zwölftafellegat die Nachfolge in eine Vermögensgesamtheit nennt.

Die Systematik des Titels ist beherrscht durch den Gesichtspunkt des Erwerbs von einzelnen Vermögensgegenständen. Dafür steht in der Rubrik sowie in § 2 und §§ 16 ff. der Ausdruck *adquirere.* Es handelt sich um einen bei Ulpian zur grundlegenden Gliederung der Regelungsaufgaben des Rechts verwendeten Ausdruck.[1] Soweit es sich um Fälle des abgeleiteten Erwerbs handelt, spricht der Text von *alienatio,* was aber keine neue Kategorie einführt, sondern nur der Besonderheit Rechnung trägt, daß der Erwerb hier auf eine Veräußerung zurückgeht. Der 19. Titel ordnet die Erwerbstatbestände im Rahmen einer *divisio,* bei der die Unterfälle der *adquisitio* bzw. *alienatio* jeweils mit ihren besonderen Merkmalen angegeben werden.[2] Die behandelten Tatbestände beschränken sich hier nicht auf die rechtsgeschäftliche Veräußerung. Im Unterschied zu Gaius, der im Rahmen seiner Ausführungen über den Erwerb von Einzelsachen (Gaius 2,18-61) *traditio, mancipatio, in iure cessio* und *usucapio* erörtert, behandelt das Regelwerk auch den Erwerb *adiudicatione* und *lege.*[3] Im übrigen weicht die Darstellung der Übereignungslehre im *liber singularis* von Gaius insofern ab, als am Anfang eine ausführliche Erörterung der *mancipatio* steht, der nur eine knappe Erwähnung der

1 Ulpian 2 *inst.* D. 1,3,41: *Totum autem ius consistit aut in* ***adquirendo*** *aut in conservando aut in minuendo: aut enim hoc agitur, quemadmodum quid cuiusque fiat aut quemadmodum quis rem vel ius suum conservet, aut quomodo* ***alienet*** *aut amittat.* Der Gesichtspunkt des *alienare* steht dem Erwerb bei Rechtsgeschäften gegenüber, nicht dagegen bei *usucapio, adiudicatio* und Erwerb auf gesetzlicher Grundlage. Demgegenüber ist die *in iure cessio* im Kern eine Rechtsentäußerung, die nur insofern zur Übertragung genutzt wird, als die Preisgabe die Möglichkeit zum Erwerb durch unwidersprochene Rechtsbehauptung (*vindicare*) schafft.

2 Ausdrücklich geschieht dies, wenn für *mancipatio* (§ 3) und *traditio* (§ 7) spezifische Eigenschaften mit *proprium* gekennzeichnet werden.

3 Vgl. Nelson, Überlieferung, S. 359.

traditio folgt. Der Text stellt damit auf das alte System der Übereignungstatbestände ab, in dessen Mittelpunkt die Manzipation stand. Wenn Gaius demgegenüber die *traditio* voranstellt (2,19-21), so zeigt dies sein Interesse an der Darstellung des in der Provinz praktischen Rechts.

Der Textabschnitt enthält eine weitgehende begriffliche Systematisierung innerhalb der *res*. Neben der Differenzierung zwischen *res singulae* und *universitas rerum* (§ 2) treten die Unterscheidungen zwischen *res mancipi* und *nec mancipi* (§§ 1, 8, 9 und 16), *res mobiles* und *immobiles* (§§ 6 und 8) sowie *res corporales* und *incorporales* (§ 11) auf.[4] Diese Kategorien, die der systematischen Gliederung des Abschnitts dienen, bilden klassisches Traditionsgut.[5]

§ 1. *Omnes res aut mancipi*[a] *sunt aut nec mancipi*[b]. *mancipi*[c] *res sunt praedia in Italico solo, tam rustica*[d], *qualis est fundus, quam urbana, qualis domus; item iura praediorum rusticorum, velut via, iter, actus,*[e] *aquaeductus*[f]; *item servi et quadrupedes*[g], *quae dorso collove domantur, velut boves, muli, equi*[h], *asini. ceterae*[i] *res nec mancipi sunt. elefanti et cameli, quamvis collo dorsove domentur, nec mancipi*[j] *sunt, quoniam bestiarum numero sunt.*

a) Ms. Vat.: *mancepi*
b) Ms. Vat.: *mancepi*
c) Ms. Vat.: *mancepi*
d) so Hg[5], Kr, Sch; Ms. Vat.: *aut rustico*
e) Til: *actus ⟨et⟩ aquaeductus*
f) Ms. Vat.: *aqueductus*
g) Ms. Vat.: *quadrupedis*
h) Ms. Vat.: *aequi*
i) Ms. Vat.: *cetere*
j) Ms. Vat.: *mancepi*

Alle Gegenstände sind entweder *res mancipi* oder *res nec mancipi*. *Res mancipi* sind Grundstücke auf italischem Boden, sowohl die ländlichen, wie etwa ein Bauernhof, als auch die städtischen, wie etwa ein Haus; ebenso die Rechte an ländlichen Grundstücken, wie etwa das Wegerecht, das Durchgangsrecht, das Viehtriftrecht und das Wasserleitungsrecht; ferner Sklaven und diejenigen vierfüßigen Tiere, die durch Sattel oder Joch gezähmt werden, wie etwa Rinder, Maultiere, Pferde und Esel. Die übrigen Gegenstände sind *res nec mancipi*. Elefanten und Kamele sind, obgleich sie durch Sattel oder Joch gezähmt werden, *res nec mancipi*, weil sie den wilden Tieren zugerechnet werden.

4 Es handelt sich nicht etwa um spät eingefügte, schulmäßige Einteilungen; so aber Klingenberg, AA 52 (1999), Sp. 128.

5 Näher oben S. 103.

Der Katalog der *res mancipi* ist sicherlich sehr alt.[6] Die Reihenfolge der Aufzählung – Grundstücke, Servituten, Sklaven, bestimmte Tiere, sonstige Sachen – korrespondiert mit dem »Wertprinzip«, das Rudorff für die Reihenfolge der Behandlung der Gegenstände im Edikt festgestellt hat. Er hatte beobachtet, daß sich die Ordnung des Edikts an mehreren Stellen nach dem Gesichtspunkt der ökonomischen Bedeutung der Güter richtet.[7] Der *liber singularis* entspricht dem Wertprinzip allerdings nur mit der Einschränkung, daß er die Einzelgegenstände vor dem Erbrecht behandelt. Diese Abweichung geht auf die systematische Nachordnung der *res incorporalis* gegenüber der *res corporalis* zurück. Die Erbschaft zählt dabei nach der klassischen Vorstellung als bloß gedankliche Konstruktion zu den *res incorporales*.[8]

Unter den *res mancipi* sind *praedia Italica* in Italien gelegene oder sonst italischem Recht unterfallende Grundstücke, also auch solche, die auf mit dem *ius Italicum* versehenem Provinzboden liegen.[9] Die vier alten ländlichen Servituten werden, wie auch bei Gaius 2,14, als *iura praediorum* bezeichnet.[10] Während der

6 Die auffallende Reihenfolge der Aufzählung – das Maultier wird vor dem Pferd genannt – dürfte damit zusammenhängen, daß der Text die Tiere nur als Beispiele nennt (*velut*). Savigny, Pandekten Böhmer, Bl. 6 r meint hingegen, der Katalog der *res mancipi* sei »Ulpians« eigener Erklärung nach vollständig und harmoniere mit Columella *rer. rust.* 6 pr, 6; vgl. Ballhorn, Dominium, S. 86 f. Bei Columella ist die mit unserem Katalog gleichlautende Auswahl der Tiere allerdings damit begründet, daß man mit diesen zusammenarbeitet: *quadrupedum, quorum alterum paramus in consortium operum.*

7 Rudorff, ZRG 3 (1864), S. 62 f.; vgl. Lenel, EP, S. 38. Die Erbschaft geht als Vermögensganzes dem Grundstück, das Grundstück als sicherstes und unbewegliches einzelnes Vermögensstück dem Sklaven, der Sklave als vernunftbegabtes Wesen dem Tier und dieses als Organismus der leblosen beweglichen Sache vor. Vgl. dazu bereits oben S. 131 und Behrends, Index 19 (1991), S. 178.

8 Papinian 6 *quaest.* D. 5,3,50 pr. Als reiner Rechtsbegriff existiert sie sogar, wenn sie infolge Überschuldung kein Vermögen enthält; Pomponius 3 *ad Q. Muc.* D. 50,16,119. Demgegenüber hatten die *veteres*, wie Cicero *Top.* 6,29 mitteilt, die Erbschaft als etwas Substantielles angesehen, nämlich ein Vermögen: *Hereditas est pecunia, quae morte alicuius ad quempiam pervenit iure … nec ea aut legata testamento aut possessione retenta*; näher Behrends, Labeo 44 (1998), S. 44 f.

9 Grundstücke werden stets nach dem Recht des Orts behandelt, an dem sie belegen sind, ohne Rücksicht auf die Person des Eigentümers. Das *ius Italicum* machte Provinzialboden juristisch zu einem Teil Italiens. Insbesondere wurden damit die Grundstücke der *mancipatio* und der *usucapio* zugänglich, so daß man an ihnen das Quiritische Eigentum erwerben konnte; vgl. Ferenczy, ANRW II,14, S. 1055-1058.

10 Es sind Feldservituten genannt, da sie älter als die städtischen Servituten sind; Ulpian 2 *de omn. trib.* D 50,16,198. Auf dem Land war der Boden schon früher Privatrechten zugänglich als in der Stadt; vgl. unten Tit. 19,6. Hier klingt der alte Zwölftafelgegensatz zwischen Stadt und Land nach. Beachtlich ist die auf einen Zusatz hindeutende Formulierung *item*: Auch bei Gaius 2,14 werden die *iura praediorum* als Anhang zu den *res incorporales* angeführt. Sie werden, wie es Cosima Möller (Servituten, S. 217) beschreibt, Teil des Vermögens auf dem

Ausdruck *servitus* auf die vorklassische Jurisprudenz zurückgeht, entspricht die Wortwahl *iura praediorum* dem klassischen Verständnis.[11] Schon in der vorklassischen Wissenschaft hatten die Servituten als Rechte gegolten. Diese Lehre sah aber dennoch einzelne Tatbestandselemente vor, die sich auf die empirischen Verhältnisse bezogen. So war die Ausübung zunächst einmal Voraussetzung ihrer Begründung gewesen; auch ermöglichte sie eine Ersitzung. Demgegenüber hat die klassische Vorstellung zur Konsequenz, daß etwa auch eine erst später auszuübende Servitut begründet werden konnte, während andererseits eine Ersitzung nicht möglich war.[12]

Umweg über das Eigentum an einem Grundstück. Gaius rechnet die *iura praediorum* zweimal pauschal zu den *res mancipi* (Gaius 2,14 u. 2,29). Vgl. Avenarius, HZ 274 (2002), S. 167-169.

11 Gaius 2 *inst.* D. 1,8,1,1; Inst. 2,2,3: *iura praediorum urbanorum et rusticorum, quae etiam servitutes vocantur* .... Wie Behrends, Fs. Wolf, S. 40, Fn. 68 festgestellt hat, verwenden die Gaius-Institutionen den klassisch-technischen Ausdruck, der die Dienstbarkeit als Verhältnis zwischen zwei Grundstücken definiert. Der Relativsatz, der in der Parallele Gaius 2,14 fehlt, macht deutlich, daß die vorklassische Begrifflichkeit schon zurückgedrängt ist.
Eine ältere Lehre nahm an, die ältesten Servituten seien als körperliche Sachen gedacht worden, und deswegen als *res mancipi* eingestuft worden. So noch Kopylov, IA 2 (1997), S. 94. In Wahrheit sind sie nur körperlich radiziert, weisen also bestimmte notwendige Bezüge zur körperlichen Welt auf; vgl. Behrends, Fs. Wolf, S. 20.
Wieacker erklärte den Unterschied anhand Ulpian 2 *inst.* D. 8,3,1 pr und Inst. 2,3 pr damit, daß die Digesten (entsprechend einer vermuteten klassischen Vorstellung) die Servituten noch nicht als *iura* eingeordnet hätten. Der systematische Begriff *ius in re* sei erst nachklassisch. Immerhin räumt er ein, Bund, SZ 73 (1956), S. 190 vermute mit guten Gründen eine vorjustinianische Herkunft der Lehre; Textstufen, S. 210 f.
Dem klassischen Standpunkt, der auch im Regelwerk auftritt, entspricht dagegen gerade die Vorstellung der Servituten als *res incorporales*, also *iura*. Die Dienstbarkeit ist eine Regelung des objektiven Rechts (*institutio*), deren Zweck es ist, einen naturalistischen Inhalt zuzuordnen, also einen natürlichen Grundstücksvorteil am dienenden Grundstück. Nach Julian ist die Servitut (wie hier) ein individualistisches Vermögensrecht. Ausführlich und grundlegend zu den Dienstbarkeiten nunmehr Möller, Servituten im römischen Recht (2000).

12 Dazu näher Behrends, Fs. Wolf, S. 34 ff.
Die Aufzählung der ländlichen Servituten ist hier offenbar nicht abschließend gemeint. Das *velut* impliziert weitere Fälle. Wenn Cicero *pro Caecina* 74 als ländliche Dienstbarkeiten *aquae ductus, haustus, iter, actus* nennt, deutet dies allerdings nicht zwingend darauf hin, daß der *aquae haustus* auch zu den *res mancipi* gehört hätte. Im übrigen enthalten die anderen überlieferten Auflistungen der ländlichen Dienstbarkeiten (Ulpian 2 *inst.* D. 8,3,1 pr und Paul. Sent. 1,17,1) die auch in unserem Text genannten Servitutentatbestände, jedoch als abschließende Aufzählung. Möglicherweise trägt das *velut* unseres Textes einer späteren Erweiterung der Zahl Rechnung, die auch Ulpian 2 *inst.* D. 8,3,1,1 andeutet, wenn er sagt, »hinzugerechnet« würden noch mehr Fälle. Diese weiteren Tatbestände hatten aber – im Unterschied zu den vier genannten Rustikalservituten – keine Beziehung mehr zur alten Bodenordnung.

Es folgen die Sklaven und die den *res mancipi* zuzuordnenden Tiere, die *dorso collove* gezähmt werden.[13] Voraussetzung für die Einordnung als *res mancipi* ist nicht einfach die Zugehörigkeit zu bestimmten Tierarten, sondern die Verwendbarkeit des einzelnen Tieres als Arbeitsmittel.[14] Hier gibt der Text die klassische Sichtweise wieder, die bei Gai 2,15 als prokulianische Schulmeinung auftritt. Nach Ansicht der Prokulianer werden die Tiere erst mit ihrer konkreten Abrichtung zu Last- und Zugtieren zu *res mancipi*. Für die Juristen dieser Schule haben die Rechtsregeln nämlich die Aufgabe, Zivilisationssachverhalte (hier: die Zähmung) zu ordnen. Die Sabinianer meinen dagegen, Rinder, Pferde, Maultiere und Esel seien von Geburt an *res mancipi*, weil sie die Rechtsregel an einen Natursachverhalt (hier: die Geburt) anknüpfen.

Für Elefanten[15] und Kamele teilt der Text eine Ausnahmeregelung mit: Obwohl sie zähmbar sind und unter Umständen sogar als Reit-, Last- oder Zugtiere

13 Vgl. Papinian 12 *resp.* Fr. Vat. 259: *quae collo vel dorso domarentur.* Mit *domare* (eigentlich: zähmen) ist hier nicht die Zähmung im Sinne der heutigen Begrifflichkeit gemeint, die sich auf wilde Tiere bezieht (vgl. § 960 BGB). Hier geht es, wie sich aus § 1 ergibt, gerade nicht um wilde Tiere, sondern um Nutztiere, also zahme Tiere. Deren »Beherrschung« unterscheidet sich von der Zähmung wilder Tiere, die deren Rückkehrgewohnheit begründet und damit den Fortbestand des Eigentums rechtfertigt (Gaius 2 *rer. cott. sive aur.* D. 41,1,5,5); vgl. Avenarius, NJW 1993, S. 2589. Aber nicht die Zähmung oder Zahmheit allein, die sonst den Kerngesichtspunkt der Eigentümerstellung an den Tieren bildet (Jhering, Besitzwille, S. 292 f., Fn. 1), führt zu der Qualifikation als *res mancipi*: Elefanten kam diese nicht zu, obwohl sie zähmbar waren.

14 Vgl. dieselbe Aufzählung in gleicher Reihenfolge bei Columella *rer. rust.* 6 pr, 6 als Katalog der Tiere, die zur Arbeitsleistung gehalten werden (s. oben S. 358, Fn. 6). Hier verweist *dorsum* (Rücken) auf den Sattel als Beherrschungsmittel (vgl. auch Plinius *Nat. hist.* 8,26), *collum* (Hals) auf das Joch. *Collo* steht metonymisch für das Ziehen von Fahrwerk (Columella *rer. rust.* 7,1,2), weil die Zugtiere mit dem Halse angespannt werden; Ballhorn, Dominium S. 12. Gemeint ist die alte Technik, Zugtiere mit Hilfe des Jochs anzuschirren, bevor man Brustgurt bzw. Kumtgeschirr kannte. Zutreffend daher die Übersetzungen Muirhead und Abdy/Walker: »tamed by yoke and saddle«; Scott: »quadrupeds broken to yoke or saddle«. Die Grünberger Übersetzung setzt für *collo* unrichtig »Zaum«, denn das Zaumzeug wird nicht am Hals befestigt. Die Tiere dienen als Reit- (bzw. Last-) oder Zugtiere. Ähnlich Dabelow, Tituli, S. 80: *dorso* beziehe sich auf das Tragen (Plinius *Nat. hist.* 9,27: *in dorsis ferunt*). Ungenau, aber teilweise sinngemäß übersetzt Štaerman (1971): »которые служат в качестве вьючных или верховых« (»die in der Eigenschaft als Pack- oder Reittier dienen«).

15 Die Nennung der Erwerbsform für das Eigentum an Elefanten scheint praktisch relativ unbedeutend. Zu privat genutzten Elefanten sind überhaupt nur zwei Überlieferungen bekannt (Sueton *Nero* 2,1; Dio 49,7); dazu Toynbee, Animals, S. 49 f. Aus Juvenal *sat.* 12,107-8 schließt Demandt (Privatleben, S. 171), daß sogar ein Elefantenregal bestanden habe. Juvenal bezieht sich aber nur auf die im rutulischen Wald (bei Ardea) gehaltene Herde. Auf einen allgemeinen Rechtssatz läßt sich daraus nicht schließen. Immerhin gab Aurelian einen als Geschenk erhaltenen Elefanten sofort an den Kaiser weiter (SHA *Aurelian* 5,6). Bemerkenswerter für unseren Zusammenhang ist die Mitteilung Juvenals, daß Elefanten gar nicht käuflich seien (*sat.* 12,102: *hic non sunt nec venales elephanti*), was rein tatsächliche Gründe

dienen können,[16] werden sie abweichend behandelt, weil sie den wilden Tieren zugerechnet werden. Diese Ausnahme teilt auch Gaius 2,16 mit. Er unterscheidet die Elefanten und Kamele aber als *fere bestiarum numero* noch von den eigentlichen *ferae bestiae*, nämlich den Bären und Löwen. Dabei ist das unterscheidende Merkmal offenbar nicht die Zähmbarkeit,[17] sondern wiederum die Nutztiereigenschaft: Wenn man Elefanten und Kamele überhaupt hält, dann nicht als wilde Bestien, sondern zum Reiten oder zum Lastentransport, was bei Bären oder Löwen nicht möglich ist. Das Merkmal der Zähmbarkeit *dorso collove* ist wahrscheinlich alt und bildet das Kriterium, nach dem die Nutztiereigenschaft zu beurteilen ist. Später ist offenbar die Vorstellung aufgekommen, das entscheidende Kriterium sei die Zahmheit, so daß die »Wildheit« der Elefanten und Kamele als Grund für deren Ausschluß aus den *res mancipi* angeführt wurde.[18]

§ 2. *Singularum rerum dominia*[a] *nobis adquiruntur*[b] *mancipatione, traditione, in iure cessione, usucapione*[c], *adiucatione, lege.*

a) Kr und viele edd. emendieren hier und öfter zu *dominium* (vgl. S. 362 f.)
b) so Til; Ms. Vat.: *adquiritur*
c) Til, Hg[5], Kr: *usucapione, in iure cessione*

Das Eigentum an einzelnen Gegenständen wird uns erworben durch Manzipation, Übergabe, Abtretung vor dem Magistrat, Ersitzung, Zusprechung oder Gesetz.

Der Abschnitt über den derivativen Eigentumserwerb (§§ 2-17) ist kürzer als die entsprechende Darstellung bei Gaius (Gai 2,19 ff.), nennt aber mit *adiudicatio* und *lex* noch weitere Tatbestände. Bereits die umfassende und bruchlose Aufzäh-

hat, aber die geringe Praxisrelevanz der Nennung der Elefanten in unserem Text verdeutlicht. Guarino setzt den Gaius-Text und unsere seiner Ansicht nach aus diesem folgende Stelle in provinzialen Zusammenhang; Pagine 2, S. 328 f. Wahrscheinlich aber ist das Beispiel schon auf den in der Schule tradierten Grundbestand beider Texte zurückzuführen, in dem es zur Verdeutlichung der Abgrenzung der *res mancipi* gedient haben dürfte.

16 Kamele als Reit- und Lasttiere beschreibt Plinius *Nat. hist.* 6,16 ff. Über Elefanten als Reittiere in der Stadt vgl. Dio 49,7,6. Rechtsgeschäfte über Elefanten und Kamele mögen auch im Hinblick auf die Verwendung in der Arena veranlaßt gewesen sein. Zu spektakulären Fällen Cicero *ad fam.* 7,1,3; Sueton *Nero* 11,1; SHA *Elagabal* 23,1 (Wagenrennen mit Elefanten und Kamelen).

17 Guarino, Pagine 2, S. 323 hält Löwen – ebenso wie Bären – für »bestie feroci irriducibili«. Man kannte aber durchaus auch gezähmte Löwen. Vgl. das Gedicht des Statius (*Silvae* 2,5) auf den zahmen Lieblingslöwen Domitians, der von seinen wilden Artgenossen zerrissen wurde. Zahme Löwen kommen auch in Martials Epigrammen vor (1,6; 1,14; 1,22).

18 Vgl. Gaius 7 *ed. prov.* D. 9,2,2,2, wo bei der Frage, ob sie vom 1. caput der *lex Aquilia* erfaßt werden, auch die Mischung der Eigenschaften genannt wird: *quasi mixti sunt (nam et iumentorum operam praestant et natura eorum fera est) et ideo primo capite contineri eas oportet.*

lung der Erwerbsformen in § 2 läßt in ihrer Knappheit vermuten, daß sie auf den tradierten Grundbestand des Stoffes zurückgeht. Während hier die Übereignungstatbestände systematisch nacheinander abgehandelt werden, arbeitet Gaius (2,23) mit einer Verweisung auf das Personenrecht, wo er die *mancipatio* bereits als Mittel zur Übertragung personenrechtlicher Gewalt behandelte (1,119).

Mit der Betonung von *singularum* wird der Gegensatz zu den Vermögensgesamtheiten herausgestellt, auf die Tit. 19,17 und der in Tit. 20 beginnende erbrechtliche Abschnitt Bezug nehmen. Damit wird die systematische Begrifflichkeit angedeutet, die durch Servius' Einfluß in die Stoffordnung des Edikts eingegangen ist, und die z.B. durch die Gegensätze *universitas – res singulares* und *res soli – res mobiles* gekennzeichnet ist:[19] So unterscheidet der Prätor im klassischen Edikt grundsätzlich zwischen *res singulae* und *universitas rerum* und sieht verschiedene Klagen für Einzelsachen und Sachgesamtheiten vor.[20]

Der auch durch andere Quellen bezeugte Plural *dominia*[21] darf nicht zu *dominium* emendiert werden.[22] Er läßt Rückschlüsse auf ein Merkmal des hier zugrundeliegenden Eigentumsbegriffs zu: das Eigentum kann sich jeweils nur auf Einzelsachen beziehen, während eine Mehrheit von Sachen nur Gegenstand einer entsprechenden Anzahl von Eigentumsrechten sein kann. Wie Behrends gezeigt hat, läßt sich dieser Formalismus auf den spezifisch klassischen Eigentumsbegriff zurückführen.[23] Dessen Spezialitätsprinzip entsprach dem Verständnis vom Besitz als Herrschaftsrelation gegenüber einer bestimmten Einzelsache. Die Durchführung des Prinzips wurde durch eine institutionelle Konzeption und eine ausgebildete Lehre von den körperlichen Sachen ermöglicht.[24] Auf diesem Konzept beruht die differenzierte Übereignungslehre des 19. Titels.

19 Behrends, Index 18 (1991), S. 177 f.

20 Behrends, Subjektivität, S. 239 f. m. Fn. 92.

21 Für *rerum dominia* vgl. Gaius 2,44; Tryphonin 18 *disp.* D. 49,17,19,3; C. 2,3,20 pr (a. 293).

22 Dies geschieht in den Ausgaben von Huschke (1861), Abdy/Walker (1876), Krüger (1878), Gneist (1880), Muirhead (1904), Seckel/Kuebler (1908), teilweise – nämlich nur in § 2, nicht in §§ 7 und 8 – Schulz (1926), Baviera (1940) und Spruit/Bongenaar (1986). Röder, Versuche, S. 63 meint sogar, man habe nur darum gelegentlich *dominia* stehengelassen, weil man durch die falsche (!) Verwendung des Plurals in anderen Quellen (z.B. Gai 2,44) dazu verleitet worden sei. Als Beleg nennt Röder ferner die Titelüberschrift, deren Plural vielleicht nur durch die Formulierung im Text veranlaßt worden sei.

23 Behrends, Fs. Wolf, S. 22 f.

24 Wie Behrends näher ausgeführt hat, war der Besitz nach dem klassischen Konzept eine natürliche Herrschaftsrelation gegenüber jeweils einer bestimmten Sache (Julian 44 *dig.* D. 41,5,2 zur Besitzlehre des Servius); vgl. Behrends, Spezifikationslehre, S. 204. Diesen Bezug auf eine bestimmte Sache wies auch die in der Hoch- und Spätklassik naturrechtlich aufgefaßte *custodia* auf; vgl. Paulus 54 *ad ed.* D. 41,2,3,3; Inst. 2,1,13. Das Spezialitätsprinzip setzte eine entwickelte Lehre von den körperlichen Sachen voraus; vgl. Ulpian 16 *ad ed.* D. 6,1,1,1 zu den Gegenständen der Vindikation (*Quae specialia in rem actio locum habet ...*); Behrends, Privatrecht, S. 61; vgl. dens., Kommentar, S. 429, Fn. 16. Bei mehreren Sachen

Auch die Verwendung der Pluralform *dominia* stammt wahrscheinlich bereits aus der frühen Klassik. Es erscheint nämlich plausibel, daß diejenige Strömung, die die differenzierte Begrifflichkeit des *dominium* entwickelte – der Begriff stammt wohl aus dem ersten Jahrhundert v. Chr.;[25] die älteste Erwähnung des Ausdrucks findet sich in Paulus' Epitome aus dem Werk des Servius-Schülers Alfen (D. 8,3,30) –, sie auch besonders konsequent durchgeführt haben wird. Die ungenaue Ausdrucksweise *dominium rerum* ist erst der späteren Entwicklung zuzuschreiben. So tritt sie bei den Kompilatoren auf.[26] Auch in anderen Quellen steht gelegentlich in bezug auf mehrere Sachen *dominium* im Singular.[27]

§ 3. *Mancipatio propria species alienationis est rerum*[a] *mancipi; eaque*[b] *fit certis verbis, libripende et quinque testibus praesentibus*[c].

a) so Sav (VS 5, 98), Kr; Ms. Vat., Til: *est ⟨et⟩ rerum*
b) so Til, Hg[5], Kr, Sch; Ms. Vat.: *ea quae*
c) so Til, Hg[5], Kr, Sch; Ms. Vat.: *testes praesentes*

Die Manzipation ist die spezifische Art der Veräußerung von *res mancipi*, und sie geschieht durch bestimmte Worte, einen Waagehalter und fünf anwesende Zeugen.

Die Beschreibung der *mancipatio* ist hier deutlich knapper gehalten als bei Gaius 1,119 und 2,22.[28] Wenn der Text dem Oberbegriff der *alienatio* hier eine spezifische

ist daher von mehreren einzelnen Eigentumsrechten auszugehen. Der Sprachgebrauch *dominia* gibt diesen Formalismus wieder.

25 Vgl. bereits oben S. 193.

26 Dies ergibt sich aus der Titelrubrik D. 41,1: *De adquirendo rerum dominio.* Wenn auch das unmittelbar folgende Fragment Gaius 2 *rer. cott. sive aur.* D. 41,1,1 pr das unpräzise Vorbild für die Formulierung geliefert haben mag, stammt die Überschrift doch von den Kompilatoren.

27 Vgl. Ulpian 31 *ad Sab.* D. 23,3,9,1. Ausgerechnet bei den Quellentexten, in denen demgegenüber im Hinblick auf eine Mehrheit von Sachen die Pluralform *dominia* verwendet wird, ist die Form verschiedentlich als nachklassisch angegriffen worden. Für *rerum dominia* vgl. die Nachweise S. 362, Fn. 21. Für die außerjuristische Literatur vgl. Firmicus Maternus *math.* 5,1,33: *et alienarum rerum rursus dominia consequitur*; wir dürfen von einer Formulierung im technischen Sinne ausgehen, denn Firmicus Maternus war Jurist. Die Kritik erfolgte hauptsächlich angesichts des Umstands, daß die Quellen *proprietas* auch dann im Singular verwenden, wenn diese sich auf mehrere Sachen bezieht. Vgl. Gaius 2 *rer. cott.* D. 1,8,5; Julian 12 *dig.* D. 15,1,16; Scaevola 17 *dig.* D. 32,102 pr; Scaevola 15 *dig.* D. 33,2,39; Ulpian 52 *ad ed.* D. 36,4,5,6; Gaius 25 *ed. prov.* D. 43,18,2; Ulpian 8 *off. proc.* D. 47,14,1,4. Für die *proprietas* bestand aber nie die strenge konstruktive Vorstellung, die die Pluralform verlangt hätte.

28 Im Schrifttum ist wiederholt die Ansicht vertreten worden, die *mancipatio* sei nicht erst nach dem Ende der klassischen Zeit abgestorben, sondern schon vor der *Constitutio Antoniniana* bedeutungslos gewesen; Sturm, Absterben der mancipatio, S. 356. Archi, Trasferi-

Unterart (*species*) gegenüberstellt, bedient er sich einer Darstellungsmethode, die Bestandteil der *ars iuris* des Servius war. Charakteristisch für diese ist auch die Verwendung von *proprius* zur Kennzeichnung des spezifischen Unterscheidungsmerkmals.[29]

§ 4. *Mancipatio locum habet inter cives Romanos et Latinos colonarios*[a] *Latinosque Iunianos*[b] *eosque peregrinos*[c], *quibus commercium*[d] *datum est.*

a) so Kr, Sch; Ms. Vat.: *colonarius*; Ballhorn: *coloniarios*[30]
b) Ms. Vat.: *latinusque iunianus*
c) Ms. Vat.: *peregrinus*
d) Ms. Vat.: *commertium*

Die Manzipation findet statt zwischen römischen Bürgern und *Latini colonarii, Latini Iuniani* und denjenigen Peregrinen, denen das *commercium* gegeben worden ist.

Auch diese Stelle zeigt, daß der Text das vor der *Constitutio Antoniniana* geltende Recht wiedergibt.[31] Die Nennung der *Latini colonarii* und ihre Unterscheidung von den *Latini Iuniani* war nur vor der *Constitutio Antoniniana* notwendig, weil jene spätestens durch Caracallas Konstitution römische Bürger wurden.[32] Die *Latini colonarii* sind Bürger der Kolonien, die von Rom gegründet und nach dem Muster der altlatinischen Gemeinden mit dem latinischen Recht versehen worden waren. Zwar kommt dies im Prinzipat nur noch außerhalb Italiens vor, doch ist der Kontakt mit diesem Personenkreis infolge des Reise- und Handelsverkehrs auch für unseren stadtrömischen Text von Interesse gewesen, und die hier genannte Regel muß, damit sie prägnant und brauchbar ist, alle Anwendungsfälle enthalten. Die Gruppe der jüngeren Latiner verschwindet mit den Bürgerrechtsverleihungen, zuletzt mit der *Constitutio Antoniniana*.[33] Entsprechendes gilt für die *peregrini* mit *commercium*.

mento, S. 171 f. vermutete, daß die *mancipatio* schon im 2. Jhdt. regelmäßig nicht mehr vollzogen, sondern nur noch beurkundet worden sei; vgl. Kaser, RP 1, S. 415 mit Fn. 19. Dagegen spricht aber, daß unser Text, der das praktisch angewandte Recht enthält, die *mancipatio* sogar an erster Stelle unter den Tatbeständen des Eigentumserwerbs behandelt. Dies weist auf ihre Bedeutung im Rechtsleben seiner Zeit hin.

29 Vgl. Cicero *de orat.* 1,42,189: *est autem definitio rerum earum, quae sunt eius rei* ***propriae****, quam definire volumus, brevis et circumscripta explicatio.* Zu Servius' Methode oben S. 100 mit Fn. 79.

30 Weil es von *colonia* komme, vgl. Gaius 3,56 (*coloniarii*).

31 So zu Recht Schönbauer, St. De Francisci 3, S. 318 f.; vgl. Apathy, DNP 3 (1997), s. v. Commercium, Sp. 101.

32 Die *Latini prisci*, von denen Gaius (historisch) berichtet, werden im Regelwerk nicht mehr erwähnt; vgl. Schönbauer, St. De Francisci 3, S. 318.

33 Kaser, RP 1, S. 282.

§ 5. *Commercium*[a] *est*[b] *emendi vendundique*[c] *invicem ius.*

a) Ms. Vat.: *commertium*
b) Ms. Vat.: *est* im Rahmen der Manuskriptkorrektur hinzugesetzt
c) Ms. Vat.: ursprünglich *vendendi*, dann das *e* zu *u* verbessert und das *-que* ergänzt; Hg[5]: *vendendique*

Das *commercium* ist das Recht zum gegenseitigen Kauf und Verkauf.

Es handelt sich um das *commercium* in der klassisch-technischen Bedeutung als Recht der Teilnahme an den Veräußerungsgeschäften des *ius civile*, insbesondere – wie der Zusammenhang mit dem vorangegangenen und folgenden Text zeigt – um die Befugnis zur Vornahme der Manzipation.[34] Daß der Text in bezug auf die Veräußerung von *emere* und *vendere* spricht, ist allerdings ungewöhnlich und hat zu verschiedenen abweichenden Erklärungsversuchen geführt.[35] So wäre die Bestimmung des Begriffs als Recht zur Vornahme der schuldrechtlichen *emptio venditio* zu eng gefaßt,[36] weil durch die Verleihung des *commercium* ja gerade die

34 Für diese Bedeutung vgl. Cicero *in Verr.* II 2,50,124; II 3,40,93; Hüttl, Pius 1, S. 97; ausführlich Kaser, Ausg. Schriften 1, S. 271; ders., SZ 105 (1988), S. 141. Mit Recht nennt Mayer-Maly, TR 71 (2003), S. 5 die Definition des Regelwerks »juristisch … akzentuiert«.

35 Es ist vermutet worden, daß sich *emere* und *vendere* hier in einem weiten Sinne auf die Befugnis beziehen könnten, im Rahmen von Handelsgeschäften das römische Eigentum an *res mancipi* und *nec mancipi* zu erlangen und zu übertragen; Cramer, Scholia, S. 121; vgl. Abdy/Walker, Rules, S. 398 f., Fn. 3. Diese Ansicht könnte sich auf die alte Verwendung von *emere* im Anschluß an die Zwölf Tafeln stützen, wo es jede Veräußerung umfaßte; vgl. Aristo bei Pomponius 18 *ad Q. Muc.* D. 40,7,29,1. Entsprechend äußert Burchardi, Grundzüge, S. 50 f., in der älteren Zeit habe *emptio* jede Veräußerung bezeichnet.
In Anknüpfung an die nichttechnischen Bedeutung des Begriffes i. S. einer *commutatio mercium* ist ferner angenommen worden, mit dem Gerundium sei ausgedrückt, daß das *commercium* das Recht *des* wechselseitigen Kaufens und Verkaufens sei, also ein »Recht der Umsatzgeschäfte«. Vgl. Hermogenian 1 *iur. ep.* D. 1,1,5: kraft des *ius gentium* sei u. a. das *commercium* eingeführt worden; die neue Digestenübersetzung gibt es mit »Handelsverkehr« wieder. Vgl. auch C. 8,50(51),11 (a. 293): »*Si liberum captum te ab hostibus commercio redemit Sabinus* …«. Dieses Verständnis lassen auch Scott, Rules, S. 238 (»Commerce is the right of reciprocal purchase and sale«) sowie die Grünberger Übersetzung erkennen: »Commercium (Handel und Wandel nach civilem Recht) ist das civile Recht des gegenseitigen Kaufes und Verkaufes«. Der Zusammenhang von § 5 zeigt aber, daß er sich auf die technische Bedeutung im klassischen Recht bezieht. Dies spricht auch dagegen, daß *commercium* i.S.d. nachklassischen Bedeutung »Erwerbsbefugnis bezüglich bestimmter Sachen« stehen könnte. Vgl. die Verwendung in den Inst. 3,19,2 (*rem … cuius commercium non* ***habuit***); für letztere Bedeutung vgl. auch die Theophilus-Paraphrase zu Inst. 3,19,2 mit Hinweis auf Tit. 19,5 in der Ferrini-Ausgabe. Aus dem dort anschließenden Beispiel wird deutlich, daß die Erwerbsbefugnis bezüglich bestimmter Sachen gemeint ist: dem *haereticus* fehlt das *commercium*, um ein Grundstück der orthodoxen Kirche zu kaufen.

36 Leonhard, RE, 7. Hb. (1900), s. v. Commercium, Sp. 768.

umfassende Teilnahme an den zivilen Veräußerungsgeschäften ermöglicht werden sollte. Gleichzeitig wäre sie sinnlos, weil die *emptio venditio* dem *ius gentium* angehört[37] und damit den Peregrinen ohnehin offensteht. Tatsächlich bezieht sich das *emendi vendundique ius* auf die *mancipatio* in ihrer Deutung als *imaginaria venditio*.[38] Es handelt sich um die klassische Vorstellung vom »bildhaften Kauf«, der sich aus der ursprünglich als Barkauf konzipierten *mancipatio* entwickelt hatte, nachdem die Einführung der Münzwährung die Entwicklung zu einem Instrument der Übereignung ohne Kaufpreiszahlung ermöglicht hatte. Die Erörterung des *commercium* zeigt wiederum, daß der Text nur vor der *Constitutio Antoniniana* verfaßt worden sein kann.[39]

§ 6. *Res mobiles*[a] *non nisi praesentes mancipari possunt, et non plures quam quot*[b] *manu capi possunt; immobiles*[c] *autem etiam plures simul, et quae diversis locis sunt, mancipari possunt.*

a) Ms. Vat.: *mobilis*
b) Ms. Vat.: *quod*; Til: *quae*
c) Ms. Vat.: *immobilis*

Bewegliche Sachen können nur manzipiert werden, wenn sie an Ort und Stelle sind, und nicht mehr als soviele, wie man mit der Hand ergreifen kann; an unbeweglichen Sachen kann man aber auch mehrere gleichzeitig manzipieren, und solche, die sich an anderen Orten befinden.

Der Begriffsgegensatz von *res mobiles* und *immobiles* wird in der Literatur überwiegend für nachklassisch gehalten. Nach dieser Ansicht soll in der klassischen Jurisprudenz nicht die *res immobilis*, sondern das Begriffspaar *praedium/fundus*[40] zur systematischen Gliederung benutzt worden sein, weil die Klassiker nur von beweglichen Sachen und Grundstücken sprächen.[41] In Wahrheit ist der Sprachge-

37 Paulus 33 *ad ed.* D. 18,1,1,2.

38 Vgl. Gaius 1,113 u. 119; ebenso unten Tit. 20,2 im Zusammenhang des Testamentsrechts.

39 Aus der Sicht derjenigen, die von einer Entstehung des Textes nach der *Constitutio Antoniniana* ausgehen, wird zur Begründung der Bedeutung des *commercium* vorgebracht, die Constitutio Antoniniana habe gar nicht allen Freien das römische Bürgerrecht verschafft. Vgl. insbesondere die Ausnahmeklausel des P. Giss. 40 und die Inschrift von Walldürn (CIL XIII, 6592); dazu Sasse, Constitutio Antoniniana; Jacques/Scheid, Rom 1, S. 311. Dazu bereits oben S. 174, Fn. 2.

40 Kaser, RP 1, S. 382; Ortega, Dotis dictio, S. 119.

41 Als nachklassisch gelten daher auch Tit. 19,6 u. 8; vgl. Schulz, Epitome, S. 43; Albertario BIDR 32 (1922), S. 126; Perozzi, Istituzioni I, S. 644, Fn. 3; Solazzi, St. Riccobono 1, S. 154, Fn. 249. Die einschlägigen Digestenfragmente (vgl. die folgende Fn.) sind vielfach für interpoliert gehalten worden; vgl. Kübler, St. Bonfante 2, S. 347 ff., Fn. 2; Bonfante, St. Schupfer 1, S. 4; Lenel, Pal. 1, Modestin 18; Bonfante, Scritti 2, S. 253; ders., Corso 2,1, S. 147 u. 186 n. 1; Di Marzo, BIDR 49/50 (1947), S. 236 ff.

brauch *res immobilis* aber klassisch.[42] Der Ausdruck steht für die den *res mobiles* gegenüberstehenden *res quae solo continentur*, also die Grundstücke.[43] Dabei bewirkte der klassische Satz »*superficies solo cedit*«, daß als Grundstück auch das Hausgrundstück (*aedes* bzw. *domus*)[44] sowie der Bauernhof (*fundus*) zählte.[45]

Obgleich das klassische Recht nur *einen* Begriff des Grundstücks kennt, unterscheidet Gaius 2,42 im Ersitzungsrecht zwischen *fundus* und *aedes*: *(Usucapio) mobilium quidem rerum anno completur, fundi vero et aedium biennio.* Gaius führt die Unterscheidung auf die Zwölf Tafeln zurück, die Quelle der vorklassischen Rechtswissenschaft. Diese hatten allerdings nur für den *fundus* (im Gegensatz zu allen anderen Sachen) eine *usus-auctoritas*-Frist von zwei Jahren vorgeschrieben. Für *aedes* (dort: *Stadt*häuser[46]), die ja nicht *fundus* sind,[47] genügte daher ur-

42 Zu nennen ist laut VIR neben unserer Stelle noch Javolen 9 *epist.* D. 41,3,23 pr; Marcellus 8 *dig.* D. 19,2,48,1 (*servum … vel aliam rem non immobilem*); Macer 1 *de app.* D. 2,8,15 pr.; Modestin 6 *diff.* D. 3,3,63 (*res mobiles, immobiles, servi*). Daß die klassische Rechtswissenschaft die Unterscheidung von *res mobilis* und *immobilis* kannte, sieht zutreffend auch Scialoja, Teoria della proprietà 1, S. 61.

43 Ulpian 16 *ad ed.* D. 6,1,1,1; nach der neuen Digestenübersetzung: »Sachen, die mit dem Grund und Boden zusammenhängen«. Krit. neuerdings Behrends, Privatrecht, S. 61 f., Fn. 114, der von »Sachen, die durch den (begrenzten) Boden definiert werden« spricht, weil das Grundstück nicht mit sich selbst zusammenhänge. Das Grundstück ist also als begrenztes Bodenstück definiert; Gaius 2,73. Wer daher z.B. am Strand baut, verliert nicht sein Eigentum nach dem Grundsatz *superficies solo cedit*, weil es dort kein von der Rechtsordnung künstlich festgelegtes Bodenstück (*solum*) gibt; vgl. Neraz 5 *membr.* D. 41,1,14 pr und Behrends, Fs. Lange, S. 21 f. Die Kategorie der *res quae solo continentur* tritt im Ediktkommentar auf, stammt also aus der klassischen Tradition und wird später von der sabinianischen Rechtsschule rezipiert. Sie ist identisch mit den *res immobiles*.

44 Celsus 18 *dig.* D. 6,1,49 nennt das *solum* eine *pars aedium*.

45 Obgleich es also nur eine Kategorie der unbeweglichen Sachen gibt, spricht der Text von *immobiles* im Plural, weil er die Besonderheit mitteilt, daß man mehrere Grundstücke gleichzeitig manzipieren kann.

46 Für diese übliche Terminologie vgl. Florentin 8 *inst.* D. 50,16,211. Anders allerdings XII-Tab. 10,9 (Cicero *de leg.* 2,24,61), wo *aedes* offenbar ausnahmsweise ein außerhalb der Stadt gelegenes Haus bezeichnet: Den Sachzusammenhang bilden Grabstätten, die nur im Außenbereich bestehen dürfen (XII-Tab. 10,1). Die besondere Verwendung des Ausdrucks *aedes* dürfte dadurch veranlaßt sein, daß es nicht auf das *Grundstück* ankommt. Der Zwölftafelsatz 10,9 enthält vielmehr eine Vorschrift zum Schutz fremder *Gebäude*, zu denen bei einer Leichenverbrennung wegen der Feuergefahr ein Abstand von mindestens sechzig Fuß bestehen muß.

47 Die Zwölf Tafeln unterschieden grundsätzlich zwischen *fundus* und *aedes*. *Fundus* ist das außerhalb der Stadt gelegene Grundstück, das der Parzellierung und damit der genauen Bezeichnung zum Zweck der Veräußerung zugänglich ist. Die Begründung privater Rechte wurde im Wege eines spezifischen Hegungsrituals (*nexum facere*) ermöglicht (vgl. XII-Tab. 6,1 *cum nexum …*; für die Erklärung des *nexum facere* als Hegungsritual vgl. Behrends, Nexum, S. 137 ff.) Dies war ursprünglich nur bei außerstädtischen Grundstücken möglich (*ager Romanus*), weil der Boden in Rom Privatrechten nicht zugänglich war (vgl. S. 358, Fn. 10). *Aedes* ist demgegenüber das Stadthaus.

sprünglich ein Jahr, wie Cicero (*Top.* 4,23) im Hinblick auf den Gesetzeswortlaut bemerkt: *in lege aedes non appellantur et sunt ceterarum rerum, quarum annuus est usus.* Die Beschränkung des Zwölftafelsatzes auf den *fundus* hatte historische Gründe. Sie rührten aus der alten, längst überwundenen Bodenordnung her, die an städtischen Grundstücken kein Privateigentum zuließ. Jetzt forderte dagegen laut Cicero die *aequitas*, daß im Sinne einer Gleichbehandlung der unbeweglichen Sachen auch für *aedes* die Zweijahresfrist Anwendung findet.[48] Diese Gleichbehandlung schuf die Möglichkeit, im Sprachgebrauch auf die gemeinsame Eigenschaft der Unbeweglichkeit abzustellen, anstatt nur vom *fundus* zu sprechen. Die Verwendung des Begriffspaars *res mobilis* und *immobilis* geht im Zusammenhang mit den anderen Begriffsgegensätzen, die im Textabschnitt vorkommen, wahrscheinlich auf die Systematisierungsbemühungen der klassischen Schultradition zurück. Das Regelwerk entwickelt die Systematik des Grundbestands hier also um einen Schritt weiter, den die zu Gaius führende Tradition nicht mitging.

§ 7. *Traditio propria est alienatio rerum nec mancipi. harum[a] rerum dominia ipsa traditione[b] adprehendimus, scilicet si ex iusta causa traditae sunt nobis.*

a) so Cuj (Obs. 17,28, Par. 1586), Hg[5], Sch; Cuj (Aur. 1586): *mancipi, harum dominia ipsa*; Ms. Vat.: *nec mancipiarum*; Til: *alienatio rerum. Nec mancipi rerum dominia*; Ch 1578 [220 r]: *nec mancipi. Nec mancipi rerum*
b) Ms. Vat.: zunächst *traditio*, dann im Wege der Mk *ne* ergänzt

Die Übergabe ist die spezielle Veräußerungsform für *res nec mancipi.* An diesen Sachen erwerben wir das Eigentum durch die Übergabe selbst, nämlich wenn sie uns aus einem Rechtsgrund übergeben worden sind.

Im Anschluß an die *mancipatio* behandelt das Regelwerk nun als weitere Form der *alienatio* den für *res nec mancipi* vorgesehenen Veräußerungstatbestand. Für diesen verwendet die Stelle zunächst nur den Ausdruck *traditio.*[49] Der Text gibt aber anschließend sofort zu erkennen, daß nach der ihm zugrundeliegenden Lehre die *traditio* strenggenommen einen rein tatsächlichen Vorgang bezeichnet: die faktische Übertragung des Besitzes. Diese Vorstellung rührt aus der Lehre des Servius her. Dieser verstand, wie Julian mitteilt, den Besitz als reines *factum*,[50] so daß auch

48 Vgl. Cicero *Top.* 4,213: *valeat aequitas, quae paribus in causis paria iura desiderat.*

49 Zur Beschreibung des Unterbegriffs unter Verwendung von *proprius* als Kennzeichen der Darstellungsmethode des Servius näher S. 100 mit Fn. 79 sowie S. 364.

50 Julian 44 *dig.* D. 41,5,2,2: *Servius … existimabat naturalem possessionem penes eum fuisse vivo patre*, nimmt also den Besitz des *filiusfamilias* an einer vom Vater geschenkten Sache an. Das kann nur rein faktisch gemeint sein. Vgl. auch Paulus 54 *ad ed.* D. 41,2,1,1: *Dominiumque rerum ex naturali possessione coepisse Nerva filius ait.* Zur Sache Behrends, Iusta causa, S. 46-48.

Aufgabe und Ergreifung des Besitzes zwei rein tatsächliche Vorgänge bildeten.[51] Der Text zeigt dieses Verständnis dadurch, daß er mitteilt, zur faktischen Besitzübertragung (*traditio* i.e.S.) müsse ein Rechtsgrund (*iusta causa*) hinzukommen (*scilicet si ex iusta causa traditae sunt nobis*), damit der Eigentumserwerb stattfinde.[52] Wenn der Text die *iusta causa* zusätzlich zur eigentlichen *traditio* fordert, unterscheidet er also zwischen der rein *tatsächlichen* Übertragung des Besitzes und den rechtlichen Formen, die das *ius* dafür bereithält. Die Stelle bezieht sich damit auf die Unterscheidung zwischen den juristischen Formen und der empirischen Welt. Diese Differenzierung bildet ein charakteristisches Merkmal der Wissenschaft des Servius.[53] Im Unterschied zu Gaius 2,19 u. 20, der den Stoff mit Beispielen veranschaulicht, enthält der *liber singularis* hier eine prägnant gefaßte und auf die Tatbestandsvoraussetzungen beschränkte Regel.

§ 8. *Usucapione dominia adipiscimur tam mancipi*[a] *rerum, quam nec mancipi*[b]*. usucapio est autem dominii adeptio per continuationem possessionis anni vel biennii: rerum mobilium anni, immobilium*[c] *biennii.*

a) Ms. Vat.: *mancepi*
b) Ms. Vat.: *mancepi*
c) Ms. Vat.: *inmobilium*

Durch Ersitzung erwerben wir Eigentum sowohl an *res mancipi* wie an *res nec mancipi*. Ersitzung aber ist Erwerb des Eigentums durch dauerhaften Besitz über ein oder zwei Jahre, bei beweglichen Sachen ein Jahr, bei unbeweglichen zwei Jahre.

Unter den Tatbeständen des Eigentumserwerbs behandelt der Text auch die *usucapio*.[54] Im Unterschied zu den vorangegangenen Tatbeständen ist sie keine Form der rechtsgeschäftlichen Eigentumsübertragung, sondern ein Erwerb (*adeptio*), der nach einer bestimmten Frist im allgemeinen Interesse Klarheit über die Eigentumsverhältnisse schafft.[55] Auch in Tit. 2,3 wurde bereits deutlich, daß der *liber singularis* zwischen der *usucapio* und den Formen der *alienatio* unterscheidet. Die Wortwahl *tam mancipi rerum, quam nec mancipi* bietet nach Ansicht Mayer-Malys Anlaß zu der Vermutung, daß Gaius 2,43 bei der Abfassung des Textes zugrunde-

51 Vgl. Behrends, Spezifikationslehre, S. 204 mit Nachweisen. Vgl. bereits oben S. 120.

52 Vgl. Behrends, Iusta causa, S. 36 f. aufgrund von Gaius 2 *rer. cott.* D. 41,1,1 pr, Gaius 2 *rer. cott.* D. 41,1,9,3, Gaius 2,20 und – besonders deutlich – Paulus 31 *ad ed.* D. 41,1,31 pr: *Numquam nuda traditio transfert dominium. sed ita, si venditio aut alia* [sic Bynkershoek; *aliqua* F] *iusta causa praecesserit, propter quam traditio sequeretur.*

53 S. oben S. 89 f.

54 Entsprechend bereits Varro *rer. rust.* 2,10,4.

55 Dies bringt besonders deutlich Gaius 2,44 zum Ausdruck: *ne rerum dominia diutius in incerto essent*; Gaius 21 *ad ed. prov.* D. 41,3,1. Vgl. Mayer-Maly, St. Betti 3, S. 463.

gelegen habe.[56] Tatsächlich aber trägt die Formulierung dem Umstand Rechnung, daß diese Unterscheidung den Anfang des Titels 19 bildet, und sich die vorangehend geschilderten Rechtseinrichtungen entweder nur auf die *res mancipi* (§ 3) oder nur auf die *res nec mancipi* (§ 7) bezogen.

Die anschließende Definition der *usucapio* gibt die in der klassischen Zeit geltenden Fristen wieder. Der Satz ist auch überliefert bei Modestin 5 *pand.* D. 41,3,3:[57] *usucapio est adiectio (adeptio* Cuj.*) dominii per continuationem possessionis temporis lege definiti.* Hier profitierte offenbar Modestin vom Text des *liber singularis*,[58] wobei wahrscheinlich die präziseren Angaben unseres Textes bei der Übernahme zugunsten der unbestimmt gehaltenen Fassung bei Modestin fortfielen.[59] In noch weitergehender Abhängigkeit vom Text des Regelwerks definiert Boethius *in Cic. Top.* 4,23: *usucapio est adeptio dominii per continuationem iustae possessionis biennii aut alicuius temporis.*[60] Die Überlieferung des Satzes im Rahmen dieser spätantiken Quelle ist aber wahrscheinlich nur durch antiquarisches Interesse motiviert gewesen, während die alte *usucapio* längst untergegangen war.[61] Daß der Ulpianschüler Modestin und Boethius die Definition übernahmen, dürfte durch die traditionsbildende Kraft der regelhaften Fassung des Satzes begünstigt worden sein. In Justinians Institutionen ging die alte *usucapio* nicht mehr ein, denn dieses Verständnis von der Ersitzung war längst bedeutungslos geworden.[62]

56 Mayer-Maly, St. Betti 3, S. 460.

57 Vgl. Honoré, Ulpian[1], S. 109; Mayer-Maly, St. Betti 3, S. 456.

58 Aus Sicht derjenigen, die Ulpian als den Verfasser des Regelwerks ansehen, liegt ohnehin die Annahme nahe, Modestin habe hier von seinem Lehrer profitiert; vgl. Bonfante, Corso 2, Teil 2, S. 274 f., Fn. 1 u. dazu Albertario, BIDR 32 (1922), S. 82; Voci, Modi di acquisto, S. 159. Anders freilich Schulz, Epitome, S. 17.

59 Denkbar wäre immerhin auch, daß Modestin ursprünglich auch die klassischen Fristen nannte, und der Schluß interpoliert ist. Vgl. die Parallele zu den Rückgabefristen für die *dos* (dazu oben bei Tit. 6,8). Bei Proculus' Hinweis (11 *epist.* D. 23,4,17) auf die »gesetzlichen Fristen« (*statuto legibus tempore*) entfernten wahrscheinlich die Kompilatoren die genauere Angabe *annua bima trima die.* Vgl. Mayer-Maly, St. Betti 3, S. 457.

60 Bruns, Fontes 2, S. 74. Ein Indiz für die Benutzung unseres Ulpian zugeschriebenen Textes durch Boethius liegt auch darin, daß Boethius immerhin die Institutionen Ulpians benutzte. Der Satz steht entsprechend auch in Isidors Etymologien 5,25,30, nur ist vor *biennii* ein *vel* eingeschaltet.

61 Vgl. Levy, BIDR 51/52 (1948), S. 356; ders., Vulgar Law, S. 180.

62 Daher kam es möglicherweise zu den offenbar auf Elementarliteratur zurückgehenden Ergänzungen in der Turiner Institutionenglosse 27,115: *usucapio est adjectio dominii legaliter bona fide possidenti.* Vgl. ferner den 3. Anhang: *Usucapio est, adquisitio dominii per continuationem longae possessionis, vel alienae rei bona fide possessae per longam continuatio. Item usucapio est, adquisitio dominii per continuationem possessionis temporis lege definiti.* Es folgt: *In Digestis usucapio large accipitur, i. e. pro usucapione et pro praescriptione. In Institutis stricte accipitur, usucapio in rebus mobilibus, praescriptio in rebus immobilibus.* Hier wird also der *usucapio*-Begriff der Digesten von dem der Institutionen unterschieden; Dirksen, System, S. 26, Fn. 22.

§ 9. *In iure cessio quoque communis alienatio est et mancipi*[a] *rerum et nec mancipi*[b]. *quae fit per tres personas, in iure cedentis, vindicantis, addicentis*[c].

§ 10. *In iure cedit dominus; vindicat is, cui ceditur*[d]*; addicit praetor.*

a) Ms. Vat.: *mancepi*
b) Ms. Vat.: *mancepi*
c) Ms. Vat.: *cedentes vindicantes addicentes*
d) Ms. Vat.: *cedetur*

Auch die Abtretung vor dem Magistrat ist eine gemeinsame Veräußerungsform für *res mancipi* und *res nec mancipi.* Sie findet unter Mitwirkung dreier Personen statt, nämlich des Abtretenden, des sein Recht Behauptenden und des Zusprechenden.
Der Eigentümer tritt sein Recht vor dem Magistrat ab, derjenige, dem gegenüber es abgetreten wird, behauptet das Recht, und der Prätor spricht es zu.

Anders als bei der *mancipatio* stellt das Regelwerk für die *in iure cessio* sogar in groben Zügen den Ablauf dar.[63] Sie ist nach der dem Text zugrundeliegenden Vorstellung ein praktisch lebendiger Übereignungstatbestand, obgleich sich, wie aus Gaius 2,25 deutlich wird, in vielen Fällen die Manzipation als die weniger umständliche Übertragungsform anbot. Die Verfahrensbeteiligten werden in § 9 als *personae* bezeichnet. Es handelt sich um den dem Edikt zugrundeliegenden *Rechts*begriff der Person. Er setzt voraus, daß die Betreffenden in der Lage sein müssen, vor dem Magistrat Rechtshandlungen vorzunehmen.[64] Ebenso wie das förmliche Prozeßverfahren, dem sie nachgebildet war, stand die *in iure cessio* nur freien römischen Bürgern offen.[65]

Den hier wiederum auftretenden Oberbegriff *alienatio* nennt Gaius nicht. Während ihm dieses Systematisierungsmerkmal fehlt, berücksichtigt Gaius dafür die Verhältnisse der Provinz, wenn er mitteilt, daß dort statt des Prätors der Statthalter zuständig sei (2,24 f.), und wenn er die Differenzierung zwischen italischem und Provinzialboden ergänzt (2,27).

§ 11. *In iure cedi res etiam incorporales*[a] *possunt, velut ususfructus et hereditas et tutela legitima libertae*[b].

a) Ms. Vat.: *incorporalis*
b) Til: *et libertas*

63 Erst nach dem Ende der klassischen Zeit kam die *in iure cessio* außer Verwendung; Kaser, RP 1, S. 415; Honsell/Mayer-Maly/Selb, Röm. Recht, S. 106.

64 Vgl. Behrends, Subjektivität, S. 236.

65 Honsell/Mayer-Maly/Selb, Röm. Recht, S. 105.

Auch unkörperliche Gegenstände können vor dem Magistrat abgetreten werden, wie der Nießbrauch, die Erbschaft und die gesetzliche Vormundschaft über eine weibliche Freigelassene.

Die Differenzierung zwischen *res corporalis* und *incorporalis*, wie sie bei Cicero *Topica* 5,27 hervortritt, ist eine grundlegende Zweiteilung der Definitionslehre der für Cicero maßgebenden skeptischen Akademie.[66] Sie bildet die Grundlage für die Unterscheidung der klassisch-formalen Wissenschaft zwischen Rechtswelt und empirischer Welt, die Servius in das Recht eingeführt hatte.[67] In seiner Wissenschaftstradition wurden die Kategorie *res incorporalis* sowie das Begriffspaar *res corporalis/incorporalis* zu spezifischen, systematischen Merkmalen der klassischen Jurisprudenz, und damit zu Kategorien der Definitionslehre.[68] Die klassische Lehre nannte diejenigen Begriffe *res incorporales*, die im Unterschied zu den der körperlichen Welt angehörigen *res corporales* lediglich gedankliche Schöpfungen sind.[69] Die Verwandlung der *res incorporales* von methodischen Leitkategorien, von Ordnungsbegriffen, die das menschliche Leben regeln, zu subjektiven Vermögensrechten ist die wichtigste Konsequenz davon, daß im hochklassischen Rechtsdenken der Mensch im Mittelpunkt des Rechts stand. Auf dieser Grundlage wurden ihm nämlich im Rahmen einer vom Gleichheitssatz getragenen gedanklichen Ordnung (*institutio aequitatis*) Bürgerrecht und Eigentum vermittelt.

Im Gegensatz zu der Aufzählung bei Cicero, wo mit *gens* und Agnatenverband unzweifelhaft nichtvermögenswerte Rechtseinrichtungen genannt sind, beschränkt sich Gaius 2,14 auf die Nennung von Vermögensgegenständen: Er nennt als *res incorporales* die Dienstbarkeit, die Erbschaft, den Nießbrauch und die Obligationen.[70] Demgegenüber erwähnt das Regelwerk noch die *tutela legitima libertae*. Auch sie bezieht sich zwar auf ein bestimmtes Vermögen, weil sie mit einem In-

66 Behrends, Labeo 44 (1998), S. 39 m. Fn. 20; vgl. dens, SZ 112 (1995), S. 212 f. Mette, Zivilrecht, S. 25 m. Nachw. hat versucht, stoische Ursprünge für die Unterscheidung unter dihäretischen Gesichtspunkten zwischen körperlichen *res* (Sachen, σώματα) und unkörperlichen (πράγματα) zu ermitteln. Behrends, SZ 92 (1975), S. 469 hat aber festgestellt, daß Mettes Erklärung nicht den Ursprung trifft, und darauf hingewiesen, daß das Recht für die Stoa insofern aus körperlichen (materialen) Prinzipien besteht, als diese als wirksame Kräfte der sozialen Ordnung gedacht werden. Demgegenüber besteht das Recht nach der skeptischen Lehre nur aus Schöpfungen des menschlichen Geistes: die Institutionen des Rechts verdanken ihre Ordnungskraft ausschließlich dem menschlichen Denken. Näher Behrends, in: Bydlinski/Mayer-Maly, Grundlagen, S. 19; ders., Fs. Summers, S. 212.

67 Behrends, Index 12 (1983/84), S. 205; vgl. ders., Gesetz und Sprache, S. 216.

68 Behrends, Labeo 44 (1998), S. 40; ders., Jherings Evolutionstheorie, S. 120 f., Fn. 22.

69 Vgl. insbesondere die Ausführungen Behrends' in Auseinandersetzung mit der Ansicht von Bretone, Res incorporalis. Atti convegni lincei 125 (1996), S. 117-142; ders., Labeo 43 (1997), S. 187-201; ders., Fondamenti, S. 222 f.

70 Vgl. Behrends, Labeo 44 (1998), S. 37 f.

testaterbrecht nach dem Mündel einhergeht und der Tutor einer Freigelassenen damit den Bestand eines möglicherweise an ihn selbst fallenden Vermögens kontrolliert.[71] Gleichwohl bildet diese Tutel kein Vermögensrecht wie das Recht am Nießbrauch und an der Erbschaft. Daran zeigt sich, daß der *res-incorporalis*-Begriff des Regelwerks dem wissenschaftsgeschichtlichen Ursprung der Kategorie deutlich näher steht als Gaius.

Nicht mehr unter die *res incorporales* fällt das Eigentum. Die Differenzierung zwischen körperlichen und unkörperlichen Gegenständen ist im Regelwerk insoweit ebenso eingeschränkt wie bei Gaius. Bei letzterem liegt die Ursache darin, daß er das Eigentum unmittelbar von der körperlichen Sache her definiert und diese stellvertretend für das an ihr bestehende Eigentumsrecht nennt – als *res corporalis* (Gaius 2,12 ff.).[72]

§ 12. *Hereditas in iure ceditur vel antequam adeatur, vel posteaquam adita fuerit.*

Die Erbschaft wird entweder vor dem Magistrat abgetreten, bevor sie angetreten wird, oder nachdem sie angetreten worden ist.

Die Unterteilung leitet die folgenden Sätze ein. Die §§ 12-15 ähneln Gaius (Gai 2,34-37, besonders deutlich aber Gaius 3,85-87), was Buckland zu der – unrichtigen – Annahme verleitet hat, daß die beiden Gaius-Passagen für diesen Abschnitt des Regelwerks zusammengezogen worden seien.[73]

§ 13. *Antequam adeatur, in iure cedi potest legitimo*[a] *ab herede*[b]*; posteaquam adita est, tam a*[c] *legitimo quam ab eo, qui testamento heres scriptus est.*

§ 14. *Si, antequam adeatur, hereditas in iure cessa sit, proinde*[d] *heres fit, cui cessa est, ac*[e] *si ipse heres legitimus esset; quod si posteaquam*[f] *adita fuerit, in iure cessa sit, is*[g]*, qui cessit*[h]*, permanet heres, et ob id creditoribus defuncti manet obligatus; debita vero pereunt, id est debitores defuncti liberantur*[i].

§ 15. *Res autem corporales, quasi*[j] *singulae in iure cessae essent*[k]*, transeunt ad eum, cui cessa est hereditas.*

a) Ms. Vat.: *legitime*
b) so Hg[5], Sch; Ms. Vat., Cuj (1566, Aur. 1586): *legitime ab herede*; Kr: *ab herede legitimo*
c) Ms. Vat.: *a* im Laufe der Korrektur hinzugesetzt
d) so Cuj (Par. 1586); Til, Cuj (1566, Aur. 1586): *perinde*

71 Gaius 1,192; vgl. (für die gesetzliche Agnatentutel) Q. Mucius *lb. sg.* ὅρων D. 50,17,73 pr: *Quo tutela redit, eo et hereditas pervenit.*

72 Behrends, Labeo 44 (1998), S. 38; ders., Trichotomie, S. 65.

73 Buckland, LQR 38 (1922), S. 40.

e) so Til, Hg^5, Kr, Sch; Ms. Vat.: *hac*
f) so Cuj (Obs. 17, 28), Kr, Sch; Ms. Vat.: *postea cum*; Til, Cuj (Par. 1586, Aur. 1586), Hg^5: *postea quam*
g) so Til, Hg^5, Sch; Ms. Vat.: *his*
h) Ms. Vat.: *cesset*; Til, Ch 1578 [221 r]: *is, cui cessa est*
i) Hg^5: *liberantur, res*
j) so Kr, Sch, Ballhorn, Schi (An. crit. 4, 6); Ms. Vat.: *quoties singulae in iure cesse sunt*, Til, Hg^5: *quoties … sunt*
k) so Schulz; Ms. Vat., Til.: *sunt*

> Bevor sie angetreten wird, kann sie von einem gesetzlichen Erben vor dem Magistrat abgetreten werden, nachdem sie angetreten worden ist, sowohl vom gesetzlichen als auch vom testamentarisch eingesetzten Erben.
> Ist die Erbschaft, bevor sie angetreten wird, vor dem Magistrat abgetreten worden, so wird der, dem sie abgetreten worden ist, gerade so Erbe, als wenn er selbst gesetzlicher Erbe wäre. Wird sie, nachdem sie angetreten ist, vor dem Magistrat abgetreten, dann bleibt derjenige, der sie abgetreten hat, Erbe, und bleibt deshalb den Gläubigern des Verstorbenen verpflichtet; die Forderungen der Erbschaft aber gehen unter, d.h. die Schuldner des Verstorbenen werden befreit.
> Die körperlichen Gegenstände aber gehen, als ob sie einzeln vor dem Magistrat abgetreten worden wären, auf den über, dem die Erbschaft abgetreten worden ist.

Wenn die Erbschaft, etwa aufgrund einer fideikommissarischen Verpflichtung, einem Dritten übertragen werden sollte, bot die *in iure cessio hereditatis* die Möglichkeit, dem Dritten direkt die Erbenstellung zu verschaffen.[74] Nur der *heres legitimus*, also der *ab intestato* berufene seitenverwandte Agnat, konnte ohne weitere Zwischenschritte das Recht zum Antritt der Erbschaft übertragen.[75] War die Erbschaft dagegen einmal angetreten worden, so hörte sie auf, als solche ein selbständiger und übertragbarer Vermögensgegenstand zu sein. Die Wirkungen ihrer Abtretung konnten sich in diesem Fall nur auf die Nachlaßgegenstände, nicht aber auf das Erbrecht selbst beziehen.[76]

Die Rechtsfolgen der *in iure cessio hereditatis* richten sich nach der klassischen Logik des Spezialitätsprinzips, die im Kontext des Regelwerks besonders deutlich erfaßt werden kann. Die *hereditas* wird als Inbegriff von körperlichen und unkörperlichen Sachen (*summa rerum*; vgl. Tit. 24,25 für den Begriff, der dem Ausdruck

74 Longchamps de Bérier, Fedecommesso, S. 87.
75 Dem Testamentserben war dies wahrscheinlich deswegen versagt, weil der Erblasser gerade ihn benannt hatte. Vgl. Kaser, RP I, S. 722.
76 Longchamps de Bérier, Fedecommesso, S. 87.

universitas rerum entspricht) angesehen. Die Wirkung der Abtretung besteht darin, daß die körperlichen Sachen, da sie von der *in iure cessio* erfaßt werden, als einzelne übergehen. Sie werden behandelt, als ob sie Gegenstände einzelner Übertragungsakte geworden seien (§ 15: *quasi singulae in iure cessae*).[77]

Die Obligationen gehen dagegen unter (§ 14, Gaius 2,35). Es handelt sich um eine zweckwidrige, aber begriffslogische Folge. Der Text beschränkt sich im Hinblick auf die vererbten Forderungen auf die Feststellung, daß die Schuldner des Verstorbenen frei würden. Gaius teilt dasselbe mit, fügt aber eine Bewertung hinzu: Wenn er feststellt, daß den Schuldnern ein *lucrum*, nämlich ein ungerechtfertigter Vermögensvorteil zufalle,[78] mißt er die Folge am Gerechtigkeitsprinzip. Damit argumentiert er – im Gegensatz zum Redaktor des *liber singularis* – als Sabinianer. Im Hinblick auf die Schulden, für die nach dem Antritt der Erbe verhaftet bleibt, fällt auf, daß § 14 die Voraussetzungen (*posteaquam adita fuerit*) mit der für eine anwendbare Regel notwendigen Präzision wiedergibt, während sich Gaius 2,35 ungenau auf die Übernahme der Verpflichtung (*post obligationem*) beschränkt.

Der Text sieht keinerlei ausdrückliche Differenzierung zwischen Haus- und Außenerben vor. Die Hauserben werden offenbar deswegen nicht gesondert erwähnt, weil sich bei ihnen die hier erörterte Frage des Erbschaftsantritts nicht stellte. Auch in dieser Hinsicht weicht der *liber singularis* von Gaius ab. Dieser muß die Unterscheidung vornehmen, um die sabinianische Ansicht darzustellen, daß eine *in iure cessio* der Erbschaft durch den *Hauserben* nichts bewirke. Als Grund führt Gaius die vorklassische Lehre von der unmittelbaren Fortsetzung der Hausgewalt durch die Hauserben an: Sie bewirkt, daß es gar nicht zum Entstehen einer *hereditas iacens* kommt, die übertragen werden könnte.[79] Nach Ansicht der Prokulianer bewirkt der Hauserbe durch die *in iure cessio* dieselben Rechtsfolgen wie ein Außenerbe, der die Erbschaft angetreten hat (Gaius 3,87).

77 Kaser, RP 1, S. 723.

78 Gaius 2,35: *post obligationem vero si cesserit, nihilo minus ipse heres permanet et ob id creditoribus tenebitur, debita vero pereunt eoque modo debitores hereditarii lucrum faciunt*; Gaius 3,85: *Quodsi posteaquam heres extiterit, cesserit, adhuc heres manet et ob id creditoribus ipse tenebitur; … debita vero pereunt, eoque modo debitores hereditarii lucrum faciunt.* Daß mit *lucrum* eine Bewertung des Vermögensvorteils ausgedrückt wird, ergibt sich aus Gaius 2,56 f., wo er mitteilt, die *usucapio lucrativa* habe in einer bewußten Bereicherung an fremdem Vermögen bestanden (*sciens quisque rem alienam lucri facit*) und sei inzwischen abgeschafft worden.

79 Gaius 3,87: *nostri praeceptores nihil eos agere existimant*; Paulus 2 *ad Sab.* D. 28,2,11: *In suis heredibus evidentius apparet continuationem dominii eo rem perducere, ut* ***nulla videatur hereditas fuisse****, quasi olim hi domini essent, qui etiam vivo patre quodammodo domini existimantur.* Zur vorklassischen Vorstellung von der unmittelbaren Fortsetzung der Hausgewalt vgl. oben S. 251, Fn. 14.

§ 16. *Adiudicatione dominia nanciscimur per formulam familiae herciscundae, quae locum habet inter coheredes*[a]; *et per formulam communi dividundo, cui locus est inter socios; et per formulam finium regundorum, quae est inter vicinos. nam si iudex uni ex heredibus aut sociis aut vicinis rem aliquam adiudicaverit, statim illi adquiritur, sive mancipi sive nec mancipi sit.*

a) Ms. Vat.: *inter quos heredes*

Durch gerichtliche Zuweisung erlangen wir das Eigentum mit Hilfe der Erbteilungsklage, welche zwischen Miterben stattfindet, und durch die Teilungsklage, die zwischen Miteigentümern vorkommt, und durch die Klage auf Grenzregelung, die unter Nachbarn stattfindet. Denn wenn der Geschworene einem der Erben oder Miteigentümer oder Nachbarn irgendeine Sache zuweist, so wird sie unmittelbar durch diesen erworben, ob sie nun *res mancipi* oder *res nec mancipi* ist.

Bei Teilungsklagen wird der Geschworene ermächtigt, ein Grundstück, das aus einer Erbengemeinschaft, einer Bruchteilsgemeinschaft oder einer Grenzlage stammt, zu teilen, und das bisherige Miteigentum in Alleineigentum an den durch Realteilung gewonnenen Grundstücken zu verwandeln oder – im Fall des ungeklärten Grenzverlaufs – die Grundstücksgrenze festzusetzen.[80] Der Ausdruck *adiudicatio* kann sich außer auf den Gerichtsakt als Tatbestand des Eigentumserwerbs auch auf die in der Klagformel enthaltene Ermächtigung des Gerichts zu seiner Vornahme beziehen.[81] Während unsere Stelle die *adiudicatio* als Form des Eigentumserwerbs behandelt, erörtert Gaius 4,42 sie im Prozeßrecht, nämlich als Formelbestandteil zwischen *intentio* und *condemnatio.*

§ 17. *Lege nobis adquiritur velut caducum vel ereptorium*[a] *ex lege Papia Poppaea*[b], *item legatum ex lege duodecim tabularum, sive mancipi*[c] *res sint sive nec mancipi*[d].

a) so Hg4-5; Ms. Vat.: *erepturium*; Til, Cuj (1566, Aur. 1586), Hg1-3: *ereptitium*;
b) Ms. Vat.: *popea*
c) Ms. Vat.: *mancepi*
d) Ms. Vat.: *mancepi*

Aufgrund Gesetzes wird beispielsweise verfallenes oder »entrissenes« Vermögen nach der *lex Papia Poppaea* erworben; ebenso ein Vermächtnis aufgrund des Zwölftafelgesetzes, mag es nun *res mancipi* oder *res nec mancipi* betreffen.

80 Honsell/Mayer-Maly/Selb, Röm. Recht, S. 150; Kaser, RP 1, S. 412; ders., Symb. David, S. 87.

81 Gaius 4,42: *Adiudicatio est ea* ***pars formulae****, qua permittitur iudici rem alicui ex litigatoribus* ***adiudicare***; Kaser, RP 1, S. 412, Fn. 18.

Die Stelle betrifft den zivilen Erwerb auf besonderer gesetzlicher Grundlage. In den beiden genannten Beispielen tritt der Ausdruck *lege* in verschiedenen Nuancen auf. Hinsichtlich des Erwerbs der *caduca* infolge der *lex Iulia et Papia* meint *lege* den Erwerb aufgrund Gesetzes:[82] Was nicht erworben werden kann, ist von Gesetzes wegen »verfallen« (*caducum*) und gelangt an andere Personen oder an den Staat.[83] Als Erwerb aufgrund Gesetzes bezeichnet der Text auch den Erwerb aufgrund Zwölftafellegats (XII-Tab. 5,3). Die Vorstellung, daß eine letztwillige Verfügung ihre Wirksamkeit zumindest *auch* einer gesetzlichen Grundlage verdanke, begegnet in abgeschwächter Form bereits in Tit. 11,14 (*confirmantur … lege duodecim tabularum*) sowie im übrigen bei Ulpian 2 *ad leg. Iul. et Pap.* D. 50,16,130 (*lege duodecim tabularum testamentariae hereditates confirmantur*).

Auch Gaius kennt das Vermächtnis als Rechtsgrund für den Eigentumserwerb (Gaius 2,97). Wenn er es dennoch nicht beim Erwerb von Einzelgegenständen, sondern im Testamentsrecht behandelt, nimmt er damit einen Verstoß gegen seine eigene systematische Gliederung in den Erwerb von Einzelsachen und *per universitatem* in Kauf,[84] um das Recht der gewillkürten Erbfolge im Zusammenhang darstellen zu können.[85] Damit weist er ein systematisches Element der vorklassischen Tradition auf, das in den Werken des Q. Mucius und des Sabinus zum *ius civile* aufgetreten war.[86]

82 Zur *lex* als Grund für den Erwerb von Rechten an Sachen in Tit. 19,17 vgl. Tondo, Classificazioni, S. 52; Mayer-Maly, RIDA 12 (1965), S. 437-451.

83 Vgl. oben S. 345. Mit *ereptorium* ist das Vermögen gemeint, das wegen Erbunwürdigket nicht erworben werden kann. Der Ausdruck ist verdächtigt worden, weil es an anderen Quellenbelegen fehlt. Er gehört zu den Verbaladjektiven auf *-orius*. Verteidigt wird er durch Lachmann, ZGR 9 (1836), S. 201 und Schilling, An. crit. 4, S. 7. Kritisch dagegen insbesondere Nardi mit der Ansicht, *ereptorium* könne nicht die vom Unwürdigen abgezogenen Güter meinen, weil diese dem *fiscus* zufielen, und weil sich kein Fall der Indignität auf die augusteischen Gesetze zurückführen lasse. Das *vel ereptorium* sei möglicherweise eine Glosse; Indegnità, S. 30 ff.; zweifelnd Solazzi, Scritti 6, S. 546 f. Weiss, Institutionen, S. 555 meint, aus Tit. 19,17 ersehen zu können, daß auch die *indignitas* (und damit die *bona ereptoria*) auf die *lex Papia* zurückgehen.

84 Gaius 2,97: *Hactenus tantisper admonuisse sufficit, quemadmodum singulae res nobis adquirantur: nam legatorum ius,* ***quo et ipso singulas res adquirimus****, opportunius alio loco referemus. videamus itaque nunc, quibus modis per universitatem res nobis adquirantur.*

85 Die Behandlung der Vermächtnisse im Testamentsrecht wird mit der Rechtfertigung eingeleitet (Gaius 2,191): *Post hanc videamus de legatis. quae pars iuris extra propositam quidem materiam videtur: nam loquimur de his iuris figuris, quibus per universitatem res nobis adquiruntur:* ***sed cum omni modo de testamentis deque heredibus, qui testamento instituuntur, locuti sumus, non sine causa sequenti loco poterit haec iuris materia tractari.***

86 Für Q. Mucius s. Lenel, Pal. 1, Sp. 757; für Sabinus Lenel, Sabinussystem, S. 19 ff. u. 90 f.

§ 18. *Adquiritur autem nobis etiam per eas personas, quas in potestate, manu mancipiove habemus. itaque si quid*[a] *mancipio puta acceperint*[b]*, aut traditum eis sit, vel stipulati fuerint, ad nos pertinet.*

a) so Hg[5], Kr, Sch; Ms. Vat., Til: *quidem*
b) so Til, Hg[5], Kr, Sch; Ms. Vat.: *acceperit*

Erworben wird uns aber auch durch diejenigen Personen, die wir in der Haus- oder Eigentümergewalt, in der ehelichen Gewalt oder in der *mancipium*-Gewalt haben. Wenn sie daher z.B. etwas durch Manzipation empfangen oder ihnen etwas übergeben oder stipuliert worden ist, so steht es uns zu.

Behandelt ist der zivile Erwerb durch Gewaltunterworfene aller Kategorien. Indem der Text wie die entsprechende Stelle Gaius 2,86 mit »*in potestate manu mancipiove*« im umfassenden Sinne auf die Formen der Hausgewalt bezug nimmt, zeigt er, daß *potestas* nicht nur die personenrechtliche *patria potestas* ist, sondern gleichzeitig als eigentumsrechtliche *potestas* die Sklaven umfaßt.[87] Auch der Sklave wird hier also mit dem Ausdruck *persona* bezeichnet. Damit ist allerdings nicht gesagt, daß der Sklave hier als *persona* im Rechtssinne behandelt wäre. Der Rechtsbegriff der Person setzt nämlich voraus, daß dem Menschen durch eine Regel des Zivilisationsrechts die Rechtsfähigkeit verliehen ist.[88] Wenn Gaius den Sklaven als *persona* im Rechtssinne einordnet, dann handelt es sich dort um eine Folge der Begünstigung des Sklaven im kaiserlichen Ausnahmerecht, das ihm unter dem Einfluß naturrechtlicher Vorstellungen[89] ein bescheidenes Maß an Rechtsfähigkeit zuerkannte.[90] Diese Entwicklung des Kaiserrechts wich vom klassisch-institutionellen System ab.[91] Unsere Textstelle vollzieht diesen Schritt nicht. Entscheidend ist dafür nämlich, daß im Text in keiner Weise von einer Klag- bzw. Beschwerdefähigkeit des Sklaven im eigenen Namen die Rede ist. Wo der Sklave lediglich (wie der Haussohn) als Erwerbsinstrument für den Inhaber des Fami-

87 Vgl. Paulus *lb. sg. ad legem Fufiam Caniniam* D. 50,16,215: *›Potestatis‹ verbo plura significantur: in persona magistratuum imperium: in persona liberorum patria potestas: in persona servi dominium*; ferner Gaius 1,51; Ulpian 1 *inst.* D. 1,1,4; Ulpian 1 *ad ed aed. cur.* D. 21,1,17,10; Kaser, RP 1, S. 56 f., 285. Dafür, daß auch der Sklave gemeint ist, spricht sowohl, daß der Erwerb durch diese genau wie durch die anderen Gewaltunterworfenen erfolgt, als auch, daß der Grundsatz in den nachfolgenden §§ 20 und 21 sogar speziell für den Sklaven ausgeführt wird.

88 S. oben S. 99 und 119.

89 Vgl. Ulpian 43 *ad Sab.* D. 50,17,32: *Quod attinet ad ius civile, servi pro nullis habentur: non tamen et iure naturali, quia,* ***quod ad ius naturale attinet, omnes homines aequales sunt.*** Bei diesem *ius naturale* handelt es sich um das normative Naturrecht der sabinianischen Rechtslehre; Behrends, Subjektivität, S. 236, Fn. 80.

90 S. oben S. 99 und 136.

91 Behrends, Subjektivität, S. 232.

lienvermögens erwähnt wird, tritt er nicht als selbständige Person im Sinne des Rechtschutzsystems auf.

In der *mancipium*-Gewalt befinden sich keine Sklaven, sondern Hauskinder, die manzipiert worden sind.[92] Obwohl sie bei dem Erwerber *servorum loco* stehen (Gaius 1,123), handelt es sich nicht um ein eigentumsrechtliches Institut, sondern um eine als vorübergehend konzipierte, familienrechtliche Gewalt.

§ 19. *Item si heredes instituti sint legatumve eis sit, et hereditatem iussu nostro adeuntes nobis adquirunt, et legatum ad nos pertinet.*

Wenn sie als Erben eingesetzt worden sind oder zu ihren Gunsten ein Vermächtnis besteht, dann erwerben sie die Erbschaft entsprechend, wenn sie sie auf unsere Weisung hin antreten, für uns, und das Vermächtnis fällt uns zu.

Auch den Erwerb aufgrund letztwilliger Verfügungen können Haussohn, Sklave und Ehefrau *in manu* nur mit Wirkung zugunsten ihres Gewaltinhabers vollziehen. Sie bedürfen für den wirksamen Erbantritt des vorherigen *iussum* des Gewaltinhabers, damit dieser die Erbschaft erwirbt.[93] Ihm fällt auch ein zugunsten des Gewaltunterworfenen ausgesetztes Vermächtnis zu. Voraussetzung für die Gültigkeit dieser Verfügung ist allerdings, daß der Testator auch den Gewaltinhaber selbst hätte bedenken können.[94]

§ 20. *Si servus alterius in bonis, alterius ex iure*[a] *Quiritium sit, ex omnibus causis adquirit*[b] *ei, cuius in bonis est.*

a) Ms. Vat.: *ius*
b) Ms. Vat.: *adquiret*

Wenn sich ein Sklave im prätorisch geschützten Vermögen eines Eigentümers befindet und einem anderen aus Quiritischem Recht gehört, dann erwirbt er aus allen Rechtsgründen demjenigen, in dessen prätorisch geschützten Vermögen er ist.

§ 21. *Is, quem*[a] *bona fide possidemus, sive liber sive alienus servus sit, nobis adquirit ex duabus causis tantum, id est, quod ex re nostra et quod ex operis*[b] *suis adquirit: extra has autem causas aut sibi*[c] *adquirit, si liber sit, aut domino, si alienus servus sit. eadem sunt et in eo servo, in quo tantum usumfructum habemus.*

92 Kaser, RP 1, S. 57; Pugliese, Satura Feenstra, S. 43-57.
93 Gaius 2,87: *hereditas nobis adquiritur proinde atque si nos ipsi heredes instituti essemus.*
94 Vgl. Pomponius 3 *ad Sab.* D. 30,12,2.

a) Ms. Vat.: *quam*
b) so Ch 1578 [221 v], Me, $Hg^{1,4-5}$, Sav (VS 5, 98), Kr, Sch; Ms. Vat., Til, Cuj, Sg, Ca, Hg^{2-3}: *operibus*
c) so Til, Hg^{5}, Kr, Sch; Ms. Vat.: *si*

Derjenige, den wir gutgläubig besitzen, sei er nun frei oder ein fremder Sklave, erwirbt für uns nur in zwei Fällen, nämlich was er mit unseren Mitteln und was er mit seiner Arbeitsleistung erwirbt. Außerhalb dieser Fälle erwirbt er entweder für sich, wenn er frei ist, oder für seinen Eigentümer, wenn er ein fremder Sklave ist. Das gleiche gilt für den Sklaven, an dem wir nur den Nießbrauch haben.

Die hier zugrundeliegende Lehre setzt voraus, daß ein Freier oder ein fremder Sklave kraft guten Glaubens zur Hausherrschaft eines anderen gehört. Wenn unter diesen Umständen ein Erwerb für das Hausvermögen des gutgläubigen Besitzers entweder als Folge der kraft *bona fides* zugeordneten Arbeitsleistung oder aufgrund der Fortwirkung von Hausvermögen stattfinden soll, dann steht der Text offenbar unter dem Einfluß vorklassischen Rechtsdenkens. So befürwortete Gaius nach Pomponius 22 *ad Q. Muc.* D. 45,3,39, daß der gutgläubige Besitzer das Erworbene erlangen solle und seine Ansprüche im Wege der *condictio* durchsetzen könne. Im reinen klassischen Recht gibt demgegenüber nicht der gute Glaube den Ausschlag, sondern die Unterordnung unter die väterliche Gewalt (beim Haussohn) oder das Eigentum (beim Sklaven), und der im Rahmen dieser Zuständigkeiten erteilte Befehl (*iussum*).[95]

95 Vgl. Ofilius bei Pomponius 26 *ad Sab.* D. 45,3,6.

15.) Testament und Erbeneinsetzung

a.) Tit. XX ›De testamentis‹
Über die Testamente

Innerhalb des vermögensrechtlichen Teils des Regelwerkes beginnt hier der Abschnitt zum Erbrecht.[1]

§ 1. *Testamentum est mentis*[a] *nostrae iusta contestatio*[b] *in id sollemniter*[c] *facta*[d], *ut post mortem nostram valeat.*

a) Ms. Vat.: *mentes*
b) so Til, Ch, Cuj, Hg[5], Kr, Sch; Ms. Vat.: *contentio.* Ms. Gerv.: *testatio ⟨id est, declaratio⟩*
c) Ms. Vat.: *sollempniter*
d) so Sch; Ms. Vat., Til, Hg[5], Kr: *factum*

Das Testament ist die in feierlicher Form vorgenommene, zivilrechtsgemäße Bezeugung unserer Gesinnung, damit sie nach unserem Tode gelte.

Die den Titel einleitende Definition nimmt auf *contestatio*[2] und *mens* Bezug und erklärt den Begriff damit etymologisch. Darin äußert sich eine unmittelbare, bei Gaius fehlende Beziehung des Textes zu Servius, dem Begründer der klassischen Rechtswissenschaft. Dieser hatte nämlich, wie Gellius berichtet, eine entsprechende Etymologie formuliert: *Servius … ›testamentum‹ … compositum esse dixit a mentis contestatione.*[3] Es handelt sich um eine Pseudoetymologie, die nicht die tatsäch-

1 Vgl. Cancelli, NNDI 19, S. 399.

2 Das überlieferte *contentio* (Streit) ist sinnlos, *contestatio* dagegen gesichert durch Servius' Etymologie und wegen Ulpian 1 *ad Sab.* D. 28,1,20,8: *suprema contestatio peragatur.* Modestin 2 *pand.* D. 28,1,1 verwendet *sententia.* In den Feldmessertexten liest der Cod. Arcerianus öfter *sententia,* wo nach Rudorff *contentio* zu emendieren ist; vgl. bereits Hugo im Handexemplar der 5. Auflage der Ulpiani Fragmenta, S. 55 am Rand und Frontin lb. 2 ed. Blume/Lachmann/Rudorff 1, S. 56.
Die bei Gellius *Noct. Att.* 7,12,1 mitgeteilte, auf Servius zurückgehende Etymologie deutet darauf hin, daß die Verwendung des Genitivs *mentis* bei *contestari* altem, technischem Sprachgebrauch entspricht. *Sollemniter* wird die Bezeugung vorgenommen, denn dies ist Tatbestandsvoraussetzung des zivilen Testaments. Daher muß sich *facta* auf *contestatio* beziehen und nicht als *factum* auf *testamentum.*

3 Gellius aaO.; vgl. D'Orta, Saggio, S. 169. Die Stelle stammt aus dem sakralrechtlichen Werk *de sacris detestandis.* Servius lehnt damit die (zutreffende) *productio a testibus* ab. Der Zusammenhang mit dem (Adrogations-)Testament ergibt sich aus der *detestatio sacrorum* bei der *adrogatio.* Vgl. Wieacker, RRG 1, S. 605 m. Fn. 63. Die Wiederaufnahme der Etymologie in Inst. 2,10 pr knüpft an die Gelliusstelle an; Lenel, Pal. 2, Sp. 324, Servius Nr. 9 (Anmerkung).

liche historische Entwicklung des Begriffs widerspiegelt.[4] In der Technik entspricht sie den Juristenetymologien der frühen klassischen Rechtswissenschaft. Diese Juristen sahen in der Sprache die Sinnerzeugung selbst. Sie legten jeweils den gewünschten Wortinhalt in die Wortform hinein, damit dann schon unmittelbar in der Wortgestalt möglichst konkrete Aussagen erschienen.[5]

Auf Grundlage dieser die frühklassische Wissenschaft beherrschenden Sprachtheorie war Servius auch davon ausgegangen, daß die Vorstellungen des Testators nur insoweit Testamentsinhalt werden, als sie im unmittelbaren Wortsinn der Formulierung Ausdruck finden.[6] Die Berücksichtigung eines nicht in der unmittelbaren Bedeutung der verwendeten Formulierung enthaltenen *Willens* war ausgeschlossen. Es ist ein Hinweis auf ein Aufweichen dieser Strenge, wenn Modestin 2 *pand.* D. 28,1,1 die Begriffsbestimmung (offenbar unter dem Einfluß des *liber singularis*) mit den Worten formuliert: *Testamentum est voluntatis nostrae iusta sententia de eo, quod quis post mortem suam fieri velit.*[7] Erhalten ist insbesondere das Attribut *iusta*; auch die Satzkonstruktion ist geblieben. Eine wichtige Abweichung[8] liegt aber darin, daß Modestin nicht mit Servius, Javolen und unserem Text auf die *mens* abstellt.[9] Bei Modestin bringt der Testator stattdessen einen Willen (*voluntas*) zum Ausdruck.[10] Die *voluntas* bildet dabei den Schwerpunkt des

4 Dagegen sprach sich schon Gellius aaO. aus mit dem Hinweis auf das verbreitete Suffix *-mentum* (vgl. *calciamentum, vestimentum*). Dieses leitet sich nicht von *mens* ab, sondern kennzeichnet eine Instrumentalisierung. Vgl. das OLD s. v. testamentum; Ernout/Meillet, Dictionnaire étymologique, s. v. testis. Zu den sprachgeschichtlichen Ursprüngen des Wortes vgl. Weiss, Institutionen, S. 498.

5 Vgl. oben S. 118.

6 Vgl. S. 397 sowie zur Sprachtheorie S. 74 und 112. Zustimmend noch Celsus 19 *dig.* D. 33,10,7,2: *non tamen a Servio dissentio non videri quemquam dixisse, cuius non suo nomine usus sit.* Zur Sache Behrends, Gesetz und Sprache, S. 191-193.

7 Bonfante stellt den Zusammenhang in der Weise her, daß er dem Tit. 20,1 (»Ulpiano«) die Definition »dal suo discepolo Modestino« gegenüberstellt; Istituzioni, S. 471. Vgl. ferner Albertario, BIDR 32 (1922), S. 82; D'Orta, Saggio, S. 19 u. 169.

8 Die Vermutung, daß Modestin hier von der durch die regelhafte Fassung des Satzes begünstigten Überlieferungstradition abweicht, wird dadurch unterstützt, daß die im *liber singularis* auftretende servianische Etymologie *testatio mentis* auf anderem Wege weiter tradiert wurde. So tritt sie in einer Glosse der Dekretalenhandschrift Fulda LB D 5, Bl. 38 v (unterer Textrand, re. Sp.) auf: *dicitur testamentum quasi testatio mentis, id est manifestatio voluntatis.* Am weiteren Text zeigt sich ebenso wie an anderen Stellen des Glossenapparates, daß eine ältere Juristenschrift zugrundeliegen muß: *Duae sunt species testamenti ... fit autem cum multa sollempnitate, adhibitis VII testibus rogatis masculis liberis.*

9 Javolen 2 *ex post. Lab.* D. 35,1,40,3: *ego puto secundum mentem testatoris ... spectandum esse.* Vgl. auch Labeo 1 *post. a Iav. ep.* D. 28,1,2, wo allerdings nicht auf die Gesinnung, sondern auf die geistige Gesundheit (*integritas mentis*) Bezug genommen wird.

10 Auf die *voluntas* stellt auch der erste Anhang zur Turiner Institutionenglosse ab: *Tit. De testament. Testator est, qui in fata cedens, i. e. moriens, testamentum facit. Testamentum vero est ultimus sermo, vel ultimum elogium, vel ultima voluntas, qua quis rebus suis disponit. Testatore*

Testamentsbegriffs. Darin zeigt sich wahrscheinlich der Einfluß Julians. Dessen willenstheoretische Lehre[11] hatte der vorklassischen Ansicht, der Wille stehe im Mittelpunkt des Testaments, zu neuem Einfluß verholfen.[12]

§ 2. *Testamentorum genera fuerunt tria, unum, quod calatis comitiis*[a], *alterum, quod in procinctu, tertium, quod per aes et*[b] *libram appellatum est. illis*[c] *duobus testamentis abolitis hodie*[d] *solum in usu est, quod per aes et*[e] *libram fit, id est per mancipationem imaginariam. in quo testamentum*[f] *libripens*[g] *adhibetur et familiae emptor et non minus quam quinque testes*[h], *cum quibus testamenti factio est.*

a) Ms. Vat.: *comitis*
b) Ms. Vat.: *perhesit*
c) so Til, Hg[5]; Ms. Vat., Kr: *his*; Gn: ⟨*Sed ill*⟩*is*
d) Ms. Vat.: *hodiae*
e) Ms. Vat.: *perhesit*
f) Ms. Vat., Til, Hg[5], Kr: *testamento*
g) so Cuj (1566, Aur. 1586); Cuj (Par. 1586): *libraepens*; Ms. Vat.: *libraepensa debetur*
h) Ms. Gerv. (Ch 1555, 239 v; 1578, 222 r) in marg.: ⟨*cives Romani puberes*⟩

Es gab drei Arten von Testamenten, eines, das ›vor den zusammenberufenen Komitien‹, ein anderes, das ›vor kampfbereitem Heere‹, ein drittes, das ›mit Erz und Waage‹ genannt wird. Nachdem die beiden ersten Testamente außer Gebrauch gekommen sind, ist heutzutage nur dasjenige in Gebrauch, welches mit Erz und Waage errichtet wird, d.h. durch einen feierlichen Scheinkauf. Bei diesem Testament werden ein Waagehalter, ein treuhänderischer Erbschafts-Scheinkäufer und nicht weniger als fünf Zeugen, mit denen die Testamentsfähigkeit besteht, hinzugezogen.

Der Text enthält zunächst eine Untergliederung zwischen den Testamenten *calatis comitiis*,[13] *in procinctu* und *per aes et libram*. Es folgt der Hinweis, daß nach dem Untergang zweier Formen[14] jetzt nur noch das *testamentum per aes et libram* in Gebrauch sei. Behandelt werden nur die zivilen Testamente, während das »präto-

vivente, testamentum nihil valet; quia et adhuc mutari potest: quod tamen post mortem aperitur, et valet. Solemnitas in testamento est; Dirksen, System, S. 24 f., Fn. 18.

11 Vgl. die Auswirkungen der Willenstheorie Julians im Recht des Erbschaftsantritts (bei Tit. 22,25).

12 Q. Mucius bei Cicero *Brut.* 52,196: *quam captiosum esse populo, quod scriptum esset, neglegi et opinione quaeri* ***voluntates*** *et interpretatione disertorum scripta simplicium hominum pervertere?* Vgl. Behrends, Gesetz und Sprache, S. 174 u. 177.

13 Watson, The State, S. 53 mit Nachweisen; Gaius 2,101 ff.; Gellius *Noct. Att.* 15,27,3; Inst. 2,10,1; Theophilus 2,10,1.

14 Dies war offenbar bereits in sullanischer Zeit geschehen; vgl. Kaser, RP 1, S. 106 f.

rische Testament« hier nicht erwähnt wird. Es wurde erst später durch das Edikt eingeführt, als dieses für bestimmte Anordnungen keine *mancipatio* mehr voraussetzte, sondern nur eine von sieben Zeugen gesiegelte Testamentsurkunde.[15]

An der überlieferten Formulierung *his duobus testamentis* (vgl. Inst. 2,10,1) ist Anstoß genommen worden, weil zuvor drei Formen behandelt worden sind.[16] Mommsen hat vermutet, hier werde auf ein fehlendes Textstück bezug genommen, in dem die beiden ersten öffentlichen Testamentsformen erörtert wurden.[17] Überzeugender ist aber die Emendation zu *illis*, um »jene« beiden zu bezeichnen.[18] Für diese Lösung spricht zunächst Gai 2,103.[19] Sie ist auch darum vorzugswürdig, weil sie von einer geringeren Textveränderung ausgeht. Gegen die Annahme einer Streichung durch den Epitomator spricht auch, daß ein besonderer Text zu den beiden längst abgekommenen Formen in dem von Anfang an knappen, auf praktische Brauchbarkeit hin zugeschnittenen Regelwerk nicht zu vermuten ist.

Das librale Zwölftafeltestament war ursprünglich ein treuhänderisches Veräußerungsgeschäft unter Lebenden (Gaius 2,103 ff.); später wurde es zu einem echten Geschäft von Todes wegen.[20] Die Voraussetzung des Bestehens der *testamenti factio* wird im Text für Erblasser wie für Zeugen gleichermaßen genannt. Die *testamenti factio* kann einen unterschiedlichen Inhalt haben. Die Testamentserrichtungsfähigkeit kann sich auf den Testator und auf die bei der Testamentserrichtung mitwirkenden Zeugen beziehen. So haben z.B. die *Latini Iuniani* die *testamenti factio* für das Bezeugen, können aber nicht testieren (§ 14). Die *testamenti factio* hinsichtlich des unmittelbaren »Bezeugens« der Willensäußerung läßt eine ursprüngliche, wortlautverhaftete Bedeutung erkennen.[21] Der hier auftretende Grundbegriff der *testamenti factio* ist schließlich von der *libera testamenti factio* zu unterscheiden, die verliehen werden kann (dazu bei Tit. 16,1a).

§ 3. *Qui in potestate testatoris est aut familiae emptoris, testis*[a] *aut libripens*[b] *adhiberi*[c] *non potest, quoniam familiae mancipatio inter testatorem et familiae emptorem*[d] *fit, et ob id domestici testes adhibendi non sunt.*

a) Ms. Vat.: *testes*
b) Ms. Vat.,Til, Cuj (1566, Par. 1586): *ad librae pensa adhiberi*; Cuj (Aur. 1586): *testis aut libri pens adhibet.*

15 Als spätere Entwicklung berichtet Justinian (Inst. 2,10,3), daß die zunehmende Übereinstimmung von Zivilrecht und Amtsrecht in der Rechtswirklichkeit zu einer Vereinheitlichung führte, in deren Rahmen das Kaiserrecht die Unterschrift von Erblasser und Zeugen verlangte (C. 6,23,21 a. 439).

16 Schulz, Epitome, S. 44.

17 Mommsen, JS 2, S. 49.

18 So Muirhead, Rules, S. 400; Schilling, An. crit. 4, S. 10.

19 Gaius 2,103: *Sed illa quidem duo genera testamentorum* (nämlich *calatis comitiis* und *in procinctu*; Gaius 2,101) *in desuetudinem abierunt.*

20 Kaser, RP 1, S. 754 f.

21 Der Ausdruck *testamenti factio passiva* ist später, unklassischer Sprachgebrauch.

c) Ms. Vat.: *e* zu *i* korrigiert
d) so Hg[5], Kr; Ms. Vat.: *emptio*

Wer in der Gewalt des Testators oder des Erbschafts-Scheinkäufers ist, kann als Zeuge oder Waagehalter nicht hinzugezogen werden, weil nämlich die Erbschaftsmanzipation zwischen dem Testator und dem Erbschafts-Scheinkäufer stattfindet und deswegen Zeugen aus dem jeweiligen Hause nicht hinzugezogen werden dürfen.

§ 4. *Filio familiam emente[a] pater eius testis esse non potest.*

a) so Sg, Kr, Sch; Ms. Vat.: *filio familiae mente*; Til, Hg[5]: *familiae emente*; Hu: ⟨*Ob id et*⟩ *filio* ⟨*familiae*⟩.

Ist ein Sohn Erbschafts-Scheinkäufer, kann der Vater desselben nicht Zeuge sein.

Hier nimmt ein Sohn[22] die Aufgabe des *familiae emptor* wahr, also des Treuhänders, an den der Erblasser sein Vermögen manzipiert. Daher gehört *familiam* notwendig zu *emente* (und bezieht sich nicht etwa auf den *filius*), weil nur dann *emere* die technische Bedeutung im Sinne des treuhänderischen Erbschafts-Scheinkaufs hat.[23]

§ 5. *Ex duobus fratribus, qui in eiusdem[a] patris potestate sunt, alter familiae emptor, alter testis[b] esse non potest, quoniam quod unus ex his mancipio[c] accipit[d], adquirit patri, cui filius suus testis[e] esse non debet.*

a) so Sav (VS 5, 98), Kr; Ms. Vat.: *eodem*; Til, Hg[5]: *eadem*
b) Ms. Vat.: *testes*
c) so Sg, Sav (VS 5, 98 u. Ulpian 1801, 92 r); Ms. Vat.: *mancipium*
d) Ms. Vat.: *accepit*
e) Ms. Vat.: *testes*

Von zwei Brüdern, die in desselben Vaters Gewalt stehen, kann nicht der eine Erbschafts-Scheinkäufer und der andere Zeuge sein, weil der eine von ihnen das, was er durch die Manzipation empfängt, dem Vater erwirbt, für den sein Sohn nicht Zeuge sein darf.

22 Es ist, wie sich schon aus der anschließenden Nennung des Vaters ergibt, nicht etwa der Sohn des Testators. Erbschafts-Scheinkäufer war regelmäßig eine Vertrauensperson, die nicht so nah verwandt war, daß sie selbst eine wesentliche Beteiligung am Nachlaß hätte erwarten dürfen; Champlin, RMP 1989, S. 164.

23 Savigny, Ulpian 1801, Bl. 72 r.

§ 6. *Pater et*[a] *qui in potestate eius est, item*[b] *duo fratres, qui in eiusdem*[c] *patris potestate sunt, testes utrique, vel alter testis*[d]*, alter libripens*[e] *fieri possunt, alio familiam emente*[f]*; quoniam nihil nocet ex una domo*[g] *plures testes alieno negotio adhiberi.*

a) Ch 1578: *non debet: pariter et* [222 r]. Til; Cuj (1566, Aur. 1586): *debet Pariter et qui in potestate eius est constitutus. Duo*; Cuj (Par. 1586): *Pater et qui in potestate eius est constitutus, duo*
b) so Hg⁵, Kr, Sch; Ms. Vat.: *institutus*; Cuj (Par. 1586): *constitutus, duo fratres*
c) so Til, Hg⁵, Kr; Ms. Vat.: *eius*
d) Ms. Vat.: *testes*
e) Ms. Vat.: *libre pens*
f) Ms. Vat.: *familiae mente*
g) Ms. Vat.: *domu*

Ein Vater und ein Sohn, der in dessen Gewalt ist, ferner zwei Brüder, die in der Gewalt eines und desselben Vaters sind, können beide Zeugen sein, oder der eine Zeuge, der andere Waagehalter, wenn ein Dritter Erbschafts-Scheinkäufer ist, weil es nichts schadet, wenn aus einem Hause mehrere Zeugen bei einem fremden Geschäfte hinzugezogen werden.

Die §§ 3-8 geben an, wer als Zeuge oder Waagehalter an der Testamentserrichtung mitwirken kann. Während die Hausangehörigen der Parteien des Rechtsgeschäfts von der Zeugeneigenschaft ausgeschlossen sind, wird hier mitgeteilt, daß aus einem fremden Haus auch mehrere Zeugen stammen dürfen. Die Regel dürfte spezifisch klassisch sein. Sie trennt nämlich die Zeugenschaft von der Vermögensfähigkeit: Auch der (gewaltunterworfene) Haussohn kann Zeuge sein, weil sich diese Fähigkeit aus seiner Stellung als römischer Bürger ergibt, in der er anderen Bürgern gleichsteht.

Im Unterschied zu Gaius 2,105-107, der die Grundsätze zunächst für den Zeugen entwickelt und am Schluß insgesamt auf den *libripens* überträgt, wird der Waagehalter in unserem Text jeweils bei Darstellung der einzelnen Regeln in § 3 und § 6 genannt. Schulz nimmt insoweit eine Einfügung an, die der von ihm vermutete nachklassische Bearbeiter auf Grundlage seiner Zwischenquelle vorgenommen habe. Nach ihm sprechen die nur von den Zeugen redenden Satzenden für die nachträgliche Einfügung. Wahrscheinlich aber handelt es sich bei Gaius um ein Ergebnis zusätzlicher Systematisierungsbemühung.[24]

24 Auf ähnliche Weise systematisiert Gaius 1,43 und 45 im Verhältnis zu Tit. 1,24. Die Begründung für die pauschale Übertragung der Grundsätze auf den *libripens* liegt für Gaius 2,107 darin, daß dieser auch zu den Zeugen gehöre: *nam et is testium numero est.* Mit dieser Beschreibung der Aufgabe des Waagehalters berücksichtigt Gaius bereits (anders als das Regelwerk), daß sich die Funktion des Waagehalters der eines Zeugen angenähert hatte, seit die Bedeutung der Erbschaftsmanzipation in der Praxis zurückgegangen war.

Die in § 6 enthaltene Regel ist gleichzeitig in »Ulpian« *lb. sg. reg.*[25] D. 22,5,17 und Inst. 2,10,8 überliefert:

»Ulpian« *lb. sg. regularum* D. 22,5,17
Pater et filius qui in potestate eius est, item duo fratres qui in eiusdem patris potestate sunt testes utrique in eodem testamento vel eodem negotio fieri possunt, quoniam nihil nocet ex una domo plures testes alieno negotio adhiberi.

Inst. 2,10,8
Pater nec non is, qui in potestate eius est, item duo fratres, qui in eiusdem patris potestate sunt, utrique testes in unum testamentum fieri possunt: quia nihil nocet ex una domo plures testes alieno negotio adhiberi.

In D. 22,5,17 fällt zunächst die Verallgemeinerung des Anwendungsbereichs der Regel auf. Sie gilt, wie die Formulierung *in eodem testamento vel eodem negotio* erkennen läßt, nun auch für andere Fälle der Manzipation. In systematischer Hinsicht zeigt sich dies daran, daß die Regel in den Digesten im Titel *de testibus* steht. Die in § 6 noch im einzelnen genannten *libripens* und *emptor familiae* sind, da mit den alten Formen des zivilen Testaments im Laufe des 3. Jahrhunderts außer Gebrauch gekommen, gestrichen.[26]

§ 7. *Mutus, surdus, furiosus, pupillus, femina neque familiae emptor esse*[a], *neque testis libripensve*[b] *fieri potest.*

§ 8. *Latinus Iunianus et familiae emptor et testis et libripens*[c] *fieri potest, quoniam cum eo testamenti factio est.*

a) Til: *emptor, neque*
b) Ms. Vat.: *testes libraepensve*
c) Ms. Vat.: *testes et librae pens*

Ein Stummer, Tauber, Wahnsinniger, ein Mündel und eine Frau können weder Erbschafts-Scheinkäufer noch Zeuge oder Waagehalter werden.
Ein *Latinus Iunianus* kann sowohl Erbschafts-Scheinkäufer als auch Zeuge oder Waagehalter werden, weil mit ihm die Testamentsfähigkeit besteht.

Stumme, Taube und Wahnsinnige sind ausgeschlossen, weil sie nicht manzipieren können (§ 13), Unmündige und Frauen, weil sie es nur mit der *auctoritas* ihres Tutors können. Nach Inst. 2,10,6 sind zusätzlich Sklaven, entmündigte Verschwender und diejenigen, die vom Gesetz für unredlich und zeugnisunfähig er-

25 Die Inskription dieser Doppelüberlieferung bildet einen der Belege dafür, daß wir es hier mit dem *liber singularis regularum* zu tun haben; vgl. auch oben Tit. 6,7 und unten Tit. 26,1.

26 Nelson, BSL 29 (1999), S. 285.

klärt sind, ausgeschlossen. Der *Latinus Iunianus* (s. bei Tit. 1,10) kann dagegen als Formperson mitwirken, weil er die *testamenti factio* für das Bezeugen hat (s. bei Tit. 17,1). Der Unterschied zwischen der *testamenti factio* im Sinne der Fähigkeit zur Mitwirkung an der Testamentserrichtung (§ 8) und der Erwerbsfähigkeit aus dem Testament gewinnt durch die klassische Unterscheidung zwischen den beiden rechtsgeschäftlichen Inhalten des Manzipationstestaments Plastizität und Klarheit: Die Möglichkeit des *Latinus Iunianus*, an der Manzipation des künftigen Nachlasses mitzuwirken, beschränkte sich auf die Rolle einer Formperson. Dagegen konnte er an der Verfügung weder als Erblasser noch als Erbe oder Vermächtnisnehmer teilnehmen, weil an diesem Punkt die positive Gesetzesregel der *lex Iunia* eingreift (§ 14 und Tit. 22,3).

§ 9. *In testamento, quod per aes et*[a] *libram fit, duae res aguntur, familiae mancipatio et nuncupatio testamenti. nuncupatur testamentum in hunc modum: tabulas testamenti testator*[b] *tenens ita dicit*[c]*: ›haec ut in his tabulis cerisve scripta sunt, ita do, ita lego, ita testor; itaque vos, Quirites*[d]*, testimonium perhibetote‹*[e]*. quae ›nuncupatio‹*[f] *et ›testatio‹ vocatur.*

a) Ms. Vat.: *perhesit*
b) so Til, Hg[5], Kr; Ms. Vat.: *testor*
c) Ms. Vat. ursprünglich *dic*, etwa zwei anschließende Zeichen sind ausradiert, und von anderer Hand *it* ergänzt.
d) Ms. Vat.: *quaeritis*
e) so Ms. Aur., Cuj, Sg, Hg[5], Sav, Kr, Sch; Ms. Vat., Til., Ch 1578: *praebitote*
f) Ms. Vat.: vor *et* ist ein Zeichen ausradiert

Bei dem Testament, das mit Erz und Waage errichtet wird, werden zwei rechtliche Handlungen vorgenommen, nämlich die Erbschaftsmanzipation und die formelhafte mündliche Verfügung. Förmlich erklärt wird ein Testament in folgender Weise: Der Erblasser hält die Testamentsurkunde und spricht: ›Wie es auf diesen Wachstafeln geschrieben steht, so gebe ich, so vermache ich, so bezeuge ich es, und so, Quiriten, sollt ihr es bezeugen.‹ Dieses nennt man ›formelhafte mündliche Verfügung‹ und ›Bezeugung‹.

Die abstrakte *nuncupatio*[27] nimmt wegen der einzelnen Verfügungen auf den Inhalt der Wachstafeln Bezug.[28] Sie hatte die ältere Form abgelöst, in der die Ver-

27 Müller-Eiselt, Pius, S. 28, Fn. 14. *Nuncupatio* ist abgeleitet von *nomen capere* (»den Begriff fassen«). Vgl. die für Cincius überlieferte Definition *Nuncupata pecunia est … nominata, certa, nominibus propriis pronuntiata* (Festus ed. Lindsay 176). Die Form wird nur gewahrt, wenn genau die richtigen, spezifisch treffenden Worte gesprochen werden. Weniger streng ist demgegenüber Gaius' Definition (2,104: *nuncupare est enim palam nominare* [»offen benennen«]). Vgl. Schanbacher, DNP 8 (2000) s. v. Nuncupatio, Sp. 1064.

28 Die zusätzliche Erwähnung von *cerisve* (Gaius 2,104 u. Isidor, *etym.* 5,24,12: *cerisque*) neben *tabulis* hält Savigny für der Rücksicht auf den Formalismus geschuldet, weil man hätte

fügungen vollständig mündlich vorgetragen wurden.[29] Gaius 2,104 bringt die Formel der eigentlichen *mancipatio familiae* noch. Die Emendation zu *perhibetote* ist durch die Gaiusstelle bestätigt. Die eigentümliche Verbform meint das Bezeugen, ist also als technischer Ausdruck in der feierlichen Formel erhalten.[30]

Die unmittelbare Beziehung des Regelwerkes zu dem auf Servius zurückgehenden Testamentsbegriff (vgl. Tit. 20,1) zeigt sich auch hier, wenn im Rahmen des Libraltestaments zwei rechtsgeschäftliche Handlungen unterschieden werden: *duae res aguntur*, entsprechend jeweils dem *id quod actum est* des Servius.[31] Der Text differenziert zwischen dem Scheinkauf des Erblasservermögens unter Lebenden und der auf den mündlich verlautbarten Text der Testamentsurkunde bezogenen *nuncupatio* oder *testatio*. Auf diese analytische Behandlung der beiden Stufen ist auch die differenzierte Behandlung der Testierunfähigkeit bezogen (vgl. bei § 13). Die zugleich analytische und objektivierende Methode deutet darauf hin, daß es sich um eine Entwicklungsstufe der testamentsrechtlichen Dogmatik handelt, die auf Servius zurückgeht. Der vorklassischen Lehre entspricht dagegen eine Gesamtbetrachtung (Gaius 2,105: *totum hoc negotium*) und eine im Prinzip freie Zweckwillensauslegung (oben bei § 1).

§ 10. *Filius familiae testamentum facere non potest, quoniam nihil suum habet, ut testari de eo possit. sed divus Augustus*[a] *constituit, ut filius familiae miles de eo peculio, quod in castris adquisivit, testamentum facere possit.*

a) Ms. Vat.: *Augustus Marcus*; Cui, Sg, Bö, Sch streichen *Marcus* als Glosse. Vonck: *Imperator*; Ca: *militibus*; Heimbach: *primus*; Schi (An. crit. 4, 16), Fitting: *mandatis*; Rö 69 f.: *militiae causa*; Va: *divus Augustus ⟨olim aliique, et postremo divus⟩ Marcus*; Hu.: *moribus*

Ein Haussohn kann kein Testament errichten, weil er kein eigenes Vermögen hat, über das er testieren könnte. Aber der vergöttlichte Augustus hat bestimmt, daß ein Haussohn als Soldat über das Sondervermögen, welches er im Dienst erworben hat, ein Testament errichten könne.

sagen können, auf der Tafel selbst sei ja nichts geschrieben; Ulpian 1801, Bl. 92 v. Es scheint sich aber um ein Hendiadyoin zu handeln, denn *cera* hat selbst die Spezialbedeutung »Wachstafel« (Plinius *ep.* 1,6; Sueton *Nero* 17). *Tabula cerata* ist die beschichtete (*ceratus* = mit Wachs bezogen) Tafel. Hier geht es um *tabulae ceraeve* (Wachstafeln). Daß nicht Wachs, sondern Wachstafeln gemeint sind, geht auch aus dem Plural (*cerisve*) hervor.

29 Kaser, RP 1, S. 107, Fn. 20 u. S. 679.

30 Turiner Institutionenglosse fol. 46 a, Glosse 282 (ed. Alberti S. 74): *Nuncupatio est quam in tabulis cerisque testator recitat dicens: haec, ut in his tabulis cerisque scripta sunt, ita dico, ita lego, itaque vos cives romani testimonium mihi praebete; et hoc dicitur nuncupatio; nuncupare est enim palam nominare confirmare.*

31 Vgl. Servius bei Labeo 5 *post. a Iav. epit.* D. 18,1,80,2 sowie das auf Servius oder dessen Schüler Alfen zurückgehende Responsum bei Paulus 4 *ep. Alfeni dig.* D. 18,1,40,1. Zur Sache vgl. Pringsheim, SZ 78 (1961), S. 18 ff.

Hier beginnt der bis § 16 reichende Abschnitt über die Testierfähigkeit.[32] Grundsätzlich kann der Haussohn mangels Vermögensfähigkeit nicht testieren. Die ausnahmsweise Gewährung der Testierfähigkeit über das *peculium castrense* an den in der Armee dienenden *filiusfamilias* geht auf Augustus zurück.[33] Dieser hatte die Armee zu einem stehenden Heer aus langdienenden Berufssoldaten umgebildet[34] und den Mannschaftsdienstgraden gleichzeitig die Eheschließung verboten.[35] Hatten sie gleichwohl Kinder, so waren diese also notwendigerweise illegitim und damit nicht intestaterbberechtigt.[36] Eine Möglichkeit zu ihrer Versorgung bot das Soldatentestament, das schon durch Kaisererlasse des 1. Jahrhunderts von einigen der Regeln des zivilen Testamentsrechts befreit worden war.[37] Die Mitteilung des überlieferten Wortlauts unserer Stelle, Marc Aurel habe diese Vergünstigung eingeführt, widerspricht nicht nur Inst. 2,12 pr, sondern ist auch darum nicht glaubhaft, weil das Bedürfnis nach einer Testierfähigkeit des militärangehörigen Haussohns sofort mit der Einführung der langen Dienstpflicht durch Augustus auftrat. *Marcus* muß daher entweder Lesefehler oder Glosse sein.[38] Im Anschluß an Schilling vermutet Fitting, hier habe »*mandatis*« gestanden, weil die Testierprivilegien der Soldaten mindestens seit Trajan auf kaiserliche Mandate zurückgegangen seien.[39] Dagegen spricht aber, daß der Urheber dieser Begünstigung schon Augustus ist.

§ 11. *Qui de statu suo incertus est facto*[a]*, quod patre peregre mortuo ignorat, se sui iuris esse, testamentum facere non potest.*

a) so das Ms. Vat; Bö, Kr, Sch: *factus*; Hu., A/W: *fac eo*; Hg[4-5]: *fac ita*; Til, Schi (An. crit. 4, 16): *facito*

32 Vgl. Kaser, RP 1, S. 682.

33 Inst. 2,12 pr; vgl. Müller-Eiselt, Pius, S. 91; Gardner, Labeo 42 (1996), S. 87.

34 Sueton *Augustus* 49,2; vgl. Behrends, Militärdiplome, S. 150-152.

35 Behrends, Militärdiplome, S. 150-152.

36 Kaser, RP 1, S. 351 f.; Gardner, Labeo 42 (1996), S. 87 f.

37 Kaser, RP 1, S. 681. So konnten auf diesem Wege auch Peregrine Erben oder Legatare werden, was die Einsetzung der (häufig peregrinen) Soldatenkinder erst möglich machte.

38 Schulz, Epitome, S. 45. Von der Annahme, daß sich der Text auf Augustus bezieht, gehen nicht nur die im Apparat genannten Forscher aus, die *Marcus* streichen wollen. Die Vermutung liegt auch dem durch Vonck (Obs. cap. 18) erarbeiteten Lösungsversuch zugrunde, zu *Imperator* zu emendieren, weil an der Stelle vorher gestanden habe: »D.Aug.In.«, sowie dem Vorschlag Heimbachs (*primus*). Dem Vorschlag Hermann Cannegieters (Obs. lb. 1 cap. 3, S. 13: *militibus*) neigt auch Savigny zu; Ulpian 1801, Bl. 92 v. Die Ergänzung Vahlens schließlich kann wegen ihres Umfangs nicht überzeugen.

39 Schilling, An. crit. 4, S. 16; ihm folgend Fitting, Castrense peculium, S. 12 f. Fitting weist darauf hin, daß *mandatis* hier mit der Sigle MDATIS abgekürzt gewesen sein könnte, und kann auf Beispiele für die entsprechende Abkürzung im Cod. Veronensis verweisen; vgl. den Index notarum im Apographum ed. Studemund, S. 276.

Wer sich über seine rechtliche Stellung aufgrund des Umstands im Unklaren ist, daß er, da sein Vater in der Fremde gestorben ist, nicht weiß, daß er gewaltfrei ist, kann kein Testament errichten.

Während die im Text genannte Regel demjenigen die Testierfähigkeit aberkennt, der über seinen Status *incertus* (also »unsicher«) ist,[40] zeigt das anschließende Beispiel einen Fall, in dem der Betroffene insoweit einer Fehlvorstellung hinsichtlich seines Status unterliegt, als er von einem bestimmten statusrelevanten Ereignis, nämlich dem Tod seines Vaters, keine Kenntnis hat. Gleichzeitig hält er den Eintritt dieses Ereignisses allerdings zumindest für möglich, was sich daran zeigt, daß er überhaupt ein Testament errichtet.

Die strenge Lehre, die dem Text zugrunde liegt, geht auf das klassisch-institutionelle Rechtsdenken zurück. Sie besagt, daß die rechtlichen Voraussetzungen eines Rechtsgeschäfts für dessen Gültigkeit nicht nur vorhanden sein müssen, sondern daß der Handelnde dies auch positiv wissen muß. Weil nämlich die einzelnen Institute durch Rechtsdenken ausgestaltet sind, muß ihr Vorliegen auch vom Denken des jeweils Handelnden erfaßt sein. Wer nach dieser Lehre die richtige Vorstellung nicht aufweist, ist demnach *incertus.* Das ist sowohl beim *dubitans* als auch beim *errans* der Fall.[41] Diese Auffassung äußert sich auch bei Paulus 2 *reg.* D. 28,1,14: *qui incertus de statu suo est, certam legem testamento dicere non potest.* Der Satz stammt aus dem Zusammenhang des altzivilen Manzipationstestaments. Nach dieser Vorstellung kann das *legem* (!) *dicere*, also die *nuncupatio*, nur derjenige vollziehen, der sich seiner tatsächlich bestehenden *testamenti factio* bewußt und damit überzeugt ist, einen gültigen Formalakt zu vollziehen.[42]

§ 12. *Inpubes*[a], *licet sui iuris sit, facere testamentum*[b] *non potest, quoniam nondum plenum iudicium animi habet.*

a) Ms. Vat.: *Inpubis*
b) Til: *testamentum facere*

Ein Unmündiger kann, auch wenn er gewaltfrei ist, kein Testament errichten, weil er noch nicht die volle Urteilskraft des Geistes hat.

40 Die Emendation zu *factus* ist abzulehnen, denn sie impliziert, daß er unsicher »gemacht« worden wäre. Diese Vermutung wäre hier aber abwegig.

41 Vgl. Ulpian 12 *ad ed.* D. 28,1,15. Müller-Eiselt, Pius, S. 27 meint insoweit mit Recht, der Ausdruck *incertus de statu* umfasse sowohl die Ungewißkeit infolge Nichtkenntnis (*ignorare*) wie die Ungewißheit infolge Zweifels (*dubitare*). Vgl. Ulpian 10 *ad Sab.* D. 28,3,6,8. Es bedeutet keinen Unterschied, ob der Betroffene unsicher oder im Irrtum ist. Entscheidend ist allein die Unkenntnis des wahren Status.

42 Ulpian 12 *ad ed.* D. 28,1,15 teilt mit, daß der Satz von Antoninus Pius in einem Reskript angeführt worden sei. Der Grundsatz ist aber viel älter; vgl. Hüttl, Pius 1, S. 105; Lacour-Gayet, Antonin le Pieux, S. 418. Warum Pius ihn geäußert hat, ist nicht bekannt. Müller-Eiselt, Pius, S. 29 vermutet, es sei fraglich gewesen, ob er noch zeitgemäß war.

Die Begründung für die fehlende Testierfähigkeit eines Unmündigen ist in Inst. 2,12,1 mit den Worten wiedergegeben: *quia nullum eorum animi iudicium est.* Die Abweichung (*nullum* statt *nondum plenum*) bedeutet eine Vereinfachung gegenüber der Fassung unseres Textes, weil es sachlich unrichtig ist, daß Unmündige *keinerlei* Urteilskraft besäßen. Sie ist nur mutmaßlich noch nicht ausreichend entwickelt und daher rechtlich unerheblich. Bei Gaius 2,113 fehlt die Begründung.

§ 13. *Mutus, surdus, furiosus, itemque prodigus, cui lege bonis*[a] *interdictum est, testamentum facere non possunt: mutus, quoniam verba nuncupationis loqui non potest; surdus, quoniam verba familiae emptoris*[b] *exaudire non potest; furiosus, quoniam mentem non habet, ut testari de sua re*[c] *possit; prodigus, quoniam commercium*[d] *illi interdictum est, et ob id familiam*[e] *mancipare non potest.*

a) so Til, Hg[5], Kr; Ms. Vat.: *nobis*
b) Ms. Vat.: *emptores*
c) so Hg[4-5], Bö, Kr; Ms. Vat., Hg[1-3]: *de ea re*; J. Ca (1768): *recte*;
d) Ms. Vat.: *commertium*; Hg[5]: *commercio*
e) Ms. Vat.: *familia*

Ein Stummer, Tauber, Wahnsinniger und ebenso ein Verschwender, dem aufgrund Gesetzes die Vermögensverwaltung untersagt ist, können kein Testament errichten, der Stumme, weil er die Worte der Nunkupationsformel nicht aussprechen, der Taube, weil er die Worte des treuhänderischen Erbschafts-Scheinkäufers nicht hören kann, der Wahnsinnige, weil er keinen Verstand hat, um über sein Vermögen letztwillig verfügen zu können; der Verschwender, weil ihm das *commercium* entzogen ist, und er deshalb die Erbschaftsmanzipation nicht vornehmen kann.

Die Genannten sind testierunfähig, aber aus verschiedenen Gründen, die der Text im einzelnen nennt. Die differenzierte Darstellung bezieht sich auf die analytische Unterscheidung der beiden rechtsgeschäftlichen Handlungen, die der Text im Anschluß an Servius beim Libraltestament vornimmt (*duae res aguntur*; vgl. § 9): Er unterscheidet zwischen dem Scheinkauf des Erblasservermögens und der Nunkupation. Auf Grundlage dieser Differenzierung teilt der Text die Hindernisse daher im einzelnen mit: Der Stumme kann die Worte der *nuncupatio* nicht sprechen, der Taube die Erwerbsworte der *mancipatio* nicht vernehmen. Der *furiosus* hat keine *mens*, und ist deswegen an der Manzipation gehindert, weil diese eine *contestatio mentis* erfordert (§ 1). Der Verschwender kann die *mancipatio* nicht vornehmen, soweit ihm das *commercium* (Tit. 19,5) entzogen ist.

§ 14. *Latinus Iunianus, item is, qui dediticiorum numero est, testamentum facere non potest: Latinus quidem, quoniam nominatim lege Iunia prohibitus est; is autem, qui dediticiorum numero est, quoniam nec quasi civis*[a] *Romanus testari potest, cum sit peregrinus, nec quasi peregrinus, quoniam nullius certae*[b] *civitatis civis est*[c], *ut secundum*[d] *leges*[e] *civitatis suae testetur.*

a) Ms. Vat.: *cives*
b) Ms. Vat.: *certe*
c) so Cuj, Hg⁵, Kr, Sch; Ms. Vat.: *civitatis sciens ut*; Sav (VS 5, 98 f.), Gn: ⟨*sit*⟩ *civis*; Til: *civitatis, sciens ut adversus leges civitatis suae testetur.*
d) so Bluhme, Kr, Gn, Sch; Ms. Vat., Hg⁵: *adversus*
e) Ms. Vat.: *legis*

Ein *Latinus Iunianus*, ebenso ein Quasi-Unterworfener, kann kein Testament errichten, der Latiner nämlich, weil er daran ausdrücklich durch die *lex Iunia* gehindert ist, der Quasi-Unterworfene aber, weil er weder wie ein römischer Bürger letztwillig verfügen kann, da er ein Peregrine ist, noch wie ein Peregrine, da er ja keines bestimmten Staates Bürger ist, so daß er nach den Gesetzen seines Staates letztwillig verfügen könnte.

Der Text beruht auf dem Gegensatz zwischen einer Testierunfähigkeit, die lediglich positiv durch Gesetz angeordnet ist und einer solchen, die aus der institutionellen Logik folgt. Während nämlich der *Latinus Iunianus*, der eigentlich testieren könnte, ausdrücklich (*nominatim*) durch die *lex Iunia* daran gehindert ist, ergibt sich die Testierunfähigkeit des Quasi-Unterworfenen, der keiner *civitas* zugeordnet ist, aus dogmatischen Gründen.

Der *Latinus Iunianus* ist daran gehindert (*prohibitum*), ein Testament zu errichten, während er im übrigen das *commercium* und die passive *testamenti factio* hat. Er wurde nämlich so angesehen, als sterbe er »als Sklave«, so daß sein Vermögen an den Eigentümer fiel.[43] Zur Begründung der Testierunfähigkeit der Quasi-Unterworfenen (dazu bei Tit. 1,11) liefert Gaius 3,75 eine Argumentation *a fortiori ad minus*: Wenn die *lex Iunia* schon den *Latini Iuniani* die Testierfähigkeit versagte, habe die *lex Aelia Sentia* den am allerschlechtesten gestellten Freien unmöglich die Testierfähigkeit geben können.[44] Wenn der Text den *dediticiorum numero* hier als Peregrinen bezeichnet, dann kennzeichnet er ihn insoweit als Außenstehenden. Gaius' Argument der besonders schlechten Stellung der *dediticiorum numero* gegenüber den anderen Personengruppen kennt im übrigen auch der *liber singularis*, wie aus der steigernden Formulierung in Tit. 7,4 ersichtlich ist: *peregrinam, vel eam, quae dediticiorum numero est* (»oder *sogar* eine solche Fremde, die Quasi-Unterworfene ist«).

43 Die Vorstellung, der *Latinus Iunianus* sterbe »als Sklave«, wird in Inst. 3,7,4 im Rückblick auf das klassische Recht mitgeteilt: *licet ut liberi vitam suam peragebant, attamen ipso ultimo spiritu simul animam atque libertatem amittebant, et quasi servorum ita bona eorum iure quodammodo peculii ex lege Iunia manumissores detinebant.* Vgl. Savigny, Ulpian 1801, Bl. 93 r.

44 Beseler, SZ 47 (1927), S. 356 f. bemängelte den Gaiustext. Er meinte, angesichts von Tit. 20,14, nach dem der zu den Deditiziern Zählende eindeutig keine Testierfähigkeit hat, könne in dieser Frage keine Meinungsverschiedenheit (***plerisque** placuit*) bestanden haben. Vielleicht aber handelt es sich um eine ältere, bei Gaius noch angedeutete Kontroverse, die zur Zeit der Fixierung des Regelwerks beigelegt war.

§ 15. *Feminae post duodecimum annum aetatis*[a] *testamenta facere possunt, tutore auctore, donec in tutela sunt*[b].

a) Ms. Vat.: *etatis*
b) so Hg[5] (nach Ma), Kr; Ms. Vat., Til: *sint*

Frauen können nach dem zwölften Lebensjahr Testamente errichten, nämlich mit der förmlichen Genehmigung ihres Vormunds, solange sie unter der Vormundschaft stehen.

Der Text betrifft Frauen *sui iuris*, die sich also weder in der väterlichen Gewalt noch in der *manus* ihres Ehemannes befinden und über eigenes Vermögen verfügen. Das dargestellte Recht geht auf einen von Hadrian initiierten Senatsbeschluß zurück. Danach durften gewaltfreie Frauen, sofern sie mindestens 12 Jahre alt waren, ein Testament errichten, ohne zuvor einen Scheinkauf (*coemptio fiduciaria*) durchlaufen zu müssen (Gaius 2,112 f.).[45] Sofern sie allerdings der Tutel unterworfen waren, bedurften sie der förmlichen Genehmigung (*auctoritas*) ihres Tutors (vgl. Tit. 11,27).[46]

§ 16. *Servus publicus populi Romani*[a] *partis dimidiae*[b] *testamenti faciendi habet*[c] *ius*[d].

a) so Cuj, Hg[1, 3-5], Sav, Kr, Sch; Ms. Vat.: *praetoriani.* Ch 1578 [223 r]: *servus publicus Praetorive*; Til: *Praetorisve*; Hg[2]: *publicus pro parte dimidia*
b) so Hg[3-4], Kr; Ms. Vat.: *partes dimidiam*; Til, Hg[1]: *parte dimidia*
c) Ms. Vat.: *habit*
d) Ms. Vat.: Tit. 20 endet im Ms. Vat.: *faciendi ha*
bit ius quae ad modum heres institui debeat.
XXI T quem admodum heres[47]

Der Sklave des römischen Volkes hat das Recht, über die Hälfte seines Vermögens zu testieren.

Von der Rechtsstellung der privaten Sklaven ist die der *servi publici* zu unterscheiden, deren sich der Staat bei der Erfüllung vielfältiger öffentlicher Aufgaben bediente, so z.B. im Feuerschutz-, Wasserleitungs- und Bibliothekswesen.[48] Während der private Sklave nach dem radikalen klassischen Konzept im Grundsatz

45 In der späten Republik hatte es zunächst eines Scheinkaufs (*coemptio fiduciaria*) bedurft, der *testamenti faciendi gratia* vorgenommen wurde; Gaius 1,115 u. 115 a.

46 Gaius 1,115 a; Bonfante, Istituzioni, S. 476; Kaser, RP 1, S. 683; Dixon, Roman Family, S. 198 Anm. 54. Möglicherweise mußte der Tutor schon in diokletianischer Zeit nicht mehr einwilligen; vgl. Sent. Syr. § 7 und Selb, Sententiae, S. 100.

47 Der Schreiber bezieht also die Rubrik zunächst irrtümlich in den Text ein, wiederholt sie dann aber richtig. Allerdings schreibt er einmal *quae* und einmal *quem*.

48 Vgl. Kolb, Rom, S. 566, 586.

keinerlei Rechtsfähigkeit hatte,[49] teilt dieser Text für den *servus publicus Populi Romani*[50] mit, daß er ein *ius* habe. Darin kommt die Vorstellung einer begrenzten Freiheit zum Ausdruck. Sie wird dadurch begünstigt, daß der Staatssklave keiner *possessio* unterliegt: Weil der *populus Romanus* eine *universitas* ist, die als solche nicht besitzen kann,[51] unterliegt der Staatssklave keiner über den Besitz definierten Herrschaftsgewalt.

Der Text berichtet von einem *testamenti faciendi ius* des Staatssklaven.[52] Seine Authentizität ist angezweifelt worden, weil mehrere Texte im Digestentitel 28,1 unterschiedlos zum Ausdruck bringen, daß *kein* Sklave ein Testament errichten könne.[53] Es darf aber davon ausgegangen werden, daß die undifferenzierte Verwendung von *servus* in diesem Digestentitel nur den im Privateigentum befindlichen Sklaven meint. Die für den Staatssklaven geltenden Sonderregeln sind dort wahrscheinlich darum nicht genannt, weil seine Rechtsstellung auch durch öffentliches Recht geregelt ist.[54]

49 Zu den Einschränkungen, die dieser Grundsatz infolge kaiserlichen Ausnahmerechts erfuhr, s. oben S. 99 und 136. Daß der Text hier von einem *ius* des Staatssklaven berichtet, bildet eines der Indizien dafür, daß das Regelwerk diese Einschränkungen zumindest teilweise bereits voraussetzt.

50 Savigny nimmt an, aus P. R. (*populi Romani*) sei PR. geworden, die verbreitete Abkürzung für *praetoriani*; Ulpian 1801, Bl. 93 v. Die Emendation zu *populi Romani* (Cuj. Obs. 17,28) wird durch Tit. 24,28 gestützt; VS 5, S. 99.

51 S. bei Tit. 22,5.

52 Ein weiteres Zeugnis für die (teilweise) Testierfähigkeit des Staatssklaven könnte – falls keine untechnische Verwendung des Ausdrucks *heres* vorliegt – die Grabinschrift für den Staatssklaven Bithus aus der frühen Kaiserzeit bilden (CIL VI, 2354): *Bithi publici Paulliani. Fecit Aemilia Prima concubina eius et heres.* Möglicherweise gehörten Aemilia Prima und ihr Lebensgefährte früher demselben Herrn (Aemilius Paullus?), bevor sie freigelassen wurde und Bithus in öffentliches Eigentum überging. Zu dieser Inschrift ferner Halkin, Esclaves publics, S. 114 und Herrmann-Otto, Ex ancilla natus, S. 202, Fn. 22. Daß auch Gemeindesklaven testieren konnten, zeigen Halkin S. 196 f. und Weiß, Sklave, S. 170 anhand CIL X, 4687: *Primogeni pub[lico] Minori Primogene(s) Maio[r et] Urbanus posuerunt he[redes].* Demgegenüber beruhen die letztwilligen Zuwendungen von Sklaven an Begräbniskollegien, wie Halkin, S. 114 mit Rücksicht auf CIL XIV, 2112 zutreffend festgestellt hat, nicht auf einem Recht zur Testamentserrichtung, sondern auf einem Einverständnis des *dominus*, diese Ausgaben aus dem *peculium* zu bestreiten; Eder, Servitus publica, S. 113 f. Abdy/Walker, Rules, S. 399, Fn. 3 nennen Plinius *ep.* 8,16 als Beleg für eine Testierfähigkeit der Sklaven. Dort aber handelt es sich erstens um private Sklaven, und zweitens bringt Plinius deutlich zum Ausdruck, daß die Sklaven nur *quasi testamenta facere* dürfen, und daß die Verfügungen nur *scheinbar* rechtsgültig seien.

53 Abdy/Walker, Rules, S. 399, Fn. 3 und Buckland, Slavery, S. 328; vgl. Pomponius *lb. sg. reg.* D. 28,1,16 pr; vgl. Ulpian 1 *ad Sab.* D. 28,1,20,7.

54 Die strikte Unterscheidung zwischen Privatrecht und öffentlichem Recht ist ein Merkmal der klassischen Wissenschaftstradition. Sie ist schon Bestandteil der *ars iuris* des Servius; vgl. Cicero *part. or.* 37,130: *scriptorum* (»unter den schriftlichen Rechtsquellen«) *autem privatum aliud est, publicum aliud.* Für das klassische Recht Ulpian 1 *inst.* D. 1,1,1,2: *Huius studii sunt duae positiones, publicum et privatum. publicum ius est* ***quod ad statum rei Romanae spectat****, privatum quod ad singulorum utilitatem.*

b.) Tit. XXI ›Quemadmodum heres institui debeat‹ Auf welche Weise ein Erbe eingesetzt werden müsse

§ 1. *Heres institui recte potest his verbis: ›Titius heres esto‹, ›Titius*[a] *heres sit‹, ›Titium heredem esse iubeo‹; illa autem institutio ›heredem instituo‹, ›heredem facio‹ plerisque inprobata est.*

a) Ms. Vat.: *heres es**to***[ein Zeichen ausradiert]***ti**stius* (einfach kursiv = Originalschrift; fett kursiv = späterer Zusatz auf radierter Stelle; klein kursiv = ausradierte, möglicherweise wie angegeben lautende Zeichen). Es stand also ursprünglich wohl: *heres es* – – – – – *stius*, dann wurde radiert und von anderer Hand *to ti* eingefügt.

Ein Erbe kann förmlich mit folgenden Worten eingesetzt werden: ›Titius soll Erbe sein‹, ›Titius sei Erbe‹, ›Ich befehle, daß Titius Erbe sei‹. Jene Einsetzung aber: ›Ich setze ... zum Erben ein‹, ›Ich mache ... zum Erben‹ wird von den meisten für ungenügend gehalten.

Der Testator soll bei der Erbeinsetzung wie ein Gesetzgeber sprechen, befehlen oder bestimmen, nämlich mit den spezifisch für diesen Zweck vorgesehenen Worten (*verba directa*). Diese Strenge rührt bereits aus der Rechtswissenschaft der Republik her, und zwar aus der Lehre der ersten Klassiker. Zwar hatten schon die vorklassischen Juristen die Erbeinsetzungsformeln mit großer Strenge beurteilt, wie Q. Mucius' Standpunkt in der *causa Curiana* zeigt. Dort dient die Strenge aber, wie ausdrücklich überliefert ist, letztlich dem Schutz des Erblasser*willens*.[55] Eine Position dagegen, die die Worte »*heredem facio*« etc. als unzureichend betrachtet, stellt offenbar nicht auf den Willen ab, denn dieser wird mit »*heredem facio*« genauso präzise zum Ausdruck gebracht wie etwa mit »*heres esto*«. Der Standpunkt der frühen Klassik zielt vielmehr auf die *Form* des Ausdrucks. Wenn der Testator seine Anordnungen nämlich mit *instituo* oder *facio* formuliert, dann beschreibt er mehr seine Handlung, als daß er sie direkt vornähme.[56] In der Formulierung muß aber die *unmittelbare* Vornahme der Erbeinsetzung zum Ausdruck kommen. Die Begründung liegt darin, daß die von Servius in die Rechtswissenschaft eingeführte Sprachtheorie die Worte und ihren Bedeutungsgehalt dergestalt verknüpft, daß überhaupt nur »spricht«, wer die Worte in ihrer objektiv

55 Vgl. die Argumentation des Q. Mucius bei Cicero *Brut.* 52,196: *quam captiosum esse populo, quod scriptum esset, neglegi et opinione quaeri **voluntates** et interpretatione disertorum scripta simplicium hominum pervertere?* Die im Geschriebenen zum Ausdruck gekommenen Willensbekundungen dürfen nicht durch bloße *opinio* in Frage gestellt werden; Behrends, Gesetz und Sprache, S. 174 u. 177.

56 Faber, De erroribus pragm. decad. XLIX error 10, Rn. 10 u. 11; zustimmend Schulting, Jurisprudentia, Note 2; Savigny, Ulpian 1801, Bl. 93 v.

festliegenden Bedeutung verwendet.[57] Mit den Worten »*heres esto*« oder »*heres sit*« wird insoweit formgerecht die unmittelbare Erbeinsetzung zum Ausdruck gebracht.

Abgelehnt wird nach dieser Lehre jede Auslegung des nicht formgerecht Geäußerten nach seinem Sinn und Zweck. Es handelt sich um die gleiche Auslegungshaltung, die in der *lex Cincia*, die das Geben und Nehmen von Schenkungen verbietet, keine Anordnung der Nichtigkeit der dennoch vorgenommenen Schenkungen findet.[58] Gaius 2,117 teilt kennzeichnenderweise von dem gleichen Standpunkt aus mit, daß auch die Formel *volo* (»Ich will, daß Titius Erbe ist«) nicht ausreicht, offenbar deswegen, weil der Hinweis auf den Willen den Vollzug desselben durch die Tat nicht ersetzen kann.

Die Anordnung *»iubeo«* gilt nach unserem Text als *directa* (vgl. auch Tit. 24,4). In der sachlich entsprechenden, wenngleich etwas differenzierteren Stelle Gaius 2,117 wird sie dagegen als »schon anerkannt« (*iam conprobata*) bezeichnet.[59] Gaius deutet damit an, daß es auch eine Gegenansicht gegeben habe. Diese beruhte wahrscheinlich auf der vorklassischen Lehre der *verba sollemnia* des Zivilrechts, die die Verwendung von *iubere* nicht ausreichen ließ und stattdessen das traditionelle »*esto*« verlangte.[60] In der klassischen Jurisprudenz, welche die Testamentsgeltung unmittelbar auf eine gesetzliche Ermächtigungsnorm zurückführte (und daher den Vermächtniserwerb als Erwerb »*lege*« einordnete[61]), mußte die Gültigkeit dieser Anordnungsform dagegen, wie es unser Text darlegt, von Anfang an selbstverständlich gewesen sein.

57 Vgl. Celsus 19 *dig.* D. 33,10,7,2 und Behrends, Gesetz und Sprache, S. 191-193. S. bereits oben S. 382 sowie S. 74 und 112.

58 Vgl. oben S. 165.

59 Die Relevanz der strengen Wortformen wurde von Konstantin aufgehoben (C. 6,23,15 a. 339).

60 In der vorklassischen Jurisprudenz gehörte das Testamentsrecht zum *ius strictum.* Vgl. Gaius 1 *de testamentis ad ed. praet.* D. 35,1,16: *In his, quae extra testamentum incurrerent, possunt res ex bono et aequo interpretationem capere: ea vero, quae ex ipso testamento orerentur, necesse est secundum* ***stricti iuris*** *rationem expediri.* Das *stricti* ist von Mommsen aufgrund der Basiliken dem in der Florentina überlieferten *scripti* befürwortet worden, und zwar unter dem Gesichtspunkt der *lectio difficilior* mit Recht. Vgl. Behrends, Gesetz und Sprache, S. 173. Für den strengen Standpunkt, den Q. Mucius in der *causa Curiana* vertrat, vgl. oben S. 396.

61 Vgl. Tit. 19,17.

c.) Tit. XXII ›Qui heredes institui possunt[a]‹

a) Hg[5]: *possint*

Wer als Erbe eingesetzt werden kann

Der Titel behandelt mit den Fragen, wer eingesetzt werden kann (§§ 1-13), wer eingesetzt werden muß (§§ 14-23) und wie die Erbschaft erworben wird (§§ 24-34), Gesichtspunkte von außerordentlicher praktischer Bedeutung.

§ 1. *Heredes institui possunt, qui testamenti factionem[a] cum testatore habent.*

a) Ms. Vat.: *factione*

Zu Erben dürfen diejenigen eingesetzt werden, die die Testamentsfähigkeit mit dem Testator haben.

§ 2. *Dediticiorum numero[a] heres institui non potest, quia peregrinus est, cum quo testamenti factio non est.*

a) Ms. Vat.: *numerum*

Der Quasi-Unterworfene kann nicht zum Erben eingesetzt werden, weil er ein Peregrine ist, mit dem keine Testamentsfähigkeit besteht.

§ 3. 〈*Latinus Iunianus*〉[a] *si quidem mortis testatoris tempore vel intra diem[b] cretionis civis Romanus sit, heres esse potest; quodsi Latinus manserit, lege Iunia capere hereditatem prohibetur. idem iuris est in persona caelibis[c] propter legem Iuliam[d].*

a) so Hg[5], Kr; fehlt im Ms. Vat.; Cuj: *non est, siquidem mortis*
b) Nach *diem* kleine Lücke im Ms. Vat., ohne daß dort etwas gestanden hätte.
c) Ms. Vat.: *personam celebis*
d) Ms. Vat.: *iulia*

Wenn ein *Latinus Iunianus* zur Zeit des Todes des Erblassers oder noch innerhalb der Antrittsfrist römischer Bürger geworden ist, kann er Erbe sein. Wenn er Latiner geblieben ist, so verbietet die *lex Iunia*, die Erbschaft anzunehmen. Dasselbe gilt für den Unverheirateten wegen der *lex Iulia*.

Mit dem Ausdruck *Latinus* meint die Stelle den *Latinus Iunianus*, wie daran deutlich wird, daß anschließend die *lex Iunia* genannt wird.[62] Daß sich auch der

62 Das Regelwerk kann hier mit der vereinfachenden Ausdrucksweise *Latinus* auf den *Latinus Iunianus* Bezug nehmen (vgl. entsprechend Tit. 22,8), weil diese Kategorie der Freigelassenen (dazu näher oben bei Tit. 1,10) für den stadtrömischen Text von erheblichem praktischen Interesse war, während Latiner kraft Bürgerrechts in einer Latinergemeinde (dazu oben bei Tit. 19,4) in Italien nicht mehr lebten, dort also eine Ausnahmeerscheinung waren.

Anfang auf den Junianischen Latiner bezieht, zeigt das *manserit.* Mit Hugo und Krüger ist daher zu vermuten, daß die Nennung des *Latinus Iunianus* am Textanfang weggefallen ist.[63] Der *Latinus Iunianus* kann zum Erben eingesetzt werden und die *capacitas* nachträglich erlangen, wenn er das Bürgerrecht noch rechtzeitig nachträglich erwirbt (Tit. 17,1). Der Text bezieht sich insoweit auf die Tatbestände des Tit. 3. Der Schlußsatz teilt mit, daß der *caelebs* aus einem Testament (eines *extraneus*) nichts bekommen kann.[64]

§ 4. *Incerta persona heres institui non potest, velut hoc modo: ›quisquis primus*[a] *ad funus meum venerit, heres esto‹; quoniam certum consilium debet esse testantis.*

a) Ms. Vat., Hg[5]: *primum*

Eine unbestimmte Person kann nicht zum Erben eingesetzt werden, etwa so: »Wer zuerst zu meinem Leichenbegängnis kommt, soll mein Erbe sein«, weil der Testator einen bestimmten Entschluß haben muß.

Eine gültige Erbeinsetzung setzt voraus, daß der künftige Rechtsträger feststeht. Bloße Bestimmbarkeit genügt dagegen nicht. Es handelt sich um eine frühklassische Vorstellung. Die klassische *contestatio mentis* setzt voraus, daß eine feststehende Gesinnung des Testators zum Ausdruck gebracht wird (s. bei Tit. 20,1). Wenn der Testator aber eine *incerta persona* einsetzen will, dann läßt er eine *incerta opinio* erkennen, die den Anforderungen an eine feste Gesinnung (*certum consilium*) nicht genügt.[65] Dieser klassische Strukturalismus entspricht der Strenge, mit der die servianische Sprachtheorie bei der Formulierung der Erbeinsetzung die Verwendung der spezifischen Formen forderte (s. bei Tit. 21,1). Wenn Gaius 2,287 berichtet, bei Fideikommissen sei früher eine Ausnahme gemacht worden, dann war dies dadurch möglich, daß die Fideikommisse nicht dem *rigor iuris civilis* unterfielen, sondern ihre Grundlage im kaiserlichen Ausnahmerecht hatten (Tit. 25,1).

63 Cujaz (Par. 1586) führte den vorangegangenen Satz fort und bezog die Möglichkeit, nach Erlangung des Bürgerrechts Erbe zu werden, auf den *dedititiorum numero* des § 2. Das widerspricht jedoch dem folgenden *quodsi Latinus* ***manserit.***
Schulz meint, der Epitomator habe einen Eingangssatz, in dem die passive *testamenti factio* des *Latinus* betont war, gestrichen, weil er *testamenti factio* und *capacitas* hier zusammengeworfen und daher den Anfang des § 3 auf jeden Nichtbürger bezogen habe; Epitome, S. 46. Die Differenzierung zwischen der passiven *testamenti factio*, die den *Latinus Iunianus* zur Bekleidung der zivilen Erbenstellung befähigt (s. oben bei Tit. 17,1 u. 20,2), und der Annahmefähigkeit (*capacitas*), die ihm die *lex Iunia* vorenthält, tritt im erhaltenen Auszug des Regelwerks aber sonst noch deutlich zutage. Die Annahme, der Epitomator habe die Unterscheidung gerade hier mißachtet, überzeugt also nicht.

64 Vgl. entsprechend Tit. 17,1.

65 Gaius 2,238: *incerta autem videtur persona, quam per* ***incertam opinionem*** *animo suo testator subicit.*

Die Anforderungen des Legatsrechts bleiben hinter der die Erbeinsetzung betreffenden Strenge zurück.[66] Dort genügt es, wenn der Personenkreis, dem der Begünstigte angehört, durch eine *certa demonstratio* beschrieben ist (näher bei Tit. 24,18).

§ 5. *Nec municipia nec municipes*[a] *heredes institui possunt, quoniam incertum corpus est, et*[b] *neque cernere universi, neque pro herede gerere*[c] *possunt*[d], *ut heredes fiant: senatus consulto*[e] *tamen concessum est, ut a libertis suis heredes institui possint. Sed fideicommissa hereditas municipibus restitui potest; denique*[f] *hoc senatus consulto prospectum est.*

a) Ms. Vat.: *municipis*
b) so Kr; Ms. Vat., Til, Hg[5]: *ut*
c) Ms. Vat.: *pro hire*[2 Zeichen entfernt]*de herede cernere* (das *i* ist an radierter Stelle hinzugesetzt); Til: *pro* ⟨*libito de*⟩ *herede cernere*
d) Hg[5]: *possint*
e) Ms. Vat.: *consultu*
f) so das Ms. Vat., Hg[1-3], Kr; Til, Ch 1578: *idque hoc* [224 r]; Hg[4-5]: *deque*

Weder Munizipien noch deren Bürger können zu Erben eingesetzt werden, weil es sich um einen unbestimmten »Körper« handelt, und die Mitglieder in ihrer Gesamtheit weder antreten noch sich wie Erben verhalten können, so daß sie Erben werden. Durch einen Senatsbeschluß ist aber zugestanden worden, daß sie von ihren Freigelassenen zu Erben eingesetzt werden können. Aufgrund Fideikommisses aber kann eine Erbschaft den Bürgern des Munizipiums übertragen werden; dies ist sogar[67] durch einen Senatsbeschluß vorgesehen worden.

Die Möglichkeiten der Gemeinden (*municipia*) zum erbrechtlichen Erwerb waren beschränkt auf die Erbeinsetzung durch eigene Freigelassene[68] und die Begünstigung durch Fideikommisse.[69] Das *municipium* ist eine durch die Gesamtheit

66 Palma, Ric. Gallo 2, S. 61. Justinian hob die Beschränkung auf (Inst. 2,20,25 u. 27).

67 Schulting und Cannegieter verstehen *denique* als *quin etiam* (»sogar auch«); vgl. Savigny, Ulpian 1801, Bl. 94 v.

68 Im übrigen konnten Munizipien grundsätzlich nicht zu Erben eingesetzt werden; vgl. Ulpian 11 *ad ed.* D. 4,3,15,1; Ulpian 10 *ad ed.* D. 3,4,7 pr; Ulpian 24 *ad ed.* D. 10,4,7,3; Ulpian 4 *disp.* D. 50,12,3,1; Paulus 54 *ad ed.* D. 41,2,1,22. Zu Ausnahmen aufgrund kaiserlicher Vergünstigung s. unten S. 402 f., Fn. 82.

69 Die Einschränkung liegt Plinius *ep.* 5,7,1-2 zugrunde. Plinius berichtet dort von einem Erblasser, der ihn zum Haupterben einsetzte und daneben der Gemeinde zunächst ein Viertel, später stattdessen ein entsprechendes Vorausvermächtnis zuwandte. Obgleich die Zuwendung zugunsten der Gemeinde rechtlich unwirksam ist, sinnt Plinius auf einen Weg, dem Willen des Erblassers nachzukommen, weil dieser für ihn höheren Rang hat. Er fragt sich,

der Bürger definierte *universitas*.[70] Die klassische Lehre erkannte grundsätzlich keine überindividuelle Rechtspersönlichkeit der *universitas* an. Nur im Ediktssystem stattete sie die *universitas* für verfahrensrechtliche Zwecke im Wege der Fiktion mit der Stellung einer *persona* aus,[71] so daß sie klagen und verklagt werden konnte. In diesem Rahmen konnte ein Munizipium also am Rechtsverkehr teilnehmen. Demgegenüber ist der Grund dafür, daß es vom erbrechtlichen Erwerb weitgehend ausgeschlossen war, sachlogischer Art.[72] Nach der klassischen, auf den Gegensatz zwischen *institutio* und *natura* abstellende Lehre kann eine Abstraktion als nur *gedachte* Rechtseinrichtung die für den Erbschaftserwerb erforderlichen *Handlungen*, also Antritt oder *pro herede gerere*, nicht durchführen.[73] Es handelt sich um die gleiche Logik, nach der eine Gemeinde ihre Sklaven nicht *besitzen* kann.[74]

Gleichwohl deutet sich in der Stelle eine *media sententia* an. Wenn der Text die Personengesamtheit als *corpus* bezeichnet, greift er ein Bild auf, das die Vorklassik entwickelt hatte. Sie kannte die Vorstellung eines Verbandes von Menschen als zusammenwirkender »Leib«, der durch Repräsentanten handeln kann.[75] Daß der Ausdruck *corpus* hier auftritt, zeigt den Entwicklungsstand, den die Schulenkonvergenz im Recht der Personengesamtheiten inzwischen bewirkt hatte.[76] Die allgemeine Handlungsfähigkeit verschuf diese Vorstellung dem Munizipium aber

wie die Juristen wohl aufnehmen würden, was er sagt (*vereor, quam in partem iuris consulti, quod sum dicturus, accipiant*).

70 Vgl. Behrends, Subjektivität, S. 229 u. 238.

71 Behrends, Subjektivität, S. 240.

72 Behrends, Handwerk, S. 170.

73 Es liegt zwar nahe, hier (wie auch im Fall der in § 6 genannten Götter) in Anknüpfung an § 4 das Problem in der unsicheren Rechtspersönlichkeit zu sehen. Die *corpora incerta* müssen aber von den *personae incertae* unterschieden werden (vgl. Ferrini, Legati, S. 144 f.), und zwar schon darum, weil hier keine *persona* in Betracht kommt.

74 Paulus 54 *ad ed.* D. 41,2,1,22; Savigny, System 2, S. 291; Behrends, Bodenhoheit, S. 278. Für den *servus publicus* vgl. oben bei Tit. 20,16.

75 Behrends, Subjektivität, S. 225, 238; ders., Handwerk, S. 169-172 u. 174 f.

76 Die *universitas* des klassischen Edikts ist eine »Einheit« von Personen. Der Gedanke der Körperschaftlichkeit fehlt in dieser Vorstellung. Es handelt sich um ein reines, unmittelbar substratloses und daher von den Mitgliedern unabhängiges *nomen iuris*, das selbst dann noch Bestand hat, wenn die Einheit nur noch von einer Person repräsentiert wird. Vgl. Ulpian 10 *ad ed.* D. 3,4,7,1 u. 2; Behrends, Labeo 44 (1998), S. 42 m. Fn. 25. Bei Gaius tritt die *universitas* des klassischen Edikts nicht auf. Seine Beschränkung der *res incorporales* auf Vermögensgegenstände (Gaius 2,29-38) dürfte damit zusammenhängen, daß er in der vorklassisch beeinflußten Wissenschaftstradition stand, die die Personenverbände körperschaftlich auffaßte. In seinem Kommentar zum Provinzialedikt betrachtete er die *universitates* des Edikts denn auch als *corpora*; vgl. Gaius 3 *ad ed. prov.* D. 3,4,1. Vgl. Behrends, Labeo 44 (1998), S. 42 f. mit Fn. 27.

nicht,[77] weil es in seiner veränderlichen Zusammensetzung zu »unbestimmt« ist (*incertum corpus*[78]).

Der Text begründet das Erwerbshindernis zusätzlich damit, daß die *universi* die notwendigen Handlungen nicht vornehmen können.[79] Es handelt sich um ein formales Argument, das auch bei Ulpian 49 *ad ed.* D. 38,3,1,1 im Hinblick auf die Agnition der *bonorum possessio* auftritt.[80] Tatsächlich können die *certa et sollemnia verba* des Erbschaftsantritts ebensowenig durch die gemeinsame Äußerung einer Menschenversammlung ersetzt werden, wie es ein gemeinsames *pro herede gerere* aller Bürger geben kann. Entscheidend ist dafür der Gesichtspunkt, daß selbst wenn – rein theoretisch – alle einzelnen Bürger denselben Willen entwickelten, dies gleichwohl nicht der Wille der *universitas* als Abstraktion wäre.[81]

Angesichts dieser Hindernisse mußten die zulässigen Ausnahmen durch Sonderbestimmungen eingeführt werden.[82] So wurde die Erbeinsetzung der Gemein-

77 Dies gilt unabhängig davon, daß ein Munizipium auf dem Gebiet des *öffentlichen* Rechts Beschlüsse fassen kann, wenn es sich in den verfassungsmäßigen Formen äußert. Bei Abstimmungen gelten die Erschienenen als die Gesamtheit, und die Mehrheit entscheidet; Mitteis, RP 1, S. 379.

78 Savigny, Ulpian 1801, Bl. 94 v; Longchamps de Bérier, Fedecommesso, S. 163 ff.; Schönbauer, St. De Francisci 3, S. 323 f.

79 Derselbe Formalismus bewirkt, daß nach Maecian 12 *fideicomm.* D. 36,4,12 der Gemeinde die *missio in possessionem* wegen eines Vermächtnisanspruchs nicht gegeben werden kann, sondern Rechtshilfe des Prätors notwendig ist. (Auch das Fideikommiß ist ja im Wege eines außerordentlichen Verfahrens durchsetzbar.) Antoninus Pius mußte sogar hinsichtlich der Annahme eines Vermächtnisses betonen: *Deliberent decuriones, an ad se velint pertinere, proinde ac si uni legatus esset* (Gaius 2,195). Die Dekurionen sollen entscheiden, ob sie das Legat annehmen wollen.

Longchamps de Bérier, Fedecommesso, S. 163 f. meint, die Munizipien seien als *incerta corpora* angesehen worden, *weil* sie die Erbschaften weder durch ausdrückliche Willenserklärung noch durch mutmaßlichen Willen annehmen konnten. Das kehrt den Zusammenhang um.

80 Mitteis, RP 1, S. 379.

81 Savigny, System 2, S. 291, Fn. t. Entsprechend tritt der Gesichtspunkt des *consentire non possunt* bei Ulpian 49 *ad ed.* D. 38,3,1,1 und Paulus 54 *ad ed.* D. 41,2,1,22 auf.

82 Einzelne Sonderregeln, die abweichend von unserer Stelle die Zuwendung von Vermächtnissen erlauben, treten jeweils ausdrücklich als kaiserliches Ausnahmerecht auf. Vgl. Tit. 24,28 für Legate zugunsten von *civitates, quae sub imperio populi Romani sunt* und Gaius 3 *de leg. ad ed. praet.* D. 30,73,1 mit einer Ausdehnung durch Pius zugunsten der *vici*; vgl. Grosso, Legati, S. 196. Paulus 12 *ad Plaut.* D. 34,5,20(21) teilt mit, ein Senatsbeschluß aus der Regierungszeit Marc Aurels habe das Legat zugunsten von *collegia* ermöglicht; Grosso, Legati, S. 196.

Aufgrund kaiserlicher Ausnahmebestimmung konnte ein *municipium* offenbar im Einzelfall sogar die Erbschaft eines Freigeborenen erlangen. So verschuf Trajan der Gemeinde Ricina die Erbschaft des Tuscilius Nominatus (CIL IX, 5746): *Divos Traianus Augustus concessa Tuscili Nominati heredit. rei publ. Ricinens. balneum et platias rep. mandavit.* Unab-

den durch ihre eigenen Freigelassenen durch einen besonderen Senatsbeschluß erlaubt, der in diesem Fall auch die Möglichkeit des Antritts regelte.[83] Dennoch zweifelt Ulpian 49 *ad ed.* D. 38,3,1,1 auch in diesem Fall noch an der Fähigkeit einer Gemeinde, die *bonorum possessio* zu erwirken, weil der für den Antrag erforderliche Konsens schwer hergestellt werden könne, und er begründet seine Zustimmung mit einem Analogieschluß.[84]

Der zweite Senatsbeschluß ist das *SC Apronianum* von 117 oder 123 n. Chr.[85] Aus Paulus *lb. sg. de senatuscons.* D. 36,1,27 geht hervor, daß er den Gemeinden den Empfang von Fideikommissen ermöglichte. Problematisch ist der Rechtserwerb ja, sobald er strenge Formen voraussetzt. Daher ist der Erwerb aufgrund des nicht dem *rigor iuris civilis* unterfallenden Fideikommisses möglich.

Der Umstand, daß das *SC Apronianum* aus der Regierungszeit Hadrians stammt (und auch der nachfolgende § 6 mutmaßlich aus der Antoninenzeit), könnte auf einen Zusammenhang des Textes mit der Urbanisierungspolitik der Antoninen hindeuten, die sich auf die geschilderte Entwicklung wahrscheinlich förderlich auswirkte. Unter den Antoninen erreichte die Intensität der Urbanisierung und Romanisierung ihren Höhepunkt. Als erster Provinzrömer, der auf den Kaiserthron gelangt war, gründete Trajan besonders viele Provinzstädte, insbesondere auch im Osten, zur Stärkung dieses Gebiets im Konflikt mit den Dakern und Parthern.[86] Ein weiterer Grund für das Interesse, die Städte materiell zu stärken, bestand darin, daß sie das Rückgrat der kaiserlichen Steuerverwaltung bildeten.[87]

hängig davon, ob Trajan nur die Erbschaftsannahme erlaubte (Amelotti, Testamento 1, S. 123, Fn. 4) oder ob er selbst zunächst zum Erben eingesetzt war und die Erbschaft dann auf das *municipium* übertrug (Stein, RE, 2. Rh., 14. Hb. [1948] s. v. Tuscilius 2, Sp. 1463), erhielt das *municipium* jedenfalls ausnahmsweise die *hereditas.*

83 Der erste der beiden im Text genannten Senatsbeschlüsse, der die Erbeinsetzung der Munizipien durch ihre Freigelassenen ermöglichte, ist der bei Ulpian 49 *ad ed.* D. 38,3,1,1 an zweiter Stelle genannte. Longchamps de Bérier, Fedecommesso, S. 164 sieht in dieser Stelle beide Senatsbeschlüsse bestätigt.

84 Ulpian 49 *ad ed.* D. 38,3,1,1: … *sed* ***qua ratione*** *senatus censuit, ut restitui eis ex Trebelliano hereditas possit:* ***qua ratione*** *alio senatus consulto heredibus eis institutis a liberto adquirere hereditatum permissum est:* ***ita bonorum quoque possessionem petere dicendum est.***

85 Vgl. Paulus *lb. sg. de senatuscons.* D. 36,1,27 und Liebenam, Fasti Consulares, S. 41-43; Longchamps de Bérier, Fedecommesso, S. 166; Schulz, Epitome, S. 46; Scialoja, DER, S. 383; Biondi, Successione, S. 126.

86 Ferenczy, ANRW II,14, S. 1042 f.

87 Vgl. zu Universalfideikommissen zugunsten von Munizipien noch Modestin 1 *resp.* D. 3,5,25(26) (das Zugewandte wird Einzelpersonen vom Magistrat zur Verwaltung anvertraut) sowie C. 6,49,3 (der Nachlaß wird per Fideikommiß der *res publica* überlassen). Bei Papinian 8 *resp.* D. 36,1,59 pr sollen die Erben ihre Erbteile nach ihrem Tod der *Colonia Beneventanorum* zukommen lassen; Longchamps de Bérier, Fedecommesso, S. 68. Justinian ließ die Einsetzung bestimmter Personengesamtheiten zu; vgl. C. 6,48,1; Inst. 2,20,27.

§ 6. *Deos heredes instituere non possumus praeter eos, quos senatus consulto*[a] *constitutionibusve*[b] *principum instituere concessum est, sicuti Iovem Tarpeium*[c], *Apollinem Didymaeum*[d] *Mileti*[e], *Martem in Gallia, Minervam Iliensem*[f], *Herculem Gaditanum*[g], *Dianam Efesiam*[h], *Matrem deorum Sipylensem*[i], *quae Smyrnae*[j] *colitur, et Caelestem*[k] *Salinensem*[l] *Carthaginis*[m].

a) Strack (102): *consultis*
b) so Bö, Kr; Ms. Vat., Til, Hg⁵, Sch: *constitutionibus*
c) Ms. Vat.: *Terpeium*
d) Ms. Vat.: *apollenem didimeum*
e) so Mo bei Hu (NJPP 75 [1857], 369), Kr, Wissowa (Rel. 407, Fn. 1), Sch; Ms. Vat., Til, Fa, Pesnot (1553), Conradi (91), Hg⁵: *sicuti*
f) so Cuj (Par. 1586), Tu, Fa, Conradi 114, Hg⁵, Kr, Wissowa, Sch; Ms. Vat.: *miliensem*; Til, Crespin 1574 (S. 573), Ch 1578 [224 r], Fa, Pesnot (1553): *Meliensem*
g) Pesnot (1553): *Gaditanu*
h) Fa, Pesnot (1553): *Ephesiam*; Wissowa übergeht sie.
i) so Sav (VS 5, 99; vgl. Sg); Hu (NJPP 75 [1857], 370): *Sipylenen*; Jahn, Va, Kr, Pernice (aaO.), Wissowa, Sch: *Sipylen⟨en Neme⟩sim*; Ms. Vat., Hg⁵: *sipelensim*; Strack 102: *Sipylenem, quae*; Conradi 92: *Sipylensim*; Nelson (Überl. 89): *Sypelensim*; Til: *Cybelen eam*; Crespin 1574 (S. 573), Cuj (Par. 1586), Della Torre: *Cybelem*; Fa, Pesnot (1553), Cuj (1566, Aur. 1586): *Cybelem eam*
j) so Til, Cuj (Par. 1586), Hg⁵, Kr, Wissowa, Sch; Ms. Vat., Pith. (Handex. Brach., Note S. 232), La: *hysmirne*
k) Ms. Vat.: *celestem*; Til, Pesnot (1553): *Coelestum*; Della Torre: *Coelestem*; Fa, Sav (VS 5, 99): *coelestem*
l) so das Ms. Vat., Hg⁵, Kr; La: *sidonensem*; Bö: *selenen* oder *selinensem*; Strack (102): *Caelestem Selenen ⟨deam⟩ Carthaginis*; Abbott/Johnson (408): *Salinsem Carthigini*
m) so das Ms. Vat, Sch; Kr, Pernice (aaO.), Wissowa (aaO.), Volkmann (75): *Carthagini*

Götter können wir nicht zu Erben einsetzen, ausgenommen die, welche einzusetzen durch Senatsbeschlüsse oder kaiserliche Konstitutionen erlaubt ist, z.B. den Iuppiter Tarpeius, den Didymaeischen Apollo von Milet, den Mars in Gallien, die Minerva von Ilion, den Hercules von Gades, die Ephesische Diana, die Mater Deorum vom Sipylos, die in Smyrna verehrt wird, und die Caelestis Salinensis von Karthago.

Ausnahmsweise wird die Fähigkeit, zu Erben eingesetzt zu werden, auch Göttern zugestanden.[88] Nun sind diese des Privatrechtsverkehrs nicht teilhaftig.[89] Der

88 Schulz, Epitome, S. 47 meint, entweder *senatus consulto* oder *constitutionibus principum* sei Glosse. Auffällig ist allerdings, daß einmal Singular, einmal Plural steht. Vielleicht hängt dies damit zusammen, daß nur ein *römisches* Heiligtum genannt ist.

Textzusammenhang mit den *municipia* deutet aber auch darauf hin, daß die Rechtsträgerschaft nicht an den Göttern selbst,[90] sondern an deren Heiligtümern angeknüpft wurde.[91] Es ist bekannt, daß Priesterschaften und Tempel über bestimmte Kassen verfügten, die neben staatlichen Leistungen u.a. auch private Zuwendungen erhielten.[92] Daß bei allen Gottheiten der Ort ihrer Verehrung hinzugefügt ist,[93] zeigt, daß die Fähigkeit, zu Erben eingesetzt zu werden, nur bestimmten, durch den Ort ihres Kultes definierten Gottheiten verliehen wurde.[94] Es handelt sich um ein Konzessionssystem, das nicht zufällig dem entspricht, das auch für die Verleihung der Rechtsfähigkeit an die körperschaftlichen Gesellschaften des Privatrechts galt.[95] Für die Heiligtümer entspricht die von den Ausnahmen vorausgesetzte Regel der Trennung von *ius humanum* und *ius divinum*[96] und der skeptischen Überzeugung, daß der Mensch über die Götter nichts Bestimmtes weiß oder auch nur wissen kann.

Das im Text behandelte Privileg wurde wahrscheinlich wenigstens bis zum 2. Jahrhundert nur den in das römische Religionssystem passenden und eingebürgerten oder zugleich daheim besonders berühmten Gottheiten begünstigter Städte erteilt. Dies geschah durchaus auch zu dem Zweck, daß der Glanz ihrer Verehrung durch testamentarische Zuwendungen gemehrt wurde.[97]

89 Pernice, Sakralrecht, S. 1143. Savigny, Ulpian 1801, Bl. 95 r sieht den Grund für die Unmöglichkeit, sie zum Erben einzusetzen, darin, daß ihnen das *ius commercii* fehlt. Sie hätten deswegen den Erbschaftsantritt nach *ius civile* nicht vollziehen können; vgl. Conradi, De diis, S. 97.

90 Die dahingehende Ansicht hat den Grund für die Einschränkung darin gefunden, daß die Götter *incertum* (vgl. Tit. 22,4), also in ihrer Identität unbestimmt gewesen seien; vgl. Conradi, De diis, S. 95-97; Savigny, Ulpian 1801, Bl. 95 r; Biondi, Successione, S. 128; vgl. Gellius *Noct. Att.* 2,28; Macrobius *sat.* 8,8; Arnobius *adv. nat.* 4, insbes. 14 ff.

91 Schönbauer meint, »die Kultstätten« würden zu Erben eingesetzt; Iura 16 (1965), S. 107 m. Hinweis auf dens., St. De Francisci 3, S. 305 f. und Iura 12 (1961), S. 145 f.

92 Mommsen, Staatsrecht 2, S. 66 ff.; Wissowa, Religion, S. 407; vgl. Hammen, Fs. Söllner, S. 409, Fn. 12.

93 Einen Sonderfall bildet Apoll, aber das hat spezielle Gründe (S. 407). Bei Mars ist nur die Provinz angegeben.

94 Huschke, NJPP 75 (1857), S. 369. So gab es z.B. viele *Ioves*, die durch Beinamen bezeichnet wurden, d.h. es gab einen vielfachen Jupiter*dienst*, begünstigt wurden aber nur bestimmte Heiligtümer; Savigny, Ulpian 1801, Bl. 95 r.

95 Gaius 3 *ed prov.* D. 3,4,1 pr: *Neque societas neque collegium neque huiusmodi corpus passim omnibus habere conceditur: nam et legibus et senatus consultis et principalibus constitutionibus ea res coercetur. paucis admodum in causis concessa sunt huiusmodi corpora.*

96 Gaius 2,2; Ulpian 1 *reg.* D. 1,1,10,2; vgl. näher Behrends, Ius divinum, S. 557 ff.

97 Sie erhielten, da hier von römischen Erbeinsetzungen die Rede ist, offenbar die *testamenti factio*; Huschke, NJPP 75 (1857), S. 370. Weiss bringt das damit in Verbindung, daß nach Dio 55,27 gewissen Göttern das *ius trium liberorum* verliehen wird, wodurch sie erst die *capacitas* erlangen; Institutionen, S. 504, Pernice, Sakralrecht, S. 1144 und Huschke, NJPP 75 (1857), S. 370 mit Hinweis auf Dio 55,2. Anders Savigny, Ulpian 1801, Bl. 95 r, der

Die Stelle liefert wichtige Hinweise zur chronologischen Einordnung des Textes. So hat Schönbauer aus der nachgewiesenen Existenzdauer der Heiligtümer einen Terminus ante quem ermittelt und in einzelnen der Fälle Phasen einer besonderen Bedeutung des jeweiligen Kultes genannt.[98] Wir werden im folgenden zeigen, daß gerade in der Zeit der Antoninen bis Commodus nicht nur die jeweiligen Heiligtümer in Blüte standen, sondern auch die besondere Beziehung dieser Götter zu den Kaisern Anlaß für eine Förderung erbrechtlicher Zuwendungen gab:[99]

Mit *Iovem Tarpeium* meint der Text den *Iuppiter Capitolinus.*[100] Er nimmt insofern eine Sonderstellung ein, als es sich um *die* genuin römische Gottheit handelt. Die Glanzzeit des Heiligtums dauerte bis zum Sieg des Christentums im 4. Jahrhundert; intakt blieb es bis 455 n. Chr. Es handelt sich um die Kultstätte des auf dem Kapitol verehrten *Iuppiter Optimus Maximus.*[101] Der Umstand, daß die Gottheit hier nicht mit dem gebräuchlicheren Namen *Iuppiter Capitolinus,* sondern als *Iuppiter Tarpeius* bezeichnet wird,[102] könnte damit zu erklären sein, daß ersteres mehrdeutig gewesen wäre, nachdem Hadrian in den dreißiger Jahren in Jerusalem eine Kolonie namens *Aelia Capitolina*[103] gegründet und dort einen neuen Tempel des *Iuppiter Capitolinus* eingerichtet hatte.[104] Der Beiname *Tarpeius* verweist zur näheren Bestimmung auf den Ort des Kultes, weil der Tempel des *Iuppiter Optimus Maximus* in Rom auf der Südwestspitze des Kapitols stand, unweit vom tarpejischen Felsen.

meint, die Dio-Stelle sei mißverstanden worden; krit. auch Scialoja, Studi 2, S. 245. Für das Verständnis unserer Stelle ist das nicht relevant, denn es geht nicht um die *capacitas,* sondern um die zivile Erbeinsetzungsfähigkeit.

98 Vgl. die Erörterungen bei Schönbauer, St. De Francisci 3, S. 308 ff.; Nelson, Überlieferung, S. 88 ff. Mercogliano, Tituli, S. 26 f. meint pauschal, fast alle der genannten Tempel seien von den Goten 262-263 zerstört worden.

99 Weiss, Institutionen, S. 504 meint, die Liste der Götter sei ein Ergebnis der Mischreligion zur Zeit des Ausgangs des Prinzipats. Dagegen s. S. 84 f. und S. 412.

100 Faber, Semestrium, lb. 3, cap. 4, S. 61. So auch Nelson, Überlieferung, S. 88 Fn. 24, ggü. Mommsen, Staatsrecht 2, 62 Fn. 1. Auch Grosso, Legati, S. 197 meint, der *Iuppiter Tarpeius* sei nicht mit dem *Iuppiter Capitolinus* zu identifizieren. Ponssa übersetzt: »Júpiter, Tarpeyo«, als beziehe sich der Text auf zwei verschiedene Götter.

101 Gelegentlich ist angenommen worden, daß mit dem *Iuppiter Tarpeius* der Tempel des Feretrius gemeint sein könnte. Vgl. Mommsen, Staatsrecht 2, S. 62, Fn. 1; Pernice, Sakralrecht, S. 1144; vgl. aber dens., Labeo 1, S. 262, Anm. 36. Nun existierte zwar eine Kultstätte des *Iuppiter Feretrius* (vgl. Thulin, RE, 19. Hb. [1917] s. v. Iuppiter, Sp. 1127 f.), doch stand diese an Bedeutung weit hinter dem Heiligtum zurück, das dem *Iuppiter Optimus Maximus* geweiht war.

102 In der Liste der vorkommenden Beinamen Iuppiters bei Thulin, RE, 19. Hb. (1917) s. v. Iuppiter, Sp. 1142-1144 wird Tarpeius nicht genannt, wohl aber bei Mielentz, RE, 2. Reihe, 8. Hb. (1932), s. v. Tarpeius, S. 2330 f. mit mehreren Nachweisen.

103 Benannt nach dem Capitolinischen Jupiter; vgl. Benzinger, RE, 1. Bd. (1895) s. v. Aelia Capitolina, Sp. 481.

104 Beer, RE, 17. Hb. (1914), s. v. Jerusalem, Sp. 953; Lifshitz, ANRW II,8, S. 476.

Der als nächstes erwähnte Apoll wird *Didymaeus* genannt. Der Beiname *Didymaeus* oder *Δίδυμος*, dessen Entstehung nicht restlos geklärt ist,[105] bezieht sich auf die Stätte des Heiligtums im Süden der milesischen Halbinsel. Er wurde möglicherweise erst später als geographische Bezeichnung etabliert. Dies schafft Raum für die Emendation des überlieferten *sicuti* zu *Mileti* – es handelt sich um das Hauptheiligtum der Stadt Milet. Die Namenskombination begegnet im übrigen auf milesischen Münzen, deren Avers Caligula und deren Revers Apoll und die Aufschrift *ΔΙΔΥΜΕΥΣ ΜΙΛΕΣΙΩΝ* zeigt.[106] Trajan bekleidete in diesem Kult mehrere Ämter und tat sich durch bauliche Aktivitäten hervor. Besonders zahlreich sind die Ehrungen für Hadrian in Milet und Didyma. Eine Inschrift in Milet erwähnt den »heiligen Tag« seines Besuchs.[107] Sein Aufenthalt 129 n. Chr. ist epigraphisch überliefert,[108] ebenso ein Besuch 132 in Milet und Didyma.[109] Gegen Ende seiner Regierungszeit, wohl 137/38, versah er das Prophetenamt. Einen weiteren Hinweis auf ein Engagement der Antoninenkaiser in bezug auf das Heiligtum liefert die Umbenennung der Didymeenspiele in *Commodeia*.[110] Nachdem das 2. Jahrhundert eine Blüte des Kults gesehen hatte, war der Ruhm des Tempels z.Zt. Diokletians vergangen.[111] Im Jahre 262 wurde der Tempel in eine Festung gegen die plündernden Goten verwandelt.

Bei *Mars in Gallia*[112] handelt es sich um eine gallische Gottheit, die die Römer unter dem Namen des Mars verehrten.[113] Im römischen Gewande erschien die Gottheit infolge der Durchsetzung der lateinischen Sprache im westlichen Reich.[114] Der Kult existierte bis zu den ersten Jahrzehnten des 4. Jahrhunderts.[115]

Der Name der anschließend genannten Göttin ist wohl erstmals von Turnèbe[116] treffend zu *Minervam Iliensem*[117] emendiert worden. Die Bedeutung des Minerva-Heiligtums von Ilion für die Römer ging auf das mit der Aeneas-Sage verbundene Ansehen als Mutterstadt Roms zurück,[118] deren Schutzgöttin Pallas Athene

105 So hat Conradi, De diis, S. 111 vermutet, der Name habe sich zunächst auf die Zwillingseigenschaft des Gottes bezogen (*quasi geminus*), und zwar entweder, weil er Erde und Mond repräsentierte, oder weil er als Zwilling der Diana geboren wurde.

106 Vgl. Conradi, De diis, S. 111.

107 Magie, Roman Rule 1, S. 619.

108 Pülz, Untersuchungen, S. 10.

109 Zahrnt, in: Clauss, Kaiser, S. 132.

110 Pülz, Untersuchungen, S. 11; Schönbauer, St De Francisci 3, S. 310.

111 Nelson, Überlieferung, S. 88 f., Fn. 25.

112 Zum *Mars in Gallia* Conradi, De diis, S. 112-114.

113 Vgl. Caesar *bell. Gall.* 6,17; Pithou, Adv. lb. 1, cap. 3 (Opera 1609, S. 363).

114 Latte, Religionsgeschichte, S. 337.

115 Nelson, Überlieferung, S. 89, Fn. 26.

116 Turnèbe, Adv. VII, 21, S. 234 f.

117 Dazu Meyer, RE, Suppl. 14 (1974) s. v. Troia 1, Sp. 816 f.

118 Troja wurde seit dem 4. Jhdt. v. Chr. *Ilion* oder *Ilium* genannt; Turnèbe, Adv. VII, 21, S. 235.

war.[119] Hadrian hatte Ilion einen Besuch abgestattet. Im Jahre 262 wurde der Ort zerstört.[120] Münzen deuten darauf hin, daß Ilion in den Zeiten von Commodus und Caracalla in besonderer wirtschaftlicher Blüte stand.[121]

Beinahe für jeden hier in Betracht kommenden Kaiser läßt sich ein Zeugnis seiner Verehrung des *Hercules* finden.[122] Der Kult des *Hercules Gaditanus* wuchs, wie in den Münzprägungen zu erkennen ist,[123] gerade unter Trajan deutlich an,[124] der in Spanien aufgewachsen war, und auf den die Sage von dem aus Spanien nach Rom kommenden *Hercules Invictus*, einer römischen Umdeutung des *Hercules Gaditanus*, bezogen wurde.[125] Es war zudem seine Heimatgottheit, und gleichzeitig der höchste Gott des südlichen Spanien. Trajan und Hadrian hatten den gleichen Anlaß, den *Hercules Gaditanus* zu ehren. Sie wurden beide in dem südspanischen Municipium Italica,[126] also nur etwa 100 km von Gades entfernt, geboren.[127] Auch aus der Zeit Hadrians stammen Hercules-Gaditanus-Münzprägungen.[128] Hadrian reiste etwa im Frühjahr 123 nach Gades.[129] Besondere Bedeutung erlangte der Kult in der Zeit des Commodus.[130] In der 2. Hälfte des 4. Jahrhunderts lag das Heiligtum in Trümmern.

119 Hüttl, Pius 1, S. 173.

120 Schönbauer, St. De Francisci 3, S. 314.

121 Schönbauer, St. De Francisci 3, S. 313 f.

122 Strack, Reichsprägung 1, S. 97; Kaiser-Raiß, Münzprägung, S. 46 f. Dies gilt insbesondere für die Antoninen; vgl. Rostovtzeff, Gesellschaft 2, S. 168.

123 Trajan ließ das Bild des *Hercules Gaditanus* jahrelang auf seinen Aurei prägen; vgl. Strack, Reichsprägung 1, S. 95 ff.

124 Für Trajans besondere Verbundenheit mit dem *Hercules Gaditanus* vgl. Petit, ANRW II,2, S. 364; Grant, Wendepunkt, S. 206.

125 Strack, Reichsprägung 1, S. 99.

126 Italica entspricht geographisch dem heutigen Santiponce bei Sevilla; vgl. Eck, in: Clauss, Kaiser, S. 111. Für Trajan vgl. Castillo Garcia, ANRW II,3, S. 607; die Familie Hadrians (*Aelii*) war seit dem 2. Jhdt. v. Chr. in Italica ansässig; vgl. Castillo Garcia, S. 633. Der Ort wurde durch Hadrian zur Kolonie erhoben.

127 Ebenso wie Dio 69,1,1 läßt Aurelius Victor 13,11 Hadrian aus Italica stammen, indem er ihn als Mitbürger Trajans bezeichnet (*Hadriano civi propinquoque*), während SHA *Hadrian* 1,3 Rom als Geburtsort nennt; zu den Quellen und der Kontroverse vgl. Thornton, ANRW II,2, S. 433 mit Fn. 2. Im übrigen stammte Hadrians Mutter aus Gades, bei Trajans Mutter ist das immerhin möglich; Strack, Reichsprägung 1, S. 101 m. Nachweisen. Vgl. ferner Syme, JRS 54 (1964), S. 147 ff.

128 Die Bedeutung des Hercules-Gaditanus-Kultes wird durch eine bemerkenswerte Reihe von Aurei belegt. Dazu Strack, Reichsprägung 2, S. 85 f. mit Nachweisen; vgl. Tafel I Nr. 68: HERC(ules) GADIT(anus).

129 v. Rohden, RE 1. Bd. (1894), s. v. Aelius 64, Sp. 505.

130 Schönbauer, St. De Francisci 3, S. 312 meint, auch die Bezeichnung *Hercules Gaditanus* deute auf Commodus hin. Tatsächlich hatten zwar alle Antoninen dem Hercules Ver-

Der Tempel der *Diana Ephesia*,[131] eines der sieben Weltwunder des Altertums, erlebte im 2. Jahrhundert seine Blütezeit,[132] die sich auch in seinen Beziehungen zum Kaiserhaus widerspiegelte. Hadrian hielt sich mehrfach in Ephesus auf[133] und ließ dem Artemision umfangreiche Begünstigungen zukommen.[134] Unter diesen ist das Recht zum Empfang von Erbschaften epigraphisch bezeugt.[135] Das ungeheure Vermögen des Heiligtums bildete die Grundlage für die Bedeutung des Tempels als »Bank Asiens«.[136] Ephesus ehrte Antoninus Pius, der dort Statthalter gewesen war, und der ihm verschiedene Wohltaten hatte zukommen lassen, mit einer Inschrift.[137] Dieser Kaiser soll Ephesus auch nach einem Erdbeben unterstützt haben.[138] Er erkannte Ephesus den Titel der Ersten Stadt Asiens zu, der jahrelang Streitgegenstand zwischen Ephesus, Smyrna und Pergamon gewesen war.[139] Marc Aurel ließ dem von Katastrophen heimgesuchten Ephesus materielle Hilfe zukommen.[140] Vielleicht hat auch Commodus Ephesus neben mehreren

ehrung gezollt, in besonderem Maße ist dies aber für Commodus belegt. Er schwang sich selbst zum Gott auf (vgl. Rostovtzeff, Gesellschaft 2, S. 108 f.) und identifizierte sich offenbar mit Hercules; vgl. Grant, Wendepunkt, S. 206; differenzierend Hekster, Commodus, S. 66 ff. sowie Kaiser-Raiß, Münzprägung, S. 45 ff.

131 Zur Diana von Ephesus vgl. Apostelgeschichte 19 und dazu Schönbauer, Iura 16 (1965), S. 106, ferner Faber, Semestrium, lb. 3, cap. 3. Es handelt sich nicht um die jungfräuliche Jagdgöttin, sondern um eine als Diana (bzw. Artemis) verehrte Fruchtbarkeitsgottheit.

132 Plinius *Nat. hist.* 5,120 bezeichnet Ephesus als *lumen Asiae*.

133 Im Jahre 124 (Zahrnt, in: Clauss, Kaiser, S. 130) oder 123 (Knibbe, ANRW II,7.2, S. 780, 784 f.), 129 (Knibbe, aaO.) und 132 (Zahrnt, in: Clauss, Kaiser, S. 132). Vgl. v. Rohden, RE, 1. Bd. (1894), s. v. Aelius 64, Sp. 509.

134 Knibbe, ANRW II/7.2, S. 785.

135 Eine ephesische Inschrift aus dem Jahre 129 drückt die Dankbarkeit gegenüber Hadrian aus; vgl. Dittenberger, Sylloge, Nr. 839 = Abbott/Johnson, Administration, Nr. 86 (S. 407 f.). Möglicherweise deuten die dort verwendetet Worte *τῶν κληρονομιῶν καὶ βεβληκότων τὰ δικαία* darauf hin, daß das Heiligtum auch *bona caduca* bekommen konnte; vgl. Dittenberger, Sylloge 2, S. 554, Anm. 5 zu Nr. 839; Magie, Roman Rule 1, S. 618; Bd. 2, S. 1479, Anm. 29.

136 Vgl. Knibbe, ANRW II,7.2, S. 775 f.

137 Weber, CAH XI, S. 333; Knibbe, ANRW II,7.2, S. 787; Hüttl, Pius, S. 351 f.

138 Magie, Roman Rule 1, S. 632; Knibbe, ANRW II,7.2, S. 787 (um 140). Unterstützung erfolgte wohl nach einem Erdbeben 142 oder 143 (Hüttl, Pius 1, S. 333); ein zweites Erdbeben suchte Ephesus 147/148 heim. Zu Erdbeben als Gelegenheit für die Kaiser, sich als Wohltäter zu profilieren, vgl. Sonnabend, Naturkatastrophen, S. 215 ff., 229.

139 Hüttl, Pius 1, S. 334 mit Nachweisen.

140 Aurelius Victor *de Caes.* 16,12; vgl. Weber, CAH XI, S. 371. Der Zusammenhang zwischen Wohltaten zugunsten katastrophenbetroffener Orte und Zuwendungen an deren Heiligtümer lag möglicherweise in der Auffassung, daß die Götter für Naturkatastrophen verantwortlich seien und anschließend versöhnt werden müßten. Vgl. Sonnabend, Naturkatastrophen, S. 120 ff., 158 f.

asiatischen Städten nach einem Erdbeben Hilfe zukommen lassen.[141] Nachdem der Tempel noch zur Zeit Caracallas große Bedeutung hatte,[142] wurde er 263 zerstört.[143]

Der Name *Mater Deorum Sipylensis* hat zu der Frage geführt, ob in dem überlieferten Wortlaut *sipelensim* eine oder zwei Gottheiten verborgen sind. Auf Otto Jahn[144] geht die Konjektur *Sipylen⟨en Neme⟩sim* zurück, die Sipylene und Nemesis (von Smyrna) erkennen ließe, zwei Gottheiten, die durchgehend verehrt wurden.[145] Dieser Eingriff in den Text ist aber nicht gerechtfertigt.[146] Mit Recht hat demgegenüber Volkmann[147] die Lesart *Matrem Deorum Sipylensem*[148] befürwortet, die die auffällige Unregelmäßigkeit der Satzkonstruktion, nämlich den umständlichen Relativsatz *quae Smyrnae colitur*, verständlich werden läßt.[149] Er trägt der Besonderheit Rechnung, daß diese Gottheit unter Bezugnahme auf einen anderen Ort als den, an dem sie nunmehr verehrt wird, definiert ist, nämlich durch

141 Aurelius Victor *de Caes.* 16,12; Knibbe, ANRW II,7.2, S. 794.

142 Vgl. die Inschriften über einen Aufenthalt Caracallas und die von diesem empfangenen Ehrungen bei Schönbauer, Iura 16 (1965), S. 105-115.

143 Schönbauer, St. De Francisci 3, S. 314 und nunmehr Elliger, Ephesos, S. 111 ff. mit numismatischen Belegen. Teilweise wird die Zerstörung schon auf 262 datiert; vgl. Nelson, Überlieferung, S. 90; Mercogliano, Tituli, S. 27; Trell, in: Clayton/Price, Seven Wonders, S. 78, 98.

144 Bei Volkmann, ARW 31 (1934), S. 75; übernommen von Abbott/Johnson, Administration, S. 408, sowie Vahlen, Krüger, Pernice, Wissowa und Ponssa, die übersetzt: »la madre de los dioses de Sipilo, Nemesis que es adorado en Esmirma«.

145 Schönbauer, St. De Francisci 3, S. 310.

146 Vgl. sogleich S. 411, Fn. 150.

147 Volkmann, ARW 31 (1934), S. 75 f.; entsprechend Huschke, NJPP 75 (1857), S. 369 f.; Liebenam, Städteverwaltung, S. 72. Krit. gegenüber der Jahn-Konjektur Cadoux, Ancient Smyrna, S. 216, Fn. 7.

148 Das überlieferte *sipelensim* wird für das Ortsadjektiv *sipylensem* stehen. Dies liegt vor allem angesichts der Parallele *Iliensem, Salinensem* nahe. Als möglich, wegen größerer Distanz zur überlieferten Schreibweise aber weniger wahrscheinlich erscheint auch *Sipylenen* als lateinische Transkription des griechischen Namens der Göttin. Vgl. das mutmaßlich auf diese Weise entstandene, unmittelbar folgende *hysmirne* sowie den Reflex des griechischen *φ* in der Schreibweise *Efesia.*

149 Die überlieferte Schreibweise *hysmirne* (Apparat Ziff. j; vgl. Lachmann, ZGR 9 [1936], S. 189 – das y ist entgegen Scialoja, Scritti 2, S. 241, Fn. 8 keineswegs im Ms. Vat. getilgt) wird ihre Ursache in einer Übertragung aus dem Griechischen haben. Der Ort hieß im Altertum *ἡ Σμύϱνα* oder *ἡ Σμύϱνη*; vgl. Bürchner, RE, 2. Reihe, 5. Hb. (1927), Sp. 730 sowie die epigraphischen Belege für die Ortsangabe *ἐν Σμύϱνη* / *Ζμύϱνη* (= »in Smyrna«) bei Petzl, Inschriften, Nr. 191, 196, 199. Die Schreibweise geht möglicherweise auf die Verwendung des Namens mitsamt dem Artikel zurück. Infolge der Aussprache des e als i im hellenistischen Griechisch (Itazismus) ist *ἡ* wahrscheinlich zu hy geworden. Der Anlaut wurde über die historischen Namen Esmira, Ismira und Yazmir bis zum heutigen Izmir tradiert.

das Sipylos-Gebirge.[150] Als *Mater Deorum Sipylensis* (*Sipylene*[151]) oder *Magna Mater* war Kybele,[152] die Große Mutter von Phrygien, während des 2. Punischen Krieges (205 v. Chr.) nach Rom gekommen.[153] Ihr galten in jedem Frühjahr besondere Feierlichkeiten.[154] Die offizielle Anerkennung des Kultes zeigt sich unter Hadrian zum ersten Mal in der römischen Münzprägung. Der Einfluß der sophistischen Schule in Smyrna ließ der Stadt viele Gunstbeweise Hadrians zukommen,[155] der enorme Summen auf die Schönheit Smyrnas verwandte.[156] Als Proconsul in Asia unterstützte Antoninus Pius Smyrna nach einem Erdbeben[157] und wandte ihm Schenkungen zu.[158] Auch Pius stand der Magna Mater nahe und förderte den Kult, wie zahlreiche Münzbildnisse belegen.[159] Marc Aurel hielt sich am Ende seiner Asienreise 176 längere Zeit in Smyrna auf.[160] Er ließ dem von Katastrophen heimgesuchten Smyrna materielle Hilfe zukommen,[161] so nach dem verheerenden Erdbeben von 178.[162] Später nahm die Verehrung der *Magna Mater* noch zu und erreichte unter den Severern die größte Bedeutung. Nach Elagabal (222) aber folgte die Reaktion auf die orientalischen Kulte, und die *Magna Mater* verschwand aus den Münzprägungen.[163]

150 Am Hang dieser nördlich von Smyrna gelegenen Bergkette befindet sich ein hethitisches Götterbild, auf das sich der Kult ursprünglich konzentriert hatte; Cadoux, Ancient Smyrna, S. 25.
Bei der Erwähnung der Nemesis, die Jahn vermutete, hätte *Smyrnae* allein genügt. Im übrigen meinte Huschke, NJPP 75 (1857), S. 370, die Nemesis wäre als einzige der erwähnten Gottheiten dem römischen Religionssystem völlig fremd.

151 In Smyrna gibt es Überreste eines *Μητρῷον*, und sehr viele Inschriften bezeugen den starken Kult der *μήτηρ θεῶν Σιπυληνή*; Volkmann, ARW 31 (1934), S. 75 f. Vgl. die im CIG 2, 3286, 3385 u. 3386 erhaltenen Smyrnaeischen Grabinschriften, nach denen der Übertreter testamentarischer Vorschriften eine Strafsumme *μητρί θεῶν Σιπυληνή* erlegen soll.

152 Damit sind die an Dutillet anknüpfenden Emendationsversuche (Apparat Ziff. i) zu erklären; vgl. Savigny, Ulpian 1801, Bl. 95 r.

153 Livius 29,14,5; Latte, Religionsgeschichte, S. 258-262; Stambaugh, ANRW II, 16.1, S. 592; Christ, Krise, S. 110. Unter Hadrian und Pius ausgegebene Münzen zeigen, daß das Herrscherhaus in seinen weiblichen Mitgliedern Sabina und Faustina d. Ä. dem Kult nähertrat; vgl. Hüttl, Pius 1, S. 142 f.

154 Herodian 1,10,5; zur Mythologie Herodian 1,11.

155 Sandbach, CAH XI, S. 681; Magie, Roman Rule 1, S. 615.

156 Hüttl, Pius 1, S. 334; Thornton, ANRW II,2, S. 451.

157 Magie, Roman Rule 1, S. 632; Hüttl, Pius 1, S. 333.

158 Zahrnt, in: Clauss, Kaiser, S. 130.

159 Vgl. Strack, Reichsprägung 3, S. 80-83 mit Nachweisen.

160 Vgl. Birley, Mark Aurel, S. 351.

161 Weber, CAH XI, S. 371.

162 So Dio 71,32,3. Dio befand sich, als er seine Darstellung schrieb, offenbar selbst in Smyrna, nachdem Macrinus ihn zum Sonderbevollmächtigten für Pergamon und Smyrna ernannt hatte (Dio 79,7,4); vgl. Birley, Mark Aurel, S. 371; Magie, Roman Rule 1, S. 666; Waldherr, Erdbeben, S. 204.

163 Walser, ANRW II,2, S. 646.

Caelestis ist der römische Name für *Tanit*, die alte Stadtgöttin von Karthago. Sie hatte offenbar den hellenisierten Beinamen *Salinensis*.[164] Der Tempel in Karthago war bei der Eroberung der Stadt zerstört worden. Die Tradition war aber so stark, daß das Heiligtum erneuert wurde, als man die Stadt neu besiedelte.[165] Die Göttin wurde etwa bis zum Ende des 3. Jahrhunderts durchgehend verehrt.[166] Auch Karthago zählte zu den von Katastrophen heimgesuchten Städten, denen Marc Aurel materielle Hilfe zukommen ließ.[167]

Die Reihenfolge, in der die Heiligtümer behandelt werden, entspricht offenbar ihrer jeweiligen Bedeutung. Hinsichtlich der chronologischen Einordnung meint Schönbauer, der Text müsse in der Zeit zwischen Commodus und Caracalla (also zwischen 180 und 217) entstanden sein; er enthalte Aussagen über das geltende Recht dieser Zeit. Schönbauer schließt das aus der Datierung der Blütezeit der Heiligtümer, wegen der anzunehmenden Reglementierung der Konzessionen an die Gottheiten und aus der Präsensform *possumus*.[168] Tatsächlich lassen die Umstände, daß mehrere der Heiligtümer gerade in der Zeit der *Adoptivkaiser* herausragende Bedeutung hatten, daß in einigen Fällen enge Verbindungen gerade zu diesen Herrschern bestanden[169] und daß in mehreren Fällen materiellen Ertrag versprechende Hilfsinitiativen der Kaiser zugunsten der Städte belegt sind, als wahrscheinlich annehmen, daß der Text das Ende dieser Epoche unmittelbar widerspiegelt.[170] Auch die Häufung asiatischer Heiligtümer liefert einen Hinweis: Es handelt sich bei Milet, Ilion, Ephesus und Smyrna um die wichtigsten Städte der Provinz Asia, die im 2. Jahrhundert ein kulturelles Zentrum des Reiches bildete. Zusammen deuten diese Gesichtspunkte darauf hin, daß der Text in den ersten Jahren der Regierungszeit des Commodus entstand.

§ 7. *Servos heredes*[a] *instituere possumus, nostros cum libertate, alienos sine libertate, communes*[b] *cum libertate vel sine libertate.*

a) Ms. Vat.: *heredis*

b) Ms. Vat.: *communis*

164 Huschke, NJPP 75 (1857), S. 370.

165 Latte, Religionsgeschichte, S. 346.

166 Schönbauer, St. De Francisci 3, S. 313.

167 Aurelius Victor *de Caes.* 16,12; vgl. Weber, CAH XI, S. 371.

168 Schönbauer, St. De Francisci 3, S. 315.

169 Vgl. schließlich die von einem Denkmal Hadrians stammenden Rundbilder am Konstantinsbogen in Rom. Sie zeigen den Kaiser u.a. beim Opfer für Apoll, für Hercules und für Diana. Die Opferszenen haben die Köpfe des Licinius erhalten; vgl. Demandt, Privatleben, S. 164; Reinach, RA 15 (1910), S. 118-129.

170 Marc Aurel mobilisierte die Resourcen der Religion auch angesichts der Pest (vgl. S. 79 f.). Gegen Krankheiten wurde Apoll angerufen. Vgl. Liebeschütz, in: SR 2,3, S. 247, 279. Zu Inschriften, in denen aus Anlaß der Seuche Götter angerufen werden, Wiseman, Gods, S. 177-183 (179 f. zu Apoll, 182 zu Artemis [Ephesia?]).

Sklaven können wir zu Erben einsetzen, eigene bei gleichzeitiger Freilassung, fremde ohne Freilassung, gemeinschaftliche mit oder ohne Freilassung.

Der eigene Sklave kann nur zusammen mit seiner Freilassung zum Erben eingesetzt werden. Der Grund der Regel wird daran deutlich, daß der Sklave auch nicht Erbe wird, wenn der Erblasser ihn nach Testamentserrichtung freiläßt, so daß er immerhin beim Erbfall frei wäre: Gaius 2,187 teilt mit, daß sich die Erbeinsetzung in diesem Fall nicht *auf seine Person* beziehe (*institutio in persona eius non constitit*). Die von der Strenge der Erbeinsetzungsregeln geforderte *persona certa* ist nur wirksam benannt, wenn die Freilassungsanordnung gleichzeitig im Testament niedergelegt wird.

§ 8. *Eum servum, qui tantum in bonis noster*[a] *est, nec cum libertate*[b] *heredem instituere possumus, quia Latinitatem*[c] *consequitur, quod non proficit ad hereditatem capiendam.*

a) Sg: *nostris*
b) Ms. Vat.: *libertatem*
c) Ms. Vat.: *latinitate*

Den Sklaven, der nur in unserem prätorisch geschützten Vermögen steht, können wir auch nicht mit Freilassung zum Erben einsetzen, weil er das Latinerrecht erlangte, was für eine Erbschaftsannahme nicht genügt.

Der vom bonitarischen Eigentümer freigelassene Sklave wird nur *Latinus Iunianus* (Tit. 1,16). Als solcher hat er die passive *testamenti factio* (s. bei Tit. 17,1 sowie 20,8 u. 20,14), aber nicht die Fähigkeit, das Zugewandte anzunehmen (*capere*; s. bei Tit. 22,3).

Bei der testamentarischen Freilassung eines Sklaven zum Bürgerrecht und seiner gleichzeitigen Einsetzung zum Erben war man offenbar bereit, die Zirkularität – die Wirksamkeit des Testament hängt von seiner Eignung zur effektiven Einnahme der Erbenstellung ab, letztere wiederum von der Wirksamkeit des Testaments – aufgrund des *favor libertatis* für eine logische Sekunde hinzunehmen.[171] In dem Falle, daß auch das wirksame Testament nur die Latinität vermitteln kann, ist dieser Zusammenhang unterbrochen. Da der *cum libertate* eingesetzte Sklave Zwangserbe wurde (§ 11), hatte er auch keine Antrittsfrist, innerhalb der er das Bürgerrecht noch hätte erwerben können.

171 Der Grund wird darin gelegen haben, daß die Erbeinsetzung des Sklaven *cum libertate* ausnahmsweise geschieht, wenn damit der Nachlaßkonkurs auf ihn abgewälzt wird. Er ist dann auch *heres necessarius*; das *abstinere* steht ihm nicht zu (§ 24). Vgl. Kaser, RP 1, S. 714.

§ 9. *Alienos servos*[a] *heredes instituere possumus, eos tantum*[b], *quorum cum dominis*[c] *testamenti factionem habemus.*

a) Ms. Vat.: *alienus servus*
b) so Hg$^{4-5}$, Kr, Sch; Ms. Vat., Til, Hg$^{1-3}$: *tamen*
c) Ms. Vat.: *domini*

Fremde Sklaven können wir zu Erben einsetzen, jedoch nur die, mit deren Eigentümern wir die Testamentsfähigkeit haben.

Die Einsetzung eines fremden Sklaven, etwa in Fällen von *contubernia* zwischen Freien und Unfreien, konnte bei Billigung des Eigentümers faktisch dem Sklaven zugute kommen.[172] Da der Nachlaß rechtlich gleichwohl in das Vermögen des Eigentümers fiel, bedurfte es der *testamenti factio* mit diesem.[173] Die Erbeinsetzungsfähigkeit der Sklaven leitet sich insoweit von der Person ihres Eigentümers ab.[174]

§ 10. *Communis servus cum libertate recte quidem heres instituitur quasi proprius pro parte nostra*[a]; *sine libertate autem quasi alienus propter socii partem.*

a) Hu: *propter partem nostram*

Ein gemeinschaftlicher Sklave kann zwar für unseren Anteil förmlich mit Freilassung zum Erben eingesetzt werden wie ein eigener, ohne Freilassung aber wie ein fremder Sklave, wegen des Anteils des Miteigentümers.

Der im Miteigentum befindliche Sklave kann entweder wie ein eigener oder wie ein in fremdem Eigentum stehender Sklave zum Erben eingesetzt werden. Da die Einsetzung jeweils an verschiedene tatbestandliche Voraussetzungen geknüpft ist, der *servus communis* aber beide Fälle in sich vereinigt, bedeutet *recte instituitur*, daß beide Wege möglich sind, aber die jeweiligen Voraussetzungen des Erbeinsetzungsrechts erfüllt werden müssen.

Wenn der Sklave mit Rücksicht auf den Miteigentumsanteil des Testators als eigener freigelassen wird, also zusammen mit seiner testamentarischen Freilassung, dann gelangt er im Ergebnis nicht zur Freiheit, sondern im Rahmen einer vorklassischen Lösung aufgrund Anwachsung in das Alleineigentum des anderen Eigentümers (Tit. 1,18),[175] dem dann auch der Nachlaß zugute kommt. Die Vorstellung,

172 Zu den möglichen Motiven der Erbeinsetzung eines fremden Sklaven vgl. Scheidel, SZ 110 (1993), S. 648-651. Daß es tatsächlich um die Begünstigung des Sklaven ging, wird auch aus § 13 deutlich: Der zwischenzeitlich freigelassene fremde Sklave kann entscheiden, ob er Erbe werden will.

173 Zur Einsetzung eines Nachlaßsklaven bedurfte es der *testamenti factio* mit dem Erblasser; Paulus 2 *reg.* D. 28,5,53(52).

174 Gaius 17 ad *ed. prov.* D. 28,5,31 pr: *Non minus servos quam liberos heredes instituere possumus, si modo eorum scilicet servi sint, quos ipsos heredes instituere possumus, cum* ***testamenti factio cum servis ex persona dominorum introducta est.***

175 Daß das Anwachsungsrecht auch im Falle der *testamentarischen* Freilassung galt, bestätigt Justinian, der das entsprechende Recht abschafft; Inst. 2,7,4. Vgl. Torrent, St. Grosso 2, S. 111 f.

daß der Eigentumsgegenstand im Falle einer Rechtsaufgabe durch einen *socius* zu einer auf die Quote beschränkten *res nullius* wurde, ein Sklave also anteilig frei wurde,[176] ist in unseren Text nicht eingegangen. Wenn der Sklave wegen des anderen Miteigentumsanteils wie ein fremder eingesetzt wird, dann fällt der Nachlaß ebenfalls dem anderen *socius* zu. Das Ergebnis, daß beide Wege der Erbeinsetzung letztlich dem Miteigentümer zugute kommen, findet eine Entsprechung bei Paul. Sent. 3,6,4. Dort wird berichtet, daß die Aussetzung eines Vermächtnisses mit oder ohne Freiheit jeweils die gleiche Folge habe, nämlich den Erwerb des ganzen Legats durch den Miteigentümer.[177]

§ 11. *Proprius servus cum libertate heres institutus si quidem in eadem causa permanserit, ex testamento liber et heres fit, id est necessarius.*

§ 12. *Quod si ab ipso testatore vivente manumissus vel alienatus sit, suo arbitrio vel iussu emptoris hereditatem adire potest. sed si sine libertate sit institutus, omnino non consistit*[a] *institutio.*

a) so das Ms. Vat. (Mk aus *consestit*); Til: *constat*

Sofern ein eigener Sklave, der mit Freilassung zum Erben eingesetzt worden ist, in derselben Lage verblieben ist, wird er aus dem Testament frei und Erbe, d.h. Zwangserbe.
Wenn er vom Testator zu dessen Lebzeiten freigelassen oder veräußert worden ist, kann er – jeweils entsprechend – entweder nach seinem Ermessen oder auf Befehl des Erwerbers die Erbschaft antreten. Ist er aber ohne Freilassung eingesetzt, so besteht die Erbeinsetzung überhaupt nicht.

Von hier an erörtert der Text die Wirkung der zuvor behandelten Erbeinsetzungen. In § 11 geht es um den eingesetzten *servus proprius*. Er wird als Zwangserbe unmittelbar Erbe. Die §§ 11 und 12 weisen gegenüber der Darstellung bei Gaius den Unterschied auf, daß der gleiche Stoff in unterschiedlicher Reihenfolge abgehandelt wird: Gaius nennt zuerst die Einsetzung *sine libertate* (2,187), die hier am Schluß steht, anschließend die übrigen Fälle (2,188).

Der Schlußsatz *sed … institutio* folgt aus § 7. Die Feststellung ist notwendig. Wegen des Satzes, der für den Fall der Freilassung bzw. Veräußerung nach Erbeinsetzung mitteilt, daß die Erbeinsetzung wirksam bleibe, hätte man nämlich sonst schließen können, daß es auf die Freilassungsanordnung im Testament nicht ankomme.[178]

176 S. näher bei Tit. 1,18.

177 Paul. Sent. 3,6,4: *Communi servo cum libertate et sine libertate legari potest, totumque legatum socio testatoris adquiritur.*

178 Savigny, Ulpian 1801, Bl. 96 r.

§ 13. *Alienus servus heres institutus si quidem in ea causa permanserit, iussu domini debet hereditatem adire; quod si vivo testatore manumissus aut alienatus a domino fuerit, aut suo arbitrio aut iussu emptoris poterit adire hereditatem.*

Wenn ein fremder, zum Erben eingesetzter Sklave in derselben Lage geblieben ist, so muß er auf Befehl des Eigentümers die Erbschaft antreten. Wenn er bei Lebzeiten des Testators freigelassen oder vom Eigentümer veräußert worden ist, so kann er – jeweils entsprechend – entweder nach seinem Ermessen oder auf Befehl des Erwerbers die Erbschaft antreten.

Gaius 2,189 gibt denselben Stoff wieder, teilt aber darüber hinaus mit, daß die Veräußerung zu Lebzeiten des Testators dieselbe Rechtsfolge auslöse wie diejenige, die nach dessen Tod, aber vor dem Erbschaftsantritt erfolge. Falls die Aussage unseres Textes insoweit unvollständig ist,[179] könnte dies auf einen unabsichtlichen Textverlust zurückgehen. Wenn die Mitteilung ebenso wie bei Gaius auch in der Vorlage des Regelwerks Teil einer Aufzählung gewesen ist (*aut … aut*), dann bestünde Anlaß für die Vermutung eines homoioteleutischen Ausfalls.[180]

§ 14. *Sui heredes instituendi sunt vel exheredandi. Sui autem heredes sunt liberi, quos in potestate habemus, tam naturales quam adoptivi; item uxor, quae in manu est, et nurus, quae in manu est filii, quem*[a] *in potestate habemus.*

a) Ms. Vat.: *quaé*

Hauserben müssen eingesetzt oder enterbt werden. Hauserben aber sind Kinder, die wir in der väterlichen Gewalt haben, sowohl leibliche als auch adoptierte, ferner die gewaltunterworfene Ehefrau und die Schwiegertochter, die in der *manus* des Sohnes ist, den wir in der väterlichen Gewalt haben.

Im Manzipationstestament konnte der Erblasser grundsätzlich beliebige Personen zu Erben einsetzen. Alle beim Tod des Erblassers vorhandenen Hauserben mußten im Testament aber entweder eingesetzt oder enterbt werden.[181] Kaser sieht hier ein – sicherlich altes – Formgebot, hinter dem letztlich der Gedanke stehe, daß der Erblasser sämtliche *sui* auf ihre Eignung prüfen müsse.[182]

179 Vgl. Schulz, Epitome, S. 47.

180 Vgl. Wieacker, RRG 1, S. 116.

181 Zur *nurus, quae in manu est filii* vgl. Piro, Iura 47 (1996), S. 98 ff. und Astolfi, Matrimonio, S. 354.

182 Kaser, RP 1, S. 703 f.; ähnlich Honsell/Mayer-Maly/Selb, Röm. Recht, S. 463; Klingmüller, RE, 12. Hb. (1909) s. v. Exheredatio, Sp. 1681. Kaser sieht § 14 als bloße Umformung aus Gaius 2,123 an; vgl. RP 1, S. 704, Fn. 3.
Manthe hat demgegenüber vermutet, daß die Regel auf einen alten Grundsatz zurückgehe, nach dem ein Außenstehender nur dann eingesetzt werde durfte, wenn es keinen Hauserben gab; Manthe, in: Graf, Einleitung, S. 452; ders., DNP 4 (1998) s. v. Exheredatio, Sp. 342. Ein Rechtssatz mit diesem Inhalt ist allerdings nicht überliefert.

Bei der Definition der *sui heredes* tritt mit der Nennung der *liberi naturales* als der leiblichen Kinder (gegenüber den adoptierten) wiederum die klassisch-prokulianische Begrifflichkeit hervor.[183]

§ 15. *Postumi quoque liberi, id est, qui in utero sunt, si tales sunt, ut nati in potestate nostra futuri sint, suorum heredum numero*[a] *sunt.*

a) Ms. Vat.: *numerum*; Albertario, BIDR 32 (1922), 124: *id ... utero sunt* Glossem

Auch die nachgeborenen Kinder, d.h. Kinder, die im Mutterleib sind, zählen, sofern es solche sind, die nach ihrer Geburt in unserer väterlichen Gewalt gestanden hätten, zu den Hauserben.

§ 16. *Ex suis heredibus filius quidem neque heres institutus, neque nominatim ut oportet exheredatus*[a], *non patitur valere testamentum.*

a) Va liest: *uo* (= *ut oportet*); Ms. Vat.: *nominati quo exheredatus*; Til, Hg[5], Kr, Sch streichen *quo.*

Wenn von den Hauserben ein Sohn weder zum Erben eingesetzt, noch ausdrücklich, wie es erforderlich ist, enterbt worden ist, dann duldet er nicht, daß das Testament gilt.

Ein gültiges Testament setzt voraus, daß die Haussöhne entweder zu Erben eingesetzt oder ausdrücklich[184] enterbt werden.[185] Schulz hält den Satz für unklassisch. Er weist darauf hin, daß *filius non patitur* im Widerspruch zu der Regel stehe, daß auch beim Vorversterben des übergangenen Sohnes das Testament ungültig ist.[186] Unser Text gibt allerdings nur die Grundregel wieder und gerade nicht den Sonderfall, daß der übergangene Sohn schon vor dem Erbfall verstirbt. Während nämlich die Nichtigkeit in diesem Fall nur nach sabinianischer Lehre gegeben war, sahen die Prokulianer das Testament hier als wirksam an, was unser Text als prokulianische Schulschrift hätte erwähnen müssen.[187]

183 S. oben bei Tit. 8,1 u. 2.

184 Zu *nominatim* in der Bedeutung von »ausdrücklich« vgl. bei § 20.

185 Vahlens Textverbesserung scheint vor dem Hintergrund von Tit. 23,2 berechtigt; vgl. Muirhead, Rules, S. 408, Fn. 1. Gegenüber einer ersatzlosen Streichung des überlieferten *quo* ist einzuwenden, daß dort irgend etwas gestanden haben wird.

186 Schulz, Epitome, S. 48 mit Hinweis auf Gaius 2,123 und Paulus 1 *ad Sab.* D. 28,2,7.

187 Gaius 2,123: *...adeo quidem, ut nostri praeceptores existiment, etiamsi vivo patre filius defunctus sit, neminem heredem ex eo testamento existere posse .... Sed diversae scholae auctores ... si ... ante mortem patris interceptus sit, posse ex testamento hereditatem adiri putant, nullo iam filio impedimento.*

§ 17. *Reliquae vero personae liberorum, velut filia, nepos, neptis*[a], *si praeteritae sint, valet testamentum; scriptis*[b] *heredibus adcrescunt, suis quidem heredibus in partem virilem, extraneis autem in partem dimidiam.*

a) Ms. Vat.: *nepus neptes*
b) so das Ms. Vat., Til, Ch 1578, Hg⁵; Cui., Kr., Mu: ⟨*sed*⟩ *scriptis*

Wenn aber die übrigen Kinder, z.B. die Tochter, der Enkel, die Enkelin, übergangen sind, so gilt das Testament; (aber) sie wachsen zu den eingesetzten Erben hinzu, und zwar zu den Hauserben nach Kopfteilen, zu Außenerben in Höhe der Hälfte.

Diejenigen Abkömmlinge, die nicht Haussöhne sind, werden, wenn sie im Testament übergangen worden sind, gleichwohl Erben aus dem Testament, als ob sie stillschweigend darin eingesetzt worden wären.[188] Sie erwerben neben Hauserben den Anteil, der ihnen nach Maßgabe der Intestaterbfolge zufiele, also neben Geschwistern je einen Kopfteil. Neben Außenerben bekommen sie die Hälfte dessen, was jenen zugewandt ist.[189] Auf Grundlage einer weit gehenden Willensauslegung vermeidet diese Regel die Testamentsnichtigkeit, indem sie das Testament insgesamt zwar erhält, allerdings zugunsten der Übergangenen korrigiert. Dies geschieht, indem die stillschweigende Berufung übergangener Hauserben in das Testament hineininterpretiert wird, so daß die Begünstigten den ausdrücklich Berufenen »anwachsen« (*adcrescunt*).[190] Es handelt sich um vorklassisches Rechtsdenken, das in einem Spannungsverhältnis zu dem Grundsatz steht, daß niemand teils nach Testament, teils nach Gesetz beerbt werden kann. Gleichwohl war die Regel in hochklassischer Zeit nicht mehr bestritten (Gaius 2,124; *Paul. Sent.* 3,4b,8). Dies geht wahrscheinlich auf den Einfluß des Kaiserrechts zurück, das sich dieser Materie angenommen hat.[191]

§ 18. *Postumi quoque*[a] *liberi cuiuscumque sexus omissi, quod valuit testamentum, agnatione rumpunt*[b].

a) Hu: *quicunque*
b) so Hg⁵, Sav (VS 5, 99), Kr, Sch; Ms. Vat.: *agnitione rumpuntur*; Til, Cuj, Ch 1589 [225 r]: *rumpitur*

Auch wenn nachgeborene Kinder, gleichgültig welchen Geschlechts, übergangen worden sind, so stoßen sie das Testament, welches gültig war, durch Agnation um.

188 Kaser, RP 1, S. 706.
189 Vgl. Gaius 2,124; Paul. Sent. 3,4b,8 und im einzelnen Schulz, CLR, S. 267 f. mit Fallbeispielen.
190 Vgl. Pérez Simeón, Nemo pro parte, S. 256 ff.
191 Vgl. Gaius 2,126 und Pérez Simeón, Nemo pro parte, S. 261, Fn. 34.

Ein zunächst zivilrechtlich gültig errichtetes Testament wird durch Hinzutreten eines Agnaten, der nicht bedacht oder enterbt worden ist, nach einem alten Rechtssatz nachträglich unwirksam (*rumpere*; Fall des Tit. 23,2 a.E. u. Tit. 23,3).[192] Schulz meint, der »Verfasser« habe *quoque* aus Gaius 2,130 abgeschrieben, dann aber dessen Text gekürzt, ohne zu merken, daß nun das *quoque* sinnlos wurde, weil im vorangegangenen Text gar nicht von *rumpere* die Rede gewesen sei.[193] Behandelt wurde dort aber immerhin die Ungültigkeit des Testaments. Um diese geht es auch hier, nur eben in der besonderen Form des *rumpere*, die sich aus dem nachträglichen Auftreten des *postumus* ergibt.

§ 19. *Eos, qui in utero sunt, si nati sui heredes nobis futuri sunt, possumus instituere*[a] *heredes: si quidem post mortem nostram nascantur, ex iure civili; si vero viventibus nobis, ex lege Iunia*[b].

a) Ms. Vat.: *instituhere*
b) so Sg, Kr, Sch; Ms. Vat.: *iulia*; Til, Hg[5]: *Iulia*

Diejenigen, welche im Mutterleib sind, können wir, wenn sie nach ihrer Geburt unsere Hauserben werden, zu Erben einsetzen, und zwar, wenn sie nach unserem Tode geboren werden, aufgrund des Zivilrechts, wenn aber bei unseren Lebzeiten, aufgrund der *lex Iunia*.

Das Zivilrecht erlaubte es, den *postumus*, der ein eigener Hauserbe wird, zum Erben einzusetzen. Für den Fall, daß der Nachkömmling wider Erwarten schon zu Lebzeiten des Testators geboren wurde, war die Einsetzung gemäß der *lex Iunia Vellaea* (26 oder 28 n. Chr.) auch gültig.[194] Das Gesetz begegnete Zweifeln an der Wirksamkeit des Testaments. Da sich die Erbeinsetzung nämlich auf einen *postumus* bezogen hatte, der Hinzugeborene diesen Tatbestand nun aber nicht erfüllte, wurde offenbar die Unwirksamkeit infolge Hinzutretens eines nicht bedachten *suus* angenommen (vgl. Tit. 23,2).[195]

Soweit die Einsetzbarkeit der *postumi* auf das Zivilrecht zurückgeführt wird, handelt es sich offenbar um solches *ius civile*, das auf der Fortentwicklung des Rechts durch die Interpretation der Juristen beruhte.[196] Wenn nun die *lex Iunia*

192 Schulz, Epitome, S. 48 weist darauf hin, daß die Nachklassiker *rumpere* offenbar auch für die sofortige Unwirksamkeit verwenden, s. Ep. Gai 2,3,1: *Si vero filiam praeterierit, non rumpit filia praetermissa.*

193 Schulz, Epitome, S. 48.

194 Weiss, RE, 24. Hb. (1925) s. v. Lex Iunia Vellaea, Sp. 2394; Kaser, RP 1, S. 684 f. Über das Gesetz Bruns, Fontes[7], Nr. 24; Rotondi, Leges, S. 465 f.

195 Es handelte sich um einen Fall des *rumpere testamentum* (vgl. Tit. 23,2). Scaevola 6 *quaest.* D. 28,2,29,11 teilt mit, daß gerade diese Folge vermieden werden sollte: *Nunc de lege Vellaea videamus. voluit vivis nobis natos similiter* ***non rumpere testamentum.***

196 Der Grundsatz der Erbeinsetzungsfähigkeit von *postumi* wird bei Ulpian 3 *ad Sab.* D. 28,2,4 auf Juristenübereinkunft (*placet*) gestützt. Die Regelung eines der Fälle, nämlich die Ein-

Vellaea, die ja auch Zivilrecht schafft, als Quelle der ergänzenden Bestimmung ausdrücklich genannt wird, dann differenziert der Text im Sinne der klassischen Wissenschaft zwischen *ius scriptum* und *ius non scriptum.*[197] Die Präzision zeigt auch hier, daß die Schrift die Rechtsquellen der einzelnen Regeln angeben soll.

§ 20. *Filius, qui in potestate est, si non instituatur heres, nominatim exheredari debet; reliqui sui heredes utriusque sexus aut nominatim aut inter ceteros.*

Ein Sohn, der in väterlicher Gewalt ist, muß, wenn er nicht zum Erben eingesetzt wird, ausdrücklich enterbt werden, die anderen Hauserben beiderlei Geschlechts entweder ausdrücklich oder unter den ›übrigen‹.

Die Enterbung *nominatim* erforderte nach einem strengen, am Wortsinn haftenden Verständnis grundsätzlich die namentliche Nennung des Betroffenen.[198] Dieser Grundsatz war aber, wie sich aus anderen Quellen ergibt, im klassischen Recht dahingehend aufgeweicht worden, daß nicht in jedem Falle die Namensnennung erforderlich war. So genügte es, wenn der Testator nur einen Sohn hatte, daß die Enterbung durch die Worte »*Filius meus exheres esto*« erfolgte, ohne daß ein Name genannt wurde.[199] Ausreichend war also die genaue Bezeichnung einer bestimmten Person.[200] Von diesem abgemilderten Verständnis geht auch das Regelwerk aus.[201] Hier ist *nominatim* im Sinne von »ausdrücklich« oder »individuell« zu verstehen.[202] Die Alternative *inter ceteros* bezieht sich auf die im Testament regelmäßig enthaltene pauschale Umschreibung der enterbten »übrigen« (*ceteri … exheredes sunto*).[203]

setzung des Nachgeborenen eines vor dem Erblasser verstorbenen Sohnes, wird ausdrücklich auf C. Aquilius Gallus zurückgeführt; vgl. Scaevola 6 *quaest.* D. 28,2,29 pr; Kaser, RP I, S. 684.

197 Pomponius *lb. sg. ench.* D. 1,2,2,12: *In civitate nostra aut iure, id est* ***lege****, constituitur, aut est* ***proprium ius civile, quod sine scripto in sola prudentium interpretatione consistit.***

198 Ulpian 1 *ad Sab.* D. 28,2,1: *Quid sit nominatim exheredari, videamus. nomen et praenomen et cognomen eius dicendum est an sufficit vel unum ex his? et constat sufficere.* Nach dieser Mitteilung genügt also die Nennung eines der *tria nomina* des Bürgers; vgl. Weiss, Institutionen, S. 564.

199 Gaius 2,127 a.E.; Ulpian 6 *reg.* D. 28,2,2; Inst. 2,13,1; vgl. Norden, Apulejus, S. 145. Daß selbst Schmähbezeichnungen ausreichten, berichtet Ulpian 1 *ad Sab.* D. 28,2,3.

200 Klingmüller, RE, 12. Hb. (1909) s. v. Exheredatio, Sp. 1681.

201 Entsprechend in §§ 16, 21, 22, 23. Bei § 21 ist zu beachten, daß ein *postumus* gar nicht unter Namensnennung enterbt werden könnte, sondern allenfalls auf andere Weise »ausdrücklich«; vgl. Robbe, Postumi, S. 232 ff. Die Formulierung lautete etwa: »*Si quis mihi filius unus pluresve in decem mensibus gignantur, ii exheredes sunto*«; vgl. Gellius *Noct. Att.* 3,16,13; Manthe, DNP 10 (2001) s. v. Postumus, Sp. 227.

202 Eindeutig im Sinne von »ausdrücklich« steht *nominatim* schon in Tit. 20,14, aber mit Bezug auf eine Gesetzesanordnung.

203 Vgl. das Testament des Antonius Silvanus (a. 142), FIRA 3, S. 130, Z. 8 u. 9: »*ceteri ali omnes exheredes sunto*«.

§ 21. *Postumus filius nominatim exheredandus est; filia postuma ceteraeque*[a] *postumae feminae vel nominatim vel inter ceteros; dummodo inter ceteros exheredatis aliquid legetur*[b].

§ 22. *Nepotes et pronepotes ceterique masculi postumi praeter filium vel nominatim vel inter ceteros cum adiectione legati*[c] *sunt exheredandi; sed tutius*[d] *est tamen nominatim eos exheredari; et id observatur magis.*

a) Ms. Vat.: *cetereque*
b) Ms. Vat.: *legitur*
c) Ms. Vat.: *ligati*
d) so das Ms. Vat. (Mk aus *tatius*)

Ein nachgeborener Sohn muß ausdrücklich enterbt werden, eine nachgeborene Tochter und andere weibliche Nachgeborene entweder ausdrücklich oder unter den ›übrigen‹, sofern nur den unter den ›übrigen‹ Enterbten irgendetwas vermacht wird.
Enkel und Urenkel und die anderen männlichen Nachgeborenen außer dem Sohn können entweder ausdrücklich oder unter den ›übrigen‹ mit Hinzufügung eines Vermächtnisses enterbt werden; aber sicherer ist es doch, daß sie ausdrücklich enterbt werden, und so wird es auch meistens gehalten.

Damit die Geburt eines *postumus suus* das Testament nicht unwirksam machte, mußte er entweder zum Erben eingesetzt (§ 15) oder enterbt werden.[204] Dabei konnten weibliche nachgeborene Hauserben ausdrücklich oder im Rahmen einer pauschalen Umschreibung enterbt werden, wobei ihnen im letzteren Fall ein Vermächtnis ausgesetzt werden mußte (Gaius 2,132). Für die männlichen *postumi sui* berichtet Gaius, daß sie ausdrücklich enterbt werden mußten.[205] Demgegenüber läßt § 22 ausreichen, wenn dies beim *filius postumus* geschieht, während die anderen männlichen Nachgeborenen *inter ceteros* bei gleichzeitiger Aussetzung eines Vermächtnisses enterbt werden können.[206] Schulz vermutet, der »Verfasser« habe in dieser Frage vom klassischen Recht abweichen wollen, nach dem alle männlichen *postumi nominatim* hätten enterbt werden müssen. Er sei sich dieser Abweichung bewußt gewesen und habe darum einen Rat hinzugefügt.[207] Kaser meint im Hinblick auf § 22, es handele sich vielleicht um eine »spätere« Erleichterung gegenüber dem klassischen Recht.[208] Es ist aber wahrscheinlicher, daß die Rechts-

204 War die Berücksichtigung eines *postumus* unterblieben, dann war das Testament gleichwohl zunächst gültig, und blieb es auch, falls es zur Geburt nicht kam (Gaius 2,131).

205 Zur Pflicht, den *postumus* zu berücksichtigen, vgl. näher La Pira, Successione ereditaria, S. 67-84; Biondi, Successione, S. 114-119; Voci, DER 2, S. 641-645; Meinhart, SZ 82 (1965), S. 204-205; Lamberti, Studi sui ›postumi‹, S. 117-123.

206 Abdy/Walker, Rules, S. 404, Fn. 2; vgl. Manthe, DNP 4 (1998) s. v. Exheredatio, Sp. 343.

207 Schulz, Epitome, S. 48 f.

208 Kaser, RP 1, S. 706.

lage in dem Sonderfall der nachgeborenen Enkel und Urenkel umstritten war. Wenn nämlich Inst. 2,13,1 für das klassische Recht berichtet, alle männlichen Nachkommen hätten *nominatim* enterbt werden müssen, dann berichtet er dies als Standpunkt, der sich durchgesetzt habe (*placuit*).[209] Die in der Institutionenstelle angedeutete Entwicklung bis zur allgemeinen Akzeptanz ist in dem vom *liber singularis* wiedergegebenen Rechtszustand noch nicht abgeschlossen gewesen, denn hier ist die ausdrückliche Enterbung der anderen männlichen *postumi* nach *geltendem* Recht gerade nicht erforderlich. Die Rechtslage ist aber so unsicher, daß die ausdrückliche Enterbung sicherheitshalber empfohlen wird.[210] Wenn der Redaktor hier eine Regel ausdrücklich als nicht mehr uneingeschränkt anwendbar kennzeichnet, dann zeigt dies, daß er den Lehrstoff gerade in Form brauchbarer Regeln darstellen will. Wenn der Sonderfall bei Gaius nicht erörtert wird, dann folgt daraus nicht, daß Gaius es unterschiedslos bei der Grundregel in 2,132 beließ. Wahrscheinlich ist das Fehlen seiner Stellungnahme auf den Textverlust am Ende dieser Gaiusstelle zurückzuführen.

§ 23. *Emancipatos*[a] *liberos*[b] *quamvis iure*[c] *civili neque heredes instituere neque exheredare necesse sit, tamen praetor iubet, si non instituantur heredes, exheredari, masculos omnes nominatim, feminas vel* ⟨*nominatim vel*⟩[d] *inter ceteros; alioquin*[e] *contra tabulas bonorum possessionem eis pollicetur.*

a) so Hg[5], Sav (VS 5, 99), Kr, Sch; Ms. Vat., Til: *Mancipatos*
b) Ms. Vat.: nach *liberos* sind etwa 7 Zeichen (möglicherweise ein zweites *liberos*) ausradiert worden.
c) so Hg[5] (mit Ma), Kr, Sch; Ms. Vat.: *liberos*[Lücke]*qui in re*; Til, Cuj (1566, Aur. 1586): *cum iure civili*; Cuj (Par. 1586): *quos iure civili*
d) so Ma, Hg[5], Kr, Mu; fehlt im Ms. Vat.
e) Til: *alioqui*

Obgleich emanzipierte Kinder nach dem Zivilrecht weder zu Erben eingesetzt noch enterbt werden müssen, befiehlt der Prätor dennoch, sie zu enterben, wenn sie nicht zu Erben eingesetzt werden, und zwar alle männlichen ausdrücklich, die weiblichen entweder ausdrücklich oder unter den ›übrigen‹; anderenfalls bietet er ihnen den Nachlaßbesitz gegen die Testamentsurkunde an.

Aus Gaius 2,135 ist zu ersehen, daß offenbar *nominatim vel* entfallen ist. Wahrscheinlich handelt es sich um einen homoioteleutischen Ausfall.

209 Inst. 2,13,1: *masculos vero postumos, id est* ***filium et deinceps, placuit*** *non aliter recte exheredari, nisi nominatim exheredentur.*

210 Das *tutius est* ist im interpolationistischen Schrifttum angegriffen worden; vgl. die Nachweise bei Schulz, Epitome, S. 49.

§ 24. *Inter necessarios heredes, id est servos*[a] *cum libertate heredes scriptos*[b], *et suos et*[c] *necessarios, id est liberos, qui in potestate sunt, iure civili nihil interest: nam utrique etiam inviti heredes*[d] *sunt*[e]. *sed iure praetorio suis et necessariis heredibus abstinere se a parentis*[f] *hereditate permittitur; necessariis autem tantum heredibus abstinendi potestas non datur.*[g]

a) Ms. Vat.: *servus*
b) Ms. Vat.: *heredis scriptus*
c) so Hg⁵, Kr, Sch; Ms. Vat.: *sit*; Til: *et suos scilicet necessarios*
d) Ms. Vat.: *s* im Laufe der Korrektur hinzugefügt
e) Bö: *fiunt* (vgl. Gai. 2,157)
f) Ms. Vat.: *parentes*
g) In der Annahme, daß anschließend ein Satz über die Hauskinder in der *mancipium*-Gewalt (Gai. 2,160) entfallen sei, fügen Hu und Gi einen § 24 a ein: ⟨*Mancipatos liberos ab eo, cuius in mancipio sunt, item qui in remancipatione sunt, a parente cum libertate heredes scriptos praetor suorum locum habet; itaque et ipsis abstinendi potestas datur.*⟩

Zwischen Zwangserben, d.h. Sklaven, die mit Freilassung zu Erben eingesetzt worden sind, und Zwangs-Hauserben, also Kindern in der väterlichen Gewalt, besteht nach Zivilrecht kein Unterschied, denn beide sind auch gegen ihren Willen Erben. Aber nach prätorischem Recht dürfen sich Zwangs-Hauserben der väterlichen Erbschaft enthalten; bloßen Zwangserben wird das Recht, sich zu enthalten, nicht gegeben.

Der Text stellt dem *ius civile* das *ius praetorium* gegenüber. Cicero hatte den Terminus *ius praetorium* gebraucht, um zum Ausdruck zu bringen, daß die Regelungen des Prätors das Naturrecht des *ius gentium* enthielten.[211] Es handelte sich um einen Sprachgebrauch, der auf der vorklassischen Wissenschaft beruhte, der die juristische Lehrergeneration Ciceros angehangen hatte. Nach dem strengen klassischen Konzept schuf der Prätor dagegen kein Recht, sondern war auf die rein tatsächliche Regelung der Verhältnisse beschränkt.[212] Dieser Standpunkt wurde aber in der Hochklassik auch auf seiten der formalen Wissenschaftstradition überwunden, als die prätorischen Regelungen wieder als *ius gentium* angesehen wurden.[213] Das Edikt war damit vollgültige Rechtsquelle, was das Regelwerk an dieser Stelle mit *ius praetorium*[214] zum Ausdruck bringt. Hier zeigt der Text, daß er

211 Cicero *de off.* 1,10,32; *Phil.* 2,2,3; *in Verr.* II 1,44,114; 2,12,31; vgl. Varro *de ling. lat.* 6,71; abweichend meint Kaser, SZ 70 (1953), S. 155, *ius praetorium* bezeichne in diesen Stellen kein Teilgebiet des Rechts.

212 S. oben S. 90.

213 S. oben S. 93 f.

214 Vgl. die dasselbe Verständnis voraussetzende Ausdrucksweise in Tit. 29,2: *nihil iuris ex edicto datur.* Beide Stellen bestätigen, daß auch ein Teil der ganz regelhaft auftretenden Fragmente des *liber singularis* für eine eindeutig hochklassische Entwicklungsstufe steht.

diejenige Rechtsquellenlehre aufweist, die auch den Gaiusinstitutionen zugrundeliegt.[215]

§ 25. *Extraneus heres si quidem cum cretione sit heres institutus, cernendo fit heres; si vero[a] sine cretione, pro herede gerendo.*

a) so das Ms. Aur., Hg[5], Sav (VS 5, 100), Kr, Sch; Ms. Vat., Til, Ch 1578: *sive*

Ein Außenerbe wird, wenn er mit wortgebundener Antrittsform zum Erben eingesetzt worden ist, durch Abgabe der Antrittserklärung Erbe, ist er aber ohne wortgebundene Antrittsform eingesetzt, genügt es, wenn er sich wie ein Erbe verhält.

Wenn der Testator einen Außenerben einsetzt, kann er diesen nötigen, beim Antritt eine Form zu beachten. Der Ausdruck *cretio* bezeichnet sowohl die wortförmliche Antrittserklärung selbst[216] als auch die dem Außenerben dafür gesetzte Frist. Bei Hauserben findet die *cretio* nicht statt, da ihnen die Erbschaft von allein anfällt.

Der ohne *cretio* Eingesetzte wird Erbe, wenn er mit dem Nachlaß wie ein Erbe umgeht, also ihn etwa nutzt oder verwaltet. Demgegenüber vertritt Gaius den Standpunkt, daß der ohne *cretio* Eingesetzte nicht nur durch *pro herede gestio*, sondern auch durch förmlichen Antritt und sogar durch formlose Äußerung des Antrittswillens Erbe werden könne (Gaius 2,167 u. 169). Dabei verrät die Formulierung *vel etiam* ***nuda*** *voluntate suscipiendae hereditatis*, daß es Gaius letztlich um den Willen geht, der auf verschiedene Weise ausgedrückt werden kann.[217] Mit dieser willenstheoretischen Auffassung des Antrittsrechts gibt sich Gaius als Anhänger Julians zu erkennen, der die *pro herede gestio* im Kern als Ausdruck eines auf den Erwerb gerichteten Willens aufgefaßt hatte.[218] Der *liber singularis* stellt demgegenüber in formaler Weise auf die äußeren Tatbestände des Antritts ab.

215 Gaius 1,2: *Constant autem iura populi Romani ex … edictis …*; Gaius 1,6: *amplissimum ius est in edictis duorum praetorum ….*

216 Vgl. unten § 28 und Gaius 2,166 mit der Antrittsformel.

217 Zutreffend weist Kaser, RP 1, S. 718 darauf hin, daß mit *nuda voluntate* nicht etwa ein dritter, selbständiger Erwerbstatbestand gemeint ist. Schulz, CRL, S. 285 erwägt, daß die formlose Erklärung bei Gaius 2,167 als Unterfall der *pro herede gestio* gemeint sein könnte. Dulckeit, Erblasserwille, S. 126 beschreibt das Verhältnis treffend dahingehend, daß in der Bezeichnung des Antritts mit »*nuda voluntate*« die theoretische Formulierung der *pro herede gestio* hinsichtlich ihres Wirkungsgrundes liege.

218 Ulpian 61 *ad ed.* D. 29,2,20 pr: *generaliter Iulianus scribit eum demum pro herede gerere, qui aliquid quasi heres gerit: pro herede autem gerere* ***non esse facti quam animi:*** *nam hoc animo esse debet, ut* ***velit*** *esse heres.* Marrone, Istituzioni, S. 803; Kaser, RP 1, S. 717, Fn. 40 mit Nachweisen.

§ 26. *Pro herede gerit, qui rebus hereditariis tamquam dominus utitur, velut*[a] *qui auctionem*[b] *rerum hereditariarum facit aut servis hereditariis cibaria dat*[c].

a) Merille (Obs. II, 17): *veluti*
b) so Hg[5], Kr, Sch; Ms. Vat., Til, Cuj, Merille (Obs. II, 17): *actionem*
c) so Hg[5], Kr, Sch; Ms. Vat., Cuj (Par. 1586, Aur. 1586): *cibariam dat*; Til, Cuj (1566), Merille (Obs. II, 17): *cibaria mandat*

Wie ein Erbe verhält sich der, der mit den Nachlaßgegenständen wie ein Eigentümer umgeht, z.B. wer Nachlaßgegenstände versteigert oder Nachlaßsklaven Unterhalt leistet.

Die *pro herede gestio* besteht darin, daß der Eingesetzte mit den Nachlaßgegenständen äußerlich wie ein Eigentümer umgeht.[219] Die bei Gaius 2,166 auftretende Definition weicht insoweit ab, als sie auf den Umgang wie ein *Erbe* abstellt (*si rebus hereditariis tamquam heres utatur*).[220] In der Sache aber beziehen sich beide Texte gleichermaßen auf die tatsächliche Inanspruchnahme von Herrschaftsbefugnissen.

Gegen die Echtheit der Wendung *servis hereditariis cibaria dat* hat Solazzi eingewandt, dieses Verhalten könne unmöglich als *pro herede gerere* angesehen werden, weil im bloßen Ernähren weder der Ausdruck eines Erbenwillens noch ein *uti* gesehen werden könne.[221] Nun versteht Solazzi *uti* hier wie bei Gaius als »die Dienste des Sklaven nutzen«.[222] Dem ist entgegenzuhalten, daß sich der Ausdruck in beiden Texten allgemein auf Nachlaßgegenstände bezieht. Daß der Betreffende diese »nutzt«, ist für ein Verhalten als Eigentümer gar nicht erforderlich; es genügt ein »Umgehen« mit den Sachen wie ein Eigentümer, wie es unser Text für die Durchführung einer Versteigerung nennt.[223] In der allgemeineren Bedeutung von

219 Vgl. Paul. Sent. 4,8,23: *Pro herede gerere est destinatione futuri dominii aliquid ex hereditariis rebus usurpare.*

220 Vgl. Ulpian 61 *ad ed.* D. 29,2,20 pr: *Pro herede gerere videtur is,* ***qui aliquid facit quasi heres.*** Es liegt gerade im Hinblick auf die unterschiedliche Wortwahl fern, daß sich, wie Coppola, Studi, S. 187, 204 u. 298 vermutet, der Verfasser des Regelwerks am Gaiustext hätte inspirieren lassen. Vgl. ähnlich Voci, DER 1, S. 547 u. 549. Coppola behauptet das im übrigen auch von Paul. Sent. 4,8,23.

221 Solazzi, Scritti 6, S. 499-501.

222 Bei Cicero *ad Att.* 6,3,6 könnte *dare cibaria* tatsächlich eine Gegenleistung für (dort tatsächlich nicht in Anspruch genommene) Dienste meinen. In unserem Text bleibt diese Verknüpfung aber unerwähnt.

223 Die Emendation *auctionem* ist durch inneren Zusammenhang und viele ähnliche Verwechslungen unterstützt; Savigny, VS 5, S. 100. Für eine *auctio … rerum* Cicero *pro Quinct.* 4,15; vgl. noch Apuleius *Metam.* 9,31: *Die sequenti filia eius accurrit … Ea cum se diutino plangore cruciasset, concursu familiarium cohibita tandem pausam luctui fecit. Iamque nono die rite complectis apud tumulum sollemnibus,* ***familiam supellectilemque et omnia iumenta ad hereditariam deducit auctionem.*** Dazu Coppola, Studi, S. 162. Gegen *actio* spricht besonders, daß der Ausdruck *actio rerum hereditariarum* ungebräuchlich ist.

»mit etwas umgehen« ist *uti* durchaus belegt, und zwar nicht nur in bezug auf Menschen, sondern auch auf Sachen.[224] Zuzugeben ist Solazzi aber, daß sich ein *cibaria dare*, um die Voraussetzungen für das *pro herede gerere* zu erfüllen, nicht auf die begrenzte Hilfeleistung gegenüber hungernden Sklaven beschränkt haben kann. Denn diese entsprach im Kern nur einem Gebot der Menschlichkeit,[225] dessen Erfüllung zunächst nichts mit einem Erbschaftsantritt zu tun hatte. Gedacht ist wahrscheinlich an ein umfassenderes Gewähren von Unterhalt, möglicherweise auch in Geldleistungen bestehend.[226]

§ 27. *Cretio est certorum dierum spatium, quod datur instituto heredi ad deliberandum, utrum expediat*[a] *ei adire*[b] *hereditatem nec ne, velut: ›Titius*[c] *heres esto cernitoque in diebus centum proximis, quibus scieris poterisque. nisi ita creveris, exheres esto‹.*

a) so Til, Hg[5], Kr, Sch; Ms. Vat.: *expiat*
b) Ms. Vat.: *adhire*
c) Ms. Vat.: *citius*

Die Antrittsfrist ist ein in bestimmten Tagen bemessener Zeitraum, der dem eingesetzten Erben zur Überlegung gegeben wird, ob er sich bereitfindet, die Erbschaft anzutreten, oder nicht, z.B. so: ›Titius, du sollst Erbe sein und in den nächsten hundert Tagen antreten, an denen du es weißt und kannst; wenn du so nicht antrittst, sollst du enterbt sein.‹

Der Text behandelt die *cretio* und die Formulierung ihrer Anordnung.[227] Die hier genannte Bestimmung läßt die Frist beginnen, sobald der Eingesetzte Kenntnis von seiner Berufung und die Möglichkeit anzutreten hat.[228] Die entsprechende Stelle Gaius 2,165 lautet umständlicher durch die Anweisung *adicere debemus* und

224 Nachweise im OLD s. v. *utor*, S. 2119, Nr. 9 (Menschen); Nr. 4 (Sachen). Hinzuweisen ist insbesondere auf das *uti* des Tatbestands der vorklassischen *usus*-Ehe, das den »Umgang miteinander« bezeichnete, also die eheliche Lebensgemeinschaft.

225 Zur Vorstellung vom Sklaven als human zu behandelndem Schicksalsgenossen vgl. Seneca, *de clem.* 1,18 und die berühmte Feststellung *ep. mor.* 47, die Sklaven seien *conservi, si cogitaveris tantundem in utrosque licere fortunae*: Mitsklaven (nämlich ihrer Herren), wenn man bedenkt, daß beide dem Schicksal gleichermaßen ausgeliefert sind.

226 Paulus 14 *resp.* D. 34,1,12; vgl. noch die *familiae cibaria* bei Cato *de agr.* 56-58. Bürge, Fs. Waldstein, S. 67 differenziert in dieser Hinsicht nicht.
Daß das *uti* in bezug auf Menschen auch die Wahrnehmung von Verantwortung umfaßt, wird wiederum am Beispiel der *usus*-Ehe deutlich.

227 Vgl. auch Conrat, Epitome, Einleitung S. 329 mit einer mittelalterlichen Glosse: *Cretio certorum dierum spatium quod datur instituto heredi ad deliberandum, utrum adeat hereditatem.* Die Übereinstimmung wird keine zufällige sein, zumal alle anderen Äußerungen über die *cretio* abweichen. Es handelt sich um ein Indiz für die Bestandskraft der im Regelwerk verkörperten Überlieferungstradition.

228 Zu verstehen ist also: *in quibus scieris poterisque*; vgl. Cicero *de orat.* ed. Wilkins, S. 132, Anm. zu *de orat.* 1,22,101.

enthält eine zeitliche Ungenauigkeit: *scies poterisque.*[229] Samper meint, der Text sei ein Indiz für die Vermischung der Cretionsfrist mit der prätorischen Bestimmung eines *spatium deliberandi,* wie es spätere Quellen auch im Rahmen der Intestaterbfolge erkennen lassen.[230] Tatsächlich aber ist die *cretio* hier nur die testamentarisch angeordnete Frist, die natürlich auch eine Überlegung ermöglicht.

§ 28. *Cernere est verba cretionis dicere ad hunc modum: ›quod me Mevius*[a] *heredem instituit*[b]*, eam hereditatem adeo cernoque‹.*

a) so Kr, Gn, Sch; Ms. Vat.: *cum id medius;* Til: *Cum me Maevius;* Bö, La: *quod me*
b) Til: *instituerit*

Das Antreten besteht darin, die Worte des förmlichen Antritts zu sprechen auf diese Weise: ›Soweit Maevius mich zum Erben eingesetzt hat, übernehme ich die Erbschaft und trete sie an‹.

Hier wird deutlich, daß es um die förmliche *cretio* des klassischen Rechts geht.[231] Der mündliche Formalakt kam in der nachklassischen Zeit außer Übung.[232] Der *cretio* in diesem Sinne als Antritt des Testamentserben steht die *aditio* des Intestaterben gegenüber.[233]

§ 29. *Sine cretione heres institutus si constituerit, nolle se heredem esse, statim excluditur ab hereditate*[a]*, et amplius eam adire non potest.*

a) Ms. Vat.: *hereditatem*

Wenn ein ohne Antrittsfrist eingesetzter Erbe erklärt hat, daß er nicht Erbe sein wolle, wird er sofort von der Erbschaft ausgeschlossen und kann sie später nicht mehr antreten.

§ 30. *Cum cretione vero*[a] *heres institutus sicut cernendo fit heres, ita non aliter excluditur, quam si intra diem cretionis non creverit: ideoque etiamsi constituerit, nolle se heredem esse, tamen, si supersint dies cretionis, paenitentia*[b] *actus cernendo heres fieri potest.*

a) Im Ms. Vat. sind hier zunächst etwa 6 Zeichen, beginnend mit *u,* endend vielleicht mit *o,* ausradiert, dann *vero* nachträglich hinzugesetzt.
b) Ms. Vat.: *penitentiam;* Merille (Obs. II, 11), Hg[5]: *poenitentia*

Der mit Antrittsfrist zum Erben Eingesetzte aber wird Erbe, wenn er förmlich antritt, er wird also auf keine andere Weise ausgeschlossen, als wenn er inner-

229 Ebenso in der Parallele zu § 31. Vgl. demgegenüber Cicero *de orat.* 1,22,101: *in cretionibus scribi solet: quibus sciam poteroque.*
230 Samper, Est. Santa Cruz Teijeiro 2, S. 367.
231 Eine andere Definition des *cernere* liefert Varro, *de ling. lat.* 7,98 (Müller S. 158): *crevi valet constitui: itaque heres quam constituit se heredem esse, dicitur cernere, et quom id fecit crevisse.*
232 Schulz, CRL, S. 285; Kaser, RP 2, S. 525 mit Nachweisen für den Anfang des 4. Jahrhunderts.
233 Vgl. Coppola, Studi, S. 309.

halb der Frist nicht förmlich antritt. Auch wenn er also erklärt, daß er nicht Erbe sein wolle, kann er dennoch, falls noch Tage der Antrittsfrist übrig sind, wenn es ihn reut, durch förmlichen Antritt Erbe werden.

Buckland kritisiert, daß die von ihm im Regelwerk vermutete Gaius-Bearbeitung hier durch die Umstellung gegenüber Gaius 2,168 und 169 die dortige Antithese abgeschwächt habe.[234] Nun gehen zwar beide Werke auf denselben Grundbestand des Stoffes zurück, doch trifft Bucklands Ansicht, das Regelwerk sei eine Bearbeitung der Gaius-Institutionen, wie wir gezeigt haben, nicht zu.[235] Es handelt sich bei der Herausstellung des Gegensatzes durch Gaius offenbar um ein besonderes Stilmittel, das die Wiedergabe der Regel in der Bearbeitung für die Institutionen kennzeichnet.

§ 31. *Cretio aut*[a] *vulgaris dicitur aut continua: vulgaris, in qua adiciuntur haec verba: ›quibus scieris poterisque‹; continua, in qua non adiciuntur.*

§ 32. *Ei, qui vulgarem cretionem habet, dies illi tantum*[b] *computantur, quibus scivit*[c]*, se heredem institutum esse, et potuit cernere; ei vero, qui continuam habet cretionem, etiam illi dies computantur, quibus ignoravit se heredem institutum, aut scivit quidem, sed non potuit cernere.*

a) so Hg[5], Kr, Sch; Ms. Vat., Til: *autem*
b) so Cuj (Par. 1586), Hg[5], Kr; Ms. Vat.: *dantur*; Til, Cuj (1566, Aur. 1586): *dati*; Sch, La: *dumtaxat*
c) so Hg[5], Kr, Bö, Sch; Ms. Vat., Til: *scit*; Mu: *sciit*

Die Frist für den förmlichen Antritt wird entweder die gewöhnliche oder die sofort beginnende genannt; die gewöhnliche, wenn (bei der Festlegung der Tage der Antrittsfrist) diese Worte hinzugefügt werden: ›an denen du es weißt und kannst‹, die sofort beginnende, wenn sie nicht hinzugefügt werden.
Bei dem, der die gewöhnliche Antrittsfrist hat, werden nur die Tage gezählt, an denen er wußte, daß er als Erbe eingesetzt ist, und antreten konnte; bei dem aber, der die sofort beginnende Antrittsfrist hat, werden auch die Tage gezählt, an denen er nicht wußte, daß er zum Erben eingesetzt ist, oder es wußte, aber nicht antreten konnte.

Wenn der Erblasser für den Erwerb seines Nachlasses eine förmliche Antrittserklärung verlangte, bestimmte er für ihre Vornahme eine Frist.[236] Wählte der Erblasser die gewöhnliche Antrittsform, dann versah er die Anordnung der Antrittsfrist mit dem Zusatz »*quibus scies poterisque*« (vgl. § 33). Die Frist wurde dann

234 Buckland, LQR 38 (1922), S. 44; zustimmend Schulz, Epitome, S. 50.
235 S. oben S. 129 ff.
236 So z.B. 100 Tage; vgl. Gaius 2,170; Voci, DER 1, S. 544. Überliefert sind aber auch abweichende Fristen; so 60 Tage bei Cicero *ad Att.* 13,52(46): *liberam cretionem testibus praesentibus sexaginta diebus.*

als *tempus utile* ermittelt[237] und begann erst zu laufen, sobald dem Begünstigten die Delation bekannt und der förmliche Antritt möglich war.[238] Wenn der Erblasser den Zusatz unterließ (*cretio continua*), dann gab es keine Unterbrechung zwischen Delation und Fristbeginn, sondern die Frist begann sofort und ununterbrochen (*continuus*[239]) für einen kalendarisch festliegenden Zeitraum zu laufen.[240] Gaius 2,171 nennt die *cretio continua* daher *cretio certorum dierum* und erklärt sie zutreffend mit den fortlaufenden Tagen (*dies continui*).[241]

§ 33. *Heredes aut instituti dicuntur aut substituti: ⟨instituti,⟩*[a] *qui primo gradu scripti sunt; substituti, qui secundo gradu vel sequentibus* [b]*heredes*[c] *scripti*[d] *sunt, velut: ›Titius*[e] *heres*[f] *esto cernitoque in diebus proximis centum, quibus scies*[g] *poterisque. ⟨quodni⟩*[h] *ita creveris, exheres*[i] *esto. tunc Mevius*[j] *heres esto cernitoque in diebus et reliqua‹. similiter et deinceps substitui potest.*

a) so Til, Hg[5], Kr, Gn, Sch; fehlt im Ms. Vat.
b) Til. läßt hier einen neuen Absatz beginnen.
c) Ms. Vat.: *heredis*
d) Ms. Vat.: im Anschluß an das *i* ist etwas radiert, vielleicht ein breiter Buchstabe zu *i* verbessert.
e) so Hg[5], Kr, Sch; Ms. Vat.: *vel totius*
f) Ms. Vat.: *s* ist nachträglich geschrieben, vielleicht nur nachgezogen.
g) Til: *scieris*
h) so Kr, Gn, Bö und spätere edd. (wegen Gai. 2,174); fehlt im Ms. Vat.; Til, Hg[5], Sch: ⟨*nisi*⟩
i) Ms. Vat.: *etheres*
j) so Kr, Sch; Ms. Vat.: *medius*

Erben heißen entweder eingesetzte oder als Ersatz bestimmte; eingesetzte, die in erster Linie zu Erben bestimmt sind, als Ersatz bestimmte, die in zweiter Linie oder in der Folge zu Erben bestimmt sind, z.B. so: ›Titius, du sollst Erbe sein und in den nächsten hundert Tagen antreten, an denen du es weißt und kannst. Wenn du in dieser Weise nicht angetreten haben wirst, sollst du enterbt sein. Dann sollst du, Maevius, Erbe sein und in … Tagen antreten usw.‹. Entsprechend kann auch darüber hinaus ein Ersatzerbe bestimmt werden.

237 Voci, DER 1, S. 544 f.; Kaser, RP 1, S. 717, Fn. 31; zum Gegensatz zwischen *tempus utile* und *continuum* vgl. Heumann/Seckel s. v. utilis 1).

238 Pugliese, Istituzioni, S. 677.

239 Heumann/Seckel s. v. continuus 1).

240 Müller-Eiselt, Pius, S. 48; Pugliese, Istituzioni, S. 677.

241 Gai 2,173: *Continua haec cretio vocatur, quia continui dies numerantur.* Auffallend ist an Gaius 2,171 (entsprechend Gaius 1,165) die zeitliche Ungenauigkeit *sciet poteritque*, außerdem der fragwürdige Wechsel von der 2. zur 3. Person. Diesen schreibt Kniep, Gaius 2,2, S. 296 einem nachgaianischen Bearbeiter zu.

Der Text behandelt die Ersatzerbschaft und die Formulierung ihrer Anordnung. Die Möglichkeit der Substitution teilt Modestin 2 *pand.* D. 28,6,1 pr mit den Worten mit: *Heredes aut instituti dicuntur aut substituti: instituti primo gradu, substituti secundo vel tertio.* Die Übereinstimmungen in der Wortwahl erlauben die Annahme, daß Modestin die Stelle des Regelwerks benutzte.[242] Dafür spricht, daß Modestin den Satz verkürzte, wodurch insbesondere der Bezug von *primo gradu* usw., nämlich *scripti*, weggefallen ist. Daneben hat sich bei Modestin insofern eine Ungenauigkeit eingeschlichen, als er nur den zweiten und dritten Grad nennt, als ob eine weiter gestaffelte Substitution nicht möglich sei. Der *liber singularis* lautet hier sachlich korrekter.[243]

§ 34. *Si sub imperfecta cretione*[a] *heres institutus sit, id est non adiectis his verbis: ›si non creveris, exheres esto‹, sed si ita: ›si non creveris, tunc Mevius*[b] *heres esto‹, cernendo quidem superior inferiorem excludit; non cernendo autem, sed pro herede gerendo in partem admittit substitutum: sed postea divus Marcus constituit, ut et pro herede*[c] *gerendo ex asse fiat heres. quodsi*[d] *neque creverit, neque pro herede gesserit, ipse excluditur, et substitutus ex asse fit heres.*

a) so Hg[5], Kr; Sch: *inperfecta*; Ms. Vat.: *inperfectam cretionem*; Til: *imperfectam cretionem*
b) so Kr, Sch; Ms. Vat.: *medius*; Til, Hg[5]: *Maevius*
c) Sg: *et gerendo*
d) Ms. Vat.: *si* ist wohl Mk

Wenn der Erbe mit einer unvollkommenen wortgebundenen Antrittsform eingesetzt ist, d.h. ohne Hinzufügung dieser Worte: ›Wenn du nicht förmlich angetreten haben wirst, so sollst du enterbt sein‹, sondern so: ›Wenn du nicht förmlich angetreten haben wirst, so soll Maevius Erbe sein‹, so schließt zwar der Erstberufene durch seinen Antritt den Zweitberufenen aus; tritt er jedoch nicht an, verhält sich aber wie ein Erbe, so wird der Ersatzerbe zu einem Teil zugelassen. Aber später hat der vergöttlichte Marcus bestimmt, daß er auch dann auf das Ganze Erbe wird, wenn er sich wie ein Erbe verhält. Wenn er aber weder förmlich angetreten, noch sich wie ein Erbe verhalten hat, so wird er selbst ausgeschlossen, und der Ersatzerbe wird Erbe auf das Ganze.

242 Die vermutete Benutzung des Textes durch Modestin ermöglicht im Zusammenhang mit anderen Stellen, die einen Zusammenhang mit diesem Spätklassiker aufweisen, Rückschlüsse auf die zeitliche Einordnung des Textes und sein Entstehen unter dem Einfluß der klassisch-formalen Wissenschaftstradition, die noch Modestins Lehrer Ulpian repräsentierte. S. dazu S. 143 f.

243 Vgl. den Schlußsatz der Stelle und Gaius 2,174: *et deinceps in quantum velimus, substituere possumus*; Kaser, RP 1, S. 689; Bonfante, Istituzioni, S. 492.

Wenn der Erblasser den förmlichen Antritt verlangte, ohne den Eingesetzten für den Fall zu enterben, daß er die *cretio* unterließ, sondern für diesen Fall nur einen Ersatzerben einsetzte, dann wurde der Eingesetzte durch den förmlichen Antritt Erbe; unterließ er ihn, trat der Substitut an seine Stelle. Für den Fall, daß der Eingesetzte nicht förmlich antrat, aber die Voraussetzungen der *pro herede gestio* erfüllte, bestimmte das ältere Recht, daß er neben dem Zweitberufenen erbte,[244] und zwar, wie Gaius 2,177 mitteilt, zu gleichen Teilen. Dabei wurde nach Meinung des Sabinus der Ersatzerbe solange nicht zugelassen, wie die laufende Cretionsfrist dem Eingesetzten noch die Möglichkeit zum förmlichen Antritt gab. Nach der Gegenmeinung (*aliis vero placuit*) legte sich der Erbe durch die *pro herede gestio* sofort fest, und der Zweitberufene wurde endgültig anteilig zugelassen (Gaius 2,178). Sabinus stellt also streng auf die Beachtung der geforderten Form ab. Demgegenüber setzt die Ansicht, daß ein *pro herede gerere* bei laufender Cretionsfrist überhaupt Wirkung entfalten konnte, voraus, daß der Zweck der *cretio* auch durch *pro herede gerere* verwirklicht werden konnte, daß es nämlich im Kern um die feierliche oder auch nur schlüssige Äußerung des Antrittswillens ging. Wenn dieser aber durch *pro herede gerere* hinreichend zum Ausdruck gebracht wurde, dann kam es zum Konflikt mit der Forderung des förmlichen Antritts im Testament. Hier hatte das alte Recht mit der Halbteilung eine – salomonisch wirkende – Kompromißlösung gefunden.[245]

Marc Aurel bestimmte, daß der Eingesetzte auch dann auf das Ganze Erbe wurde, wenn er während der Cretionsfrist das *pro herede gerere* vollzog. Die Konstitution ersetzte den Kompromiß des bislang geltenden Rechts[246] durch eine Rechtsfolge, die die von den *alii* vertretene Ansicht konsequent zu Ende führte: Wenn die geforderte *cretio* letztlich der eindeutigen Äußerung des Antrittswillens dienen sollte, dies aber auch im Wege des *pro herede gerere* geschehen konnte, dann mußte es dem Willen des Testators wie auch des Eingesetzten entsprechen, wenn der Eingesetzte auf das Ganze Erbe wurde. Der Kaiser verhalf diesem Standpunkt offenbar auf Grundlage der seit Julian feststellbaren Tendenz, den Individualwillen zu stärken, zum Durchbruch.[247]

Der Satz *sed … heres* setzt mit dem Ausdruck *divus* den Tod Marc Aurels voraus.[248] Er gibt damit einen Terminus post quem für die Entstehung des *liber singularis* mit dem Jahr 180 an.[249] Gaius erwähnt die Konstitution Marc Aurels nicht.[250]

244 Zu dessen Gunsten trat die Bedingung ein: ›*si non creveris, tunc Mevius heres esto*‹.

245 Voci, DER I, S. 545 nennt diese Lösung »una soluzione, bisogna dire, grezzamente equitativa«.

246 Vgl. Coppola, Studi, S. 266.

247 Zur *voluntas* in der Testamentslehre Julians vgl. oben bei Tit. 22,25 und S. 382 f.

248 Vgl. Samper, Est. Santa Cruz Teijeiro 2, S. 368 f.

249 Vgl. oben S. 77.

250 Es ist nicht ausgeschlossen, daß Gaius von der Konstitution vor Fertigstellung der Institutionen noch hätte erfahren können, denn jedenfalls ein Teil dieses Werkes wurde erst unter

Die *cretio sine exheredatione* wird hier *imperfecta* genannt. Der Grund liegt darin, daß für den Fall der Nichtvornahme der *cretio* keine Sanktion (Enterbung) angekündigt ist. Gaius spricht nur von der *cretio sine exheredatione.*[251] Der Ausdruck *imperfectus* entspricht damit im Kern der Terminologie, die die Dreiteilung der Verbotsgesetze beherrscht, unter denen die *lex imperfecta* durch das Fehlen der Nichtigkeitsfolge gekennzeichnet ist (*princ.* § 1).

d.) Tit. XXIII ›Quemadmodum testamenta rumpuntur[a]‹

a) Hg[5]: *rumpantur*

Auf welche Weise Testamente umgestoßen werden

Unabhängig vom Wortlaut der nachträglich hinzugefügten Rubrik behandelt der Titel auch das *testamentum inritum factum.* Vielleicht verstand der Schreiber dieser Rubrik *ruptum* und *irritum factum* in § 1 als Synonyma.[252]

§ 1. *Testamentum*[a] *iure factum*[b] *infirmatur duobus modis, si ruptum aut inritum*[c] *factum sit.*

a) Ms. Vat.: *Testamento*
b) Ms. Vat.: *facto*
c) so Kr, Sch; Ms. Vat.: *inirritum*; Til, Hg[5]: *irritum*

Ein rechtsgültig errichtetes Testament wird auf zwei Arten entkräftet: wenn es umgestoßen oder unwirksam gemacht worden ist.

Ein zunächst gültig errichtetes Testament wird später ungültig, wenn es »entkräftet« wird (*infirmatur*). Ebenso wie Gaius 2,145 unterscheidet das Regelwerk einen Oberbegriff der *infirmatio* von zwei darunter fallenden Tatbeständen: *rumpere* (§ 2) und *inritum facere* (§ 4). Entsprechend dem *liber singularis* bezeichnet Gaius als *rumpere* die Außerkraftsetzung durch ein späteres Testament (2,144) und infolge Hinzutretens eines Agnaten (2,138), als *inritum facere* dagegen das Unwirksamwerden wegen Statusverschlechterung des Testators (2,145 f.). Gleichzeitig be-

den *Divi Fratres* abgeschlossen (vgl. Gaius 2,195). Wenn Gaius von der Information nicht schon aus chronologischen Gründen ausgeschlossen war, dann ist die unterbliebene Nennung der Konstitution wahrscheinlich auf den begrenzten Kenntnisstand zurückzuführen, den er als in der Provinz arbeitender Jurist hatte.

251 Vgl. Coppola, Studi, S. 267, Fn. 196. Karlowa, RRG 2, S. 898 f. hält die *cretio sine exheredatione* für die ursprüngliche Form; zweifelnd Kniep, Gaius 2,2, S. 324.

252 Schulz, Epitome, S. 50; s. o. zu Tit. 22,18. Es ist daher nicht notwendig, mit Savigny, Ulpian 1801, Bl. 101 r anzunehmen, daß ursprünglich ein beide Fälle umfassendes *infirmantur* gestanden habe. Für den Text ist die Rubrik jedenfalls ohne Bedeutung.

richtet er aber insoweit über einen abweichenden Sprachgebrauch, als einerseits die *testamenta rupta* sowie die anfänglich *non iure* errichteten Testamente auch »unwirksam« (*inrita*) seien, während man andererseits mit dem Ausdruck *ruptum* auch die Fälle des *inritum facere* infolge Statusverschlechterung bezeichnen könne (Gaius 2,146). Wenn Gaius die zuvor genannte, von ihm als zweckmäßiger empfundene terminologische Differenzierung in *non iure factum*, *ruptum* und *inritum factum* verteidigt (*commodius erat singulas causas singulis appellationibus distingui*), bemüht er sich gleichzeitig, sie mit dem abweichenden, vielleicht verbreiteten Sprachgebrauch in Beziehung zu setzen,[253] worin ein Anzeichen für den Einfluß der dialektischen Jurisprudenz liegen könnte.

§ 2. *Rumpitur testamentum mutatione, id est, si postea aliud*[a] *testamentum iure factum sit; item agnatione, id est, si suus heres agnascatur, qui neque heres institutus, neque ut oportet exheredatus sit.*

a) Ms. Vat.: *aliut*

Umgestoßen wird ein Testament durch Änderung, d.h. wenn später ein anderes Testament rechtsgültig errichtet wird; ebenso durch Agnation, d.h. wenn ein Hauserbe in den Agnatenverband eintritt, der weder zum Erben eingesetzt, noch, wie es nötig ist, enterbt ist.

Der Tatbestand des *rumpere* umfaßt das Unwirksamwerden infolge eines anderen, später von derselben Person errichteten Testaments (*mutatio*)[254] oder durch Hinzutreten eines nicht in der vorgeschriebenen Weise berücksichtigten Hauserben (*agnatio*).[255] Daß Nachgeborene beiderlei Geschlechts ein *rumpere* des Testaments bewirken (Tit. 22,18), liegt darin begründet, daß die Ersetzung der Intestaterbfolge durch ein Testament nach der dem Zwölftafelerbrecht zugrundeliegenden

253 Gaius 2,146; vgl. Inst. 2,17,5. Gaius verstößt allerdings gegen seine eigene Systematik, wenn er in Gaius 17 *ad ed. prov.* D. 28,2,30 *rumpere* für den Fall anfänglichen Übergehens der Kinder verwendet. Möglicherweise hat Gaius seine Einteilung aber auch erst nach Niederschrift seines Kommentars zum Provinzialedikt entwickelt, der den Institutionen ja vorausging; vgl. Fitting, Alter, S. 58.
Für das spätere Verschwimmen der Terminologie vgl. die Turiner Institutionenglosse fol. 46, 200 (v. *irritumve*): *Irritum testamentum est, si is, qui testatus est, capite deminutus sit, aut si non recte factum sit.*

254 Vgl. Gaius 2,144; Neraz 1 *membr.* D. 28,5,54; Papinian 16 *quaest.* D. 34,9,12; Ulpian 2 *ad Sab.* D. 28,3,2.

255 Vgl. Cicero *pro Caecina* 25,72; *de orat.* 1,57,241: *constat agnascendo rumpi testamentum*; ferner Gaius 2,131; Ulpian 3 *ad Sab.* D. 28,3,3 pr.
Im unmittelbaren Wortsinn meint *rumpere* bildlich den Inbegriff des nachträglichen (*posteriore*; vgl. Gaius 2,144) Herbeiführens der Unwirksamkeit eines Testaments: das »Zerreißen« von etwas, das vorher intakt war. Ein Willensakt liegt nicht in allen Fallgruppen vor, typischerweise z.B. nicht beim Hinzutreten eines *postumus*.

Vorstellung verlangte, daß der Testator eine alles umfassende Bestimmung (*super pecunia tutelave suae rei*) traf. Sofern nun ein Hauserbe übergangen war, war die vom Testator vorgesehene Ordnung nicht vollständig.[256] Das *rumpere* bildete insoweit die Sanktion.

§ 3. *Agnascitur suus heres aut agnascendo, aut adoptando, aut in manum conveniendo, aut in locum sui heredis succedendo, velut nepos*[a] *mortuo filio vel emancipato, aut manumissione, id est, si filius ex prima secundave*[b] *mancipatione manumissus reversus sit in patris potestatem*[c].

a) Ms. Vat.: *nepus*
b) Ms. Vat.: ursprünglich *secundabit*, dann von anderer Hand *bit* gestrichen und *ve* angefügt.[257]
c) Ms. Vat.: *potestate*

Ein Hauserbe tritt in den Agnatenverband ein durch Hinzugeburt, durch Annahme an Kindes Statt, durch Eintritt in die eheliche Gewalt oder durch Nachrücken an die Stelle eines Hauserben, z.B. des Enkels an die Stelle des verstorbenen oder aus der Gewalt entlassenen Sohnes; oder durch Freilassung, d.h. wenn der Sohn nach der ersten oder zweiten Manzipation freigelassen worden und in des Vaters Gewalt zurückgekehrt ist.

Es handelt sich um eine Aufzählung der Fälle des Hinzutretens zum Agnatenverband.[258] Hier verbirgt sich eine Etymologie: während *agnascitur* im technischen Sinne verwendet ist, klingt in der Erklärung *agnascendo* das Hinzugeborenwerden im natürlichen Sinne (*ad-gnasci*) an,[259] als dessen Folge erst die Rechtsordnung den Eintritt in den Agnatenverband vorsieht. Die Konsequenzen des Tatbestands *in manum convenire* betrafen z.B. das Testament des Vaters der Turia. Er überführte seine Frau erst nach der Testamentserrichtung durch *coemptio* in seine *manus*: sie galt damit als im Testament »übergangen«.[260]

256 Eine Aufrechterhaltung des Testaments bei gleichzeitiger Berücksichtigung des Übergangenen aufgrund Intestaterbrechts war nach dem Grundsatz »*nemo pro parte testatus, pro parte intestatus decedere potest*« ausgeschlossen; vgl. Kaser, RP 1, S. 677 mit Nachweisen.

257 Krüger führt die Verbesserung erst auf einen Bearbeiter des 16. Jahrhunderts zurück.

258 Voci sieht all diese Hinzutretenden als *postumi* an und begreift unseren Text als Versuch einer umfassenden Definition; DER 2,1, S. 347, Fn. 19.

259 Savigny, Ulpian 1801, Bl. 101 v.

260 *Laudatio Turiae* (FIRA 3, S. 209 ff.), Z. 13 f.; vgl. Flach, Laudatio Turiae, S. 21-23 und die Textedition ebd. S. 45; Astolfi, Matrimonio, S. 354 f. Mommsen, JS 1, S. 408 geht zwar offenbar davon aus, daß hier nicht von einer nachträglichen *coemptio* berichtet werde, sondern von einer *coemptio* mit einer späteren Frau. Dagegen spricht allerdings Zeile 14: *coemptione facta cum uxore*; vgl. Franciosi, Famiglia, S. 137 f. Es ergibt sich auch aus Gaius 1,114, 115 b u. 2,139, daß die *coemptio* zum Eintritt der Frau in die *manus* führte, ganz gleich, ob sie mit der Eheschließung verbunden war oder erst später vorgenommen wurde, etwa um einen gesetzlichen Vormund loszuwerden.

Ausführlich erörtert auch Gaius alle Fälle, wobei er als einzige Veränderung der Reihenfolge den Fall der *successio in locum sui heredis* versetzt.[261]

§ 4. *Inritum*[a] *fit testamentum, si testator*[b] *capite deminutus*[c] *fuerit, aut si iure facto testamento nemo extiterit*[d] *heres.*

a) so Kr, Sch; Ms. Vat.: *inirritum*; Til, Hg5: *irritum*
b) so Til, Hg5, Kr, Sch; Ms. Vat.: *testor*
c) Ms. Vat.: *diminutus*
d) Ms. Vat.: *exteterit*

Unwirksam wird ein Testament, wenn der Testator eine Statusverschlechterung durchlaufen hat, oder wenn bei einem rechtsgültig errichteten Testament niemand als Erbe auftritt.

Es geht auch hier um Fälle nachträglicher Unwirksamkeit.[262] Ein zunächst die zivilrechtlichen Wirksamkeitsvoraussetzungen aufweisendes Testament wird später ungültig (*inritum fit*) durch nachträgliche Statusverschlechterung des Testators (Gaius 2,145) oder dadurch, daß nicht mindestens ein Erbe antritt (Papinian 1 *def.* D. 28,3,1).

§ 5. *Si is, qui testamentum fecit, ab hostibus captus sit, testamentum eius valet, si quidem reversus fuerit, iure postliminii; si vero ibi*[a] *decesserit, ex lege Cornelia*[b], *quae*[c] *perinde successionem eius confirmat, atque si in civitate decessisset.*

a) so das Ms. Vat., Hg5, Kr.; Ch 1578 [227 v]: *postliminii: autem ibi decesserit*
b) so das Ms. Vat, Sav (VS 5, 100); Til: *Corneliana*
c) so Til, Cuj, Hg5, Kr, Sch; Ms. Vat.: *neque*

Wenn der, welcher das Testament errichtet hat, von den Feinden gefangen worden ist, dann gilt sein Testament, wenn er zurückgekehrt ist, aufgrund des Rückkehrrechts, wenn er aber dort gestorben ist, aufgrund der *lex Cornelia*, die die Erbfolge nach ihm ebenso aufrechterhält, wie wenn er als römischer Bürger gestorben wäre.

Ausnahmsweise bleibt ein Testament nach einer auf Sullas Zeit zurückgehenden *lex Cornelia* auch dann in Kraft, wenn der Bürger in Kriegsgefangenschaft stirbt, nämlich aufgrund der Fiktion, daß er als Bürger gestorben sei (*fictio legis Corneliae*).[263] Es handelt sich insofern um eine Ausnahme zum Vorangehenden, weil das

261 Gaius 2,131 *postumus*; 2,138 *adoptio*; 2,139 *conventio in manum*; 2,133 *succedendo* 2,141 *manumissio filii.*

262 Kaser, RP 1, S. 691.

263 Kaser, RP 1, S. 291; Honsell/Mayer-Maly/Selb, Röm. Recht, S. 75, Fn. 3.

Testament trotz *capitis deminutio* nicht *inritum* ist.[264] Mehrere Parallelen mit ganz ähnlicher Wortwahl lassen darauf schließen, daß der zweite Halbsatz eng am Wortlaut des Gesetzes gehalten ist.[265]

§ 6. *Si septem signis testium signatum sit testamentum, licet iure civili ruptum vel irritum factum sit, praetor scriptis heredibus iuxta tabulas bonorum possessionem*[a] *dat, si testator et civis Romanus et suae potestatis, cum moreretur*[b]*, fuit; quam bonorum possessionem*[c] *cum re, id est cum effectu*[d]*, habent*[e]*, si nemo alius iure heres sit.*

a) Ms. Vat.: *possessione*
b) Ms. Vat.: *moriretur*
c) so Hg[5], Kr; Ms. Vat.: *quam bonam possessionem*; Til: *quae bona possessio*
d) Ms. Vat.: *effecto*; Albertario: *id est cum effectu* Glosse
e) so Kr; Ms. Vat., Til, Hg[3]: *habetur*; Hg[4-5]: *habet*

Wenn ein Testament mit den Siegeln von sieben Zeugen versehen ist, dann gibt der Prätor, auch wenn es nach Zivilrecht umgestoßen oder unwirksam gemacht worden ist, den eingesetzten Erben den Nachlaßbesitz nach der Testamentsurkunde, wenn der Testator sowohl römischer Bürger als auch gewaltfrei war, als er starb; diesen Nachlaßbesitz haben sie mit Sachgehalt, d.h. wirksam, sofern kein anderer aufgrund Zivilrechts Erbe ist.

Ein nach zivilem Erbrecht unwirksames Testament begründet keine Erbenstellung. Die zu Erben Eingesetzten bekommen aber, sofern die Testamentsurkunde von sieben Zeugen gesiegelt ist, vom Prätor auf Antrag den Nachlaßbesitz eingeräumt.[266] Sofern kein ziviler Erbe existiert,[267] wird der Prätor *iuris civilis supplendi gratia* tätig. Er gibt die *bonorum possessio cum re*, also bestandskräftig (»mit Sachgehalt«).[268] Die Regelung ist endgültig, weil es niemanden gibt, der sich gegenüber dem *bonorum possessor* auf ein ziviles Erbrecht berufen kann. Die Gegen-

264 Entsprechend Paul. Sent. 3,4a,8.

265 Insbesondere Julian 42 *dig.* D. 28,1,12: *Lege Cornelia testamenta eorum, qui in hostium potestate decesserint, perinde confirmantur, ac si hi qui ea fecissent in hostium potestatem non pervenissent*; Paulus *lb. sg. ad leg. Falc.* D. 35,2,1,1: *lex* (scil.: *Cornelia) perinde eorum testamenta confirmat, atque si in civitate decessissent*; Paulus 42 *ad ed.* D. 38,2,4,1: *legem Corneliam, quae testamentum sic confirmat atque si in civitate decesserit*; vgl. Bund, Untersuchungen, S. 129.

266 Hugo liest seit der vierten Auflage *habet*, muß sich aber selbst fragen: »⟨Auf⟩ wen geht der Singularis habet?« (Randnotiz im Handexemplar der 5. Aufl., bei Anm. 100, S. 73).

267 Etwa, wenn die gradnächsten Verwandten ausgeschlagen haben. Die gradferneren Verwandten sind in der Intestaterbfolge nicht an ihrer Stelle berufen; vgl. Gaius 3,12 u. 22 und bei Tit. 26,5.

268 Kaser, RP I, S. 675.

überstellung der Folgen des zivilen Erbrechts und des Edikts, das dieselben ausgleicht, tritt im Text (*iure civili … praetor … iure*) deutlich hervor.

Voci hat die Ansicht vertreten, die Stelle beziehe sich nur auf den Fall der vorübergehenden Statusverschlechterung, etwa bei zeitweiliger Kriegsgefangenschaft.[269] Auf diese Begrenzung könnte die Stellung des Textes im Anschluß an das *ius postliminii* (§ 5) hindeuten. Der Text zeigt allerdings, indem er neben dem Tatbestand des *inritum facere* auch das *rumpere* nennt, daß der Prätor die zivile Nichtigkeitsfolge auch anderer vorübergehender Mängel ausgleicht. Für den Tatbestand des *testamentum rumpere* ist daran zu denken, daß nach Testamentserrichtung ein nicht bedachter *suus* hinzutritt (ein Fall der *agnatio*; § 2), der noch zu Lebzeiten des Erblassers wieder wegfällt.[270]

Auch die entsprechende Darstellung bei Gaius zeigt, daß der Sachzusammenhang des Satzes umfassender ist. Gaius 2,147 bezieht den Anwendungsbereich sogar auf anfängliche und nachträgliche Unwirksamkeit, solange der Testator nur als gewaltfreier Bürger starb, so daß der Fall, daß das Testament wegen noch im Todeszeitpunkt andauernder Statusverschlechterung *inritum* ist, ausgenommen ist.[271] Schulz bemängelt daher die Verbindung des Satzes in unserem Text mit der Lehre von *testamentum ruptum* und *inritum*.[272] Die Stellung ist aber dadurch ge-

269 Voci, Labeo 13 (1967), S. 323.

270 Der Fall dürfte angesichts der hohen Kindersterblichkeit (dazu näher S. 226, Fn. 27) nicht ganz selten vorgekommen sein. Ulpian 4 *disp.* D. 28,3,12 pr behandelt diese Konstellation: *Postumus praeteritus vivo testatore natus decessit: licet iuris scrupulositate nimiaque suptilitate* ***testamentum ruptum*** *videatur, attamen, si signatum fuerit testamentum, bonorum possessionem secundum tabulas accipere heres scriptus potest remque optinebit* (d.h. er bekommt die *bon. poss. cum re*; vgl. bei Tit. 28,13), *ut et divus Hadrianus et imperator noster rescripserunt … idem et circa iniustum et* ***irritum testamentum*** *erit dicendum* … . Es handelt sich um einen Fall des *rumpere*. Dies wird zwar ausdrücklich nur in dem Satzteil *licet … attamen* gesagt, der im älteren Schrifttum einem Interpolationsverdacht ausgesetzt war; vgl. die editio minor sowie die Nachweise im Index Interpolationum; zweifelnd noch Hausmaninger, Fs. Kaser (1986), S. 69. Es ergibt sich aber daneben aus der Übertragung des Grundsatzes auf das *testamentum iniustum* und *irritum*.

271 Schulz, Epitome, S. 51 bemängelt *iuxta* in der Bedeutung »gemäß« als Spätlatein; dagegen Nelson, Überlieferung, S. 87 mit Belegen. Schulz meint ferner, indem Gaius »*iure*« statt »*iure civili*« schreibe, bringe er die Absicht zum Ausdruck, den prätorischen Erben (sic!) dem zivilrechtlichen gleichzustellen. Tatsächlich benutzt Gaius lediglich die feststehende Wendung *non iure factum*.
Schulz wendet sich gegen die Erklärung des »*id est cum effectu*« als Glosse, wie es Albertario, BIDR 32 (1922), S. 125 befürwortete. Er bemängelt insoweit eine Ungenauigkeit, als *sine re* nicht *sine effectu* heiße, wie es hier zum Ausdruck komme; CRL, S. 218; ähnlich Kaser, RP I, S. 676, Fn. 31. Die Erklärung mit dem *effectus* trifft aber insofern das Richtige, als damit die rechtliche Bestandskraft gemeint ist, mit der der Prätor den Nachlaßbesitz einem anderen als dem zivilen Erben erteilt, wenn er *corrigendi gratia* tätig wird. Vgl. näher bei Tit. 28,13.

272 Schulz, Epitome, S. 51.

rechtfertigt, daß der Text den Zusammenhang mit dem *testamentum ruptum vel irritum* im Hinblick auf die praktischen Folgen fortführt. Es handelt sich nicht um eine abschließende Aussage zur *bonorum possessio*, deren eigentliche Behandlung ohnehin erst in Tit. 28 folgt.

§ 7. *Liberis inpuberibus in potestate manentibus, tam natis quam postumis, heredes substituere*[a] *parentes possunt, duplici modo, id est aut eo, quo*[b] *extraneis, ut, si heredes non extiterint liberi, substitutus heres fiat; aut proprio iure, id est*[c] *si post mortem parentis heredes facti intra pubertatem*[d] *decesserint, substitutus heres fiat.*

a) Ms. Vat.: *heredis substituhere*
b) so Til, Hg^{5}, Kr, Sch; Ms. Vat.: *cum*
c) so Til, Hg^{1-2}; Ms. Vat.: *idem*; Hg^{3-5}, Kr, Sch: *ut*
d) Ms. Vat.: *pubertate*

Für unmündige, in der väterlichen Gewalt bleibende Kinder, sowohl schon geborene als auch nachgeborene, können Väter auf zweierlei Weise Ersatzerben bestellen, nämlich entweder so, wie hausfremden Erben, daß, wenn keine Kinder als Erben vorhanden sein sollten, der Ersatzerbe berufen ist, oder nach besonderem Recht, so daß, wenn sie nach dem Tode des Vaters zwar Erben geworden, aber vor Erreichen der Mündigkeit gestorben sind, der Ersatzerbe berufen ist.

Der Text nennt zwei Möglichkeiten der Ersatzerbenbestimmung für ein unmündiges Kind. Zunächst wird bemerkt, daß die Vulgarsubstitution (Tit. 22,33) auch für den Fall zulässig ist, daß (etwa infolge Vorversterbens) die eingesetzten Kinder nicht Erben werden. Der Bezug auf die Ersatzerbschaft findet sich auch am Anfang von Gaius 2,179. Anschließend wird die Möglichkeit beschrieben, den Kindern für den Fall, daß sie nach dem Erbfall, aber vor Erreichen der Mündigkeit sterben sollten, einen Substituten einzusetzen (Pupillarsubstitution).[273] Das Recht der Pupillarsubstitution war, wie die *causa Curiana* beweist, schon im 2. Jahrhundert v. Chr. voll entwickelt gewesen.[274] Es beruhte für die vorklassische Jurisprudenz auf dem Gedanken, daß die Erbfolge eines Unmündigen erst mit Er-

273 Auf das Konzept der *gradus heredum*, das Tit. 22,33 für die Vulgarsubstitution erkennen läßt, kommt das Regelwerk hier nicht ausdrücklich zurück. Ebenso Gaius 2,182 gegenüber 2,174. Vgl. Finazzi, Sostituzione, S. 448 m. Fn. 101. Zu Modestin 2 *pand.* D. 28,6,1 pr dort S. 449-451.

274 Die wichtigsten Texte zur *causa Curiana* sind Cicero *de orat.* 1,39,180 sowie *de inv.* 2,42,122 und *Brutus* 52,194-53,198; vgl. Watson, Succession, S. 54; ferner Wieacker, IJ 2 (1967), S. 151 ff. Gegenstand der *causa Curiana* war die Frage, ob eine Pupillarsubstitution, wenn der Unmündige vor dem Erblasser stirbt, eine Vulgarsubstitution beinhaltet. Vgl. Kaser, RP 1, S. 690.

reichung der Mündigkeit eintritt. Aus diesem Grunde konnte der Erblasser für den Fall, daß das Kind nach dem Erbfall, aber vor Erreichen der Mündigkeit verstarb, für sich selbst noch einen anderen zum Erben berufen. Unser Text gibt demgegenüber den klassischen Standpunkt wieder. Das klassische Recht, das die Erbfolge sofort eintreten ließ, behielt das Recht der Pupillarsubstitution als *proprium ius* (scil. *Romanorum*) bei.[275] Die Pupillarsubstitution wurde als zweites Testament gedeutet, das stellvertretend für den Mündel errichtet wurde.[276] Der *paterfamilias* verfügte auch über das künftige Vermögen des *pupillus*. Dies wird daran deutlich, daß der *pupillus* gleichzeitig enterbt werden konnte (§ 8).

Die bei Gaius 2,180 wiedergegebene Auffassung, nach der es sich nur *quodam modo* um zwei Testamente oder um ein Testament, aber zwei Nachlässe handeln soll, geht offenbar auf eine hochklassische, vermittelnde Meinung zurück. Wie aus Ulpian 6 *ad Sab.* D. 28,6,2,4 hervorgeht, setzte sich die letztgenannte Vorstellung durch.[277]

Nach dem klassischen Verständnis bildete die Pupillarsubstitution keine Substitution im engeren Sinne mehr. Denn wenn der Unmündige zunächst geerbt hatte, konnte ihn der Substitut gegebenenfalls nicht ersetzen, sondern ihm allenfalls in der Erbenstellung nachfolgen. Gleichwohl wurde die Pupillarsubstitution bei Gaius und im Digestentitel 28,6 in den Zusammenhang der Vulgarsubstitution eingeordnet.[278] Demgegenüber behandelt der *liber singularis* die Bestellung eines Ersatzerben für den *pupillus* im Anschluß an die Unwirksamkeitstatbestände des Testamentsrechts: Mit § 7 beginnt ein Abschnitt über privilegierende Sondertatbestände bezüglich der Testamentserrichtung, die jeweils eine Beerbung im Wege der Intestaterbfolge verhindern.[279]

275 Scott übersetzt demgegenüber: »or by their own right«, ist aber unsicher, wessen Recht gemeint ist. Savigny, Ulpian 1801, Bl. 102 meint, hier sei das aus der *patria potestas* folgende »eigene« Recht des *paterfamilias* gemeint. Dieses Verständnis finden im Text aber keine Stütze. Es handelt sich auch nicht um ein eigenes Recht des »Ersatzerben« i. S. einer eigenen und nicht abgeleiteten Erbenstellung. Schließlich liegt eher fern, es untechnisch zu verstehen (»auf spezielle Weise«; so übersetzen Muirhead: »appropriate to the particular case«, Abdy/Walker: »in a special manner«).

276 Die ungewöhnlich eingehende Stellungnahme des jungen Cicero (*de inv.* 2,21,62-64) spiegelt die Umstellung des Systems. Vgl. zum klassischen Standpunkt Pugliese, Istituzioni, S. 678; Marrone, Istituzioni, S. 860 f.

277 Ulpian 6 *ad Sab.* D. 28,6,2,4: *constat enim unum esse testamentum, licet duae sint hereditates.* Vgl. dahingehend ferner Inst. 2,16,5.

278 In klassischer Zeit wird jede der Substitutionen auch als die der anderen Art ausgelegt; Modestin *lb. sg. de heurem.* D. 28,6,4 pr unter Hinweis auf eine Konstitution von Marc Aurel und Lucius Verus; Kaser, RP 1, S. 690.

279 Schulz, Epitome, S. 51.

§ 8. *Etiam exheredatis*[a] *filiis substituere parentibus licet.*

a) so Hg[5], Kr; Ms. Vat.: *exhereditates*; Til: *exhaeredatis*

Auch enterbten Söhnen können die Väter Ersatzerben bestellen.

Die Regel beruht auf dem klassischen Verständnis von der Pupillarsubstitution als Fall der Stellvertretung für den *pupillus* bei der Testamentserrichtung. Es geht, wie unter Berücksichtigung von Gaius 2,182 deutlich wird, um die Erbfolge nach dem Sohn. Wenn nämlich der *paterfamilias* stellvertretend für den *pupillus* testierte, verfügte er auch über das Vermögen, das der *pupillus* nach dem Tod des Vaters aus anderen Quellen als im Wege der Beerbung desselben erwarb.[280] Der Substitut wurde insoweit Erbe des Unmündigen.

§ 9. *Non aliter inpuberi filio substituere quis heredem*[a] *potest, quam si sibi prius*[b] *heredem instituerit*[c] *vel ipsum filium vel quemlibet alium.*

a) Ms. Vat.: *hedem*
b) so La, Gn; Ms. Vat: *quis*
c) Ms. Vat.: *instituheret*

Nicht anders kann jemand seinem unmündigen Sohn einen Ersatzerben bestellen, als wenn er sich zuvor einen Erben eingesetzt hat, entweder den Sohn selbst, oder irgendeinen anderen.

Bei der Pupillarsubstitution setzte sich in der Hochklassik die Vorstellung durch, daß der *paterfamilias* in einem Testament über zwei *hereditates* verfügte.[281] In diesem Zusammenhang ist die Aussage, die sich aus der überlieferten Fassung unseres Textes ergibt, daß der Vater dabei auch für sich einen Erben einsetzen müsse (*non aliter … quam si sibi* ***quis*** *heredem instituerit*), zu selbstverständlich, um besonders Erwähnung finden zu müssen. Die auf Lachmann zurückgehende Emendation zu *prius* ergibt dagegen eine sinnvolle Mitteilung. Die Anwendbarkeit des Grundsatzes, daß die Erbeinsetzung anderen Verfügungen im Testament vorangehen muß,[282] ergibt sich nämlich für die Pupillarsubstitution nicht von selbst, weil die Beerbung des *pupillus* ein von der des *paterfamilias* unabhängiger Vorgang ist.[283] Möglicherweise existierte auch eine entgegengesetzte Ansicht. Ein Indiz dafür

280 Honsell/Mayer-Maly/Selb, Röm. Recht, S. 456.

281 Vgl. Gaius 2,180 und Ulpian 6 *ad Sab.* D. 28,6,2,4; näher oben bei § 7.

282 Vgl. Tit. 24,15: *potestas testamenti ab heredis institutione incipit.*

283 Offenkundig ist dies, wenn der *pupillus* gleichzeitig enterbt wird; vgl. bei § 8. Einleuchtend erscheint in diesem Zusammenhang die bei Gaius 2,180 mitgeteilte Vorstellung, es handele sich gewissermaßen um zwei Testamente. Daß der Sohn selbst nicht zum Erben des Vaters eingesetzt werden muß, bestätigt auch § 9 mit den Worten *vel ipsum filium vel quemlibet alium.*

könnte sein, daß Ulpian 6 *ad Sab.* D. 28,6,2,4 darin, daß der Erblasser zunächst sich selbst einen Erben bestimmen müsse, zunächst ausdrücklich Julian zustimmt und anschließend auf ein diese Regel bestätigendes Kaiserreskript verweist.

§ 10. *Milites quomodocumque*[a] *fecerint testamenta: valent, id est etiam sine legitima observatione. nam principalibus constitutionibus permissum est illis, quomodocumque velint, quomodocumque possint*[b], *testari. idque*[c] *testamentum*[d], *quod miles*[e] *contra iuris*[f] *regulam fecit, ita demum valet, si vel in castris mortuus sit, vel post missionem intra annum.*

a) Ms. Vat.: *commodo cumque*
b) so Ma; Ms. Vat., Kr, Sch: *vellent … possent*
c) Ma (Brief an Hg 19.4.1816): *Id vero*
d) Ms. Vat.: *testamento*
e) so Til, Kr, Gn, Sch; Ms. Vat.: *cum illis*; Hg[5]: *cum miles*
f) Ms. Vat.: *iure*

Soldaten mögen auf irgendeine beliebige Weise Testamente errichtet haben: diese sind gültig, d.h. auch ohne Befolgung der gesetzlichen Vorschriften. Denn durch kaiserliche Konstitutionen ist ihnen zu testieren erlaubt, wie sie irgend wollen und wie sie irgend können. Ein solches Testament, welches ein Soldat gegen die Regel des Zivilrechts errichtet hat, gilt nur dann, wenn er entweder im Lager oder nach der Entlassung innerhalb eines Jahres gestorben ist.

Aufgrund des Soldatentestaments kann sowohl das zivile Erbrecht als auch der Nachlaßbesitz erworben werden.[284] Dieses in den Formvoraussetzungen privilegierte Testament[285] verliert seine Wirksamkeit grundsätzlich ein Jahr nach der *missio honesta* (Inst. 2,11,3), im Fall einer *missio ignominiosa* (hier nicht erwähnt) dagegen sofort.[286] Das Testierprivileg hatten mehrere Kaiser des 1. Jahrhunderts gewährt, abschließend dann Trajan.[287]

284 Lenel, EP, S. 254.

285 *id est … observatione* ist weder Glossem (Levy, Ehescheidung, S. 25) noch nachklassischer Sprachgebrauch, wie Schulz meint (Epitome, S. 52), der bemängelt, »gesetzliche Beachtung« sei nicht Beachtung des Gesetzes. Tatsächlich steht *observatio* hier in der Bedeutung von »Verfahren«; vgl. das OLD s. v. *observatio* (observance, usage, practice) mit Nachweisen. Diese Bedeutung geht auch aus anderen Quellen hervor, z.B. Ulpian 34 *ad ed.* D. 24,1,35: *Si non secundum legitimam observationem divortium factum sit.* Schulz findet die Ausdrucksweise zwar besonders deswegen unpassend, weil das Manzipationstestament – um dieses geht es hier, wie sich aus Gaius 1,109 ergibt – nicht auf einer *lex* beruhe. Mit *lex* ist aber der Zwölftafelsatz Tab. 5,3 gemeint, der die Grundlage für das Manzipationstestament bildet.

286 Kaser, RP 1, S. 682.

287 Kaser, RP 1, S. 681.

Am Text fällt die grammatisch schwerfällige Konstruktion auf: *testamenta* ist zunächst Akkusativobjekt, anschließend Subjekt zu *valent.*[288] Der nachfolgende Text lehnt sich offenbar an den Wortlaut der Kaiserkonstitution an, der in Ulpian 45 *ad ed.* D. 29,1,1 pr wiedergegeben ist (*legum … observantiam, … quo modo volent … quo modo poterint*).[289]

288 Savigny, Ulpian 1801, Bl. 102 v.

289 Marezoll schlug aus grammatischen Gründen die Emendation zu *velint … possint* vor, weil es sonst *permissum erat* hätte heißen müssen; Brief an Hugo vom 19.4.1816. Auch Ulpian 45 *ad ed.* D. 29,1,44 schreibt *velint* und *possint.* Tatsächlich ist hier der Konjunktiv Präsens Aktiv zu erwarten, nicht das Imperfekt.

16.) Legat und Fideikommiß

a.) Tit. XXIV ›De legatis‹
Über die Vermächtnisse[1]

§ 1. *Legatum est, quod legis*[a] *modo, id est imperative, testamento relinquitur. nam ea, quae precativo*[b] *modo relinquuntur, fideicommissa vocantur.*

a) Ms. Vat.: *leges*
b) Ms. Vat.: *precati*[ein Zeichen ausradiert]*vo*

Ein Vermächtnis ist das, was auf die Art eines Gesetzes, also befehlsweise, im Testament hinterlassen wird. Denn die Zuwendungen, die bittweise hinterlassen werden, werden Fideikommisse genannt.

Es handelt sich um eine Definition des Legats, die den Unterschied zum Fideikommiß hervorhebt.[2] Die Definition arbeitet mit einer Etymologie: »*legis modo*«.[3] Der Zusammenhang zwischen Vermächtnis und Gesetz wird anschließend unter Bezugnahme auf das charakteristische formale Element »*imperative*« erklärt.[4]

Die etymologische Herleitung des *legatum* von *lex*[5] deutet auf die Technik der Juristenetymologien der frühen klassischen Rechtswissenschaft hin. Diese Juristen legten die gewünschte Bedeutung jeweils in die Wortform hinein, damit sich dann schon unmittelbar aus der Wortgestalt konkrete Aussagen ergaben.[6] Der Bezug zur *lex* wird also hergestellt, damit schon aus dem Ausdruck *legatum* hervorgeht, daß das Vermächtnis eine für den Erben unmittelbar verbindliche Anordnung ist und nicht nur, worauf es wegen der Abgrenzung zum Fideikommiß

1 Die Handschrift ist in diesem Titel mehrfach bearbeitet worden, so insbesondere durch Lückenausfüllung in §§ 14, 18, 21, 25, ferner durch Korrektur der Vulgarismen *i* statt *e* passim.

2 Schulz, CRL, S. 311, meint, die klassischen Juristen hätten niemals versucht, das Legat zu definieren. Er geht auf § 1 aber auch nicht ein, wohl weil er den Satz als nachklassisch einstuft.

3 Demgegenüber beschreibt Florentin 11 *inst.* D. 30,116 pr genauer die Absicht des Testators: *Legatum est delibatio hereditatis, qua testator ex eo, quod universum heredis foret, alicui quid collatum velit.* Modestin 3 *pand.* D. 31,36 stellt den wirtschaftlichen Effekt dar. Vgl. schließlich Inst. 2,20,1.

4 Noch deutlicher käme dies zum Ausdruck, wenn anstatt des Adjektivs *precativo* das Adverb *precative* zu lesen wäre, wie es in der gleichfalls mit der Abgrenzung arbeitenden Definition des *fideicommissum* (Tit. 25,1) der Fall ist. Das zweite *modo* unterstriche dann in der Bedeutung von »nur« den Kontrast zur Befehlsform. Andere Belege für die Verwendung weist das VIR 4,1 Sp. 1116 f. für beide Formen nicht auf. Dagegen spricht freilich der bei *legis modo* auftretende Zusammenhang mit *modus*.

5 Schulz, CRL, S. 310; Ernout/Meillet, Dictionnaire étymologique, S. 359.

6 Behrends, Gesetz und Sprache, S. 196; vgl. bereits oben S. 118 und S. 381 f.

ankommt, eine formlose Bitte. Hier wird die Einordnung des Vermächtniserwerbs als Erwerb aufgrund Gesetzes (*lege*; vgl. Tit. 19,17) wieder aufgenommen. Die Bezugnahme auf das Gesetz erfolgt ferner mit Rücksicht auf dessen *modus*, also auf die Art und Weise, in der die *lex* etwas anordnet.[7] Die Anordnung des Legats muß *imperative* erfolgen.[8] *Imperative* bedeutet eine »befehlsweise« Formulierung,[9] wie sie in der Hauptformel *do lego* liegt.[10] Daß die »befehlsweise« Ausdrucksform gerade für die Gesetze kennzeichnend ist, ergibt sich aus der Mitteilung Modestins 1 *reg.* D. 1,3,7, die *legis virtus*, also die Wirkungsweise von Gesetzen, liege – soweit sie gebieten – im *imperare*.

Der Satz *nam ea* ... ist nicht abschließend gemeint.[11] Der Text sagt also nicht, *fideicommissa* seien immer *precativo modo* gehalten, sondern, daß *precativo modo* gehaltene Verfügungen nur Fideikommisse sein können.[12]

§ 2. *Legamus autem quattuor modis: per vindicationem, per damnationem, sinendi modo, per praeceptionem.*

Wir vermachen aber auf vier Arten: durch Vindikationslegat, durch Damnationslegat, durch die Anordnung der Duldung und durch Vorausvermächtnis.

Die Haupttypen unter den vier genannten Legatsformen sind das auf die Zwölf Tafeln zurückgehende, dinglich wirkende Vindikationslegat und das schuldrechtlich wirkende Damnationslegat. Diese beiden waren ursprünglich offenbar für verschiedene Gegenstände geschaffen worden: das Vindikationslegat für individuell bestimmte Sachen, das Damnationslegat für Geldleistungen.[13] Das *legatum sinendi modo*, das ursprünglich wohl dinglich und schuldrechtlich gewirkt hatte, näherte sich in der Klassik dem Damnationslegat an, während seine dingliche Wirkung unterging. Demgegenüber wurde das *legatum per praeceptionem* zu einem Unterfall des Vindikationslegats.[14]

7 Anders ist es in Tit. 19,17, wo das Zwölftafellegat als Fall des *lege adquiri* genannt wird, weil die Vorstellung einer Bekräftigung durch Gesetz zugrundeliegt.

8 Der Ausdruck *imperative* wird so offenbar nur hier verwendet; vgl. VIR 3/1, Sp. 414.

9 Schulz, CRL, S. 317 hält die Aussage für falsch, weil die Hauptformel *do lego* kein Imperativ sei. Der Ausdruck *imperative* bezieht sich aber nicht auf die grammatische Kategorie.

10 Vgl. Cicero *pro Cluent.* 7,21: *eumque partiri cum Dinaea matre iussit.* Die Wortwahl *iussit* gibt gut den befehlenden Charakter des angeordneten Legats wieder. Es handelt sich hier nicht, wie Genzmer, RHDFE 40 (1962), S. 335, Fn. 1, meint, um ein Fideikommiß.

11 So versteht es aber Schulz, CRL, S. 319, der es dann unrichtig findet, weil auch *volo* erlaubt sei (Gaius 2,249), was kein *verbum precativum* sei.

12 Anderes ergibt sich auch nicht aus dem bei Schulz genannten Tit. 25,2: *fere* heißt dort »in der Regel«, »gewöhnlich«, »meistens«.

13 Kaser, RP 1, S. 742.

14 Kaser, RP 1, S. 742.

§ 3. *Per vindicationem his verbis legamus: ›do lego‹, ›capito‹, ›sumito‹, ›sibi*[a] *habeto*[b]‹.

a) so Hg[5], Kr, Gn; Ms. Vat., Til: *sive*
b) Ms. Vat.: *habito*

Durch Vindikationslegat vermachen wir mit diesen Worten: ›Ich gebe und vermache‹, ›... soll nehmen‹, ›... soll an sich nehmen‹, ›... soll für sich haben‹.

Durch die Worte des Vindikationslegats begründet der Testator ein dingliches Recht zugunsten des Legatars am Vermächtnisgegenstand (vgl. bei § 1).[15] Die Beschränkung auf die genannten Formulierungen entspricht dem klassischen Formalismus.[16]

Gaius 2,195 stellt im Anschluß an die zulässige Wortwahl die Schulenkontroverse um den Erwerb des Eigentums durch den Legatar dar: Für die Sabinianer ist er sogleich Eigentümer, kann das Vermächtnis aber ausschlagen.[17] Gaius meint mit den Sabinianern, dem Legatar stehe sofort die *rei vindicatio* zu, wovon sich der Name des Vermächtnisses herleite.[18] Nach Ansicht der Prokulianer wird der Legatar erst durch formlosen Ausdruck seines Willens Eigentümer; vorher ist das Vermächtnis herrenlos.[19] Gleichwohl tritt auch nach dieser Ansicht ein unmittelbarer Erwerb des Gegenstandes vom Erblasser ein.[20] Die Kontroverse hat also weder im Hinblick auf die zulässigen Formulierungen noch für die dingliche Wirkung des Vindikationslegats Konsequenzen. Der Redaktor des Regelwerks, der sich auf die Darstellung der Grundregeln des geltenden Rechts beschränkte, konnte auf die Behandlung des Schulenstreits daher verzichten.

§ 4. *Per damnationem his verbis: ›heres meus damnas esto dare‹, ›dato‹, ›facito‹, ›heredem meum dare iubeo‹.*

Durch Damnationslegat (vermachen wir) mit diesen Worten: ›Mein Erbe soll verpflichtet sein zu geben‹, ›... soll geben‹, ›... soll machen‹, ›Ich befehle meinem Erben ... zu geben‹.

15 Weiss, Institutionen, S. 578.

16 Er ging mit der Verschmelzung der Legatstypen und dem Verwischen der Abgrenzung zum Fideikommiß in der nachklassischen Zeit verloren. Vgl. C. 6,37,21 (a. 339): *In legatis vel fideicommissis verborum necessaria non sit observantia, ita ut nihil prorsus intersit, quis talem voluntatem verborum casus exceperit aut quis loquendi usus effuderit.* Vgl. Schulz, CLR, S. 319.

17 Schlägt der Legatar aus, gilt der Erwerb als von Anfang an nicht erfolgt. Diese Folge der sabinianischen Ansicht ergibt sich aus Julian 34 *dig.* D. 30,86,2: *Cum servus legatur, et ipsius servi status et omnium, quae personam eius attingunt,* ***in suspenso*** *est. nam si legatarius reppulerit a se legatum,* ***numquam eius fuisse videbitur****: si non reppulerit, ex die aditae hereditatis eius intellegetur.*

18 Gaius 2,194; vgl. v. Lübtow, St. De Francisci 1, S. 495.

19 Gaius 2,195 u. 200 a.E.; Kaser, SZ 67 (1950), S. 335. Zu der Kontroverse Voci, Teoria dell'acquisto del legato, insbes. S. 28 ff.; Amirante, Iura 3 (1952), S. 249 ff.; Kaser, RP 1, S. 753 mit Nachweisen.

20 Neraz 1 *membr.* D. 47,2,65: *ea, quae legantur, recte via ab eo qui legavit ad eum cui legata sunt transeunt.*

Das – schuldrechtlich wirkende – Damnationslegat begründet eine Forderung des Legatars gegen den Erben auf die *res legata.* Als mögliche Formulierungen werden in der entsprechenden Stelle Gaius 2,201 *damnas esto dare, dato* genannt; es fehlen *facito* und *heredem ... iubeo.* Die Variante *damnas esto dare* steht hier und bei Gaius an erster Stelle, obwohl sie gegenüber *dato* offenbar vergleichsweise ungebräuchlich war.[21] Es handelt sich aber um eine alte Form: die Formulierung *damnas* weist auf die Herkunft aus dem archaischen Recht hin. Auch der Name dieses Vermächtnisses leitet sich wahrscheinlich davon her. Ebenso ist *facito* eine alte Form, die nicht erst bei der Fixierung des Regelwerks hinzugefügt wurde. Bei Gaius fehlt sie. Wahrscheinlich orientiert sich dessen Auswahl an der Gebräuchlichkeit. Die Formulierung *heredem meum dare iubeo* ist offenbar eine alternative Kurzform.

§ 5. *Sinendi modo ita: ›heres meus damnas esto sinere Lucium Titium sumere illam rem sibique habere‹.*

Durch Anordnung der Duldung (vermachen wir) so: ›Mein Erbe soll verpflichtet sein zu dulden, daß Lucius Titius jene Sache an sich nimmt und für sich behält‹.

Durch das *legatum sinendi modo* wird der Erbe verpflichtet, die Aneignung des Vermächtnisgegenstandes durch den Legatar zu dulden (*sinere*).[22] Dieser konnte durch einseitigen formlosen Zugriff auf die Sache das Quiritische Eigentum daran erwerben, und zwar ursprünglich auch dann, wenn es sich um eine *res mancipi* handelte. Beim *legatum sinendi modo* erwarb der Legatar die *actio incerti ex testamento*, und zwar auch dann, wenn der Gegenstand ein *certum* war, denn *sinere* ist stets ein *incertum* (Gaius 2,213).[23] Im klassischen Recht hatte sich die Auffassung durchgesetzt, daß der Erwerb der Sache durch den Legatar auch beim Duldungsvermächtnis noch eines rechtsgeschäftlichen Übertragungsakts bedürfe.[24] Dadurch näherte sich dieses Vermächtnis dem Damnationslegat an und hatte nur noch geringe selbständige Bedeutung.[25]

21 Watson, Succession, S. 124.

22 Kaser, RP 1, S. 744.

23 Grosso, Legati, S. 84; Honsell/Mayer-Maly/Selb, Röm. Recht, S. 488; Weiss, Institutionen, S. 583.

24 Gaius 2,213; Kaser, RP 1, S. 744.

25 Kaser, RP 1, S. 112 u. 744; ders., SZ 67 (1950), S. 321; zur Entwicklung Pezzana, St. Volterra 3 (1971), S. 183 ff.; Garcia Garrido, St. Betti 3 (1962), S. 231 ff. Die Einschätzung Schulz', CRL, S. 316, daß diese Vermächtnisform im 2. Jhdt. »already moribund« gewesen sei, kann nicht überzeugen. Dagegen spricht nicht nur die ausführliche Erörterung bei Gaius, sondern auch das Prinzip unseres Textes, anwendbare Regeln des geltenden Rechts mitzuteilen.

§ 6. *Per praeceptionem sic: ›Lucius Titius illam rem praecipito‹.*

Durch Vorausvermächtnis (vermachen wir) so: ›Lucius Titius soll jene Sache vorweg nehmen‹.

Das *legatum per praeceptionem* räumt dem Begünstigten ein Recht auf die Ansichnahme einer Sache im voraus (*praecipere*) ein, die damit dem zu teilenden Nachlaß entzogen ist. Während sich unser Text auf die Wiedergabe der Grundregel beschränkt, berichtet Gaius 2,220 über eine Schulenkontroverse: Nach Ansicht der Sabinianer kann das *legatum per praeceptionem* nur einem Miterben ausgesetzt werden,[26] der in der *actio familiae herciscundae* den vermachten Gegenstand vorweg erhalten soll.[27] Die Prokulianer lassen es auch zugunsten Dritter zu. Auch sie bestreiten zwar nicht den Zusammenhang des *legatum per praeceptionem* mit der Erbteilungsklage. Sie deuten es aber, wenn es zugunsten eines Außenstehenden bestellt ist, in ein Vindikationslegat um und geben daraus die *rei vindicatio.*[28] Gaius 2,221 teilt mit, die prokulianische Lehre sei durch eine Konstitution Hadrians bestätigt worden.

§ 7. *Per vindicationem legari possunt res, quae utroque tempore ex iure*[a] *Quiritium testatoris*[b] *fuerunt, mortis, et quo*[c] *testamentum faciebat, praeterquam si pondere, numero, mensura*[d] *contineantur; in his enim satis est, si vel mortis dumtaxat tempore*[e] *fuerint ex iure*[f] *Quiritium.*

a) Ms. Vat.: *ius*
b) Ms. Vat.: *testatores*
c) Kr; Ms. Vat.: *quomodo*; Bö, Hu: *quam*; Til, Hg[1-5]: *quando*
d) Ms. Vat.: *mensuram*; Sg: *mensura, numero*
e) La, Bö: ⟨*testatoris*⟩ *tempore*; Gn, Hu: *tempore* ⟨*eius*⟩
f) Ms. Vat.: *ius*

Durch Vindikationslegat können solche Sachen vermacht werden, die zu beiden Zeitpunkten aus Quiritischem Recht dem Testator gehörten, zu dem des Todes und zu dem, an dem er das Testament errichtete, außer wenn sie nach Gewicht, Zahl oder Maß bestimmt werden; bei diesen genügt es nämlich, wenn sie ihm nur zum Zeitpunkt des Todes aus Quiritischem Recht gehörten.

26 Insofern entspricht es einem *legatum per vindicationem heredi relictum*; vgl. Ayliffe, New Pandect, S. 366; Savigny, Ulpian 1801, Bl. 103 r.

27 Honsell/Mayer-Maly/Selb, Röm. Recht, S. 489 meinen, es handele sich nur formell um ein Vermächtnis, materiell dagegen um eine Teilungsanordnung. Das überzeugt nicht, denn der Legatar erhält den Gegenstand *extra portionem hereditatis* (Gaius 2,217).

28 Gaius 2,221 teilt mit, sie faßten das *praecipere* insoweit als *capere* auf, dem überflüssigerweise noch ein *prae* voranstehe. Vgl. Grosso, Legati, S. 86 f.; Kaser, RP 1, S. 744, Fn. 25.

Während das Vindikationslegat grundsätzlich voraussetzte, daß der Testator die vermachte Sache bei der Testamentserrichtung und zum Zeitpunkt seines Todes im Quiritischen Eigentum hatte, genügte bei vertretbaren Sachen, die nach Gewicht, Zahl oder Maß gemessen werden, das Eigentum zum Todeszeitpunkt.[29] Der Grundsatz, daß die *per vindicationem* vermachte Sache zu beiden Zeitpunkten im Eigentum des Erblassers gestanden haben muß, rührt daher, daß sich das Vindikationslegat vom Zwölftafelsatz 5,3 *uti legassit* ... herleitet. Beim Libraltestament der Zwölftafelzeit verfügte der Testator nämlich schon durch die *mancipatio familiae* zugunsten des treuhänderischen Erbschafts-Scheinkäufers.[30] In der klassischen Zeit war der *familiae emptor* zu einer Formfigur geworden,[31] so daß der logische Zwang entfallen war, der die Regel erfordert hatte. Die Juristen konnten daher bei vertretbaren Sachen eine Ausnahme vorsehen.[32] Sie ist sachlich dadurch gerechtfertigt, daß sich der Bestand, aus dem geleistet werden soll, in der Zusammensetzung noch ändern kann.[33] Bei Gaius 2,196 klingt an, daß sich die erleichterten Voraussetzungen beim Gattungslegat erst durchsetzen mußten (*placuit*). Demgegenüber beschränkt sich der *liber singularis regularum* auf die regelhafte Mitteilung des Grundsatzes und des Ausnahmetatbestands.

§ 8. *Per damnationem omnes res legari*[a] *possunt, etiam quae non sunt testatoris, dummodo tales sint, quae dari possint.*

a) Ms. Vat.: *ligari*

Durch Damnationslegat können alle Sachen vermacht werden, auch die, die nicht dem Testator gehören, sofern es solche sind, die übereignet werden können.

Durch das Damnationsvermächtnis wird der Erbe zum *dare* verpflichtet (§ 4), also zur Übereignung des Vermächtnisgegenstandes.[34] In dieser technischen Be-

29 Die Formulierung *pondere, numero, mensura contineantur,* die entsprechend bei Tit. 6,8 auftritt, bringt treffend die Funktion von Gewicht, Zahl und Maß zum Ausdruck: Mit ihrer Hilfe werden die Sachen »bestimmt«, wird das Geschuldete »definiert«. Entsprechend geschieht es im Falle der *res immobiles,* die durch einen bestimmten, begrenzten Boden definiert sind (*quae solo continentur*); vgl. Behrends, Privatrecht, S. 61 f., Fn. 114 und oben bei Tit. 19,6. In der entsprechenden Gaiusstelle 2,196 steht stattdessen *constare,* was sachlich fragwürdig ist: die Sachen »bestehen« ja nicht aus Gewicht, Zahl und Maß. Rüfner, Vertretbare Sachen, S. 30 f. bemißt der unterschiedlichen Wortwahl keine Bedeutung bei. Tatsächlich gibt Gaius den sicherlich aus dem tradierten Stoff stammenden Satz freier als der *liber singularis regularum* wieder.

30 Kaser, RP 1, S. 107.

31 Sturm, Absterben der mancipatio, S. 352.

32 Vgl. näher oben bei Tit. 1,23.

33 Vgl. Rüfner, Vertretbare Sachen, S. 54 f.

34 Für die mit der Anordnung des Damnationslegats begründete Verpflichtung des Erben zum *dare* s. oben § 4. Gaius 4,4 unterscheidet die technische Bedeutung von *dare* von der

deutung steht *dari* auch hier. Sofern also eine Übereignung überhaupt erfolgen kann, ist das Damnationslegat auch als Verschaffungsvermächtnis möglich, wenn nämlich die Sache eines Dritten vermacht ist. Im Hinblick auf die Argumentationsfolge in §§ 8 und 9 lautet Ulpian 21 *ad Sab.* D. 30,39,7 inhaltlich parallel.[35] Ausgeschlossen ist, wie sich dort aus den §§ 8-10 und hier aus dem folgenden Satz ergibt, die *res extra commercium.*

§ 9. *Liber homo aut res populi aut sacra aut religiosa nec per damnationem legari*[a] *potest, quoniam dari non potest.*

a) Ms. Vat.: *ligari*

Ein freier Mensch oder eine öffentliche oder sakrale Sache oder Grabstätte kann nicht durch Damnationslegat vermacht werden, da sie nicht übereignet werden kann.

Gaius teilt diese Regel nicht mit. Wahrscheinlich aber handelt es sich nicht um eine Ergänzung in *diesem* Text, sondern um eine Mitteilung, die der tradierte Grundbestand enthielt, auf den beide Texte zurückgehen, und die Gaius nicht übernahm. Darauf deutet die inhaltliche Parallele bei Ulpian 21 *ad Sab.* D. 30,39,7-9 hin, die die ursprüngliche Ordnung des Stoffes erkennen läßt. Bemerkenswert ist, daß die *res populi aut sacrae aut religiosae* hier nicht durch einen Oberbegriff zusammengefaßt werden. Gaius weist demgegenüber diesen Systematisierungsschritt auf, wenn er zwischen den Sachen unterscheidet, die *vel in nostro patrimonio sunt vel extra nostrum patrimonium habentur* (Gaius 2,1).[36]

§ 10. *Sinendi modo legari*[a] *possunt res propriae testatoris*[b] *et heredis*[c] *eius.*

a) Ms. Vat.: *ligari*
b) Ms. Vat.: *testatores*
c) Ms. Vat.: *heredes*

Durch Anordnung der Duldung können eigene Sachen des Testators oder seines Erben vermacht werden.

handgreiflichen im Sinne des bloßen »geben«, um die *actio in rem* von der *actio in personam* zu unterscheiden: Der Herausgabeanspruch aus dem Eigentum kann nicht im Wege einer *actio in personam* mit der Formel »*si paret eum dare oportere*« geltend gemacht werden, weil *dare* technisch »übereignen« bedeutet, was hier nicht möglich ist: *scilicet id dari nobis intellegatur, quod ⟨ita datur, ut⟩ nostrum fiat; nec res, quae ⟨nostra iam est,⟩ nostra amplius fieri potest.* Vgl. Paulus 49 *ad ed.* D. 50,17,167 pr: *Non videntur data, quae eo tempore quo dentur accipientis non fiunt*; Kaser, RP 1, S. 489; Heumann/Seckel s. v. dare 1 e β mit Nachweisen.

35 Vgl. Albertario, BIDR 32 (1922), S. 92.

36 Für die Beschreibung des Ausschlusses der Verkehrsfähigkeit unter Verwendung von *commercium* vgl. Pomponius 9 *ad Sab.* D. 18,1,6 pr; Paulus 5 *ad leg. Iul. et Pap.* D. 31,49,2. Vgl. Kaser, St. Arangio-Ruiz 2, S. 161-164.

Im Unterschied zum Vindikationslegat bot das Duldungslegat auch die Möglichkeit, einen Gegenstand zu vermachen, der dem Erben gehörte.[37] Die bei Gaius 2,212 mitgeteilte Kontroverse darüber, ob es genügt, wenn der Erbe erst nach dem Tod des Erblassers Eigentümer wird, enthält die Stelle nicht. Da das *SC Neronianum* es jedenfalls ermöglichte, diese Vermächtnisse als Damnationslegate aufrecht zu erhalten,[38] war die Kontroverse für die Praxis entschärft.[39] Für den Redaktor des Regelwerks, der das geltende Recht darstellen wollte, war ihre Berücksichtigung damit entbehrlich.

§ 11. *Per praeceptionem legari[a] possunt res, quae etiam per vindicationem.*

a) Ms. Vat.: *ligari*

Durch Vorausvermächtnis können diejenigen Sachen vermacht werden, die auch durch Vindikationslegat (vermacht werden können).

Per praeceptionem können diejenigen Sachen vermacht werden, die auch Gegenstand eines Vindikationslegats sein können, also Eigentumsgegenstände des Testators (§ 7). Gaius 2,220 gibt den Satz als Ansicht der Sabinianer wieder und führt ihn auf den Zusammenhang des *legatum per praeceptionem* mit der Erbteilungsklage zurück (s. oben bei § 6): Dieses *iudicium* beziehe sich nämlich nur auf Nachlaßgegenstände. Der *liber singularis* läßt es demgegenüber bei der regelhaften Mitteilung des Grundsatzes bewenden.

§ 11 a. [a]*Si ea res, quae non fuit utroque tempore testatoris ex iure[b] Quiritium, per vindicationem legata[c] sit, licet iure civili non valeat legatum, tamen senatus consulto Neroniano firmatur[d]; quo cautum est, ut quod minus peractis[e] verbis legatum est, perinde sit ac[f] si optimo[g] iure legatum esset[h]: [i]optimum autem ius legati per damnationem est.*

a) in Hg[1] noch bei § 11; von Hg[2] an getrennt
b) Ms. Vat.: *ius*
c) Ms. Vat.: Mk aus *ligata*
d) Hu: *confirmatur*
e) Ms. Vat., Til, Dirksen, Sch: *pactis*; Hg[5], Kr, Gn, Buckland (LQR 38, 44): *aptis*; Hu: *ratis*[40]
f) Ms. Vat.: *hac*
g) Voci 183: *opimo optimo* (irrtümlich?)
h) Ms. Vat.: *est*

37 Gaius 2,210.
38 Vgl. unten § 11 a; Schulz, CRL, S. 319; Kaser, RP 1, S. 746.
39 Grosso, Legati, S. 82.
40 Nicht ernsthaft in Betracht kommen die weiteren Vorschläge zur Verbesserung des Textes: *rectis, iustis, perfectis, probatis, exactis*; vgl. Ciappessoni, St. Bonfante 3, S. 652, Fn. 7.

i) bei Til und Ch 1578 beginnt hier der neue Absatz. *Optimum autem ius legati per damnationem est, si duobus eadem res per* [229 v:] *vindicationem legata sit, ei quidem disiunctim, singulis in solidum debentur, si vero coniunctim*

Wenn diejenige Sache, die nicht zu beiden Zeitpunkten dem Testator aus Quiritischem Recht gehörte, durch Vindikationslegat vermacht worden ist, dann wird das Vermächtnis, obgleich es nach dem Zivilrecht nicht gültig ist, dennoch durch einen Neronianischen Senatsbeschluß für wirksam erklärt. Durch diesen ist bestimmt worden, daß dasjenige, was mit untauglichen Worten vermacht worden ist, gleichwohl so behandelt werden soll, als ob es mit bestem Recht vermacht worden wäre. Das beste Recht ist aber das des Damnationslegats.

Die Stelle erörtert eine spezielle Fragestellung und ergänzt insoweit die zuvor und anschließend dargestellten zivilrechtlichen Regeln.[41] Das *SC Neronianum* (zwischen 54 und 68 n. Chr.) betrifft die Konversion.[42] Wenn das Vermächtnis mit untauglichen Worten formuliert worden ist,[43] vielleicht auch nur, wenn es gerade in dem vom Erblasser gewählten Typus unwirksam ist, soll es als einer der anderen Legatstypen aufrechterhalten werden, wenn sein Inhalt diesem entspricht.[44] Das Vermächtnis wird *optimo iure* aufrechterhalten, nämlich als Damnationslegat.[45] *Optimum ius* ist diese Vermächtnisform insoweit, als sie den weitesten Anwendungsbereich[46] bei den gleichzeitig leichtesten Voraussetzungen hat.[47] So kann

41 Dies wird ebenso aus der Parallelstelle Gaius 2,197 deutlich: *Sed sane hoc ita est iure civili. Postea vero auctore Nerone Caesare senatus consultum factum est ....*

42 Zur Kontroverse um die ursprüngliche Tragweite vgl. insbesondere Ciappessoni, St. Bonfante 3, S. 651 ff. und Weiss, Institutionen, S. 585, Fn. 166.

43 Der überlieferte Wortlaut *minus pactis verbis* ist verschiedentlich verteidigt worden, so von Cujaz (1658), der mit Hinweis auf Cicero *pro Rosc. com.* 46: *Non enim ex pactione verborum quibus iusiurandum comprehenditur* meint, es handele sich um ein Abweichen von den *conceptis et legitimis verbis*; entsprechend Savigny, Ulpian 1801, Bl. 103 v. Dirksen, Manuale, S. 673 s. v. Pactus erklärt das *pactis* als »*sollemniter expressus*«. Der Text ist aber wohl verdorben; so zu Recht Schulz, Epitome, S. 52. Auch die verbreitete Emendation zu *aptis* ist kaum richtig. Als geringerer Eingriff ist das sachlich treffende *peractis* vorzuziehen. Die Korruptel *pactis* geht wahrscheinlich auf eine nicht erkannte Abkürzung der Silbe *per* in der Vorlage zurück.

44 Schulz, CRL, S. 319 hält § 11 a für ungenau, weil der Formalismus des Legatsrechts nicht bei jeder untauglichen Formulierung die Konversion erlaubte. Tatsächlich muß der Satz vor dem Hintergrund der klassischen, für unseren Text verbindlichen Rechtslage so verstanden werden, daß es sich zumindest überhaupt um eine im Rahmen des Legatsrechts taugliche Form handeln muß.

45 Daß die Aufrechterhaltung auch als *legatum per vindicationem* oder *sinendi modo* vorkam, wird auch durch Gaius 2,218 nicht bewiesen; Kaser, RP 1, S. 746.

46 Daß das Damnationslegat in dieser Hinsicht das »beste« ist, zeigt die Feststellung bei Gaius 2,210, im Hinblick auf die möglichen Vermächtnisgegenstände biete das Duldungslegat

das Legat Wirkung entfalten, obgleich die *res legata* nicht zu beiden Zeitpunkten im Eigentum des Testators stand; nach Gaius 2,197 sogar, wenn sie ihm niemals gehörte. Der Vergleich unseres Textes mit dieser Gaiusstelle gibt Raum für die Annahme, daß sich der Text bei der Wiedergabe der Regelung des Senatsbeschlusses an der ursprünglichen Wortwahl orientierte: *quo cautum est, … proinde utile sit legatum, atque si optimo iure relictum esset. optimum autem ius est per damnationem legatum.*[48]

§ 12. *Si duobus eadem res per vindicationem legata sit, sive*[a] *coniunctim, velut ›Titio et Seio hominem Stichum*[b] *do lego‹, ⟨sive disiunctim, velut ›Titio hominem Stichum do lego, Seio eundem hominem do lego‹,⟩*[c] *iure civili concursu partes*[d] *fiebant*[e]*; non concurrente*[f] *altero pars eius alteri adcrescebat*[g]*: sed post*[h] *legem Papiam Poppaeam*[i] *non capientis*[j] *pars caduca fit.*

a) so Hg^{4-5} (Anm. 106 [S. 77]), Kr, Sch; Ms. Vat.: *si vero*
b) Ms. Vat.: *istico*
c) so bzw. sinngemäß Kr, Sch, Va, Hu, S/K; Hg^{4-5} setzt es vor *legata sit* ein.
Til: *legata sit: ⟨si quidem disiunctim, singulis in solidum debentur:⟩ si vero coniunctim, velut*
Cuj (Obs. 17,28, Par. 1586, Aur. 1586): *legata sit: ⟨si quidem disiunctim, singulis partes debentur,⟩ si vero coniunctim*
Cuj (1566): *legata sit: ⟨si quidem disiunctim, singulis in solidum debentur,⟩ si*
Goe (Obs. 1811, 33), Hg^3: *legata sit, ⟨sive disiunctim, id est, singulis in solidum,⟩ sive coniunctim*
d) Ms. Vat.: *partis*
e) Hu (NJPP 75 [1857] 368): *fiunt*
f) Ms. Vat., Til: *currente*
g) Hu: *⟨… lego,⟩ concursu partes fiunt; non concurrente altero pars eius ⟨iure civili⟩ alteri adcrescebat*
h) so das Ms. Vat., Til, Hg^5, Kr, Sch; Hu: *per*
i) Ms. Vat.: *popeam*
j) Ms. Vat.: *capientes*

Wenn dieselbe Sache zweien durch Vindikationslegat vermacht worden ist, sei es verbunden, wie etwa: ›Titius und Seius gebe und vermache ich den Sklaven Stichus', sei es getrennt, wie etwa: ›Titius gebe und vermache ich den Sklaven Stichus, Seius gebe und vermache ich denselben Sklaven‹, dann entstanden nach dem Zivilrecht durch die gemeinsame Inanspruchnahme Anteile; wenn einer nicht antrat, wuchs sein Anteil dem anderen an. Aber nach der *lex Papia Poppaea* verfällt der Anteil des nicht Annehmenden.

mehr Möglichkeiten als das Vindikationslegat, jedoch weniger als das Damnationslegat: *plus quidem habet ⟨quam⟩ per vindicationem legatum, minus autem quam per damnationem.*

47 Vgl. Grosso, Legati, S. 97; Honsell/Mayer-Maly/Selb, Röm. Recht, S. 489.

48 Gaius 2,197; vgl. Buckland, LQR 38 (1922), S. 44; Weiss, Institutionen, S. 584.

Das Vindikationslegat zugunsten zweier Legatare läßt Miteigentum entstehen; ob die Vermächtnisanordnung verbunden oder getrennt erfolgte, ist unerheblich.[49] Wenn einer der Legatare das Vermächtnis nicht annahm, hatte das ältere *ius civile* zur Anwachsung geführt. Die *lex Papia Poppaea* bestimmte dann, daß der Anteil dessen, der das Vermächtnis wegen fehlender *capacitas* nicht annehmen konnte, verfiel.[50] Der Schluß zur *lex Papia* entspricht sachlich Gaius 2,206, dessen Schilderung insofern ausführlicher ist, als er mitteilt, daß der kaduke Anteil an die im Testament bedachten Erben und Legatare mit Kindern falle.[51] Der *liber singularis* konnte sich hier auf den knappen Nachsatz beschränken, weil er ja im Unterschied zu den Gaius-Institutionen einen eigenen Abschnitt zum augusteischen Eherecht enthält (Tit. 13-18). Daher genügte an dieser Stelle der kurze Hinweis auf die Regelung der *lex Papia.*[52] Der Text weist im Vergleich zu Gaius 2,206 die präzisere Formulierung auf, weil *non capientis pars caduca fit* auf den technischen Sprachgebrauch der Kaduzitätsgesetze (*capere*) Bezug nimmt, während Gaius allgemeiner von der *deficientis portio* spricht.

§ 13. *Si per damnationem eadem res duobus legata*[a] *sit, si quidem coniunctim*[b], *singulis partes*[c] *debentur et non capientis pars iure civili in hereditate*[d] *remanebat, nunc autem caduca fit; quodsi disiunctim, singulis*[e] *solidum debetur.*

a) Mk aus *legata* zu *legati*
b) Ms. Vat.: *coniunctum*
c) Mk aus *partes* zu *partis*
d) Ms. Vat.: *hereditatem*
e) Til: *singulis* ⟨*in*⟩ *solidum*

Wenn dieselbe Sache zweien durch Damnationslegat vermacht ist, dann werden, wenn es verbunden erfolgt ist, den einzelnen jeweils Anteile geschuldet, und der Anteil des nicht Annehmenden verblieb nach dem Zivilrecht im Nachlaß; jetzt dagegen verfällt er. Wenn sie aber getrennt vermacht worden ist, wird jedem das Ganze geschuldet.

Von mehreren Damnationslegataren, die *coniunctim* bedacht wurden, kann jeder seinen Anteil verlangen. Sind die Vermächtnisse dagegen getrennt ausgesetzt wor-

49 Die Worte *sive disiunctim ... lego* sind im Ms. Vat. ausgefallen, möglicherweise infolge eines Homoioteleuton. Die Ergänzung ist berechtigt wegen des vorangegangenen *sive* und im Hinblick auf die Parallelstelle Gaius 2,199.

50 Zur *capacitas* (Fähigkeit zur Annahme von Zuwendungen von Todes wegen nach Maßgabe der augusteischen Ehegesetze) näher oben bei Tit. 15,1 und 17,1.

51 Die Angabe des Kreises der möglichen Empfänger bei Gaius ist allerdings nicht vollständig. Vgl. bei Tit. 17,1 u. 2 und zur Sache Grosso, Legati, S. 219; Pugliese, Istituzioni, S. 699.

52 Zu der verbreiteten, irrtümlichen Annahme, die Empfänger der kaduken Anteile seien hier deswegen nicht genannt, weil die *vindicatio caducorum* der *patres* inzwischen abgeschafft worden sei (vgl. Voci, DER 1, S. 443 u. a.), oben bei Tit. 17,2.

den, dann kann jeder Legatar die gesamte Leistung beanspruchen, so daß der Erbe, wenn er die Leistung nur einmal erbringen kann, den anderen Legataren den Geldwert schuldet.[53] Fällt ein *coniunctim* bedachter Legatar aus, so verbleibt dessen Anteil nach dem älteren Zivilrecht im Nachlaß, weil bei obligatorisch wirkenden Legaten keine Anwachsung stattfinden kann. Gaius 2,208 berichtet, daß die *lex Papia* nach überwiegender Meinung ebenso auf den Anteil eines von mehreren *coniunctim* begünstigten Damnationslegataren zur Anwendung komme, wie wenn es sich um Vindikationslegatare handele.[54] Demgegenüber verzichtet der Redaktor des Regelwerks auf die Andeutung der Kontroverse und beschränkt sich auf die Angabe der zu seiner Zeit feststehenden Rechtsfolge: der Anteil verfällt als *caducum*.

§ 14. [a]*Optione autem legati per vindicationem data, legatarii electio est, veluti: ›hominem optato, elegito‹, idemque est et si tacite*[b] *⟨legaverim optionem:⟩ ›hominem ⟨do lego‹. At si ita:⟩ ›heres ⟨meus damnas esto⟩ hominem dare‹, heredis*[c] *electio est, ⟨quem⟩ velit dare*[d].

a) Das Ms. Vat. liest: *Optione autem legati per vindicationem data, legatarii electio est, veluti: hominem optato, elegito, idemque est et si tacite [legaverim Titio] hominem [aut decem] heres [meus dato] hominem dare, heredis electio est, velit dare.* Die eingeklammerten Worte sind Ergänzungen, wahrscheinlich aus dem 16. Jahrhundert.[55]
Til: *Idemque est et si tacite ⟨legaverim Titio⟩ hominem, ⟨aut decem⟩, haeres ⟨meus dato⟩ hominem, dare haeredis electio est.*
Ch 1578 [229 v]: *idemque est et si tacite ⟨legaverim Titio⟩ hominem… At si sic, hominem ⟨aut decem⟩ haeres ⟨meus dato⟩: hominem dare haeredis electio est.*
Cuj (Par. 1586): *Idemque est, & si ⟨generaliter legaverim Titio⟩ hominem, at si ita heres ⟨meus damnas esto⟩ hominem dare, heredis electio est ⟨quem⟩ velit dare.* (Aur. 1586): *at si ita haeres*
Merille (Obs. II, 8; ed. 1720, 49): *Idemque est et si tacite ⟨legaverim. Titio⟩ hominem, ⟨aut decem⟩ heres ⟨meus dato⟩: hominem dare heredis electio est.*
Ca 1768, 1774 (S. 115): *Idemque est, et si da c ita ⟨legaverim⟩ (da c = damnationis causa)*

53 Kaser, RP 1, S. 748. Zur Sache ausführlich Savigny, Ulpian 1801, Bl. 104; Cujaz (1658); Hugo, Beyträge 2, S. 71.

54 Kaser, RP 1, S. 753.

55 Brandis (bei Goeschen, ZGR 4 [1820], S. 128) sah die Ergänzungen als lombardisch an. Bluhme dagegen hielt die Einschiebsel für neuerer, wahrscheinlich französischer Hand; Brief an Savigny vom 25.5.1822, Strauch Nr. 31, S. 81. Vgl. die Randbemerkung in Hugos Handexemplar der 4. Aufl. (S. 76). Nachdem noch Cujaz (Obs. 17,28) drei Lücken im Text festgestellt hatte (»hac in parte tria habet spatia vacua exemplar«), fand Pithou (Note im Handexemplar des Brachylogos 1553, S. 242) die Stellen bereits ausgefüllt vor. Vielleicht hat Dutillet die Eintragungen vorgenommen.

Hg¹⁻²: *Idemque est, et si tacite* ⟨*legaverim Titio*⟩ *hominem. At si ita: Heres* ⟨*meus damnas esto*⟩ *hominem dare, heredis electio est* ⟨*quem*⟩ *velit dare.*
Hg⁴⁻⁵: *Idemque est, etsi tacite* ⟨*legaverim: Titio*⟩ *hominem* ⟨*aut decem*⟩ *heres* ⟨*meus dato*⟩, *hominem dare heredis electio est* ⟨*quem*⟩ *velit dare.*
Goe (ZGR 4, 132): *Idemque est et si ita* ⟨*cui legaverim: Titio*⟩ *hominem* ⟨*do. At si dixerim*⟩: *Heres* ⟨*meus …*⟩
La (ZGR 9, 208): *idemque est et si tacite* ⟨*data sit optio hoc modo: ›Titio*⟩ *hominem* ⟨*do lego‹. si vero per damnationem velut*⟩: *›heres* ⟨*meus damnas esto*⟩ *hominem dare‹, heredis electio est* ⟨*quem*⟩ *velit dare.*
Sav (OR 1, 393; Ulp. 1801, 106 r): *Idemque est, et si tacite* ⟨*legaverim optionem. At si ita*⟩: *heres* ⟨*meus damnas esto*⟩ *hominem dare, heredis electio est,* ⟨*quem*⟩ *velit dare.*

b) Im Ms. Vat. sind etwa 4 Zeichen entfernt, *tacite* ist ein alter Nachtrag.
c) Ms. Vat.: Mk aus *heredes*
d) Im Ms. Vat. ist die Stelle getrübt und schwer zu lesen. Sie lautete ursprünglich *electio est*[Lücke] *velit dare*; vgl. zutreffend Bluhme (Strauch Nr. 31). Der Bearbeiter aus dem 16. Jhdt. begann, ein mit *ni* anfangendes Wort einzusetzen, dabei zog er – wohl versehentlich – einen Strich über das *velit dare.* Um diesen zu entfernen, gleichzeitig aber das *velit dare* zu bewahren, radierte er nicht, sondern wischte (der verlaufene Rand der Trübung läßt auf Flüssigkeit schließen) und zog dann *velit dare* noch einmal nach.

Wenn ein Wahlvermächtnis als Vindikationslegat ausgesetzt worden ist, z.B. so: ›Er soll einen Sklaven bestimmen oder auswählen‹, dann steht die Wahl dem Vermächtnisnehmer zu. Ebenso ist es auch, wenn ich stillschweigend die Wahl so vermache: ›Ich gebe und vermache einen Sklaven‹. Aber wenn so vermacht worden ist: ›Mein Erbe soll verpflichtet sein, einen Sklaven zu geben‹, dann hat der Erbe die Wahl, welchen er geben will.

Die Stelle kann nur dem Sinn nach rekonstruiert werden. Er erschließt sich, wenn die in der vatikanischen Handschrift nachgetragenen Ergänzungen zunächst außer Betracht gelassen werden. Es geht um den Unterschied zwischen dem Wahlvermächtnis *per vindicationem* und dem *per damnationem*.[56] Als *legatum optionis* konnten sowohl dingliche als auch schuldrechtliche Vermächtnisse ausgesetzt werden. Es handelt sich um einen Sondertyp der Legatsformel, bei dem die Bestimmung des Vermächtnisgegenstandes von der Ausübung eines Wahlrechts abhing. Der Text zeigt nun, daß beim Vindikationslegat die Wahl dem Legatar zusteht, beim Damnationslegat dagegen dem Erben.[57] Bei der *servi optio* kann der Vermächtnisnehmer die Wahl unter mehreren Sklaven des Erblassers (später auch

56 Dies berücksichtigten im wesentlichen schon Cujaz in seiner Pariser Ausgabe von 1586 sowie anschließend die Rekonstruktionen bei Hugo¹⁻², Savigny und Lachmann.
57 Vgl. Grosso, Legati, S. 267.

anderen Sachen) durch einen Formalakt ausüben.[58] Der Unterschied zum gewöhnlichen Alternativ- oder Gattungslegat besteht darin, daß es dort keine *optio*, also keine förmliche Auswahl nach *ius civile* gibt. Das Recht geht auf den Erben des Legatars über.[59]

Gegen Cannegieters Annahme, *tacite* gehe auf die falsche Auflösung einer Abkürzung von *damnationis causa* zurück (App. a), ist einzuwenden, daß der mit *idemque est* beginnende Satz keinen Gegensatz zu dem am Anfang genannten Vindikationslegat ausdrücken will. Der Unterschied liegt vielmehr in der Wortwahl des Vermächtnisses. Savignys Bemerkung, die Formulierung *hominem do, lego* sei zutreffend durch *generaliter hominem legare* erfaßt, durch *tacite* aber gar nicht,[60] ist entgegenzuhalten, daß nicht der *homo* stillschweigend vermacht ist, sondern die *optio*. Daher ist mit einer älteren Ansicht Savignys zu lesen: *Idemque est, et si tacite ⟨legaverim optionem⟩.*[61] Gaius enthält keine entsprechende Darstellung zum *legatum per optionem.*

§ 15. *Ante*[a] *heredis*[b] *institutionem*[c] *legari non potest, quoniam*[d] *et potestas testamenti ab heredis institutione incipit.*

a) Im Ms. Vat. kaum zu lesen, aber ursprünglicher Wortlaut[62]
b) Ms. Vat.: Mk aus *herede*
c) Ms. Vat.: das *m* ist vom Leser des 16. Jhdts. nachträglich ergänzt.
d) hier möglicherweise *vis* einzufügen (Ca, Kr, La, Sch)

Vor der Einsetzung eines Erben kann kein Vermächtnis ausgesetzt werden, weil auch die Kraft des Testamentes mit der Einsetzung eines Erben beginnt.

Am Beginn des Testaments muß die Erbeinsetzung stehen. Der Satz beruht auf der Reallogik, die es erfordert, daß die Reihenfolge der Anordnungen im Testament der logischen Reihenfolge ihres Vollzugs entspricht (s. bei Tit. 1,20). Als *caput et fundamentum* des Testaments (Gaius 2,229) ist die Erbeinsetzung Grundlage für die Wirksamkeit der anderen Verfügungen. Sie muß daher am Anfang des Testaments stehen. Anordnungen, die ihr vorangehen, gelten als nicht geschrieben.[63]

58 Inst. 2,20,23; Kaser/Knütel, Röm. Privatrecht, § 76, Rn. 4; vgl. Hofmann/Proto Pisani, Labeo 2 (1956), S. 18 ff.

59 Voci, DER 2,1, S. 213.

60 Savigny, VS 5, S. 101.

61 Savigny, Ulpian 1801, Bl. 106 r.

62 Vgl. richtig Bluhme bei Strauch Nr. 31.

63 Kaser, RP 1, S. 686; Watson, Succession, S. 40; dazu Biondi, Successione, S. 188 ff. Näher bereits bei Tit. 1,20 im Hinblick auf die testamentarische Freilassung. Vgl. dort auch zu der durch die gleiche Logik geforderten Ausnahme in dem Fall, daß der Freizulassende Erbe werden soll: Hier muß die Freilassung der Erbeinsetzung vorangehen.

§ 16. *Post mortem heredis legari non potest, ne ab heredis herede legari videatur, quod iuris civilis ratio non patitur.* ⟨*in*⟩[a] *mortis autem heredis tempus legari*[b] *potest, velut ›cum heres moriatur*[c]*‹.*

a) so Til, Kr; Ms. Vat.: *et*; La, Bö: *ad*
b) Mk aus *ligari*
c) Ma (Brief an Hg 15.1.1816), La: *morietur*

Mit Wirkung nach dem Tod des Erben kann kein Vermächtnis ausgesetzt werden, so daß nicht offensichtlich zulasten des Erbeserben vermacht wird, was die Grundsätze des Zivilrechts nicht zulassen. Auf den Todeszeitpunkt des Erben kann ein Vermächtnis aber ausgesetzt werden, z.B. so: ›Wenn der Erbe sterben sollte ...‹.

Anordnungen, die erst nach dem Tode des Erben wirksam werden sollen, sind unwirksam.[64] Es ist nicht möglich, den Erben des Erben mit einem Legat zu beschweren.[65] Im Unterschied zu Gaius 2,232, der den Satz gleichermaßen mitteilt, führt unser Text den Grundsatz auf die *iuris civilis ratio* zurück. Es handelt sich wie bei Cicero *Part. or.* 37,129 um einen Rückgriff auf jene Logik des Rechts, die aus der geistigen Konstruktion der Rechtsverhältnisse folgt.[66] Das Verständnis des Legats als Belastung des Erben schließt es logisch aus, daß erst der Erbeserbe beschwert wird.[67]

§ 17. *Poenae causa legari*[a] *non potest. poenae*[b] *autem causa legatur*[c]*, quod coercendi*[d] *heredis* ⟨*causa*⟩[e] *relinquitur, ut faciat quid*[f] *aut non faciat, non ut* ⟨*ad*⟩[g] *legatarium*[h] *pertineat*[i]*, ut puta hoc modo: ›si filiam tuam in matrimonium*[j] *Titio conlocaveris, decem milia*[k] *Seio dato‹.*

a) Ms. Vat.: *paene causa ligari*
b) Ms. Vat.: *paene*
c) Ms. Vat.: *ligatur*
d) Ms. Vat.: *cohercendi*
e) so Til, Cuj (Par. 1586), Hg[5], Kr, Mu
f) so Cuj, Hg[5], Kr; Ms. Vat., Til, Ch 1578: *quidem*
g) so Sav (VS 5, S. 101), Hg[5], Kr; fehlt im Ms. Vat.
h) Ms. Vat.: *legatarum*
i) so Hg[5], Sch; Ms. Vat.: *ut legatarium*; Til., Char. 1578 [230 r]: *non ut legatum pertineat*; Ms. Aur.: *pereat*

64 Kaser, RP 1, S. 749.
65 Paul. Sent. 3,6,5: *nihil ab herede heredis relinqui potest*; Inst. 2,20,1: *Legatum itaque est **donatio** quaedam **a defuncto** relicta.* Anderes gilt beim Fideikommiß; vgl. Tit. 25,8.
66 Cicero *Part. or.* 37,129: ***iuris** est omnis **ratio** nobis explicanda.*
67 S. oben bei Tit. 1,20.

j) Ms. Vat.: *matrimonio*
k) Ms. Vat.: ursprünglich *decemi*, dann Mk zu *decimi*[Lücke] *Seio*. Von anderer Hand ist dann *mi* gestrichen und *decem* neu in die Lücke eingefügt worden; vgl. das Apographum bei Bö am Ende des Exemplum. Hg[5]: *decem ... Sejo dato*

Zu Strafzwecken kann nicht vermacht werden. Zu Strafzwecken aber wird vermacht, was hinterlassen wird, um den Erben zu zwingen, daß er etwas tue oder nicht tue, nicht aber, damit es dem Vermächtnisnehmer zufalle, wie etwa auf folgende Weise: ›Wenn du deine Tochter mit Titius verheiratest,[68] sollst du Seius 10.000 geben‹.

Vermächtnisse, die nach Art einer Strafe dem Erben eine Leistung für den Fall auferlegen, daß er eine bestimmte Handlung vornimmt oder nicht vornimmt, sind unwirksam. Ebenso wie diese Stelle schildert Gaius 2,235 den Grundsatz als feststehend (*poenae quoque nomine inutiliter legatur ...*).[69] Ob ein mit einer Potestativbedingung verknüpftes Legat ein Straflegat ist, hängt vom Willen des Testators ab:[70] Das Straflegat ist dadurch gekennzeichnet, daß die Anordnung nur benutzt wird, um mittelbar ein Verhalten des bedingt Belasteten zu erwirken, zu dem er unmittelbar nicht gezwungen werden kann. Es soll auf dessen Willensentschluß eingewirkt werden.[71] Das *ut* bezieht sich auf diesen eigentlichen Zweck des Legats.[72]

68 *collocare* bedeutet hier: »zur Frau geben«, wie bei Sueton *Iul.* 21; *Augustus* 64,1; *Claudius* 27,2; Tacitus *Agr.* 9,7; Cicero *Brutus* 98; *de inv.* 1,49,91; *in matrimonium collocare* lesen Gaius 2,235 und Inst. 2,20,25 und 36. Der Text ist auch hier in den Akkusativ zu emendieren (App. j), weil das *matrimonium* erst das Ziel des *collocare* ist. Die im Text genannte Klausel, die auf künftiges Eheverhalten Einfluß nehmen soll, gilt, wie die mehrfache Überlieferung zeigt, geradezu als Prototyp des verbotenen Straflegats, weil sie die besonders hoch geachtete Freiheit der Eheschließung einschränkt; Paulus, Persönlichkeit, S. 150.

69 Von dem Verbot der Pönallegate nicht berührt ist die Möglichkeit, dem Erben oder Vermächtnisnehmer für den Fall des Verstoßes gegen ein bestimmtes Gebot eine testamentarische *multa* aufzuerlegen; Alfen 5 *dig.* D. 35,1,27 (*heredes magna pecunia multare*) sowie (im Umkehrschluß) Pomponius 3 *ad Sab.* D. 35,1,6 pr. Vgl. Horaz *Sat.* 2,3, v. 84: *heredes Staberi summam incidere sepulcro, ni sic fecissent, gladiatorum dare centum damnati* mit der Anmerkung in der Ausgabe von Kiessling/Heinze, S. 231 zu Z. 84. Der Testator motivierte den Erben dadurch zur Erfüllung der testamentarischen Bestimmungen über das Grabmal. Diese Geldbußen beruhten auf öffentlichem Recht und kamen staatlichen Stellen zugute; Kaser, RP 1, S. 260.

70 Vgl. Marcian 6 *inst.* D. 34,6,2: *Poenam a condicione voluntas testatoris separat et an poena, an condicio, an translatio sit, ex voluntate defuncti apparet: idque divi Severus et Antoninus rescripserunt.*

71 Es ist also zwischen dem mit dem Legat unmittelbar erzielten Ergebnis (das man lediglich als notwendige Folge mit anordnet) und einem anderen, eigentlichen Ziel zu unterscheiden. Vgl. Biondi, Successione, S. 209. Schulz, Epitome, S. 54 nimmt diese Differenzierung nicht vor und empfindet den Satz *ut ... pertineat*, der nach seiner Ansicht der Vorlage

Nach der Überlieferung der Historia Augusta soll erstmals Antoninus Pius den Grundsatz festgelegt haben.[73] Daß in dieser Frage eine Kaiserkonstitution erging, schafft Raum für die Vermutung, daß zuvor eine Juristenkontroverse bestanden hatte. Auf einen Streit um die Zulässigkeit der Pönallegate läßt sich im Zusammenhang mit der überlieferten Meinungsverschiedenheit zur Wirksamkeit der strafweisen Einsetzung eines Miterben schließen. Wie Inst. 2,20,36 mitteilt, geht auf Sabinus die Ansicht zurück, daß die Einsetzung eines Miterben *poenae nomine* verboten sei. Gaius 2,243 schildert die Kontroverse und schließt sich dieser Meinung an, wenngleich er ihre Vertreter nicht mehr namentlich nennt. Daß Gaius die Begründung des Verbots, daß nämlich die Freiheit des Erben eingeschränkt wird, unterschiedslos auf beide Formen der strafweisen Verfügung bezieht,[74] erlaubt den Schluß, daß auch das Verbot des Straf*legats* auf sabinianisches Rechtsdenken zurückgeht. Grundlage dieser Ansicht könnte gewesen sein, daß Q. Mucius und Sabinus den Erwerb durch Erbeinsetzungen und Vermächtnisse nicht als zufällige Vermögensmehrung, sondern als gleichsam verdient und geschuldet ansahen.[75] Ebenso wie eine strafweise Erbeinsetzung mußte dieser Vorstellung auch

Gaius 2,235 hinzugefügt wurde, als unlogisch, weil der Erblasser das Vermächtnis doch sowohl anordne, damit es an den Legatar falle, als auch gleichzeitig, um den Erben zu strafen: darin liege kein Gegensatz, wie der Text *ut ..., non ut* zum Ausdruck bringe.

72 Es steht hier als *conjunctio finalis*; vgl. VIR 5, Sp. 1548. Ein gutes anderes Beispiel ist der Text des kurulischen Edikts bei Ulpian 1 *ad ed. aed. cur.* D. 21,1,1: *emptori ... iudicium dabimus, ut id mancipium redhibeatur.*

73 SHA *Pius* 8,5: *primus constituit, ne poenae causa legatum relictum maneret.* Dazu Hüttl, Pius 1, S. 111 mit einer abw. Deutung in Fn. 115. Ferrini, Legati, S. 352 führt die Notiz auf einen Irrtum des Chronisten zurück, Ormanni, St. Betti 4, S. 626 f., Fn. 88 zweifelt die Konstitution an, Voci, DER 2, S. 794, Fn. 12 bemängelt die Ungenauigkeit der Mitteilung. Mit dem von Marcian *lb. sg. de delat.* D. 49,14,22,2 zitierten Reskript ist die Konstitution nicht gleichzusetzen; vgl. Müller-Eiselt, Pius, S. 290.
Weil der Chronist zunächst den Kaiser wegen des Verzichts auf Erbschaften bekinderter Erblasser rühmt, ist vermutet worden, daß er anschließend den Fall behandelt, daß der *Kaiser* Begünstigter des *legatum poenae causa relictum* ist, um die Selbstbeschränkung des Kaisers hervorzuheben. Dem liegt wiederum die Annahme zugrunde, daß das als Strafe für den Erben gedachte Legat zugunsten des Kaisers bislang von dem allgemeinen Verbot des Pönallegats ausgenommen gewesen sei und Pius als erster auf dieses Privileg verzichtet habe. Vgl. Müller-Eiselt, Pius, S. 290 f.; Marchi, BIDR 21 (1909), S. 33, Fn. 3 im Anschluß an Goeschen, Obs., S. 59, Fn. h, zustimmend Horak, Labeo 24 (1978), S. 199. Die Annahme dieses kaiserlichen Privilegs beruht aber auf Spekulation.

74 Gaius 2,243: ***nihil** enim **interest, utrum legatum dare iubeatur heres,** si fecerit aliquid aut non fecerit, an coheres ei adiciatur, quia **tam coheredis adiectione quam legati datione** compellitur, ut aliquid contra propositum suum faciat aut non faciat.*

75 Ulpian 30 ad Sab. D. 17,2,9: *Nec adiecit Sabinus hereditatem vel legatum vel donationes mortis causa, fortassis haec ideo, quia non sine causa obveniunt, sed **ob meritum** aliquod accedunt* (*lex* 10; Paulus 6 *ad Sab.*:) *et quia plerumque vel a parente vel a liberto **quasi debitum** nobis hereditas obvenit:* (*lex* 11; Ulpian 30 *ad Sab.*:) *et ita de hereditate legato donatione Quintus Mucius scribit.*

das Pönallegat fremd sein.[76] Die Gegenposition, die bei den Anhängern der klassisch-formalen Wissenschaftstradition zu vermuten sein wird, dürfte die Strafanordnungen für wirksam gehalten haben.[77]

Wenn sich das Regelwerk hier trotz der erst auf Pius zurückgehenden Festsetzung des Verbots auf die apodiktische Mitteilung beschränkt, verschweigt es die zugrundeliegende Rechtsquelle. Daß der Text insoweit von dem sonst befolgten Grundsatz ihrer Offenlegung eine Ausnahme macht, deutet darauf hin, daß die erhaltene Fassung auf den Epitomator zurückgeht.[78]

§ 18. *Incertae personae*[a] *legari non potest, veluti ›quicumque filio meo*[b] *filiam suam in matrimonium*[c] *conlocaverit, ei heres meus*[d] *tot milia*[e] *dato‹. sub certa tamen demonstratione incertae personae legari potest, velut ›ex cognatis meis, qui nunc sunt, qui primus*[f] *ad funus meum venerit, ei heres meus illud dato‹.*

a) Ms. Vat.: *Incerte persona*
b) Ms. Vat.: *filium meum*
c) Ms. Vat.: *matrimonio* (vgl. § 17 App. j)
d) Ms. Vat., Til: *ei homini*[79]

76 *Insoweit* geht das Verbot auf die ältere republikanische Jurisprudenz zurück. Vgl. dahingehend ohne Differenzierung nach der Schultradition Ferrini, Legati, S. 352; Marchi, BIDR 21 (1909), S. 33 ff.; Ormanni, St. Betti 4, S. 626 f., Fn. 88; Voci, DER 2, S. 794; Forzieri Vannucchi, Studi, S. 19 f., Fn. 23.
Zu beachten ist, daß gerade das Beispiel des strafbewehrten Eheverbots in einem ganz anderen Zusammenhang in die Nähe eines gesetzlichen Verbots geraten sein dürfte, nämlich in den augusteischen Ehegesetzen. Dort war aus bevölkerungspolitischen Gründen für Vermächtnisbestimmungen, die ihrem Tatbestand nach die Verehelichung der mit dem Vermächtnis bedachten Personen (offenbar nicht Dritter) zu verhindern geeignet waren, die Unwirksamkeit angeordnet worden. Die Bedingung wurde in diesen Fällen gestrichen; vgl. Behrends, Fraus, S. 102.

77 Es scheint nicht ausgeschlossen, daß die Vertreter des klassischen Rechtsdenkens das Straflegat mit Rücksicht auf den Zusammenhang zwischen Legat und Gesetz für zulässig hielten. Wenn diese Juristen die Anordnung des Legats durch *imperare* in Analogie zur Wirkungsweise des Gesetzes verstanden (vgl. näher oben bei § 1), könnten sie mit der gleichen Begründung eine durch Vermächtnis auferlegte Strafe befürwortet haben, denn die *virtus legis* kann nach Modestin 1 *reg.* D. 1,3,7 auch im *punire* bestehen.
Justinian kehrte zu dieser Gegenmeinung zurück. Er hielt aber die Regel aufrecht, daß Erben nicht von einer Strafe betroffen werden konnten für Nichterbringung einer unmöglichen, unmoralischen oder gesetzwidrigen Handlung; vgl. Inst. 2,20,34-36; C. 6,41,1. Die Theophilusparaphrase zu § 36 (ed. Ferrini 229) beschreibt das Verbot allerdings noch wie geltendes Recht.

78 Gaius könnte demgegenüber auf die Schilderung der Kontroverse verzichtet haben, weil es die Lehre seiner Schule war, die Antoninus Pius bestätigt hatte.

79 *ei homini* ist wahrscheinlich eine falsch aufgelöste Sigle. Marezoll begründet die Korrektur im Brief an Hugo vom 19.4.1816 damit, daß das Wort *homo*, besonders in Formeln, fast immer den Sklaven bezeichne (z.B. § 12), und daß die Nennung des »*heres meus*« in der

e) so Til; Ms. Vat.: *tot mi* (folgt Lücke), durchgestrichen und von anderer Hand durch *centum* ersetzt. Hg[5]: *millia*
f) so Bö, Kr; Ms. Vat., Til, Hg[5]: *primo*

Einer unbestimmten Person kann kein Vermächtnis ausgesetzt werden, etwa: ›Wer meinem Sohn seine Tochter zur Ehe gibt, dem soll mein Erbe soundsoviel tausend geben‹. Unter einer bestimmten Bezeichnung kann jedoch einer unbestimmten Person ein Vermächtnis ausgesetzt werden, z.B. ›Demjenigen von meinen Verwandten, die es jetzt sind, welcher zuerst zu meinem Leichenbegängnis kommt, dem soll mein Erbe es geben‹.

Grundsätzlich konnte zum Legatar nur eine bestimmte Person eingesetzt werden, die die passive *testamenti factio* hatte. Dieser vom *ius civile* vorgesehenen Beschränkung standen in der Praxis bestimmte Gestaltungsbedürfnisse gegenüber.[80] So konnte der Testator die Person des Begünstigten von einem bestimmten erwünschten Verhalten abhängig machen wollen. Die Juristen kamen diesem Bedürfnis ein Stück weit entgegen.

Wenn der Testator eine *persona incerta* eingesetzt hatte, die Identität des Begünstigten also völlig offen gelassen hatte, war die Verfügung unwirksam.[81] Es handelt sich um einen spezifisch klassischen Standpunkt. Gaius 2,238 zeigt, daß die Ursache im unbestimmten Willen (*incerta opinio*) des Testators liegt. Auf den Grund dafür läßt der Zusammenhang schließen, der im Vermächtnisrecht zwischen den Lehren von der *persona certa* und von der *res certa* besteht:[82] Ebenso wie die Sache *in rerum natura*, also körperweltlich hinreichend bestimmt sein muß,[83]

Formel zu erwarten sei, wie auch in der folgenden Formel desselben Paragraphen. Die Verbesserung wird seit Schulting allgemein für richtig gehalten.

80 Zu den Befürchtungen hinsichtlich einer Unwirksamkeit nach *ius civile* vgl. die Grabinschriften CIL VI, 8861; 8862; 10525; 12133 u. 13441.

81 Die Beschränkung der Zuwendungen an *personae incertae* wurde von Hadrian auf die Fideikommisse ausgedehnt; Palma, Ric. Gallo 2, S. 62; vgl. Tit. 25,13; Gaius 2,287; Inst. 2,20,25. Gleichermaßen wurde die Beschränkung auf die Soldatentestamente ausgedehnt (Inst. 2,20,25).

82 So ausdrücklich Paul. Sent. 3,6,13: *Legatum nisi certae rei sit et ad certam personam deferatur, nullius est momenti.*

83 Es handelt sich um das Erfordernis, dessen Fehlen den Gattungskauf unzulässig macht. Der Kauf einer nicht *in rerum natura* existenten Sache war nichtig; Paulus 5 *ad Sab.* D. 18,1,5 pr; Honsell/Mayer-Maly/Selb, Röm. Recht, S. 306. Ist dagegen ein Vorratskauf vereinbart, bei dem die geschuldeten Einzelsachen nur darum noch unbestimmt sind, weil sie noch nicht ausgesondert sind, dann sind die Sachen gleichwohl schon durch den Vorrat hinreichend bezeichnet; Ernst, ZEuP 1999, S. 599 f. Daß die Sachen dadurch *in rerum natura* gelangt sind, ergibt sich daraus, daß sie mit dem Vorrat untergehen können (arg. Gaius 10 *ad ed prov.* D. 18,1,35,7; Paulus 5 *ad Sab.* D. 18,6,5 a.E.). Untergehende Sachen »fallen aus der *natura rerum* heraus«; vgl. für die Ausdrucksweise Paulus 5 *ad Sab.* D. 18,1,5 pr.

muß dies auch für den Begünstigten gelten.[84] Es genügt insoweit, daß die individuell noch nicht bestimmte Person einer genau bezeichneten Personengruppe angehört (*certa demonstratio*).[85] Gaius 2,238 teilt anschaulich mit, daß die in dieser Hinsicht allgemein gehaltene Verfügung *qui primus ad funus meum venerit, ei heres meus x dato* ungültig ist, die gleiche Bestimmung, ergänzt um die Beschränkung *ex cognatis meis, qui nunc sunt*, dagegen gültig.[86]

§ 19. *Neque ex falsa demonstratione, neque ex falsa causa legatum infirmatur. falsa demonstratio est velut ›Titio fundum, quem a Titio emi, do lego‹, cum is fundus*[a] *a Titio emptus non sit. falsa causa est velut ›Titio, quoniam negotia mea curavit, fundum do lego‹, cum*[b] *negotia eius numquam Titius curasset.*

a) Ms. Vat.: *his fundos*
b) so Cuj (1658); Ms. Vat.: *ut*; Hg[5]: *utut*; Sch erwägt *licet*

Weder durch eine falsche Bezeichnung noch durch einen falschen Beweggrund wird ein Vermächtnis unwirksam. Eine falsche Bezeichnung ist z.B.: ›Titius gebe und vermache ich das Grundstück, das ich von Titius gekauft habe‹, wenn das Grundstück nicht von Titius gekauft worden ist. Ein falscher Beweggrund ist z.B.: ›Titius gebe und vermache ich das Grundstück, weil er meine Geschäfte geführt hat‹, wenn Titius seine Geschäfte niemals geführt hat.

Hat der Erblasser den Vermächtnisgegenstand, der in seiner Identität feststeht,[87] mit einer unrichtigen Begleitbezeichnung versehen, dann führt diese *falsa demonstratio* nach klassischem Rechtsdenken nicht zur Unwirksamkeit des Legats.[88] Ebenso verhält es sich, wenn dem Vermächtnis ein falsches Motiv zugrundeliegt.[89]

84 Bei Göttern war diese Voraussetzung offenbar erfüllt, soweit sie durch einen bestimmten Ort ihres Kults definiert waren; vgl. bei Tit. 22,6. Ihnen konnten daher Legate zugewandt werden; Paulus *lb. sg. ad legem Falcidiam* D. 35,2,1,5.

85 So läßt es der Text als zulässig erkennen, Verwandte und Freunde zur Teilnahme an der Totenfeier zu motivieren. Eine gut besuchte Totenfeier unterstrich die gesellschaftliche Bedeutung des Verstorbenen; Palma, Ric. Gallo 2, S. 59-61. Eine Erbeinsetzung mit der entsprechenden Klausel war allerdings ausgeschlossen; vgl. Tit. 22,4; Gaius 2,238.

86 Ulpian 25 *ad Sab.* D. 34,5,19 (20); vgl. ein ähnliches Legat, begrenzt auf die Kinder, bei Aburnius Valens 2 *fideicomm.* D. 32,10.

87 Im Fall der *falsa demonstratio* wird vorausgesetzt, daß die Identität des Grundstücks aufgrund sonstiger Umstände bekannt ist. Hier zeigt *is fundus*, daß es um ein bestimmtes Grundstück geht. Schulz, Epitome, S. 54 hält *Titio fundum* demgegenüber für unzureichend. Huschke schlug vor *illum fundum*; Krüger meinte, die Beschreibung habe vielleicht anstelle von *Titio* gestanden. Für eine dieser Lösungen spricht sich auch Eisele, JherJb 23 (1885), S. 30 aus.

88 Kaser, RP 1, S. 240.

89 Der überlieferte Text *ut negotia* ... wird von Savigny, Ulpian 1801, Bl. 107 r mit der Bedeutung »vorausgesetzt« verteidigt. Gleichwohl ist eher eine Verschreibung anzunehmen, weil

Die *falsa demonstratio* der Stelle ist eine Falschbezeichnung, welche die Identifikation des gemeinten Gegenstandes nicht hindert, sondern ihm nur eine falsche Herkunft zuspricht. Das zeigt auch die Gleichstellung mit dem irrigen Motiv, das die Identifikation des Bedachten nicht hindert, ihm aber ein Verdienst zuspricht, das er nicht hat.[90]

Die Regel ist auch aus Sicht der klassisch-formalen Wissenschaftstradition gut zu begründen. Die Strenge des Servius, der aus sprachtheoretischen Gründen nur die in der ihnen unmittelbar anhaftenden Bedeutung verwendeten Worte für wirksam erachtete,[91] steht der Aufrechterhaltung der Legate nicht entgegen.[92] Wie der Servius-Schüler Alfen 5 *dig.* D. 35,1,27 lehrt, schadet ein sprachlicher Fehler bei der Bestimmung nicht, solange es möglich bleibt, die wahre Vorstellung des Erblassers von dem Gegenstand festzustellen.[93] Demgegenüber darf nach der bei Celsus 19 *dig.* D. 33,10,7,2 überlieferten Lehre des Servius ein für die Bestimmung eines Vermächtnisgegenstandes ausschlaggebender Gattungsbegriff nicht nach dem eigenwilligen Sprachgebrauch des Erblassers erweitert werden.[94] Während also eine fehlerhafte, aber für die Identifikation doch hinreichend deutliche *demonstratio* berichtigt werden kann, wird individuelle Willkür bei der Bezeichnung abgelehnt.

§ 20. *A legatario legari non potest.*

§ 21. *Legatum ab eo*[a] *tantum dari potest, qui ⟨ex testamento heres est⟩*[b]*; ideoque filio familiae herede instituto vel servo, neque a patre neque a domino legari*[c] *potest.*

a) so Sav (VS 5, 101); Til, Hg^3: *Legatum ei*
Ms. Vat.: ursprünglich *ab eo*, dann *ab* vom Leser des 16. Jhdts. gestrichen und *eo* zu *ei* verändert. So auch zutreffend Bluhme (ed. Strauch Nr. 31). Sch: ursprünglich *ei* statt *ab eo*. Ch 1578 [230v]: *Legatum ei tantum dari*

die hier geforderte Verwendung des *ut* zu ungewöhnlich wäre. Das im Rahmen einer entsprechenden Konstruktion unmittelbar vorangegangene *cum* läßt die Emendation Cujaz' (1658, Sp. 339, Anm. 15; ihr folgt Grosso, St. Bonfante 2, S. 191) als überzeugender als die Vorschläge von Hugo und Schulz erscheinen; letzterer erwägt (Epitome, S. 54 mit Hinweis auf das Gai Apographum ed. Studemund, S. 276) eine falsch aufgelöste Abkürzung *lic.*

90 Zu dieser klassischen Motiv-Lehre zuletzt Behrends, Fs. Wacke, S. 40 f.

91 Näher dazu oben S. 74 und 112; vgl. ferner S. 382, 397 und 475.

92 Zur Unterscheidung zwischen *falsa demonstratio* und *falsa causa* Grosso, Legati, S. 474 f.; ders., St. Bonfante 2, S. 190 f.

93 Alfen 5 *dig.* D. 35,1,27: *respondit* (scil. Servius), *si intellegeretur, quod … voluisset is qui testamentum fecisset, tametsi in scriptura mendum esset, tamen ad id, quod ille se demonstrare animo sensisset, fieri debere.*

94 Celsus 19 *dig.* D. 33,10,7,2: *si ea, de quibus non ambigeretur, quin in alieno genere essent, … supellectili quis adscribere solitus sit, non idcirco existimari oportere supellectili legata ea quoque contineri: non enim ex opinionibus singulorum, sed ex communi usu nomina exaudiri debere.*

potest, qui ⟨extraneus est⟩. Ideoque; Cui (Par. 1586): *legatum ab eo tantum dari potest, qui ⟨ex sua persona heres est⟩*; Hg[5]: *ei*

b) so Hg[1]. Ursprünglich Lücke im Ms. Vat.; von einer Hand des 16. Jhdts. eingetragen: *extraneus est.* Hg[2-5]: *qui ⟨extraneus est⟩, ideoque*; Sch, Mu ergänzen: *⟨heres scriptus est⟩*; Hu, Kr: *⟨heres institutus est⟩*; Gn: *qui ⟨testamento heres scriptus est⟩*; Sav (VS 5, 101): *⟨ex sua persona heres est⟩*

c) Ms. Vat.: *ligari*

Der Vermächtnisnehmer kann nicht mit einem Vermächtnis beschwert werden.

Mit einem Vermächtnis kann nur jemand beschwert werden, der aufgrund des Testaments Erbe ist; also darf, wenn ein Haussohn oder ein Sklave zum Erben eingesetzt ist, weder der Vater noch der Eigentümer mit einem Vermächtnis beschwert werden.

Nur der im Testament eingesetzte Erbe kann mit einem Legat beschwert werden.[95] Es ist unzulässig, einen Legatar zu beschweren oder denjenigen, dem die Erbschaft nur darum zufällt, weil der Eingesetzte in seiner *potestas* ist. Es handelt sich um Regeln, aus denen sich Strukturelemente des testamentarischen Erbrechts ergeben. Den Grundsatz des § 20 bringt Gaius 2,260 a.E. sowie 2,271 am Anfang, aber (ähnlich wie hier in Tit. 25,10 a.E.) jeweils im Zusammenhang mit der Darstellung des weniger strengen Fideikommißrechts. Die Regel des § 21 findet sich bei Gaius nicht. Während es in der Frage der Erbeinsetzungsfähigkeit bei der Einsetzung eines Gewaltunterworfenen auf die *testamenti factio* mit dem Gewaltinhaber ankommt (Tit. 22,9), weil diesem der Nachlaß ja zufällt, stellt der Text hier mit Rücksicht auf den Formalismus des Testamentsrechts darauf ab, daß eine Beschwerung nur dem *heres scriptus* auferlegt werden kann.

§ 22. *Heredi a semet ipso legari*[a] *non potest.*

a) Ms. Vat.: *ip*[ein Zeichen ausradiert, vielleicht *o*]*so ligari*

Dem Erben kann zu seinen eigenen Lasten kein Legat ausgesetzt werden.

Der Bedachte kann nicht zugleich der Beschwerte sein. Bedeutung hat dieser Grundsatz beim Vorausvermächtnis.[96] Einem Erben kann ein Vermächtnis nur zulasten eines Miterben zugewandt werden.[97] Die Regel wird auch bei Florentin

95 Kaser, RP 1, S. 746. Savigny, Ulpian 1801, Bl. 107 r rechtfertigt die Emendation zu *ex testamento* (aus Hugo[1]) durch den Sprachgebrauch in Ulpian 4 *ad Sab.* D. 28,6,8,1, der eine ähnliche Abgrenzung betreffend die Substitution enthält. Vgl. Abdy/Walker, Rules, S. 415, Fn. 3.

96 Savigny, Ulpian 1801, Bl. 107 r.

97 Honsell/Mayer-Maly/Selb, Röm. Recht, S. 458; Biondi, NNDI 13, S. 624.

11 *inst.* D. 30,116,1 mitgeteilt: *Heredi a semet ipso legatum dari non potest, a coherede potest.* Florentin teilt mit, daß das insoweit ungültig zugewandte Vermächtnis ggf. den Mitlegataren anwächst.[98] Woher der Inhalt stammt, ist nicht näher bekannt.[99] Bei Gaius steht der Satz nicht. Die entsprechende Überlieferung bei Florentin deutet darauf hin, daß die Regel Gemeingut im Elementarschrifttum gewesen sein dürfte.

§ 23. *Ei, qui in potestate, manu mancipiove est scripti heredis, sub condicione legari*[a] *potest, at requiratur*[b], *quo tempore dies legati*[c] *cedit, in potestate heredis non sit.*

a) Ms. Vat.: *conditione legari* (Mk aus *ligari*)
b) Ms. Vat., Hg⁵, Kr: *ut requiratur*; Til, Ch 1578 [230 v], Sg: *sed requiritur* ⟨*ut*⟩ *quo tempore*; Sch: *requiratur,* ⟨*an*⟩
c) Ms. Vat.: *i* ist Mk aus *e*; *ti* ist Mk anstelle zweier ausradierter Buchstaben, davon der erste mit Unterlänge. Bluhme meint, dort könne *legato* gestanden haben (Strauch Nr. 31).

Demjenigen, der in der väterlichen Gewalt, der ehelichen Gewalt oder in der *mancipium*-Gewalt des eingesetzten Erben steht, kann man unter einer (aufschiebenden) Bedingung ein Vermächtnis aussetzen, aber es wird gefordert, daß er zum Zeitpunkt des Vermächtnisanfalls nicht (mehr) in der Gewalt des Erben ist.

Der Text ist im Zusammenhang mit dem Vorangegangenen zu verstehen. Der Legatar darf beim Anfall des Legats (*dies cedens*) nicht mehr in der Gewalt des Erben stehen. Teilweise wird vermutet, daß das *requiratur* für eine offene Frage stehe (»es wird gefragt, ob«).[100] Für die von Schulz in diesem Sinne vorgeschlagene Ergänzung eines »*an*« könnte die Parallele zu Inst. 2,20,32 sprechen: *sub condicione vero recte legatur, ut requiramus, an, quo tempore dies legati cedit, in potestate heredis non sit.* Die Ähnlichkeit mit diesem Satz könnte zu der Annahme führen, daß ein Zusammenhang besteht, daß also unsere Stelle oder ein verwandter Text in den Institutionen benutzt worden sein könnte.[101] Näher liegt allerdings, daß mit der Gewaltfreiheit eine besondere Geltungsvoraussetzung genannt ist (*requiratur* = »es ist erforderlich«).[102] Dafür spricht nämlich, daß eine mit *requiratur, an* wieder-

98 Entsprechend Ulpian 21 *ad Sab.* D. 30,34,11.
99 Schönbauer, Iura 12 (1961), S. 152.
100 Diese Aussage wird durch die Ergänzung des *an* bei Schulz hergestellt. Entsprechend übersetzen Abdy/Walker, Rules, S. 415, allerdings unter Beibehaltung des überlieferten Wortlauts: »so that the question to be asked will be whether ...«.
101 Schulz, Epitome, S. 54.
102 So die Grünberger Übersetzung: »doch nur unter der Voraussetzung, daß ...«; Spruit/Bongenaar: »in die zin dat de betrokkene niet ...«; Muirhead: »but it is requisite ...«; Scott: »it shall be required that ...«; Tejero: »bajo condición, exigiendo que no se encuen-

gegebene Frage – abweichend vom Grundsatz des *liber singularis* – keine subsumtionsfähige Regel bilden würde.

Von dieser Annahme ausgehend ist weiter zu fragen, ob sich die Geltungsvoraussetzung auf *sub condicione* oder auf *requiratur* bezieht. Wenn sie von *condicione* abhinge, die Gewaltfreiheit also selbst die *condicio* wäre, erschiene die Satzkonstruktion (*sub condicione ut requiratur*) als verdächtig umständlich. Die *condicio* kann aber auch deswegen nicht darin bestehen, daß die Gewaltfreiheit bis zum *dies cedens* eingetreten ist,[103] weil sonst Gewaltfreiheit und *dies cedens* zusammenfielen, was – anders als in § 31 a.E. – hier durch die Satzkonstruktion ausgeschlossen ist. Es muß sich also um irgendeine andere jeweils gesetzte Bedingung handeln, die hier nicht genannt ist.[104] Daß neben dem Bedingungseintritt zusätzlich die zwischenzeitlich erlangte Gewaltfreiheit erforderlich ist, verlangt nach einer Einleitung des *requiratur* mit »aber«. Dem trug die Emendation Dutillets zu *sed* Rechnung. Als geringerer Eingriff näherliegend bietet es sich demgegenüber an, *at* statt *ut* zu lesen.

Die verwandte Stelle Gaius 2,244 gibt eine Schulenkontroverse wieder. Servius hält das Legat für gültig, wenn der Betreffende entweder bei Lebzeiten des Testators oder, wenn es aufschiebend bedingt ist, vor Eintritt der Bedingung aus der Gewalt entlassen wird. Sollte unsere Stelle also zum Ausdruck bringen, daß auch ein unbedingtes Legat unter dieser Voraussetzung gültig wäre, so gäbe sie die Ansicht des Servius wieder. Das tritt im Text aber nicht eindeutig hervor. Die Sabinianer halten nur das aufschiebend bedingte Legat für gültig, weil die Wirksamkeit in diesem Fall nicht vom Todeszeitpunkt abhängen soll. Die Prokulianer meinen dagegen, es sei auch unter einer Bedingung nicht gültig, weil man Gewaltunterworfenen weder bedingt noch unbedingt schulden könne. Hier könnte also ausnahmsweise der Standpunkt in den Text eingegangen sein, den nach Gaius' Mitteilung die Sabinianer vertreten.

§ 24. *Ei, cuius in potestate, manu mancipiove est heres scriptus, legari*[a] *potest.*

a) Ms. Vat.: *legari* (Mk aus *ligari*) *non potest*; La, Bö, Sch: *non* Glosse; es ist schon im Ms. Aur. und bei Cuj (Par. 1586) weggelassen. Hu: *legari* ⟨*potest etiam sine condicione; si tamen heres ab eo factus sit, legatum consequi*⟩ *non potest.*[105]

Demjenigen, in dessen väterlicher Gewalt, ehelicher Gewalt oder *mancipium*-Gewalt der eingesetzte Erbe steht, kann ein Vermächtnis ausgesetzt werden.

tre bajo el poder del heredero …«; Ponssa: »bajo condición, requiriéndose como tal, que al tiempo …«.

103 In diesem Sinne übersetzen aber Scott, Civil law, S. 248 f.; Štaerman, VDI 1971, S. 202.

104 So auch Inst. 2,20,32.

105 Das *non* muß gestrichen werden, wie es seit dem Auredanischen Manuskript geschieht. Vgl. Savigny, Ulpian, 1801, Bl. 107 r; ders., VS 5, S. 102. Huschkes Emendation beruht auf der Annahme eines homoioteleutischen Ausfalls. Diese Lösung ist als zu weit gehende Konstruktion abzulehnen.

Ausführlicher ist die Darstellung des Stoffes bei Gaius 2,245. Er berichtet, es stehe fest (*constat*), daß der eingesetzte Erbe mit einem Vermächtnis zugunsten seines Gewalthabers belastet werden dürfe; ebenso Inst. 2,20,33. Gaius teilt zusätzlich mit, das Legat erlösche, wenn der Eingesetzte beim Erbschaftsantritt noch in der Gewalt des Legatars stehe.

§ 25. *Sicut singulae res legari*[a] *possunt, ita universarum quoque summa*[b] *legari potest, ut puta* ⟨*hoc*⟩[c] *modo: ›heres meus cum Titio hereditatem meam partitor*[d], *dividito‹; quo casu dimidia pars bonorum*[e] *legata videtur: potest autem et alia pars, velut tertia vel quarta, legari*[f]. *quae species ›partitio‹* ⟨*vocatur*⟩[g].

a) Ms. Vat.: Mk aus *ligari*
b) Hu: *summa* ⟨*id est pars*⟩
c) Hg[5], Kr, Sch; fehlt im Ms. Vat.; Til: *ut puta Mevius heres meus*
d) so Sg, Hg[5], La, Kr; Ms. Vat., Til, Sch: *partito*
e) Ms. Vat.: nach *bonorum* Lücke
f) Ms. Vat.: *ligari*
g) Lücke im Ms. Vat., aber nichts radiert; von anderer Hand *appellatur* eingesetzt;[106] so auch Til, Sg, Hg[5], Hu, Gn, Kr

Ebenso wie einzelne Sachen vermacht werden können, kann auch eine Menge aus einer Sachgesamtheit vermacht werden, wie z.B. auf diese Weise: ›Mein Erbe soll mit Titius meinen Nachlaß teilen, aufteilen‹; in diesem Fall ist offensichtlich die Hälfte der Güter vermacht. Es kann aber auch ein anderer Anteil, etwa der dritte oder der vierte Teil, vermacht werden. Diese Vermächtnisart wird ›Teilung‹ genannt.

Beim Teilungsvermächtnis wird dem Erben aufgegeben, die Erbschaft in einem bestimmten Verhältnis mit dem Legatar zu teilen.[107] Schon Publius und Quintus Mucius sowie Servius kannten das *legatum partitionis* in der Formulierung: *heres meus cum Titio hereditatem meam partitor* (oder *dividito*).[108] Das *legatum partitionis* ermöglichte insbesondere letztwillige Zuwendungen an Frauen unter Berück-

106 Die Ergänzung stammt vielleicht aus dem 16. Jahrhundert. Pithou fand sie schon vor (Handexemplar Brachylogos-Ausgabe, S. 244). Gaius 2,54 liest *vocatur*.

107 Metro, Labeo 9 (1963), S. 291; Stiegler, RE, Suppl. 11 (1968) s. v. Partitio legata, Sp. 1033-1049.

108 Cicero *pro Cluent.* 7,21; vgl. *pro Caec.* 4,12; *de leg.* 2,20,50; Labeo 2 *post. a Iav. ep.* D. 32,29,1. Manthe, SC Pegasianum, S. 55, Fn. 8 sieht darin, daß der Text *nach* den vier *genera legatorum* (Tit. 24,2) hier zusätzlich noch das Teilungsvermächtnis bringt, ein Indiz dafür, daß das Regelwerk das gaianische System übernommen, aber nicht konsequent durchgehalten habe. Wahrscheinlich ist der Redaktor aber davon ausgegangen, daß das *legatum partitionis* keinen eigenen Vermächtnistyp bildet, sondern ein Unterfall des Damnationslegats ist; vgl. Kaser, RP 1, S. 745.

sichtigung der Einschränkungen der *lex Voconia* (169 v. Chr.).[109] Die Funktionen des *legatum partitionis* wurden allerdings schon in der Klassik weitgehend vom Universalfideikommiß übernommen.[110]

Wenn der Text das Zugewandte nicht sogleich als Anteil (*pars*) bezeichnet, sondern als Menge (*summa*), dann handelt es sich um ein Systematisierungsmerkmal. Mit *summa* soll der Gegensatz zum Vermächtnis über Einzelsachen herausgestellt werden. Dieser Gegensatz entspricht der Gliederung, die der Text zwischen dem Erwerb von *singulae res* und der *universitas rerum* aufweist (s. vor Tit. 19,1). Im Verhältnis zum Gesamtnachlaß, der eine *universitas rerum* ist, ist die *summa* eine Teilmenge, und darum einerseits *pars*,[111] andererseits selbst wiederum eine Gesamtheit.[112] In dem Gegensatz zwischen *singulae res* und *universitas rerum* tritt ein Element der systematischen Begrifflichkeit zutage, die durch Servius' Einfluß in die Stoffordnung des Edikts eingegangen ist (s. näher bei Tit. 19,2). Gaius 2,254, der das *legatum partitionis* beim Erbschaftsfideikommiß, nämlich im Zusammenhang mit dem auf Pegasus und Pusio zurückgehenden Senatsbeschluß behandelt, nimmt auf die genannte Systematik nicht Bezug. Er spricht durchgehend von der *pars*, ohne besonders zum Ausdruck zu bringen, daß es sich dabei um eine Vermögensgesamtheit handelt.

Wenn unser Text schließlich feststellt, diese »*species*« des Legats werde »*partitio*« genannt, dann gibt er weitere Hinweise auf die Herkunft des Stoffes aus der Tradition der frühen klassischen Wissenschaft, die auch Gaius enthält.[113] Mit der *species* nennt der Text ein Strukturelement jener Gliederungsmethode, die Servius in das Zivilrecht einführte.[114] Auch der Ausdruck *partitio* weist auf Servius hin,

109 Dieses Gesetz hatte bestimmt, daß Frauen nicht von Erblassern der ersten Zensusklasse zu Erben eingesetzt werden durften. Vgl. Tellegen-Couperus/Tellegen, TR 66 (1998), S. 65 ff.; Weishaupt, Lex Voconia, S. 92 ff. Dagegen konnten ihnen Legate zugewendet werden, solange sie nur nicht mehr erhielten als der Erbe. Es kam daher in der Folge öfter vor, daß eine Frau neben dem eingesetzten Erben ein Vermächtnis über die Hälfte des Nachlasses erhielt; Manthe, DNP 7 (1999) s. v. Legatum, Sp. 4. Ein Beispiel eines partiarischen Legats ist das der Murdia zugunsten ihrer Tochter. Dazu Rudorff, ZRG 9 (1870), S. 308 f. Rudorff meint, es handele sich, wenn die Tochter begünstigt sei, um eine Art »Abfindung« aus der Erbfolge.

110 Grosso, Legati, S. 273; Honsell/Mayer-Maly/Selb, Röm. Recht, S. 487 f.

111 Schulz, Epitome, S. 55 hat an der Wortwahl der Stelle insoweit Anstoß genommen, als die *summa* hier gleichzeitig als *pars* bezeichnet werde. Beide Ausdrücke beziehen sich aber auf unterschiedliche Komplementärbegriffe: *summa* auf den Gegensatz zur *res singula*, *pars* auf den zur *universitas*. Für *summa* als »Einzelbetrag« vgl. Ulpian 46 *ad Sab.* D. 45,1,29 pr.

112 Vgl. das VIR 5, Sp. 868. Im Zweifel richtet sich die Teilung auf die Hälfte (*pars dimidia*); vgl. Ulpian 15 *ad Sab.* D. 50,16,164,1; Ulpian 7 *reg.* D. 7,1,43 (s. unten S. 470, Fn. 116).

113 Gaius 2,254: *quae species legati partitio vocatur, quia cum herede legatarius partitur hereditatem.*

114 Die Systematisierung des Rechts auf Grundlage von *genera* und *species* kennzeichnet die *ars iuris* des Servius. Vgl. ausführlicher oben S. 100-103.

denn die Bezeichnung der vollständigen Untergliederung eines Begriffs als *partitio* entstammt derjenigen Terminologie, die für Servius' Lehre verbindlich ist.[115]

§ 26. *Usus fructus legari*[a] *potest iure civili*[b] *earum rerum, quarum salva substantia utendi fruendi potest esse facultas; et tam singularum rerum, quam plurium*[c], *id est partis*[d].

§ 27. *Senatus consulto cautum est, ut etiamsi*[e] *earum rerum, quae*[f] *in abusu continentur, ut puta vini, olei, tritici, ususfructus legatus sit, legatario res tradantur, cautionibus interpositis de restituendis eis, cum ususfructus ad legatarium pertinere desierit.*

a) Ms. Vat.: *ligari*
b) Til, Pesnot (1553): *Usus fructus iure civili legari potest…*
c) Ms. Vat.: *plurimum*
d) Ms. Vat.: *id est patissi nato consulto*; Cuj (1658): *etiam partis*; Hg[5], Kr: *item*
e) Hg[5]: *etiam, si*
f) Ms. Vat.: *quam*

Der Nießbrauch kann nach Zivilrecht an den Sachen vermacht werden, an denen die Möglichkeit zur Nutzung und Fruchtziehung unter Bewahrung der Substanz bestehen kann; und sowohl an einzelnen Sachen, als auch an mehreren, also einer Teilmenge.
Durch einen Senatsbeschluß ist bestimmt worden, daß, auch wenn an solchen Dingen, die zum Verbrauch bestimmt sind, wie etwa Wein, Öl oder Weizen, der Nießbrauch vermacht worden ist, die Sachen dem Vermächtnisnehmer übergeben werden sollen, nur soll Sicherheit geleistet werden wegen ihrer Zurückerstattung, sobald der Nießbrauch dem Vermächtnisnehmer nicht mehr zusteht.

§ 26 enthält den Grundsatz, daß der Nießbrauch zivilrechtlich Gegenstand eines Vermächtnisses sein kann. Die Mitteilung, daß der Nießbrauch bestehen kann *tam singularum rerum, quam plurium, id est partis*, nimmt Bezug auf den Gegensatz zwischen Einzelgegenständen und Sachgesamtheiten, die ihrerseits in Teilmengen (*partes*) zerlegt werden können.[116]

115 Sie ist insbesondere dokumentiert bei Cicero *Top.* 5,28 und 8,33. Für den Zusammenhang mit der servianischen *ars iuris* vgl. *Brut.* 41,152: *quae doceret rem universam tribuere in partis.* Näher dazu oben S. 88-90.

116 Vgl. die Dogmatik der teilbaren *universitas rerum* in § 25.
Schulz erwägt, daß *id est partis* eine Glosse zu *plurium* sein könnte. Auch wenn man mit »neueren Herausgebern« (Hugo in der 5. Auflage und Krüger) *item* statt *id est* lese, sei die Fassung zu knapp, weil man nicht erkenne, ob *pars rei* oder *bonorum* gemeint ist. Savigny, Ulpian 1801, 107 v verteidigt dagegen die Wendung mit Hinweis auf § 25, weil sie den Gegensatz zu den Einzelsachen unterstreiche. Tatsächlich leuchtet gerade nach dem Voran-

In § 27 wird der Quasi-Nießbrauch behandelt.[117] Der Senatsbeschluß geht auf die frühe Kaiserzeit zurück.[118] Er führte für Sachen, die durch ihren bestimmungsgemäßen Gebrauch aufgezehrt werden und die deswegen für den Nießbrauch nicht in Betracht kamen, einen Quasi-Nießbrauch ein (vgl. Inst. 2,4,2). Dabei erhält der Quasi-Usufruktuar an den Sachen volles Eigentum und haftet dem Beschwerten aus der *cautio usufructuaria* auf Rückübereignung der gleichen Summe oder Menge. Es handelt sich also bei wirtschaftlicher Betrachtung um ein Kreditverhältnis, in dessen Rahmen eine Sicherheit gestellt wird, aus der nach dem Tod des Usufruktuars Wertersatz geleistet wird. Die Beispiele beziehen sich auf die Villenwirtschaft, die mit Oliven- und Weinanbau einen besonders ertragreichen Landwirtschaftszweig bildete.

§ 28. *Civitatibus omnibus, quae sub imperio populi Romani*[a] *sunt, legari potest; idque a divo Nerva introductum, postea a senatu auctore Hadriano*[b] *diligentius constitutum est.*

a) so Cuj, Kr; Ms. Vat., Til.: *praetoriani*; Ch 1578 [231 r]: *P Romani*; Hg[5]: *imperio P. Romani sunt*
b) Ms. Vat.: *adriano*

Zugunsten aller Städte, die im römischen Reich liegen, kann man Vermächtnisse aussetzen, und das ist vom vergöttlichten Nerva eingeführt und später vom Senat auf Betreiben Hadrians im einzelnen festgesetzt worden.

Obgleich die peregrinen Städte vom Edikt wie Privatrechtssubjekte behandelt wurden[119] und damit klagen und verklagt werden konnten, waren sie vom erbrechtlichen Erwerb grundsätzlich ausgeschlossen, weil eine *civitas* als nur gedachte Rechtseinrichtung nicht in der empirischen Welt existiert, so daß sie die für den

gegangenen ein, daß die *pars* (also ein Bruchteil des Nachlasses) eine Summe ist, und damit etwas anderes als eine *res singula*, der sie hier entgegengesetzt ist. Die Ausdrucksweise begegnet auch bei »Ulpian« 7 *reg.* D. 7,1,43: *Etiam partis bonorum usus fructus legari potest. si tamen non sit specialiter facta partis mentio, dimidia pars bonorum continetur.*

117 Gaius 7 *ad ed. prov.* D. 7,5,2 spricht vom *quasi usus fructus*, andere Quellen vom *ususfructus irregularis.*

118 Windscheid/Kipp, Pandektenrecht, § 206 Anm. 2; Crifò, Quasi-Usufrutto 1, S. 170 u. 180 f. Mit Hinweis auf Cicero *Top.* 3,17 meint Puchta, es habe den Quasi-Nießbrauch schon bei Cicero gegeben; Kl. Schriften, S. 214 f. Dagegen ist aber einzuwenden, daß der dortige *ususfructus bonorum* keine vertretbaren Sachen betrifft, sondern eine *cella*. Dies war zumindest ein Lager, dessen Bestand im Laufe der Zeit ausgetauscht wurde, oft sogar ein regelrechter Betrieb: In der *cella vinaria* oder *olearia* wurde ja u.U. auch produziert; vgl. Olck, RE, 6. Hb. (1899) s. v. Cella, Sp. 1875; Ulpian 17 *ad Sab.* D. 7,8,10,4.
Zu dem Senatsbeschluß vgl. Ulpian 18 *ad Sab.* D. 7,5,1; Paulus 3 *ad Sab.* D. 33,2,1; Pomponius 5 *ad Sab.* D. 35,2,69.

119 Darauf bezieht sich Gaius 3 *ad ed. prov.* D. 50,16,16: *civitates privatorum loco habentur.*

Erbschaftserwerb erforderlichen Handlungen aus sachlogischen Gründen nicht vornehmen konnte.[120] Es bedurfte daher einer besonderen Verleihung der passiven Legatsfähigkeit für römische Testamente, die, wie die Stelle berichtet, auf ein Edikt Nervas zurückgeht.[121] Der Grundsatz wurde in einem durch Hadrian initiierten Senatsbeschluß näher geregelt.[122] Die Regelung könnte mit der Stadtentwicklungspolitik der Antoninen zusammenhängen. Wahrscheinlich handelt es sich um das *SC Apronianum* (s. bei Tit. 22,5). Für eine Identität spricht zunächst die auch bei Paulus überlieferte Wendung *omnibus civitatibus, quae sub imperio populi Romani sunt*, die sich offenbar an den Wortlaut des Senatsbeschlusses anlehnt.[123] Der Senatsbeschluß muß eine detaillierte Regelung (*diligentius*) der mit der Einsetzungsfähigkeit von Gemeinden verbundenen Probleme enthalten haben: danach blieb ihnen die Fähigkeit, als Erbe eingesetzt zu werden, weiterhin versagt. Ausnahmen galten für die Erbeinsetzung durch die eigenen Freigelassenen sowie allgemein für fideikommissarische Erbschaften.

Der Text führt den Grundsatz auf die Regelungen Nervas und Hadrians zurück, weil er auf der Vorstellung beruht, daß die praktische Brauchbarkeit der Regel die Angabe der zugrundeliegenden Rechtsquelle erfordert. Das Weglassen des *divo* vor *Hadriano* kennzeichnet die konservierende Arbeitsweise des Redaktors und erlaubt keine weiteren Rückschlüsse.

§ 29. *Legatum, quod datum est, adimi potest vel eodem testamento, vel codicillis*[a] *testamento confirmatis; dum tamen eodem modo adimatur, quo modo datum est.*

a) Ms. Vat.: *codicellis*

Ein Vermächtnis, das ausgesetzt worden ist, kann man entweder in demselben Testament oder in testamentarisch bestätigten Kodizillen entziehen, wenn es nur auf dieselbe Weise entzogen wird, in der es gegeben worden ist.

In § 29 bis § 31 werden Strukturregeln mitgeteilt, für die die Gaius-Institutionen keine korrespondierende Darstellung enthalten. Der Widerruf eines Legats kann im Testament oder in einem testamentarisch bestätigten Kodizill erfolgen. Dabei müssen die bei der Bestellung gewählten Worte mit einem negativen Zusatz wiederholt werden (»*non do non lego*«).[124]

120 S. näher bei Tit. 22,5.

121 Vgl. Spagnuolo Vigorita/Marotta, SR 2,3, S. 123.

122 Müller-Eiselt, Pius, S. 233, Fn. 85. Es handelt sich möglicherweise um einen Fall, in dem der Kaiser die Rechtsfortbildung betrieb, nachdem dem Prätor wegen der Endredaktion des Edikts diese Möglichkeit genommen war; Honoré, Emperors, S. 15 f. Für Marcian 13 *inst.* D. 30,117 ist die Gültigkeit selbstverständlich (*omne valet*). Ebenso Paulus 3 *reg.* D. 30,122 pr. Offenbar Pius erstreckte die Fähigkeit zum Empfang von Vermächtnissen auf die *vici* nach dem Vorbild der *civitates*; Gaius 3 *de leg. ad ed. praet.* D. 30,73,1.

123 Paulus *lb. sg. de sen. cons.* D. 36,1,27; vgl. Voci, DER 1, S. 401.

124 Vgl. bei Tit. 2,12.

§ 30. *Ad heredem legatarii legata non aliter transeunt, nisi si iam die legatorum cedente legatarius decesserit.*

§ 31. *Legatorum*[a], *quae pure vel in diem certum relicta sunt, dies cedit antiquo quidem iure ex mortis testatoris tempore; per legem autem Papiam Poppaeam*[b] *ex apertis tabulis testamenti; eorum vero, quae sub condicione relicta sunt, cum condicio*[c] *extiterit*[d].

a) Ms. Vat.: *legatarium*
b) Ms. Vat.: *po*[ein Zeichen, wohl *p*, ausradiert]*peam papeam*
c) Ms. Vat.: *conditio*
d) Ms. Vat.: *exteterit*

Auf den Erben des Vermächtnisnehmers gehen Vermächtnisse nur dann über, wenn der Legatar nach Verstreichen des Anfalltermins der Vermächtnisse verstorben ist.
Bei Vermächtnissen, die ohne nähere Bestimmung oder auf einen bestimmten Tag vermacht sind, tritt der Anfall nach altem Recht mit dem Todeszeitpunkt des Testators ein; aufgrund der *lex Papia Poppaea* aber mit der Testamentseröffnung; bei denen aber, die unter einer Bedingung hinterlassen sind, wenn die Bedingung eintritt.

Es geht um den Erwerb des Vermächtnisses und im besonderen um den *dies cedens.* Nachdem der *dies cedens* früher der Todeszeitpunkt des Erblassers gewesen war, fiel er seit der *lex Papia* auf den Zeitpunkt der Testamentseröffnung.[125] Wird das Legat für einen bestimmten Termin ausgesetzt, dann wird es zwar erst nach dessen Eintritt fällig, das Vermächtnis fällt dem Legatar aber beim Tod des Testators bzw. zur Zeit der Testamentseröffnung an und ist damit vererblich.[126] Ist dagegen dem Legat ein unbestimmter Termin (*dies incertus*) oder eine Bedingung beigefügt, dann ist *dies cedens* erst der Eintritt dieser Bedingung oder des Termins.[127] Der einzige unsichere Zeitpunkt, der eine Ausnahme bildete, war der Todeszeitpunkt des Testators. Ein Vermächtnis, das auf diesen Zeitpunkt ausgesetzt wurde, wurde als unbedingt angesehen und sofort erworben. Wenn dagegen auf ein anderes unsicheres Datum Bezug genommen wurde, auch wenn dessen Eintritt sicher erwartet werden konnte (z.B. der Tod eines Dritten), wurde das Legat nur erworben, wenn der Legatar dann noch lebte. Das Vermächtnis stand insofern also unter einer Bedingung.[128]

125 Die Neuerung der *lex Papia* wird nur hier und in C. 6,51,1,1c (a. 534) erwähnt. Die Regel gilt nur im Falle der Erbenmehrheit; Kaser, RP 1, S. 716 u. 752. In der erhaltenen Fassung von Ulpian 20 *ad Sab.* D. 36,2,5 wird sie nicht genannt, weil Justinian nämlich wieder das alte Recht herstellte; C. 6,51,1,1c.

126 Ulpian 20 *ad Sab.* D. 36,2,5 pr.

127 Ulpian 20 *ad Sab.* D. 36,2,5,2; vgl. Paul. Sent. 3,6,7.

128 Papinian 34 *quaest.* D. 35,1,75: *dies incertus condicionem in testamento facit.*

§ 32. *Lex Falcidia iubet, non plus quam dodrantem totius patrimonii legari*[a], *ut omnimodo quadrans integer apud heredem remaneat.*

a) Ms. Vat.: nach *legari* ein oder zwei Zeichen ausradiert

Die *lex Falcidia* ordnet an, daß nicht mehr als drei Viertel[129] des Gesamtvermögens vermacht werden dürfen, so daß jedenfalls ein Viertel vollständig dem Erben verbleibt.

Der Schluß des 24. Titels behandelt das Recht der *lex Falcidia.* Wie dieser Text teilt Gaius 2,227 mit, daß die Legate dem Beschwerten nicht mehr als drei Viertel des Nachlasses nehmen dürfen.

§ 33. *Legatorum*[a] *perperam solutorum repetitio non*[b] *est.*

a) Hu: *Legatorum* ⟨*per damnationem*⟩ wg. Gai. 2,283
b) Ms. Aur., Hg[1]: *repetitio est*

Wegen versehentlich erfüllter Vermächtnisse besteht kein Rückforderungsrecht.

Die Rückforderung dessen, was aus Versehen zur Erfüllung einer Legatsforderung geleistet wurde, ist nicht möglich. Entsprechend schließt Gaius 2,283 die Rückforderung aus, wenn auf ein Damnationslegat *ex falsa causa* zuviel geleistet wurde oder wenn die Leistung nicht geschuldet oder sonst aufgrund Irrtums erfolgt war. Demgegenüber beschränkt sich unser Text darauf, von einer »versehentlich« erfolgten Leistung zu sprechen.[130] Die Verwendung des im Vergleich zum *error* technisch weniger anspruchsvollen *perperam* tritt auch bei den Ulpian nahestehenden Spätklassikern Marcian und Papinian auf.[131] Diese Wortwahl gewährleistet, daß der Text mit einer im Verhältnis zu Gaius einfacheren Formulierung der Regel alle einschlägigen Fälle erfaßt, denn es kommt im Kern auf eine Leistung des Nichtgeschuldeten an, die nur praktisch auf irgendein Versehen zurückzuführen sein wird. Ein *error* ist dabei nicht erforderlich.[132] Gaius' Ausdrucksweise tritt in Inst. 3,27,7 wieder auf, wo die Rückforderung wegen der Leistung einer Nichtschuld *per errorem* behandelt wird, ohne daß der Irrtum ein selbständiges Tatbestandsmerkmal ist.

129 Die Grünberger Übersetzung überträgt unverständlicherweise mit: »nur den Vortheil des gesammten natürlichen Vermögens ...«.

130 Vgl. die Nachweise im OLD S. 1350 s. v. *perperam* b.

131 Vgl. Marcian 3 *reg.* D. 12,6,40 pr und Papinian 8 *quaest.* D. 13,5,9. Besonders bei Papinian 4 *resp.* D. 23,4,26,1 tritt der Unterschied zum *error* hervor: Dort wird eine *dos* versehentlich (*perperam*) geleistet. Dieses Verhalten führt derselbe Text anschließend auf einen *vir ... lapsus errore* zurück: Entscheidend ist also das Fehlverhalten (*labi*). Vgl. Schönberger, Lat. Phraseologie, S. 51 (*labi per errorem*).

132 Vgl. Papinian 8 *quaest.* D. 13,5,9: *Titius tamen indebiti condictione tenebitur, ut quod ei perperam solutum est ei qui solvit reddatur.*

Der Zusammenhang mit dem Vorangegangenen, der bei Gaius zerrissen ist, spricht dafür, daß es hier speziell um den Fall einer Zahlung geht, die das von der *lex Falcidia* dem Erben zugemutete Höchstmaß überschritten hat. Der Erbe soll nicht zurückfordern können, was er über diese Grenze hinaus geleistet hat.[133] Im *liber singularis regularum* sind öfters die Regelungen bestimmter Gesetze für sich dargestellt. Daher wird hier vermutlich zum Ausdruck gebracht, daß jedenfalls die *lex Falcidia* keine Rückforderung begründet. Diese Annahme findet eine Stütze in Ulpian 16 *ad Sab.* D. 12,6,2 pr, wo die Rückforderung nur deswegen möglich ist, weil im Einzelfall ein zusätzliches *negotium* vorliegt; der Tatbestand der *lex Falcidia*, die dort ausdrücklich behandelt ist, hätte kein Rückforderungsrecht begründet.[134]

b.) Tit. XXV ›De fideicommissis‹
Über die Fideikommisse

§ 1. *Fideicommissum est, quod non civilibus verbis, sed precative[a] relinquitur[b], nec ex rigore iuris[c] civilis proficiscitur, sed ex voluntate datur relinquentis[d].*

a) Duaren: *verbis relinquitur*[135]
b) Ms. Vat.: *relinquetur*
c) Ms. Vat.: *iure*
d) Ms. Vat.: *relinquentes*

Ein Fideikommiß ist, was nicht mit Worten des Zivilrechts, sondern bittweise hinterlassen wird, und nicht aus der Strenge des Zivilrechts herrührt, sondern durch den Willen des Hinterlassenden gegeben wird.

Der Text knüpft hier an die systematische Definition des Fideikommisses in Tit. 24,1 an. Während sich beim Vermächtnis die Strenge des Zivilrechts in der

133 Weiss, Institutionen, S. 576.

134 Der Ausschluß der Rückforderung in unserem Text ist mit dem Hinweis auf abweichende Digestenstellen angezweifelt worden; Gothofredus, ed. 1663, Sp. 113, Anm. r. Sofern aber tatsächlich im einzelnen Rückforderungsrechte bestanden haben, dann aufgrund ganz anderer Rechtsquellen, nämlich bestimmter späterer Reskripte Hadrians (Ulpian 16 *ad Sab.* D. 12,6,2,1) und Pius' (Papinian 28 *quaest.* D. 12,6,3).

135 Das *sed precative* fehlt bei Duaren, advers. Baronem (ed. 1550), S. 297: Ulpianus in libro veteri (cuius supra meminimus) *Fidei commissum*, inquit, *est quod non civilibus verbis relinquitur nec ex rigore Iuris civilis proficiscitur, sed ex voluntate datur relinquentis. Verba fideicommissorum in usu haec sunt, Committo, Peto, Volo dari, & similia.* Savigny, ZGR 1 (1815), S. 319 f. und Cramer, ZGR 1 (1815), S. 296 werten es als Hinweis auf eine weitere Handschrift, die Duaren hatte. Unter den von Savigny zutreffend festgestellten Abweichungen ist aber nur der Ausfall des *sed precative* bemerkenswert; alles andere dürften Emendationen gegenüber dem Wortlaut des vatikanischen Manuskripts sein. Die Abweichungen stützen die Annahme einer Abhängigkeit des Duaren-Textes von dieser Handschrift.

Befehlsform äußert, bildet das ein Fideikommiß begründende Element nicht die Wortwahl,[136] sondern der Wille des Testators. Maecian, ein Berater Marc Aurels, erklärt, daß es bei zweifelhaftem Ausdruck auf den Willen ankommen solle: *sententia spectanda est.*[137] Servius hatte die Relevanz des Willens auch beim Legat zugestanden (*sententiam aspici oportere*), doch in einem sehr engen Rahmen, nämlich ausschließlich dann, wenn der unmittelbare Sinn der verwendeten Worte noch eine Mehrdeutigkeit enthielt,[138] und außerdem nur bei der Bestimmung des Vermächtnisinhalts.[139] Von dieser Strenge des Legatsrechts unterscheidet sich das Fideikommiß darin, daß es seine Grundlage in der *voluntas* hat,[140] die losgelöst von der Wortwahl erforscht werden kann (vgl. bei § 3).

Für die Aussetzung eines Legats setzt das *ius civile* bestimmte Worte voraus, nämlich die *verba civilia* (vgl. oben zu Tit. 24,1). Demgegenüber sind *verba precativa* diejenigen, die nicht *civilia* sind. Die Gaius-Institutionen weisen keine Parallele zu dieser Differenzierung auf. Die Dichotomie *verba civilia/verba precativa* als Hauptinstrument der Unterscheidung zwischen Fideikommissen und Legaten wird im Schrifttum gelegentlich für nachklassisch gehalten.[141] Die Ursprünglichkeit der Unterscheidung zeigt sich aber daran, daß *civilis* und *precativus* keine Komplementärbegriffe sind, sondern sich auf ganz unterschiedliche Merkmale beziehen. Im Rahmen dieser Systematisierung werden die entscheidenden Eigenschaften der jeweils zu verwendenden Worte beschrieben. Die Begrifflichkeit geht auf eine rein negative Abgrenzung zurück: Während die Legate als Rechtsinstitute des Zivilrechts im ordentlichen Verfahren klagbar waren, wurden die formlosen Fideikommisse, die außerhalb des *ius civile* standen, erst seit Augustus aufgrund

136 Wegen der Anordnung *directo* oder *per fideicommissum* s. schon oben zu Tit. 2,7.

137 Maecian 12 *fideic.* D. 50,17,96.

138 Celsus 19 *dig.* D. 33,10,7,2: *Servius fatetur* (!) *sententiam eius qui legaverit aspici oportere, in quam rationem ea solitus sit referre.* Die Grenze ist aber der allgemein anerkannte Wortsinn, so daß Gegenstände nicht erfaßt sind, die einer anderen Gattung angehören als derjenigen, die die verwendete Sammelbezeichnung beschreibt: *verum si ea, de quibus non ambigeretur, quin in alieno genere essent, ut puta escarium argentum aut paenulas et togas, supellectili quibus adscribere solitus sit, non idcirco existimari oportere supellectili legata ea quoque contineri: non enim ex opinionibus singulorum, sed ex communi usu nomina exaudiri debere.* Die Beschränkung auf den objektiv feststehenden Wortsinn rührt daher, daß nach Servius' Ansicht nur »spricht«, wer die Worte in der ihnen unmittelbar anhaftenden Bedeutung verwendet: *non videri quemquam dixisse, cuius non suo nomine usus sit.* Dazu näher S. 74 und S. 321. Servius erhob die Berücksichtigung des Willens hier gerade nicht zum Prinzip, sondern machte aus Sicht seiner strengen Lehrmeinung ein Zugeständnis (*fatetur*).

139 Zu der Strenge im Hinblick auf die das Legat konstituierenden Formen s. näher bei Tit. 24,1.

140 Vgl. Inst. 2,20,3.

141 Longchamps de Bérier, Fedecommesso, S. 73 m. Fn. 139 unter Hinweis auf Grosso, Legato, S. 112-122.

außerordentlichen Kaiserrechts durchsetzbar.[142] Gegen den Gedanken, die an die Wortwahl anknüpfende Kategorisierung sei erst nachklassisch, ist im übrigen einzuwenden, daß mit der fortschreitenden materiellrechtlichen Angleichung der Fideikommisse an die Legate die Wortwahl als jeweils charakteristisches Tatbestandsmerkmal an Gewicht verloren hatte; der Hauptunterschied lag längst im Verfahren der jeweiligen Durchsetzung.

§ 2. *Verba fideicommissorum in usu fere*[a] *haec sunt: ›fideicommitto‹*[b]*, ›peto‹, ›volo dari‹ et similia.*

a) Ms. Vat.: *vere*; fehlt bei Duaren
b) so das Ms. Vat., Duaren; Til, Sg: *sunt haec*; Duaren: *Committo*

Für Fideikommisse werden in der Regel diese Worte verwendet: ›Ich lege der Treue ... auf‹, ›Ich wünsche ...‹, ›Ich will, daß ... gegeben werde‹ und ähnliche.

Der Text entspricht Gaius 2,249. Gaius nennt noch zusätzlich *rogo*, während *peto* am Beginn genannt ist. Da es nur Beispiele sind und es auf den Wortlaut gerade nicht ankommt, ist der Abweichung kein sachliches Gewicht beizumessen.[143]

§ 3. *Etiam nutu relinquere fideicommissum in*[a] *usu receptum est.*

a) so das Ms. Vat.; Hg[1-5], Kr: *fideicommissum usu*

Es ist auch in Gebrauch gekommen, ein Fideikommiß durch eine Gebärde zu hinterlassen.

Anstatt durch Worte kann ein Fideikommiß auch durch Kopfnicken (*nutus*) oder entsprechende Gebärde begründet werden. Die Mitteilung *in usu receptum est* zeigt, daß sich die genannte Praxis erst durchsetzen mußte. Der Verfasser der Paulussentenzen überliefert den Satz ohne die einschränkende Bemerkung.[144] Der Satz bezieht sich insofern auf einen Sonderfall, als hier keine *verba* gesprochen werden. Es handelt sich um eine Konsequenz aus dem Grundsatz, daß es letztlich auf den Willen, nicht auf dessen Ausdruck ankommt. Gleichwohl bedeutet die Anerkennung des Fideikommisses aufgrund einer Gebärde keinen Verzicht auf Sprechfähigkeit. Dies beweist der Grundsatz, daß der dauerhaft Stumme (*mutus*) kein Fideikommiß errichten kann, weil er mangels Sprache nicht testierfähig ist.[145] Ps.-Paulus bestätigt dieses Recht, wenn er mitteilt, daß demjenigen, der nur

142 Inst. 2,23,12; Kaser/Hackl, RZ, S. 452; Kunkel/Schermaier, RRG, S. 172; Kaser, RP 1, S. 758 mit Nachweisen.

143 Vgl. allerdings Paul. Sent. 4,1,6, wonach *relinquo* und *commendo* nicht zur Durchsetzbarkeit als Fideikommiß führen.

144 Paulus 4 *sent.* D. 32,21 pr = Paul. Sent. 4,1,6 a.

145 Vgl. § 4 in Verbindung mit Tit. 20,13, wo der Mangel der Testierfähigkeit mit der Unfähigkeit zu sprechen begründet wird.

aus Krankheitsgründen am Sprechen gehindert sei, das *nutu relinquere* möglich sei.[146] Dahinter steht die Vorstellung, daß die Gebärde nur hilfsweise für die grundsätzlich mögliche sprachliche Äußerung steht. Dieser Lehre liegt eine in der klassischen Jurisprudenz fortwirkende Auffassung der skeptischen Philosophie zugrunde, nach der sich die Vernunft des Menschen mit der Sprache ausbildet. Danach ist der Mensch aufgrund seiner Sprechfähigkeit geschäftsfähige Person.[147] Nur bei demjenigen, der in diesem Sinne kommunikationsfähig ist, ist daher das Kommunikationszeichen »Kopfnicken« wirksam.

§ 4. *Fideicommissum*[a] *relinquere possunt, qui testamentum facere possunt, licet non fecerint: nam*[b] *intestatus*[c] *quis moriturus fideicommissum relinquere potest.*

a) Ms. Vat.: *fidei commisso*
b) Kr liest im Ms. Vat.: *nam et*[148]
c) so Til, Hg[5], Sch; Ms. Vat.: *intestatu*; Kr: *intestato*

Ein Fideikommiß können diejenigen hinterlassen, die ein Testament errichten können, auch wenn sie es nicht getan haben, denn (auch) derjenige, der willens ist, ohne Testament zu sterben, kann ein Fideikommiß hinterlassen.

Wer ein Fideikommiß hinterlassen will, muß testierfähig sein.[149] Wer es ist, aber dennoch ohne gültiges Testament stirbt, kann seinen Erben gleichwohl mit einem Fideikommiß beschweren. Die entsprechende Mitteilung bei Gaius 2,270 nennt nicht das Erfordernis der Testierfähigkeit.

§ 5. *Res per fideicommissum relinqui possunt, quae etiam per damnationem legari possunt.*

Diejenigen Sachen können durch Fideikommiß hinterlassen werden, die auch durch Damnationslegat vermacht werden können.

146 Paulus 4 *sent.* D. 32,21 pr: *Nutu etiam relinquitur fideicommissum, dummodo is nutu relinquat,* ***qui et loqui potest****, nisi superveniens morbus ei impedimento sit.* Dazu Küster, Blinde und Taubstumme, S. 107-109, der sich allerdings einer alten, gegen den Schluß *nisi … sit* gerichteten Interpolationsvermutung anschließt und damit die Begünstigung des lediglich Kranken leugnet. Letztere ist aber insbesondere darum überzeugend, weil es zunächst keinen sachlichen Grund dafür gibt, auch denjenigen von der Befugnis zur Verfügung auszuschließen, dessen Genesung in Aussicht steht. Ferner kann die krankheitsbedingte Stummheit viele Erscheinungen des Übergangs bewirken, in denen die Sprache zwar unverständlich, aber im Ansatz doch vorhanden ist. Gerade in diesen Fällen ist die Verfügung mittels Gebärde von praktischer Bedeutung.

147 Behrends, Subjektivität, S. 222 f. mit Nachweisen.

148 Offenbar hielt er das *a* für ein *&*.

149 Vgl. Ulpian 1 *fideicomm.* D. 30,2: *Sciendum est eos demum fideicommissum posse relinquere, qui testandi ius habent.*

Gegenstand eines Fideikommisses können alle Sachen sein, auch solche, die nicht dem Erblasser gehören, sofern sie nur ihrer Art nach überhaupt geleistet werden können (vgl. Tit. 24,8). Dies weist auf die strukturelle Parallele des Fideikommisses zum Damnationslegat hin. Gaius 2,261 u. 262 bezieht den Grundsatz ausführlich auf den Fall, daß sich das Fideikommiß auf eine fremde Sache bezieht.

§ 6. *Fideicommissa dari possunt his, quibus*[a] *legari potest.*

a) so Til, Pesnot (1553), Hg[5], Kr, Gn, Sch; Ms. Vat.: *hi qui legari* (Mk aus *ligari*)

Fideikommisse können denjenigen gegeben werden, denen man ein Vermächtnis aussetzen kann.

Der Ursprung der Fideikommisse lag in dem Bedürfnis nach Zuwendungen an Personen, die nach den Vorschriften des zivilen Erbrechts nicht empfangsberechtigt waren. Nachdem sie zunächst auch Peregrinen zugewandt werden konnten,[150] wurden derartige Anordnungen später verboten, und durch einen von Hadrian initiierten Senatsbeschluß wurde sogar die Einziehung solcher Fideikommisse zugunsten des Fiskus angeordnet (Gaius 2,285).[151] Entsprechendes gilt für Fideikommisse, die dem infolge der *lex Iulia de maritandis ordinibus* empfangsunfähigen *caelebs* oder *orbus* zugute kommen sollen (Gaius 2,286 u. 286 a). Um derartigen Umgehungen entgegenzuwirken, dehnte das *SC Pegasianum* die Kaduzitätsvorschriften auf die Fideikommisse aus.[152] Gegen ein Unterlaufen der Beschränkung richtet sich auch die in § 17 mitgeteilte Regel.

§ 7. *Latini Iuniani fideicommissum capere possunt, licet legatum capere non possint.*

Die *Latini Iuniani* können ein Fideikommiß annehmen, obwohl sie ein Vermächtnis nicht annehmen können.

Die Verwendung von *capere* gegenüber dem *dari* (§ 6) deutet auf eine technische Bedeutung im Sinne der in den augusteischen Ehegesetzen geregelten Annahmebeschränkungen hin: Der *Latinus Iunianus* war mangels *capacitas* am Erwerb eines Legats wie auch einer Erbschaft gehindert, ebenso wie der *caelebs* (Tit. 17,1). Den aufgrund der augusteischen Ehegesetze Erwerbsunfähigen war inzwischen

150 Die Zuwendung an Peregrine wird einer der Hauptzwecke des *fideicommissum* gewesen sein; vgl. Bürge, Privatrecht, S. 80.

151 Wenger (Sohm/Mitteis/Wenger, Institutionen, S. 629, Fn. 7) meint, Hadrian habe den Ausschluß der Peregrinen auch vom fideikommissarischen Erwerb angeordnet, und das Fideikommiß damit dem zivilrechtlichen Rechtskreis angegliedert. Gaius 2,285, auf den er sich beruft, läßt aber erkennen, daß das Verbot selbst schon früher als der hadrianische Senatsbeschluß ergangen war.

152 Kaser, RP 1, S. 759.

auch die Annahme von Fideikommissen verboten worden (§ 6). Entsprechend gibt den Grundsatz Gaius 2,275 wieder, der aber zusätzlich mitteilt, der *Latinus Iunianus* sei *directo iure* am *capere* gehindert.[153] Das bedeutet, daß die Beschränkung auf (hier: gesetzlich begründetem) *ius civile* beruht und sich nicht auf die Fideikommisse erstreckt, die auf Sonderrecht zurückgehen (vgl. bei § 1). Daher ist der *Latinus Iunianus* an der Annahme eines Fideikommisses ausnahmsweise nicht gehindert.

§ 8. *Fideicommissum et ante heredis institutionem, et post mortem heredis, et codicillis*[a] *etiam non confirmatis testamento dari potest, licet legari*[b] *non possit.*

a) Ms. Vat.: *codicelli*
b) so das Ms. Vat., Til, Hg[5], Sch; Kr: *legari* ⟨*ita*⟩; Hu: ⟨*ita*⟩ *legari*

Ein Fideikommiß kann sowohl vor der Erbeinsetzung als auch nach dem Tode des Erben als auch durch Kodizille, selbst wenn diese nicht durch Testament bekräftigt sind, gegeben werden, während ein Vermächtnis so nicht ausgesetzt werden könnte.

Das Fideikommiß setzt, weil es nicht den Regeln des zivilen Erbrechts unterliegt, dessen Formerfordernisse nicht voraus. Mit der knappen Ausdrucksweise *licet legari non possit* ist demgegenüber gemeint, daß das betreffende Vermögen auf die beschriebene Weise nicht im Wege eines Vermächtnisses zugewandt werden könnte.[154] Gaius 2,270a sagt zumindest auch, daß Fideikommißkodizille nicht bestätigt werden müssen.

Mit *post mortem heredis* ist gemeint, daß das Fideikommiß erst nach dem Tod des Erben wirksam werden soll.[155] Auf diese Weise ist es möglich, das Vermögen nacheinander mehreren Generationen zukommen zu lassen (s. unten § 11).[156] Demgegenüber bezieht sich *ante heredis institutionem* auf die Anordnung in der Urkunde, nicht auf die Ausführung.

§ 9. *Item Graece*[a] *fideicommissum scriptum valet, licet legatum Graece*[b] *scriptum non valeat.*

a) Ms. Vat.: *grece*
b) Ms. Vat.: *grece*

Ebenso ist ein auf Griechisch geschriebenes Fideikommiß gültig, obgleich ein auf Griechisch geschriebenes Vermächtnis nicht gültig wäre.

153 Der *Latinus Iunianus* hatte aufgrund der *lex Iunia* keine *capacitas*; vgl. bei Tit. 17,1.
154 Entsprechend in der Rückschau auf das klassische Recht Inst. 2,20,35 (vgl. Tit. 24,15 u. 16).
155 So Papinian 8 *resp.* D. 36,1,59 pr: Die Erben sollen ihre Erbteile nach ihrem Tod der *colonia Beneventanorum* zukommen lassen; vgl. Longchamps de Bérier, Fedecommesso, S. 68.
156 Kaser, RP 1, S. 760.

Während alle Rechtsgeschäfte, die als Bestandteil des *proprium ius civile* ein Vorrecht römischer Bürger und sonst zugelassener Personen sind, die Verwendung der lateinischen Sprache voraussetzen, ist dies bei anderen Geschäften nicht der Fall.[157] So können Fideikommisse, wie auch Gaius 2,281 mitteilt, auf Griechisch errichtet werden. Nach Ulpian 2 *fideicomm.* D. 32,11 pr können sogar auch sonstige Sprachen, wie etwa Punisch und Gallisch, verwendet werden.[158] Daß der *liber singularis* diese Möglichkeit hier nicht nennt, kann wahrscheinlich nicht nur damit begründet werden, daß er sich auf die in Rom praktischen Fragen beschränkt. Er bringt offenbar eine gegenüber Ulpian restriktivere Ansicht zum Ausdruck. Ein Hinweis auf eine ältere Lehre ergibt sich für die Stipulation aus Ulpian 48 *ad Sab.* D. 45,1,1,6, der berichtet, Sabinus habe sich dafür ausgesprochen, daß nicht nur das Griechische, sondern auch andere Sprachen verwendet werden könnten.[159] Daraus läßt sich auf eine Gegenansicht schließen, die nur die beiden Reichssprachen für zulässig hielt. Für sie kommt eine Herkunft aus der klassisch-prokulianischen Tradition in Betracht. Das Fideikommißrecht des Regelwerks könnte unter dem Einfluß dieser Lehre stehen.

§ 10. *Filio, qui in potestate est, servove heredibus institutis, seu*[a] *his legatum sit, patris vel domini fidei committi potest, quamvis ab eo legari*[b] *non possit.*

a) Til, Pesnot (1553): *seu ⟨si⟩ his*
b) Ms. Vat.: *ligari*

Wenn ein gewaltunterworfener Sohn oder ein Sklave zum Erben eingesetzt worden ist oder ihm ein Vermächtnis ausgesetzt worden ist, dann kann man dem Vater oder Eigentümer ein Fideikommiß auferlegen, obgleich man ihn mit einem Vermächtnis nicht beschweren könnte.

Diese Regel, die Gaius nicht mitteilt, steht im Kontrast zu dem zivilrechtlichen Grundsatz, daß nur der eingesetzte Erbe mit einem Legat belastet werden darf (Tit. 24,21), indem sie zuläßt, daß der Gewalthaber des Eingesetzten mit einem Fideikommiß beschwert wird. Allerdings erwirbt der Gewalthaber den Nachlaß unmittelbar durch den Antritt der Erbschaft, zu dem er auch ermächtigen muß.

157 So konnte z.B. die Stipulation (mit Ausnahme der *sponsio*) auf Griechisch vorgenommen werden, da sie zum *ius gentium* gehört. Vgl. Gaius 3,93; Kaser, RP 1, S. 540.

158 Grosso, Legati, S. 114.

159 Ulpian 48 *ad Sab.* D. 45,1,1,6: *utrum hoc usque ad Graecum sermonem tantum protrahimus an vero et ad alium, Poenum forte vel Assyrium vel cuius alterius linguae, dubitari potest. et scriptura Sabini, sed et verum patitur, ut omnis sermo contineat verborum obligationem.* Gegen die in einigen Handschriften abweichend von der Florentina überlieferte Lesart *dubitari potest ex scriptura Sabini* (vgl. die ed. maior) ist nicht nur der Vorrang der lectio difficilior einzuwenden, sondern auch, daß es ungewöhnlich wäre, wenn Ulpian die kommentierte Sabinusschrift pauschal als Anlaß für seine Zweifel genannt hätte, ohne wenigstens den Standpunkt des Sabinus zu nennen.

§ 11. *Qui testamento heres institutus est, codicillis*[a] *etiam non confirmatis rogari potest, vel*[b] *ut hereditatem totam vel ex parte*[c] *alii restituat, quamvis*[d] *directo heres institui ne quidem confirmatis codicillis*[e] *possit.*

a) Ms. Vat.: *codicellis*
b) Va, Kr: *potest, ut*
c) Ms. Vat.: *partem*
d) Til: *quamvis* ⟨*ex*⟩ *directo*
e) Ms. Vat.: *codicellis*

Wer durch Testament zum Erben eingesetzt ist, kann auch durch nicht testamentarisch bekräftigte Kodizille gebeten werden, entweder den ganzen Nachlaß oder einen Teil davon einem anderen herauszugeben, obgleich man einen Erben förmlich einsetzen nicht einmal in bestätigten Kodizillen kann.

Durch Fideikommiß kann dem Erben auferlegt werden, den Nachlaß ganz oder teilweise weiterzugeben. Das Universalfideikommiß kann auch in einem nicht durch Testament bestätigten Kodizill angeordnet werden, weil es auf kaiserlichem Sonderrecht beruht und damit nicht den Formerfordernissen des zivilen Erbrechts unterworfen ist.[160] Zivilrechtliche Wirkungen können dagegen nur durch testamentarisch bestätigte Kodizille ausgelöst werden, weil diese wie Teile des Testaments angesehen werden.[161] Nur die Erbeinsetzung ist auf diesem Wege nicht möglich. Mit der Formulierung *directo … institui* nimmt der Text auf den Gegensatz zwischen *ius directum* und *fideicommissum* Bezug und teilt mit, daß die Voraussetzungen, die das strenge, formelle Recht für die Erbeinsetzungen vorsieht, auch durch bestätigte Kodizille nicht erfüllt werden.[162] Die Stelle enthält eine prägnante, regelhafte Formulierung des Stoffes, den in umgekehrter Reihenfolge Gaius 2,273 mitteilt.

§ 12. *Fideicommissa non per formulam petuntur, ut legata*[a], *sed cognitio est Romae quidem consulum aut praetoris, qui ›fideicommissarius‹*[b] *vocatur; in provinciis vero praesidum*[c] *provinciarum.*

a) Ms. Vat.: Mk aus *ligata*
b) so bereits Duaren (1550)[163]; Ms. Vat., Hg[5]: *fideicommisso*
c) so Duaren (1550); Ms. Vat.: *praesidibus*

160 Pugliese, Istituzioni, S. 682; Weiss, Institutionen, S. 571.

161 Gaius 11 *ad leg. Iul. et Pap.* D. 29,3,11; Kaser, RP 1, S. 694. Ebenso wie die Durchsetzbarkeit der Fideikommisse (s. bei § 1) geht die Anerkennung der Kodizille auf Augustus zurück; Inst. 2,25 pr; Longchamps de Bérier, Mél. Kupiszewski, S. 206 f.; Weiss, Institutionen, S. 571.

162 Wenn das klassische Testamentsrecht im Kontrast zum Fideikommißrecht als *ius directum* oder *rectum* bezeichnet wird, dann wird es zunächst nicht als »direktes«, sondern als strenges, formelles Recht charakterisiert; Behrends, Prinzipat, S. 64 und oben bei Tit. 2,7. Vgl. oben S. 479.

163 Die bei Duaren adv. Baronem ed. 1550, S. 296 f. aus einer Handschrift zitierte Stelle gibt

> Fideikommisse werden nicht im Formularprozeß eingeklagt, wie Vermächtnisse, sondern es findet ein Kognitionsverfahren statt, in Rom vor dem Konsul oder dem Prätor, der Fideikommiß-Prätor genannt wird, in den Provinzen aber vor den Statthaltern.

Fideikommisse wurden in der außerordentlichen Gerichtsbarkeit durchgesetzt,[164] nämlich seit Claudius in Rom – je nach Höhe der Summe[165] – bei den Konsuln oder dem *praetor fideicommissarius*, in den Provinzen beim jeweiligen Statthalter.[166] Der Rechtsschutz besteht in den Formen des Kognitionsverfahrens.[167] Entsprechend unterscheidet Gaius 2,278 den Formularprozeß von der Rechtsverfolgung vor dem Konsul oder dem *praetor fideicommissarius*, ohne allerdings das Kognitionsverfahren ausdrücklich zu nennen.[168] Das Fehlen des Ausdrucks *cognitio* könnte mit Quadrato damit zu erklären sein, daß Gaius dieses Verfahren aus dem Programm seines Werks ausschließen wollte, das im Aktionenrecht nur das Legisaktionenverfahren und den Formularprozeß behandelt.[169] Unser Text dagegen beschränkt sich auf die Nennung der *cognitio* und stellt den der Sache nach auch bei Gaius genannten Unterschied prägnanter und damit regelhafter dar.

Wenn Gaius 2,279 mitteilt, daß die *iurisdictio* über Fideikommisse in Rom jederzeit stattfinde, über Vermächtnisse dagegen nur an den festgelegten Gerichtstagen (*cum res aguntur*), dann bezieht er sich auf denselben Gegensatz, denn das Formularverfahren war im Unterschied zu der Rechtspflege der Konsuln und jüngeren Prätoren, die keine Geschworenen einsetzten, an die Geschäftszeit der ordentlichen Gerichte (*actus rerum*) gebunden.[170] Daß das Regelwerk diesen Gesichtspunkt nicht eigens hervorhebt, könnte darin begründet sein, daß Marc Aurel inzwischen die Gerichtszeiten neuen Bestimmungen unterworfen hatte.[171]

den Text des Ms. Vat. mit den beiden im Apparat bezeichneten geringfügigen (und heute einhellig befolgten) Emendationen wieder. Vgl. dazu Savigny, ZGR 1 (1815), S. 319.

164 Ulpian 49 *ad Sab.* D. 50,16,178,2.

165 Quintilian *inst. orat.* 3,6,70; Savigny, Ulpian 1801, Bl. 108 r.

166 CIL VI, 1383; Mommsen, Staatsrecht 2, S. 103 f. Vgl. Sueton *Claudius* 23; Pomponius *lb. sg. ench.* D. 1,2,2,32. Vgl. auch Longchamps de Bérier, Fedecommesso, S. 85, Fn. 158; Jörs, Gerichtsverfassung, S. 40-43.

167 Spagnuolo Vigorita/Marotta, SR 2,3, S. 114.

168 Vgl. Pugliese, NNDI 3, S. 435.

169 Quadrato, Institutiones, S. 57. Es besteht allerdings kein Anlaß dazu, mit Quadrato, S. 59 f. anzunehmen, daß § 12 eine Bearbeitung von Gaius 2,278 sei, die den Gegensatz zwischen dem Formularverfahren und der *cognitio extra ordinem* habe schärfer akzentuieren sollen.

170 Wlassak, RE, 1. Hb. (1894) s. v. Actus 4), Sp. 332.

171 SHA *Marcus* 10; Ulpian 4 *de omn. trib.* D. 2,12,1; Ulpian 5 *ad ed.* D. 2,12,2; Wlassak, RE, 1. Hb. (1894) s. v. Actus 4), Sp. 334. Soweit Ulpian 5 *ad ed.* D. 2,12,2 die Neuregelung auch auf die Fideikommißangelegenheiten bezieht, ist die Mitteilung wahrscheinlich nicht authentisch, weil der *actus rerum* für den *praetor fideicommissarius* gerade nicht verbindlich war; Behrends, Geschworenenverfassung, S. 161, Fn. 26.

§ 13. *Poenae*[a] *causa*[b] *vel incertae personae ne quidem fideicommissa dari possunt.*

a) Ms. Vat.: *paene*
b) Lücke im Ms. Vat. nach *causa*, dort sind etwa 5 Zeichen (wohl nochmals: *causa*) ausradiert. Til ergänzt *certae*

Zur Strafe oder zugunsten einer unbestimmten Person können nicht einmal Fideikommisse gegeben werden.

Die Zuwendung eines Fideikommisses zu Strafzwecken war unzulässig, was auch Gaius 2,288 berichtet.[172] Das Fideikommiß zugunsten einer unbestimmten Person[173] oder zugunsten des *postumus* eines anderen war, wie Gaius 2,287 berichtet, ursprünglich erlaubt gewesen,[174] wurde aber durch einen Senatsbeschluß *auctore divo Hadriano* nach dem Vorbild der Legate und Erbeinsetzungen verboten. Wenn der *liber singularis regularum* diese Entwicklung hier verschweigt, weicht er von dem sonst befolgten Grundsatz ab, die Rechtsquellen offenzulegen. Dies schafft Raum für die Vermutung, daß die kurze, undifferenzierte Fassung der Stelle auf einen Eingriff des Epitomators zurückgeht.

§ 14. *Is*[a], *qui rogatus est alii restituere hereditatem, lege quidem Falcidia ⟨locum⟩*[b] *non habente, quoniam non plus*[c] *puta quam dodrantem restituere rogatus est, ex Trebelliano*[d] *senatus consulto restituit, ut ei et in eum dentur actiones, cui restituta est hereditas. lege autem Falcidia interveniente, quoniam plus*[e] *dodrantem vel etiam totam hereditatem restituere*[f] *rogatus sit*[g], *ex Pegasiano*[h] *senatus consulto*[i] *restituit, ut*[j] *deducta parte quarta ipsi*[k], *qui scriptus est heres*[l], *in*[m] *ipsum actiones*[n] *conserventur; is autem, qui recipit hereditatem, legatarii loco*[o] *habeatur.*

a) Ms. Vat.: *his*
b) so Til, Ch 1578, Hg[5], Kr, Sch; fehlt im Ms. Vat.
c) Ms. Vat.: kleine Lücke nach *plus*, aber nichts radiert.
d) Ms. Vat.: *tribelliano*
e) Til, Hg[5]: *plus ⟨quam⟩ dodrantem*
f) Ms. Vat.: *restituhere*
g) Hu: *est*
h) Ms. Vat.: *pecatiano*
i) Ms. Vat.: *consultu*
j) so das Ms. Vat., Cuj (Par. 1586), Sav (VS 5, 102); Til, Cuj (1566, Aur. 1586): *vel*
k) Ms. Vat.: *ipse*

172 Die Ergänzung des *certae* ist sachlich unbegründet. In diesem Sinne Hugo[5], Anm. 123, S. 83 und Savigny, Ulpian 1801, Bl. 108 r sowie VS 5, S. 102, der *certae* noch für den überlieferten Wortlaut hielt.

173 Zur *incerta persona* s. bei Tit. 22,4 u. 24,18.

174 Gaius 2,287: *incertae personae vel postumo alieno.*

l) Til, Hg$^{1-2}$: *heres ⟨hereditatem restituat, et⟩ in*; Sav (VS 5, 102): ⟨*actiones instituat*⟩
m) so das Ms. Vat.; Til, Hg$^{3-5}$, Kr, Sch: ⟨*et*⟩ *in*
n) Ms. Vat.: *actionis*
o) Ms. Vat.: *locum*

Wenn jemand gebeten worden ist, einem anderen die Erbschaft herauszugeben, und wenn die *lex Falcidia* nicht eingreift, weil er z.B. nicht mehr als drei Viertel herauszugeben gebeten worden ist, so gibt er die Erbschaft nach dem *SC Trebellianum* in der Weise heraus, daß dem und gegen den die Klagen gegeben werden, welchem die Erbschaft herausgegeben worden ist. Wenn aber die *lex Falcidia* eingreift, weil er nämlich mehr als drei Viertel oder sogar die ganze Erbschaft herauszugeben gebeten worden ist, dann gibt er sie nach dem *SC Pegasianum* so heraus, daß nach Abzug eines Viertels für den, der zum Erben eingesetzt ist, gegen denselben die Klagen möglich bleiben, und daß aber der, der die Erbschaft empfängt, wie ein Vermächtnisnehmer behandelt wird.

Es handelt sich um Strukturregeln, die auch bei Gaius 2,255-257 dargestellt werden. Ebenso wie dieser führt unser Text die ineinandergreifenden Bestimmungen im einzelnen auf die zugrundeliegenden Rechtsquellen zurück: Da das Erbschaftsfideikommiß nicht die Erbenstellung verschaffte, gingen Nachlaßschulden und -forderungen ursprünglich nicht auf den Erwerber über. Dieser versprach vielmehr dem Veräußerer durch Stipulation die Freistellung von der Inanspruchnahme durch Dritte, während der Veräußerer dem Erwerber die Herausgabe später erlangter Vermögensvorteile zusagte. Um dabei den Erben von dem Risiko einer später unterbleibenden Freistellung durch den Erwerber zu entlasten,[175] bestimmte das *SC Trebellianum* (56 oder 57 n. Chr.), daß die Klagen für und gegen den Erben nun als *actiones utiles* für und gegen den Erwerber bestehen sollten, und zwar im Verhältnis des Fideikommisses zur Erbschaft.[176] Um dem Erben einen Vorteil der Erbschaft dauerhaft zu belassen (und ihn damit zur Annahme zu bewegen), bestimmte später das *SC Pegasianum* die Anwendung der *lex Falcidia* auch auf Fideikommisse, und gestattete dem Erben, solche Fideikommisse, die mehr als drei Viertel des Nachlaßwertes umfaßten, so zu kürzen, daß ihm ein Viertel der Erbschaft verblieb.[177] Sofern das Fideikommiß einen geringeren Anteil umfaßte, blieb es bei der Regel des *SC Trebellianum.*

175 Zuvor waren die Verfügungen des Erblassers offenbar in vielen Fällen dadurch vereitelt worden, daß der Erbe die Erbschaft ausschlug, um nicht das Risiko der Insolvenz des Fideikommissars tragen zu müssen; vgl. Manthe, DNP 4 (1998), s. v. Fideicommissum, Sp. 505.

176 Kaser, RP 1, S. 762; Savigny, Ulpian 1801, Bl. 108 v. Zum *SC Trebellianum* in diesem Zusammenhang Longchamps de Bérier, SI 34 (1997), S. 107 ff.

177 Gaius 2,254; Manthe, SC Pegasianum, S. 41 ff.; Kaser, RP 1, S. 760, 763; Grosso, Legati, S. 340 ff. Das *SC Pegasianum* stammt aus der Zeit Vespasians; Longchamps de Bérier, SI 34 (1997), S. 132 mit Nachweisen.

§ 15. *Ex Pegasiano*[a] *senatus consulto*[b] *restituta hereditate commoda et incommoda hereditatis communicantur inter heredem et eum, cui reliquae partes restitutae sunt, interpositis stipulationibus ad exemplum partis*[c] *et pro parte*[d] *stipulationum. ›partis*[e] *autem et pro parte*[f] *stipulationes*[g]*‹ proprie dicuntur, quae de lucro et damno communicando solent interponi inter heredem et legatarium partiarium*[h], *id est, cum quo partitus est heres.*

a) Ms. Vat.: *pecatiano*
b) Ms. Vat.: *consultu*
c) Ms. Vat.: *partes*
d) Ms. Vat.: *partes*
e) Ms. Vat.: *partes*
f) Ms. Vat.: *partes*
g) Ms. Vat.: *stipulationis*
h) Ms. Vat.: *partiarum*

Nach dem *SC Pegasianum* werden nach Auslieferung der Erbschaft Vorteile und Lasten der Erbschaft zwischen dem Erben und dem, welchem die übrigen Anteile herausgegeben worden sind, gemeinsam übernommen, wobei Stipulationen nach Art der Stipulation eines Teils oder auf einen Teil geleistet werden. ›Stipulationen eines Teils oder auf einen Teil‹ heißen im eigentlichen Sinne diejenigen, die hinsichtlich gemeinsamer Vor- und Nachteile geleistet zu werden pflegen zwischen dem Erben und dem Vermächtnisnehmer an einem Nachlaßanteil, d.h. dem, mit welchem der Erbe geteilt hat.

Veräußerer und Empfänger schließen Stipulationen ab, wie sie beim Teilungsvermächtnis vorgenommen werden, die nämlich die nachträglich eintretenden Vorteile und Belastungen des Nachlasses nach Maßgabe der Anteile aufteilen.[178] Der Stoff ist noch Teil der Erörterung des *SC Pegasianum* und ist bei Gaius 2,254 und 257 mitgeteilt. Wenn das Regelwerk hier im Unterschied zu Gaius mit *proprie* zum Ausdruck bringt, die »eigentlichen« *stipulationes partis et pro parte* seien die beim Teilungsvermächtnis stattfindenden, dann weist es ein Merkmal der Darstellungsmethode des Servius auf.[179]

178 Schulz, Epitome, S. 57 meint, *id est … heres* sei eine Umformung von Gaius 2,254: *partitio vocatur quia cum herede legatarius partitur hereditatem*; sie sei ungeschickt, weil *legatarius partiarius* der Legatar sei, mit dem der Erbe teilen *soll*, nicht mit dem er geteilt *hat*. Diese Differenzierung kann mangels Quellenbelegen nicht überzeugen.

179 Zur Benennung des Besonderen mit *proprius* als Kennzeichen der Methode des Servius näher S. 100 f. mit Fn. 79 f.; vgl. auch S. 364.

§ 16. *Si heres damnosam hereditatem dicat, cogitur*[a] *a praetore adire et restituere*[b] *totam, ita ut ei et in eum, qui recipit*[c] *hereditatem, actiones*[d] *dentur, proinde*[e] *atque si ex Trebelliano*[f] *senatus consulto*[g] *restituta fuisset. idque ut ita fiat, Pegasiano*[h] *senatus consulto cautum*[i].

a) Ms. Vat., Hg[5]: *cogetur*
b) Ms. Vat.: *restituhere*
c) so das Ms. Vat.; Ma (Brief an Hg 15.1.1816): *recepit*
d) Ms. Vat.: *actionis*
e) Til: *perinde*
f) Ms. Vat.: *tribelliano*
g) Ms. Vat.: *consultu*
h) Ms. Vat.: *pegatiano*
i) Til: *cautum* ⟨*est*⟩.

Wenn der Erbe die Erbschaft als überschuldet bezeichnet, wird er vom Prätor gezwungen, sie anzutreten und ganz herauszugeben, so daß dem und gegen den, der die Erbschaft empfängt, die Klagen gegeben werden, ganz als ob sie nach dem *SC Trebellianum* herausgegeben worden wäre. Und daß dies so geschehen soll, ist vom *SC Pegasianum* bestimmt worden.

Die Regelung des *SC Trebellianum*, die den Erben gegen Zahlungsunfähigkeit des Fideikommissars sichert, findet auch Anwendung, wenn das Fideikommiß zwar mehr als drei Viertel der Erbschaft umfaßt, der Erbe aber behauptet, die Erbschaft sei überschuldet, und daraufhin durch magistratischen Zwang (*iussum praetoris*) zum Antritt veranlaßt werden muß. Diese Sonderregel sieht das *SC Pegasianum* vor.[180] Gaius 2,258 teilt den gleichen Stoff mit und betont ausdrücklich, daß die Klagen unmittelbar aufgrund des *SC Trebellianum* gegeben werden und keine Stipulationen voraussetzen.

§ 17. *Si quis in fraudem tacitam fidem adcommodaverit, ut non capienti fideicommissum restituat, nec quadrantem eum deducere senatus censuit, nec caducum vindicare ex eo testamento, si liberos*[a] *habeat.*

a) im Ms. Vat. sind hier zunächst mehrere Zeichen ausradiert, dann (wohl noch Mk) *liberos* eingesetzt.

Für den Fall, daß jemand zum Zweck der stillschweigenden Gesetzesumgehung der Gewissenhaftigkeit (eines anderen) auferlegt hat, daß dieser einem zur Annahme Unfähigen ein Fideikommiß herausgeben soll, hat der Senat bestimmt,

180 Wenn der Erbe dem Willen des Erblassers mit Rücksicht auf den *ganzen* Nachlaß Folge leisten wollte, empfahl ihm Modestin sogar (*suaserim tamen*), die Erbschaft für damnos zu erklären, weil er dann aufgrund des *SC Trebellianum* wegen allfälliger Forderungen sichergestellt wurde; vgl. Modestin *lb. sg. de heurematicis* D. 36,1,47(45).

daß er weder das Viertel abziehen, noch aus jenem Testament verfallende Erbteile beanspruchen könne, wenn er Kinder hat.

Wenn jemandem, der aufgrund der Kaduzitätsgesetze in der Fähigkeit zur Annahme des letztwillig Zugewandten beschränkt ist,[181] heimlich ein Fideikommiß ausgesetzt ist, dann versagte ein Senatsbeschluß dem an der Gesetzesumgehung mitwirkenden Erben den Abzug der falcidischen Quart[182] sowie die Beteiligung an den verfallenen Erbteilen. Es handelt sich um ein *SC Plancianum*, das spätestens aus der Zeit Hadrians stammen muß, weil das Viertel, das der Erbe nicht zurückbehalten durfte, schon in einem Reskript des Antoninus Pius dem Fiskus zugewiesen wurde (Modestin 9 *pand.* D. 35,2,59,1): *senatus consulto Planciano non conceditur quartam retinere: sed ea quarta, quam non retinuit, ad fiscum pertinet ex rescripto divi Pii.*[183] Das Reskript ist bei Paulus *lb. sg. de tac. fid.* D. 49,14,49 überliefert. Sein Wortlaut ähnelt unserem Text: »*Qui tacitam fidem accommodavit, ut non capienti restitueret hereditatem, si deducta parte quarta restituit, nihil retinere debet. quadrans autem qui heredi imponitur ipsius eripiatur et ad fiscum transferatur.*« Dies zeigt, daß unser Text nur den Inhalt des *SC Plancianum* in regelhafter Form wiedergibt. Daß die Bestimmung des Pius, das Viertel falle an den Staat, nicht in denselben Satz einbezogen wird, entspricht dem öfter im *liber singularis regularum* auftretenden Grundsatz, nach dem auf verschiedene Rechtsquellen zurückgehende Bestimmungen jeweils einzeln dargestellt werden.[184] Der auf das *SC Plancianum* zurückgeführte Satz hat seine Gültigkeit durch den zwischenzeitlich eingeführten Anfall der Güter an den *fiscus*, über den der Text hier schweigt, nicht verloren.

§ 18. *Libertas dari potest per fideicommissum.*

Die Freiheit kann durch Fideikommiß erteilt werden.

Dieser Satz, der gegenüber Tit. 2,9 nichts Neues sagt, leitete wahrscheinlich ursprünglich einen ausführlicheren Abschnitt über das Freilassungsfideikommiß ein. Das ergibt sich zunächst daraus, daß der Redaktor des Regelwerks den gleichen Stoff ausarbeitete wie Gaius, der im Anschluß an die entsprechende Stelle Gaius 2,263 einzelne Grundsätze des Freilassungsfideikommisses darstellt. Auch Licinnius Rufinus 5 *reg.* D. 40,5,16 beginnt mit ähnlichen Worten wie unser Text (*Libertates etiam per fideicommissum dari possunt ...*) und nennt dann die erleichterten Voraussetzungen gegenüber der Freilassung durch Vermächtnis.[185] Die

181 Dazu bei Tit. 15,1.

182 Papinian 15 *quaest.* D. 34,9,11.

183 Vgl. Muirhead, Rules, S. 425.

184 S. oben S. 110 ff.

185 Es scheint nicht ausgeschlossen, daß Licinnius Rufinus, ein Zeitgenosse des Paulus, von dem hier verlorenen Text profitiert hat, zumal es sich um einen *liber regularum* handelt.

Streichung geht wahrscheinlich auf den Epitomator zurück.[186] Er wird sie mit Rücksicht darauf vorgenommen haben, daß die Thematik bereits im Zusammenhang mit dem Freilassungsrecht (Tit. 2,7-12) behandelt worden war.[187]

186 Heimbach, Ulpians Fragmente, S. 24 hält den Text wegen der Wiederholung gegenüber Tit. 2,9 u. 10 für einen Einschub von fremder Hand.

187 Einen hier ursprünglich anschließenden Abschnitt über die fideikommissarische Freilassung vermutet auch Röder, Versuche, S. 91, der dazu neigt, den entfallenen Abschnitt mit Tit. 2,7-12 zu identifizieren. Gegen diese Auffassung spricht, daß der inhaltliche Bruch zwischen Tit. 2,6 und 2,7, wie oben S. 121 und 211-213 gesehen, dadurch zu erklären ist, daß Tit. 2,1-6 auf eine Bearbeitung des Stoffes unter dem Einfluß sabinianischer Lehren zurückgeht. Außerdem ist dagegen der gute Anschluß von Tit. 2,7 an den Schluß von Tit. 1 einzuwenden. S. im einzelnen die Erläuterungen bei Tit. 2,1-6 und Tit. 2,7-12.

17.) Die zivile Intestaterbfolge und die prätorischen Nachfolgeregelungen

Der hier beginnende Abschnitt über das Intestaterbrecht und die prätorischen Regelungen (Tit. 26-29) ist in systematischer Hinsicht hauptsächlich durch den Unterschied zwischen dem auf Zwölftafelsätze und ihre Auslegung zurückgehenden Zivilrecht (Tit. 26 u. 27) und den Regelungen des Edikts (Tit. 28 u. 29) gekennzeichnet.

a.) Tit. XXVI ›De legitimis heredibus‹ Über die gesetzlichen Erben

Die Parallelüberlieferung von Tit. 26,1 in Coll. 16,4 ist überschrieben: *Ulpianus libro singulari regularum sub titulo de legitimis hereditatibus.*

§ 1. *Intestatorum ingenuorum hereditates pertinent*[a] *primum ad suos heredes, id est liberos, qui in potestate sunt, ceterosque, qui in*[b] *liberorum loco sunt, si sui heredes non sunt, ad consanguineos, id est fratres et sorores ex eodem patre; si nec hi sunt; ad reliquos agnatos proximos, id est cognatos virilis sexus, per mares descendentes, eiusdem familiae: id enim cautum est lege duodecim tabularum hac*[c]*: ›si intestato*[d] *moritur, cui suus heres nec*[e] *⟨escit⟩*[f]*, agnatus proximus familiam*[g] *habeto‹*[h].

a) Ms. Vat.: *pertinet*
b) Hg[5]; Sav (VS 5, 102): *qui liberorum loco*
c) so das Ms. Vat.; Til: *ac*
d) so Ms. Vat., Cuj (1586), Sav (VS 5, 102); Til: *Tabularum, ac si intestatus moritur*
e) Ms. Vat.: *nec* [kleine Lücke, aber nichts radiert] *agnatus*
f) so Kr, Gn[1]; Sav (VS 5, 102), Sch: *est*; Til: *cui suus ⟨extabit⟩ haeres, nec agnatus*; Cuj (Par. 1586): *cui suus heres nec ⟨exstabit⟩*; Hg[5]: *sit*
g) Ms. Vat.: *familiae*
h) Ch 1578 [238 v]: *Tabularum, si intestatus moritur, cui nec suus ⟨extabit⟩ haeres, agnatus proximus familiam habeto.*

Der Nachlaß von Freigeborenen, die kein Testament errichtet haben, geht in erster Linie auf die Hauserben über, also die Kinder, die in der väterlichen Gewalt sind, und die übrigen, die an Kindesstelle stehen. Wenn es keine Hauserben gibt, (geht er über) auf die Vaterblütigen, also Brüder und Schwestern vom gleichen Vater; wenn es diese nicht gibt, auf die übrigen nächsten Agnaten, also die männlichen, durch den Mannesstamm verbundenen Blutsverwandten desselben Familienverbandes. Das ist nämlich durch eine Vorschrift der Zwölf

1 Gegenüber der Ergänzung von *est* ist *escit* wegen Coll. 16,4,1 sowie unter dem Gesichtspunkt der lectio difficilior vorzuziehen.

Tafeln so bestimmt worden: ›Wenn jemand ohne Testament stirbt, der keinen Hauserben hat, soll der nächste Agnat den Nachlaß bekommen‹.

Unter den Hauserben *qui in liberorum loco sunt* nennt unser Text die *uxor in manu*, die *filiae loco* steht. Ihr Erbrecht wird durch das *SC Gaetulicianum* (wohl nach 178 n. Chr.) beschränkt, das ihr die Eigenschaft der *sua heres* unter bestimmten Voraussetzungen aberkennt.[2] Diese Einschränkung wird hier nicht genannt. Die Arbeitsweise des Redaktors läßt vermuten, daß der Senatsbeschluß in einem eigenen Satz Erwähnung gefunden hatte, bevor der Epitomator den Text kürzte.[3] An zweiter Stelle stehen die Vaterblütigen (*consanguinei*).[4] Nachdem die Zwölf Tafeln (Tab. 5,4) unterschiedslos die *agnati proximi* in die 2. Klasse gesetzt hatten, hob der Gerichtsgebrauch die *consanguinei* – die ohnehin immer die nächsten Agnaten waren – heraus und machte daraus eine eigene 2. Klasse, während die übrigen Agnaten, zu denen nur Männer gehörten,[5] erst nachrangig zum Zuge kamen.

Die Parallelüberlieferung in Coll. 16,4,1 liest am Anfang statt *ingenuorum: gentiliciorum*. Diese Textvariante ist abzulehnen, weil sie eine Beschränkung des Intestaterbrechts der Zwölf Tafeln auf die Erbfolge unter *gentiles* bedeuten würde.[6] Dies wäre sachlich unrichtig, denn es würde bedeuten, daß das Intestaterbrecht – was historisch unzutreffend ist – nur auf Patrizier Anwendung gefunden hätte, weil die Plebejer keine *gentes* hatten.[7]

§ 1 a. [a]*⟨Si agnatus defuncti non sit, eadem lex duodecim tabularum gentiles ad hereditatem vocat his verbis: ›si agnatus nec escit, gentiles familiam ha⟨bento‹. nu⟩nc*[b] *nec*[c] *gentilicia iura in usu sunt.⟩*

a) Der Text ist ergänzt aus Coll. 16,4, wo er an die Parallelüberlieferung von § 1 anschließt.
b) Ergänzung mit Kr
c) Hu: *nec ⟨gentiles nec⟩ gentilicia iura*; Baviera: *⟨habento. Nunc nec ullus est⟩ heres hinc nec gentilicia*

2 Der Inhalt ist überliefert in § 3 des Berliner Paulusfragments (FIRA 2, S. 427 f.): *Uxor autem, quae in manu mariti erat, olim quidem omnimodo sua heres esset; hodie autem si … non efficitur sua heres propter senatus consultum Gaetulicianum.* Dazu Volterra, Scritti 3, S. 105 f.

3 Wahrscheinlich wurde der Satz zum *SC Gaetulicianum* bei der Anfertigung des Auszugs im Zusammenhang mit der Streichung des anschließenden § 1 a entfernt.

4 Auffällig ist, daß der um regelhafte Kürze bemühte Redaktor unmittelbar mit dem technischen Ausdruck arbeitet (*consanguineos*), während Gaius 3,10 ihn zusätzlich zu Umschreibungen heranzieht (*eodem patre nati … qui etiam consanguinei vocantur*; später nochmals ähnlich für die Geschwisterkinder, *quos plerique etiam consobrinos vocant*). Vgl. Nelson, Stil, S. 85.

5 Vgl. näher bei Tit. 11,4.

6 Nelson, BSL 29 (1999), S. 285.

7 Livius 10,8,9; vgl. Behrends, Handwerk, S. 162; Mommsen, Röm. Staatsrecht 3, S. 66; Kaser, RP 1, S. 54.

Wenn es keinen Agnaten des Verstorbenen gibt, beruft dieselbe Vorschrift der Zwölf Tafeln die Gentilen zur Erbschaft mit den Worten: ›Wenn es keinen Agnaten gibt, sollen die Gentilen den Nachlaß haben‹. Jetzt sind die Gentilrechte aber nicht in Gebrauch.

Ursprünglich hatte das Regelwerk an dieser Stelle den Satz über das gentilizische Erbrecht enthalten, bevor ihn der Epitomator herausstrich.[8] Er zog die Konsequenzen daraus, daß das gentilizische Erbrecht nicht mehr galt. Den Redaktor des *liber singularis* hatte dieser Umstand nicht daran gehindert, die Bestimmung mitzuteilen. Mit der Aufnahme des Satzes wich er zwar von seinem sonst befolgten Grundsatz ab, nur das praktisch anwendbare Recht darzustellen. Er bezeichnete die Gentilrechte allerdings ausdrücklich als außer Gebrauch gekommen,[9] und überließ es – wie sonst – dem Leser des Textes, das anwendbare Recht zu erschließen.[10]

Daß die Mitteilung über das Gentilerbrecht trotz ihrer Gegenstandslosigkeit in dem unserem Text zugrundeliegenden Stoff tradiert worden war, ist ferner mit dem außerordentlichen Prestige der Zwölf Tafeln zu erklären, die diesen Satz (Tab. 5,5) im Anschluß an die Bestimmung über das Agnatenerbrecht enthalten hatten.[11] Auch Gaius 3,17 teilt den Grundsatz als veralteten Stoff mit. Im Unterschied zum *liber singularis,* der sich auf die Feststellung beschränkt, das Gentilerbrecht sei nicht mehr in Gebrauch (*nec ... in usu sunt*), teilt Gaius mit, es sei im Wege der *desuetudo* untergegangen. Durch die Verwendung dieses technischen Ausdrucks gibt Gaius zu erkennen, daß das Gentilerbrecht aus seiner Sicht infolge negativ wirkender Rechtsgewohnheit außer Kraft getreten sei.[12]

§ 2. *Si defuncti[a] sit filius, [b]ex altero filio, mortuo iam, nepos[c] unus vel etiam plures, ad omnes hereditas pertinet, non ut in capita dividatur, sed[d] in stirpes[e], id est, ut filius solus mediam partem habeat et nepotes, quotquot sunt, alteram dimidiam: aequum[f] est enim, nepotes in[g] patris sui locum[h] succedere et eam partem habere, quam pater eorum, si viveret, habiturus esset.*

8 Nelson, Stil, S. 82; ders., BSL 29 (1999), S. 285.

9 Huschke und Baviera sind zu ihren Ergänzungsvorschlägen offenbar dadurch veranlaßt worden, daß sie an dem einzeln stehenden *nec* Anstoß nahmen. Eine Ergänzung ist aber weder aus sachlichen noch aus sprachlichen Gründen gefordert: Das *nec* kennzeichnet hier, auf eine positive Aussage folgend, eine Einschränkung (»aber nicht«). Vgl. die Nachweise im OLD S. 1171 s. v. *neque* 5.

10 S. oben S. 114 f.

11 Neben Coll. 16,4,1 u. 2 vgl. Paulus 4 *sent.* Coll. 16,3,3, Gaius 3,9 u. 3,17 sowie Cicero *de inv.* 2,50,148 mit dem Wortlaut: *Si paterfamilias intestato moritur, familia pecuniaque eius agnatum gentiliumque esto.*

12 Gaius 3,17: *totum gentilicium ius in desuetudinem abiisse.* Für die technische Bedeutung von *in desuetudinem abire* vgl. Ulpian 18 *ad ed.* D. 9,2,27,4. Die Lehre von der negativ wirkenden Rechtsgewohnheit geht auf die klassische Wissenschaft zurück; vgl. näher oben zu *princ.* § 3.

a) so Kr; Ms. Vat., Til, Cuj: *defunctus*; Ch 1578 [238 v]: *Si ⟨ex⟩ defuncto*; Sav (VS 5, 102), Hg[5]: *defuncto*
b) Hg[5], Kr: *⟨et⟩ ex*
c) Ms. Vat.: *nepus*
d) Til: *sed ⟨ut⟩*
e) Ms. Vat.: *stirpe*
f) Ms. Vat.: *Equum*
g) Til: *nepotes patris*
h) Ms. Vat.: *loco*

Wenn der Verstorbene einen Sohn hat[13] und von einem anderen, vorverstorbenen Sohn schon einen Enkel oder auch mehrere, so steht die Erbschaft allen zu, aber nicht so, daß sie nach Köpfen geteilt wird, sondern nach Stämmen, d.h. so, daß der Sohn allein die Hälfte[14] hat, und die Enkel, wieviele sie auch sind, die andere Hälfte. Es ist nämlich angemessen, daß die Enkel an die Stelle ihres Vaters treten und den Anteil haben, den ihr Vater, wenn er lebte, haben würde.

Der Eintritt der Abkömmlinge richtet sich nach dem Stammesprinzip. Ein Ausschluß gradfernerer Verwandter findet nicht statt. Den Stoff teilt auch Gaius 3,7 u. 8 mit, der allerdings sagt, weil die Kinder jeweils an die Stelle ihrer Väter träten, sei es als passender erschienen (*conveniens esse visum est*), den Nachlaß nicht nach Köpfen, sondern nach Stämmen aufzuteilen. Hier drückt sich der *liber singularis* präziser aus: Aus dem Grundsatz der Vererbung nach Stämmen ergibt sich unmittelbar, daß der auf den Stamm entfallende Anteil auch dann innerhalb desselben vererbt wird, wenn dessen unmittelbarer Repräsentant vorverstorben ist.

§ 3. *Quamdiu suus heres[a] speratur heres fieri posse, tamdiu locus agnatis non est; velut si uxor defuncti praegnans sit, aut filius apud[b] hostes sit.*

a) Ms. Vat.: das *s* ist im Wege der Mk ergänzt
b) Ms. Vat.: *aput*

Solange die Hoffnung besteht, daß ein Hauserbe Erbe werden kann, ist für die Agnaten kein Raum, z.B. wenn die Ehefrau des Verstorbenen schwanger ist oder wenn der Sohn bei den Feinden (gefangen) ist.

13 Gegenüber der Emendation des Auredanischen Manuskripts »*ex defuncto*« bevorzugt Savigny »*si defuncto sit filius*«, weil das *ex* wohl aus Versehen gleich zweimal gesetzt worden sei (Savigny, Ulpian 1801, Bl. 110 r.; VS 5, S. 102 mit Hugo[5]). Es ist aber mit Krüger der Genitiv zu vermuten, weil er bei Berücksichtigung von Gaius 3,16 näherliegt. Tit. 29,1 deutet allerdings auf den Dativ hin.

14 *Media* wird im Sinne von *dimidia* verwendet (ebenso unten Tit. 29,1). Schulz meint, diese Ausdrucksweise sei lediglich vor- und nachklassisch; Epitome, S. 58. Nelson hat aber gezeigt, daß sie der klassischen Sprache angehört; Stil, S. 82 mit Hinweis auf Nachweise im ThLL VIII, S. 596, 42 ff.

Den gleichen Stoff enthält mit ähnlicher Ausdrucksweise Modestin 3 *pand.* D. 38,7,5,1: *Quamdiu spes est suum heredem aliquem defuncto existere, tamdiu consanguineis locus non est: puta si defuncti uxor praegnas sit aut defuncti filius apud hostes sit.* Während unser Text von den *agnati* spricht, nennt der Modestintext die *consanguinei.*[15] Im Hinblick auf § 1 ist die Angabe der *consanguinei* genauer, weil diese diejenige Gruppe innerhalb der Agnaten bilden, die als erstes nach den *sui heredes* zur Erbschaft berufen ist. Das Regelwerk spricht ohne diese Unterscheidung von den Agnaten. Dem Redaktor kam es auf die kurze Wiedergabe der Regel an, daß die (in der Seitenlinie verwandten) Agnaten solange nicht berufen sind, wie die konkrete Hoffnung besteht, daß ein Hauserbe auftritt, indem z.B. die Geburt eines *postumus suus* oder die Rückkehr des Haussohnes aus der Gefangenschaft erwartet werden kann. Dabei hat er die *consanguinei* wahrscheinlich darum nicht unter den Agnaten hervorgehoben, um dem Problem auszuweichen, daß die Differenzierung in dem unmittelbar zuvor behandelten Zwölftafeltext nicht auftritt, sondern erst auf dessen Interpretation zurückgeht.[16] Auf die Richtigkeit der mitgeteilten Regel hat diese Vereinfachung keinen Einfluß.

§ 4. *Agnatorum hereditates dividuntur in capita; velut si sit fratris*[a] *filius et alterius fratris duo pluresve*[b] *liberi, quotquot sunt ab utraque parte personae, tot fiunt portiones, ut singuli singulas capiant.*

a) Ms. Vat.: *frater*
b) Ms. Vat.: *plures vel*

Unter den Agnaten werden die Nachlässe nach Köpfen geteilt, z.B. wenn der Sohn eines Bruders und von einem anderen Bruder zwei oder mehrere Kinder vorhanden sind, werden so viele Anteile gebildet, wie auf beiden Seiten Personen sind, so daß jeder einzelne einen einzelnen Teil nimmt.

Gleichnah in der Seitenlinie verwandte Agnaten teilen nicht nach Stämmen, sondern nach Köpfen. Gaius 3,16 schildert den gleichen Stoff, indem er zunächst von der alten Frage berichtet, ob die Aufteilung nach Stämmen oder nach Köpfen erfolgen müsse. Anschließend teilt er mit, daß die Verteilung nach Köpfen schon lange anerkannt sei (*iam dudum placuit*). Diese längst feststehende Regel bringt unser Text in kurzer, prägnanter Form.

§ 5. *Si plures eodem gradu sunt*[a] *agnati, et quidam eorum hereditatem ad se pertinere noluerint, vel antequam adierint, decesserint, eorum pars adcrescit his, qui adierint*[b]*; quod si nemo eorum adierit, ad insequentem gradum ex lege hereditas non transmittitur, quoniam in legitimis hereditatibus successio non est.*

15 Diese Regel des zivilen Erbrechts überliefert ferner Ulpian 8 *ad Sab.* D. 29,2,30,1.
16 Vgl. näher bei § 1 und Tit. 11,4.

a) Hg[5], Kr: *sint*
b) Hg[5]: *adierunt*

Wenn es mehrere in demselben Grade verwandte Agnaten gibt, und einige von ihnen nicht wollen, daß die Erbschaft an sie gelangt, oder wenn sie vor dem Antritt sterben, dann wächst ihr Teil denjenigen an, die antreten. Wenn keiner von ihnen antritt, dann wird die Erbschaft durch das Gesetz nicht auf den nachfolgenden Grad übergeleitet, weil bei der auf Gesetz beruhenden Erbfolge ein Nachrücken nicht stattfindet.

Die zivile Erbfolge sieht keine nacheinander erfolgende Berufung der nächsten und der ferneren Erbanwärter vor. Nur der z.Zt. des Erbfalls nächste Agnat kann Erbe werden; erwirbt er die Erbschaft nicht, etwa infolge alsbaldigen Todes oder Ausschlagung, so wird der Nachlaß erblos.[17] Wenn mehrere gleichrangig die nächsten Agnaten sind, kommt es zur Anwachsung. Daß es keine Sukzession unter den Agnaten gab,[18] weder nach Graden, noch nach Ordnungen, geht möglicherweise auf ein buchstabengetreues Verständnis der Zwölf Tafeln zurück, die in Tab. 5,4 nur den Singular *agnatus proximus* nennen.[19]

§ 6. *Ad feminas ultra consanguineorum gradum*[a] *legitima hereditas non pertinet; itaque soror fratri sororive legitima*[b] *heres fit.*

a) Ms. Vat.: *gradu*
b) Ms. Vat.: *sorori vellegitima*

Über den Grad der Vaterblütigen hinaus erstreckt sich die gesetzliche Erbfolge nicht auf Frauen; daher wird (nur) eine Schwester gesetzliche Erbin des Bruders oder der Schwester.

Die Regel, daß die nicht zu den *consanguineae* gehörenden Frauen von der Intestaterbfolge ausgeschlossen sind, gibt auch Gaius 3,14 u. 23 wieder. Entsprechend lautet Paul. Sent. 4,8,20(22), der den Ausschluß auf das die *lex Voconia* leitende Prinzip zurückführt.[20]

17 Honsell/Mayer-Maly/Selb, Röm. Recht, S. 443.

18 Gaius 3,12 u. 22; vgl. Manthe, DNP 5 (1998), s. v. Intestatus, Sp. 1048. Eine Sonderregelung wurde durch die *SCta Tertullianum* und *Orfitianum* eingeführt: Wenn die Kinder die Erbschaft nicht antreten, soll das *ius antiquum* eingreifen, so daß nun der nächste Agnat berufen ist; Ulpian 11 *ad Sab.* D. 38,17,1,9; Kaser, RP 1, S. 696, Fn. 14.

19 Savigny, Ulpian 1801, Bl. 110 r. Dieser Zusammenhang zwischen Tab. 5,4 »*agnatus proximus familiam habeto*« und dem Ausschluß des Nachrückens fernerer Agnaten klingt in der Überlieferung desselben Stoffes bei Gaius 3,12 an: *Nec in eo iure successio est. ideoque si* ***agnatus proximus*** *hereditatem omiserit vel, antequam adierit, decesserit, sequentibus nihil iuris* ***ex lege*** (scil.: *XII Tabularum*) *competit.*

20 Vgl. die Erläuterungen bei § 1 und Tit. 11,4.

§ 7. *Ad liberos matris intestatae*[a] *hereditas ex lege duodecim tabularum non pertinebat, quia feminae suos heredes non habent; sed postea imperatorum Antonini*[b] *et Commodi oratione*[c] *in senatu recitata id actum est, ut sine in manum*[d] *conventione matrum legitimae hereditates ad filios pertineant, exclusis consanguineis et reliquis agnatis.*

a) Ms. Vat.: *matre intestate*
b) Ms. Vat.: *imp antoninus*
c) Ms. Vat.: *commodio ratione*
d) Ms. Vat.: *manu*

Die Erbschaft einer ohne Testament verstorbenen Mutter stand nach dem Zwölftafelgesetz nicht den Kindern zu, weil Frauen keine Hauserben haben; später aber ist aufgrund einer im Senat vorgetragenen Rede der Kaiser Antoninus und Commodus bestimmt worden, daß auch ohne Eintritt in die eheliche Gewalt die gesetzliche Erbfolge nach den Müttern den Kindern zustehe, bei Ausschluß der Vaterblütigen und der übrigen Agnaten.

Das auf dem Zwölftafelsatz 5,4 beruhende Intestaterbrecht berief Kinder nicht zur Erbfolge nach ihrer Mutter, weil sie nicht deren *sui heredes* waren, wie es der Zwölftafelsatz voraussetzte.[21] Daß die Kinder zivile Erben ihrer intestat verstorbenen Mutter wurden, ging auf das hier behandelte *SC Orfitianum*[22] zurück, das aus dem Jahre 178 stammt.[23]

Mit *Antoninus* bezieht sich die Stelle auf Marc Aurel.[24] Albertario vermutet daher, daß dem Text eine vielleicht noch z.Zt. Marc Aurels geschriebene Schrift zugrundegelegen habe.[25] Wir dürfen aber davon ausgehen, daß wenig später schon der *liber singularis* selbst fixiert wurde.[26] Während die Behandlung des *SC Orfitianum* bedeutet, daß der Text frühestens im Jahre 178 geschrieben worden sein kann, zeigt Tit. 22,34, daß der *liber singularis* insgesamt nach der Konsekration Marc Aurels entstand. Das hier fehlende *divus* dürfte auf eine (für die Datierung bedeutungslose) Nachlässigkeit zurückgehen.[27]

21 Schulz, Epitome, S. 58 bemängelt, das über die Zwölf Tafeln Gesagte sei insofern ungenau, als Kinder aus einer Manusehe ihre *filiae loco* stehende Mutter als Agnaten beerbten. Dagegen ist einzuwenden, daß im Zwölftafelrecht das Leitbild der Manusehe nur für die Patrizier bestand, während die Ehen der Plebejer als manus*freie* Ehen anerkannt waren, bei denen die Frau *res suas* hatte; vgl. XII-Tab. 4,3.

22 Zur Schreibweise Schulz, CRL, S. 227.

23 Ulpian 12 *ad Sab.* D. 38,17,1 pr ff.; Inst. 3,4. Vgl. die Erörterung von Einzelkonstellationen bei Gardner, LCM 12 (1987), S. 52-54. Das Erbrecht der Mutter nach ihren Kindern regelte demgegenüber das *SC Tertullianum*; vgl. § 8.

24 Vgl. Inst. 3,4 pr: *ut liberi ad bona matrum intestatarum admittantur, senatus consulto Orfitiano effectum est, quod latum est Orfito et Rufo consulibus, divi Marci temporibus.*

25 Albertario, BIDR 32 (1922), S. 80.

26 S. oben S. 79 ff. und 94 f.

27 Vgl. Mommsen, ZGR 9 (1870), S. 103.

Ein Senatsbeschluß hat in der Hochklassik Gesetzeskraft: *legis vicem optinet.*[28] Er verdrängt gleichrangiges Recht nach den klassischen Derogationsregeln. Weil der Senatsbeschluß aber kein Gesetz ist, sondern ihm nur Gesetzes*rang* zukommt, hält Schulz den Sprachgebrauch, der das aus den *SCta Orfitianum* und *Tertullianum* (§ 8) entstehende Erbrecht als *hereditas legitima* bezeichnet, für unklassisch.[29] Beide Senatsbeschlüsse begründen aber ziviles Erbrecht.[30] Sie enthalten neue Vorschriften gegenüber dem bisherigen Recht der Intestaterbfolge (*ius antiquum*). Beide werden daher auch bei der Berufung zum Nachlaßbesitz *unde legitimi* berücksichtigt.[31] Das *legitimus* ist damit zu rechtfertigen, daß die neu geschaffene Erbberechtigung in das System des Intestaterbrechts nach den Zwölf Tafeln eingefügt wurde. Sie knüpft an deren Systematik an, wie sich aus der differenzierten Ausdrucksweise ergibt, die deutlich unterscheidet zwischen dem ursprünglichen Inhalt des Zwölftafelsatzes (§ 1) und der späteren Bezugnahme auf die *consanguinei* und die anderen Agnaten.

§ 8. *Intestati filii hereditas ad matrem ex lege duodecim tabularum non pertinet; sed si ius liberorum habeat, ingenua trium, libertina quattuor, legitima heres fit ex senatus consulto Tertulliano, si tamen ei filio neque suus heres sit quive inter suos heredes ad bonorum possessionem*[a] *a praetore vocatur, neque pater, ad quem lege*[b] *hereditas bonorumve possessio cum re pertinet, neque frater consanguineus: quod si soror consanguinea sit, ad utrasque pertinere iubetur hereditas.*

a) Ms. Vat.: *possessione*
b) Ms. Vat.: *legem*

Die Erbfolge nach einem Sohn, der kein Testament hinterlassen hat, steht der Mutter aufgrund des Zwölftafelgesetzes nicht zu; wenn sie aber das Kinderrecht hat, so wird sie, eine Freigeborene bei drei, eine Freigelassene bei vier Kindern, gesetzliche Erbin nach dem *SC Tertullianum*; aber nur, wenn jener Sohn weder einen Hauserben hat, noch einen, der unter den Hauserben vom Prätor zum Nachlaßbesitz berufen wird, noch einen Vater, welchem nach dem Gesetz die Erbfolge oder der Nachlaßbesitz mit Sachgehalt zusteht, noch einen vaterblütigen Bruder. Wenn eine vaterblütige Schwester vorhanden ist, so soll die Erbschaft ihnen beiden zukommen.

28 Gaius 1,4.

29 Schulz, CRL, S. 226 f. Schulz belegt den »unklassischen« Sprachgebrauch mit unserer (von ihm für nachklassisch gehaltenen) Stelle sowie mit § 8 und Paul. Sent. 4,9 (*ad senatus consultum Tertullianum*) u. 4,10. Die Verwendung von *legitimus* in Ulpian 12 *ad Sab.* D. 38,17,1,8 u. 9 (*ad senatus consultum Tertullianum et Orphitianum*) hält er für interpoliert.

30 Vgl. Astolfi, Matrimonio, S. 355.

31 Kaser, RP 1, S. 702. Vgl. FIRA 3, Nr. 61 (Antrag auf Einräumung der *bonorum possessio* am Nachlaß der Mutter aus der Klasse *unde legitimi*), Weiss, Institutionen, S. 534 und Astolfi, Matrimonio, S. 281.

Nach dem Zwölftafelrecht beerbte eine Mutter ihre Kinder nur dann als Agnatin, wenn sie in der *manus* ihres Mannes stand (Gaius 3,24). Der Mutter, die nicht in die *manus* eingetreten war, räumte zuerst Claudius ein gesetzliches Erbrecht nach ihren Kindern ein (Inst. 3,3,1). Zur Zeit Hadrians schuf das *SC Tertullianum* dann ein umfassendes Intestaterbrecht der Mutter nach ihrem Sohn.[32] Sie wird *legitima heres*, wenn sie drei bzw. vier Kinder hat.

Dieses Muttererbrecht wird verdrängt durch einen *suus heres* des Sohnes, durch jemanden, den der Prätor zum Erbenbesitz *inter suos heredes* berufen hat, sowie durch den Vater, dem aufgrund Gesetzes Erbschaft oder *bonorum possessio cum re*[33] zusteht sowie einen vaterblütigen Bruder (*frater consanguineus*).[34] Neben einer vaterblütigen Schwester des Sohnes ist die Mutter dagegen zur Erbfolge berufen.[35] Anderen Verwandten des Erblassers geht die Mutter vor, so nach dem hier dargestellten klassischen Rechtszustand auch dem Bruder des Vaters, neben dem sie seit CTh 5,1,1 (a. 321) nur noch einen von ihrem *ius liberorum* abhängigen Anteil am Nachlaß erhielt.

b.) Tit. XXVII ›De libertorum successionibus vel bonis[a]*‹*

a) Hg[5]: [vel bonis]

Über die Nachfolge oder das Vermögen der Freigelassenen

Die Titelrubrik deutet auf einen unzutreffenden Zusammenhang hin. Der Ausdruck *bona* gehört nämlich in die Terminologie der prätorischen Nachfolgeregelungen. Der nachstehende Text behandelt dagegen das zivile Erbrecht.[36] Der Patron und seine Abkömmlinge sind *heredes legitimi*. Hier wird daher der Stoff des Tit. 26 fortgeführt. Daß die Unterbrechung des Zusammenhangs durch die Titelrubrik verfehlt ist, zeigt sich auch daran, daß § 5 sich wieder auf alle *heredes legitimi* bezieht, und nicht nur auf die Beerbung der Freigelassenen. Schulz vermutet daher zutreffend, daß die Rubrik nachträglich hinzugefügt worden sei.[37] Die *bona libertorum* werden erst im 29. Titel behandelt.

32 Die h. M. geht davon aus, daß der Text des Senatsbeschlusses nur vom *filius* sprach, und erst Justinian die *filia* ergänzte; Vgl. Meinhart, SC Tertullianum, S. 28 ff. Auch die einschlägigen Stellen der Sent. Syr. deuten darauf hin; vgl. Selb, Sententiae, S. 129.

33 Dazu unten bei Tit. 28,13.

34 Hugo, Commentatio de fundamento successionis, S. XXXI.

35 Vgl. Ulpian 13 *ad Sab.* D. 38,17,2,15-19; Paulus *lb. sg. ad SC Tert.* D. 38,17,5,2.

36 Von *bona* spricht überhaupt vornehmlich der Prätor (vgl. *bonorum possessio, missio in bona, venditio bonorum, in bonis esse*); vgl. Kaser, RP 1, S. 377, Fn. 9.

37 Vgl. Schulz, Epitome, S. 59. Zu den apokryphen Titelrubriken s. oben S. 151 f.

§ 1. *Libertorum intestatorum hereditas primum ad suos heredes pertinet; deinde ad eos, quorum liberti sunt, velut patronum, patronam liberosve patroni.*

Die Erbfolge nach ohne Testament verstorbenen Freigelassenen steht zunächst den Hauserben zu; danach denen, deren Freigelassene sie sind, nämlich dem Patron, der Patronin oder den Kindern des Patrons.

Das Intestaterbrecht nach Freigelassenen ist in verschiedener Hinsicht der Agnatenerbfolge der Freigeborenen nachgebildet. Dies kommt im nachfolgenden Text mehrfach zum Ausdruck. Die Aussage dieser Stelle enthält knapper Ulpian 14 *ad Sab.* D. 38,16,3 pr: *Intestato liberto mortuo primum suis deferri hereditatem verum est: si hi non fuerint, tunc patrono.* In unserem Text sind mit den *liberi* nicht nur die Kinder des Patrons gemeint, sondern auch gradfernere Abkömmlinge.[38]

§ 2. *Si sit patronus et alterius patroni filius, ad solum patronum*[a] *hereditas pertinet.*

§ 3. *Item patroni filius patroni nepotibus obstat.*

a) Ms. Vat.: *patrum*

Wenn ein Patron vorhanden ist und der Sohn eines weiteren Patrons, so steht die Erbschaft allein dem Patron zu.
Ebenso schließt der Sohn eines Patrons die Enkel eines Patrons aus.

Die Strukturregel, nach der im Rahmen mehrerer durch das Patronatserbrecht Berechtigter der weiter Entfernte durch den Näheren ausgeschlossen wird, entspricht dem Vorbild bei der Agnatenerbfolge, bei der der nähere Agnat den entfernteren ausschließt.[39] Auch Gaius 3,60 gibt den Grundsatz wieder, teilt aber im Hinblick auf die Enkel mit, daß der Sohn eines Patrons die Enkel eines anderen Patrons ausschließe. Demgegenüber stellt unser § 3 die Konsequenzen der Regel vollständiger dar, weil er auch einbezieht, daß der Sohn des Patrons den Enkel *desselben* Patrons ausschließt. Dies ist dann Folge der Regel, wenn der Enkel von einem anderen Sohn dieses Patrons abstammt.

§ 4. *Ad liberos patronorum hereditas defuncti pertinet ut*[a] *in capita, non in stirpes*[b]*, dividatur.*

a) so Til, Hg[5]; Ms. Vat.: *aut*; Kr: ⟨*ita*⟩ *ut*[40]
b) Ms. Vat.: *stirpe*

38 Vgl. § 2 und ferner den Sprachgebrauch in Tit. 29,4 u. 5. S. ferner Gaius 3,58 sowie Alibrandi, Opere 1, S. 66. Paulus 71 *ad ed.* Frag. Vat. 308 läßt erkennen, daß in den Zwölf Tafeln mit dem Ausdruck *patronus* auch dessen Kinder erfaßt sind.

39 Vgl. Savigny, Ulpian 1801, Bl. 111 r.

40 Schulz wendet gegenüber der Verbesserung zu *ita ut* ein, daß im Codex Veronensis *aut* und *ut* öfter verwechselt sind; vgl. das Apographum ed. Studemund, Index notarum, S. 256.

> Den Kindern der Patrone steht die Erbschaft des Verstorbenen in der Weise zu, daß sie nach Köpfen und nicht nach Stämmen verteilt wird.

Auch in der Verteilung nach Kopfteilen anstatt nach Stämmen liegt eine Parallele zur Agnatensukzession (Tit. 26,4).

> § 5. *Legitimae hereditatis ius, quod ex lege duodecim tabularum descendit, capitis minutione amittitur.*
>
> Das Recht der gesetzlichen Erbfolge, das aus dem Zwölftafelgesetz herrührt, geht durch Statusverschlechterung verloren.

Das Intestaterbrecht der Zwölf Tafeln wird vom Gesichtspunkt der Zugehörigkeit zum Familienverband beherrscht. Diese erlischt im Falle der Statusänderung. Entsprechend gründet sich das Freigelassenenerbrecht auf eine Verbindung mit der Familie des Patrons. Einen Hinweis darauf liefert Ulpian 46 *ad ed.* D. 50,16,195,1: *Cum de patrono et liberto loquitur lex* (= XII Tab. 5,8), *ex ea familia, inquit, in eam familiam.* Hat der Freigelassene also keine Nachkommen, so kommt es zum »Heimfall« an das Familienvermögen des Patrons, aus dem sein Vermögen im Kern gekommen war. Es handelt sich also nicht um die natürliche Familie wie bei der Kognation, sondern um ein zivilrechtlich begründetes und definiertes »Familien«-Verhältnis wie bei der Agnation.

Besonderheiten ergeben sich demgegenüber hinsichtlich des neuen Rechts der Senatsbeschlüsse. Der Text nennt insoweit zutreffend die Einschränkung, daß nur das unmittelbar auf den Zwölf Tafeln beruhende zivile Erbrecht bei Statusverschlechterung entfalle, denn das durch die *SCta Orfitianum* und *Tertullianum* begründete Erbrecht bleibt erhalten.[41] Dies geht aus Inst. 3,4,2 hervor, wo die abweichende Behandlung der *novae hereditates legitimae* den Bruch mit den »alten« Rechtsformen der Republik zum Ausdruck bringt, der schon auf das hochklassische Recht zurückgeht.

c.) Tit. XXVIII ›De possessionibus dandis‹
Über die Einräumung des Nachlaßbesitzes

Der Abschnitt behandelt die Erteilung des Nachlaßbesitzes durch den Prätor. In seinem Aufbau stehen offenbar verfahrensrechtliche Gesichtspunkte gegenüber den materiellrechtlichen im Vordergrund. Auch an der Gliederung dieses Abschnitts zeigt sich, daß sich das Regelwerk an der Ordnung der Stoffbehandlung im Edikt orientiert und damit dem Ursprung des klassischen Systems nahesteht. Gleichzeitig wird deutlich, daß es den Schritt zur Systematisierung anhand des

41 Vgl. Muirhead, Rules, S. 429.

materiellen Rechts, zur Bildung eines geschlossenen Systems der »Institutionen«, noch nicht aufweist.

Gaius äußert sich in seinen Institutionen nur wenig zur *bonorum possessio.* Er begründet das damit, daß er ein besonderes Werk darüber geschrieben habe (Gaius 3,33). Es handelt sich wahrscheinlich um seinen Kommentar *ad edictum urbicum.*[42]

§ 1. *Bonorum possessio datur aut contra tabulas testamenti, aut secundum tabulas, ⟨aut⟩ intestati*[a].

a) so Kr, Gn, Sch; Ms. Vat., Til: *aut adversus tabulas intestati*; Ch 1555 [273 v]: *aut adversus*; Ms. Aur.: *iuxta*; Hg[5]: *aut adversus tabulas ⟨aut⟩ intestati*

Der Nachlaßbesitz wird entweder gegen die Testamentsurkunde oder gemäß der Testamentsurkunde oder nach Maßgabe der Intestaterbfolge erteilt.

Die hier auftretende Unterteilung: *contra tabulas, secundum tabulas, intestati* gibt die Reihenfolge des Edikts wieder.[43] Sie ist durch ein Spezialitätsverhältnis gerechtfertigt, das § 5 für die beiden erstgenannten Tatbestände mitteilt. Die Einräumung nach Maßgabe der Intestaterbfolge wird durch die beiden anderen Tatbestände ausgeschlossen.[44]

§ 2. *Contra tabulas bonorum possessio datur liberis*[a] *emancipatis testamento praeteritis, licet legitimo non ad eos*[b] *pertineat hereditas.*

a) Hu: *liberis ⟨vel⟩ emancipatis*
b) so das Ms. Vat., Cuj (Par. 1586); La: *legitimo ⟨iure⟩*; Hg[5], Kr: *legitima*; Til, Cuj (1566, Aur. 1586): *legitima ad eos non pertineat*

Gegen die Testamentsurkunde wird der Nachlaßbesitz den aus der Gewalt entlassenen Kindern gegeben, die im Testament übergangen sind, obgleich die Erbschaft ihnen aufgrund Gesetzes nicht zukommt.

Die §§ 2-4 behandeln die Erteilung der *bonorum possessio contra tabulas.* Wenn der Erblasser andere *sui* als in der Gewalt stehende Söhne (also etwa Töchter, Enkel, die *uxor in manu*) oder *liberi*, die nicht *sui* sind (der Text nennt die Emanzi-

42 Abdy/Walker, Rules, S. 425, Anm. 6.

43 So Lenel, EP, S. 43 u. 342 ff.; im Hinblick auf diese grobe Reihenfolge übereinstimmend mit Rudorff, Edictum, S. 273 f.; Alibrandi, Opere 1, S. 82.

44 Im übrigen ist die Reihenfolge, nach der die Nachfolge des Erblassers mit Testament vor der des intestat Verstorbenen geregelt wird, durch die Zwölf Tafeln vorgegeben; vgl. Ulpian 44 *ad ed.* D. 38,6,1 pr; Kaser, RP 1, S. 676.

pierten[45]), übergangen hat, ist das Testament nicht nichtig.[46] Es werden aber nur die Enterbungen, Pupillarsubstitutionen und bestimmte Vermächtnisse aufrechterhalten, während die Erbeinsetzungen hinfällig sind.[47] Der Prätor erteilt den Übergangenen die *bonorum possessio contra tabulas,* die *cum re ist,* in Höhe des Intestaterbteils (Gaius 2,125). Eingesetzte Außenerben wurden damit ausgeschaltet. Geschützt wurden auch die *liberi,* die nicht *sui* waren.[48] Auch die übrigen nicht enterbten Intestaterben erhielten den Intestaterbteil. Ein Reskript des Antoninus Pius beschränkte aber weibliche *liberi* auf den Anteil, der ihnen nach Maßgabe des *ius accrescendi* neben den eingesetzten Erben zustände.[49]

§ 3. *Bonorum possessio contra tabulas liberis tam naturalibus quam adoptivis datur; sed naturalibus quidem emancipatis, non tamen et illis, qui in adoptiva familia sunt; adoptivis autem his tantum, qui in potestate manserunt.*

Der Nachlaßbesitz wird gegen die Testamentsurkunde sowohl den leiblichehelichen als auch den angenommenen Kindern gegeben, unter den leiblichehelichen aber den aus der Gewalt entlassenen, nicht jedoch auch jenen, die in einer Adoptivfamilie sind, den angenommen aber nur dann, wenn sie in der Gewalt geblieben sind.

Das Recht des Emanzipierten beruht auf der Blutsverwandtschaft. Entsprechend kann den Adoptierten der Nachlaßbesitz nur zukommen, wenn sie nicht inzwischen wieder aus der Gewalt entlassen wurden, denn bei ihnen besteht keine natürliche Blutsverwandtschaft, sondern nur eine künstlich begründete agnatische Verbindung, die bei der Entlassung wegfällt.[50] Hier wird, wie öfter im Text, zwischen *liberi naturales* (im klassischen Sinne) und *adoptivi* unterschieden (näher bei Tit. 8,2).

§ 4. *Emancipatis liberis ex edicto datur bonorum possessio, si parati sunt cavere fratribus*[a] *suis, qui in potestate manserunt, bona, quae moriente patre habuerunt*[b], *se conlaturos*[c].

45 Vgl. Ulpian 39 *ad ed.* D. 37,4,1,6. Huschkes Ergänzung von *vel* ist abzulehnen, weil das Testament unwirksam wäre, wenn ein Hauserbe übergangen wurde (Gaius 2,123); Muirhead, Rules, S. 429, Anm. 1 zu § 2.

46 Gaius 2,124: *Ceteras vero liberorum personas si praeterierit testator,* ***valet testamentum*** ....

47 Weiss, Institutionen, S. 565.

48 Schulz, CRL, S. 271.

49 Gaius 2,124 u. 126.

50 Ulpian 39 *ad ed.* D. 37,4,1,6: *Et sui iuris factos liberos inducit in bonorum possessionem praetor ... sed adoptivi patris non potest: ut enim admitti possit,* ***ex liberis esse eum oportet.*** Ist das durch Rechtsakt begründete Kindschaftsverhältnis wieder aufgehoben, zählt der Betroffene nicht mehr zu den *liberi.*

a) so Hg[5], Kr, Sch, Ch 1578 [235 v]; Ms. Vat., Til: *patribus*
b) Hg[5]: *habuerint*
c) Hg[5]: *collaturos*

Den emanzipierten Kindern wird nach dem Edikt der Nachlaßbesitz gegeben, wenn sie bereit sind, ihren Brüdern, die in der Gewalt geblieben sind, das Versprechen zu erteilen, daß sie das Vermögen, welches sie beim Tode des Vaters gehabt hatten, mit einbringen.

Der Emanzipierte hat gegenüber Hauserben den Vorteil, daß er schon früher eigenes Vermögen hatte erwerben können. Beantragt er den Nachlaßbesitz, muß er zum Ausgleich den anderen Erben[51] stipulationsweise versprechen, sie an seinem gegenwärtigen Vermögen nach Maßgabe ihrer Erbquoten teilhaben zu lassen (*cavere de conferendo*).[52]

Der Text teilt mit, daß die Emanzipierten zum *cavere* »bereit« (*parati*) sein müssen. Der Prätor macht die Erteilung der *bonorum possessio* danach nicht von einer vorherigen Leistung der Kaution abhängig.[53] Entsprechend teilt Julian 23 *dig.* D. 37,6,3 pr mit, der Prätor fordere die Kaution *nach* Einräumung des Nachlaßbesitzes. Zur nachträglichen Leistung der Kaution wird der *bonorum possessor* dadurch genötigt, daß die *hereditas* sonst als Ganze den Hauserben bleibt.[54] Wenn sich Julian ausdrücklich gegen die Annahme wendet, die *collatio* sei Bedingung für die Erteilung des Nachlaßbesitzes,[55] deutet er an, daß auch diese Ansicht existierte. Tatsächlich wird in den Paulussentenzen 5,9,4 der Standpunkt vertreten, die Kaution habe schon vor der Erteilung der *bonorum possessio* geleistet werden müssen.[56] In der Praxis setzte sich jedoch, wie mit Kaser vermutet werden kann,

51 Die Verbesserung zu *fratribus* ist sachlich berechtigt. Vgl. die (heute verstümmelte) Glosse in Savignys Dutilletexemplar S. 49, die auf ein eigenes Manuskript Duarens Bezug nimmt (vgl. oben S. 40, Fn. 29): »*fratribus* habet Duarenus in libro manu scripto quod et verius est«; dazu Savigny, VS 3, S. 79.

52 Kaser, RP 1, S. 731; Weiss, Institutionen, S. 544 f.; vgl. näher Caballé Martorell, Collatio emancipati, S. 163 u. 177.

53 Abweichend meinen zwar Beseler, SZ 44 (1924), S. 395 und Kaser, RP 1, S. 731, Fn. 22, auch nach Mitteilung von § 4 erzwinge der Prätor die *collatio bonorum* schon vor der Erteilung der *bonorum possessio*. Demgegenüber ist aber einzuwenden, daß »*si parati sunt cavere*« zeigt, daß die *cautio* nicht sofort geleistet wird.

54 Julian 23 *dig.* D. 37,6,3 pr: *si non caverit, ita observabitur, ut tota hereditas apud eum, qui in potestate fuerit, remaneat.* In diesem Fall werden dem *emancipatus* die Erbschaftsklagen versagt; Diocletian C. 6,20,11 (a. 293): *denegandas actiones*; Honsell/Mayer-Maly/Selb, Röm. Recht, S. 479; Kaser, RP 1, S. 732 m. Fn. 30.

55 Julian 23 *dig.* D. 37,6,3 pr: *Praetor non sub condicione collationis bonorum possessionem contra tabulas promittit, sed demonstrat, quid data bonorum possessione fieri oportet … intellegendum est bonorum possessionem accipere et antequam caveat ….*

56 Paul. Sent. 5,9,4: *Emancipati … antequam bonorum possessionem petant, de conferendo cavere cum satisdatione debebunt.*

die Erzwingung der Kaution nach Erteilung der *bonorum possessio* durch.[57] Daß das nachjulianische Edikt diese Reihenfolge vorsah, zeigt Diocletian C. 6,20,11, der ausdrücklich auf das *edictum perpetuum* Bezug nimmt.[58]

§ 5. *Secundum tabulas bonorum possessio datur scriptis heredibus, scilicet si eorum, quibus contra tabulas competit, nemo sit, aut petere nolint*[a].

a) so Til, Hg[1-5], Kr; Ms. Vat., Sch: *nollent*

Gemäß der Testamentsurkunde wird der Nachlaßbesitz den eingesetzten Erben gegeben, wenn nämlich von denen, denen er gegen die Testamentsurkunde zustände, niemand existiert, oder diese Personen den Antrag nicht stellen wollen.

Hier wird das Subsidiaritätsverhältnis deutlich, innerhalb dessen die *bonorum possessio contra tabulas* die anderen Formen des Nachlaßbesitzes ausschließt.[59] Daß die an der *bonorum possessio contra tabulas* Berechtigten den Antrag nicht stellen wollen, steht fest, wenn sie es entweder binnen Jahresfrist unterlassen oder ausdrücklich ablehnen.[60]

§ 6. *Etiamsi iure civili non valeat*[a] *testamentum*[b], *forte quod familiae mancipatio vel nuncupatio defuit*[c], *si signatum testamentum sit non minus quam septem testium civium Romanorum signis, bonorum possessio datur.*

a) Sch: *valet*
b) Ms. Vat.: *testamento*
c) Ms. Vat.: nach *defuit* ein Zeichen ausradiert

Auch wenn ein Testament nach dem Zivilrecht nicht gilt, z.B. weil die Erbschaftsmanzipation oder die formelhafte mündliche Verfügung unterblieben ist, wird der Nachlaßbesitz gegeben, wenn das Testament von nicht weniger als sieben Zeugen signiert ist, die römische Bürger sind.

Die Stelle behandelt die Erteilung der *bonorum possessio*, die letztlich aufgrund einer den prätorischen Anforderungen genügenden Testamentsurkunde erfolgt.[61]

57 Kaser, RP 1, S. 731, Fn. 22.
58 Entsprechend lautet die Rekonstruktion Lenels, EP, S. 345 f. Nach Ansicht Kasers, RP 1, S. 731, Fn. 22 bot die Formulierung des Edikts dagegen Raum für beide Lösungen.
59 Savigny, Ulpian 1801, Bl. 111 v.
60 Ulpian 49 *ad ed.* D. 38,9,1,6 u. 10.
61 Albertario, BIDR 32 (1922), S. 78 meint, hier werde nach Tit. 23,6 Stoff wiederholt, was zeige, daß mehrere Werke eingearbeitet worden seien. Er berücksichtigt aber nicht, daß die zweimalige Behandlung des prätorischen Testaments einer zweimaligen Erörterung bei Gaius 2,119 u. 2,147-149a entspricht; Schulz, Epitome, S. 60. Offenbar wies schon der beiden Texten zugrundeliegende, tradierte Grundbestand des Stoffes dieses Merkmal auf.

Bei der Mitteilung der Regelung des prätorischen Siebenzeugentestaments nimmt der Text erneut Bezug auf die klassische Differenzierung zwischen den *duae res quae aguntur* (vgl. Tit. 20,9), einerseits dem Scheingeschäft der *familiae mancipatio*, andererseits der *nuncupatio testamenti*: Beide sind für das prätorische Testament entbehrlich, solange nur eine gehörig gesiegelte Urkunde vorliegt.

Den Wortlaut eines allein auf die Urkunde abstellenden Edikts hatte zuerst Cicero überliefert: *tabulae testamenti obsignatae non minus multis signis quam e lege oportet.*[62] Demgegenüber bezieht sich unser Text auf das julianische Edikt. Er teilt sogar die Zahl der Zeugen ausdrücklich mit, die das Edikt forderte:[63] *non minus quam septem testium*[64] *signis signatae.*[65] Die sieben Zeugen spiegeln die früher an der Manzipation Beteiligten wider: die fünf Zeugen, den *libripens* und den *familiae emptor*. Die Festschreibung der Zahl zeigt, daß auch die beiden letzteren Funktionsträger jetzt nur noch als Zeugen behandelt werden.[66]

Das Siebenzeugentestament bewirkt zunächst eine Beweiserleichterung, indem zugunsten des in der Urkunde Berufenen vermutet wird, daß die *mancipatio*, auf die das zivile Testamentsrecht noch immer abstellt, vorgenommen worden sei. Wenn dagegen der in der Intestaterbfolge Berufene nachweisen kann, daß keine Manzipation stattgefunden hatte und das Testament nach *ius civile* deswegen ungültig ist, dann hat seine *hereditatis petitio* Erfolg: der Nachlaßbesitz ist hier also ohne Sachgehalt (*sine re*).[67] Antoninus Pius führte die Gewährung einer *exceptio doli* gegen den klagenden Erben ein,[68] so daß der Nachlaßbesitz nun auch dem zivilen Erben gegenüber bestandskräftig und mit Sachgehalt (*cum re*) war.[69] Damit verlor die Frage, ob die Manzipation stattgefunden hatte, praktisch an Bedeutung, und das prätorische Testament war als Urkundentestament gültig.[70]

§ 7. *Intestati*[a] *datur bonorum possessio per septem gradus: primo gradu liberis; secundo*[b] *legitimis heredibus; tertio proximis cognatis; quarto familiae patroni*[c]*; ⟨quinto⟩*[d] *patrono, patronae, item liberis ⟨parentibus⟩ve*[e] *patroni patronaeve*[f]*; sexto viro*[g]*, uxori; septimo cognatis manumissoris, quibus per legem Furiam plus mille*[h]

62 Cicero *in Verr.* II 1,45,117.

63 Amelotti, ED 44 (1992), S. 463.

64 Abermals ist die gewissenhafte Überlieferung im *liber singularis* erkennbar. Das Edikt wird allerdings, wie in Tit. 28,6, noch hinzugefügt haben: *civium Romanorum*; so Lenel, EP, S. 349; Fn. 4.

65 Vgl. ferner Gaius 2,119 u. 147; Tit. 23,6; Ulpian 8 *ad Sab.* D. 38,6,3; C. 6,11,2; Consultatio 6,18: *secundum edicti formam testamentum obsignatum.*

66 Vgl. Kaser, RP 1, S. 680.

67 Kaser/Knütel, Röm. Privatrecht, § 67, Rn. 9. Vgl. unten bei Tit. 28,13.

68 Gaius 2,120 u. 149 a (gestört, vgl. aber die Rekonstruktion bei David/Nelson); Schulz, CRL, 245; Müller-Eiselt, Pius, S. 172-174.

69 Kaser/Knütel, Röm. Privatrecht, § 67, Rn. 9. Vgl. Kaser, RP 1, S. 676, Fn. 31.

70 Vgl. Müller-Eiselt, Pius, S. 174; Sturm, Absterben der mancipatio, S. 352 f.

asses capere licet: et[i] *si nemo sit, ad quem bonorum possessio pertinere possit, aut si*[j] *quidem, sed ius suum omiserit, populo bona deferuntur ex lege Iulia caducaria.*

a) Ms. Vat.: *Intesti*
b) Ms. Vat.: *secundum*
c) so Cuj (Aur. 1586); Til, Cuj (1566, Par. 1586): *Quarto familiae.* ⟨*Quinto*⟩
d) so Til, Cuj, Hg5, Kr, Gn, Sch; fehlt im Ms. Vat.
e) so Kr, Gn, Sch; Ms. Vat.: *liberosve*; Til, Cuj (1566, Par. 1586): *patronae liberisve patroni*; Cuj (Aur. 1586), Hg5: *item liberis patroni*
f) Ms. Vat.: *patroneve*
g) so Til, Hg5, Kr, Sch; Ms. Vat.: *vero*
h) Sch: *mile* (wohl versehentlich)
i) Til: *licet, si*
j) Ms. Vat., Til, Hg5: *sit*

Der Nachlaßbesitz nach einem ohne Testament Verstorbenen wird in sieben Klassen gegeben: in der ersten Klasse den Kindern, in der zweiten den gesetzlichen Erben, in der dritten den nächsten Blutsverwandten, in der vierten der Familie des Patrons, in der fünften dem Patron oder der Patronin, ebenso den Kindern und Vätern des Patrons oder der Patronin, in der sechsten dem Ehemann oder der Ehefrau, in der siebten denjenigen Blutsverwandten des Freilassers, welchen nach der *lex Furia*[71] mehr als tausend As anzunehmen erlaubt ist. Und wenn es niemanden gibt, dem der Nachlaßbesitz zustehen kann, oder wenn zwar jemand da ist, derselbe aber sein Recht aufgegeben hat, dann wird das Vermögen dem Volk übertragen aufgrund der *lex Iulia caducaria.*

Hier beginnt die Darstellung der prätorischen Intestaterbfolge. Der Text gibt das Edikt wieder.[72] Dessen Ordnung folgte dem Vorbild des *ius civile.* Der Prätor gab die *bonorum possessio ab intestato* nach mehreren Klassen: 1. *unde liberi*, 2. *unde legitimi*, 3. *unde cognati*, 4. *unde familia patroni*, 5. *unde patronus patroni*, 6. *unde vir et uxor*, 7. *unde cognati manumissoris.*[73] Die Reihenfolge ist in dieser Weise nur noch in Inst. 3,9,3 überliefert. Auch die Digesten lassen sie erkennen, allerdings

71 Die Grünberger Übersetzung liest: »lex Iunia«.

72 Vgl. Lenel, EP, S. 355 ff. Auch die Formulierung läßt die treue Übernahme ediktalen Materials erkennen. Der Redaktor des Regelwerks läßt hier keine individuelle Pedanterie erkennen (vgl. Arangio-Ruiz, BIDR 30 [1921], S. 205), sondern das Interesse an der gewissenhaften Darstellung des Edikts.

73 Der Patron steht hinter der *familia patroni.* Ebenso wie gesetzliche Erben aufgrund Verwandtschaft, wenn sie eine *capitis deminutio* durchlaufen haben, unter den nächsten Blutsverwandten zum Zuge kommen können (§ 9), kann der Patron, wenn er aus der Klasse der *legitimi heredes* infolge Statusverschlechterung herausgefallen sein sollte, nochmals nachrangig berufen sein; vgl. Alibrandi, Opere 1, S. 96; Lenel, EP, S. 357.

beschränkt auf die Klassen bei Freigeborenen, so in Modestin 6 *pand.* D. 38,15,1 pr und in der Titelfolge: Tit. D. 38,6 *unde liberi*, Tit. D. 38,7 *unde legitimi*, Tit. D. 38,8 *unde cognati*, Tit. D. 38,11 *unde vir et uxor*.[74] Diese Beschränkung ist offenbar auf den Einfluß materiellrechtlicher Ordnungsgesichtspunkte zurückzuführen. Für den Fall, daß niemand den Nachlaßbesitz fordern konnte, oder wenn der Betreffende sein Recht dazu verloren hatte, gingen die Güter an den *populus*, die Staatskasse.[75] Die Nennung des *populus* bedeutet, daß sie an das *aerarium* gingen: hier wird die ursprüngliche Anordnung der *lex Iulia* wiedergegeben.[76]

Bemerkenswert ist an der Beschreibung der siebten Klasse, daß auf die *lex Furia testamentaria* Bezug genommen wird, die doch schon 40 v. Chr. außer Kraft getreten war. Die Erwähnung dient offenbar der Präzisierung des Personenkreises; sie erfolgt möglicherweise nur zur Entlehnung eines Tatbestandsmerkmals, nämlich der schon in *princ.* § 2 genannten *exceptae personae*.[77]

§ 8. *Liberis bonorum possessio datur tam his, qui in potestate*[a] *usque in mortis tempus fuerunt, quam emancipatis; item adoptivis, non tamen etiam in adoptionem*[b] *datis.*

a) Ms. Vat., Til: *potestatem*
b) Ms. Vat.: *adoptione*

Unter den Kindern wird der Nachlaßbesitz sowohl denjenigen gegeben, die bis zum Tod des Erblassers in dessen Gewalt gestanden haben, als auch den emanzipierten; ebenso den angenommenen, nicht aber auch den zur Adoption gegebenen.

Die Regel wird, soweit sie sich auf die Emanzipierten bezieht, mit ganz ähnlicher Formulierung bei Modestin 6 *pand.* D. 38,15,1,2 wiedergegeben: *Intestati patris*

74 Vgl. Ulpian *inst.* Coll. 16,7-9.

75 Mette-Dittmann, Ehegesetze, S. 161; Weiss, RE, 24. Hb. (1925) s. v. Leges Iuliae, Sp. 2363 f. Vgl. Lenel/Partsch, Gnomon, S. 11; Leonhard, RE, 5. Hb. (1897) s. v. Bona caduca, Sp. 685 f. sowie ders., RE, 6. Hb. (1899) s. v. Capacitas, Sp. 1503.

76 Zum Verhältnis dieses Satzes, nach dem das Vermögen an das *aerarium* fällt, zu Tit. 17,2, der von einem Anfall an den *fiscus* berichtet, vgl. dort. Die *lex Iulia caducaria* wird der Sache nach auch bei Gaius 2,150 vorgetragen. Sie wird auch im Berliner Paulusfragment § 6 (FIRA 2, S. 427) genannt, und zwar (wie hier) im Zusammenhang mit dem Nachlaßbesitz.

77 Alibrandi, Opere 1, S. 98. Diese Personengruppe kennzeichnet die siebte Klasse des Edikts. Mit ihr wurde auch die Erklärung anhand der Bestimmung der *lex Furia* beibehalten. Ganz ähnlich liegt es bei Paulus 71 *ad ed.* Fr. Vat. 301 mit der Bezugnahme bei der Nennung eines von den Beschränkungen der *lex Cincia* befreiten Personenkreises. Aus diesem Grund vermutet Alibrandi, Opere 1, S. 98 f. überzeugend, daß das Edikt zur 7. Klasse ganz nach dem Wortlaut unseres Textes gelautet habe: *Si nemo sit, ad quem bonorum possessio ex causis supra scriptis pertineat, cognatis manumissoris, quibus per legem Furiam plus mille assibus capere licet, bonorem possessionem dabo.*

liberis bonorum possessio datur non tantum his, qui in potestate parentis usque in mortis tempus fuerunt, sed ⟨et⟩ emancipatis. Der Modestin-Text scheint insofern unvollkommen, als man ein *sed »etiam« emancipatis* vermißt. Die Florentina hat kein *et*; mehrere andere Digestenhandschriften tragen dem Bedürfnis aber Rechnung.[78] Der sprachlich reinere (*tam … quam*) und kürzere Text (jeweils bis *emancipatis*) ist der des Regelwerks. Er diente Modestin wahrscheinlich als Vorbild.

§ 9. *Proximi cognati bonorum possessionem*[a] *accipiunt non solum per feminini sexus personam cognati, sed etiam agnati capite deminuti*[b]*: nam licet legitimum ius agnationis capitis minutione amiserint, natura tamen cognati manent.*

a) Ms. Vat.: *possessione*
b) Ms. Vat.: *diminutia*

Als nächste Blutsverwandte erlangen nicht nur diejenigen den Nachlaßbesitz, die über eine Person weiblichen Geschlechts verwandt sind, sondern auch die Agnaten, die eine Statusveränderung erlitten haben. Denn obgleich sie das gesetzliche Agnatenrecht durch die Statusveränderung verloren haben, bleiben sie nach der Natur dennoch Blutsverwandte.

Es handelt sich um eine Anmerkung zur dritten Klasse (*unde cognati*). Mit diesem Edikt korrigiert der Prätor das aus den Zwölf Tafeln herrührende Agnatenerbrecht. Zur dritten Klasse gehören diejenigen, deren Verwandtschaft mit dem Erblasser durch Frauen vermittelt wird (Gaius 3,30). Gleiches gilt für (vormalige) Agnaten, die ihr *ius legitimum* durch Statusveränderung oder -verschlechterung (*capitis deminutio*) verloren (Gaius 3,27). Der Grund ihrer Berufung liegt in ihrer biologischen Verwandtschaft. Sie ist die von der Natur vorgegebene Verbindung, die auch dann fortbesteht, wenn die zivilrechtlich definierte Verwandtschaft (Agnation) entfallen ist.

§ 10. *Bonorum possessio datur parentibus et liberis intra annum, ex quo petere potuerunt; ceteris intra centum dies.*

Der Nachlaßbesitz wird den Vätern und Kindern innerhalb eines Jahres von dem Zeitpunkt an gegeben, an dem sie den Antrag haben stellen können; den übrigen innerhalb von hundert Tagen.

Der Unterschied in der Frist ist nicht in der Klassenzugehörigkeit begründet, sondern in dem persönlichen Verhältnis des Erben zum Verstorbenen:[79] Die Aszendenten und Deszendenten des Verstorbenen sind durch die längere Frist privilegiert.

78 Die ed. minor bezieht sich insoweit auf die libri deteriores.
79 Savigny, Ulpian 1801, Bl. 112 v. Vgl. Inst. 3,9,9.

§ 11. *Qui omnes*[a] *intra id tempus si non petierint*[b] *bonorum possessionem, sequens gradus admittitur, perinde atque*[c] *si superiores*[d] *non essent; idque per septem gradus fit.*

a) Ms. Vat.: *omnis*
b) Til: *petierint, ⟨ad⟩ bonorum*
c) Til, Hg5: *ac*
d) Ms. Vat.: *superioris*

Für alle diese gilt, daß, wenn sie innerhalb dieser Zeit den Nachlaßbesitz nicht beantragt haben, jeweils die nächste Klasse zugelassen wird, gerade so als wenn keine Vorangehenden da wären; und so geschieht es durch die sieben Klassen hindurch.

Auch in den Digesten schließt sich der Titel *De edicto successorio* an die Titel *unde liberi, unde legitimi, unde cognati* an.[80] Das *edictum successorium* sah vor, daß die Angehörigen der verschiedenen Klassen nacheinander den Nachlaßbesitz beantragen konnten, so daß, wenn aus der ersten Klasse niemand den Antrag stellte, die Angehörigen der zweiten Klasse zum Zuge kamen und so fort.[81] Das Sukzessionssystem erfaßt alle sieben Klassen (Inst. 3,9,10). Ein Haussohn, der als Angehöriger der ersten Klasse ausgeschlossen wird, kann allerdings als *heres legitimus* mit der zweiten Klasse nochmals berufen sein.[82]

§ 12. *Hi, quibus*[a] *ex successorio edicto*[b] *bonorum possessio datur, heredes quidem non sunt, sed heredis loco constituuntur beneficio praetoris. idque*[c] *seu ipsi agant, seu cum his agatur, ficticiis actionibus opus est, in quibus heredes esse finguntur.*

a) Ms. Vat.: nach *quibus* kleine Lücke, aber nichts radiert
b) Ms. Vat.: *edictu*
c) Ms. Vat.: *Ideoque*

Diejenigen, denen nach dem sukzessorischen Edikt der Nachlaßbesitz gegeben wird, sind zwar nicht Erben, aber sie werden an eines Erben Statt durch Vergünstigung des Prätors eingesetzt. Wenn sie daher entweder selbst einen Prozeß führen oder wenn gegen sie prozessiert wird, kommen fiktizische Klagen zur Anwendung, bei denen angenommen wird, daß sie Erben seien.

80 D. 38,6 *Unde liberi*; D. 38,7 *Unde legitimi*; D. 38,8 *Unde cognati*; D. 38,9 *De successorio edicto.*

81 Ulpian 49 *ad ed.* D. 38,9,1,10: *Quibus ex edicto bonorum possessio dari potest, si quis eorum aut dari sibi noluerit aut in diebus statutis non admiserit, tunc ceteris bonorum possessio perinde competit, ac si prior ex eo numero non fuerit.* Die Mitteilung Ulpians entspricht weitgehend dem Wortlaut des Edikts, das die Rubrik *Quis ordo in possessionibus servetur* trug; Lenel, EP, S. 361. Vgl. die Terminologie in der Überschrift des Digestentitels D. 38,9 *de successorio edicto*, in den anderen Digestentitel-Rubriken sowie in Inst. 3,9,10 und C. 6,16.

82 Ulpian 49 *ad ed.* D. 38,9,1,11.

Auch diese Stelle behandelt das *edictum successorium*. Sie bezieht sich nicht nur auf den nachgerückten *bonorum possessor*, sondern auf jeden eingesetzten Nachlaßbesitzer. Aus Ulpian 49 *ad ed.* D. 38,9,1 ist zu ersehen, daß auch das Edikt das System der Sukzession insgesamt regelt[83] und sich ohne Unterschied auch auf den aus der ersten Klasse berufenen Nachlaßbesitzer bezieht, obgleich dieser gar nicht »nachgerückt« ist. Gaius teilt den Stoff auf in die Beschreibung der Rechtsstellung der aus dem Edikt zur Nachfolge Berufenen (Gaius 3,32) und der Klageformel (Gaius 4,34). Das Edikt wird bei Gaius 4,34 als Grundlage des Erbeinsetzungsbegehrens genannt, aber nicht näher spezifiziert.

Die *actiones ficticiae*[84] tragen dem Umstand Rechnung, daß der Nachlaßbesitzer nicht Erbe ist, aber vom Prätor so behandelt wird.[85] Die im Edikt proponierten Klageformeln enthalten die Fiktion *si … heres esset.*[86] Mit der scharfen Unterscheidung zwischen dem *heres* und dem nur *heredis loco* stehenden *bonorum possessor* sowie mit der Nennung der fiktizischen Formeln gibt unser Text die Systematik des klassischen Edikts wieder. Die nachklassische Annäherung der *bonorum possessio* an die *hereditas* hat hier noch keinen Niederschlag gefunden.[87]

§ 13. *Bonorum possessio aut cum re datur*[a], *aut sine re: cum re,* ⟨*cum*⟩[b] *is, qui accipit*[c], *cum effectu bona retineat; sine re, cum alius iure civili evincere hereditatem possit; veluti si suus heres intestati* ⟨*sit*⟩[d], *bonorum possessio sine re* ⟨*est*⟩, *quoniam*[e] *suus heres evincere hereditatem iure legitimo possit*[f].

a) so Til, Hg³⁻⁵, Kr, Gn, Sch; Ms. Vat.: *autem reddatur*
b) so Hg³⁻⁵, Kr, Gn, Sch; Ms. Vat.: *re is*; Til, Hg¹⁻²: *si*[88]
c) Ms. Vat., Hg⁵: *accepit*
d) so Hg⁵; Ms. Vat.: *intestati bonorum*; Til.: *intestato* ⟨*sit.*⟩ *Bonorum*; Kr ergänzt sinngemäß: *in testa*⟨*mento praeteritus sit, licet scriptis heredibus secundum ta-*

83 Es geht um das Gesamtsystem; vgl. die Rubrik D. 38,15: *Quis ordo* (!) *in possessionibus servetur.*

84 Vgl. nunmehr Mercogliano, Actiones ficticiae, S. 139 ff.

85 Auch das Berliner Paulusfragment § 6 (FIRA 2, S. 427) zeigt in diesem Zusammenhang die Gegenüberstellung: *nec sua heres, nec ficticia actione aget.*

86 Gaius 4,34; Lenel, EP, S. 182 f.

87 Zu dieser Entwicklung Kaser, RP 2, S. 472 f. Bereits Gaius spricht bei der Darstellung der prätorischen Regeln von »*ad hereditatem vocare*« (Gaius 3,26 ff.), wo er richtigerweise nur von der Zuweisung der *bona* hätte sprechen dürfen. Bei Diocletian tritt für die *bonorum possessio* öfter der Ausdruck *hereditas* auf; vgl. C. 6,15,4 (a. 293); C. 6,14,1 (a. 286): *heredes.*

88 Savigny meint, es handele sich um das Ergebnis einer kompendiarischen Verkürzung, die aufgelöst gelautet habe: *cum re, id est cum effectu* (vgl. Tit. 23,6), *id est si is, qui accepit, bona retineat.* Gleiches gelte bei *cum alius … hereditatem possit,* das aufgelöst gelautet habe: *sine re, id est sine effectu, id est cum is, qui accepit bonorum possessionem, bona non retineat, id est si alius hereditatem evincere possit* (Ulpian 1801, Bl. 113 r u. v).

bulas bonorum possessio deferatur, erit tamen ea⟩ bonorum; Gn: *veluti si ⟨sit⟩ suus heres, intestati bon. poss. sine re ⟨est⟩*

e) so Hg[5]; Ms. Vat.: *sine re quoniam*; Til: *sine re, ⟨est⟩ cum suus haeres …*

f) Kr: *potest*

Der Nachlaßbesitz wird entweder mit Sachgehalt oder ohne Sachgehalt gegeben: mit Sachgehalt, wenn derjenige, welcher empfängt, das Vermögen bestandskräftig behält, ohne Sachgehalt, wenn ein anderer nach dem Zivilrecht die Erbschaft herausverlangen kann. Wenn es z.B. einen Hauserben des ohne Testament Verstorbenen gibt, dann ist der Nachlaßbesitz ohne Sachgehalt, weil nämlich der Hauserbe die Erbschaft aus gesetzlichem Recht herausverlangen kann.[89]

Der Text beschreibt in großer Klarheit das System der Wirkungen des Nachlaßbesitzes. Ob die *bonorum possessio cum re* oder *sine re* (mit oder ohne »Sachgehalt«) gegeben wird, hängt davon ab, mit welchem Ziel der Prätor tätig wird: *adiuvandi vel supplendi vel corrigendi iuris civilis gratia* (Papinian 2 *def.* D. 1,1,7,1). Diese drei Handlungsformen beschreiben Formen der Ergänzung des Zivilrechts, die im reinen klassischen System, das der Text wiedergibt, grundsätzlich Aufgabe des Magistrats ist.[90]

Wenn der Prätor den Nachlaßbesitz in einem Fall zuweist, in dem überhaupt kein ziviler Erbe existiert, füllt er eine Lücke aus, wird also *supplendi gratia* tätig. Der Nachlaßbesitz ist hier endgültig erteilt (*cum re*), weil es niemanden gibt, der ihn dem *bonorum possessor* aufgrund eines zivilen Erbrechts streitig machen könnte.[91] Sofern der Prätor die zivile Erbfolge unbillig findet und deswegen den Nachlaßbesitz einem anderen als dem zivilen Erben erteilt, wird er *corrigendi gratia* tätig. Seit der Konstitution des Antoninus Pius (s. bei § 6) konnte der Nachlaßbesitzer der *hereditatis petitio* des zivilen Erben eine *exceptio doli* entgegenhalten.[92]

89 In seiner Hallenser Dissertation *De bonorum possessionibus* (1788) widmete sich Gustav Hugo dem Verhältnis zwischem zivilem und prätorischem Recht. Hugo stützte seine Ausführungen insbesondere auf Tit. 28,13 und bekannte in der 4. Auflage der *Ulpiani Fragmenta*, S. IV: »de bonorum possessionibus libellum sine Ulpiano scribere haud potui«. Mit dieser ersten Arbeit betrat Hugo schon eins der Hauptgebiete seiner späteren Erfolge, das vorjustinianische Recht, und ließ das Interesse an den vorjustinianischen Rechtsquellen wieder aufleben, das seit dem Ende des französischen Humanismus wesentlich zurückgegangen war. Vgl. Stintzing/Landsberg, Geschichte III/2, S. 5 f. sowie Hugos Selbstrezension der Schrift am Beginn der »Beyträge zur civilistischen Bücherkenntnis«. Einer Verwechslung erliegt Ebel, Gustav Hugo, S. 13.

90 Vgl. Behrends, Fraus, S. 105.

91 Vgl. Tit. 23,6.

92 Gaius 2,120 für den *secundum tabulas* bestellten *bonorum possessor*. Vgl. Mette, Zivilrecht, S. 74.

Hier ist der Nachlaßbesitz *cum re*, weil eine Lösung angeordnet ist, die sich aus dem *ius civile* gerade nicht ergibt, und die auf Dauer gelten soll.[93]

Erteilt der Prätor die *bonorum possessio heredis loco*[94] demjenigen, den er für den zivilen Erben hält, dann wird er *adiuvandi gratia* tätig, denn er will die zivile Erbfolge gerade verwirklichen. Falls sich später doch ein Besserberechtigter herausstellt, muß der Nachlaßbesitzer diesem weichen; seine Position ist daher *sine re*.[95] Darauf bezieht sich das Beispiel des Textes. Er muß allerdings so verstanden werden, daß der Nachlaßbesitz nicht deshalb *sine re* ist, weil der vorrangig Berechtigte die Erbschaft beanspruchen kann, sondern weil der Prätor es im Rahmen seiner Regelungsbefugnis so angeordnet hat.[96]

d.) Tit. XXIX ›De bonis libertorum‹
Über das Vermögen der Freigelassenen

Auch im Edikt folgt im Titel *De bonorum possessionibus* nach *De bonorum possessione secundum tabulas* unmittelbar: *De bonis libertorum*.[97] Gaius stellt das Recht

93 Kaser, RP 1, S. 676, Fn. 31 bemängelt zwar die Erklärung *cum effectu* für *cum re* hier und in Tit. 23,6 als unscharf. Sie scheint jedoch festzustehen und ergibt sich aus der Erklärungsbedürftigkeit des sehr abstrakten Begriffs *cum re*. Mit *effectus* ist die rechtliche Bestandskraft gemeint, etwa gegenüber einem im Wege der Korrektur einer als unbillig empfundenen zivilen Erbfolge zurückgestellten Erben. Vgl. Ulpian 4 *disp*. D. 28,3,12 pr: *bonorum possessionem secundum tabulas accipere heres scriptus potest* ***remque optinebit*** *... adcircoque habebunt ea, quae sibi relicta sint,* ***securi***; ähnlicher Sprachgebrauch bei Ulpian 4 *disp*. D. 37,11,5,1. Die Wirkung wird von Papinian 6 *resp*. D. 38,6,8 beschrieben mit den Worten, daß der Nachlaßbesitzer *utiliter possessionem adgnovisse*. Gaius 2,125 benutzt *sine re heres*, um in gleicher Weise die bloß formale Stellung des infolge der Korrektur der Erbfolge zurücktretenden zivilen Erben zu kennzeichnen.

94 Vgl. z.B. Cicero *ad fam*. 7,21 (darin Servius), aber auch *in Verr*. II,1,114, 117; *pro Cluentio* 165; *part. orat*. 98.

95 In dem Streit um ein bislang ungeöffnetes Testament, der den Gegenstand von Frontos Gerichtsrede *de testamentis transmarinis* bildet, wird daher die *bonorum possessio sine re* gegeben, weil eben noch keine endgültige Bestimmung der Erben erfolgt ist; Fronto *Epist*. 1,6,2-7; vgl. Champlin, Fronto, S. 61 f.

96 Der Text ist daher verdorben. Er ist wahrscheinlich, wie Seckel/Kübler vermutet haben, durch Abirrung verstümmelt. Auf Grund von Gaius 3,37 könnte zu rekonstruieren sein: *veluti si suus heres intestati ⟨bonorum possessionem petere noluerit competit agnato⟩ bonorum possessione sine re*. Zustimmend Schulz, Epitome, S. 61. Unter den Vorschlägen zur Ergänzung des Textes kann aber derjenige aus Hugos 5. Auflage am meisten überzeugen, weil er sich auf das Notwendigste beschränkt. Die von Krüger zusätzlich eingefügten Merkmale des Beispielfalls müssen nicht notwendigerweise ausdrücklich genannt werden. Der Halbsatz *quoniam ...* läßt schon erkennen, daß dieser Hauserbe die Voraussetzungen mitbringt, um die Erbschaft herausverlangen zu können.

97 Lenel, EP, S. 348 u. 350.

der Nachfolge in das Vermögen der Freigelassenen nach seiner chronologischen Entwicklung dar: *olim ... nam ita demum lex XII Tabularum ...* (3,40) / *postea praetoris edicta ...* (3,41) / *postea lege Papia ...* (3,42).[98]

§ 1. *Civis*[a] *Romani liberti hereditatem lex duodecim tabularum patrono defert, si intestato sine suo herede libertus decesserit: ideoque sive testamento facto decedat, licet suus heres ei non sit, seu intestato, et suus heres ei sit, quamquam*[b] *non naturalis, sed uxor*[c] *puta, quae in manu fuit, vel adoptivus filius, lex patrono nihil praestat*[d]. *sed ex edicto*[e] *praetoris, seu testato*[f] *libertus moriatur, ut aut*[g] *nihil aut minus quam partem dimidiam bonorum patrono relinquat, contra tabulas testamenti partis dimidiae*[h] *bonorum possessio illi datur, nisi libertus aliquem ex naturalibus liberis successorem sibi relinquat; sive intestato decedat, et uxorem forte in manu*[i] *vel adoptivum filium relinquat, aeque*[j] *partis mediae bonorum possessio contra suos heredes patrono datur.*

a) Ms. Vat.: *Cives*
b) so Va, Kr, Gn, Sch; Ms. Vat.: *quam*; Til: *quanvis*; Hg[5]: *quamvis*
c) Ms. Vat.: *uxor* [kleine Lücke im Text, aber nichts radiert]
d) Ms. Vat.: *prestat*
e) Ms. Vat.: *edictu*
f) so Kr; Ms. Vat.: *testamento*; Til, Cuj: *Praetoris, si testamento ⟨facto⟩ libertus*; Sav (VS 5, 102): *Praetoris, seu testamento*; Hg[5]: *seu testamento ⟨facto⟩ libertus*
g) Ch 1578 [236 v]: legit Cuiacius, *et aut nihil*; Til: *aut ut nihil*; Hg[5]: *moriatur, aut nihil*
   Ma (Brief an Hg 19.4.1816): statt *aut ut nihil aut minus* zu lesen: *at aut nihil aut minus*
h) Ms. Vat.: *dimidiam*
i) Ms. Vat.: *manum*
j) Ms. Vat.: *aequae*

Die Erbschaft eines zum römischen Bürgerrecht Freigelassenen fällt nach einem Zwölftafelsatz dem Patron an, wenn der Freigelassene ohne Testament und ohne Hauserben verstirbt. Wenn er also entweder nach Errichtung eines Testaments gestorben ist, obgleich er keinen Hauserben hat, oder wenn ohne Testament, wobei er einen Hauserben hat, wenn auch keinen in der Ehe geborenen, sondern etwa eine Frau in ehelicher Gewalt oder einen angenommenen Sohn, so gibt das Gesetz dem Patron nichts. Aber nach dem Edikt des Prätors wird, wenn der Freigelassene ein Testament errichtet hat und gestorben ist, worin er dem Patron nichts oder weniger als die Hälfte des Vermögens hinterlassen hat, diesem gegen die Testamentsurkunde der Nachlaßbesitz an der Hälfte gegeben, falls der Freigelassene nicht eines seiner in der Ehe geborenen Kinder als Rechtsnachfolger hinterläßt; wenn er ohne Testament stirbt und etwa eine Frau in

98 Fabre, Libertus, S. 302.

ehelicher Gewalt oder einen angenommenen Sohn hinterläßt, so wird dem Patron ebenso der Nachlaßbesitz an der Hälfte gegen die Hauserben gegeben.

Der Text stellt das alte Zwölftafelrecht sowie Ergänzungen durch spätere prätorische Regeln dar.[99] Wenn ein hauserbenloser Freigelassener[100] ohne Testament stirbt, wird der Patron einziger Intestaterbe. Hat er ein Testament errichtet, darin aber den Patron nicht oder nicht in Höhe der Hälfte bedacht, dann treten die Regeln über das Pflichtteilsrecht des Patrons ein. Hat der Freigelassene sein Kind eingesetzt, erhält der Patron nichts;[101] andernfalls kann er den Nachlaßbesitz in Höhe der Hälfte der Erbschaft beanspruchen.[102]

Auch wenn der Freigelassene ohne Testament stirbt, aber eine gewaltunterworfene Ehefrau[103] oder einen adoptierten Sohn als Hauserben hinterläßt,[104] kann der Patron den Nachlaßbesitz an der Hälfte beanspruchen. Neben leiblichen Kindern als *sui heredes* bekommt er nichts. Diese Differenzierung zwischen leiblichen und »hinzugekommenen« *sui* ist eine Besonderheit der prätorischen Sukzessionsregeln. Sie geht einher mit der Verwendung des *naturalis* im klassischen, dem *adoptivus* entgegengesetzten Sinne.[105]

99 Volterra, Scritti 3, S. 612.

100 Es geht um die Beerbung Freigelassener mit römischem Bürgerrecht. Die Zwölf Tafeln kannten keine anderen Freigelassenen. Abweichend meint Fabre, Libertus, S. 303, der Text betreffe den *von* einem römischen Bürger Freigelassenen; vgl. Masi Doria, Bona libertorum, S. 21 f.
Waldstein, Operae libertorum, S. 50 meint, ein wichtiges Argument zugunsten einer sehr frühen Verleihung des Bürgerrechts an die Freigelassenen seien die erbrechtlichen Bestimmungen der Zwölf Tafeln; vgl. Masi Doria, Iura 37 (1986), S. 168 ff.; Martini, Index 19, S. 473 ff. Gaius 3,40 (stark gestört, zur Rekonstruktion Volterra, Scritti 3, S. 612 f.) und Tit. 29,1, welche beide für den Freigelassenen die Möglichkeit belegen, ein Testament zu errichten, seien Indizien für eine Rechtsstellung *pleno iure*; vgl. Masi Doria, Fs. Waldstein, S. 239.

101 Alibrandi, Opere 1, S. 72.

102 Entsprechend (gleichfalls das klassische Recht wiedergebend) Sent. Syr. § 96; vgl. Selb, Sententiae, S. 184.

103 Die Stelle zeigt die Aktualität, die die *in manum conventio* noch im Entstehungszusammenhang des *liber singularis* hat. Hier tritt sie immerhin im Zusammenhang des Edikts auf. Vgl. Volterra, Scritti 3, S. 613.
Die *lex Iulia et Papia* legte hinsichtlich des Patronatserbrechts der Stellung der *uxor in manu* keine Bedeutung bei, wohl aber den mit dem *ius liberorum* verbundenen Erbrechtsvorteilen. Dies korrespondiert mit einer Tendenz aus dem 1. Jhdt. v. Chr., der *conventio in manum* Bedeutung zu nehmen. Vgl. z.B. die Senatsbeschlüsse bei Gaius 1,136 und bei Tacitus *ann.* 4,16, das *SC Gaetulicianum* und das Berliner Paulusfragment; Volterra, Scritti 3, S. 614.

104 Zu beachten ist, daß die *uxor in manu* hier dem *adoptivus* gleichgestellt ist, und daß sie zu den *sui* zählt. Da beide in ›Ulpian‹ Coll. 16,4,1 (= Tit. 26,1) nicht ausdrücklich unter den *sui* genannt sind, müßten sie dort zu denjenigen zählen, die *in liberorum loco* sind.

105 Dazu näher bei Tit. 8,2.

Das im Text mitgeteilte Recht geht auf eine mehrstufige Entwicklung zurück. Die vorklassische Rechtswissenschaft hatte die *societas Rutiliana* gekannt, die die Pflichten des Freigelassenen gegenüber dem Patron begrenzte:[106] Zwischen dem Freigelassenen und seinem Patron wurde eine Gesellschaft konstruiert, in die die *operae* des Freigelassenen zur Hälfte als dessen eigener Beitrag, zur anderen Hälfte als dem Patron zustehende Leistung eingingen.[107] Im Unterschied zur vorklassischen Lehre beließ Servius dem Freilasser keine Rechte an Person oder Arbeitskraft des Freigelassenen. Er ersetzte die vorklassische Lösung dadurch, daß er in seinem Edikt ein Recht des Patrons am Nachlaß des Freigelassenen in Höhe der Hälfte vorsah.[108] Dieses klassische Recht wird in unserem Text wiedergegeben. Gaius 3,41 schildert die Regelung mit ähnlicher Formulierung. Er stellt sie allerdings nur als Beseitigung einer Ungerechtigkeit dar, die das Zwölftafelrecht bewirkt hatte, nach dem der Patron von der Erbschaft nicht nur durch leibliche Kinder, sondern durch alle Hauserben ausgeschlossen wurde.[109] Durch den Vergleich des klassischen Edikts mit dem Zwölftafelrecht reduziert Gaius den Zusammenhang auf eine ergebnisorientierte Sicht, die er als Sabinianer zudem mit einer moralisierenden Bewertung versieht (*iniquitas*). Daß die Überwindung der *societas Rutiliana* eine Konsequenz des von Servius betriebenen Methodenwechsels war, wird durch diese Darstellung verdeckt.

§ 2. *In bonis libertae patrono nihil iuris ex edicto datur.* ⟨…⟩ *itaque seu*[a] ⟨*testari voluerit liberta, in patroni potestate erat ne testamento auctor fieret in quo ipse heres institutus non esset, seu*⟩[b] *intestata moriatur liberta, semper ad eum hereditas pertinet,* [c]*licet liberi sint libertae, quoniam*[d] *non sunt sui heredes matri,* ⟨*qui*⟩ *obstant*[e] *patrono.*

a) so das Ms. Vat, Hg[3-5]; Til, Hg[1-2]: *si*
b) so Kr; fehlt im Ms. Vat. Hu: *seu* ⟨*testata decedat, id tantum iuris patronus habet, quod ei testamento, ipso tutore auctore, datum est, seu*⟩; La, Goe: ⟨*sive auctor ad testamentum faciendum factus sit*⟩ *seu*

106 Servius berichtet, daß zuvor die Patrone für die Freilassung sehr viel weiter gehende Leistungen gefordert hatten; Ulpian 42 *ad ed.* D. 38,2,1 pr.

107 Behrends, Handwerk, S. 187 f.; ders., Arbeit, S. 143 f.

108 Ulpian 42 *ad ed.* D. 38,2,1,1 u. 2: *primus praetor Rutilius edixit se amplius non daturum patrono quam operarum et societatis actionem, videlicet si hoc pepigisset, ut, nisi ei obsequium praestaret libertus in societatem admitteretur patronus.* 2: *Posteriores praetores certae partis bonorum possessionem pollicebantur, videlicet enim imago societatis eiusdem partis praestationem, ut, quod vivus solebat societatis nomine praestare, id post mortem praestaret.* Mit *imago societatis* und *societatis nomine praestare* stellt der Text die Beziehung der servianischen Lösung zur abgelösten Gesellschaftskonstruktion der Vorklassiker dar. Zur Sache näher Behrends, Arbeit, S. 143-146.

109 Gaius 3,41: *Qua de causa postea praetoris edicto haec iuris iniquitas emendata est ….*

c) Bei Til. beginnt hier ein neuer Absatz.
d) Ms. Aur.: *Quamvis non sint sui heredes matri obstat patrono*
e) Ms. Vat.: *obstit*; La, Kr, Mu: ⟨*ut*⟩ *obstent*; Ch 1578 [237 r]: *matri. Obstat patrono lex Papia Popea*; Hg^5: *matri. § 3 ××× obstat patrono. lex*; Gn: *matri;* ⟨*seu testamentum iure fecerit, heres scriptus*⟩ *obstat patrono*

Auf das Vermögen einer Freigelassenen wird dem Patron nach dem Edikt kein (zusätzliches) Recht gegeben. (...) Sei es daher, daß die Freigelassene testieren wollte und der Patron die Macht hatte, dem Testament, in dem er selbst nicht zum Erben eingesetzt war, die Genehmigung zu verweigern, oder sei es, daß die Freigelassene sonst ohne Testament stirbt: immer fällt ihm die Erbschaft zu, selbst wenn die Freigelassene Kinder hat, weil sie für die Mutter keine Hauserben sind, die dem Patron entgegenstehen.

Der Patron wird als Intestaterbe seiner Freigelassenen nicht durch deren Kinder verdrängt, weil sie keine *sui heredes* sind. Testiert die Freigelassene, so kontrolliert der Patron die Verfügungen aufgrund der Freigelassenentutel. Nach diesen Grundsätzen des zivilen Erbrechts bedarf der Patron daher keiner zusätzlichen Begünstigung im Edikt (Gaius 3,43). Der Text ist nur unvollständig überliefert. Während er die Rechtsstellung des Patrons als Intestaterbe der Freigelassenen nennt, schweigt er davon, daß der Patron sogar letztwillige Verfügungen der Freigelassenen kontrollieren kann, weil deren Wirksamkeit von seiner Genehmigung abhängt. Es ist daher zu vermuten, daß ein Satz dieses Inhalts nach *datur* entfallen ist. Dies wird zunächst durch das *itaque* nahegelegt. Es leitet nämlich eine Schlußfolgerung ein, die sich sachlich nicht auf das Vorangegangene gründet. Außerdem setzt die Darstellung des Stoffes bei Gaius 3,43 mit der hier fehlenden Aussage ein.[110] Schließlich muß nach *datur* eigentlich eine Begründung folgen, weil die Nichtgewährung über das *ius civile* hinausgehender Rechte des Patrons im Edikt gerade auf seinem umfassenden zivilen Erbrecht beruht. Wie der vor *itaque* verlorene Text zu ergänzen ist, ist aber unsicher.

Auf die fehlende Mitteilung muß sich auch der mit *itaque* eingeleitete Satz bezogen haben: *Weil* der Patron das Testieren der Freigelassenen kontrollieren kann, hat er die Möglichkeit, ein Testament, das seinen Interessen nicht entspricht, nicht zur Wirksamkeit gelangen zu lassen. Auch diese Schlußfolgerung muß rekonstruiert werden. Für den Ergänzungsvorschlag von Krüger spricht, daß die fehlende Textpassage einen Fall enthalten haben muß, in dem der Patron die Erteilung seiner *auctoritas* verweigert hat. Denn in beiden Fällen erwirbt der Patron

110 Gaius 3,43: *In bonis libertinarum nullam iniuriam antiquo iure patiebantur patroni. Cum enim hae in patronorum legitima tutela essent, non aliter scilicet testamentum facere poterant quam patrono auctore. Itaque ....* Die Absicherung des Patrons folgt aus seinem Recht, die Testamentserrichtung zu kontrollieren.

die Erbschaft: ***semper** ad eum hereditas pertinet.*[111] Den Ausfall des Satzes vor *itaque* wird man dem Epitomator, den Ausfall des Satzes zwischen *itaque seu* und *intestata* einem homoioteleutischen Ausfall zuzuschreiben haben.[112]

Wenn der Text feststellt, das Edikt gebe dem Patron *nihil iuris*, dann gibt dies zu erkennen, daß der Redaktor das Edikt als vollgültige Rechtsquelle ansieht. Er vertritt insoweit dieselbe Rechtsquellenlehre, die den Gaius-Institutionen zugrundeliegt.[113]

Das abweichende, auf der *lex Papia* beruhende Recht, nach dem die Freigelassene mit vier Kindern die Befreiung von der Tutel erlangt, folgt in § 3. Deutlich ist hier wiederum die Trennung der Rechtsquellen erkennbar. Dieses Darstellungsprinzip hat hier auch zur Konsequenz, daß der Satz über die Intestaterbfolge das *SC Orfitianum* nicht erwähnt, das die Söhne zu *legitimi heredes* ihrer Mutter machte (Tit. 26,7).[114]

> § 3. *Lex Papia Poppaea*[a] *postea libertas quattuor liberorum iure tutela patronorum liberavit; et cum intulerit, iam posse eas*[b] *sine auctoritate patronorum testari, prospexit, ut pro numero liberorum libertae superstitum*[c] *virilis pars patrono debeatur.*
>
> a) Ms. Vat.: *popeam*
> b) Ms. Vat.: *ea*
> c) Ms. Vat.: *subprestitum*
>
> Die *lex Papia Poppaea* hat später Freigelassene aufgrund des Vierkinderrechts von der Vormundschaft der Patrone befreit, und während sie einführte, daß sie auch ohne die förmliche Genehmigung der Patrone testieren können, sah sie auch vor, daß abhängig von der Anzahl der überlebenden Kinder der Freigelassenen ein Kopfteil dem Patron geschuldet werde.

Während die *lex Papia* der Freigelassenen mit vier Kindern ermöglichte, ohne die *auctoritas* des Patrons zu testieren, führte sie gleichzeitig ein gesetzliches Erbrecht des Patrons ein, das denjenigen Anteil umfaßt, der einem Kind zusteht.[115]

111 Nach dem an Gaius angelehnten Ergänzungsvorschlag von Lachmann und Goeschen bliebe demgegenüber offen, welche Rechte der Patron aus dem Testament erwirbt.

112 Gegenüber der Ergänzung eines die Alternative vervollständigenden zweiten Satzes ist einzuwenden, daß beim Homoioteleuton i. d. R. der erste Teil wegfällt.

113 Gaius 1,2: *Constant autem iura populi Romani ex … edictis …*; Gaius 1,6: *amplissimum ius est in edictis duorum praetorum …* . Vgl. in entsprechendem Zusammenhang Tit. 22,24: *ius praetorium.*

114 Dies ist der Kritik entgegenzuhalten: Heimbach, Fragmente, S. 17 hielt § 2 für älter als den Senatsbeschluß. Schulz, Epitome, S. 61 nahm eine gedankenlose Übernahme von Gaius 3,43 an.

115 Den gleichen Stoff enthält Gaius 3,44, dessen handschriftliche Überlieferung teilweise unleserlich ist.

Schulz kritisiert *intulerit* als »seltsam und wohl ganz singulär«.[116] An der Verwendung von *ferre* zeigt sich jedoch die Konsequenz, mit der der Sprachgebrauch, den der Text für das Inkraftsetzen eines Gesetzes verwendet (*princ.* § 3: *rogatur, id est **fertur***), auch auf die Einführung einer Rechtseinrichtung bezogen wird.

§ 4. *Liberi patroni virilis sexus eadem iura in bonis libertorum parentum suorum habent, quae et ipse patronus.*

Die männlichen Kinder des Patrons haben dieselben Rechte am Vermögen der Freigelassenen ihrer Väter wie der Patron selbst.

Mit *liberi* sind wieder die Abkömmlinge gemeint,[117] und zwar, wie es Gaius 3,45 im einzelnen mitteilt, die männlichen. Solange der Patron lebt, sind die Abkömmlinge natürlich ausgeschlossen.

§ 5. *Feminae vero ex lege quidem duodecim tabularum perinde*[a] *ius habent, atque masculi patronorum liberi; contra tabulas autem testamenti*[b] *liberti aut ab intestato contra suos heredes non naturales*[c] *bonorum possessio eis non competit; sed si ius trium liberorum habuerunt*[d]*, etiam haec*[e] *iura ex lege Papia Poppaea*[f] *nan ciscuntur.*

a) Hu: *idem*
b) Ms. Vat.: *testamento*
c) so Hg[5], Sav (1801, 114 v) Kr, Sch; Ms. Vat., Til: *naturalis*
d) Hg[5]: *habuerint*; A/W: *meruerint*
e) Ms. Vat.: *hac*
f) Ms. Vat.: *popea*

Frauen aber haben zwar nach dem Zwölftafelgesetz dasselbe Recht wie die männlichen Kinder des Patrons, aber gegen die Testamentsurkunde des Freigelassenen, oder, wenn kein Testament vorhanden ist, gegen die nicht leiblichen Hauserben steht ihnen der Nachlaßbesitz nicht zu. Aber wenn sie das Dreikinderrecht haben, so ergeben sich auch für sie diese Rechte aus der *lex Papia Poppaea.*

Die Zwölf Tafeln gaben den weiblichen Deszendenten des Patrons die gleichen Rechte wie den männlichen. Der Prätor räumte aber den Frauen nach diesem Text den Nachlaßbesitz nicht ein, wenn der Freigelassene testiert oder Hauserben hinterlassen hatte. Gaius 3,46 teilt zunächst mit, der Prätor berufe überhaupt nur männliche Abkömmlinge. Anschließend berichtet er allein für die Tochter des

116 Schulz, Epitome, S. 61.
117 Vgl. den Sprachgebrauch in § 5 und Tit. 27,1.

Patrons von der Möglichkeit, über das Dreikinderrecht die *bonorum possessio* (ggf. an der Hälfte des Nachlasses) zu erlangen.[118]

> § 6. *Patronae*[a] *in*[b] *bonis libertorum illud ius tantum habebant*[c], *quod lex duodecim tabularum introduxit; sed postea lex Papia patronae ⟨ingenuae⟩*[d] *duobus liberis honoratae, libertinae tribus, id iuris dedit, quod patronus habet ex edicto*[e].
>
> § 7. *Item*[f] *ingenuae*[g] *trium liberorum iure honoratae eadem lex id ius dedit, quod ipsi*[h] *patrono*[i] *tribuit.*
>
> a) Ms. Vat.: *paternae*
> b) so Hg^{5}, Kr, Gn, Sch, Mu, A/W; Ms. Vat.: [kleine Lücke im Text] *ex*
> c) so Kr, Sch, Mu, A/W, Gn; Ms. Vat.: *habeant*; Til, Hg^{5}: *habent*
> d) so Til, Cuj (Par. 1586), Kr, Gn, Sch; fehlt im Ms. Vat. u. bei Hg^{5}
> e) Ms. Vat.: *edictum*
> f) so Hg$^{4-5}$; Til, Hg$^{1-3}$: *item ⟨liberis⟩ ingenuae*
> g) so Hg$^{3-5}$; Ms. Vat.: *ingenui*
> h) so das Ms. Vat., Til, Kr; Mu: *ipsa*
> i) so das Ms. Vat., Hg$^{4-5}$; Hg$^{1-3}$: *patronae*
>
> Patroninnen hatten am Vermögen ihrer Freigelassenen nur das Recht, das das Zwölftafelgesetz eingeführt hat. Aber später hat die *lex Papia* der freigeborenen, aufgrund zweier Kinder begünstigten Patronin sowie der freigelassenen Patronin mit dreien das Recht gegeben, das der Patron aus dem Edikt hat. Ebenso hat das Gesetz der mit dem Dreikinderrecht begünstigten freigeborenen Patronin das Recht gegeben, das es einem Patron selbst zuerkannte.

Vor Inkrafttreten der *lex Papia* hatte eine Patronin (im Unterschied zum männlichen Patron) nicht die Möglichkeit, die *bonorum possessio* an der Hälfte des Nachlasses zu erlangen (vgl. Gaius 3,49). Der Text berichtet nun, daß eine freigeborene Patronin aufgrund der *lex Papia* durch zwei Kinder, eine freigelassene durch drei eine Rechtsstellung erwarb, die derjenigen entsprach, die der Patron auf Grundlage des Edikts hatte. Gaius 3,50 deutet demgegenüber an, daß die *ingenua* mit zwei Kindern nur »fast« dieselben Rechte (*eadem fere iura*) wie ein Patron hatte. Möglicherweise bezieht sich Gaius' Andeutung auf eine eingeschränkte

118 Gaius 3,46 ist im Manuskript teilweise unleserlich. Die Rekonstruktion von Nelson/Manthe lautet: *Filia vero patroni et neptis ex filio et proneptis ex nepote filio nato prognata olim quidem ⟨habebant idem⟩ ius, quod ex lege XII tabularum patrono datum est; praetor vero masculini tantum sexus patronorum liberos vocat; filia autem ut contra tabulas testamenti liberti ⟨aut⟩ ab intestato contra filium adoptivum vel uxorem nurumve, quae in manu fuerit, bonorum possessionem petat, trium liberorum lege Papia consequitur.* Vgl. Nelson/Manthe, Gai Inst. III, 1-87, S. 39, 126 u. 128.

Vererblichkeit des Anspruchs.[119] Hatte die freigeborene Patronin sogar drei Kinder, dann gab die *lex Papia* ihr »das Recht, das sie dem Patron gibt«; die Patronin erhielt insoweit dieselben Rechte am Vermögen ihrer Freigelassenen wie ein Patron.[120]

e.) Ergebnisse

Der durch die Tit. 26-29 gebildete Abschnitt ist in erster Linie mit Rücksicht auf die Rechtsquellen unterteilt, auf denen die Regeln beruhen. Die wichtigste Gliederung ist die in das zivile Erbrecht und die Nachfolgeordnung des Edikts. Gaius nimmt demgegenüber die am materiellen Recht orientierte Einteilung in das Erbrecht nach Freigeborenen und das nach Freigelassenen vor.[121] So wird die prätorische Rechtsnachfolge nach Freigeborenen unmittelbar im Zusammenhang mit der Intestaterbfolge des Zwölftafelrechts behandelt (Gaius 3,25 ff.). Gaius erhebt damit den Gesichtspunkt des materiellen Rechts, das in Instituten gefaßt ist, zum obersten Gliederungskriterium. Die Bedeutung der Herkunft der Bestimmungen aus *ius civile* oder prätorischem Recht tritt bei ihm zurück.[122] Auch sonst weist unser Text eine am Edikt orientierte Systematik auf. Dies zeigen im einzelnen besonders die Tit. 28,7 und 28,13.

Im übrigen hält der *liber singularis* die Differenzierung zwischen dem zivilen Intestaterbrecht (*hereditas ... ad heredem pertinet*) und den Regeln des Edikts (*bonorum possessio ... datur*) auch in der Ausdrucksweise konsequent durch. Bei Gaius gleicht sich der Sprachgebrauch demgegenüber der zivilen Erbfolge an: Er stellt zwar fest, daß der Prätor niemanden zum Erben machen könne (Gaius 3,32), spricht dann aber bei der Darstellung der prätorischen Regeln von »*ad hereditatem vocare*« (Gaius 3,26 ff.), wo er richtigerweise nur von der Zuweisung der *bona* hätte sprechen dürfen.

119 Nelson/Manthe, Gai Inst. III, 1-87, S. 137 vermuten die Einschränkung darin, daß die Patronin im Unterschied zum Patron ihr Recht nur an einen Sohn mit einem Kind vererben konnte.

120 Zur Sache im einzelnen Nelson/Manthe, Gai Inst. III, 1-87, S. 137.

121 Nelson, Überlieferung, S. 349 m. Fn. 22; Konkordanz und Vergleich mit den Gaius-Parallelen dort S. 83-87 und bei Nelson, Fachsprache, S. 139-142.

122 Vgl. oben S. 93 und 132-134.

18.) Die *iniuria*

Auch die nachfolgenden Texte stammen aus dem *liber singularis regularum.* Sie sind allerdings nicht im vatikanischen Manuskript, sondern in der Collatio und in den Digesten überliefert.[1] Die Fragmente lassen erkennen, daß der mutmaßlich verlorene Schlußteil des Textes entsprechend dem aus den Gaius-Institutionen hervorgehenden Plan jedenfalls noch die unerlaubten Handlungen und die Klagen behandelte.[2]

Das Fragment *de iniuriis* ist in der Collatio 2,2 enthalten; seine Inskription lautet: »*Ulpianus libro singulari regularum sub titulo de iniuriis*«.

> § 1. *Iniuria, si quidem atrox, id est gravis, non est, ⟨non⟩[a] sine iudicis arbitrio aestimatur. atrocem autem aestimare solere praetorem idque colligi ex facto, ut puta si verberatus vel vulneratus quis fuerit.*
>
> a) Für den Überlieferungsbefund vgl. die Ausgabe von Krüger.
>
> Die *iniuria* wird, wenn sie nicht *atrox*, daß heißt schwer, ist, nicht ohne Entscheidung des Geschworenen geschätzt. Die *iniuria atrox* aber pflegt der Prätor zu schätzen, und die richtige Höhe wird je nach der Begehungsweise bestimmt, etwa wenn jemand geprügelt oder verwundet wurde.

Im Falle der minder schweren *iniuria* schätzt der Verletzte die Summe der Kompensation selbst;[3] gleichwohl kann der *iudex* nach eigenem Ermessen einen geringeren Betrag zusprechen. Im Falle der *iniuria atrox* könnte er das eigentlich auch. Hier pflegt (*solere*) aber (*autem*) die Schätzung des Prätors vom *iudex* respektiert zu werden.

Es existieren mehrere Überlieferungen des Textes.[4] Das Berliner Manuskript der Collatio weist an der Stelle *gravi … arbitrio* eine Beschädigung auf.[5] Die richtige Lesart des Textes ergibt sich aus dem Kontrast zum zweiten Satz. Dessen Aus-

1 Zur Ergänzung des im vatikanischen Manuskript überlieferten Textes um die Fragmente des verlorenen Obligationen- und Aktionenrechts vgl. oben S. 100, 151 f. und 157, Fn. 1.

2 Vgl. oben S. 159.

3 Der Prätor gab dem Verletzten die Möglichkeit, zunächst selbst eine Schätzung vorzunehmen; Gaius 3,224: *permittitur enim nobis a praetore ipsis iniuriam aestimare, et iudex vel tanti condemnat, quanti nos aestimaverimus, vel minoris, prout illi visum fuerit ….*

4 Vgl. Krüger, Collectio 3, S. 108 u. 143 für unsere Stelle.

5 Raber, Grundlagen klassischer Injurienansprüche, S. 101 f. mit Hinweis auf die fotomechanische Wiedergabe bei Hyamson, Collatio, S. 8 links. Hyamson gibt die Berliner Collatiohandschrift Lat. fol. 269 wieder; S. 8 rechts lautet sie: *Iniuria si quidem atrox id est gravi* [die folgenden vier Worte sind etwas schwierig zu lesen; Hyamson liest:] *rerum non sine iudicis arbitrio extimatur. atrocem autem estimare solere pretorem adque collegi ex facto ut puta si verberatus vel vulneratus fuerit.*

sage, die Schätzung des Prätors pflege vom *iudex* respektiert zu werden, ergibt im Umkehrschluß, daß in den Fällen des ersten Satzes die Schätzung des *iudex* maßgeblich ist, so daß ⟨*non*⟩ *sine* zu lesen ist.[6]

Wie angesichts der entsprechenden Stelle aus dem Obligationenrecht der Gaius-Institutionen (3,223 f.) erhellt, hat der Text einen verfahrensrechtlichen Einschlag. Daß überhaupt eine Bewertung der *iniuria* im Verfahrensabschnitt *in iure* stattfindet, hängt mit der gleichzeitigen Leistung des *vadimonium* zusammen,[7] der in Geld festzusetzenden Selbstbürgschaft des Beklagten dafür, daß er zum Termin *apud iudicem* erscheint.[8] Die Einstandssumme für das *vadimonium* setzt der Prätor fest.

Der Text behandelt also nicht den Tatbestand der *iniuria*, sondern die Verfahrensfrage, wer die Schätzung vornehmen kann. Dieser auf den Prozeß hindeutende Gesichtspunkt sowie der Ausdruck *ex facto*, der an das Edikt anknüpft, deuten auf die Nähe des *liber singularis regularum* zum Edikt hin. Die Unterscheidung zwischen *praetor* und *iudex* spiegelt die Zweiteilung des klassischen Formularprozesses wider.

Problematisch erscheint, daß hier (wie auch bei Gaius 3,224) der *iudex* genannt ist, obwohl die *iniuria atrox* in der jüngeren Republik dem Rekuperatorenverfahren unterfiel.[9] Dies hatte sich im Interesse einer schnellen Entscheidung empfohlen: Solange nämlich die Wunde noch sichtbar war, war eine Schätzung der angemessenen Entschädigung mit Rücksicht auf die Schwere der Verletzung besser möglich. Die *lex Cornelia de iniuriis*[10] ordnete später den Rechtsweg neu, ohne aber das Verfahren vor den Rekuperatoren hier auszuschließen.[11] Beide Verfahren

6 Der Ausfall eines einzelnen *non* ist auch in den Digestenhandschriften häufig festzustellen. Raber, Grundlagen klassischer Injurienansprüche, S. 101 und Hagemann, Iniuria, S. 93, Fn. 190 meinen demgegenüber, der Text lege sein Gewicht auf die Unterscheidung zwischen Fällen, in denen der Verletzte, und solchen, in denen der Prätor die *iniuria* schätze. Dann wäre allerdings die am Anfang vermutete Aussage, der Verletzte schätze selbst, unnötig umständlich formuliert. Das Verständnis Hagemanns: »Eine *iniuria* wird, wenn sie nicht *atrox* ist, ohne *arbitrium* des *iudex* geschätzt«, ist in dieser Ausschließlichkeit aber sachlich unrichtig, weil der Verletzte die Schätzung zwar vornimmt, der *iudex* aber durchaus weniger zusprechen kann. Pólay, Iniuria Types, S. 180 liest wie hier befürwortet, setzt aber nach *gravis* kein Komma, so daß nach seinem Text eine *iniuria atrox*, die jedoch keine schwere ist, nicht ohne Ermessen des *iudex* geschätzt wird. Dies ist, wie Pólay auch selbst feststellt, widersprüchlich und hier daher abzulehnen.

7 Vgl. Gaius 3,224: *cum atrocem iniuriam praetor aestimare soleat, si* ***simul constituerit quantae pecuniae eo nomine fieri debeat vadimonium****, hac ipsa quantitate taxamus formulam ….*

8 Wolf, Satura Feenstra, S. 62.

9 Schmidlin, Rekuperatorenverfahren, S. 35.

10 Vgl. Ulpian 56 *ad ed.* D. 47,10,5 pr.

11 Girard sieht in dieser Neuordnung zugleich die Ablösung des Rekuperatorenverfahrens; Mélanges Bd. 2, S. 406. Dagegen überzeugend Schmidlin, Rekuperatorenverfahren, S. 36 f. mit Fn. 3.

bestanden offenbar nebeneinander. Möglicherweise führten die Vorzüge des strengen Verfahrens und die Zuständigkeit des *iudex* für Fälle einfacher *iniuria* in einigen Quellen zur alleinigen Nennung des *iudex*.[12]

12 Schmidlin, Rekuperatorenverfahren, S. 37.

19.) Die Klagen

a.) D. 44,7,25

Auch der folgende Text geht auf den aktionenrechtlichen Teil des *liber singularis* zurück, der in Verlust geraten ist.[1] Er stammt aus dem Digestenfragment 44,7,25, das unter der Inskription »*Ulpianus libro singulari regularum*« überliefert ist.[2] Der Text enthält eine knappe Systematisierung der Klagen. Etwas ausführlicher stellt Gaius 4,1-11 den Stoff dar.[3]

> § 1. *Actionum genera sunt duo, in rem, quae dicitur vindicatio, et in personam, quae condictio appellatur.*
>
> Es gibt zwei Arten der Klagen, die auf eine Sache gerichtete, die Vindikation genannt wird, und die auf eine Person gerichtete, die Kondiktion genannt wird.

Die Dichotomie der *actiones in rem* und *in personam* steht auch am Anfang des 4. Buches der Gaius-Institutionen (4,1). Die Klagetypen unterscheiden sich darin, daß der Kläger in seinem Klagebegehren (*intentio*) im einen Fall ein dingliches, im anderen Fall ein obligatorisches Recht nennt.[4] Dabei behandelt der Text nur die auf das *ius civile* gestützten Klagen,[5] denn die *in factum* konzipierten Klagen enthalten keine *iuris civilis intentio*, sondern stattdessen den jeweils zugrundeliegenden Sachverhalt.[6]

Die Gleichsetzung der *actio in rem* mit der *vindicatio* und der *actio in personam* mit der *condictio* findet sich auch in Gaius 4,5. Dabei wird der Ausdruck *condictio* nicht im klassischen Sinne verwendet, weil sich auch *bonae fidei iudicia* auf die Person richten, aber im klassischen Sprachgebrauch nicht *condictiones* heißen.[7] Die Terminologie verrät vorklassischen Einfluß. Der Ausdruck *condictio* wird hier in einem umfassenden Sinn für eine persönliche Klage gebraucht, wenn deren

1 Vgl. S. 23 und 100.

2 Die Gliederung des Textabschnitts in Paragraphen weicht von den Digestenausgaben ab und folgt Krüger, Collectio Bd. 2, S. 38.

3 Dazu Nelson, Überlieferung, S. 354, 393. Gaius gliedert allerdings nach anderen Gesichtspunkten. Insbesondere tritt bei ihm die Gegenüberstellung von zivilen und prätorischen Klagen nicht ausdrücklich hervor. Horak, SZ 92 (1975), S. 321, Fn. 20 meint, D. 44,7,25 bilde einen Auszug aus der entsprechenden Darstellung bei Gaius, ohne allerdings Gründe anzuführen.

4 Behrends, Fs. Sellert, S. 31.

5 Behrends, SZ 88 (1971), S. 464; Wlassak, Processgesetze 1, S. 82 f. und S. 84, Fn. 14.

6 Gaius 4,46. Im übrigen wurde die Differenzierung zwischen persönlichen und dinglichen Klagen bei den *actiones honorariae* weit weniger konsequent vorgenommen; Behrends, SZ 88 (1971), S. 464.

7 Gaius 4,62; vgl. Weiss, Institutionen, S. 404.

Formel ohne Hinweis auf den Schuldgrund lediglich auf *dari fierive oportere* lautet.[8] Diese Ausdrucksweise wurde von der alten *condictio* des Legisaktionenverfahrens abgeleitet.[9] Die *legis actio per condictionem*, der Prozeß über eine auf das *dare* einer *certa pecunia* oder *certa res* gerichteten Forderung,[10] wurde mit einer feierlichen Ansagung (*condictio*) an den Gegner eingeleitet, er solle sich in 30 Tagen wieder zur Geschworeneneinsetzung vor dem Prätor einfinden.[11] Den Zusammenhang zwischen dieser »eigentlichen« Bedeutung und der hier verwendeten Ausdrucksweise, den unser Text wegen seiner Knappheit nicht offenlegt, stellt Gaius 4,18 her: *Itaque haec quidem actio* ***proprie*** *condictio vocabatur. nam actor adversario denuntiabat, ut ad iudicem capiendum die XXX adesset; nunc vero* ***non proprie*** *condictionem dicimus actionem in personam, ⟨qua⟩ intendimus dari nobis oportere.*[12]

Die Formulierung zeigt, daß diese Stelle der gleichen Entwicklungsstufe des Textes zuzuordnen ist wie Tit. 1,5 ff.: »*Libertorum genera sunt tria* …«. Dort schließen sich – wie hier – die Definitionen an.

§ 2. *In rem actio est, per quam rem nostram, quae ab alio possidetur, petimus: et semper adversus eum est qui rem possidet.*

Die auf eine Sache gerichtete Klage ist es, durch die wir eine eigene Sache, die von einem anderen besessen wird, verlangen. Und sie richtet sich immer gegen denjenigen, der die Sache besitzt.

Der Text teilt mit, daß sich die *actio in rem* immer gegen den Besitzer der Sache richtet. Es handelt sich um eine Feststellung, die für das klassische Recht grundlegend ist. Ulpian ließ zwar die Vindikation auch gegenüber dem Detentor zu.[13] Er teilt aber mit, daß Pegasus und andere Juristen (*quidam*) die Ansicht vertreten hätten, die Klage richte sich nur gegen den Besitzer gemäß den Interdikten *uti possidetis* bzw. *utrubi*. Die Zugehörigkeit des Pegasus zur prokulianischen Rechts-

8 Siber, Röm. Recht 2, S. 15; Heumann/Seckel s. v. condicere.

9 Pugliese, Istituzioni, S. 303.

10 Eingeführt durch die *lex Silia* bzw. die *lex Calpurnia* (Gaius 4,19), die beide wahrscheinlich in der 2. Hälfte des 3. Jahrhunderts v. Chr. ergingen; vgl. Behrends, Zwölftafelprozeß, S. 98.

11 Gaius 4,17b-20; Kaser/Hackl, RZ, S. 111; Weiss, Institutionen, S. 403 f. Zum Verhältnis der *condictio* des Legisaktionenverfahrens zur älteren auguralen Kondiktion Manthe, Stilistische Gemeinsamkeiten, S. 69.

12 Zur Sache Manthe, Geschichte, S. 64 f. Daß es sich um eine vom alten Sprachgebrauch (*prisca lingua*) abgeleitete und im Hinblick auf die Weiterentwicklung des Verfahrensrechts nun »uneigentliche« Ausdrucksweise handelt, zeigt sowohl Gaius 4,18: *Condicere autem denuntiare est* ***prisca lingua*** als auch – ausführlicher – Inst. 4,6,15: *Appellamus … in personam vero actiones, quibus dare facere oportere intenditur, condictiones. condicere enim est denuntiare* ***prisca lingua****: nunc vero* ***abusive dicimus*** *condictionem actionem in personam esse, qua actor intendit dari sibi oportere: nulla enim hoc tempore eo nomine denuntiatio fit.*

13 Dieser mußte allerdings die *facultas restituendi* haben; Ulpian 16 *ad ed.* D. 6,1,9; Kaser, RP 1, S. 433.

schule läßt vermuten, daß die Beschränkung der Klage auf den Besitz, wie sie auch in unserem Text auftritt, ein Standpunkt der klassisch-prokulianischen Schule war. Bei dem Sabinianer Gaius fehlt denn auch die Mitteilung.

Die Wir-Form tritt öfter dort auf, wo etwas abstrakt erörtert wird, also beispielsweise dort, wo, wie in Elementarwerken, Grundsätze des Rechts dargestellt werden. Dieser Sprachgebrauch begegnet auch bei Gaius,[14] hier bei Gaius 4,3. Die auffällige Verwendung des *ab* zur Kennzeichnung des Besitzenden weist der *liber singularis* auch in Tit. 2,3 auf: *usucapiatur ab aliquo.*

> § 3. *In personam actio est, qua cum eo agimus, qui obligatus est nobis ad faciendum aliquid vel dandum: et semper adversus eundem locum habet.*
>
> Auf eine Person richtet sich die Klage, mit der wir gegen denjenigen vorgehen, der uns zu irgendeinem Tun oder Geben verpflichtet ist; und sie findet immer gegen denselben Anwendung.

Die Klage *in personam* richtet sich gegen denjenigen, der aufgrund einer schuldrechtlichen Verpflichtung in Anspruch genommen wird. Während der Text als Inhalt der Verpflichtung nur *facere* und *dare* nennt, beschreibt Gaius 4,2 den Inhalt der *intentio* mit *dare facere praestare oportere.* Er teilt damit zutreffend mit, daß sich die Klage nicht nur auf die durch die Obligation begründete Primärverpflichtung, sondern auch auf die Einstandspflicht (*praestare*) richtet.[15] Der Nachsatz, den Gaius nicht hat, bringt zum Ausdruck, daß sich die Klage nur gegen den jeweils Verpflichteten richtet, und nicht, wie bei der *actio in rem*, gegen jeden Beliebigen, der die Sache besitzt.

> § 4. *Actionum autem quaedam ex contractu, quaedam ex facto, quaedam in factum sunt.*
>
> Unter den Klagen gibt es aber solche aus Vertrag, solche aus unerlaubter Handlung und solche, die auf einen bestimmten Sachverhalt zugeschnitten sind.

Es handelt sich um eine Unterteilung der Klagearten, die sich, was der knappe Text verschweigt, nur auf die *in personam* gerichteten Klagen beziehen kann.[16] Die

14 Vgl. in dessen Institutionen z.B. den Beginn des Obligationenrechts: *Nunc transeamus ad obligationes* (3,88)/ … *Et prius videamus de his quae es contractu nascuntur* (3,89)/ … *Quas res aut numerando aut metiendo aut pendendo in hoc damus, ut accipientium fiant* … (3,90).

15 Behrends, Fs. Sellert, S. 12, Fn. 4; S. 30, Fn. 32. Bei Paulus 2 *inst.* D. 44,7,3 pr wird das *praestare* bereits als Inhalt der Obligation angesehen: *Obligationum substantia … in eo consistit … ut alium nobis obstringat ad* ***dandum*** *aliquid vel* ***faciendum*** *vel* ***praestandum.***

16 Andererseits geht diese Stelle über die Dichotomie des § 1 insoweit hinaus, als hier nicht nur die zivilen, sondern auch die amtsrechtlichen Klagen behandelt sind. Diese Schwäche bemängelt Wlassak, Processgesetze, S. 84, Fn. 14.

Klagen aus Vertrag und aus Delikt werden auf derselben Gliederungsebene den *actiones in factum* gegenübergestellt, die es sowohl für vertragliche wie auch für deliktische Rechtsverhältnisse gibt (zur Abgrenzung vgl. bei § 7). Wie im Edikt stehen auf der einen Seite die an feststehende schuldrechtliche Tatbestände anknüpfenden Klagen, auf der anderen die prätorischen Rechtsbehelfe. Dies zeigt den Einfluß des klassischen Edikts auf den Text.[17]

Bei Gaius 4,6-9 sind die Klagen nach dem Ziel geordnet, auf das sie jeweils gerichtet sind: auf eine Sachleistung (*actiones ex contractu*, § 7), nur auf eine Strafe (*actio furti* und *iniuriarum*, § 8) oder auf eine Sachleistung und eine Strafe (gegenüber dem Bestreitenden und im Falle der *actio legis Aquiliae*, § 9).

> § 5. *Ex contractu actio est, quotiens quis sui lucri causa cum aliquo contrahit, veluti emendo vendendo locando conducendo et ceteris similibus.*
>
> Eine Klage aus Vertrag greift ein, wenn jemand um seines Vermögensvorteils willen mit einem anderen kontrahiert, so etwa kaufend oder verkaufend, vermietend oder mietend, und in weiteren ähnlichen Fällen.

Der Text nennt als Voraussetzung für die *actio ex contractu*, daß der jeweilige Vertrag auf Gewinnerzielung gerichtet sein muß. Die Klagen *ex contractu* beziehen sich also nicht auf jedes vertragliche Schuldverhältnis, sondern speziell auf den klassischen, auf Gewinnerzielung gerichteten Vertrag.[18] Damit bleiben die unentgeltlichen Vertragsverhältnisse, z.B. *mandatum* und *depositum*, ausgeschlossen. Die Dreiteilung in § 4 ist daher nicht erschöpfend.[19] Die Darstellung beschränkt sich vielmehr darauf, die wichtigsten Kategorien der Klagen zu nennen.

Grundsätzliche Kritik an der Systematisierung in D. 44,7,25 üben auch Kaser/Hackl, RZ, S. 233, Fn. 13 (»nicht schlüssig«) sowie Mayer-Maly, SZ 83 (1966), S. 47 (»erfolgloser Systembildungsversuch«). Garcia Garrido, DPR, S. 416 sieht hier ein nachklassisches, Ulpian zugeschriebenes Glossem. Für die vielen älteren Interpolationsvermutungen s. die Nachweise im Index Interpolationum. Vgl. Baron, Condictionen, S. 238 f.: »... ich behaupte ..., dass die Ulpiansche Stelle gar keine Rücksichtnahme verdient, weil sie soviel Fehler enthält als Sätze. ... Wem nun die Ungenauigkeit in der Ulpianschen Stelle zur Last zu legen ist ... das kann dahingestellt bleiben; jedenfalls ist sie derart in die Augen springend, dass die ganze Stelle bei Seite gelassen werden darf.«

17 Zur grundlegenden Zweiteilung des klassischen Edikts s. oben S. 89-91.

18 Ulpian 11 *ad ed.* D. 50,16,19: *contractum autem ultro citroque obligationem, quod Graeci συνάλλαγμα vocant, veluti emptionem venditionem, locationem conductionem, societatem.* Es sind die gegenseitigen Verträge, bei denen die Parteien einander, wie Paulus 34 *ad ed.* D. 19,2,22,3 mitteilt, sogar um des eigenen Gewinnes willen übervorteilen dürfen: *Quemadmodum in emendo et vendendo naturaliter concessum est quod pluris sit minoris emere, quod minoris sit pluris vendere et ita invicem se circumscribere, ita et in locationibus quoque et conductionibus iuris est.* Vgl. Behrends, Der ungleiche Tausch, S. 246-248.

19 Auch fehlt eine Nennung des Quasivertrags.

§ 6. *Ex facto actio est, quotiens ex eo teneri quis incipit, quod ipse admisit, veluti furtum vel iniuriam commisit vel damnum dedit.*

Die Klage aus unerlaubter Handlung greift ein, wenn jemand aufgrund einer Handlung in Anspruch genommen wird, die er selbst begangen hat, wie etwa wenn er einen Diebstahl oder eine Persönlichkeitsverletzung begangen oder einen Schaden verursacht hat.

Mit der Kategorie der *actiones ex facto* beschreibt der Text die Klagen, die aufgrund einer Verletzungshandlung entstehen. Die verschiedenen in Betracht kommenden Tatbestände, von denen der Text *furtum, iniuria* und *damnum* nennt, werden mit dem gemeinsamen Merkmal der »tatsächlichen« Schädigung (*factum*) beschrieben. Der Text drückt damit aus, daß die materiellrechtliche Grundlage dieser Klagen »nur« eine Verletzungshandlung ist, und daß es, anders als bei Klagen aus Verträgen, keiner rechtlichen Sonderverbindung zwischen den Beteiligten bedarf. Daß es um die Abgrenzung zu den *actiones ex contractu* geht, ergibt sich im Hinblick auf § 4 und § 5. Die gleiche Darstellungsmethode weist Gaius auf, wenn er die *obligationes ex maleficiis* im Kern auf eine (für das *maleficium* stehende) *res* zurückführt (*re tantum consistunt*), um anschließend festzustellen, daß bei Vertragsobligationen weitere Voraussetzungen gefordert seien.[20]

Die Kategorie der *actiones ex facto* kann sich auf zivil- und amtsrechtliche Klagen beziehen. So kennt das Haftungsrecht der *lex Aquilia* sowohl die *actio directa* als auch die im Wege der Analogie entwickelte *actio in factum ad exemplum legis Aquiliae.* Auf ein *factum* im Sinne unseres Textes gehen beide Klagen zurück. Die genauere Unterscheidung von den in § 7 *actiones in factum* genannten Klagen legt der knappe Text nicht offen.[21]

§ 7. *In factum actio dicitur, qualis est exempli gratia actio, quae datur patrono adversus libertum, a quo contra edictum praetoris in ius vocatus est.*

Eine Klage wird auf einen bestimmten Sachverhalt zugeschnitten genannt, so beispielsweise diejenige Klage, die dem Patron gegen den Freigelassenen gegeben wird, von dem er dem prätorischen Edikt zuwider vor Gericht geladen worden ist.

Die Dreiteilung des § 4 führt nach den *actiones ex facto* die *actiones in factum* an. Daß in beiden Fällen an das *factum* angeknüpft wird, läßt nach der Abgrenzung fragen. Die *actio in factum* bezeichnet grundsätzlich eine technische Kategorie aus

20 Gaius 3 *aur.* D. 44,7,4: *Ex maleficio nascuntur obligationes, veluti ex furto, ex damno, ex rapina, ex iniuria. quae omnia unius generis sunt: nam hae* ***re tantum consistunt****, id est ipso maleficio, cum alioquin ex contractu obligationes* ***non tantum re consistant****, sed etiam verbis et consensu.*

21 Ihre Rekonstruktion erfolgt bei § 7.

dem Formularprozeß, nämlich eine Klage mit einer auf den einzelnen Sachverhalt zugeschnittenen Formel (*formula in factum concepta*). Diese allgemeinere Bedeutung des Ausdrucks führt zu der Schwierigkeit, daß sie den Klagen aus Vertrag oder Delikt nicht trennscharf gegenübersteht, sondern es Überschneidungen gibt (s. bei § 6). Eine sinnvolle Erklärung der Gegenüberstellung ergibt sich daraus, daß die *actiones in factum* hier nur eine Unterkategorie der Klagen mit *in factum* konzipierter Formel bezeichnen, nämlich diejenigen amtsrechtlichen Klagen, die nicht in Analogie zu solchen Klagen geschaffen sind, die ihre Grundlage in zivilrechtlichen Verpflichtungstatbeständen haben, sondern **nur** *in factum* konzipiert sind. Unter dieser Voraussetzung sind die Klagen *ex facto* (aus Delikt) und *in factum* (aufgrund eines magistratisch bewerteten Sachverhalts) trotz des äußerlichen, durch das übereinstimmende Wort *factum* bewirkten Anklangs sachlich klar zu unterscheiden: Jenen liegt eine aufgrund objektiven Rechts verantwortlich machende, unerlaubte Handlung zugrunde, diesen ein Sachverhalt, den erst der Magistrat in einer Prozeßformel für rechtlich erheblich erklärt.[22] Daß die Gegenüberstellung auf diesem Verständnis aufbaut, ergibt sich auch im Vergleich mit der entsprechenden Darstellung des Stoffes bei Gaius: Als Beispiele für Klagen mit *formula in factum concepta* nennt Gaius 4,46 Fälle aus dem Edikt *De in ius vocando*, so zunächst – wie unser Text – die Klage aufgrund verbotener Ladung des Patrons vor Gericht. Anschließend führt er die Klage gegen den vor Gericht Geladenen an, der weder erschienen ist noch einen *vindex* gestellt hat, sowie gegen denjenigen, der einen Geladenen gewaltsam am Erscheinen gehindert hat. Alle diese Fälle sind weder vertraglich noch deliktisch zu qualifizieren. Nach dieser Erklärung zählt der Text die aufgrund Vertrags oder Delikts gegebenen Klagen mit *in factum* konzipierter Formel zu den *actiones ex contractu* bzw. *ex facto*.

Wenn im Vergleich mit der Darstellung bei Gaius ersichtlich ist, daß die Dreiteilung im Kern auch im *liber singularis regularum* enthalten war,[23] weist die Textfassung von D. 44,7,25 aber doch jedenfalls in den §§ 4-7 Spuren einer Bearbeitung auf. Darauf deutet zunächst die knappe Formulierung hin, die die Gegenüberstellung der Klagetypen aus sich heraus kaum verständlich werden läßt. Auch aus diesem Abschnitt des Regelwerks scheint dessen Aufgabe heraus, ein System anwendbarer Regeln darzustellen; der Epitomator hat dies im Grundsatz unberührt gelassen. Allerdings ist der Stoff hier auf Gliederung und Definitionen reduziert. Während ferner Gaius die auf den bloßen Sachverhalt zugeschnittene Klage korrekt als Klage mit *formula in factum concepta* bezeichnet, spricht § 7 von der *actio in factum*. Sowohl die geringere Genauigkeit dieser Bezeichnung als auch die bedenkliche terminologische Annäherung an die Kategorie der *actiones ex facto* lassen vermuten, daß diese Ausdrucksweise nicht auf die Fassung des Textes

22 Behrends, Mediazione arbitrale, S. 302.

23 Auch Goudy, Trichotomy, S. 62 f. meint, die Dreiteilung selbst gehe auf den *liber singularis* (für dessen Autor er Ulpian hält) zurück.

im *liber singularis regularum* zurückgeht.[24] Schließlich gibt die Satzkonstruktion in § 7 Anlaß zu der Vermutung, daß eine Kürzung vorgenommen wurde: Nach *dicitur* erwartet man eine Definition (*quae* ...), keine Beispiele.[25]

§ 8. *Omnes autem actiones aut civiles dicuntur aut honorariae.*

Alle Klagen werden aber zivile oder honorarrechtliche genannt.

Bezeichnend für den Einfluß, den die Ordnung des Edikts auf den *liber singularis regularum* hatte, ist die Gegenüberstellung von *actiones civiles* und *honorariae* auf gleicher Stufe. Der technische Grund dafür liegt in der *partitio* zwischen *ius* und Amtsrecht, die dem klassischen, vom Edikt her organisierten System zugrundelag.[26]

b.) Ergebnisse

D. 44,7,25 weist das Darstellungssystem auf, das entsprechend auch in dem Textteil des Regelwerks auftritt, der im vatikanischen Manuskript überliefert ist: Der Gliederung in *actiones in rem* und *in personam* (§ 1) sowie in *actiones ex contractu, ex facto* und *in factum* (§ 4) folgen jeweils Einzeldefinitionen. Der Text beschränkt sich auf ausgewählte, knappe Begriffserläuterungen. Ob im Anschluß an die Gliederung in *actiones civiles* und *honorariae* (§ 8) Einzeldefinitionen entfallen sind, kann nicht festgestellt werden. Besonders fällt bei der Formulierung von § 1 die Parallele zu Tit. 1,5 auf.

Der Einfluß der Ordnung des Edikts auf den *liber singularis regularum* wird besonders dadurch deutlich, daß die auf Tatbeständen des *ius civile* beruhenden Klagen den amtsrechtlichen Klagen in einem System auf gleicher Stufe gegenübergestellt werden (§§ 4-8).

24 So bereits das ältere Schrifttum; vgl. Erman, SZ 23 (1902), S. 447.
25 Vgl. Erman, SZ 19 (1898), S. 300; ders., SZ 23 (1902), S. 447.
26 S. oben S. 89-91.

Zusammenfassung

Die Untersuchung läßt den *liber singularis regularum* in neuem Licht erscheinen. Sie zeigt, daß es sich bei dem überlieferten Text um einen fast ausnahmslos wortgetreuen Auszug aus einer hochklassischen Juristenschrift handelt. Der Text entstand auf der Grundlage eines Lehrstoffes, der in der Hauptsache auf die frühe klassische Jurisprudenz zurückgeht, die von Servius und seinen Schülern begründet wurde. Der aus dieser Tradition stammende Grundbestand wurde in der prokulianischen Rechtsschule überliefert und diente dort dem Rechtsunterricht.

Der Text wurde, während er in der prokulianischen Schule tradiert wurde, an verschiedenen Stellen ergänzt und erweitert. Dabei wurden in erster Linie einzelne Rechtslehren aus der sabinianisch-vorklassischen Wissenschaftstradition eingearbeitet. Außerdem wurden zwei Abschnitte eingefügt, die der Grundbestand des Stoffes zunächst nicht enthalten hatte: der Abschnitt über das Dotalrecht, der offenbar auf sabinianischen Stoff zurückgeht, sowie der Abschnitt über das augusteische Eherecht, der wahrscheinlich innerhalb der prokulianischen Schule entstand. Soweit sabinianische Lehren in den Text Eingang fanden, handelt es sich um eine Folge der hochklassischen Schulenkonvergenz. Diese hatte mit Julians Ediktsredaktion begonnen. Vermittelt über dessen in seinen Digesten inkorporierten Ediktkommentar (erschienen nach 148), bewirkte sie eine massive Rezeption klassischer Methoden und Rechtsinstitute in die sabinianische Schule, wovon die Gaius-Institutionen (um 161) Zeugnis ablegen. Dieser Vorgang hatte zur Zeit der Fixierung des Regelwerks bereits Rückwirkungen in der prokulianischen Schule ausgelöst. So zeigt sich im Text öfter der Einfluß, den die Rechtsfortbildung durch Kaiser und Senat von Anfang an und Julians im kaiserlichen Auftrag unternommene Ediktsredaktion seit Celsus auf die prokulianische Schule und die Gegenstände ihres Lehrbetriebs hatten. Die prokulianischen Rechtslehrer und Respondierjuristen verschlossen sich den Neuerungen des Prinzipats nämlich nicht. Auf der gemeinsamen Folie, welche die erfolgreiche Rechtspolitik Augustus', Hadrians und Marc Aurels für beide Rechtsschulen geschaffen hatte, treten die Unterschiede zwischen den verschiedenen rechtswissenschaftlichen Traditionen nur um so deutlicher hervor.

Auf der Grundlage des tradierten Stoffs wurde im Jahre 180 n. Chr. oder wenig später das Regelwerk als Textbestand verfestigt. Die Fixierung erfolgte noch innerhalb der Schule. Der Text enthält den Lehrstoff in Form kurzer, prägnanter, für die praktische Subsumtion brauchbarer Regeln. Von diesem Regelwerk ging die weitere Entwicklung aus. Bei seiner Edition bald nach 244 n. Chr. wurde der Text als *Ulpiani liber singularis regularum* bezeichnet.[1] Die Benennung als *liber regularum* bezog sich zutreffend auf den Umstand, daß der Lehrstoff in Regeln gefaßt

1 S. oben S. 140.

war. Zwar wurde das Regelwerk bei seiner Herausgabe Ulpian zugeschrieben, doch war der große Spätklassiker weder für die Fixierung des Textes noch für dessen Edition verantwortlich. Die Herausgabe des Textes erfolgte wahrscheinlich in einer epiklassischen Schule, die die prokulianische Tradition fortsetzte. Als deren letzter bedeutender Repräsentant konnte Ulpian angesehen werden. Vermutlich schrieb der Herausgeber das Regelwerk darum Ulpian zu.

Der *liber singularis regularum* ist – abgesehen von dem verlorenen Schlußteil – in der Gestalt eines Auszugs erhalten, der offenbar noch vor 320 n. Chr. gefertigt wurde.[2] Der Auszug wurde äußerst textschonend hergestellt und behielt die Qualität des Originaltextes im wesentlichen bei. Der Epitomator kürzte den Text im Interesse der praktischen Verwendbarkeit. Der Wortlaut des klassischen Textes wurde im übrigen keiner nachklassischen Bearbeitung unterzogen. Der Auszug ist zum überwiegenden Teil im Rahmen des Cod. Vat. Reg. Lat. 1128 überliefert, der wahrscheinlich zu Beginn des 9. Jahrhunderts in St. Gallen entstand.[3]

An das der Arbeit vorangestellte Savigny-Zitat schließt sich die Bemerkung an, »daß vom 17. Jahrhundert an Ulpian (scil.: das Regelwerk) selbst von sehr gelehrten Juristen auf eine unbegreifliche Weise ignorirt oder verkannt worden ist«.[4] Savignys Feststellung läßt sich auf die jüngere Forschungsgeschichte übertragen. Diese Arbeit zeigt, daß der *liber singularis regularum* allen Zweifeln zum Trotz eine vorzügliche Erkenntnisquelle für das klassische Recht ist. Die von ihm repräsentierte spezifisch klassische Jurisprudenz wurde in der prokulianischen Schule gepflegt und prägte dort eine Entwicklungsstufe des Rechts, auf die Gaius schon aufbauen konnte. Gaius schrieb seine Institutionen zwar in der konkurrierenden sabinianischen Schule. Sein Lehrbuch setzt aber die von Julian betriebene Rezeption spezifisch klassischer Lehren in die sabinianische Rechtsschule voraus. Erst der hochklassische Kompromiß zwischen der klassisch-prokulianischen Wissenschaft und der vorklassisch-naturrechtlichen Jurisprudenz hatte die Voraussetzungen dafür geschaffen, daß ein übergreifendes, geschlossenes System entstehen konnte, das nach den Institutionen geordnet war. Anders als im Fall der Gaius-Institutionen wurde der tradierte Grundbestand des Stoffes für das Regelwerk keiner grundlegenden *systematischen* Neubearbeitung unterzogen. Den Modernisierungsschritt, der zum Institutionensystem gaianischer Ausprägung führte, vollzog das in der prokulianischen Schule fixierte Regelwerk also nicht mit. Die in der Literatur verbreitete Vorstellung, die Gaius-Institutionen hätten bei der Herstellung des *liber singularis regularum* zugrundegelegen, ist damit nicht zu halten. Das Regelwerk repräsentiert vielmehr, obwohl es jünger als die Gaius-Institutionen ist, eine in entwicklungsgeschichtlicher Hinsicht ältere Systematik. Die Erkenntnisse, die sich aufgrund der neuen Sichtweise des *liber singularis* ergeben,

2 S. oben S. 152-154.

3 S. oben S. 16-32.

4 Savigny, Ulpian 1811, Bl. 2 v.

werfen damit ein Licht auf die Entwicklung der Rechtswissenschaft, die der Entstehung der Gaius-Institutionen vorausging.

Die Gaius-Institutionen stehen nur für eine bestimmte Stufe der Entwicklung der Rechtswissenschaft, und zwar aus der Sicht nur einer der beiden Rechtsschulen. Die Erkenntnisse über das im Verhältnis zu Gaius ältere, klassische Recht erlauben es, auch die Bedeutung des Entwicklungsschrittes besser zu verstehen, den die Gaius-Institutionen gegenüber dem klassischen System brachten, das am Ediktssystem ausgerichtet und durch die Zweiteilung in die aus den Institutionen des *ius* hervorgehenden Klagen und die Rechtsbehelfe des Prätors gekennzeichnet war. Es ist kein Zufall, daß sich das von Gaius aufgrund des Modernisierungsschritts geschaffene geschlossene Lehrbuch als außerordentlicher Erfolg erwies. Sein Institutionensystem eignet sich nämlich besonders gut für die Darstellung des gesamten Privatrechtssystems. Auf Gaius' Institutionensystem gehen auch noch die systematischen Grundlagen der neuzeitlichen Kodifikationen zurück. Die Grundidee der Kodifikation, nämlich die Rechtssätze eines Rechtsgebiets auf einem bestimmten Stand – jedenfalls der Absicht nach – vollständig zusammenzufassen und in anwendbarer Form bereitzustellen, tritt in den Institutionen Justinians auf, die in der Stoffdisposition den Gaius-Institutionen folgen.[5] Justinian nennt denn auch als Grundlagen seines Lehrbuchs in erster Linie die Werke des Gaius, nämlich dessen Institutionen und *res cottidianae*.[6] Die Institutionen Justinians wiederum übten im Verlauf der Rezeptionsgeschichte wesentlichen Einfluß auf die modernen Kodifikationen aus. Auf die Stoffdisposition in *personae, res, actiones* greifen bekanntlich nicht nur der Code Civil und das ABGB zurück, bei denen schon die Grundgliederung dies anzeigt – auch das BGB setzt Grundsätze des Institutionensystems voraus.[7]

Mit seinem Lehrbuch hatte Gaius dieser Entwicklung den Weg bereitet.[8] Der Rückblick auf die Geschichte der Rezeption des Institutionensystems hat allerdings zu einer Vereinfachung der Vorstellung vom Recht der klassischen Zeit verleitet. Nicht nur die Quellenlage, in der Gaius eine herausragende Stellung einnimmt, sondern auch dessen Erfolgsgeschichte haben in der Vergangenheit eine einseitige Fixierung der Forschung auf die Gaius-Institutionen bewirkt. Die vereinfachende Gleichsetzung des klassischen Rechts mit dem bei Gaius mitgeteilten Rechtszustand hat vielfach dazu geführt, daß die abweichende Darstellung des Stoffes im *liber singularis regularum* unzutreffend als Hinweis darauf gewertet wurde, daß dieser erst das Ergebnis einer nachklassischen Bearbeitung sei.

Die Erkenntnis, daß die beiden Texte für verschiedene Wissenschaftstraditionen stehen, ermöglicht es, den Entwicklungsprozeß des Rechts der klassischen

5 Behrends, Privatrecht, S. 10.

6 c. Imperatoriam § 6; vgl. Stein, Studies Thomas, S. 159-162.

7 Zum BGB vgl. Wieacker, Privatrechtsgeschichte, S. 487 f.; Liebs, Röm. Recht[5], S. 67.

8 Insoweit nennt Stein, TECLF 8 (1993), S. 1 die Gaius-Institutionen im Verhältnis zu denen Justinians mit Recht ein »pioneering work«.

Zeit differenzierter zu sehen. Die in den Texten jeweils auftretenden Darstellungsgrundsätze lassen auf die charakteristischen Methoden der beiden Schulen schließen. Dabei führt der *liber singularis* im Sinne der spezifisch klassischen Rechtsquellenlehre die einzelnen Regeln auf ihre unterschiedlichen Rechtsquellen zurück. Er berücksichtigt präzise das Konkurrenzverhältnis zwischen den verschiedenen Regeln des geschriebenen Rechts und unterscheidet konsequent zwischen dem Regelungsbereich des *ius* und dem Gebiet, das der Rechtsschöpfung des Prätors unterfällt. Damit bildet er, um es mit Savigny auszudrücken, einen »Schlüssel« zur Erkenntnis des spezifisch klassischen, am Edikt ausgerichteten Systems.[9] Der *liber singularis regularum* gewährt Einblick in die den Gaius-Institutionen vorausgegangene Entwicklung des klassischen Rechts, und das gelegentlich in großer Unmittelbarkeit.

9 Vgl. das der Arbeit vorangestellte Zitat aus Savigny, Ulpian 1811, Bl. 2 v.

Anhang

Literaturverzeichnis

Textausgaben

Es handelt sich um ein Verzeichnis der berücksichtigten Editionen des *liber singularis*. In eckigen Klammern hinzugefügt sind ergänzende Angaben.

Die Ausgaben sind chronologisch geordnet. Hervorgehoben sind jeweils Herausgeber und Erscheinungsjahr. Auch Übersetzungen sind aufgenommen.

Tilius, Io[annes]: XXVIIII Tituli ex corpore Ulpiani, Parisiis Apud Guil. Morelium [...] **1549**

Ex Ulpiani corpore Tituli XXVIIII, Lovanii Apud Martinum Rotarium **1550**

Brachylogos totius iuris civilis, sive corpus legum, cui adiunctae sunt Institutiones T. Caij Iurecons. Ulpiani Ex toto scriptorum ipsius corpore Tituli undetriginta, Ex recenti reperto. Lugduni, Apud Mauricium Roy, & Ludovicum Pesnot. 1553; darin: S. 193-256: XXIX. Tituli ex corpore Ulpiani. Lugduni, Apud Ludovicum **Pesnot 1553**

Tituli XXVIIII ex corpore Ulpiani. In eosdem titulos Notae [**Cuiacii**]. Tolosae apud Petrum du Puis ad insigne fontis. Typis G. Boundevillaei, **1554**

Catalogus legum Antiquarum, una cum adiuncta summaria Interpretatione, per Ioannem Ulricum Zasium Brigantinum diligenter collectus. Cum annotationibus Ludovici **Charondae** Iurisconsulti Parisiensis [...] Lutetiae **1555**; darin: Tituli XXVIIII ex corpore Ulpiani, Ad veterem manuque scriptum Philippi Gervasii Iureconsulti Germani codicem restituti, et emendati. In eosdem titulos Ludovici Charondae, et Iacobi Cuiacij Iureconsultorum notae, Bl. 188 r-290 r

Iacobii Cuiacii I. C. Commentarius in quo hi pandectarum tituli explicantur, De usurpationibus et usucapionibus [...] Eiusdem ad Ulpiani tit. XXIX. Notae. Parisiis, Apud Andream Wechelum, sub Pegaso [...] 1556; darin: Ad Ulpiani Tit. XXIX. Notae. Iacobo **Cuiacio**. I. C. auctore. Parisiis, Apud Andream Wechelum, sub Pegaso [...] **1556**, S. 161-208

Brachylogos totius iuris civilis, sive corpus legum: item institutiones T. Gaij Iureconsul. et Dom. Ulpian. ex toto scriptorum ipsius corpore tituli undetriginta [...] Lugduni, Apud Ludivicum **Pesnot 1557**; darin: XXIX Tituli ex corpore Ulpiani, S. 163-215

Codicis Theodosiani Lib. XVI, quam emendatissimi, adjectis quas certis locis fecerat Aniani Interpretationibus [...] Novellarum Theodosii, Valentiniani, Martiani, Maioriani, Severi, Libri V. Cum Aniani Interpretationibus [...] Tituli ex corpore Ulpiani [...] Haec omnia curante Iacobo **Cuiacio**. Lugduni, apud Guliel. Rovillium [...] **1566**; darin: Tituli ex corpore Ulpiani, S. 668-689

Iuris civilis Rom. initia et progressus [...] commentatio. Ex Ulpiani Fragm. Tituli XXIX. selectis notis illustrati [...] Libri duo **1571**; darin: Tituli ex corpore Ulpiani, S. 65-119

Imp. Caes. Iustiniani Institutionum libri IIII. Adnotationibus ac Notis doctiß. Scriptorum illustrati, quorum Catalogus sequenti pagina habetur. Praeterea adiunximus Leges XII. Tab. explicatas. Ulpiani Tit. XXIX adnotatos. Caii Lib. II. Institutionum. Studio et opera Ioannis **Crispini** Atre., Lugduni, apud Guilelmum Rovillium **1574**; darin: Tituli ex corpore Ulpiani, S. 535-598

Opera Iacobi **Cuiacii** I. C. quae de iure fecit [...] [Tom. 1], Parisiis, Apud Sebastianum Nivellium sub Ciconiis **1577**; darin: Tituli ex corpore Ulpiani XXIX, S. 56-97

Catalogus legum Antiquarum per Ioannem Ulricum Zasium Brigantinum I. C. collectus [...] Accesserunt Tituli ex corpore Ulpiani multo quam antea correctiores [...] Parisiis [...] **1578**; darin: Tituli XXVIIII ex corpore Ulpiani, Bl. 103 r [d. i. 203 r]-237 r

Tituli XXIX ex corpore Ulpiani. Ad veterem manuscriptum Philippi Gervasii Iureconsulti Germani codicem restituti, & emendati. In eodem titulos Ludovici **Charondae**, ei Iacobi Cujacij Iureconsultorum notae. Venetiis **1584**

Cujacius, Jacobus: Codicis Theodosiani Libri XVI. Imppp. Theodosij, Valentiniani, Martiani, Maioriani, Leonis, Severi & Anthemij Novellae Constitutiones. Tituli ex corpore Codicis Gregoriani. Tituli ex corpore Codicis Hermogeniani. [...] Domitij Ulpiani Regularum liber singularis. [...] Omnia ex veteribus libris auctiora aut emendatiora. Parisiis. Apud Sebastianum Nivellium, sub Ciconiis, via Iacobaea **1586**. Cum privilegiis Caesareae et Regiae Maiestatis. Darin: Domitij Ulpiani Regularum liber singularis, S. 79-100 [zweite Zählung]

Cuiacius, Jacobus: Codicis Theodosiani Lib. XVI. Quam emendatissimi, cum Aniani Interpretationibus. Novellarum Theodosii, Valentiniani, Martiani, Maioriani, Severi libri V. Codicum Gregoriani & Hermogeniani fragmenta quae restitui potuerunt omnia. Gaii Institutionum liber. IulI [!] Pauli Receptarum sententiarum ad filium libri V. cum Aniani interpretationibus. Papiani [!] liber Responsorum. Ulpiani Regularum liber singularis. VolusI [!] Maetiani [!] de partibus Assis liber. His recens accesserunt LicinI [!] Ruffini Collatio legum Iudaicarum & Romanarum. Consultatio veteris cuiusdam Iurisconsulti. Haec omnia curante Iac. Cuiacio. Aurelianae Allobrogum, excudebat Iohannes Arnoldus. Anno **1586**. Darin: Tituli ex corpore Ulpiani, S. 99-120 (zweite Zählung)

Imp. Caes. Iustiniani Institutionum libri IV Adnotationibus ac notis doctiss. scriptorum illustrati & adaucti Quibus adiunximus appendicis loco LL. XII Tab., explicatas, Ulpiani Tit. 29 adnotatos, Caii libros II Inst. Titulos tractatusque Jur. Civ. studio inprimis necessarios. Studio & opera Io. **Crispini** At. Novissime accesserunt adnotationes [...] Jul. **Pacio** IC. auctore, excudebat Jo. Feyrabendt, impensis heredum Sigism. Feyrabendt, Francofurti ad Moen. **1591**

Iacobi Cuiacii Opera omnia [...] editio nova, cura Caroli Annibalis Fabroti, [Bd. 1] Lutetiae Parisiorum, **1658**. Darin: Ad Ulpiani Tit. XXIX Iacobi **Cuiacii** IC Notae, Sp. 297-348

Codicis Dn. Justiniani Sacratissimi Principis pp. Aug. repetitae praelectionis libri XII. Notis Dionysii **Gothofredi** JC. Illustrati [...] Francofurti ad Moenum [...] **1663**; angebunden: Appendix sive Auctarium Quod in se habet Rationem Ordinis à Iurisconsulto in Pandectis, Codice & Institutionibus observati, XII. Tabularum Fragmenta, Titulos ex corpore Ulpiani, Caji Institutionum Libros Duos [...] [282 Spalten mit eigener Zählung]

De origine et progressu juris civilis Romani. Authores et Fragmenta Veterum Jurisconsultorum, Cum notis Arn. Vinnii, et Variorum. Auctore et Collectore S. Leewio, J C., Lugd. Batavor. Apud Arnoldum Doude, **1672**; darin: Tituli ex corpore Ulpiani, S. 399-456

Schulting, Anton: Jurisprudentia vetus antejustiniana, Lugduni Batavorum, ap. Io. van der Linden **1717**

Jurisprudentia vetus ante-Justinianea qua continentur [...] Tituli ex corpore Ulpiani XXIX [...] ex recensione et cum notis Antonii **Schultingii** [...] editio nova [...] Lipsiae ex officina Weidmanniana, **1737**; darin: Tituli ex corpore Ulpiani, S. 560-680

Jurisprudentia vetus Ante-Justinianea complectens fragmenta Legum Regiarum, et Decemviralium Romanorum, itemque veterum Jurisconsultorum, et Codicum Gregoriani, atque Hermogeniani undequaque diligentissime collecta. Adjectae sunt Petri Fabri Jurisconsulti, et in Senatu Tolosano Praesidis notae ad Ulpiani titulos XXIX. nondum antea editae [...] Cervariae: Typis Academicis, excudebat Emmanuel Ibarra, **1744**; darin: Tituli ex corpore Ulpiani XXIX, S. 269-468

Novus Thesaurus juris civilis et canonici, continens varia et rarissima optimorum interpretum, imprimis Hispanorum et Gallorum opera [...] ex collectione et museo Gerardi **Meerman**

[...] tomus septimus et ultimus. Hagae-Comitum, Apud Petrum de Hondt, **1753**; darin: Tituli ex corpore Ulpiani XXIX [...] cum notis [...] Petri Fabri J. C. [...] eiusdemque observationibus in notas Jacobi Cujacii ad eosdem Ulpiani titulos, item animadversionibus nonnullis Gerardi Meerman, J. C., S. 739-773

Domitii Ulpiani fragmenta libri singularis regularum et incerti auctoris Collatio legum Mosaicarum et Romanarum, quibus notas adiecit Joannes **Cannegieter** [...]; darin: Tituli ex corpore Ulpiani XXIX sive fragmenta quae supersunt, ex Domitii Ulpiani libro singulari regularum, cum notis Joannis Cannegieteri, S. 1-142, Trajecti ad Rhenum Apud Guilielmum Henricum Kroon **1768**

Domitii Ulpiani fragmenta libri singularis regularum, et incerti auctoris Collatio legum Mosaicarum et Romanarum, quibus notas adjecit Joannes **Cannegieter** [...], Lugduni Batavorum, Apud Sam. et Joh. Luchtmans, Trajecti ad Rhenum, Apud Abrahamum van Paddenburg, et J. van Schoonhoven, & Socios, **1774**; darin: Tituli ex corpore Ulpiani XXIX, S. 1-141, Index Titulorum ex Corpore Ulpiani, S. 142, Index rerum et Verborum in contextum Titulorum ex Corpore Ulpiani, S. 143-171

Domitii Ulpiani fragmenta libri regularum, vulgo Tituli ex corpore Ulpiani, in usum praelectionum edidit et praefatus est Gustavus **Hugo**, I. V. D. et Prof. Goett., Gottingae [...] **1788**

Les Institutes de l'Empereur Justinien, traduites en Français par M. **Hulot**, Metz/Paris 1806; darin: Le Trésor de l'ancienne jurisprudence romaine, Metz **1811** (eigene Seitenzählung), darin wiederum: Domitii Ulpiani regularum liber singularis, S. 103-146

Le Trésor de l'ancienne Jurisprudence Romaine, ou collection des fragmens [sic!] qui nous restent du droit romain, antérieur a [sic!] Justinien, Metz **1811**, darin: Livre particulier des règles de Domitius Ulpian. Domitii Ulpiani regularum liber singularis, S. 101-146

Le Trésor de l'ancienne jurisprudence romaine: ou, Collection des fragments qui nous restent du droit romain, antérieur à Justinien. Traduits en francais par P. A. Tissot [et] A. G. Daubanton. Corps de droit civil romain en latin et en francais, Suppl. 1, Metz (Lamort) **1811** [Ndr. Aalen 1979]

Domitii Ulpiani Fragmenta libri regularum singularis, uti videtur, vulgo XXIX Tituli ex corpore Ulpiani, denuo recensuit Gustavus **Hugo** [...] Berolini [...] **1811**

Domitii Ulpiani fragmenta libri regularum singularis uti videtur vulgo Tituli ex corpore Ulpiani. Unicum codicem Tilianium olim jam Vaticanum integrum edidit eiusque ope lectionem vulgatam tertio recensuit Gustavus **Hugo** [...], Berolini [...] **1814** [101 S.]

Jus civile antejustinianeum. Codicum et optimarum editionum ope a societate jurisconsultorum curatum praefatus est et indicem editionum adiecit Gustavus **Hugo** [...] Tomus prior, Berolini Impensis Augusti Mylii **1815**, darin: Domitii Ulpiani fragmenta Libri regularum singularis, uti videtur; vulgo Tituli ex corpore Ulpiani [S. 1-101]

Domitii Ulpiani Fragmenta vulgo Tituli ex corpore Ulpiani. Unicum codicem Tilianium olim jam Vaticanum integrum edidit eoque adhibito lectionem vulgatam quarto etiam Caji ope recensuit Gustavus **Hugo** [...], Berolini [...] **1822** [X, 99 S.]

Juris Civilis Ecloga, qua, cum Justinianeis Institutionibus, Novellisque 118 et 127, continentur: [...] Ulpiani Regularum liber singularis [...] Ad usum Praelectionum. [...] Parisiis [...] **1822**; darin: Domitii Ulpiani fragmenta libri regularum singularis, S. 219-261

Tituli ex corpore Ulpiani qui et Ulpiani fragmenta appellantur. In gratiam studiosorum juris Dorpatensium denuo editi [...] Christoph Christian **Dabelow**. Dorpati Sumptibus A. Sticinsky. **1823**

Domitii Ulpiani fragmenta libri regularum singularis edidit Romualdus **Hube**. Magister legens in Universitate literarum Regia Varsaviensi. Varsaviae Typis Josephi Węcki. **1826**

Domitii Ulpiani Fragmenta quae dicuntur Tituli ex corpore Ulpiani. Ex recognitione F. C.

Bluntschli, edidit Eduardus **Boecking**, Bonnae **1831**: Domitii Ulpiani Fragmenta quibus in codice Vaticano inscriptum est Tituli ex corpore Ulpiani, S. 1-74

Domitii Ulpiani fragmenta quae nunc parum accurate dicuntur, in unico codice tituli ex corpore Ulpiani inscripta. Editionem et praefationem quintam, cui quartum annotatio tertium integra codicis lectio iterum ex Caji institutionibus emendatio adjecta curavit Gustavus **Hugo** [...], Berolini [...] **1834**

Iuris Civilis Ecloga in qua Ulpiani regularum liber singularis, Pauli Sententiarum libri V, Gaii Institutionum commentarii IV, Vaticana juris Romani fragmenta et breviora quaedam veteris juris prudentiae monumenta continenta, Bruxellis (Ad. Walhen) **1837**; darin: Domitii Ulpiani fragmenta libri regularum singularis; vulgo Tituli ex corpore Ulpiani, S. 1-31

Corpus Iuris Civilis. Institutes de l'Empereur Justinien, traduites en Français avec le texte en regard, suivies d'un choix de textes juridiques [...] par M. **Blondeau**, Paris (Videcoq) **1838** [in Tom. 1]

Des Domitius Ulpianus Fragmente, Grünberg, Druck und Verlag von M. W. Siebert, **1839** [deutsche Übersetzung, ohne Verfasserangabe]

Flores Juris Antejustianei [!] ad fidem Germanicarum optimae notae editionum, recognovit Ed[ouard] **Laboulaye** J[uris]c[onsul]tus Parisiensis, Paris, A. Durand, Libraire, **1839**. Darin: Domitii Ulpiani Fragmenta ut videtur libri singularis regularum quae dicuntur Tituli ex corpore Ulpiani, S. 187-228

Corpus juris Romani antejustiniani. Consilio professorum Bonnensium E. Böckingii, A. Bethmann-Hollwegii [...] E. Puggaeii institutum [...], Bonnae **1841**; darin: Domitii Ulpiani Fragmenta ut videtur libri singularis regularum quae dicuntur Tituli ex corpore Ulpiani, cura Eduardi **Böcking**, Sp. 121-156 (Sp. 121-140 doppelt paginiert)

Corpus juris Romani antejustiniani. Consilio professorum Bonnensium Eduard Böcking, Moritz August von Bethmann-Hollweg et Eduard Puggé institutum [...], Volumen I. Editio Bonnensia a. **1837-1844** denuo expressa 1987 [...] Aalen [Nachdruck]; darin: Domitii Ulpiani Fragmenta ut videtur libri singularis regularum quae dicuntur Tituli ex corpore Ulpiani, cura Eduardi **Böcking**, Sp. 121(a)-156

Juris civilis promptuarium ad usum praelectionum recensuit Ed. **Laboulaye** Ictus Parisiensis, Lipsiae, apud Michelsen, Bibliopolam, **1845**

Domitii Ulpiani quae vocant Fragmenta sive excerpta ex Ulpiani libro singulari regularum, accedunt eiusdem institutionum aliaque veteris iuris romani fragmenta, tertium emendavit [...] Eduardus **Böcking**, Bonnae [...] **1845**

Domitii Ulpiani quae vocant fragmenta sive excerpta ex Ulpiani libro singulari regularum [...] Quartum emendavit [...] Eduardus **Boecking**, Lipsiae **1855**, darin: Ex corpore Ulpiani, S. 1-101 [mit den anderweitig überlieferten Fragmenten bis S. 107; tabellarische Übersicht über die Parallelen zwischen *liber singularis* und Gaius S. 192-197]

Ulpiani liber singularis regularum. Codicis Vaticani Exemplum curavit Eduardus **Böcking** anno **1855**. Prostat Lipsiae aput Salomonem Hirzelium [31 S. ohne Paginierung]

Domitii Ulpiani e Libro regularium singulari excerpta, Ejusd. Ulpiani institutionum fragmenta rec. Joan. **Vahlen**, Bonnae **1856**

Manuale Juris Synopticum in quo continentur Justiniani Institutiones cum Gaii Institutionibus [...] necnon Ulpiani Fragmenta – Pauli Sententiae – Vaticana Fragmenta et aliae plurimae veterum jurisconsultorum reliquiae concinnavit et recognovit C. A. **Pellat** [...] editio nova, auctior et emendatior, Parisiis apud Henricum Plon, bibliopolam [...] **1858**, darin: Domitii Ulpiani Fragmenta ut videtur libri singularis regularum quae dicuntur Tituli ex corpore Ulpiani necnon quaedam ex ejusdem institutionibus excerpta, S. 707-750

Huschke, Ph. E.: Iurisprudentiae anteiustinianae quae supersunt [...] Lipsiae **1861**, darin: Domitii Ulpiani, quae vocant Fragmenta sive libri singularis regularum reliquiae, S. 449-459

Novum Enchiridion juris Romani in quo continentur legum antiquarum, imprimis XII Tabularum, necnon Edicti Praetorii quae supersunt, Pauli Sententiae, Ulpiani fragmenta varia, Gaii & Justiniani Institutiones, fragmenta Vaticana, monumenta legalia, tabulae negotiorum solemnium et aliae plurimae juris Romani reliquiae recensuit et edidit Car. **Giraud**, Parisiis **1873**, darin: Tituli ex corpore Ulpiani seu Domitii Ulpiani quae feruntur fragmenta, S. 109-137

Huschke, Ph. E.: Iurisprudentiae anteiustinianae quae supersunt [...] editio tertia, Lipsiae **1874**; darin: Domitius Ulpianus [Fragmenta], S. 525-578

Abdy, J[ohn] T[homas] / Bryan Walker: The Commentaries of Gaius and Rules of Ulpian [...] New edition [...] Cambridge [...] **1876** [Die 1. Aufl. (1870) enthielt nur die Gaius-Institutionen]

Krüger, Paul: Collectio librorum iuris Anteiustiniani, Bd. 2, Berolini **1878**: Ulpiani Liber singularis regularum, S. 5-38

Gneist, Rudolf: Institutionum et regularum juris Romani Syntagma [...] editio altera [...] Lipsiae [...] **1880**. Darin: Domitii Ulpiani liber singularis regularum, S. 307-336

The Institutes of Gaius and Rules of Ulpian by James **Muirhead**, Edinburgh **1880**

Abdy, J[ohn] T[homas] / Bryan Walker: The Commentaries of Gaius and Rules of Ulpian, 3. Aufl. Cambridge **1885** [Text und Übersetzung ins Englische]

Huschke, Ph. E.: Iurisprudentiae anteiustinianae quae supersunt [...] editio quinta, Lipsiae **1886**; darin: Domitius Ulpianus [Fragmenta], S. 563-616

Mispoulet, J. B.: Manuel des Textes de Droit Romain comprenant les Institutes de Justinien et de Gaius ainsi que tous les fragments des jurisconsultes qui nous sont parvenus en dehors du Digeste [...], Paris **1889**; darin: Domitii Ulpiani libri singularis regularum fragmenta, S. 477-528

Muirhead, James: The Institutes of Gaius and Rules of Ulpian [Nachdruck der Ausg. von 1880], Edinburgh **1895**

The Institutes of Gaius and Rules of Ulpian [...] with translation and notes, critical and explanatory and copious alphabetical digest by James **Muirhead** [...] Edinburgh [...] **1904**

Iurisprudentiae anteiustinianae reliquas in usum maxime academicum compositas a Ph. E. Huschke, editione sexta [...] ediderunt E. **Seckel** et B. **Kuebler**, Volumen primus, Lipsiae **1908**; darin: Ulpiani Liber singularis regularum, S. 442-491

Cogliolo, Pietro: Manuale delle fonti del diritto romano [...] seconda edizione, Torino [...] **1911**, darin: Ulpiani Liber Singularis Regularum, S. 383-405

Suematsu, Kencho: Ulpianus Roma Ho Han [»Ulpian. Römische Rechtsnormen«] **1913** (Suematsu Kanesumi, 3. Aufl., Teikokugakushiin, Tokyo, 1924)

Haruki, Ichiro: Ulpianus Hogaku Jitsuyosho Shoroku Yaku [»Übersetzung von Ulpians Fragment eines rechtswissenschaftlichen Handbuchs«], in: Kyoto Hogakkai Zasshi, Bd. 9 (**1914**), Nr. 9, S. 174-193; Nr. 11, S. 182-199; Nr. 12, S. 187-201

Schulz, Fritz: Die Epitome Ulpiani des Codex Vaticanus Reginae 1128, Bonn **1926**

Scott, S[amuel] P.: The Civil Law including The Twelve Tables, The Institutes of Gaius, The Rules of Ulpian, The Opinions of Paulus, The Enactments of Justinian, and The Constitutions of Leo, Cincinnati **1932**, Vol. 1 [von 17], darin: The Rules of Ulpian S. 223-255 [Übersetzung ins Englische]

Baviera, Johannes: Fontes Iuris Romani Antejustiniani, Pars altera [...] Florentiae **1940**; darin: Tituli XXVIII (sic!) ex corpore Ulpiani qui vulgo Domitio Ulpiano adhuc tribuuntur, S. 259-301

Reglas de Ulpiano. Texto latino con una traduccion de Francisco Hernandez Tejero, Madrid **1946**

Sciascia, Gaetano: Regras de Ulpiano. Introduçio, texto, traduçio e notas, Sao Paulo **1952**

Girard, Paul Frédéric / Félix Senn: Textes de Droit Romain, 7e édition par un groupe de romanistes, Tome 1, Paris **1967**; darin: Tituli ex corpore Ulpiani, S. 416-449

Ponssa de la Vega de Miguens, Nina: Reglas de Ulpiano. Traducción, concordancia con otros textos clásicos y nota preliminar [Übersetzung mit Noten], Buenos Aires **1970**

Štaerman, E. M.: Домиций Ульпиан. Фрагменты. Domitii Ulpiani Fragmenta, перевод и комментарий Е. М. Штаерман [Übersetzung ins Russische und Kommentar von E. M. Štaerman], in: VDI **1971**, S. 167, 184-206
Überarbeitete Fassung in der zweisprachigen Ausgabe: Iulii Paulli Sententiarum ad filium libri V. Domitii Ulpiani Fragmenta. Юлий Павел, Пять книг сентенций к сыну. Фрагменты Домиция Ульпиана. Перевод Е. М. Штаерман. Ответственный редактор и составитель Л. Л. Кофанов, Москва **1998**

Spruit, J. E. / K. E. M. Bongenaar: Ulpianus, Papinianus en kleinere Fragmenten (= het erfdeel van de klassieke romeinse juristen 3) [Text und Übersetzung ins Niederländische], Zutphen **1986**

Ausgaben anderer antiker Quellen

Agrimensores: Die Schriften der römischen Feldmesser. Herausgegeben und erläutert von F. Blume, K. Lachmann, A. Rudorff, Bd. 1, Berlin 1848, Ndr. Hildesheim 1967

Aelius Aristides: P. Aelii Aristidis orationem *εἰς Ῥώμην* edidit, transtulit atque notis instruxit Richard Klein, Darmstadt 1983

Aischylos: Aeschyli Tragoediae cum incerti poetae Prometheo edidit Martin L. West, Stuttgart 1990

Ammianus Marcellinus: Ammiani Marcellini Rerum gestarum libri quae supersunt edidit Wolfgang Seyfarth adiuvantibus Liselotte Jacob-Karau et Ilse Ulmann, Vol. I: libri XIV-XXV, Leipzig 1978

Apuleius: Apulei Platonici Madaurensis Opera quae supersunt, vol. II, fasc. 1, pro se de magia liber (Apologia) edidit Rudolf Helm, Lipsiae 1959

– Della magia, a cura di Concetto Marchesi, Bologna 1965

– Metamorphoses edited and translated by J. Arthur Hanson in two volumes, II, Book VII-XI, Cambridge/Mass., London 1989

– De magia. Eingeleitet, übersetzt und mit interpretierenden Essays versehen von Jürgen Hammerstaedt, Peter Habermehl, Francesca Lamberti, Adolf M. Ritter und Peter Schenk, Darmstadt 2002

Aristoteles: Aristotelis Topica et sophistici elenchi recensuit brevique adnotatione critica instruxit W. D. Ross, Oxford 1979

Arnobius: Arnobii Adversus nationes libri VII recensuit C. Marchesi, Aug. Torinorum u. a., 1953

Auctor ad Herennium: M. Tulli Ciceronis scripta quae manserunt omnia, fasc. 1. Incerti auctoris de ratione dicendi ad C. Herennium lib. IV iterum recensuit Fridericus Marx, Lipsiae 1964

Augustus: Acta Divi Augusti, Pars prior, hrsg. von S. Riccobono u. a., Romae 1945

Aurelius Victor: Die römischen Kaiser. Liber de caesaribus, hrsg. von Kirsten Groß-Albenhausen und Manfred Fuhrmann, Darmstadt 1997

Boethius: An. Manl. Sev. Boethii in Topica Ciceronis commentariorum libri sex, in: Patrologiae cursus completus, sive Bibliotheca universalis [...] accurante Jean-Paul Migne, Patrologiae tomus 64, Boethii tomus posterior, Parisiis 1847, Sp. 1039-1174

– Trost der Philosophie. Consolatio Philosophiae, hrsg. von Ernst Gegenschatz u. Olof Gigon, 5. Aufl., Düsseldorf, Zürich 1998

Bremer, F. P.: Iurisprudentiae antehadrianae quae supersunt, pars prior: liberae rei publicae iuris consulti, Lipsiae 1896, pars altera: primi post principatum constitutum saeculi iuris consulti, sectio prior, Lipsiae 1898

Caesar: C. Iuli Caesaris Commentariorum pars prior qua continentur libri VII de bello Gallico cum A. Hirti supplemento, recensuit brevique adnotatione critica instruxit Renatus du Pontet, Oxonii 1900, Ndr. 1951

Calpurnius Flaccus: Calpurnii Flacci Declamationes edidit Georgius Lehnert, Lipsiae 1903

– Declamationum excerpta edidit Lennart Håkanson, Stuttgardiae 1978

Cassius Dio: Dio's Roman History with an English Translation by Earnest Cary [...] in nine volumes, IX, Cambridge (Mass.), London 1982

Cato: Marcus Porcius Cato on agriculture. Marcus Terentius Varro on agriculture. With an English translation by William Davis Hooper, revised by Harrison Boyd Ash, London, Cambridge (Mass.) 1954

Cicero: M. Tullii Ciceronis librorum de re publica quantum superest in palimpsesto Bibliothecae Vaticanae [...] edidit A[ngelo] M[ai], Romae 1846

– Pro Archia Poeta. Ein Zeugnis für den Kampf des Geistes um seine Anerkennung. Herausgegeben, übersetzt und erläutert von Helmuth und Karl Vretska, Darmstadt 1979

– Der Staat, hrsg. und übersetzt von Karl Büchner, 5. Aufl., München 1993

– Topica. Die Kunst, richtig zu argumentieren, hrsg., übersetzt und erläutert von Karl Bayer, München 1993

– De officiis. Vom pflichtgemäßen Handeln, hrsg. von Heinz Gunermann, Stuttgart 1976

– Orationes [Bd. 1]. pro Sex. Roscio, de imperio Cn. Pompei, pro Cluentio, in Catilinam, pro Murena, pro Caelio, recognovit brevique adnotatione critica instruxit Albertus Curtis Clark, Oxonii 1905, Ndr. 1957

– Orationes [Bd. 2]. pro Milone, pro Marcello, pro Ligario, pro rege Deiotaro, Philippicae, recognovit brevique adnotatione critica instruxit Albertus Curtis Clark, 2. Aufl., Oxonii 1918, Ndr. 1956

– Orationes [Bd. 3]. Divinatio in Q. Caecilium, in C. Verrem, recognovit brevique adnotatione critica instruxit Gulielmus Peterson, 2. Aufl., Oxonii 1917, Ndr. 1957

– Orationes [Bd. 4]. pro P. Quinctio, pro Q. Roscio Comoedo, pro A. Caecina, de lege Agraria contra Rullum, pro C. Rabirio perduellionis reo, pro L. Flacco, in L. Pisonem, pro C. Rabirio Postumo, recognovit brevique adnotatione critica instruxit Albertus Curtis Clark, Oxonii 1909, Ndr. 1950

– Orationes [Bd. 5]. Cum senatui gratias egit, cum populo gratias egit, de domo sua, de haruspicum responso, pro sestio, in Vatinium, de provinciis consularibus, pro Balbo, recognovit brevique adnotatione critica instruxit Gulielmus Peterson, Oxonii 1911, Ndr. 1957

– Orationes [Bd. 6]. pro Tullio, pro Fonteio, pro Sulla, pro Archia, pro Plancio, pro Scauro, recognovit brevique adnotatione critica instruxit Albertus Curtis Clark, Oxonii 1911, Ndr. 1956

– Rhetorica, recognovit brevique adnotatione critica instruxit A. S. Wilkins, Tomus I: Libros de oratore tres continens, Oxonii 1901

– Rhetorica, recognovit brevique adnotatione critica instruxit A. S. Wilkins, Tomus II: Brutus, orator, de optimo genere oratorum, partitiones oratoriae, topica, Oxonii 1903

– Epistulae, vol. II: Epistulae ad Atticum, recognovit brevique adnotatione critica instruxit Ludovicus Claude Purser, pars prior: Libri I-VIII, Oxonii 1903, pars posterior: Libri IX-XVI, Oxonii 1903

– Atticus-Briefe, hrsg. und übersetzt von Helmut Kasten, 4. Aufl., München, Zürich 1990

– M. Tullii Ciceronis Scripta quae manserunt omnia, recognovit C. F. W. Mueller, partis IV vol. II continens libros de natura deorum, de divinatione, de fato, de re publica, de legibus, Lipsiae 1878
– M. Tullii Ciceronis Scripta quae manserunt omnia, epistularum ad familiares libri I-IV recognovit H. Sjögren, Lipsiae, Berolini 1923; libri V-VIII, Lipsiae 1928; libri IX-XII, Lipsiae 1924; libri XIII-XVI, Lipsiae 1925
– De inventione. Über die Auffindung des Stoffes. De optimo genere oratorum. Über die beste Gattung von Rednern. Lateinisch-deutsch herausgegeben und übersetzt von Theodor Nüßlein, Düsseldorf, Zürich 1998
– De inventione. De optimo genere oratorum. Topica. With an English Translation by H. M. Hubbell, London, Cambridge/Mass. 1949, Ndr. 1960

Codex Theodosianus: Cum perpetuis commentariis Iacobi Gothofredi. Opus posthumum, opera et studio Antonii Marvilii, Tomus primus, Lugduni 1665
– Ad LIV librorum manuscriptorum et priorum editionum fidem recignovit et annotatione critica instruxit Gustavus Haenel, fasc. I, Bonnae 1837, fasc. II, Bonnae 1839
– Theodosiani libri XVI cum constitutionibus Sirmondianis edidit adsumpto apparatu P. Kruegeri Th. Mommsen, vol. I, 2 partes, Berolini 1905
– The Theodosian Code and Novels and the Sirmondian Constitutions [...] by Clyde Pharr, Princeton 1952

Collectio librorum iuris anteiustiniani ediderunt Paulus Krueger, Theodorus Mommsen, Guilelmus Studemund, Bde. 2 u. 3, Berolini 1890

Columella: Lucius Iunius Moderatus Columella on Agriculture in three volumes, I, res rustica I-IV with a recension of the text and an English translation by Harrison Boyd Ash, London, Cambridge/Mass. 1941, Ndr. 1960; II, res rustica V-IX, London, Cambridge/Mass. 1954

Corpus Inscriptionum Graecarum auctoritate et impensis Academiae Litterarum Regiae Borussicae edidit Augustus Boeckhius, Volumen secundum, Berolini 1843

Corpus Inscriptionum Latinarum consilio et auctoritate Academiae litterarum Borussicae editum, Berlin. Vol. VI. Inscriptiones urbis Romae Latinae. Collegerunt G. Henzen et J. B. de Rossi. Ediderunt E. Bormann et G. Henzen, pars prima 1876; Pars secunda, ediderunt E. Bormann, G. Henzen, Chr. Huelsen, 1882; Pars tertia, ediderunt E. Bormann, G. Henzen, Chr. Huelsen, 1886; Partis quartae fasciculus prior. Collegerunt G. Henzen et J. B. de Rossi, E. Bormann. Ed. Chr. Huelsen, 1894; Partis quartae fasciculus posterior. Additamenta collegit et edidit Chr. Huelsen, 1902

Corpus Iuris Civilis, Bd. 1: Institutiones, Digesta, 16. Aufl., hrsg. von Theodor Mommsen und Paul Krueger, Berlin 1954; Bd. 2: Codex Iustinianis, 11. Aufl., hrsg. von Paul Krueger, Berlin 1954; Bd. 3: Novellae, hrsg. von R. Schoell, Berlin 1954

Corpus Iuris Civilis, Text und Übersetzung, hrsg. von Okko Behrends, Rolf Knütel, Berthold Kupisch und Hans Hermann Seiler, Bd. 1: Institutionen, 2. Aufl., Heidelberg 1997; Bd. 2: Digesten 1-10, Heidelberg 1995; Bd. 3: Digesten 11-20, Heidelberg 1999

Corpus Legum ab Imperatoribus Romanis ante Iustinianum latarum, quae extra constitutionum codices supersunt [...] instruxit D. Gustavus Haenel, Lipsiae 1857

Corpus Medicorum Graecorum ediderunt Academiae Berolinensis Hauniensis Lipsiensis V 4,1.1 Galeni de propriorum animi cuiuslibet affectum dignotione et curatione, de animi cuiuslibet peccatorum dignotione et curatione, de atra bile, ed. Wilko De Boer, Leipzig, Berlin 1937

Corpus Medicorum Graecorum ediderunt Academiae Berolinensis Hauniensis Lipsiensis V 10,2.1 Galeni in Hippocratis epidemiarum libr. III comm. III ed. E[rnst] Wenkebach, Leipzig, Berlin 1936

Corpus Medicorum Graecorum ediderunt Academiae Berolinensis Hauniensis Lipsiensis V 10,2.2 Galeni in Hippocratis epidemiarum libr. VI comm. I-VI edidit E[rnst] Wenkebach et comm. VI-VIII in Germanicam linguam transtulit F. Pfaff. Excerpta a Mose Maimonide e Galeni commentariis in epid. libr. I, II, III, VI, sumpta addiderunt K. Deichgraeber et K.-H. Deller S. J., Berlin 1956

Crawford, M. H. (Hrsg.): Roman Statutes, 2 Bde., London 1996

Digesta Iustiniani Augusti recognovit adsumpto in operis societatem Paulo Kruegero Th. Mommsen, ed. altera, Vol. 1, Berolini 1962, Vol. 2, Berolini 1963

Digesten: Iustiniani Digesta. Дигесты Юстиниана. Избранные фрагменты в переводе и с примечаниями И. С. Перетерского, Москва 1984

Dittenberger, Wilhelm: Sylloge Inscriptionum Graecarum, 3. Aufl., Bd. 2, Leipzig 1917

Eck, Werner / Johannes Heinrichs: Sklaven und Freigelassene in der Gesellschaft der römischen Kaiserzeit. Textauswahl und Übersetzung, Darmstadt 1993

Eutropius: Eutropii Breviarium ab Urbe condita recognovit Carolus Santini, Leipzig 1979

Festus: Sexti Pompei Festi de verborum significatu quae supersunt cum Pauli epitome Thewrewkianis copiis usus edidit Wallace M. Lindsay, Lipsiae 1913, Ndr. Hildesheim 1965

Firmicus Maternus: Iulii Firmici Materni Matheseos libri VIII fasciculus prior, ediderunt W. Kroll et F. Skutsch, Lipsiae 1897; fasciculus alter, ediderunt W. Kroll et F. Skutsch in operis societatem assumpto K. Ziegler, Lipsiae 1913

Flach, Dieter: Die sogenannte Laudatio Turiae, Darmstadt 1991

Fontes Iuris Romani Antejustiniani in usum scholarum ediderunt S. Riccobono, J. Baviera, C. Ferrini, J. Furlani, V. Arangio-Ruiz, editio altera, Pars prima: Leges, Florentiae 1941, Pars altera: Auctores, Florentiae 1940, Pars tertia: Negotia, Florentiae 1943

Fontes Iuris Romani Antiqui, edidit Carolus Georgius Bruns post curas Theodori Mommseni … septimum edidit Otto Gradenwitz, 2 Teile, Tubingae 1909

Fragmentum Dositheanum: Fragmentum veteris Jurisconsulti de juris speciebus et de manumissionibus quod servavit Dositheus magister in exercitationibus graeco-latinis nondum editis, ex codd. Mss. bibliothecae Bataviae edidit, notas, et emendationes adjecit Matthias Röver […] Lugduni Batavorum […] 1739

Fronto: M. Cornelii Frontonis Epistulae schedis tam editis quam ineditis Edmundi Hauleri usus iterum edidit Michael P. J. van den Hout, Leipzig 1988

Gaius: Gai Institutiones Codicis Veronensis Apographum […] publicavit Eduardus Böcking […] Lipsiae 1866

– Gai Institutionum commentarii quattuor Codicis Veronensis denuo collati apographum confecit et […] edidit Guilelmus Studemund, Lipsiae 1873

– Gai Institutiones secundum Codicis Veronensis apographum Studemundianum et reliquas in Aegypto repertas edidit M. David, Leiden 1948

– Die Institutionen des Gaius [Übersetzung] Von J. Lammeyer, Paderborn 1929

– Istituzioni di Gaio. Traduzione e commento, a cura di Sergio Beltrani, Napoli 1995

– Gaius Institutiones. Die Institutionen des Gaius, hrsg., übersetzt und kommentiert von Ulrich Manthe, Darmstadt 2004

Gellius: A. Gellii Noctium Atticarum libri XX, post Martinum Hertz edidit Carolus Hosius, volumen primus 1903, Ndr. Lipsiae 1937, volumen alterum, Lipsiae 1903

Der **Gnomon des Idios Logos**, bearbeitet von Emil Seckel und Wilhelm Schubart. Erster Teil: Der Text. Von Wilhelm Schubart, Berlin 1919

Grenfell, Bernard P. / Arthur S. Hunt: New Classical Fragments and Other Greek and Latin Papyri, Oxford 1897

Herodian: Books I-IV with an English Translation by C. R. Whittaker, Cambridge (Mass.), London 1969, Ndr. 1995

Herodot: Historien, Erster Band, hrsg. von Josef Feix, 2. Aufl., München 1977

Historia Augusta: Scriptores Historiae Augustae edidit Ernestus Hohl, Volumen I, Editio Stereotypa editionis prioris, Lipsiae 1955

Historia Augusta: The Scriptores Historiae Augustae with an English Translation by David Magie, Vol. I, Cambridge (Mass.), London 1921, Ndr. 1991

Horaz: Q. Horatius Flaccus, Satiren, erklärt von Adolf Kiessling, 3. Aufl., besorgt von Richard Heinze, 2. Teil, Berlin 1906

Isidor: Isidori Hispalensis episcopi etymologiarum sive originum libri XX recognovit adnotatione critica instruxit W. M. Lindsay, Tom. I libros I-X continens, Oxonii 1911

Jurisprudentiae Antejustinianeae quae supersunt, in usum maxime academicum composuit, recensuit, adnotavit Ph. Eduardus Huschke, 3. Aufl., Lipsiae 1874

Jus Graecoromanum cura J. Zepi et P. Zepi. Practica ex actis Eustathii Romani. Epitome Legum. Ex editione C. E. Zachariae a Lingenthal, Bd. 4, Athenis 1931

Juvenal: A. Persi Flacci et D. Iuni Iuvenalis Saturae cum additamentis Bodleianis recognovit brevique adnotatione critica instruxit S. G. Owen, 2. Aufl., Oxonii 1908, Ndr. 1949

Lex Romana Visigothorum. Ad LXXVI librorum manu scriptorum fidem recognovit, septem eius antiquis epitomis, quae praeter duas adhuc ineditae sunt, titulorum explanatione auxit, annotatione, appendicibus, prolegomenis instruxit Gustavus Haenel, Lipsiae 1847/49, Ndr. Aalen 1962

Livius: Titi Livi ab Urbe condita recognoverunt et adnotatione critica instruxerunt Carolus Flamstead Walters et Robertus Seymour Conway, Tom. 2, libri VI-X, Oxonii 1919, Ndr. 1954

– Titi Livi ab Urbe condita recognoverunt et adnotatione critica instruxerunt Robertus Seymour Conway et Stephanus Keymer Johnson, Tom. IV, libri XXVI-XXX, Oxonii 1935, Ndr. 1957

– Titi Livi ab Urbe condita Tomus V, libri XXXI-XXXV recognovit et adnotatione critica instruxit Alexander Hugh McDonald, Oxonii 1965

– Titi Livi ab Urbe condita libri XLI-XLV edidit John Briscoe, Stuttgardiae 1986

Lucan: M. Annaei Lucani Belli Civilis libri decem editorum in usum edidit A. E. Housman, Oxonii 1927

Macrobius: Ambrosii Theodosii Macrobii Saturnalia apparatu critico instruxit in somnium Scipionis commentarios selecta varietate lectionis ornavit Iacobus Willis, Leipzig 1963

– Commentarii in somnium Scipionis edidit Iacobus Willis, Lipsiae 1963

Martial: M. Val. Martialis Epigrammata recognovit brevique adnotatione critica instruxit W. M. Lindsay, editio altera, Oxonii 1929, Ndr. 1965

Meyer, Paul M.: Juristische Papyri. Erklärung von Urkunden zur Einführung in die juristische Papyruskunde, Berlin 1920

Novum Testamentum graece et latine. Utrumque textum cum apparatu critico imprimendum curavit Eberhard Nestle, novis curis elaboraverunt Erwin Nestle et Kurt Aland, editio duodevicesima, Stuttgart 1957

The **Oxyrrhynchos Papyri**, Part XVII edited with translations and notes by Arthur S. Hunt, London 1927

Petron: Petronii Saturae recensuit Franciscus Buecheler, 8. Aufl., Berlin, Zürich 1963

Petzl, Georg (Hrsg.): Die Inschriften von Smyrna. Teil I: Grabinschriften, postume Ehrungen, Grabepigramme, Bonn 1982

Plautus: T. Macci Plauti Comoediae recognovit brevique adnotatione critica instruxit W. M. Lindsay, Tom. 1, Oxonii 1904, Ndr. 1963; Tom. 2, Oxonii 1905, Ndr. 1963

Plinius d. Ä.: Pline l'Ancien. Histoire naturelle, livre V, 1-46, 1ere partie. Texte établi, traduit et commenté par Jehan Desanges, Paris 1980

– C. Plini Secundi Naturalis historiae libri XXXVII post Ludovici Iani obitum recognovit et scripturae discrepantia adiecta edidit Carolus Mayhoff, vol. I, libri I-VI, Lipsiae 1906

– C. Plinius Secundus d. Ä., Naturkunde lateinisch-deutsch, Buch VII. Anthropologie, hrsg. und übersetzt von Roderich König in Zusammenarbeit mit Gerhard Winkler, 1975
– C. Plinius Secundus d. Ä., Naturkunde lateinisch-deutsch, Buch VIII. Zoologie: Landtiere, hrsg. und übersetzt von Roderich König in Zusammenarbeit mit Gerhard Winkler, 1976
– C. Plinius Secundus d. Ä., Naturkunde lateinisch-deutsch, Bücher XIV/XV. Botanik: Fruchtbäume, hrsg. und übersetzt von Roderich König in Zusammenarbeit mit Gerhard Winkler, Darmstadt 1981
– C. Plinius Secundus d. Ä., Naturkunde lateinisch-deutsch, Buch XVIII. Botanik: Ackerbau, hrsg. und übersetzt von Roderich König in Zusammenarbeit mit Joachim Hopp und Wolfgang Glöckner, Darmstadt 1995
– C. Plini Secundi Naturalis historiae libri XXXVII. Post Ludovici Iani obitum recognovit et scripturae discrepantia adiecta edidit Carolus Mayhoff, vol. V, libri XXXI-XXXVII, Lipsiae 1897

Plinius d. J.: C. Plini Caecili Secundi epistularum libri decem recognovit brevique adnotatione critica instruxit R. A. B. Mynors, Oxonii 1963
– Pline le Jeune Tome IV, lettres, livre X, Panégyrique de Trajan, texte établi et traduit par Marcel Durry, Paris 1959

Plutarch: Coniugalia praecepta, in: Plutarch's Moralia in fifteen volumes, II, 86 b – 171 f, with an english translation by Frank Cole Babbitt, London, Cambridge/Mass. 1928, Ndr. 1962, S. 295-343
– Quaestiones Romanae, in: Plutarch's Moralia in fifteen volumes, IV, 263 d – 351 b, with an english translation by Frank Cole Babbitt, London, Cambridge/Mass. 1936, Ndr. 1962, S. 1-171

Polybios: Polybii Historiae vol. IV. libri XX-XXXIX. Fragmenta, editionem a Ludovico Dindorfio curatam retractavit Theodorus Büttner-Wobst, edidio stereotypa editionis prioris (1904), Stuttgardiae 1963

Ὁ Πρόχειρος Νόμος. Imperatorum Basilii, Constantini et leonis Prochiron. Codd. mss. ope nunc primum edidit, prolegomenis, annotationibus et indicibus instruxit C. E. Zachariae [...] Accedit commentatio de Bibliotheca Bodlejana ejusque codicibus ad jus graecoromanum spectantibus, Heidelbergae 1837

Quintilian: M. Fabii Quintiliani Declamationes quae supersunt CXLV recensuit Constantinus Ritter, editio stereotypa editionis prioris (1884), Stuttgardiae 1965
– M. Fabi Quintiliani Institutionis oratoriae libri duodecim recognovit brevique adnotatione critica instruxit M. Winterbottom, Tomus I, libri I-VI, Tomus II, libri VII-XII, Oxonii 1970

The **Roman Inscriptions of Britain**, Vol. II: Instrumentum Domesticum, Fascicule 1 [...], ed. by S. S. Frere, Margaret Roxan and R. S. O. Tomlin, Gloucester 1990

Seneca d. Ä.: L. Annaei Senecae oratorum et rhetorum sententiae divisiones colores ed. H. J. Müller, Hildesheim 1963

Seneca d. J.: L. Annaei Senecae ad Lucilium epistulae morales. Achilles Beltrami recensuit, vol. prius continens libros 1-13, impressio altera, Romae 1949
– Moral Essays with an English Translation by John W. Basore, vol. 1, Cambridge/Mass., London 1928, Ndr. 1958; vol. 2, Cambridge/Mass., London 1932, Ndr. 1958

Sententiae Syriacae. Eingeleitet, herausgegeben, deutsch übersetzt, mit einem syrischen und griechischen Glossar versehen und kommentiert von Walter Selb, Wien 1990

Servius: Servianorum in Vergilii Carmina Commentariorum editionis Harvardianae volumen III quod in Aeneidos libros III-V explanationes continet, confecerunt A. F. Stocker, A. H. Travis, Oxonii 1965

Silius: Sili Italici Punica edidit Iosephus Delz, Stuttgart 1987

Statius: P. Papini Stati Thebanis et Achilleis recognovit brevique adnotatione critica instruxit H. W. Garrod, Oxonii 1906, Ndr. 1962

– P. Papini Stati Silvae recognovit brevique adnotatione critica instruxit Ioannes S. Phillimore, 2. Aufl., 1905, Ndr. 1958

Sueton: C. Suetonius Tranquillus. Opera, vol. I: De vita Caesarum libri VIII recensuit Maximilianus Ihm, editio minor, 1908, Ndr. Stuttgart 1958

– Leben des Claudius und Nero. Textausgabe mit Einleitung, kritischem Apparat und Kommentar hrsg. von Wilhelm Kierdorf, Paderborn, München, Wien, Zürich 1992

Tabulae Herculanenses ed.: Giovanni Pugliese Carratelli, Vincenzo Arangio-Ruiz, Teil I in: PP 1 (1946), S. 379-385; Teil VI in: PP 16 (1961), S. 66-73

Tacitus: Corneli Taciti de vita Agricolae edited by H. Furneaux, 2nd. ed. by J. G. C. Anderson, Oxford 1922, Ndr. 1953

– Libri qui supersunt tertium edidit Erich Koestermann, tom. I: ab excessu Divi Augusti [Annales], Leipzig 1971

– Corneli Taciti Annalium ab excessu divi Augusti libri recognovit brevique adnotatione critica instruxit C. D. Fisher, Oxonii 1906, Ndr. 1951

– Corneli Taciti Historiarum libri, recognovit brevique adnotatione critica instruxit C. D. Fisher, Oxonii 1911, Ndr. 1962

– Germania, übersetzt, erläutert und mit einem Nachwort herausgegeben von M. Fuhrmann, Stuttgart 1972

Theophilus: Institutionum graeca Paraphrasis Theophilo antecessori vulgo tributa ad fidem librorum manu scriptorum [...] instruxit E. C. Ferrini, Berolini 1884-1897

Valerius Maximus: Valeri Maximi facta et dicta memorabilia, vol. I, libri I-VI, vol. II, libri VII-IX, Iuli Paridis epitoma, fragmentum de praenominibus, Ianuari Nepotiani epitoma, edidit John Briscoe, Stuttgardiae et Lipsiae 1998

Varro s. Cato

Walser, Gerold: Römische Inschriftkunst. Römische Inschriften für den akademischen Unterricht und als Einführung in die lateinische Epigraphik, 2. Aufl., Stuttgart 1993

Zwölftafelgesetz: Das Zwölftafelgesetz. Texte, Übersetzungen und Erläuterungen von Rudolf Düll, 6. Aufl., München, Zürich 1989

Zwölftafelgesetz: Remains of Old Latin. Lucilius. The Twelve Tables, ed. and translated by E. H. Warmington, Ndr. der Ausg. 1967, Cambridge (Mass.), London 1993, S. 424-515

Forschungsliteratur

Abbott, Frank Frost / Allan Chester Johnson: Municipal Administration in the Roman Empire, Princeton 1926

Adams, J. N.: The language of the Vindolanda writing tablets: an interim report, in: JRS 85 (1995), S. 86-134

Affolter, Friedrich Xaver: Das römische Institutionensystem, sein Wesen und seine Geschichte. Einleitender Teil, Berlin 1897

Agustín, Antonio: De legibus, et Senatusconsultis Liber, in: Antonii Augustini Opera omnia, Bd. 1, Lucae 1765, S. 7-138

– De nominibus propriis *του πανδεκτου* Florentini cum Notis eiusdem, in: Antonii Augustini Opera omnia, Bd. 1, Lucae 1765, S. 165-488

Albertario, Emilio: Tituli ex corpore Ulpiani, in: BIDR 32 (1922), S. 73-129

Alberti, Alberto: La »Glossa Torinese« e le altre Glosse del Ms. D. III. 13 della Biblioteca Nazionale di Torino, Torino 1933

Albrecht, Michael von: Geschichte der römischen Literatur, 2. Aufl., 2 Bde., München u. a. 1994

Alföldi, Andreas: Das frühe Rom und die Latiner, Darmstadt 1977
Alföldi, Géza: Die Freilassung von Sklaven und die Struktur der Sklaverei in der römischen Kaiserzeit (1972), in: Géza Alföldi, Die römische Gesellschaft. Ausgewählte Beiträge, Stuttgart 1986, S. 286-331
Alibrandi, Ilario: Opere giuridiche e storiche, raccolte e pubblicate a cura della Accademia di Conferenze Storico-giuridiche. Volume primo, Roma 1896
Alvarez Suárez, Ursicino: Curso de derecho romano, Tomo I, Madrid 1955
Ambrosino, Rodolfo: ›Usus fructus‹ e ›communio‹, in: SDHI 16 (1950), S. 193-220
Ambrosone, Costantino: La »precodificazione« di Ulpiano, in: Labeo 30 (1984), S. 93-103
Amelotti, Mario: Il testamento romano attraverso la prassi documentale. 1. Le forme classiche di testamento, Firenze 1966
– Art. Testamento (dir. rom.), in: Enciclopedia del diritto, Bd. XLIV (1992), S. 459-470
Amirante, Luigi: In tema di acquisto del legato ›per vindicationem‹, in: Iura 3 (1952), S. 249-253
Amos, Sheldon: The History and Principles of the Civil Law of Rome, London 1883
Andrés Santos, Francisco Javier: Subrogación real y patrimonios especiales en el derecho romano clásico, Valladolid 1997
Ankum, Hans: [Rez.:] Ulpianus, Papinianus en kleinere fragmenten, vertaald door J. E. Spruit en K. E. M. Bongenaar, in: SZ 110 (1993), S. 690-693
– Societas omnium bonorum and dos in Classical Roman Law, in: ILR 29 (1995), S. 105-129
– Ulpius Marcellus (ca. 125 - ca. 185 n. Chr.): een fijnzinnig en kritisch Romeins jurist, in: J. L. P[aul] Cahen-Bundel, Deventer 1997, S. 23-46
– Dotis dictio und Konvaleszenz im klassischen römischen Recht, in: Fs. Zlinsky (1998), S. 147-160
– Quelques observations sur la méthode et les opinions juridiques d'Ulpius Marcellus, in: Au-delà des frontières. Mélanges de droit romain offerts à Witold Wołodkiewicz, Bd. 1, Varsovie 2000, S.17-32
Apathy, Peter: Art. Commercium, in: DNP 3 (1997), Sp. 101-102
Arangio-Ruiz, Vincenzo: Sul »liber singularis regularum«, in: BIDR 30 (1921), S. 178-219
– D. 44,7,25 § 1 e la classificazione Gaiana delle fonti di obbligazione, in: Mélanges de Droit Romain dediés a Georges Cornil, Bd. 1, Gand 1926, S. 81-95
– [Rez.:] Schulz, Die Epitome Ulpiani des Codex Vaticanus Reginae 1128, in: BIDR 35 (1927), S. 191-203
– Les nouveaux fragments des Institutes de Gaius, in: RAQWI 4 (1934), S. 65-86
– Les tablettes d'Herculanum, in: RIDA 1 (1948), S. 9-25
– Il mandato in diritto romano, Napoli 1949
– La società in diritto romano, Napoli 1950
– Istituzioni di diritto romano, 14. Aufl., Ndr. Napoli 1978
– Storia del diritto romano, 7. Aufl., Ndr. Napoli 1989
Archi, Gian Gualberto: Il trasferimento della proprietà nella compravendita romana, Padova 1934
– La donazione. Corso di diritto romano, Milano 1960
– [Rez.:] Wieacker, Textstufen klassischer Juristen, in: Iura 12 (1961), S. 428-450
– Il problema delle fonti del diritto nel sistema romano del IV e V secolo, in: Studi in onore di Giuseppe Grosso, Bd. 4, Torino 1971, S. 1-93
– Studi sulle fonti del diritto nel tardo impero romano. Teodosio II e Giustiniano, Cagliari 1987
Arckenholtz, [Johan] (Hrsg.): Mémoires pour servir a l'histoire de Christine reine de Suède, Bd. 2, Amsterdam, Leipzig 1751
Arends Olsen, Lise: La femme et l'enfant dans les unions illégitimes à Rome, Bern u. a. 1999

Arnò, Carlo: Il nuovo regime dotale serviano, in: Studi in onore di Pietro Bonfante, Bd. 1, Milano 1930, S. 81-102
Astolfi, Riccardo: I beni vacanti e la legislazione caducaria, in: BIDR 68 (1965), S. 323-336
– I libri tres iuris civilis di Sabino, Padova 1983
– La lex Iulia et Papia, 4. Aufl. Padova 1996
– Il matrimonio nel diritto romano preclassico, Padova 2000
Atkinson, Kathleen M. T.: The purpose of the manumission laws of Augustus, in: IJ 1 (1966), S. 356-374
Autenrieth, Johanne: Probleme der Lokalisierung und Datierung von spätkarolingischen Schriften (10. und 11. Jahrhundert), in: Codicologica 4: Essais méthodologiques, Rédacteur: A. Gruys, Leiden 1978, S. 67-74
Avenarius, Martin: Savignys Lehre vom intertemporalen Privatrecht, Diss. Univ. Göttingen 1992, Göttingen 1993
– Der Freiflug des Falken – mobilia non habent sequelam, in: NJW 1993, S. 2589-2590
– Georg Julius Ribbentrop. Ein Rechtslehrer der Historischen Schule, in: SZ 116 (1999), S. 259-278
– [Rez.:] Randazzo, Leges mancipii, in: HZ 274 (2002), S. 167-169
– Die Anrechnung von Teilleistungen auf mehrere Forderungen bei Fehlen einer Tilgungsbestimmung, in: AcP 203 (2003), S. 511-538
Ayliffe, John: A New Pandect of Roman Civil Law as Anciently established in that Empire; and now received and practised in most European Nations, London 1734
Bach, Jo. August: Io. Augusti Bachii Historia Iurisprudentiae Romanae quatuor libris comprehensa, editio sexta [...] novis observationibus auxit Aug. Cornelius Stockmann, Lipsiae 1807
Baillie Reynolds, P. K.: The Vigiles of Imperial Rome, London 1926
Balestri Fumagalli, Marcella: La *lex Iunia* nel sistema dei Tituli ex corpore Ulpiani, in: AG 204 (1984), S. 455-504
Ballhorn genannt Rosen, Fr.: Ueber Dominium. Ein Titel aus Ulpians Fragmenten, als Versuch einer Bearbeitung juristischer Classiker für Schulmänner, commentirt, übersetzt und mit vier etymologischen Excursen herausgegeben von Fr. Ballhorn genannt Rosen, Lemgo 1822
Balog, Elemér: Über das Alter der Ediktskommentare des Gaius, Hannover 1914
Baltrusch, Ernst: Regimen morum. Die Reglementierung des Privatlebens der Senatoren und Ritter in der römischen Republik und frühen Kaiserzeit, München 1989
Baron, Julius: Die Condictionen, Berlin 1881, Ndr. Frankfurt/Main 1969
– Geschichte des Römischen Rechts. Erster Theil: Institutionen und Civilproceß, Berlin 1884
Baviera, Giovanni: Le due scuole dei giureconsulti romani, Firenze 1898, Ndr. Roma 1970
– Leges imperfectae, minus quam perfectae e perfectae, in: Studi in onore di Carlo Fadda, Napoli 1905 (= Scritti Giuridici, Bd. 1, Palermo 1909, S. 199-224)
Bayet, Jean: La religione romana. Storia politica e psicologica, Torino 1992
Bayle, Peter: Historisches und Critisches Wörterbuch, nach der neuesten Auflage von 1740 ins Deutsche übersetzt [...] von Johann Christoph Gottscheden, 4. Teil, Q-Z, Leipzig 1744
Bechmann, August: Das römische Dotalrecht, 1. Abt., Erlangen 1863, 2. Abt., Erlangen 1867
Becker, Christoph: Die »res« bei Gaius – Vorstufe einer Systembildung in der Kodifikation? Zum Begriff des Gegenstandes im Zivilrecht, Köln u. a. 1999
Beer, Georg: Art. Jerusalem, in: RE, 17. Hb. (1914), Sp. 928-958
Behaghel, Otto: Beziehungen zwischen Umfang und Reihenfolge von Satzgliedern, in: IF 25 (1909), S. 110-142
Behr, Charles A.: Aelius Aristides and the Sacred Tales, Amsterdam 1968

Behrends, Okko: Der assessor zur Zeit der klassischen Rechtswissenschaft, in: SZ 86 (1969), S. 192-226
- Ius und ius civile. Untersuchungen zur Herkunft des ius-Begriffs im römischen Zivilrecht, in: Sympotica Franz Wieacker. Sexagenario sasbachwaldeni a suis libata, hrsg. von Detlef Liebs, Göttingen 1970, S. 11-58
- Die römische Geschworenenverfassung, Göttingen 1970
- Die Prokuratur des klassischen römischen Zivilrechts, in: SZ 88 (1971), S. 215-299
- [Rez.:] Fuenteseca, Investigaciones de derecho procesal romano (1969), in: SZ 88 (1971), S. 460-468
- [Rez.:] Bretone, Tecniche e ideologie dei giuristi romani (1971), in: Gnomon 45 (1973), S. 793-797
- Der Zwölftafelprozeß, Göttingen 1974
- Das *nexum* im Manzipationsrecht oder die Ungeschichtlichkeit des Libraldarlehens, in: RIDA, 3. sér. 21 (1974), S. 137-184
- Die Causae coniectio der Zwölftafeln und die Tatbestandsdisposition der Gerichtsrhetorik, in: SZ 92 (1975), S. 162-185
- [Rez.:] Mette, Das römische Zivilrecht zu Beginn des Jahres 46 vor Christus (1974), in: SZ 92 (1975), S. 468-470
- Die Wissenschaftslehre im Zivilrecht des Q. Mucius Scaevola pontifex, Göttingen 1976
- Les »veteres« et la nouvelle jurisprudence à la fin de la République, RHDFE 55 (1977), S. 7-23
- Institutionelles und prinzipielles Denken im römischen Privatrecht, in: SZ 95 (1978), S. 187-231
- Prinzipat und Sklavenrecht. Zu den geistigen Grundlagen der augusteischen Verfassungsschöpfung, in: U. Immenga (Hrsg.): Rechtswissenschaft und Rechtsentwicklung, Göttingen 1980, S. 53-88
- Die Rechtsformen des römischen Handwerks, in: Das Handwerk in vor- und frühgeschichtlicher Zeit, Teil 1, hrsg. von H. Jankuhn, W. Janssen, R. Schmidt-Wiegand, H. Tiefenbach, Göttingen 1981, S. 141-203
- Die Fraus Legis, Göttingen 1982
- [Rez.:] Scarano Ussani, Valori e storia nella cultura giuridica fra Nerva e Adriano (1979), in: Gnomon 55 (1983), S. 229-241
- Le due giurisprudenze romane e le forme delle loro argomentazioni, Index 12 (1983/84), S. 189-225.
- Art. Deditícii, in: Reallexikon der Germanischen Altertumskunde, Berlin u. a., Bd. 5, 2. Aufl. 1984, S. 299-307
- Geschichte, Politik und Jurisprudenz in F. C. v. Savignys System des heutigen römischen Rechts, in: O. Behrends / M. Dießelhorst / W. E. Voß (Hrsg.): Römisches Recht in der europäischen Tradition. Symposion aus Anlaß des 75. Geburtstages von Franz Wieacker, Göttingen 1985, S. 257-321
- Frode alla legge, lotta politica e scienza giuridica, in: Labeo 31 (1985), S. 62-82
- Die Rechtsregelungen der Militärdiplome und das die Soldaten des Prinzipats treffende Eheverbot, in: Heer und Integrationspolitik. Die römischen Militärdiplome als historische Quelle, hrsg. von Werner Eck und Hartmut Wolff, Köln, Wien 1986, S. 116-166
- Der römische Gesetzesbegriff und das Prinzip der Gewaltenteilung, in: Okko Behrends / Christoph Link (Hrsg.): Zum römischen und neuzeitlichen Gesetzesbegriff, Abhandlungen der Akademie der Wissenschaften in Göttingen, Philologisch-Historische Klasse, 3. Folge, Bd. 157, Göttingen 1987, S. 34-114
- Das Bündnis zwischen Gesetz und Dogmatik und die Frage der dogmatischen Rangstufen, in: Gesetzgebung und Dogmatik, hrsg. von Okko Behrends und Wolfram Henckel, Göttingen 1989, S. 9-36

- Von der Freirechtsbewegung zum konkreten Ordnungs- und Gestaltungsdenken, in: R. Dreier / W. Sellert (Hrsg), Recht und Justiz im »Dritten Reich«, Frankfurt am Main 1989, S. 34-79
- Anthropologie juridique de la jurisprudence classique romaine, in: RHDFE 68 (1990), S. 337-362
- Otto Lenel 13.12.1849 - 7.2.1935. Positivismus im nationalen Rechtsstaat als Haltung und Methode. Zur Herausgabe seiner Gesammelten Schriften, in: Lenel, Otto: Gesammelte Schriften, hrsg. und eingeleitet von Okko Behrends und Federico D'Ippolito, Bd. 1, Napoli 1990, S. XIII-XXXIII
- Das Werk Otto Lenels und die Kontinuität der romanistischen Fragestellungen. Zugleich ein Beitrag zur grundsätzlichen Überwindung der interpolationistischen Methode, in: Index 19 (1991), S. 169-213
- Die allen Lebewesen gemeinsamen Sachen (*res communes omnium*) nach den Glossatoren und dem klassischen römischen Recht, in: Festschrift für Hermann Lange, Stuttgart u. a. 1992, S. 3-33
- Bodenhoheit und privates Bodeneigentum im Grenzwesen Roms, in: Die römische Feldmeßkunst. Interdisziplinäre Beiträge zu ihrer Bedeutung für die Zivilisationsgeschichte Roms, hrsg. von O. Behrends und L. Capogrossi Colognesi, Göttingen 1992, S. 192-280
- Formality and Substance in Classical Roman Law, in: Prescriptive Formality and Normative Rationality in Modern Legal Systems. *Festschrift* for Robert S. Summers, ed. by W. Krawietz, N. MacCormick, G. H. v. Wright, Berlin 1994, S. 207-223
- Die rechtsethischen Grundlagen des Privatrechts, in: Die ethischen Grundlagen des Privatrechts, hrsg. von F. Bydlinski u. Th. Mayer-Maly, Wien u. a. 1994, S. 1-33
- Gesetz und Sprache, in: Behrends, Okko / Wolfgang Sellert (Hrsg.): Nomos und Gesetz. Ursprünge und Wirkungen des griechischen Gesetzesdenkens, Abhandlungen der Akademie der Wissenschaften in Göttingen, Philologisch-Historische Klasse, 3. Folge, Bd. 209, Göttingen 1995, S. 137-249
- Art. Gaius, in: Stolleis, Michael (Hrsg.), Juristen. Ein biographisches Lexikon, München 1995, S. 221-223
- Art. Servius Sulpicius Rufus, in: Stolleis, Michael (Hrsg.), Juristen. Ein biographisches Lexikon, München 1995, S. 562-563
- Der Kommentar in der römischen Rechtsliteratur, in: Text und Kommentar. Archäologie der literarischen Kommunikation IV, hrsg. von Jan Assmann und Burkhard Gladigow, München 1995, S. 421-462
- Die Spezifikationslehre, ihre Gegner und die media sententia in der Geschichte der römischen Jurisprudenz, in: SZ 112 (1995), S. 195-238
- Die Grundbegriffe der Romanistik. Zugleich eine Warnung vor dem l'art pour l'art, in: Index 24 (1996), S. 1-69
- Gustav Hugo. Der Skeptiker als Wegbereiter der vom Geist der Romantik geprägten Historischen Rechtsschule, in: Gibbon, Edward, Historische Übersicht des Römischen Rechts, übersetzt, eingeleitet und kommentiert von Gustav Hugo, mit einem Vorwort und einer Würdigung Gustav Hugos neu herausgegeben von Okko Behrends, Göttingen 1996, S. 159-226
- Die Institutionen Justinians als Lehrbuch, Gesetz und Ausdruck klassischen Rechtsdenkens, in: Corpus Iuris Civilis, Text und Übersetzung, hrsg. von Okko Behrends, Rolf Knütel, Berthold Kupisch und Hans Hermann Seiler, Bd. 1: Institutionen, 2. Aufl., Heidelberg 1997, S. 279-288
- La nuova traduzione tedesca dei »Digesta« e la critica interpolazionistica, in: Index 25 (1997), S. 13-69
- »Iusta causa traditionis«. La trasmissione della proprietà secondo il »ius gentium« del diritto classico, in: Luigi Labruna: Tradere ed altri studii, Napoli 1998, S. 27-78

- Jherings Evolutionstheorie des Rechts zwischen Historischer Rechtsschule und Moderne, in: R. v. Jhering, Ist die Jurisprudenz eine Wissenschaft? Jherings Wiener Antrittsvorlesung vom 16. Oktober 1868, hrsg. von O. Behrends, Göttingen 1998, S. 93-202
- Die Person oder die Sache – was stand im Mittelpunkt des klassischen römischen Privatrechts? Die Kontinuitätsfrage im Streit zwischen junger »Neopandektistik« und nicht mehr ganz junger »Neoromantik«, in: Labeo 44 (1998), S. 26-60
- Der römische Weg zur Subjektivität: Vom Siedlungsgenossen zu Person und Persönlichkeit, in: Reto Luzius Fetz / Roland Hagenbüchle / Peter Schulz (Hrsg.): Geschichte und Vorgeschichte der modernen Subjektivität, Bd. 1, Berlin, New York 1998, S. 204-254
- Feste Regelungsstruktur oder auslegungsfähiges Pflichtenverhältnis. Exegesen zu den beiden Vertragsbildern des römischen Verkehrsrechts am Beispiel der bezifferten Gefahrübernahme für überlassene Sachen, in: Pacte, convention, contrat. Mélanges en l'honneur du Professeur Bruno Schmidlin, hrsg. von A. Dufour, I. Rens, R. Meyer-Pritzl, B. Winiger, Bâle, Francfort-sur-le-Main 1998, S. 31-79
- Die Arbeit im römischen Recht. Zur Frage ihrer rechtlichen Einordnung und moralischen Bewertung, in: Le travail. Recherches historiques. Table ronde de Besançon, 14 et 15 novembre 1997, hrsg. von Jacques Annequin u. a., Besançon 1999, S. 115-162.
- Das Privatrecht des deutschen Bürgerlichen Gesetzbuchs, seine Kodifikationsgeschichte, sein Verhältnis zu den Grundrechten und seine Grundlagen im klassisch-republikanischen Verfassungsdenken, in: O. Behrends / W. Sellert (Hrsg.): Der Kodifikationsgedanke und das Modell des Bürgerlichen Gesetzbuches (BGB), Göttingen 2000, S. 9-82
- Der Litteralvertrag. Geldtruhe (*Arca*) und Hausbuch (*Codex accepti et expensi*) im römischen Privatrecht und Zensus, in: Au-delà des frontières. Mélanges de droit romain offerts à Witold Wołodkiewicz, Bd. 1, Varsovie 2000, S. 57-112
- Die Gewohnheit des Rechts und das Gewohnheitsrecht. Die geistigen Grundlagen des klassischen römischen Rechts mit einem vergleichenden Blick auf die Gewohnheitsrechtslehre der Historischen Rechtsschule und der Gegenwart, in: Die Begründung des Rechts als historisches Problem, hrsg. von Dietmar Willoweit, München 2000, S. 19-135
- Die lebendige Natur eines Baumes und die menschliche Struktur eines Bauwerks. Eine dualistische Entscheidungsbegründung aus dem vorklassischen Servitutenrecht und ihre theoretische Begründung nebst dem klassischen Gegenbild, in: Quaestiones Iuris. Festschrift für Joseph Georg Wolf zum 70. Geburtstag, hrsg. von U. Manthe und Ch. Krampe, Berlin 2000, S. 1-51
- Die Trichotomie ›*actio, petitio, persecutio*‹. Ihre Bedeutung für das Verhältnis zwischen philosophischer Rhetorik und klassischer Jurisprudenz und deren Theorie des prozeßabwendenden Vergleichs, in: »Zur Erhaltung guter Ordnung«. Beiträge zur Geschichte von Recht und Justiz. Festschrift für Wolfgang Sellert zum 65. Geburtstag, hrsg. von J. Hausmann und Th. Krause, Köln Weimar Wien 2000, S. 11-66
- Die *condictio causa data causa non secuta*. Ihr familienrechtlicher Tatbestand im klassischen Bereicherungssystem und ihre Erweiterung zur Kondiktion wegen Zweckverfehlung unter vorklassischem Einfluß, in: Status Familiae. Festschrift für Andreas Wacke zum 65. Geburtstag, hrsg. von H.-G. Knothe und J. Kohler, München 2001, S. 15-64
- Selbstbehauptung und Vergeltung und das Gewaltverbot im geordneten bürgerlichen Zustand nach klassischem römischen Recht, in: SZ 119 (2002), S. 44-142
- Der ungleiche Tausch zwischen Glaukos und Diomedes und die Kauf-Tausch-Kontroverse der römischen Rechtsschulen, in: Historische Anthropologie 10 (2002), S. 245-266
- Dalla mediazione arbitrale alla protezione giudiziaria. Genesi e vicende delle formule di buona fede e delle cd. *formulae in factum conceptae*, in: Diritto e giustizia nel processo. Pro-

spettive storiche costituzionali e comparatistiche, a cura di C. Cascione e C. Masi Doria, Napoli 2002, S. 197-323

- Der Ort des Ius divinum. Vom klassisch-republikanischen Rechtssystem des skeptischen Rationalismus zur Rechtsquellenlehre des religiös legitimierten Kaisertums, in: Bürgerliche Freiheit und Christliche Verantwortung. Festschrift für Christoph Link zum siebzigsten Geburtstag, hrsg. von H. de Wall und M. Germann, Tübingen 2003
- Der Vertragsgedanke im römischen Gesetzesbegriff auf den verschiedenen Stufen seiner Entwicklung, in: Behrends, Okko / Christian Starck (Hrsg.): Gesetz und Vertrag I, Abhandlungen der Akademie der Wissenschaften in Göttingen, Philologisch-Historische Klasse, 3. Folge, Bd. 262, Göttingen 2004, S. 9-90

Bellen, Heinz: Die ›Verstaatlichung‹ des Privatvermögens der römischen Kaiser im 1. Jahrhundert n. Chr., in: ANRW II,1 (1974), S. 91-112

Bengtson, Hermann: Grundriß der römischen Geschichte mit Quellenkunde, Bd. 1: Republik und Kaiserzeit bis 284 n. Chr., München 1967

Benzinger, Immanuel: Art. Aelia Capitolina, in: RE 1. Bd. (1895), Sp. 481

Berger, Adolf: Dotis dictio w prawie rzymskiem (Dotis Dictio im römischen Recht), in: Anzeiger der Akademie der Wissenschaften in Krakau, Philol. Klasse, Hist.-philosoph. Klasse, 1909, S. 75-97

- Art. Iulius 382 (Paulus), in: RE, 19. Hb. (1917), Sp. 690-752
- La citazione della legge delle XII Tavole in Dig. XXVI 4,1 pr., in: BIDR 43 (1935), S. 195-208
- Encyclopedic Dictionary of Roman Law, Philadelphia 1953

Berneker, Erich: [Rez.:] Donatuti, Lo statulibero, in: SZ 61 (1941), S. 457-460

Berriat-Saint-Prix: Cujas und seine Zeitgenossen, in: Spangenberg, Ernst: Jacob Cujas und seine Zeitgenossen, Leipzig 1822, S. 1-227

Berschin, Walter: Sanktgallische Schriftkultur, in: Werner Vogler (Hrsg.), Die Kultur der Abtei Sankt Gallen, Zürich 1990, S. 69-80 u. Tafeln S. 81-92

Beseler, Gerhard: Beiträge zur Kritik der römischen Rechtsquellen, 4. Heft, Tübingen 1920

- Miscellanea, in: SZ 44 (1924), S. 359-395
- Miszellen, in: SZ 47 (1927), S. 355-379
- Romanistische Studien, in: TR 10 (1930), S. 161-240

Betancourt, Fernando: Derecho Romano Clásico, Sevilla 1995

Bethmann, Ludwig: Dr. Ludwig Bethmann's Nachrichten über die von ihm für die Monumenta Germaniae Historica benutzten Sammlungen von Handschriften und Urkunden Italiens, aus dem Jahre 1854. Erster Theil. Der Kirchenstaat, in: AGG 12 (1874), S. 201-426

Bianchi, Ernesto: Fictio iuris. Ricerche sulla finzione in diritto romano dal periodo arcaico all'epoca augustea, Padova 1997

Bibliotheca Meermanniana sive Catalogus librorum impressorum et codicum manuscriptorum quos maximam partem collegerunt viri nobilissimi Gerardus et Joannes Meerman, morte dereliquit Joannes Meerman [...] Quorum publica fiet auctio die sqq. Junii, anni MDCCCXXIV Hagae Comitum, Bd. 1

Mittelalterliche **Bibliothekskataloge** Deutschlands und der Schweiz, hrsg. von der Königlich Bayerischen Akademie der Wissenschaften in München, Bd. 1. Die Bistümer Konstanz und Chur, bearbeitet von Paul Lehmann, München 1918

Bibliothèque Nationale: Catalogue général des livres imprimés de la Bibliothèque Nationale, Auteurs, Tome XLV Duplom-Dutiron, Paris 1811

Bignami Odier, Jeanne: Guide au département des manuscrits de la Bibliothèque du Vatican, in: MAH 51 (1934), Sonderdruck, 35 S.

- Le fonds de la reine a la Bibliothèque Vaticane, in: Collectanea Vaticana in honorem Anselmi M. Card. Albareda a Bibliotheca Apostolica edita, Città del Vaticano 1962 (Studi e Testi 219), S. 159-189

– Les manuscrits de la Reine Christine au Vatican. Réédition du catalogue de Montfaucon et cotes actuelles (Studi e Testi 238), 1964. Article compte-rendu, in: Analecta Reginensia 1. Queen Christina of Sweden. Documents and Studies, Stockholm 1966, S. 33-43
– Christiniana, in: MAH 80 (1968), S. 705-747
– La Bibliothèque Vaticane de Sixte IV à Pie XI: Recherches sur l'histoire des collections de manuscrits. Avec la collab. de José Ruysschaert, Città del Vaticano 1973

Binding, Günther: Köln – Aachen – Reichenau. Bemerkungen zum St. Galler Klosterplan von 817-819, Köln 1981

Biondi, Biondo: Leges populi Romani, in: ADA 1, Romae 1945, S. 101-223
– Successione testamentaria e donazioni, 2. Aufl., Milano 1955
– Art. Prelegato (Diritto romano), in: NNDI, Bd. 13, Torino 1966, S. 623-624

Birks, Peter: [»Ulpian«], in: TLS, March 4, 1983, S. 215
– Honoré's Ulpian, in: IJ 18 (1983), S. 151-181
– Definition and Division: A Meditation on Institutes 3.13, in: Birks, Peter (Hrsg.): The Classification of Obligations, Oxford 1997, S. 1-35
– (Hrsg.): English Private Law, vol. 1, Oxford 2000

Birley, Anthony: [Rez.:] Swoboda, Carnuntum, in: Gnomon 37 (1965), S. 727-729
– Mark Aurel. Kaiser und Philosoph, München 1968
– Septimius Severus. The African Emperor, 2. Aufl., London, New York 1988

Birt, Theodor: Das antike Buchwesen in seinem Verhältniss zur Litteratur, Berlin 1882, Ndr. Aalen 1957
– Kritik und Hermeneutik nebst Abriß des antiken Buchwesens, München 1913

Bischoff, Bernhard: Panorama der Handschriftenüberlieferung aus der Zeit Karls des Großen, in: Braunfels, W. (Hrsg.): Karl der Große. Lebenswerk und Nachleben, Bd. II: Das geistige Leben, hrsg. von B. Bischoff, Düsseldorf 1965, S. 233-254. Ndr. in: Bischoff, B.: Mittelalterliche Studien. Ausgewählte Aufsätze zur Schriftkunde und Literaturgeschichte, Bd. 3, Stuttgart 1981, S. 5-39
– Frühkarolingische Inschriften und ihre Heimat, in: Scriptorium 22 (1968), S. 306-314
– Paläographie des römischen Altertums und des abendländischen Mittelalters, 2. Aufl., Berlin 1986
– Manuscripts and Libraries in the Age of Charlemagne, Cambridge 1994

Blanck, Horst: Einführung in das Privatleben der Griechen und Römer, Darmstadt 1976
– Das Buch in der Antike, München 1992

Bleicken Jochen: Senatsgericht und Kaisergericht. Eine Studie zur Entwicklung des Prozeßrechtes im frühen Prinzipat, Göttingen 1962

Blume, Friedrich: Iter Italicum, Bd. 3: Archive, Bibliotheken und Inschriften der Stadt Rom, Halle 1830

Boeckh, August: Enzyklopädie und Methodenlehre der Philologischen Wissenschaften, hrsg. v. Ernst Bratuscheck, 2. Aufl. 1886

Böcking, Eduard: Pandekten des römischen Privatrechts, Bd. 1, 2. Aufl., Bonn 1853

Boeckler, Albert: Abendländische Miniaturen bis zum Ausgang der romanischen Zeit, Berlin, Leipzig 1930

Böhm, Richard: Zur lex Minicia, in: SZ 84 (1967), S. 363-371

Bojarski, Władysław: Prawo rzymskie, 2. Aufl., Toruń 1999

Bolla, Sibylle von: Zum römischen Heimfallsrecht, in: SZ 59 (1939), S. 546-554

Bonfante, Pietro: Forme primitive ed evoluzione della proprietà (›Res mancipi‹ e ›res nec mancipi‹) (1888/89), in: Studi giuridici varii, Bd. 2 (1926), S. 1-326
– Facoltà e decadenza del procuratore romano, in: Studi giuridici dedicati e offerti a Francesco Schupfer, Parte I, Torino 1898, Ndr. Roma 1975, Teil 1, S. 1-13

– Corso di diritto romano, Bd. 1: Diritto di famiglia, 1925, Ndr. Milano 1963
– Corso di diritto romano, Bd. 2: La proprietà, Parte 1, Ndr. Milano 1966, Parte 2, Ndr. Milano 1968
– Istituzioni di diritto romano, ristampa corretta della 10. edizione, Milano 1987

Borowski, Stanisław: Maciejowskiana. Materiały do biografii Wacława Aleksandra Maciejowskiego, Wrocław 1959

Bourciez, Édouard / J. Bourciez: Phonétique française. Étude historique, 1967, Ndr. Paris 1978

Bourgain, Pascale: L'Edition des manuscrits, in: H. J. Martin / R. Chartier (Hrsg.): L'Histoire de l'édition française, Bd. 1, Paris 1982, S. 48-75

Brasiello, Ugo: Lineamenti di storia del diritto romano, Roma 1972

Brassloff, Stephan: Art. Fragmentum de iure fisci, in: RE, 13. Hb. (1910), Sp. 80-81
– Die Archaismen in der Sprache des Juristen Modestin, in: WS 33 (1911), Wien 1912, S. 137-143
– Art. Herennius 31 (Modestinus), in: RE, 15. Hb. (1912), Sp. 668-675
– Art. Hermogenianus 2, in: RE, 15. Hb. (1912), Sp. 881-882
– Die Erneuerung des Flaminates und die Reform der Konfarreationsehe, in: Studi in onore di Pietro Bonfante, Bd. 2, Milano 1930, S. 363-379

Bremer, F. P.: Die Rechtslehrer und Rechtsschulen im Römischen Kaiserreich, Berlin 1868

Bretholz, Berthold: Lateinische Paläographie, 2. Aufl., Leipzig, Berlin 1912

Bretone, Mario: Art. Statuliber, in: NNDI, Bd. 18, Torino 1971, S. 380-383
– Tecniche e ideologie dei giuristi romani, 2. Aufl. 1982, Ndr. Napoli 1984
– Postulati e aporie nella »History« di Schulz, in: La giurisprudenza romana nella storiografia contemporanea. Testi di un seminario raccolti da Aldo Schiavone e Anna Giorgio Cassandro, Bari 1982, S. 15-30
– Il testo giuridico, in: Cavallo, Guglielmo / Paolo Fedeli / Andrea Giardina (Hrsg.): Lo spazio letterario di Roma antica, vol. I: La produzione del testo, Roma 1989, S. 433-467
– Geschichte des Römischen Rechts. Von den Anfängen bis zu Justinian, München 1992
– Res incorporalis, in: Filellenismo e tradizionalismo a Roma nei primi due secoli dell'Impero. Accademia Nazionale dei Lincei. Atti convegni lincei 125, Roma 1996, S. 117-142
– Das »ironische Bewußtsein« der Romanistik, in: Labeo 43 (1997), S. 187-201
– I fondamenti del diritto romano. Le cose e la natura, Roma, Bari 1998

Brie, Siegfried: Die Lehre vom Gewohnheitsrecht. Eine historisch-dogmatische Untersuchung, Erster Theil. Geschichtliche Grundlegung, Breslau 1899

Brinz, Alois von: Die Freigelassenen der lex Aelia Sentia und das Berliner Fragment von den Dediticiern, in: A. v. Brinz / E. Hölder, Zwei Abhandlungen aus dem Römischen Rechte, 1884, S. 7-28

Brown, Elizabeth Atkinson Rash (Hrsg.): Jean du Tillet and the French Wars of Religion. Five Tracts, 1562-1569, Binghampton, N.Y. 1994

Bruckner, Albert (Hrsg.): Scriptoria Medii Aevi Helvetica. Denkmäler schweizerischer Schreibkunst des Mittelalters, Bd. 2: Schreibschulen der Diözese Konstanz. St. Gallen 1, Genf 1936; Bd. 3: St. Gallen 2, Genf 1938

Brunner, Heinrich: Deutsche Rechtsgeschichte, Bd. 1, 2. Aufl., Leipzig 1906

Bruns, C. G. / Otto Lenel: Geschichte und Quellen des römischen Rechts, in: F. v. Holtzendorff / J. Kohler (Hrsg.), Enzyklopädie der Rechtswissenschaft, 7. Aufl., Bd. 1, München u. a. 1915, S. 303-397

Buckland, William Warwick: The Roman Law of Slavery, Cambridge 1908
– Did Ulpian use Gaius?, in: LQR 38 (1922), S. 38-47
– Gaius and the ›liber singularis regularum‹, in: LQR 40 (1924), S. 185-201
– Gaius and the Liber Singularis again, in: LQR 53 (1937), S. 508-518

– A Text-Book of Roman Law from Augustus to Justinian, 3rd edition, revised by Peter Stein 1963, ergänzter Ndr. Cambridge 1975
Bürchner, Ludwig: Art. Smyrna 3, in: RE, 2. Reihe, 5. Hb. (1927), Sp. 730-764
Bürge, Alfons: Retentio im römischen Sachen- und Obligationenrecht, Zürich 1979
– *Cibaria.* Indiz für die soziale Stellung des römischen Arbeitnehmers? In: Ars boni et aequi. Festschrift für Wolfgang Waldstein zum 65. Geburtstag, Stuttgart 1993, S. 63-78
– Römisches Privatrecht. Rechtsdenken und gesellschaftliche Verankerung. Eine Einführung, Darmstadt 1999
Bürkel, Heinrich: Beiträge zur Lehre vom Nießbrauch, München 1864
Buhl, Heinrich: Salvius Julianus, Bd. 1, Heidelberg 1886
Bund, Elmar: Begriff und Einteilung der Servituten im römischen Recht, in: SZ 73 (1956), S. 155-219
– Untersuchungen zur Methode Julians, Köln, Graz 1965
– Salvius Iulianus, Leben und Werk, in: ANRW II,15 (1976), S. 408-454
Burchardi, Georg Christian: Geschichte und Institutionen des römischen Rechts, Kiel u. a. 1834
Burdick, William L.: The Principles of Roman Law and their Relation to Modern Law, Rochester, New York 1938, Ndr. Holmes Beach 1989
Burford-Cooper, Alison: Art. Bäckereien, in: DNP 2 (1997), Sp. 394-396
Bursian, Conrad: Geschichte der classischen Philologie in Deutschland von den Anfängen bis zur Gegenwart, 1. Hälfte, München, Leipzig 1883
Caballé Martorell, Anna: La collatio emancipati, Madrid 1997
Cadoux, Cecil John: Ancient Smyrna. A History of the City from the Earliest Times to 324 A. D., Oxford 1938
Calasso, Francesco: Medio evo del diritto, Bd. 1: Le fonti, Milano 1954
Callmer, Christian: Königin Christina, ihre Bibliothekare und ihre Handschriften, Stockholm 1977
Campbell, J. B.: The Marriage of soldiers under the empire, in: JRS 68 (1978), S. 153-166
Camus, [Armand Gaston]: Lettres sur la Profession d'Avocat; et Bibliothèque choisie Des Livres de Droit [...] quatrième édition [...] par M. Dupin [...] Tome Second, Paris [...] 1818
Cancelli, Filippo: Art. Tituli ex corpore Ulpiani, in: NNDI, Bd. 19, Torino 1973, S. 392-400
Cannegieter, Hermann: Observationum juris Romani libri quattuor, Lugduni Batavorum 1772
Capogrossi Colognesi, Luigi: La struttura della proprietà e la formazione dei »iura praediorum« nell'età repubblicana, Bd. 1, Milano 1969
– Dominium e possesso nell'Italia Romana; in: La proprietà e le proprietà, a cura di E. Cortese (1985), S. 141-182.
– Das Eigentum in Rom vom Ende der patriarchalischen Ordnung bis zur Blütezeit der Sklavereiordnung, in: Eigentum. Beiträge zu seiner Entwicklung in politischen Gesellschaften, hrsg. v. J. Köhn und B. Rode, Weimar 1987, S. 117-139
Carey, Frederick Mason: De Scriptura Floriacensi, Cantabrigiae [Massachusetts, Diss. Harvard-Univ.] 1923
Casavola, Franco: Lex Cincia. Contributo alla storia delle origini della donazione romana, Napoli 1960
– Giuristi Adrianei, Napoli 1980
Cascione, Cosimo: Consensus. Problemi di origine, tutela processuale, prospettive sistematiche, Napoli 2003
Castelli, Guglielmo: Intorno all'origine dell'arrogazione delle donne, in: Scritti giuridici, a cura di Emilio Albertario, Milano 1923, S. 165-178
Castello, Carlo: La data della legge Minicia, in: Studi in onore di Vincenzo Arangio-Ruiz, Bd. 3, Napoli 1953, S. 301-317

Castillo Garcia, Carmen: Städte und Personen der Baetica, in: ANRW II,3 (1975), S. 601-654
Catalogue général des livres imprimés de la Bibliothèque Nationale, Auteurs, Tome XLV Duplom-Dutirou, Paris 1811
Cavallo, Guglielmo: Testo, libro, lettura, in: Cavallo, Guglielmo / Paolo Fedeli / Andrea Giardina (Hrsg.): Lo spazio letterario di Roma antica, vol. II: La circolazione del testo, Roma 1989, S. 307-341
Champlin, Edward: Notes on the heirs of Commodus, in: AJP 100 (1979), S. 288-306
– Fronto and the Antonine Rome, Cambridge (Mass.), London 1980
– The Testament of Augustus, in: RMP 1989, S. 154-165
– Final Judgments. Duty and Emotion in Roman Wills 200 B. C. – A. D. 250, Berkeley, Los Angeles, Oxford 1991
Chenesseau, Georges: L'Abbaye de Fleury à Saint-Benoît-sur-Loire, Paris 1931
Cherry, David: The Minician Law: Marriage and the Roman Citizenship, in: Phoenix 44 (1990), S. 244-266
Chiazzese, Lauro: Confronti testuali. Contributo alla dottrina delle interpolazioni giustinianee. Parte generale, Cortona 1933
– Introduzione allo studio del diritto romano privato, Roma 1931, 3. Aufl. Ndr. Palermo 1961
Chorus, Jeroen M. J.: Handelen in strijd met de wet. De verboden rechtshandeling bij de romeinse juristen en de glossatoren met enige verbindingslijnen naar het Nederlands recht, Zwolle 1976
Christ, Karl: Krise und Untergang der römischen Republik, Darmstadt 1979
– Geschichte der römischen Kaiserzeit. Von Augustus bis zu Konstantin, München 1988
Ciapessoni, Pietro: Sul Senatusconsulto Neroniano, in: Studi in onore di Pietro Bonfante, Bd. 3, Milano 1930, S. 649-727
Cimelia Sangallensia. Hundert Kostbarkeiten aus der Stiftsbibliothek St. Gallen, hrsg. von Karl Schmuki, Peter Ochsenbein und Cornel Dora, St. Gallen 1998
Clauss, Manfred: Probleme der Lebensaltersstatistiken aufgrund römischer Grabinschriften, in: Chiron 3 (1973), S. 395-417
Cohen, David: The Battle of the Atlantic, in: RJ 2 (1983), S. 33-36
Coli, Ugo: »regnum«, in: SDHI 17 (1951), S. 1-168
Collinet, Paul: Histoire de l'École de Droit de Beyrouth, Paris 1925
Conradi, Franciscus Carolus: De diis heredibus ex testamento apud Romanos, Lipsiae 1725, in: Francisci Caroli Conradi Scripta minora, ed. ab Ludovico Pernice, Volumen primum, Halis 1823, S. 87-142
Conrat (Cohn), Max: Die Epitome exactis regibus, Berlin 1884, Ndr. Aalen 1965
– Geschichte der Quellen und Literatur des römischen Rechts im früheren Mittelalter, Bd. 1, Leipzig 1891
– Die Entstehung des westgotischen Gaius, Amsterdam 1905
Coppola, Giovanna: Studi sulla pro herede gestio II. La valutazione dell'animus nel »gerere pro herede«, Milano 1999
Corbett, Percy Ellwood: The Roman Law of Marriage, Oxford 1930, Ndr. Aalen 1979
Corcoran, Simon: The Empire of the Tetrarchs. Imperial Pronouncements and Government AD 284-324, Oxford 1996
Costa, Emilio: Storia delle fonti del diritto romano, Milano u. a. 1909, 2. Aufl., 1925
Cramer, Andreas Guilelmus: Kleine kritische Bemerkungen, in: ZGR 1 (1815), S. 285-318
Crifò, Giuliano: Ulpiano. Esperienze e responsabilità del giurista, in: ANRW II,15 (1976), S. 708-789
– Studi sul quasi-usufrutto romano. I. Problemi di datazione, Padova 1977
– [Rez.:] Honoré: Ulpian (1982), in: SZ 102 (1985), S. 601-612

Cuq, Édouard: Les institutions juridiques des Romains, Bd. 1, 2. Aufl., Paris 1904, Bd. 2, Paris 1908
Cujaz, Jacques: Observationum et emendationum libri XXVIII = Iacobi Cuiacii Operum priorum tomus tertius [...], opera et studio Caroli Annibalis Fabroti, Lutetiae Parisiorum 1658
– In Tit. XVI De verb. significat. Lib. L. Digest., in: Jacobi Cujacii Operum tomus octavus, Neapoli 1758, Sp. 477-655
Curtius, Ernst Robert: Klassik, in: Begriffsbestimmung der Klassik und des Klassischen, hrsg. von H. O. Burger, Darmstadt 1972, S. 17-33
Czyhlarz, Karl von: Das römische Dotalrecht, Gießen 1870
Dajczak, Wojciech: »Cum vir uxori *si non nupserit* aliquid legavit«. Der Beitrag zur Frage der *condicio viduitatis*, in: Homenaje al Prof. Martinez Diez Gonzales, Madrid 1994, S. 119-127
– Zapisy na rzecz żony w prawie rzymskim, Diss. Univ. Toruń 1994, Toruń 1995
– Die Aufhebung der Beschränkungen der *capacitas* von Ehegatten in der nachklassischen Periode, in: RIDA 42 (1995), S. 155-166
Dalla, Danilo: »Nominatim manumittere«, in: Labeo 30 (1984), 277-290
Daube, David: The *Lex Fufia Caninia* and King Arthur, in: LQR 80 (1964), S. 225-227
David, M. / H. L. W. Nelson (Hrsg.): Gai institutionum commentarii IV. Philologischer Kommentar. II. Kommentar, 1. Lieferung, Leiden 1954
De Churruca, Juan: Introducción histórica al Derecho Romano. Con la colaboración de Rosa Mentxaka, 5. Aufl., Bilbao 1989
De Dominicis, Mario: La latinitas Iuniana e la legge Elia Senzia, in: Mélanges d'Archéologie et d'Histoire offerts à André Piganiol (1966), Bd. 3, S. 1419-1431
De Francisci, Pietro: Storia del diritto romano, vol. 2, parte 1, Ndr. Milano 1944
Della Torre, Filippo: Philippi a Turre Episcopi Adriensis Monumenta veteris Antii commentatio illustrata, Editio III, Romae 1724
Demandt, Alexander: Das Privatleben der römischen Kaiser, München 1997
– Geschichte der Spätantike. Das Römische Reich von Diocletian bis Justinian 284-565 n. Chr., München 1998
De Martino, Francesco: Storia della Costituzione Romana, vol. 4, parte 1, Napoli 1974
– Wirtschaftsgeschichte des alten Rom, München 1985
De Meo, Cesidio: Lingue tecniche del Latino, Bologna 1983, Ndr. 1986
De Meyier, Karel A.: Paul en Alexandre Petau: en de geschiedenis van hun handschriften (voornamelijk op grond van de Petau-handschriften in de Universiteitsbibliotheek de Leiden), Leiden 1947
De Montmorency, James E. G.: Friedrich Carl von Savigny, in: John Macdonnell / Edward Manson (Hrsg.), Great Jurists of the World, Boston 1914, S. 561-589
Dernburg, Heinrich: Die Institutionen des Gajus, ein Collegienheft aus dem Jahre 161 nach Christi Geburt, Halle 1869
De Thou, Jacques: Jac. Augusti Thuani Historiarum sui temporis tomus primus (lib. I - XXIV), Londini 1733
Diliberto, Oliviero: Studi sulle origini della ›cura furiosi‹, Napoli 1984
Dilthey, Wilhelm: Das geschichtliche Bewußtsein und die Weltanschauungen, in: Gesammelte Schriften Bd. 8, hrsg. von Bernhard Groethuysen, Leipzig, Berlin 1931, S. 3-71
Di Marzo, Salvatore: Res immobiles, in: BIDR 49/50 (1947), S. 236-240
Diósdi, György: Ownership in ancient and preclassical roman law, Budapest 1970
– Gaius, der Rechtsgelehrte, in: ANRW II,15 (1976), S. 605-631
Dirksen, Heinrich Eduard: Civilistische Abhandlungen, 2 Bde., Berlin 1820
– Uebersicht der bisherigen Versuche zur Kritik und Herstellung des Textes der Zwölf-Tafel-Fragmente, Leipzig 1824

– Beiträge zur Kunde des Römischen Rechts, Leipzig 1825
– Manuale latinitatis fontium iuris civilis Romanorum. Thesauri latinitatis epitome, Berolini 1837
– System der juristischen Lexicographie, Leipzig 1834
– Vermischte Schriften, Erster Theil, Berlin 1841
Dixon, Suzanne: The Roman Family, Baltimore, London 1992
Doer, Bruno: Die römische Namengebung. Ein historischer Versuch, Stuttgart 1937, Ndr. Hildesheim 1974
Dolezalek, Gero: Verzeichnis der Handschriften zum Römischen Recht bis 1600, XI Valence-Vaticano (1972)
– Verzeichnis der Handschriften zum Römischen Recht bis 1600, Bd. 2, Frankfurt/Main 1972
Donatuti, Guido: Lo statulibero, Milano 1940
– Contributi allo studio dell'adrogatio impuberis, in: BIDR 64 (1961), S. 127-198
D'Ors, Alvaro: Elementos de Derecho Privado Romano, Pamplona 1960
D'Orta, Maurizio: Saggio sulla ›heredis institutio‹. Problemi di origine, Torino 1996
Doždev, Dmitrij Vadimovič: Римское архаическое наследственное право [Römisches archaisches Erbrecht], Moskva 1993
– Римское частное право [Römisches Privatrecht] Moskva 1996
Droysen, Johann Gustav: Historik. Vorlesungen über Enzyklopädie und Methodologie der Geschichte, hrsg. von Rudolf Hübner, 6. Aufl., Darmstadt 1971
Duaren, Franciscus: De Iurisdictione et Imperio. Apologia Franc. Duareni iureconsulti, adversus Eguinarium Baronem iureconsultum, in: Opera quae ad ad hunc diem edita sunt, Parisiis 1550, S. 291-306
Dudík, B[eda]: Iter Romanum, 1. Theil: Historische Forschungen, Wien 1855
Düll, Rudolf: Privatrechtsprobleme im Bereich der virgo Vestalis, in: SZ 70 (1953), S. 380-390
Duft, Johannes: Einleitung I: Die Handschriften-Katalogisierung in der Stiftsbibliothek St. Gallen vom 9. bis zum 19. Jahrhundert, in: Die Handschriften der Stiftsbibliothek St. Gallen. Beschreibendes Verzeichnis. Codices 1726-1984 (14.-19. Jahrhundert), bearb. von Beat Matthias v. Scarpatetti, St. Gallen 1983, S. 9-99
– Stiftsbibliothek Sankt Gallen, 8. Aufl., St. Gallen 1990
– Geschichte des Klosters St. Gallen im Überblick vom 7. bis zum 12. Jahrhundert, in: Peter Ochsenbein (Hrsg.): Das Kloster St. Gallen im Mittelalter. Die kulturelle Blüte vom 8. bis zum 12. Jahrhundert, Stuttgart 1999, S. 11-30
Duft, Johannes / Anton Gössi / Werner Vogler: Die Abtei St. Gallen, St. Gallen 1986
Dulckeit, Gerhard: Erblasserwille und Erwerbswille bei Antretung der Erbschaft, Weimar 1934
Dulckeit, Gerhard / Fritz Schwarz / Wolfgang Waldstein: Römische Rechtsgeschichte, 9. Aufl., München 1995
Dumont, François: Les donations entre époux en droit romain, Paris 1928
Duncan-Jones, R. P.: The impact of the Antonine plague, in: JRA 9 (1996), S. 108-136
Dunin, Karol: Romuald Hube (1803-1890). Studyum biograficzno-bibliograficzne, in: Romualdi Hube Opera. Romualda Hubego Pisma, hrsg. von Karol Dunin, Bd. 1, Warschau 1905, S. III-LXXXIV
Dworkin, Ronald: Taking Rights Seriously. New Impression with a Reply to Critics, London 1978, Ndr. 1996
Dziatzko, K. [Carl]: Art. Buchhandel, in: RE, 5. Hb. (1897), Sp. 973-985
Eck, Werner: Art. Antonine, in: DNP 1 (1996), Sp. 801-802
– Traian, in: M. Clauss (Hrsg.), Die römischen Kaiser, München 1997, S. 110-124
– Art. Dasumius [1], in: DNP 3 (1997), Sp. 332
– Art. Ergastulum, in: DNP 4 (1998), Sp. 64-65

Eckher, I. E.: Dissertatio iuridica de nuda proprietate. Vom Recht und Gebrauch eigenthümlicher Güter, quam praeside B. Bardilli [...] subiicit I. E. Eckher (1751).
Eder, Walter: Servitus publica. Untersuchungen zur Entstehung, Entwicklung und Funktion der öffentlichen Sklaverei in Rom, Wiesbaden 1981
Eggenberger, Christoph: Die Sankt Galler Buchkunst, in: Werner Vogler (Hrsg.), Die Kultur der Abtei Sankt Gallen, Zürich 1990, S. 93-118
Eisele, Fridolin: Civilistische Kleinigkeiten IV. Falsa demonstratio non nocet, in: JherJb 23 (1885), S. 18-42
– Studien zur römischen Rechtsgeschichte, Tübingen 1912
Ekkehard IV: Casus Sancti Galli. St. Galler Klostergeschichten, übersetzt von Hans F. Haefele, Darmstadt 1980
Elliger, Winfried: Ephesos. Geschichte einer antiken Weltstadt, 2. Aufl., Stuttgart u. a. 1992
Elster, Marianne: Die Gesetze der mittleren römischen Republik. Text und Kommentar, Darmstadt 2003
Elvers, Christian Friedrich: Promptuarium Gaianum sive doctrina et latinitas, quas Gaii institutiones et Ulpiani fragmenta exhibent, in alphabeti ordinem redactae, Gottingae 1824
Erdmann, Walter: Art. Bona vacantia, in: RE, 2. Reihe, 14. Hb. (1948), Sp. 2026-2028
Erman, Heinrich: Conceptio formularum, actio in factum und ipso iure-Consumption, in: SZ 19 (1898), S. 261-360
– Noch einmal die ›actiones in factum‹, in: SZ 23 (1902), S. 445-449
Ernout, A. / A. Meillet: Dictionnaire étymologique de la langue Latine, 4. Aufl., Paris, Bd. 1, 1959, Bd. 2, 1960
Ernst, Wolfgang: Kurze Rechtsgeschichte des Gattungskaufs, in: ZEuP 1999, S. 583-641
Euw, Anton von: St. Galler Kunst im frühen und hohen Mittelalter, in: Peter Ochsenbein (Hrsg.): Das Kloster St. Gallen im Mittelalter. Die kulturelle Blüte vom 8. bis zum 12. Jahrhundert, Stuttgart 1999, S. 167-204
Eyssenhardt, Heinrich: Justinians Digesten nach Drittheilen, Partes, Büchern und Fragmenten, Leipzig 1845
Faber, Anton: Ant. Fabri Iurisconsulti De erroribus pragmaticorum [Bd. 1], Lugduni 1658
Faber, Petrus: Petri Fabri liber Semestrium tertius, Lugduni 1595
Fabre, Georges: Libertus. Recherches sur les rapports patron-affranchi à la fin de la république Romaine, Rome 1981
Faulmann, Carl: Das Buch der Schrift, 2. Aufl., Wien 1880, Ndr. Nördlingen 1985
Feenstra, Robert: Law, in: Richard Jenkins (Hrsg.), The Legacy of Rome, Oxford 1992, S. 399-420
– Art. Schultingh, Anton, in: Stolleis, Michael (Hrsg.), Juristen. Ein biographisches Lexikon, München 1995, S. 549-550
Feenstra, R. / C. J. D. Waal: Seventeenth-Century Leyden Law Professors and their Influence on the Development of the Civil Law. A Study of Bronchorst, Vinnius and Voet, Amsterdam Oxford 1975
Felgentraeger, Wilhelm: Die Literatur zur Echtheitsfrage der römischen Juristenschriften, in: Symbolae Friburgenses in honorem Ottonis Lenel, Leipzig 1933, S. 357-372
Ferenczy, Endre: Rechtshistorische Bemerkungen zur Ausdehnung des römischen Bürgerrechts und zum *ius Italicum* unter dem Prinzipat, in: ANRW II,14 (1982), S. 1017-1058
Ferrini, Contardo: Storia delle fonti del diritto romano e della giurisprudenza romana, Milano 1885
– Teoria generale dei legati e dei fedecommessi, Milano 1889
– I commentarii di Terenzio Clemente e di Gaio »ad legem Iuliam et Papiam«, in: Opere Bd. 2, Milano 1929, S. 251-268

Feuerbach: [Rez.:] Die editio princeps von Ulpians Fragmenten, in: NLA Nr. 11 vom 9. Sept. 1806, Sp. 164-167

Fichte, Johann Gottlieb: Nachgelassene Schriften, Bd. 11 (Gesamtausgabe II,11), Stuttgart-Bad Cannstadt 1998

Finazzi, Giovanni: La sostituzione pupillare, Napoli 1997

Fiori, Roberto: Materfamilias, in: BIDR 35/36 (1993/94), S. 455-498

Fitting, Hermann: Ueber einige Rechtsquellen der vorjustinianischen spätern Kaiserzeit (IV.), in: ZRG 11 (1873), S. 432-453

– Alter und Folge der Schriften römischer Juristen von Hadrian bis Alexander, 2. Bearb., Halle 1908

– Das castrense peculium in seiner geschichtlichen Entwicklung und heutigen gemeinrechtlichen Geltung, Halle 1871, Ndr. Aalen 1969

Fleischer, Robert: Artemis Ephesia und Aphrodite von Aphrodisias, in: Vermaseren, Maarten J.: Die orientalischen Religionen im Römerreich, Leiden 1981, S. 298-315

Flemming, Rebecca: *Quae corpore quaestum facit*: The Sexual Economy of Female Prostitution in the Roman Empire, in: JRS 89 (1999), S. 38-61

Fluss, Max: Art. Murdia, in: RE, 31. Hb. (1933), Sp. 659-660

Foerster, Hans: Abriss der lateinischen Paläographie, 2. Aufl., Stuttgart 1963, Ndr. Stuttgart 1981

Fontana, Augustinus: Amphitheatrum legale seu Bibliotheca legalis amplissima, Parmae 1688

Forzieri Vannucchi, Olga: Studi sull'interpretazione giurisprudenziale romana, Milano 1973

Fournier, P.-F.: La première édition des notes de Cujas sur Ulpien, in: NRHDFE 43 (1919), S. 663-665

Franciosi, Gennaro: Famiglia e persone in Roma antica dall'età arcaica al principato. 3. Aufl., Torino 1995

Fresquet, R[aymond] de: Traité élémentaire de droit romain, tome premier, Paris (o. J.)

Frezza, Paolo: La persona di Ulpiano, in: SDHI 49 (1983), S. 412-422

Friedl, Raimund: Der Konkubinat im kaiserzeitlichen Rom, Stuttgart 1996

Frier, Bruce W.: Roman Life Expectancy: Ulpian's Evidence, HSCP 86 (1982), S. 213-251

– »Ulpian«, in: TLS, March 25, 1983, S. 299

– Law on the Installment Plan. [Rez.:] Ulpian. By Tony Honoré, in: MLR 82 (1984), S. 856-868

Fucks, Wilhelm: Mathematische Analyse von Sprachelementen, Sprachstil und Sprachen. Arbeitsgemeinschaft für Forschung des Landes Nordrhein-Westfalen, Heft 34a, Köln, Opladen 1955

– Zur Deutung einfachster mathematischer Sprachcharakteristiken. Forschungsberichte des Wirtschafts- und Verkehrsministeriums Nordrhein-Westfalen, Nr. 344, Köln, Opladen 1956

Fuhrmann, Manfred: Das systematische Lehrbuch. Ein Beitrag zur Geschichte der Wissenschaften in der Antike, Göttingen 1960

– Geschichte der römischen Literatur, Stuttgart 1999

Gadamer, Hans-Georg: Heidelberger Akademievortrag über seine »Untersuchungen zur Geschichte der Hermeneutik« (Bericht), in: DLZ 75 (1954), S. 721-722.

– Hermeneutik und Historismus (1965), in: Gesammelte Werke, Bd. 2, 2. Aufl., Tübingen 1993, S. 387-424

– Hermeneutik (1969), in: Gesammelte Werke, Bd. 2, 2. Aufl., Tübingen 1993, S. 425-436

– Art. Hermeneutik, in: HWP, Bd. 3 (1974), Sp. 1061-1073

– Text und Interpretation (1984), in: Gesammelte Werke, Bd. 2, 2. Aufl., Tübingen 1993, S. 330-360

– Wahrheit und Methode. Grundzüge einer philosophischen Hermeneutik, Ndr. der 6. Aufl. (1990), Gesammelte Werke, Bd. 1, Tübingen 1990

– Geschichtlichkeit und Wahrheit (1991), in: Gesammelte Werke, Bd. 10, Tübingen 1995, S. 247-258
– Die Hermeneutik und die Dilthey-Schule (1991), in: Gesammelte Werke, Bd. 10, Tübingen 1995, S. 185-205
Gärtner, Hans Armin / Ulrich Eigler: Art. Epitome, in DNP 3 (1997), Sp. 1175-1177
Galdi, Marco: L'epitome nella letteratura latina, Napoli 1922
Gallo, Filippo: Interpretazione e formazione consuetudinaria del diritto. Lezioni di diritto romano, Torino 1993
– Народный суверенитет как основа правотворчества в D. 1,3,32: Теория Юлиана или постклассическая переработка? [Volkssouveränität als Grundlage der Rechtsschöpfung in D. 1,3,32: Theorie Julians oder nachklassische Überarbeitung?] In: VDI 1995, Nr. 1, S. 41-66
Gans, Eduard: Scholien zum Gajus, Berlin 1821
Ganz, David: The Preconditions for Caroline Minuscule, in: Viator. Medieval and Renaissance Studies, Bd. 18, Berkeley, Los Angeles, London 1987, S. 23-44
– Temptabat et scribere: Vom Schreiben in der Karolingerzeit, in: Schieffer, Rudolf (Hrsg.): Schriftkultur und Reichsverwaltung unter den Karolingern, Opladen 1996, S. 13-33
García Garrido, Manuel Jesus: La concezione classica del legato *sinendi modo* e la sua probabile struttura originaria, in: Studi in onore di Emilio Betti, Bd. 3, Milano 1962, S. 229-254
– Derecho Privado Romano, 5. Aufl., Madrid 1993
Garcia Garrido, M. / F. Reinoso Barbero: Digestorum Similitudines, Bd. 1. Index, Matriti 1994
Gardner, Jane F.: The recovery of dowry in roman law, in: CQ 35 (1985), S. 449-453
– Proofs of status in the Roman World, in: BICS 33 (1986), S. 1-14
– Proofs of status in the Roman World, in: PCA 84 (1987), S. 15-16
– Another family and an inheritance: Claudius Brasidas and his ex-wife's will, in: LCM 12 (1987), S. 52-54
– Hadrian and the social legacy of Augustus, in: Labeo 42 (1996), S. 83-100
Garnsey, Peter / Richard Saller: The Roman Empire. Economy, Society and Culture, Berkeley, Los Angeles 1987
Gasparri, Françoise: Introduction à l'histoire de l'écriture, Turnhout 1994
Gaudemet, Jean: Justum Matrimonium, in: RIDA 2 (1949), S. 309-366
Gelzer, Matthias: Cicero. Ein biographischer Versuch, Wiesbaden 1969
Genius, Klaus: Vorsorge für die geschiedene Ehefrau nach römischem Recht? Überlegungen zur Funktion der *dos*, in: Festschrift für Erwin Seidl zum 70. Geburtstag, hrsg. v. H. Hübner, E. Klingmüller, A. Wacke, Köln 1975, S. 39-52
Genzmer, Erich: La genèse du fidéicommis comme institution juridique, in: RHDFE 40 (1962), S. 319-350
Gerner, Erich: Beiträge zum Recht der Parapherna, München 1954
Gesamtverzeichnis des deutschsprachigen Schrifttums 1700-1910, Bd. 148 (U-Um), 1986
Gesterding, F. C.: Ausführliche Darstellung der Lehre vom Eigenthum und solchen Rechten, die ihm nahe kommen. Besonders nach Grundsätzen des Römischen Rechts, Greifswald 1817
Geuenich, Dieter: Geschichte der Alemannen, Stuttgart, Berlin, Köln 1997
Gherardini, Maria: Studien zur Geschichte des Kaisers Commodus, Diss. Univ. Graz 1965, Wien 1974
Giaro, Tomasz: Art. Maciejowski, Waclaw Aleksander, in: Stolleis, Michael (Hrsg.), Juristen. Ein biographisches Lexikon, München 1995, S. 394
– Art. Gaius [2], in: DNP 4 (1998), Sp. 737-738
– Art. I. Paulus, in: DNP 6 (1999), Sp. 50-51

Gibbon, Edward: The Decline and Fall of the Roman Empire, with an Introduction by Hugh Trevor-Roper, Vol. 1, London 1993
– Historische Übersicht des Römischen Rechts, übersetzt, eingeleitet und kommentiert von Gustav Hugo, mit einem Vorwort und einer Würdigung Gustav Hugos neu herausgegeben von Okko Behrends, Göttingen 1996
Gilliam, James F.: Die Pest unter Marc Aurel, in: Klein, Richard (Hrsg.): Marc Aurel, Darmstadt 1979, S. 144-175 [entspricht: The Plague under Marcus Aurelius, in: AJP 82 (1961), S. 225-251]
Girard, P. F.: Les jurés de l'action d'injures, in: Mélanges Gérardin, Paris 1907, S. 255-282 = Mélanges de droit romain, Bd. 2, Paris 1923, S. 383-411
– Le manuscrit des gromatici de l'évêque Jean du Tillet, in: Mélanges Fitting, Bd. 2, Montpellier 1908, Ndr. Aalen, Frankfurt/Main 1969, S. 235-286
– La jeunesse de Cujas, in: NRHDFE 40 (1916), S. 429-504 und 590-627
Girard, Paul Friedrich / Robert von Mayr: Geschichte und System des römischen Rechts, 2. Teil, Berlin 1908
Giunti, Patrizia: »Mores« e »interpretatio prudentium« nella definizione di »materfamilias« (una qualifica fra »conventio in manum« e »status« di »sui iuris«), in: Nozione, formazione e interpretazione del diritto dall'età romana alle esperienze moderne. Ricerche dedicate al Professor Filippo Gallo, Bd. 1, Napoli 1997, S. 301-337
Gizewski, Christian: Art. Acta, in: DNP 1 (1996), Sp. 89-91
Goeschen, J. F. L.: Observationum juris Romani specimen. Dissertatio inauguralis, Berolini 1811
– Ueber die Vaticanische Handschrift des Ulpian, in: ZGR 4 (1820), S. 112-132
Goethe, Johann Wolfgang von: Hör-, Schreib- und Druckfehler (1820), in: Goethes Werke, hrsg. im Auftrage der Großherzogin Sophie von Sachsen, Bd. 41, 1. Abt., Weimar 1902, S. 183-188
Goldast, Melchior: Alamannicarum rerum scriptores aliquot veteres, Tomus secundus, Francofurti 1661
Goudy, Henry: Trichotomy in Roman Law, Oxford 1910
Gradenwitz, Otto: Interpolationen in den Pandekten. Kritische Studien, Berlin 1887
Grafton, Anthony: The Footnote. A Curious History, London 1997
Grant, Michael: The Climax of Rome. The Final Achievements of the Ancient World A. D. 161-337, London 1968
– Das Römische Reich am Wendepunkt. Die Zeit von Mark Aurel bis Konstantin, München 1972
– The Antonines. The Roman Empire in Transition, London, New York 1996
– The Severans. The changed Roman Empire, London, New York 1996
Green, C. M. C.: Claudius, Kingship, and Incest, in: Latomus 57 (1998), S. 765-791
Greiner, Reinhold: Opera Neratii. Drei Textgeschichten, Karlsruhe 1973
Grevesmühl, Götz: Die Gläubigeranfechtung nach klassischem römischen Recht, Diss. Univ. Göttingen 2000, Göttingen 2003
Grimm, Jakob / Wilhelm Grimm: Briefe der Brüder Grimm an Savigny. Aus dem Savignyschen Nachlaß herausgegeben in Verbindung mit Ingeborg Schnack von Wilhelm Schoof, Berlin, Bielefeld 1953
Gröschler, Peter: Die *tabellae*-Urkunden aus den pompejanischen und herkulanensischen Urkundenfunden, Diss. Univ. Passau 1996, Berlin 1997
Grondin, Jean: Einführung in die philosophische Hermeneutik, Darmstadt 1991
Grosso, Fulvio: La lotta politica al tempo di Commodo, Torino 1964
Grosso, Giuseppe: Sulla ›falsa demonstratio‹ nelle disposizioni d'ultima volontà, in: Studi in onore di Pietro Bonfante, Bd. 2, Milano 1930, S. 185-216

– Sul quasi usufrutto, in: BIDR 43 (1935), S. 237-291
– I legati nel diritto romano, Parte generale, 2. Aufl., Torino 1962
– Lezioni di Storia del Diritto Romano, 5. Aufl., Torino 1965
– Problemi generali del diritto attraverso il diritto romano, 2. Aufl., Torino 1967
Grupe, Eduard: Gaius und Ulpian, in: SZ 20 (1899), S. 90-98
Guarino, Antonio: Studi sull ›incestum‹, in: SZ 63 (1943), S. 175-267
– Guida allo studio delle fonti giuridiche romane. Tomo primo: Nozioni, 2. Aufl., Napoli 1958
– Elefanti che imbarazzano (1972), in: A. Guarino, Pagine di diritto romano, Bd. 2, Napoli 1993, S. 313-332
– L'ordinamento giuridico romano, 5. Aufl., Napoli 1990
– Diritto privato romano, 11. Aufl., Napoli 1997
– Storia del Diritto Romano, 12. Aufl., Napoli 1998
Guarneri Citati, Andrea: Indice delle parole e frasi ritenute interpolate nel Corpus iuris, in: BIDR 33 (1923), S. 79-144
– En matière d'affranchissements frauduleux, in: Mélanges de Droit Romain dediés a Georges Cornil, Bd. 1, Gand 1926, S. 425-513
Guenoux, Charles: Notice sur la vie et les ouvrages de Frédéric-Charles de Savigny, in: Histoire du Droit Romain au Moyen-Âge, par M. de Savigny, traduite de l'Allemand sur la dernière édition et précédée d'une notice sur la vie et les écrits de l'auteur par M. Charles Guenoux, Bd. 1, Paris 1839, S. 1-23
Günther, Rosemarie: Frauenarbeit – Frauenbindung. Untersuchungen zu unfreien und freigelassenen Frauen in den stadtrömischen Inschriften, München 1987
Gumbert, J. P.: »Typography« in the Manuscript Book, in: JPHS 22 (1993), S. 5-28
Haadsma, R. A. / J. Nuchelmans: Précis de latin vulgaire suivi d'une anthologie annotée, Groningen 1963
Haenel, Gustav: Catalogi librorum manuscriptorum qui in bibliothecis Galliae, Helvetiae, Belgii, Britanniae maioris, Hispaniae, Lusitaniae asservantur, Leipzig 1830, Ndr. Hildesheim 1976
– [Rez.:] Hugo, Ulpiani Fragmenta, 5. Aufl. (1834), in: RGL 1 (1834), S. 350-352
– [Rez.:] Heimbach, Ueber Ulpians Fragmente (1834), in: RGL 2 (1834), S. 613-615
Haeser, Heinrich: Lehrbuch der Geschichte der Medizin und der epidemischen Krankheiten. 3. Bearb., Bd. 3: Geschichte der epidemischen Krankheiten, Jena 1882
Hagemann, Matthias: Iniuria. Von den XII-Tafeln bis zur Justinianischen Kodifikation, Köln u. a. 1998
Hagemeister, Emanuel Friedrich: De promovendo legum studio ope exercitationum exegeticarum, Gryphiswaldiae 1789
Håkanson, Lennart: Some more critical remarks on Calpurnius Flaccus, in: Eranos 72 (1974), S. 53-64
Halkin, Léon: Les esclaves publics chez les Romains, Bruxelles 1897, Ndr. Roma 1965
Halsberghe, G. H.: Le culte de Dea Caelestis, in: ANRW II,17.4 (1984), S. 2203-2223
Hammen, Horst: Griechische Klassiker und römisches Recht, in: Europas universale rechtsordnungspolitische Aufgabe im Recht des dritten Jahrtausend, Festschrift für Alfred Söllner zum 70. Geburtstag, hrsg. von G. Köbler, M. Heinze, W. Hromadka, München 2000, S. 407-421
Hammond, Mason: The Antonine Monarchy (= Papers and Monographs of the American Academy in Rome, Bd. 19), Roma 1959
Handbuch der Bibliothekswissenschaft, hrsg. von Fritz Milkau und Georg Leyh, Bd. 3: Geschichte der Bibliotheken, Leipzig 1940

Die theologischen **Handschriften** der Hessischen Landesbibliothek Fulda bis zum Jahr 1600. Bd. 1, Codices Bonifatiani 1-3 Aa 1-145a, beschrieben von Regina Hausmann, Wiesbaden 1992

Die **Handschriften** der Stiftsbibliothek St. Gallen. Beschreibendes Verzeichnis. Codices 1726-1984 (14.-19. Jahrhundert), bearb. von Beat Matthias v. Scarpatetti. Mit einer Einleitung zur Geschichte der Katalogisierung von Johannes Duft, St. Gallen 1983

Harrill, J. Albert: The Manumission of Slaves in Early Christianity, Tübingen 1995

Hartmann, G.: Ueber die Voraussetzungen und Grenzen der Incapacität nach der lex Iulia et Papia, in: ZRG 5 (1866), S. 219-255

Haubold, Christian Gottlieb: Opuscula academica ad exempla a defuncto recognita partim emendavit partim auxit orationesque selectas nondum editas adiecit Car. Frid. Christian Wenck [...] eoque defuncto absolvit Frid. Car. Gust. Stieber, volumen secundum, Lipsiae 1829

Hausmaninger, Herbert: Subtilitas iuris, in: Iuris professio. Festgabe für Max Kaser zum 80. Geburtstag, hrsg. von H.-P. Benöhr, K. Hackl, R. Knütel, A. Wacke, Wien u. a. 1986, S. 59-72

Heer, Joseph Michael: Der historische Wert der Vita Commodi in der Sammlung der Scriptores Historiae Augustae, in: Philologus, Supplementband 9, Leipzig 1904, S. 1-208

Heimbach, Gustav Ernst: Ueber Ulpians Fragmente. Eine kritische Abhandlung, Leipzig 1834

– [Rez.:] Von Savigny: Ueber die handschriftliche Grundlage des Ulpian, ZGR 9, S. 157-173, in: HJWK 1838, Sp. 1961-1966, 1969-1984, 1990-1992

– Was haben die Quellen des Römischen Rechts durch die kritischen Bestrebungen der neueren Juristen gewonnen? Erster Artikel. IV. Ulpian's Fragmente, in: LR 1 (1843), S. 93-108

Heineccius, Johann Gottlieb: Ad Legem Juliam et Papiam Poppaeam Commentarius, Venetiis 1741

Hekster, Olivier: Commodus. An Emperor at the Crossroads, Amsterdam 2002

Herbeck, Anton: Der Marmor. Entstehung, Arten, Gewinnung, Vorkommen, München 1953

Hernández-Tejero Jorge, Francisco: Derecho Romano, Madrid 1959

Herrmann-Otto, Elisabeth: Ex ancilla natus, Stuttgart 1994

Herz, Peter: Studien zur römischen Wirtschaftsgesetzgebung. Die Lebensmittelversorgung, Stuttgart 1988

Herzog, Ernst von: Geschichte und System der römischen Staatsverfassung, Bd. 2, Abt. 1, Leipzig 1887, Ndr. Aalen 1965

Heumann H[ermann Gottlieb] / E[mil] Seckel: Handlexikon zu den Quellen des römischen Rechts, 11. Aufl., Graz 1971

Heuß, Alfred: Römische Geschichte, 7. Aufl. (= Ndr. der 6. Aufl. 1998), Paderborn u. a. 2000

Heyse, Gabriele: Mulier non debet abire nuda. Das Erbrecht und die Versorgung der Witwe in Rom, Diss. Univ. Frankfurt/Main 1993/94, Frankfurt/Main 1994

Hirschfeld, Otto: Die kaiserlichen Verwaltungsbeamten bis auf Diocletian, 2. Aufl., Berlin 1905

Hitzig, Hermann Ferdinand: Die Stellung Kaiser Hadrians in der römischen Rechtsgeschichte, Zürich 1892

– Art. Furtum, in: RE, 13. Hb. (1910), Sp. 384-405

Hölder, Eduard: Zur Frage vom gegenseitigen Verhältnisse der lex Aelia Sentia und Iunia Norbana, in: SZ 6 (1885), S. 205-225

Hofmann, Gian Paolo / Nicola Proto Pisani: De optione vel electione legata, in: Labeo 2 (1956), S. 18-47

Hombert, Marcel / Claire Préaux: A propos des chances de survie dans l'Empire Romain, in: Latomus 5 (1946), S. 91-97

Honoré, Tony: Gaius, Oxford 1962

– The Severan Lawyers: A Preliminary Survey, in: SDHI 28 (1962), S. 162-232

– Word Frequencies and the Study of Roman Law, in: CLJ 30 (1972), S. 280-393
– A study of Neratius and a reflection on method, in: TR 43 (1975), S. 223-240
– Tribonian, London 1978
– Some Simple Measures of Richness of Vocabulary, in: ALLC 7 (1979), Nr. 1, S. 172-177
– Imperial rescripts A. D. 193-305: authorship and authenticity, in: JRS 69 (1979), S. 51-64
– Ulpian, 1. Aufl. Oxford 1982, 2. Aufl. (»Ulpian. Pioneer of Human Rights«) Oxford 2002
– »Ulpian«, in: TLS, March 4, 1983, S. 215
– »Ulpian«, in: TLS, April 8, 1983, S. 355
– Scriptor Historiae Augustae, in: JRS 77 (1987), S. 156-176
– Emperors and Lawyers, 2. Aufl., Oxford 1994
– Art. Herennius Modestinus, in: The Oxford Classical Dictionary, 3rd edition, edited by Simon Hornblower and Antony Spawforth, Oxford, New York 1996, S. 689
– [Rez.:] Mercogliano, Tituli ex corpore Ulpiani, in: SZ 117 (2000), S. 525-528

Hopkins, Donald R.: Princes and Peasants. Smallpox in History, Chicago, London 1983

Horak, Franz: [Rez.:] Greiner, Opera Neratii, in: SZ 92 (1975), S. 314-324
– [Rez.: O. Forzieri Vannucchi,] Studi sull'interpretazione giurisprudenziale romana, in: Labeo 24 (1978), S. 198-213
– [Rez.:] A. Mantello, ›Beneficium‹ servile – ›Debitum‹ naturale, in: TR 53 (1985), S. 162-168

Horvat, Marijan: Gaio e le fonti del diritto, in: Gaio nel suo tempo. Atti del simposio romanistico, Napoli 1967, S. 35-41

Hübner, Heinz: Zur Rechtspolitik Kaiser Hadrians, in: Festschrift für Erwin Seidl, Köln 1975, S. 61-74

Hübner, Emil: Art. Gades, in: RE, 13. Hb. (1910), Sp. 439-461

Hünemörder, Christian: Art. Far, in: DNP 4 (1998), Sp. 427

Hüttl, Willy: Antoninus Pius, Bd. 1, Prag 1936; Bd. 2, Prag 1933

Hugo, Gustav: Gustavi Hugo Badensis Commentatio de fundamento successionis ab intestato ex iure Romano antiquo et novo (Preisschrift), Gottingae 1785
– [Selbstanzeige der 1. Aufl. der Domitii Ulpiani Fragmenta], in: GGA 1788, St. 188, S. 1881-1882 = Beyträge Bd. 1 [s. Handschriftenverzeichnis], Berlin 1828, S. 45-48
– Erläuterungen über den neuen civilistischen Cursus, in: CM 1, 1. Ausg. (1790), S. 53-71
– Cajus, ein Zeitgenosse Caracalla's, in: CM 2, 3. Ausg., Berlin 1812, S. 356-376
– Herrn G. I. Rath Höpfner's Berichtigung gewöhnlicher VorstellungsArten über die späthern Schicksahle der Basiliken, in: CM 2, 3. Ausg., Berlin 1812, S. 383-422
– [Selbstanzeige der 2. Aufl. der Domitii Ulpiani Fragmenta], in: GGA 1812, St. 14, S. 134-136
– Wahrer Ursprung des ff., in: CM 3 (1812), S. 110-112
– Cujas, in: CM 3 (1812), S. 190-246 und S. 433-462
– Zusatz des Herausgebers, einzele [sic] Berichtigungen des Textes von Ulpian enthaltend, in: CM 4 (1815), S. 388-407
– [Rez. des 4. Bandes der Zeitschrift für Geschichtliche Rechtswissenschaft], in: GGA 1819, St. 20, S. 193-204
– [Selbstrez. der 4. Aufl. der Domitii Ulpiani Fragmenta], in: GGA 1823, St. 44, S. 433-435 = Beyträge Bd. 2, S. 549-552
– Versuch die Eintheilung der Pandecten in drey Baende aus Justinian's Methodologie und den Angaben über Tres Partes, As u. a. zu erklären, in: CM 5 (1825), S. 1-53
– Lehrbuch der Geschichte des Römischen Rechts bis auf Justinian, 9. Aufl., Berlin 1824; 1. Abt., 11. Aufl., Berlin 1832
– [Selbstrez.:] De bonorum possessionibus, in: Beyträge Bd. 1 [s. Handschriftenverzeichnis], Berlin 1828, S. 43-45

– [Rez.:] Corpus juris civilis diligentia Jo. Fr. Plitt denuo editum, in: Beyträge Bd. 1, Berlin 1828, S. 103-105
– [Rez.:] D. E. Chr. Westphal: Theorie des Römischen Rechts von Testamenten, deren Erblasser und Erben, ihrer Form und Gültigkeit, in: Beyträge Bd. 1 [s. Handschriftenverzeichnis], Berlin 1828, S. 209-221
– [Selbstrez.:] LehrBuch und Chrestomathie des classischen PandectenRechts zu exegetischen Vorlesungen, Erster Band, in: Beyträge Bd. 1, Berlin 1828, S. 200-204
– Classisches PandectenRecht, Vorrede, abgedr. in: Beyträge Bd. 1 [s. Handschriftenverzeichnis], Berlin 1828, S. 190-200
– [Rez.:] F. A. Schilling: Dissertatio critica de Ulpiani fragmentis, in: Beyträge Bd. 2, Berlin 1829, S. 643-647
– [Rez.:] Vangerow, Ueber die Latini Iuniani, in: GGA 1833, 145. Stück, S. 1441-1448
– [Selbstrez. der 5. Aufl. der Domitii Ulpiani Fragmenta], in: GGA 1834, 129. Stück, S. 1281-1287
– [Rez.:] Heimbach: Ueber Ulpians Fragmente, in: GGA 1834, 162. Stück, S. 1609-1615

Humbert, Michel: Le remariage à Rome. Étude d'histoire juridique et sociale, Milano 1972

Hunger, Herbert: Geschichte der Textüberlieferung der antiken und mittelalterlichen Literatur, Bd. 1: Antikes und mittelalterliches Buch- und Schriftwesen. Überlieferungsgeschichte der antiken Literatur von Herbert Hunger u. a., Zürich 1961

Hunter, W. A.: A Systematic and Historical Exposition of Roman Law, 4. Aufl., London 1903

Huschke, Philipp Eduard: [Rez.:] Domitii Ulpiani e libro regularum singulari excerpta, eiusdem Ulpiani institutionum fragmenta recensuit Ioannes Vahlen, Bonnae 1856, in: NJPP 75 (1857), S. 365-377
– Die Multa und das Sacramentum, Leipzig 1874

Hyamson, Moses: Mosaicarum et Romanarum Legum Collatio, Oxford 1913

Iglesias, Juan: Derecho Romano. Historia e instituciones, 11. ed., Barcelona 1993

Ilberg, Johannes: Aus Galens Praxis. Ein Kulturbild aus der römischen Kaiserzeit (1905), in: Antike Medizin, hrsg. von Hellmuth Flashar, Darmstadt 1971, S. 361-416.

Impallomeni, Giambattista: Le manumissioni mortis causa. Studi sulle fonti autoritative romane, Padova 1963

Index Interpolationum quae in Iustiniani Digestis inesse dicuntur. Editionem a Ludovico Mitteis inchoatam ab aliis viris doctis perfectam curaverunt Ernestus Levy, Ernestus Rabel, Weimar, Bd. 1, 1929, Bd. 2, 1931, Bd. 3, 1935, Supplementum 1, 1929

Index Interpolationum quae in Iustiniani Codice inesse dicuntur. Editionem curavit Gerardus Broggini, Weimar 1969

Jacques, François / John Scheid: Rom und das Reich in der Hohen Kaiserzeit 44 v. Chr. - 260 n. Chr., Bd. 1: Die Struktur des Reiches, Stuttgart, Leipzig 1998

Janzin, Marion / Joachim Güntner: Das Buch vom Buch. 5000 Jahre Buchgeschichte, Hannover 1995

Japella Contardi, Luciana: Propaganda imperiale e protezionismo commerciale nelle iscrizioni dei *collegia* professionali di Roma e di Ostia da Augusto ad Aureliano, Torino 1980

Jasny, Naum: The Wheats of Classical Antiquity, Baltimore 1944

Jhering, Rudolf von: Der Besitzwille. Zugleich eine Kritik der herrschenden juristischen Methode, Jena 1889
– Geist des römischen Rechts auf den verschiedenen Stufen seiner Entwicklung, 2. Theil, 1. Abt., 2. Aufl., Leipzig 1866

Jobbé-Duval, Emile: Les *decreta* des magistrats pourvus de la *iurisdictio contentiosa inter privatos*, in: Studi in onore di Pietro Bonfante, Bd. 3, Milano 1930, S. 163-216

Jöcher, Christian Gottlieb: Allgemeines Gelehrten-Lexicon, 4 Teile, Leipzig 1750/51

Jörs, Paul: Ueber das Verhältnis der Lex Iulia de maritandis ordinibus zur Lex Papia Poppaea, Diss. Bonn 1882, Ndr. in: Jörs, Paul: ›Iuliae rogationes«. Due studi sulla legislazione matrimoniale augustea, con una nota di lettura di Tullio Spagnuolo Vigorita, Napoli 1985
– Römische Rechtswissenschaft zur Zeit der Republik, Berlin 1888
– Untersuchungen zur Gerichtsverfassung der römischen Kaiserzeit, in: Festgabe Rudolf von Jhering zum 6. August 1892, gewidmet von der Gießener Juristischen Fakultät, Leipzig 1892 (mit eigener Seitenzählung)
– Die Ehegesetze des Augustus, Marburg 1894
– Art. Domitius 88 (Ulpian), in: RE, 9. Hb. (1903), Sp. 1435-1509
Jörs, Paul / Wolfgang Kunkel / Leopold Wenger: Römisches Recht, in 4. Aufl. bearb. von Heinrich Honsell, Theo Mayer-Maly und Walter Selb, Berlin, Heidelberg, New York, London, Paris, Tokyo 1987
Johne, Klaus-Peter: Art. Historia Augusta, in: DNP 5 (1998), Sp. 637-640
Johnston, David: On a singular book of Cervidius Scaevola, Berlin 1987
– [Rez.:] Honoré, Emperors and Lawyers, in: LQR 111 (1995), S. 700-704
– Roman Law in Context, Cambridge 1999
Jolowicz, H. F.: Historical Introduction to the Study of Roman Law, 2. Aufl., Cambridge 1952
Jones, Leslie Webber: The Script of Tours in the Tenth Century, in: Speculum. A Journal of Mediaeval Studies 14 (1939), S. 179-198
Jung, Byoung-Ho: Darlehensvalutierung im römischen Recht, Diss. Göttingen 1998, Göttingen 2002
Kacprzak, Agnieszka: Regulae et maximae, in: Le droit romain et le monde contemporain. Mélanges à la mémoire de Henryk Kupiszewski, Varsovie 1996, S. 145-153
Kaiser-Raiß, Maria Regina: Die stadtrömische Münzprägung während der Alleinherschaft des Commodus. Untersuchungen zur Selbstdarstellung eines römischen Kaisers, Diss. Univ. Frankfurt/Main 1975/76, Frankfurt/Main 1980
Kajanto, Iiro: On the Problem of the Average Duration of Life in the Roman Empire. Annales Academiae Scientiarum Fennicae, Ser. B, Bd. 153,2, Helsinki 1968
Kalb, Wilhelm: Roms Juristen, nach ihrer Sprache dargestellt, Leipzig 1890
Karlowa, Otto: Römische Rechtsgeschichte, Bd. 1, Leipzig 1885, Bd. 2, Leipzig
Kantorowicz, Hermann: Einführung in die Textkritik (1921), in: Rechtshistorische Schriften, Karlsruhe 1970, S. 33-80
Kaser, Max: Geteiltes Eigentum im älteren römischen Recht, in: Festschrift Paul Koschaker, Bd. 1, Weimar 1939, 445-478
– Mores maiorum und Gewohnheitsrecht, in: SZ 59 (1939), S. 52-101
– Eigentum und Besitz im älteren römischen Recht, Weimar 1943
– Die Rechtsgrundlage der actio rei uxoriae, in: RIDA 2 (1949), S. 511-550
– Das legatum sinendi modo in der Geschichte des römischen Vermächtnisrechts, in: SZ 67 (1950), S. 320-359
– Die Wirkungen der »dotis dictio«, in: SDHI 17 (1951), S. 169-194
– Vom Begriff des »commercium«, in: Studi in onore di Vincenzo Arangio-Ruiz, Bd. 2, Napoli 1953, S. 131-167
– Gaius und die Klassiker, in: SZ 70 (1953), S. 127-178
– Zur Methode der römischen Rechtsfindung, Göttingen 1962
– [Rez.:] Provera, La vindicatio caducorum, in: Iura 16 (1965), S. 169-179
– Römische Rechtsgeschichte, 2. Aufl., Göttingen 1967
– Adiudicare bei der actio finium regundorum und bei den Vindikationen, in: Symbolae Martino David dedicatae, hrsg. von J. Ankum, R. Feenstra, W. Leemans, Bd. 1, Leiden 1968, S. 85-109

– Das römische Privatrecht. Erster Abschnitt: Das altrömische, das vorklassische und klassische Recht, 2. Aufl., München 1971; Zweiter Abschnitt: Die nachklassischen Entwicklungen, 2. Aufl., München 1975
– Zur Methodologie der römischen Rechtsquellenforschung, Wien 1972
– Über Verbotsgesetze und verbotswidrige Geschäfte im römischen Recht, Wien 1977
– Altrömisches Eigentum und »usucapio«, in: SZ 105 (1988), S. 122-164
Kaser, Max / Karl Hackl: Das römische Zivilprozeßrecht, 2. Aufl., München 1996
Kaser, Max / Rolf Knütel: Römisches Privatrecht. Ein Studienbuch, 17. Aufl., München 2003
Keller, Friedrich Ludwig von: Ueber Litis Contestation und Urtheil nach classischem Römischem Recht, 1827
Kelley, Donald R.: Jean du Tillet, Archivist and Antiquary, in: JMH 38 (1966), S. 337-354
– Foundations of Modern Historical Scholarship. Language, Law, and History in the French Renaissance, New York, London 1970
Kenny, Anthony: The Computation of Style, Oxford 1982
Kessler, Wolfgang: Wacław Aleksander Maciejowski und Savigny, in: Europa in der frühen Neuzeit. Festschrift für Günter Mühlpfordt, Bd. 3: Aufbruch zur Moderne, hrsg. von Erich Donnert, Weimar u. a. 1997, S. 571-578
Kiefner, Hans: Klassizität der ›probatio diabolica‹?, in: SZ 81 (1964), S. 212-232
Kienast, Dietmar: Augustus. Prinzeps und Monarch, Darmstadt 1982
Kipp, Theodor: Art. Edictum, in: RE, 10. Hb. (1905), Sp. 1940-1948
– Geschichte der Quellen des römischen Rechts, 3. Aufl., Leipzig 1909
– Das römische Recht. Sonderdruck aus: R. Stammler, Das gesamte deutsche Recht in systematischer Darstellung, S. 89-314, Berlin 1930
Klein, Richard: Die Romrede des Aelius Aristides. Einführung, Darmstadt 1981
Klenze, Clem. Aug. C.: Nachträge zu frühern Aufsätzen, in: ZGR 9 (1838), S. 225-234
Klingenberg, Georg: [Rez.:] F. Mercogliano: »Tituli ex corpore Ulpiani«. Storia di un testo, in: AA 52 (1999), Sp. 125-129
Klingmüller, Fritz: Art. Exheredatio, in: RE, 12. Hb. (1909), Sp. 1680-1683
Knibbe, Dieter: Ephesos vom Beginn der römischen Herrschaft in Kleinasien bis zum Ende der Principatszeit (historisch), in: ANRW II,7.2 (1980), S. 748-810
Kniep, Ferdinand: Societas publicanorum, Bd. 1, Jena 1896
– Der Rechtsgelehrte Gaius und die Ediktskommentare, Jena 1910
– Gai Institutionum commentarius primus. Text mit Vorwort, Erklärung und Anhängen, Jena 1911; commentarius secundus. §§ 97-289 (Testamentarisches Erbrecht) (= Bd. 2,2), Jena 1913
Knütel, Rolf: Contrarius consensus. Studien zur Vertragsaufhebung im römischen Recht, Diss. Univ. Hamburg 1966/67, Köln, Graz 1968
Köhler, Wilhelm (Hrsg.): Die Karolingischen Miniaturen, Bd. 1: Die Schule von Tours, Textband, Berlin 1930
Köves-Zulauf, Thomas: Varros Definition von *fari* und die schicksalhafte Bedeutung des ersten Schreis (De lingua Latina 6,52), in: Glotta 59 (1981), S. 265-295
– Römische Geburtsriten, München 1990
Kolańczyk, Kazimierz: Prawo rzymskie, 5. Aufl., bearb. von Jan Kodrębski, Warszawa 1997
Kolb, Frank: Rom. Die Geschichte der Stadt in der Antike, München 1995
Kopylov, A. V.: Сервитуты в римском, русском дореволюционном и современном гражданском праве [Servituten im römischen, im russischen vorrevolutionären und im gegenwärtigen bürgerlichen Recht], in: IA 2 (1997), S. 93-109
Koschaker, Paul: [Rez.:] F. Schulz, Sabinus-Fragmente in Ulpians Sabinus-Kommentar, in: SZ 28 (1907), S. 454-455

– L'alienazione della cosa legata, in: Conferenze romanistiche tenute nella R. Università di Pavia nell'anno 1939 (XVII), Milano 1940, S. 87-183
– Europa und das römische Recht, 4. Aufl., München, Berlin 1966
Kraft, Herbert: Editionsphilologie, Darmstadt 1990
Kramer, Johannes: Geschichte der lateinischen Sprache, in: F. Graf (Hrsg.): Einleitung in die lateinische Philologie, Stuttgart, Leipzig 1997, S. 115-162
Krampe, Christoph: Proculi Epistulae. Eine frühklassische Juristenschrift, Diss. Univ. Freiburg i. B. 1969, Karlsruhe 1970
Krause, Jens-Uwe: Witwen und Waisen im Römischen Reich I. Verwitwung und Wiederverheiratung, Stuttgart 1994
Kreller, Hans: Das Problem des Juristenrechts in der römischen Rechtsgeschichte, Tübingen 1932
Kretzschmar, Paul: Kritik der Interpolationenkritik, in: SZ 59 (1939), S. 102-218
Kroll, Wilhelm: Art. Iunius 93 (Mauricius), in: RE, 19. Hb. (1917), Sp. 1050-1051
Kroppenberg, Inge: Die Insolvenz im klassischen römischen Recht. Tatbestände und Wirkungen außerhalb des Konkursverfahrens, Köln Weimar Wien 2001
Krüger, Hugo: Die Herstellung der Digesten Justinians und der Gang der Exzerption, Münster 1922
Krüger, Paul: Neue Paulus-Bruchstücke aus Aegypten, in: SZ 18 (1897), S. 224-226
– Geschichte der Quellen und Litteratur des Römischen Rechts, Leipzig 1888, 2. Aufl., München, Leipzig 1912
Kubitschek, Wilhelm: Art. Census, in: RE, 6. Hb. (1899), Sp. 1914-1924
Kübler, Bernhard: Privatrechtliche Kompetenzen der Volkstribunen in der Kaiserzeit, in: Festschrift zu Otto Hirschfelds sechzigstem Geburtstage, Berlin 1903, S. 50-60
– Art. Equites Romani, in: RE, 11. Hb. (1907), Sp. 272-312
– Art. Gaius 2, in: RE, 13. Hb. (1910), Sp. 489-508
– Art. Rechtsschulen, in: RE, 2. Reihe, 1. Hb. (1914), Sp. 380-394
– Geschichte des Römischen Rechts, Leipzig, Erlangen 1925
– *Res mobiles* und *immobiles*, in: Studi in onore di Pietro Bonfante, Bd. 2, Milano 1930, S. 345-361
Küster, Axel: Blinde und Taubstumme im römischen Recht, Köln u. a. 1991
Kunkel, Wolfgang: [Rez.:] Iurisprudentiae anteiustinianae reliquias edd. Seckel/Kübler sowie Schulz, Epitome Ulpiani, in: Gnomon 5 (1929), S. 89-92
– Art. Mater familias, in: RE, 28. Hb. (1930), Sp. 2183-2184
– Art. Matrimonium, in: RE, 28. Hb. (1930), Sp. 2259-2286
– [Rez.:] Bleicken, Senatsgericht und Kaisergericht, in: SZ 81 (1964), S. 360-377
– Herkunft und soziale Stellung der römischen Juristen, 2. Aufl., Graz u. a. 1967
– Über die Entstehung des Senatsgerichts (1969), in: Kleine Schriften, Weimar 1974, S. 267-323
Kunkel, Wolfgang / Martin Schermaier: Römische Rechtsgeschichte, 13. Aufl., Köln u. a. 2001
Kuryłowicz, Marek: Die adoptio im klassischen römischen Recht, Warszawa 1981
Laboulaye, Édouard: Essai sur les lois criminelles des Romains, Paris u. a. 1845, Ndr. Aalen 1973
Lacey, Raymond Henry: The Equestrian Officials of Trajan and Hadrian: Their Carreers. With some Notes on Hadrian's Reforms, Princeton 1917
Lachmann, Karl: Kritischer Beitrag zu Ulpians Fragmenten, in: ZGR 9 (1836), S. 174-212
Lacour-Gayet, Georges: Antonin le Pieux et son temps, Paris 1888
La Croix Du Maine: Les bibliothèques françoises de La Croix Du Maine et de du Verdier [...] Nouvelle édition [...] par M. Rigoley de Juvigny, Bde. 1 und 3, Paris 1772
Lamberti, Francesca: Studi sui ›postumi‹ nell'esperienza giuridica romana, I, Napoli 1996
Lambertini, Renzo: Lapis crescere potest: I frutti del regno minerale, in: AG 204 (1984), S. 97-165

Landucci, Lando: Storia del Diritto Romano dalle origini fino alla morte di Giustiniano, vol. 1, 2. edizione, Verona, Padova 1898
Lapiere, Marie-Rose: La lettre ornée dans les manuscrits mosans d'origine bénédictine (XIe-XIIe siecles), Paris 1981
La Pira, Giorgio: La successione ereditaria intestata e contro il testamento in diritto romano, Firenze 1930
Latorre, Angel: »Voluntas mulieris« y reembolso de las impensas utiles dotales, in: Iura 5 (1954), S. 209-212
Latte, Kurt: Römische Religionsgeschichte, München 1960
Lauria, Mario: Ius. Visioni romane e moderne. Lezioni, 2. Aufl., Napoli 1962
Lawson, F. H.: Roman Law as an Organizing Instrument, in: BULR 46 (1966), S. 181-204
Leage / A. M. Pritchard: Leage's Roman Private Law, London u. a. 1961
Le Coultre, Jules: La prononciation du latin sous Charlemagne, in: Mélanges Nicole, Genève 1905, S. 313-334
Ledlie, James Crawford: Ulpian, in: Macdonnell, John / Edward Manson (Hrsg.): Great Jurists of the World, Boston 1914 (= The Continental Legal History Series, vol. 2), S. 32-44
Lee, R. W.: The Elements of Roman Law with a Translation of the Institutes of Justinian, 3. Aufl., London 1952
Leeman, Anton D. / Harm Pinkster / Hein L. W. Nelson: M. Tullius Cicero. De Oratore Libri III, Kommentar, 2. Band: Buch I, 166-265; Buch II, 1-98, Heidelberg 1985
Lefèvre, Eugène: Du Rôle des Tribuns de la Plèbe en Procédure civile, Thèse Paris 1910
Lehmann, Paul: Johannes Sichardus und die von ihm benutzten Bibliotheken und Handschriften, München 1912
Leist, Burkard Wilhelm: Versuch einer Geschichte der Römischen Rechtssysteme, Rostock, Schwerin 1850
Lenel, Otto: Palingenesia iuris civilis, 2 Bde., Lipsiae 1889, Ndr. Aalen 2000
– Das Sabinussystem, Straßburg 1892
– Briefe Savignys an Georg Arnold Heise, in: SZ 36 (1915), S. 96-156
– [Rez.:] Schulz, Epitome Ulpiani, in: SZ 47 (1927), S. 414-417
– Das Edictum Perpetuum. Ein Versuch zu seiner Wiederherstellung, 3. Aufl. Leipzig 1927, Ndr. Aalen 1985
Lenel, Otto / Josef Partsch: Zum sog. Gnomon des Idios Logos, Heidelberg 1820
Leonhard, Rudolf: Institutionen des römischen Rechts, Leipzig 1894
– Art. Bona caduca, in: RE, 5. Hb. (1897), Sp. 685-686
– Art. Capacitas, in: RE, 6. Hb. (1899), Sp. 1503
– Art. Commercium 2, in: RE, 7. Hb. (1900), Sp. 768-769
– Art. Dos, in: RE, 10. Hb. (1905), Sp. 1580-1595
– Art. Lex Aelia Sentia, in: RE, 24. Hb. (1925), Sp. 2321-2322
Lerminier, Eugene: Introduction générale à l'Histoire du Droit, Paris 1829
Lesne, Émile: Histoire de la propriété ecclésiastique en France, Tome 4: Les livres, Lille 1938
Leumann, Manu: Lateinische Laut- und Formenlehre, München 1963
Levy, Ernst: Privatstrafe und Schadenersatz im klassischen römischen Recht, Berlin 1915
– Der Hergang der römischen Ehescheidung, Weimar 1925
– Neue Juristenfragmente aus Oxyrynchos, in: SZ 48 (1928), S. 532-555
– Westen und Osten in der nachklassischen Entwicklung des römischen Rechts, in: SZ 49 (1929), S. 230-259
– Die nachklassische Ersitzung, in: BIDR 51/52 (1948), S. 352-371
– West Roman Vulgar Law. The Law of Property, Philadelphia 1951
– Libertas und Civitas, in: SZ 78 (1961), S. 142-172

Lieb, Hans: Die constitutiones für die stadtrömischen Truppen, in: Heer und Integrationspolitik. Die römischen Militärdiplome als historische Quelle, hrsg. von Werner Eck und Hartmut Wolff, Köln, Wien 1986, S. 322-346
Liebe, Friedrich: Die Stipulation und das einfache Versprechen, Braunschweig 1840
Liebenam, Willy: Art. Consilium, in: RE, 7. Hb. (1900), Sp. 915-922
– Fasti consulares imperii Romani von 30 v. Chr. bis 565 n. Chr. mit Kaiserliste und Anhang (= Kleine Texte für theologische und philologische Vorlesungen und Übungen, hrsg. von Hans Lietzmann 41-43), Bonn 1909
Liebenam, Wilhelm: Städteverwaltung im römischen Kaiserreiche, Leipzig 1900
Liebeschütz, Wolf: La religione romana, in: Storia di Roma, Bd. 2: L'impero mediterraneo, Teil 3: La cultura e l'impero, Torino 1992, S. 239-281
Liebs, Detlef: Hermogenians iuris epitomae. Zum Stand der römischen Jurisprudenz im Zeitalter Diokletians, Göttingen 1964
– Ulpiani opinionum libri VI, in: TR 41 (1973), S. 279-310
– Rechtsschulen und Rechtsunterricht im Prinzipat, in: ANRW II,15 (1976), S. 197-286
– Römische Provinzialjurisprudenz, in: ANRW II,15 (1976), S. 288-362
– Ulpiani Regulae – Zwei Pseudoepigrafa, in: Romanitas – Christianitas. Untersuchungen zur Geschichte und Literatur der römischen Kaiserzeit. Johannes Straub zum 70. Geburtstag am 18. Oktober 1982 gewidmet, Berlin, New York 1982, S. 282-292
– Römisches Recht, 2. Aufl., Göttingen 1982, 4. Aufl., 1993; 5. Aufl., 1999
– [Rez.:] H. L. W. Nelson: Überlieferung, Aufbau und Stil von Gai Institutiones, in: Gnomon 55 (1983), S. 113-124
– [Rez.:] T. Honoré: Ulpian, in: Gnomon 56 (1984), S. 441-450
– Römische Jurisprudenz in Africa, Berlin 1993
– Die im spätantiken Gallien verfügbaren römischen Rechtstexte. Literaturschicksale in der Provinz zwischen dem 3. und 9. Jahrhundert, in: Siems / Nehlsen-v. Stryk / Strauch (Hrsg.): Recht im frühmittelalterlichen Gallien. Spätantike Tradition und germanische Wertvorstellungen, Köln u.a. 1995, S. 1-28
– Die pseudopaulinischen Sentenzen II, in: SZ 113 (1996), S. 132-242
– Jurisprudenz, in: Die Literatur des Umbruchs von der römischen zur christlichen Literatur 117 bis 284 n. Chr. (= Handbuch der lateinischen Literatur der Antike, hrsg. von Reinhart Herzog (†) und Peter Lebrecht Schmidt, 4. Bd.), München 1997, S. 83-217
– Römische Jurisprudenz in Gallien (2. bis 8. Jahrhundert), Berlin 2002
– Zur Überlieferung und Entstehung des *Breviarium Alaricianum*, in: Atti dell'Accademia Romanistica Costantiniana. XIV Convegno Internazionale in memoria di Guglielmo Nocera, Napoli 2003, S. 653-671
Lifshitz, Baruch: Jérusalem sous la domination romaine. Histoire de la ville depuis la conquête de Pompée jusqu'à Constantin (63 a. C. - 325 p. C.), in: ANRW II,8 (1977), S. 444-489
Lindsay, W. M.: Die lateinische Sprache, übers. von Hans Nohl, Leipzig 1897
Lipen, Martin: Martini Lipenii Bibliotheca realis iuridica post Friderici Gottliebii Struvii V. C. curas [...] singulari supplementorum volumine mirifice locupletavit Gottlob Augustus Ienichen [...], Lipsiae [...] 1746 [Pars I, Pars V]
Litewski, Wiesław: Historia Źródeł Prawa Rzymskiego, Warszawa 1989
– [Rez.:] Stanojevič, Gaius noster, in: SZ 108 (1991), S. 456-467
– Rzymskie prawo prywatne, 4. Aufl., Warszawa 1999
– Jurysprudencja rzymska, Kraków 2000
Littman, R. J. / M. L. Littman: Galen and the Antonine Plague, in: AJP 94 (1973), S. 243-255
Ljapustina, Elena V.: [Rez.:] Mercogliano, Tituli ex corpore Ulpiani, in: VDI 1999, S. 209-215

Lo Cascio, Elio: Fra equilibrio e crisi, in: Storia di Roma, Bd. 2: L'impero mediterraneo, Teil 2: I principi e il mondo, Torino 1991, S. 701-731

Löffler, Karl: Schwäbische Buchmalerei in romanischer Zeit, Augsburg 1928

Löffler, Karl / Wolfgang Milde: Einführung in die Handschriftenkunde, Stuttgart 1997

Longchamps de Bérier, Franciszek: Allargamento della circolazione dei beni *mortis causa*: le origini del fedecommesso, in: Le droit romain et le monde contemporain. Mélanges à la mémoire de Henryk Kupiszewski, Varsovie 1996, S. 205-214

– Il fedecommesso universale nel diritto romano classico, Warszawa 1997

– Z badań nad rzymskim prawem spadkowym: Konstrukcja dogmatyczna fideikomisu uniwersalnego, in: SI 34 (1997), S. 107-147

– [Rez.:] F. Mercogliano: »Tituli ex corpore Ulpiani«. Storia di un testo, in: JJP 27 (1997), S. 175-177

Lowe, E[lias] A[very]: Codices Latini Antiquiores, Part VI. France: Abbeville – Valenciennes, Oxford 1953

Lübtow, Ulrich von: Die entwicklungsgeschichtlichen Grundlagen des römischen Erbrechts, in: Studi in onore di Pietro de Francisci, Bd. 1, Milano 1956, S. 407-516

MacCormack, Geoffrey: Impossible Conditions in Wills, in: RIDA 21 (1974), S. 263-297

Maciejowski, Wacław Aleksander: Principia Juris Romani, Varsaviae 1820

– Principiorum Juris Romani Tomus 1. Historia Juris Romani, 2. Aufl., Varsaviae 1825

Mackenzie: Studies in Roman Law [...] by Lord Mackenzie, ed. by John Kirkpatrick, 7. Aufl., Edinburgh, London 1898

Maganzani, Lauretta: Fonti e strumenti di ricerca. Metodo di consultazione per lo studio del diritto romano ad uso degli studenti, Como [1927]

Magdelain, André: Les mots *legare* et *heres* dans la loi des XII tables, in: Hommages a Robert Schilling, édités par H. Zehnacker et G. Hentz, Paris 1983, S. 159-173

Magie, David: Roman Rule in Asia Minor to the End of the Third Century after Christ, Bd. 1, Princeton/New Jersey 1950

Magliocca, F. P.: Sul legato ›uni ex heredibus‹, in: Studi in onore di Giuseppe Grosso, Bd. 5, Torino 1972, S. 283-349

Maittaire, Michel: Annales typographici ab anno 1536 ad annum 1557 continuati: Cum appendice. Opera Mich. Maittaire A. M., Tomi tertii pars posterior, Hagae-Comitum [...] 1725

Mann, John C.: A Note on Conubium, in: Heer und Integrationspolitik. Die römischen Militärdiplome als historische Quelle, hrsg. von Werner Eck und Hartmut Wolff, Köln, Wien 1986, S. 187-189

Manthe, Ulrich: Das senatus consultum Pegasianum, Berlin 1989

– Stilistische Gemeinsamkeiten in den Fachsprachen der Juristen und Auguren der Römischen Republik, in: Der Stilbegriff in den Altertumswissenschaften, Universität Rostock, Institut für Altertumswissenschaften, 1993, S. 69-74

– Römisches Privatrecht, in: F. Graf (Hrsg.): Einleitung in die lateinische Philologie, Stuttgart, Leipzig 1997, S. 449-466

– Art. Caducum, in: DNP 2 (1997), Sp. 881

– Art. Exheredatio, in: DNP 4 (1998), Sp. 342-343

– Art. Fideicommissum, in: DNP 4 (1998), Sp. 504-505

– Art. Intestatus, in: DNP 5 (1998), Sp. 1047-1048

– Art. Legatum, in: DNP 7 (1999), Sp. 4-5

– Geschichte des Römischen Rechts, München 2000

– Das Fortleben des Gaius im oströmischen Reich, in: Administration, Prosopography and Appointment Policies in the Roman Empire, hrsg. v. Lukas de Blois, Amsterdam 2001, S. 180-201.

– Art. Postumus, in: DNP 10 (2001), Sp. 226-228
Les **Manuscrits** de la Reine de Suède au Vatican. Réédition du Catalogue de Montfaucon et Cotes Actuelles, Città del Vaticano 1964
Marchi, Antonio: Le disposizioni testamentarie a titolo di pena, in: BIDR 21 (1909), S. 5-109
Marquardt, Joachim: Das Privatleben der Römer, 2. Aufl., Leipzig 1886
Marrone, Matteo: Istituzioni di diritto romano, Palermo 1989
Martini, Remo: Le definizioni dei giuristi romani, Milano 1966
– [Rez.:] Waldstein, Operae libertorum, in: Index 19 (1991), S. 473-482
Masi Doria, Carla: [Rez.:] Waldstein, Operae libertorum, in: Iura 37 (1986), S. 168-177
– Zum Bürgerrecht der Freigelassenen, in: Ars boni et aequi. Festschrift für Wolfgang Waldstein zum 65. Geburtstag, Stuttgart 1993, S. 231-260
– Bona libertorum. Regimi giuridici e realtà sociali, Napoli 1996
Masiello, Tommaso: La donna tutrice. Modelli culturali e prassi giuridica fra gli Antonini e i Severi, Napoli 1979
Mayer-Maly, Theo: Locatio conductio. Eine Untersuchung zum klassischen römischen Recht, Wien, München 1956
– Art. Ulpianus 2, in: RE, 2. Reihe, 17. Hb. (1961), Sp. 567-569
– Studien zur Elementarliteratur über die *usucapio*, in: Studi in onore di Emilio Betti, Bd. 3, Milano 1962, S. 451-504
– Das Gesetz als Entstehungsgrund von Obligationen, RIDA 12 (1965), 437-451
– Obligamur necessitate, in: SZ 83 (1966), S. 47-67
– Topik der necessitas, in: Études offertes à Jean Macqueron, Aix-en-Provence 1970, S. 477-486
– Rechtswissenschaft, 5. Aufl., München Wien 1991
– Rangordnung von Normen innerhalb des Gesetzes, in: Rangordnung der Gesetze. 7. Symposion der Kommission »Die Funktion des Gesetzes in Geschichte und Gegenwart« am 22. und 23. April 1994, hrsg. von Ch. Starck, Göttingen 1995, S. 123-141
– Commercium, in: TR 71 (2003), S. 1-6
Mazal, Otto: Das Buch der Initialen, Wien 1985
– Lehrbuch der Handschriftenkunde, Wiesbaden 1986
McNeill, William H.: Plagues and Peoples, Oxford 1977
Meerman, Gerard / Joannes Meerman: Bibliotheca Meermanniana; sive Catalogus librorum impressorum et codicum manuscriptorum quos maximam partem collegerunt viri nobilissimi Gerardus et Joannes Meerman, morte dereliquit Joannes Meerman [...] Quorum publica fiet auctio die VIII sqq. Junii, anni MDCCCXXIV Hagae Comitum, Bd. 1
Meincke, Jens Peter: Die Institutionen Iustinians aus heutiger Sicht, in: JZ 1997, S. 689-693
Meinhart, Marianne: D. 50,16,231. Ein Beitrag zur Lehre vom Intestaterbrecht des ungeborenen Kindes, in: SZ 82 (1965), S. 188-210
– Die Senatusconsulta Tertullianum und Ofitianum in ihrer Bedeutung für das klassische römische Erbrecht, Graz u. a. 1967
Mercogliano, Felice: Un'ipotesi sulla formazione dei »Tituli ex corpore Ulpiani«, in: Index 18 (1990), S. 185-207
– »Tituli ex corpore Ulpiani«. Storia di un testo, Napoli 1997
– Les *regulae iuris* du *liber singularis* d'Ulpien [Vortragszusammenfassung], in: RIDA, 3. sér., 44 (1997), S. 411
– Le »regulae iuris« del »Liber singularis« ulpianeo, in: Index 26 (1998), S. 353-359. [Auch abgedruckt in:] Règle et pratique du droit dans les réalités juridiques de l'antiquité, a cura di Isabella Piro. Atti della 51a sessione della SIHDA 1997, Soveria Mannelli (Catanzaro) 1999, S. 433-440

– »Actiones ficticiae«. Tipologie e datazione, Napoli 2001
– Una ricognizione sui *Tituli ex corpore Ulpiani*, in: Atti dell'Accademia Romanistica Costantiniana. XIV Convegno Internazionale in memoria di Guglielmo Nocera, Napoli 2003, S. 407-416
Merille, Edmond: Emundi Merilli I. C. observationum libri III [...] Lutetiae Parisiorum 1618
– Emundi Merilli Tricassini I. C. [...] observationum libri VIII [...] Nova editio [...] Neapoli 1720
Merton, Adolf: Die Buchmalerei in St. Gallen vom neunten bis zum elften Jahrhundert, Leipzig 1912
Messina Vitrano, Filippo: La mala fede con l'inizio della lite nella ›hereditatis petitio‹, in: BIDR 20 (1908), S. 230-243
– Il legato d'usufrutto nel diritto romano. Parte prima, Palermo 1912, Ndr. Roma 1972
Metro, Antonio: Il »legatum partitionis«, in: Labeo 9 (1963), S. 291-330
Mette, Hans Joachim: Ius civile in artem redactum, Göttingen 1954
– Das römische Zivilrecht zu Beginn des Jahres 46 vor Christus, Heidelberg 1974
Mette-Dittmann, Angelika: Die Ehegesetze des Augustus, Stuttgart 1991
Meyer, Ernst: Römischer Staat und Staatsgedanke, Zürich, Darmstadt 1961
– Art. Troia 1, in: RE, Supplementband 14 (1974), Sp. 809-817
Meyer, Paul M.: Juristische Papyri. Erklärung von Urkunden zur Einführung in die Juristische Papyruskunde, Berlin 1920
Meyer, Paul: Der römische Konkubinat nach den Rechtsquellen und den Inschriften, Leipzig 1895
Mielentz: Art. Tarpeius 1, in: RE, 2. Reihe, 8. Hb. (1932), Sp. 2330-2331
Millar, Fergus: The Fiscus in the First Two Centuries, in: JRS 53 (1963), S. 29-42
– The Greek East and Roman Law: The Dossier of M. Cn. Licinius Rufus, in: JRS 89 (1999), S. 90-108
Misera, Karlheinz: Der Bereicherungsgedanke bei der Schenkung unter Ehegatten, Köln, Wien 1974
Mitteis, Ludwig: Reichsrecht und Volksrecht in den östlichen Provinzen des römischen Kaiserreichs, Leipzig 1891
– Zur Lehre von der sog. condictio generalis, in: JherJb 39 (1898), S. 152-173
– Römisches Privatrecht bis auf die Zeit Diokletians, Bd. 1, Leipzig 1908
– Antike Rechtsgeschichte und romanistisches Rechtsstudium, Wien, Leipzig 1917
Möller, Cosima: Servituten im römischen Recht. Zu Struktur und Funktion grundstücksvermittelter Rechte, Göttingen 2000 (unveröffentlicht; in Vorbereitung zum Druck)
Mohlberg, Leo Cunibert: Katalog der Handschriften der Zentralbibliothek Zürich, I, Mittelalterliche Handschriften, Zürich 1952
Mommsen, Theodor: De Ulpiani regularum libro singulari, in: Eduard Böcking, Domitii Ulpiani quae vocantur Fragmenta sive excerpta ex Ulpiani libro singulari regularum, 4. Aufl., Leipzig 1855, S. 109-120 (= Gesammelte Schriften, Bd. 2, Juristische Schriften, Bd. 2, Berlin 1905, S. 47-55)
– Die römische Chronologie bis auf Caesar, Berlin 1858
– Gaius ein Provinzialjurist (1859), in: Gesammelte Schriften, Bd. 2, Juristische Schriften, Bd. 2, Berlin 1905, S. 26-38
– Die Kaiserbezeichnung bei den römischen Juristen, in: ZGR 9 (1870), S. 97-116
– Römisches Staatsrecht, Bd. 2, 3. Aufl.; Bd. 3, 1. Abt., Leipzig 1887, 2. Abt., Leipzig 1888
– Römisches Strafrecht, Leipzig 1899
– Die Stadtrechte der latinischen Gemeinden Salpensa und Malaca in der Provinz Baetica, in: Juristische Schriften, Bd. 1, Berlin 1905, S. 265-382

– Ueber das visellische Gesetz, in: Juristische Schriften, Bd. 3, Berlin 1907, S. 27-32
– Römische Kaisergeschichte. Nach den Vorlesungs-Mitschriften von Sebastian und Paul Hensel 1882/86. Hrsg. von Barbara und Alexander Demandt, München 1992
Mommsen, Theodor / Otto Jahn: Briefwechsel 1842-1868, hrsg. von Lothar Wickert, Frankfurt am Main 1962
Montfaucon, R. P. D. Bernard de: Bibliotheca Bibliothecarum manuscriptorum nova: Ubi, quae innumeris pene Manuscriptorum Bibliothecis continentur, ad quodvis Literaturae genus spectantia et notatu digna, describuntur et indicantur [...] Tomus primus, Parisiis [...] 1739
Mordek, Hubert: Kapitularien und Schriftlichkeit, in: Schieffer, Rudolf (Hrsg.): Schriftkultur und Reichsverwaltung unter den Karolingern, Opladen 1996, S. 34-66
Moscati, Laura: Le prime relazioni di Savigny con l'Italia; Panorami. Riflessioni discussioni e proposte sul diritto e l'amministrazione 6 (1994), Estratto, S. 1-37
– Italienische Reise. Savigny e la scienza giuridica della restaurazione, Roma 2000
Mosci Sassi, Maria Grazia: Il linguaggio gladiatorio, Bologna 1992
Mostert, Marco: The library of Fleury: a provisional list of manuscripts, Hilversum 1989
Müller, Lothar: Analyse der Tituli ex corpore Ulpiani. Unter Benutzung quantitativer Methoden und elektronischer Datenverarbeitungsmaschinen (Köln 1968) (unveröffentlicht)
– L'ordinateur et les textes de droit romain, in: ROLAO 4 (1970), S. 65-82
Müller-Ehlen, Martina: Hereditatis petitio. Studien zur Leistung auf fremde Schuld und zur Bereicherungshaftung in der römischen Erbschaftsklage, Diss. Univ. Bonn 1996, Köln, Weimar, Wien 1998
Müller-Eiselt, Klaus Peter: Divus Pius constituit. Kaiserliches Erbrecht, Diss. Univ. Freiburg 1979, Berlin 1982
Münzer, Friedrich: Art. Cornelia Nr. 407, in: RE, 7. Hb. (1900), Sp. 1592-1595
Muhlack, Ulrich: Zum Verhältnis von Klassischer Philologie und Geschichtswissenschaft im 19. Jahrhundert, in: H. Flashar / K. Gründer / A. Horstmann (Hrsg.), Philologie und Hermeneutik im 19. Jahrhundert. Zur Geschichte und Methodologie der Geisteswissenschaften, Göttingen 1979, S. 225-239
Muirhead, James: Historical Introduction to the Private Law of Rome, 3. Aufl., hrsg. von Alexander Grant, London 1916
Mummendey, Richard: Von Büchern und Bibliotheken, 6. Aufl., Darmstadt 1984
Nardi, Enzo: I casi di indegnità nel diritto successorio romano, Milano 1937
Nelson, Hein L. W.: Die Fachsprache der römischen Juristen. Eine stilistische Würdigung der Fachschriftstellerei der römischen Rechtsgelehrten, in: Actes de la Conférence internationale d'Études Classiques »Eirene«, Clúj-Napoca 2-7 oct. 1972, Bucuresti 1975, S. 138
– Überlieferung, Aufbau und Stil von Gai Institutiones. Unter Mitwirkung von M. David, Leiden 1981
– Der Stil eines Kurzlehrbuches. Ulpiani liber singularis regularum, in: Der Stilbegriff in den Altertumswissenschaften, Universität Rostock, Institut für Altertumswissenschaften, 1993, S. 81-87
– [Rez.:] F. Mercogliano: »Tituli ex corpore Ulpiani«. Storia di un testo, in: BSL 29 (1999), S. 283-287
– [Rez.:] F. Mercogliano: »Tituli ex corpore Ulpiani«. Storia di un testo, in: TR 67 (1999), S. 374-377
Nelson, Hein L. W. / Ulrich Manthe (Hrsg.): Gai Institutiones III 1-87. Intestaterbfolge und sonstige Arten von Gesamtnachfolge. Text und Kommentar, Berlin 1992
Neugart, Trudpert: Episcopatus Constantiensis Alemannicus [...] partis I tomus I, 1803
Niccolini, Giovanni: Il tribunato della plebe, Milano 1932
Nicosia, E.: La ›manumissio per epistulam‹, in: Iura 47 (1996), S. 204-236

Niczyporuk, Piotr: Żałoba i powtórne małżeństwo wdowy w prawie rzymskim, Białystok 2002
Niebuhr, Barthold Georg: Briefe. Neue Folge. 1816-1830, hrsg. von Eduard Vischer, Bd. 1, Erster Halbband, Bern, München 1981
Niederländer, Hubert: Zur Herkunft der römischen Impensen-Dreiteilung, in: SZ 75 (1958), S. 201-219
Niedermeyer, Hans: Übersicht über die italienische Rechtsliteratur 1915-1922, in: SZ 46 (1926), S. 459-499
Nippel, Wilfried: Über das Studium der Alten Geschichte, München 1993
Niziołek, Marian: Meaning of the Phrase *Liberi Naturales* in Roman Law Sources up to Constantine's Reign, in: RIDA 22 (1975), S. 317-344
Nörr, Dieter: Divisio und Partitio. Bemerkungen zur römischen Rechtsquellenlehre und zur antiken Wissenschaftstheorie, Berlin 1972
– The Matrimonial Legislation of Augustus: An Early Instance of Social Engineering, in: IJ 16 (1981), S. 350-364
Norden, Eduard: Die antike Kunstprosa, Bd. 2, 5. Aufl., 1898, Ndr. Darmstadt 1958
Norden, Fritz: Apulejus von Madaura und das römische Privatrecht, Leipzig, Berlin 1912
Nouvelle Biographie Generale, Bd. 45, Paris 1866
Noyen, P.: Marc Aurel. Der größte Praktiker der Stoa, in: R. Klein (Hrsg.), Marc Aurel, Darmstadt 1979, S. 105-118
Ochsenbein, Peter (Hrsg.): Das Kloster St. Gallen im Mittelalter. Die kulturelle Blüte vom 8. bis zum 12. Jahrhundert, Stuttgart 1999
Oexle, Otto Gerhard: Sozialgeschichte – Begriffsgeschichte – Wissenschaftsgeschichte. Anmerkungen zum Werk Otto Brunners, in: VSWG 71 (1984), S. 305-341
– Geschichtswissenschaft im Zeichen des Historismus, Göttingen 1996
Olck, Franz: Art. Cella 2, in: RE, 6. Hb. (1899), Sp. 1871-1878
Oliva, Pavel: Zur Bedeutung der Markomannenkriege, in: R. Klein (Hrsg.), Marc Aurel, Darmstadt 1979, S. 119-132
Orestano, Riccardo: Art. Mauriciano Giunio, in: NNDI, Bd. 10, Torino 1964, S. 471
– Art. Modestino Erennio, in: NNDI, Bd. 10, Torino 1964, S. 819-820
Ormanni, Angelo: Penus legata. Contributi alla storia dei legati disposti con clausola penale in età repubblicana e classica, in: St. Betti, Bd. 4, Milano 1962, S. 579-736
Ortega Carrillo de Albornoz, Antonio: Dotis dictio, Bolonia 1975
– »Dotis dictio«. »Iusiurandum liberti«, in: Derecho Romano de Obligaciones. Homenaje al Profesor José Luis Murga Gener, Madrid 1994, S. 481-494
Ortolan: The History of Roman Law from the Text of Ortolan's Histoire de la législation Romaine et Généralisation du Droit (edition of 1870), translated [...] by Iltudus T. Prichard and David Nasmith, London 1871
Osuchowski, Wacław: Zarys rzymskiego prawa prywatnego, Wyd. 2, Warszawa 1966
Otte, G.: Art. Gewohnheitsrecht, in: HWP, Bd. 3, Darmstadt 1974, Sp. 617-620
Otto, Everard: In librum de nominibus propriis του πανδεκτου Florentini notationes, in: Antonii Augustini Opera omnia, Bd. 1, Lucae 1765, S. 489-520
Oxford Latin Dictionary, ed. by P. G. W. Glare, Oxford 1968-1982
Palazzolo, Nicola: Potere imperiale ed organi giurisdizionali nel II secolo d. C., Milano 1974
Palma, Antonio: Note in tema di legato a favore di chi »primus ad funus ... venerit«. Un caso di conflitto tra interpretatio giurisprudenziale e prassi sociale, in: Nozione, formazione e interpretazione del diritto dall'età romana alle esperienze moderne. Ricerche dedicate al Professor Filippo Gallo, Bd. 2, Napoli 1997, S. 59-66
Palmer, L. R.: The Latin Language, London [1954, Ndr. 1960]

Pansegrau, Jürgen: Die Fortwirkung der römischrechtlichen Dreiteilung der Verbotsgesetze in der Rechtsprechung des Reichsgerichts: Zur Vorgeschichte des § 134 BGB, Diss. Univ. Göttingen 1988, Göttingen 1989

Pape, I.: Art. Humanismus, Humanität, in: HWP, Bd. 3, Darmstadt 1974, Sp. 1217-1230

Pardessus, J. M.: Loi Salique ou Recueil contenant les anciennes rédactions de cette loi, Paris 1843

Paricio, Javier: Historia y fuentes del derecho romano, Madrid 1988

Parker, H[enry] M[ichael] D[enne]: A History of the Roman World from A. D. 138 to 337 [2., von B. H. Warmington überarbeitete Aufl.], 1958, Ndr. London, New York 1966

Paulsen, Friedrich: Geschichte des gelehrten Unterrichts auf den deutschen Schulen und Universitäten vom Ausgang des Mittelalters bis zur Gegenwart, 3. Aufl., hrsg. von Rudolf Lehmann, 2. Band, Berlin, Leipzig 1921

Paulus, Christoph: Die Idee der postmortalen Persönlichkeit im römischen Testamentsrecht. Zur gesellschaftlichen und rechtlichen Bedeutung einzelner Testamentsklauseln, Berlin 1992

Peachin, Michael: [Rez.:] Mercogliano, Tituli ex corpore Ulpiani, in: BMCR 99.7.12 (http://ccat.sas.upenn.edu/bmcr/1999/1999-07-12.html)

Pellegrin, Élisabeth: [Rez.:] Les manuscrits de la reine de Suède au Vatican, réédition du catalogue de Montfaucon et cotes actuelles (1964), in: BEC 123, Paris 1965, S. 200-204

– Possesseurs français et italiens de manuscrits latins du fonds de la reine a la Bibliothèque Vaticane, in: RHT 3 (1973), S. 271-297

– Biblioteca Apostolica Vaticana. Les manuscrits classiques latins de la Bibliothèque Vaticane. Catalogue établi par Élisabeth Pellegrin, Paris 1975-1991

Pérez Simeón, Maurici: Nemo pro parte testatus pro parte intestatus decedere potest. El principio de incompatibilidad entre la sucesión testamentaria y la intestada en el Derecho romano, Madrid, Barcelona 2001

Perizonius: Iacobi Perizonii Dissertationum trias quarum in prima de constitutione divina super ducenda defuncti fratris uxore, secunda de lege Voconia feminarumque apud veteres hereditatibus, tertia de variis antiquorum nummis agitur. Io. Gottl. Heineccius denuo recensuit et praefationem adiecit, Halae, Magdeburgicae 1722

Pernice, Alfred: Marcus Antistius Labeo. Das römische Privatrecht im ersten Jahrhunderte der Kaiserzeit, Bd. 1, Halle 1873

– Ulpian als Schriftsteller, in: Sitzungsberichte der königlich-preußischen Akademie der Wissenschaften zu Berlin (1885), S. 443-484

– Zum Römischen Sakralrechte. Sitzungsberichte der königl.-preuß. Akademie der Wissenschaften zu Berlin. 1885 u. 1886, S. 1143-1203

– Parerga. III. Zur Vertragslehre der römischen Juristen, in: SZ 9 (1888), S. 195-260

– Labeo. Römisches Privatrecht im ersten Jahrhunderte der Kaiserzeit, Bd. 2, 1. Abt., 2. Aufl., Halle 1895

Perozzi, Silvio: Le obbligazioni romane, Bologna 1903

– Gaio 1,185 ed I. 1,20,3, in: AG 86 (1921), S. 41-59

– Istituzioni di diritto romano, Bd. 1, 2. Aufl., Roma 1928

Pertz, Georg Heinrich: Italiänische Reise vom November 1821 bis August 1823. Aus dem 5ten Bande des Archivs für ältere deutsche Geschichte besonders abgedruckt, Hannover 1824 (= in: AGG 5, S. 205)

Peter, Hansjörg: Männlich und weiblich in römischen Rechtstexten, in: Europas universale rechtsordnungspolitische Aufgabe im Recht des dritten Jahrtausend, Festschrift für Alfred Söllner zum 70. Geburtstag, hrsg. von G. Köbler, M. Heinze, W. Hromadka, München 2000, S. 853-865

Petit, Paul: Le IIe siècle après J.-C.: État des questions et problèmes, in: ANRW II,2 (1975), S. 354-380

Petit, Samuel: Samuelis Petiti Observationum libri III, Parisiis [...] 1642

Petrażycki, Leo von: Die Fruchtvertheilung beim Wechsel der Nutzungsberechtigten, Berlin 1892

Petrucci, Armando: Breve storia della scrittura latina, 2. Aufl., Rom 1992

Pezzana, Aldo: Sull'origine e sulla struttura classica del legato ›sinendi modo‹, in: Studi in onore di Edoardo Volterra, Bd. 3, Milano 1971, S. 183-200

Pfaff, Ivo: Art. Spado, in: RE, 2. Reihe, 5. Hb. (1927), Sp. 1258-1259

Pfeiffer, Rudolf: Die Klassische Philologie von Petrarca bis Mommsen, München 1982

Piccinelli, Ferdinando: Studî e ricerche intorno alla definizione ›Dominium est ius utendi et abutendi re sua quatenus iuris ratio patitur‹ (Firenze 1886), con una nota di lettura di Luigi Capogrossi Colognesi, Napoli 1980

Pignorius, Laurentius: Magnae Deum Matris Idaeae et Attidis initia, auctore Laurentio Pignorio, in: Thesaurus Graecarum Antiquitatum, contextus et designatus ab Jacobo Gronovio, volumen septimum, Venetiis 1735, Sp. 509-520

Piro, Isabella: Riflessioni in tema di ›in manu filii esse‹, in: Iura 47 (1996), S. 93-160

Pithou, Pierre: Petri Pithoei Opera sacra, juridica, historica, miscellanea, Parisiis 1609

– Petri Pithoei I. C. Notae, in: Mosaycarum et Romanarum legum collatio [...] Ex Bibliotheca P. Pithoei JC. cuius etiam Notae emendatiores adiectae sunt, Heidelbergae 1656, mit eigener Seitenzählung angebunden an B. Brissonii JC. Selectarum Ex Jure Civili Antiquitatum Libri IV., Heidelberg 1664.

Plath, Robert: Art. Behaghelsches Gesetz, in: DNP 2 (1997), Sp. 544-545

Pöhlmann, Egert: Einführung in die Überlieferungsgeschichte und in die Textkritik der antiken Literatur, Bd. 1: Altertum, Darmstadt 1994

Pohrt, Heinz: Zur Bedeutung der Berliner Universität als Bildungsstätte für junge Polen (1815-1860), in: ZSlaw 32 (1987), S. 560-572

Pólay, Elemér: Iniuria Types in Roman Law, Budapest 1986

Prachner, Gottfried: Die Sklaven und Freigelassenen im arretinischen Sigillatagewerbe, Wiesbaden 1980

Pringsheim, Fritz: The Legal Policy and Reforms of Hadrian, in: JRS 24 (1934), S. 141-153

– Id quod actum est, in: SZ 78 (1961), S. 1-91

Prinz, Friedrich: Frühes Mönchtum im Frankenreich. Kultur und Gesellschaft in Gallien, den Rheinlanden und Bayern am Beispiel der monastischen Entwicklung (4. bis 8. Jahrhundert), München, Wien 1965

Provera, Giuseppe: La vindicatio caducorum. Contributo allo studio del processo fiscale romano, Torino 1964

Puchta, Georg Friedrich: Civilistische Abhandlungen, Leipzig, Berlin 1823

– Das Gewohnheitsrecht, Erlangen, 1. Teil 1828, 2. Teil 1837

– Ueber das Alter des Quasiususfructus (1829), in: Kleine civilistische Schriften, hrsg. von A. A. F. Rudorff, Leipzig 1851, S. 214-215

– Cursus der Institutionen, 10. Aufl., besorgt von P. Krüger, 2 Bde., Leipzig 1893

Pülz, Stefan: Untersuchungen zur kaiserzeitlichen Bauornamentik von Didyma, Diss. Univ. Tübingen 1989

Pugh, Gordon: »Traditio« in the Civil Law, in: LLR 22 (1961/62), S. 418-434

Pugliese, Giovanni: In mancipio esse, in: Satura Roberto Feenstra oblata, hrsg. von J. Ankum, J. Spruit, F. Wubbe, Fribourg 1985, S. 43-57

– Art. Cognitio, in: NNDI, Bd. 3, Torino 1959, S. 430-435 (= Scritti giuridici scelti, Bd. 1, Napoli 1985, S. 279-286)

– »Dominium ex iure Quiritium« – Eigentum – Property; in: Zeitschrift für Rechtsvergleichung 1980, S. 9-24 (= Scritti giuridici scelti 4: Problemi di diritto vigente [1986], S. 413 ff.)

– Istituzioni di diritto romano, terza edizione, con la collaborazione di Francesco Sitzia e Letizia Vacca, Torino 1991
– Il diritto privato, in: Storia di Roma, Bd. 2: L'impero mediterraneo, Teil 3: La cultura e l'impero, Torino 1992, S. 153-209
Pyl, Theodor: Art. Emanuel Friedrich Hagemeister, in: ADB, Bd. 10, S. 329-330
Quadrato, Renato: Le institutiones nell'insegnamento di Gaio. Omissioni e rinvii, Napoli 1979
Rabel, Ernst: Eine neue Studie über Ulpian (1905), in: Gesammelte Aufsätze, Bd. 4, Tübingen 1971, S. 1-8
– Nachgeformte Rechtsgeschäfte, in: SZ 27 (1906), S. 290-335
– Grundzüge des römischen Privatrechts, 2. Aufl, Basel 1955
Raber, Fritz: Grundlagen klassischer Iniurienansprüche, Wien u. a. 1969
Radke, Gerhard: Beobachtungen zur römischen *confarreatio*, in: Gymnasium 96 (1989), S. 209-216
Rainer, J. Michael: Einführung in das Römische Staatsrecht, Darmstadt 1997
Rand, Edward Kennard: Studies in the Script of Tours, I. A Survey of the Manuscripts of Tours, Vol. I, Text, Cambridge (Mass.) 1929
Randazzo, Salvo: Leges mancipii. Contributo allo studio dei limiti di rilevanza dell'accordo negli atti formali di alienazione, Milano 1998
Ranke, Leopold: Geschichten der romanischen und germanischen Völker von 1494 bis 1535, Bd. 1, Leipzig, Berlin 1824
– Englische Geschichte vornehmlich im sechszehnten und siebzehnten Jahrhundert. Zweiter Band, Berlin 1860
Rasi: Manere = esse, in: ALLG 15 (1908), S. 483
Rastätter, Jürgen: Marcelli Notae ad Iuliani Digesta, Diss. Univ. Freiburg i. B. 1980
Ratjen: Art. Cramer, Andreas Wilhelm, in: ADB, Bd. 4 (1876, Ndr. Berlin 1968), S. 546
Rawson, Beryl: Adult-Child Relationships in Roman Society, in: Beryl Rawson (Hrsg.): Marriage, Divorce, and Children in Ancient Rome, Oxford 1991, S. 7-30
Rechnitz, Wilhelm: Studien zu Salvius Julianus, Weimar 1925
Reddie, John: Historical Notices of the Roman Law, and of the Recent Progress of its Study in Germany, Edinburgh 1826
Reduzzi Merola, Francesca: *Abrogare, derogare, obrogare* in Cicerone, in: Au-delà des frontières. Mélanges de droit romain offerts à Witold Wołodkiewicz, Bd. 2, Varsovie 2000, S. 735-742
Reed, R.: Ancient Skins, Parchments and Leathers, London, New York 1972
Reggi, Roberto: Liber homo bona fide serviens, Milano 1958
Rein, Wilhelm: Das Privatrecht und der Zivilprozeß der Römer, 2. Aufl. Leipzig 1858, Ndr. Aalen 1964
Reinach, Salomon: Les tetes des medaillons de l'Arc de Constantin a Rome, in: RA 15 (1910), S. 118-129
Reintjes, Annemarie: Untersuchungen zu den Beamten bei den Scriptores historiae Augustae, Diss. Univ. Bonn 1961
Renan, Ernest: Marc-Aurèle et la fin du monde antique, Paris 1882
Reynolds, Leighton D. / Nigel G. Wilson: Copisti e filologi. La tradizione dei classici dall'antichità ai tempi moderni, 2. Aufl., Padova 1973
Riccobono, Salvatore: Punti di vista critici e ricostruttivi. A proposito della dissertazione di L. Mitteis ›Storia del diritto antico e studio del diritto romano‹, in: Ann. Palermo 12 (1929), S. 500-637
Richter, Michael: Die Sprachenpolitik Karls des Großen, in: Sprachwissenschaft 7 (1982), S. 412-437
Riposati, Benedetto: Studi sui ›Topica‹ di Cicerone, Milano 1947

Rivier, Alphonse: Introduction Historique au Droit Romain, nouvelle édition, Bruxelles 1881

Robbe, Ubaldo: I postumi nella successione testamentaria romana, Milano 1937

Roberts, Colin H. / T. C. Skeat: The Birth of the Codex, London 1983

Robinson, O. F.: The Sources of Roman Law. Problems and Methods for Ancient Historians, London, New York 1997

Robleda, Olis: Introduzione allo studio del diritto privato romano, seconda edizione, Roma 1979

Rodger, Alan: Behind the Scenes of Roman Law, in: OJLS 3 (1983), S. 382-404

Rodi, Frithjof: »Erkenntnis des Erkannten« – August Boeckhs Grundformel der hermeneutischen Wissenschaften, in: H. Flashar / K. Gründer / A. Horstmann (Hrsg.), Philologie und Hermeneutik im 19. Jahrhundert. Zur Geschichte und Methodologie der Geisteswissenschaften, Göttingen 1979, S. 68-83

Röder, Karl David August: Versuche der Berichtigung von Ulpiani Fragmenta, Göttingen 1856

Rohden, Paul von: Art. Aelius 64 (Hadrian), in: RE, 1. Bd. (1894), Sp. 493-521

– Art. Aurelius 89 (Commodus), in: RE, 4. Hb. (1896), Sp. 2464-2481

Roßbach, August: Untersuchungen über die römische Ehe, Stuttgart 1853

Rosshirt, Conrad Franz: Die Lehre von den Vermächtnissen nach römischem Recht, Heidelberg 1835

Rostovtzeff, Michael: Commodus-Hercules in Britain, in: JRS 13 (1923), S. 91-109

– Gesellschaft und Wirtschaft im römischen Kaiserreich, 2 Bde., Leipzig 1957

Rotondi, Giovanni: Leges publicae populi Romani. Elenco cronologico con una introduzione sull'attività legislativa dei comizi romani, Milano 1912, Ndr. Hildesheim 1962

– Natura contractus, in: BIDR 24 (1912), S. 5-115 (= Scritti giuridici, Bd. 2, Milano 1922, S. 159-267)

– I Libri opinionum di Ulpiano e le Sententiae di Paolo, in: Scritti Giuridici, Bd. 1, a cura di V. Arangio-Ruiz, Milano 1922, S. 453-486

Rouse, R. H.: The Transmission of the Texts, in: Richard Jenkins (Hrsg.), The Legacy of Rome, Oxford 1992, S. 37-59

Rozwadowski, Władysław: Prawo rzymskie. Zarys wykładu wraz z wyborem źródeł, Poznań 1992

Rudorff, Adolf A. F.: Ueber die caducorum vindicatio, in: ZGR 6 (1828), S. 397-428

– Römische Rechtsgeschichte, Bd. 1, Leipzig 1857

– Ueber die Julianische Edictsredaktion, in: ZRG 3 (1864), S. 1-89

– De iuris dictione edictum. Edicti perpetui quae reliqua sunt. Constituit adnotavit edidit Adolfus Fridericus Rudorff, Lipsiae 1869

– Die Grabinschrift der Murdia, in: ZRG 9 (1870), 287-321

Rüfner, Thomas: Vertretbare Sachen? Die Geschichte der res, quae pondere numero mensura constant, Diss. Univ. Tübingen 1998, Berlin 2000

Russell, D. A.: Introduction: Greek and Latin in Antonine Literature, in: Russell, D. A. (Hrsg.): Antonine Literature, Oxford 1990, S. 1-17

Russo Ruggeri, Carmela: Ancora sulla donna addottante, in: Labeo 36 (1990), S. 57-75

Sablayrolles, Robert: Libertinus miles. Les cohortes de vigiles, Rome 1996

Sachers, Erich: Art. Tutela, in: RE, 2. Reihe, 14. Hb. (1948), Sp. 1497-1599

Salkowski, Carl: Institutes and History of Roman Private Law with Catena of Texts by Dr. Carl Salkowski, translated in full and edited by E. E. Whitfield, London 1886, Ndr. Holmes Beach (Florida) 1994

– Institutionen. Grundzüge des Systems und der Geschichte des römischen Privatrechts, 8. Aufl., Leipzig 1902

Saller, Richard P. / Brent D. Shaw: Tombstones and Roman Family Relations in the Principate: Civilians, Soldiers and Slaves, in: JRS 74 (1984), S. 124-156

Samper, Francisco: El significado de ›cernere‹ en las fuentes postclásicas, in: Estudios jurídicos en homenaje al Profesor Santa Cruz Teijeiro, Tomo II, Valencia 1974, S. 365-390
– Derecho Romano, Santiago (Chile) 1975
Samuel, Geoffrey: Can Gaius really be compared to Darwin?, in: ICLQ 49 (2000), S. 297-329
Sandbach, F. H.: Greek Literature, Philosophy and Science, in: CAH, Bd. 11, Cambridge u. a., Ndr. 1975, S. 676-707
Sanio, Friedrich Daniel: Zur Geschichte der Römischen Rechtswissenschaft, Königsberg 1858
Santalucia, Bernardo: I »libri opinionum« di Ulpiano, Bd. 1, Milano 1971
Santucci, Gianni: [Rez.:] Mercogliano, Tituli ex corpore Ulpiani, in: AG 219 (1999), S. 139-148
Sargenti, Manlio: Il diritto privato nella legislazione di Costantino, Milano 1938
Sarton, George: Galen of Pergamon, Lawrence (Kansas) 1954
Sasse, Christoph: Die Constitutio Antoniniana, Wiesbaden 1958
Savel'ev, V. A.: Власть и собственность: юридические аспекты собственности в праве классического периода [Macht und Eigentum: Juristische Aspekte des Eigentums im Recht der klassischen Periode], in: IA 1 (1996), S. 112-123
Savigny, Friedrich Carl von: Recension von: Domitii Ulpiani fragmenta libri regularum singularis ed. G. Hugo, in: ALZ 1812, 11. und 12. Mai, Num. 115, 116, Sp. 65-76 (= Vermischte Schriften, Bd. 5, Berlin 1850, Ndr. Aalen 1981, S. 81-103)
– Ueber das Vaticanische Manuscript des Ulpian, in: CM 4 (1813), S. 375-388 (= Vermischte Schriften, Bd. 3, S. 28-56)
– Vom Beruf unserer Zeit für Gesetzgebung und Rechtswissenschaft (1814), in: Hans Hattenhauer (Hrsg.), Thibaut und Savigny. Ihre programmatischen Schriften, München 1973, S. 95-192
– Ueber das jus Italicum (1814), in: Vermischte Schriften, Bd. 1, Berlin 1850, Ndr. Aalen 1981, S. 29-80
– Ueber Duaren's Handschrift des Ulpian, in: ZGR 1 (1815), S. 319-322 (= Vermischte Schriften, Bd. 3, S. 76-80)
– Ueber die lex Cincia de donis et muneribus und deren spätere Umbildungen, in: ZRG 4 (1820), S. 1-59
– Geschichte des Römischen Rechts im Mittelalter, Bd. 3, 2. Ausg. 1834, Ndr. Bad Homburg 1961
– Ueber die handschriftliche Grundlage des Ulpian, in: ZGR 9 (1838), S. 157-173 (= Vermischte Schriften, Bd. 3, Berlin 1850, Ndr. Aalen 1981, S. 57-75)
– System des heutigen Römischen Rechts, Berlin, Bde. 1-3, 1840; Bde. 4 u. 5, 1841; Bd. 6, 1847; Bd. 7, 1848; Bd. 8, 1849
– Das Obligationenrecht als Theil des heutigen Römischen Rechts, 2 Bde., Berlin 1851/53
– Das Recht des Besitzes, 7. Aufl., hrsg. von A. F. Rudorff, Wien 1865
– Briefwechsel mit Friedrich Bluhme 1820-1860, hrsg. von Dieter Strauch, Bonn 1962
– Pandektenvorlesung 1824/25, hrsg. von Horst Hammen (= Savignyana Bd. 1), Frankfurt am Main 1993
Scarano Ussani, Vincenzo: Ermeneutica, diritto e ›valori‹ in L. Nerazio Prisco, in: Labeo 23 (1977), S. 146-198
– Valori e storia nella cultura giuridica fra Nerva e Adriano. Studi su Nerazio e Celso, Napoli 1979
– Empiria e dogmi. La scuola Proculiana fra Nerva e Adriano, Torino 1989
Scarpatetti, Beat von: Schreiber-Zuweisungen in St. Galler Handschriften des achten und neunten Jahrhunderts, in: Codices Sangallenses. Festschrift für Johannes Duft zum 80. Geburtstag, hrsg. von Peter Ochsenbein und Ernst Ziegler, Sigmaringen 1995, S. 25-56
– Das St. Galler Scriptorium, in: Peter Ochsenbein (Hrsg.): Das Kloster St. Gallen im Mittelalter. Die kulturelle Blüte vom 8. bis zum 12. Jahrhundert, Stuttgart 1999, S. 31-67

Schanbacher, Dietmar: Ratio legis Falcidiae. Die falzidische Rechnung bei Zusammentreffen mehrerer Erbschaften in einer Hand, Berlin 1995
– Art. Nuncupatio, in: DNP 8 (2000), Sp. 1064
Scheidel, Walter: Servi alieni als Erben: Zum gesellschaftlichen Hintergrund, in: SZ 110 (1993), S. 648-651
Schiavone, Aldo: Il pensiero giuridico fra scienza del diritto e potere imperiale, in: Storia di Roma, Bd. 2: L'impero mediterraneo, Teil 3: La cultura e l'impero, Torino 1992, S. 7-84
– Linee di storia del pensiero giuridico Romano, Torino 1994
– Il testo e la storia, in: QF 23 (1994), S. 587-594
– Der Jurist, in: Andrea Giardina (Hrsg.), Der Mensch in der römischen Antike, Frankfurt am Main 1997, S. 99-116
Schiemann, Gottfried: Art. Confarreatio, in: DNP 3 (1997), Sp. 122
– Art. Dictio dotis, in: DNP 3 (1997), Sp. 537
Schiller, A. Arthur: Roman Law. Mechanisms of Development, The Hague u. a. 1978
Schiller, Hermann: Geschichte der römischen Kaiserzeit, Bd. 1, 2. Teil, Gotha 1883
Schilling, Friedrich Adolph: Dissertatio critica de Ulpiani Fragmentis, Vratislaviae 1824
– Bemerkungen über Römische Rechtsgeschichte. Eine Kritik über Hugo's Lehrbuch der Geschichte des Römischen Rechts bis auf Justinian, Leipzig 1829
– Animadversionum Criticarum ad Ulpiani Fragmenta Specimina I-II, Lipsiae 1830, Specimina III-IV, Lipsiae 1831
Schlei, Henrike: Schenkungen unter Ehegatten. Zu ihrer Behandlung nach römischem Recht und in der Rechtsprechung des Reichsgerichts mit Ausblicken auf das geltende Recht, Diss. Univ. Göttingen 1992, Göttingen 1993
Schlosser, Hans: Grundzüge der Neueren Privatrechtsgeschichte, 5. Aufl., Heidelberg 1985
Schmidlin, Bruno: Das Rekuperatorenverfahren. Eine Studie zum römischen Prozeß, Diss. 1962, Freiburg (Schweiz) 1963
– Die römischen Rechtsregeln. Versuch einer Typologie, Wien, Köln 1970
– Regula iuris: Standard, Norm oder Spruchregel? Zum hermeneutischen Problem des Regelverständnisses, in: Fs. Kaser, München 1976, S. 91-109
– Horoi, pithana und regulae. Zum Einfluß der Rhetorik und Dialektik auf die juristische Regelbildung, in: ANRW II,15 (1976), S. 101-130
Schmidt, Adolf: Kritische Bemerkungen II: D. Ulpiani fragm., tit. I, §. 12, in: Programm wodurch zur Feier des Geburtsfestes seiner königlichen Hoheit unseres durchlauchtigsten Regenten Friedrich im Namen des akademischen Senates die Angehörigen der Albert-Ludwigs-Universität einladet der gegenwärtige Prorektor Dr. Adolf Schmidt, Freiburg i. B. 1856, S. 20-33
Schneider, Karl Albert: Das altcivile und justinianische Anwachsungsrecht bei Legaten und die caducarischen Bestimmungen der Lex Iulia et Papia, Berlin 1837
Schneider, Albert Karl: Die Latini Iuniani und das Berliner Fragment de dediticiis, in: SZ 6 (1885), S. 186-204
– Noch einmal die ›Latini Iuniani‹ und Ulp. I,12, in: SZ 7 (1886), S. 31-44
Schönbauer, Ernst: Reichsrecht gegen Volksrecht? Studien über die Bedeutung der Constitutio Antoniniana für die römische Rechtsentwicklung, in: SZ 51 (1931), S. 277-335
– »Tituli ex corpore Ulpiani« in neuerer Analyse, in: Studi in onore di Pietro De Francisci, Bd. 3, Milano 1956, S. 303-334
– Die Ergebnisse der Textstufenforschung und ihre Methode, in: Iura 12 (1961), S. 117-161
Schönberger, Otto: Lateinische Phraseologie, 4. Aufl., Heidelberg 1979
Scholtz, G.: Art. Geschichte, Historie, in: HWP, Bd. 3, Darmstadt 1974, Sp. 344-398
– Art. Historismus, Historizismus, in: HWP, Bd. 3, Darmstadt 1974, Sp. 1141-1147

Schott, Clausdieter: Art. Lex Alamannorum, in: HRG Bd. 2, Berlin 1978, Sp. 1879-1886
Schrader, Eduardus / Waltherus Fridericus Clossius / Theophilus Lucas Fridericus Tafelius: Prodromus corporis iuris civilis a Schradero, Clossio, Tafelio, professoribus Tubingensibus, edendi, Berolini 1823
Schubart, Wilhelm: Das Buch bei den Griechen und Römern, 3. Aufl., hrsg. von Eberhard Paul, Heidelberg 1962
Schulin, Friedrich: Lehrbuch der Geschichte des Römischen Rechtes, Stuttgart 1889
Schulz, Fritz: Sabinus-Fragmente in Ulpians Sabinus-Commentar, Halle a. d. Saale 1906
– Einführung in das Studium der Digesten, Tübungen 1916
– Die fraudatorische Freilassung im klassischen und justinianischen römischen Recht, in: SZ 48 (1928), S. 197-284
– Roman registers of births and birth certificates, in: JRS 32 (1942), S. 78-91 und JRS 33 (1943), S. 55-64
– History of Roman Legal Science, Oxford 1946
– Classical Roman Law, Oxford 1951, Ndr. 1961
– Prinzipien des Römischen Rechts, Ndr. Berlin 1954
– Geschichte der römischen Rechtswissenschaft, Weimar 1961
Schulz, Otto: Das Kaiserhaus der Antonine und der letzte Historiker Roms, Leipzig 1907, Ndr. Aalen 1984
Schwarz, Andreas B.: Die justinianische Reform des Pubertätsbeginns und die Beilegung juristischer Kontroversen, in: SZ 69 (1952), S. 345-387
Schwendemann, Joseph: Der historische Wert der Vita Marci bei den Scriptores Historiae Augustae, Heidelberg 1923
Schweppe, Albrecht: Römische Rechtsgeschichte und Rechtsaltertümer, mit erster vollständiger Rücksicht auf Gajus und die Vaticanischen Fragmente, 2. Aufl., Göttingen 1826
Schwind, Fritz: Römisches Recht, Bd. 1: Geschichte, Rechtsgang, System des Privatrechtes, Wien 1950
Scialoja, Vittorio: Se gli Dei potessero istituirsi eredi nel diritto classico romano (1906), in: Studi giuridici, Bd. 2, Roma 1934, S. 241-246
– Diritto ereditario romano. Concetti fondamentali, Roma 1914
– Teoria della proprietà nel diritto romano, 2 Bde., Roma 1928/31
Sciascia, Gaetano: A prova da causa do erro no matrimonio romano e o casamento putativo (1950), in: G. Sciascia, Varietà giuridiche, Milano 1956, S. 53-74
– Prefazione e dizionario di Ulp. Reg., in: Varietà Giuridiche. Scritti Brasiliani di diritto romano e moderno, Milano 1956, S. 177-183 (= Sciascia, Gaetano, Regras de Ulpiano, introdução, texto, tradução e notas, S. Paulo 1952, S. I-IX)
Seckel, Emil: Paläographie der juristischen Handschriften des 12. bis 15. und der juristischen Drucke des 15. und 16. Jahrhunderts, in: SZ 45 (1925), S. 1-16
Segrè, Gino: Sul deposito irregolare in diritto romano, BIDR 19 (1907), S. 197-234
Seidl, Erwin: Tryphoninus und Callistratus, in: Eranion in honorem Georgii S. Maridakis, Bd. 1, Athenis 1963, S. 231-252
Seiffert, Helmut: Einführung in die Wissenschaftstheorie, Bd. 2, 9. Aufl., München 1991
Selle, Götz von: Geschichte der Georg-August-Universität Göttingen, Göttingen 1937
Serrao, Feliciano: Diritto privato economia e società nella storia di Roma, 1, prima parte, Napoli 1984
Sherman, Charles Pineas: Roman Law in the Modern World, Bd. 1, Bd. 3, Boston 1917, Ndr. Littleton (Colorado) 1993
Sherwin White, A[drian] N[icholas]: The Roman Citizenship, in: ANRW I,2 (1972), S. 23-58
– The Roman Citizenship, 2. Aufl., Oxford 1973/1980

Siber, Heinrich: Römisches Recht, Bd. 2, Berlin 1928
– ›Retentio propter res donatas‹, in: Studi in onore di Salvatore Riccobono, Bd. 3, Palermo 1936, S. 241-282
– Römisches Verfassungsrecht in geschichtlicher Entwicklung, Lahr 1952
Silnizki, Michael: Geschichte des gelehrten Rechts in Rußland, Frankfurt am Main 1997
Siraisi, N. G.: Life Sciences and Medicine in the Renaissance World, in: Grafton, A. (Hrsg.), Rome Reborn, Washington D. C. 1993, S. 169-198
Sirks, Adriaan Johan Boudewijn: Qui annonae Urbis serviunt, Diss. Univ. van Amsterdam 1984
– Food for Rome. The legal Structure of the Transportation and Processing of Supplies for the imperial Distributions in Rome and Constantinople, Amsterdam 1991
Skeat, T. C.: »Especially the Parchments«: A Note on 2 Timothy IV. 13, in: JTS 30 (1979), S. 173-177
Söllner, Alfred: Zur Vorgeschichte und Funktion der actio rei uxoriae, Köln, Wien 1969
– Einführung in die römische Rechtsgeschichte, 4. Aufl., München 1989
Sohm, Rudolph / Ludwig Mitteis / Leopold Wenger: Institutionen. Geschichte und System des römischen Privatrechts, 17. Aufl., Berlin 1949
Sokolowski, Paul: Die Philosophie im Privatrecht, Bd. 1: Sachbegriff und Körper in der klassischen Jurisprudenz und in der modernen Gesetzgebung, Halle 1907, Ndr. Aalen 1959
Solazzi, Siro: Interpolazioni in Ulp. XII, Milano 1922, in: Scritti di diritto romano, Bd. 2, Napoli 1957, S. 537-544
– Studi sulla tutela, Modena 1925
– [Rez.:] B. Kübler, Geschichte des römischen Rechts, in: BIDR 37 (1929), S. 93-98
– Glosse a Gaio, in: Studi in onore di Salvatore Riccobono, Bd. 1, Palermo 1936, S. 71-191
– Ulp. 22.26, in: SDHI 3 (1937), S. 452-454 = Scritti di diritto romano, Bd. 6, Napoli 1972, S. 499-501
– In causa caduci, SDHI 6 (1940), 165-170 = Scritti di diritto romano, Bd. 6, Napoli 1972, S. 542-547
– Attorno ai »caduca« (1942), in: Scritti di diritto romano, Bd. 4, Napoli 1963, S. 265-379
– Alfeno Varo e il termine dominium, in: SDHI 18 (1952), S. 218-219
– Un ingenuo commento della legge Fufia Caninia in Gai. 1,43, in: SDHI 20 (1954), S. 303-304
Solidoro, Laura: I »rescripta« e i loro autori, in: Labeo 29 (1983), S. 333-339
Sommer, Ferdinand: Handbuch der lateinischen Laut- und Formenlehre, Heidelberg 1902
Sonnabend, Holger: Naturkatastrophen in der Antike. Wahrnehmung – Deutung – Management, Stuttgart, Weimar 1999
Sotty, Richard: [Rez.:] Mercogliano, Tituli ex corpore Ulpiani, in: Latomus 59 (2000), S. 476-477
Spagnuolo Vigorita, Tullio: ›Bona caduca‹ e giurisdizione procuratoria agli inizi del terzo secolo D. C., in: Labeo 24 (1978), S. 131-168
– Aspetti e problemi del processo fiscale in età constantiniana. Estratto da: Atti dell'Accademia romanistica Constantiniana, XI Convegno Internazionale, S. 151-170
– Casta domus. Un seminario sulla legislazione matrimoniale augustea. Parte prima e seconda, Napoli 1998
Spagnuolo Vigorita, Tullio / Valerio Marotta: La legislazione imperiale. Forme e orientamenti, in: Storia di Roma, Bd. 2: L'impero mediterraneo, Teil 3: La cultura e l'impero, Torino 1992, S. 85-152
Spangenberg, Ernst: Jacob Cujas und seine Zeitgenossen, Leipzig 1822
Spengler, Hans-Dieter: Art. Ulpian, in: Metzler Lexikon Antiker Autoren, hrsg. von O. Schütze, Stuttgart Weimar 1997, S. 731

Speyer, Wolfgang: Die literarische Fälschung im heidnischen und christlichen Altertum. Ein Versuch ihrer Deutung, München 1971
Sprandel, Rolf: Das Kloster St. Gallen in der Verfassung des Karolingischen Reiches, Freiburg im Breisgau 1958
Spruit, M R. J. E.: C. Plinius Caecilius Secundus en het erfrecht van zijn tijd, Deventer 1973
Stahl, Michael: Commodus, in: M. Clauss (Hrsg.), Die römischen Kaiser, München 1997, S. 159-169
Stambaugh, John E.: The Functions of Roman Temples, in: ANRW II,16.1 (1978), S. 554-608
Stanojević, Obrad: Gaius noster. Plaidoyer pour Gaius, Amsterdam 1989
Stanton, G. R.: Marcus Aurelius, Emperor and Philosopher, in: Historia 18 (1969), S. 574-575
– Marcus Aurelius, Lucius Verus, and Commodus: 1962-1972, in: ANRW II,2 (1975), S. 478-549
– Marc Aurel. Kaiser und Philosoph, in: R. Klein (Hrsg.), Marc Aurel, Darmstadt 1979, S. 359-388
Stein, Peter: Regulae iuris, Edinburgh 1966
– The two Schools of Jurists in the Early Roman Principate, in: CLJ 31 (1972), S. 8-31
– The Development of the Notion of *Naturalis Ratio*, in: Daube Noster. Essays in Legal History for David Daube, ed. by A. Watson, Edinburgh, London 1974, S. 305-316
– The Place of Servius Sulpicius Rufus in the Development of Roman Legal Science, in: Festschrift für Franz Wieacker zum 70. Geburtstag, Göttingen 1978, S. 175-184
– Logic and Experience in Roman and Common Law, in: BULR 59 (1979), S. 433-451
– The Development of the Institutional System, in: Studies in Justinian's Institutes in Memory of J. A. C. Thomas, ed. by P. G. Stein and A. D. E. Lewis, London 1983, S. 151-163
– Justinian's Compilation: Classical Legacy and Legal Source, in: TECLF 8 (1993), S. 1-15
Stein: Art. Tuscilius 2, in: RE, 2. Reihe, 14. Hb. (1948), Sp. 1462-1463
Steinfeld, Hartwig: Ueber den Grundsatz der benevolentia für die Gültigkeit letztwilliger Zuwendungen, Celle 1884
Steinwenter, Artur: Art. Ius liberorum, in: RE, 20. Hb. (1919), Sp. 1281-1284
– Art. Latini Iuniani, in: RE, 23. Hb. (1924), Sp. 910-924
– Art. Lex Furia testamentaria, in: RE, 24. Hb. (1925), Sp. 2356-2360
– Art. Libertini, in: RE, 25. Hb. (1926), Sp. 104-110
Stella Maranca, Filippo: Il tribunato della plebe dalla ›lex Hortensia‹ alla ›lex Cornelia‹ (1901), Ndr. Roma 1967
Stephenson, Andrew: A History of Roman Law with a Commentary on the Institutes of Gaius and Justinian, Boston 1912, Ndr. Littleton (Colorado) 1992
Stevens, Robert: [Rez.:] P. Birks (Hrsg.), English Private Law (2000), in: LQR 119 (2003), S. 534-536
Stiegler, Herwig: Art. Partitio legata, in: RE, Supplementband 11 (1968), Sp. 1033-1049
– [Rez.:] G. Luchetti: La legittimazione dei figli naturali nelle fonti tardo imperiali e giustinianee (1990), in: SZ 115 (1998), S. 569-574
– *Divortium, culpa* und *retentio propter liberos* (Ulp. ep. 6.10 und Cic., *Top.* 4.19), in: Mélanges Fritz Sturm, Bd. 1, Liège 1999, S. 431-452
Stintzing, Roderich v. / Ernst Landsberg: Geschichte der Deutschen Rechtswissenschaft, 3. Abt., 1. Hb., München Leipzig 1989; 2. Hb., München, Berlin 1910
Stocquart, Émile: Marriage in Roman Law, in: YLJ 16 (1906/07), S. 303-327
Stoll, Adolf (Hrsg.): Friedrich Karl v. Savigny. Ein Bild seines Lebens mit einer Sammlung seiner Briefe, Bd. 2, Berlin 1929
Stolz, Friedrich: Geschichte der lateinischen Sprache, 3. Aufl., bearb. von Albert Debrunner, Berlin 1953

Stotz, Peter: Art. Aussprache: Latein, in: DNP 13 (1999), Sp. 355-358

Strack, Paul L.: Untersuchungen zur römischen Reichsprägung des zweiten Jahrhunderts, Teil 1: Die Reichsprägung zur Zeit des Trajan, Stuttgart 1931; Teil 2: Die Reichprägung zur Zeit des Hadrian, Stuttgart 1933; Teil 3: Die Reichsprägung zur Zeit des Antoninus Pius, Stuttgart 1937

Straub, Johannes: Art. Commodus, in: Reallexikon für Antike und Christentum, hrsg. von Theodor Klauser, Bd. 3, Stuttgart 1957, Sp. 252-266

– Juristische Notizen in der Historia Augusta, in: Antiquitas, Reihe 4, Bd. 13, Bonner Historia-Augusta-Colloquium 1975/1976, Bonn 1978, S. 195-216

Strauch, Dieter: Friedrich Carl von Savigny als Quellenforscher, in: Kleine rechtsgeschichtliche Schriften. Aufsätze 1965-1997 von Dieter Strauch. Aus Anlaß seines 65. Geburtstages herausgegeben von Manfred Baldus und Hans-Peter Neuheuser, Köln, Weimar, Wien 1998, S. 38-59

– (Hrsg): Deutsche Juristen im Vormärz. Briefe von Savigny, Hugo, Thibaut und anderen an Egid von Löhr, Köln, Weimar, Wien 1999

Strohschneider-Kohrs, Ingrid: Textauslegung und hermeneutischer Zirkel – Zur Innovation des Interpretationsbegriffes von August Boeckh, in: H. Flashar / K. Gründer / A. Horstmann (Hrsg.), Philologie und Hermeneutik im 19. Jahrhundert. Zur Geschichte und Methodologie der Geisteswissenschaften, Göttingen 1979, S. 84-102

Stroux, Johannes: Römische Rechtswissenschaft und Rhetorik, Potsdam 1949

Struve, Burkhard Gotthelf: Bibliotheca Iuris Selecta. Accessit Bibliotheca selectissima iuris studiosorum, emendavit et copiose locupletavit Christian Gottlieb Buder, Ienae 1756, Ndr. Aalen 1970

Sturm, Fritz: [Rez.: G. Provera,] La ›vindicatio caducorum‹, in: Labeo 15 (1969), S. 219-231

– Conubium, ius migrandi, conventio in manum, in: R. Ganghofer (Hrsg.), Le droit de la famille en Europe. Son évolution depuis l'antiquité jusqu'a nos jours, Strasbourg 1992, S. 717-728

– Das Absterben der mancipatio, in: Überlieferung, Bewahrung und Gestaltung in der rechtsgeschichtlichen Forschung, hrsg. von S. Buchholz, P. Mikat, D. Werkmüller, Paderborn u. a. 1993, S. 347-356

Subsidia Sangallensia I. Materialien und Untersuchungen zu den Verbrüderungsbüchern und zu den älteren Urkunden des Stiftsarchivs St. Gallen, hrsg. von Michael Borgolte, Dieter Geuenich und Karl Schmid, St. Gallen 1986

Syme, Ronald: Hadrian and Italica, in: JRS 54 (1964), S. 142-149

– Fiction about Roman Jurists, in: SZ 97 (1980), S. 78-104

Talamanca, Mario: Diritto romano, in: Cinquanta anni di esperienza giuridica in Italia, Messina-Taormina, 3-8 novembre 1981, Milano 1982, S. 673-784

Taubenschlag, Rafael: Das Sklavenrecht im Rechte der Papyri, in: SZ 50 (1930), S. 140-169

Tellegen, J. W.: The Roman Law of Succession in the Letters of Pliny the Younger, Bd. 1, Zutphen 1982

Tellegen-Couperus, O. E. / J. W. Tellegen: La loi Voconia et ses sequelles, in: TR 66 (1998), S. 65-95

Teuffel, Wilhelm Sigismund: Geschichte der römischen Literatur, Bd. 3, 6. Aufl., Leipzig 1913, Ndr. Aalen 1965

Thayer, James B.: Lex Aquilia. On Gifts between Husband and Wife, Cambridge 1929

Thébert, Yvon: Der Sklave, in: Andrea Giardina (Hrsg.), Der Mensch in der römischen Antike, Frankfurt am Main 1997, S. 158-199

Thesaurus Linguae Latinae editus auctoritate et consilio academiarum quinque germanicarum Berolinensis Gottingensis Lipsiensis Monacensis Vindobonensis, Lipsiae 1900 ff.

Thornton, M. K.: Hadrian and his reign, in: ANRW II,2 (1975), S. 432-476
Thulin, Carl Olof: Art. Iuppiter, in: RE 19. Hb. (1917), Sp. 1126-1144
Timpanaro, Sebastiano: Die Entstehung der Lachmannschen Methode, 2. Aufl., Hamburg 1971
Tondo, Salvatore: Classificazioni delle fonti d'obbligazione, in: Per la storia del pensiero giuridico romano da Augusto agli Antonini. Atti del seminario di S. Marino, 12-14 gennaio 1995, a cura di Dario Mantovani, Torino 1996, S. 39-55
Torrent, Armando: Notas sobre la relacion entre *communio* y copropiedad, in: Studi in onore di Giuseppe Grosso, Bd. 2, Torino 1968, S. 95-116
Toynbee, J[ocelyn] M[ary] C[atherine]: Animals in Roman Life and Art, London, Southampton 1973
Treggiari, Susan: Roman Marriage. *Iusti Coniuges* from the Time of Cicero to the Time of Ulpian, Oxford 1991
– Art. Dos, in: DNP 3 (1997), Sp. 798-799
Trekell, Albertus Dietericus: Alberti Dieterici Trekell Selectarum Antiquitatum Romanarum pars prima, Hagae Comitum 1744
Trell, Bluma L.: The Temple of Artemis at Ephesos, in: Clayton, Peter A. / Martin J. Price (Hrsg.), The Seven Wonders of the Ancient World, London, New York 1989, S. 78-99
Turnèbe, Adrien: Adriani Turnebi Adversariorum libri triginta, in tres tomos divisi, Tomus primus, Parisiis 1580
Turner, Cuthbert Hamilton: Jean du Tillet: A Neglected Scholar of the Sixteenth Century, in: Fotheringham, John Knight (Hrsg.), The Bodleian Manuscript of Jerome's Version of the Chronicle of Eusebius, reproduced in Collotype, S. 48-63 (Appendix 5), Oxford 1905
– The Bibliography of Jean du Tillet, in: JTS 12 (1911), S. 128-133
Uruszczak, Wacław: Art. Hube, Romuald von, in: Stolleis, Michael (Hrsg.), Juristen. Ein biographisches Lexikon, München 1995, S. 297
Graf **Uxkull-Gyllenband, Woldemar**: Der Gnomon des Idios Logos. Zweiter Teil: Kommentar, Berlin 1934
Vaccaro Delogu, Rosario: L'accrescimento nel diritto ereditario romano, Milano 1941
Valiño, Emilio: Instituciones de derecho privado romano, Valencia 1991
Van Gennep, Arnold: Les Rites de Passage, Paris 1909
Vangerow, Karl Adolph von: Ueber die Latini Iuniani, 1833
– Lehrbuch der Pandekten, Bd. 2, 6. Aufl., Marburg 1854
Van Haelst, Joseph: Les Origines du Codex, in: Les Débuts du Codex. Actes de la journée d'étude organisée à Paris les 3 et 4 juillet 1985 par l'Institut de Papyrologie de la Sorbonne et l'Institut de Recherche et d'Histoire des Textes, édités par Alain Blanchard, Turnhout 1989, S. 13-35
Vano, Cristina: ›Il nostro autentico Gaio‹. Strategie della Scuola Storica alle origini della romanistica moderna, Napoli 2000
Van Vaassen, Jacob: Iacobi van Vaassen Animadversionum historico-criticarum ad fastos Romanorum sacros fragmenta, Traiecti ad Rhenum 1785
Van Zyl, D. H.: History and Principles of Roman Private Law, Durban 1983
Vassalli, Filippo E.: Miscellanea critica di diritto romano, fascicolo 1, Roma 1913
– »Dies vel condicio«, in: BIDR 27 (1914), S. 192-274
Vering, Friedrich H.: Römisches Erbrecht in historischer und dogmatischer Entwickelung, Heidelberg 1861
Vernay, Eugène: Servius et son Ecole. Contribution à l'histoire des idées juridiques à la fin de la République romaine, Diss. Univ. Lyon 1909, Paris 1909

Verzeichnis der Handschriften der Stiftsbibliothek von St. Gallen herausgegeben auf Veranstaltung und mit der Unterstützung des Kath. Administrationsrathes des Kantons St. Gallen [Bearb. Gustav Scherrer], Halle 1875

Veyne, Paul: Humanitas: Die Römer und die anderen, in: A. Giardina, Der Mensch der römischen Antike, Frankfurt am Main 1997, S. 382-412

Vezin, J.: L'Organisation matérielle du travail dans les scriptoria du haut moyen âge, in: Sous la règle de Saint Benoît. Structures monastiques et sociétés en France du Moyen-Age à l'epoque moderne, Ecole pratique des Hautes Etudes. IVe Section, Sciences historiques et Philologique V. Hautes Etudes médiévales et modernes 47, Genf, Paris 1982, S. 1982, S. 427-431

– La Fabrication du Manuscrit, in: Martin, H. J. / R. Chartier (Hrsg.), Histoire de l'édition française, Bd. 1, Paris 1982, S. 25-48

Villenave: Art. Dutillet, in: Biographie Universelle, ancienne et moderne, tome douzième, Paris 1814

Villers, Robert: Rome et le droit privé, Paris 1977

Villey, Michel: Recherches sur la littérature didactique du droit romain, Paris 1945

Vischer, Eduard: Ildefons von Arx und B. G. Niebuhr, in: Gedenkbuch Ildefons von Arx 1755-1955, Olten 1957, S. 79-99

Vittinghoff, Friedrich: Militärdiplome, römische Bürgerrechts- und Integrationspolitik der hohen Kaiserzeit, in: Heer und Integrationspolitik. Die römischen Militärdiplome als historische Quelle, hrsg. von Werner Eck und Hartmut Wolff, Köln, Wien 1986, S. 535-555

Vocabularium Iurisprudentiae Romanae iussu Instituti Savigniani compositum, 5 Bde. in Faszikeln, Berolini 1894-1939

Vocabularium Codicis Justiniani edidit Robertus Mayr, Pars prior, Pragae 1923

Voci, Pasquale: Teoria dell'acquisto del legato secondo il diritto romano, Milano 1936

– L'errore nel diritto Romano, 1937

– Modi di acquisto della proprietà (Corso di diritto romano), Milano 1952

– Diritto ereditario romano, vol. 1: Introduzione. Parte generale, Milano 1960, vol. 2. Parte speciale, 2. Aufl., Milano 1963

– Testamento pretorio, in: Labeo 13 (1967), S. 319-348

– Piccolo manuale di diritto romano, 1, parte generale, Milano 1979

Vogel, E. G.: Die Bibliothek der Benediktinerabtei Saint Benoit oder Fleury an der Loire, in: Serapeum 5 (1844), S. 17-29, S. 46-48

Vogt, Ernst: Der Methodenstreit zwischen Hermann und Boeckh und seine Bedeutung für die Geschichte der Philologie, in: H. Flashar / K. Gründer / A. Horstmann (Hrsg.), Philologie und Hermeneutik im 19. Jahrhundert. Zur Geschichte und Methodologie der Geisteswissenschaften, Göttingen 1979, S. 103-121

Vogt, Wilfrid: Franciscus Duarenus 1509-1559. Sein didaktisches Reformprogramm und seine Bedeutung für die Entwicklung der Zivilrechtsdogmatik, Diss. Univ. Köln 1967, Stuttgart u. a. 1971

Voigt, Moritz: Das jus naturale aequum et bonum und jus gentium der Römer, Bd. 2, Leipzig 1858

– Über das Aelius- und Sabinus-System, wie über einige verwandte Rechts-Systeme, Leipzig 1875

– Die XII Tafeln. Geschichte und System des Civil- und Criminal-Rechtes, wie -Processes der XII Tafeln nebst deren Fragmenten, 2. Band: Das Civil- und Criminalrecht der XII Tafeln, Leipzig 1883

– Römische Rechtsgeschichte, 2. Band, Stuttgart 1899

Volkmann, Hans: Neue Beiträge zum Nemesiskult, in: ARW 31 (1934), S. 57-76

Volterra, Edoardo: Indice delle glosse, delle interpolazioni e delle principali ricistruzioni segnalate dalla critica nelle fonti pregiustinianee occidentali, in: RSDI 8 (1935): Tituli ex corpore Ulpiani S. 390-405
– Intorno a D. 23,2,57 a, in: Mélanges Philippe Meylan, Bd. 1, Lausanne 1963, S. 367-377
– Le notae di Cujas ai tituli ex corpore Ulpiani, in: Festschrift für Franz Wieacker zum 70. Geburtstag, Göttingen 1978, S. 296-307
– Notizie sulla vita e l'attività di Aimar de Ranconnet. Addenda zu: La »Graduum agnationis vetustissima descriptio« segnalata da Cujas (1978), in: E. Volterra, Scritti giuridici, hrsg. von M. Talamanca, Bd. 3, Napoli 1991, S. 547-557
– [Rez.:] Laura Moscati, Il Codice Teodosiano nell'ottocento (estratto da »Clio« Riv. trimestrale di studi storici, anno XVII, n. 2, aprile-giugno 1981, p. 149-170); dies., Carlo Baudi di Vesme e la storiografia giuridica del suo tempo. Deputazione Subalpina di Storia Patria, Torino Palazzo Carignano 1982, p. 1-87, in: BIDR 84 (1981), S. 304-309
– L'Uxor et la nurus in manu dans Gai., 3,46; 41, et Ulp., 29,1, in: E. Volterra, Scritti giuridici, hrsg. von M. Talamanca, Bd. 3, Napoli 1991, S. 607-614
– Nouve ricerche sulla »conventio in manum«, in: E. Volterra, Scritti giuridici, hrsg. von M. Talamanca, Bd. 3, Napoli 1991, S. 3-355

Vonck, Cornelius Valerius: Specimen criticum in varios auctores. Adcedunt observationes miscellaneae, Trajecti ad Rhenum 1744

Voß, Wulf Eckart: Der Grundsatz der »ärgeren Hand« bei Sklaven, Kolonen und Hörigen, in: O. Behrends / M. Dießelhorst / W. E. Voß (Hrsg.): Römisches Recht in der europäischen Tradition. Symposion aus Anlaß des 75. Geburtstages von Franz Wieacker, Göttingen 1985, S. 117-184

Vossler, Karl: Einführung ins Vulgärlatein, hrsg. und bearbeitet von Helmut Schmeck, München 1954

Wacke, Andreas: Actio rerum amotarum, Diss. Univ. Hamburg 1962, Köln, Graz 1963

Walde, A. / J. B. Hofmann: Lateinisches Etymologisches Wörterbuch, 3. Aufl., Bd. 1, Heidelberg 1938, Bd. 2, Heidelberg 1954

Waldherr, Gerhard H.: Erdbeben. Das außergewöhnliche Normale. Zur Rezeption seismischer Aktivitäten in literarischen Quellen vom 4. Jahrhundert v. Chr. bis zum 4. Jahrhundert n. Chr., Stuttgart 1997

Waldstein, Wolfgang: [Rez.:] Honoré, Ulpian, in: TR 53 (1985), S. 151-155
– Operae libertorum. Untersuchungen zur Dienstpflicht freigelassener Sklaven, Stuttgart 1986
– Cicero, Servius und die »Neue Jurisprudenz«, in: Iura 44 (1993), S. 85-147

Walser, Gerold: Die Severer in der Forschung 1960-1972, in: ANRW II,2 (1975), S. 614-656

Walter, Ferdinand: Geschichte des Römischen Rechts bis auf Justinian, 3. Aufl., 2 Bde., Bonn 1860/61

Walter, Uwe: Art. Periodisierung, in: DNP 9 (2000), Sp. 576-582

Walton, Frederick Parker: Historical Introduction to the Roman Law, 4. Aufl., Edinburgh 1920

Watson, Alan: The Law of Persons in the later Roman Republic, Oxford 1967
– The Law of Succession in the later Roman Republic, Oxford 1971
– Law Making in the later Roman Republic, Oxford 1974
– [Rez.:] Honoré, Tribonian, in: LQR 94 (1978), S. 459-462
– [Rez.:] Honoré, Emperors and Lawyers, in: TR 50 (1982), S. 409-414
– [Rez.:] Tony Honoré, Ulpian, in: TLS February 18, 1983, S. 164
– [»Ulpian«], in: TLS, March 25, 1983, S. 299
– »Ulpian«, in: TLS, April 22, 1983, S. 404

- Correspondence, in: IJ 19 (1984), S. 360-361
- Roman Slave Law, Baltimore, London 1987
- The State, Law and Religion. Pagan Rome, Athens (Georgia), London 1992
- The Importance of »Nutshells«, in: AJCL 42 (1994), S. 1-23

Wattenbach, Wilhelm: Anleitung zur lateinischen Paläographie, 4. Aufl., Leipzig 1886

Wattenbach, Wilhelm / Ernst Duemmler (Hrsg): Monumenta Alkuiniana a Philippo Iaffeo praeparata ediderunt Wattenbach et Duemmler (= Bibliotheca Rerum Germanicarum edidit Philippus Iaffé, Bd. 6), Berolini 1873

Weaver, P. R. C.: Familia Caesaris, Cambridge 1972

- Where have all the Junian Latins gone? Nomenclature and Status in the Early Empire, in: Chiron 20 (1990), S. 275-305
- Children of Junian Latins, in: Rawson, Beryl / Paul Weaver (Hrsg.), The Roman Family in Italy. Status, Sentiment, Space, Oxford 1997, S. 55-72

Weber, Heinrich: Gustav Hugo. Vom Naturrecht zur historischen Schule, Göttingen 1935

Weber, Wilhelm: Rom. Herrschertum und Reich im zweiten Jahrhundert, Stuttgart, Berlin 1937

- Hadrian, in: CAH, Bd. 11, Cambridge u.a., Ndr. 1975, S. 294-324
- The Antonines, in: CAH, Bd. 11, Cambridge u.a., Ndr. 1975, S. 325-392

Weidmann: Geschichte der Bibliothek von St. Gallen seit ihrer Gründung um das Jahr 830 bis auf 1841, St. Gallen 1846

Weishaupt, Arnd: Die Lex Voconia, Köln Weimar Wien 1999

Weiss, Egon: Endogamie und Exogamie im römischen Kaiserreich, in: SZ 29 (1908), S. 340-369

- Art. Laudatio Murdiae, in: RE, 23. Hb. (1924), Sp. 994-995
- Art. Leges Iuliae, in: RE, 24. Hb. (1925), Sp. 2362-2365
- Art. Lex Iunia Vellaea, in: RE, 24. Hb. (1925), Sp. 2394
- Art. Lex Minicia, in: RE, 24. Hb. (1925), Sp. 2399
- Art. Statu liber, in: RE, 2. Reihe, 6. Hb. (1929), Sp. 2230-2232
- Art. Manumissio, in: RE, 28. Hb. (1930) Sp. 1366-1377
- Zum Art. Lex Plaetoria, in: RE, Supplementband 5 (1931), Sp. 578-582
- Institutionen des römischen Privatrechts als Einführung in die Privatrechtsordnung der Gegenwart, 2. Aufl., Basel 1949

Weiß, Alexander: Sklave der Stadt. Untersuchungen zur öffentlichen Sklaverei in den Städten des Römischen Reiches, Stuttgart 2004

Wendt, Otto: Lehrbuch der Pandekten, Jena 1888

Wenger, Leopold: Papyrologische Miszelle, in: Studi in onore di Silvio Perozzi, Palermo 1925, S. 415-420

- Die Quellen des römischen Rechts, Wien 1953

Wesenberg, Gerhard / Gunter Wesener: Neuere deutsche Privatrechtsgeschichte, 4. Aufl., Wien, Köln, Graz 1985

Westrup, C. W.: Notes sur Cujas, in: Studi in onore di Pietro Bonfante, Bd. 3, Milano 1930, S. 131-149

Weyman: Manere = esse, in: ALLG 15 (1908), S. 382

Whitman, James Q.: The Legacy of Roman Law in the German Romantic Era, Princeton 1990

Whittaker, Charles R.: Der Arme, in: A. Giardina, Der Mensch der römischen Antike, Frankfurt am Main 1997, S. 305-336

Wieacker, Franz: Studien zur Hadrianischen Justizpolitik, in: Romanistische Studien von Arnold Ehrhardt, Wilhelm Felgentraeger, Franz Wieacker, Freiburg im Breisgau 1935, S. 43-81

- Vorbedingungen einer kritischen Gaius-Ausgabe, Atti del Congresso internazionale di Diritto Romano e di Storia del Diritto (Verona 1948), Bd. 1, Milano 1953, S. 51-74

– Doppelexemplare der Institutionen Florentins, Marcians und Ulpians, in: Mélanges Fernand De Visscher, Bd. 2, Brüssel 1949 = RIDA, 2. Jahrg., Bd. 3, S. 577-607
– Über das Klassische in der römischen Jurisprudenz, Tübingen 1950
– Griechische Wurzeln des Institutionensystems, in: SZ 70 (1953), S. 93-126
– Vulgarismus und Klassizismus, Heidelberg 1954
– Textstufen klassischer Juristen, Göttingen 1960
– Vom Römischen Recht, Leipzig 1944, 2. Aufl., Stuttgart 1961
– [Rez.:] Fuhrmann, Das systematische Lehrbuch, in: Iura 12 (1961), S. 282-287
– Nochmals über Vulgarismus. Ein Diskussionsbeitrag, in: Studi in onore di Emilio Betti, Bd. 4, Milano 1962, S. 507-519
– Notizen zur rechtshistorischen Hermeneutik, Göttingen 1963 (=Ausgewählte Schriften, Bd. 1, Frankfurt/Main 1983, S. 84-102)
– Privatrechtsgeschichte der Neuzeit unter besonderer Berücksichtigung der deutschen Entwicklung, 2. Aufl., Göttingen 1967
– Le droit romain de la mort d'Alexandre Sévère a l'avènement de Dioclétien (235-284 apr. J.-C.), in: RHDFE 49 (1971), S. 201-223
– Zur gegenwärtigen Lage der romanistischen Textkritik (1971) (=Ausgewählte Schriften, Bd. 1, Frankfurt/Main 1983, S. 103-121)
– Inchiesta: Conversazioni sul metodo, in: Labeo 19 (1973), S. 193-195
– Textkritik und Sachforschung. Positionen in der gegenwärtigen Romanistik, in: SZ 91 (1974), S. 1-40 (=Ausgewählte Schriften, Bd. 1, Frankfurt/Main 1983, S. 122-152)
– Einwirkungen der altertumswissenschaftlichen Behandlung des römischen Rechts auf die Rechtswissenschaft des 19. Jahrhunderts, in: H. Flashar / K. Gründer / A. Horstmann (Hrsg.), Philologie und Hermeneutik im 19. Jahrhundert. Zur Geschichte und Methodologie der Geisteswissenschaften, Göttingen 1979, S. 312-320
– [Rez.:] H. L. W. Nelson, Überlieferung, Aufbau und Stil von Gai Institutiones., in: SZ 100 (1983), S. 630-644
– Ius civile und lex publica in der römischen Frühzeit, in: Festschrift für Heinz Hübner zum 70. Geburtstag, Berlin, New York 1984, S. 357-376
– Römische Rechtsgeschichte. Erster Abschnitt: Einleitung, Quellenkunde, Frühzeit und Republik, München 1988
– Fundamentos de la formación del sistema en la Jurisprudencia romana, in: Seminarios Complutenses de Derecho Romano 3 (Febrero-Mayo 1991), S. 11-25

Wiesehöfer, Josef: Art. Bevölkerung, Bevölkerungsgeschichte, in: DNP 2 (1997), Sp. 599-605

Wiliński, Adam: Maior trimo (Granica wieku trzech lat w prawie rzymskim), in: CPH 7 (1955), S. 43-48
– Zur Frage von Latinern ex lege Aelia Sentia, in: SZ 80 (1963), S. 378-392
– Das römische Recht. Geschichte und Grundbegriffe des Privatrechts mit einem Anhang über Strafrecht und Strafprozeß, Leipzig 1966

Wilmart, Andreas (Hrsg.): Bibliothecae Apostolicae Vaticanae codices manu scripti recensiti iussu Pii XII Pontificis Maximi praeside Iohanne Mercati. Codices Reginenses Latini, Tomus II, Codices 251-500, recensuit Andreas Wilmart, in Bibliotheca Vaticana 1945

Windscheid, Bernhard / Theodor Kipp: Lehrbuch des Pandektenrechts, 3 Bde., 9. Aufl., Frankfurt am Main 1906

Winkel, Laurens: A Note on *Regulae Iuris* in Roman Law and on Dworkin's Distinction between Rules and Principles, in: Critical Studies in Ancient Law, Comparative Law and Legal History. Essays in Honour of Alan Watson, ed. by J. W. Cairns and O. F. Robinson, Oxford, Portland/Oregon 2001, S. 413-418

Wiseman, James: Gods, War and Plague in the Time of the Antonines, in: J. Wiseman (Hrsg.), Studies in the Antiquities of Stobi, Bd. 1, Beograd 1973, S. 142-183

Wissowa, Georg: Religion und Kultus der Römer, 2. Aufl. 1912, Ndr. München 1971

Wlassak, Moriz: Römische Processgesetze. Ein Beitrag zur Geschichte des Formularverfahrens, Leipzig, 1. Abt. 1888, 2. Abt. 1891

– Art. Actus 4, in: RE, 1. Hb. (1894), Sp. 332-334

– Die prätorischen Freilassungen, in: SZ 26 (1905), S. 367-431

Wolf, Joseph Georg: Das sogenannte Ladungsvadimonium, in: Satura Roberto Feenstra oblata, hrsg. von J. Ankum, J. Spruit, F. Wubbe, Fribourg 1985, S. 59-69

Wolff, Hans Julius: Zwei Juristische Papyri der University of Michigan, in: Aegyptus 17 (1937), S. 463-478

Wolters, Reinhard: Nummi signati. Untersuchungen zur römischen Münzprägung und Geldwirtschaft, München 1999

Wołodkiewicz, Witołd: Materfamilias, in: CPH 16 (1964), S. 103-142

– Attorno al significato della nozione di *mater familias*, in: Studi in onore di Cesare Sanfilippo, Bd. 3, Milano 1983, S. 733-756

Wubbe, Felix: Art. ius in re, in: RE, Supplementband 10 (1965), Sp. 333-343

Zabłocki, Jan: Rozważania o procesie rzymskim w ›Noctes Atticae‹ Aulusa Gellia, Warszawa 1999

Zahrnt, Michael: Hadrian, in: M. Clauss (Hrsg.), Die römischen Kaiser, München 1997, S. 124-136

Zedler, Johann Heinrich (Hrsg.): Grosses vollständiges Universal-Lexicon aller Wissenschaften und Künste, Halle, Leipzig, Bd. 5 (1733), Bd. 44 (1745)

Zelzer, Michaela: Die Umschrift lateinischer Texte von Rollen auf Codices und ihre Bedeutung für die Textkritik, in: Les Débuts du Codex. Actes de la journée d'étude organisée à Paris les 3 et 4 juillet 1985 par l'Institut de Papyrologie de la Sorbonne et l'Institut de Recherche et d'Histoire des Textes, édités par Alain Blanchard, Turnhout 1989, S. 157-167

Zettinger, Joseph: Die Berichte über Rompilger aus dem Frankenreiche bis zum Jahre 800, Roma 1900

Zigel', F.: Объ ученой деятельности Р. М. Губе [Über die wissenschaftliche Tätigkeit R. M. Hubes], in: ŽMNP Nr. 276 (1891), S. 86-124

Zimmermann, Reinhard: The Law of Obligations. Roman Foundations of the Civilian Tradition, Cape Town u. a. 1990

Zimmern, Sigmund Wilhelm: Geschichte des Römischen Privatrechts bis Justinian, Bd. 1, Heidelberg 1826

Zoz De Biasio, M. Gabriella: Premesse esegetiche allo studio del diritto romano, Torino 1995

Zürcher, Johannes: Commodus. Ein Beitrag zur Kritik der Historien Herodians, in: Max Büdinger, Untersuchungen zur römischen Kaisergeschichte, Bd. 1, Leipzig 1868, S. 221-264

Zwalve, W. J.: Einige Bemerkungen zur Constitutio Tanta/Δεδωκεν § 18, in: TR 51 (1983), S. 135-149

Żak, Elżbieta: The Historical Development of Roman Guardianship of a Spendthrift (*cura prodigi*), in: Au-delà des frontières. Mélanges de droit romain offerts à Witold Wołodkiewicz, Bd. 2, Varsovie 2000, S. 1133-1156

Handschriften

Erfaßt sind Handschriften und Handexemplare mit Anmerkungen. Genannt werden nur die besonders herangezogenen, nicht alle erwähnten Handschriften.

Mittelalterliche Handschriften

Hessische Landesbibliothek Fulda:
D 5 [Bernardus Papiensis, Collectio prima und andere Decretalensammlungen, mit Glossenapparat]

Stiftsbibliothek Sankt Gallen:
Cod. 20 [Wolfcoz-Psalter]
Cod. 22 [Goldener Psalter]
Cod. 23 [Folchard-Psalter]
Cod. 83 [Große Hartmut-Bibel, letzter Band]
Cod. 367 [Wolfcoz-Evangelistar]
Cod. 722 [Breviar, 9. Jhdt.]
Cod. 728 [Katalog 9. Jhdt.]
Cod. 729 [Breviar]
Cod. 732 [Breviar, lex Alamannorum, 811]

Biblioteca Apostolica Vaticana:
Cod. Ottob. Lat. 2225
Cod. Reg. Lat. 192
Cod. Reg. Lat. 336
Cod. Reg. Lat. 762 [Livius]
Cod. Reg. Lat. 846
Cod. Reg. Lat. 856
Cod. Reg. Lat. 857
Cod. Reg. Lat. 886 [Codex Theodosianus, Bücher 9-16]
Cod. Reg. Lat. 1050
Cod. Reg. Lat. 1127
Cod. Reg. Lat. 1128

Zentralbibliothek Zürich
Cod. Ms. C 12 [Psalterium]

Neuzeitliche Handschriften und Handexemplare

Cramer, Andreas Wilhelm: Scholia in Ulpiani librum singularem regularum [179 S., vor 1811] [UB Kiel, Sig. K. B. 188]
– ad Ulpiani fragmenta [28 S., 1822] [UB Kiel, Sig. K. B. 188]
Hugo, Gustav: De bonorum possessionibus commentatio, Halae 1788 [Handexemplar mit hs. Zusätzen; UB Göttingen, 8° Cod. Ms. jurid. 20 d: 56]
– Iulii Pauli Sententiarum receptarum ad filium libri quinque ex Breviario Alariciano. In usum praelectionum edidit, cum editione principe contulit, indicem editionum omnium

corporis iuris civilis fontium adiecit Gustavus Hugo [...] Berolini [...] 1795; darin: Index editionum fontium corporis iuris civilis, S. 123-220 [Handexemplar mit Zusätzen, UB Göttingen 8° Cod. Ms. jurid. 20 d: 62]

- Domitii Ulpiani fragmenta libri regularum singularis uti videtur vulgo Tituli ex corpore Ulpiani. Unicum codicem Tilianium olim jam Vaticanum integrum edidit eiusque ope lectionem vulgatam tertio recensuit Gustavus Hugo [...] [3. Aufl.], Berolini [...] 1814, 101 S. [Handexemplar mit Zusätzen, UB Göttingen 8° Cod. Ms. jurid. 20 d: 59]
- Jus civile antejustinianeum. Codicum et optimarum editionum ope a societate jurisconsultorum curatum praefatus est et indicem editionum adiecit Gustavus Hugo [...] Tomus prior, Berolini Impensis Augusti Mylii 1815, darin: Domitii Ulpiani fragmenta Libri regularum singularis, uti videtur; vulgo Tituli ex corpore Ulpiani, [S. 1-101] [Handexemplar mit Zusätzen, UB Göttingen 8° Cod. Ms. jurid. 20 d: 57]
- Domitii Ulpiani Fragmenta vulgo Tituli ex corpore Ulpiani. Unicum codicem Tilianium olim jam Vaticanum integrum edidit eoque adhibito lectionem vulgatam quarto etiam Caji ope recensuit Gustavus Hugo [...] [4. Aufl.], Berolini [...] 1822, X, 99 S. [Handexemplar mit Zusätzen, UB Göttingen 8° Cod. Ms. jurid. 20 d: 60]
- Beyträge zur civilistischen BücherKenntniß der letzten vierzig Jahre, aus den Göttingischen gelehrten Anzeigen und den Vorreden, besonders zu den Theilen des civilistischen Cursus, zusammen abgedruckt und mit Zusätzen begleitet, Erster Band, 1788-1807, Berlin 1828 [Handexemplar mit Zusätzen; UB Göttingen, 8° Cod. Ms. jurid. 20 d: 66]
- Beyträge zur civilistischen BücherKenntniß der letzten vierzig Jahre, aus den Göttingischen gelehrten Anzeigen und den Vorreden, besonders zu den Theilen des civilistischen Cursus, zusammen abgedruckt und mit Zusätzen begleitet, Zweyter Band, 1808-1827, Berlin 1829 [Handexemplar mit Zusätzen; UB Göttingen, 8° Cod. Ms. jurid. 20 d: 67]
- Domitii Ulpiani fragmenta quae nunc parum accurate dicuntur, in unico codice tituli ex corpore Ulpiani inscripta. Editionem et praefationem quintam, cui quartum annotatio tertium integra codicis lectio iterum ex Caji institutionibus emendatio adjecta curavit Gustavus Hugo [...] [5. Aufl.], Berolini [...] 1834, XII, 99 S. [Handexemplar mit Zusätzen, UB Göttingen 8° Cod. Ms. jurid. 20 d: 61]
- Beyträge Bd. 3 [Konvolut von Anzeigen 1828-1844 m. hs. Zusätzen sowie Briefe; darin auch Titelblatt:] Beyträge zur Kenntniß civilistischer Bücher seit 1788 vom GeheimenJustizRath Comthur Hugo, Dritter Band, Berlin 1844 [UB Göttingen, 8° Cod. Ms. jurid. 20 d: 68]

Marezoll, Gustav Theodor Ludwig: Brief an Gustav Hugo vom 15.1.1816 [eingebunden in Hugos Handexemplar der 3. Aufl. seiner Ulpiani fragmenta, UB Göttingen 8° Cod. Ms. jurid. 20 d: 59, vor S. 87]

- Brief an Gustav Hugo vom 19.4.1816 [eingebunden in Hugos Handexemplar der 3. Aufl. seiner Ulpiani fragmenta, UB Göttingen 8° Cod. Ms. jurid. 20 d: 59, nach S. 98]

Pithou, Pierre: Brachylogos totius iuris civilis, sive corpus legum, cui adiunctae sunt Institutiones T. Caij Iurecons. Ulpiani Ex toto scriptorum ipsius corpore Tituli undetriginta, Ex recenti reperto. Lugduni, Apud Mauricium Roy, & Ludovicum Pesnot. 1553; darin: S. 193-256: XXIX. Tituli ex corpore Ulpiani. Lugduni, Apud Ludovicum Pesnot. 1553 [Pithous Handexemplar mit handschriftlicher Collation des vatikanischen Manuskripts; Bodleian Library, Sig. Bodl. 8°. I. 24. Jur.]

Rudorff, Adolf A. F.: Ulpians Fragmente erklärt von Prof. Rudorff. Berlin im Sommersemester 1833. G. Waitz stud. jur. aus Hamburg. 2 Stunden wöchentlich [Staatsbibliothek zu Berlin. Preußischer Kulturbesitz, Ms. germ. quart. 1076,12]

Savigny, Friedrich Carl von: Ulpian. Erste Vorlesung, Winterhalbjahr 1801, 39 Stunden – der ganze Ulpian zugleich mit einer Reihe von Pandektenstellen abwechselnd erklärt. [UB Marburg, Ms. 925/34, Bl. 60 r bis 114 v]

- Adversaria Bd. 1 (angefangen 1801 im Sommer) [UB Marburg, Ms. 979]; Tom. 2. Angefangen 1802, Decbr [UB Marburg, Ms. 925/47,1]; Tom. 3. Angefangen im Jänner 1808 [UB Marburg, Ms. 925/46,2]
- Pandekten, nach Heise's Grundriß. Heidelberg 1807 [mit später überarbeiteten und ergänzten Teilen, 1. Teil: Allg. Lehren und Sachenrecht, UB Marburg Ms. 925/37,1]
- [Ulpian.] Zweyte Vorlesung, Winterhalbjahr 1811, 18 Stunden – Titel 1 bis 7 [UB Marburg, Ms. 925/34, Bl. 2r bis 45 v (neue Foliierung)]
- Institutionen und Geschichte des römischen Recht's, 1ter Band enthaltend die Einleitung und die äußere Rechts-Geschichte. Nachgeschrieben bei Herrn Prof. v. Savigny zu Berlin im Sommer 1816 von J. Ribbentrop [180 S.] [UB Göttingen, 8° Cod. Ms. jurid. 22^{ia}]
- Savigny's Vorträge über Gajus Institutionen, gehalten zu Berlin im Winter 1819/1820, nachgeschrieben von G. J. Ribbentrop [298 S.] [UB Göttingen, 8° Cod. Ms. jurid. 22^{f}]
- von Savigny's Institutionen, Rechtsgeschichte und Antiquitäten. Winter. 1820/21. Wilh. Th. Kraut [UB Göttingen, 4° Cod. Ms. jurid. 22^{h}]
- Pandekten, Buch 41-50, nach Böhmer [UB Marburg, Ms. 925/32], Bl. 1 r - 16 v

Tilius, Io[annes]: XXVIIII Tituli ex corpore Ulpiani, Parisiis Apud Guil. Morelium [...] 1549 [Savignys Handexemplar mit älteren Zusätzen auf dem Titelblatt und Glossen; UB Bonn, Sav. 46]

Abkürzungsverzeichnisse

Abkürzungen im kritischen Apparat

Die im Apparat verwendeten Abkürzungen sind nach Maßgabe des folgenden Verzeichnisses aufzulösen. Soweit ein besonderes Werk bzw. eine bestimmte Ausgabe angegeben ist, bezieht sich die jeweils im Apparat auftretende Abkürzung, sofern dort nichts anderes angegeben ist, auf diese.

A/W	Abdy/Walker (2. Aufl. 1876)
Beh	Behrends
Bes	Gerhard Beseler
Bö	Böcking (4. Aufl. 1855)
Ca	Cannegieter
Ch	Charondas (Le Caron)
Cuj	Cujaz
Dab	Dabelow (1823)
Fa	Faber
Gi	Giraud (1873)
Gn	Gneist (1880)
Goe	Goeschen
Goth	J. Gothofredus (1663)
He	G. E. Heimbach
Hg^{1-5}	Hugo (5 Auflagen)
Hu	Huschke
Kr	Krüger (1878)
La	Lachmann (ZRG 9 [1838])
Ma	Marezoll
Me	Meerman
Mo	Mommsen (JS 2, S. 47-55)
Ms. Aur.	Manuscriptum Auredani (nach Le Caron 1578)
Ms. Gerv.	Manuscriptum Gervasii (nach Le Caron 1555/1578)
Ms. Vat.	Codex Vaticanus Reginae 1128
Mu	Muirhead (Rules, 2. Aufl. 1904)
Pu	Puchta
Rö	Röder
Sav	Savigny
S/B	Spruit/Bongenaar (1986)
Sch	Schulz (1926)
Schi	Schilling
Sg	Schulting (1737)
S/K	Seckel/Kübler (1908)
Tej	Tejero (1946)
Til	Tilius (Dutillet) (1549)
Tu	Turnèbe (Adversaria 1, lib. VII)
Va	Vahlen (1856)
Wl	Wlassak
Mk	Manuskriptkorrektur im Ms. Vat. im Rahmen des Herstellungsprozesses

Sonstige Abkürzungen

AA	Anzeiger für die Altertumswissenschaft (Innsbruck)
AcP	Archiv für die civilistische Praxis
ADA	Acta Divi Augusti
ADB	Allgemeine Deutsche Biographie
AG	Archivio Giuridico »Filippo Serafini«
AGG	Archiv der Gesellschaft für ältere deutsche Geschichtkunde, hrsg. von G. H. Pertz
AJCL	The American Journal of Comparative Law (Berkeley)
AJP	American Journal of Philology
ALLC	Association for literary and linguistic Computing (Bulletin)
ALLG	Archiv für lateinische Lexicographie und Grammatik
ALZ	Allgemeine Literatur-Zeitung
Ann.	Annali
ANRW	Aufstieg und Niedergang der Römischen Welt
ARW	Archiv für Religionswissenschaft
BEC	Bibliothèque de l'École des Chartes
BICS	University of London, Institute of Classical Studies. Bulletin
BIDR	Bullettino dell'Istituto di Diritto Romano »Vittorio Scialoja« (Rom, Mailand)
BMCR	Bryn Mawr Classical Review
BSL	Bollettino di Studi Latini (Neapel)
BULR	Boston University Law Review
CAH	The Cambridge Ancient History
CIG	Corpus Inscriptionum Graecarum
CIL	Corpus Inscriptionum Latinarum (Berlin)
CLJ	Cambridge Law Journal
CM	Civilistisches Magazin
CMG	Corpus Medicorum Graecorum
CPH	Czasopismo Prawno-Historyczne (Posen)
CQ	The Classical Quarterly
DLZ	Deutsche Literaturzeitung
DNP	Der Neue Pauly. Enzyklopädie der Antike
ED	Enciclopedia del Diritto
FIRA	Fontes Iuris Romani Anteiustiniani
Fs.	Festschrift
GGA	Göttingische Gelehrte Anzeigen
HJWK	Hallische Jahrbücher für deutsche Wissenschaft und Kunst
HRG	Handwörterbuch zur Deutschen Rechtsgeschichte
HSCP	Harvard Studies in Classical Philology
HWP	Historisches Wörterbuch der Philosophie
HZ	Historische Zeitschrift
IA	Ius Antiquum/Drevnee Pravo (Moskau)
ICLQ	International and Comparative Law Quarterly (London)
IF	Indogermanische Forschungen (Straßburg)
IJ	The Irish Jurist (Dublin)
ILR	Israel Law Review
Iura	Iura. Rivista internazionale di diritto romano e antico (Neapel)
JherJb	(Jherings) Jahrbücher für die Dogmatik des heutigen römischen und deutschen Privatrechts

JJP	The Journal of Juristic Papyrology
JMH	Journal of Modern History
JP	(Fleckeisens) Jahrbuch für Philologie
JPHS	Journal of the Printing History Society
JRA	Journal of Roman Archaeology
JRS	The Journal of Roman Studies
JTS	The Journal of Theological Studies
JZ	Juristenzeitung
LCM	Liverpool Classical Monthly
LR	Leipziger Repertorium der deutschen und ausländischen Literatur
LLR	Louisiana Law Review
LQR	The Law Quarterly Review
MAH	Mélanges d'Archéologie et d'Histoire publiés par l'École Française de Rome
Mél.	Mélanges
MLAA	Metzler Lexikon Antiker Autoren
MLR	Michigan Law Review
NJPP	Neue Jahrbücher für Philologie und Pädagogik
NJW	Neue Juristische Wochenschrift
NLA	Neuer Literarischer Anzeiger
NNDI	Novissimo Digesto Italiano (Turin)
NRHDFE	Nouvelle Revue Historique de Droit Français et Étranger
OIR	Orbis Iuris Romani
OJLS	Oxford Journal of Legal Studies
PCA	Proceedings of the Classical Association
PP	La Parola del Passato. Rivista di Studi Classici
QF	Quaderni Fiorentini
RA	Revue Archéologique, 4. série
RAC	Reallexikon für Antike und Christentum
RAQWI	Revue ›Al Quanoun Wal Iqtisad‹ (Kairo)
RE	Paulys Realencyclopädie der classischen Altertumswissenschaft, bearb. von G. Wissowa, W. Kroll, K. Mittelhaus, K. Ziegler (Stuttgart)
RGL	(Gersdorfs) Repertorium der gesammten deutschen Literatur
RHDFE	Revue historique de droit français et étranger (Paris)
RHT	Revue d'Histoire des Textes
RIDA	Revue internationale des droits de l'antiquité (Brüssel)
RJ	Rechtshistorisches Journal
RJPP	Rheinisches Jahrbuch für Philologie und Pädagogik
ROLAO	Revue (de l') Organisation internationale pour l'étude des langues anciennes par ordinateur
RMP	Rheinisches Museum für Philologie (Frankfurt/Main)
RSDI	Rivista di Storia del Diritto Italiano
Sav.	Savigny-Bibliothek in der UB Bonn (Signatur)
SI	Studia Iuridica (Warschau)
SDHI	Studia et Documenta Historiae et Iuris (Rom)
St.	Studi
SZ	Zeitschrift der Savigny-Stiftung für Rechtsgeschichte (Romanistische Abteilung)
TECLF	The Tulane European and Civil Law Forum
ThLL	Thesaurus Linguae Latinae
TLS	The Times Literary Supplement

TR	Tijdschrift voor rechtsgeschiedenis. Revue d'histoire du droit (Haarlem, Groningen)
VDI	Vestnik Drevnej Istorii (Moskau)
VIR	Vocabularium Iurisprudentiae Romanae
VSWG	Vierteljahrschrift für Sozial- und Wirtschaftsgeschichte (Stuttgart)
WS	Wiener Studien. Zeitschrift für klassische Philologie
YLJ	Yale Law Journal
ZEuP	Zeitschrift für Europäisches Privatrecht
ZGR	Zeitschrift für Geschichtliche Rechtswissenschaft
ZNR	Zeitschrift für Neuere Rechtsgeschichte
ZRG	Zeitschrift für Rechtsgeschichte
ZSlaw	Zeitschrift für Slawistik (Berlin)
ŽMNP	Žurnal Ministerstva Narodnago Prosvěščenija (St. Petersburg)

Im übrigen wird verwiesen auf die Abkürzungen bei Max Kaser, Das römische Privatrecht, 1. Abschnitt, 2. Aufl., München 1971, S. XIX-XXX sowie auf Hildebert Kirchner / Cornelie Butz, Abkürzungsverzeichnis der Rechtssprache, 5. Aufl., Berlin 2003

Register

Schlagwortregister

Mit Rücksicht auf die Vielzahl der behandelten Gegenstände beschränkt sich das Schlagwortregister auf die Nennung der Hauptfundstellen. Der Schwerpunkt liegt auf dem 1. Abschnitt der Arbeit »Geschichte und Eigenart des Textes«. Zentrale Schlagworte mit umfangreicher Untergliederung sind durch Fettdruck hervorgehoben.

Quellenregister

I. Corpus Iuris Civilis

II. Andere juristische Quellen

Codex Theodosianus

Collatio legum Mosaicarum et Romanarum
(FIRA 2, S. 541)

Consultatio veteris cuiusdam iurisconsulti
(FIRA 2, S. 591)

Epitome Legum
(ed. Zachariae)

Fragmenta Vaticana
(FIRA 2, S. 461)

Fragmentum de iure fisci
(FIRA 2, S. 627)

Fragmentum Dositheanum
(FIRA 2, S. 615)

Gaius Institutiones

III. Literarische Quellen

Inschriften und Sammelwerke